此项研究是国家社科基金重大招标项目 "中国经济增长的潜力与动力"（14ZDA023）的阶段性成果。

– 南京大学学术文库 –

中国经济增长的潜力与动力

上 册

沈坤荣 等著

南京大学出版社

沈坤荣

经济学博士，美国斯坦福（STANFORD）大学经济学系高级研究学者。现任南京大学商学院院长，教育部长江学者特聘教授；教育部经济学教学指导委员会委员；南京大学—霍普金斯大学中美文化研究中心兼职教授；中国数量经济学会常务理事；中国工业经济学会副理事长。主要研究领域：经济增长、国民经济、宏观经济、资本市场。近年来著有《自主创新与经济增长》、《新增长理论与中国经济增长》、《中国资本市场开放研究》、《中国经济的转型与增长》等专著和合作著作11部；在《中国社会科学》、《经济研究》、《管理世界》、"China & World Economy"、"Review of Development Economics"等杂志发表学术论文130余篇。是首批教育部"新世纪优秀人才支持计划"入选者；"新世纪百千万人才工程"国家级人选；国家教学名师；全国优秀博士学位论文指导教师；孙冶方经济科学奖获得者；张培刚发展经济学奖获得者；享受国务院专家特殊津贴。

南京大学学术文库

总　　序

蒋树声

　　高等教育发展的核心是学术和人才。2000多年前的儒家典籍《大学》，就倡言"大学之道，在明明德，在亲民，在止于至善"。其中就蕴涵着昌明学术、探求真知之意。不过，在相当长的一段历史时期中，无论是我国两汉时期的太学，还是两宋以后逐渐昌盛的书院，无论是古希腊雅典城邦的哲学学园，还是中世纪欧洲次第建立的大学，类似的学术研究，都主要集中在经国治邦的政治理念与修身养性的道德哲学领域，而且以整理、阐发经典为主。19世纪初诞生的以柏林大学为代表的德国大学模式，由于更加重视科学研究，主张教学与研究相结合、相统一，由于将自然科学的研究引入高等教育的殿堂，因而使得大学的理念为之一变，高等学校的形态与功能也发生了深刻的变化。时至今日，高等学校，尤其是研究性大学，已经成为我们这个时代理论创新、知识创新和技术创新的重要基地，科学研究已经成为现代大学的一个重要职能。当然大学"学术研究"的内涵，也因时而进，不断丰富、充实，由只注重哲学、人文、社会科学的研究，发展到注重自然科学与工程技术、管理科学的探索，进而追求科学与人文的整合；由只注重基础研究，发展到兼顾理论、知识的应用与技术的开发、推广。正是在这样一个时代背景下，江泽民主席在庆祝北京大学建校100周年大会上的讲话中，专门论述了建设"若干所具有世界先进水平的一流大学"的重要性，指出这样的大学，"应该是培养和造就高素质的创造性人才的摇篮，应该是认识未知世界、探求客观真理、为人类解决面临的重大课题提供科学依据的前沿,应该是知识创新、推动科学技术成果向现实生产力转化的重要力量,应该是民族优秀文化与世界先进文明成果交流借鉴的桥梁"。立志于跻身世界一流大学,为国家强盛、民族复兴和人类文明演进作出更大贡献的南京大学,理所应当要承担起这样的使命与职责;而出版《南京大学学术文库》,正是我们为建设世界一流大学所作出的诸多努力之一,其现实意义与深远影响,是不言而喻的。

出版《南京大学学术文库》,应该贯彻理论联系实际、实事求是的原则与"百花齐放,百家争鸣"的方针。在此基础上,我们提倡学术创新。学术的生命、学术的价值就在于有所继承,有所突破,有所创新。创新是学术昌明、理论发展的灵魂所在。此外,在学术研究上,多学科、跨学科的研究已成为发展趋势。

新的知识生长点、新的理论突破口,往往处于学科的边缘及交叉地带。能否突破多年来业已形成的彼此分割和疏离的学科界限,携手攻关,进行多学科、跨学科的研究,是我们能否有所创造、有所突进的关键所在。

据我所知,欧美发达国家的堪称世界一流水平的研究性大学,大多有水平甚高、影响甚巨的学术期刊与出版机构。这些高水平的期刊与出版物,成为大学鲜明特色的标志之一。南京大学在近百年的办学实践中,逐渐形成了自己的办学特色和学术风格。在若干学科领域,南京大学不但在国内居领先地位,在国际上也接近前沿,有重要影响。《学术文库》要立足南京大学,进一步发扬我校已有的学科优势,并同时通过《学术文库》的出版,将我校正在生长发展中的新的学科影响扩展、光大,以形成南京大学新的学科优势和学术流派。对于南京大学出版社来说,能否使《南京大学学术文库》持续出版,形成特色,并在国内外学术界产生较大的影响,既是对南京大学出版社的一个挑战,又是为南京大学出版社上水平、上台阶提供的一个难得机遇。

祝《南京大学学术文库》越出越好!

1999 年 5 月于北园

前　言

习近平总书记在十九大报告中指出，"我国经济已由高速增长阶段转向高质量发展阶段，正处在转变发展方式、优化经济结构、转换增长动力的攻关期。"随着中国特色社会主义进入新时代、中国经济进入发展新阶段，当前的社会主要矛盾已经转化为人民日益增长的美好生活需要和不平衡不充分的发展之间的矛盾。为了解决这一矛盾，需要把经济发展的质量与效率放在重要位置，以供给侧结构性改革为主线，加快转变发展方式、优化经济结构、转换增长动力，不断满足人民群众对优质产品和服务的需求。

一、中国经济发展进入新阶段

改革开放已经走过了近40年，中国的经济建设取得重大成就。经济保持中高速增长，经济总量稳居世界第二；坚定不移贯彻新发展理念，坚决端正发展观念、转变发展方式，发展质量和效率不断提升；供给侧结构性改革深入推进，新兴产业蓬勃发展，经济结构不断优化。同时，也必须清醒看到，由于内外部环境的一系列深刻变化，中国经济仍然面临不少困难和挑战。

第一，经济规模持续扩张。中国经济的中高速增长持续了近40年的时间，平均增速高达9.7%，在世界主要国家中名列前茅；2016年国内生产总值接近75万亿元，稳居世界第二，人均国内生产总值由 1978 年的 385 元人民币上升至 2016 年的 5.4 万元。可以说，中国创造了大国经济增长的奇迹，而这种增长奇迹仍在进行中。此外，中国对全球经济复苏起到了强有力的支撑作用，2008 年全球金融危机爆发后，当年中国即为全球经济贡献了接近 40% 的增量，2016 年对全球经济增长的贡献率超过 30%。中国的开放型经济新体制逐步健全，对外贸易、对外投资、外汇储备稳居世界前列。"一带一路"开创了全球合作发展的新局面，"一带一路"沿线已成为世界经济最具活力的发展区域。

第二，发展质量和效率明显提升。创新驱动发展战略大力实施，科技创新的投入和能力提高较快，创新型国家建设成果丰硕，天宫、蛟龙、天眼、悟空、墨子、大飞机等重大科技成果相继问世。生产要素的市场化进程扎实推进，全国人口流动呈现加速态势，人口素质显著提升。区域发展协调性增强，京津冀协同发展，长江经济带发展成效显著。改革开放以来，城镇化率年均提高 1.0 个百分点，6.2 亿农业转移人口成为城镇居民。2016 年城乡居民人均收入比较上年减少 0.01，全国城乡收入差距进一步缩小，农村贫困人口由改革开放初的 7.7 亿人减少到 4 300 万人。农业现代化稳步推进，农产品供给体系质量和效率有所提高。生态环境有所改善，美丽中国建设深入人心。

第三，经济结构不断优化。中国积极适应和引领经济发展新常态，随着供给侧结构性改革的深入推进，产业逐步向价值链的中高端攀升，经济结构不断优化。数字经济等新兴产业蓬勃发展，高铁、公路、桥梁、港口、机场等基础设施建设快速推进，新技术、新产品、新服务、更加灵活的商业模式、知名品牌竞相涌现，极大丰富了经济发展的内涵。市场倒逼机制形成，传统产业转型升级步伐加快。

同时,也必须清醒看到,由于内外部环境的一系列深刻变化,中国经济仍然面临不少困难和挑战。主要表现为:发展不平衡不充分的一些突出问题尚未解决,供给结构调整滞后于消费结构升级,发展质量和效益还不够高,创新能力不够强,实体经济水平有待提高,生态环境保护任重道远。民生领域还有不少短板,脱贫攻坚任务艰巨,城乡区域发展和收入分配差距依然较大,群众在就业、教育、医疗、居住、养老等方面面临不少难题。这些问题,必须着力加以解决。

二、以供给侧结构性改革加快增长动力的转换

中国经济进入发展新阶段,正处在转变发展方式、优化经济结构、转换增长动力的攻关期,必须坚持质量第一、效益优先,以供给侧结构性改革为主线,推动经济发展质量变革、效率变革、动力变革,提高全要素生产率,着力加快建设实体经济、科技创新、现代金融、人力资源协同发展的产业体系,着力构建市场机制有效、微观主体有活力、宏观调控有度的经济体制,不断增强我国经济创新力和竞争力。

第一,以供给侧结构性改革提高资源配置效率。供给侧结构性改革以完善产权制度和要素市场化配置为重点,通过优化劳动力、土地、资本、能源等核心生产要素的供给,实现产权有效激励、要素自由流动、价格反应灵活、竞争公平有序、企业优胜劣汰。政府与市场的界限不清是资源优化配置的主要障碍,应当发挥市场配置资源的决定性作用,打破行政性垄断,加快要素价格市场化改革,形成全国性、充分竞争的生产要素市场;深化投融资体制改革,发挥投资对优化供给结构的关键性作用;深化金融体制改革,增强金融服务实体经济能力;构建全方位的开放型经济,重塑中国经济的全球定位。同时,更好发挥政府的引导作用,健全财政、货币、产业、区域等经济

政策协调机制,加快培育服务型政府。

第二,以供给侧结构性改革加快科技创新。供给侧结构性改革的核心是通过科技创新提高全要素生产率,提升经济增长的质量和效益。科技创新是影响全要素生产率的关键因素,创新能力不足已经成为提升供给体系质量和效率的主要掣肘。企业是创新的主体,供给侧结构性改革需要通过建立有效的知识产权保护制度,提高创新激励,保护创新成果,激发企业的创新活力。供给侧结构性改革的不断深化与市场经济的"创造性破坏"密切相关,缺乏创新能力的企业退出并消亡,富有创新能力的企业进入并成长。只有大批拥有自主知识产权、自主品牌、具有竞争力的创新型企业相继出现,中国才能真正迈入创新型国家行列。为了加快科技创新,还需要充分发挥知识和人力资本对经济长期增长的作用,加大对人力资本的投入,全面提升教育质量,使中国从人口大国转化为人力资本强国。

第三,以供给侧结构性改革实现经济结构的优化。当前,影响中国经济中高速增长的重大结构性问题主要有四点:一是投资与消费比例不合理,二是三次产业结构不合理,三是收入分配结构不合理,四是总需求结构不合理。当经济发展进入新常态后,由重大结构性问题引致的产能过剩严重、杠杆率高企、经济风险上升等问题集中出现,对中国经济的持续稳定增长构成了重大制约。这些问题的根源在于,中国经济在规模不断扩张的同时,供给结构跟不上需求结构的变化,经济缺乏实现自我修复和平衡的弹性。为了适应、引领新常态,必须着力加强供给侧结构性改革,坚持去产能、去库存、去杠杆、降成本、补短板,优化存量资源配置,扩大优质增量供给,实现供需动态平衡。积极引导新兴产业的发展,加快发展先进制造业,提升现代服务业的比重,实现先进制造业与现代服务业的良性互动。

第四,以供给侧结构性改革加强城镇化的制度供给。城镇化是工业化与信息化的载体,大量农村剩余劳动力转向城市成为市民,是消除二元结构、缩小城乡收入差距的根本出路,也是扩大内需的重要途径,城镇化引致的投资和消费需求仍然是经济增长的重要推动力量。此外,城镇化是实现农业现代化的必然选择,大量农村剩余劳动力到城镇就业,必然会加快农村土地流转,为农业适度规模经营、专业化标准化生产、农产品供给结构优化创造条件。城镇化的核心是农民工市民化,为了加快新一轮城镇化进程,应当以供给侧结构性改革加强城镇化的制度供给,带动户籍制度改革、城乡福利保障制度改革、土地制度改革等,加快三、四线城市房地产去库存,有效化解建材行业的过剩产能。城市群的崛起是经济进入发展新阶段的重要标志,从资源环境承载能力和生产力合理空间布局的角度做好城市群发展规划,培育符合中国经济全球定位的高端城市群体,是顺应经济发展阶段性变化、推动中国新一轮城镇化进程的重要举措。

三、从五个层面推进供给侧结构性改革

第一,优化空间布局,加快培育新增长极。为了促进资本、劳动、人才、信息的自由流动,强化要素集聚,需要加快高端城市群体建设,不断提升区域竞争力。因此,以粤港澳大湾区建设为重点,全面推进内地同香港、澳门互利合作,制定完善便利香港、澳门居民在内地发展的政策措施。同时,以"一体两翼"的上海湾区设想作为长三角地区的新一轮增长战略,实现长三角城市群的深度融合。为了加快发展湾区城市群,应当加强水利、铁路、公路、水运、航空、管道、电网、信息、物流等基础设施网络建设,以基础设施的互联互通打破

地理边界，推动经济边界的有效扩展。

第二，优化产业布局，推进产业向价值链中高端攀升。建设现代化经济体系，必须把发展经济的着力点放在实体经济上，把提高供给体系质量作为主攻方向，显著增强中国经济质量优势。为此，坚持去产能、去库存、去杠杆、降成本、补短板，从生产领域加强优质供给，减少无效供给，扩大有效供给，提高供给结构的适应性和灵活性。加快实施创新驱动战略和"中国制造2025"规划，支持传统产业优化升级，推动互联网、大数据、人工智能和实体经济深度融合，促进中国产业迈向全球价值链中高端，培育若干世界级先进制造业集群。在中高端消费、创新引领、绿色低碳、共享经济、现代供应链、人力资本服务等领域培育新增长点、形成新动能。加快发展现代服务业，瞄准国际标准提高服务水平。

第三，以"一带一路"倡议为抓手，拓展发展新空间。为了形成陆海内外联动、东西双向互济的开放格局，加速全球产业布局，应当以"一带一路"倡议为重点，坚持引进来和走出去并重，创新对外投资方式，促进国际产能合作，形成面向全球的贸易、投融资、生产、服务网络，加快培育国际经济合作和竞争新优势。拓展对外贸易，培育贸易新业态、新模式，推进贸易强国建设。实行高水平的贸易和投资自由化便利化政策，全面实行准入前国民待遇加负面清单管理制度，大幅度放宽市场准入，扩大服务业对外开放，保护外商投资合法权益。赋予自由贸易试验区更大改革自主权，探索建设自由贸易港。

第四，落实精准扶贫，在发展中保障和改善民生。增进民生福祉是发展的根本目的，必须多谋民生之利、多解民生之忧，在发展中补齐民生短板、促进社会公平正义。加大公共支出力度，在幼有所育、学有所教、劳有所得、病有所医、老有所养、住有所居、弱有所扶上不断取得新进展。深入开展脱贫攻坚,保证全体人民在共建共享发展中有更多获得感,不断促进人的全面发展、全体人民共同富裕。建设平安中国,加强和创新社会治理,维护社会和谐稳定,确保国家长治久安、人民安居乐业。

第五,激发和保护企业家精神,巩固经济发展的微观基础。为了实现市场主体主动参与改革、共同推进改革的良性循环,应当激发和保护企业家精神,增强市场主体对未来的正面预期,巩固经济发展的微观基础。为此,不仅需要营造保护企业家财产权、自主经营权、创新权益的法治环境,更要营造促进企业家公平竞争诚信经营的市场环境,强化企业家公平竞争权益保障,健全企业家诚信经营激励约束机制,持续提高监管的公平性、规范性、简约性。同时,建设知识型、技能型、创新型劳动者大军,弘扬劳模精神和工匠精神,营造劳动光荣的社会风尚和精益求精的敬业风气,鼓励更多社会主体投身创新创业。

本书是我主持承担国家社科基金重大招标项目(14ZDA023)——"中国经济增长的潜力与动力"的阶段性成果。全书内容包括导论和四篇十六章,第一篇是资源错配与效率损失,研究金融结构对资本配置效率的影响;金融资源错配与企业资本回报率;政府干预对制造业行业间资源错配的影响;行政垄断的动态演进与效率损失。第二篇是创新驱动与增长绩效,研究科技创新的要素投入及其增长绩效;风险投资对自主创新的影响;知识产权保护与全要素生产率;品牌建设影响经济增长的机理与实证。第三篇是人力资本与经济增长,研究劳动力投入及其结构演变与经济增长;教育公平及其经济增长绩效;财政分权体制下的教育支出。第四篇是对外投资与经济增长,研究对外投资的基本特征及其增长效应;

对外直接投资的产业结构升级效应；对外直接投资的逆向技术溢出与增长效应；对外直接投资的增长效应——基于"一带一路"国家的比较分析。

当然，我们深知要在这些方面取得实质性突破，需要对这些领域的现实发展状况有一个更加全面的认识，因此，本书许多内容都在着眼于如何挖掘中国经济增长的潜力，转换经济增长的动力的历史经验进行严谨的实证分析。其中的一些阶段性成果已经发表在《中国社会科学》、《经济研究》、《管理世界》、《China & World Economy》、《Review of Development Economics》、《求是》等学术期刊，并受到学术界广泛的关注。

本书的提纲和研究思路由我提出，初稿撰写的分工是：导论，沈坤荣；第一章，韩澄忱、沈坤荣；第二章，周睿、沈坤荣；第三章，马致远；第四章，周晴晴；第五章，沈璐、沈坤荣；第六章，郭飞；第七章，孙梵、沈坤荣；第八章，陈晨；第九章，刘倩雯；第十章，于海玉；第十一章，徐巾琳、沈坤荣；第十二章，席思嘉；第十三章，罗洁、沈坤荣；第十四章，曹扬、沈坤荣；第十五章，黄丹青；第十六章，刘莹、沈坤荣。另外，赵倩在初稿编排中做了大量工作。初稿完成之后，我和赵倩又对各章进行了修改和体例统一工作。

本书是我们进行中国经济增长潜力与动力系列研究的阶段性成果。由于我们的理论功底和研究水平有限，书中的错误和不足可能有许多，恳请专家学者不吝指正。

沈坤荣

2018 年 3 月

上册目录

导论　重构中国经济增长的动力机制

本章提要　随着中国经济进入新常态,增长驱动力、劳动力禀赋、产业结构、技术选择、资源环境等方面均发生深刻的变化,创新不足、结构失衡、资源短缺等制约瓶颈,将进一步阻碍经济的可持续发展。为了适应经济发展新常态,需要构筑新的经济增长动力机制,以创新作为经济增长的主要驱动力,以产业结构升级作为经济增长的实现路径,以收入分配结构优化作为经济增长的重要保障。十八大以来,供给侧结构性改革带来经济增长新气象,产业结构的战略性调整向纵深推进,新一轮经济增长的动力正在酝酿与形成,经济发展的居民获得感不断提高。但是,供给侧结构性改革还存在不协调、不到位、不配套等问题,经济增长的短期动力不足,经济运行的风险上升。为了激发长期经济增长活力,还需要以深化供给侧结构性改革为重点,拓展经济发展的新空间。

一、中国经济新常态下的新变化

改革开放以来,中国经济以年均 9.6％的速度高速增长。自 2010 年 GDP 总量超过日本成为全球第二以后,中国经济出现明显不同于以往的特征与表现。2010～2016 年中国经济增速连续下滑,其中 2015 年、2016 年 GDP 增速连续两年低于 7％。从经济结构来看,2013 年第三产业比重首次超过第二产业。这种 7％左右的增速和经济结构转型的组合,标志着中国经济进入一种较长期的不同于以往的状态,习近平总书记将其概括为以中高速增长、结构优化升级、创新驱动为基本特征的中国经济"新常态"。

（一）经济增长驱动力的变化

根据推动经济增长的主动力,迈克尔·波特(2012)将国家经济发展划分为要素导向、投资导向、创新导向、富裕导向四个阶段。各种生产要素的投入数量及相互作用的有效性与一国的经济增长密不可分。一国经济发展的最初阶段,需要依赖基本生产要素如天然资源、自然环境、廉价劳动力等方面的投入,来发挥国家竞争优势。中国过去30多年的经济增长主要依靠劳动力和资本等生产要素,属于由投资带动的要素驱动阶段。理论与经验研究表明,1978～2010年,要素投入量对经济增长做出主要贡献,而全要素生产率对经济增长的贡献相对较低(刘瑞翔,2013;邓翔、李建平,2004)。刘瑞翔(2013)利用1989～2010年中国的省际数据,从要素投入、全要素生产率和资源消耗三个方面分析中国经济增长的源泉,研究发现资本和劳动要素对经济增长的贡献份额高达70.2%。随着经济总量的扩大,资源禀赋、经济结构开始转变,外延式、粗放型的要素驱动增长模式不仅面临国际外部环境变化的挑战,而且受到国内资源环境、劳动力成本等方面不可持续的供给约束。要适应国际经济环境的新变化、克服国内资源环境的强约束,必须关注创新和提高资源配置效率对经济增长的关键驱动作用,从要素导向、投资导向步入创新导向阶段。

(二)劳动力禀赋优势的变化

长期以来,中国规模庞大的人口为经济增长提供廉价的劳动力。蔡昉(2010)认为,当劳动年龄人口的比重上升、人口年龄结构处于富有生产性的阶段时,充足的劳动力供给和高储蓄率可以为经济增长提供一个额外的源泉,即存在人口红利。当人口年龄结构在总体上不再富有生产性时,人口红利便会丧失,原有劳动力要素的比较优势也将消失。由于计划生育的有效落实,中国生育率下降的速度远高于其他国家,人口增长率趋于降低,人口将会出现老龄化。2016年,中国总人口为13.8亿,其中,65岁及以上人口占总人口的比重达10.8%,人口老龄化程度迅速提高。随着人口红利逐渐消失和刘易斯转折点的跨越,中国经济长期增长的动力机制面临重构。

(三)产业结构的变化

经济新常态下的突出表现之一,是生产结构中的农业和制造业比重明显下降,服务业比重明显上升,服务业取代工业成为经济增长的主要动力。2016年,中国第一产业增加值6.4万亿元,同比增长3.3%;第二产业增加值29.6万亿元,同比增长6.1%;第三产业增加值38.4万亿元,同比增长7.8%;第一、第二、第三产业增加值占国内生产总值的比重分别为8.6%、39.8%、51.6%。从三次产业对国内生产总值的拉动作用来看,第一、第二、第三产业的贡献率分别为4.4%、37.2%、58.4%,GDP增长速度与各产业贡献率的乘积分别为0.3%、2.5%、3.9%。从要素转移视角来看,现有研究表明,发展中国家各部门具有不同的生产率水平和生产率增长率,生产要素从低生产率水平或低生产率增长的部门向高生产率水平或高生产率增长的部门流动,会提高总生产率(Peneder,2002;干春晖、郑若谷,2009)。长期以来,中国的劳动力要素一直从第一产业流向第二、三产业,对生产率的增长发挥了较强的推动作用,尤其是对第二产业内部的生产率贡献相对较大。但是,资本的流动性弱于劳动的流动性,资本要素转移的贡献与劳动力相比存在较大差异,资本向第二、三产业的转移对生产率的提高只发挥了微弱的效应。随着产业结构的变化,要素转移对于经济增长的效应也将转变。

(四)产业结构升级中技术选择的变化

产业结构的转化体现经济增长的协调性与有效性,有效改变经济增长的动力机制。从技术进步视角来看,发展中国家往往倾向于通过消化、吸收发达国家的先进技术或本国技术自主研发,实现产业结构升级,促进经济增长。黄茂兴、李军军(2009)以1991～2007年中国省际面板数据为样本,分别从省域效应和时间效应两个方面检验了技术选择对产业结构升级和经济增长的作用,研究发现,选择发展劳动密集型产业还是利用先进技术发展资本密集型产业,取决于要素禀赋结构。只有结合要素结构并在能够吸纳新技术和重化工业的前提下,技术选择才会促进经济增长。重工业水平随经济的增长而不断提高,生产规模达到一定程度后,对新技术的吸收能力和创新能力不断增强,产业结构得到优化升级,技术选择对经济增长的促进作用越来越积极。中国作为发展中国家,资本要素非常有限,发达国家的"再工业化"战略通过降低税收负担提高制造业吸引资本和投资的能力,利用国际知识产权保护协议和高技术产品出口管制构筑技术壁垒,这会导致中国吸引外资和引进高端技术的难度进一步加大。第三次工业革命鼓励制造业回归本土,发达国家采用先进技术重获制造业竞争优势,降低了制造业对廉价劳动力的依赖,中国单纯以劳动力成本获得的比较优势将越来越不明显。因此,在产业结构的优化升级过程中,随着要素禀赋结构的变化,技术选择、主导产业选择等方面也需要随之转变。

(五)资源环境的变化

长期以来,中国的经济增长基本依靠物质要素的投入来推动,经济的快速发展以大量的资源投入和环境污染为代价。1978～2016年,中国能源消费总量从5.7亿万吨标准煤迅速上升至43.6亿万吨标准煤。工业生产活动不仅消耗自然资源,而且污染甚至严重破坏环境。在一定的经济发展阶段,人们宁可承受较大的环境污染去换取工业的发展,但随着工业发展到较高阶段,环境问题变得越来越重要。环境容量是有限的,中国工业化的迅速推进,给生态系统带来巨大的负担。中国绝大多数资源的人均占有量相对短缺,多年来的粗放型经济发展方式进一步削弱了资源环境的承载力,而经济规模的扩大、消费需求的增长以及生产和消费结构的变化将继续推高资源消耗总量,这些因素的共同作用导致中国资源环境压力日益增大,高投入、高消耗、高排放、低效率的粗放型增长难以为继。因此,在经济新常态下,需要关注资源利用效率和低碳经济,加快对高耗能企业和行业的技术改造,促进资源环境的合理开发与节约使用。

二、新常态下增长动力机制的构建

当前,中国经济正处于增长速度换挡期、结构调整阵痛期和前期经济政策刺激消化期的"三期叠加"。为了适应经济发展新常态,需要构筑新的经济增长动力机制,以创新作为经济增长的主要驱动力,以产业结构升级作为经济增长的实现路径,以收入分配结构优化作为经济增长的重要保障。

（一）以创新作为经济增长的主要驱动力

经济发展从要素导向、投资导向进入创新导向阶段,对经济结构的优化、资源利用效率的提升以及生态环境的改善发挥了重要的促进作用。具体而言,创新驱动对于经济新常态下经济增长的影响体现在:① 创新驱动促进经济结构的优化。经济系统内各生产要素之间的联系不仅表现为社会关系,而且还表现为技术联系。技术关联的改变决定部门关联的变动,合理的技术结构不仅促进生产要素在不同部门之间的流动,实现生产要素的新组合,而且可以在生产要素不发生流动的情况下带来经济结构的优化。② 创新驱动促进资源利用效率的提高。经济增长主要来源于规模报酬不变基础上的规模扩张路径和规模报酬递增基础上的效率提升路径。在发展的起步阶段,资源约束相对较弱,可以通过规模扩张路径来实现增长。当经济增长到一定阶段,随着资源环境约束的不断强化,需要实现经济增长路径的转化。创新驱动通过渗透到各种生产要素中发生作用,通过改变生产要素的组合提高资源利用效率、优化要素配置方式,从而促进发展方式从规模扩张向效率提升转变。③ 创新驱动促进生态环境的改善。经济增长的成本不仅包括经济成本,而且涵盖环境成本。要素投入驱动的增长依靠生产要素数量的扩张,在一定程度上造成对资源的过度开采和使用,并以环境污染与破坏为代价。创新驱动可以降低投入与消耗、减少排放,推动传统资源浪费、环境破坏的经济发展方式向低污染、低排放的经济发展方式转变。

基于此,面对中国经济新常态,需要在经济发展中更加强调创新驱动的作用,通过充分利用知识、技术、企业组织制度和商业模式等创新要素对现有的资本、劳动力、物质资源等有形要素进行新组合,以创新的知识和技术改造物质资本、提高劳动者素质和科学管理,在减少物质资源投入的基础上实现经济增长。创新驱动的实质是科技创新,利用科技创新的成果去改造旧产业或催生新产业,而科技创新需要以制度创新进行激励,制度创新是其顺利实现的重要保障。

(二)以产业结构升级作为经济增长的实现路径

制造业在一个国家的工业发展、科技进步以及国际竞争力提升中扮演重要的角色。随着中国经济进入中高速增长阶段,低水平生产能力过剩,制造业的发展面临巨大挑战。一方面,国际金融危机后世界各国经济进入深度调整期,国际市场需求下滑对以出口为导向的制造业造成较大的结构性制约。另一方面,为了缓解失业、扩大内需、拉动本国经济增长,美国、日本、德国等发达国家纷纷实施"再工业化战略",制造业开始向本土回流,与此同时,新兴经济体依靠资源、劳动力等比较优势大力发展加工制造业,与中国的制造业形成同质竞争。因此,提升制造业的质量与效益,成为经济新常态下迫切需要解决的问题。目前,中国的制造业与发达国家在产品质量、稳定性及可靠性等方面仍存在较大差距,为了实现我国产业结构的战略性调整和优化升级,现有的技术装备需要进行新一轮更新改造,高端制造业成为抢占新一轮国际竞争制高点的关键。

此外,制造业与服务业是唇齿相依的关系,制造业是国家经济发展的基础,对带动服务业增长具有重要作用,而服务业为制造业的发展提供保障。生产性服务业,尤其是与知识生产、传播和使用密切相关的金融保险、信息通讯、研发设计、创意咨询、工程技术和知识产权服务等,都包含制造业升级所需的知识和技能,即专业化的"高级要素"。因此,现有产业的深化与新兴产业的发展离不开现代服务业的支持。基于此,面对中国经济新常态,需要发展高端制造业及现代服务业,实现产业结构的优化升级。

(三)以收入分配结构优化作为经济增长的重要保障

随着中国经济的快速发展,收入分配失衡状况有所加剧,从收入在生产要素之间的分配来看,国民收入分配向政府和企业倾斜,劳动者报酬比重不断下降;从收入在居民个人之间的分配来看,居民收入分配向富人倾斜,城乡间、个体间收入差距不断扩大。收入分配结构的调整是经济增长的重要保障,对新常态下经济增长的影响体现在:① 收入分配结构的优化可以扩大消费需求。边际消费倾向较低的高收入阶层往往偏爱高档消费品,而边际消费倾向较高的低收入阶层购买力有限,消费需求受到制约,缩小收入差距有利于扩大消费需求,拉动经济持续增长。劳动要素分配份额过低,导致以劳动收入为主要收入来源的低收入阶层的收入水平受到影响,提高劳动收入份额进一步扩大消费需求,促进经济增长。② 收入分配结构的优化有利于人力资本投资。中国城乡之间出生地的差别,很大程度上影响了劳动者接受教育、获取技能的机会。各收入阶层根据自身财富状况以及人力资本投资后的效用大小,决定是否进行人力资本投资。当收入差距过大时,低收入阶层无法进行人力资本投资,从而影响到人力资本的积累。而且,当要素收入分配结构失衡时,劳动要素收入份额下降将失衡状态传导至居民收入分配结构失衡,低收入劳动者很难通过人力资本投资渠道获得收入增长,居民收入分配结构与要素收入分配结构失衡状态被强化,进一步阻碍经济增长。

2016 年,社会消费品零售总额同比名义增长 10.4%,创 2004 年以来新低。固定资产投资同比名义增长 7.9%,跌至 2000 年以来的最低水平。随着中国生育率水平的不断下降,依靠劳动力投入的规模扩张来推动经济增长的方式在长期受到人口增长减缓的约束,通过人力资本投资提高劳动力的素质变得至关重要。基于此,面对经济新常态,在改革目标和价值判断上要强调改革成果的分享性,在初次分配与二次分配中都注重收入分配的平等程度,扩大中等收入者的比重,在收入普遍提高的基础上缩小收入分配的差距。

三、以深化供给侧结构性改革为重点,激发长期经济增长活力

十八大以来,以习近平同志为核心的党中央面对经济发展新常态,牢固树立新发展理念,坚定不移地推进供给侧结构性改革,经济增长的内涵正在发生本质性转变。产业结构的战略性调整向纵深推进,新一轮经济增长的动力正在酝酿与形成,经济发展的居民获得感不断提高。但是,供给侧结构性改革还存在不协调、不到位、不配套等问题,经济增长的短期动力不足,经济运行的风险上升。为了激发长期经济增长活力,还需要以深化供给侧结构性改革为重点,拓展经济发展的新空间。

（一）供给侧结构性改革带来经济增长新气象

尽管经济增速放缓,但经济增量已经相当可观。中国已成为世界第二大经济体、最大货物贸易国、第三大对外直接投资国,人均 GDP 超过 8 000 美元。近年来,在全球经济增长乏力的背景下,中国经济增速出现一定的回落,2016 年GDP 增长 6.7%。尽管如此,中国经济增速仍然位居主要经济体前列,经济运行保持在合理区间。从近年中国的经济增量来看,同样是增长1%,2016 年中国的经济增量超过 7 400 亿元,而 5 年前的经济增量仅 4 900 亿元左右。随着经济体量不断扩大,当前 6.7% 的经济增量已经相当可观。从中国在全球经济中的地位和作用来看,2008 年全球金融危机爆发后,当年中国即为全球经济贡献近 40% 的增量;2010 年中国取代美国成为全球经济增长的最大贡献者,2016 年对全球经济增长的贡献率超过 30%,可以说,中国经济增长对全球经济复苏起到了强有力的支撑作用①。中国占全球经济的比重由2000 年的 3.7% 上升至 2015 年的 14.8%,在世界经济增长进程中扮演更加重要的角色。2016 年,中国对"一带一路"沿线国家直接投资达到 145 亿美元,中国企业已经在沿线 20 多个国家建立 56 个经贸合作区,累计投资超过185 亿美元,为东道国增加近 11 亿美元的税收和 18 万个就业岗位。"一带一路"开创全球合作发展的新局面,"一带一路"沿线已成为世界经济最具活力的发展区域。

经济增长的内涵发生转变,产业结构向中高端迈进。中国积极适应和引领经济发展新常态,大力推进供给侧结构性改革,坚持创新驱动发展,加快经济发展方式和产业结构调整,经济增长的内涵从追求发展速度、经济规模向经济增长的质量与效益提升转变,国民经济运行稳中有进、稳中提质。2016 年,国内有效发明专利拥有量突破 100 万件,技术交易额超过 1 万亿元,创新对发展的支撑作用明显增强。光电子器件、锂离子电池、工业机器人、SUV、集成电路等新兴产品产量保持了较高的增速,工业结构继续优化。服务业快速发展,铁路运输、电信广播电视和卫星传输服务、互联网及软件信息技术服务、货币金融服务、保险等行业持续位于较高景气区间。新技术、新产品、新服务、更

---

① 根据国际货币基金组织(IMF)的统计,按照购买力平价计算,中国 GDP 约占全球 GDP 的 17.3%。中国的实际 GDP 每增长 6.7%,就能促进世界经济增长约 1.2%。如果把中国对应的贡献剔除出去,IMF 预估的 2016 年世界经济增长 3.1% 这一数值就要被调低至 1.9%,这将远低于衡量全球经济陷入衰退的临界值——经济增速 2.5%。也就是说,中国依然是世界经济增长马力最大的发动机。

加灵活的商业模式、知名品牌相继出现,华为、阿里巴巴等代表性高新技术企业已跻身世界一流,极大丰富了经济增长的内涵。

经济活力快速增强,就业机会不断增加。持续推进简政放权、放管结合、优化服务改革,2016 年取消 165 项国务院部门及其指定地方实施的审批事项,清理规范 192 项审批中介服务事项、220 项职业资格许可认定事项。大众创业、万众创新广泛开展,2016 年新登记企业增长 24.5%,平均每天新增 1.5 万户,加上个体工商户等,各类市场主体每天新增 4.5 万户。2016 年,粗钢产量 8.08 亿吨,同比仅增长 1.2%,提前完成 4 500 万吨的去产能任务;全年原煤产量 33.64 亿吨,同比下降 9.4%,超额完成 2.5 亿吨的去产能目标。着眼促进企业降成本,出台减税降费、降低"五险一金"缴费比例、下调用电价格等举措。其中,"营改增"新增试点行业全部实现总体税负只减不增的预期目标,仅"营改增"一项全年减税超过 5 000 亿元,有效降低了企业的税负,小微企业景气度回升。"去产能"、"降成本"的供给侧结构性改革举措对宏观经济环境的积极影响逐渐增强,制造业继续保持稳中向好的发展态势。与充满活力的市场主体相对应的就是表现稳定、充满活力的就业。移动互联网、移动支付等新技术、新应用,以汽车共享、住宿共享为代表的共享经济等新业态不断涌现,创造了大量就业岗位,就业规模持续扩大。2016 年新增就业 1 314 万人,全年目标提前实现。年末城镇登记失业率 4.02%,为近年来最低水平。

(二)供给侧结构性改革面临的问题与挑战

供给侧结构性改革还存在不协调、不到位、不配套等问题。供给侧结构性改革成效明显,但从经济发展提质增效长期目标看,供给侧结构性改革还存在不协调、不到位、不配套等问题,仍需要进一步深入推进。在"三去一降一补"五大任务中,房地产去库存成为地方政府的优先选项。不协调主要表现在,地方的投资冲动将房地产去库存演变为房地产热,而房地产投资比重过高将挤出实体经济投资,加剧投资"脱实向虚"问题,有可能导致新的结构性失衡。2016 年,新增固定资产投资完成额累计同比为 -8.5%,而同期房地产累计新开工面积同比增长 8.1%。不到位主要表现在,旨在激发增长活力的"补短板"用力缺乏针对性,迟滞了宏观经济全面复苏的步伐。就目前各地出台的措施看,"补短板"的问题主要表现在对一般通用技术的重视程度不够,基础设施和公共服务供给向城市倾斜,基本农产品供给滞后于需求增长。不配套主要表现在,重点领域改革滞后,制约改革红利的有效释放。部分领域改革不到位,不但影响供给侧结构性改革的整体成效,而且增加改革的预期成本。不配套集中表现在两个方面:一是垄断行业改革滞后,交通、电信以及部分公用事业等行业收费情况说明,中国垄断行业改革进展很不理想,推进垄断行业改革任务十分艰巨。二是农村土地制度改革滞后。2016年,中国第一产业产值比重已降至8.6%,但就业比重仍接近30%,农村土地制度制约了农业的集约化生产。

供给结构的调整滞后于需求结构的升级,经济增长的短期动力不足。现阶段有效供给不足的主要表现可概括为以下三点:一是供给数量不足,无法满足最终需求;二是供给质量不优,直接影响最终需求;三是供给成本太高,还是抑制最终需求。由于供给结构的调整还未到位,商品有效供给满足不了消费结构升级的需求,一方面传统产业存在大量的产能过剩,另一方面适合消费升级的高质量产品和服务供应短缺,供给结构对需求结构的适应性和灵活性有待增强。2016年中国游客出境高达1.2亿人次,中国游客在美国、欧洲、日本和韩国的单人单程零售消费额已明显高于世界平均水平,境外消费的快速增长已经对国内消费市场产生一定的"挤出效应"。当前,中国经济正处于调速换挡阶段,新的增长动力正在形成,依靠要素投入驱动的传统经济增长动力逐渐衰弱,新旧动力的切换导致短期经济增长的动力不足,经济面临下行风险。从地区之间的经济增长情况来看,由于增长与改革推进、反腐行动之间的合力尚未形成,以供给侧结构性改革矫正资源配置扭曲的效果尚未充分显现,地区之间的竞争能级明显下降,下行压力进一步加大。短期增长动力不足,反映在微观层面上就是部分企业生产经营陷入困境。

发展过程中积累一定的债务,经济运行的风险上升。与其他主要经济体相比,中国非金融部门的债务占GDP的比重仍处于可控区间,但过快的增幅不仅加重了全社会的债务负担,而且极易对金融稳定产生负向冲击,对此应保持高度警惕。从行业的资产负债率情况来看,2008年以来,资产负债率上升较快的行业主要集中于产业链上游,受近年来国际市场价格下跌的影响显著,是传统经济的代表,也是国有企业集中度较高、信贷资源较为集中的行业。目前的债务沉疴,某种程度上正是难以消化的过剩产能在金融层面的积淀。在企业利润下降和债务高企的双重挤压下,企业债市场已开始出现违约,违约事件涉及央企、地方国企和民企,经济运行的风险有所上升。2016年,中国债券市场共有79只债券实质性违约,涉及34家发债主体,违约金额达403亿元,同比增长220%。此外,房地产开发企业与居民金融杠杆迅速提升,放大了资产泡沫和局部金融风险,对经济增长的长期影响不容忽视。

（三）以深化供给侧结构性改革激发经济长期增长活力

在大力推进科技创新和制度创新的同时，用改革的办法推进产业结构调整，纠正资源错配，为经济持续健康发展提供源源不断的内生动力。

深化国企改革，盘活国有资本存量。降低行业准入门槛，引导民间资本和社会资本进入石油、天然气、电力、电信、民航、铁路等垄断性行业。以市场化的方式推进国企的兼并重组，坚决出清僵尸企业。大力推进国企混改试点，促进国企转换经营机制；完善国企监管制度，防止国有资产流失。推进国有资本投资、运营公司改革试点，充分发挥国有资本运营公司和投资公司的资本运作平台作用，盘活国企存量资产。

加快金融体制改革。发展适合中国的金融体系，进一步提高直接融资的比重；推进资产证券化，实施市场化法制化债转股；发展普惠金融和多业态中小微金融组织，扩大民间资本进入银行业，规范发展互联网金融，拓宽投融资渠道，降低社会融资成本和杠杆率。大力完善金融基础设施，稳定推进金融市场化和法制化，积极培育公开透明、健康发展的资本市场，继续精简行政审批事项；完善金融机构市场化的退出机制，提高主体金融机构的竞争能力和风控能力，提升金融体系的服务效率。改革金融监管框架，从当前的机构监管向综合监管与功能监管过渡，加强金融审慎管理制度建设，有效防范系统性、区域性的金融风险。

以双向开放拓展经济增长的外部空间。为了最大限度地释放对外开放的制度红利，需要实行更加积极主动的开放战略，创造全面、深入、多元的对外开放格局。一方面，继续放宽外商投资准入门槛，推进国内高水平、高标准的自由贸易试验区建设，完善法制化、便利化、国际化的营商环境。同时，加强国际经济协调合作，推动全球经济进一步开放、交流、融合；推进亚太自由贸易区建设，推动区域全面经济伙伴关系协定尽早结束谈判，增进与周边国家的合作，不断提升区域经济影响能力。另一方面，"一带一路"倡议正推动中国对外直接投资进入新的阶段；以外部拓展和总量增加的空间，来赢得内部改革和提质增效的时间。因此，继续推进"一带一路"的建设，重点支持基础设施互联互通，切实推进关键项目落地，加强国际产能合作，为更多优秀企业"走出去"创造条件；创新国际化的融资模式，通过亚投行和丝路基金等新生多边金融机构，撬动更多社会资本与国际资本，为"一带一路"的建设提供稳定、可持续、风险可控的金融保障体系。

　　增强市场主体对未来的正面预期。供给侧结构性改革效果的实现有赖于市场主体的正面预期,而后者又同时受到宏观经济波动和改革的正向激励的双重影响。改革与创新着眼于解决中长期的经济增长动力问题,具有较长的时滞效应;市场最先感知的则是短期的经济下行压力和风险因素积累。在新旧增长动力顺利转换前,宏观经济环境的不确定性增多,将致使市场主体预期出现波动,从而抵消改革的正向激励。因此,一方面,加强对宏观经济走势的预判,短期的宏观调控政策以稳增长、稳就业为主要目标,适度扩大总需求;执行力度宜大不宜小、宜快不宜慢、宜透明不宜遮掩,积极引导和增强市场主体的正面预期,为推进供给侧结构性改革营造稳定的宏观经济环境。另一方面,对于事关长远发展全局的中长期改革举措,应以提升经济增长质量与效益为核心目标,不能因经济的短期波动和既得利益群体的阻碍而轻易变向,保持中长期政策的稳健性和可预期性。同时,完善改革进程的考评激励、问责、监督机制,力促改革举措尽快落地,加快培育新的增长动力,让市场主体在获得供给侧结构性改革红利的同时,增强对改革的信心,实现市场主体主动参与改革、共同推进改革的良性循环。

本章参考文献

[1] 蔡昉. 人口转变、人口红利与刘易斯转折点. 经济研究,2010(4).
[2] 邓翔,李建平. 中国地区经济增长的动力分析. 管理世界,2004(11).
[3] 干春晖,郑若谷. 改革开放以来产业结构演进与生产率增长研究——对中国 1978～2007 年"结构红利假说"的检验. 中国工业经济,2009(2).
[4] 洪银兴. 关于创新驱动和创新型经济的几个重要概念. 群众,2011(8).
[5] 黄茂兴,李军军. 技术选择、产业结构升级与经济增长. 经济研究,2009(7).
[6] 金碚. 资源环境管制与工业竞争力关系的理论研究. 中国工业经济,2009(3).
[7] 刘盾,施祖麟,袁伦渠. 论提高劳动收入份额对我国经济增长的影响——基于巴杜里-马格林模型的实证研究. 中国经济问题,2014(2).
[8] 刘瑞翔. 探寻中国经济增长源泉:要素投入、生产率与环境消耗. 世界经济,2013(10).
[9] 迈克尔·波特. 国际竞争优势. 北京:中信出版社,2012.
[10] Peneder M. Structural Change and Aggregate Growth. WIFO Working Paper, Austrian Institute of Economic Research,Vinenna,2002.

第一篇

资源错配与效率损失

第一章　金融结构对资本配置效率的影响

本章提要　关于金融结构的讨论,一直吸引着学界和管理层的共同关注。考虑到我国的直接融资市场并不完善,直接融资能否切实发挥资本配置优化的职能还有待检验,这就是本章要讨论的重点。本章首先归纳了金融结构中银行和资本市场对资本配置效率的三种作用机制,并基于 Jeffery Wurgler 的模型估计法,建立面板数据模型估计全国和东、中、西部在 1998～2013 年的资本配置效率。本章还进一步地讨论了金融结构与资本配置效率两者的相关性,发现金融结构中直接融资比重的上升并没有促进资本配置效率的改善,其中信贷融资的发展与资本配置效率之间关系较弱,而直接融资的发展对资本配置效率存在显著的抑制作用。从细分结构的角度分析,中小银行的占比上升可以显著地起到促进作用,而过高的主板份额和股市流动性会产生较弱的阻碍作用。

第一节　研究背景

我国金融市场发展成果卓著。金融市场秩序逐步完善,市场规模日益扩张,融资渠道得到拓展。银行主导的间接融资依旧是最主要的社会融资来源,信贷渠道在融资市场中所占份额逐渐降低,但表外融资的比重上升很快,客观上形成了对信贷融资的补充。股市和债市代表的直接融资增速较快,在融资市场上的比重缓慢提高。

关于金融结构的讨论,一直吸引着学界和管理层的共同关注。以五大国有银行为主的银行业为我国经济腾飞注入了不可或缺的资金动力,但不可否认其逐渐暴露出一些亟须解决的问题,给实体经济的健康发展埋下隐患。银行业的市场化程度还不高,地方政府对信贷市场的干预往往会导致资本错配。信贷配给和利率管制的存在使得银行无法自由定价,从回报率和风险的角度考虑,中小企业通常并非银行最中意的客户,在信贷市场的话语权较弱。因此,不少学者呼吁应该调整银行业一家独大的金融结构,提高直接融资的比重,分担间接融资的压力,以期能够帮助实体经济摆脱融资困境。

整体上看,直接融资份额的提升带来了金融结构的优化,从直观上判断应该有利于我国资本配置效率的改善。但是我国的直接融资市场发育较晚,制度建设仍存在调整的空间,市场化程度远远没有达到发达国家的水平,中小企业未必能够便捷有效地获得直接融资,对实体经济资本配置的优化功能也还有待验证。因此,以目前直接融资的发展现状,提高直接融资比重是否能够切实地改善资本配置效率,这是一个值得深思的问题。

关于金融结构与经济增长的讨论最初可以追溯到 Goldsmith 在 1969 年的著作《金融结构与金融发展》。他在书中开拓性地阐述了金融结构的基本概念,为后续的研究打下了基础。之后,学者们针对金融结构问题展开了激烈的讨论,关于以银行为代表的间接融资主导型和资本市场主导型两种金融结构究竟哪一种更有利于经济的长期增长,这个问题又进一步地演变为哪一种金融结构效率更高,是否存在最佳的金融结构。这些问题至今没有定论,经济学家们众说纷纭,逐渐形成了四种主要的观点:银行主导型优势论、资本市场主导型优势论、金融服务论和金融法权论。然而,前人的研究更多的是将金融结构和经济增长直接联系起来,探讨两者间的关联性。在他们的理论中曾不同程度地涉及银行或资本市场对经济增长的推动作用是通过资本配置效率的改善而实现的,所以本章将重点研究金融结构与资本配置效率这一传导中介之间的联系,从而更好地理解金融结构对经济增长的作用机制。

金融市场的发展将借助资本形成效率和资本配置效率这两个传导中介来促进经济增长。资本配置效率上升,说明稀缺的资本流向了成长性好、回报高的产业或地区,在提升资本形成质量的同时还有助于调动现有资本有效配置,减少资源浪费,增加资本回报,所以对资本配置效率的研究十分有必要。资本的优化配置是金融系统的一项基本功能,通过测算资本配置效率能够更直观地反映金融系统是否有效运行,资本配置效率的高低可以折射出一国的金融系统所提供的金融服务质量,也可以看到当前的金融结构与实体经济运行所需要的金融服务类型是否匹配。

金融系统主要有信息搜集和处理、监督和实施公司治理以及分散风险和提供流动性三大功能,金融系统对资本配置效率的影响取决于间接融资和直接融资两大融资渠道在发挥上述功能时的有效性和效率。对于正处在经济转型的关键时期、背负着下行压力的中国经济而言,目前金融系统中间接融资和直接融资的发展是否有利于资本的优化配置,金融结构的优化、直接融资比重的提高是否有助于改善资本配置效率,这些问题都值得我们进行深入探讨。

本章的主要思路是从金融结构对资本配置效率的三大作用机制入手,探讨银行和资本市场在实现金融功能时的具体表现。然后测算全国和东、中、西部的资本配置效率,得到了1998～2013年资本配置效率的变化趋势,接着实证研究金融结构对资本配置效率的影响,并根据实证结果给出一定的政策建议。

第二节　基本理论与文献综述

一、金融结构的基本概念

"金融结构"的概念最早源于 Goldsmith 的《金融结构与金融发展》一书,该书系统全面地阐释了金融结构的概念,为后人研究铺设了理论基础。他将金融结构定义为"在一个国家某一时间段内其金融市场上所有金融工具及金融机构之间相对规模",并总结了金融结构从低层次到高层次逐渐递进发展的规律。开始是低层次金融结构,此时金融发展还处在初级阶段,金融工具的品种单一,绝大部分是债权凭证,商业银行在资金市场中发挥了核心作用。逐渐地递进到中层次金融结构,此时金融发展程度加深,金融结构发生变化,银行业在金融市场中的影响力下降,相对地国有性质的金融机构地位上升,大批量的股份制公司成立,股权凭证的规模快速扩张。接着是高层次金融结构,此时金融市场发展到一定高度,专业化金融机构的参与程度上升,市场主体和金融工具呈现多元化,股权凭证成为重要的融资工具,银行在金融结构中的比重进一步减少。这是现存的较为典型的三种金融结构。一国的金融结构的变迁通常是缓慢长期的过程,逐渐从量变发展为质变,因此实际上还存在着很多过渡形态的金融结构。

二、金融结构与资本配置效率关系的理论综述

（一）金融结构理论的奠定

不同的金融结构对经济发展的作用机制可能存在差异,这为学者们提供了新的视角来看待金融发展与经济发展之间的关系。对金融结构的早期研究

源于 Gurley 和 Shaw 在 1960 年的《金融理论和货币》,其中提到不同的金融中介在将储蓄转化为投资时其的不同影响机制。金融结构理论的奠基人 Goldsmith 在《金融结构与金融发展》一书中,首次使用了量化指标深入研究了 35 个国家的长期经济金融发展情况,对不同国家的金融结构与金融发展的变动趋势进行了对比分析,发现随着金融发展阶段的不断深化,一个国家的金融结构也会发生变化。他根据不同国家金融发展的具体阶段和特征,将金融结构大致分为三个类型,从低水平向高水平逐渐递进。

(二)金融抑制和金融深化论

1973 年 Mckinnon and Shaw 分别建立金融压抑和金融深化理论。他们认为,金融抑制损害了金融体系在配置资本时本应该发挥的功能,很多经济主体由于技术水平不同,资本的产出效率也存在差异,而发展中国家的金融市场并不完善,金融结构不平衡,资本并不一定能够与好的投资机会相结合,这造成了资本配置的不合理。为此,他们提出应该放松金融市场管制,取消利率限制,促进金融机构自由竞争。他们的研究采用的是金融机构的发展指标以及货币化指数。因此,金融深化也可以理解为金融结构自身的不断改进和完善演进。

(三)国外学者对不同金融结构的争论

继 Goldsmith 的理论之后,经济学家们对金融结构进行了拓展,最具代表性的是 20 世纪 90 年代出现的“二分法”金融结构理论,其中将现有的金融结构主要分为两种:银行主导型和资本市场主导型。学者们开始讨论这两种金融结构究竟哪一种更有利于经济的长期增长,这个问题又进一步地演变为哪一种金融结构效率更高,是否存在最优金融结构。对金融结构的理论探讨大致形成了这样四种观点:银行主导型优势论、资本市场主导型优势论、金融服务论和金融法权论。

银行主导型优势论认为,银行可以更好地推动经济发展。首先,Gerschenkron(1962)认为,在发展中国家的经济发展的初期,制度往往还不足以支持市场活动时,银行比资本市场提供资金的效率更高,特别是在国有银行占主体地位的情况下,可以一定程度上缓解市场失灵,将储蓄更好地进行配置。其次,Stiglitz(1985)认为,银行主导的金融系统能够更好地解决代理问题和短期行为,与企业的信贷关系是一种长期博弈,企业为了长期利益的考虑会放弃短期违约的冲动。第三,Boyd(1986)、Allen and Gale(1999)认为,银行批量发放大规模的信贷投资,所以信息规模成本会相比分散投资者低廉很多。

但是银行在非标准化的环境下,例如涉及创新性企业和项目的发展时,并不如证券市场有效率。

相比之下,资本市场主导型优势论则指出了银行主导的金融系统存在的弊端,认为在这种金融结构下,银行等金融中介会对企业施加过大的影响,抑制企业的发展;而且银行天生具有风险规避的偏好,可能会妨碍公司创新。而资本市场的产品创新速度更快,可以提供越来越丰富、复杂的结构化衍生工具,投资者可以依照具体需求进行风险管理,在这一点上资本市场比银行更具优势。但 Stiglitz(1985)却认为,在一个有效市场,如果别的投资者可以看到这些信息并从中获利的话,就可能存在搭便车的现象。另外资本市场的这些功能,特别是在获取信息,帮助企业治理方面,与该国的金融环境和监管制度有直接关系。现代经济活动和企业行为日趋复杂,如果企业内部人士想要隐瞒公司业绩的话,他们可以采取很多途径。尽管技术、法律、会计、监管等方面的进展会有所帮助,但在发展中国家,资本市场上资金的获得者和提供者之间的信息不对称问题并没有改善多少(世界银行,2002)。

金融服务论淡化了对银行主导的金融系统和资本市场主导的金融系统的比较,而是更加重视包含了银行和资本市场在内的整个金融系统提供的金融服务(Levine,1997)。根据金融服务论的观点,无论银行还是资本市场,都是金融系统的一部分,两者在不同的方面天然地存在着优势和劣势,但对于提供金融服务来说没有优劣之分,两者的功能是相互补充的,是一个有机整体,缺一不可(世界银行,2002)。相比于金融结构的选择,建立一个稳健有效全面的金融服务环境更重要,它强调的是各融资市场相互配合,多管齐下,减少金融体系中各方面的信息成本和交易成本,这不仅影响金融服务的数量,更决定了金融服务的质量,在此基础上金融系统才能实现它的主要功能,即在不确定的市场环境中,评估潜在的投资机会,促进储蓄转化为投资,提高投资的效率,从而推动经济的增长。

金融法权论则强调了法律制度对于促进金融系统的功能发挥和经济增长的影响 La Porta *et al.*(1997),认为一个完善的法律体系将有利于保护投资者的合法权益,保证金融中介和资本市场的有序运转,改善金融环境,提高金融服务的质量。La Porta 对 49 个国家内法律制度对投资者合法权益的保障程度进行了研究,结果发现一个国家对股东和债权人的权益保护越到位,资本市场的发展越广阔越深入。Rajan and Zingales(1998)也认为,在法律制度还不完善时,银行主导型金融体系可以一定程度上促进经济增长,但是随着法制的健全,资本市场主导型的金融体系将高速发展,后者对经济增长的推动力不容小觑。

（四）国内学者对最优金融结构的研究

实际上,经济学家们目前已经开始了对最优金融结构的研究。例如,林毅夫(2006、2009、2014)以金融结构与经济增长的最适性匹配作为突破口,建立了内生最优金融结构分析框架。

林毅夫等在一系列论文中从比较优势角度出发,提出了适应于经济发展阶段的最优金融结构理论,他们认为金融结构在经济增长中占有重要地位的原因在于实体经济对多样化金融服务的要求。不同的融资渠道可以提供各有特色的金融服务,一国的金融结构应该与自身的要素禀赋和产业结构相适应,并随着进行动态化调整,及时适应实体经济的多样化融资需求,这样金融体系才能有效地发挥其优化资本配置、提高资本总收益的职能。

根据其理论,在发达国家,资本密集型的大企业和高技术企业占据主要地位,这些企业具有很高的技术创新风险和市场风险,因此与之相适应的最优金融结构既包括了有能力为大企业提供短期大额的融资服务的大银行,也包括了能够有效分散风险的资本市场,这里既涵盖了为成熟大企业服务的主板市场,也囊括了与处在初创期的中小企业对接的天使投资和多层级市场。而在发展中国家,小规模、低风险的劳动密集型企业,资金的需求规模较小,银行能够通过调查企业的个人信用状况、实际经营状况等了解投资风险,实现更高的资本配置效率,因此与之相匹配的最优金融结构是以银行主导的,特别是小型地区性银行。

以上金融结构的相关理论探讨了金融结构对经济增长的影响,这些理论从多个角度阐释了金融结构对经济增长的作用机制,其中不同程度地提到了金融结构对资本配置效率的影响。例如,银行主导型优势论中 Allen(2002)支持银行的理由是银行能够有效地降低跨期风险和流动性风险。Diamond(1984)也认为银行可以凭借规模优势,更快捷地获取和处理信息。Mckinnon and Shaw 的金融抑制理论中也指出,发展中国家扭曲的金融结构是导致资源错配、资本和优质投资机会失之交臂的原因。金融服务论中金融系统提供的稳健、有效、全面的金融服务可以有助于各种投资机遇的发掘,促进储蓄转化为投资。最优金融结构理论则提出,只有当经济体的金融结构与实体经济结构相适应时,金融体系的资本配置功能才能最有效地发挥,将资本配置到符合该国要素禀赋结构所决定的比较优势的产业中,以最低的风险获得最大的资金回报。

　　由此可见,资本的优化配置是金融系统的一项基本功能,是金融结构对经济增长的作用机制之一。资本配置效率是衡量金融系统发展程度的重要指标,如果要研究金融结构对经济增长的作用机制,就需要进一步挖掘不同的金融结构对资本配置效率的影响。

三、金融结构与资本配置效率关系的实证综述

（一）金融结构与经济增长的实证研究

　　以往对金融结构的实证考察大多从金融结构的相关指标与经济增长指标之间的相关性来验证金融结构对经济增长的影响。

　　例如,Levner and Zervos(1996)采用了经济增长率、投资率等作为因变量,交易量、波动率、成交额等作为股票市场的相关自变量,选取了 41 个国家的 20 多年的数据,进行了两阶段的 OLS 回归分析。计量结果显示,股票市场的成长明显地有助于经济增长,可以提高整个经济体的效率。Arestis *et al.* (2001)同时添加了描述股票市场和银行的指标,考察不同的融资渠道对经济增长的作用。在文中他采用了时间序列方法对若干个国家的数据进行了分析,结论是股票市场和银行的发展对经济增长具有正效应,而且相比之下银行的作用更为显著。

　　国内研究得比较早的是谈儒勇(1999),他从实证上检验了金融中介和股票市场的发展对经济增长的影响。选取了金融中介与股票市场发展的相关指标,利用中国 1993～1998 年的季度数据进行回归分析,结果发现金融中介的发展有可能推动经济增长,但股票市场存在较弱的抑制作用,另外金融中介和股票市场之间显示了强烈的互补效应,并不排斥。

（二）资本配置效率研究

　　前文的研究更侧重于金融结构和经济增长的直接联系,而资本的优化配置是金融结构与经济增长之间重要的桥梁,通过测算资本配置效率能够更直观地反映金融结构的运行效率。资本配置效率的高低可以折射出一国的金融系统所提供的金融服务质量,也可以看到当前的金融结构是否有效地满足了实体经济的金融需求。在目前的实证研究中,学者们从不同的理论出发构造了估计方法和指标来估计资本配置效率。

　　不少学者采用的测算方法是基于边际产出均衡理论。Cho(1988)最早从实证上测算了金融系统的资本配置效率。基于边际产出均衡理论,当资本配置达到最优状态时,所有行业的资本边际报酬率将趋于一致,所以报酬率之间

的离差值可以视为衡量资本配置效率的指标。Hsieh and Klenow(2009)的看法是,如果不存在资源配置扭曲,那么每个企业的 TFPR 也应该相同,因此他提出利用全要素生产率价值(TFPR)的对数方差来衡量资源错配程度。但是他的方法只能衡量总体的资源配置效率,不能衡量生产函数中单个生产要素的配置效率。国内学者龚关(2013)在其基础上进行了改进,改用资本和劳动的边际产出价值的离差程度来衡量资本和劳动的配置效率,得到的结论是在1998~2007 年,资本配置效率的进步使得我国的 TFP 提高了 10.1%,劳动配置效率的提高则贡献了 7.3%。这一方法可以全面动态地考察一个经济体在一段时间内的要素配置效率,但不适合用于横向对比同一时间段的多个主体的效率差异。

也有学者通过选取合适的投资指标来代表投资效率。例如,沈坤荣和孙文杰(2004)在实证研究金融体系对资本形成效率和投资效率产生的影响时,选用了投资回报率、资本产出比来反映投资效率。当资本得到合理配置时,资金天生的逐利性会使它流向产出回报最高的行业和部门,这时投资的效率最高,所以投资回报率和资本产出比也可以反映资本配置的效率。研究结果显示,银行贷款和直接融资的相关指标与投资效率之间表现出负相关,说明金融发展对效率低下的改善收效甚微。

另外有一种常用的方法是 Jeffery Wurgler 的模型测算法,他认为资本的有效配置是资本在行业间的流动应该遵循这样的规律:资本出于逐利性,天生地会对资本增值的潜力比较敏感,从回报降低的行业(地区)流入利润可观的行业(地区)。基于这个观点,他提出了模型测算法,利用这种方法测算了处于不同的经济发展阶段的 65 个国家的 28 个行业在 1963~1995 年资本配置效率的走势,测算结果显示发达国家的资本配置明显地优于发展中国家,这可能是发达国家与发展中国家经济发展存在差异的原因,发达国家能够更好地配置资本,而发展中国家不仅资本缺乏,而且投资效率很低,影响了经济发展。

国内也有学者运用 Jeffery Wurgler 的方法对资本配置效率进行研究(见表 1-1),大致分为两个方向。

表 1-1　**Jeffery Wurgler 模型在资本配置效率研究中的运用**

类型	作者	测算方法	I 和 V 的指标选取		
资本配置效率的测算	韩立岩，王哲兵（2005）	使用工业行业数据，测算了 1993～2002 年我国资本配置效率，发现仍处于较低水平，同时给出了各行业的自发投资水平。	I 为固定资产净值，V 为工业增加值。		
	曾五一（2007）	创新之处在于对 Wurgler 模型进行拓展，考虑了企业盈利之外的其他可能影响投资的变量，包括银行信贷因素、政府税负、其他自发投资激励和历史事件的影响。在拓展模型中引入各省 2003～2005 年的月度工业行业数据，测算了三大地区和各省的资本配置效率。	I 选取行业的固定资本形成，V 为行业利润。		

类型	作者	测算方法	I 和 V 的指标选取	相关因素	结论
资本配置效率及相关因素研究	韩立岩，蔡红艳（2002）	使用行业数据，测算了 1991～1999 年我国资本配置效率，发现其处于较低水平。	I 为固定资产存量，V 为利润。	金融发展	金融市场的市场化进程严重滞后，信贷市场和股票市场都没有使得资本配置效率有所上升。
	潘文卿，张伟（2003）	使用各省 1978～2001 年的数据，测算了全国及东、中、西部的资本配置效率，发现资本配置效率在这段时间内呈上升趋势，但并不稳定。	从地区角度，I 选用固定资本形成，V 为各地区的 GDP。	金融发展	我国的金融发展对资本配置效率的影响较弱，股票市场和信贷市场的相关指标的影响并不显著，而非国有银行的发展显著地帮助了效率提升。
	方军雄（2006）	使用全国 37 个行业 1997～2003 年的数据，测算了全国各年度的行业资本配置效率发现各年度分布的变化较大，但总体来看资本配置具有一定效率。	I 选用年末固定资产原值，V 分别使用行业的工业增加值率和销售毛利率。	市场化进程，政策保护	随着市场化程度的提高，资本配置在这段时间得到优化，但是国家对某些行业实施的政策性保护也许反而会带来不良影响。

（续表）

类型	作者	测算方法	I和V的指标选取	相关因素	结论
资本配置效率及相关因素研究	李青原、潘雅敏、陈晓（2010）	使用各省工业行业数据，测算了1999~2006年各地区的资本配置效率，发现省际之间差异较大。	I为固定资产原值，V为行业的工业增加值。	国有经济比重，进出口依赖程度	国有经济占比与资本配置效率负相关，应该适量削减区域国有经济占比，减少地方政府对市场的干预。
	蒲艳萍、成肖（2014）	使用各省2004~2011年第三产业内各行业的数据，测算了第三产业的整体、地区、细分行业的资本配置效率，发现我国的第三产业的整体资本配置是有效的，但波动较大。	I为固定资本形成总额，V为行业增加值。	金融发展、市场化进程、地区经济水平、人力资本存量、对外开放等	市场化进程促进资本配置效率的提高，而金融发展的相关指标中银行和股票市场的发展与资本配置效率正相关，保险的相关指标对第三产业的资本配置效率解释力度不大。

资料来源：作者整理。

（1）从不同层面对资本配置效率进行测算，有研究全国或地区的，也有专门研究制造业或高新技术产业的。这种方法更侧重于资本配置效率的测算，根据测算的结果对不同经济主体或不同时间段进行横向或纵向比较。在测算时大多数研究都沿用了 Jeffery Wurgler 所提出的模型，而曾五一较为难得地对模型进行了拓展，将投资增长中原本无法由行业或地区的成长能力所解释的部分进行了挖掘。

（2）利用 Jeffery Wurgler 的模型对资本配置效率进行测算，将测算结果与可能的影响因素做回归检验。这类研究更侧重于第二部分的成因分析。有的学者只研究他们所关心的某一因素对资本配置效率的影响，例如韩立岩、王哲兵（2005）和潘文卿、张伟（2003）着重研究了金融发展这个因素，得出的结论是金融发展与资本配置效率不相关或相关性很弱。也有的学者对可能的多个影响因素同时进行回归分析，以检验哪一方面的因素对资本配置效率影响最为显著（李青原等，2010；蒲艳萍、成肖，2014）。

第三节　固定资产投资及金融结构现状

一、固定资产投资现状

（一）固定资产投资增速放缓

自 2001 年之后，我国经济对资本形成总额的依赖度一直维持在 40％以上，2009 年为了应对国际金融危机的冲击，国家加大对铁路、公路、基础设施的投资建设，当年固定资产投资对 GDP 的贡献度膨胀至 87.6％。但是以往依靠投资拉动的增长路径已难以为继，2009 年之后固定资产投资的增速逐渐放缓，由 2010 年的 24.5％直降至 2014 年的 15.7％。固定资产投资的资金主要流向制造业、房地产和基础设施建设，这三项加起来大约占了固定资产投资总额的 75％，它们的变动趋势将影响总体投资趋势（见图 1 - 1、图 1 - 2）。

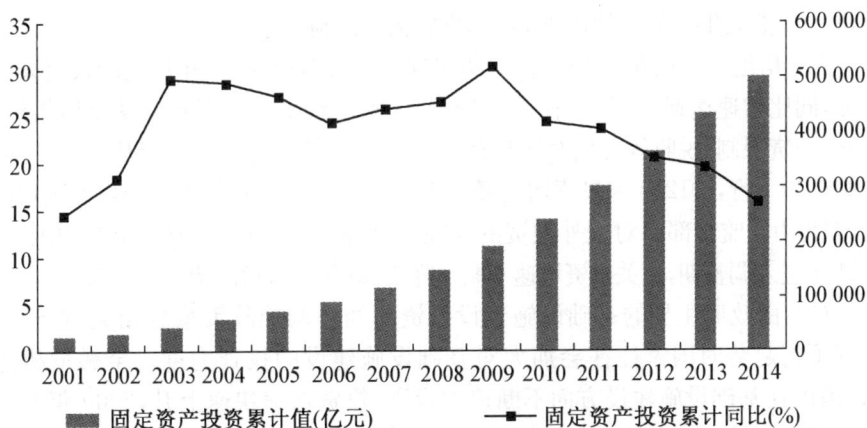

图 1 - 1　2001～2014 年固定资产完成额及增速变化

资料来源：WIND 数据库。

（1）制造业投资增速持续下降，由 2008 年 3 月的 31.9％下降到 2015 年 3 月的 10.4％，拉低了整体投资增速。受金融危机影响，我国制造业遭遇外需锐减和内需不足的双重压力。同时，国家对风电、光伏等新兴产业的财政补贴、出口退税政策以及地方政府提供的土地、税收优惠政策，在一定程度上刺激了相关新兴产业的过度发展，造成了低层次的重复建设，新兴产业也出现了产能过剩。严重的产能过剩造成的直接影响是行业内过度竞争，利润下降，企

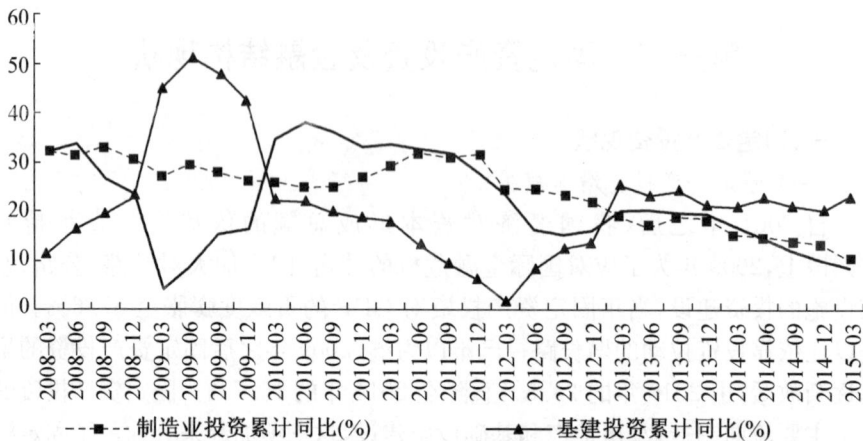

图 1-2　2008～2015 年制造业投资、基建投资、房地产投资的增速

资料来源：WIND 数据库。

业进一步扩大生产的意愿减弱，长期投资需求下降。

（2）房地产市场在 2010～2011 年出现爆发式增长，2010 年房地产投资大幅上涨，同比增速达到 35.7%，在此背景下，国家出台了一系列政策从土地供给、限购、信贷限制、税收等方面对房地产市场实施管控。房地产投资从 2012 年初开始逐步下行，2012 年末投资增速降至 16.2%。2013 年房地产投资再次出现回暖，但是由于监管部门对表外融资的管控力度加大，房地产企业融资更加困难，2014 年进入调整期，相关投资增速不断下降，2015 年 3 月份的增速仅为 8.5%。

（3）由政府主导的基础设施建设投资与经济调控政策息息相关，在经济出现下行趋势时国家往往会加大对基础设施建设的投资力度。金融危机之后，国内在基础设施建设方面不断追加投资，投资增速快速上升，2009 年 6 月达到最高增速 50.78%。由于基建投资的增长空间有限，在之后的一段时间内基建投资增速开始持续回落，2012 年出于"稳增长"的需要而再度上升，2013 年至今投资增速一直保持在 20% 以上。

（二）固定资产投资结构优化

（1）从区域分布来看，我国的固定资产投资主要集中于东部地区。2004～2014 年东部地区平均占比为 50%，中部地区和西部地区仅占 27% 和 23%。以江苏、山东为代表的五个东部省份排名靠前，它们加总后的投资总额占了全国的 1/3。不过从投资增速来看，中西部的投资增速一直都高于东部，近 10 年来投资的区域结构不断地改善，中西部投资占比有所提高。近年来中西部地区不断加快产业结构调整,优化发展环境,加强与东部沿海地区之间的产业合作和产业转移,为中西部投资增长提供了重要动力(见表1-2)。

表1-2　2004～2014年固定资产投资在三大地区的结构分布

	2004	2006	2008	2010	2012	2014
东部占比	56%	54%	50%	47%	47%	46%
中部占比	22%	25%	28%	30%	29%	29%
西部占比	21%	22%	23%	24%	24%	25%
东部增速	26%	21%	21%	23%	18%	15%
中部增速	33%	33%	34%	27%	26%	17%
西部增速	30%	26%	27%	26%	24%	18%

资料来源:作者计算整理。

(2)从资金来源的分布来看,我国的固定资产投资已经由早期的政府主导投资转变为多元主体共同投资,各级政府、各类企业、事业单位、个人都可以参与投资,投资的资金来源拓宽到企业自筹资金、企事业单位自有资金、国内贷款等。其中企业自筹资金的占比最重,且逐年上升,2014年达58.42%。企事业自有资金和贷款两大渠道的占比则有小幅下降,2014年分别为16.19%和10.12%。政府对产业结构调整和产业升级的指导方式越来越丰富,政府直接投资已经不再是主要的投资手段,1996年后国家投资占比长期在6%以内波动(见图1-3)。

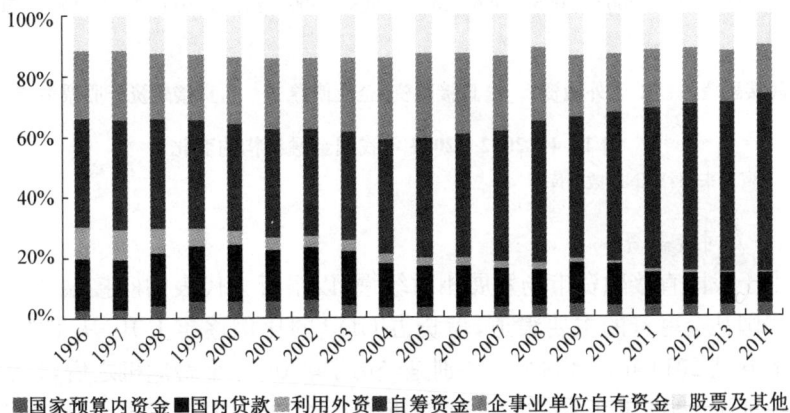

图1-3　1996～2014年固定投资资金结构的变化

资料来源:WIND数据库。

二、我国金融结构的整体描述

随着金融市场改革进一步深化,融资结构趋于完善。2014 年社会融资总额 16.46 万亿元,存量同比增加了 14.3%。其中间接融资占比大幅下降,而直接融资特别是企业债券融资快速发展,债券融资的比重从 2002 年的1.82%提高到 2014 年的 14.74%,相比之下股票融资的占比增加得并不明显。金融机构表外融资迅速扩张,对间接融资的替代效应明显,特别是 2010~2013 年,表外融资占比平均达到 24.53%。整体来看,我国目前的金融结构仍然以银行为主导,表外融资对间接融资的替代作用维持了银行的主体地位,直接融资发展较快,重要性逐渐凸显,未来还有广阔的发展空间。融资渠道的拓展、金融工具的增加和金融机构间的创新合作,促进了金融结构的优化和金融市场的多元化发展(见图 1-4)。

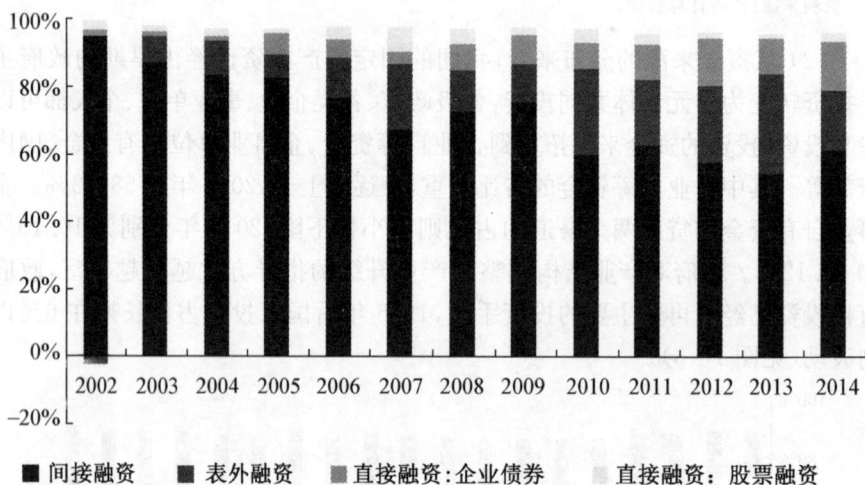

图 1-4 **2002~2014 年我国金融结构的变化**
资料来源:WIND 数据库。

(一)间接融资

由于我国直接融资市场发展相对缓慢,以银行为代表的间接融资长期以来是我国社会融资的主要渠道,信贷占 GDP 的比例逐年上升,从 1994 年的85%上升到 2014 年的 169%。特别是经历了 2008 年金融危机之后,4 万亿计划在保证了 2009 年 9.2% 的 GDP 增速的同时,也加深了我国经济对信贷的依赖程度。

在我国的银行体系中,四大国有商业银行资金雄厚、信用较高,网点分布广,多年来一直是社会信贷资金的分配主体,但是近年来股份制商业银行和城市商业银行凭借着灵活的制度和创新的经营方式发展增速很快,在信贷供给市场的比重逐年上升,影响力不断增强。国有商业银行存款额在金融机构存款总量中的占比从 2010 年初的 50.26% 下降至 2014 年末的 42.6%,贷款占比也从 43.03% 下降至 38.96%,而股份制商业银行的存款占比却从 18.68% 上升至 24.15%,贷款占比从 24.83% 上升至 27.55%。区域性商业银行的发展更加迅速,在新增贷款中的占比从 2005 年的 9% 上升至 2014 年的 17%(见图 1-5)。

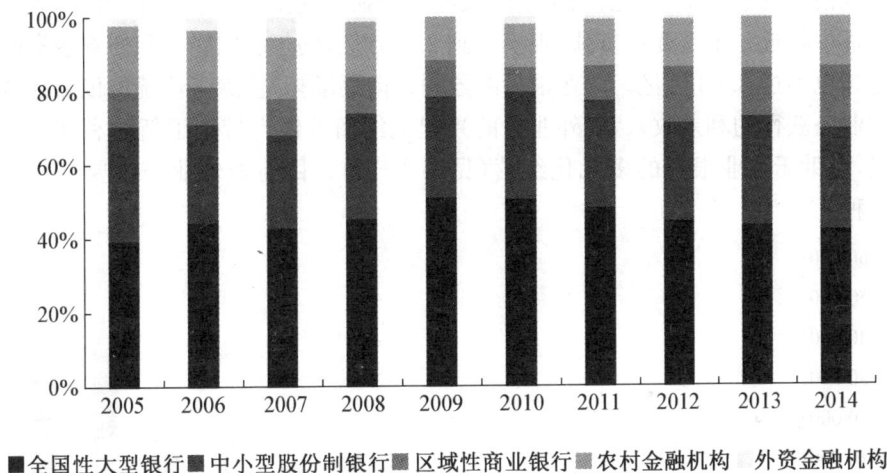

■全国性大型银行■中小型股份制银行■区域性商业银行■农村金融机构　外资金融机构

图 1-5　2005～2014 年银行业内新增贷款结构的变化
资料来源:WIND 数据库。

银行信贷资金在地区间的分布并不均衡。信贷融资是实体经济活动最主要的资金来源,东部地区经济发展的总体规模远远超过中西部,所需要的资金规模也远远高于另外两个地区。2014 年社会融资规模中人民币贷款总量为 9.14 万亿,其中有 54% 的信贷资金流向了东部地区,流向中西部的只有 23% 和 24%。信贷融资规模最大的前五个省份(广东、江苏、浙江、山东和北京)均来自东部地区,这五个省份加起来就吸收了 35% 的信贷资金,但其中北京、浙江和广东这三个地区的 GDP 增速已经开始放缓,2014 年在全国各省份的排名中比较靠后。

在我国经济发展初期,金融市场发育远未成熟,金融工具品种相对比较少,银行信贷融资成为社会经济活动中最主要的融资渠道,可以较好地吸纳居民和企业的储蓄资金,并将储蓄转化为对实体经济的有效投资,为我国经济增长提供了核心驱动力。但是目前我国的银行体系中仍以国有大型商业银行为主,从信息成本和风险控制上看,大银行在信贷投放时客观存在着规模歧视。故适度提高中小银行,特别是区域性商业银行和农村金融机构的比例,将有利于银行业的结构优化,提供更全面的金融服务,促进实体经济健康均衡发展。

(二) 表外融资

商业银行主导的表外融资在 2010 年开始迅速扩张,2013 年底表外融资的规模达到了 5.15 万亿,当年新增人民币贷款的规模也不过 8.89 万亿,表外融资中将近一半是委托贷款,规模达到 2.5 万亿,同年股票融资和债券融资的总和也不过 2.03 万亿。商业银行的盈利方向逐渐拓宽,除了传统的依靠存贷款业务获得的利差收入,表外业务的兴起也给商业银行带来了新的利润增长点,有助于商业银行的多元化经营(见图 1 - 6)。目前表外业务主要有以下三种:

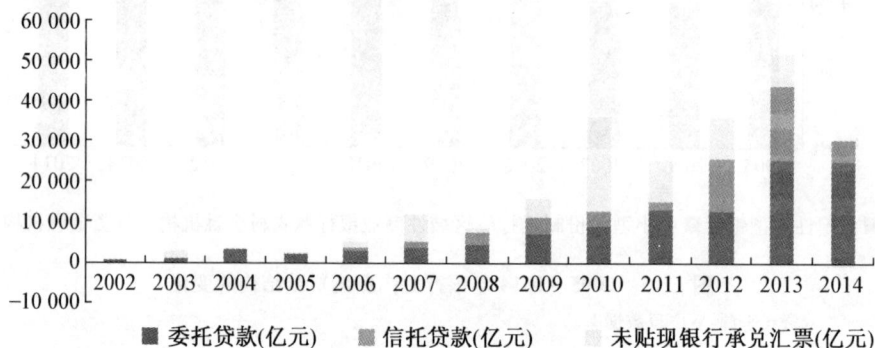

图 1 - 6　2002～2014 年间接融资规模变化

资料来源:WIND 数据库。

(1) 委托贷款。是指银行根据委托方的要求,代委托方将资金发放给指定的借款方,事后银行将对借款方的资金使用去向实施监督,协助借款收回。这类业务在表外融资中占了相当大的比重,2014 年表外融资总额为 2.89 万亿,而委托贷款有 2.5 万亿,占了 86.6%。原本委托贷款属于银行的表外业务,银行不需要承担风险。但实际操作中,由于有些行业受到信贷政策限制,银行无法从传统的信贷渠道发放贷款,为了获取这部分利润,银行便会想方设法将这些业务转出表外,以委托贷款的形式提供资金,实际上银行并没有隔离风险。

(2)信托贷款。是指借款方将部分财产或者权利的收益权作为基础资产,由信托公司协助成立专项信托计划,然后银行再将理财资金投向此专项信托计划,实现借款方的融资目的。信托贷款业务经过 2012 年、2013 年的迅速膨胀,2013 年底规模达 1.84 万亿,在社会融资总量中占比 10.63%,其主要资金投向了地方债务平台、房地产行业和信贷政策限制的一些资源性行业。2014 年随着监管的加强和信托业务风险的上升,信托贷款规模的扩张开始大幅减速,增速从上一年的 46% 下滑至 19%,其中增速下降最明显的是工商企业信托贷款及基础行业信托贷款。

(3)未贴现银行承兑汇票。在出票人限定的时间里,银行承兑汇票的收款人可以无条件地要求银行兑付该票据。与信托贷款和委托贷款不同的是,未贴现银行承兑汇票的规模在 2010 年后迅速回落,2014 年出现了负增长 1 285 亿元,在社会融资结构中的占比也从 2010 年的 16.65% 一路下降至 2014 年的 -0.78%。未贴现银行承兑汇票出现负增长,这与经济下行背景下企业融资需求不足以及监管趋严导致同业业务收缩有一定关系。

近年来,表外融资业务的发展,一方面是由于利率市场化的推进导致传统存贷款业务的利润空间减少,商业银行不得不开发新的利润来源,即表外融资业务;另一方面,表外业务可以帮助银行避免资本损耗并绕过信贷监管,借助其他金融机构的通道作用,将资金发放给目标企业。但是由于部分银行在开展表外业务的过程中,为了逃避监管,在业务链条中引入多个参与主体,不仅推高了融资成本,而且加剧了资金自我循环,从而导致金融系统的风险积聚和金融资源的配置失衡。在监管力度加大或其他融资市场不断完善的背景下,尚未成熟的表外融资极有可能出现大幅波动。表外融资的发展是商业银行业务转型的必然结果,是未来银行发展的方向,监管部门应在客观把握表外融资风险的基础上,针对不同风险的表外融资业务采取差别化的监管措施,鼓励其健康发展。

(三)直接融资

直接融资在我国的发展速度较为缓慢,2002 年直接融资在社会融资总额中的比例仅有 4.9%。2005 年股权分置改革实施,随后创业板、新三板、融资融券等一系列政策相继出台,IPO 发行额出现爆发性增长,2004 年 IPO 实际募集资金为 336 亿元,而股权分置改革之后 2006 年的 IPO 实际募集资金大幅上升,企业上市意愿强烈,之后 2008～2009 年、2012～2013 年 IPO 曾一度终止,资本市场的融资功能受到很大影响。2014 年 IPO 重启后,注册制改革的推进、创业板首发和融资机制的修订、新三板转板的加速等一系列政策推动了资本市场的蓬勃发展。

股票市场在我国起步较晚,在 2004 年以前我国只有一个主板市场,公司类型以大型国企为主。2004 和 2009 年中小板和创业板相继加入,这几年成长迅速,但是按照中小板和创业板目前的扩容速度,中小企业融资之渴仍然难解。根据统计,我国的中小企业数量已经达到 4 000 多万家,而在创业板和中小板上市的公司加起来只有 1 166 家,即使加上新三板和区域股权市场上的挂牌公司总共也只有 20 000 多家。粗略地计算一下,2 000 家中小企业中只有一家在市场上上市或挂牌了。所以说,目前股市起到的融资效果还很有限。

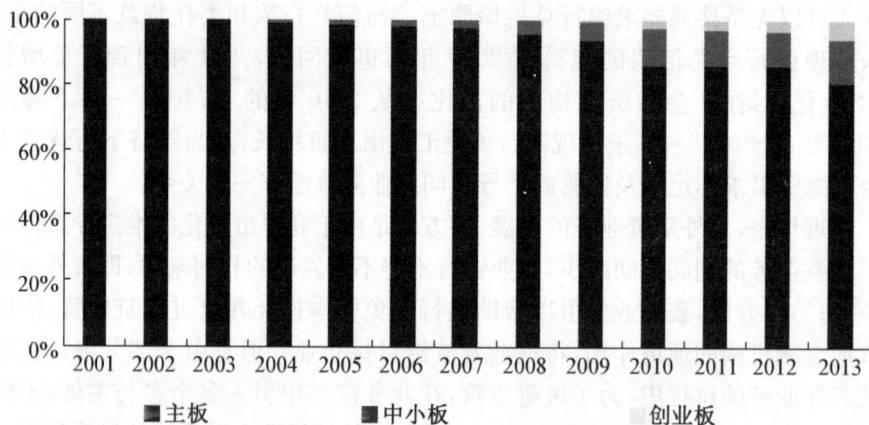

图 1－7　2001～2013 年股票市场市值结构变化

资料来源:WIND 数据库。

我国的债券市场,特别是企业债券和公司债券的发行也存在着很多问题,行政审批程序繁琐,发债审核的时间过长,债券发行效率不高,门槛高而且品种结构极不平衡。截止到 2015 年 3 月,我国的债券市场中国债、地方政府债、央票、同业存单和金融债的总和占了债券市场余额的 66.65%,而企业发行债券的主要渠道是企业债、公司债、中期票据、短期融资券和定向工具,这些融资工具加起来只有 29.5%,不到政府和金融机构融资金额的一半,而且发债主体大多是大型国有企业和上市公司。中小企业可选择的债券类型很少,已发行的中小企业集合债券、中小企业私募债、中小企业可交换私募债和中小企业集合票据的总余额仅仅为债券市场余额的 0.36%,甚至不足 1%。

与信贷市场相似的是,直接融资市场的资金大部分也流向了东部地区,中西部获得的资金份额较少。2014 年企业债券融资中东部地区占比 58%,中西部仅占 19% 和 22%。股票融资对东部地区的倾斜更为严重,2014 年东部地区占比高达 71%,中西部仅占 17% 和 13%。股票融资和债券融资规模较大的省份主要有北京、浙江、广东、山东和江苏,均来自东部地区。

以股票市场和债券市场为主的直接融资市场是我国社会融资结构中不可或缺的一部分,发达的直接融资市场能够充分地吸收社会资金,直接投资于实体经济,优化社会融资结构,避免风险过多地聚集在银行业,弥补间接融资的不足。当期的股票市场和债券市场仍存在着融资结构不合理的问题,80% 的股票资金流向了以大型国有企业为主的主板市场,接近 2/3 的债券资金流向了政府和金融机构,企业债券特别是适合中小企业发行的债券数量和规模都很小。资本市场内部的结构失衡可能会导致大型国有企业和中小企业之间资本配置的进一步扭曲,并且随着资本市场规模的不断扩大,结构失衡所带来的资本配置效率的损失可能会被放大,阻碍了资本市场优化金融资源配置的功能实现。

在着力扩大直接融资规模的同时,应该重视资本市场的结构优化。2015 年证监会表示将逐步推行股票发行注册制改革,这将有助于放宽企业入市门槛,增强融资的及时性,更快更有效地满足企业和投资者旺盛的投融资需求。党的十八届三中全会也提出要健全多层次资本市场体系,壮大主板的同时不断发展和完善创业板、新三板和区域性股权市场,扭转资本市场“倒三角”的板块分布,促进资本市场的健康发展。

三、地区间金融结构对比

接下来,对我国东、中、西部各省市的金融结构进行考察。从 WIND 数据库可以得到各省市的非金融机构部门在 2001~2013 年每年的社会融资总额,以及贷款、债券(含可转债)和股票所占的融资比例,将这期间三大主要融资渠道占社会融资总额的比例取平均值,可以大致描绘各省市的金融特征(见表 1-3)。由于北京的金融结构与其他省市之间差距较大,为了更好地考察东部地区的整体情况,本章对包括北京在内和不包括北京在内的两种情况都进行了统计,数据整理如下,其中东部 1 表示包括北京在内的东部地区平均值,东部 2 表示剔除北京之后的平均值,后者更能客观准确地描述东部地区的整体情况。

表 1-3　2001～2013 年区域金融结构总览

省份	贷款占比	贷款增速	债券占比	债券增速	股票占比	股票增速
东部 1	86％	33％	8％	77％	6％	255％
东部 2	89％	34％	6％	76％	5％	226％
中部	88％	32％	7％	70％	4％	205％
西部	90％	35％	6％	43％	4％	105％

资料来源:作者计算整理。

　　从表 1-3 看出,东、中、西部的金融结构中贷款占比分别为 88.5％、88.4％和89.8％,占了绝对的主导地位,债券占比分别为 6.0％、7.1％和5.7％,股票占比分别为 5.2％、4.3％和 4.1％,债券的比例略大于股票,两者远远落后于贷款融资的比重。毫无疑问,三大地区的金融结构中银行为代表的间接融资拥有主导地位,地区间的差异并不大。债券市场与股票市场虽然占比不大,但增速非常快,三个地区的股票融资增速分别为 255.7％、205.2％和104.9％,债券融资的增速分别为 75.8％、69.5％和 42.5％,发展势头迅猛,这充分说明了我国的直接融资市场未来的成长空间还很大。其中东部地区的增速最快,这可能是由于东部地区整体经济发展水平较高,孕育了大批优质的企业,这些企业更容易符合上市和发行企业债券的要求,为直接融资市场的发展提供了保证。其中北京由于是大多数大型央企的注册地,在企业债券的发行和 IPO 上市方面具有独特的优势,北京的融资结构中贷款只占 58.9％,直接融资的比例远远高于其他省份,故将其剔除后可以更加客观地反映东部地区的整体情况。

　　贷款方面,将北京剔除后,东部地区的平均值由 85.8％上升到了 88.5％,与中部地区不相上下。西部地区的贷款占比略微超过东部和中部,其中广西、贵州和宁夏的占比超过了 93％,对贷款融资的依赖程度很高。西部地区大部分省份的高新技术产业的占比较少,传统产业成为经济支柱,同时金融发展的程度较东部、西部相比有一定差距,对银行信贷的依赖程度较高。另外,西部地区也是国家政策重点扶持的地区,很多的政策扶持项目的资金是通过大型商业银行和政策性银行来提供的,这可能也是西部地区信贷占比较高的原因之一。

直接融资方面,剔除北京后,东部地区的优势并不明显,三大地区之间差距并不大,总体来看直接融资在社会融资结构中的份额普遍偏轻。从增速来看,各省份近年来大力发展资本市场,融资工具的发行规模与日俱增,股票融资的发展速度明显高于债券发展的速度。分地区来看,东部地区由于经济活动比较活跃,企业对于上市融资和发行企业债券的需求更为迫切,在股票融资和债券融资方面的增速快于中西部。

第四节　作用机制与机理分析

一、金融市场对经济增长的作用机制

自20世纪50年代,学术界就对金融结构的一系列问题展开了争论。关于金融结构与经济增长两者的相关性,究竟是英美式的市场主导型金融结构还是日德式的银行主导型的金融结构对经济增长更有推动力? 从增长的角度,是否能够达到最优的金融结构? 对这些问题的讨论都离不开一个最根本的问题:金融结构是通过怎样的作用机制对经济增长施加影响的? 事实上,20世纪90年代的金融发展理论对此已经进行了全面的解释,Pagano(1993)的AK模型是阐述金融市场如何促进经济增长的一个比较有代表性的分析框架。

在这个内生增长模型中,总产出 Y 是资本存量 K 的线性函数,其中,A 是资本边际社会生产率:

$$Y_t = AK_t \tag{1.1}$$

为了简单起见,假设人口规模不变,并且经济只生产一种商品,这种商品可以被用于投资或消费,如果用于投资,则折旧率为 δ,总投资 I_t 和资本存量 K_t 之间关系如下:

$$I_t = K_{t+1} - (1-\delta)K_t \tag{1.2}$$

在无政府的封闭经济中,资本市场在总储蓄 S_t 等于总投资 I_t 时达到均衡状态,假如金融市场的存在使得储蓄减少 $(1-\varphi)$ 的比例,则总投资为:

$$I_t = \varphi S_t \tag{1.3}$$

$t+1$ 期的增长率为:

$$g_{t+1} = Y_{t+1}/Y_t - 1 = K_{t+1}/K_t - 1 = I_t/K_t - \delta = A\varphi s_t - \delta \tag{1.4}$$

式中 $s_t = S_t/Y_t$ 为储蓄率,式中显示,金融市场通过影响 φ(储蓄转化为投资的比例) s(储蓄率)和 A(资本边际社会生产率)来影响总产出的增长率。金

融体系通过以下三种机制对经济增长施加影响:

(1)金融市场的发展→储蓄转化为投资的比例提高→经济增长。

(2)金融市场的发展→储蓄率变化→经济增长。

(3)金融市场的发展→资本配置的优化→经济增长。

前面两种机制影响了资本形成,而第三种机制通过资本配置的优化,将资本配置到回报高、效益好的产业或地区,提高了资本的边际生产率。资本配置效率的改善不仅可以提升资本形成的质量,而且可以使得现有资本被更好地利用,减少资源浪费,增加资本产出的效率。金融系统主要通过三大核心功能来提高资本配置效率,分别是:① 搜集和处理信息。② 改善公司治理。③ 提供流动性和分担风险。金融结构主要包括银行主导的信贷融资以及资本市场主导的直接融资,当前金融结构能否有效地优化资本配置,取决于银行和资本市场在功能实现时的有效性,下面将结合我国的金融市场的发展现状,分别阐述银行和资本市场在这三方面的功能实现。

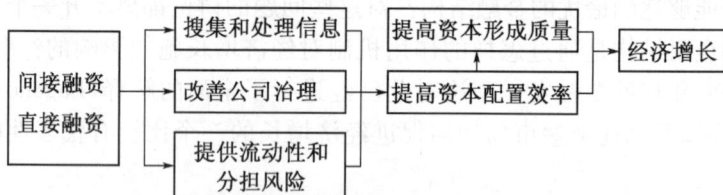

图1-8 金融结构对经济增长的作用机制图

二、金融结构对资本配置效率的三大作用机制

(一)信息搜集和处理

信息在投资者进行投资决策时起到了重要作用,有效的信息可以帮助投资者识别好的项目,促进资本配置的优化。但是对企业、管理人员和项目的评估需要花费成本,如果信息成本过高,可能会妨碍资本流入最有价值的项目,造成资源损失。银行和资本市场通过不同的途径改善信息不对称,从而影响资源配置的效率。

1. 资本市场的信息搜集和处理

竞争性的股票市场是一个天然的信息收集、显示的场所。当投资者获得利多消息时,他就会买入该证券,进而股价就会上升,反之亦然。也就是说,当市场实现理性预期均衡时,股票价格的变动实际上就传达了私人信息,并将其变为公开的信息,应用于资本配置(Grossman,1976)。如果股票的价格可以有效地传达出应该体现的全面现时的投资相关的信息,并且所有的市场参与者不仅是理性的,而且是对信息敏感的,那么所有的参与者都可以通过观察股价的变动来发掘其中隐含的信息,然后对股票的价值进行评估,显然地倘若以上的条件都能实现,那么市场上所有的参与者最后对股票价值的估量都应该是趋同于其真实的价格,不存在过度偏离,资本可以得到最优配置。

但是股价在传达信息时,存在一个明显的问题,就是"搭便车"现象(Grossman and Stiglitz,1980)。因为私人信息的收集需要花费成本,而如果证券的价格波动可以显示最初生产私人信息的投资者所知晓的信息,并将这些资讯传播给市场上所有的参与者,那么其他的参与者就能够在不付出任何代价的情况下轻易地获得相关资讯,并采取一致的行动,分享市场上的盈利机会。而信息的生产者虽然可能凭借先发优势,得到比其他参与者更丰厚的价值回报,但是他毕竟为了生产信息而在前期投入了一定程度的人力成本和时间成本,信息外溢可能导致信息生产者的福利损失,从而打击他继续收集信息的积极性。出于这个原因,市场上可能会出现信息投资不足的问题。另外,经济学家对发达国家的资本市场进行实证后发现,半强式有效市场的假设是基本成立的,但是强式有效市场的假设并不成立,只是一个理想的参照系。也有不少学者用实证方法检验了我国股票市场的有效性,结论大多支持我国股市从1996~1999年开始呈现弱式有效,但是发展十分缓慢,目前尚未达到半强式有效(张兵,2003;刘蓬勃,2006;刘云,2015)。这说明资本市场上的交易行为并不完全符合理性假设,所以市场上证券价格的形成并不是所有交易者理性选择后的结果,价格的波动并不能真实地反映所有与投资相关的信息,存在一定程度的偏差。在我国,拥有信息优势或内幕消息的投资者可以更轻易地获得超额利润,而且不同的投资者对于信息的敏感度和处理能力也存在着差异。机构投资者往往很早就注意到政府正在制定的产业政策,并及时关注信息披露的过程,提早买入相关利好股票。而由于个人投资者的敏感度和反应速度落后于机构投资者,在股票交易时容易被套牢(韩乾、洪永淼,2014)。

2. 银行的信息搜集和处理

在信息不对称的情况下,银行的出现可以帮助一定程度上抑制逆向选择和道德风险发生的概率。首先由于人们的认识能力有限,如果要充分掌握投资相关的信息就需要耗费巨大的人力、物力成本,银行作为贷款者和融资者之间的代理人,可以集中收集和处理与融资者相关的信息,发挥规模优势,降低投资者搜集、处理企业信息的成本。银行对企业的抵押担保要求和企业破产机制可以部分保护投资者的利益,降低投资风险水平。贷款发放之后,银行会对借贷方展开日常监督和控制,相对于个人贷款者,银行对企业的控制能力更强。而且由于银行与企业需要长期重复地进行博弈,所以企业为了增强在银行的信用等级和保持长期稳定的融资关系,会克制短期违约的冲动,故出现道德风险的可能性减小。

事实上,在我国当前的制度背景下,银行对借款企业及项目进行事前筛选时,企业的政治关系和会计信息都是其考虑的重要因素,甚至政治关系比高质量的会计信息更容易帮助企业获得大额长期贷款。政治关联企业在获得贷款后更容易过度投资,投资效率低于会计信息质量高的企业,而会计信息质量高的企业尽管资本的投资回报高,但获得的信贷额少于有政治关系的企业,说明政治关系会导致信贷资源的错配,抑制了高质量的会计信息对资本配置优化的促进作用(杨道广等,2014;张敏等,2010)。另外,关于谁来监督银行的问题,Diamond认为随着银行规模的扩大,为了避免遭遇破产或名誉扫地的惩罚,银行会按照承诺监督贷款者,而且银行为了能够获得投资收益,也有充足的动力进行严格的事前审核和事后监督,以降低可能的不良贷款带来的损失。但是我国大部分银行都有着较为深厚的政府背景,享有政府提供的隐性全额担保,即使银行没有收回贷款而导致坏账、呆账的不断积累,政府也会考虑到稳定公众对银行的信心而向银行施以援手,例如成立资产管理公司来吸收银行的不良贷款,减轻银行的负担,保持银行的持续经营。不少学者对银行的风险控制能力表示担忧和质疑。

资本市场与银行获取和处理信息的方式不同,而且在面对不同类型的信息时处理的效率也不尽相同。与资本市场相比,银行更擅长处理"标准化"的信息,在对技术更新较慢的传统产业融资时效率较高,对于不确定性较大的新技术、新产业的融资效率较为低下。而资本市场上投资者可以持有不同的观点和判断,采取不同的行动,所以成长前景尚不明朗的新兴产业更容易获得投资者的认可和信赖。

(二)改善公司治理

为了保证资金的配置效率和投资者的利益,银行和证券持有者会通过直接或间接的方式改善公司治理,督促管理层努力实现公司价值的最大化。

1. 资本市场对公司治理的约束

资本市场从以下两个方面改善公司治理水平。首先从外部约束来看,如果投资者对公司的治理方式不认同,或认为未来公司的前景预判并不理想,那么投资者就可以很方便地在市场上卖出股票,如果不少投资者都持相同的观点而卖出股票,那么股价极有可能会下降,从而导致公司的市值下降,这是投资者影响公司治理的一种手段。另外,随时可能出现的兼并也可以让经理人保持警惕,如果公司经营不善,公司的市值出现缩水,就给了其他竞争者或投资公司低价收购或吞并的机会,而原先的经理人也很难再继续担任原先的职位,这是对管理层最大的威胁。但这也可能让管理人员过度看重股价的短期波动,无心策划公司的长期发展。近年来,机构投资者的比例不断增加,他们更愿意主动参与并改善公司治理,而不是采取卖出股票的方式,保证了公司的长期持续发展,从而提高了公司的长期价值。

目前我国的机构投资者(样本选取的是基金投资者)对公司治理的参与程度还比较浅,在公司业绩下降的时候,机构投资者并没有积极地参与公司治理,主要还是选择卖出股票。而且机构投资者有时候会出现"羊群效应",大量机构投资者同一时间卖出某一只股票,由于机构投资者操控的资金规模很大,它们如果同时做空某只股票,则会强烈地打击该股票的价格,容易出现崩盘的可能,而其他个人投资者反而可能会套牢,不利于健康的市场风气的引导。(许年行等,2013)。

股权激励机制被认为可以加强经理人和公司股东间的利益共享和风险共担,改变管理层的目标函数,减少道德风险的可能,提升公司治理水平。但也有可能会促使管理层操纵财务数据,进行盈余管理。比如在我国的产权结构多元化和管理层股权激励改革的进程中,没有提出股权激励预案的公司,其持股的管理层可能为了将来股份流通时可以有较好的价格而提高公司治理水平,减少对公司不利的盈余管理。反而是公布了正式的股权激励预案的公司,其持股的管理层不再有动力减少盈余管理。这一研究揭示了股权激励的负面效应(苏冬蔚、林大庞,2010)。有些公司的股权激励使用不当,业绩考核指标设置偏低,反而成为经理层满足自我私利的"正当"手段(吴育辉、吴世农,2010)。

2. 银行对公司治理的监督

银行对公司治理有着巨大的影响力。首先,银行贷款作为一种债券融资方式,与其他债权一样会对债权的现金流和期限、债务契约等进行限制,从而对公司治理形成约束。其次,银行作为大债权人,在公司治理中拥有一般债权人难以企及的监督优势,银行可以从借款公司的账户上即时观测后者的现金转入和转出,掌握它的运营状况,要求借款者提交财务报告,并限制借款的投资流向。一旦公司经营出现异常,银行可以通过各种途径及早介入企业的经营活动。而且公司经常需要向银行借贷,两者之间存在长期博弈,企业有动力提高治理水平以持续获得新的贷款。

然而在我国,银行对公司的治理效果并不理想,有政治关系的企业可以获得政府赋予的"隐性担保",这样的企业不仅容易获得贷款,并且即使事后偿付困难,也会获得政府援助。由于不存在事后的惩罚,银行对企业治理水平的监督动力也就减弱了(田利辉,2005)。尽管如此,吴军(2009)发现银行业改革的不断推进,特别是国有银行的股份制改革之后,国企预算约束的逐步硬化,偿债能力较差的国企每年获得的新增贷款在 2003 年之后大幅下降,银行业的改革起了显著作用。

(三)提供流动性和分担风险

很多高收益的项目可能会要求长期投资,而投资者出于流动性的考虑可能最终转而选择了流动性好但效率低下的短期项目。这不仅有损投资者的个人福利,同时也造成了资源配置的扭曲。金融体系的发展可以帮助投资者解决流动性和效率之间的两难选择,投资者可以通过银行存单、股票、债券等金融工具实现资产所有权或债券的转移。

1. 资本市场的流动性提供和风险分担

在流动的资本市场中,投资者可以方便地将手中的证券转出,资本市场通过提供流动性风险分散机制,鼓励储蓄者增加长期资本投资,尤其在交易成本不断降低的背景下,流动性差的高收益项目有望迎来长期投资,资本配置得到优化。风险分散不仅能够加快资本积累,而且有助于加速技术创新。企业的技术创新可能增强企业竞争力,扩大市场份额,获得丰厚收益,但也让公司的经营添加了更多的非可控因素。对于创新项目的分散投资可以降低投资风险,让创新型的长期项目得到资金支持。

2. 银行的流动性提供和风险分担

在信息不对称的情况下,银行可以提供跨部门的风险分散,凭借大数定律把众多随机分布的短期流动性进行转化,为一般储蓄者提供流动性的同时发放长期贷款,赚取长期投资收益(Diamond, 1983)。另外,银行可以平衡不同期限的收益来稳定资产价格,进而平滑投资收益,提供跨期风险分担。但是在

Diamond(1983)的模型中,银行对流动性的提供是建立在资本市场缺失或发展不完善的基础之上的,其中隐含着因资本市场门槛过高而导致投资者有限参与市场的前提假设。在英美等资本市场发育较成熟的国家,这一前提假设并不成立,银行等金融中介能提供的风险分担作用被严重削弱。应展宇(2004)还发现,Diamond 的模型只说明了在一定前提假设下银行可以为微观主体提供最优的流动性,但是宏观经济却受到了损害,越来越多地资源被配置到效率低下的短期项目,微观个体的福利与宏观经济增长之间出现了背离。

（四）小结

通过以上的对比分析可以发现,从理论上来说,资本市场和银行都能够通过不同形式实现信息收集和处理、改善公司治理、提供流动性和分担风险这几项金融功能,进而影响资本配置效率。

在资本市场发展较为成熟的情况下,股价的变动可以传达与投资相关的信息,且在不确定性较大的新兴产业融资方面更有效率;另外,投资者的"用脚投票"和潜在的并购风险都可以形成对公司管理层的外部约束;股权激励则从利益同享、风险同担的角度减少了委托代理可能产生的道德风险;再者,股票市场可以允许投资者随时卖出股票,同时提供多种金融工具支持投资者进行资产组合和风险互换,有效地降低流动性风险和投资风险。通过以上功能的实现,资本市场将引导资本更好地流向优质项目和企业,改善资本配置。

但是在我国目前的资本市场中,这些功能并没有得到有效地发挥。尽管近年来资本市场的总量保持了快速增长,直接融资占比逐年上升,但是其发展质量并不容乐观。例如,目前我国股票市场的有效性还有待增强,股票价格波动未必能够传达真实的投资信息,信息质量和透明度不高;投机炒短线的风气依旧浓厚,无论是个人投资者还是机构投资者都很难通过"用脚投票"对公司治理形成有力的外部约束。资本市场的资本配置效率与理论上所期望的水平相差较大。

同样地,在银行业发展较为成熟、市场化程度较高的时候,银行可以根据自身的规模优势降低信息的搜寻和处理成本,在处理风险较低的成熟产业的融资业务时更具优势;另外,银行作为大债权人也可以监测企业财务状况,和企业建立长期融资关系,在公司治理中具有独特的监督优势;再者,银行可以分散投资,调节资产及负债的期限和风险,实现跨期风险分担功能并提供流动性。银行与资本市场一样,作为重要的融资渠道之一,若能够充分发挥以上职能,对企业和项目执行严格的事前筛选和事后监督,解决信息不对称的问题,那么银行的发展确实能够促进资源优化配置。

但是我国目前信贷融资市场还存在着较多问题,政治关联企业在信贷市场上拥有独特优势,政府对国有企业和国有银行的"隐性担保"降低了银行系统对企业的监督动力。国有银行积累的巨额不良贷款说明了银行业的市场化程度还远远不够,非市场力量的干预过多,金融资源并没有流向好的项目和企业,银行业的资本配置效率还有待提高。

总体而言,在比较理想的情况下,即银行和资本市场发展完善的背景下,两者都能够很好地配置资本,它们之间并不是相互对立的,而是相互补充、共同演进的。具体落实到我国的金融实践时,这一理想状态往往很难达成,产业结构、金融体制、法律制度、金融文化等因素都会影响金融体系的资本配置功能。一国的金融结构从来都不是一成不变的,最佳的金融结构应该能够完美地实施其金融功能,银行和资本市场这两大融资渠道本身就很难分孰优孰劣,并不是资本市场主导的金融结构就一定优于银行主导的金融结构,两者各有优势和缺陷,在我国的金融实践中也都暴露出了各自的问题。金融结构的优化过程,不仅包含了两者比例的动态调整,也包含了信贷市场和资本市场的制度建设和市场环境的改善。

目前我国的金融结构已经开始转变,从间接融资为绝对主导向直接融资和间接融资平衡发展的方向演进。随着我国的经济转型和产业升级,高风险的创新型企业将一定程度上取代传统的依靠模仿性创新的制造业企业,对资本市场特别是创业板、场外市场等融资平台的需求将快速增长。而资本市场对企业融资的支持,需要一个良好的市场环境,因此在提高直接融资比例的同时,必须加快完善相关的法律、投资者保护、信息披露等制度,保证金融市场的有效运转。另外,银行业现存的一系列弊病也已经阻碍了其金融职能的发挥,所以应大力推动银行业的市场化进程,打破垄断,减少非市场力量的过度干预,降低银行的不良资产规模,还原银行在资源配置中的监督和筛选职能。

第五节　计量检验与实证分析

一、资本配置效率的测算

（一）测算方法的选择

目前,资本配置效率的测算方式大致有四种:指标衡量法、差异判断法、数据包络法和模型测算法,下面简要介绍这四种方法。

第一种:指标衡量法。从最直观的角度,采用能够反映资本配置效率的指标,比如通常使用的产出资本比率σ。产出资本比率σ是哈罗德多玛模型中资本产出比κ的倒数,$\sigma=1/\kappa=Y/K$,Y是产出,K是资本投入,σ越大说明在投入同样的资本的情况下,产出越大,即资本得到更有效的使用,某种程度上可以表明资本配置越有效率。这种方法比较简单而且容易计算,但是资本产出的效率不仅与资本配置有关,还受到技术水平等多因素的影响,并不能很好地体现资本配置过程的有效性。

第二种:基于边际产出理论的差异判断法。根据新古典的一般均衡理论,当资本在不同行业间可以自由流动时,资本配置达到帕累托最优状态就意味着各部门的边际产出应该是一致的,资本没有进一步流动的必要了,说明资本获得了最优的配置。

根据这一理论,我们可以通过衡量不同地区、不同行业的边际产出水平的不同来衡量资本配置效率,产出水平间的差别越明显,则资本配置越不充分,还有进一步改善的余地。Cho(1988)在研究韩国的金融政策对资本配置效率的影响时就使用了这一方法,计算得到行业预期资本边际产出率的方差,如果金融政策实施之后方差缩小了,那么说明这一政策有助于改善韩国的资本配置效率。根据这一理论还引申出了另一种衡量方法,就是比较最优配置状态下的总产出水平和实际总产出水平,通过两者之差也就是潜在产出缺口,来判断某个国家或地区距离资本的最优配置还有多少提升空间,间接地衡量资本配置的效率(龚关、胡关亮,2013)。

无论是资本边际产出还是最优产出水平,这些指标的计算都基于生产函数的设定,各国或各地区的生产函数的选择和参数设定都会直接影响最终的测算效果。而不同地区或不同国家在经济发展水平、产业结构、产业政策、文化环境等方面存在差异,在选择生产函数以及设定具体参数时必然要考虑这些因素,所以这种方法并不适合进行国家间或地区间的资本配置效率的比较分析,学者们更多地将它运用在分析同一经济主体在时间序列上的资本配置效率的变化。

第三种:数据包络法 DEA。1978 年 A. Charnes 等人在数学规划模型的理论基础上提出了 DEA 数据包络法,它可以用来估计有效生产前沿面,也有学者将这种方法运用到经济研究中评价经济系统的运行效率。章洪量、封思贤(2015)在研究金融脱媒对我国资本配置效率的影响时,通过 DEA 方法构建了 Malmquist 指数来衡量我国 1978~2010 年资本配置效率的走势,他首先建立了输入输出的距离函数,接着用这些距离函数测算出决策单元要素的生产效率,将不同参照水平下前后两个时间点的生产效率的比值作为衡量资本配置效率的指标。

第四种:模型测算法。主要指的是美国耶鲁大学的 Jeffrey 教授(2000)提出的计量模型,他在其 2000 年发表的一篇论文《金融市场与资本配置》中首次提出这种方法。他认为,如果一个国家能够在资本回报高的地区(行业)追加资本投资,而从资本回报低的地区(行业)及时地抽离资本,就意味着资本配置效率在提高。相反的,如果一个国家的资本回报高的地区(行业)并没有持续获得资金,甚至面临资本短缺,而资本回报低的地区(行业)却源源不断地获得资金支持,说明稀缺的金融资源并没有得到有效的利用,金融系统的资本配置功能是低效的。从这一点出发,Jeffrey 教授找到了定量化描述资本配置效率的指标——资本形成对盈利能力的敏感度系数。运用这一指标,他建立了下面的双对数模型(1.5),测算了处于不同的经济发展阶段的 65 个国家的 28 个行业在 1963~1995 年资本配置效率的走势。

$$\ln \frac{I_{ict}}{I_{ict-1}} = \alpha_c + \eta_c \ln \frac{V_{ict}}{V_{ict-1}} + \varepsilon_{ict} \tag{1.5}$$

其中,I 是固定资本形成,V 是工业增加值,c 和 i 分别代表国家和行业,t 代表时间,选择各行业的固定资本的增长率代表行业获得新增投资的多少,选择各行业的工业增加值的增长率描述行业资本回报水平的高低,为了减少偏差两边都取了对数。参数 η 为投资弹性系数,表明各行业资金的增减对行业盈利水平变动的敏感程度,以此来反映资本配置效率。η 越大说明资本越敏感,资本的配置效率越高,若 $\eta=0$,说明资本对盈利能力并不敏感。

以上这四种方法各有优缺点,由于本章需要对东、中、西部的资本配置效率进行比较分析,所以 Jeffrey 的模型测算法更能满足本章的研究需要。而且这一方法从资金在各行业之间的流动诠释了资本配置的动态过程,更贴近资本配置效率的基本概念。因此,接下来本章将使用 Jeffrey 的模型测算法对我国的资本配置效率进行测算。

(二) 模型建立和数据说明

1. 模型建立

Jeffrey 从行业角度测算了一个国家的资本配置效率,我们同样也可以从地区角度通过资本在我国不同省份之间的流动考察我国的资本配置效率。资本在不同省份间的有效配置应该表现为资本根据地区的成长性,从低增长地区撤离,流入高增长地区。以往行业层面的分析,包括 Jeffrey 的模型选用的是行业的工业增加值作为行业盈利能力的指标。本章是从地区层面来看的,而各个部门的增加值加总就是一个地区或一个国家的 GDP,所以本章选择各省份的 GDP 增长率衡量一个省份的经济增长能力。依据 Jeffrey 模型中 I 的选取,本章选择各省份的固定资本形成来描述一个地区资本的增减。建立如下模型(1.6):

$$\ln \frac{I_{it}}{I_{it-1}} = \alpha_{it} + \eta_{it} \ln \frac{GDP_{it}}{GDP_{it-1}} + \varepsilon_{it} \qquad (1.6)$$

式中,因变量 I 为地区的固定资本形成,i 代表地区,t 代表时间。系数 η 反映了地区成长性对固定资本形成的敏感性。截距项 α 综合反映了没有纳入模型的其他影响因素的作用。

关于资本投入和地区成长性之间是否存在着双向作用机制,Jeffrey 教授认为资本形成的增减对地区 GDP 的增长情况有两年左右的滞后影响,反过来地区经济的成长性对资本的引导作用是即时的,所以不用担心反向的因果关系对模型可能产生的影响。

2. 指标和数据说明

数据处理:本章选择各省份的固定资本形成总额,并根据 1997 年为基年的固定资产投资价格指数进行平减,而其中广东省(1997 年至 2000 年)和海南省(1997 年至 1999 年)部分的固定资产投资价格指数缺失,使用当年的 CPI 进行代替。GDP 的实际增长率采用以上一年为基准的 GDP 指数。参考韩立岩(2002)、潘文卿(2003)、曾五一(2007)的做法,在实际测算中为减小数据偏度,固定资本形成的增长率和 GDP 的实际增长率在取对数之前先加 1。以上数据均来自国家统计局。

样本省份的选择。本章选择我国 30 个省份为样本,西藏由于固定资产投资价格指数全部缺失,所以剔除出样本。

样本时间的选择。重庆的固定资产投资价格指数在 1997 年以前缺失,所以本章的样本时间从 1997 年开始,在固定资产形成的计算时以 1997 年为基年进行价格平减。

(三)基于面板数据的全国及三大地区效率值

面板数据综合了时间序列和横截面数据的优点,所以本章选择 1998～2013 年 30 个省份的面板数据来测算这段时间内资本在各省份间的配置效率。在实证回归之前,首先要对数据进行单位根检验,本章选择了 Levin,Lin & Chu 检验和 ADF-Fisher Chi-square 检验。结果表明,固定资本形成增长率和 GDP 增长率的原始序列存在着单位根,而它们的一阶差分序列通过了单位根检验,由此说明这两个变量是一阶单整的。然后对该模型进行协整检验,发现它们的残差通过了单位根检验,原模型中的三个变量之间存在协整关系,不存在虚假回归的问题(见表 1-4)。

表 1-4 单位根检验结果

变量	Levin, Lin & Chu	P 值	ADF 检验	P 值	是否存在 单位根
固定资本形成增长率	−1.04	0.15	75.26	0.09	是
一阶差分	−5.76	0.00	188.01	0.00	否
GDP 增长率	−3.69	0.00	65.67	0.29	是
一阶差分	−6.93	0.00	146.29	0.00	否
残差序列	−5.59	0.00	117.52	0.00	否

考虑到大多数固定资产投资的运营时间都超过一年,一旦投入前期资本开始运行后,即使发现经营效果并不理想也不能贸然撤资,甚至可能要继续追加投资,所以资本投资存在着一定的惯性,以往的投资对本期仍可能存在影响。基于此,本章对初始模型进行拓展,将以往投资的影响纳入面板模型(1.7),其中因变量的滞后一期项系数 λ 反映了过往该地区的投资对当期的影响程度。

$$\ln \frac{I_{it}}{I_{i,t-1}} = \alpha_{it} + \eta_{it} \ln \frac{GDP_{it}}{GDP_{i,t-1}} + \lambda_{it} \ln \frac{I_{i,t-1}}{I_{i,t-2}} + \varepsilon_{it} \qquad (1.7)$$

根据面板数据估计资本在不同省份间的配置效率,面板模型可以选择混合模型、固定模型和随机模型,F 检验的结果并不拒绝混合模型的原假设,所以本章选择混合模型(3)进行回归估计。表1-5是模型的估计结果,1998～2013年,混合模型中 η 为1.221,显著地大于0,说明这期间资本实现了比较有效的配置,地区的 GDP 每增加一个百分点,就会吸引固定资本增加1.221个百分点。潘文卿(2003)曾经用混合面板模型测算过我国1979～2001年的资本配置效率为1.014,与她的测算结果相比较,这十几年来我国的资本配置效率总体来说是提高的。另外,滞后项的系数 λ 也显著大于0,说明以往的固定资产投资对当期仍存在正向的作用,如果上一期资本投入增长较快,则会拉动下一期的资本形成增加,产生资本聚集的效应。

表1-5　全国及东、中、西部的资本配置效率

	全国	东部	中部	西部
η	1.221*** (7.456)	1.440*** (5.274)	1.148*** (3.508)	1.221*** (4.562)
λ	0.300*** (6.429)	0.183** (2.265)	0.347*** (3.733)	0.290*** (3.775)
R^2	0.318	0.304	0.376	0.288
DW	1.871	1.987	1.873	1.726
F 统计量	0.912	1.085	0.404	0.551
模型选择	混合模型	混合模型	混合模型	混合模型

注:括号内为 t 统计量; * 、** 、*** 分别表示10%、5%和1%的显著性水平。

在估算了全国整体的效率值后,本章分地区估计了东部、中部和西部的资本配置效率。同样的需要对模型形式进行选择,发现东部、中部和西部的数据都不能拒绝混合模型的原假设,故接下来继续使用混合模型(3)进行估计。从表1-5中可以看到东部地区的 η 最高,为1.44,西部地区次之,为1.221,与全国总体效率 η 持平,中部地区效率相对较低,η 为1.148。三大地区的效率都显著地大于0,说明三大地区在这期间的资本配置整体来说是有效的。从滞后项的系数 λ 来看也都显著地大于0,其中中部地区的 λ 最大,为0.347,西部地区为0.29,与全国水平较为一致,东部地区最小,为0.183。这说明在中部地区,前期投资对当前固定投资流入的影响更大,而东部地区的固定资本流入更多地看重当前地区经济的成长能力,受到以往投资的影响约束更小,固定投资的决策机制更加灵活。

（四）基于横截面数据的 1998～2013 年全国效率值

上文对面板数据进行模型选择的检验,结果显示应该选择混合模型,我们可以得到 1998～2013 年整体的资本配置效率值。接下来本章要测度 1998～2013 年资本配置效率的变化趋势,使用横截面数据利用模型(2)可以得到1998～2013 年每年的效率值,结果如图 1－9 和表 1－6 所示。

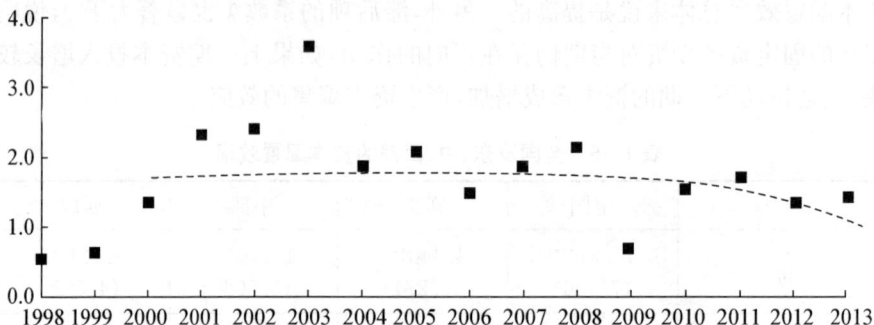

图 1－9　1998～2013 年资本配置效率的变动图

表 1－6　1998～2013 年资本配置效率

年份	1998	1999	2000	2001	2002	2003	2004	2005
系数	0.527 (0.479)	0.651 (0.715)	1.360* (1.390)	2.333*** (2.672)	2.416*** (2.797)	3.598*** (5.708)	1.859*** (3.189)	2.077*** (3.745)
R^2	0.008	0.018	0.064	0.203	0.218	0.538	0.266	0.333
DW	2.04	1.87	1.27	1.85	2.20	2.19	1.41	1.70
年份	2006	2007	2008	2009	2010	2011	2012	2013
系数	1.481* (1.643)	1.875** (2.408)	2.149*** (3.575)	0.689 (0.905)	1.522* (1.778)	1.701*** (4.073)	1.326* (1.646)	1.443* (1.691)
R^2	0.088	0.172	0.313	0.028	0.101	0.372	0.088	0.093
DW	1.70	1.93	2.03	2.14	1.39	2.24	2.00	2.04

注:括号内为 t 统计量;*、**、*** 分别表示 10%、5% 和 1% 的显著性水平。

就全国而言,我国的资源配置效率在大部分年份时显著大于 0 的,说明资本的流动确实受到了地区成长性的影响,成长性好的地区更受资金的青睐。第三章对固定资产投资的地区分布统计结果也显示了,经济发达的东部地区占据了近一半的投资。根据 Jeffrey 最初对模型赋予的经济学含义来看,这恰恰说明了资本在这段时间的配置是有效的,但是从时间趋势来看,资本配置的有效性正在减弱。具体地,除去结果不显著的三个年份,2000~2002 年资本配置效率小幅上升,2003 年达到峰值 3.59,之后的 2004~2008 年又回落到 1.9 左右的水平,2009 年资本配置效率突然出现大幅下降,甚至不能拒绝效率为 0 的假设,之后效率值出现小幅度的下滑态势。对于 2003 年的高峰值,可能的一个原因是国家在 1997 年之后一直十分鼓励地方基础设施建设及其他关键投资领域,出台了一系列投资放宽政策和税收优惠,东部的省份由于天然的地理优势和较好的经济基础,成为固定资产投资的主要流入地,这一投资热潮在 2003 年达到顶峰。之后因为 2004 年初政府实施紧缩政策,投资热潮减退,资本配置效率有所回落。而 2009 年效率值突然下跌,极有可能与当年的信贷刺激计划有关,关于该计划的有效性,不少学者对此有不同的解读。

观察效率值及其 t 统计量可以发现,效率值较高的年份往往 t 统计量也比较显著,这说明当资金的流动更多地是为了追逐资本价值的增加时,即资本形成的变化更多的是根据所流入地区的价值创造能力的高低时,资本的配置效率就会比较高,这说明市场是聪明的,将资金交给市场规律来指挥,会得到最有效率的回报。

二、金融结构对我国资本配置效率的影响

(一)模型建立及指标解释

近年来,我国大力发展金融市场,市场容量的不断扩大,同时内部结构也实现了很大变化,直接融资市场的快速成长改变了银行业一家独大的格局,而银行业内部的结构也在持续优化,股份制中小银行凭借其敏锐的市场触觉和创新思维,逐渐在信贷市场崭露头角。金融结构在资本配置效率的变化中扮演了怎样的角色? 在上一节测算出我国历年资本配置效率之后,本节将在全国数据的基础上构建金融结构对资本配置效率影响的模型(1.8):

$$\eta_t = \alpha + \lambda X_t + \varepsilon \tag{1.8}$$

被解释变量 η:前文测算的我国 2002~2013 年每年的资本配置效率。

解释变量 X:

(1) 金融结构变量。金融结构从融资类别上看,本章首先采用直接融资占比(企业债券融资额与非金融企业境内股票融资额之和在社会融资总量中的占比)作为一级结构指标来描述金融结构的整体特征。其次为了更好描述银行和资本市场的细分特征,本章构建了二级结构指标——银行业细分结构,即中小银行信贷额/社会融资总额,可以考量信贷市场的多元化程度。同样,本章也构建了股票市场结构指标,用主板市场的市值/总市值,来衡量股票市场的多元化程度。

(2)金融发展变量。本章借鉴 Goldsmith 提出的金融相关比率,即:"在某一时段中金融活动和经济活动两者在规模上的相对比例",这一指标在众多金融发展研究中被广泛采用,十分具有代表性。采用国内信贷/GDP 和资本市场融资额/GDP 代表金融市场发展程度。

(3)流动性指标。证券流通顺畅的资本市场可以实现信息传达和风险控制,故流动性的考量也很有必要,本章使用 AB 股成交金额/AB 股总市值来表示。

由于社会融资结构的相关数据是从 2002 年开始公布的,所以以上指标均选取 2002~2013 年的数据,资料来源为 WIND 数据库。为了减少数据偏度,以上被解释变量在放入模型时,先加 1 再取对数。在实证检验之前,本章对数据使用 ADF 和 Levin,Lin & Chu 检验,发现以上的变量都通过了单位根检验,说明变量是平稳的,可以进行下一步估计。

在实证检验金融结构与资本配置效率的关系之前,可以从统计图中观察两者之间的关系。如图 1-10 所示,近年来我国大力发展直接融资,股票市场和债券市场的规模不断扩大,企业通过股票市场和债券市场的融资额占社会融资结构的比重逐年上升,所以直接融资占比整体上呈现出波动向上的趋势,

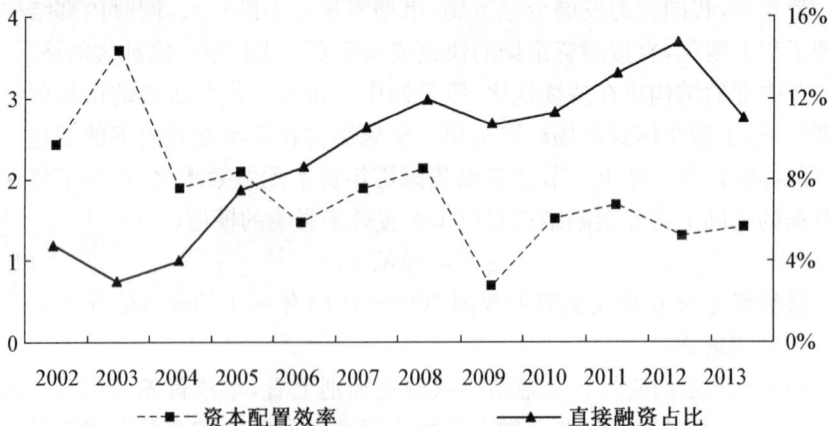

图 1-10　直接融资占比与资本配置效率的变动趋势图

资料来源:作者测算结果。

而这似乎并没有带来资本配置效率的提高,从图中可以看到资本配置效率近年来呈缓慢下行的趋势。根据简单的趋势图我们能够初步判断:直接融资占比与资本配置效率的变动趋势呈相反方向,金融结构不断优化的同时资本配置效率却呈下滑态势。

(二)实证结果

将资本配置效率作为因变量,通过最小二乘法分析金融结构和它的关系,可以看到实证结果进一步验证了以上的初步判断,直接融资比重与资本配置效率之间确实存在负相关关系,本章尝试采用金融发展和金融结构的细分指标对此发现做进一步解释,实证结果如表1-7所示。

表1-7　金融结构与资本配置效率变动的相关性研究结果

被解释变量 η	(1)	(2)	(3)	(4)	(5)	(6)
直接融资比重	—12.52*** (—2.78)					
国内信贷/GDP		—0.47 (—0.09)	—0.86 (—0.18)			
中小银行比重			10.50* (1.50)			
资本市场融资/GDP				—16.23*** (—3.02)	—20.93* (—2.00)	—17.25** (—2.58)
主板市值比重					—4.70 (—0.52)	
股市流动性						—0.27 (—0.28)
R^2	0.43	0.08	0.21	0.47	0.49	0.48
DW	2.72	1.42	1.57	2.52	2.59	2.47

注:括号内为t统计量;*、**、***分别表示10%、5%和1%的显著性水平。

1. 直接融资比重的上升并没有促进资本配置效率的改善

在(1)式中,直接融资比重对资本配置效率的系数为—12.52,且在1%的水平下显著,这进一步验证了上文的判断。说明当前金融结构中直接融资比重的上升并没有促进资本配置效率的改善,反而从相反方向抑制了资本配置效率。造成这一结果的原因,可以从信贷融资和直接融资各自的发展和内部结构因素来具体分析。

2. 信贷融资对资本配置效率影响不显著,但中小银行的比重上升对效率提高有促进作用

在(2)、(3)式中,银行主导的信贷融资的发展并不能解释资本配置效率的变动,但是将中小银行的发展考虑进来后,发现中小银行在社会融资结构中的比重上升有助于提高资本配置效率,结果在10％的水平下显著,说明中小银行可以凭借自身灵活的体制管理和产品创新精神,与规模庞大、组织结构严密的大型银行形成功能互补,更全面地向实体经济提供融资服务。(2)、(3)式的模型解释力度较弱,说明信贷融资的发展与资本配置效率之间呈弱相关。

3. 直接融资对资本配置效率有显著的抑制作用,主板占比和股市流动性的解释力较弱

在(4)、(5)、(6)式中,资本市场主导的直接融资规模的扩大对资本配置效率存在显著的抑制作用,系数分别在1％、5％和10％的水平下显著为负,说明当前直接融资市场还并不完善,尚且不能有效地发挥优化资源配置的功能,资本市场现存的一系列弊病需要采取妥善的措施及时进行处理,否则资本配置的效率问题将成为经济发展的巨大隐忧。

从资本市场的结构指标来看,在同时引入资本市场融资规模的条件下,主板市场的市值占比与资本配置效率呈负相关,系数为-4.7,但效果并不显著。说明主板市场的比重过高,可能会将资本过多地引导到大型国有企业,留给创业板、新三板等平台的资金有限,中小企业在股票市场获得的资金仍远远不够。所以,随着资本市场规模的不断扩大,适度降低主板市场的市值比重,加强多层次资本市场的建设,将对资本配置效率的改善有促进作用。

从股票市场的流动性指标来看,流动性的系数为负,但并不显著。这说明股市流动性过高可能并不利于资本的优化配置,因为当前股票市场的参与者主要关注的是股价的短期波动,投机炒作的风气比较重,忽视了对公司长期业绩增长的关注,缺乏动力去监督上市公司管理层的治理水平,不利于资本的有效配置。

第六节 基本结论与政策建议

一、基本结论

本章首先对我国的固定资产投资和金融结构方面的现状进行统计描述，然后测算了我国历年来的资本配置效率，并以此为基础实证研究了金融结构与资本配置效率两者的相互联系。结合前文的研究，可以得到以下结论：

(1) 固定资产投资增长趋缓，投资结构逐渐优化。固定资产投资增长速度从 2009 年之后逐渐趋缓，其中制造业投资增速持续回落，房地产投资经过爆发式增长后进入调整期，基础设施建设增速相对稳定。从区域分布来看，固定资产投资主要分布于经济较发达的东部省份，但中西部的增速高于东部。固定资产投资中将近 58% 的融资来源于自筹资金，且其比例呈上升趋势，政府预算内资金贡献较小。

(2) 间接融资仍为主要融资渠道，资金大部分流向东部地区。从全国层面来看，间接融资仍占主导地位，但占比有所下降，银行业结构不断优化，中小银行发展迅速；表外融资兴起，对间接融资的替代效应明显，但容易受监管政策影响，发展不稳定；直接融资占比偏小但增速很快，股票市场仍以主板为主，板块分布呈"倒三角"，债券市场品种结构极不平衡，有较大的改进空间。地区层面上，东、中、西部的金融结构中都以贷款为主，债券和股票的比重较小，但增速很快，地区间结构差异并不明显。无论是信贷融资还是直接融资，东部地区都是最受资金青睐的。

(3) 整体上资本在地区间实现了有效配置，但效率正缓慢下降。1998～2013 年，我国各省份的固定资本形成增速对地区生产总值增速较为敏感，说明我国的资本在地区间实现了有效配置，但配置效率随时间呈缓慢下降的趋势。东部地区的资本配置最优，西部次之，中部较差。

(4) 直接融资比重的上升并没有促进资本配置效率的改善。由于目前两大融资市场的发展并不完善，银行和资本市场并不能很好地实现信息收集和处理、改善公司治理、提供流动性和分担风险这几项金融功能，这使得银行和资本市场难以发挥最佳的资本配置水平。实证结果显示，金融结构中直接融资比重的上升并没有促进资本配置效率的改善，其中信贷融资的发展与资本配置效率之间关系较弱，而直接融资的发展甚至加重了资本配置的不平衡。因此，在大力发展金融市场的同时，还应该不断完善金融体制改革，减少不必要的行政干预,加强法律制度的配套建设,为银行和资本市场有效发挥资本配置功能创造公正有序的制度环境。

(5) 大力扶持中小银行将加快资本配置效率的提高。中小银行在社会融资结构中的比重上升能够显著地提高资本配置效率,因此我国应继续推进银行业结构优化,积极扶持中小银行的发展。中小银行可以凭借敏锐的市场触觉和产品创新意识,与规模庞大、组织结构严密的大型银行形成功能互补,拓宽中小企业融资渠道,更好地为实体经济提供信贷支持。

二、政策建议

近年来,我国金融市场的发展取得了丰硕成果,不仅融资金额逐年攀升,而且内部结构日益多元化,直接融资市场的快速成长对信贷融资市场形成了有益的补充,多种融资渠道同时发力,满足了我国经济的高速发展中的资金需求。然而,我国的资本配置效率却在这段时间出现了缓慢下降,实证结果也表明直接融资比重的提高、金融结构的优化并没有带来资本配置效率的提高,直接融资市场的发展反而具有显著的抑制作用,间接融资的发展也没有产生期待中的促进作用。因此,我们需要重新审视近年来的金融发展。

改善资本配置是金融市场最基本的职能之一,金融市场的壮大、内部结构的调整并没有促进资本配置效率的提升,这恰恰说明我国金融市场的建设还存在进一步改进和修正的空间,尤其是股票市场。本章认为可以从以下几个方面重新审视金融市场的建设与完善:

(1) 随着民营银行的开设、存款保险制度的实施以及存款利率上限的开放,银行业的金融改革持续深化,现已取得一定成效,但仍未充分满足我国经济发展的需要。所以,未来应该进一步强化对商业银行的市场化约束,减少信贷市场不必要的政府干预,还原银行对企业应有的监督职能。持续推进银行业结构优化,在加强国有大型银行的市场化转型的同时,积极稳妥地发展其他各类中小银行、农村金融机构、小额贷款公司等各类金融机构,缓解中小企业的资金短缺,为实体经济的发展全方面保驾护航。

(2) 我国当前正处于经济体制改革与经济结构调整的攻坚时期,在投资主导型转为创新主导型的过程中,创新型中小企业的规模和数量将不断增加,对资金的需求将迎来高速增长。银行在提供这类企业的金融服务方面效率并不高,多层次的资本市场将发挥更加重要作用。未来应加快注册制改革的进程,逐步降低资本市场准入门槛,在不断扩大资本市场规模的同时,积极培育和引导创业板、新三板和区域性股权市场,提高这些板块的融资比重,打造"正三角"的板块分布,满足大型成熟企业和高成长性的中小企业不同的融资需求。

(3)资本市场的制度环境不够完善也是其无法充分调动资本合理配置的主要原因。制度环境的改善,首先需要加强对资本市场和参与者的监管,规范并加大信息公开披露的力度和要求,保证上市公司发布的是真实可信的信息,以高质量的信息传达来引导资本配置。因此,监管部门应加大对参与主体失信行为的处罚力度,不断提高失信成本和代价,建立良好的信用环境,保护广大投资者的合法利益。其次需要加强对市场参与者的金融文化教育,树立投资风险意识,遏制市场上投机炒作的不良风气,还原资本市场的价格发现功能。

本章参考文献

[1] 爱德华·肖.经济发展中的金融深化.上海:上海三联书店,1988.

[2] 曾五一,赵楠.中国区域资本配置效率及区域资本形成影响因素的实证分析.数量经济技术经济研究,2007(4).

[3] 方军雄.市场化进程与资本配置效率的改善.经济研究,2006(5).

[4] 龚关,胡关亮.中国制造业资源配置效率与全要素生产率.经济研究,2013(4).

[5] 龚强,张一林,林毅夫.产业结构、风险特性与最优金融结构.经济研究,2014(4).

[6] 韩立岩,蔡红艳,郄冬.基于面板数据的中国资本配置效率研究.经济学:季刊,2002(2).

[7] 韩乾,洪永淼.国家产业政策、资产价格与投资者行为.经济研究,2014(12).

[8] 韩王岩,王哲兵.我国实体经济资本配置效率与行业差异.经济研究,2005(1).

[9] 雷蒙德·W·戈德史密斯.金融结构与金融发展.上海:上海人民出版社,1994.

[10] 李青原,潘雅敏,陈晓.国有经济比重与我国地区实体经济资本配置效率——来自省级工业行业数据的证据.经济学家,2010(1).

[11] 林毅夫,姜烨.经济结构、银行业结构与经济发展——基于分省面板数据的实证分析.金融研究,2006(1).

[12] 林毅夫,孙希芳,姜烨.经济发展中的最优金融结构理论初探.经济研究,2009(8).

[13] 刘蓬勃.中国股票市场弱式有效的实证研究.世界经济情况,2006(8).

[14] 刘云.我国股票市场有效性的实证研究.经济界,2014(46).

[15] 麦金农.经济发展中的货币与资本.上海:上海三联书店,1988.

[16] 潘文卿,张伟.中国资本配置效率与金融发展相关性研究.管理世界,2003(8).

[17] 蒲艳萍,成肖.金融发展、市场化与服务业资本配置效率.经济学家,2014(6).

[18] 沈坤荣,孙文杰. 投资效率、资本形成与宏观经济波动——基于金融发展视角的实证研究. 中国社会科学,2004(6).

[19] 世界银行. 全球发展融资. 北京:中国财政经济出版社,2002.

[20] 苏冬蔚,林大庞. 股权激励、盈余管理与公司治理. 经济研究,2010(11).

[21] 谈儒勇. 中国金融发展和经济增长关系的实证研究. 经济研究,1999(10).

[22] 田利辉. 国有产权、预算软约束和中国上市公司杠杆治理. 管理世界,2005(7).

[23] 吴军,白云霞. 我国银行制度的变迁与国有企业预算约束的硬化——来自 1999～2007 年国有上市公司的证据. 金融研究,2009(10).

[24] 吴育辉,吴世农. 企业高管自利行为及其影响因素研究——基于我国上市公司股权激励草案的证据. 管理世界,2010(5).

[25] 许年行,于上尧,伊志宏. 机构投资者羊群行为与股价崩盘风险. 管理世界,2013(7).

[26] 杨道广,潘红波,陈汉文. 政治关系、会计信息与银行信贷资本配置效率——来自中国民营上市公司的经验证据. 投资研究,2014(7).

[27] 姚东旻,颜建晔,尹烨昇. 存款保险制度还是央行直接救市？——一个动态博弈的视角. 经济研究,2013(10).

[28] 应展宇. 流动性提供中的银行与市场:一个比较分析框架. 世界经济,2004(9).

[29] 约翰·格利,爱德华·肖. 金融理论中的货币. 上海:上海三联书店,1994.

[30] 张兵,李晓明. 中国股票市场的渐进有效性研究. 经济研究,2003(1).

[31] 张敏,张胜,王成方,等. 政治关联与信贷资源配置效率——来自我国民营上市公司的经验证据. 管理世界,2010,22(11).

[32] 章洪量,封思贤. 金融脱媒对我国资本配置效率的影响分析. 当代经济科学,2015(1).

[33] Allen F, Gale D. *Comparing Financial System*. MIT Press, 2001.

[34] Arestis P, Demetriades P O, Luintel K B. Financial Development and Economic Growth: The Role of Stock Markets. *Journal of Money Credit & Banking*, 2001, 33(1): 16 - 41.

[35] Cho Y J. The Effect of Financial Liberalization on the Efficiency of Credit Allocation: Some Evidence from Korea. *Journal of Development Economics*, 1988, 29(1): 101 - 110.

[36] Diamond D W, Dybvig P H. Bank Runs, Deposit Insurance, and Liquidity. *Journal of Political Economy*, 1983, 91(3): 401 - 419.

[37] Diamond D W. Financial Intermediation and Delegated Monitoring, *Review of Economic Studies*, 1984, 51: 393 - 414.

[38] Gerschenkron. *Economic Backwardness in Historical Perspective*. Belknap Press of Harvard University Press, 1962.

[39] Grossman S J, Stiglitz J E. On the Impossibility of Informationally Efficient Markets.

Social Science Electronic Publishing，1980，70(3)：393 - 408.

[40] Hsieh C T，Klenow P J. Misallocation and Manufacturing TFP in China and India. *Quarterly Journal of Economics*，2009，124(4)：1403 - 1448.

[41] Jeffrey W. Financial Market and The Allocaion of Capital. *Journal of Financial Economics*，2000，58：187 - 214.

[42] Levine R. Financial Development and Economic Growth：Views and Agenda. *Journal of Economic Literature*，1997，35(2)：688 - 726.

[43] Levine，Ross，Zervos，et al. Stock Market Development and Long-Run Growth. *World Bank Economic Review*，2013，10(2)：323 - 339.

[44] Porta R L，Lopez-De-Silanes F，Shleifer A，et al. Legal Determinants of External Finance. *Journal of Finance*，1997，52(3)：1131 - 1150.

[45] Prescott E. Financial Intermediary-Coalitions. *Journal of Economic Theory*，1986，38(2)：211 - 232.

[46] Rajan R G，Zingales L. Financial Dependence and Growth. *American Economic Review*，1998，88(3)：559 - 586.

[47] Stiglitz J E. Credit Markets and the Control of Capital. *Journal of Money Credit & Banking*，1985，17(2)：133 - 152.

第二章 金融资源错配与
企业资本回报率

本章提要 本章在梳理了相关文献和经典理论模型的基础上,对异质性企业的资本回报率以及金融资源错配程度做了测算,并对两者之间的关系进行了定量考察。研究显示:① 1999～2014 年中国民营企业的资本回报率始终高于国有企业,但 2008 年以来两者差距在缩小,企业资本边际收益率趋同。② 企业面临的金融资源错配始终存在,且有加深趋势。③ 对于民营企业而言,金融资源错配程度越高,企业资本回报率越高,在均衡条件下,民营企业需要创造更高的资本回报率来抵消金融错配的负面影响;对于国有企业而言,金融资源错配程度越高,企业资本回报率越低,重复低效投资会导致资本回报率的下降。④ 2008 年之后所有制差异相对淡化。本章的研究对于促进民营经济发展和金融领域的市场化改革,释放经济增长的微观活力,提升经济增长的质量和效率具有现实意义。

第一节 研究背景与基本框架

一、研究背景

随着经济体制改革的制度红利、人口红利逐渐释放,劳动力成本不断上升,长期投资积累造成的产能过剩、企业库存积压难以消化,全球性经济不景气带来的出口下滑和一系列社会、生态环境问题等综合因素,2011 年以来中国经济出现"结构性"减速。根据国家统计局公布的数据,2012～2013 年的经济增长率回落到 7.7%,2015 年国内生产总值 GDP 同比增长 6.9%,自 1990 年以来首次跌破 7%,整体经济有向下的趋势。工业行业的增长也不容乐观,增长率逐年下降(图 2-1)。1998～2008 年,全国规模以上工业企业利润总额年均增速高达 35.6%,而 2014 年仅为 3.3%。投资拉动型经济的各种弊端突显,经济发展进入到结构调整深化的"新常态"时期,增长速度由高速向中高速转换,传统的需求导向型宏观调控政策开始向供给侧调整的思路转变,供给侧的结构性改革将推动中国经济新一轮的发展。

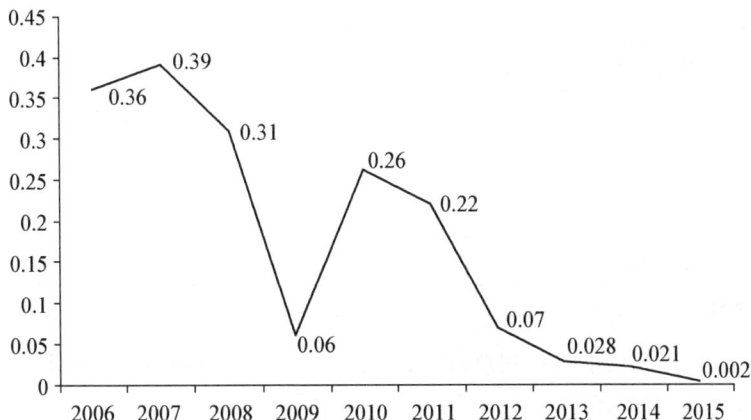

图 2 - 1　新增工业增加值与固定资产投资额之比(2006~2015)
资料来源:作者根据历年《中国统计年鉴》《中国工业经济统计年鉴》整理计算。

　　如何弥补经济增长速度下滑带来的负面效应,避免陷入"中等收入陷阱",顺利实现供给侧结构性改革,保持增长的高效率、低成本和可持续,关键是要提高要素投资回报率,纠正资源的错配,更加合理地分配资本、劳动、技术等生产要素,使资源流向高效率的生产部门和领域,提升经济增长的质量和效率。

　　当经济增长速度迎来"换挡期",经济增长阶段面临根本性转变,效率的推进便是经济增长的长期根本动力。按照新古典经济学理论,当生产要素按照效率原则在各企业间进行配置的时候,要素的流动会引起经济收敛,从而使经济的实际增长率接近潜在增长率,达到稳态水平,促进经济增长以及社会福利的最大化。在新古典经济增长模型当中,投资是最关键的内生变量,而储蓄率、人口增长率、技术进步率则是外生变量。该模型认为经济增长的路径是稳定的,但是中国经济自 2008 年以来的下滑,反映出经济结构内部的投资效率出现了问题。虽然近 30 年来中国总体的资本投资率较高,也有一些学者对中国技术进步较低而资本回报率较高的"资本回报率之谜"进行了有价值的探讨(孙文凯等,2010;Song,2011;林仁文、杨熠,2013;刘晓光、卢峰,2014),然而在控制了所在行业和规模的前提下,不同所有制工业企业在投资收益能力上的差异是直观存在的(表 2 - 1)。根据国家统计局的数据,2015 年规模以上工业企业中,国有控股企业利润总额比上年下降 21.9%;集体企业利润总额

表 2-1 2008～2015 年全国各类型企业规模以上工业增加值增长速度(%)

	2008	2011	2013	2014	2015
全国工业增加值	12.90	13.90	9.7	8.3	6.1
国有及国有控股企业	9.10	9.90	6.9	4.9	1.4
私营企业	20.40	19.50	16.6	13.8	10.1
集体企业	8.10	9.30	4.3	1.7	1.2
股份制企业	15.00	15.80	11	9.7	7.3
外商及港澳台企业	9.90	10.40	8.3	6.3	3.6

资料来源:历年《中国统计年鉴》。

下降 2.7%;股份制企业利润总额下降 1.7%;外商及港澳台商投资企业利润总额下降 1.5%;私营企业则实现利润总额增长 3.7%(图 2-2)。

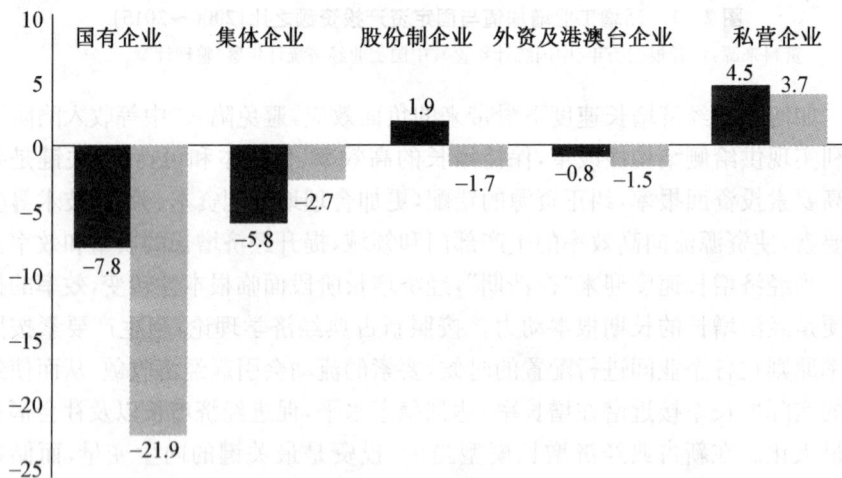

图 2-2 2015 年工业企业主营业务收入和利润总额同比增速

资料来源:作者根据 2015 年《中国统计年鉴》整理计算。

虽然利润增长率和资本回报率是不同的概念,但仍然可以说明不同所有制企业的经营效率有较大的差别。可以看出,国有企业利润下降幅度最大,集体企业次之,民营经济相对损失更小,私营企业虽然体量不大,但实现了利润增长。从总体上看,我国投资虽然处在高位但存在效率损失,要素并没有实现自由流动和合理配置,不足以维持长期高效率,这会拖累经济增长。各类所有制企业盈利能力普遍下滑,企业去库存、去杠杆和降成本的压力很大,效率提升的要求,已经对新一轮的国企改革形成"倒逼"机制(袁志刚、邵挺,2010)。

资本回报率的提升要求资源从低效领域更多地流向高效领域,然而从近年来的情况看,"国退民进"之路并不顺利。金融资源错配下的"二元市场分割"可以从一个侧面清晰刻画这一现象。一方面,国有企业由于天然享有"父爱主义"(丁启军,2010),在相关上游行业如能源、交通、电力等领域依然实行行业垄断(于良春,2010),掌握大量资源(包括政策、土地、劳动、技术和资金信贷),市场集中度非常高。多年来,全社会固定资产投资总额中国有经济占比最高。1995~2009 年,国有及国有控股投资占全社会固定投资的比重一直维持在 45%左右的高水平,但是国有企业的资本回报率并不理想。国有企业在政府主导下往往盲目追求规模扩张,重复投资造成产能过剩,信贷资产质量下降,银行不良贷款率上升。2012 年国际货币基金组织(IMF)发布的研究报告指出,中国投资过热可能导致财政赤字,并危害银行体系,带有全局性的系统风险。2014 年中国银监会发布的报告指出,四大国有商业银行净利润接近零增长,而银行业总体坏账率持续攀升,创下十年内最高水平,不良贷款主要集中于产能过剩行业[①]。

另一方面,民营企业的生存状况堪忧,部分企业因为资金短缺而陷入经营困境。2008 年金融危机以来,在国内外市场需求增长放缓、要素成本不断高攀的情况下,民营经济特别是中小企业的经营环境不断恶化。银行信贷的区别化政策,使得非国有企业的利率成本高企,融资难、融资贵已经成为民营企业持续发展的主要障碍。金融机构的资金供给偏好国有经济严重挤压了民营经济。

从贷款的结构看,2013 年新增贷款的 80%投向了年销售额 1 000 万元以上的企业,大企业贷款覆盖率为 100%,中型企业为 90%,小型企业仅为20%。中小企业的资金需求并未得到满足。中国银行业以国有商业银行为主导,对于金融资源高度垄断,国有银行与国有企业形成了纵向信用体系,使得信贷对国有企业的高度倾斜(汪伟等,2013)。

从贷款的成本来看,银行贷款等正规途径的外源融资受到限制,企业投资所需要的资金面临缺口压力,不得不依赖其留存利润进行自我积累、内部投资

---

① 资料来源:《中国银行业监督管理委员会 2014 年报》。

或通过各种非正规金融渠道融资（Dollar and Wei，2007；Riedel，2007；Song，2011），融资成本进一步提高。一份对浙江 2 835 家民营企业进行的调查显示，9％的企业表示"经常从民间高息借款应对资金周转"，47％的企业称"偶尔为之"，超过半数以上的企业涉足过高利贷[①]。在浙江、广东等民营企业密集的地区，民间借贷利率高达 60％以上（史建平，2012）。地下金融体系虽能一定程度上缓解部分民营企业的困难，但是其高额贷款利息、处于法律边缘的特点也加大了交易成本和资金风险，同时还提高了金融市场的监管成本。即便是通过正规的金融渠道，民营企业的融资成本也明显高于其他类型的贷款成本。银行一般会给予国有企业较多的利率优惠，以 2012 年的一年期贷款利率为例，基准利率为 6.31％，但中小企业实际贷款利率通常都要上浮 20％甚至 30％（张春生等，2012）。

从贷款的渠道上看，除了金融机构的间接融资以外，直接融资渠道由于中国资本市场尚不健全，非国有企业面临诸多限制，绝大多数不具备直接融资的条件。截止到 2015 年，A 股上市公司总数为 2 835 家，其中国有或者国企控股的企业数量占 39.5％，而市值占到 A 股上市公司总市值的 75.4％[②]。近年来，国家推出了创业板、中小板和新三板等便利中小企业的股权融资制度，但是与主板相比，市场容量较小，融资额度十分有限。另外一个直接融资途径是发行债券，中国债券市场是以政府为主导的债券体系。据 2015 年数据统计显示，国债、地方政府债、政策性银行债和金融债券占到了发行规模的 69.69％，信用债券只占 30.31％，而信用债主要是地方政府融资平台为背景的城投公司发行的，占到了债券融资总额的 8.37％，非国有企业发债量仅占债券融资总额的 2.28％[③]。发行信用债的资质要求较高，企业不仅在市场上有较强的竞争力，而且信用评级一般是 AA 以上，门槛非常高。所以，仅有为数不多的实力强大民营企业发行信用债。近年来，一些大型民营企业无法按期偿还债券本息，违约导致破产重组的现象屡见不鲜，例如山东水泥等，加剧了民营企业资金链的恐慌和对投资回报的担忧。总体而言，目前非国有企业在中国证券市场上的资金运作十分有限，民营企业特别是中小企业不具备大批上市或者大量发债的条件。

由此可见，在当前中国资本市场的大背景下，民营企业面临着更严重的金

---

① 资料来源：2011，《浙江省民营企业问卷调查》。
②③ 数据来源：wind 数据库。

融资源错配,融资约束紧,融资成本高。如果民营企业要在市场竞争中取得一席之地,就必须有更高的资本回报率来抵消金融资源错配的负面效应。纠正金融资源的错配,使金融资源按照市场供求自由流动,更多地流向效率高的所有制企业,让民营经济能够更加便利地获得经营所需资金,降低交易成本,无疑有助于提高整体资本回报率。

二、研究意义

研究所有制差异导致的金融资源错配对企业资本回报率的影响,从理论上讲可以更好地理解新古典经济学中的资本边际报酬递减、要素按照效率配置的原则。现实意义在于揭示资本投资的效率,对于提高金融资源的利用率,促进民营经济发展和金融领域的市场化改革,释放经济增长的微观活力,提升经济增长的质量和效率具有一定价值。通过对工业企业的资本投资回报率的测定和金融资源错配影响程度的分析,可以判断资金投向是否合理,与当前中国要素市场的改革和政策选择关系密切,符合“新常态”下的供给侧结构性改革的要义。

三、研究框架

本章的主要研究内容是对不同所有制企业的资本回报率以及金融错配程度做测算,并对两者之间的关系进行定量考察。我们将在借鉴前人研究成果的基础上,构建关于资本回报率和金融资源错配的理论模型,提出假设并实证检验。我们把企业按所有制属性分为国有企业和民营企业[①],对企业金融资源的错配主要从外源融资的两个方面考察,即金融机构信贷错配和企业间商业信用错配。通过理论分析和实证检验,得出金融资源错配影响不同所有制企业的资本回报率的具体机制,并为提升经济增长效率、优化金融资源配置提供借鉴和建议。

本章接下来的研究思路是:第二节对资本回报率和金融资源错配进行概念界定和文献梳理;第三节建立一个理论模型,分析金融资源错配与企业资本回报率之间的关系,并根据理论模型推导的结果提出假设;第四节先测算企业

[①]　企业所有制类型有很多种,本章只考虑国有企业和民营企业,筛选的依据是国有资本金或者个人资本金占比超过50%(聂辉华,2012)。这样做的原因是可以让研究结果更加可靠,避免了股份制企业、混合所有制当中国有、私营成分都有,外资企业资金来源复杂对研究框架的影响。

的资本回报率和金融资源错配程度,在此基础上根据理论模型的假设,计量实证检验金融资源错配与不同所有制企业的资本回报率之间的关系;第五节我们用上市公司样本对实证结果做稳健性检验;第六节是对研究结果的总结,提出政策建议以及后续研究方向。

此外,由于企业的资本回报率、金融错配值这两个核心指标都需要测算,我们还大量运用到了统计性描述、数据测算、图表例举说明、归纳对比和回归分析等多种方法,尽量以最简明规范的方式来阐述问题(图2-3)。

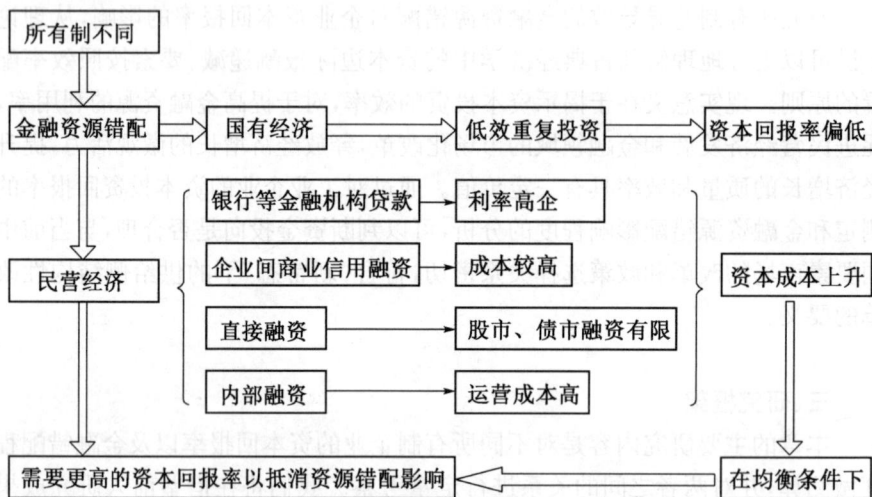

所有制不同 → 金融资源错配 → 国有经济 → 低效重复投资 → 资本回报率偏低

民营经济:
- 银行等金融机构贷款 → 利率高企
- 企业间商业信用融资 → 成本较高
- 直接融资 → 股市、债市融资有限
- 内部融资 → 运营成本高

资本成本上升 → 在均衡条件下 → 需要更高的资本回报率以抵消资源错配影响

图2-3 本章的机理分析

第二节 相关概念与文献回顾

一、相关概念界定

(一)资本回报率

资本回报率从定义上可以理解为衡量每单位资本所能创造的净利润的指标,或者是单位投资所能实现的边际投资收益。通常与资本收益率是同一个概念,它用收益增量和投资积累存量之间的比值来测算,是一个流量比上存量的关系。它反映了经济体投资的效率,是投资决策的重要参考指标。理解资本回报率首先要理解"资本"。理论上讲,资本是固定资产净值和新增投资额的加总。已有文献在计算资本存量时,通常把它定义为固定资产净值或者固定资产原价,并用永续盘存法来计算投资 $I_{it}=K_{it}-(1-\delta)K_{it-1}$。其中 I 表示投资,K 是资本存量,δ 代表折旧率(张军,2004)。由于对折旧率和物价平减指数取值不同,计算出的资本存量有一定差别(白重恩,2014)。而对于资本回报率的测算,通常有宏观和微观两种方法。基于不同的测算方法和指标选取,学者们给出了不同的计算结果。本节主要从宏观和微观两个角度对相关文献做一个梳理。

宏观方面对于资本回报率的测算,通常是以全国或省际或不同产业、行业为考察单位,主要的方法是采用 Hall-Jorgenson 的租金公式直接估计(Bai 等,2006)。该方法以宏观国民收入核算数据为基础,来计算中国整体资本回报率。基本模型是 $r_{M_t}=\dfrac{\alpha_t}{p_t^K K_t / p_t^Y Y_t}+(t^K-t^Y)-\delta_t$,其含义是资本回报率等

于资本收入 $\dfrac{\alpha_t}{p_t^K K_t}$ 除以资本总量 $p_t^Y Y_t$,加上剔除通胀因素之后的资本溢价 t^K

$-t^Y$,再减去资本折旧 δ_t。所要计算的主要变量有资本存量、资本份额、资本价格、国内生产总值以及平减指数和资本折旧率。Bai 等计算结果显示在1979~1992 年中国的实际税前资本回报率约为 25%,1993 年以后下降并保持在 20% 左右。这种方法成为一个范式被其他学者运用,例如单豪杰和师博(2008)、孙文凯等(2010)、黄先海等(2011)、方文全(2012)以及陈培钦(2013)等。他们在 Bai 的基础上对不同指标的计算方法略有调整,主要是基于资本存量和存货的测算这两个方面。关于资本存量,一般采用永续盘存法计算(张军,2004),部分学者是直接估算总的资本存量,更多的是分开估算"建筑安装"、"购置设备"和"其他费用"这三类,再按照比例分配进行加总。张勋(2014)测算发现,总体资本回报率自 1998 年开始持续上升,自 2009 年出现下降。关于存货,白重恩等(2014)注意到存货的影响,将其纳入资本存量的估计当中,分为是否考虑"存货"分别考察其对资本回报率的影响,研究发现中国的资本回报率 2005 年之后虽有下降,但在 2002~2008 年维持稳定,2012 年之后又开始不断下降。

虽然宏观角度对资本回报率的测算具有较好的理论基础,但是基本上以整体经济为测算对象,样本量有限,而微观角度的测算则是一个很好的补充。相对于宏观模型化的计算,微观角度数据更加庞大,指标全面,能有效消除系统不稳定性,适合做面板计量分析。难点在于中国工业企业微观数据尚不够完善,规模以下的工业企业数据缺乏统计,研究结论可能有偏,但是微观数据

的样本量大,计量结果更加稳健,更能说明问题。微观角度测算资本回报率往往是基于工业企业的财务数据,运用会计财务指标方法进行测算。比较早期Stigler(1963)以会计盈余为基础的测算,资本回报率＝税后营运收入/(总资产－过剩现金－无息流动负债)＝(净收入－税收)/(股东权益＋有息负债),以及 BHMQ(1970)的会计模型。Mueller and Reardon(1993)采用了净现金流折现模型,其基本公式是 $PV_t = \sum_{j=1}^{\infty} \dfrac{CF_{t+j}}{(1+i_t)^j}$,该公式直观地展示了企业的资本回报率是其当前投资在未来产生的现金流折算到当期的值。

国内学者在微观层面测算资本回报率的代表性工作是 CCER 的系列研究。CCER(2007)对资本回报率的定义做了细致的区分,设计了 9 个指标,区别在于是否考虑税收和补贴方面因素,对资本回报率算式的分子(关于利润的指标)和分母(关于投资的指标)稍作调整。分子分别选取净利润、总利润和总回报,分母分别选取所有者权益、总资产、固定资产净值,相除得到 9 个不同的资本回报率指标。数据主要来自《中国统计年鉴》和《中国工业交通能源 50 年统计资料汇编》,用这 9 个指标对资本回报率进行了测算发现差异不大,1993～2006 年这 9 个指标基本上是同步变动,呈现出先下降后上升的态势。辛清泉(2007)、邵挺(2010)用类似的方法测算了企业资本回报率。张勋等(2014)对统计口径和计算方法进行校准,把宏观和微观两种核算方法进行了调整计算,使两者达到了相互印证和逻辑自洽,发现两种核算方法计算的总体资本回报率基本一致,即资本回报率在 2011 年虽有所下降,但仍保持在 23%左右的高水平。

通过对文献的梳理可以发现,资本回报率的测算是一个争论较大的问题,大多数对于中国资本回报率测算的文献都是从宏观角度考察的,微观角度由于数据的局限性目前研究较少;此外,研究对象往往是总体资本回报率,也有一些学者研究了不同产业或者行业的资本回报率,但是基于不同所有制企业的资本回报率对比和研究并不多,而且研究的时间节点较早[①],跟进研究近两年的不同所有制企业资本回报率的情况很有必要。

(二)金融资源错配

实现资源的有效配置是微观经济学一直以来研究的重点。从马歇尔的局部均衡理论、福利经济学的效用最大化、斯蒂格利茨的信息不对称,再到

---

① 最新的是靳来群等(2015)的研究,数据截至 2007 年。

Hsieh and Klenow(2009)关于资源错配的经典研究框架,经济学家对于如何实现资源与生产率的最优配置进行了大量的研究。所谓"资源的有效配置",是指把稀缺的资源(通常是指生产要素,包括劳动、资本、技术等)通过一定的方式合理分配到各个生产部门中去,以实现资源的最佳利用。帕累托最优的条件下资源的配置效率达到了最优状态,又称为帕累托效率(Pareto efficiency)。相应的,"资源错配"便是对最优配置效率的偏离,它使得生产要素不能自由地由低效生产部门流向高效部门,从而造成效率损失。张建华(2015)对资源错配这一领域的最新研究进展做了一个非常系统的梳理和评述。

目前,学术界尚未给出金融资源的严格定义,但是大体上可以理解为经济体生产所需的资金,包括货币现金、能够流通的证券和各类投资品,广义来看经济体与政府之间的信用,政府的货币政策等都可以认为是金融资源。而金融资源错配是指金融资源的配置与生产率之间不匹配的现象,会使大量金融资源流向无效或低效的部门,高效部门得不到足够的资金,无法实现资源优化配置。

在我国当前市场经济条件下,整理已有文献我们把金融资源错配主要表现归纳为以下三个方面。一是融资约束。我国是国资主导的传统商业银行为主体的高度集中的金融体制,不同所有制企业的借贷利率不同,获得贷款的难易程度也不同。张佩等(2012)认为我国的银行系统未实现利率市场化,国有企业更容易获得银行贷款并过度投资,从而造成资源错配,降低了经济整体全要素生产率。余婧(2012)认为融资困难的企业会通过商业信用向资金相对充裕的企业提供资金,也是一种金融资源错配。靳来群(2015)探讨了所有制歧视下金融资源错配的两条路径,发现不同所有制企业的信贷融资和同一种所有制内部的商业信用融资都存在金融错配。

金融资源错配的第二种表现是政府的干预。我国是财政分权体制,地方政府为了追求政绩会人为干预地方金融系统,直接或者间接通过贸易保护、税收、补贴、信贷等差异化政策,造成金融资源配置的倾斜,从而影响金融体系的资本配置功能(周黎安,2004)。余明桂、潘红波(2008)发现地方政府有很强的动机干预银行的信贷决策,使国有企业获得更多贷款支持,而这些贷款支持是低效率的。李青原等(2013)认为金融发展对资本配置效率的改善呈正向关系,但是加入了地方政府对银行信贷决策干预的因素后,这种干预会妨碍金融系统,影响实体经济资本配置功能的有效发挥。韩剑等(2014)认为"国进民退"违背了国企改革和金融市场化方向,政府对微观经济干预程度加大,金融资源的错配就会加深。由此可见,政府介入金融资源的配置,往往会导致信贷资金的错配,不利于效率提高。

　　金融资源错配的第三种表现是金融体制的缺陷。无论是微观企业的融资约束还是宏观上的政府干预,都可以归结为中国当前金融体制的缺陷,是制度性因素造成的。林毅夫(2001)指出了中国国有银行为主导的金融体制的缺陷会导致金融资源配置的低效。Claessens and Laeven(2006)、Restuccia and Rogerson(2013)同样研究了制度环境下融资约束问题,认为制度的不合理导致了金融资源上的“所有制歧视”。当然一国的经济体制是由历史、政治和市场环境等多种因素形成的,对于市场经济相对落后、行业壁垒和地方保护更盛行以及政府垄断力量更强大的国家而言,金融机构在信贷上的“所有制歧视”就更加明显,金融服务于实体经济的功能就越弱。

　　关于金融资源错配的衡量,学者们从宏观和微观两个角度给出了一些可供参考的指标。从宏观角度讲,鲁晓东(2008)采用四大国有商业银行占银行总信贷的比重、国有商业银行的存贷款比来衡量金融错配。从微观角度讲,一般使用利息支出与总负债之比来衡量金融错配,认为该值越高金融错配程度越深(邵挺,2010;刘小玄,2011),还有学者采用负债资产比(盛丹等,2013)或者构造投资—现金流系数等(阳佳余,2012;张杰,2012)来衡量。

　　综合上述文献,我们认为实现金融资源有效配置会使经济增长更为接近潜在增长率,有利于资本积累更加接近内生增长理论中的“黄金律”水平,而金融资源的错配无论对企业还是对经济整体都是一种损失,所以有必要对金融资源错配进行衡量和测算,考察金融资源错配和企业资本回报率之间的关系,进而为效率的提升提供政策参考。

二、企业资本回报率影响因素的研究

(一)从技术效率的角度

资本回报率的影响因素可以从两个维度展开:一是对资本回报率的贡献因素进行分解,侧重于考察资本投资回报率的技术效率;二是从配置效率上来分析影响资本回报率变动的因素。本章的侧重点是金融资源错配对于资本回报率的影响,所以较为简略地介绍技术效率影响。从技术效率的角度看,技术效率反映的是投入—产出效率,是基于内生增长理论的。刘小玄(2000)、胡一帆(2006)、CCER“中国经济观察”研究组(2007)和黄伟力(2007)等实证分析后提出全要素生产率增长是决定资本利润率的主要因素。黄先海、杨君

(2011)使用 CES 生产函数分解了资本回报率变动的公式,发现资本深化、技术进步以及乘数效应是影响资本回报率的主要因素。Geng and N'Diaye (2012)认为中国较低的实际利率和购买力是资本回报率较高的原因。蔡真 (2013)通过对行业数据的分析,考察了资本回报率与投资、实际利率之间的因果关系,他认为投资对于资本回报率和实际利率之差高度敏感,行业的资本回报率对其货币供应反应弹性有显著影响。陈培钦(2013)对 1978～2010 年省级数据进行面板回归分析和脉冲响应分析发现,生产率的增长提升了资本回报率。白重恩等(2014)把资本回报率贡献因素为资本收入份额、资本产出比、资本和产出的价格和折旧率,计算出影响中国资本回报率最主要的因素是资本产出比。

(二) 从配置效率的角度

从配置效率上讲,经济制度、市场化进程和金融资源配置等的差异都会导致不同生产部门资本回报率的差异,在不同所有制企业中尤为明显。国有企业相对于非国有企业的效率损失已经有了很多的研究。虽然投资效率并不等同于资本回报率,但如果投资效率低下,就会造成投资过程中的资源浪费,实际形成的有效资本会降低,从而使得资本回报率下降。

姚洋(1998)利用全国工业普查数据对不同所有制企业进行了资本回报率测算,抽取了 12 个大类行业的 14 670 家企业作为考察对象,发现非国有企业的技术效率比国有企业高出 22%～57%。此外,集体企业和外资企业的数量每增加 1%,每个企业的产出效率就可以增加 0.2%、1.1%。蒋云赟、任若恩 (2004)对 1982～2000 年的国有工业企业的资本收益率进行了测算,发现国有工业企业的资本收益率比工业企业整体平均水平约低 1.5 个百分点。刘小玄等(2005)从产权变更的角度出发,利用 1994～1999 年 451 家企业样本数据,分析得到国有股权的变化和企业效率水平之间存在显著的负相关性,认为产权变革与企业效率提高的方向是一致的。胡一帆等(2006)使用世界银行在 1996～2001 年对我国 700 多家工业企业的调查数据,以股权占比为考察对象,发现私有和外资股份对企业生产率比国有股份有更大的激励作用。CCER"中国经济观察"研究组(2007)比较了不同所有制企业间的差距,从高到低依次是私营企业、三资企业、国有或国有控股企业。卢峰(2007)以 2005 年的净资产税前利润率为指标,测算发现私营企业、三资企业和国有企业的资本回报率依次是 17.3%、14.9%、12.9%。李青原等(2010)以 1999～2006 年间我国 30 个地区 27 个工业行业为样本,运用 Wurgler(2000)资本配置效率估算模型发现国有经济比重与其相应地区实体经济资本配置效率负相关。刘瑞明、石磊(2010)认为国有企业不仅本身存在效率损失,而且阻碍了民营企业的发展,进而对整个经济体构成"增长拖累"。以上研究均支持一个观点,即截至2007年,经验证据表明国有企业比民营企业的资本回报率更低。然而,近年来随着改革深入进行,国有企业的资本回报率是否仍然低于民营企业?两者效率上的差距是扩大了还是有所缩小?这一变化背后的可能原因是什么?需要进一步检验。

研究普遍认为民营资本比国有资本更有效率,要素配置可以从一定程度上揭示原因。已有的研究多侧重于制度安排。诺斯(1990)认为正式或非正式的制度安排,都会影响长期投资效率,对经济发展产生重要影响。辛清泉等(2007)认为外部投资环境和内部所有权结构的改善能促进资本回报率提高。方军雄(2006、2007)考察了市场化改革对于资本配置效率的影响,认为随着市场化进程的深入,国有企业与非国有企业之间的效率差距会缩小。万华林等(2010)认为减少政府干预、降低企业寻租有利于减少非生产性支出和提高生产效率。胡凯、吴清(2012)研究了制度环境对地区资本投资回报率的影响,发现政府干预和非税费负担会降低地区间资本投资回报率。

从金融资源错配的角度看,我国金融体制改革进行了20余年,仍然是以国有商业银行为主导的较为单一的金融体系(鲁晓东,2008)。民营经济的迅速发展带来了大量的融资需求,但在过去的20年里获得的银行贷款却不足20%,80%以上的资金都流向了低效率的国有部门(Garnaut and Song,2000)。"政治优序融资理论"(Huang,2003)下的金融机构很少为有盈利前景的私营企业创造融资上的便利,出现了资金流动上的"卢卡斯悖论"(Lucas,1990)。民间投资不足而国有经济却掌握了大量资本,垄断性的央企和地方政府投资会反过来对民间投资产生"挤压效应",从而形成"民间投资不足→依靠政府投资→挤压民间投资→更需政府投资"的恶性循环,低效重复投资和产能过剩使得资本回报率下降(沈坤荣,2013)。

鲁晓东(2008)从宏观角度出发,设计了反映金融资源错配现象的金融发展的变量,通过省际面板数据实证分析发现,中国目前的金融体系存在严重的金融资源错配现象,降低了资本积累和全要素生产率。余明桂和潘红波(2008)从资本市场扭曲的视角出发,发现银行贷款对于国有企业存在明显偏好,国有和私营企业的不平等融资机会表现出了金融业的所有制歧视。Hsieh and Klenow(2009)从全要素生产率的角度研究了资源错配,他们测算了 1998～2005 年中国和印度的要素配置扭曲程度,发现在最优水平下,中国的 TFP 可以提升 25%～40%。邵挺(2010)发现资本市场对于国有经济的偏好会导致金融错配,并通过数值模拟得出,如果把金融资源配置给资本收益率更高的私营企业,我国的 GDP 可以增长 3%～9%。刘小玄等(2011)考察了信贷资源在企业间的配置状况,发现信贷资源配置和企业利润的相关性很弱,配置效率很低下。邵宜航(2013)研究发现,如果资源得到有效配置,中国总量TFP 可以提高 2.07～2.37 倍。靳来群(2015)测算得出如果扭转所有制歧视所致的金融资源错配,制造业全要素生产率将会提高 50%左右。持类似观点的还有 Allen(2005)、Boyreau-Debray and Wei(2005)、Dollar and Wei(2007)等,他们研究发现,银行贷款和政府补助明显倾向国有企业,但是国有企业的资本收益却不及私营企业的一半,如果资源配置得当,将会使整体经济得到一定水平提升。

　　总结文献综述可以看到,对于资本回报率的测算,微观非模型化方法易于准确计算个体企业,比较适合对个体资本回报率的计量,也是本章将要采用的计算方法。此外,对于资本回报率影响因素的分析,虽然已有部分学者对金融资源错配与不同所有制企业资本回报率之间的关系展开了有价值的探讨,但是可以完善做进一步研究:① 研究的时间节点较早,中国经济自 2008 年以来已经发生了很大的变化,需要对 2008 年以后资本回报率的情况做跟进研究。② 对于金融资源错配的衡量,大多使用企业利息支出成本这一指标。我们认为该指标存在两处不足:第一,利息支出指标过于单一,金融资源的配置不仅仅有银行等金融机构信贷这一种渠道,企业间的商业信用以及资本市场上的直接融资,都是金融资源配置的重要渠道,需要对这些因素做全面考察;第二,金融资源错配程度高,对于民营企业而言是利息支出成本高,对于国有企业而言是利息支出成本低,不能笼统地认为利息支出成本高代表企业的金融错配程度高,对于不同所有制企业要区别看待。

第三节　机理分析

一、HK 理论模型框架

　　对于金融资源错配与资本回报率的关系,本章借鉴 Hsieh 和 Klenow(2009)关于资源错配的经典模型(以下简称 HK 模型),并对其进行一些调整。HK 模型是一个存在资源错配的垄断竞争模型,是静态的行业内的局部均衡模型。我们以民营企业为参照系，来研究金融错配与资本回报率的关系。假设模型中的企业全部是民营企业，企业在完全竞争市场上最终的产出是 Y，而 Y 是由 S 个制造行业的产品 Y_s 加总所得，各行业产出份额是 θ_s，采用 Cobb-Douglas 生产形式，即：

$$Y = \prod_{s=1}^{S} Y_s^{\theta_s} \tag{2.1}$$

成本最小化意味着：

$$P_s Y_s = \theta_s PY \tag{2.2}$$

其中，P_s 是行业 s 的产出 Y_s 的价格，总产出的价格：

$$P = \prod_{s=1}^{S} \left(\frac{P_s}{\theta_s}\right)^{\theta_s} \tag{2.3}$$

进一步地，各个行业的产出 Y_s 是由 i 个企业的 M_s 种差异化产品通过 CES 生产函数得到的，所有企业的生产技术都是凸的，产品之间的替代弹性为 σ，

$$Y_s = \left(\sum_{i=1}^{M_s} Y_{si}^{\frac{\sigma-1}{\sigma}}\right)^{\frac{\sigma}{\sigma-1}} \tag{2.4}$$

$$I_{it} = K_{it} - (1-\delta) K_{it-1} \tag{2.5}$$

各个异质化企业 i 的生产函数满足 Cobb-Douglas 形式：

$$Y_{si} = A_{si} K_{si}^{\alpha_s} L_{si}^{1-\alpha_s} \tag{2.6}$$

A_{si} 是全要素生产率，$K_{si}^{\alpha_s}$ 和 $L_{si}^{1-\alpha_s}$ 分别是企业的资本和劳动力数量，α_s、$1-\alpha_s$ 分别是资本和劳动力对企业产出的贡献份额。

给定产品的价格 P_{si}、资本成本 r_{si} 和工资率 w 后，企业利润最大化的表达式是：

$$\max_{K_{si}, L_{si}} \pi_{si} = P_{si} Y_{si} - r_{si} K_{si} - w L_{si} \tag{2.7}$$

由于资源错配的存在，民营企业的产品价格 P_{si}、资金使用成本 r_{si} 相对于行业平均水平 P、r 有一定偏离，具体表现为产品价格更低、资金使用成本更高。这一指标用 τ 来衡量，所以 HK 模型下企业利润最大化的表达式是：

$$\max_{K_{si}, L_{si}} \pi_{si} = (1-\tau_{Y_{si}}) PY_{si} - (1+\tau_{K_{si}}) r K_{si} - w L_{si} \tag{2.8}$$

其中，$\tau_{Y_{si}}$ 表示企业产出的错配程度，$\tau_{Y_{si}}$ 值高说明企业产出错配程度大，我们认为产出错配和金融错配有密切关系，例如假设政府干预下不同企业的税收和补贴标准不一，例如民营企业税负更重、补贴更少，那么它的企业交易

成本就更高,进而其规模和产能受到限制,导致产出错配,其实也是金融资源错配的间接表现。$\tau_{K_{si}}$ 是企业资金使用成本的错配,如果民营企业的融资约束更紧,贷款利率更高或者以地下金融等非常规的昂贵渠道融资,就会使得 $\tau_{K_{si}}$ 系数值上升。

与 HK 模型以及后来参考该模型的相关研究(邵挺,2010;张佩,2012;韩剑,2014)不同的是本章做了以下两点扩充:一是企业 i 的工资率是 $w_{si} = (1 + \tau_{L_{si}})w$,即劳动力市场也存在资源错配。二是我们对企业的资本 K_{si} 的处理,参考张佩(2012)的做法对资金来源进行了细分,我们把资本 K_{si} 分为银行等金融机构的贷款 B_{si} 以及企业间商业信用融资 C_{si} 和资本市场直接融资 E_{si}。这样划分的依据是如果把金融资源看成一种要素供给,那么对于企业而言,资金的外源供给渠道主要就是这三种:

$$K_{si} = B_{si} + C_{si} + E_{si} \tag{2.9}$$

资本市场直接融资是指企业的股东投入股本,或者通过上市公开发行股票以及发行债券等方式筹措到的资金,权益资本的流动性很高,成本也非常高,在当前中国资本市场的发育程度下能够直接融资的企业是少数;企业间商业信用融资是企业凭借自身商誉相互借款所得,上下游产业链和良好合作关系的企业之间常常进行,以满足生产经营周转所需资金,成本也较高;银行金融机构贷款是中国企业最常见的融资方式,相较于其他融资方式最为常见。根据 2015 年《中国统计年鉴》,社会融资规模中各项贷款占到了 80.46%,中国仍然是以银行业为主导的金融体系。

就中国目前的资本市场的情况而言,资本市场直接融资成本比企业间商业信用融资成本高,后者又比银行贷款成本高,所以 $r_{si}^e > r_{si}^c > r_{si}^b$,与西方资本市场下的"优序融资理论"不同,中国企业往往首先考虑银行等金融机构贷款,然后是企业间的债务融资,最后是股权融资。企业的加权平均资本成本可以表示为:

$$r_{si} = \frac{B}{K}r_{si}^b + \frac{C}{K}r_{si}^c + \frac{E}{K}r_{si}^e \tag{2.10}$$

即使是最为常见的银行金融机构贷款这一融资手段,如果一个企业较容易获得银行贷款以及获得更优惠的利率,B/K 的比重较大,那么这个企业的加权平均资本 r_{si} 成本会下降。反之,如果一个企业不易获得银行贷款,只能用其他途径融资时,B/K 的比重较小,加权平均资本 r_{si} 成本会上升。

经过我们的调整后,企业利润最大化的最终表达式为:

$$\max_{K_{si}, L_{si}} \pi_{si} = (1-\tau_{Y_{si}})PY_{si} - (1+\tau_{K_{si}})rK_{si} - (1+\tau_{L_{si}})wL_{si} \qquad (2.11)$$

其中：
$$r_{si} = (1+\tau_{K_{si}})r = \frac{B}{K}r_{si}^b + \frac{C}{K}r_{si}^c + \frac{E}{K}r_{si}^e \qquad (2.12)$$

对目标函数(2.11)式求一阶条件,当各要素的边际产量等于边际成本时,企业利润最大化：

$$MRPK_{si} \triangleq a_s \frac{\sigma-1}{\sigma}\frac{P_{si}Y_{si}}{K_{si}} = \frac{r_{si}}{1-\tau_{Y_{si}}} = \frac{(1+\tau_{K_{si}})r}{1-\tau_{Y_{si}}} \qquad (2.13)$$

$$MRPL_{si} \triangleq (1-a_s)\frac{\sigma-1}{\sigma}\frac{P_{si}Y_{si}}{L_{si}} = \frac{w_{si}}{1-\tau_{Y_{si}}} = \frac{(1+\tau_{L_{si}})w}{1-\tau_{Y_{si}}} \qquad (2.14)$$

从(2.13)、(2.14)可以看到,当民营企业面临的金融错配、产出错配和劳动力错配程度越高,$\tau_{K_{si}}$、$\tau_{Y_{si}}$ 和 $\tau_{L_{si}}$ 值越大,在均衡条件下的资本回报率 $MRPK_{si}$ 也越高,劳动回报率 $MRPL_{si}$ 亦是如此。

我们还可以进一步分解企业的全要素生产率：

$$TFP_{si} \triangleq \frac{\sigma}{\sigma-1}\left(\frac{MRPK_{si}}{a_s}\right)^{a_s}\left(\frac{MRPL_{si}}{w_{si}(1-a_s)}\right)^{1-a_s} \triangleq \left(\frac{r}{a_s}\right)^{a_s}\left(\frac{1}{1-a_s}\right)^{1-a_s}\frac{(1+\tau_{K_{si}})^{a_s}}{1-\tau_{Y_{si}}}$$

$$(2.15)$$

同样可以看到,金融资源错配和产出错配高的民营企业全要素生产率较高。

二、基于理论模型的研究假设

我们的理论部分借鉴了 HK 资源错配的经典模型,它从企业利润最大化这一直观约束条件推导出了资源错配对于资本回报率的影响。结合理论模型的结论,从本章的机理分析可以推想,当一个民营企业的金融错配程度越高,就说明它面临更加严峻的外源融资约束,资金使用成本更高,在均衡条件下它需要创造更高的资本回报率才能够抵消金融资源错配带来的损失。但是我们的理论模型是以民营企业为参照的,我们推测金融错配对于国有企业资本回报率的影响恰恰相反,因为金融错配程度加深,对于民营企业而言是资本成本更高,而对于国有企业而言是资本成本更低。所以我们推测,金融错配程度越深,民营企业资本回报率更高,而国有企业资本回报率更低。

以往研究认为金融资源错配程度越高的企业的资本回报率也越高(邵挺,2010),这样的研究结果给人造成直观的结论会是鼓励金融资源错配,显然这并不符合现实情况。出现这一问题在于这些研究对于金融错配的理解是站在民营企业的角度上的。我们认为，如果把金融资源看成一种总量一定的要素供给，当金融错配加深的时候，民营企业的资本成本会更高，获得的资金更少，而国有企业的资本成本会更低，获得的外源融资更多。所以，金融错配对于两种所有制企业而言是一个硬币的正反两面。

我们可以把基于民营企业的资源错配模型换成国有企业，简单地推理如下：

给定产品的价格 P_{si}、资本成本 r_{si} 和工资率 w 后，企业利润最大化的表达式是：

$$\max_{K_{si},L_{si}} \pi_{si} = P_{si}Y_{si} - r_{si}K_{si} - wL_{si} \tag{2.16}$$

由于资源错配的存在，国有企业的产品价格 P_{si}、资金使用成本 r_{si} 和劳动力成本 w_{si} 相对于行业平均水平 P、r、w 有一定偏离，产品价格更高、资金使用成本更低。这一指标用 τ 来衡量，所以 HK 模型下企业利润最大化的表达式是：

$$\max_{K_{si},L_{si}} \pi_{si} = (1+\tau_{Y_{si}})PY_{si} - (1-\tau_{K_{si}})rK_{si} - (1-\tau_{L_{si}})wL_{si} \tag{2.17}$$

对目标函数(2.17)求一阶条件，当各要素的边际产量等于边际成本时，企业利润最大化：

$$MRPK_{si} \triangleq \alpha_s \frac{\sigma-1}{\sigma} \frac{P_{si}Y_{si}}{K_{si}} = \frac{r_{si}}{1+\tau_{Y_{si}}} = \frac{(1-\tau_{K_{si}})r}{1+\tau_{Y_{si}}} \tag{2.18}$$

$$MRPL_{si} \triangleq (1-\alpha_s)\frac{\sigma-1}{\sigma} \frac{P_{si}Y_{si}}{L_{si}} = \frac{w_{si}}{1+\tau_{Y_{si}}} = \frac{(1-\tau_{L_{si}})w}{1+\tau_{Y_{si}}} \tag{2.19}$$

$$TFP_{si} \triangleq \frac{\sigma}{\sigma-1}\left(\frac{MRPK_{si}}{\alpha_s}\right)^{\alpha_s}\left(\frac{MRPL_{si}}{w_{si}(1-\alpha_s)}\right)^{1-\alpha_s} \triangleq \left(\frac{r}{\alpha_s}\right)^{\alpha_s}\left(\frac{1}{1-\alpha_s}\right)^{1-\alpha_s}\frac{(1-\tau_{K_{si}})^{\alpha_s}}{1+\tau_{Y_{si}}}$$

$$\tag{2.20}$$

从(2.18)式可以看到，国有企业面临的金融错配、产出错配和劳动力错配程度越高，$\tau_{K_{si}}$、$\tau_{Y_{si}}$ 和 $\tau_{L_{si}}$ 值越大，在均衡条件下的资本回报率 $MRPK_{si}$ 就越低。从(2.20)式可以看到，国有企业面临的资源错配越严重，全要素生产率也会更低。

与之前的研究不同，本章认为金融资源错配对于两种所有制企业的含义是不同的，进而有可能对于资本回报率的作用是相反的。我们根据理论模型分析结果提出论文的两个假设。

假设一:对于民营企业而言,金融资源错配程度越高,企业资本回报率越高。在均衡条件下,金融资源错配程度高的民营企业需要创造更高的资本回报率来抵消金融错配的负面影响。

假设二:对于国有企业而言,金融资源错配程度越高,企业资本回报率越低。金融错配为国有企业带来了更多的资金,重复低效投资会导致资本回报率的下降。

第四节   实证检验

一、计量模型和变量说明

(一)计量模型和变量描述

基于理论模型推导结果和问题假设,我们建立如下的计量模型:

$$MRPK_{it} = \beta_0 + \beta_1 fm_{i,t} + \beta_2 fm_{i,t} \times ownership_{i,t} + \beta_3 \chi_{i,t} + \mu_{i,t} \qquad (2.21)$$

其中,$MRPK_{it}$ 是第 i 个企业在第 t 期的资本回报率,$fm_{i,t}$ 是第 i 个企业在第 t 期的金融错配程度,$ownership_{i,t}$ 是企业的所有制属性,$fm_{i,t} \times ownership_{i,t}$ 交叉项是考察金融资源错配对企业资本回报率的作用在多大程度上受到所有制的影响。$\chi_{i,t}$ 是一系列控制变量,包括企业的规模 $size$,企业成立的年限 age,企业劳动密集度 $labor$,行业虚拟变量 $sector$ 和地区虚拟变量 $location$。$\mu_{i,t}$ 是扰动项。

实证分析所采用的资料来源于《中国工业企业数据库》,采用的时间区间是 1999~2007 年。数据库的样本范围是全部国有工业企业以及规模以上非国有工业企业,覆盖了制造业 90% 以上的工业企业,企业的增加值占全部工业增加值的 95%,具有很好的代表性。企业数量从 1999 年的 16 多万家发展到 2007 年的 33 万余家,观测值 198 万多个。数据库通过企业的法人代码将各个年份的数据连接起来,对企业的信息进行了详细分类,统计内容包括企业的基本情况、财务状况、生产销售总值、所处行业和地区等,每个企业全部指标有近 130 个。

本章使用的指标包括:企业的注册类型(按注册代码区分)、工业总产值、投入品成本、固定资产净值、利息支出、负债合计、应收账款净额、总收入、企业年龄(基于成立日期)、从业人员数、所属行业、所在地区等。我们借鉴聂辉华等(2012)的做法,剔除所有指标中数据缺失的,职工人数少于 8 人,总资产小于总负债,应收账款净额大于总资产,利润率异常,企业年龄小于 1,利息支出为负,利润率低于 0.1% 或者高于 99% 的企业,以及每项指标中的分布在 1% 以下和 99% 以上的极值。

关于企业的所有制属性,有学者按照数据库的分类方法将企业分为 7 个大类,包括国有、集体、股份制、民营、外资、港澳台、其他(邵挺,2010;刘小玄,2011)。靳来群(2015)将所有企业分为国有和非国有企业,本章认为非国有企业的划分过于笼统,成分比较混乱,比如说外资企业的资金来源非常复杂,又比如股份制企业往往既有国有成分又有私营成分,不能简单地归为非国有企业,这样不能准确考察国有和民营在所有制上的区别。所以,本章只选取国有企业(代码:110、141、143 和 151)和民营企业(代码:170~174)这两类做对比研究。出于严谨性,我们对这两种企业按照实收资本占比再进行筛选,以便更加真实地反映企业的控股类型。聂辉华(2012)指出数据库的潜在问题之一就是所有制的识别。至少有 15% 的国有企业虽然注册类型是国有企业,但已不是真正的国有企业。所以,我们对代码为国有企业和民营企业的两种企业再按照国有资金和私人资金占实收资本比例是否超过 50% 进行二次筛选。

关于企业所在行业,由于我们考察工业制造业企业,所以排除了原数据中的水、电、煤气的生产供应和服务,还需排除采掘业中的石油和天然气开采业,因为该行业仅有国有企业。经过筛选,共得到 84 万多个观测值,涵盖 18 万个法人单位,分别占到工业企业数据库全部观测值的 42% 和全部法人单位的 55%。

通过对主要变量取平均值以及对两类所有制企业的主要变量做整理,得到表 2-2 和表 2-3。

表 2-2　主要指标的描述性统计均值 1999~2007(取对数)

指标	有效观测值个数	均值	标准差	剔除异常值条件
工业总产值	847 806	10.870 4	1.381 4	缺失
投入品成本	847 088	10.532 6	1.436 8	<0;缺失
总资产	845 199	8.171 3	1.736 6	<流动资产;<总负债;
固定资产净值	845 180	7.012 0	1.152 5	<总资产;缺失
利息支出	846 854	5.026 6	1.343 5	<0;>总负债;缺失
负债总额	843 635	7.141 5	1.765 4	>总资产;缺失

（续表）

指标	有效观测值个数	均值	标准差	剔除异常值条件
应收账款	843 635	6.045 3	1.687 8	缺失
总收入	844 548	7.383 0	1.130 9	利润率＜0.1％或＞99％；
企业年龄	840 252	2.014 5	1.560 8	＜1；缺失
从业人员数	842 225	4.188 9	1.043 2	＜8；缺失

资料来源：作者根据《中国工业企业数据库》计算所得。

表 2-3　各所有制类型主要指标均值 1999～2007（取对数）

所有制类型	工业总产值	总资产	利息支出	负债总额	应收账款	企业年龄	职工人数
国有企业	10.819 8	9.210 3	5.637 8	8.853 7	7.003 1	2.07	3.891 4
民营企业	11.225 2	7.090 1	4.276 7	6.528 0	5.124 0	1.89	4.311 2

资料来源：作者根据《中国工业企业数据库》计算所得。

其中，表 2-2 是 1999～2007 年主要指标的描述性统计均值，表 2-3 是 1999～2007 年各所有制类型主要指标均值。可以看到，国有企业的资产总量比民营企业大很多，但是工业总产值却比民营企业小，这说明民营企业生产效率更高。国有企业利息支出占负债总额的比重更小，说明国有企业的平均利率水平更低。国有企业的应收账款净额占总资产的比重也更小，说明国有企业商业信用借款相对更多。同时我们看到，国有企业创办时间更长，民营企业的职工人数更多，劳动密集度更高，反映了民营企业以劳动密集型企业为主，这符合中国劳动力密集型要素投入的现实。

（二）资本回报率的测算

被解释变量是企业的资本回报率，这是一个流量与存量之比的概念。参照文献综述，对于微观企业资本回报率的测算方法，我们把企业 i 的资本回报率定义为当年企业产出的增加值与资本存量的比值：

$$MRPK_{it} = \frac{p_{it}Y_{it} - input_{it}}{K_{it}} \tag{2.22}$$

企业产出的增加值是其总产值 $p_{it}Y_{it}$ 减去投入品成本 $input_{it}$ 之差，K_{it} 是企业的资本量，这里用固定资产净值代替。对该值我们用各省的固定资产投资价格指数进行调整，以 1998 年为基期，指数来源于历年《中国统计年鉴》。

由于篇幅的限制，我们无法把每个企业每年的资本回报率情况例表展示，

表2-4例举了1999年、2003年、2007年的国有企业和民营企业资本回报率的均值。由我们的测算数据可以看出,从1999～2007年,在国企股份制改革、放宽民营准入的大背景下,国有企业的数量迅速下降,从1999年的6万多家下降到2007年的1万多家,数量缩减了五成。与此同时,民营企业从规模上保持了较快增长,从1999年的1万多家迅速增长到2007年的17万多家,增长了16倍。从资本回报率上看,两类所有制企业在这几年里都有了很大提高,提升效率是各类企业的发展方向,但是国有企业的资本回报率始终低于民营企业。1999年国有企业和民营企业的资本回报率分别是0.55和0.86,2007年这一数据是0.98和1.69,说明两者资本效率的差距在不断拉大,两者之差从0.43上升到0.83。从资本回报率的标准差来看,国有企业的标准差较大,而民营企业资本回报率的标准差小很多。这说明国有企业之间效率差距非常大,国企效率分布很不均衡,高低水平相差过大。而民营企业之间资本回报率差距并不大,普遍更加高效,资本回报率的值域分布集中。

表2-4 1999～2007年不同所有制工业企业资本回报率均值

所有制属性	1999			2003			2007		
	企业数	MRPK	标准差	企业数	MRPK	标准差	企业数	MRPK	标准差
国有企业	61 290	0.55	52.01	47 845	0.69	45.66	11 563	0.98	38.91
民营企业	13 271	0.86	14.56	97 596	1.24	16.31	177 071	1.69	18.71
总计	74 561	0.81	25.05	145 441	1.07	23.61	188 634	1.36	23.40

资料来源:作者根据《中国工业企业数据库》计算所得。

由于是对不同所有制工业企业资本回报率进行测算,企业所在的行业是重要的控制变量,数据库对行业划分共有43个大类、662个小类。表2-5例举出了1999～2007年各个行业资本回报率均值情况。我们取大类行业,选择四位数行业代码的前两位来区分。相对而言,垄断程度更高的行业,如金属采选和烟草类的国有企业比重更大,竞争程度更高的行业如食品饮料加工和纺织服装类等行业民营企业占比更大。可以看到,资本回报率最高的几个行业分别是烟草制品业、仪器仪表及文化办公用机械制造业、饮料制造业、非金属矿物制品业以及黑色金属矿采选业,资本回报率最低的几个行业是纺织业、其他采矿业、造纸及纸制品业和农副食品加工业,资本回报率最高的行业烟草制品业该值2.5是最低的行业纺织业0.68的4倍多。

表 2-5 1999~2007 年我国工业不同行业的企业资本回报率

行业	企业数	资本回报率	行业	企业数	资本回报率
煤炭开采和洗选业	5 287	1.58	印刷业和记录媒介的复制	4 223	1.37
黑色金属矿采选业	1 676	1.61	文教体育用品制造业	1 388	1.21
有色金属矿采选业	1 491	1.21	化学原料及化学制品制造业	10 930	1.34
非金属矿采选业	2 210	1.41	医药制造业	3 765	1.42
其他采矿业	13	0.88	化学纤维制造业	1 541	1.38
农副食品加工业	10 027	1.08	橡胶制品业	3 199	1.54
食品制造业	5 675	1.53	塑料制品业	10 332	1.16
饮料制造业	3 544	2.06	非金属矿物制品业	17 200	1.85
烟草制品业	219	2.50	黑色金属冶炼及压延加工业	7 187	1.63
纺织业	13 345	0.68	金属制品业	11 218	1.06
纺织服装、鞋、帽制造业	9 082	1.49	通用设备制造业	12 211	1.31
家具制造业	2 073	1.38	专用设备制造业	9 042	1.57
造纸及纸制品业	7 540	0.96	交通运输设备制造业	7 332	1.29
工艺品及其他制造业	5 746	0.83	电气机械及器材制造业	9 457	1.25
仪器仪表及文化、办公用机械制造业	2 987	2.24	通信设备、计算机及其他电子设备制造业	4 679	1.22
皮革、毛皮、羽毛(绒)及其制品业	6 425	1.24	废弃资源和废旧材料回收加工业	806	1.47
木材加工及木、竹、藤、棕、草制品业	2 073	1.16			
总数	188 634	1.36			

资料来源:作者根据《中国工业企业数据库》计算所得。

　　另外一个重要的控制变量是企业所在地区特征。由于历史条件、地理区位和改革开放政策等因素,我国区域经济发展不平衡,东部地区民营经济更发达,开放性经济特征更明显,要素市场发育程度更高,往往比中西部地区企业生产效率更高。通过我们的测算以 1999~2007 年的均值为例,东部省份平均资本回报率 2.12 要比中西部的 0.91 高出 2 倍多,特别是江苏、浙江、福建、广东等东部沿海省份工业资本回报率领跑全国。这说明江苏的乡镇集体工业为代表的"苏南模式"、浙江中小民营企业为代表的"温州模式"和广东招商引资打造"中国制造"的模式都激发了微观企业动力,使得资本回报率有了长足进步,东中西部的资本回报率呈现出梯级下降趋势。企业所在地区需要在回归分析中加以控制(图 2-4)。

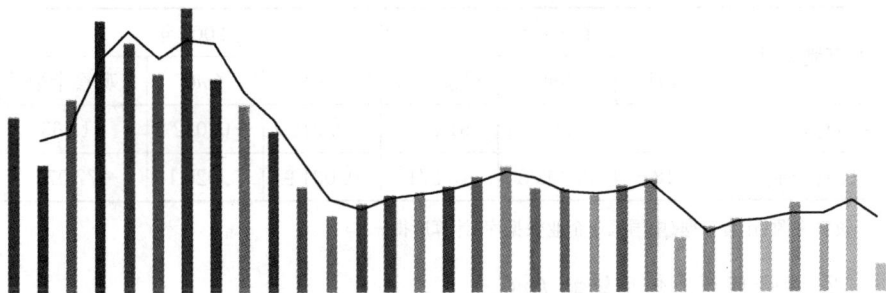

图 2-4　1999~2007 年我国不同地区的工业企业资本回报率(单位:每千元)
资料来源:作者根据《中国工业企业数据库》计算所得。

(三) 金融资源错配程度的测算

　　根据理论模型,企业资本来源总体上可以分为银行等金融机构的贷款、企业间商业信用融资和资本市场直接融资三部分。由于中国资本市场尚不完善,2015 年 A 股上市公司总共不足 3 000 家,而全国规模以上的工业企业已有 37 万多家,我国企业直接融资仅有 20% 不到,间接融资占到了 80% 以上[①]。绝大部分企业并未直接参与资本市场,所以本章在计量模型中不再考察资本市场直接融资这个方面金融错配,核心解释变量企业金融资源错配程度 fm_{it} 由银行金融机构信贷错配和企业间商业信用错配两个方面构成。

　　1. 金融机构信贷错配 fmB_{it}

　　以往研究多采用企业资金使用成本来表示(刘小玄,2011;张佩,

---

① 数据来源:Wind 金融数据库 EDE。

2012),本章采用企业的资金使用成本与所在行业平均资本使用成本的偏离 $r_{si} - r_s$ 来表示,其中企业的资金使用成本是其利息费用与负债总额的比值。资金使用成本更高或者更低的企业指标的偏离程度都会更大。总体而言,民营企业面临的贷款利率更高,企业的资金使用成本更高,那么该指标应为正。国有企业利息成本更低,指标应该为负。同样由于篇幅的限制,我们无法把每个企业每年的金融错配的情况例表展示,只是列出了 1999 年和 2007 年国有企业和民营企业金融错配的均值做趋势分析(表 2-6)。从测算结果来看,民营企业的金融机构信贷错配总体为正且呈增大趋势,国有企业金融机构信贷错配总体为负且绝对值呈增大趋势。

表 2-6　1999~2007 年不同所有制工业企业的金融错配程度均值

所有制属性	1999 年			2007 年		
	fmB	fmC	观察个数	fmB	fmC	观察个数
国有企业	−0.007 4	−0.010 6	61 290	−0.010 4	−0.012 2	11 563
民营企业	0.018 6	0.003 8	13 271	0.031 9	0.026 1	177 071

资料来源:作者根据《中国工业企业数据库》计算所得。

2. 企业间商业信用错配 fmC_{it}

银行利率高企使企业面临较大的外部融资约束,企业相互间往往还会考虑商业借贷。正如陆正飞(2011)的研究表明,企业间的商业信用融资是对正规金融机构的补充,对非国有经济的支持作用可能会超过银行贷款。对于工业制造业企业而言,企业间商业信用往往以商品形式表现,我们参考并改进靳来群(2015)的做法,采用应收账款净额与所在行业的偏离 $\eta_{si} - \eta_s$ 来表示,其中应收账款净额=(企业年均应收账款−企业年均应付账款)/总资产。该指标绝对值越大,说明信用错配越严重。从测算得出的结果来看,民营企业的整体商业信用错配为正,而国有企业的整体商业信用错配为负。这说明民营经济对外提供的贷款大于自身借款。由于所有制的优势,国有企业在享有更多的银行贷款的前提下,还有大量商业信用借款,民营企业通过商业信用向国有企业输送金融资源,这进一步加剧了金融资源错配。

从我们对金融错配指标的定义可知,当金融资源错配上升,国有企业和民营企业的金融错配指标 fm 的绝对值都会变大,总体而言国有企业值为负而民营企业值为正。需要说明的是,对于大多数正常经营的企业而言,测算显示利息支出占负债总额的比重在 0.01～0.1 的水平,而应收账款净额占总资产的比重在 0.01～0.05 的水平,所以 fm 的值比较小,但这并不影响后面计量结果的显著性。

　　解释变量还包括企业的所有制属性与金融错配程度的交叉项 $fm *$ $ownership$,控制变量有企业规模 $size$,企业成立的年限 age,企业劳动密集度 $labor$,行业虚拟变量 $sector$ 和地区虚拟变量 $location$。

　　企业的所有制属性 $ownership$:本章参考企业的注册类型和实收资本占比,筛选出国有企业(代码:110、141、143 和 151,且国有资本金占比 50% 以上)和民营企业(代码:170～174,且私人资本金占比 50% 以上)两大类。该变量是虚拟变量,若是国有企业 $ownership$ 取 1,若是民营企业 $ownership$ 取 0。

　　企业规模 $size$:数据库把全部企业分为大中小九个等级,我们用企业总收入的对数代表企业规模。

　　企业成立的年限 age:基于企业成立日期算起,并剔除掉企业年龄为负的错误值以及成立时间小于一年的企业,对该指标取对数。

　　企业劳动密集度 $labor$:以企业职工总人数与固定资产净值之比作为劳动密集度的指标,并对该指标取对数。

　　行业虚拟变量 $sector$ 和地区虚拟变量 $location$:在资本回报率测算中已有详细描述,企业所在行业和地区共分为 43 个行业以及全国 31 个省份。

　　我们对解释变量做多重共线性检验,结果显示解释变量之间共线性较弱(表 2-7),可以进行截面回归。

表 2-7　解释变量之间相关系数

	MPK	fmB	$fmB *$ $ownership$	fmC	$fmC *$ $ownership$	Size	Age	Labor
MPK	1.000	0.214	0.101	0.186	0.093	0.154	0.246	0.355
fmB	0.214	1.000	0.252	—	—	0.034	0.075	0.096
$fmB * ownership$	0.101	0.252	1.000	—	—	0.050	0.047	0.022
fmC	0.177	—	—	1.000	0.061	0.096	0.062	0.013
$fmC * ownership$	0.093	—	—	0.061	1.000	0.088	0.051	0.049
Size	0.154	0.034	0.050	0.096	0.088	1.000	0.020	0.085
Age	0.246	0.075	0.047	0.062	0.051	0.020	1.000	0.094
Labor	0.355	0.096	0.022	0.013	0.049	0.085	0.094	1.000

注:相关系数矩阵由 Stata 计算所得。

二、实证结果分析

（一）金融机构信贷错配的实证结果

我们把金融资源错配的两个核心解释变量——金融机构信贷错配 fmB 和企业间商业信用错配 fmC 分别对被解释变量企业资本回报率做回归。这样做的原因是可以分别考察这两种错配途径对于企业资本回报率的影响,此外计量结果显示 fmB 和 fmC 之间存在多重共线性,两者的相关系数较高,方差膨胀因子 $VIF>10$,不适合在一个计量方程中回归。

金融机构信贷错配对企业资本回报率的回归结果如表 2-8 所示。首先我们对数据分年度回归,以便更好看清主要解释变量随时间变化趋势。由于是截面数据,可能存在异方差,我们进行了 White 检验,并且删去了核心变量<1%或者>99%水平的极值,以增强检验的稳健性。可以看到,1999~2007 年信贷错配系数 fmB 为正且在 1%的水平上显著:1999~2004 年 fmB 逐年上升,2005~2006 年有短暂下降,2007 年又开始上升。我们通过信贷错配 fmB 和企业所有制属性 $ownership$ 的交叉项来考察企业所有制因素的影响,结果显示 $fmB×ownership$ 显著为负,且该值绝对值大于 fmB 值。这说明当企业是国有企业时,$ownership$ 取 1,信贷错配程度越高,企业的资本回报率越低;而当企业是民营企业时,$ownership$ 取 0,信贷错配程度越高,企业的资本回报率越高。1999 年和 2007 年在信贷错配影响下,错配程度每提高 1%,国有企业资本回报率会降低 1.8%、3%,而民营企业资本回报率会提高 6.3%、7.1%。由此可见,金融机构信贷错配对于国有企业和民营企业资本回报率的作用是不同的。在回归分析中,我们还控制住了可能对企业资本回报率有重要影响变量:企业规模、企业年龄、劳动密集度和地区、行业属性。可以看到,企业规模和年龄以及劳动密集度对于资本回报率均具有正向影响,这说明企业规模越大,往往资本回报率越高。企业存在的年限越长说明其经营越稳定,资本回报率也越高,企业的劳动密集度越高资本回报率也会越高,往往民营企业劳动密集度更高,资本回报率也更高。这些结论符合我们的直观判断。

表 2−8　金融机构信贷错配对企业资本回报率的回归结果(1999～2007)

被解释变量 资本回报率 MPK	分年度回归						固定效应
	1999	2002	2004	2005	2006	2007	1999～ 2007
fmB	0.063***	0.069***	0.081***	0.077***	0.054***	0.071***	0.075***
	(0.011)	(0.015)	(0.020)	(0.007)	(0.026)	(0.003)	(0.105)
fmB $*ownership$	−0.081***	−0.083**	−0.109***	−0.096**	−0.068**	−0.101***	−0.097***
	(0.104)	(0.096)	(0.115)	(0.124)	(0.188)	(0.056)	(0.082)
Size	0.057*	0.074**	0.095*	0.118**	0.093***	0.121**	0.091*
	(0.026)	(0.016)	(0.035)	(0.024)	(0.015)	(0.113)	(0.042)
Age	0.066*	0.045*	0.063	0.107**	0.134*	0.196	0.152
	(0.195)	(0.151)	(0.111)	(0.105)	(0.129)	(0.147)	(0.074)
Labor	0.122**	0.135*	0.138*	0.121	0.162**	0.159***	0.148**
	(0.043)	(0.054)	(0.050)	(0.057)	(0.044)	(0.031)	(0.059)
Sector	Yes	Yes	Yes	Yes	Yes	Yes	Yes
Location	Yes	Yes	Yes	Yes	Yes	Yes	Yes
常数项	0.602	0.549	0.476	0.501	0.593	0.611	0.526
F 值	23.256	24.681	27.772	29.861	24.326	28.991	232.653
Prob>F	0	0	0	0	0	0	0
样本量	74 561	100 537	145 441	158 965	178 507	188 634	846 645

注:① ***、**、*分别表示在1%、5%、10%水平上显著。括号内是各个估计系数的标准差。回归结果由 Stata 软件计算所得。② 由于篇幅限制,此表未给出 2000 年、2001 年、2003 年的回归情况,完整回归结果请参见附表。

除了分年度回归之外,还可以对数据做综合回归分析。我们的数据形成了一个动态非平衡面板,Hausman 检验结果显示 p 值=0.000 2<0.05,拒绝了随机效应的假设,我们采用固定效应模型进行回归。从回归结果上看,信贷错配对于资本回报率的回归系数 0.075 为正,且在 1%的水平上显著。企业的所有制属性和信贷错配的交叉项−0.097 符号保持不变,这表明当企业是国有企业时,$ownership$ 取 1,信贷错配程度每上升 1 单位,企业的资本回报率会下降 0.022 个单位;而当企业是民营企业时,$ownership$ 取 0,信贷错配程度每上升 1 单位,企业的资本回报率会上升 0.075 个单位。综合面板数据与分

年度回归的结论一致,也验证了我们的假设:金融资源错配对不同所有制企业资本回报率的影响是不同的。对于民营企业而言,金融错配程度越高,资本回报率越高;对于国有企业而言,金融错配程度越高,资本回报率越低。

(二)企业间商业信用错配的实证结果

表2-9是企业间商业信用错配对企业资本回报率的回归结果。fmC的系数为正且在1%的水平上显著,1999～2007年该系数值从0.082波动上升到0.114。商业信用错配反映的是企业的应收账款净额与行业平均水平的偏离,上游垄断性行业往往由国有企业占据,在商业借贷中处于有利地位,多是资金融入的一方,更容易凭借国有身份获得外源融资,应付账款较多。而民营企业多在下游竞争性行业,商业谈判中往往处于弱势地位,是资金融出的一方,资金保有量更少,应收账款净额往往为正。

表2-9　企业间商业信用错配对企业资本回报率的回归结果(1999～2007)

被解释变量 资本回报率 MPK	分年度回归						固定效应
	1999	2002	2004	2005	2006	2007	2004～ 2007
fmC	0.082*** (0.008)	0.090** (0.000)	0.111*** (0.033)	0.202*** (0.014)	0.120** (0.051)	0.114*** (0.093)	0.106*** (0.042)
fmC *ownership*	−0.099*** (0.014)	−0.107** (0.028)	−0.138*** (0.026)	−0.245*** (0.071)	−0.166** (0.111)	−0.271*** (0.143)	−0.163*** (0.042)
Size	0.006* (0.000)	0.010* (0.007)	0.013* (0.011)	0.023* (0.020)	0.030* (0.051)	0.027** (0.032)	0.039* (0.018)
Age	0.015 (0.043)	0.028** (0.030)	0.027* (0.052)	0.031 (0.032)	0.018* (0.017)	0.025** (0.002)	0.021* (0.059)
Labor	0.104*** (0.022)	0.127*** (0.019)	0.132*** (0.061)	0.166** (0.050)	0.159*** (0.008)	0.178* (0.009)	0.165** (0.109)
Sector	Yes	Yes	Yes	Yes	Yes	Yes	Yes
Location	Yes	Yes	Yes	Yes	Yes	Yes	Yes
常数项	1.138	2.051	2.047	1.053	2.181	1.111	1.126
F值	42.197	43.401	44.816	45.633	45.109	41.857	160.711
Prob>F	0	0	0	0	0	0	0
样本数	74 561	100 537	145 441	158 965	178 507	188 634	846 645

在商业信用错配 fmC 对资本回报率的回归中,交叉项 $fmC \times ownership$ 为负且非常显著。1999 年和 2007 年在企业的所有制属性导致的商业信用错配影响下,商业信用错配每提高 1%,国企资本回报率会降低 1.7%、15.7%,而民企资本回报率会提高 8.2%、11.4%。可以理解为对于资金融出更多的民营企业而言,必须更加有效利用已有资金创造增加值,来抵消资金紧缺的负面影响,生产效率会更高,资本回报率就更高。民营企业不仅面临银行等金融机构信贷约束,利率成本更高,在商业信用方面也处于不利地位,作为融资相对困难的一方,还通过商业信用向资金较为充裕的国有企业提供资金,国有企业凭借自身的政治优势获得了更多借款,这加剧了金融资源错配。

在控制变量当中,企业的劳动劳动密集度系数较为显著,这说明劳动力投入也是影响资本回报率的重要因素,在理论模型中我们假设企业的劳动生产率有别,实证分析结果表明这一假设是成立的。

利用固定效应模型回归得出了一致的结果,且主要解释变量系数值在 1% 的水平上显著。商业信用错配每提高 1%,国有企业的资本回报率会降低 5.7%,而民营企业的资本回报率会提高 10.6%。fmB 和 fmC 回归结果都表明 1999~2007 年不同所有制企业间的金融资源错配是存在的并影响到了资本回报率,金融机构信贷错配和企业间商业信用错配是影响企业资本回报率的两种重要方式。

我们替换核心解释变量金融资源错配指标 fmB 和 fmC 来做一个稳健性检验。因为金融资源错配直接表现便是企业的融资约束,所以利用融资约束指标来代替金融错配是可行的。融资约束的指标也较多,已有文献中使用频率较高的指标有两种:① 利息负债比(李斌,2006;李科,2011;阳佳余,2012;鞠晓生等,2013),也是本章用来衡量金融机构信贷错配的指标。② 投资—现金流敏感性,或者叫作投资—现金流系数(李延喜,2007;饶华春,2009;沈红波等,2010)。基于这个思想,学者们构造出了 FHP 模型、ACW 模型、Z 比率以及 SA 指数等,大多是用企业现金流以及其他财务指标构建多变量方程,最后计算出一个值作为企业的融资约束指标。这样做的好处是较为全面地包含了企业的财务状况,不足是方程的设定有很大的主观性。国内学者参照国外的投资—现金流方程回归得出的结果相差甚远,甚至得出相反的结论,因而引起众多质疑。可见这些指标还不够有效。

我们参照盛丹(2013)的做法,选取了资产负债率作为金融错配的替代变量。fmB 和 fmC 都是由企业的总资产和总负债中的重要指标构成的,所以用资产负债率能涵盖这两种金融错配变量。企业的资产负债率等于总负债除以总资产。我们认为,相对于行业平均水平,负债率越高企业借贷的资金越多,外源融资越容易,而负债率越低的企业外源融资相对更少更难以获得,面临的融资约束越紧。从计算的结果看(表2-10),1999~2007年国有企业的平均资产负债率为69%,而民营企业的平均资产负债率为57%,国有企业比民营企业高出了12个百分点。我们预测资产负债率与资本回报率呈负向关系,回归结果系数为负。Hausman检验拒绝了随机效应,我们采用固定效应做回归。

表2-10 金融资源错配对企业资本回报率影响的稳健性检验(1999~2007)

MPK	固定效应模型	
解释变量	系数值	标准差
资产负债率	−0.359***	0.008 2
Size	0.084**	0.003 1
Age	0.020	0.001 6
Labor	0.149*	0.006 6
Sector	Yes	Yes
Location	Yes	Yes
常数项	1.017	0.000 0
F值	121.37	
Prob>F	0	
样本量	846 645	

用资产负债率来代替金融错配程度这一指标后,回归结果与我们预期的一致。企业资产负债率对资本回报率的回归系数−0.359且在1%的水平上显著为负,这说明负债率对资本回报率的影响更为明显,负债率高的企业资本回报率更低,负债率低的企业资本回报率更高。对于国有企业而言能够很方便地融资,大量资金积压企业内部没有得到充分利用,生产效率较为低下。此外,负债率高的国有企业也会积压坏账风险,对于金融资源是一种严重的错配和浪费,对于实体经济而言也会造成投资过热引发通货膨胀。负债率低的民营企业则需要有更高的资本回报率来抵消资金不足的影响,加大了运营成本和盈利负担。

我们对本节做一个小结:本节利用中国工业企业数据库(1999~2007)的数据对国有企业和民营企业的资本回报率和金融资源错配进行了测算,我们发现民营企业的资本回报率高于国有企业,而且金融资源错配也在逐年加深,金融资源错配下的信贷二元市场分割更为明显。在此基础上,我们采用分年度回归和固定效应模型实证检验了企业资本回报率和金融资源错配的关系。关于金融资源错配,我们从金融机构信贷错配 fmB 和企业间商业信用错配 fmC 两个方面来考察,并用资产负债率作为替代指标做了稳健性检验。实证结果证明了我们的假设:金融资源错配对不同所有制企业资本回报率的影响机制是不同的。对于民营企业而言,金融错配程度越高,资本回报率越高;对于国有企业而言,金融错配程度越高,资本回报率越低;而且金融错配对于资本回报率的影响越来越大。

第五节　上市公司样本的稳健性检验

一、资料来源

实证分析中我们对 1999～2007 年国有和民营工业企业资本回报率和金融资源错配的关系进行了检验,2008 年之后的情况我们以 A 股上市公司为样本来做进一步研究。资料来源于 Wind 金融数据库 EDE。我们选取了2008～2014 年的全部 A 股(包含主板、中小企业板和创业板)制造业上市公司,选择的分类标准是证监会行业分类下的制造业,它与中国工业企业数据库的行业分类口径是一致的。上市公司数据全部来源于当年公司公开披露的年报。我们按照筛选工业企业数据库的标准剔除了不符合要求的上市公司以及 ST 公司,共有 1 664 家制造业上市公司构成我们的样本,其中国有企业 469 家,民营企业 1 195 家,有效观测值总共 139 776 个。需要说明的是,在工业企业数据库中,我们计算企业资本回报率的公式是:(企业工业总产值－投入品成本)/资本存量。企业工业增加值和投入品成本指标在上市公司年报中并没有完全吻合的会计项目,所以我们借鉴了 CCER(2007)年关于微观企业资本回报率的测算方法,采用净利润/所有制权益、净利润/总资产、净利润/固定资产、利润总额/所有者权益、利润总额/总资产、利润总额/固定资产、总收入/所有者权益、总收入/总资产、总收入/固定资产这 9 个指标分别计算了上市公司的资本回报率状况。其中,如果采用固定资产作为分母,由于受到物价水平变动和折旧的影响,需要对固定资产净值做价格指数和平减指数的调整,用各省的固定资产投资价格指数进行调整,我们以 1998 年为基期,指数来源于历年《中国统计年鉴》。

　　图 2-5 是我们估算出的上市公司 9 个指标资本回报率的结果。可以看到 2008～2014 年上市公司所有指标呈同向变动趋势差别不大,这与 CCER (2007)计算得出的经验证据一致,说明指标之间替代性较强,粗略地讲都可以作为资本回报率的系数值,2008～2014 年上市制造业公司的整体平均资本回报率接近 25%。我们选择净利润/固定资产的值作为上市公司的资本回报率,重新计算出工业企业数据库中企业 1999～2007 年企业的资本回报率,用统一的资本回报率指标做一个年度变化趋势的分析,结果如图 2-6 所示。

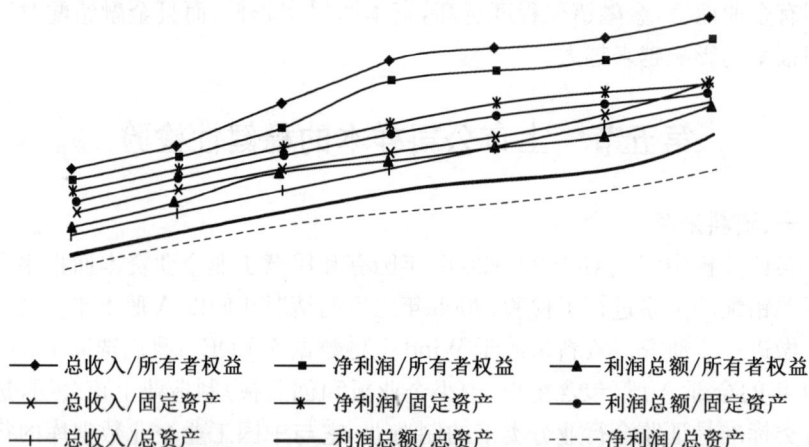

图 2-5　2008～2014 年上市制造业公司总体资本回报率均值

资料来源:作者根据 Wind 金融数据库 EDE 整理、计算。

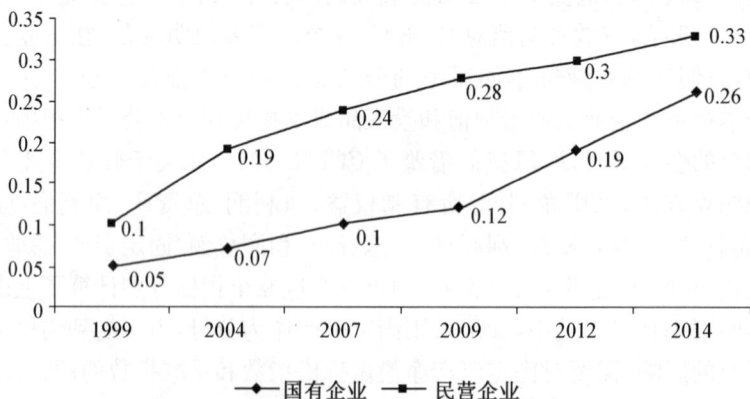

图 2-6　用净利润/固定资产作为资本回报率的测算结果(1999～2014)

资料来源:作者根据《中国工业企业数据库》、Wind 金融数据库 EDE 整理、计算。

通过我们的计算可以看到,2008 年以来以上市公司样本为代表的制造业企业资本回报率较 2007 年之前仍然在提升,虽然宏观经济在走弱,但是制造业资本回报率依然可观。这一结果与张勋(2014)通过宏观数据计算得出的中国资本回报率趋势一致。从工业企业整体资本回报率增长的幅度来看,1999~2007 年国内工业企业资本回报率增长了 1.4 倍,而 2008~2014 年上市制造业公司的资本回报率只增长了 0.18 倍,工业经济整体资本回报率增幅放缓,这与宏观统计数据显示的我国工业增速下滑的趋势一致。

分所有制属性来看,2008~2014 年国有上市公司的平均资本回报率是0.19,较 2007 年的 0.1 上升了 0.09。民营上市公司的平均资本回报率是0.30,较 2007 年的 0.24 上升了 0.06。国有上市公司上升幅度更大,与民营上市公司的差距在缩小。两者之间的差距在 2010 年前后达到最大,随后又开始不断缩小。可以看到,国有企业资本回报率呈现上凸的走势,而民营企业资本回报率呈下凹走势。这反映了 2007 年之前在国企改革、放开市场、鼓励多种所有制共同发展的背景下,中国市场化改革取得很大进步,民营企业效率优势更加明显。但是自 2008 年世界性金融危机以来,民营企业成本上升、收益下降。另外,由于 2008 年之后我们的样本是上市公司,企业的所有制属性有所淡化,资本的力量更加明显,两种所有制企业资本的边际收益趋同。但从整体上看,民营上市公司的资本回报率仍然比国有上市公司高。所有制的效率差异仍然存在。

除了上市公司的资本回报率,我们还需要测算金融错配程度 fm。fmB依然是企业的财务费用下的利息支出与总负债之比,再减去行业平均水平所得。fmC 是企业的应收账款净额与行业平均水平之差。其他变量的统计性描述如表 2-11 所示。

表 2-11　上市制造业公司主要指标均值 2008~2014

所有制	资本回报率	fmB	fmC	总收入	公司年龄	职工人数
国有企业	0.190 4	−0.013 8	−0.014 0	16.187 4	2.0	3.902 1
民营企业	0.303 3	0.040 2	0.018 7	14.546 0	1.7	4.604 6

资料来源:作者根据 Wind 金融数据库 EDE 整理、计算,总收入、公司年龄、职工人数取对数。

金融资源错配测算结果显示,2008~2014 年上市公司的金融错配程度进一步加深。在经济下行时期,银行信贷和企业间的商业信用更加保守,所有制区别更加明显。国有上市公司信贷错配与商业信用错配依然为负,说明国有上市公司面临的利息成本比行业平均水平低,应收账款净额比行业平均水平少。2007 年国有企业的 fmB、fmC 的值分别为 -0.010 4,-0.012 2,而 2008 年和 2014 年国有上市公司的该值分别为 -0.013 8、-0.014 0,金融错配程度加深。民营上市公司的 fmB 的值较 2007 年上升了 0.003,说明民营企业贷款成本有所上升,面临的利息水平更高;民营上市公司的 fmC 值较 2007 年下降了 0.074,说明民营企业商业信用错配有所缓解,应收账款净额有所下降。出现这一现象,有可能是民营企业面临更紧的银行贷款约束,为了保证正常生产和运转,增加了自有资金的留存,主动减少商业信用,控制应收账款规模,防范坏账风险导致的。

从上市公司样本可见,2008 年以来在宏观经济形势不景气的情况下,"国进民退"的现象又有所显现。民营企业生产规模在压缩,经营更加艰难,资本回报率的提升幅度小于国有企业,而且提升幅度明显不如 2007 年之前,面临的融资约束也在加深,利率水平仍然偏高,整个产能处于疲软状态。此外,上市公司在整个工业企业当中实力较强,可以看到 2008~2014 年上市公司取对数后平均总收入为 15.32,是 1999~2007 年的均值 7.38 的两倍多。接下来,我们对上市公司做资本回报率与金融资源错配的定量考察。

二、稳健性检验结果

我们再来看商业信用错配 fmC 对于上市公司资本回报率的影响。交叉项 $fmC \times ownership$ 的系数为负且绝对值大于 fmC,两者均在 10% 的水平上显著。上市公司样本回归结果显示(见表 2-12),商业信用错配每提高 1%,国有上市公司的资本回报率会下降 0.77%,民营上市公司的资本回报率会上升 0.25%。商业信用错配的回归结果与实证结果一致。但是该系数值也不十分显著,而且对于资本回报率的影响减小了。我们推测一方面可能由于在经济不景气的大环境下民营上市公司的缩减了生产规模,主动压低杠杆率,应收账款净额下降,这导致了回归结果显著性下降。更有可能是,上市公司的所有制属性更为弱化,融资渠道也更多样化,可以通过资本市场直接融资,有可能商业信用对于上市公司的影响并不那么显著。

表 2‑12　上市制造业企业金融错配对资本回报率的回归结果(2008～2014)

MPK	固定效应模型	
解释变量	系数值	系数值
fmB	0.014 6** (0.002 1)	
fmC		0.025 0* (0.000 0)
$fmB \times ownership$	−0.027 5** (0.001 8)	
$fmC \times ownership$		−0.030 2* (0.000 1)
Size	0.031 1** (0.000 6)	0.085 5* (0.000 8)
Age	0.006 7* (0.001 5)	0.008 8* (0.010 3)
Labor	0.028 0** (0.005 6)	0.009 4** (0.002 1)
Sector	Yes	Yes
Location	Yes	Yes
常数项	0.004 6	0.001 2
F 值	63.357 0	88.834 9
Prob>F	0	0
样本量	1 664	1 664

在本章中我们采用上市公司样本对 2008～2014 年金融资源错配与资本回报率的关系进行了考察,作为一个稳健性检验的补充。我们对本章研究结果做以下小结:① 2008 年以来以上市公司样本为代表的制造业的资本回报率较 2007 年之前仍然在提升,民营上市公司资本回报率仍然高于国有上市公司,但是国有上市公司上升幅度相对更大,与民营上市公司的差距在缩小,所有制差异在淡化,企业的边际收益趋同。② 上市公司的金融错配程度依然存在,但是资本市场力量强大,金融错配对于资本回报率的影响有所减弱。③ 实证结果表明 2008 年以来金融资源错配对资本回报率的影响与之前分析一致,随着金融错配加深,国有上市公司的资本回报率更低,民营上市公司的资本回报率更高。

第六节 基本结论与政策建议

一、基本结论

通过理论分析和实证检验，我们对 1999~2007 年中国异质性工业企业的资本回报率以及金融错配程度做了测算，并对两者之间的关系进行了考察，又用上市公司数据对 2008~2014 年的情况进行了跟踪，做了一个稳健性检验的补充。测算结果发现：① 1999~2014 年中国民营企业的资本回报率始终高于国有企业，2008 年以来两者差距在缩小，企业资本边际收益率趋同。② 企业面临的金融资源错配始终存在，且有加深趋势。我们对金融资源的错配主要从两个方面考察，即银行等金融机构信贷错配和企业间商业信用错配。一方面表现为金融机构在信贷上的差别化待遇，另一方面表现为民营企业通过商业信用进一步向国有企业输送金融资源，这加剧了金融错配。

与以往关于金融错配的研究不同，我们认为不能把金融资源错配简单地定义为企业面临的利息成本更高，金融资源错配对于两种所有制企业的含义是不同的，进而对资本回报率的作用机制是相反的。

我们计量实证考察了金融资源错配与企业资本回报率的关系，研究结果表明：① 金融资源的错配对于异质性企业在资本回报率上的影响不同。对于民营企业而言，金融资源错配程度越高，企业资本回报率越高。在均衡条件下，民营企业需要创造更高的资本回报率来抵消金融错配的负面影响，这无疑加重了经营压力。对于国有企业而言，金融资源错配程度越高，企业资本回报率越低。由于政治身份的优势，金融资源错配为国有企业带来了更多的资金，重复低效投资导致资本回报率的下降。② 2008 年之后在所有制差异相对淡化的资本市场上，金融错配对于异质性企业资本回报率的影响有所下降。

对于后续研究方向，我们认为本章较为全面地考察了金融资源错配、企业的所有制属性和资本回报率之间的关系，尚未细分到不同区域以及不同产业或者行业内部，而且就同一种所有制形式而言，例如国有企业，其内部按照企业规模的大小不一，可能金融资源错配程度也有差别。此外，本章对于金融资源错配的考察基于外源融资渠道，包含金融机构信贷错配、企业间商业信用的错配以及资本市场上直接融资的错配，但由于企业在资本市场上的运作非常有限，在计量分析中没有对资本市场融资错配进行考察。我们相信随着中国资本市场越加完善，越来越多的企业通过增发股票、发行债券等形式融资，这个方面资金配置的特征可能在会渐渐凸显并具有研究价值,这些问题都可以在今后开展更为细致的全面的研究。

二、政策建议

中国正处于经济发展方式转变的关键时期,很多结构性问题是由于地区、部门或者行业间的资源错配导致的,供给侧结构性调整是转变发展方式、提高投资效率的重中之重。金融资源作为一种重要的生产要素,它的供给效率直接关系到企业的资本回报率和经济整体全要素生产率的高低。中共十八届三中全会明确指出"使市场在资源配置中起决定性作用",随着中国经济市场化进程的演进,基于要素配置结构的改善来提升效率成了经济增长与转型研究的重要方向。合理配置包括金融资源在内的各类生产要素,使其在各个生产部门间自由流动,对于激发微观活力,提升经济整体质量和效益很有意义。而资源错配特别是金融资源错配,将会严重制约不同所有制经济平衡发展和整体效率提升,降低企业生产动力和社会福利。

中国当前金融体系有着明显的"所有制偏好",异质性企业在金融资源的获取上处于不平等地位已是共识。2008 年以来随着经济整体下行,金融资源错配下的信贷二元市场分割更为明显。近年国家出台了很多政策,鼓励降低金融行业准入门槛,发展普惠金融,但是民营企业融资难、融资贵的问题尚未得到实质性解决。国有经济低效重复投资会造成通胀风险,而民营经济资金得不到满足也会导致消费不足,抑制社会总需求。基于以上经验研究,本章对于提高资本回报率有以下思考和建议。

(1) 深化金融领域改革,减少异质性企业信贷配给的所有制歧视和行政性干预。研究结果表明金融错配在不断加深,金融资源在企业间的分配不仅存在数量上的不公平,还有价格成本的扭曲,而这很大程度上是"所有制歧视"的结果。国有企业背后所代表的政府力量和投资意向是金融机构发放贷款的主要因素,而非基于市场要素自由分配和经济效益最优原则。民营企业甚至也需要动用"政治关系"来获得资金(罗党论等,2008),这些都违背了市场经济的基本原则,也与"国退民进"的改革方向背道而驰。近年来基准利率下降幅度很大,而市场利率降幅仍不明显,实体经济依然融资难、融资贵,增量货币仍更多地流向了国有企业,非国有企业收益较小。改变这一现状,就要深化金融领域的改革,改变传统国有商业银行为主导的商业融资模式。降低金融行业的准入门槛,发展多层次金融体系。在控制风险的前提下,建立更加合理、公开、市场化的定价机制,鼓励各类金融机构为企业提供良好的外部融资环境,降低非国有企业的融资成本,增强金融系统对实体经济的支撑能力;同时,应减少地方政府对于国有商业银行在信贷分配上的行政性干预,弱化信贷的所有制色彩和行政意志,促进不同所有制的自由公平竞争,减少市场摩擦和效率损失。这不仅有利于降低银行坏账风险,也有利于形成金融资源供给的良性循环和良好氛围。

(2)国有企业和民营企业相互配合,淡化所有制差异,提升企业资金利用率和资本回报率,这是当下新型政商关系的要求①。研究结果表明,2008年之后在所有制差异有所淡化的资本市场上,金融错配对于资本回报率的影响明显减弱。国企应该与民企形成资金上良好的互动和对接,关系清白,正当经营,相互配合,各取所需,在市场经济中共谋发展空间,对提高效率达成一致性预期,这是深化改革的方向,也是"看不见的手"发挥作用的前提。国有企业改革从20世纪90年代开始已经走过了20多年的历程,我们测算出的历年资本回报率表明,通过引入多元化产权、改善治理结构、抓大放小、战略重组等改革措施,国企的资本回报率有了很大提升,特别是2008年之后上市公司的数据表明国企资金利用率提高更快,但是一直以来还是与民营企业存在效率上的差距。产能过剩的"僵尸企业"70%以上是国有企业②,这些企业所在的行业也大都是煤炭、钢铁、航空等国有性质浓厚的行业。国有企业的政治背景为其带来了更多的金融资源,既有银行等金融机构贷款,也有民营企业商业信用的输送,这会产生腐败和寻租现象。过多投资导致的资源浪费和效率低下,实际上是保护落后产能的表现。剥离国有企业的政策性负担和行政性特权,更多地从垄断性领域退出,盘活国有资本存量,以效率为投资导向,专注于提供公共品和社会服务的功能,激发国企参与市场竞争的能力。

(3)非国有企业提高信息披露质量,降低信息不对称,改善自身的信用机制和担保抵押机制,更好地满足金融机构和投资者的要求,以便得到更多的金融资源。截止到2012年,民营经济在我国GDP中的比重已经超过了60%,

---

① 习近平总书记在2016年两会上提到新型政商关系。要求领导干部同民营企业家的关系要清白、纯洁。"亲"就是要坦荡真诚同民营企业接触交往;"清"就是同民营企业家的关系要清白、纯洁,不能有贪心私心,不能以权谋私,不能搞权钱交易。对民营企业家而言,"亲"就是积极主动同各级党委和政府及部门多沟通多交流,支持地方发展。"清"就是要洁身自好、走正道,做到遵纪守法办企业、光明正大搞经营。这为当前国企深化改革提供了理论依据。

② 数据来源:中国经济网 http://www.ce.cn/20150106。

贡献率超过了70％,在吸纳就业上也达到了80％以上[①],更是大众创业的基础,在市场经济中的地位十分重要。民营企业资本回报率一直以来高于国有企业,但是2008年之后增幅不断下降。此外,由于严重的金融资源错配,民营企业面临着较大的外部融资约束,不得不进行内源融资(唐建新、陈东,2009),以保证运转所需的流动性并为投资做积累,显得不堪重负。所有制因素是民营企业融资难的主要原因,但从民营企业自身出发,解决银行以及商业信用中的信息不对称和道德风险问题,将大大提高民营企业获得外源资金的可能性。国有企业易于获得信贷支持,也往往得益于大量不动产、土地抵押和政府担保等较好的信用资质条件。民营企业在当前不利的环境下应该努力提高自身信誉和信息披露质量,提高资金供给者对于民营企业良好资本回报率的预期和信心。

本章参考文献

[1] 白重恩,张琼. 中国的资本回报率及其影响因素分析. 世界经济,2014(10).

[2] 蔡真. 中国的资本回报率、实际利率与投资:基于行业数据的分析. 金融评论,2013(6).

[3] CCER"中国经济观察"研究组,卢锋. 我国资本回报率估测(1978~2006)——新一轮投资增长和经济景气微观基础. 经济学:季刊,2007,6(3).

[4] CCER"中国经济观察"研究组. 我国改革时期工业资本回报率为何先降后升?——基于资本回报率贡献分解框架分析. CCER工作论文,2007b.

[5] CCER"中国经济观察"研究组. 我国上市公司与工业企业资本回报率反差现象(1993~2005). CCER工作论文,2007c.

[6] CCER"中国经济观察"研究组. 我国物价变动对资本回报率影响理论和实证研究(1978~2006). CCER工作论文,2007d.

[7] 陈培钦. 生产率、资本回报率和增长率的良性互动——"中国奇迹"的一种新解释. 华中科技大学学报(社会科学版),2013,27(3).

[8] 陈培钦. 中国高投资下的资本回报率研究. 华中科技大学博士学位论文,2013.

[9] 丁启军. 行政垄断行业高利润来源研究——高效率,还是垄断定价. 产业经济研究,2010(5).

[10] 方军雄. 市场化进程与资本配置效率的改善. 经济研究,2006(5).

[11] 方军雄. 所有制、制度环境与信贷资金配置. 经济研究,2007(12).

---

① 资料来源:天则经济研究所课题组,《国有企业的性质、表现与改革》,2012.

[12] 方文全.中国的资本回报率有多高？——年份资本视角的宏观数据再估测.经济学：季刊,2012,11(1).

[13] 胡凯,吴清.制度环境与地区资本回报率.经济科学,2012(4).

[14] 胡一帆,宋敏,郑红亮.所有制结构改革对中国企业绩效的影响.中国社会科学,2006(4).

[15] 黄伟力.中国资本利润率的变动趋势及其影响因素.山西财经大学学报,2007,29(8).

[16] 黄先海,杨君,肖明月.中国资本回报率变动的动因分析——基于资本深化和技术进步的视角.经济理论与经济管理,2011,V(11).

[17] 靳来群.所有制歧视所致金融资源错配程度分析.经济学动态,2015(6).

[18] 靳来群.所有制歧视下金融资源错配的两条途径.经济与管理研究,2015(7).

[19] 蒋云赟,任若恩.中国工业的资本收益率测算.经济学：季刊,2004,3(3).

[20] 鞠晓生,卢荻,虞义华.融资约束、营运资本管理与企业创新可持续性.经济研究,2013(1).

[21] 李斌,江伟.金融发展、融资约束与企业成长.南开经济研究,2006(3).

[22] 李科,徐龙炳.融资约束、债务能力与公司业绩.经济研究,2011(5).

[23] 李青原,潘雅敏,陈晓.国有经济比重与我国地区实体经济资本配置效率——来自省级工业行业数据的证据.经济学家,2010(1).

[24] 李延喜,杜瑞,高锐,等.上市公司投资支出与融资约束敏感性研究.管理科学,2007,20(1).

[25] 林仁文,杨熠.中国的资本存量与投资效率.数量经济技术经济研究,2013(9).

[26] 林毅夫,李永军.中小金融机构发展与中小企业融资.经济研究,2001(1).

[27] 刘晓光,卢锋.中国资本回报率上升之谜.经济学：季刊,2014,13(2).

[28] 刘小玄.中国工业企业的所有制结构对效率差异的影响——1995年全国工业企业普查数据的实证分析.经济研究,2000(2).

[29] 刘小玄,李利英.企业产权变革的效率分析.中国社会科学,2005(2).

[30] 刘小玄,周晓艳.金融资源与实体经济之间配置关系的检验——兼论经济结构失衡的原因.金融研究,2011(2).

[31] 刘瑞明,石磊.国有企业的双重效率损失与经济增长.经济研究,2010(1).

[32] 卢锋.解析中国资本回报率之谜.新财经,2007(6).

[33] 卢峰,姚洋.金融压抑下的法制金融发展和经济增长.中国社会科学,2004(1).

[34] 鲁晓东.金融资源错配阻碍了中国的经济增长吗.金融研究,2008(4).

[35] 陆正飞,杨德明.商业信用:替代性融资,还是买方市场.管理世界,2011(4).

[36] 罗党论,甄丽明.民营控制、政治关系与企业融资约束——基于中国民营上市公司的经验证据.金融研究,2008(12).

[37] 聂辉华,江艇,杨汝岱.中国工业企业数据库的使用现状和潜在问题.世界经济,2012(5).

[38] 饶华春.中国金融发展与企业融资约束的缓解——基于系统广义矩估计的动态面板数据分析.河北经贸大学学报,2009,30(6).

[39] 邵挺. 金融错配、所有制结构与资本回报率：来自 1999～2007 年我国工业企业的研究. 金融研究,2010(9).

[40] 邵挺,李井奎. 资本市场扭曲、资本收益率与所有制差异. 经济科学,2010(5).

[41] 沈红波,寇宏,张川. 金融发展、融资约束与企业投资的实证研究. 中国工业经济,2010(6).

[42] 沈坤荣. 中国经济增速趋缓的成因与对策. 学术月刊,2013(6).

[43] 盛丹,王永进. 产业集聚、信贷资源配置效率与企业的融资成本——来自世界银行调查数据和中国工业企业数据的证据. 管理世界,2013(6).

[44] 史建平. 中国中小企业金融服务发展报告 2012. 中国金融出版社,2013.

[45] 舒元,张莉,徐现祥. 中国工业资本收益率和配置效率测算及分解. 经济评论,2010(1).

[46] 孙文凯,肖耿,杨秀科. 资本回报率对投资率的影响：中美日对比研究. 世界经济,2010(6).

[47] 唐建新,陈冬. 金融发展与融资约束——来自中小企业板的证据. 财贸经济,2009(5).

[48] 天则经济研究所课题组. 国有企业的性质、表现与改革. 天则经济研究所,2012.

[49] 万华林,陈信元. 治理环境、企业寻租与交易成本——基于中国上市公司非生产性支出的经验证据. 经济学:季刊,2010,9(2).

[50] 汪伟,郭新强,艾春荣. 融资约束、劳动收入份额下降与中国低消费. 经济研究,2013(11).

[51] 辛清泉,林斌,杨德明. 中国资本投资回报率的估算和影响因素分析——1999～2004 年上市公司的经验. 经济学:季刊,2007,6(4).

[52] 阳佳余. 融资约束与企业出口行为：基于工业企业数据的经验研究. 经济学:季刊,2012,11(4).

[53] 姚洋. 非国有经济成分对我国工业企业技术效率的影响. 经济研究,1998(12).

[54] 于良春,张伟. 中国行业性行政垄断的强度与效率损失研究. 经济研究,2010(3).

[55] 余婧,罗杰. 中国金融资源错配的微观机制——基于工业企业商业信贷的经验研究. 复旦学报社会科学版,2012(1).

[56] 余明桂,潘红波. 政府干预、法治、金融发展与国有企业银行贷款. 金融研究,2008(9).

[57] 袁志刚,邵挺. 国有企业的历史地位、功能及其进一步改革. 学术月刊,2010(1).

[58] 张春生. 中国中小企业发展蓝皮书 2012. 中央文献出版社,2012.

[59] 张建华,邹凤明. 资源错配对经济增长的影响及其机制研究进展. 经济学动态,2015(1).

[60] 张杰,芦哲,郑文平,等. 融资约束、融资渠道与企业 R&D 投入. 世界经济,2012(10).

[61] 张军. 资本形成、工业化与经济增长：中国的转轨特征. 经济研究,2002(6).

[62] 张军,吴桂英,张吉鹏. 中国省际物质资本存量估算:1952～2000. 经济研究,2004(10).

[63] 张佩,马弘. 借贷约束与资源错配——来自中国的经验证据. 清华大学学报(自然科学版),2012(9).

[64] 张勋,徐建国. 中国资本回报率的再测算. 世界经济,2014(8).

[65] 周黎安,赵鹰妍,李力雄. 资源错配与政治周期. 金融研究,2013(3).

[66] Allen F, Qian J, Qian M. Law, Finance, and Economic Growth in China. *Journal of*

Financial Economics, 2005, 77(1): 57 - 116.

[67] Bai C E, Hsieh C T, Qian Y. The Return to Capital in China. *Brookings Papers on Economic Activity*, 2006(2): 61 - 88.

[68] Baumol W J, Heim P, Malkiel B G, et al. Earnings Retention, New Capital and the Growth of the Firm. *Review of Economics & Statistics*, 1970, 52(4): 345 - 355.

[69] Boyreau-Debray, Genevieve, Wei S J. Pitfalls of a State-Dominated Financial System: The Case of China. NBER Working Paper, 2005.

[70] Claessens S, Laeven L. Finance Development, Property Rights, and Growth. *Journal of Finance*, 2003, 58(6): 2401 - 2436.

[71] Dollar D, Wei S J. Das (Wasted) Capital: Firm Ownership and Investment Efficiency in China. NBER Working Paper, No. 13103, 2007.

[72] Geng N, N'Diaye P. Determinants of Corporate Investment in China: Evidence from Cross-Country Firm Level Data. IMF Working Paper, No. 12(80), 2012.

[73] Hadlock C, Pierce J. New Evidence on Measuring Financial Constraints: Moving Beyond the KZ Index. *Review of Financial Studies*, 2010, 23(5): 1909 - 1940.

[74] Hsieh C, Klenow P J. Misallocation and Manufacturing TFP in China and India. *Quarterly Journal of Economics*, 2009, 124(4): 1403 - 1448.

[75] Huang Yasheng. Selling China: Foreign Direct Investment During the Reform Era. Cambridge University Press, New York, 2003.

[76] IMF. Determinants of Corporate Investment in China: Evidence from Cross-Country Firm Level Data. IMF Working Paper, 2012.

[77] Krugman P R, Young A. Lessons from the East Asian NICs: A Contrarian View. NBER Working Paper, No. 4482, 1994.

[78] Lucas, R. Why Doesn't Capital Flow from Rich to Poor Countries?. *American Economic Review*, 1990, 80(2): 92 - 96.

[79] Mueller, D, E Reardon. Rates of Return on Corporate Investment. *Southern Economic Journal*, 1993, 60(2): 430 - 453.

[80] North D C. Institutions, Institutional Change and Economic Performance. Cambridge University Press, New York, 1990.

[81] Restuccia D, Rogerson R. Policy Distribution and Aggregate Productivity with Heterogeneous Plants. NBER Working Paper, 2007.

[82] Riedel J, Jin J, Gao J. *How China Grows: Investment, Finance and Reform*. Princeton University Press, 2007.

[83] Ross G, Song L G, Yao Y, Wang X L. *The Emerging Private Enterprise in China*. The National University of Australia Press, Canberra, 2000.

[84] Song Z, Storesletten K, Zilibotti F. Growing Like China. *American Economic Review*, 2011, 101(1): 202 - 241.

[85] Stigler G. *Capital and Rates of Return in Manufacturing Industries*. Princeton University Press, 1963.

[86] Wurgler J. Financial Markets and the Allocation of Capital. *Journal of Financial Economics*, 2000, 58(1~2): 187 - 214.

第三章　政府干预对制造业行业间资源错配的影响

本章提要　本章运用相关理论模型,测算了制造业行业间的相对要素价格扭曲系数,并以此计算出行业间资源错配程度。运用工业企业数据库 1999 ～2007 年的微观企业数据,选取信贷倾向、财政补贴、行政性行业进入壁垒、劳动力流动等相关解释变量以及行业集中度、外贸依存度等控制变量,使用 FGLS 方法进行面板回归分析。研究发现,由于行业间资源错配导致的产出损失每年都在 6% 以上,而政府干预通过多种方式对其产生影响。实证结果表明,信贷倾向对行业间资源错配的影响较为显著,说明政府主导下的金融体系导致了比较严重的信贷资源错配。财政补贴对行业间资源错配的影响并不显著,这与现有的研究一致。行政性行业进入壁垒通过行业中国有企业产值比重来衡量,对行业间资源错配有显著的负面影响。劳动力流动对行业间资源错配的负面影响也十分显著。

第一节　研究背景

解释不同国家及地区间收入差距的原因,一直以来都是经济增长理论和发展经济学的重要话题。研究表明,发达国家和发展中国家的人均生产总值的差异在很大程度上是由全要素生产率(TFP)的差异所决定的,这意味着生产率的高低决定了一个国家的穷富。经济发展需要劳动力、资本等要素的不断积累和投入,但是同样的要素投入由于生产率的不同会造成产出的巨大差异。一直以来,知识进步是解释全要素生产率的重要因素,但是近年来,越来越多的研究证明,生产率同样取决于生产要素的配置效率。在给定的劳动力、资本、中间投入等要素投入水平下,上述要素在产业、行业间、企业间,甚至是企业内不同部门之间的配置效率,都将影响生产率水平。长期来讲,最优化的资源配置将产生最大的社会福利或产出,相应的,其他非最优的资源配置将会带来社会福利的损失,降低生产率水平,产生资源错配。所以,许多经济学家开始关注资源配置效率对全要素生产率的影响和相应的优化配置问题。

经济增长始终是经济学研究的永恒主题之一,新古典主义经济学增长理论认为,全要素生产率是经济长期增长的动力,传统文献认为,全要素生产率主要由一个国家的技术水平来决定,如 Howitt(2000)。但是近年来大量的研究发现,资源配置效率的高低也在很大程度上影响了一个国家的生产率水平,意味着资源配置效率对于经济发展有着十分重要的作用效果。比如,许多经济学家在研究了微观层面企业间的生产率异质性后发现,行业内部各企业间的生产率差异在不同国家之间有较大差距,而且发展中国家的行业内部生产率差异要远大于发达国家,这就表明资源错配可能在降低整体 TFP 方面起着重要作用。研究资源错配问题的意义,就是在于其会对 TFP 产生负面影响,如果降低资源错配的话,即可以在给定的资源投入的情况下减少 TFP 损耗,从而尽可能地达到经济增长的最佳水平。并且,一个国家或者地区的资源投入水平会受到各种条件的限制和约束,尤其是在比较成熟的经济体中,资本、劳动力等各种要素的开发利用已经达到了一个相对稳定的水平,很少会出现大幅度的增加,那么,在这种情况下,如何更好地利用现有的资源,优化资源配置,减少资源错配,就成为了在较短时间内提高 TFP 水平的关键。

中国在经过 30 多年的改革开放后,经济发展取得了长足进步,成绩令世界瞩目。但是,在特殊的政治和经济环境中,经济赶超的路径也造成了一些问题。中国经济的高速增长,很大程度上依靠的是改革带来的红利,具体而言是依靠市场经济体制的逐步建立,广阔的产品市场的打开,大量廉价劳动力带来的人口红利,积极引进国外资本,大量出口等等。但是,在经过了长期的高速增长后,经济发展的可持续性逐渐成为了摆在中国经济面前的新问题。根据新增长理论的观点,各地区经济发展是条件收敛的,换句话讲,中国经济增速的降低是不可避免的,但是,如何控制其平稳下降,维持在一个相对合理的区间,避免"硬着陆",则是值得我们思考的问题。过去那种粗放的资源投入模式带来的经济增长是不可持续的,而且造成了巨大的浪费和隐形损失。那么,在人口红利、外商投资等因素逐渐减少的现状中,既然增量收益已经不那么明显,就需要我们在经济存量中寻找新的增长点。在面对这种迫切需求的情况下,对资源错配研究的重要性就愈加显现并且具有现实意义。

随着改革开放以后中国政府对经济发展道路的不断探索,建立社会主义市场经济制度被确立为改革的最终目标。建立社会主义市场经济制度意味着在资源配置上从行政配置为主转变为以市场配置为主,逐渐减少对经济活动不必要的行政干预。但是,改革是一项循序渐进的过程,旧有的体制或方法需要不断地去完善、改变。事实上,在对宏观层面的中国经济增长进行分析的时候,政府始终是不可避免的话题。目前政府对经济活动的管制和干预仍然是一种普遍存在的现象,尤其体现在对微观企业层面和金融领域的过度干预,造成资源(尤其是金融资源)的错配现象较为严重,并且形成了错综复杂的政企、政银、银企关系。因此,研究政府干预对资源错配的影响程度,并具体分析通过哪些因素造成的资源错配,对提高资源配置效率有着重要帮助。

第二节　影响机理与文献概述

一、资源错配对 TFP 影响的机理

全要素生产率(TFP),属于新古典主义经济学理论发展中的一个重要概念,是用来解释经济增长的重要工具。一般而言,全要素生产率含义为资源开发利用的效率,指的是除了资本和劳动力等要素投入以外,其他所有要素带来的产出增长率。全要素生产率的来源包括技术进步、规模效应等除了要素投入以外的经济增长动力,主要来源为技术进步。生产率的定量研究最早来源于生产函数的研究,而索洛模型的建立,将技术进步因素纳入了经济增长模型,实现了生产率增长率在数量上的可操作性。随着理论的发展,技术、制度、文化等影响因素也被逐渐地从 TFP 中分离出来,进行相关研究。因此,研究者开始越来越多地关注 TFP。Klenow and Rodriguez-Clare(1997)、Hall and Jones(1999)研究表明,TFP 的差异可以导致人均 GDP 的跨国差异,这意味着 TFP 的差异可以解释不同国家之间的贫富差距。自此之后,关于何种因素导致了 TFP 差异的研究便成为了长盛不衰的话题。例如,Hall and Jones(1999)研究了社会基础设施对 TFP 的影响,Parente and Prescott(1999)强调了技术应用障碍对 TFP 的影响,等等。

国内关于生产率的研究以前长期偏向于劳动生产率,研究成果局限性比较大。而随着国外学者关注的重点转向全要素生产率以后,改革开放以来,国内的学者也逐渐开始重点研究全要素生产率对经济增长的影响。例如,李京文等(1993)与美国的乔根森、日本的黑田昌裕等学者的著作《生产率与中美日经济增长研究》,该书采用乔根森方法,详细分析了中美日三国生产率与经济增长的关系,尤其是对中国的生产率和经济增长问题进行了全面、系统的定量

研究,除了考察中国经济增长的资本、劳动等经济因素以外,还考察了非要素投入的因素,为中国的经济增长政策提供了很多建设性的启发。

近年来,资源错配对经济增长(TFP)的影响成为关注的热点,成为研究跨国发展差异的一个重要理论。资源错配是一个带有规范性因素的概念,如果认为存在资源错配,就必须确定正确配置的标准。为了有效地从数据中分析资源错配问题,常用的研究方法有两种:一种方法是以生产效率较高的发达国家为基准,通过发展中国家与发达国家生产效率的对比,得出资源配置状况的差异导致的生产效率差异,即可将其认为是资源错配。典型的研究成果如Hsieh and Klenow(2009),它们研究了资源错配对技术进步和经济增长的影响,通过对微观层面的企业间数据的分析,发现行业内部跨企业的生产率差异十分明显,进一步通过中国和美国资源配置效率的对比发现,若中国的资源配置效率达到美国的标准,则中国的全要素生产率或GDP总量可以提高30%~50%。另一种方法是观测到制度、产业结构、产业政策等相关解释变量,然后将其与资源错配程度相关联,研究某种要素价格扭曲导致的生产率效率损失,这种研究方法的优点是可以考察同一经济体的跨时期数据,从而避免了不同国家之间进行比较时由于统计或者测量误差带来的可比性缺陷,另外,这种研究方法可以更加直接地反映出各种考察变量造成的效率损失,从而方便进行实证检验,得出相应的结论和政策建议。

资源错配对全要素生产率的影响机理如图3-1所示。

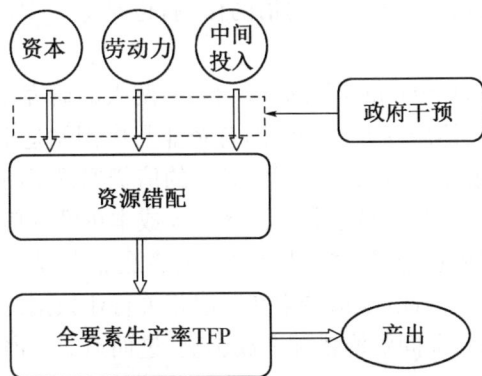

图3-1　资源错配对全要素生产率的影响机理

改革开放以来,中国经济保持了持续的高速增长,取得了巨大成就,"中国速度"令世界为之瞩目。但是,这种高速增长很大程度上是依赖巨大的资源投入所带动的,从国家统计数据可以看出,近年来城镇就业人员工资增长率以及固定资产投资增速均保持在一个较高的水平,尤其是固定资产投资增速,其数值远远超过国内生产总值的增长率。随着劳动力、原材料、资本等生产要素成本的不断提升,这种粗放型增长模式也将是不可持续的。固然,经济效率的增长还可依靠技术进步来推动,但是技术进步需要巨大的成本投入。所以,为了保证在接下来的时间内中国经济能持续的健康发展,一个可行的方法就是在有限的生产要素投入的约束条件下,提高资源的配置效率,更有效地利用各类资源要素,减少资源错配对 TFP 的影响,这将是提高生产率的一个经济有效的途径。

近年来,大量的国内外文献指出,中国经济存在着严重的资源错配问题。比如,Hsieh and Klenow(2009)研究了资源错配对技术进步和经济增长的影响,通过对微观层面的企业间数据的分析,发现行业内部跨企业的生产率差异十分明显,要素错置情况比较严重;进一步通过中国和美国资源配置效率的对比发现,若重新分配中国的资源配置,效率达到美国的标准,则中国的全要素生产率或 GDP 总量可以提高 30%~50%,并且除了提高资本和劳动力等资源配置效率以外,假如消除政策带来的价格扭曲,那么重新测算的加总全要素生产率将提高 90%左右。这一重要发现给了研究中国经济增长的学者们以很大启示。尽管中国经济增长速度处于较高水平,但是这种高速增长主要是建立在要素的巨量投入之上的,而如果能提高资源配置效率,减少资源错配,那么无疑将对经济增长起着事半功倍的作用,也是缩小中国和发达国家生产效率的可行路径。

值得注意的是,Hsieh and Klenow(2009)两人的研究中涉及了政策扭曲带来的资源错配,具体研究方法是将国有企业与中国制造业的资源错配联系在了一起,在计量模型中引入了政府主导下的信贷配置扭曲,假设由于补贴等因素存在,国有企业通常会易于获得更多以及成本更低的信贷支持。但是,该研究并没有结合具体数据深入探讨影响中国制造业资源错配的根本原因,给出相关的实证分析。因此,本章希望在获取相关行业数据的基础上,进一步考察政府干预如何对行业间资源错配造成影响,进而造成 TFP 损失。

二、政府干预研究综述

斯蒂格利茨通过信息经济学方法,建立了新的政府干预理论。新古典福利经济学的基本定理认为,竞争性的经济将导向一种具有帕累托效率的资源配置,而且所有具有帕累托效率的资源配置均可以由竞争性机制完成。但是,信息经济学理论认为,在不完全信息的经济范式下,市场导致的资源配置并不具有帕累托效率,而在这种市场失灵的情况下,政府干预就具备了潜在的作用。采取政府干预的主要原因包括以下几点:① 二次分配。② 弥补完全竞争市场失灵。③ 弥补远期市场和保险制度的缺失。④ 改善分配效率,达到充分均衡。⑤ 消除外部效应。⑥ 提供公共服务等等。由于市场不完全、信息不充分等原因,资源利用效率在资本主义市场经济中通常并未达到最优状态,由此导致的效率损失也是普遍存在的。虽然市场失灵是普遍的和不可避免的,但是政府也同样并不是万能的。信息经济学在主张政府干预的同时也认识到了政府作用的局限性,市场失灵导致的效率损失并不意味着政府干预行为一定可以改善生产效率。最直接的一点原因就是政府同样面临着信息不完全的条件。但是,政府所拥有的信息和面临的激励及约束与经济个体不同,所以,即使政府也同样处于信息不完全的约束条件下,政府干预也有可能提高整体福利水平。

斯蒂格利茨认为,政府和市场之间的关系应该是相互合作相互补充的,因为二者同样会有局限性,都存在失灵的情况,同时也都具有不可替代的作用。但是,合作的具体形式和程度,则由各个国家或地区的经济与政治发展现状所决定,在不同的经济体中应该是不同的。由于普遍存在的市场失灵情况,那么相应的政府干预方式也是多种多样的,在选取具体方式的时候就要考虑经济效应,用尽可能小的干预成本获得最大的福利收益。因此,政府干预应该重点实施于市场失灵较严重、福利损失较大的经济领域中。

政府干预是保障市场有效运行的重要手段,但是类似于市场失灵的情况,政府失灵也是现实存在的,所以不能过分迷信和依赖政府干预的作用,市场经济中仍然需要以市场竞争手段作为资源配置的基础,政府则应该更注重间接调控的方式。既要有发达的市场,也要有强大的政府,两者是重要的合作伙伴。

新的政府干预理念总结起来有以下三点:① 扩大了市场失灵的范围,拓展了政府干预的作用范围。② 强调直接调控和间接调控的均衡,注重间接调控。③ 强调政府和市场之间相互依存的合作关系,而不是相互排斥的关系。

虽然新的政府干预理论强调了政府干预的必要性,但是这主要是针对新古典福利经济学过分强调市场的作用而言的,中国的经济现状则相反,市场经济改革正在进行中,政府对市场而言仍然处于强势地位。所以,在这种情况下,要处理好两者的关系,需要进一步强调市场在资源配置方面所起的基本作用,减少不必要的政府干预行为,提高总体的生产率水平。

三、资源错配相关研究文献综述

这些年来,许多学者对资源错配和经济增长关系的规范和实证研究为经济增长提供了一个可行的分析解释工具。Hsieh and Klenow(2009)研究了资源错配对技术进步和经济增长的影响,通过对微观层面的企业间数据的分析,提出了一个测算企业间资源错配的计算模型,发现行业内部跨企业的生产率差异十分明显,进一步通过中国和美国资源配置效率的对比发现,若中国的资源配置效率达到美国的标准,则中国的全要素生产率可以提高 30%~50%,由此可见,中国资源错配对全要素生产率的影响十分严重,通过改善资源错配现象,中国 TFP 水平将有很大的提升空间。Aoki(2008a)研究了二战前后日本的劳动力资源错配问题,发现阻碍日本战前经济和生产率发展的一个重要原因是农业人口向非农业部门的转移障碍使得农业部门劳动力资源严重过剩,非农业部门劳动力资源份额不足。Aoki(2008b)则提出了一个衡量部门行业间资源错配程度的测算模型,该模型以部门要素价格扭曲税率的形式来表现资源错配带来的相对要素价格约束,对不同要素造成错配的程度也进行了分解。通过这一模型,Aoki 比较了几个发达国家之间总体生产率水平的差异,发现资源错配造成了日本和美国之间 9% 的总体生产率水平差距。Dollar and Wei(2007)通过研究 12 400 多家中国企业的微观数据,发现在要素投入不变的情况下,只需要减少要素价格扭曲,提高资源配置效率,总体的 GDP 产出就可以提高 5% 左右。Restuccia and Rogerson(2008)指出,许多用 TFP 方法来衡量跨国人均收入差异的研究都可以视为资源错配的模型。他们的研究中引入了企业异质性变量,研究结果发现如果经济体中存在两个技术要素相同的企业,其中一个性质为国有企业,面临的资本要素价格相对较低,而另一个企业为私有企业,面临较强的融资约束,这种情况下两个企业的资本要素边际产量存在差别。由于国有企业的资本要素价格偏低,资本的边际产量是低于私有企业的。在这样的资源配置效率下,经济体的总产出将会少于资本自由流动时的总产出,而其中的总产出损失就是资源错配造成的。Hsieh *et al.*(2013)通过跨时期数据分析了人才资源配置效率对美国经济造成的影响。20世纪 60 年代,美国收入最高的三个职业中,86% 的管理人员、94% 的医生和96% 的律师都是白人男性,到了 2008 年该比例降低到了 57%、61% 和 63%,

如果在种族和性别对人才分布影响不大的前提下,无疑现在的职业分布更加符合无摩擦的自由流动结果,而 20 世纪 60 年代由于种族和性别歧视造成的人才分布情况则造成了劳动力资源的错配。该研究实证结果表明,黑人和妇女解放运动对从 1960~2008 年的美国经济增长年均贡献约为 1.47%,并且对白人男性与黑人或女性之间的劳动报酬差距减少贡献了 90% 以上。Ziebarth(2012)从资源错配角度解释了美国大萧条时期生产率下降的问题,认为 18% 的生产率损失中产能利用率、劳动力闲置等因素占 1/3 左右,而银行业金融危机造成的逆向选择使得信贷资源错配问题更加严重,并且使用水泥和制冰两个行业的数据,计算出资源错配造成了一半以上的生产率下降。

国内学者基于国外的研究成果和前沿理论,结合中国的实际情况展开分析。陈永伟和胡伟民(2011)扩展了传统的增长核算模型,把有关资源错配和效率损失的因素结合到这一框架中,建立了一个测算要素价格扭曲造成的资源错配程度的模型,并据此来进一步分析资源错配对 TFP 和产出变动的影响,通过工业企业数据库中的数据计算发现,在 2011 年中国制造业内部行业间的资源错配造成了实际产出和无扭曲的最优配置下的均衡产出之间 15% 的差距。并且研究还发现,在考察期间资源配置扭曲并没有得到改善。袁志刚和解栋栋(2011)收集了中国改革开放 30 年来的宏观经济和产业相关数据,同样将资源错配纳入 TFP 影响的核算框架中,研究了这一时期中国农业部门劳动力资源分配比重过多对全要素生产率产生的影响,实证结果显示,改革开放以来,劳动力资源错配对 TFP 有着显著的负面效应,造成的损失缺口在 2%~18%,并且有扩大的趋势;进一步将总效应分解为劳动报酬差异效应和部门份额效应以后发现,中国当时的劳动力资源错配对全要素生产率的负面效应主要是由于劳动报酬差异造成的。罗德明等(2012)构建了一个随机动态一般均衡模型,定量研究了我国偏向国有企业的政策导致的生产效率损失,该模型引入了垄断竞争的中间产品生产企业与内生化的进入退出选择机制,通过不同的 TFP 增长随机过程,刻画了国有与私有企业面临的要素市场价格扭曲。通过微观数据对全要素生产率随机增长结果的校准,模型结果显示,政策扭曲造成的资源错配显著降低了生产率水平。朱喜等(2011)考察了要素市场扭曲情况,发现其导致农户个体行为对资本及劳动力资源的错配,最终降低了农业部门的全要素生产率。即使在技术水平不变的情况下,提高农业部门的要素配置水平,也能使得农业部门产出提高 20% 以上,尤其是在西部和东部地区,资源扭曲产生的生产率缺口超过 30%。简泽(2011)分析了跨企业的资源配置差异,发现由于市场不完全而导致的企业间资源错配是造成全要素生产率损失的根本原因。同时,地区市场分割和金融市场扭曲也会对要素市场价格造成显著的负面影响。鄢萍(2012)通过研究中国制造业企业的固定资产投资行为,发现由于资本市场的各种扭曲,资本并不能以相同的边际产出水平进行配置,从而造成生产率损失,而造成资本错配的一个重要影响因素就是企业面临的资本成本差异。曹玉书和楼东玮(2012)研究了资源错配与国内经济结构变迁和经济转型之间的关系,在传统的增长核算框架内引入了资源错配扭曲系数,分解各地区和各行业资源错配程度,重新测算了我国在资源错配条件下的经济增长,并将消除资源错配后的技术进步具体分解为结构变迁效应和净增长效应,结果发现资源错配不仅会影响短期内经济的总产出,并且将会影响经济的长期产出组合方式,在无摩擦的资源配置水平下,我国的年均GDP 增长率将提高 0.9%左右。楼东玮(2013)研究了资源错配角度下的产业结构失衡现象,发现在三次产业和不同所有制部门的发展过程中,要素自价格、产业内、产业间扭曲三者之间的共同作用,使得资源错配和产业结构失衡产生了内在联系,为研究产业结构失衡提供了新的思路。同时,研究还指出,在中国经济转型过程,经济运行各阶段出现的产业间劳动要素配置问题("民工潮""民工荒")、资本的过度形成问题(过度投资)以及垄断工业部门资源的过度集中问题等中国转型期特有经济现象的背后隐藏着的,其实是资源如何在各产业间有效配置的问题。张佩(2013)利用工业企业数据,量化分析了1998~2007 年的工业部门跨行业的资源错配情况,发现资本和劳动力要素在行业间的误置使得 TFP 产出损失达到 19%,其中资本错配解释了 90%以上。从时间趋势上来看,采矿业和制造业内部的资源错配程度得到很大改善,但是电力、燃气及水的生产和供应业的资源错配未得到明显改善。邵宜航等(2013)发现,通过 Hsieh and Klenow 的测算模型和中国的工业企业数据相结合分析,企业规模对资源错配有较大影响,大企业的资源配置效率有所改善,而小企业的资源配置效率则逐渐恶化,这可以解释中国政府采取的鼓励行业间并购重组,优化资源配置的产业政策出发点。谢攀等(2015)研究发现,要素比价扭曲是由政府主导的市场经济的现实问题,已经成为制约我国经济发展方式转变的重要原因。要素比价扭曲导致了严重的资源错配和生产率损失。

上述研究大多从资源错配与经济结构、技术进步和经济的最终增长展开论述,也有一些学者开始关注重点关注金融资源错配对产生 TFP 损失的作用。鲁晓东(2008)利用中国 1995~2005 年的省际面板数据,选取反映金融资源错配程度的一系列金融指标变量,研究了金融资源错配对资本积累和全要素生产率的影响,结果表明,当时的中国金融系统存在着严重的资源错配问题,金融市场并没有充分发挥优化资源配置的功能,反而加重了金融资源错配的程度,究其原因是由于中国的金融体系在本质上由政府主导,信贷资源严重倾向于国有企业。张佩和马弘(2012)运用中国微观企业数据,研究发现并不是由于廉价信贷的匮乏,而是微观层面上的信贷资源错配导致了 TFP 损失,因为中国的银行系统并未实现利率市场化,而银行贷款的成本低于非正式融资渠道,所以更容易从银行获得贷款的企业总是有过度投资的偏好,造成资本要素的浪费和全要素生产率的损失。

也有学者将资源错配与行业间特质相联系,而这些特质主要由政府干预造成。研究表明,政府干预会造成资源配置的扭曲,从而损害 TFP 效率。Hsieh & Klenow(2009)研究了资源错配对技术进步和经济增长的影响,通过对微观层面的企业间数据的分析,发现行业内部跨企业的生产率差异十分明显,进一步通过中国和美国资源配置效率的对比发现,若中国的资源配置效率达到美国的标准,则中国的全要素生产率可以提高 30%~50%,由此可见,中国资源错配对全要素生产率的影响十分严重,通过改善资源错配现象,中国 TFP 水平将有很大的提升空间。两人的研究中涉及了政策扭曲带来的资源错配,具体研究方法是将国有企业与中国制造业的资源错配联系在了一起,在计量模型中引入了政府主导下的信贷配置扭曲,假设由于补贴等因素存在,国有企业通常会易于获得更多以及成本更低的信贷支持。但是,该研究并没有结合具体数据深入探讨影响中国制造业资源错配的根本原因,给出相关的实证分析。Brandt et al.(2009)采用 1998~2006 年的中国工业企业数据库中制造业企业数据样本对 TFP 增长率进行了分析,表明如果不存在行业准入壁垒,企业的进入和退出是可以自由选择的,那么资源将从效率较低的国有企业向效率较高的民营企业流动,这种减少资源错配的资源重置行为将会提高中国经济单位的 TFP 水平。

聂辉华和贾瑞雪(2011)研究表明,资源错配是导致制造业企业效率低下的重要原因,其中国有企业是导致资源错配的主要部分,而且行业内部的资源重置效应近似为 0,行业的进入和退出效应基本没有产生优化资源配置的效果。另外,市场经济发达地区的资源错配程度更低,不同地区的资源错配程度和全要素生产率水平有明显的收敛趋势。陈雨露等(2010)研究了地方政府干预对农村信用社信贷资源错配的影响,发现政府对信贷资金供给的干预导致了严重的资源错配情况,并且由于地方保护主义的加强,这种错配程度也在逐渐加重。解决的方法包括引入外部的金融监管制度等等。余婧和罗杰(2012)指出,如果从工业企业的商业信贷角度研究金融资源错配,通过规模以上工业企业数据分析发现,融资约束较大的民营企业通过商业信贷向融资约束较低的国有企业提供资金是典型的金融资源错配现象;此外,商业信贷也会受到行业中下游的集中度和行业中国有经济比重影响,并且这种影响分布在不同所有制企业之间有较大差异。韩剑等(2014)扩展了 Hsieh and Klenow 的测算模型,从行业内和行业间两个层面来进行错配程度测算,并且对地区间的具体错配程度进行了比较,发现东部地区的资源配置效率要高于中部和西部地区。总体而言,中国资源错配情况在考察期间先降后升,其中行业内和行业间的资源错配分别造成每年 30.25% 和 4.72% 的产出缺口。从政府干预因素来分析,财政补贴、金融抑制、行政性市场进入壁垒对行业内资源错配影响显著,而劳动力流动管制、金融抑制对行业间的资源错配影响比较显著。周黎安等(2013)还对资源错配和政治周期之间的关系进行了分析。结合 1998~2007 年工业企业数据以及地级市层面的官员数据,发现中国制造业的资源错配程度与地方党代会周期之间存在着内在关系。利用 Hsieh and Klenow(2009)的测算模型进行分析,发现地级行政区的资源错配程度在省级党代会召开起三年内会显著提高,在接下来的两年内会有所下降。同时,研究还发现,在国有企业比重、产业关联效应度或资本密集度高的地区,这种党代会周期效应会更加显著。所以有理由相信,地方政府官员的晋升激励会对地区的资源配置效率产生负面影响。耿强等(2013)研究了企业获得政府补贴的影响因素,发现企业获得补贴的概率和补贴的多少并不仅仅与自身性质有关,还与生产经营过程的不利状况程度有关,面临亏损的企业和受融资约束较低的获得财政补贴的概率和补贴数量都较高,说明中国的财政补贴起到的更多是"事后补救"的作用而不是优化配置的作用。另外,实证研究还发现,中国的政府补助更多的投向于国有企业、规模企业和出口企业。

第三节　制造业行业间资源错配程度测算

一、基本思路

在对资源错配程度的测量方面,已有的文章提出了许多理论模型,其中比较重要的是 Hsieh and Klenow(2009)提出的计算方法,通过建立收入层面的全要素生产率 TFPR(Revenue TFP)来比较理想均衡状态的分布和实际的 TFPR 分布之间的偏离程度,从而估算出资源错配的程度。但是,该方法测算的是微观层面行业内企业间的资源错配程度,没有考虑制造业行业间资源错配的情况。而更多的研究表明,行业间也存在着资源错配的情况,同样会对生产率造成负面影响。本章研究的问题是政府干预对制造业行业间资源错配的影响,所以需要对部门行业间的资源错配程度进行测算。

本章将资源错配与可观测的政策特征相联系,研究政府干预对资源错配的影响。对于资源错配,国内外学者的相关研究主要是集中在资源错配程度的度量与测算以及探讨资源错配造成的 TFP 效率损失。大量研究指出,中国经济目前存在着严重的资源错配问题。在此认识前提下,本章从产业层面着手,探讨政府干预在不同行业间造成的资源错配问题。本章借鉴已有的对资源错配程度测算的理论模型,基于 Aoki(2008b)的一般核算框架,重点分析行业间的资源错配。关于部门行业间的资源错配程度测算,Aoki(2008b)提出了一个理论模型,与 Hsieh and Klenow(2009)模型不同的是,前者用于测算行业间资源错配程度,因此采用完全竞争假设,认为同一行业内的所有企业都是同质化的,面临相同的要素扭曲条件,而后者测算的是行业内各个企业之间的资源错配程度,因此采用垄断竞争假设,认为每个企业面临的要素扭曲条件是不同的。本章主要以 Aoki(2008b)的模型为基础,但是 Aoki 的模型中并没有考虑中间投入品,而根据陈永伟和胡伟民(2011)的研究发现,我国制造业对于中间投入品的依赖比较严重,所以本章的生产函数中加入了中间投入品这一要素。

二、理论模型

(一)基本假定

1. 行业生产问题

假设经济中有 I 个行业,所有行业均使用资本 K、劳动力 L 以及中间投

入品 M 三种要素进行生产,在无扭曲的情况下,资本 K、劳动力 L 和中间投入品 M 的价格分别为 P_K、P_L 和 P_M。由于本章不考虑行业内资源错配情况,所以假定各个行业都是完全竞争的,各个企业在要素市场和产品市场中都是价格接受者,同一行业内的企业均面临相同的要素价格扭曲,且面临的扭曲以从价税的方式体现,即行业中企业实际支付的资本、劳动力、中间投入品价格分别为 $(1+\tau_{K_i})P_K$、$(1+\tau_{L_i})P_L$、$(1+\tau_{M_i})P_M$,其中 τ_{K_i}、τ_{L_i}、τ_{M_i} 为资本、劳动力、中间投入品这三种要素的扭曲税率。

由于本章考察的重点是行业之间的要素错配,所以假设同一行业的各个企业生产函数是相同的,即可将每个行业视为一个代表性企业在进行生产。假设行业 i 的产出为 Y_i,由 TFP、资本、劳动力、中间投入品构成 Cobb-Douglas 生产函数:

$$Y_i = A_i K_i^{\alpha_i} L_i^{\beta_i} M_i^{\gamma_i} \tag{3.1}$$

其中,A_i 表示 TFP,K_i、L_i、M_i 分别表示投入的资本、劳动力、中间投入品的量,α_i、β_i、γ_i 表示资本、劳动力、中间投入品的份额,且 $\alpha_i+\beta_i+\gamma_i=1$,即行业的规模报酬不变。

行业 i 的代表性企业产出最大化问题为:

$$\max \pi_i = p_i Y_i - (1+\tau_{K_i})P_K K_i - (1+\tau_{L_i})P_L L_i - (1+\tau_{M_i})P_M M_i \tag{3.2}$$

其中,p_i 表示行业 i 的产品价格。最优问题的一阶条件如下:

$$\frac{\alpha_i P_i Y_i}{K_i} = (1+\tau_{K_i})P_K \tag{3.3}$$

$$\frac{\beta_i P_i Y_i}{L_i} = (1+\tau_{L_i})P_L \tag{3.4}$$

$$\frac{\gamma_i P_i Y_i}{M_i} = (1+\tau_{M_i})P_M \tag{3.5}$$

2. 资源约束

假定各项生产要素的总量是外生给定的,则资源约束条件为:

$$\sum_i K_i = K \tag{3.6}$$

$$\sum_i L_i = L \tag{3.7}$$

$$\sum_i M_i = M \tag{3.8}$$

3. 加总的生产函数

整个经济的总体产出 Y 由各行业产出 Y_i 加总决定,假设加总函数也采

用 Cobb-Douglas 技术,行业 i 的产出份额为 θ_i,则

$$Y = \prod_{i=1}^{I} Y_i^{\theta_i},\ \text{其中} \sum_{i=1}^{I} \theta_i = 1 \tag{3.9}$$

假设加总函数规模报酬不变,因此:

$$\frac{\partial Y}{\partial Y_i} = p_i \tag{3.10}$$

根据欧拉定理,可以得到加总函数为:

$$Y = \sum_i p_i Y_i \tag{3.11}$$

(二) 竞争均衡

根据以上各式,我们可以定义一个带有扭曲的竞争均衡:假设 I 个行业,在外生给定的行业生产率水平 A_i 和行业扭曲税率 τ_{K_i}、τ_{L_i}、τ_{M_i} 以及要素总量 K、L、M 的情况下,各行业的产出、资本、劳动力、中间投入品以及产品价格、要素价格构成一个竞争均衡 $\{Y_i; K_i, L_i, M_i; P_i\}$,满足以下条件:(a) 行业产出的最优化一阶条件(3.3)(3.4)(3.5);(b) 资源约束条件(3.6)(3.7)(3.8);(c) 加总函数的规模报酬不变条件(3.10)。

根据(3.3)(3.6),可以得到 K_i 的表达式如下:

$$
\begin{aligned}
K_i &= \frac{\dfrac{(1+\tau_{K_i})\,p_K K_i}{(1+\tau_{K_i})\,p_K}}{\sum_j \dfrac{(1+\tau_{K_j})\,p_K K_i}{(1+\tau_{K_j})\,p_K}} K \\
&= \frac{\alpha_i\,p_i Y_i \dfrac{1}{(1+\tau_{K_i})\,p_K}}{\sum_j \alpha_j\,p_j Y_j \dfrac{1}{(1+\tau_{K_j})\,p_K}} K \\
&= \frac{\theta_i \alpha_i \dfrac{1}{(1+\tau_{K_i})}}{\sum_j \theta_j \alpha_j \dfrac{1}{(1+\tau_{K_j})}} K
\end{aligned} \tag{3.12}
$$

令各行业资本份额的加权平均为 α,即 $\alpha = \sum_i \theta_i \alpha_i$;

令行业 i 的资本要素绝对扭曲系数 λ_{K_i} 为:

$$\lambda_{K_i} \equiv \frac{1}{1+\tau_{K_i}} \tag{3.13}$$

相对扭曲程度系数 $\widetilde{\lambda}_{K_i}$ 为:

$$\widetilde{\lambda}_{K_i} \equiv \frac{\lambda_{K_i}}{\sum_J \left(\frac{\theta_i \alpha_i}{\alpha}\right) \lambda_{K_j}} \tag{3.14}$$

根据(3.13)(3.14),可将(12)重写为:

$$K_i = \frac{\theta_i \alpha_i}{\alpha} \widetilde{\lambda}_{K_i} K \tag{3.15}$$

同理,可以得到竞争均衡下的 L_i 和 M_i 为:

$$L_i = \frac{\theta_i \beta_i}{\beta} \widetilde{\lambda}_{L_i} L \tag{3.16}$$

$$M_i = \frac{\theta_i \gamma_i}{\gamma} \widetilde{\lambda}_{M_i} M \tag{3.17}$$

其中,

$$\widetilde{\lambda}_{L_i} \equiv \frac{\lambda_{L_i}}{\sum_J \left(\frac{\theta_i \beta_i}{\beta}\right) \lambda_{L_i}}, \lambda_{L_i} \equiv \frac{1}{1 + \tau_{L_i}} \tag{3.18}$$

$$\widetilde{\lambda}_{M_i} \equiv \frac{\lambda_{M_i}}{\sum_J \left(\frac{\theta_i \gamma_i}{\gamma}\right) \lambda_{M_i}}, \lambda_{M_i} \equiv \frac{1}{1 + \tau_{M_i}} \tag{3.19}$$

绝对扭曲系数体现的是要素使用成本绝对值的信息,刻画了行业 i 面临的要素价格对比无扭曲时的额外变化情况。举例来讲,当行业 i 的资本要素价格无扭曲,即资本扭曲税率 $\tau_{K_i} = 0$ 时,$\lambda_{K_i} = 1$;当资本扭曲税率 $\tau_{K_i} > 0$ 时,$\tau_{K_i} \in (0,1)$;当资本扭曲税率 $\tau_{K_i} < 0$ 时,$\tau_{K_i} > 1$。

相对扭曲系数刻画的则是与整个部门经济中的行业平均水平相比,行业 i 面临的要素价格扭曲的相对情况,它反映的是要素使用成本的相对信息。同样以资本为例,当资本要素的相对扭曲系数 $\widetilde{\lambda}_{K_i} > 1$ 时,说明相对整个经济而言,行业 i 面临的资本使用成本是较低的;反之,当 $\widetilde{\lambda}_{K_i} < 1$ 时,行业 i 面临的资本使用成本相对整个经济而言是偏高的。

(3.13)~(3.19)可以反映出扭曲税率对资本、劳动力和中间投入品资源错配程度的影响。首先,我们可以看出,扭曲税率主要是通过相对扭曲系数 $\widetilde{\lambda}_{K_i}$、$\widetilde{\lambda}_{L_i}$、$\widetilde{\lambda}_{M_i}$ 来影响资源错配,尽管扭曲税率也会影响行业产出份额 θ_i;其次,可以看出,相对扭曲系数 $\widetilde{\lambda}_{J_i}$ 表示行业 i 的要素回报率的倒数与各行业间平均要素回报率的倒数的比值。所以,根据以上性质,我们得出的结论是,绝对扭曲系数并不会直接影响行业间的资源错配程度,例如,如果各行业面临的资本扭曲税率是相同的,那么资本相对扭曲程度将为1个单位,这与行业中不存在摩擦的情况下的值是相同的,在最优的情况下,如果整个经济中不存在资本扭曲,则资本的相对扭曲程度都将是1。但是,要素扭曲税率在行业间的分布情况会影响行业间资源错配,举例来说,如果行业 i 的 λ_{K_i} 比各行业加权平均 λ_{K_i} 要小,也就是行业 i 的资本扭曲税率较高的话,其资本相对扭曲系数 $\widetilde{\lambda}_{K_i}<1$,这意味着行业 i 分配的资本比无摩擦情况下的最优水平要少;反之,如果 $\widetilde{\lambda}_{K_i}>1$,这意味着行业 i 分配的资本比无摩擦情况下的最优水平要多。

在实证研究中,无法测算出绝对扭曲系数,但是通过(3.15)(3.16)(3.17)可以表示出相对扭曲系数:

$$\widetilde{\lambda}_{K_i}=\frac{\alpha}{\theta_i\alpha_i}\cdot\frac{K_i}{K} \tag{3.20}$$

$$\widetilde{\lambda}_{L_i}=\frac{\beta}{\theta_i\beta_i}\cdot\frac{L_i}{L} \tag{3.21}$$

$$\widetilde{\lambda}_{M_i}=\frac{\gamma}{\theta_i\gamma_i}\cdot\frac{M_i}{M} \tag{3.22}$$

（三）资源错配与总体 TFP

继续将总产出函数进行进一步分解后,就可看出资源错配对总体 TFP 效率造成的损失。首先,将加总的生产函数(3.9)取对数可得:

$$\ln Y=\sum_i\theta_i\ln Y_i \tag{3.23}$$

接着,代入(3.1)(3.15)(3.16)(3.17),可得:

$$\ln Y=\sum_i\theta_i\ln A_i+\sum_i\theta_i\alpha_i\ln\frac{\theta_i\alpha_i}{\alpha}+\sum_i\theta_i\beta_i\ln\frac{\theta_i\beta_i}{\beta}+\sum_i\theta_i\gamma_i\ln\frac{\theta_i\gamma_i}{\gamma}+$$
$$\sum_i\theta_i(\alpha_i\ln\widetilde{\lambda}_{K_i}+\beta_i\ln\widetilde{\lambda}_{L_i}+\gamma_i\ln\widetilde{\lambda}_{M_i})+\alpha\ln K+\beta\ln L+\gamma\ln M \tag{3.24}$$

将(3.24)的前 4 项定义为:

$$A\equiv\sum_i\theta_i\ln A_i+\sum_i\theta_i\alpha_i\ln\frac{\theta_i\alpha_i}{\alpha}+\sum_i\theta_i\beta_i\ln\frac{\theta_i\beta_i}{\beta}+\sum_i\theta_i\gamma_i\ln\frac{\theta_i\gamma_i}{\gamma} \tag{3.25}$$

根据(3.25)可以看出,A 是与资源错配无关的项,同时,按照 TFP 的一般概念,可以将总体 TFP(索洛余项)定义为:

$$ATFP\equiv\ln Y-\alpha\ln K-\beta\ln L-\gamma\ln M \tag{3.26}$$

结合(3.24),可以得到:

$$ATFP = A + \sum_i \theta_i(\alpha_i \ln \tilde{\lambda}_{K_i} + \beta_i \ln \tilde{\lambda}_{L_i} + \gamma_i \ln \tilde{\lambda}_{M_i}) \qquad (3.27)$$

根据(3.27)可以得出,总体 TFP 被分解为两部分,其中一部分常数项 A 与资源错配无关,为无要素价格扭曲状态下的最大 TFP 水平;另一部分则是由行业间资源配置扭曲造成的效率损失,定义为 MA。进一步将 MA 分解为资本、劳动力和中间投入错配,分别为:

$$MA_K = \sum_i \theta_i\alpha_i \ln \tilde{\lambda}_{K_i}$$
$$MA_L = \sum_i \theta_i\beta_i \ln \tilde{\lambda}_{L_i}$$
$$MA_M = \sum_i \theta_i\gamma_i \ln \tilde{\lambda}_{M_i} \qquad (3.28)$$

三、资源错配指数测算及分析

（一）数据说明

本章数据来自于国家统计局提供的中国工业企业数据库,时间范围为 1999～2007 年。该数据库的全称为"全部国有及规模以上非国有工业企业数据库",数据样本包括全部国有工业企业以及规模以上非国有工业企业,其统计单位为企业法人。其"工业"统计口径包括三个门类,分别为"国民经济行业分类"中的"采掘业"、"制造业"以及"电力、燃气及水的生产和供应业",制造业产值占了 90% 以上。"规模以上"标准为企业每年的主营业务收入(即销售额)达到 500 万元以上,2011 年该标准提高到 2 000 万元。由于本章研究对象为制造业企业,所以提取出属于"制造业"门类的企业数据。根据相关文献,2007 年该数据库中企业的增加值总和占到了整个中国工业部门增加值的 95% 以上,基本上可以反映中国工业部门的全貌。

在数据筛选方面,本章参照已有文献方法,剔除了一些异常观测值,包括:删去法人单位代码、总资产、营业收入、职工人数、工业总产值、工业中间投入总计、固定资产净值等关键指标缺失的观测值,删去平均职工人数小于 10 或销售收入低于 500 万元的企业数据(不满足"规模以上"标准),剔除总资产小于流动资产净值年平均余额、总资产小于固定资产净值年平均余额、累计折旧小于当期折旧等明显不符合会计准则的观测值。

同时,为了消除各行业原料、产出、工资报酬等价格变动不一致所导致的估计偏差,采用《中国统计年鉴(2014)》的折算指数,将总产值、工业增加值、固定资产净值、中间投入、劳动报酬等数据以 1999 年为基期进行了调整,具体来讲,总产值、工业增加值、中间投入按照工业品出厂价格指数进行平减,固定资产净值按照各年的固定资产投资价格指数进行平减,劳动报酬按照各年居民消费价格指数(CPI)进行平减,经过筛选,最终剩余194万个观测值。表3-1给出了主要变量的描述统计。

表 3-1　基本变量的描述统计

	1999	2000	2001	2002
工业销售产值	52 366.72 (358 985.70)	55 081.24 (389 387.72)	60 897.06 (439 741.95)	69 860.11 (526 108.28)
工业增加值	14 109.59 (104 649.42)	14 988.04 (114 070.96)	16 705.62 (133 656.99)	19 201.31 (161 728.18)
中间投入	41 553.20 (289 111.87)	43 630.52 (309 325.22)	47 671.95 (346 009.93)	54 527.05 (417 533.60)
固定资产净值	24 781.59 (228 734.72)	24 345.64 (245 156.76)	23 699.65 (246 726.27)	22 935.22 (228 279.34)
劳动报酬	3 073.58 (18 181.08)	3 184.17 (48 755.28)	3 206.62 (20 787.19)	3 330.91 (20 084.78)
利息支出	1 239.596 (13 242.02)	1 130.515 (11 980.32)	1 039.866 (11 708.08)	1 017.246 (12 256.2)
从业人数	352.983 1 (1 237.909)	318.659 7 (1 190.791)	306.416 9 (1 082.574)	289.717 5 (1 014.715)
观测值数量	130 598	132 927	142 798	155 756

	2003	2004	2005	2006	2007
工业销售产值	69 860.11 (526 108.28)	63 379.20 (540 072.67)	75 990.88 (644 762.45)	83 179.17 (682 542.40)	98 406.24 (938 007.26)
工业增加值	19 201.31 (161 728.18)	16 993.83 (168 776.02)	20 457.53 (179 748.39)	22 384.38 (196 478.54)	25 022.62 (215 650.04)
中间投入	54 527.05 (417 533.60)	49 671.73 (429 164.52)	59 329.04 (528 407.48)	64 913.84 (555 926.52)	71 842.20 (669 855.62)
固定资产净值	22 935.22 (228 279.34)	18 250.53 (182 951.73)	20 825.39 (212 933.85)	21 505.53 (241 094.09)	21 233.81 (245 639.43)

（续表）

	2003	2004	2005	2006	2007
劳动报酬	3 330.91 (20 084.78)	3 001.62 (18 966.54)	3 530.78 (23 981.11)	3 851.03 (25 831.72)	4 739.07 (41 765.11)
利息支出	946.538 4 (10 060.74)	823.141 1 (10 860.85)	958.806 6 (12 635.41)	1 047.531 (14 108.03)	1 237.494 (18 532.23)
从业人数	278.021 7 (923.993 9)	228.971 (754.890 4)	241.089 2 (844.748 7)	229.602 7 (835.109 4)	218.835 7 (928.443 5)
观测值数量	172 118	245 283	243 747	273 987	313 023

注：① 从业人数单位为"人"，其余经济指标单位为"千元"。

② 不带括号的数据为样本均值，带括号的数据为样本标准差。

（二）计算结果

根据(3.20)(3.21)(3.22)，可以计算出制造业各行业间的资源相对扭曲系数，为此需要获取如下变量：企业的产出 Y_i，资本存量 K_i，劳动投入 L_i，中间投入 M_i，资本收入份额 α_i，劳动回报 β_i，中间投入回报 γ_i。在本章中，企业的产出 Y_i 用工业增加值表示，资本存量 K_i 用固定资产净值表示，劳动投入 L_i 用劳动报酬表示，中间投入 M_i 用中间投入值表示。

各行业的资本、劳动和中间投入要素份额 α_i、β_i、γ_i 则需要进行估算，根据现有文献的研究，本章采用 OP 方法，通过半参数的形式对估计值进行矫正，避免了数据的"共时性"问题以及由企业进入和退出造成的"样本选择"问题。

本章数据涉及制造业共 29 个两位数行业（代码从 13 到 42，38 除外，分类依据来自于国家统计局的国民经济行业分类），为了便于计算，按照投入产出表将这 29 个两位数行业合并分类成了 8 个，具体分类如表 3-2 所示。

表 3-2　行业分类

投入产出表分类	国民经济行业分类及二位代码	
食品、饮料制造及烟草制品业	13	农副食品加工业
	14	食品制造业
	15	饮料制造业
	16	烟草制造业

（续表）

投入产出表分类		国民经济行业分类及二位代码
纺织、服装及皮革产品制造业	17	纺织业
	18	纺织服装、鞋、帽制造业
	19	皮革、毛皮、羽毛（绒）及其制品业
其他制造业	20	木材加工及木、竹、藤、棕、草制品业
	21	家具制造业
	22	造纸及纸制品业
	23	印刷业和记录媒介的复制
	24	文教体育用品制造业
炼焦、燃气及石油加工业	25	石油加工、炼焦及核燃料加工业
化学工业	26	化学原料及化学制品制造业
	27	医药制造业
	28	化学纤维制造业
	29	橡胶制品业
	30	塑料制品业
非金属矿物制品业	31	非金属矿物制品业
金属产品制造业	32	黑色金属冶炼及压延加工业
	33	有色金属冶炼及压延加工业
	34	金属制品业
机械设备制造业	35	通用设备制造业
	36	专用设备制造业
	37	交通运输设备制造业
	39	电气机械及器材制造业
	40	通信设备、计算机及其他电子设备制造业
	41	仪器仪表及文化、办公用机械制造业
	42	工艺品及其他制造业

根据工业企业数据库的数据,利用OP方法对生产函数中的要素弹性进行估计,估计结果如表3-3所示。

表3-3 各行业的要素弹性系数估计结果

	资本系数 α_i	劳动力系数 β_i	中间投入系数 γ_i
食品、饮料制造及烟草制品业	0.007 37	0.065 53	0.888 17
纺织、服装及皮革产品制造业	0.037 93	0.088 49	0.858 76
其他制造业	0.038 03	0.085 95	0.870 83
炼焦、燃气及石油加工业	0.002 96	0.023 11	0.939 16
化学工业	0.046 57	0.089 19	0.853 96
非金属矿物制品业	0.041 25	0.072 38	0.887 55
金属产品制造业	0.043 51	0.073 89	0.869 01
机械设备制造业	0.047 80	0.112 00	0.839 98

根据表3-3的估计结果可以看出,资本、劳动、中间投入的系数之和均近似为1,这说明了制造业各行业的生产都体现出了很强的规模报酬不变性。

在估算出以上各参数以后,就可直接计算出各行业的相对要素扭曲系数,本章选取工业增加值位于前列的三个行业,即化学工业、金属产品制造业、机械设备制造业,将这三个行业的要素相对扭曲系数计算结果呈现,得出的资本、劳动力、中间投入的行业间相对扭曲情况如图3-2、图3-3、图3-4所示。

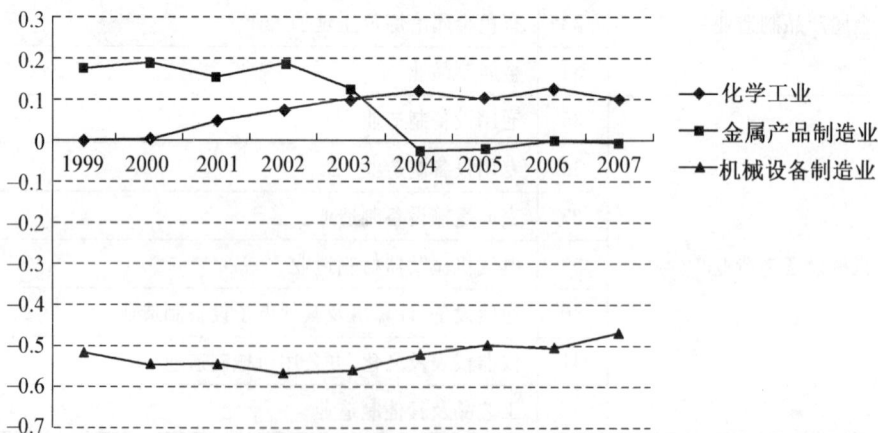

图3-2 制造业行业间资本要素相对扭曲系数(对数)

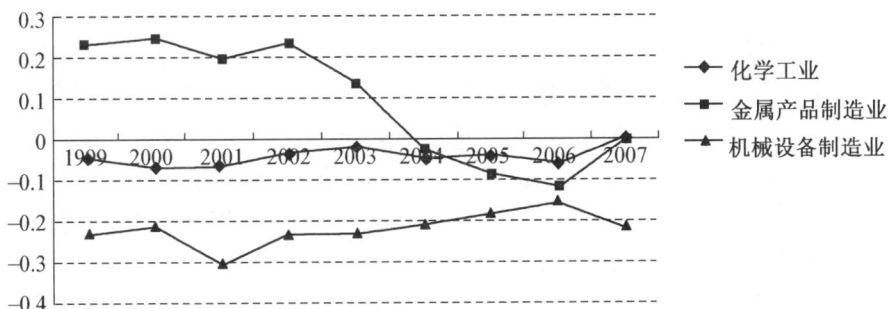

图 3-3　制造业行业间劳动力要素相对扭曲系数(对数)

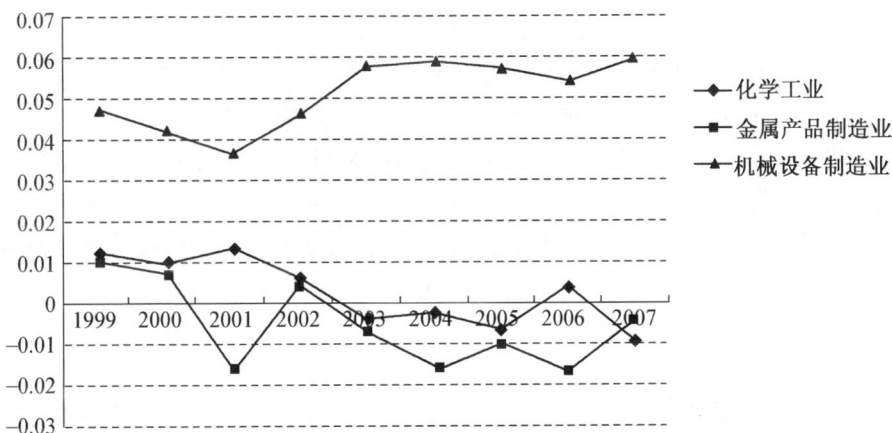

图 3-4　制造业行业间中间投入要素相对扭曲系数(对数)

（三）结果分析

由图 3-2、图 3-3、图 3-4 我们可以看出,制造业不同行业之间的要素价格扭曲程度存在较大差异。

图 3-2 中呈现的资本要素扭曲情况表明,化学工业行业的资本相对扭曲系数对数在 1999～2007 年都是大于 0 的,说明该行业在此期间内所面临的资本相对要素价格是偏低的,即意味着在整个制造业范围内投入到该行业的资本要素过多;从变化趋势上来讲,化学工业行业在考察期间内扭曲系数对数从 0 增加到了 0.1 左右,表明资本错配程度在逐渐恶化。金属产品制造业的资本相对扭曲系数对数则从较高的 0.2 下降到了 0 左右,说明资本投入从过多下降到了正常水平,表明该行业面临的资本配置效率明显改善。而机械设备

制造业的资本错配扭曲系数对数值一直是负数,说明在考察期间内整个行业面临的资本要素相对价格偏高,投入到该行业的资本要素严重不足,但是从2003年开始,这种现象有所缓解,该行业面临的资本配置效率在缓慢提高。

图3-3中呈现的劳动力要素扭曲情况表明,化学工业的劳动力要素扭曲系数从1999年的大于0.2逐渐下降,到2006年达到最低点,2007点回升到0左右,这说明化学工业面临的劳动力要素价格先是较低的,但是后来一直在上升,直到高于无扭曲状态下的最优价格,但是到2007年左右这种趋势得到了改善,劳动力配置基本上达到了最优状态。金属产品制造业则在1999~2007年劳动力价格一直轻度偏高,但是从趋势上看这种扭曲状态在缓慢改善,到2007年,劳动力要素的相对价格已经基本处于最优状态。机械设备制造业的劳动力要素相对扭曲系数在1999~2007年一直是负数,且绝对值较大,说明该行业面临的劳动力资源扭曲情况比较严重,相对价格较高,劳动力投入不足,而且这种趋势在考察期间没有得到明显缓解。

图3-4中呈现的中间投入要素扭曲情况表明,化学工业和金属产品制造业的相对扭曲系数在1999~2007年均接近于0,说明这两个行业的中间投入(主要为原材料)配置情况比较理想。而机械设备制造业的中间投入要素相对扭曲系数则偏高,说明该行业的中间投入相对价格较低,中间投入过多,并且在考察期间有上升的趋势。

结合各行业的自身特点、行业生命周期以及中国政府实行的产业政策对以上结果进行进一步分析。可以看出,金属产品制造业作为处于成熟期的制造业行业,其资本、劳动力以及中间投入要素的相对扭曲状况都有改善的趋势,虽然初期资本、劳动力要素存在相对价格偏低的现象,但是到了2007年左右相对要素价格已经基本上消除了扭曲,说明对金属产品制造业的资源配置效率在考察期间得到了提高,处于比较合理的状态。这一阶段中国的产业政策是鼓励金属产品制造业发展,金属行业的产品市场也处于高速发展阶段,所以资源错配程度得到了相应改善。同样作为处于成熟期的化学工业,其劳动力和中间投入要素的相对价格一直比较合理,但是资本要素的相对价格偏低,并且与金属产品制造业相反的是,在考察期间内资本要素的相对价格是下降的,资源错配的程度有所增加。而作为处于发展阶段的新兴行业,机械设备制造业面临的行业间资源错配现象却不容乐观,资本和劳动力的相对要素价格过高,而中间投入的相对要素价格则长期处于较低水平,这种现象在考察期间并没有得到改善。说明政府对机械设备制造业的政策支持不足,没有很好的解决资源投入偏低的现象。

四、资源错频造成的产出损失测算

在测算出各行业的相对要素价格扭曲系数之后,根据(3.28)式,可以进一步计算出整体资源错配造成的 TFP 损失程度,如图 3-5 所示。

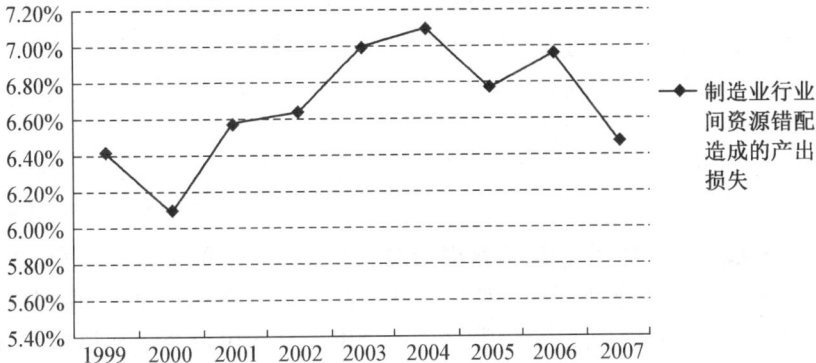

图 3-5　资源错配造成的产出损失测算

从图 3-5 可以看出,1999～2007 年,制造业行业间资源错配造成的产出损失每年都在 6%以上;从变化趋势上来看,1999～2004 年,产出损失缺口是逐渐扩大的,最高超过了 7%,2004 年以后,产出缺口在逐渐减少,说明资源错配水平得到了改善。总体来说,制造业行业间的资源错配情况经历了一个先上升后下降的过程。

第四节　政府干预对资源错配程度的计量检验

一、模型设定

从改革开放以来,中国正逐渐从计划经济向市场经济方向转变,但是由于各种因素的影响,政府仍然在经济活动中起着主导作用,由政府干预所导致的资源错配、扭曲情况也是客观存在的。本章从政府干预角度出发,用多个变量来衡量其对制造业行业间资源错配情况的影响,在实证研究结果的基础上加以分析,寻找导致行业间资源错配的因素。

本章的计量模型如下:

$$MA_{it} = \beta_0 + \beta_1 Gov_{it} + \beta_2 X_{it} + \mu_{it} \tag{3.29}$$

其中,被解释变量MA_{it}表示某行业在t时期面临的由于行业间资源错配造成的 TFP 损失,用于衡量行业间资源错配程度;Gov_{it}表示政府干预变量,X_{it}为控制变量,μ_{it}为扰动项。

二、变量选取

本章的研究方向是政府干预对制造业行业间资源错配的影响,所以选取的被解释变量是制造业行业间的资源错配程度,采用资源错配造成的产出损失来衡量。解释变量为政府干预行为。在本章中选取了以下几个变量作为衡量政府干预行为的重要指标。

(1) 信贷倾向。一直以来,金融发展与经济发展之间的关系就是经济研究的热点,国外的研究一般认为,金融行业发展程度与经济发展之间存在着显著的积极联系。但是,中国的金融市场发展存在着严重的金融抑制和融资歧视的问题,以国有商业银行为主体的金融市场长期以来都倾向于向国有大型企业提供低成本的信贷融资,而那些生产效率更高的民营企业却很难获得外部融资,这显然是资源配置的扭曲现象,不利于提高总体生产率水平。中国的金融行业改革落后于经济改革,银行中介在企业融资渠道中占垄断地位,而国有商业银行又占据了绝大部分的信贷份额,这样一种市场格局导致的直接后果就是低效率的国有企业占有了超份额的信贷资源,而相对更低的融资成本更诱发了其过度投资的行为,进一步降低生产效率,相反,更高效率的私有企业和中小企业却面临着融资难的问题。从本质上来讲,中国的金融行业是政府主导的市场,政府对信贷资源的分配起着重要作用。由于无法直接得到制造业各行业获得的信贷总额,本章采用工业企业数据库中企业的利息支出作为代理变量,用利息支出对主营业务收入的比例来衡量政府主导下的金融市场对资源市场的扭曲,用 Gov_1 表示,预期回归系数符号为正。

(2) 财政补贴。财政补贴是一种转移性支出,是政府通过对分配的干预,对经济进行调节的重要手段。财政补贴可以影响要素的相对价格结构,从而改变行业的资源配置结构。财政补贴是政府意志的体现,是为了达到特定的政治经济目的而采取的经济手段。一般来讲,财政补贴的期望目标包括调节社会供求平衡、维护经济稳定增长、促进要素资源的优化配置、促进产业结构调整、扶持符合产业发展方向的新兴企业等等。但是,在实际运作中,财政补贴也产生了一些局限性,例如,如果政府出于保证就业、维护经济平稳运行等目的对一些效率较低的企业进行财政补贴,将使得效率较低的企业继续存在,且降低了这类企业进行转型、提高生产率的主动性,另外,财政补贴将在一定程度上削弱价格的经济调节功能,使得资源配置产生一定的扭曲。关于财政补贴的研究有很多,耿强等(2013)基于工业企业数据库数据,对企业获得政府补贴的影响因素进行了分析,结果表明面临亏损的企业和受融资约束较低的企业更有可能获得政府补贴,相对来讲这两类企业获得补贴的程度也较高,说明财政补贴并没有真正改善资源配置结构,而是更多地扮演了"事后补救"的角色。另外,我国的财政补贴还明显带有国有偏好、出口偏好和规模偏好。邵敏等(2012)发现,政府补贴对企业生产率提高有一个最佳临界点,当补贴数量小于这一临界点时,企业生产率水平会由于财政补贴而提高;当财政补贴数量超过这一临界点时,补贴的边际效用会逐渐降低,甚至会对企业的生产率水平提高产生负效用。所以,对企业的补贴数量要保持在合理范围内,并且要防止企业为了获得补贴而采取的事前逆向选择行为。而政府补贴对企业生产率水平的影响,或许就是通过对生产要素相对价格的影响来实现的。江飞涛等(2009)认为,政府补贴直接扭曲了要素市场价格,从而影响了企业的投资与生产决策,导致企业过度投资,行业产能过剩。本章将通过汇总工业企业数据库中各企业的财政补贴收入数据,得到每年各行业获得的财政补贴总额,并且采用补贴收入占当年制造业工业总产值的比例作为变量指标,用 Gov_2 表示,该比例越大,反映政府干预力度越大,预期回归系数的符号为正。

(3)行政性行业进入壁垒。中国制造业行业中有部分行业存在着行政垄断现象,这是中国的经济政策决定的,尤其是在烟草、石油和天然气开采、煤炭开采、黑色金属冶炼等行业,国有经济处于垄断或强控制力地位,而一般意义上来讲,高度垄断意味着生产率的损失。研究表明,国有产权结构与市场的垄断格局是相关的,一般来讲,行业中企业规模越大,进入该行业的难度越大,垄断性越强,相应的国有产权越集中;反之,行业规模越小,进入该行业难度越低,垄断程度越低,国有产权的占比也越小。国有大中型企业在行业中所占比重越大,表明行业的行政性进入壁垒越大。本章用制造业各行业中国有产权工业企业总产值占比来反应行政性进入壁垒,用 Gov_3 表示。

(4)劳动力流动。大量研究表明,与资本类似,劳动力资源错配对 TFP 有显著的负面影响。长期以来,由于户籍、社会保障等一系列制度政策的影响,劳动力的流动受到管制,而劳动力的价格和边际产出也有一定程度的偏差,尤其是在制造业中,劳动生产率的增长和劳动报酬率的增长之间存在着较大差距。1999~2007 年,制造业的劳动力成本呈下降趋势,而劳动力要素在

制造业产业内和产业间均存在着错配现象,这进一步证明了中国制造业劳动
要素的边际产品价值增长率高于劳动报酬增长率,而且劳动力资源错配的情
况也在进一步加剧。而在这一段期间内,中国经历了国企改革等一系列政策
调整,大量国企职工下岗失业,这种政策干预的现象在制造业行业中表现尤为
显著。为了衡量政府对劳动力流动的干预从而造成劳动力资源错配的情况,
本章使用了行业就业净增长率指标,其意义是行业的就业创造率与就业消失
率之差,用 Gov_4 表示。

　　行业间的资源错配除了与政府干预有关以外,还受到很多其他因素的影
响,所以,在回归分析中还加入了以下控制变量:

　　(1) 行业集中度。行业集中度是考察行业竞争程度的重要指标,行业集
中度越高,竞争力度越小。如果行业集中度过高,那么会形成行业垄断,破坏
竞争环境,有损资源配置效率;但是如果在某些行业中行业集中度过低的话,
则会使企业陷入过度竞争的境地,资源无法得到有效整合,不利于生产率的提
高,无法达到最优均衡。本章用行业中前十的企业工业总产值之和占行业总
产值之比来衡量,用 CR10 表示。

　　(2) 行业外资依存度(FDI)。研究表明,一般意义来讲,FDI 有利于改善
资源配置效率,提高行业生产率。外资企业的进入会促进行业竞争,打破原有
的行业格局,从而提高资源的利用效率。但是,如果在某些领域中,外资依靠
技术、特殊待遇等有利条件垄断市场,排斥国内企业,那么,FDI 就会破坏资源
配置效率,使得资源错配情况更加恶化。本章用各年度行业中实际利用外商
直接投资金额来刻画行业的外资依存度,用 FDI 表示。

　　综上所述,模型变量如表 3-4 所示。

表 3-4　变量说明

变量性质	变量名称	变量说明	变量指标
被解释变量	行业间资源错配	衡量行业间资源错配对产出造成的损失	通过模型计算得出的产出损失
解释变量	信贷倾向	衡量政府主导下的银行体系对不同行业的信贷歧视情况	利息费用/销售收入
	财政补贴	衡量政府财政补贴发放对行业间资源错配的影响	补贴收入/工业总产值

（续表）

变量性质	变量名称	变量说明	变量指标
	行政性行业进入壁垒	衡量政府行政干预造成的行业进入壁垒	行业中国有企业总产值比重
	劳动力流动	衡量政府影响的劳动力就业倾向	行业就业净增长率
控制变量	行业集中度	衡量政府行业政策导致的行业集中度	行业中前十名企业工业总产值占比
	外资依存度	衡量FDI对行业间资源错配的影响	行业实际利用外商直接投资金额

三、回归结果及分析

本章数据为长面板，经检验，扰动项存在组间异方差以及组内自相关情况，所以采用可行广义最小二乘法（FGLS）进行估计。模型中将信贷倾向 Gov_1、财政补贴 Gov_2、行政性行业进入壁垒 Gov_3、劳动力流动 Gov_4 作为解释变量，同时加入了行业集中度 CR10 和外资依存度 FDI 作为控制变量（表 3-5）。

表 3-5 行业间资源错配的估计结果

变量	估计结果	变量	估计结果
Gov_1	0.022 165 2*** (0.079 164)	CR10	−0.000 791 4 (0.002 158 8)
Gov_2	−0.016 321 1 (0.019 296 9)	FDI	0.018 690 4*** (0.002 345)
Gov_3	0.001 105 6** (0.000 454 5)	常数项	0.022 165 2*** (0.007 916 4)
Gov_4	0.006 256 7*** (0.000 473)		

注：① 数据来源为作者通过 stata 计算得到。

② 不带括号的为回归系数，括号中为标准差。

③ ***、**、* 分别表示通过 1%、5%、10%的显著性检验。

从回归结果中可以看出，信贷倾向对制造业行业间资源错配的回归系数为正，并且通过了 1%的显著性检验，说明信贷倾向对制造业行业间资源错配程度有着显著的负面影响。地方政府为了解决就业问题和追求经济指标,一般都倾向于支持传统行业和重化工行业,并通过对银行系统的影响,来提供相应的信贷资源。信贷倾向对于行业间资源错配的影响通过两方面体现:一方面,信贷资源被投向了效率较低的行业,没有达到最优化配置;另一方面,信贷资源对新兴行业的支持不足,所以造成了投资效率低下,降低了技术进步,从而影响经济增长。

财政补贴对制造业行业间资源错配的回归系数不显著,这点从政府的产业政策上可以得到解释。中国的财政补贴主要针对的是高新技术行业和新兴幼稚行业,但是这些行业的规模偏小,占有的资源要素份额较少,所以对政府提供的财政补贴在行业间的分布并没有显著增加资源错配。分析具体数据发现,补贴收入占工业总产值比重最大的行业是非金属矿物制品业,但是其绝对数量低于各行业平均水平;而获得财政补贴绝对数量最大的是机械设备制造业,这符合政府补贴的政策指向,即主要投向于高新技术行业,但是相对于机械设备制造业的工业总产值来讲,补贴收入的比例并不高。由此可见,回归结果在一定程度上反映了政府财政补贴政策在行业间的分布是比较合理的。但是,一些研究发现,财政补贴对行业内不同企业间的资源错配影响较大。

行政性行业进入壁垒对行业间资源错配的回归系数为正,并且通过了5%的显著性检验,这样的结果符合之前的预期。国有企业受政府干预的程度比较强,而且通常规模较大,但是研究表明,国有企业的效率比民营企业要低,这就导致在国有企业占比高的行业中,一方面行业的进入壁垒会比较高,无形中保护了低效率的国有企业,另一方面资源大量流向国有企业,资源错配程度比较严重。值得注意的是,制造业各部门中国有企业工业总产值比重在整个考察期间内都呈下降趋势,这点与"国进民退"的说法有所出入,而这也与2004年以后行业间资源错配程度下降趋势相对应。到2007年,除了炼焦、燃气及石油加工业垄断程度比较强以外,其他部门的国有企业产值比重都在35%以下。特别是在2003年国资委成立以后,要求只保留行业前三、四位的央企,其余央企将进行改制调整,在这样的压力下,倒逼大型央企纷纷进行改革,促进了国有企业效率的提高,对行业间资源配置也起到了一定的缓解作用。

劳动力流动对行业间资源错配的回归系数为正,并且通过了1%的显著性检验。政府干预对劳动力流动的影响主要体现在以下几个方面:一是国有企业员工数量;二是户籍政策人口流动管制措施;三是产业政策的导向作用。

随着 20 世纪 90 年代末推行的国企改革措施,出现了大量国有企业职工下岗再就业的现象,这种情况在制造业行业中尤为普遍,国有企业不论是产值比重还是职工数量都呈下降趋势,这也造成了当时制造业总就业人数的下降,从 2002 年左右开始,制造业人数又开始逐渐增加,这其中经历了劳动力结构的转变,大量劳动力从国有企业流向了民营或外资企业。同时,随着户籍政策的放开,以及经济发达地区出台的各种吸引劳动力政策,大量农村劳动力纷纷涌向城市和沿海发达地区,其中很大一部分都进入了制造业。从回归结果中可以看出,劳动力的流向对行业间资源错配起着负面影响。一方面,这说明政府推行的国有企业改革措施缩减国企员工数量对减少行业间资源错配是有效的,劳动力资源从效率较低的国有企业转向效率较高的民营或外资企业,就业消失率较高;另一方面,说明政府对劳动力在行业间的分配引导政策还有所欠缺,许多地方政府由于对 GDP 的追求和工业重型化的倾向,对化学工业、金属产品制造业等行业出台了一系列的劳动力优惠政策,鼓励劳动力就业,尤其是在一些欠发达地区,出于对经济指标的偏好,引进一些规模较大但是属于落后产能、效率偏低或者因为污染等问题在发达地区被转移的工业企业,大量吸引农村劳动力就业,这就造成劳动力资源的错配。

观察两个控制变量的回归结果,行业集中度对资源错配的回归系数并不显著,说明在中国的制造业行业中,行业集中度并不会对行业间的资源错配情况产生较强的影响。可能的原因包括,某些行业由于国家政策和经济安全等特殊原因,行业集中度极高,对回归分析会有很大影响;另一方面,最优的行业集中度与行业自身性质也有关系,规模效应明显的行业集中度会比较大,而有些行业生产较为分散,行业集中度较小。外商直接投资(FDI)对行业间资源错配的回归系数为正,并且通过了 1% 的显著性检验,这表明,FDI 并没有改善行业间的资源错配情况,这可能是因为 FDI 大量的流向了资本密集型行业,而这样的行业面临的资源错配情况本来就比较突出。

第五节 基本结论与政策建议

一、基本结论

本章根据工业企业数据库的数据,采用相关理论模型测算了制造业行业间资源错配程度,并通过实证研究检验了政府干预对其造成的影响。

本章得到的主要结论是,中国制造业行业间存在着资源错配情况,每年对全要素生产率造成的损失在 6％以上，不同行业面临的资源错配情况有所不同，一般来讲，化学工业、金属产品制造业等重工业行业面临的资本和劳动力资源相对价格偏低，即投入的要素过度，但是中间投入价格比较合理；而机械产品制造业等成长期的行业面临的资本和劳动力资源价格相对偏高，要素投入不足，但是中间投入价格偏低。在 1999～2007 年，制造业整体的行业间资源错配情况呈现先加重后改善的趋势。

进一步研究政府干预对行业间资源错配的影响，通过财政补贴、劳动力流动、行政性行业进入壁垒、行业集中度、外贸依存度等多个变量进行实证回归，结果发现财政补贴并没有显著加重资源错配情况，但是劳动力流动、行政性行业进入壁垒、行业集中度和外贸依存度都对资源错配起到了负面影响。

二、政策建议

根据前面得到的研究结论，本章针对行业间资源错配情况提出了以下建议。

（1）减少对金融体系的信贷干预，支持民营企业和中小企业的发展。中国的金融体系以银行为主体，并且国有商业银行占了较大比重，由于复杂的银政、银企、政企关系，信贷歧视问题在中国一直比较严重。从行业间角度来看，信贷资金主要流向化学工业、金属制造业等地方政府倾向的重化工行业，或是一些传统制造业，对一些新兴行业则支持不足。从行业内角度来看，信贷资金主要流向大型国有企业，中小企业则普遍面临融资难的问题。所以，为了改变这样的情况，需要减少对金融体系的信贷干预，加强金融体系的市场化水平，让资本从一些生产效率较低的传统行业或重型行业转向资本回报率较高的新兴行业，充分提高资本配置效率，支持产业结构升级调整。另外，减少对中小企业和民营企业的信贷歧视，需要进行相关的金融体系改革，比如加强金融体系的法制化建设，保障中小企业、民营企业的融资主体平等地位；积极发展多样化的金融机构，降低金融行业的准入门槛，大力拓展中小企业、民营企业的融资渠道，例如民营银行、小微金融机构、金融租赁公司等等。通过一系列的措施，减少金融资源的错配现象，引导信贷资本的合理配置，真正发挥市场化的资源配置作用，大力支持高效率的中小企业、民营企业、高技术企业，充分体现金融市场对制造业产业升级所提供的强大动力。

（2）加强对财政补贴的管理，制定更加合理的补贴政策。虽然在考察期间财政补贴对行业间资源错配的影响不是很明显，但是财政补贴可以直接体现政府对企业资本要素情况的干预问题。有研究发现,制造业行业内资源错配情况受财政补贴影响显著,这说明财政补贴政策存在不合理之处,造成了资源的误置,很多由于效率较低而面临亏损或淘汰的企业因政企关系等原因,通过各种渠道获得财政补贴而得以继续维持,这样无疑是资源的浪费,造成社会福利的损失。财政补贴作为政府宏观调控的一种重要方式,需要谨慎进行,制定合理的补贴政策,操作情况要公开、公平、公正,要加强管理和监督机制。财政补贴政策的出发点应该是支持高新技术产业,保护幼稚新兴产业,保持产业结构平衡,推动产业结构升级等,但是在实际操作中,诸如石油、钢铁、光伏等产能过剩行业的企业,却可以获得大量的财政补贴,例如中石油、中石化等。以 A 股上市公司为例,2013 年,TCL 集团获得了约 22 亿元的补贴,而归属上市股东的净利润仅为 21.09 亿元,这意味着扣除非经常性损益后公司是处于亏损状态的,类似的情况有很多,据 Wind 数据统计,2014 年上半年收到政府补助的上市公司共有 2 235 家,总的补助金额达到 322.63 亿元,一些面临退市风险的 ST 公司更是往往在累积亏损的第三个年度靠政府补贴弥补亏损,避免退市的结果。地方政府出于保护上市公司资格以及解决地方企业融资和就业问题等原因,往往会对上市公司采取各种补贴措施。然而,这种一味地"输血"措施并不能提高企业的生产效率,反而造成资源的浪费和要素价格的扭曲,与财政补贴的政策目标是背道而驰的。所以,政府部门需要在财政补贴行为的事前、事中、事后均做好相关工作,改善补贴投向,杜绝寻租现象,减少价格扭曲,真正发挥财政补贴的优化资源配置、引导产业升级的作用。

（3）控制行业中国有企业产值比重,减少行政性行业进入壁垒。大量研究指出,中国国有企业的生产效率低于民营企业和外资企业,本章实证研究证明,国有产值比重对行业间资源错配有负面影响。国有企业比重过高,会导致资源流向失衡,提高行业进入壁垒。因此,政府除了在诸如石油、航天、军工等一些关系国家经济安全的重要领域以外,需要逐渐减少国有企业的份额,降低行业进入壁垒,充分发挥市场经济的作用,促进整个制造业部门的效率提高。事实上,政府在国有经济改革方面也采取了很多措施,1997 年十五大以后,国家就明确了国有经济改革的两项基本内容,一是国有企业的改革,另一项就是实现国有经济从竞争性领域退出的布局调整,规定只需在"关系国民经济命脉的重要行业和关键领域"占支配地位。这两项内容可概括为"抓大"、"放小"。接着,在 1999 年,进一步将"重要行业和关键领域"具体化为"涉及国家安全的行业,自然垄断的行业,提供重要公共产品和服务的行业,以及支柱产业和高新技术产业中的重要骨干企业"。自此,开始实施国有资本从非关系国民经济命脉的竞争性行业退出的决定,大批国有企业开始了改制、裁撤。从数据中也可以看出,这一阶段基本上制造业呈现的是"国退民进"的格局变化。但是,从2004年以后,国有企业改革受到了一定阻碍,国资委扩大了"重要行业和关键领域"的范围,并强调国有资本要在以上领域拥有一批重要骨干企业。之后,注入国有企业中的经济资源也在持续增加,比如2009年的4万亿元投资和10万亿元贷款,绝大部分都投向了国有企业。国有企业改革的进程停滞不前,甚至在部分行业出现了"国进民退"的现象。一方面,对某些原则上允许民营经济进入的行业,由于计划经济的习惯势力和寻租活动特殊利益的阻碍,在行政上进行干预,实质上对私营经济的进入限制并没有取消;另一方面,国有企业为了保证自己的行业地位,达到国资委的要求,收购兼并私营企业,进一步加强了行业的进入壁垒。为了解决这一问题,需要继续推进国有企业改革,进一步放开准入限制,充分发挥市场的资源配置作用,保护私营经济的主体平等地位。最近的电力体制改革就充分体现了国有经济改革的精神。

(4)引导劳动力合理流动。中国制造业劳动力数量经历了一个先减少后增加的过程,2002年以后就呈增长态势。但是,由于户籍制度等条件的限制,劳动力并没有处于自由流动的状态。东部沿海地区作为人口长期流入的区域,近年来也多次出现"用工荒"的现象。这一方面说明中国的人口红利在逐渐减少,另一方面说明了劳动力流向在逐渐发生变化。对制造业而言,大城市的劳动力集聚效应在减弱,许多农村劳动力开始选择到附近的中小城市就业。而这些中小城市的产业结构还比较落后,有些甚至是大城市产业结构调整后转移的企业。这些企业的生产效率偏低,并且不属于产业升级的方向,但是吸引了大量农村劳动力,而地方政府为了解决就业问题,也大力支持这类企业,并鼓励农村劳动力在本地就业。针对这一现象,需要政府进一步开放户籍政策,取消劳动力流动管制,方便外来人口流向经济发达地区,同时也要积极引导劳动力向高效率企业和代表产业结构升级方向的行业流动,制定一系列的就业优惠政策来推动相关行业发展,进一步优化劳动力资源的配置。

(5)控制行业集中度在合理范围内。实证研究证明,行业集中度对行业间资源错配程度有一定影响。但是,不同行业的最优行业集中度是各异的,受到行业规模、行业性质等多方面因素的影响。行业集中度过高,可能会形成垄断,造成效率损失;行业集中度过低,则可能会造成过度竞争,资源浪费。所以,政府在考虑产业政策时要具体行业具体分析。例如,针对钢铁、煤炭等产能过剩以及规模效应较强的行业,需要进行有效的资源整合,提高行业集中度;而针对一些轻工业行业,则没有必要过多地培育大型央企、国企,应该鼓励适当竞争。

（6）高效利用外商直接投资,注重提高 FDI 质量。20 世纪 90 年代以来,中国一直积极吸引和利用外资,尤其是在 2001 年底加入世界贸易组织（WTO）以后,对 FDI 的引进更是进入了高速增长的新阶段。据统计,2014 年我国外资流入量首次居世界首位,引入外资规模达 1 196 亿美元。FDI 对中国经济的高速发展有着很大帮助,不仅体现在大量资本要素的投入,更重要的是技术外溢对中国产业结构带来的提升。但是,在早期引进外资的时候,一些地方政府盲目追求利用外资数量,为了完成指标,给予外商超出国家规定的优惠政策,包括土地、税收等等,甚至有些地方只追求数量不考虑质量,引进了一些高污染高能耗的项目。这种情况从 2006 年开始发生了转变,外资享受的种种"超国民待遇"逐渐被取消,这符合市场经济中公平竞争的原则,也符合中国经济发展的阶段要求。现在政府所需要的是拥有先进技术、环境友好型的外资企业,根据产业结构转型的需要,更加合理有效地利用 FDI。

本章参考文献

[1] 曹玉书,楼东玮. 资源错配、结构变迁与中国经济转型. 中国工业经济,2012(10).

[2] 陈永伟,胡伟民. 价格扭曲、要素错配和效率损失:理论和应用. 经济学(季刊),2011(10).

[3] 陈雨露,马勇. 地方政府的介入与农信社信贷资源错配. 经济理论与经济理,2010(4).

[4] 耿强,胡睿昕. 企业获得政府补贴的影响因素分析——基于工业企业数据库的实证研究. 审计与经济研究,2013(6).

[5] 韩剑,郑秋玲. 政府干预如何导致地区资源错配——基于行业内和行业间错配的分解. 中国工业经济,2014(11).

[6] 简泽. 市场扭曲、跨企业的资源配置与制造业部门的生产率. 中国工业经济,2011(1).

[7] 李京文,D·乔根森,郑友敬,黑田昌裕. 生产率与中美日经济增长研究. 中国社会科学出版社,1993.

[8] 楼东玮. 资源错配视角下的产业结构失衡研究——关于错配指数的测度与分解. 云南财经大学学报,2013(4).

[9] 鲁晓东. 金融资源错配阻碍了中国的经济增长吗. 金融研究,2008(4).

[10] 罗德明,李晔,史晋川. 要素市场扭曲、资源错配与生产率. 经济研究,2012(3).

[11] 毛增余. 斯蒂格利茨与转轨经济学——从"华盛顿共识"到"后华盛顿共识"再到"北京共识". 北京：中国经济出版社, 2005.

[12] 聂辉华, 贾瑞雪. 中国制造业企业生产率与资源误置. 世界经济, 2011(7).

[13] 聂辉华, 江艇, 杨汝岱. 中国工业企业数据库的使用现状和潜在问题. 世界经济, 2012(5).

[14] 邵宜航, 步晓宇, 张天华. 资源配置扭曲与中国工业全要素生产率. 中国工业经济, 2013(12).

[15] 谢攀, 龚敏. 矫正要素比价扭曲、资源错配与发展转型. 求是学刊, 2015(42-1).

[16] 鄢萍, 资本误配置的影响因素初探, 经济学(季刊), 2012(11).

[17] 余婧, 罗杰. 中国金融资源错配的微观机制——基于工业企业商业信贷的经验研究. 复旦学报(社会科学版), 2012(1).

[18] 袁志刚, 解栋栋. 中国劳动力错配对 TFP 的影响分析. 经济研究, 2011(7).

[19] 张佩, 马弘. 借贷约束与资源错配——来自中国的经验证据. 清华大学学报(自然科学版), 2012(52-9).

[20] 张佩. 中国工业部门的行业间资源错配研究. 投资研究, 2013(6).

[21] 周黎安, 赵鹰妍, 李力雄. 资源错配与政治周期. 金融研究, 2013(3).

[22] 朱喜, 史清华, 盖庆恩. 要素配置扭曲与农业全要素生产率. 经济研究, 2011(5).

[23] Aoki S. A Simple Accounting Framework for the Effect of Resource Misallocation on Aggregate Productivity. *Journal of the Japanese & International Economies*, 2012, 26(4): 473-494.

[24] Aoki S. Was the Barrier to Labor Mobility an Important Factor for the Prewar Japanese Stagnation?. MPRA Paper, No. 8178, 2012.

[25] Brandt L, Biesebroeck J V, Zhang Y. Creative Accounting or Creative Destruction? Firm Level Productivity Growth in Chinese Manufacturing. NBER Working Paper, No. 15152, 2009.

[26] Dollar D, Wei S J. Das (Wasted) Kapital: Firm Ownership and Investment Efficiency in China. NBER Working Paper, No. 13103, 2007.

[27] Hall R E, Jones C I. Why Do Some Countries Produce So Much More Output per Worker than Others?. *Quarterly Journal of Economics*, 1999, 114: 83-116.

[28] Howitt P. Endogenous Growth and Cross-Country Income Differences. *American Economic Review*, 2000, 90(4): 829-846.

[29] Hsieh C T, Erik H, Jones C I, et al. The Allocation of Talent and U S Economic Growth. NBER Working Paper, No. 18693, 2013.

[30] Hsieh C T, Klenow P J. Misallocation and Manufacturing TFP in China and India. *Quarterly Journal of Economics*, 2009, 124(4): 1403-1448.

[31] Klenow P J, Rodríguez-Clare A. The Neoclassical Revival in Growth Economics: Has It Gone Too Far?. *NBER Macroeconomics Annual*, 1997, 12(1): 73 - 102.

[32] Parente S L, Prescott E C. Monopoly Rights: A Barrier to Riches. *American Economic Review*, 1999, 89(5): 1216 - 1233.

[33] Restuccia D, Rogerson R. Policy Distortions and Aggregate Productivity with Heterogeneous Plants. *Review of Economic Dynamics*, 2008, 11: 707 - 720.

[34] Ziebarth N L. Misallocation and Productivity during the Great Depression. Working Paper, Northwestern University, Department of Economics, 2012.

第四章　行政垄断的动态演进与效率损失

　　本章提要　行政垄断问题由来已久,但对行政垄断问题的认识,尚未建立一个统一的、系统性的、规范性的分析框架。本章在对行政垄断相关理论和文献梳理的基础上,从制度经济学角度,基于制度供求和制度变迁理论,分析我国行政垄断形成和变迁的动力和特征,以期对行政垄断的规范和改革工作提供一个合理的思路。并运用基于产业组织理论的 ISCP 范式,进一步解释我国行政垄断的运行机理。在对行政垄断带来效率损失进行测算的基础上,研究了综合反映行政垄断制度安排和产业影响特征的两个指标——国有化比重与市场集中度,对行业绩效损失产生的影响。研究显示,在三个工业行业典型的行政垄断行业,两者与效率损失之间存在着正向的相关关系。为此,应进一步规范现有的行政垄断制度,提高经济运行效率,降低行政垄断带来的社会成本。

第一节　研究背景与现实意义

一、研究背景

　　1978 年改革开放以来,我国国民经济稳定快速增长,并取得巨大成就,与此同时,不难发现,我国政府在这一过程中始终发挥着积极的作用,影响着整个国民经济的运行效率以及各个行业的发展和变化。行政垄断,作为政府干预经济的方式之一,也成为这一时期我国一大特殊的经济现象,对我国的经济运行和产业发展有着深刻的影响。政府运用公共权力,在市场失灵以及国家重要经济安全领域,弥补市场不足,调控市场运行,参与经济活动的各个方面,引导经济朝着健康稳定的方向发展。不可否认,在这个过程中政府对经济的运行发挥着许多积极的作用,对经济发展做出了很大贡献。但随着改革的进一步深入,其诸多弊端也逐渐暴露出来。当政府不恰当或者过度地运用公共权力参与市场运行,通过限制、产品定价、壁垒等一系列措施,妨碍要素的自然流动,打破原有市场竞争规则,改变市场竞争格局,就会导致经济配置效率低下,造成社会福利损失、企业生产缺乏活力、消费者权益受损等局面,给经济带来诸多负面影响,"扶持之手"也将变为"掠夺之手"(Frye and Shleifer,1997),行政垄断及其所导致的效率损失就是其中的问题之一。

在发达国家市场经济条件下,市场经济体制较为完善,市场的效率较高,在资源配置过程中发挥主要作用,微观主体通过市场机制参与竞争,优胜劣汰,因此,在这种情况下形成的垄断,即发达国家在经济发展中后期通过技术创新、规模经济、产品差异化等方式形成的垄断(包括自然垄断和经济垄断),都是市场中各主体竞争的结果,虽然对经济发展的影响同样具有一定的不确定性,即可能有利、也可能没有影响或者是负面的影响,但这都与我国的垄断情况不同。我国现阶段的垄断更多的是政府管制和行政干预的结果,是政府限制市场形成的垄断结果,是当前我国垄断的主要形式(如张维迎、盛洪,2001;胡鞍钢,2001;于良春,2004;王俊豪、王建明,2007 等),这种干预更多地通过在价格管制、准入标准、进入壁垒、特殊政策、经营许可等方面对某些行业形成保护和控制,排斥市场竞争,从而形成一家或几家厂商独大、市场上商品价格偏高、消费者福利受损等情况的垄断局面。这种垄断带有强烈的行政性,即行政垄断的概念。

行政垄断,首先是一种主动性的人为的垄断,虽然可以被划分为合理的和不合理的两种类型(王俊豪、王建明,2007),但更多的研究表明,这样的垄断方式在很多情况下阻碍了要素自由流动、造成资源配置扭曲、经济运行效率降低的局面,并且由于政府干预范围的扩大,还加剧了地方保护、行政分割、收入分配不均等问题,给经济发展带来很多负面的影响(如过勇、胡鞍钢,2003;于良春,2009 等)。行政垄断打破了统一的市场竞争规则,并给经济运行带来伤害。因此,在我国市场经济改革的实践过程中,行政垄断以及其所带来的资源配置效率低下、市场结构扭曲等问题已经构成了市场经济体制和运行上的障碍。完善市场经济改革,提高经济的运行效率,如何更好地解决行政垄断带来的问题,就需要我们予以更多的思考和研究。

之所以不同于其他市场经济国家,我国的经济体制上带有这种强烈的行政垄断色彩,与我国的历史和现实情况相关。改革开放以前,国家实行高度集中的计划经济体制,政府运用行政力量控制所有的经济活动,因此在当前我国社会主义初期阶段,这些力量不可能被一次性去除,必定要通过渐进的方式来进行。随着市场经济改革的推进,我国的市场需求、经济规模、技术水平等一系列社会经济因素也在不断变化,行政垄断也并非保持原先的状态,而是一直在通过主动和被动两种方式不断调整,发展到现在,在内容和强度方面都已发生很大变化,即伴随着经济的发展、改革的深入,行政垄断表现出明显的动态演进特征。

虽然行政垄断本身作为垄断的一种方式,是一种在产业层面上的安排,但由于我国政府干预同时具有强烈的地区性特征,导致我国的行政垄断情况变得更为复杂,也具有明显的地区性特征,因此很多学者(如许开国,2009),结合地方保护主义、市场分割等理论,采用地区性行政垄断的概念,对行政垄断的地区性表现进行专门研究,发现地区性行政垄断的一些特点。因此,行政垄断也被划分为地区性行政垄断和行业性行政垄断,学者们就这两方面分别进行了很多研究。行业性行政垄断,相对于地区性行政垄断,还被称为部门行政垄断,政府出于某些部门利益的保护,限制资金、劳动、技术等要素的自由流动,限制竞争者的进入,造成行业的进入壁垒等,形成行业中的垄断势力。由于不同行业的规模、结构、发展阶段及其在国民经济中的重要性等特征不同,每个行业的行政干预程度也不同,在我国一些基础设施的行业,如电力、电信、水利、交通等行业,具有非常明显的行政垄断特征。本章研究行政垄断在不同行业间的表现,考察其形成和演变特征的规律察,并对其经济绩效特征进行理论和实证的研究,希望能对行政垄断在我国真正的运行效果做出评价,从而对我国的市场经济体制改革提供一些依据和参考,此外,本章对地区性行政垄断不作专门的讨论。

二、理论价值

首先,基于当前存在的很多对行政问题研究的规范性以及经济理论解释不足的情况,本章对行政垄断的相关理论进行了系统性的梳理总结国外相关理论的发展,同时还指出国内的主要研究方向,希望能对行政垄断的研究提供一个较为清晰的研究框架。

其次,本章运用制度经济学的制度供求模型与制度变迁理论,对我国行政垄断制度形成和演变的基本机理进行分析,从而在理论上对我国行政垄断制度安排和动态演变机制做出解释,这对把握当前我国行政垄断的特点以及之后的行政垄断改革形成一定的理论支撑。

最后,本章结合产业组织理论的相关知识以及国内关于行政垄断的先进成果,进一步分析了我国行政垄断在产业层面上的运行机理,并对在原来的理论基础上进一步做了动态的分析和解释。这对研究我国行政垄断在产业层面上的运行机理及其经济绩效有一定的参考意义。

三、现实意义

当前我国经济增长取得了很大的成就,经济体制改革也取得了良好的进展,但在这个过程中也积累了很多的问题,行政垄断就是其中之一。改革初期,由于生产力水平低下,资源严重短缺,在政府的引导下资源集中到国民经济发展最重要的领域,这对经济带来的更多的是正面的影响。但随着改革的进一步深化,这种配置方式所导致的资源配置不均衡、收入分配差距加大、行业与地区发展不均衡等问题越来越严重,学者们(如戚聿东,1997;刘志彪、姜付秀,2003;于良春,2008;陈永伟、胡伟民,2011 等)都对该问题进行了阐述,他们指出行政垄断不再是有效配置资源的方式,而是成为市场的阻碍,使得资本、劳动、技术等生产要素无法在市场上自由流动,导致了投资效率低下、收入分配不均、产业结构不合理等问题,破坏了市场的竞争效率,给经济增长带来很多的阻力。因此,现阶段研究和观察行政垄断问题,思考其在市场中的作用,对优化资源配置方式,调整产业结构有重要的意义。

总而言之,行政垄断作为一种经济制度上的安排,对我国的产业格局和市场结构带来很大影响,政府通过行政垄断,对经济形成过多的干预,排斥了市场竞争的作用,从而使得市场的运行效率降低而不是提高,因此,需要对这个问题进行深入的考察,了解真实的情况以及背后的原因,进而对我国经济体制改革的深化提供一定的依据。

四、方法和数据

本章采用规范分析与实证分析相结合的方法,首先通过文献阅读、资料查找等方式了解相关的背景和资料,之后结合理论知识,通过模型的建立等方式尝试对我国的行政垄断现象加以理论的解释,然后在对行政垄断进行理论解释的基础上,尝试建立实证分析模型,采用计量经济学的分析方法,希望在量化的层面上帮助更好地理解和把握当前的行政垄断现象及其对经济运行效率的影响,同时也给其他行业性行政垄断的研究形成一定的参考和对照。

本章实证研究的对象是根据我国国民经济分类标准分类下的我国工业行业数据,采用《中国工业经济统计年鉴》、《中国统计年鉴》、CCER 经济数据库、

《中国大中型企业统计年鉴》等的相关数据,对该问题展开相关的统计、测算和实证研究。

第二节　概念界定与文献综述

一、概念的界定

（一）行政垄断的概念

早在 20 世纪 80 年代,行政垄断就已经被提了出来,但由于行政垄断涉及经济学、政治学以及法学等多学科领域的内容,同时既包含行为的概念,又包含效果的概念,一直以来,学术界关于行政垄断的讨论很多,但对行政垄断概念的界定一直有很大的争议,尚没有统一的定义。学者们基于不同的角度给出了自己的理解,王保树(1990)认为,行政垄断是政府部门滥用行政职权,破坏市场合法竞争的行为;邓保同(1998)指出,行政垄断与经济垄断既有联系又有区别,它是政府机关和相关部门凭借权力限制市场竞争而形成的垄断;胡鞍钢和过勇(2003)指出,行政垄断是政府部门为维护自身利益或者少数企业的利益而采取的行为,从而导致一些腐败行为的发生;刘志彪(2003)指出,行政垄断是政府部门事先通过法律、法规等维持企业地位、限制市场竞争而形成的垄断结构;于良春(2008)认为行政垄断是政府部门通过行政权力,排斥市场竞争,从而造成的垄断现象等等。学者们分别从行政垄断的主体、形式、结果等方面阐述了行政垄断的内涵,指出行政垄断的主体是政府部门,包括行政机关、地方政府或有些国家管理部门;行政垄断一般是通过行政命令、规章制度、法律法规等形式,采取定价限制、行业壁垒、贸易保护、特殊政策等一系列措施,由行政权力参与市场活动而形成的;行政垄断有些是出于维护国家和社会利益的目的,有些则是维护某些政府部门自身或者少数企业的目的;行政垄断的经济效果往往是资源配置效率的扭曲、消费者福利的受损、腐败、收入分配不均等(王晓晔,1996;宋则,2001;杨品兰,2005 等;姜付秀、余晖,2007;于良春、张俊双,2013 等)。

本章认为,首先,行政垄断是垄断形式的一种,是与竞争相反的一个概念,强调市场中垄断厂商的数量及其对市场价格的控制,产业组织理论下主要强调市场势力,即垄断者对市场的支配能力,可见,行政垄断作为垄断的一种,强调厂商对市场竞争的排斥以及对市场的控制能力。其次,作为我们当前垄断的主要形式,主体是政府部门,采取的方式是通过限制进入、保护定价、保护贸易等一系列行政法规限制,形成对市场中的垄断势力。因此,行政垄断,是在政府权力作用下形成的一种特殊的垄断形式,排斥市场竞争而形成的一种具有鲜明行政色彩的垄断形式,不同于其他垄断形式,行政垄断最突出的特点是带有强烈的行政色彩,包含政府这一行为主体。

(二)几种垄断类型及比较

在垄断的范畴,一般还包括自然垄断、经济垄断等,现实生活中,这几种垄断形式既有联系又有区别,常常会引起一些概念上的混淆,学者们在文献中通常会给予了一定篇幅的讨论,本章在这里予以它们相互间的比较,以便更好地加以认识和区分。

1. 行政垄断与自然垄断

自然垄断通常被认为由规模经济、初始成本过高等,使得市场中具有先进者优势或者只能存在那些规模较大的厂商,小厂商被自然的排除门外的行业,一般来说,这些行业的垄断经营会实现总成本最低,如电力、交通、水利等。在我国,对于这些自然垄断行业,从一开始就处于国家的全面控制之中,予以实施一定的价格管制、经营许可、行业限制等措施,使其同时具有一定的行政垄断色彩,因此具有双重的性质(王俊豪、王建明,2007 等),换句话说,虽然这些自然垄断在国外市场经济条件下表现出的是自然垄断的特性,但由于我国对于基础性行业强烈的控制,本身就带有行政性垄断的特征,这也是我国学者强调行政垄断是我国的主要垄断形式的原因之一(胡鞍钢,2001;于良春,2004等)。因此,虽然行政垄断与自然垄断的概念有所区别,但基于我国自然垄断行业行政垄断化的特征,本章不对两者加以详细区分。

2. 行政垄断与经济垄断

行政垄断与经济垄断也是不同的,经济垄断,有时也被称为市场垄断,是企业在市场竞争过程中主动采取的为获取市场势力的行为,如产品差异化策略、技术壁垒、低价竞争策略、资源障碍等,是市场中企业出于自身的利益考虑实施的某些行为和策略,从而在市场中拥有某种垄断的势力,这种垄断也是市场竞争的结果,但并非完全有利于经济的发展,有些行为垄断如卡特尔或者企业的恶性联合与并购等等,通过各种非正当经济手段实现市场的垄断,给经济带来了损失,这些恶性的竞争行为在各国都受到了强烈的限制,也是《反垄断法》主要限制的行为,通常会受到严厉的处罚和制裁。

3. 行政垄断与国家垄断

行政垄断和国家垄断都是政府干预的一部分,两者既有联系又有区别,一些学者认为国家垄断是行政垄断的一部分,而另一些学者则认为两者之间存在区别,行政垄断是政府出于不同的目的实施的,而国家垄断是国家基于社会公共利益实施的(梁慧星,1991等)。现实生活中,国家垄断的存在较为广泛,基于对国家利益和社会公众利益的保护以及对某些涉及经济安全和战略发展的需要,从而对某些特殊行业实行国家专营的传统由来已久,如历史上的盐铁专营等。目前国际上,出于对某些弱小产业或者战略性产业的保护,一些国家通常也会实施某些国家垄断政策。而行政垄断往往更为宽泛,某些地方政府或者部门基于某种利益实施的行政垄断,许多时候会给社会经济带来危害,这样的行政垄断则与国家垄断完全不同。因此,国家垄断通常是基于国家层面的特殊考虑,与一般意义上实施的行政垄断不同,两者之间又有所区别。

二、国外研究述评

目前,国外文献虽然专门针对行政垄断的研究较少,但由于其市场经济漫长演变和发展,提供了大量的关于制度建设、政府干预以及垄断经济学的文献,这为研究行政垄断问题提供理论参考。行政垄断是垄断理论的一部分,伴随着垄断经济理论的发展和完善,学者们对行政垄断的理解也更加准确和深入,关于行政垄断问题的研究也越来越丰富。行政垄断是基于垄断理论的发展分化出来的,垄断理论也为行政垄断的研究提供了很多理论基础和分析框架。垄断理论的发展,在微观企业运行、政府行为对市场结构和市场行为的影响、产权结构以及市场的绩效等方面问题提供了有力的支持。

(一)行政垄断问题研究的起源

垄断是与竞争相反的概念,在西方国家,随着市场竞争的深入,行政垄断现象才开始出现并进入人们的视角。最开始垄断理论的发展是在竞争理论的基础上发展而来的,但随着经济的发展和市场结构的变化,垄断越来越得到经济学家们较为独立的关注。关于行政垄断的讨论,最早可以追溯到古典经济学之前。如早在15世纪到18世纪的欧洲,由于重商主义的推行,很多商业活动与政府活动联系在一起,一方面商人可能需要政府的保护去从事相关活动;另一方面,部分商人也会通过利用政府的行政权力实现垄断势力和垄断收益,这就构成了最早的行政垄断。在重商主义后期,垄断与政治特权甚至发展成为一种可以互换的关系,对当时的社会经济造成很大的伤害,从而受到很大的不满和谴责。之后到古典经济时期,虽然对垄断研究的文献依然很少,但已有讨论。在这一时期,经济学家往往认为竞争是市场的常态,而垄断只是一种特例,因此并未给予较多的关注。而古典经济学家亚当·斯密强调"看不见的手",在强调市场竞争,反对政府干预过程中,表达对可能的行政垄断及其对市场破坏的一种反对和抨击。在国外,刚开始垄断问题一直比较被忽略,之后1838年,古诺建立了垄断均衡模型,垄断经济学才得以正式出现,而在这之后,朱尔斯杜普伊特提出的关于歧视性定价的垄断理论,也是这一内容的进一步补充和发展。

(二)新古典经济学对垄断的分析

新古典垄断理论在垄断经济学中占据极其重要的地位,可以说在很长一段时期,是关于垄断问题分析的主流,为垄断分析的发展和演进做出了很大贡献。

在新古典时期,马歇尔在建立竞争均衡模型的同时,对垄断问题也予以了阐述,他指出规模经济与自由竞争不可兼得,即马歇尔悖论,虽然马歇尔对该问题没有作进一步深入研究,但他开启了新古典经济学对垄断基本理论的研究。在这之后,经济学家斯法拉、罗宾逊、陶西阁等分别提出市场的不完全性、产品的异质性理论等,开启了不完全竞争经济学对垄断理论的研究,张伯伦出版《垄断竞争理论》一书,指出不完全竞争才是经济的常态。1954年,哈伯格采用消费者剩余的概念,对垄断的福利损失问题进行测度,建立了衡量垄断效率损失的模型,并在之后利用美国73个制造业的数据测算了垄断的净损失(即DWL),结果显示制造业的效率损失占收入比例的不足0.1%,这是第一个关于垄断效率损失的实证研究。1967年,戈登塔洛克补充说明垄断者也会将获得的部分额外的消费者剩余再次用于形成垄断活动,带来进一步的损失,从而将垄断的"哈伯格三角形"修改为"塔洛克四边形",同时,塔洛克还是寻租理论的提出者,他指出人们为了获取垄断势力,会通过各种途径和方法去获取一定的垄断资源,从而在这个过程产生额外的成本,比如对权力机构的寻租。科斯和缪勒(1978年)在哈伯格的基础上,将垄断利润也纳入损失的测算之中,得出了损失测算的上界,哈伯格的测算通常被用来作为效率损失的下限,也因其数值较小,受到一些经济学家的质疑,如斯蒂格勒等认为其需求价格弹性假定不合理。此外,来宾斯坦(1966)还提出了X效率论,指出垄断厂商由于超额利润的存在以及市场竞争的匮乏,往往缺少削减成本、提高生产效率的动力,使得在实际的生产活动中,他们的单位生产成本往往高于理论生产成本。至此,基于新古典经济学的垄断理论在理论和实证层面上不断发展壮大,以至20世纪70年代以及后来的许多效率问题研究,都以此为基准,在各国的经济研究中留下丰富的资料。

（三）产业组织理论

20世纪60年代，产业组织理论的哈佛学派和芝加哥学派分别就市场结构、绩效以及政府是否干预问题展开激烈的论断，得出了很多重要的理论成果，对分析产业结构和市场问题有很大帮助，而20世纪80年代，关于企业策略行为的研究成为重点，也为垄断问题的分析提供了很好的视角和工具，博弈论对这一领域的分析起到了至关重要的作用。

1. 哈佛学派的结构主义理论

哈佛学派的产业组织理论，认为市场结构是影响市场运行效率的主要因素，尤其是在垄断的市场结构下，企业会为获取垄断利润而不断努力，采取策略性行为、产品差别化等维护自身的垄断势力，为此，也同时产生了许多垄断成本，因此，在SCP框架下，他们进一步对这些关系进行测算，结果发现市场势力越大，市场绩效越差，即垄断的市场结构，将使得少数企业获得高额的垄断利润，损害了市场竞争，一方面使资源的配置的效率降低，消费者福利受损；另一方面，产生了许多为维护垄断利益而花费的成本，而且此时市场并没有主动的动力去改变这样的市场结构，因此哈佛学派主张通过外界的政府干预，价格和非价格行为的管制等，改变市场中的类似垄断或者不合理的结构，维护市场的竞争和秩序。

2. 芝加哥学派的自由竞争理论

与哈佛学派相反，芝加哥学派认为市场是有效率的，市场可以自发地进行自我修复和调节，并在此基础上提出了社会经济领域的达尔文主义，将该思想用于反垄断问题的分析之中。芝加哥学派等提出了经济自由主义理论等，强调要遵循市场的自然规律，即使市场是在竞争的结构下，也可能产生良好的经济效果，如果暂时不是，那么在长期市场也会自发调节，使得影响市场绩效的因素被自然淘汰，从而给他们强调政府的无为性，甚至还指出政府的干预会加剧市场的波动性，强调在长期，优胜劣汰的法则会让市场自发调节经济朝着效率最大化的方向发展，政府不应该干预市场的调节过程。同时，斯蒂格勒等人在对美国电力、交通等产业的研究中，还发现政府的管制往往是失败的。因此，芝加哥学派提倡政府应该尽量放松管制，让市场自由配置资源，只在少数市场失灵的情况下才进行干预，芝加哥学派的理论被更多地应用到反政府干预和反垄断的实践中，对各国政府的市场干预行为产生很大影响。

3. 博弈理论的解释

古诺模型和伯川德模型首先为博弈理奠定了研究的基础，20世纪70年代以来，博弈论被更多地应用到垄断行为的研究，分别在不完全信息模型、动态博弈模型等研究了企业进入壁垒、定价、兼并、联合等策略行为选择的问题，使得对市场垄断问题的研究更加深入，如格林和波特(1984)等。虽然运用博弈理论对垄断市场加以研究和分析的内容很多，也同时丰富了博弈论的发展，但是博弈模型的假设条件过于苛刻，应用的范围较为狭窄，所以在实际应用层面并不十分广泛。

（四）制度经济学对行政垄断的制度安排的解释

制度是在调整社会关系和行为的规范，在制度经济学框架下，可以帮助了解制度建立和运行的原因，尤其是我国行政垄断制度的确立和演进。

1. 基于节约交易成本的角度

新制度经济学认为制度是基于不确定性的一种安排，良好的制度安排有利于节省交易成本，而坏的制度安排将带来经济利益的损失。新制度经济学家们分别从制度的安排将节约交易费用、减少不确定性的角度，解释了垄断市场的行为，阐释了垄断形成的原因及绩效。威廉姆森同时还批评了新古典经济学关于垄断的研究过于偏重在生产函数的研究方面而结构主义理论对效率的研究可能不够准确，他指出，制度的安排会让市场的运行更加有效率，弥补市场的缺陷，引导微观主体在良好的制度设计下减少风险和损失，同时提高社会福利。

2. 利益集团理论

新制度经济学认为利益集团是影响制度建立和变迁的关键因素，庞大的利益集团拥有更多的资源和很大的市场势力，并且会利用各种手段获得政府的支持，从而在市场中维护或者获取更多优势地位和有利于本集团的利益。现实生活中，正是由于某些强势利益集团出于自身利益的考虑而对一些不合理的制度的维持，牺牲了大多数人的利益，导致了社会整体福利的损失、经济效率的低下以及收入分配的不公。利益集团的行为往往会成为导致行政垄断的原因之一，为了获取垄断利益和市场势力而进行一些不恰当的行政干预和制度安排，从而干预市场的竞争行为，往往直接危害到社会公众利益，损害社会公正和公平的收入分配。

3. 规制经济学

在规制经济学中，斯蒂格勒等人将政府作为市场参与的主体之一纳入模型中来,政府有着自身的利益诉求和目标函数,会和一般的经济理性人一样,根据收益最大化的原则进行决策,决定行政垄断的制度供给。政府规制也是政府运用行政权力进行市场干预的一种,既有对不恰当垄断行为的管理,也有出于其他利益方面的考虑采取的一些保护和限制措施,因此,政府规制理论的内容很多,涉及经济、法律和社会的各个层面,基于政府职能理论、市场失灵理论等,经济学家们也展开了广泛的研究,研究规制的合理性和有效性,此外,目前国内外关于政府规制的研究往往会和反垄断政策联系起来。

4. 公共选择理论的补充

公共选择理论假设人是自利的,研究政府官员的行为以及与其他社会团体的互动,对政府行为的分析予以了补充,它还是政治学与经济学的交叉学科,帮助分析政府在公共事务决策中的行为和动机以及公共政策对经济生活的影响。在行政垄断的问题上,公共选择理论可以帮助我们更好地理解价格保护政策的制定、贸易的限制以及寻租等重要问题,这对分析我国市场经济政治体制和经济体制改革有着重要意义。在公共选择理论中,强调政府是一种具备强制性权力的经济组织,可以运用强制性手段实施某种垄断政策,影响市场结构,同时政府及其官员具有利益性倾向,并且是有限理性的,他们的这种政策实施和制度安排往往不完全符合市场要求,甚至背离市场规律,从而造成市场运行效率低下,给经济发展带来损失,因此,政府行为的约束也是公共选择理论的一部分。

(五)熊彼特基于技术进步和创新对垄断的动态分析

1920 年,熊彼特提出了创新理论,指出市场竞争实际上是新组合对旧组合的替代,并且运用动态分析的方法阐述了竞争过程中对创新和技术的推动作用,指出如果垄断的行为带来的资源集聚使得技术进步更有可能发生和成本节约,那么它就是有利于经济增长的结构,不应盲目地加以限制和反对。随后,克拉克提出"有效竞争理论",对此进一步做出了阐释,指出垄断可能存在促进经济增长的部分。基于当前信息化和网络经济的冲击,技术创新也使得垄断现象变得更为复杂。一些软件企业很容易获得整个市场的垄断地位,现在看来一方面在验证了垄断的正向影响,另一方面给垄断行为的判定和反垄断措施的实施带来新的难度。使得对垄断问题的研究也要根据经济技术的变化,放在更多的视角下来观察。

(六)小结

行政垄断是垄断经济学的一部分,同时带有强烈的行政干预色彩,因此对于我国行政垄断问题的研究,一方面需要运用垄断的相关理论,从市场和产业的角度来观察,另一方面还需要运用制度经济学的知识对其独有的运行规律加以理解和把握。因此,研究行政垄断的特点和绩效,必须将其放在综合的理论视角之下,融合新古典经济学、产业组织理论、制度经济学、公共选择理论等加以理解分析。其中,博弈论作为一种针对策略行为的研究,在研究垄断问题时,一般会被纳入产业组织理论的框架之中。新古典经济学、产业组织理论、制度经济学等都为我们的分析提供了丰富的理论基础,同时公共选择理论、博弈论、规制经济学等进一步将分析的边界扩展,提供了更多观察的视角,以便我们对现实内容的研究有了更加准确的理解和把握。

三、国内文献述评

国内目前关于行政垄断问题研究的文献很多,从 20 世纪 80 年代开始已有较多的关注,时至今日,可以说仍然是为学者们所关注的重要内容之一,经过 30 多年的探索,对于行政垄断的研究理论在我国也取得了很多的成果。首先,从研究内容来看,最开始主要是基于行政垄断的概念界定以及制度安排的评述,到后来基于国外的经济学理论,对行政垄断问题开始尝试经济学上的分析,至今已经有了理论上创新性的突破,如于良春(2009)ISCP框架的建立等。从研究的方法来看,开始更多的是定性研究和资料分析,后来是基于行政垄断形成原因和机理的探讨,再到后来运用统计学和计量经济学的分析让这一问题的研究有了更多实证内容的尝试,但到目前为止这样的研究仍然比较少,一方面是由于行政垄断关于制度分析的内容难以量化,另一方面,也是由于行政垄断在现实经济中具有一定的复杂性和隐蔽性,难以找到准确的衡量依据。

（一）关于政府与市场关系的讨论

中国现阶段的行政垄断是来源于之前的计划经济体制,使得经政府行政的力量过多地参与到经济的运行之中,此外,收入分配的不平衡、政府立场的错位以及政府与企业、市场关系的错位等问题,也使得行政垄断问题的改革变得更加艰难,需要在长期予以更多的努力。自施莱弗、维什尼(1998)提出"掠夺之手"的理论以来,国内学者也对我国的政府和市场关系予以了更多的论证和研究。平新乔(2004)采用全国基本单位普查数据进行实证研究,对政府保护动机和效果予以了具体的分析与阐释;张军(1994)在文章中论证了我国政府与市场的关系,并强调提倡政府退出与市场自由竞争的重要性。过勇、胡鞍钢(2003)在文章中讨论了行政垄断的危害,强调了行政垄断与腐败的关系;刘志彪(2002),通过对市场势力的勒纳指数及福利效应的测算,估计了行政垄断给我国带来巨大的福利损失;马树才、白云飞(2008)也基于塔洛克模型测算了行政垄断的社会成本,在实证上进一步验证了行政垄断带来的损失以及对经济的危害;刘小玄(2003)证实了国有产权结构和垄断的市场结构,会使得资源配置的效率降低,从而带来对经济增长的负面影响。此外,江飞涛、曹建海(2009)也指出,政府干预微观经济的不正当行为,是导致经济发展过程中重复建设和产能过剩的最主要的原因。

（二）关于概念界定的讨论

对这一问题的研究在学术界持续了很长时间,在经济学界和法学界都有较为激烈的讨论,比较一致的说法是行政垄断是政府行为导致的对市场竞争的排斥。关于这一问题的分歧在于,首先,在主体方面,有些学者认为行政垄断的主体是企业,而有些认为是政府;其次,在对象方面,伴随着我国对于基础设施行业的控制,很多时候会把行政垄断与自然垄断行业相混淆,导致关于行政垄断问题的研究更加复杂;最后,在关于反垄断法制定时,究竟怎样的行为可以界定市场垄断,怎样的行为是行政垄断,又将如何管理和监督,也需要予以足够的认识和说明。

（三）关于行政垄断的形成及演进

行政垄断的形成及演进也是关于行政垄断研究的重要方面,得到了学者们的关注,学者们分别从制度经济学、历史学等角度对其加以解释和分析。首先,学者们普遍认为,行政垄断作为计划经济残留的制度安排,随着市场经济的确立和发展以及各种经济条件的变化,呈现出动态演进的特征。在制度经济学的分析框架,学者们对这一制度特性给了自己的研究和观察,张伟、于良春(2011)基于博弈论的相关理论,构建了垄断的重复博弈模型,并在探讨行业性垄断的形成机制的基础上,提出了设立防火墙、引入有效竞争等治理措施,此外,与规制理论相类似,中国学者也试图寻找我国政府在市场运行中的目标函数及与其他市场主体的互动机制,从而了解政府规制的供求关系及均衡的存在,解释行政垄断给经济带来的效率损失（如余晖,2000;陈富良,2002）。于华阳、于良春(2008)根据我国政府和企业的特点,建立制度供需机制的理论假说,对行政垄断的形成与运行机制加以解释和分析。于良春、杨骞(2007)建立了行政垄断制度选择的一般分析框架,指出行政垄断制度的变迁取决于在市场需求、技术条件以及人力资本等一系列经济制度条件变化的过程中,市场竞争与行政垄断相对效率的比较。陈林、朱卫平(2012)运用新制度经济学的理论,分析了行政垄断与国有经济之间的关系,结果表明两者之间具有很强的共生性。

(四)行政垄断绩效研究

在对行政垄断的绩效研究方面,有的学者从理论方面分析其对经济的影响机制;有的学者则偏重实际的测算,运用现实经济数据测算其给经济增长带来的损失和伤害。刘志彪、姜付秀(2003)采用股票市场的企业数据,利用哈伯格等人的模型和测算方法,测算了我国行政垄断所导致的福利净损失程度,这个数值达到当年 GNP 的 3.68% 左右,给中国社会造成巨大的损失和浪费。姜付秀、余晖(2007)进一步测算了烟草、电力、金融等 6 个行政垄断行业的福利损失,同样也发现了损失的存在,从而阐述了行政垄断的危害;王俊豪、王建明(2007)则分析行政性垄断作为我国垄断产业的特性之一,兼具有合理和不合理的双重特点。

1. 绩效研究的主要分类

行政垄断绩效的研究,往往会与产业经济学和区域经济学等理论结合起来,结合我国现实中市场分割、产业管制的现状进行具体分析,在此之外,还有学者基于收入分配层面的观察。对于这三个方面,学者们都予以了较为丰富的研究。

2. 行业性行政垄断研究

在行业性垄断的研究方面,于良春、张伟(2010)发展哈佛学派结构主义的 SCP 框架,建立了带有制度因素的 ISCP 框架,通过制度、结构、行为、绩效多重指标体系的设定,全面衡量各行业的行政垄断程度,对我国行业性行政垄断的效率损失进行了细致的测算,结果显示行政垄断在我国微观企业生产、产业结构调整以及宏观经济运行等各个层面上都造成了巨大的损失和影响。此外,丁启军、伊淑彪(2008)也构建了自己的行政垄断测试指标,对中国行政垄断行业的效率损失进行了测算,结果表明我国行业性行政垄断给社会经济带来了巨大的效率损失。此外,不少学者还就电力、银行、航空运输等(如于良春、牛帅,2009;潘正彦,2004;陈学云、江可申,2008)典型行政垄断行业的效率损失做了专门的测算和研究,分别得出了各自的结论,阐释了行政垄断行业效率损失的普遍存在以及行政垄断改革的必要性。

3. 地区性行政垄断研究

关于地区性行业垄断,也引起了国内学者较多的关注。多数学者(如白重恩等,2004;金煜等,2006;刘培林,2005;郑毓盛、李崇高,2003)主要就地方政府与市场分割等理论,对行政垄断的危害展开了探讨。于良春、余东华(2009)构建行政垄断指数体系,将制度的因素纳入分析框架,创新性地对我国各省市的行政垄断程度进行了测算,阐释了我国地区性行政垄断的垄断程度和动态演进态势;许开国(2009)运用数据包络分析方法测算制造业的社会成本,结果表明地区性行政垄断造成了很大的效率损失,阻碍了竞争,对资源配置效率带来极大的负面影响;张卫国等(2011)基于经济增长和市场分割理论,测度了地方政府投资行为、地区性行政垄断与经济增长的关系,结果表明,短期之内,前两者对经济增长有正向作用,但是长远来看,这种影响是消极的。

4. 行政垄断的收入分配效应

学者们还研究了行业垄断对收入分配的影响,如于良春、张俊双(2013),他们采用因子分析法,验证了行政性垄断的收入分配效应,并指出这也是行政垄断对经济危害性的一大体现,还指出行政垄断是造成行业间收入差距最重要的原因。郝书辰等(2012)、武鹏(2011)对行政垄断加剧收入分配差距的影响做了进一步的论证,运用实证分析测算了行政垄断对收入差距的影响程度;陈爱贞、刘志彪(2007)还指出,近年来中国市场上,国有企业、跨国企业以及民营企业越来越对行政垄断资源展开各种竞争和博弈,导致行政垄断出现泛化趋势,使得行业收入差距的扩大以及竞争的不公平性。

(五)文献述评

综上所述,在国外理论取得极大进展的同时,结合现实问题,国内学者也在诸多层面上展开了研究,其中对行政垄断绩效研究关注的最多。一方面,由于现实中我国市场经济改革正在逐步推进,行政垄断正是这一过程中遇到的难以回避的问题和阻碍,为提高市场运行效率和资源的配置效率,促进经济的进一步发展,学者们就这一问题进行更多的探索和尝试;另一方面,由于行政垄断与政府职能、产权结构、市场行为、利益集团、市场分割、收入分配等一系列问题交织在一起,使得这一问题具有很大的复杂性和隐蔽性,加上我国统计工作的不充分,数据的难以获得,使得关于行政垄断的研究工作变得更为困难。

目前,我国关于行政垄断的分析,在方法上更多的还是沿用新古典经济学的静态分析,产业组织理论及制度经济学理论框架下的研究相对少一些;在内容上则是更多地停留在理论探讨方面,关于实证分析的并不是很多,一方面由于我国行政垄断的数据难以获得以及行政垄断问题的隐蔽性、复杂性,使得准确找到数据的测算工作变得非常困难;另一方面也是由于西方经济理论的模型和理论工具对市场结构及行为等方面有着严格的假设,使得实际测算出的数据往往带有偏差。国外从 20 世纪 70 年代已经开始尝试,虽然国内已有对国外先进成果的借鉴,但遗憾的是,在这方面的实证依然比较少,因此,本章通过文献阅读和数据的查找,希望能在这一领域做一些能力所及的努力。本章在结合新古典经济学、产业经济学以及制度经济学的相关理论的基础上,根据我国行政垄断发展的实际情况,在规范分析的基础上,试图运用数据和计量分析工具在实证方面对这一问题加以量化分析。

第三节　理论分析

对于我国的行政垄断问题,本章主要研究其动态演进及绩效的表现,基于我国行政垄断问题的复杂性和特殊性,本章综合制度经济学、新古典经济学以及产业组织理论对该理论展开分析。

一、制度经济学的分析

行政垄断构成了我国转型经济的一大特征,中国行政垄断从根源上就具有制度性的特征,因此可以从制度经济学的角度对其形成及变迁机理加以分析。

（一）行政垄断的历史发展状况

本章主要研究改革开放以来,随着市场经济制度的逐步确立,行政垄断在这一时期的演进历程。

我国的行政垄断是前期计划经济制度的产物,在前期以政府为主导,当外界条件没有剧烈变化时,其本身也不会发生剧烈的变化,而是伴随着市场经济条件的愈发成熟而发生缓慢的演进,即渐进式的制度变迁。我国行政垄断的形成不是在市场失灵的基础上所采取的干预措施,一开始是在行业的所有方面予以全面的管制,采用国有化的方式,以各种直接或者间接的安排将所有业务进行行政管制。之后,随着改革的深入,国有企业的低效率问题也引起了广泛的关注,这一时期,行政垄断也有所放开,对部分竞争性业务,国家予以了开放,但力度很小,如电信的增值业务,而邮政快递的很多业务还是处于完全的垄断状态。在之后,我国对一些高度垄断的企业进行并购重组与股权改制,适当引入竞争机制,以提高行业的经营效率,或者将原来的完全垄断结构改为几家经营的多头垄断结构,以增加行业竞争和市场的活力,相对上一阶段有了进一步的放松,但整体行政垄断程度依然很高。时至今日,众多高垄断领域在互联网快速发展的现在都受到了一些冲击,行政垄断造成的效率损失也给国家带来很多压力,因此对行政垄断的进一步改革和放松仍在进行,但改革的内容和速度还要进行更多的思考。

回顾这一历程,我们发现,从完全依赖行政命令的计划经济体制中脱离,行政垄断的势力虽然仍然广泛存在,但一直保持着收缩的趋势,我国政府也在这一过程中付出了很多的努力。

（二）行政垄断的形成——基于制度供求理论的分析

制度也是一种资源,好的制度安排将有效地调节社会竞争关系,降低市场的交易成本,使得经济平稳高效率地运行。对行政垄断制度的供求分析,可以借鉴价格理论的模型,将制度制定的成本和收益用制度的价格来衡量,而制度制定的数量和强度用制度的数量来衡量。这里暗含的假设是,制度的供给者政府部门,也是经济行为人,有着自身的利益诉求,受价格规律的支配,这种假设在很多情况下确实也符合现实的情况。这里比较特殊的是,政府部门可以既是制度制定的供给者,又是制度的需求者,因此要该模型又具备一定的特殊性,需要结合现实经济状况,加以全面的分析。本模型制作简单的静态和比较静态分析,不包括长期的极端的情况。

1. 行政垄断的制度需求分析

制度的需求者可以包括垄断厂商、政府和消费者三个方面,对需求的分析可以分别从这三者的角度来考虑。

受利益最大化目标的支配,出于对超额利润的追求,行政垄断制度的安排将厂商带来利益,因此,在可接受的价格范围内,出于对垄断势力的追求,厂商希望得到更多的行政垄断安排,因为更多的行政垄断意味着更多的效用将会得到满足。同时,对政府来说,出于对公共利益或者个人利益的考虑,希望达到制度制定的效果,也会产生对行政垄断的需求,消费者对合理的行政垄断会有需求,如果是不合理的行政垄断,消费者不会产生需求。

考虑影响需求曲线移动的因素,可以帮助市场达到新的制度均衡,那些与价格无关,但是会影响到厂商对行政垄断追求的因素就构成了厂商需求曲线移动的因素。一般来说,厂商的收入越高,即垄断利润越高,那么厂商追求行政垄断的能力就越强,即需求曲线向上移动。政府的收入越高,即综合公共利益目标和寻租的利益影响,也会使得需求曲线移动。其次,政府、厂商和消费者的偏好。政府部门受国家发展目标以及经济生活状况的影响,比如反腐败思想的宣传等。再次,预期。如果厂商预期未来反垄断趋势的加强或者更多的反垄断政策将出台,那么当前厂商对行政垄断的需求会更强烈,需求曲线也会向上移动。最后,替代品和互补品的等其他因素也会使曲线发生移动,如产品的差异化等导致的市场结构改变,就成了行政垄断的替代品。

2. 行政垄断的供给分析

因为本章将行政垄断界定为政府的行为,所以行政垄断的供给者只有政府方面,同时政府的行为受公共利益和个人利益的影响,一方面出于对公共利益的保护,政府会加强行政垄断的制定,为保护某些关乎国家经济命脉、国家安全以及某些市场失灵的领域,制度的制定将给整个社会带来利益,这种行政垄断也是可取的;另一方面出于对个人利益的追求,某些政府官员可能也会加强某些行政垄断政策。行政垄断为政府提供了税收等收入,在缺乏监管的情况下,虽然可能会损害消费者利益,并给社会带来一定损失,政府为使自身的目标函数最大化,在一定条件下,就会选择相应的行政垄断安排。

行政能力、行政成本以及国家反腐败制度的加强等因素将影响供给曲线的移动。如国家反腐败政策的加强,将提高寻租的成本,使得供给曲线向上移动,同时,若政府行政垄断政策的推行面对来自社会越来越多的阻碍,那么行政垄断的成本提高,供给曲线也将向上移动。

3. 均衡分析

由图 4-1 所示,供求双方的情况决定了行政垄断制度的均衡点,即当前垄断市场的结构、寻租的成本、经济技术水平等决定了当前的行政垄断制度的强度。因此,要改善目前的行政垄断状况,主动的措施可以包括降低对垄断价格的保护,减少垄断利润,将使得均衡点向左移动;加强反腐败力度,也将使得供给曲线上移,从而减少行政垄断政策的供给等。

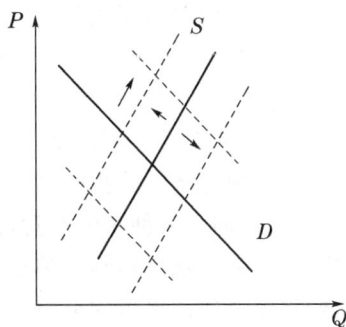

图 4-1　行政垄断的制度供求模型

(三)行政垄断制度的演进

基于关于上述行政垄断制度的供求的分析,短期行政垄断制度的安排可能处于某种均衡之下,但随着时间的推进,均衡条件改变,均衡就将被打破。在制度变革理论方面,还强调制度变革的滞后性,一项制度的变革,在开始的时候可能会面临旧的利益集团的强烈反对等,使得成本很高,而且不确定性很

大，所以收益很低，之后随着时间的推移，新
制度对经济的改善效果逐步增强，收益开始
上升，同时成本也随着更多障碍的克服而减
少，因此，制度的变迁往往需要经过新制度
与旧制度的更替、新的利益集团与旧的利益
集团相互对抗的一段时期，最终，收益超过
成本，新制度得以确立（如图 4-2 所示）。
市场经济体制的建立和完善是未来的方向，
当前的行政垄断已经给社会带来一定的成
本和负担，社会各界也就该问题给予了一定
的关注，相信随着时间的推移，行政垄断会

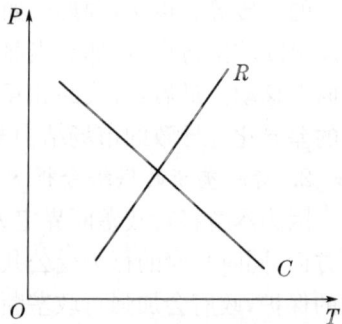

图 4-2　行政垄断作为制度安排
的动态演进模型

逐步得到更加的规范。总而言之，中国行政垄断制度，处在一个渐进的演变过
程当中。

二、新古典经济学的垄断市场理论分析

（一）基本理论的解释

评价市场绩效最重要的指标就是资源配置效率，基于我们当前市场机制
不健全、生产力水平尚未达到发达经济水平、技术创新体系尚未完全建立的情
况，我国的行政垄断问题分析仍然可以在新古典经济理论的视角下观察。如
前文所提，我国的行政垄断是以政府为主导的制度安排，而非以企业为主导的
在市场竞争中产生的垄断现象，因此用于解释发达经济体中企业垄断的创新
性破坏理论或者反垄断经济学的中限制企业行为的种种分析方法是不适用
的，而新古典经济学给我们提供的一般分析框架仍然适用，因为我国行政垄断
的安排更倾向于一种垄断专营，使得企业在缺乏竞争的情况下以高于成本的
价格定价，从而获得超额的垄断利润。也就是说，因为我国行政垄断的制度安
排，使得企业通过更多的努力去获取市场势力、维持市场价格，所以我国的行
政垄断，更多的就是垄断定价带来的效率损失，虽然这种损失可以进一步分解
为企业运行的低效率、社会福利的净损失、一定的寻租成本等，但垄断利润的
形成和效率的损失仍然可以在价格理论中发现，而非价格行为的影响相对较
小，由此本章采用新古典经济学的垄断市场分析框架对行政垄断的效率损失
问题进行研究。

（二）DWL 的两种具体测算方法

如图 4-3 所示,在垄断市场上,厂商面对一条向下的需求曲线,并且拥有一定的定价权,即厂商可以高于市场价格的垄断价格 P_m 来销售产品,而非按照市场竞争的结果,接受更低的价格。在这样的情况下,根据价格理论,价格提高,必然伴随着产量的降低,导致消费者福利降低,由此垄断产生的损失包括社会福利的净损失(即 DWL),即下图中的哈伯格三角形,转移到生产者剩余中的有可能被用来寻租而转化成新的社会净损失的寻租成本,以及有可能由垄断导致的生产的低效率(即 X 低效率),虽然后两种成本在现实中广泛存在,但由于这些问题的复杂性、模糊性及隐蔽性特点,一般很难准确地用数据衡量。

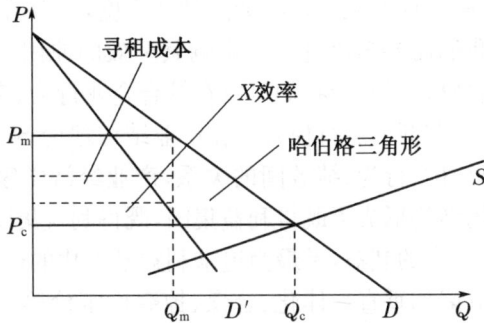

图 4-3 垄断导致的社会福利损失分析

在哈伯格的分析中,其利用资本的平均报酬率作为正常报酬率的估计值,然后用会计利润减去正常报酬,得到经济利润率 r,因此有以下的推导:

$$\Delta P = P_m - P_c = P_m - c \tag{4.1}$$

$$
\begin{aligned}
DWL &= 1/2\Delta P\Delta Q = 1/2(\Delta P)^2(\Delta Q/\Delta P)\\
&= 1/2[(P_m-c)/P_mQ_m]^2(P_m/Q_m)(\Delta Q/\Delta P)P_mQ_m(Q_m)^2\\
&= 1/2[(P_mQ_m-cQ_m)/P_mQ_m]^2\varepsilon P_mQ_m\\
&= 1/2r^2\varepsilon P_mQ_m
\end{aligned}
\tag{4.2}
$$

哈伯格因为假定其样本的需求价格弹性 $\varepsilon=1$ 而受到一些批评,认为其低估了垄断的损失。本章借鉴刘志彪(2003)对该问题的研究,将哈伯格三角形所造成的社会福利损失认为是垄断成本的最低限,而如以下由柯林和缪勒(1978)用需求价格弹性的倒数等于销售利润率的方法,计算出的净损失公式,即:

$$DWL = 1/2[(P_m-c)/P_m]^2 P_m Q_m \varepsilon$$
$$= 1/2[(P_m-c)/P_m]^2 P_m Q_m \tag{4.3}$$
$$= 1/2(P_m Q_m - c Q_m)$$

哈伯格的理论在现实生活中对需求价格弹性接近于 1 的垄断行业具有一定的可取之处,同时柯林和缪勒对获取垄断势力而付出的成本损失方面,在我国的情况下也有所高估,因此,可以借鉴这两个模型的分析,将两者分别作为社会净损失的最低限和最高限来衡量。

(三)产业组织理论

1. 对垄断现象的解释

新古典经济学虽然告诉我们垄断价格的安排将带来怎样的效率损失,但并没有解释这种价格形成的原因及可能达到的程度,要改善经济的运行情况,降低垄断的成本,我们需要知道进一步影响其绩效的原因。产业组织经济学恰好提供了这样的分析框架,让我们可以在综合企业行为、市场结构以及市场绩效的角度观察整个垄断的运行模式。在产业结构理论 SCP 范式的框架中,清晰地解释了市场结构、行为、绩效间的关系,产业经济学家们对此进一步的解释是,垄断的市场结构形成了既得利益集团,既得利益集团不可能为了市场竞争的效率而放弃自身的利益,是最为追求利益最大化的微观主体,他们会从自身利益出发,采取诸如垂直一体化、合谋、掠夺性定价等行为继续强化自身的市场势力,维持垄断利益,从而使得垄断的市场结构得到进一步强化而难以通过自身的力量消除,市场的绩效得不到改善。因此,行为—结构—绩效学派认为,公司的策略性行为是妨碍市场运行的最严重的障碍,应该依靠政府的力量,限制策略性行为。

2. ISCP 框架——SCP 框架在我国的发展

于良春(2010)创新性地将制度作为另一影响市场结构的因素纳入 SCP 分析框架,在此基础上形成 ISCP 分析框架,考虑我国转型时期的制度因素对垄断市场结构形成的影响,强调制度在行政垄断形成及运行机制中的决定性作用,政府通过国有化的安排,通过价格保护、进入壁垒、信贷支持等影响企业的行为和市场的竞争关系,形成市场的垄断结构,在结构、行为、绩效的框架下进一步传导,构成了我国行政垄断市场的特征。该理论和模型的扩展对分析我国行政垄断市场具有很好的解释作用,可以让我们清晰地看到制度在其中的传导框架。

3. ISCP 框架下的动态传导机制

本章支持该理论对我国行政垄断问题的分析,同时,结合前面的制度经济学分析,考虑我国市场经济体制的逐步建立和完善、当前社会体系中主动性制度变革特点的存在以及我国行政垄断相关制度的动态演进和变革特点,本章将这四个因素间的传导机制进一步由静态的单向传导模式扩展到动态的循环传导结构中,强调在这一过程中,市场绩效对制度安排的影响,虽然这一环节的发生和作用可能要放到相对较为长期的时间维度来考虑,但考虑到我国政府的强干预性,这一影响的发生可能并非想象中漫长,而我国经济学家对于该问题的关注和研究,正是想要通过效率损失的测度和解释影响决策者的行为,从而影响政府的行为,改变当前的制度环境,使得整个市场的结构得以改善,经济绩效得以提升(如图 4-4 所示)。

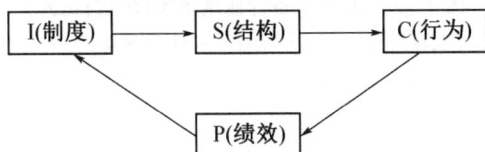

图 4-4　ISCP 框架的动态传导机制

第四节　实证分析

一、行业发展的整体情况

(一)各行业规模快速扩张

改革开放以来,我国国民经济快速发展,国内生产总值增加到 2014 年的 64 万亿元,人均产出 2014 年底也达到了 46 531.20 元,这无疑是改革在经济上的巨大成就,与此同时,各行业也得到了较快的发展,根据国家统计《中国统计年鉴》的数据,截至 2012 年,我国各行业的增加值如图 4-5 所示,其中农、林、牧渔业的增加值最高,为 52 373.63 亿元;批发和零售业其次,为 49 394.4 亿元;水利、环境等行业的数值相对较低,分别为 2 405.32 亿元和 3 446.57 亿元。根据最新的统计信息,农、林、牧渔业、交通运输行业、金融等部分行业的数据截至 2013 年,如图 4-6 所示,各行业虽然规模不一,但在绝对值上都是给出了很好的成绩,行业规模得到了迅速的扩张。

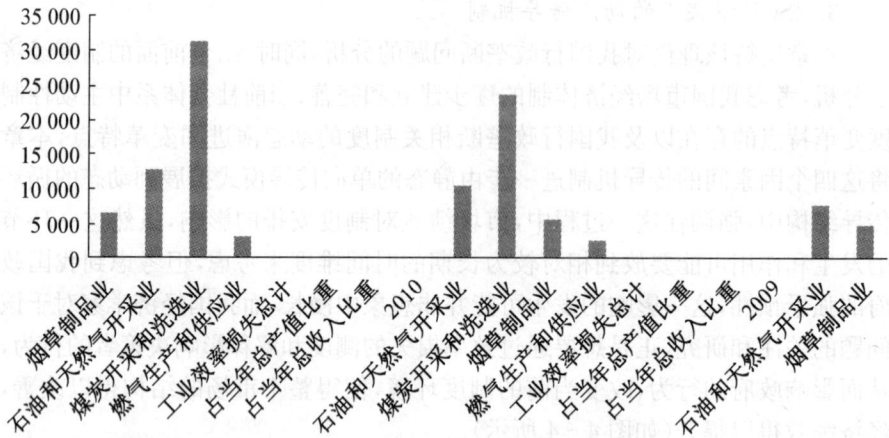

图 4-5　2012 年各行业增加值(单位:亿元)

资料来源:国家统计局网站的《中国统计年鉴》计算所得。

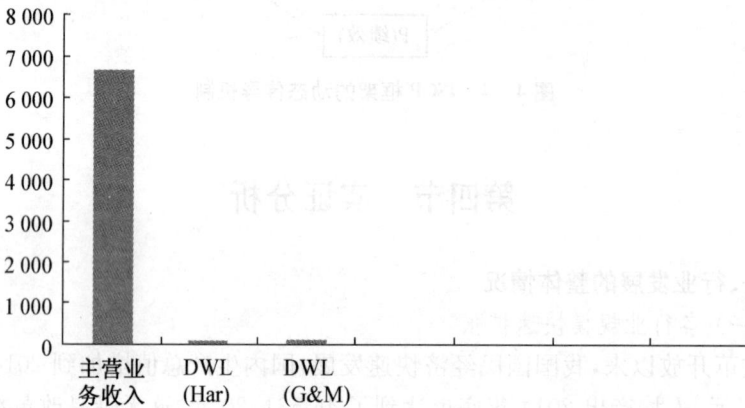

图 4-6　部分行业 2013 年行业增加值(单位:亿元)

资料来源:国家统计局网站的《中国统计年鉴》计算所得。

各行业虽然规模上有着一定的差距,但绝对数值取得了较大成就。与此同时,根据新的行业分类标准,2004~2011 年各行业的年平均增长率也有着较好的表现,如图 4-7 所示,各行业的年平均增长率多数都在 15％左右,部分如金融业、建筑业等达到了 20％左右,分别居于所有行业的前 2 名,其中金融行业的增长率最高,为 23.80％,作为高垄断化经营的金融业,在 2005~2012 年我国金融行业的改革,证券、银行、保险多种形式的金融业务政策放开,使该行业实现了迅速的扩张,可以说这几年也正是金融行业发展的黄金时期。相对较低的是电力、燃气及水的生产和供应业等行业,达到 9.16％,这可能与其高度国有化的垄断经营有关,虽然绝对数值并不低,但相比于那些改革使得行业获得巨大活力的行业(如金融业等),这些高度垄断的基础设施行业远远落在后面,这也意味着发展的不均衡,相互间差距的加大。由此可见,在国民经济快速增长的背景下,各行业的发展得到了迅速提升的同时,行业间的增长率存在一定差距,同样是基于垄断化经营,但由于改革的内容和力度不同,行业性质和政策也不同,发展速度也有很大差异,这也将进一步加剧行业间发展的不平衡。

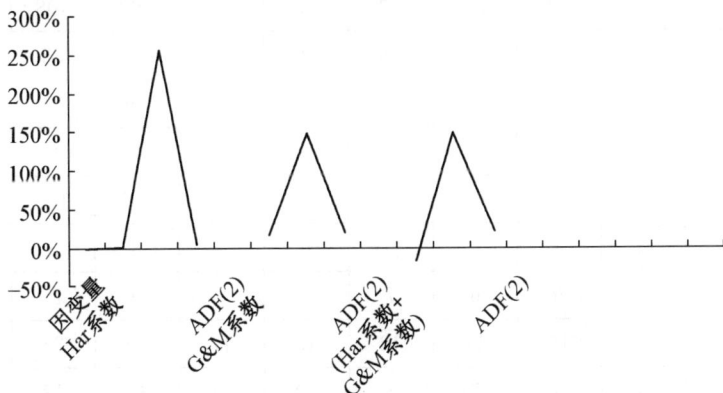

图 4-7 2005~2012 年各行业年平均增长率

资料来源:国家统计局网站的《中国统计年鉴》计算所得。

(二)各行业发展差距的拉大

1. 劳动产出率

根据 2004~2012 年各行业的数据(具体数据在表 4-1 中列示,表的第一列由于文档宽度的限制,选用国民行业分类最前面的代码简单列示,与图中的行业名称并没有差别),通过对劳动生产率(工业增加值/劳动投入)的计算,得

表 4-1 2004～2012 年劳动生产率

万元/人	2004	2005	2006	2007	2008	2009	2010	2011	2012
ALL	14	16	18	22	26	27	31	33	34
A	46	50	55	67	82	94	108	132	155
B	15	20	23	25	36	30	37	45	43
C	17	19	21	25	30	32	36	37	38
D	19	23	26	32	26	27	30	32	33
E	10	11	13	15	17	19	21	19	18
F	16	20	24	29	32	32	36	35	35
G	7	8	9	11	13	13	14	15	16
H	70	77	90	113	135	143	171	179	186
I	30	32	35	37	41	41	43	43	47
J	15	17	22	32	36	40	45	49	54
K	54	58	67	83	85	98	108	108	107
L	14	14	16	19	20	21	25	33	37
M	8	10	11	14	16	17	19	23	25
N	4	5	5	6	6	7	8	9	10
O	46	58	63	70	82	90	101	122	129
P	3	4	4	5	6	7	8	9	10
Q	5	6	6	7	8	9	9	11	12
R	8	10	11	13	15	17	19	22	25
S	5	6	7	8	10	11	11	12	13

资料来源:国家统计局网站的《中国统计年鉴》计算所得。

出各行业这 9 年间的平均劳动生产率如图 4-8 所示,各行业的劳动生产率差别很大,从最高的批发和零售业以及农、林、牧、副、渔业到最低的公共管理和社会组织位等,相互之间的劳动生产率差了几十倍。劳动生产率是生产效率的一个体现,批发和零售业以及农、林、牧、副、渔业的高生产效率可能与其高度的市场竞争关系有关,而公共管理和社会组织等,由于其国有事业单位的性质,工作缺乏竞争性,所以效率处于最低的位置。此外,制造业和其他一些生产性服务行业的生产率也较高,均在全行业平均水平以上,这也对我们现实的观察提供了验证。当然,劳动生产率只供我们对该行业的生产效率做一个大致的观察,由于图4-8中采用的是行业大类的分类,也并不能完全使我们了解产生这些差异的因素。

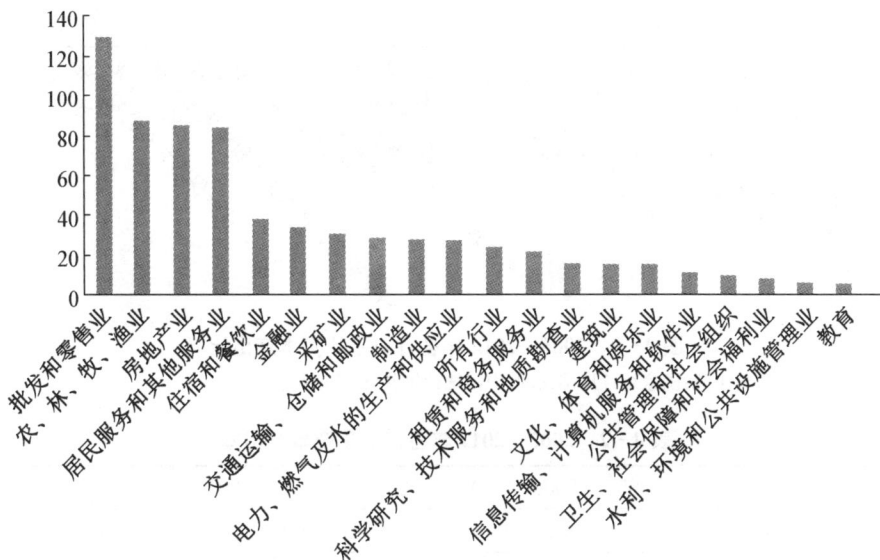

图4-8　2004～2012年平均劳动生产率(单位:万人/人)

资料来源:国家统计局网站的《中国统计年鉴》计算所得。

2. 资本产出比

在劳动生产率的数据上,我们得到了相应的结论,那么从资本报酬的角度来看,情况又是怎样的呢?

由图4-9和表4-2所示,房地产的资产产出比最高,体现这九年中房地产行业的高速扩张带来的高额资本产出。其次水利、环境和公共设施管理业的数值也较高,而其他行业的数值都非常低。虽然可能由于行业要素的密集度不同,资本产出的效率不同,但这样的结果可能是由于资本投入的回报周期长,而我国正处于投资拉动的经济结构之中,因此资本投入往往在当期有着高于产出的情况。

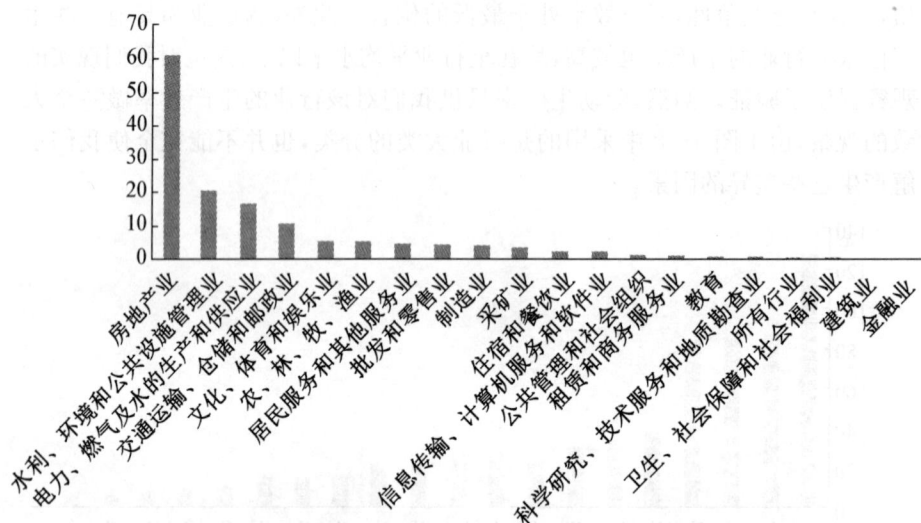

图4-9 2005～2012年各行业平均资本产出比

资料来源:国家统计局网站的《中国统计年鉴》计算所得。

表4-2 2005～2012年各行业年资本产出本

	2004	2005	2006	2007	2008	2009	2010	2011	2012
ALL	7.370 7	0.000 2	0.000 1	0.000 1	0.000 1	0.000 1	0.000 1	0.000 1	0.000 1
A	27.700 7	0.019 8	0.018 3	0.016 2	0.013 3	0.011 9	0.011 9	0.012 3	0.012 0
B	11.303 6	0.004 2	0.004 3	0.003 9	0.003 9	0.003 9	0.002 7	0.003 2	0.003 3
C	8.237 0	0.000 6	0.000 5	0.000 5	0.000 4	0.000 4	0.000 4	0.000 3	0.000 3
D	1.943 5	0.002 6	0.002 6	0.002 8	0.002 9	0.001 8	0.001 7	0.002 1	0.001 9
E	36.817 5	0.009 2	0.009 9	0.009 6	0.009 4	0.008 8	0.006 8	0.006 3	0.005 0
F	3.225 1	0.001 6	0.001 6	0.001 7	0.001 7	0.001 3	0.001 1	0.001 3	0.001 1
G	6.620 2	0.004 2	0.004 3	0.005 0	0.005 0	0.004 8	0.005 2	0.006 5	0.005 5
H	38.802 8	0.041 0	0.034 0	0.031 2	0.030 1	0.026 4	0.023 8	0.023 0	0.018 2
I	18.659 8	0.036 6	0.029 4	0.022 8	0.018 8	0.015 8	0.012 2	0.011 0	0.008 4
J	211.180 6	0.138 4	0.139 5	0.139 9	0.121 5	0.098 8	0.012 2	0.069 9	0.053 5
K	1.760 3	0.002 8	0.002 4	0.002 1	0.002 1	0.001 7	0.012 2	0.001 3	0.001 1
L	25.753 8	0.024 6	0.019 7	0.016 9	0.014 0	0.010 0	0.012 2	0.007 4	0.007 0
M	24.737 8	0.018 2	0.019 2	0.020 4	0.018 1	0.012 9	0.012 2	0.011 5	0.009 4

（续表）

	2004	2005	2006	2007	2008	2009	2010	2011	2012
N	0.474 3	0.000 7	0.000 6	0.000 5	0.000 4	0.000 3	0.012 2	0.000 3	0.000 3
O	25.627 5	0.125 9	0.148 9	0.144 1	0.133 4	0.102 1	0.012 2	0.070 2	0.063 9
P	8.041 6	0.001 5	0.001 7	0.001 8	0.002 0	0.001 9	0.012 2	0.002 0	0.001 9
Q	17.398 4	0.008 0	0.007 6	0.007 2	0.006 4	0.004 4	0.012 2	0.004 1	0.004 2
R	4.456 6	0.009 9	0.010 3	0.009 0	0.008 2	0.006 4	0.012 2	0.006 0	0.005 2
S	8.253 1	0.001 7	0.002 0	0.002 2	0.002 2	0.002 2	0.012 2	0.002 0	0.002 0

资料来源：国家统计局网站的《中国统计年鉴》计算所得。

3. 各行业平均工资收入不平衡发展

由图 4 - 10 所示，2003～2013 年全国职工平均工资由 2003 年的 13 969 元增长到 2013 年的 51 483 元，增长了近 4 倍，各行业的工资都有了显著的提高，体现了经济发展带来社会整体福利的增加和收入的上升。与此同时，行业的收入呈现出明显的差异特征，一方面体现出不同行业的报酬率不同，另一方面，也反映出收入分配的不公平，住宿餐饮和金融业的工资甚至是农林牧渔业的 3 倍多。根据学者们的研究，这与行业的结构性有一定的相关关系。

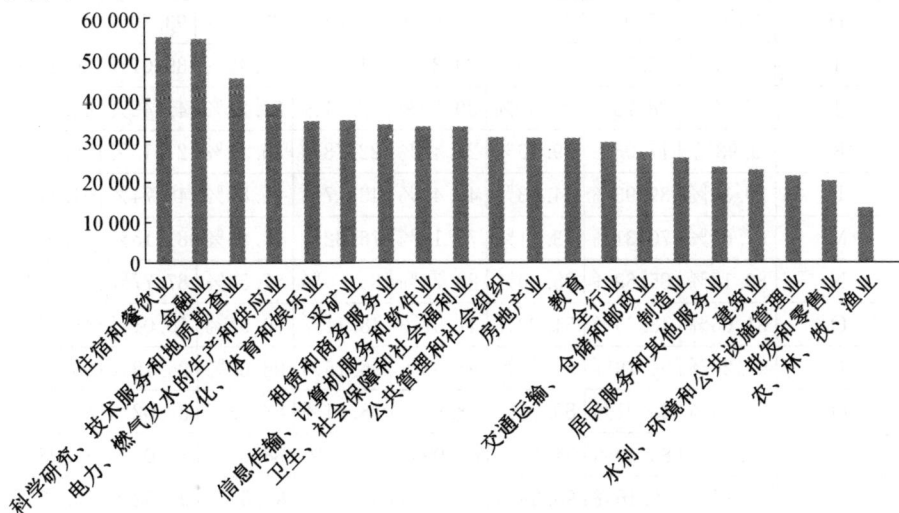

图 4 - 10　2003～2013 年各行业平均工资（单位：元）

资料来源：国家统计局网站的《中国统计年鉴》计算所得。

（三）行政垄断对行业发展的影响

由表4-3可以看出，不同行业的国有化发展差别很大，有的行业几乎达到了完全国有化的程度，而有些行业则以民营经济的生产为主，与此同时，在图4-11中可以看出，一方面各行业国有单位的平均工资比全行业平均工资要高一些，但是绝对差额并不是很大；另一方面，一些国有化程度高的行业也有着较高的工资收入，一定程度上反映国有化程度对行业结构的影响。综观以上反映行业基本特征的数据，可以看出我国各行业不均衡发展。

表4-3 2006～2013年各行业的国有化程度

	2013	2012	2011	2010	2009	2008	2007	2006
ALL	35.15%	44.89%	46.51%	49.93%	51.06%	52.88%	53.42%	54.90%
A	95.07%	94.58%	94.82%	95.12%	95.30%	95.61%	95.31%	95.16%
B	15.27%	40.60%	40.93%	41.65%	44.01%	44.95%	43.51%	45.63%
C	4.42%	8.67%	9.73%	11.45%	12.54%	14.14%	14.95%	16.53%
D	49.19%	63.36%	64.24%	65.67%	64.55%	66.26%	66.71%	69.02%
E	9.16%	17.20%	19.32%	21.99%	22.31%	24.96%	25.82%	26.58%
F	46.06%	58.93%	64.23%	75.37%	79.47%	82.53%	85.23%	83.96%
G	5.85%	9.86%	10.11%	9.90%	10.18%	10.04%	10.03%	10.71%
H	36.17%	56.03%	60.02%	65.62%	71.34%	83.16%	93.70%	101.52%
I	13.96%	25.85%	26.46%	29.39%	31.76%	35.49%	39.01%	46.17%
J	27.49%	28.78%	28.95%	30.70%	32.51%	37.22%	41.42%	44.94%
K	9.93%	17.06%	19.15%	21.45%	22.78%	25.19%	27.15%	29.23%
L	29.30%	39.93%	44.63%	42.41%	43.17%	45.83%	48.74%	51.11%
M	57.69%	70.31%	73.11%	75.13%	76.82%	78.43%	81.15%	81.97%
N	80.13%	85.69%	85.96%	86.75%	86.70%	87.59%	87.77%	88.45%
O	31.66%	48.93%	51.29%	47.97%	48.11%	50.95%	50.01%	48.97%
P	93.28%	94.79%	95.25%	95.93%	96.15%	96.60%	96.19%	96.25%
Q	87.36%	88.91%	89.24%	88.94%	88.94%	88.93%	89.02%	88.84%
R	74.79%	83.49%	84.30%	86.09%	86.40%	88.04%	89.03%	89.98%
S	99.15%	99.16%	98.98%	99.10%	98.97%	99.54%	99.52%	99.36%

资料来源：国家统计局网站的《中国统计年鉴》计算所得。

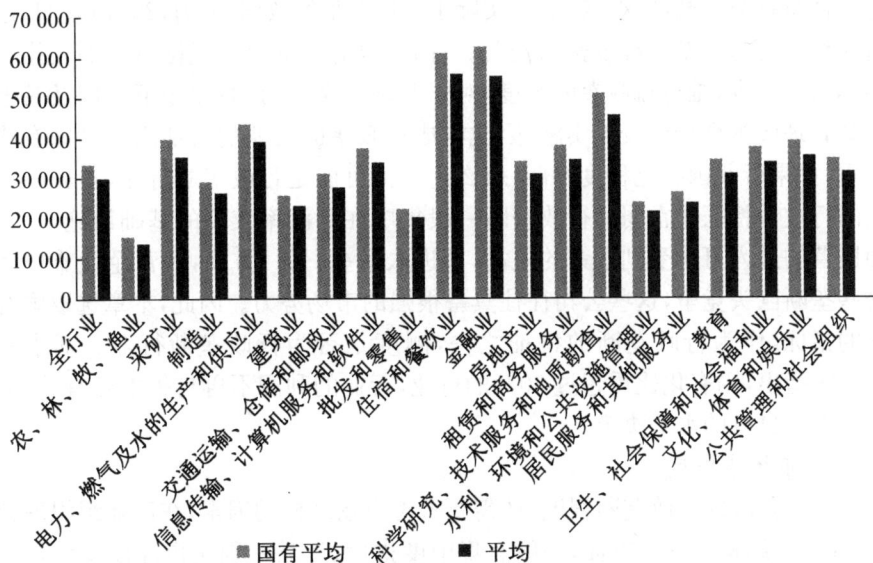

图4-11　2003~2013年全行业平均工资与国有单位平均工资比较(单位:元)
资料来源:国家统计局网站的《中国统计年鉴》计算所得。

二、对工业行业效率损失的测算

关于行政垄断测算的指标,目前国内还没有一个统一而又准确地对行业性行政垄断程度进行测量的公认标准,国外尚没有对该问题的专门研究。国内大部分学者仅采用垄断的范畴,垄断行业并没有进一步的区分,于良春(2010)的四级指标体系包括近50个指标,指标体系则过于庞大复杂,由于本身行政垄断模糊性的特点,这样精确的测算也可能反而会丢失准确性,因此本章综合国内目前学者们的研究,结合前人的研究,对行政垄断程度进行如下测度。

(一)指标的选取

行政垄断涉及行政及垄断两方面特征,因此选取测度行政垄断程度的指标,判断该行业是否属于行政垄断行业,可以基于这两个方面来选取。

1.国有化比重

首先是行政方面,体现这方面情况的指标有很多。于良春(2010)在对行业性行政垄断测度的过程中就选用了庞大的指标体系,特别地加入了制度的因素,并且对一些定性的行为、策略等予以量化的安排。当前的实证研究中,大多数学者会以国有化程度,即国有企业产值比重或者国有企业就业人数比重来衡量行政垄断的这一特征。实际上,众多研究(如金玉国,2001)表明,国有化程度与行政垄断程度密切相关。首先,政府一般是通过国有化的安排来传达行政命令,维持行政垄断制度,对于非国有企业,行政命令下达以及其他行政管理政策会变得较难实施,因此构成行政垄断行业的特征之一是国有化比重,如果行业国有化程度过低,那么它不太可能是行政垄断行业,首先因为它的行政性特征非常弱。行政垄断一般集中在利润率较高的基础设施,一方面民营的进入可能受到政策的限制,即进入壁垒;另一方面,民营企业难以和这些垄断巨头竞争,这些公司往往具备很强的市场势力。因此,本章选取国有化的指标,作为行政垄断的特征之一,测度是否为行政垄断行业。刘小玄(2003)指出,国有化比重超过 30% 的行业,行业的利润不再与集中度有关,而由国有化自身的水平决定。

2. 市场集中度

衡量我国的行政垄断程度,还需要考虑市场结构的因素,在产业组织理论中,在市场结构的衡量方面,一般有集度指标、产品差别化指标以及绩效指标,出于对数据可得性的考虑,本章选取市场集中度的指标,而且是绝对集中度的指标。绝对集中度指标,是指市场上规模前 n 位企业在市场中的份额总和,考虑到工业行业大型垄断企业规模大,但数量较少的情况,如石油行业的三巨头,选取更多的企业数据意义并不大,因此在衡量这些工业的垄断行业市场集中度时,本章选用前 4 位企业在市场中的份额总和来计算,即 C_4 作为研究指标,考虑工业中 39 个行业大企业数据的可得性,计算口径选取营业收入。

$$C_i = \sum_{i=1}^{n} (X_i/X) \tag{4.4}$$

之所以选择该指标,一方面考虑数据的易得性,另一方面,也由于该指标在应用非常广泛,所以可以和更多研究保持一致,彼此之间形成参考和对照。

3. 利润率

一般前述两个指标已经足够刻画行业的垄断程度问题,但考虑到垄断行业还具有高利润率的特征,因此也可以再加入行业利润率的数据。很多学者对利润率的指标存在质疑和不信任,认为垄断企业一方面受超额利润的影响,可能拥有较高的垄断定价权,使得超额利润回报得以维持;但另一方面,对于那些利润率较低的行业,考虑其行业特征和企业的特性,再综合判断是否属于行政垄断行业,本章选取销售净利率,作为衡量产业利润率的基本指标。

（二）测算方法

本章最主要的目的是计算行政垄断的绩效损失，因此，垄断企业的利润率也是要考虑的重要因素，由此借鉴刘小玄（2003）对于这一问题的分析，建立二维分析方法进行行政垄断行业的判定。丁启军（2010）还在此基础上发展了三维分析方法，并通过对三项指标权重的赋予，用加权平均值来衡量市场行政垄断程度。考虑到二维分析方法已经对垄断行为的衡量较为具体，并且同时满足两者要求的企业着实不是很多，本章不考虑这种加权平均量化的方法而仅采用二维筛选分析方法。根据刘小玄（2003）等学者的研究，我们将国有化程度的临界值设为30％，将产业利润率的临界值设为当年工业行业的平均销售利润率。由此，可以判断居于图4-12中右上方长方形的行业即为行政垄断行业。

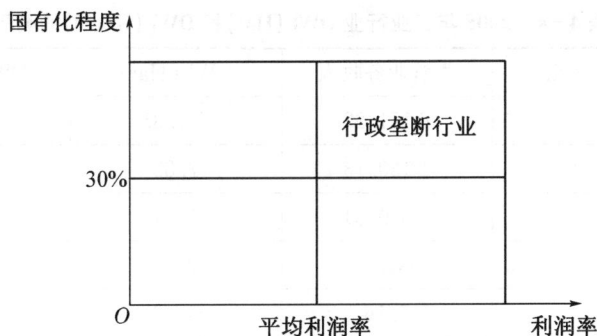

图4-12　行政垄断判定矩阵

（三）数据

本章选用2005～2011年工业39个行业数据，数据的选取是由于统计资料的局限性，这是当前所找到的最全面的，且工业行业在实体经济的运行中具备相当的规范性，对行业层面的研究具有一定代表性；另一方面，结合现有的研究发现，因为对行政垄断效率的观察是短期范围内研究的问题，学者们研究的时间跨度均不是很大，丁启军（2010）仅测度了2007年当年的效率损失数据，而刘志彪、姜付秀（2003）则测度了1997～2003年的数据。其中刘志彪、姜付秀（2003）及刘小玄（2003）选用的是企业数据，而丁启军（2010）选用的是行业数据。

（四）测算结果

通过哈伯格和科斯与缪勒对于效率损失的计算方法，本章对行政垄断行

业进行效率损失的运算,最终结果如表 4-4、表 4-5、表 4-6、表 4-7、
表 4-8、表 4-9、表 4-10 所示。其中,左边一列里的行业名称是符合国有化
和利润率双重要求计算得出的行政垄断行业。可见,代码为 06 的煤炭开采和
洗选业、石油和天然气开采业(代码为 07)以及烟草制品业(代码为 16)从始至
终都在列表里面,表明这三个行业的行政垄断程度一直居高不下,行业利润也
一直维持在较高水平,是最为典型的行政垄断行业。其次,燃气生产和供应业
(代码为 45)、有色金属矿采选业(代码为 09)、电力、热力的生产和供应业(代
码为 44)也都分别在某个或某些年度成为行政垄断行业,但它们对效率损失
的贡献实在是比较小,在此基础上,基于前面理论分析部分所介绍的关于损失
的最低限哈伯格损失以及损失的最高限根据柯林和缪勒方法计算得出的损
失,在表中右侧的位置列示。

表 4-4　2005 年工业行业 DWL(Har)和 DWL(G&M)的测算

名称(单位:亿元)	主营业务收入	DWL(Har)	DWL(G&M)
07	6 151.22	521.85	1 266.89
09	1 120.13	7.82	66.16
16	2 850.84	7.74	105.02
09	989.58	2.41	34.55
12	8.16	0.02	0.25
06	5 912.45	1.99	76.73
工业效率损失总计		541.82	1 549.59
占当年总产值比重		0.22%	0.62%
占当年总收入比重		0.22%	0.62%

资料来源:由中国 500 强企业名单、《中国工业经济统计年鉴》等所得数据计算而得。

表 4-5　2006 年工业行业 DWL(Har)和 DWL(G&M)的测算

名称(单位:亿元)	主营业务收入	DWL(Har)	DWL(G&M)
07	7 790.77	546.44	1 458.98
09	1 714.86	10.54	95.06
16	3 174.25	3.22	71.48

（续表）

名称（单位：亿元）	主营业务收入	DWL(Har)	DWL(G&M)
06	7 461.15	0.41	39.33
44	22 222.45	0.17	43.68
工业效率损失总计		560.79	1 708.53
占当年总产值比重		0.18%	0.54%
占当年总收入比重		0.18%	0.54%

资料来源：由中国500强企业名单、《中国工业经济统计年鉴》等所得数据计算而得。

表 4-6 2005 年工业行业 DWL(Har) 和 DWL(G&M) 的测算

名称（单位：亿元）	主营业务收入	DWL(Har)	DWL(G&M)
07	8 497.14	433.72	1 357.45
09	2 239.39	9.90	105.27
16	3 737.61	3.79	84.20
06	9 593.08	1.59	87.23
工业效率损失总计		448.99	1 634.16
占当年总产值比重		0.11%	0.40%
占当年总收入比重		0.11%	0.41%

资料来源：由中国500强企业名单、《中国工业经济统计年鉴》等所得数据计算而得。

表 4-7 2005 年工业行业 DWL(Har) 和 DWL(G&M) 的测算

名称（单位：亿元）	主营业务收入	DWL(Har)	DWL(G&M)
07	4 964.99	1 418.05	1 876.25
16	1 316.73	63.37	204.26
06	10 284.61	39.28	449.45
工业效率损失总计		1 520.70	2 529.95
占当年总产值比重		0.30%	0.50%
占当年总收入比重		0.36%	0.60%

资料来源：由中国500强企业名单、《中国工业经济统计年鉴》等所得数据计算而得。

中国经济增长的潜力与动力

表 4-8　2005 年工业行业 DWL(Har)和 DWL(G&M)的测算

名称(单位:亿元)	主营业务收入	DWL(Har)	DWL(G&M)
07	7 909.04	111.74	664.75
16	4 870.92	9.05	148.47
06	17 379.94	25.80	473.54
45	1 888.27	0.43	20.22
工业效率损失总计		147.03	1 306.98
占当年总产值比重		0.03%	0.24%
占当年总收入比重		0.03%	0.24%

资料来源:由中国 500 强企业名单、《中国工业经济统计年鉴》等所得数据计算而得。

表 4-9　2005 年工业行业 DWL(Har)和 DWL(G&M)的测算

名称(单位:亿元)	主营业务收入	DWL(Har)	DWL(G&M)
石油	10 617.59	212.09	1 061.09
煤炭	23 609.59	43.61	717.54
烟草	5 628.19	5.75	127.25
45	2 505.94	0.33	20.24
工业效率损失总计		261.78	1 926.12
占当年总产值比重		0.04%	0.28%
占当年总收入比重		0.04%	0.28%

资料来源:由中国 500 强企业名单、《中国工业经济统计年鉴》等所得数据计算而得。

表 4-10　2005 年工业行业 DWL(Har)和 DWL(G&M)的测算

名称(单位:亿元)	主营业务收入	DWL(Har)	DWL(G&M)
16	6 666.90	5.62	138.28
07	12 882.26	397.39	1 600.29
06	31 413.27	51.62	864.00
45	3 205.31	0.25	19.91
工业效率损失总计		454.89	2 622.48
占当年总产值比重		0.05%	0.31%
占当年总收入比重		0.05%	0.31%

资料来源:由中国 500 强企业名单、《中国工业经济统计年鉴》等所得数据计算而得。

（五）结论与分析

由表 4-4～表 4-10 中的数据可以看出,我国行政垄断的效率损失在工业行业数据上的表现并不是十分明显,和哈伯格当年测算的美国数据表现相一致,都是平均 0.1% 的水平,且哈伯格损失最高的是 2008 年的 0.359 3%,最小的只有 0.037 5%,柯林和缪勒方法计算的损失相对大一些,最大达到 0.623 5%,最小的是 0.238 4%。这样的损失大小,对整个经济的影响虽然存在,但是相对来说还是比较小的。上述工业行业的效率损失数据较小,一方面可能的原因是经济发展迅速,各行业的利润率都较高,经济增长带来的巨大红利掩盖了行政垄断的负面影响;其次,可能由于我国政府对行政垄断行业的管制,使得这部分垄断厂商不可能像市场经济中完全垄断厂商那样根据利润最大化的原则定价,政府会实施一定的价格管制,从而使得这些厂商的定价低于最优状态下的垄断定价,使得厂商的超额利润减少,同时带来的效率损失程度降低。其三,可能由于统计数据的准确性。行政垄断行业的价格和成本具有一定的隐蔽性,出于对垄断利润的掩盖,可能会提高成本,降低售价,所以采用价格的数据可能会偏小。其四,产业组织学计算效率损失的方法由于需求价格弹性等方面的假定,也使其测算不够准确。最后,同其他学者的研究相比,本章所测出的数值偏小,但同时本章所选用的数据较新,所以还有可能的原因是政府行政垄断政策的改革初见成效,效率损失程度较之前的年度有所降低。

三、实证研究

根据前文的分析,我国行政垄断所导致的效率损失是由制度、市场结构、市场行为的一系列的传导机制造成的,那么它们之间的这种相关关系能不能在实证中得到验证呢？又是具体怎样的关系？接下来,通过实证研究来回答和验证这两个问题。

（一）变量、指标、数据的选取

根据学者们如刘小玄(2003)的研究,市场绩效与市场结构、所有制的安排密切相关,选取绝对集中度 C_4 作为集中度的指标,选取国有化比重(以就业人数的口径测算的)代表产权结构,这里代表政府对行业的行政干预程度,另外,控制行业的规模因素,以行业的平均固定资产原值取对数之后的数额来衡量,数据一部分是根据上一节测算得出的,从 2005～2011 年的煤炭开采和洗选业(代码为 06)、石油和天然气开采业(代码为 07)以及烟草制品业(代码为 16)

的效率损失数据,把代表它们各自的 Har 损失程度的比率系数、G&M 损失的比率系数以及两者的算术平均作为因变量,验证效率损失与行政制度、市场结构以及规模之间的关系。选取 ELR 代表效率损失指标,GYH 代表国有化比重,JZD 代表集中度 C_4,MES 代表行业规模。这样,通过设立模型进行回归,我们将有 9 组回归模型,共 252 个数据样本。

(二)模型的设定

1. 设定初始模型

$$ELR=\alpha+\beta GYH+\gamma JZD+\varphi MES+\varepsilon \qquad (4.5)$$

其中,α 为截距项,β、γ、φ 分别为系数,ε 代表误差项。

根据变量和模型的设定,使用初始数据与原模型对变量进行回归,结果发现有些变量的数值使得整个模型估计的准确性降低,因此开始采用逐步回归的分析方法,重新进行回归,分别给出了三个模型,为提高模型估计的准确性,有些变量由于与被解释变量间没有直接的相关关系,因此就在逐步回归的过程中被排除出去了。

(三)回归结果

1. 煤炭开采和洗选业

首先,对煤炭行业的数据进行整理,利用 EVIEWS 计量分析软件进行回归,结果发现所有变量都通过了 ADF 二阶差分检验,且通过了协整检验,因此可以对数据利用原假设模型进行回归,得到回归结果如下。

由表 4 - 11 可以看出,在模型 1 中,逐步回归的方法使得最后只剩下 GYH 一个变量,这时回归方程的拟合优度 r^2 为 0.53,DW 值为 2.81,拟合效果较好;在模型 2 中,集中度的指标 JZD 被舍去之后,方程的拟合优度 r^2 为 0.70,DW 值为 2.72,也有着较好的回归效果;在模型 3 中,和模型 2 类似,集中度的指标 JZD 被舍去之后,对国有化程度的指标 GYH 和行业规模的指标 MES 进行回归,结果显示,方程的拟合优度 r^2 为 0.70,DW 值为 2.72,也有着较好的回归效果。

表 4-11　回归方程结果

名称	指标	因变量	GYH		常数项	r^2	DW 值
模型 1	c	ELR$_h$	0.03		0.02	0.53	2.81
	t 值		−2.39		2.55		
	P 值		0.06		0.05		

名称	指标	因变量	GYH	MES	常数项	r^2	DW 值
模型 2	c	ELR$_k$	0.34	0.02	0.17	0.70	2.72
	t 值		−2.86	1.00	1.49		
	P 值		0.05	0.37	0.21		
模型 3	c	ELR$_a$	0.10	0.01	−0.18	0.68	2.72
	t 值		−2.77	0.92	1.47		
	P 值		0.05	0.41	0.22		

资料来源:通过 EVIEWS 软件,计量回归所得。

2. 石油和天然气开采业

其次,对石油和天然气开采业的数据进行回归,结果发现所有变量都通过了 ADF 一阶差分检验,同时通过了协整检验,回归结果见表 4-12。可以看出,在模型 4、

表 4-12　回归方程结果

名称	指标	因变量	GYH	JZD	MES	常数项	r^2	DW 值
模型 4	c	ELR$_h$	20.19	0.69	1.07	−24.09	0.81	2.39
	t 值		2.54	2.99	2.17	−2.51		
	P 值		0.08	0.06	0.12	0.09		
模型 5	c	ELR$_k$	24.87	0.61	1.32	−29.54	0.80	2.35
	t 值		2.92	2.44	2.50	−2.86		
	P 值		0.06	0.09	0.09	0.06		
模型 6	c	ELR$_a$	22.53	0.65	1.19	−26.81	0.81	2.32
	t 值		2.74	2.71	2.34	−2.70		
	P 值		0.07	0.07	0.10	0.07		

资料来源:通过 EVIEWS 软件,计量回归所得。

模型 5、模型 6 中,ELR 对 GYH、JZD 和 MES 三个自变量的回归效果较好,不需要通过逐步回归的方法进行变量的取舍。在模型 4 中,回归方程的拟合优度 r^2 为 0.81,DW 值为 2.39,拟合效果较好;在模型 5 中,方程的拟合优度 r^2 为 0.80,DW 值为 2.35,也有着较好的回归效果;在模型 6,方程的拟合优度 r^2 为 0.81,DW 值为 2.32,回归效果也较好。

3. 烟草制品业

最后,对烟草制品业的数据进行回归,结果发现全部变量都通过了 ADF 二阶差分检验,且通过了协整检验,得到回归结果如表 4-13。

表 4-13　回归方程结果

名称	指标	因变量	JZD	常数项	r^2	DW 值
模型 7	c	ELR_h	0.04	0	0.18	2.14
	t 值		2.07	0		
	P 值		0.08	0		

名称	指标	因变量	GYH	JZD	常数项	r^2	DW 值
模型 8	c	ELR_k	−1.13	0.17	0.17	0.97	2.10
	t 值		−1.74	11.63	1.49		
	P 值		0.16	0.00	0.21		

名称	指标	因变量	GYH	MES	常数项	r^2	DW 值
模型 9	c	ELR_a	0	0.11	−0.02	0.79	2.18
	t 值		0	4.28	1.22		
	P 值		0	0.01	0.28		

资料来源:通过 EVIEWS 软件,计量回归所得。

由表 4-13 数据可以看出,与煤炭行业类似,在模型 7 中,逐步回归的方法使得最后只剩下 JZD 一个变量,这时回归方程的拟合优度 r^2 为 0.97,比较高,同时 DW 值为 2.14,说明模型拟合效果较好;在模型 8 中,行业规模的指标 MES 被舍去之后,方程的拟合优度 r^2 为 0.97,DW 值为 2.10,表明可以用该模型对变量间的关系进行解释;在模型 9 中,和模型 2 类似,集中度的指标 JZD 被舍去之后,对国有化程度的指标 GYH 和行业规模的指标 MES 进行回归,结果显示,方程的拟合优度 r^2 为 0.79,DW 值为 2.18,也有着较好的回归效果。

（四）回归分析

1. 煤炭开采和洗选业

（1）回归方程。首先，对于煤炭开采和洗选业，模型的最终估计如下：

被解释变量为 Har 比率系数的情况下，得到模型 1：

$$ELRh = 0.02 + 0.03GYH \tag{4.6}$$

被解释变量 G&M 比率系数的情况下，得到模型 2：

$$ELRk = 0.34GYH \tag{4.7}$$

被解释变量 Har 比率系数与 G&M 比率系数均值的情况下，得到模型 3：

$$ELRa = 0.1GYH \tag{4.8}$$

（2）回归分析。对于煤炭开采和洗选业来说，三个模型的拟合优度、DW 值以及 F 统计量的数值都比较高，说明模型拟合得比较好，可信度高，也说明变量之间的相关性较强。虽然在回归的过程中，模型 1 和模型 3 中也得到了其他变量和常数项的估计值，但因 t 值太低、p 值太大，不符合显著性水平的要求，所以拒绝相应的系数，而只有国有化这个自变量，能很好地解释与被解释变量之间的关系，这时方程解释力很好，说明煤炭开采和洗选业的效率损失只与国有化程度有关，并且呈正向的相关关系，国有化程度越高，效率损失越多，验证了理论的分析。同时，模型还显示效率损失与其他三个因素无关，这有可能是多重共线性问题所带来的，因为国有化对产业集中度也有影响，同时也可能与该行业的特点有关，只与所有制有关，与其他无直接关系或者关系太小，或被国有化的影响所掩盖了，总之，煤炭行业的效率损失只和国有化比重呈正向的相关关系，且在因变量为 Har 损失比率系数时，而国有化比重的系数为 0.03，常数项为 0.02，说明国有化程度每提高 1 个百分点，效率损失将增加 0.03 个百分点，这是两者之间的关系，也构成了煤炭行业的国有化程度与效率损失间的关系。由此，我们可以利用该模型和国有化程度的数据去估计煤炭开采和洗选业的效率损失情况。同样，在另外两个因变量的模型下，模型的拟合情况也非常理想，在 G&M 损失比率系数模型下，国有化程度每提高 1%，效率损失将增加 0.34%，这个数值也明显比哈伯格系数模型下的大很多。最后，在因变量为两者均值的模型下，也得到了较好的拟合效果，且国有化程度每提高 1 个百分点，效率损失将增加 0.1%，恰好是介于两者之间。

2. 石油和天然气开采业

（1）回归方程。回归所得模型如下：

被解释变量为 Har 比率系数的情况下，得到模型 4：

$$ELRh=-24.09+20.19GYH+0.69JZD+1.07MES \qquad (4.9)$$

被解释变量 G&M 比率系数的情况下，得到模型 5：

$$ELRk=-29.54+24.87GYH+0.61JZD+1.32MES \qquad (4.10)$$

被解释变量 Har 比率系数与 G&M 比率系数均值的情况下，得到模型 6：

$$ELRa=-26.81+22.53GYH+0.65JZD+1.19MES \qquad (4.11)$$

（2）回归分析。对于石油和天然气开采业来说，首先，除了模型 4 的解释力度稍有不足之外，其他两个模型的拟合优度、DW 值以及 F 统计量数值表现都很好，模型可信度较高。此外，采用逐步回归，发现方程的变量并没有减少，且这时方程解释力很好，说明恰好验证了理论对原始模型的分析，该行业的效率损失程度与国有化程度、集中度以及行业规模都有着密切的相关关系，且系数都为正，说明三个自变量与被解释变量之间有正向的相关关系，即国有化程度越高、行业越集中、行业规模越大，则效率损失越多，验证了理论的分析。同时，在因变量为 Har 损失比率系数时，常数项为−24.09，而国有化比重的影响系数为 20.19，说明国有化程度每提高 1%，效率损失将增加 20.19%；行业集中度的影响系数为 0.69，说明当行业集中度提高 1%，效率损失将增加 0.69%；行业规模的影响系数为 20.19，说明当行业规模增加 1%，效率损失将增加 1.07%，这是三个自变量通因变量之间的相关关系者，也构成了石油和天然气开采业的国有化程度、产业集中度、行业规模与效率损失间的关系。由此，我们可以利用该模型和国有化程度的数据去估计石油和天然气开采业的效率损失情况。同样，在另外两个因变量的模型下，模型的拟合情况也非常理想，在 G&M 损失比率系数模型下，说明国有化程度每提高 1%，效率损失将增加 24.87 个百分点；行业集中度每提高 1%，效率损失将增加 0.61 个百分点；最后，行业规模的影响系数为 1.07，说明行业规模每提高 1%，效率损失将增加 1.07 个百分点，这个数值也明显比哈伯格系数为 1.32，比哈伯格系数模型下的大很多。最后，在因变量为两者均值的模型下，也得到了较好的拟合效果，也是恰好介于前两个模型影响系数的中间大小。三个模型相结合，可以让我们更好地理解和估计本效率损失。

3. 烟草制品业

（1）回归方程。回归所得结果如下：

被解释变量为 Har 比率系数的情况下，得到模型 7：

$$ELRh = 0.04JZD \qquad (4.12)$$

被解释变量 G&M 比率系数的情况下，得到模型 8：

$$ELRk = 0.17JZD \qquad (4.13)$$

被解释变量 Har 比率系数与 G&M 比率系数均值的情况下，得到模型 9：

$$ELRa = 0.11JZD \qquad (4.14)$$

（2）回归分析。对于烟草制品业，三个模型的拟合优度、DW 值以及 F 统计量数值也都比较高，说明模型拟合非常好，可信度高，虽然与煤炭开采和洗选业的情况相类似，在回归的过程中，模型 8 和模型 9 也得到了其他变量和常数项的估计值，但因 t 值太低、p 值太大，所以拒绝相应的系数，而只剩下集中度一个自变量，同时方程解释力很好，这说明烟草制品业的效率损失只与国有化程度有关，并且呈正向的相关关系，市场集中程度越高，效率损失的程度也越高，验证了前文中理论方面的分析。同时，模型还显示效率损失与其他三个因素无关，这有可能是多重共线性问题所带来的，因为国有化对产业集中度也有影响，同时也可能与该行业的特点有关，只与所有制有关，与其他无直接关系或者关系太小，或被集中率的影响所掩盖了，总之，煤炭开采和洗选业的效率损失只和市场集中度呈正向的相关关系，且没有常数项。在因变量为 Har 损失比率系数时，集中度的系数为 0.04，说明集中程度每提高 1 个百分点，效率损失将增加 0.04 个百分点，这是两者之间的关系，也构成了烟草制品业的国有化程度与效率损失间的关系。由此，我们可以利用该模型和国有化程度的数据去估计煤炭开采和洗选业的效率损失情况。同样，在另外两个因变量的模型下，模型的拟合情况也非常理想，在 G&M 损失比率系数模型下，国有化程度每提高 1 个百分点，效率损失将增加 0.17 个点，这个数值也明显比哈伯格系数模型下的大很多。最后，在因变量为两者均值的模型下，也得到了较好的拟合效果，当国有化程度提高 1%，效率损失将增加 0.17 个点，恰好是介于两者之间。这个数值也明显比哈伯格系数模型下的大很多。最后，在因变量为两者均值的模型下，也得到了较好的拟合效果，也是恰好介于前两个模型影响系数的中间大小。

第五节　基本结论与政策建议

本章通过对行政垄断问题理论和实证两方面的研究,对我国行政垄断问题的形成、其在经济发展过程中的演进路径以及我国典型行业的行政垄断现状和绩效损失情况,形成了一定的结论和认识。在理论研究方面,本章综合运用新古典经济学、产业组织理论、制度经济学等学科的相关理论知识,结合我国行政垄断的现状,对我国行政垄断的形成与动态演进机理作了简要阐释和分析。此外,在理论研究的基础上,采用《中国工业经济统计统计年鉴》等方面的数据对我国工业行业的行政垄断效率损失进行了具体的测算,并得到了相应的数据,之后运用实证分析的方法,对影响我国工业行业行政垄断效率损失的关键因素进行了计量回归分析,通过回归模型进一步得到了行政垄断程度与效率损失之间相关关系的论证以及影响程度的具体数值。结合以上研究,本章得到的相关结论和政策建议如下:

一、基本结论

(1)行政垄断的动态演进方式。行政垄断是我国转型经济时期的特殊现象,并遵循渐进式的制度变革方式。首先,从改革开放 30 年以来行政垄断形成和演进的脉络来看,我国的行政垄断的产生根源在于计划经济体制,因而一开始对经济的干预和控制的极其深刻,这也注定了短时间内难以将其消除。其次,行政垄断的制度性特征决定其也遵循一般制度均衡的规律,那就是在短期内暂时处于某种平衡,但在中长期的范围内,随着社会经济条件的改变、技术进步、反垄断法制度的制度等不平衡因素的出现和干扰,这种平衡将被打破。最后,基于我国相对平稳的宏观经济大环境,激进式的制度变迁方式不大可能发生,行政垄断随着外部条件的变化,逐步改革调整,未来将继续处于渐进式的动态演进历程中。

(2)ISCP 框架下的影响机制。行政垄断对经济绩效的影响,主要通过制度、市场结构、微观主体行为的传导机制完成。通过产权制度、进入壁垒、价格保护、权限限制等一系列制度的安排,政府通过行政权力使得市场形成某种具有行政性特点的垄断结构,这种结构使得垄断厂商获得了超额利润的回报,为了进一步维持超额利润,厂商会通过寻租等行为强化这样的制度安排,竞争使得市场更有效率,这样的制度安排使得整个市场的绩效难以得到提升,因此,将制度纳入 SCP 分析框架后,对行政垄断影响资源配置效率机制的解释将更为清晰。此外,与国外发达市场经济的环境不同,我国正处于市场经济体制改革和完善的过程中,政府对经济发展有很大的引导作用,在制度的设计、安排以及改革方面都具有主动性制度变革的特征,因此,政府往往会根据市场绩效调整制度安排,改变市场结构,从而改善市场绩效,即市场绩效同时也在影响着制度安排,从而四者之间形成循环的链条传导机制。

（3）行政垄断行业的分布。我国工业行业的行政垄断主要分布在一些特殊行业,根据行政垄断程度的测度结果,工业行政垄断主要存在于煤炭开采和洗选业、烟草制品业以及石油和天然气开采业等行业,这些行业都是利润较高的资源型行业,此外工业整体效率损失的数值并不是很大,这可能有以下几方面原因:首先,从效率损失的测度结果来看,整体工业行政垄断损失的程度并不是很大,关于这一点,可能的原因是经济发展迅速,行政垄断损失的影响相对于经济增长的效果很小;其次,由于我国行政垄断行业的隐蔽性,可能是数据的统计本身不是非常准确;此外,还有可能的原因是由于我国政府对该行业的管制,使得这部分垄断厂商不可能像市场经济中完全垄断厂商那样根据利润最大化的原则定价,政府会实施一定的价格管制,从而使得这些厂商的定价低于最优状态下的垄断定价,导致厂商的超额利润减少,同时带来的效率损失程度降低,还可能是政府行政垄断政策的改革初见成效,效率损失程度较之前的年度有所降低。

（4）行政垄断带来的效率损失。我国各行业经济非平衡发展,一定程度上与行政垄断有关。行政垄断的安排使得某些行业获得了垄断的市场势力,从而可以获得超额的利润回报,虽然与此同时也可能带来社会净损失、X 效率、寻租成本等额外的效率损失,减少了厂商部分的垄断利润,但相对来说,这些行业的经济利润率相比于其他的竞争性行业还是要高很多。当前,我国通过产权制度的安排、保护政策的实施等,对不同行业进行了不同程度的行政干预,并造成一定的行政垄断局面,当前各行业收入增长速度不同、劳动生产效率不同、收入分配不均等不均衡发展,和我国的行政垄断安排有一定的联系。

（5）影响行政垄断效率损失的因素。通过对我国工业行业行政垄断的效率损失程度与制度、市场结构、规模的相关关系的实证研究,证实了绩效与其他三者之间的正向相关关系,但由于行业结构、定价制度、技术条件等因素的不同,在各个行业中,影响绩效的因素也并不完全相同,同时对绩效影响程度的大小也不同。在煤炭开采和洗选业,制度是最主要的因素,其他因素影响不显著,且国有化程度对绩效损失的影响系数约在 0.03~0.34。在石油和天然气开采业,三种因素都有着较为显著的表现,其中国有化程度的影响在 20.19~24.87,集中度的影响在 0.61~0.69,而规模的影响在 1.07~1.32,且回归方程带有一个较大的负值截距项,因此这一市场结构下的作用机制较为复杂,虽然国有化的降低将非常强烈地提高市场绩效,但由于初始截距项的影响以及石油和天然气开采行业稳定的高度垄断结构,石油和天然气开采业的效率损失程度并不是很大且变化幅度不大。在烟草制品业,表现最为突出的是集中度,其他因素表现不显著,它对该行业效率损失的影响在 0.04~0.17,表明该市场集中度的变化对效率损失会造成约 4%~17% 的影响,对该市场绩效的研究可以更多地从集中度的角度加以观察。

二、政策建议

对行政垄断问题的建议,主要集中在对行政垄断问题的规范和改革方面,可以从以下角度出发:

(1) 政府职能方面。行政垄断作为政府干预市场的手段之一,政府需要从自身职能的角度出发,加以合理有效地运用。我国政府具有强干预的特征,不仅具有公共服务职能,还具有经济发展的职能,因此对于行政垄断问题的建议,也兼具这两方面的视角,一方面,从政府公共服务职能出发,强调政府在一些公务服务领域,如环境保护等,可以进行一些合理性的行政垄断,这样的政策安排不仅不会带来效率损失,还会给全社会带来福利的增进;另一方面,在经济发展方面,政府要减少一些对经济发展造成阻碍的行政垄断行为,尤其是在一些具备竞争性的领域,适度放权,让市场竞争发挥作用机制,提高经济的整体运行效率。

(2) 方向和原则方面。对行政垄断制度的规范还要注意方向和原则问题,要在充分把握其形成和演变机理的基础上,基于对其动态演进特征的认识,遵循渐进的原则并及时根据外部条件的变化适时调整。行政垄断以其对市场经济体制的妨碍以及对社会福利的损害一直被社会各界所批判,我国政府在经济体制改革的过程中,为解决这一问题也在放宽限制政策、降低准入门槛、取消价格管制、所有制改革等方面做出了努力,这样的改革不可能一蹴而就,在这一过程中,需要遵循行政垄断动态演进的特征,注意分析社会经济条件的变化,如技术条件的进步、利益集团的形成和发展等,在遵循渐进性原则的基础上,适时调整改革的内容和方向,使得行政垄断改革的进程符合外部条件的要求,与社会经济条件的发展变化相一致,满足经济发展的需要。

（3）行政垄断规范的执行层面。在对市场制度、结构、行为、绩效关系了解的基础上,在改革执行的内容上可以联系产权改革、市场结构调整等政策措施,通过一系列的政策制度安排,降低市场的国有化比重和市场集中度等,有效地减少效率损失,从而在政策实施的具体内容上加以科学的把握,提升政府对经济的干预水平以及对行政垄断改革的有效性。

（4）配套措施的完善。伴随行政垄断各项改革措施的推进,可以综合利用经济、行政、法律各方面的手段,完善其配套措施,使改革的实行在各个层面上更有效率地推进,同时要特别注意《反垄断法》等法律规章规范中关于行政垄断的内容,将对政府行为的监管纳入反垄断法的体系之中,提高政府行为的规范性,更有效率地推进行政垄断改革的进程。

（5）其他措施。制度的有效运行离不开社会各界的支持,来自公众团体的支持可以让制度的施行减少许多来自政治、经济、文化以及精神上的阻力。近年来,随着社会收入分配的不均,反垄断和反行政垄断的呼声也越加强烈,从社会整体利益出发,有效地规范行政垄断行为,提高资源配置效率,减少行政垄断带来的社会福利损失,是大多数人的诉求,因此,科学地规范行政垄断行为,将获取社会各界的支持,降低制度施行的成本。

本章参考文献

[1] 白重恩,杜颖娟,陶志刚,等.地方保护主义及产业地区集中度的决定因素和变动趋势.经济研究,2004(4).

[2] 陈爱贞,刘志彪.中国行政垄断:利益主体的博弈与载体的泛化趋势.经济评论,2007(6).

[3] 陈富良.S-P-B规制均衡模型及其修正.当代财经,2002(7).

[4] 陈林,朱卫平.经济国有化与行政垄断制度的发展——基于制度变迁理论的经济史研究.财经研究,2012(3).

[5] 陈学云,江可申.航空运输业规制放松与反行政垄断——基于自然垄断的强度分析.中国工业经济,2008(6).

[6] 邓保同.论行政性垄断.法学评论,1998(4).

[7] 刘培林.地方保护和市场分割的损失.中国工业经济,2005(4).

[8] 丁启军,伊淑彪.中国行政垄断行业效率损失研究.山西财经大学学报,2008,30(12).

[9] 付强.地区行政垄断、技术进步与粗放型经济增长——基于我国1978~2006年技术进步的实证测算.经济科学,2008(5).

[10] 过勇,胡鞍钢.行政垄断、寻租与腐败——转型经济的腐败机理分析.经济社会体制比较,2003(2).

[11] 郝书辰,孔艳芳,孟祥仲.行政垄断对行业收入差距影响研究——机会均等的视角.东岳论丛,2012,33(1).

[12] 江飞涛,曹建海.市场失灵还是体制扭曲——重复建设形成机理研究中的争论、缺陷与新进展.中国工业经济,2009(1).

[13] 姜付秀,余晖.我国行政性垄断的危害——市场势力效应和收入分配效应的实证研究.中国工业经济,2007(10).

[14] 金玉国.行业所有制垄断与行业劳动力价格.山西财经大学学报,2001,23(3).

[15] 金煜,陈钊,陆铭.中国的地区工业集聚:经济地理、新经济地理与经济政策.经济研究,2006(4).

[16] 刘小玄.中国转轨经济中的产权结构和市场结构——产业绩效水平的决定因素.经济研究,2003(1).

[17] 刘志彪,姜付秀.我国产业行政垄断的制度成本估计.江海学刊,2003(1).

[18] 刘志彪.产业的市场势力理论及其估计方法.当代财经,2002(11).

[19] 卢现祥.西方国家经济管制的理论与实践述评——兼论我国的行业垄断问题.经济评论,2000(1).

[20] 马树才,白云飞.我国行政垄断行业的社会成本估计——基于塔洛克模型.辽宁大学学报(自然科学版),2008,35(1).

[21] 潘正彦.对我国银行业市场结构与市场绩效的实证分析.金融论坛,2004,9(6).

[22] 平新乔.政府保护的动机与效果——一个实证分析.财贸经济,2004(5).

[23] 戚聿东.中国自然垄断产业改革的现状分析与政策建议.经济学动态,2004(6).

[24] 戚聿东.资源优化配置的垄断机制:兼论我国反垄断立法的指向.经济研究,1997(2).

[25] 宋则.反垄断理论研究.经济学家,2001,1(1).

[26] 王保树.论反垄断法对行政垄断的规制.中国社会科学院研究生院学报,1998(5).

[27] 王俊豪,王建明.中国垄断性产业的行政垄断及其管制政策.中国工业经济,2007(12).

[28] 王晓晔.社会主义市场经济条件下的反垄断法.中国社会科学,1996(1)

[29] 武鹏.行业垄断对中国行业收入差距的影响.中国工业经济,2011(10).

[30] 许开国.地区性行政垄断的宏观成本效率损失研究.经济评论,2009(5).

[31] 杨兰品,张秀生.试论发达国家的行政垄断及其启示.当代经济研究,2005(11).

[32] 杨兰品.行政垄断问题研究述评.经济评论,2005(6).

[33] 于华阳,于良春.行政垄断形成根源与运行机制的理论假说——基于制度需求供给视角.财经问题研究,2008(1).

[34] 于良春,牛帅.中国电力行业行政性垄断的损失测算分析.经济与管理研究,2009(1).

[35] 于良春,杨骞.行政垄断制度选择的一般分析框架——以我国电信业行政垄断制度的

动态变迁为例. 中国工业经济,2007(12).

[36] 于良春,余东华. 中国地区性行政垄断程度的测度研究. 经济研究,2009(2).

[37] 于良春,张俊双. 中国垄断行业收入分配效应的实证研究. 财经问题研究,2013(1).

[38] 于良春,张伟. 中国行业性行政垄断的强度与效率损失研究. 经济研究,2010(3).

[39] 于良春. 论自然垄断与自然垄断产业的政府规制. 中国工业经济,2004(2).

[40] 余晖. 受管制市场里的政企同盟——以中国电信产业为例. 中国工业经济,2000(1).

[41] 张军. 社会主义的政府与企业:从"退出"角度的分析. 经济研究,1994(9).

[42] 张维迎,盛洪. 从电信业看中国的反垄断问题. 改革,1998(2).

[43] 张伟,于良春. 行业行政垄断的形成及治理机制研究. 中国工业经济,2011(1).

[44] 张卫国,任燕燕,花小安. 地方政府投资行为、地区性行政垄断与经济增长——基于转型期中国省级面板数据的分析. 经济研究,2011(8).

[45] 郑毓盛,李崇高. 中国地方分割的效率损失. 中国社会科学,2003(1).

[46] Aoki S. A Simple Accounting Framework for the Effect of Resource Misallocation on Aggregate Productivity. *Journal of the Japanese & International Economies*, 2012, 26(4): 473 - 494.

[47] Brandt L, Van B J, Zhang Y. Creative Accounting or Creative Destruction? Firm-Level Productivity Growth in Chinese Manufacturing. NBER Working Paper, No. 15152, 2009.

[48] Cowling K, Mueller D C. The Social Cost of Monopoly Power. *The Economic Journal*, 1978, 88(352): 727 - 748.

[49] Frye T, Shleifer A. The Invisible Hand and the Grabbing Hand. *American Economic Review*, 1997, 87(2): 354 - 358.

[50] Harberger A C. Monopoly and Resource Allocation. *American Economic Review*, 1954, 5(2): 77 - 87.

[51] Hsieh C T, Klenow P J. Misallocation and Manufacturing TFP in China and India. *Quarterly Journal of Economics*, 2009, 124(4): 1403 - 1448.

[52] Laffont J J, Tirole J. The Politics of Government Decision-Making: A Theory of Regulatory Capture. *Quarterly Journal of Economics*, 1991, 106(4): 1089 - 1127.

[53] Restuccia D, Rogerson R. Policy Distortions and Aggregate Productivity with Heterogeneous Plants. *Review of Economic Dynamics*, 2004, 11(4): 707 - 720.

[54] Stigler G J. The Theory of Economic Regulation. *Bell Journal of Economics*, 1971, 2(1): 3 - 21.

第二篇

创新驱动与增长绩效

第五章　科技创新的要素投入及其增长绩效

本章提要　本章以中国制造业行业为研究对象,基于投入—产出分析框架,估算各制造业行业科技创新要素投入的绩效值,并进行比较和趋势分析。在测算中国各省域全要素生产率增长率的基础上,将科技创新要素投入细分为资源性要素和环境要素,具体分析其对经济增长质量的影响。研究发现,中国制造业在研究期内科技创新要素投入的绩效水平不高,仍有较大的提升空间,而低水平的纯技术效率值阻碍了整体综合效率水平的提升。从省际层面来看,在资源性要素中,研发资本存量对全要素生产率增长存在显著的促进作用,而研发人力资本却存在负向影响。在环境要素中,创新意识、技术市场发育程度、市场开放程度以及风险投资支持程度均对全要素生产率增长存在显著正面影响,其他环境要素则不利于全要素生产率的增长。

第一节　研究背景与基本框架

一、研究背景

当今世界,科学技术是第一生产力。自工业革命以来,科学技术的进步为世界带来了翻天覆地的变化,不仅催生了高效率的生产工具和生产模式,带来了劳动生产率的大幅提升和工业水平的进步,更以其先进性和可持续性推动着社会经济不断发展。21世纪是知识经济的时代,生产要素不再局限于土地、劳动和资本这些传统要素,生产要素的多样化趋势日益显现,科学技术逐渐成为国家发展的战略性生产要素,这一定程度上改变了传统要素对经济发展的作用,已逐步成为拉动经济增长的核心要素。

回首中国改革开放以来的发展历程,中国经济的高速增长牵动着世界的目光,长期以来我国依托政策红利的要素驱动和投资拉动的经济增长模式在

"中国速度"的背后扮演着重要的角色,但容易导致经济发展后劲不足、可持续差问题。虽然我国在应对国际金融危机的巨大冲击中率先走出泥沼,实现了经济形势的总体回升,但仍然面临着经济回升的基础不够牢固、持续回升动力不足的问题,结构性矛盾十分突出。过去高速增长的助推力主要来自改革的红利,随着市场经济制度的建立和国内外市场的打开,廉价劳动力的人口红利充分释放、国外资本和技术的积极引进以及中低端产品的大量出口等因素支撑着中国经济总量的增长,这样的粗放的要素投入模式在比较落后的发展阶段具有适用性,但在当前全球竞争升级、劳动力成本攀升以及国外需求萎缩的大背景下,面对国内改革纵向深入的要求以及经济发展与能源、资源、环境的矛盾日益突出的问题,以资源环境为代价的粗放式增长模式不仅造成了巨大的浪费和损失,并且后继乏力、难以维系,经济发展需向更高层次迈进。

面对复杂多变的全球形势,针对国内经济增长的质量和可持续性问题,我国做出了建设创新型国家的战略选择。中国在 2006 年第四次全国科学技术大会上首次提出了创新型国家的概念;党的十七大报告把"提高自主创新能力,建设创新型国家"作为国家发展战略的核心;党的十八大以来对国家创新能力的建设作了一系列重要战略部署,十八届三中全会强调了经济发展要充分迸发"知识"和"技术"要素的活力。科技创新被摆在国家发展全局的战略核心位置,将逐步代替外延扩张的要素投入成为新的、可持续的经济增长引擎。

美国经济学家罗默于 1986 年建立的内生经济增长模型,将技术(知识)作为内生变量纳入经济系统之内。技术具有正外部性的特征,当技术的收益递增大于资本、劳动等物质要素投入的收益递减时,技术就会成为长期经济增长的动力源泉。

"创新"已经成为近几年来我国经济领域、科技领域乃至政治领域中使用频率最高的词汇之一,这与当前中国经济社会发展现状紧密相关。首先,科技创新是中国作为一个追赶型国家在开放的条件下实现追赶目标的重要实践和关键环节,而目前并没有成功追赶的范例可供借鉴,中国的经济赶超路径是一个需要探索的过程。其次,在经过了长期的高速增长之后,中国经济增长的速度减缓成为常态,这是不可避免的,人口红利逐步消失、劳动力成本不断攀升、发达国家制造环节逐步外移、出口疲软且内需不足,而中国的传统制造业一直处于世界制造业产业链条的中低端,产品多是低单价、低附加值和低技术含量的"三低"产品,高技术产业处于刚刚起步的幼稚产业状态则不具有技术、规模等竞争优势,这一系列情况让中国经济增长的可持续性逐渐成为摆在面前亟待解决的问题。创新作为新的经济增长驱动力,恰恰能针对上述问题提供可行的解决方法。

创新型国家的构筑是当前发展任务的重中之重,不论是作为发展模式还是可持续性的增长驱动力,创新驱动都是中国未来经济发展必然且明智的选择,而科技创新是创新驱动力培养、构建中的核心环节。我国 R&D 投入占GDP 的比重已达 3%,但创新能力并未显著提升,一味追求研发经费投入的规模、妄图依靠庞大的资源性投入来提高创新产出规模,则又将陷入粗放式要素投入的陷阱,阻碍科技创新与经济增长的有效结合。本章研究正是从这一点出发,以科技创新的要素投入为研究切入点。科技创新作为一项复杂的经济活动,所需的投入不只包含研发经费,其所需要的要素投入是多方面的,其所包含的内容需进行准确的定义,并且诸多的要素投入所能产出的绩效是值得深入探究的问题。

二、基本框架

本章采用理论分析与实证研究相结合的研究方法。首先,在文献综述部分对科技创新相关的概念进行清晰界定,总结科技创新绩效相关实证研究成果,梳理归纳研究方法和观点,在此基础上提出本章的研究问题和研究思路。其次,根据主要要素投入的不同,将中国科技创新发展的历程划分为三个主要的阶段,厘清在当下创新驱动阶段科技创新要素投入的构成,分析其增强科技创新能力、提高经济增长质量的作用机理。再次,以中国制造业行业为研究对象,采用数据包络分析法测算各行业效率指数,并参照 OECD的技术密集分类标准以及国家统计局公布的《高技术产业目录》进行分类,对其科技创新要素投入绩效进行评价。最后,将环境要素纳入考察范围,探究科技创新要素投入对中国各省、直辖市、自治区全要素生产率增长率的具体影响,最终得出结论并提出相关政策建议。本章研究所采用的技术路线图如图 5-1 所示。

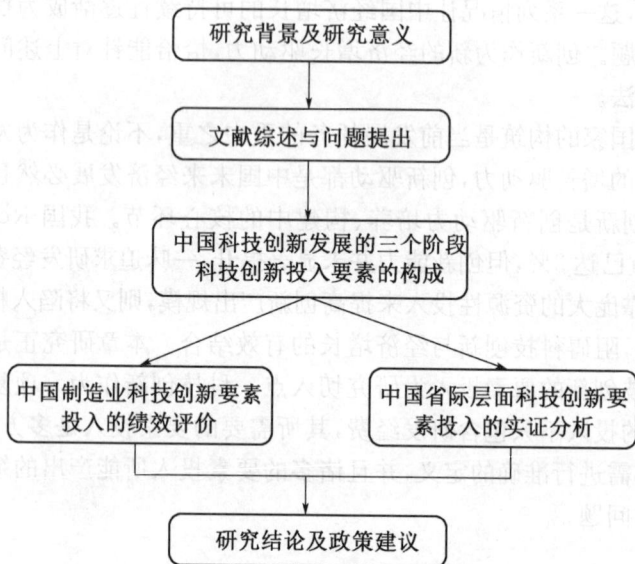

图 5-1　本章的技术路线图

第二节　概念界定与文献综述

自 1912 年熊彼特(Schumpeter)将"创新"这一概念带入学界视野,他以"创新理论"为核心研究探讨了资本主义经济增长和发展的机制、实质与动力,奠定了创新理论的研究框架,而创新作为一个开放、灵活的要素逐渐成为经济学界解释经济增长的关键性要素。

一、科技创新相关概念的界定

熊彼特将创新界定为一种把从来没有过的生产要素和生产条件的新组合引入生产函数的过程,即建立一种新的生产函数达到获得潜在利润的目的,其本质是"创造性破坏",而"创造性破坏"是经济增长的根本性动力。熊彼特将这种"新组合"归纳为以下五种情况:① 产品创新,指制造本质区别与过去产品的新产品或是消费者不熟悉的产品。② 生产方法创新,产业部门新工艺、新技术的引入。③ 市场创新,开辟尚未进入过的市场。④ 资源开发创新,新的资源供给的实现。⑤ 组织管理创新,建立或打破某种垄断,即新的产业组织的实行。可见,在熊彼特的定义中,产品、技术、资源、市场与组织是企业作为创新主体开展创新活动的主要内容和途径。在熊彼特"创新理论"框架的基础上,学者们从不同角度进行了探索,主要可以分为两个角度:一是以研发、技术进步和推广为主要研究对象技术创新;二是以制度变革为主要研究对象制度创新。随着经济的发展和研究的深入,学界逐渐发现,不论是技术创新还是制度创新,要发挥其对经济增长的促进作用,两者必须相互匹配、相互协调,是不可分割的两个部分。

"科技创新"是我国一贯的提法,国内学者对其内涵进行了定义,一般认为知识创新与技术创新共同组成了科技创新的内涵。知识创新指通过科学研究而获得自然科学知识和技术科学知识的过程,知识创新的目的是探索新规律和新发现、创立新学说和新方法,知识创新的过程是为技术创新和制度创新提供所需要的知识的过程。技术创新通常是指以企业为主体的创新,来源于生产过程中的经验积累、技术改进和新的技术研发与组合,它以实现技术的高效应用和特定的经济目标为目的。

"国家创新系统理论"将知识、技术与制度囊括在统一的分析框架内,基于List 的"国家体系学说"和 Schumpeter 的"创新理论"的基石,丹麦经济学家Lundvall(1985)第一个使用了"国家创新系统"的概念,他强调了各主体在创新系统中的互动作用;而 Freeman(1987)则提出了"国家技术创新系统"的概念,以日本为研究对象,从制度和产业两个角度剖析创新的系统性以及国家干预的重要性,并认为公共部门与私营部门的互动才能实现技术的扩散和转移;OECD(1997)在《国家创新系统》研究报告中对这一概念作了如下定义:由公共部门和私营部门的各种机构组成的网络,这些机构的获得和相互作用决定了一个国家扩散知识和技术的能力,并影响国家的创新表现;Michiko(2013)将国家创新系统的特征归纳为不仅包含作为核心部分的技术创新,也包括体制创新、制度创新、管理创新、商业模式创新等部分,并将国家创新系统的特征归纳为以下四点:肯定企业的中心地位及推动作用、知识的创造和流动需要支持性机构的设置、强调政策干预对创新活动的影响作用、创新主体的行为对系统的产出及效率具有重要影响。

创新对经济增长支撑作用的关键是创新绩效。Farrell(1957)的研究被认为是研究创新绩效的经典,定义了技术效率的基本概念,运用生产前沿面进行了技术效率的测度工作,将各个生产单元与前沿面的距离作为测度效率的指标;他认为经济效率(EE, Economic Efficiency)由技术效率(TE, Technical

Efficiency)和配置效率(AE,Allocative Efficiency)共同组成;技术效率是指在不变的产出规模和市场价格下,按照既定的要素投入比例,获得最大产出的能力;配置效率则指在投入要素价格已知和技术水平一致的条件下,进行要素最佳比例使用的能力。Hagedoom 和 Cloodt(2013)则直接对创新绩效(Innovative performance)进行了定义,认为狭义的创新绩效指企业将创新发明成果引入市场的程度,而广义的创新绩效则指的是从创新概念的生成、R&D投入、专利生产到最终引入市场的整个过程所取得的成果。

二、科技创新绩效的实证综述

根据现有的文献,一部分学者将科技创新绩效与全要素生产率相联系(Total Factor Productivity,TFP),详见表5-1。全要素生产率(TFP),是新古典主义经济学理论发展中的一个重要概念,是用来解释经济增长质量的重要工具之一;就一般而言,将全要素生产率定义为开发利用资源的效率,是除了资本和劳动力的投入以外,其他所有要素带来的产出增长率,主要来源包括技术进步、规模效应等除了要素投入以外的经济增长动力,其中最主要来源是技术进步。对全要素生产率的研究一直以来都是研究的热门话题,现有研究所采用的方法可不相同:郭庆旺和贾俊雪(2005)、李宾和曾志雄(2009)、周晓艳和韩朝华(2009)、王荧和郭碧銮(2010)、李福柱(2013)等,测算方法主要分

表5-1　基于全要素生产率的创新绩效测算方法的比较

方法	分类	优点	缺点	文献
生产前沿面法:构造生产前沿面,通过生产的实际值和最优值的比较得出TFP,可将TFP增长进一步分解为技术进步、技术效率提升等原因。	参数的随机前沿分析法(SFA)	①模型的自由度较大,可以适用于横截面数据,也适用于面板数据;②估计生产函数使个体的生产过程得到了描述,从而控制了技术效率的估计,能较好地处理测度误差。	面临具体生产函数的选择问题和生产函数中误差项的分布假设问题,假设条件较多,应用受到限制。	邓可斌、丁重(2010):研究对象为中国上市公司,影响因素为企业规模。石风光(2012):研究对象为中国28个省、直辖市、自治区,影响因素包括R&D经费、人力资本、进口、出口以及外商直接投资

方法	分类	优点	缺点	文献
	非参数的数据包络分析法（DEA）	① 不需要设定具体的函数形式和分布假设，避免了因生产函数形式不当造成的误差问题；② 无须考虑量纲和指标权重问题，更具客观性；③ 对多产出的复杂生产系统有较好的适应性。	① 重要投入、产出的遗漏会使结果产生偏移；② 将实际值到前沿面的偏差完全当作是无效率的结果，忽略测度误差和其他噪音的影响；③ 将效率定义为样本量相对于最优单元的得分。	颜鹏飞、王兵（2004）：研究对象为中国30个省（自治区、直辖市），影响因素包括人力资本和制度因素。
	DEA-Malmquist指数法	① 具有上述非参数数据包络分析法的各项优点；② 不需要投入、产出的有关价格信息；③ 便于计算。	样本必须包含多个对象和指标，不能对单个孤立的样本（国家或地区）进行测算。	

为以下几种：索洛残差法、代指数法、随机前沿法，其中随机前沿法包括数据包络分析法和随机前沿生产函数法。将全要素生产率作为科技创新绩效的考察指标的相关研究则主要采用随机前沿分析方法（Stochastic Frontier Approach，SFA）、数据包络分析方法（Data Envelopment Analysis，DEA）以及基于数据包络分析的DEA-Malmquist指数法测算并分解全要素生产率（TFP），分解为技术的进步和效率的变化两个部分，并分析了人力资本要素、政策要素等对创新绩效的影响。

另一部分学者则从不同的角度选取科技创新的投入与产出指标，根据研究对象的特征选取合适的方法测算创新绩效，详见表5-2。从投入—产出角度开展的科技创新绩效研究，所采用的科技创新投入变量大多选为R&D经费投入和R&D人员投入；产出指标大多将专利数量、科技论文数以及新产品销售收入囊括在内；另外，将投入、产出要素之外的所有影响科技创新绩效的因素归结为创新环境因素和企业自身客观条件之中。上述研究对创新投入要素的刻画较为单一,对于投入—产出之外的影响创新绩效的其他因素归纳过于笼统。

表5-2 基于投入—产出角度的科技创新绩效实证研究

文献	方法	研究对象	指标选择	结论
吴延兵(2006)	生产函数法	中国四位数制造业	投入:R&D投入	R&D对生产率存在显著的正向影响。
			产出:增加值、销售产值、TFP	
			控制变量:企业规模、市场集中度、资本密集度、广告密集度、产权	
李习保(2007)	知识生产函数模型、SFA方法	我国省级行政单位	投入:R&D经费支出和人员全时当量	总发明专利和职务发明专利的投入产出关系存在不同;教育投入、政府支持、轻工业占比、企业R&D投入占比以及区域科技交往的活跃程度对创新效率的提升有促进作用。
			产出:发明专利总授权量、职务发明专利授权量	
			影响因素:产业结构、教育投入、地方政府投入、大学及科研机构行为、金融支持、技术交往、地区贸易专业化程度	
Wang,Huang(2007)	三阶段DEA-Tobit模型	30个国家(23个OECD国家,7个非OECD国家)	投入:R&D资本、人力资本	不到半数国家的R&D活动是有效率的,在产出方面与专利产出相比在英文学术期刊的发表更有优势
			产出:专利数量、发表的学术期刊数量	
			影响因素:高素质人才、计算机普及程度以及英语水平	
白俊红等(2009)	两阶段DEA-Tobit模型	中国30个省际区域	投入:R&D经费、R&D人员	劳动者素质与创新效率呈正相关;创业水平与创新效率呈负相关;其他环境因素与区域创新效率间的相关关系并不显著,但变量系数为负认为对效率的提升存在抑制作用。
			产出:发明专利申请授权量、科技论文发表数、技术市场成交合同额	
			环境影响因素:基础设施、市场环境、劳动者素质、金融支持、创业水平	

(续表)

文献	方法	研究对象	指标选择	结论
魏守华 (2009)	固定效应面板数据模型	长三角地区高技术产业	投入：内在创新努力—R&D经费、本土技术溢出—区域间技术一致性系数	产业创新和发展的基本动力是内在的创新努力,本土技术溢出效应呈现为弱的负外部性即产业专业化集聚对创新存在弱的抑制作用。
			产出：新产品销售额	
庞瑞芝等 (2014)	拓展的网络 DEA 方法	中国30个省、市、自治区	投入：初始投入（R&D资本存量、R&D人员全时当量）、追加投入（地区资本存量、地区剔除R&D人员全时当量后的从业人员数）	样本期内,科技创新对地区经济发展的支撑作用较低,创新资源和创新结果未能实现优化配置是多数省份的普遍现象。
			产出：中间产出（专利授权数、科技市场合同成交额）、经济效益（地区生产总值、地区高技术产业生产总值）	
赵文平等 (2015)	超效率DEA方法、Malmquist指数法	丝绸之路经济带区域	投入：R&D经费内部支出、R&D人员全时当量	经济带内各区域间的创新绩效存在较大差异;规模效率较技术效率的影响更大。
			产出：三种专利的加权平均、科技论文数、高技术产业新产品销售收入	
金 刚 等 (2016)	随机前沿模型方法、空间计量模型	中国31个省域(研发全要素生产率)	投入：研发资本存量、研发人员全时当量	中国研发全要素生产率在全域和局域均有空间溢出效应;从全国范围看物质资本和人力资本是驱动研发全要素生产率增长的重要要素,从局域看东部已跨越物质资本驱动门槛,而中西部存在研发人员数量不足和层次较低的问题。
			产出：发明专利申请数	
			影响因素：市场化程度、开放程度、政府资助、企业主体、产学研合作、基础设施、外商直接投资等	

除此以外,以欧洲创新记分牌为代表的多指标综合测度国家创新能力的方案,通过对国家创新能力构成要素的分析,建立多指标测度体系,得出分项和综合测度的得分,对样本进行分类或排序。欧洲创新记分牌(European Innovation Scorebord, EIS),由欧盟创新政策研究中心制定,以监测欧洲技术进步和高技术创新为目标,采用典型的投入产出研究框架,由 5 个一级指标和 25 个二级指标构成,一级指标包括 3 个投入指标(创新驱动、知识创造、创新和创业)和 2 个产出指标(应用、知识产权)。世界银行 KEI(Knowledge Economy Index)指数不仅包括对创新投入与创新产出的评价,也将创新载体和创新环境纳入考察范围之内,从经济激励与政治体制、教育与人力资源、信息基础设施、创新系统四个方面对一国(地区)的创新能力进行评价。针对中国国家创新能力的评价,我国统计局社科文司设计编制的《中国创新指数(CII)》包含 4 个分项指数:创新环境、创新投入、创新产出与创新成效;中国科技发展战略研究小组编制的《中国区域创新能力评价》所设置的指标更加细致,从知识创造、知识流动、企业技术创新能力、技术创新环境和技术创新的经济绩效五个方面进行指标体系的设置,是兼顾投入产出绩效与环境激励的评价指标体系。

第三节　科技创新投入要素的构成

一、科技创新发展的三个阶段

中国经济的飞速增长伴随着中国科技创新的发展,本章将中国科技创新的转型与发展总结为以下三个阶段,下述三个阶段并不能严格区分前后顺序,同一时期可能交叉存在,但从这一系列转型的过程可以展现出中国科技创新能力的逐步提升(如图 5-2)。

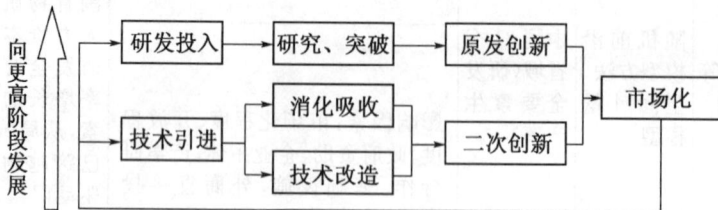

图 5-2　科技创新发展的三个阶段

第一阶段为技术引进与改造的追求实用阶段。在中国参与全球制造商竞争的早期,以满足国内需求和打开国际市场为目标,限于自身经济力量的薄弱、技术和经验的匮乏,根据市场需求对现有产品和生产流程进行小的改造对于中国企业来说,是过程最为简单、技术水平要求最低和赚取利润最容易的选择。通过引进国外成熟的技术和生产设备,形成初步的生产能力和技术能力,借助中国廉价劳动力的优势,改进型的工艺创新和产品创新能够在保证质量的同时降低产品的价格,中国制造很快成为世界产品供应链中的重要参与者。这一阶段的科技创新大多是对国外已有技术的修修补补,是在模仿中积累知识技术的过程,因此在这一阶段,技术引进与技术改造是科技创新活动中最重要的投入要素。

第二阶段为技术消化与吸收的追随者阶段。作为国际产业和技术转移的承接者,中国基于市场需求的技术引进与改造,保证了企业经济效益的快速增长,但容易陷入"引进—改造—再引进—再改造"的恶性循环,产品难于长久立足市场,很快会被技术领先者推出的新产品、新工艺所淘汰。中国科技创新的发展为了突破困境进入了技术消化吸收并二次创新的阶段,将外部技术转化为内部知识技术的积累,通过自身研发活动的开展,能够在原有市场的基础上开拓细分市场,创造出适合新市场的独一无二的产品或服务。因此在这一阶段,技术的消化吸收是科技创新活动中关键的要素投入,并且研发投入开始逐渐发挥作用。

第三阶段为依靠原发性创新的创新驱动阶段。经过前两个阶段的发展,中国的科技创新能力获得了快速的积累和发展,但始终处于追赶型国家的行列,很难实现重大技术的突破和关键设备的更新换代。为了成功完成追赶任务,中国的科技创新必须突破模仿创新向原始性创新转变,必须从知识技术的获取者向知识的创造者转变,需要通过基础研究能力和原始创新能力的积累成为世界技术的标杆。这一阶段,科技创新不再是单纯的一项经济活动,而是作为一种发展模式支撑经济增长的可持续性、提升经济增长质量。

新中国建立以后,特别是改革开放以来,政治的稳定、经济实力的日渐雄厚以及国际交流的加强为国内科学与实验的发展提供了有利条件,知识创新日渐成为国家创新能力的重要分支。根据世界银行的数据,如图5-3所示,在1985～2015年中国经济总量占世界的比重、所发表的科学技术期刊数(篇)以及国内发明专利申请量(项)三项指标呈现相同的趋势走向,均在经历了一段时期的低水平发展后展现了迅猛的攀升势头。1949～2000年中国经济总

量占世界经济总量的比重一直在 2%~4%的范围内波动,2001 年该比重超过
4%达 4.17%,自 2001 年以后中国经济总量加速增长,在世界经济总量中所
占的比重进入一个加速上升期,2015 年世界经济总量中的 15.50%来自于中
国,中国经济总量位居世界前列。在 2000 年以前,中国发表的科学技术期刊
数量及国内发明专利申请总量均低于 20 000 篇/件,2000 年两项指标的数值
均突破 20 000 篇/件并逐步迈入了一个加速增长的时期,两项指标分别在
2004 年和 2006 年超过 100 000 篇/件,科学技术成果如雨后春笋般涌现;1985
年由我国发表的国际科学技术期刊仅占世界总量的 0.54%,到 2013 年该比
重已上升至 18.37%;在 1985 年世界专利申请量中中国所占的比例不足 1%,
但是到 2014 年中国的居民专利申请占世界专利申请总量的 46.7%,另外中
国国家知识产权局的数据表明 2012 年中国专利申请数量为 6 648 219 件,超
过了美国专利商标局受理的实用专利申请数量 571 612 件。这一时期,中国
经济增长的规模和速度交出了令世界瞩目的答卷,中国科学技术的发展摆脱
了建国初期步履维艰的窘境取得了长足的进步。从图 5-3 中可以发现 2001
年是三项指标由平缓转向上升趋势的重要时间节点,2001 年中国重回世界贸
易组织,打开了国际产品市场,为引进外资、承接国际先进技术创造了有利的
外部条件,催生了国内经济增长和技术创新的蓬勃生机,开启了与世界接轨的

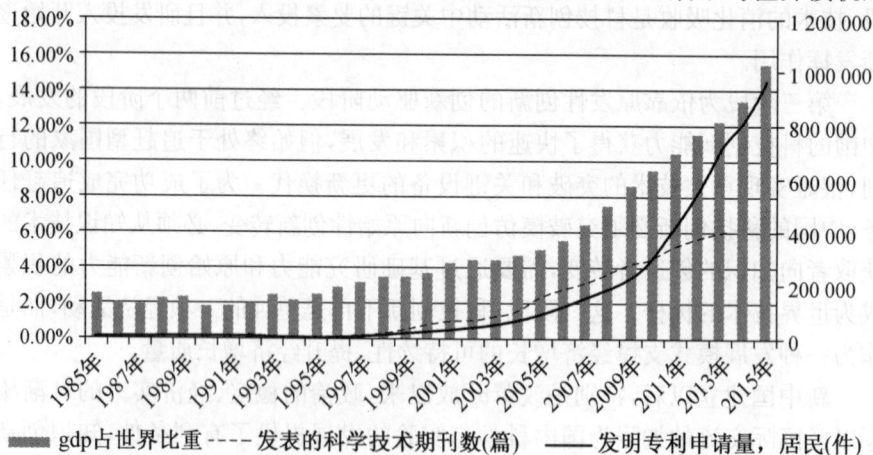

图 5-3 1985 年以来中国经济总量与科学技术创新成果情况

资料来源:世界银行数据库。

注:科学技术期刊是指属于物理学、生物学、化学、数学、临床医学、生物医学研究、工程技术以
及地区和空间科学领域所发表的论文。

步伐。另外,从图5-3中可以发现,两项科学技术创新成果所代表的曲线相比较,发明专利申请量曲线更为陡峭,发表的科学技术期刊数曲线更为平缓,两者在数量上的差距逐渐拉大,一定程度上表明我国的创新活动更偏重于实用专利技术的创造,并未对科学实验给予足够的重视,然而原发性创新往往来自于科学实验所产生的知识创新。

在创新驱动阶段,发挥科学技术创新的引领作用,加快实现科技创新成果向现实生产力的转化,达到这一目标是一项系统性工程,研发经费与研发人员的投入仅是其中的一个方面,更重要的是厘清开展科技创新活动所需要的要素投入的构成并提升要素投入的产出绩效。

二、创新驱动阶段科技创新投入要素的构成

洪银兴(2011)认为,创新驱动是指利用知识、技术、企业组织制度和商业模式等创新要素对现有的资本、劳动力和物质资源等有形要素进行新组合,以创新的知识和技术改造物质资本、提高劳动者素质和科学管理水平,其中科技创新是关键。根据这一定义可以发现,创新驱动发展阶段下的科技创新活动是一个开放且复杂的过程,需要综合要素投入的支撑。

本章认为,科技创新所需要的要素投入包括以下三大类,即创新主体要素、创新资源要素以及创新环境要素(如图5-4)。

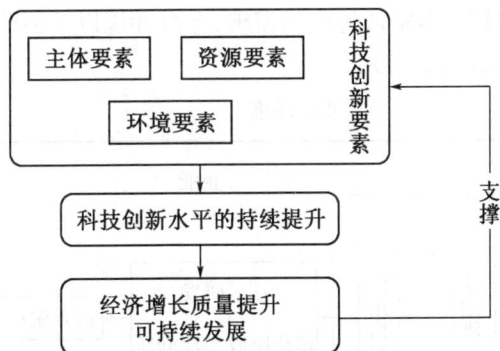

图5-4　科技创新要素投入的构成及其绩效产生的作用机理
资料来源:根据洪银兴(2017)、杨冬梅等(2006)整理而成。

(1)科技创新主体要素,是科技创新活动的参与者、承担者和实践者。根据传统理论,一直以来企业被认为是科技创新的主体,考虑到科技创新活动的社会性,本章认为主体要素应具有包容性,企业、科研机构、高等院校、政府等科技创新活动的参与者都应包含在主体要素中。

(2)科技创新资源要素,是科技创新的基础。创新驱动并不否认资源投入,而是强调科技创新对资源投入产出效率的提高和资源的相对节约。科技创新的资源要素包括资金、知识、技术、人才、基础设施各方面的投入。

(3)科技创新环境要素,是维护和促进科技创新活动开展的基本环境,主要包括制度、文化和市场环境三个方面。科技创新制度环境要素是科技创新活动有效运转的保障性要素投入,是影响科技创新绩效的重要因素;政府作为主体要素之一,对科技创新活动发挥着保障、鼓励和监督的作用,主要包含政府的知识产权保护与对技术交易市场发展的引导。科技创新文化环境要素主要指鼓励科技创新的文化氛围,以及参与国际国内科技竞争与合作的外部环境。科技创新活动中环境要素的投入异常庞杂,2001 年联合国开发署在全球范围内评出 46 个技术创新中心的工作,将以下指标列入对环境要素的考量,包括:地区高校和科研机构、培训熟练人员或创造新技术的能力;能带来稳定经济和专门知识的老牌公司和跨国公司的影响;创业的积极性;获得风险资本并成功进入市场的可能性。2001 年以来,中国科技发展战略小组发布的《中国区域创新能力评价》在我国区域创新系统评价的相关研究中比较具有权威性,报告将基础设施、劳动者素质、市场需求、金融环境以及创业水平列入对环境因素的考量范围内,本章认为市场需求、金融环境以及创业水平可以统一归纳在市场环境中(如图 5 - 5)。

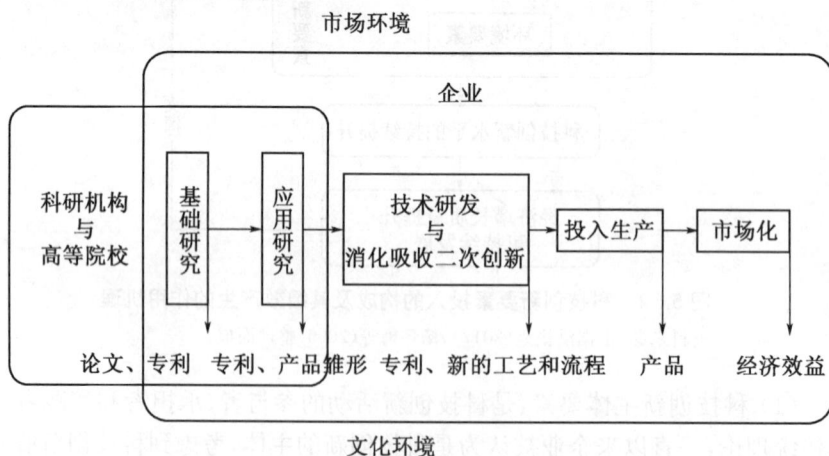

图 5 - 5 科技创新要素的投入与产出

第四节　制造业科技创新要素投入的绩效评价

一、模型设定与指标选择

制造业是一个国家的经济命脉。现代工业强国 70%～80% 的财富由制造业创造,制造业在工业化发展过程中发挥着基础性和主导性作用,是一国经济最重要的物质保障,是立国之基,也是强国之本。截至 2013 年,中国制造业增加值 21.06 万亿元,占世界制造业增加值总量的 20.8%,超过美国跃居世界第一位,"中国制造"响彻全球;2016 年我国工业增加值达 24.78 万亿,占GDP 比重达到 33.31%,可以说制造业是我国经济增长的支柱产业。然而,2008 年金融危机席卷全球后,国际国内发展环境发生巨大变化,对中国制造业行业的进一步发展提出了挑战,主要来自于以下三个方面:首先,"中国制造"原有的成本竞争优势削弱,随着中国人口红利的逐步消失、国内资源紧缺与环境污染的压力、国际原材料市场价格的攀升以及人民币汇率的不断上浮,不可避免地冲击着"中国制造"的低成本优势。其次,欧美工业强国在金融危机的促使下不约而同地开始重新反思制造业在国民经济发展中的战略性地位,美国政府出台的《制造业行动计划》、德国工程院提出的"工业 4.0"计划以及欧盟的"未来工厂计划"等一系列重振本国制造业计划的出台,目的是抢占新的制造业高端;而印度、越南等发展中国家则以其更低的劳动力成本做好了承接劳动密集型产业转移的准备,试图抢占制造业的中低端;这都将对未来国际制造业竞争格局带来巨大变化,愈发激烈的竞争不可避免,中国制造业的外部竞争环境越发恶劣。最后,当前的市场竞争不再是简单的价格竞争,以科学技术为核心的综合实力的竞争已经取代价格竞争成为主流,中国制成品"低价格"的品牌已经过时,中国制造业必须寻找新的核心竞争着力点——科技创新。因此,2008 年是一个重要的时间节点。工业部门尤其是制造业在国民经济中的作用更多地表现为创新驱动及高端要素的承载功能,制造业永远是国民经济中科技创新活动最活跃、承载最多科技创新投入要素的部门[①],同时制造业是高新技术产业化的载体和动力,是一国科学技术向经济效益转化的桥梁,是科技创新主体要素中最关键的一环,其科技创新投入—产出绩效的分析

---

① 黄群慧,贺俊.中国制造业的核心能力、功能定位与发展战略——兼评《中国制造 2025》[J].中国工业经济,2015(6).

研究,有助于厘清当前中国制造业科技创新活动要素投入的绩效特征与问题,为进一步提升科技实力和市场竞争力、打造制造强国提供改进的方向。故而,本章将 2008～2015 年列为研究时期,将国家统计局国民经济行业分类:C 制造业的 28 个两位数行业(代码从 13～41,41 除外)的规模以上企业列为研究对象,并且参照 OECD 的技术密集程度分类标准以及国家统计局公布的《高技术产业目录》将 28 个制造业行业具体划分为低技术制造业、中低技术制造业、中高技术制造业和高技术制造业,具体分类如表 5-3 所示。

表 5-3 行业分类

参照 OECD 技术密集程度和国家统计局《高技术产业目录》分类	国民经济行业分类及二位代码	
低技术制造业	13	农副食品加工业
	14	食品制造业
	15	酒、饮料和精制茶制造业
	16	烟草制品业
	17	纺织业
	18	纺织服装、服饰业
	19	皮革、毛皮、羽毛及其制品和制鞋业
	20	木材加工及木、竹、藤、棕、草制品业
	21	家具制造业
	22	造纸及纸制品业
	23	印刷业和记录媒介复制业
	24	文、工、体、娱用品制造业
中低技术制造业	25	石油加工、炼焦和核燃料加工业
	29	橡胶和塑料制品业
	30	非金属矿物制品业
	31	黑色金属冶炼及压延加工业
	32	有色金属冶炼及压延加工业
	33	金属制品业
	31	非金属矿物制品业

参照 OECD 技术密集程度和国家 统计局《高技术产业目录》分类	国民经济行业分类及二位代码	
中高技术制造业	26	化学原料和化学制品制造业
	28	化学纤维制造业
	34	通用设备制造业
	35	专业设备制造业
	38	电气机械和器材制造业
高技术制造业	27	医药制造业
	36	汽车制造业
	37	铁路、船舶、航空航天和其他交通运输设备制造业
	39	计算机、通信和其他电子设备制造业
	40	仪器仪表制造业

创新主体要素通过投入各种创新资源要素创造新知识、新技术或新工艺，并把这些新知识、新技术内化为知识技术存量，以"新"的方式转化为现实的、有经济价值的服务或产品，已达到实现价值和使用价值的目的。从这个意义上说，科技创新活动的要素投入绩效，就是实现这种转化的效率，即将各自科技创新投入资源要素转化为市场所需要的服务或产品的效率。从要素投入和产出绩效角度看，数据包络分析法（Data Envelopment Analysis，DEA）是最为典型的组织效率评价方法，该方法由 Charnes、Cooper 和 Rhodes 提出，在一定的投入及产出条件下，计算出效率前沿面（在固定投入下实现产出最大化、在固定产出下实现成本最小化），待考察决策单元（DUM）与效率前沿面决策单元间的距离为该决策单元的相对效率。数据包络分析方法对多项投入指标和多项产出指标的复杂系统有较强的适用性，其优点在于：① 无须给出确定的生产函数表达式，避免因设定了错误和生产函数而导致实证结果错误。② 无须进行无量纲化处理，同时不存在权重确定问题，派出了很多主观因素。③ 不需要对所选择的指标进行相关分析，结果具有客观性。因此，本章选择数据包络分析法分析中国 28 个制造业行业 2008~2015 年科技创新的要素投入绩效情况。

数据包络分析的基本模型是 CCR 模型和 BCC 模型。CCR 模型将规模报酬不变作为基本的假设条件,而 BCC 模型是对 CCR 模型的拓展,BCC 模型并不存在规模报酬不变的假设条件,是规模报酬可变的。考虑到制造业不同行业间复杂的实际情况,决策单元在实际上可能是规模报酬递增或递减的,也就是说规模无效率可能会对整体效率产生影响。故本章选择规模报酬可变、面向投入的 BCC 模型,认为综合效率是由纯技术效率和规模效率共同决定的。

假设有 n 个决策单元(DMU),每个决策单元存在 m 种类型的投入要素和 s 种类型的产出,对于第 i 个决策单元分别用向量 x_i 和 y_i 来表示投入和产出,即 $x_i = (x_{1i}, x_{2i}, \cdots, x_{mi})^T$,$y_i = (y_{1i}, y_{2i}, \cdots, y_{si})^T$,$i = 1, 2, \cdots, n$,则每个决策单元的效率值可以通过以下模型求值:

$$\min_{\lambda, \theta} \theta$$

$$\text{s. t.} \quad \sum_{i=1}^{n} x_i \lambda_i \leqslant \theta x_0 \tag{5.1}$$

$$\sum_{i=1}^{n} y_i \lambda_i \geqslant y_0$$

$$\sum_{i=1}^{n} \lambda_i = 1$$

$$\lambda_i \geqslant 0$$

$$i = 1, 2, \cdots, k, \cdots, n \tag{5.2}$$

其中,x_0, y_0 分别为选定决策单元 DMU_0 投入向量和产出向量;λ 为相对于决策单元 DMU_0 重新构造一个有效的决策单元组合中 n 个决策单元的组合比例;θ 为决策单元 DMU_0 的投入相对于产出的有效利用程度,即效率值;$1 - \theta$ 表示决策单元可以减少的最大投入比例。通过 BCC 模型可以计算出决策单元的综合技术效率(EE)、纯技术效率(TE)和规模效率(SE),三者的关系为 $EE = TE \times SE$。

科技创新投入要素:劳动力投入和资本投入是研究投入—产出绩效最常用的指标,本章也同样使用劳动力及资本投入。对于一个产业的科技创新投入要素的绩效问题,研发人力资本的投入和研发经费的投入对其绩效有较为直接的影响,本章将选用这两项指标。另一方面,研发经费投入并不能涵盖我国制造业科技创新活动所有资本要素的投入,我国仍处于技术追赶行列,依靠研发的原发性创新是科技创新活动的重要内容之一,同时改善设计提高质量、优化工艺降低成本以及提高生产技术的灵活性和产品的顾客满意度也是科技创新活动的重要一方面,因此对于中国制造业来说,在技术引进基础上的"干中学"和"用中学"的渐进式获取知识积累、技术进步和创新成果的途径是不可忽视的。故本章将技术改造经费投入与技术消化吸收经费投入也纳入资本要素投入之中。上述三项资本性要素投入都采用存量数据。

　　科技创新产出:本章认为可以用专利申请受理量和新产品销售收入两个指标来衡量制造业科技创新活动的产出。技术创新过程的性质、特点决定了一般"无法直接衡量技术创新的质量和数量"(Hill,1979),根据Griliches(1990)提出的"专利统计为技术变革过程分析提供了唯一的数据来源,就数据质量、可获得性以及详细的产业、组织和技术细节而言,其他任何数据均无法与专利相媲美"这一论断,本章将制造业专利申请受理量作为产出指标之一。另一方面,参考《中国科技统计年鉴》对"新产品"[①]定义,可以发现这一概念包含了由新工艺和新方法生产的全部产品,也包含了对原有产品的质量和设计的改进与优化,并且将申请专利与未申请专利的情况一并包含在内;新产品销售收入能够反映科技创新成果的市场化、商业化水平和给企业带来收益的能力,是比较直接快速的科技创新投入回报(见表5-4)。

表5-4　产出、投入指标

产出	技术成果	专利申请受理量 y_1
	经济收益	新产品销售收入 y_2
投入要素	人力资本要素投入	R&D人员全时当量 x_1
	资本要素投入	R&D经费投入(存量)x_2
		技术改造经费投入(存量)x_3
		消化吸收经费投入(存量)x_4

[①] 《中国科技统计年鉴》对"新产品"的定义为"采用新技术原理、新设计构思研制、生产的全新产品,或在结构、材质、工艺等某一方面比原有产品有明显改进,从而显著提高了产品性能或扩大了使用功能的产品,既包括政府有关部门认定并在有效期内的新产品,也包括企业自行研制开发,未经政府有关部门认定,从投产之日起一年之内的新产品,它用来反映科技产出对经济增长的直接贡献"。

二、指标测度与数据来源

根据 Griliches 的观点，R&D 经费内部支出是一项流量指标，而科技创新活动的资本性要素投入具有累积效应，当期的投入并不能马上在生产实践中反映出来，存在时滞，因此需要估算 R&D 经费投入的资本存量。技术改造经费投入的资本存量以及消化吸收经费投入的资本存量，将参照 R&D 经费投入的资本存量的估算方法进行估算。

首先，参考朱平芳、徐伟明（2003）通过固定资产投资价格指数（PII）和居民消费价格指数（CPI）来构造 R&D 支出经费价格指数（RPI）的方法，分别赋予固定资产投资价格指数和居民消费价格指数 0.45 和 0.55 的权重，通过组合加权得到 R&D 支出经费价格指数，即 $RPI=0.45PII+0.55CPI$，将上述两项指数折算成 2008 年价格指数表示的不变价，用该价格指数对当期的科技创新经费投入进行平减。本文采用目前主流的"永续盘存法"（Perpetual Inventory Method，PIM）来估算累积效应，公式表示为：

$$RD_{it}=I_{it}+(1-\delta)RD_{i,t-1} \tag{5.3}$$

表达式中 RD_t 代表第 t 年 R&D 存量，RD_{t-1} 为第 $t-1$ 年的 R&D 资本存量，I_t 表示第 t 年实际 R&D 经费支出，δ 代表折旧率，关于折旧率的确定，参照吴延兵（2008）的做法定为 15%。

基期 R&D 资本存量计算借鉴 Goto and Suzuki(1989)的方法公式为：

$$RD_0=\frac{I_1}{g+\delta} \tag{5.4}$$

关于 g 的假设，吴延兵（2008）认为相对于折旧率 δ 的取值并没有那么重要，它仅仅对基期存量存在影响，并不影响后期存量数值的测算，因此本章将 g 假设为所有时期 R&D 支出的平均增长率。通过基期 R&D 存量的计算，就可以利用永续盘存法(5.3)计算制造业各行业后续年份的存量值。用上述相同的方法计算获得每年技术改造和消化吸收投入的资本存量。

对于产出指标中的新产品销售收入，考虑到价格波动的影响，以 2008 年为不变价，用相应各年份的工业品出厂价格指数对新产品销售收入进行价格平减。

本章选取 2008～2015 年我国 28 个制造业行业规模以上企业的相关数据进行实证分析。数据主要来源于 2009～2016 年《中国科技统计年鉴》、《中国统计年鉴》以及国家统计局网站数据库。2011 年《中国科技统计年鉴》的统计口径为大中型工业企业，统计口径不一致，幸而 2010 年《中国科技统计年鉴》

包含了大中型工业企业数据与规模以上工业企业数据,故 2010 年的数据按照比例和增量率测算而来。

三、实证结果及分析

根据上述模型和指标的设定,将 C:制造业 28 个两位数行业选为决策单元 $DMU_i(i=1,2,\cdots,28)$,利用 DEAP2.1 软件计算决策单元 2008~2015 年的科技创新要素投入的绩效,即综合技术效率(EE)、纯技术效率(PTE)和规模效率(SE),并进行相关分析。

综合技术效率(EE)是对决策单元的资源配置能力、资源使用效率等多方面能力的综合衡量与评价,如果决策单元处于生产前沿的条件下则为技术有效,即综合技术效率等于 1。纯技术效率(PTE)是将决策单元的管理和技术因素考量在内的效率,纯技术效率=1 表示在当前的技术水平下所投入的要素使用是有效率的。规模效率(SE)是指决策单元在一定的管理和制度条件下,现有规模与最优规模间的差异,若决策单元处于规模报酬递减状况则应该相应地缩减规模。在规模报酬可变的 BCC 模型下,纯技术效率和规模效率共同决定决策单元的综合技术效率。

1. 整体绩效情况

首先,本章将估算出的各制造业行业 2008~2015 年每一年的三大效率值进行平均并作趋势图,分析在研究期内制造业整体的科技创新要素投入的绩效情况。从图 5-6 可以发现,在研究期内制造业整体的综合技术效率在

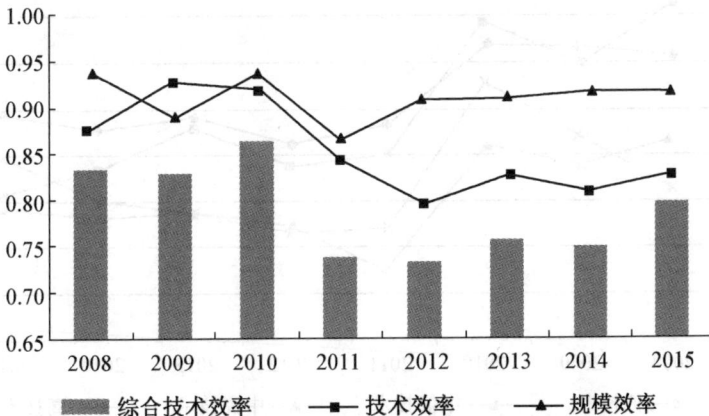

图 5-6　制造业整体科技创新要素投入的绩效情况

2008～2011 年波动较大,受国际金融危机的影响,2009 年制造业整体综合技术效率小幅下降,2010 年有所好转指数超过 2008 年,但在 2011 年综合技术效率经历了较为剧烈的下滑并在 2012 年下降至最低点,2012～2015 年该指数波动趋于平缓、绩效有所好转呈缓步攀升状态。纯技术效率在研究期内的趋势与综合技术效率大致相同,同样在 2011 年和 2012 年经历了大幅下降,在2013～2015 年该指数有所增长但涨幅微弱。规模效率在 2008～2011 年呈现下降趋势后在 2012 年开始回升并趋于平缓。综上所述,2011 年是一个关键时间节点,在 2011 年我国制造业整体科技创新要素投入的绩效经历了大幅下降,从 2012 年开始整体绩效有所好转但好转势头较弱;从整体上看,制造业整体的纯技术效率值曲线位于规模效率值曲线之下,纯技术效率的下行趋势对综合技术效率水平影响较大;说明在当前的技术水平下我国制造业行业进行科技创新活动,对所投入要素的利用并不是有效率的,削弱了对投入要素的配置能力和使用能力,且研究期内呈现绩效水平下降后好转乏力的特征。

　　2. 综合技术效率分析

　　通过图 5-7 及表 5-5,可以发现以下特征:① 在研究期 2008～2015 年内,综合技术效率由高到低依次为低技术制造业、中低技术制造业、高技术制造业、中高技术制造业。② 四大类制造业行业的综合技术效率值在 2011 年均大幅下降,其中低技术制造业降幅最小,高技术制造业降幅最大。③ 2012 年起,综合技术效率值回升,其中高技术制造业的综合技术效率增长

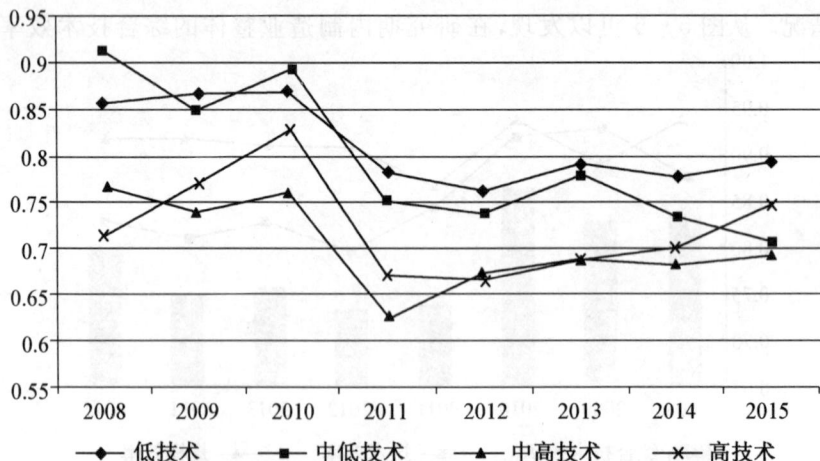

图 5-7　低技术、中低技术、中高技术、高技术制造业综合技术效率变化趋势

较快,分别在 2013 年和 2015 年超过中高技术制造业和中低技术制造业,位居第二,仅次于低技术制造业。④ 中低技术制造业的综合技术效率在 2013～2015 年出现第二次明显的下降趋势。⑤ 研究期末的各制造业行业综合效率值水平仍低于期初值,维持在 0.8 以下。

表 5-5　低技术、中低技术、中高技术、高技术制造业综合技术效率

综合技术效率	2008	2009	2010	2011	2012	2013	2014	2015
低技术制造业均值	0.856	0.869 16	0.868 75	0.783 16	0.760 58	0.789 58	0.779 42	0.795
中低技术制造业均值	0.914 66	0.849 66	0.895 33	0.751	0.737 33	0.778 66	0.736 67	0.708 5
中高技术制造业均值	0.766	0.740 8	0.760 2	0.626 8	0.675 4	0.690 4	0.679 2	0.694 6
高技术制造业均值	0.712 8	0.771 6	0.832	0.668 6	0.664	0.687	0.702 4	0.749

　　根据附表 5-1 制造业各行业综合技术效率值的具体数值,可以发现,高技术制造业中的计算机、通信和其他电子通信设备制造业,中低技术制造业中的石油加工、炼焦和核燃料加工业,以及低技术制造业中的烟草制品业与文、工、体、娱用品制造业,上述制造业行业的综合技术效率值为 1,说明这些行业处于生产前沿面上、投入产出是综合有效的。另外,一般认为属于传统制造业范围的纺织服装服饰业、皮革皮毛羽毛及制品和制鞋业、印刷业和记录媒介复制业具有劳动密集、技术水平低的特征,但估算结果表明其综合技术效率值较高,平均值高于 0.85;而属于高技术制造业范围的医药制造业、仪器仪表制造业和铁路船舶航空航天和其他交通运输设备制造业的综合技术效率水平相对较低,均值在 0.6 左右;说明上述传统制造业行业对科技创新投入要素的配置利用效率较高,而高技术制造业并不能同科技创新投入要素的有效利用画等号。

　　3. 纯技术效率分析

　　在有关生产函数的理论分析中,企业能够在其生产可能性边界上进行生产。然而在实际的生产活动中并不是如此,在现实经济环境中,由于制度管理方面的漏洞、技术人员数量的缺乏和素质的薄弱等原因,使得企业所拥有的知识、技术不能得到充分利用。纯技术效率有效(纯技术效率＝1)表示决策单元充分发挥了现有的技术潜能,使科技创新投入的要素达到了最优配置水平。附表 5-2 为样本期内制造业各行业纯技术效率值的具体数值。

　　通过表5-6和图5-8,可以发现:① 在样本期内,中低技术制造业与中高技术制造业的纯技术效率变动趋势一致,在2008~2010年内保持较高的纯技术效率水平,2011年开始大幅下降,2013年后下降趋势减弱,纯技术效率值趋于稳定但回升乏力。② 高技术制造业纯技术效率值波动幅度较大,在2010年前后经历了大幅的增长和下降,在2012年纯技术效率值降至最低点后开始回升且增长较快,先后超过中低、中高技术制造业纯技术效率值,仅次于低技术制造业。③ 低技术制造业纯技术效率值波动相对平缓,虽然在2011年与2012年有所下降,但在后续年份逐步增长,在纯技术效率值上保持领先。④ 各制造业行业的纯技术效率值虽有所回升但仍低于期初水平,在0.9以下徘徊。

表5-6　低技术、中低技术、中高技术、高技术制造业纯技术效率

纯技术效率	2008	2009	2010	2011	2012	2013	2014	2015
低技术制造业均值	0.893 5	0.908 92	0.909 75	0.846 42	0.826 67	0.872 5	0.858 08	0.871 83
中低技术制造业均值	0.923 83	0.949	0.933 67	0.862 16	0.802 33	0.828 33	0.785 66	0.787
中高技术制造业均值	0.881	0.957 6	0.923 4	0.850	0.751 8	0.758 2	0.734 6	0.747
均值	0.754 8	0.874 2	0.887 2	0.779	0.719 2	0.737 8	0.756	0.791

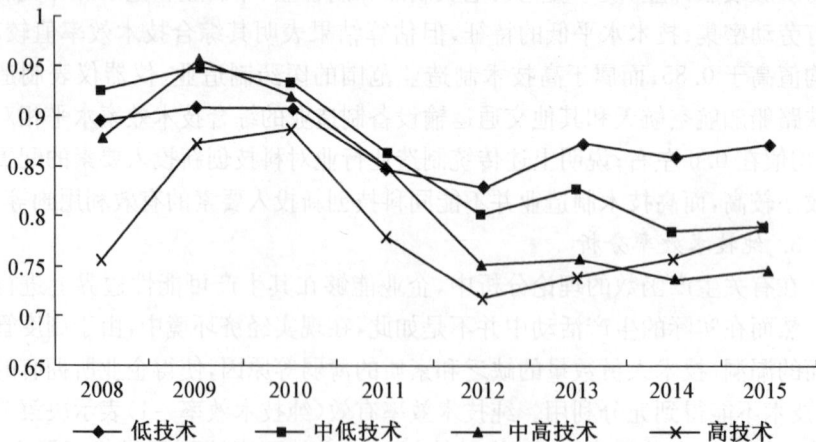

图5-8　低技术、中低技术、中高技术、高技术制造业纯技术效率变化趋势

4. 规模效率分析

实际规模与最优生产规模的差距通过规模效率体现出来。当规模扩大时,满足产量增加的比例大于全部投入要素增加的比例,那么这一规模水平具有规模效率。观察表5-7和图5-9,可以发现:① 不同技术水平的制造业行业的规模效率值经过波动后逐渐趋近,均保持在相对较高的水平。② 中高技术制造业行业的规模效率水平在2012年前与其他制造业行业差距较大,2012年规模效率显著提升并在后续年份平稳攀升。③ 低技术制造业规模效率呈下降趋势。④ 中低技术制造业与高技术制造业规模效率水平在考察期内波动较为平缓,规模效率值在0.9左右浮动。附表5-3为样本期内制造业各行业规模效率值的具体数值。

表5-7 低技术、中低技术、中高技术、高技术制造业规模效率

规模效率	2008	2009	2010	2011	2012	2013	2014	2015
低技术制造业均值	0.954	0.947 33	0.982 75	0.917 417	0.911 66	0.899 5	0.899 58	0.896 25
中低技术均值	0.988 66	0.889	0.953 33	0.886 5	0.925 33	0.933 16	0.951	0.919 16
中高技术制造业均值	0.858 4	0.767 6	0.823 2	0.723 6	0.881	0.910 6	0.023 2	0.932 6
高技术制造业均值	0.923 4	0.859 2	0.951 8	0.850 8	0.894 4	0.902	0.902	0.931 4

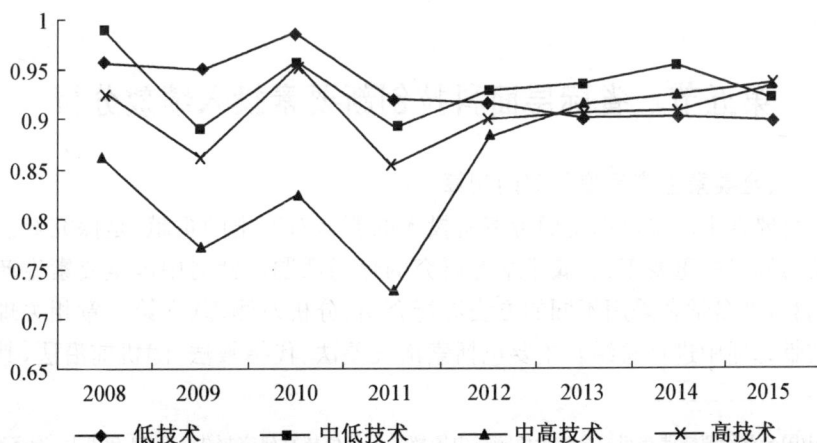

图5-9 低技术、中低技术、中高技术、高技术制造业规模效率变化趋势

综合效率值由纯技术效率值与规模效率值共同决定,结合上述估算结果可以发现,中国制造业各行业的规模效率值普遍高于纯技术效率值,且规模效率对综合效率的影响作用相对更大,说明当前中国制造业科技创新要素投入的绩效更多地来源于规模化的生产和标准化的操作,而不是通过对现有知识技术的有效利用来促使产出绩效的提升,在较低水平徘徊的纯技术效率是导致制造业综合技术效率回升乏力的主要因素。

《中国制造 2025》是指引中国制造业由大变强发展而描绘的蓝图,产业结构向中高端迈进是其所要达到的核心目标,作为战略性新兴产业的高技术制造业是关注的焦点。虽然 2012 年以来高技术制造业科技创新投入要素的产出绩效明显提升,但仍然低于低技术制造业的绩效水平。中国的制造业起步于国际制造业产业转移,传统的中、低技术制造业起步较早、发展较为成熟,仍然在国民经济发展中发挥着重要的作用,根据《全球价值链与中国贸易增加值核算研究报告》①的数据,诸如计算机、通信和其他电子设备制造业及铁路、船舶、航空航天和其他交通运输设备制造业这样的高技术制造业行业 1 000 美元出口所带来的国内增加值均不足 800 美元;而食品及酒精饮料、烟草制品业每 1 000 美元出口能分别带来 861 美元和 857 美元的国内增加值,纺织业、纺织服装服饰业这样代表性的劳动密集型低技术制造业每 1 000 美元的出口能带来 890 美元的国内增加值。因此,中国制造业向高端迈进的目标的实现,不仅是高技术制造业的兴起和成熟,更是要实现每一个制造业行业从价值链的低端向高端攀升和跃迁,这需要每一个制造业行业科技创新绩效向更高水平提升。

第五节　省际层面科技创新要素投入绩效分析

一、全要素生产率增长率的测算

全要素生产率可以全面考察所投入的要素对产出的贡献,是探究经济增长动力源泉的重要工具,属于学界研究的热门话题。针对中国全要素生产率的测算,许多学者采用不同的方法进行介绍、分析及测算(在第二章相关理论与文献综述中进行总结),主要包括索洛残差法、代指数法、随机前沿法,其中

---

① 中国全球价值链课题组:《全球价值链与中国贸易增加值核算研究报告》,2014 年 9 月. 商务部网站:http://www.mofcom.gov.cn/。

随机前沿法包括数据包络分析法(DEA)和随机前沿生产函数法(SFA)。以回归分析为基础的随机前沿生产函数法,其优点在于将随机因素和环境变化对生产行为造成的影响纳入了考量范围,但是也存在一定的缺点,其估计结果准确与否与生产函数和概率分布设定准确与否密切相关,不同的假设往往会导致不同的结果,因此可能会使全要素生产率的估计产生偏误。因此,本章采用数据包络分析法 DEA-Malmquist 指数法测算全要素生产率增长率。

基于产出距离函数的 Malmquist 生产率指数可以表示为:

$$
\begin{aligned}
M_0(x^{t+1}, y^{t+1}; x^t, y^t) &= \left[\frac{D_0^t(x^{t+1}, y^{t+1})}{D_0^t(x^t, y^t)} \cdot \frac{D_0^{t+1}(x^{t+1}, y^{t+1})}{D_0^{t+1}(x^t, y^t)} \right]^{1/2} \\
&= \frac{D_0^{t+1}(x^{t+1}, y^{t+1})}{D_0^t(x^t, y^t)} \left[\frac{D_0^t(x^{t+1}, y^{t+1})}{D_0^{t+1}(x^{t+1}, y^{t+1})} \cdot \frac{D_0^t(x^t, y^t)}{D_0^{t+1}(x^t, y^t)} \right]^{1/2} \\
&= EFFCH \cdot TECHCH \\
&= TFPCH
\end{aligned}
\tag{5.5}
$$

全要素生产率变化率(TFPCH)可以分解为技术效率变化(EFFCH)及技术进步变化(TECHCH),技术效率变化是基于可变规模收益的效率变化指数,技术进步变化则代表了技术的进步和创新。本章主要对科技创新要素投入绩效的研究侧重于对经济增长质量的影响,因此主要关注全要素生产率变化率指标。

本章将 2003～2015 年全国 30 个省、直辖市、自治区作为研究样本,考虑到西藏部分数据缺失的问题,故将西藏排除在研究范围之外,因此,共 30 个样本省份、直辖市以及自治区。测算过程中涉及的变量和相关数据说明如下:本章原始数据来源于《中国统计年鉴》(2004～2016)、国家统计局网站以及各省、市、自治区《统计年鉴》(2004～2016)。各省份、直辖市以及自治区的产出水平 Y 采用剔除价格指数的 GDP 数据表示,通过 GDP 平减指数剔除价格影响。以年末就业人数作为衡量劳动力投入 L 的指标。对于资本存量 K 的测算,当前相关研究采用的方法各不相同,得出的结果也存在差异,其中较为普遍的方法是永续盘存法,表达式为:

$$
K_t = \frac{I_t}{P_t} + K_{t-1}(1 - \delta_t)
\tag{5.6}
$$

$$
K_0 = \frac{I_0 / P_0}{g + \delta}
\tag{5.7}
$$

其中,K_t 表示 t 年年末物质资本存量,K_{t-1} 表示 $t-1$ 年年末物质资本存量,I_t 为 t 年名义投资额,P_t 为固定资产投资价格指数(转换成以 2003 年为基

中国经济增长的潜力与动力

期)。折旧率δ的取值参考张军(2004)[①]的做法设为9.6%;K_0代表基期物质资本存量;g的取值只影响初期物质资本存量的估算、后期存量的测算不造成影响,因此本章将其设定为 5 年实际资本投资额的年均增长率。借助DEAP2.1 软件测算结果如表 5-8。

表 5-8　全国各省、直辖市、自治区全要素生产率变动率估算值

年份	2004	2005	2006	2007	2008	2009	2010	2011	2012	2013	2014	2015
北京	0.929	1.077	1.071	1.096	0.977	1.056	1.007	0.992	1.008	0.956	1.032	1.119
天津	0.960	1.027	0.949	0.925	1.007	0.923	0.937	0.977	1.057	0.994	1.044	1.149
河北	0.955	0.929	0.903	0.900	0.891	0.894	0.936	0.942	0.929	0.874	0.913	0.990
山西	1.002	0.946	0.902	0.928	0.942	0.821	0.977	0.959	0.939	0.858	0.901	0.989
内蒙古	0.957	0.946	0.988	0.997	1.037	0.949	0.942	0.966	0.937	0.852	0.971	1.087
辽宁	0.858	0.911	0.886	0.946	0.990	0.977	0.993	0.979	0.983	0.909	0.944	1.006
吉林	0.806	0.840	0.803	0.829	0.906	0.960	0.946	0.985	0.991	0.909	0.946	1.00
黑龙江	0.956	0.955	0.912	0.874	0.903	0.854	0.945	0.952	0.918	0.839	0.915	0.973
上海	0.982	1.053	1.018	1.027	0.983	1.018	1.016	0.998	1.011	0.909	1.014	1.088
江苏	1.012	1.049	1.003	1.005	1.011	1.009	1.014	0.994	0.995	0.948	0.999	1.077
浙江	1.022	1.003	1.029	1.005	0.992	0.994	1.045	1.005	0.997	0.948	0.986	1.073
安徽	0.882	0.865	0.901	0.916	0.927	0.953	0.961	0.967	0.954	0.899	0.937	1.000
福建	0.918	0.905	0.894	0.904	0.887	0.962	0.983	0.947	0.972	0.918	0.965	1.036
江西	0.973	0.965	0.949	0.929	0.944	0.940	0.998	0.997	0.970	0.927	0.982	1.037
山东	1.018	0.993	0.948	0.923	0.962	0.961	0.958	0.961	0.988	0.938	0.974	1.049
河南	0.868	0.879	0.852	0.854	0.874	0.847	0.889	0.892	0.917	0.864	0.930	1.008
湖北	0.941	0.951	0.919	0.940	0.948	0.957	0.964	0.951	0.957	0.892	0.948	1.024
湖南	0.896	0.897	0.913	0.915	0.919	0.927	0.937	0.944	0.947	0.889	0.945	1.035
广东	0.989	1.000	0.991	0.978	0.963	0.948	0.963	0.954	0.955	0.914	0.968	1.053

① 张军,吴桂英,张吉鹏.中国省际物质资本存量估算:1952~2000.经济研究,2004(10).

（续表）

年份	2004	2005	2006	2007	2008	2009	2010	2011	2012	2013	2014	2015
广西	0.842	0.830	0.887	0.882	0.874	0.827	0.856	0.878	0.902	0.904	0.954	1.036
海南	0.952	0.930	0.953	0.938	0.927	0.932	0.966	0.945	0.920	0.862	0.919	1.019
重庆	1.013	1.093	0.934	0.955	1.003	0.984	0.988	1.014	0.997	0.926	0.983	1.062
四川	0.954	0.936	0.946	0.937	0.936	0.953	0.964	0.969	0.975	0.906	0.953	1.027
贵州	0.961	1.012	0.990	1.003	1.004	0.957	0.948	0.984	1.004	0.915	0.955	1.032
云南	1.009	0.965	0.983	0.986	0.997	0.915	0.876	0.917	0.942	0.889	0.898	0.978
陕西	0.943	0.974	0.931	0.887	0.938	0.904	0.933	0.957	0.980	0.921	0.966	1.003
甘肃	0.974	0.950	0.938	0.950	0.940	0.926	0.979	0.968	0.965	0.902	0.928	0.942
青海	1.038	1.029	1.044	1.039	1.081	0.946	1.025	1.006	0.968	0.892	0.91	0.965
宁夏	0.995	0.946	0.964	1.037	1.083	0.965	1.027	1.020	0.984	0.914	0.911	0.975
新疆	0.999	1.028	1.033	0.989	1.019	0.952	1.081	1.011	0.984	0.898	0.937	0.947

Malmquist 指数大于 1，表明从 t 期到 $t+1$ 期 TFP 是增长的；反之，则意味着 TFP 是降低的。根据上述估算结果，将各省份、直辖市与自治区按照东部、中部、西部及东北四大区域划分，分别做出趋势图，如图 5-10 所示。观察下图可以发现一下趋势特征：① 在直辖市中，北京、天津和上海的 Malmquist 指数表现较好，数值大于 1 的年份占多数，说明 TFP 处于良好增长的态势；而重庆的 Malmquist 指数只有 3 年的数值大于 1，TFP 呈下滑态势。② 中部、西部和东北各省份的 Malmquist 指数在样本研究期内多位于数值 1 以下，说明 TFP 存在下降的趋势，经济增长呈下滑态势。③ 各省、自治区和直辖市的 Malmquist 指数自 2013 年开始存在明显的增长趋势，中国经济增长在经受过金融危机的冲击后呈现回升的状态，虽然部分省份相对落后但发展趋势总体向好。

中国经济增长的潜力与动力

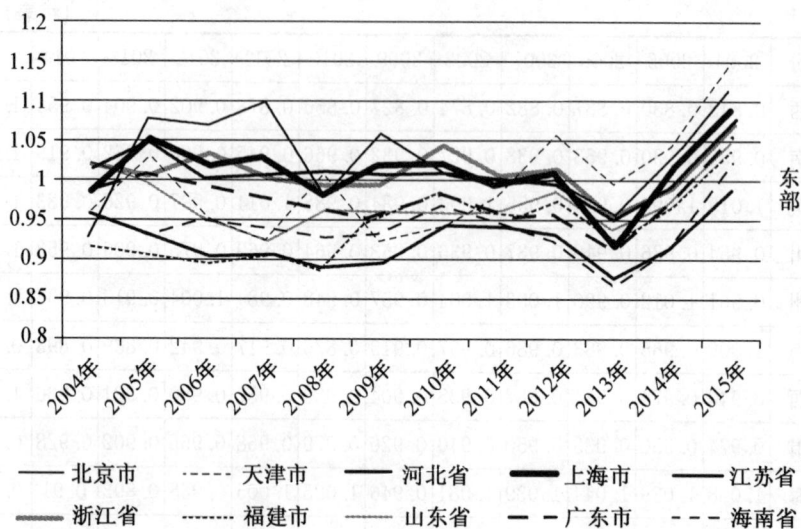

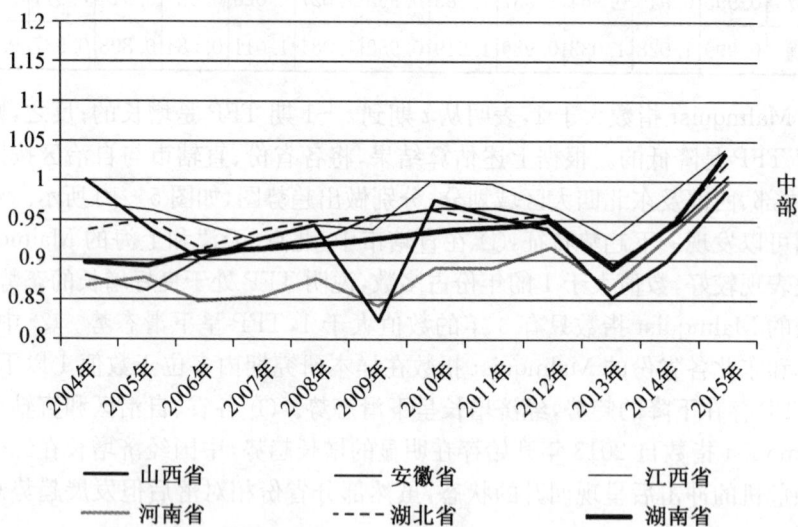

东部图例：
北京市 — 天津市 ---- 河北省 — 上海市 — 江苏省
浙江省 — 福建市 ---- 山东省 — 广东市 ---- 海南省

中部图例：
山西省 — 安徽省 — 江西省
河南省 — 湖北省 ---- 湖南省

图例：
内蒙古自治区　　广西壮族自治区　　重庆市
四川省　　　　　贵州省　　　　　　云南省
陕西省　　　　　甘肃省　　　　　　青海省
宁夏回族自治区　新疆维吾尔自治区

辽宁省　　----吉林省　　——黑龙江省

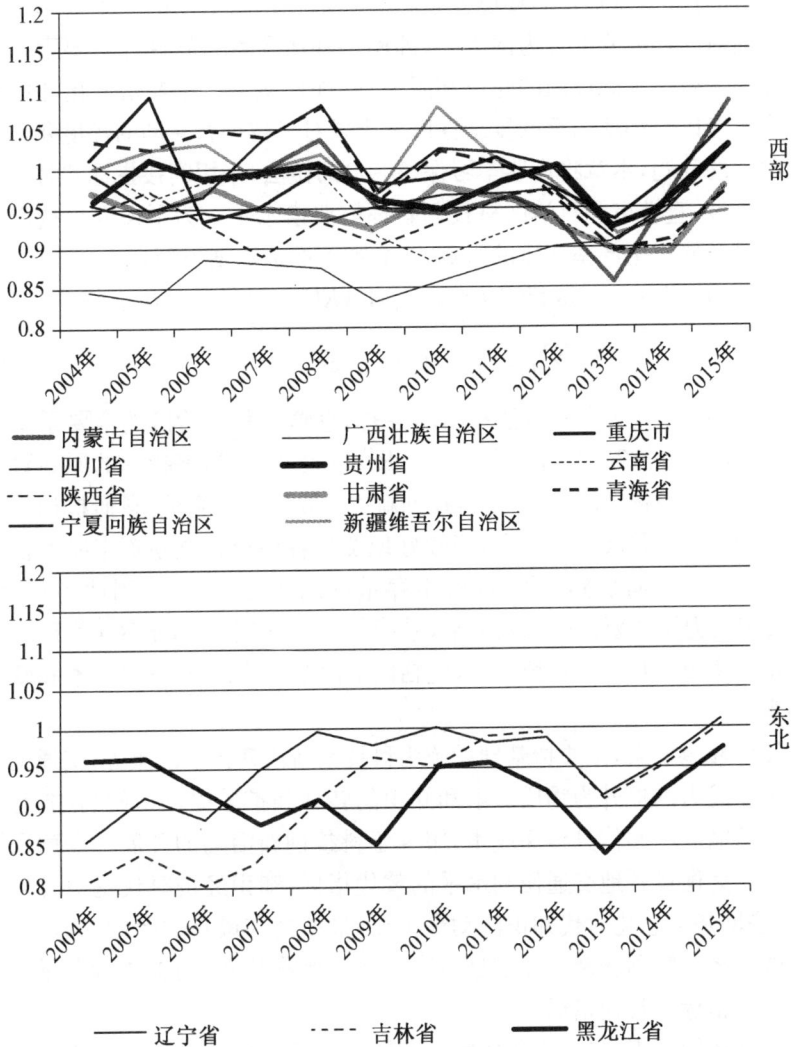

图 5 - 10　中国各省、自治区、直辖市全要素生产率增长率变化情况

二、模型设定与指标选择

科技创新是一项内涵丰富的社会化活动,创新主体要素作为创新资源要素的开发利用者是科技创新活动中最重要的能动要素,其他要素则都可归纳为环境要素,其功能是服务于创新主体要素,除了直接的研发物质资本和研发

人力资本的投入,差别化的环境要素将影响科技创新活动的产出效率。本章将科技创新的环境要素分为两大类,即硬件环境要素和软件环境要素。硬件环境要素主要指基础设施的建设和服务;软件环境要素主要指文化环境和市场环境。考虑到环境因素的复杂性以及难以对科技创新活动的环境要素进行直接测度的问题,本章将借鉴李习保(2007)的做法,采用间接指标和替代指标来衡量各省、直辖市和自治区科技创新环境要素水平。为了探究科技创新要素投入对全要素生产率变化的影响,建立如下面板数据模型:

$$TFPch_{i,t} = \beta_0 TFPch_{i,t-1} + \beta_1 \ln(RD_{i,t}) + \beta_2 \ln(HR_{i,t}) +$$

$$\sum_{j=1}^{7} \beta_j(E_{ji,t}) + u_{1,i} + \varepsilon_{i,t} \tag{5.8}$$

其中,$TFPch$ 为上一节估算出的各省、直辖市和自治区的全要素生产率增长率。RD 为各省、直辖市和自治区 R&D 资本存量,该指标的原始数据为各地的 R&D 经费内部支出,是科技创新主体要素包括企业、科研机构以及高等院校的研发经济支出的总和,能较好地衡量各地科技创新资本要素投入的水平;测算方法与制造业 R&D 资本存量的测速方法一致,因此不再赘述。HR 代表人力资本要素的投入水平,采用各省、直辖市和自治区 R&D 人员全时当量来衡量。E 代表环境要素,包括以下两个部分:硬件环境要素和软件环境要素。

硬件环境要素,主要指基础设施为科技创新活动提供的服务,交通运输与信息传输能力的提升为物质资本和知识的转移和扩散提供了便利,能有效降低物质运输成本和信息传递成本,服务于科技创新活动的开展。本章采用公路密度作为衡量各地交通便利水平的替代指标;知识经济时代是信息化的时代,互联网是信息化时代知识流动最主要、最便捷和最具时效性的通道,因此本章选择将互联网普及率而不是传统文献中所采用的各地邮电业务量作为信息化水平指标的替代指标。

软件环境要素,包含文化环境与市场环境两个方面。① 在文化环境要素方面,科技创新是一种普遍现象的观点需要在全社会推广和强化,丰富的教育资源以及受过教育的、具有创造性的人口有助于全社会科技创新意识的培养和普及,对科技创新的认可和支持有助于形成鼓励科技创新的文化氛围,提升科技创新主体开展科技创新活动的主动性和积极性。因此,本章将各地的教育水平和劳动力素质作为衡量文化环境要素的间接指标;将教育投入经费占GDP 的比重作为衡量各地教育水平(Edu)的替代指标,采用年普通高等学校毕(结)业人数占总人口的比重作为衡量各地区创新意识普及水平(Cons)的替代指标。② 市场环境要素包括技术交易市场发育程度、市场开放程度以及创业投资支持程度三个方面。首先,技术市场作为沟通知识、技术的生产者与需求者的纽带,能大大活跃知识和技术的传播与扩散,沟通科技与应用、创新与生产从而提高科技创新向现实生产力转化的效率;同时,知识产权的转移和随之带来的利益分配构成了技术交易的实质,合理的知识产权转移的制度安排从根本上保证了技术交易市场的正常运转,可以说技术交易市场集中体现了知识产权买卖双方的权利界定、交易、转移及保护,通过合同的实施机制来保障交易的完成,因此,技术市场的发育程度也能够反映各地知识产权保护的程度。其次,开放的市场是沟通本地与外部知识技术的桥梁,开放程度对各地获得和利用外部先进知识和技术的能力存在影响,有利于将外部先进的知识和技术内化为自身的知识积累。再次,高等院校和科研机构是新基础知识和原发性技术生产的前沿,高等院校和科研机构与生产性企业的对接和合作是意识化的知识和技术向现实生产力转化的重要一环,对产学研合作的支持程度是重要的科技创新环境要素之一。最后,市场的创业投资支持程度也是重要环境要素之一,风险投资的资金提供与科技创新的创新增值潜力是供需相契合的,风险资本投入到初创期的高新技术企业,不仅将资金推入到基础研究与应用研究的研发阶段,也以科技成果的商业化为导向培育创新企业的发育和成长,在整个科技创新能力的提升中不断提供资金和服务的支持。本章采用技术市场合同成交额占 GDP 的比重①作为间接指标度量各地市场推动科学技术与经济效益交互作用的水平,也能反映各地知识产权保护的程度(IPR);采用两个具体的替代指标衡量产学研合作支持程度(IUR),即高等院校 R&D 经费内部支出中企业资金所占比重(IU)和科研机构 R&D 经费内部支出中企业资金所占比重(IR)。将贸易专业化指数作为衡量市场开放程度(Open)的间接指标,该指标值越小,表明该地获取外部知识技术的可能性越大;以各地风险投资项目的数量作为衡量风险投资支持水平(VC)的间接指标。下列各指标的原始数据来源于各省、直辖市及自治区《统计年鉴》(2004~2016 年)、

① 胡凯,吴清,胡毓敏(2012)认为将技术交易市场合同成交额作为度量地区知识产权保护程度的指标有以下几点优势:一是具有客观性,将主观指标因人而异的缺点排除在外;二是该指标具有综合性,能较好地体现交易双方偏好、效用及交易市场环境等方面的信息;三是该指标的结果性特征,不需要考虑和深究影响地区知识产权保护水平的来自社会、制度等各方面复杂且难以独立的因素。

国家统计局网站、《中国科技统计年鉴》(2004~2016 年)、《中国互联网络发展状况统计报告》以及 CVSource 投资数据终端数据库(见表 5-9)。

表 5-9 环境要素指标的选取

硬件环境要素	基础设施	交通便利(Hd):公路密度=公路总里程/行政土地面积
		信息化水平(Inf):互联网普及率
软件环境要素	文化环境	教育水平(Edu):教育经费总额/GDP
		创新意识($Cons$):普通高等学校毕(结)业生人数/总人口
	市场环境	技术市场发育程度即知识产权保护程度(IPR)[①]:技术市场成交合同金额/GDP
		产学研合作发展程度(IUR):高等院校 R&D 经费内部支出中企业资金所占比重(IU)、科研机构 R&D 经费内部支出中企业资金所占比重(IR)
		市场开放程度(Open):贸易专业化指数=(出口额-进口额)/(出口额+进口额)
		风险投资支持程度(VC):风险投资项目数

上述建立的实证分析模型的解释变量中包含被解释变量的滞后一期项,可能由于内生性问题的存在导致估计结果可靠性的降低,为了克服内生性造成的问题,本章采用广义矩估计(GMM)的动态面板数据模型进行估计。通过在估计方程中引入工具变量,广义矩估计方法在一定程度上能有效解决解释变量的内生性问题,动态面板模型的估计方法主要有差分 GMM(Diff-GMM)和系统 GMM(Sys-GMM)。差分 GMM 方法比较适合样本观测值少、数据年份多的研究情况,因为差分 GMM 方法比较容易受到弱工具变量的影响;而系统 GMM 方法恰好能弥补此不足,原模型和差分模型中的信息能同时得到利用,也采用了差分模型中的工具变量,且对于样本观测值较多而数据

[①] 对于将技术市场合同成交额占 GDP 的比重作为知识产权保护程度的替代指标,需要进一步作以下说明。知识产权保护作为一项制度性安排,量化指标的选取存在一定的困难,在本科毕业论文的研究过程中笔者将知识产权纠纷案件一审结案率作为衡量知识产权保护的替代指标,但这一指标存在很大的问题,其一是存在地区数据缺失的问题,其二是结案率高低能否正确反映知识产权保护程度强弱值得商榷,结案率高并不等于裁决质量高,地区保护等人为因素的存在对公正、合理的判决造成的影响并不能在结案率指标中反映出来,影响了其发挥良好的替代指标的功能。

年份较少的研究情况适用性更强。因此,本章将采用系统广义矩估计方法
(Sys-GMM)进行相关实证分析。

三、实证结果与分析

　　本章采用系统 GMM 方法对上述方程进行回归,运用 Stata12.0 软件得
到如下估计结果。通过 Arellano-Bond 检验(残差序列相关性检验),可以发
现扰动项的差分存在一阶自相关但并不存在二阶自相关性,因此可以接受"扰
动项无自相关"这一假设,说明模型是合理的。同时,Sargan 检验的结果表明
可以在 5% 的显著性水平上接受"所有工具变量都有效"的原假设,即可以排
除过度识别问题的存在(见表 5-10)。

表 5-10　实证结果

变量	TFPch		
	(Ⅰ)	(Ⅱ)	(Ⅲ)
$TPFch_{i,t-1}$	0.243 7*** (18.75)	0.233 6*** (11.57)	0.189 8*** (6.86)
$\ln(RD_{i,t})$	0.169 5*** (25.62)	0.048 8*** (4.16)	0.102 2*** (5.80)
$\ln(HR_{i,t})$	−0.145 8*** (−16.08)	−0.082 9*** (−5.83)	−0.099 6*** (−5.13)
$Hd_{i,t}$	−0.076 1*** (−9.93)		−0.107 2*** (−8.36)
$Inf_{i,t}$	−0.210 5*** (−3.48)		−0.174 3** (−2.94)
$Edu_{i,t}$		−0.190 9 (−1.01)	0.397 2 (1.18)
$Cons_{i,t}$		0.073 1*** (3.67)	0.175 1*** (4.85)
$IPR_{i,t}$		0.846 4*** (3.50)	0.842 6* (1.91)
$IU_{i,t}$		0.017 9 (0.99)	0.037 5 (1.55)

（续表）

变量	TFPch		
	（Ⅰ）	（Ⅱ）	（Ⅲ）
$IR_{i,t}$		$-0.066\,6^{**}$ (-1.99)	$-0.128\,1^{***}$ (-5.51)
$Open_{i,t}$		$0.113\,3^{***}$ (10.37)	$0.107\,3^{***}$ (5.45)
$VC_{i,t}$		$0.000\,1^{***}$ (13.26)	$0.000\,1^{***}$ (9.09)
Arellano-Bond 检验 AR(1)	$-3.041\,8$ $P=0.002\,4$	$-3.253\,2$ $P=0.001\,1$	$-2.920\,9$ $P=0.003\,5$
Arellano-Bond 检验 AR(2)	$-1.281\,3$ $P=0.200\,1$	$-1.395\,7$ $P=0.162\,8$	-1.234 $P=0.217\,2$
Sargan 检验 P 值	0.36	0.39	0.41

*** 表示在 1% 的显著性水平上显著，** 表示在 5% 的显著性水平上显著，* 表示在 10% 的显著性水平上显著。

以上是采用系统 GMM 方法进行回归获得的相关结果，某种程度上这样的结果不是最好的、最全面的，但是根据上述理论分析和搜集整理的数据资源一定程度上能够反映中国各省、直辖市和自治区在研究期内进行科技创新资源要素投入、环境要素投入的产出绩效情况。在上述实证结果中，研发资本存量的系数均显著为正，说明国内研发资本的投入对全要素生产率的增长具有显著的促进作用。研发资本是科技创新活动开展过程中最重要的物质性资本投入，随着我国经济发展，R&D 投入强度水平已逐渐与欧美发达国家看齐、差距逐年缩小，研发资本的投入也发挥着增强国家创新能力、提升经济增长质量的重要作用，为以创新驱动为核心的我国经济增长动力重构提供有效的支持。

以 R&D 人员全时当量来度量的研发人力资本的投入指标可以体现出我国研发人力资源的匮乏，从图 5-11 可以发现自 1996 年以来，中国每万名从业人员中研发人员的数量虽有所增长但涨幅较小，且该水平远低于日本、美国及 OECD 国家，我国该项指标在 2014 年仅 1 113，不到美国每万名从业人员

R&D强度(%)

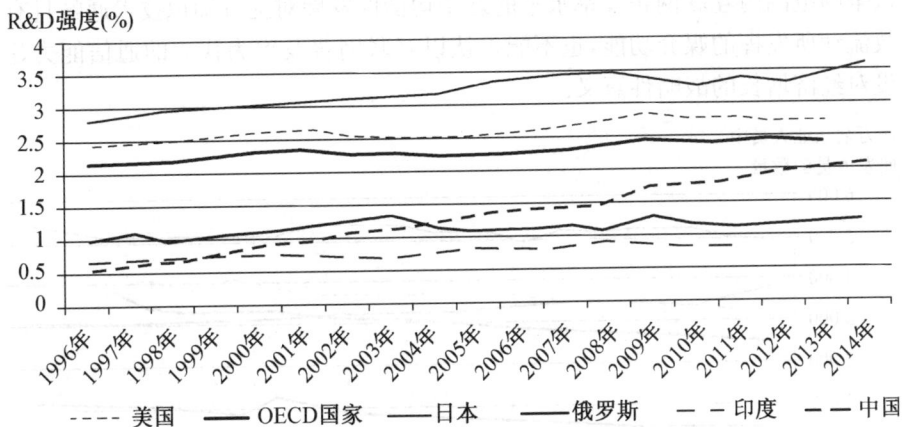

图 5‑11　世界主要国家 R&D 强度

资料来源：世界银行数据库。

中研发人员数量的 1/3，低于日本该指标的 1/5，与世界领先水平差距甚远；同时存在研发人力资本地区分布不均的问题，研发人员较多地集中在东部沿海地区，中、西部地区的研发人力资源要素禀赋较差。低水平且不平衡的研发人力资本将成为我国科技创新实力进一步提升的短板，不利于全要素生产率的持续增长。

　　在硬件环境要素方面，公路密度和互联网普及率两项指标的系数均显著为负，即对全要素生产率的增长存在负向影响。以公路密度为替代指标的交通运输水平系数为负的原因可能有以下两个方面：一方面，我国投资拉动的粗放式经济增长方式前期已经完成了大规模的基础设施建设，公路建设占了很大一部分，不乏存在重复建设、政绩工程等效率低下、资源浪费的现象，故而对国家全要素生产率的增长产生不利影响；另一方面，以科学技术进步为内在动力的全要素生产率的提升，更多地依靠知识技术的流动、积累和进步而不是物质运输能力的提升。以互联网普及率为替代指标的通信能力对全要素生产率的增长产生负向影响的结果本章认为是一个阶段性现象，原因在于虽然近年来互联网的发展风起云涌，但与欧美发达国家相比仍然存在起步晚、水平低的问题；在北部、东部及南部沿海经济区互联网普及率水平得到了很大程度的提升，然而在东北、中部、西南和西北经济区内的各省份互联网普及率较低的现象仍广泛存在，使得在这些地区以互联网为媒介的知识技术流动成本比较高，一定程度上对知识技术的扩散产生了阻碍作用；阶段性的负向影响并不能否

认全国范围内互联网普及率水平的逐步均衡性发展对提升知识技术通畅且有
效流动所发挥的媒介功能,也不能否认以互联网普及率为代表的通信能力建
设对经济增长的战略性意义。

每万名从业人员中
研发人员的数量

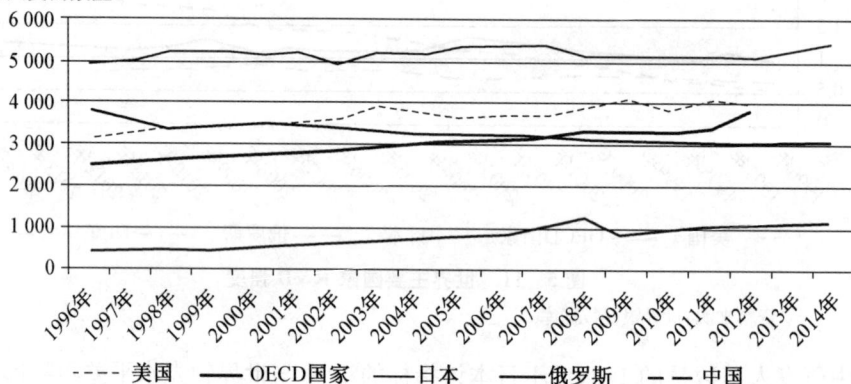

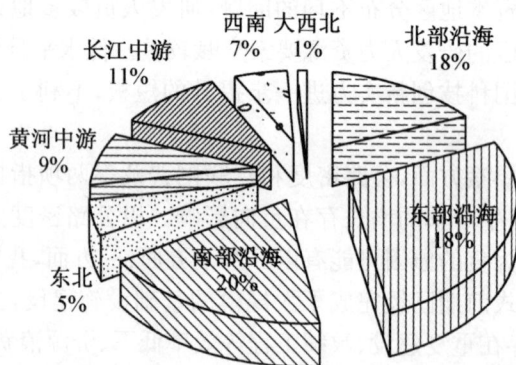

2011~2015均值

图5-12 中国研发人员总量与分布情况

资料来源:世界银行数据库、《中国科技统计年鉴》(2012~2016年)。

衡量文化环境的两个替代指标中,普通高等院校毕(结)业人数占总人口
的比重系数显著为正即对全要素生产率的增长存在显著的正向作用,而各地
教育投入占GDP的比重系数在方程(Ⅱ)的估计中不显著且在方程(Ⅲ)的估
计中显著为负,可以认为对各地全要素生产率的增长存在负面影响。接受过
高等教育的就业者在具备了良好的知识基础、工作技能的同时,也往往具有较

高的科技创新认同感和科技创新积极性,良好的客观技能和积极的主观能动性能较好地协助研发人员实施科技创新活动、推动创新成果的产品化和商业化,对全要素生产率的提升产生积极影响。不均衡的地区教育资源分布以及不充足的教育经费投入可能是该指标系数不显著为正的原因,全要素生产率的持续增长对本国的教育水平提出了更高的要求。

关于市场环境要素的考量,上述实证结果表明技术市场的发育(知识产权保护水平的提升)、市场的开发以及风险资本的支持三项指标的系数显著为正,表明对全要素生产率的增长产生正向促进作用。首先,技术市场交易的顺利开展意味着知识产权在供给者和需求者间合法、合理地转移,极大地推动了科技创新产生的知识技术成果向生产力的高效转化,对全要素生产率的提升具有重要意义。其次,市场的开发是沟通内外部知识的渠道,外部先进知识的传入、吸收和内化有助于自身知识技术水平的累积和提升,是支撑全要素生产率持续增长的软实力。最后,风险投资支持对全要素生产率增长率虽然存在显著的正向影响,但影响十分微弱,说明风险投资作为高新技术企业发展的有力支持因素,有效解决了初创期高风险、高投入且回报时期长的问题,有助于科技创新能力的提升及其向现实生产力的转化,因此成为推动经济增长的积极因素之一;然而我国风险投资发展起步较晚、发展不成熟,风险资本大多集中于以北京、上海、广东为中心的沿海地区,而中部、西南及西北地区发展较为滞后,尤其是山西、内蒙古、青海、宁夏等地,在样本期内多次出现风险投资项目数为零年份,从而限制了风险投资对科技创新支持作用的发挥。相反,度量市场中产学研合作支持程度的指标中,高等院校研发经费中企业资金占比的系数为正却并不显著,科研机构研发经费中企业资金占比系数为负且显著,表明在研究期内产学研间合作开展科技创新活动并未对各省区全要素生产率的增长产生促进作用,甚至存在一定程度上的负向影响;可能的原因是我国产学研合作起步较晚,企业、高等院校与科研机构间知识、技术等信息交流存在时滞、信息不对称等障碍,阻碍了产学研间合作型科技创新活动的开展,同时当前不少企业并未意识到高等院校与科研机构是基础知识、核心原发性技术创造的前沿阵地,也并未意识到高校和科研机构的基础研究是企业获取核心基础零部件、先进工艺和新兴基础材料的重要储备力量,合作意识的缺乏阻碍了产学研协同开展科技创新活动的发展;此外,高校、科研机构开展的基础性研究具有投入高、回报周期长的特征,且能否最终实现产品化也存在一定的不确定性,科研机构及高等院校 R&D 课题开展情况详见表 5-11。因此,企业往往会出于成本、风险等因素的考量而放弃与高校和科研机构开展合作,甚至不乏中途终止合作达到短期及时止损的目的,从而导致了效率的损失。

表 5-11 科研机构及高等院校 R&D 课题开展情况

科研机构	独立完成		与国内独立研究机构合作		与国内高校合作		与国内注册企业合作	
	项	%	项	%	项	%	项	%
2013	68 090	80.04%	7 742	9.10%	3 262	3.83%	2 877	3.38%
2014	73 954	80.85%	7 925	8.66%	3 451	3.77%	3 080	3.37%
2015	81 899	82.26%	7 918	7.95%	3 430	3.45%	2 955	2.97%
高等院校	独立完成		与国内独立研究机构合作		与国内高校合作		与国内注册企业合作	
	项	%	项	%	项	%	项	%
2013	619 387	87.11%	16 992	2.39%	22 718	3.19%	34 287	4.82%
2014	667 566	87.07%	18 306	2.39%	24 641	3.22%	37 067	4.84%
2015	740 514	88%	18 657	2.22%	27 445	3.26%	36 134	4.29%

资料来源:《中国科技统计年鉴》(2014~2016年)。

第六节 基本结论与政策建议

一、基本结论

传统的依靠要素投入数量支撑中国经济增长的模式已日渐乏力,在经济增长动力机制重构的过程中科技创新将成为新的经济增长内核,创新驱动发展时期工作的重点在于提高经济增长的质量以及效益,因此当前厘清科技创新的要素投入、逐步提升科技创新要素的产出绩效显得尤为重要。本章首先对我国科技创新发展历程作了阶段性描述,明确阐述科技创新投入要素构成。其次从制造业层面和省际层面两个角度切入探究科技创新要素投入的绩效问题:一方面基于投入—产出角度测算制造业各行业科技创新要素投入的绩效指数并作比较分析;另一方面以各省、直辖市和自治区全要素生产率增长率为绩效指标,建立动态面板数据模型探究科技创新资源要素与环境要素对经济增长质量的具体影响。

　　根据上述制造业层面的统计分析,可以得出以下结论。首先,在研究期内(2008～2015年)制造业整体综合效率均值为0.787、纯技术效率均值为0.853、规模效率均值为0.911,距离完全效率值1有一定的差距,说明制造业整体科技创新要素投入的绩效水平不高,仍有较大的提升空间,而纯技术效率值相对较低是阻碍制造业整体综合效率水平持续提升的主要因素,规模效率值除2011年外均保持在0.9以上总体表现良好,体现了我国制造业一贯保持的标准化、规模化生产的优势。其次,依照技术水平的高低对制造业行业进行细分,在研究期内综合效率均值由高到低依次是低技术制造业(0.813)、中低技术制造业(0.796)、高技术制造业(0.723)、中高技术制造业(0.704)。最后,不同技术水平制造业行业的科技创新要素投入的绩效水平存在不同的趋势性变化特征,低技术、中高技术和高技术制造业综合效率值均出现了先下降后上升的变化,高技术制造业较其他两大类制造业行业增长幅度大、攀升势头明显,而中低技术制造业综合效率出现了明显的下行趋势;除低技术制造业以外的其他制造业行业的纯技术效率值均值低于0.85,是阻碍综合效率持续提升重要因素。相反,低技术制造业则出现了规模效率下行的趋势。

　　省际层面,全要素生产率的增长能较好地体现科技创新要素投入的产出绩效情况。在资源要素投入方面研发资本存量对全要素生产率的增长存在显著的正向作用,而相对薄弱的研发人力资本恰恰相反地产生了负向影响。环境要素的投入相对比较复杂,本章主要从硬件与软件两个方面切入研究,以基础设施、文化环境以及市场环境为主要研究对象,实证结果表明,当前文化环境要素中的创新意识和市场环境要素技术市场发育程度(即知识产权保护程度)、开放程度以及风险投资支持程度的相关环境要素投入是有效率的,对全要素生产率的增长产生推动作用,而硬件环境要素的投入、文化环境要素中教育水平以及市场环境中产学研发展程度在研究期内带来了效率的损失,对全要素生产率的进一步提升存在负向影响。

二、政策建议

　　根据前面得到的研究结论,本章针对科技创新要素投入绩效的提升提出以下建议。
　　(1)制造业作为支柱性产业是国民经济发展的基础,制造业总量的增长、质量的提升需要物质资本要素投入,更需要要素使用效率的提升,其中着力提升科技创新要素的产出绩效是关键,不仅能夯实制造业的技术基础,也能实现要素使用的相对节约,是我国制造业行业摆脱大而不强窘境的关键一环。我国制造业行业经历了从百废待兴到世界制造大国的长足发展,在中国跃居为世界第二大经济的成长过程中发挥着至关重要的作用,但单纯依靠要素投入的增加已难以使我国制造业完成由制造大国向制造强国转变的质的飞跃,这一任务的完成需要科技创新能力的提升。经过技术引进到改造再到消化吸收的知识技术积累过程,当前我国制造业已具备了自主研发新技术的能力,从新技术的形成到产品市场化的实现,这一过程需要科技创新要素的投入,这一点是无可厚非的,但更关键的环节在于科技创新要素的有效利用。制造业是国民经济中最具活力的部门,也是承载科技创新要素最多的部门,更是开展科技创新活动最活跃的部门,为此各制造业行业应当努力挤占仍然比较富裕的绩效提升空间,以绩效的提升实现要素投入的相对节约,提升制造业科技创新能力的同时强化发展的可持续性。

(2)中国制造业转型升级应以高技术制造业的发展为基点,充分发挥高技术制造业的引领作用带动低技术、中低技术以及中高技术制造业向高端迈进。我国制造业转型升级是实现本国经济可持续发展的需要,也是积极应对国际竞争的需要。国际金融危机的冲击使制造业重回发达国家战略布局视野的中心,妄图重新抢占新的制造业高地,维持制造业标准制定者的核心地位,高技术制造业是竞争的焦点。我国高技术制造业起步较晚,仍余留了很大的上升空间,其中中国的高铁、汽车、输变电、特高压等产业规模居世界前列,民用航空也将在不久的将来攀升至世界首位,这些潜力巨大的市场为中国参与高技术制造业国际竞争创造了得天独厚的有利条件,中国高技术制造业不仅要成为广阔市场的拥有者,更应成为中国市场、世界市场的标准制定者,在新一轮国际制造业竞争中占据有利地位。除此以外,当前低技术、中低技术及中高技术制造业行业已发展成熟,规模化生产优势仍然存在,作为国民经济中创造就业岗位最多的部门,仍然是关乎国计民生的重要领域,传统制造业行业的高端化不容忽视;制造业转型升级目标的实现不仅需要高技术制造业的成长、成熟,更需要传统制造业行业与新兴的高技术制造业行业互动、融合,从而提升传统制造业行业的核心竞争力,从简单的制造与组装者向高端的设计与标准制定者迈进,使先进的技术和组织管理方式与大规模生产有机结合,让低技术、中低和中高技术制造业的功能不再局限于提供就业与拉动投资,而是提高经济增长效率。

(3)充分利用国内、国际两大渠道加强科技创新人力资本要素投入,立足国内,优化高等教育对科技创新型人才的培养机制,同时加强对职业技术教育投入和支持,为生产第一线提供技术型生产者;立足国际,由引进技术向引进创新型人才转变。我国人口众多,劳动力基数庞大,但可供投入的科技创新人才相对薄弱,每万名从业人员中研发人员的数量仅 1 113 人,不到欧美发达国家该指标数值的半数,仅为日本的 1/5,实证结果也表明当前科技创新人力资本的投入是无效率的,对全要素生产率的增长存在负面影响,可见匮乏的高素质研发人才是困扰我国经济增长顺利向创新驱动转化的瓶颈问题。针对这一问题,可以从国内、国际两个方面寻求可行的解决方案。国内层面,我国拥有大量工程技术人才储备,应充分挖掘潜在的创新型人才。在中国每年约有700 万大学毕业生,其中至少有 100 万人是自然科学学科领域,工程类毕业生至少占 1/3,并且欧美国家的本科以通识教育为主而我国的理工科教育相较于欧美发达国家而言更为系统和严谨,非常注重学生在工程技术方面的基本训练,从而我国的工科类毕业生基本初步具备了直接参与技术工作的能力,这是潜在的人才储备优势,应当充分利用。对于职业技术教育在当下缺乏社会认可度的问题,重学位轻能力、重学问轻实际、重“白领”轻“蓝领”的情况比比皆是,学生及家长往往将高职教育排除在择校范围之外,从源头上打击了职业技术教育的发展;因此有必要摒弃传统观念,提升对职业技术教育的认识,加大对职业技术教育经费及师资力量的支持,发挥其培养高端应用及高级技术型生产第一线人才的作用。国际层面,应当由引进技术向引进科技创新人才转变。当前中国已然成为世界最大的留学生输出国,也是世界最大的知识技术人才输出国,一定程度上造成了科技创新人才的流失,因此必须加强科技创新人才的引进,从经济上的优惠政策到开放宽松的科研平台再到对其价值发挥的尊重和权益保障上的重视等从各方面吸引人才的流入。

　　(4)改变一贯重学术而轻技术、重学历而轻实践的守旧观念,将工匠精神的弘扬落到实处,普及创新意识,让创新的思维不仅能够深入科研工作者的日常工作中,更能够贯穿一线生产者的生产实践,在全社会构建认可、尊重和崇尚科技创新的文化环境,发挥创新主体的主动性和积极性。文化具有能动作用,不论是从小农经济向机器化大生产的进步,还是信息社会对工业社会的取代,创新意识都深刻地影响着劳动者的思维,从而催生了新的生产工具和生产方式,推动了社会的变革。由要素驱动向创新驱动的转变,需要创新文化环境的辅助和支持。一方面创新意识的普及能让社会成员意识到科技创新不仅仅需要研发人员的参与,也需要广大在生产、管理等岗位的劳动者参与,鼓励科技创新并不只是一句口号式的标语,而是要在生产实践中实实在在地运行,"干中学"是具体生产实践中获取技术反馈、取得技术进步的重要渠道,因此工匠精神的落实显得尤为重要;另一方面,知识产权保护水平的提升不仅需要依靠法律的保障、技术交易市场的支持,也需要依靠社会成员自觉遵循知识产权保护的价值取向的形成,认可、尊重和崇尚科技创新的文化环境有利于知识产权保护意识的养成。因此,必须倡导理论与实践并重的创新意识,弘扬工匠精神,让科技创新成为一种思维方式、一种生产生活习惯、一种社会风尚。

(5) 加强技术交易市场的建设提升知识产权保护水平,鼓励风险投资参与科技创新活动以便利资本与技术的对接,构建开放、合理、有效的科技创新市场环境。科技创新活动的开展从知识的创造到技术的研发直至最后市场化的过程,最大的障碍就是不确定性和风险性的存在。知识产权保护赋予了科技创新主体对某项知识或技术的所有权和收益权,同时知识产权保护不排斥新知识和新技术的传播和扩散,技术交易市场的发展使得知识产权保护的这两项功能达到均衡。技术交易市场一方面解决了知识技术供给者和需求者信息不对称的问题,另一方面通过合同的协商与签订合法地转移知识产权且合理地分配了知识产权所包含的潜在创新收益。以技术市场的合法运行来提升知识产权保护水平,能够形成知识与技术的创造者和需求者双方合理的科技创新收益的预期,有效地解决了"搭便车"问题,从而激发社会科技创新的积极性和主动性。因此,政府需要规范和扶持技术市场的发展,通过有效的监管、合同登记及信用体系的建立,规范技术交易市场的运行,以科技中介服务机构的培育来扶持技术交易市场的有效运行。另一方面,科技创新成果存在不确定性从而产生了风险,风险厌恶大大降低了开展科技创新的积极性,同时从新知识、新技术的创造到产品投入市场获得经济收益,期间需要巨大的资金支持,而资金短缺恰恰是初创期的高技术企业遭遇的问题,风险投资的介入恰恰能解决上述问题。因此,应鼓励、支持、深化风险投资项目与技术孵化企业合作,同时完善银行信贷对技术孵化企业资金支持以解决风险投资地区发展不均的问题,加强风险投资作为要素参与科技创新活动的深度和广度。

(6) 推动科技中介服务机构的建立和发展,发挥其连接企业与高等院校、科研机构间沟通、交流与合作的桥梁作用,缓解知识、技术需求方与供给方之间信息不对称问题,清除阻碍高校与科研机构前沿性基础研究成果向现实生产力有效转化的障碍。先进的基础材料和核心的基础零配件的缺乏、产业技术基础的薄弱是制约我国制造业企业科技创新发展、质量提升的症结所在,解决这一弊病需要高校和科研机构基础研究的支持。知识、技术向现实经济效益成果的转化才能真正完成一项科技创新活动,因此强化高校和科研机构的前瞻性基础研究仅是一个开始,应着重建立基础知识、技术和工艺创新体系,发挥科技中介服务机构的沟通联动作用,同时发挥政府支持性、保障性作用,推动政产学研协同创新的开展,提升我国制造业行业核心技术、材料、设备和零配件自给自足的保障能力,为经济持续、稳定且健康增长提供坚实的支撑力。

本章参考文献

[1] 白俊红,江可申,李婧,等.区域创新效率的环境影响因素分析——基于 DEA—Tobit 两步法的实证检验.研究与发展管理,2009,21(2).

[2] 陈强.高级计量经济学及 Stata 应用(第二版).高等教育出版社,2014.

[3] 邓可斌,丁重.中国为什么缺乏创造性破坏?——基于上市公司特质信息的经验证据.经济研究,2010(6).

[4] 顾元媛,沈坤荣.结构性减速下的中国经济增长方式转变.现代经济探讨,2014(12).

[5] 国家统计局社科文司"中国创新指数研究"课题组,贾楠,李胤.中国创新指数研究.统计研究,2014,31(11).

[6] 洪银兴,安同良,孙宁华.创新经济学.江苏人民出版社,2017.

[7] 洪银兴.论创新驱动经济发展战略.经济学家,2013,1(1).

[8] 胡凯,吴清,胡毓敏.知识产权保护的技术创新效应——基于技术交易市场视角和省级面板数据的实证分析.财经研究,2012(8).

[9] 黄群慧,贺俊.中国制造业的核心能力、功能定位与发展战略——兼评《中国制造2025》.中国工业经济,2015(6).

[10] 金刚,于斌斌,沈坤荣.中国研发全要素生产率的溢出效应.科研管理,2016,37(1).

[11] 克里斯托夫·弗里曼.技术政策与经济绩效:日本国家创新系统的经验.东南大学出版社,2008.

[12] 寇里等.效率和生产率分析导论(第 2 版).清华大学出版社,2005.

[13] 李宾,曾志雄.中国全要素生产率变动的再测算:1978～2007 年.数量经济技术经济研究,2009(3).

[14] 李福柱,杨跃峰.全要素生产率增长率的测算方法应用述评.济南大学学报:社会科学版,2013,23(2).

[15] 李习保.区域创新环境对创新活动效率影响的实证研究.数量经济技术经济研究,2007,24(8).

[16] 庞瑞芝,范玉,李扬.中国科技创新支撑经济发展了吗?.数量经济技术经济研究, 2014,31(10).

[17] 石风光.中国省区 TFP 测算及影响因素分析.技术经济与管理研究,2012(5).

[18] 王荧,郭碧銮.全要素生产率测算方法解析.上海商学院学报,2010,11(5).

[19] 魏守华,姜宁,吴贵生.内生创新努力、本土技术溢出与长三角高技术产业创新绩效. 中国工业经济,2009(2).

[20] 吴延兵.R&D 与生产率——基于中国制造业的实证研究.经济研究,2006(11).

[21] 吴延兵.自主研发、技术引进与生产率——基于中国地区工业的实证研究.经济研究, 2008(8).

[22] 颜鹏飞,王兵.技术效率、技术进步与生产率增长:基于 DEA 的实证分析.经济研究, 2004(12).

[23] 杨冬梅,赵黎明,闫凌州.创新型城市:概念模型与发展模式.科学学与科学技术管理, 2006,27(8).

[24] 约瑟夫·熊彼特.经济发展理论.商务印书馆,1990.

[25] 张军,吴桂英,张吉鹏.中国省际物质资本存量估算:1952~2000.经济研究,2004 (10).

[26] 赵文平,徐劲松.丝绸之路经济带区域创新效率评价.经济与管理研究,2015,36(11).

[27] 中国科技发展战略研究小组.中国区域创新能力报告 2009.科学出版社,2010.

[28] 周晓艳,韩朝华.中国各地区生产效率与全要素生产率增长率分解(1990~2006).南 开经济研究,2009(5).

[29] 朱平芳,徐伟民.政府的科技激励政策对大中型工业企业 R&D 投入及其专利产出的 影响——上海市的实证研究.经济研究,2003(6).

[30] Banker R D, Charnes A, Cooper W W. Some Models for Estimating Technical and Scale Inefficiencies in Data Envelopment Analysis. *Management Science*, 1984, 30 (9): 1078 - 1092.

[31] Charners A, Cooper W W, Rhodes E. Measuring the Efficiency of Decision Making Units. *European Journal of Operational Research*, 1978, 2(6): 429 - 444.

[32] Chen D H C, Dahlman C J. The Knowledge Economy, the KAM Methodology and World Bank Operations. *Social Science Electronic Publishing*, 2005.

[33] Coe D T, Helpman E. International R&D Spillovers. *European Economic Review*, 1995, 39(5): 859 - 887.

[34] Farrell M J. The Measurement of Productive Efficiency. *Journal of The Royal Statistical Society*, 1957, 120(3): 253 - 281.

[35] Griliches Z. Issues in Assessing the Contribution of R&D to Productivity Growth. *Bell Journal of Economics*, 1979, 10(2): 92 - 116.

［36］Hagedoorn J, Cloodt M. Measuring Innovative Performance: Is There an Advantage in Using Multiple Indicators?. *Research Policy*, 2003, 32(8): 1365 – 1379.

［37］Iizuka M. Innovation Systems Framework: Still Useful in the New Global Context?. *Merit Working Papers*, 2013, 5(3): 7 – 45.

［38］Lundvall B. *Product Innovation and User-producer Interaction*. Allborg University Press, 1985.

［39］OECD. *National Innovation System*. OECD Publications, 1997.

［40］OECD. *Science, Technology and Industry Scoreboard*. OECD Publications, 2003.

［41］Programme U N D. *Human Development Report* 2001: *Making New Technologies Work for Human Development*. Oxford University Press, 2001.

［42］Wang E C, Huang W. Relative Efficiency of R&D Activities: A Cross-country Study Accounting for Environmental Factors in the DEA Approach. *Research Policy*, 2007, 36(2): 260 – 273.

附表 5-1　DEA 方法估算的制造业行业科技创新要素投入的绩效水平(1)

综合技术效率	2008	2009	2010	2011	2012	2013	2014	2015
低技术制造业								
13 农副食品加工业	1.00	0.891	0.874	0.577	0.618	0.644	0.659	0.709
14 食品制造业	0.623	0.672	0.410	0.412	0.383	0.494	0.449	0.477
15 酒、饮料和精制茶制造业	0.512	0.371	0.437	0.321	0.406	0.493	0.430	0.424
16 烟草制品业	1.000	1.000	1.000	1.000	1.000	1.000	1.000	1.000
17 纺织业	0.601	0.677	0.904	0.653	0.618	0.752	0.733	0.800
18 纺织服装、服饰业	0.805	1.000	1.000	1.000	1.000	1.000	1.000	1.000
19 皮革、毛皮、羽毛及制品和制鞋业	1.000	1.000	1.000	1.000	1.000	1.000	0.970	1.000
20 木材加工及木、竹、藤、棕、草制品业	0.759	0.950	1.000	0.773	0.747	0.615	0.691	0.676
21 家具制造业	1.000	1.000	1.000	1.000	1.000	1.000	1.000	1.000
22 造纸及纸制品业	1.000	0.879	0.800	0.662	0.530	0.754	0.693	0.716
23 印刷业和记录媒介复制业	0.972	1.000	1.000	1.000	0.825	0.723	0.727	0.738
24 文、工、体、娱及用品	1.000	1.000	1.000	1.000	1.000	1.000	1.000	1.000
均值	0.856	0.869 16	0.868 75	0.783 16	0.760 58	0.789 58	0.779 42	0.795
中低技术制造业								
25 石油加工、炼焦和核燃料加工业	1.000	1.000	1.000	1.000	1.000	1.000	1.000	1.000
29 橡胶和塑料制品业	1.000	1.000	1.000	1.000	0.810	0.785	0.649	0.650
30 非金属矿物制品业	0.819	0.863	0.816	0.588	0.638	0.633	0.568	0.592
31 黑色金属冶炼及压延工业	0.669	0.551	0.613	0.456	1.000	1.000	0.929	0.709
32 有色金属冶炼及压延加工业	1.000	0.856	0.943	0.629	0.544	0.791	0.804	0.781
33 金属制品业	1.000	0.828	1.000	0.833	0.422	0.463	0.470	0.519
均值	0.914 66	0.849 66	0.895 33	0.751	0.737 33	0.778 66	0.736 67	0.708 5

附　录

（续表）

综合技术效率	2008	2009	2010	2011	2012	2013	2014	2015
中高技术制造业								
26 化学原料和化学制品制造业	0.618	0.565	0.735	0.416	0.495	0.615	0.642	0.653
28 化学纤维制造业	1.000	1.000	0.770	0.986	1.000	0.938	1.000	1.000
34 通用设备制造业	0.974	0.833	0.830	0.634	0.958	0.801	0.648	0.685
35 专用设备制造业	0.562	0.553	0.584	0.417	0.330	0.387	0.388	0.403
38 电气机械和器材制造业	0.676	0.753	0.882	0.681	0.594	0.711	0.718	0.732
均值	0.766	0.740 8	0.760 2	0.626 8	0.675 4	0.690 4	0.679 2	0.694 6
高技术制造业								
27 医药制造业	0.559	0.683	0.751	0.581	0.494	0.574	0.580	0.711
36 汽车制造业	0.480	0.654	0.661	0.461	1.000	1.000	1.000	1.000
37 铁路、船舶、航空航天和其他交通运输设备制造业	0.983	0.872	0.976	0.760	0.337	0.409	0.479	0.510
39 计算机、通信和其他电子设备制造业	1.000	1.000	1.000	1.000	1.000	1.000	1.000	1.000
40 仪器仪表制造业	0.542	0.649	0.772	0.541	0.489	0.452	0.453	0.524
均值	0.712 8	0.771 6	0.832	0.668 6	0.664	0.687	0.702 4	0.749

附表5-2 DEA方法估算的制造业行业科技创新要素投入的绩效水平(2)

纯技术效率	2008	2009	2010	2011	2012	2013	2014	2015
低技术制造业								
13 农副食品加工业	1.000	1.000	0.939	0.580	0.694	0.724	0.748	0.748
14 食品制造业	0.641	0.635	0.724	0.470	0.583	0.674	0.650	0.664
15 酒、饮料和精制茶制造业	0.542	0.426	0.438	0.539	0.493	0.597	0.538	0.658
16 烟草制品业	1.000	1.000	1.000	1.000	1.000	1.000	1.000	1.000
17 纺织业	0.712	0.884	1.000	0.905	0.620	0.760	0.734	0.804
18 纺织服装、服饰业	0.884	1.000	1.000	1.000	1.000	1.000	1.000	1.000
19 皮革、皮毛、羽毛及制品和制鞋业	1.000	1.000	1.000	1.000	1.000	1.000	1.000	1.000
20 木材加工及木、竹、藤、棕、草制品业	0.943	1.000	1.000	1.000	1.000	1.000	1.000	0.926
21 家具制造业	1.000	1.000	1.000	1.000	1.000	1.000	1.000	1.000
22 造纸及纸制品业	1.000	0.962	0.816	0.663	0.530	0.777	0.721	0.754
23 印刷业和记录媒介复制业	1.000	1.000	1.000	1.000	1.000	0.938	0.906	0.908
24 文、工、体、娱及用品	1.000	1.000	1.000	1.000	1.000	1.000	1.000	1.000
均值	0.8935	0.90892	0.90975	0.84642	0.82667	0.8725	0.85808	0.87183
中低技术制造业								
25 石油加工、炼焦和核燃料加工业	1.000	1.000	1.000	1.000	1.000	1.000	1.000	1.000
29 橡胶和塑料制品业	1.000	1.000	1.000	1.000	0.865	0.833	0.659	0.651
30 非金属矿物制品业	0.860	0.919	0.835	0.646	0.644	0.672	0.574	0.592
31 黑色金属冶炼及压延加工业	0.683	0.775	0.767	0.527	1.000	1.000	1.000	0.958

（续表）

纯技术效率		2008	2009	2010	2011	2012	2013	2014	2015
32	有色金属冶炼及压延加工业	1.000	1.000	1.000	1.000	0.833	1.000	1.000	1.000
33	金属制品业	1.000	1.000	1.000	1.000	0.422	0.465	0.481	0.521
	均值	0.923 83	0.949	0.933 67	0.862 16	0.802 33	0.828 33	0.785 66	0.787
中高技术制造业									
26	化学原料和化学制品制造业	0.779	0.911	0.992	0.848	0.624	0.691	0.709	0.830
28	化学纤维制造业	1.000	1.000	0.825	1.000	1.000	0.944	1.000	1.000
34	通用设备制造业	1.000	1.000	1.000	0.836	1.000	0.958	0.775	0.727
35	专用设备制造业	0.728	0.896	0.800	0.664	0.382	0.416	0.404	0.412
38	电气机械和器材制造业	0.898	0.981	1.000	0.902	0.753	0.787	0.785	0.766
	均值	0.881	0.957 6	0.923 4	0.850	0.751 8	0.758 2	0.734 6	0.747
高技术制造业									
27	医药制造业	0.559	0.683	0.751	0.581	0.494	0.574	0.580	0.711
36	汽车制造业	0.622	0.950	0.835	0.659	1.000	1.000	1.000	1.000
37	铁路、船舶、航空航天和其他交通运输设备制造业	1.000	1.000	1.000	1.000	0.574	0.582	0.647	0.697
39	计算机、通信和其他电子设备制造业	1.000	1.000	1.000	1.000	1.000	1.000	1.000	1.000
40	仪器仪表制造业	0.593	0.738	0.850	0.655	0.528	0.533	0.553	0.547
	均值	0.754 8	0.874 2	0.887 2	0.779	0.719 2	0.737 8	0.756	0.791

附表 5 - 3　DEA 方法估算的制造业行业科技创新要素投入的绩效水平(3)

规模效率	2008	2009	2010	2011	2012	2013	2014	2015
低技术制造业								
13 农副食品加工业	1.000(—)	0.891(drs)	0.931(drs)	0.995(drs)	0.890(irs)	0.880(irs)	0.880(irs)	0.904(irs)
14 食品制造业	0.972(drs)	0.988(drs)	0.980(drs)	0.875(irs)	0.656(irs)	0.732(irs)	0.690(irs)	о.718(irs)
15 酒、饮料和精制茶制造业	0.944(irs)	0.871(irs)	0.977(drs)	о.596(irs)	0.824(irs)	0.827(irs)	0.800(—)	0.644(irs)
16 烟草制品业	1.000(—)	1.000(—)	1.000(—)	1.000(—)	1.000(—)	1.000(—)	1.000(—)	1.000(—)
17 纺织业	0.845(drs)	0.755(drs)	0.904(drs)	0.772(drs)	0.998(irs)	0.989(drs)	0.998(irs)	0.996(drs)
18 纺织服装、服饰业	0.910(irs)	1.000(—)	1.000(—)	1.000(—)	1.000(—)	1.000(—)	0.971(irs)	1.000(—)
19 皮革、毛皮、羽毛及制品和制鞋业	1.000(—)	1.000(—)	1.000(—)	1.000(—)	1.000(—)	1.000(—)	1.000(—)	1.000(—)
20 木材加工及木、竹、藤、棕、草制品业	0.805(irs)	0.950(irs)	1.000(—)	0.733(drs)	0.747(irs)	0.615(irs)	0.691(irs)	0.730(irs)
21 家具制造业	1.000(—)	1.000(—)	1.000(—)	1.000(—)	1.000(—)	1.000(—)	1.000(—)	1.000(—)
22 造纸及纸制品业	1.000(—)	0.913(irs)	0.981(drs)	0.998(—)	1.000(—)	0.970(irs)	0.962(irs)	0.950(irs)
23 印刷业和记录媒介复制业	0.972(irs)	1.000(—)	1.000(—)	1.000(—)	0.825(drs)	0.771(irs)	0.803(irs)	0.813(irs)
24 文、工、体、娱及用品	1.000(—)	1.000(drs)	1.000(—)	1.000(drs)	1.000(—)	1.000(—)	1.000(—)	1.000(—)
均值	0.954	0.947 33	0.982 75	0.917 417	0.911 66	0.899 5	0.899 58	0.896 25
中低技术制造业								
25 石油加工、炼焦和核燃料加工业	1.000(—)	1.000(—)	1.000(—)	1.000(drs)	1.000(—)	1.000(—)	1.000(—)	1.000(—)
29 橡胶和塑料制品业	1.000(—)	1.000(—)	1.000(—)	1.000(—)	0.937(drs)	0.943(drs)	0.986(drs)	0.998(drs)
30 非金属矿物制品业	0.952(drs)	0.939(drs)	0.977(drs)	0.991(drs)	0.990(drs)	0.941(drs)	0.990(drs)	1.000(—)
31 黑色金属冶炼及压延加工业	0.980(drs)	0.711(drs)	0.800(drs)	0.866(drs)	1.000(—)	1.000(—)	0.929(drs)	0.740(drs)

（续表）

规模效率	2008	2009	2010	2011	2012	2013	2014	2015
32 有色金属冶炼及压延加工业	1.000（—）	0.856（drs）	0.943（drs）	0.629（drs）	0.627（drs）	0.719（drs）	0.804（drs）	0.781（drs）
33 金属制品业	1.000（—）	0.828（drs）	1.000（—）	0.833（drs）	0.998（irs）	0.996（irs）	0.977（irs）	0.966（irs）
均值	0.988 66	0.889	0.953 33	0.886 5	0.925 33	0.933 16	0.951	0.919 16
中高技术制造业								
26 化学原料和化学制品制造业	0.794（drs）	0.620（—）	0.741（drs）	0.490（drs）	0.793（drs）	0.890（drs）	0.905（drs）	0.786（drs）
28 化学纤维制造业	1.000（—）	1.000（—）	0.933（drs）	0.986（drs）	1.000（—）	0.933（irs）	1.000（—）	1.000（—）
34 通用设备制造业	0.974（drs）	0.833（drs）	0.830（drs）	0.758（drs）	0.958（irs）	0.835（drs）	0.836（drs）	0.943（drs）
35 专用设备制造业	0.771（drs）	0.617（drs）	0.730（drs）	0.629（drs）	0.864（drs）	0.931（drs）	0.961（drs）	0.978（drs）
38 电气机械和器材制造业	0.753（drs）	0.768（drs）	0.882（drs）	0.755（drs）	0.790（drs）	0.904（drs）	0.914（drs）	0.956（drs）
均值	0.858 4	0.767 6	0.823 2	0.723 6	0.881	0.910 6	0.923 2	0.932 6
高技术制造业								
27 医药制造业	0.948（drs）	0.857（—）	0.902（drs）	0.970（drs）	0.960（irs）	0.958（irs）	0.950（irs）	0.966（irs）
36 汽车制造业	0.772 0.960（irs）	0.688 0.960（irs）	0.972 0.960（irs）	0.698 0.960（irs）	1.000（—）	1.000（—）	1.000（—）	1.000（—）
37 铁路、船舶、航空航天和其他交通运输设备制造业	0.938（drs）	0.872（drs）	0.976（drs）	0.760（drs）	0.587（drs）	0.703（drs）	0.740（drs）	0.733（drs）
39 计算机、通信和其他电子设备制造业	1.000（—）	1.000（—）	1.000（—）	1.000（—）	1.000（—）	1.000（—）	1.000（—）	1.000（—）
40 仪器仪表制造业	0.914（drs）	0.879（drs）	0.909（drs）	0.826（drs）	0.925（drs）	0.849（drs）	0.820（drs）	0.958（drs）
均值	0.923 4	0.859 2	0.951 8	0.850 8	0.894 4	0.902	0.902	0.931 4

第六章 风险投资对自主创新
影响的实证研究

本章提要 本章将风险投资对创新活动的作用机理概括为资金方面投入的"硬"支持和非资金方面投入的"软"支持,在此基础上建立理论模型,探讨风险投资影响自主创新的理论基础。并根据 Kortum 和 Lerner 的专利产出方程建立实证模型,分别对 1995~2012 年中国的总量时间序列数据进行回归,对 2009~2012 年中国的省级面板数据作计量分析,从纵向和横向两个角度全方位考察风险投资对自主创新的影响作用及其区域差异。结果显示:① 从纵向角度来看,风险投资对企业自主创新活动的积极作用并未开始显现。② 从横向角度来看,风险投资并未对自主创新活动产生显著性影响。③ 风险投资对自主创新的影响可能存在区域间差异,东部地区增加风险投入对专利产出有一定的促进作用,而中、西部地区风险投资增加对专利产出没有明显促进作用。

第一节 研究背景与基本框架

创新是经济发展的最关键动力(谢勒,2001)。早在 1912 年美籍奥地利经济学家、哈佛大学熊彼得教授就提出了创新理论(Schumpeter, 1928),他认为创新就是建立一种新的生产函数,把一种全新的生产要素和生产方式组合投入生产体系。1942 年熊彼特进一步将创新解释为一个旧结构不断被破坏、新结构不断产生的"创造性破坏"过程。1957 年索洛首次用规范方法测度并证实了技术进步在经济增长中的关键性贡献(Solow,1957),于是各国开始重视创新活动,竞相寻求以技术进步为核心的经济增长。随着经济全球化的加剧,产业链在全球范围内转移,世界市场上的竞争已经转向以技术为核心的综合国力的竞争(沈坤荣等,2011),发展高新技术产业已经成为提高国家综合竞争实力的主要途径。创新对工业化国家经济增长的贡献率也从 20 世纪初的

5%～6%上升到 20 世纪 90 年代的 70%以上。企业开展创新活动能够提高核心竞争力,从而增加全社会就业,国家重视创新更能在宏观上提高生产率水平、增加产出、促进经济结构变革转型,从而促进经济可持续健康发展。

我国自改革开放以来,经济发展迅猛,国内生产总值从 1978 年的 3 645 亿元增长至 2013 年的 564 916 亿元,位居世界第二。然而,多年来的高增长始终是一种主要依靠资源持续投入的粗放式增长,真正健康可持续的经济增长是由科学技术的不断进步带动的,随着经济总量进一步扩张,人口、资源、环境等问题日益突出,中国经济增长的方式亟待转变(李光泗、沈坤荣,2011)。从这个意义上讲,推进科学技术发展进而推进经济发展方式转变是中国经济在今后一段时间保持较快增长的现实选择和唯一路径。近年来自主创新国家战略持续升级,集中体现了我国从"中国制造"转向"中国创造"的决心。因而,在这一经济发展方式转变的关键时期,探讨自主创新的影响因素显得尤为重要。

创新是一项生产新知识的活动(彼得·德鲁克,2009),一项创新活动从最初的构想到最终形成产业推向市场,要经历研究、开发、试点与推广四个阶段,一般需要 3～7 年时间,企业在这段时间里需要大量资金持续投入,而收效又很慢,因而具有较高的风险水平,此时的创业者既缺乏资金也缺乏可靠担保抵押,在传统融资渠道里存在融资约束。风险投资作为一种高度市场化的资本投入方式,具有高风险、组合式、长期性、权益性、专业性等特点(成思危,2008),填补了处于初创期的创新型企业融资难的这块"失落的市场",成为解决创新活动融资约束的有效手段(杨兆廷、李吉栋,2009)。广义的风险投资属于私募股权融资,是指向处于初创期和成长早期的高技术创业企业提供资金的投资行为,这些企业发展潜力巨大,同时失败风险也很高。一般认为,风险投资对创新存在积极影响,西方工业化国家的经验也普遍证明,风险投资是提高创新能力的加速器,美国从 20 世纪七八十年代开始已经树立了很好的榜样,时至今日各国政府仍在竞相效仿。另外,风险投资除了向创业者提供资金支持以外,还为企业提供资金以外的其他支持,帮助企业实施长期战略规划、选择创新项目、改进和完善生产流程和治理结构、收集筛选和传递信息、监控项目风险等,大大提高了创新型企业的成功机会。

我国的自主创新能力与发达国家相比尚存明显差距,但实际上,从科研机构数和科研人员数来看,我国的科研力量可谓雄厚,然而形成的科研成果却很少,转化成实际应用的更少,科技创新转化效率极低。造成这一现象的原因,除了创新体制本身的缺陷外,缺乏资金支持是最主要原因,不仅国家层面投入不足,更重要的是缺乏如风险投资这样的市场资本参与,创新活动普遍缺乏市场动力。

我国的风险投资事业从起步至今只有30年不到的时间,成立于1985年的中国新技术创业投资公司是我国风险投资最初的探索。而真正进入发展热潮是在1998年成思危提出"一号提案"以后,此后受国际经济大环境影响和国内经济政策方面的约束,我国风险投资发展经历了两次高潮和低谷。目前我国风险投资事业发展态势良好,但仍有巨大发展空间。

另一方面,经济全球化的不断深入也使得经济发展在国家层面上的界限逐渐淡化,取而代之的是区域化的经济体系,区域间的竞争发展成为世界经济发展的主要特征(刘伟,2011)。经济发展的区域间非均衡性在世界范围内普遍存在,而在经济发展迅猛的中国尤为明显,东中西部经济发展差距逐年拉大,经济发展的地区差异决定了区域间自主创新能力的差异,另外风险投资业的发展也在各地区呈现明显差异,因而深入研究风险投资影响自主创新的区域间差异,对一个地区有针对性地制定自主创新政策从而提高自主创新能力有着十分重要的现实意义。

由于风险投资事业在我国发展历程较短,为了全面考察其对我国自主创新的影响,本章采用理论与实证相结合的研究方法。首先,提出本章的研究背景和现实意义,并对创新、自主创新和技术创新以及风险投资的内涵进行界定,简述中国自主创新和风险投资的发展历程及现状。其次,本章总结国内外相关文献,系统梳理关于风险投资影响技术创新的国内外研究,分别从国内和国外两个层面、理论和实证两个角度进行综述,总结主要观点及结论,指出相对于国外而言国内研究目前普遍存在的问题,并阐述本章的解决方案。本章接下来在系统阐释风险投资对自主创新的适应性作用机理的基础上,导出风险投资影响自主创新的理论模型,根据此理论模型建立本章的实证模型,在对已有研究简要说明的基础上导出改进的实证分析方程,对方程中主要变量做出解释,并根据实证模型,阐述本章将要选取的相应指标及指标选取的理由,在此基础上对本章实证分析的数据来源作说明。在实证研究部分,本章首先第一阶段选取时间序列数据采用基于重抽样思想的bootstrap方法作最小二乘回归,研究风险投资对技术创新在纵向上的影响作用,考虑到样本数据的非平稳性,本章作了协整性检验,据此对回归结果进行分析总结。第二阶段选取面板数据研究中国省级的风险投资对自主创新的影响,本章在面板回归方程中创新性地加入了地区虚拟变量,考察风险投资对自主创新影响的地区差异,同时为了解决静态面板数据模型可能存在的内生性问题,本章作了面板数据的广义矩估计(GMM)回归,力求实证结果的稳定可靠。最后,根据时间序列数据回归及面板数据回归结果给出本章基本结论,并对未来的研究方向作了展望(见图6-1)。

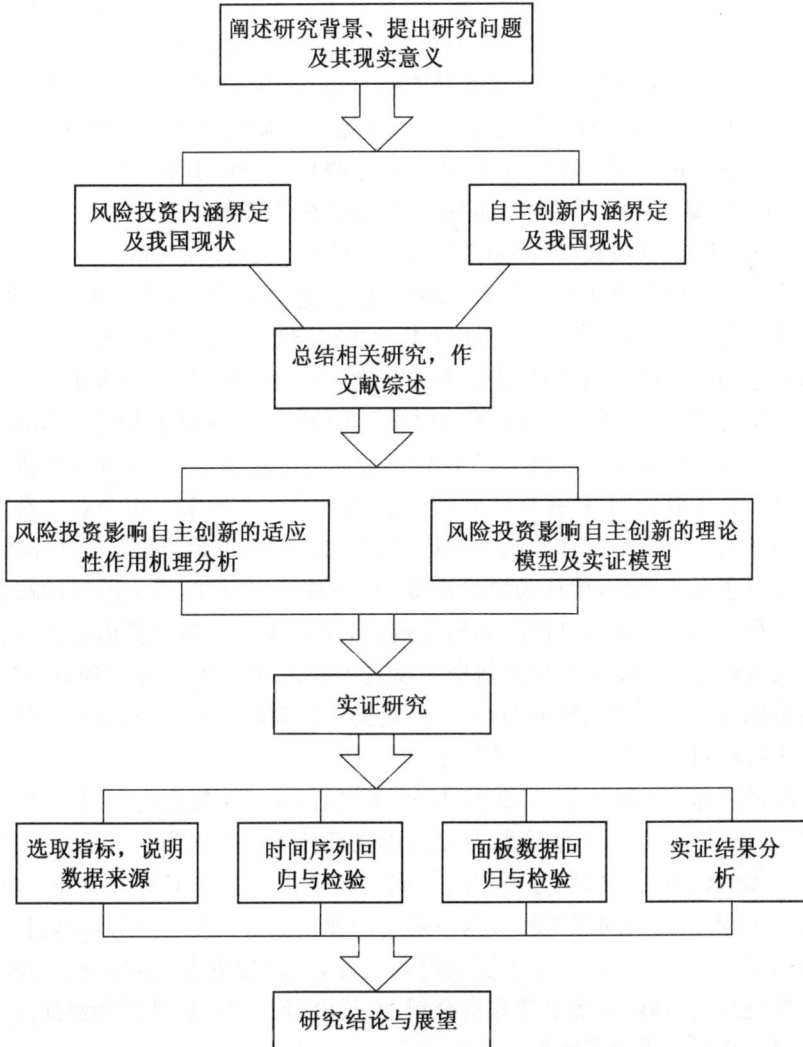

图6-1　技术路线图

第二节　概念界定与文献综述

一、风险投资内涵界定及发展

（一）风险投资内涵界定

风险投资在中国发展时间较短，一直以来对风险投资概念的认识都比较模糊（罗国锋，2012），因此本章认为有必要首先界定风险投资的内涵。

"风险投资"属于"风险性资本"（Risk Capital）的一种，在国外属于另类投资（Alternative Capital）。这里需要区分的是，"风险性资本"中的"风险"强调资本客观存在的风险，是任何资本都无法避免的，而"风险投资"中的风险"Venture"强调一种主动寻求风险从而获取报酬的资本。

全美风险投资协会（National Venture Capital Assiciation，NVCA）界定的风险投资概念是由职业投资人向新生的、快速发展的、潜力巨大的企业（特别是中小企业）投入的一种权益性资本。其实质是向处于初创期的风险企业投入资金，并通过培育和辅导创业企业帮助企业发展成长，待到未来企业取得成功时分享其所有者权益的资本增值。而欧洲风险投资协会（European Venture Capital Association，EVCA）把风险投资定义为一种由专业投资公司投资于处于成长期、扩张期或者重组期的潜力巨大的未上市企业并帮助其管理运作的投资行为。在我国，对风险投资的研究最早始于著名经济学家、前民建中央主席成思危，他认为风险投资是一种把资金投向高失败风险高收益可能并存的高新技术及其产品的研发过程，投资成功后能够获得较高收益的商业投资行为。其实际本质是将资金投入一群高风险、高收益的项目，将其中最终得以成功的项目出售或 IPO，实现蜕资获得高额资本回报，这些回报不仅弥补失败项目带来的损失，还绰绰盈余。

经济合作与发展组织（OECD）1996 年发表的《风险投资与创新》研究报告中对风险投资的定义更为宽泛，凡是向以高新技术和知识为基础，生产与经营技术密集的创新产品或服务投资的都属于风险投资。这个定义的外延较小，包含范围较广，主要对风险投资与一般的产业投资方式作了区分，风险投资的投资周期一般是 3～5 年；除了资金投入以外，风险投资者还向被投资企业提供战略规划、管理咨询等其他非资金帮助；投资者在项目成功时能够通过风险投资退出机制获得投资回报。

旅英华人经济学家李俊辰对风险投资的定义非常详尽：在自负盈亏的前

提下,由基金公司、投资公司或现金流充足的个人等,运用自有或联合资金,向新兴行业、新型产品、创新的商业模式等投资,使得最新的科研成果、专利技术、科学管理理论或知识产品等与资金有机融合,实现资源的最优化配置,从事诸如现代服务业等高附加值行业或现代高科技行业等高成长性行业,这种组合投资方式具有高风险与高收益并存的、权益性和战略性并存、股权制与非股权制并存的特点(李俊辰,2007)。

我国官方对风险投资的定义由著名经济学家成思危、冯宗宪和谈毅等在2006年3月1日施行的《创业投资企业管理暂行办法》(国务院,2005)中给出:创业风险投资是指向创业企业进行股权投资,以期所投资创业企业发育成熟或相对成熟后通过股权转让获得资本增值收益的投资方式。

实际上,在实际资本运作中很难区分风险投资与后期的私募股权融资(PE)的界限,创业风险投资机构参与私募股权投资项目的事也时有发生。

因此,本章所涉及的风险投资是广义上的风险投资,强调的是对非公开上市企业进行的权益类或类权益类投资。

(二)风险投资的特点

根据成思危的观点,风险投资的特点包括风险高、是一种组合投资方式、投资周期具有长期性、是一种权益性资本和投资具有专业性。

风险投资企业一般都是处于初创期的创新型企业,创新产品的技术、成本、市场等风险都很高,因此为了分散风险,风险投资者通常投资于一个高风险的项目集群,一个项目群中能够成功的项目数有一个大致稳定的概率,发达国家的经验表明,风险投资企业的成功率只在30%左右,最终成功的项目可以通过IPO或者并购实现蜕资,所得的高额回报不仅能弥补失败项目的损失,还能获得可观的收益;创新活动的特点决定了支持创新的风险资本投资周期较长,一般要经历3~7年,且在创新过程中资本会不断注入逐渐显露成功希望的项目;风险投资者投入企业的资本是一种权益资本,他们与企业共担风险和收益,因此他们看中的不是企业当前的盈亏状况,而是着眼于企业未来远期可能的发展,如果企业能够在未来取得成功,风险投资者就能取得高额回报,而在成功之前企业的现金流常常是负值,一般投资者不会投资,但风险投资者从所有者权益角度出发,只要他们认为企业有前途,就会愿意投资;风险投资者除了向企业提供资金的"硬"支持以外,更会利用自己多年的从业经验和广泛的社会关系帮助创业者管理企业、筛选项目、打入市场,竭尽所能提高成功机会。

（三）中国风险投资的发展及现状

现代风险投资事业产生于 20 世纪 50 年代，哈佛大学教授 Georges Doriot 和麻省理工大学校长 Karl Compton、麻省投资基金主席 Merrill Griswold、波士顿联储主席 Ralph Flanders 在当时建立了美国研究与发展协会（American Research and Development，ARD）。ARD 从富有的个人以及高校基金募集资金，投资到科技型制造业的初创企业。

半个世纪以后，风险投资已经成为有发展潜力的初创企业最紧密的融资渠道，特别是诸如生物科技、信息技术、电子商务一类的高科技企业。如今大多数青春活力又成功的企业都在它们生命的最初阶段受到风险投资的帮助，比如亚马逊、苹果、思科、e-Bay、英特尔、微软、网景等等。而诸如联邦快递、星巴克这样的传统领域也有风险投资的身影。

然而，风险投资的发展成熟之路却并不平顺（Gompers，1994）。直到 20 世纪 80 年代，大部分风险投资企业仍是由中小企业投资公司（Small Business Investment Companies，SBICs）公开资助。尽管 SBICs 培养了众多风险投资者，使得风险投资产业发展到一个相当大的规模，但他们的表现依然受制于官僚限制、专业经验缺乏以及资本结构和激励机制的错设（Lerner，1999）。直到 20 世纪 80 年代后期，SBICs 及其他封闭式基金公司才转变成有限合伙制这种主流组织形式。

中国风险投资事业的发展开始较晚，但实际上关于风险投资的探索很早就萌发了。1985 年，中央文件《关于科学技术体制改革的决定》就指出，可以设立风险投资支持那些进展速度快、风险大的高技术开发工作。同年 9 月，由国家科委和央行支持、国务院批准成立了我国第一家真正意义上的风险投资公司——中国新技术创业风险投资公司，注册资本 2 700 万元，这一专营风险投资业务的全国性金融机构的成立，标志着中国风险投资事业的肇始。

但在当时，由于风险投资在我国刚刚起步，相关机制理念尚不健全，更加缺乏经验，中国新技术风险投资公司的业务方向逐渐偏离初衷，后来违规参与房地产和期货交易，被中国人民银行终止了金融业务。

1993 年，由国家经贸委和财政部创办，与金融界、科技界、企业界密切合作的中国经济技术投资担保公司成立，这是一家全国性的银行机构，其主要目标是促进我国科学技术发展进步，主要业务是为我国高新技术成果的工业性试验、区域性试验提供人民币经济担保业务，同时也为高新技术产业和企业开展创新活动提供投融资服务，并且为企业的创新项目提供评审和咨询、提供专业性意见以供参考。中国经济技术投资担保公司的成立，体现了国家发展风险投资事业支持高新技术产业发展和企业开展创新的战略意图，有利于鼓励更多的社会资本参与到风险投资中来。除了风险投资公司外，围绕高新技术开发区还设立了各种风险投资机构和风险投资基金。

接下来的几年，国务院及相关部委连续发文，强调要加速推进国家科技进步，对于科技发展的资金需求，明确提出要逐步建立相应的风险投资机制，借鉴海外先进的风险投资发展经验，尝试建立多种渠道、多样形式的创新活动融资体系，改进投融资方式；同时各级政府要加大对高新技术开发区的财政投入，引导社会资金集聚，积极引入海外风险资本参与，发展完善风险投资体系与自主创新金融支持体系。

与此同时，相关法律法规逐步建立完善，1996年颁布并实施的《中华人民共和国促进科技成果转化法》首次对国家科技财政经费支出支持科技成果转化的风险投资基金以立法的形式作了规定，为风险投资事业在我国的发展提供了法律保障，有利于进一步推动中国风险投资事业的发展。同年，国家为了深入学习和研究风险投资机制，派出访问学者赴美学习研究，美国是风险投资的发源地，拥有丰富的经验和相对完善的制度体系，对尚处萌芽期的中国风险投资事业无疑具有巨大的借鉴和启示意义。

在中国探索自己的风险投资机制的同时，美国一些著名的风险投资机构开始将目光投向这个成长中的大国。第一个进入中国的海外机构是美国国际数据集团（IDG）。1993年成立的IDG风险投资基金在中国主要投资于IT、新材料、生物制药等高技术行业，依靠母公司IDG集团遍布全球的信息网，该基金不但有雄厚的资本，更有丰富的风险投资经验，熟知企业在不同阶段的需求，在企业战略规划、战略合作、战略管理、日常运营等方面均能提供专业咨询和帮助。从大洋彼岸走来的IDG不仅带来了美国丰富的风险投资发展经验，更带来了中国风险投资发展的广阔前景。

1998年，时任民建中央主席的著名经济学家成思危在全国政协九届一次会议上提交了《关于加快发展我国风险投资事业的提案》，被当时大会列为"一号提案"。成思危在"中国风险投资论坛"上谈到"一号提案"时认为，随着改革开放的推进，中国正在建设的社会主义市场经济体制为风险投资事业发展提供了坚实的制度基础；中国许多待转化的科研成果都具有很高价值；市场上也正在形成一批高素质的企业管理团队；中国高额的储蓄率为风险投资提供了最直接的资本来源；再加上成长中的技术、财务和法律等咨询服务业以及日趋成熟的中国证券市场,都表明社会主义市场经济体制的发展和完善正在对风险投资事业形成客观需求,中国风险投资事业兴起的条件正在逐渐成熟(成思危,2008)。"一号提案"受到政府有关部门支持和各界人士关注,对我国后来的风险投资事业发展产生了深远影响,它首次将风险投资事业发展提高到"关系国家经济建设水平和国民经济的长期增长潜力"的高度,标志着我国风险投资事业发展热潮的发端。

1999年,国务院颁布并实施了一系列关于风险投资发展的文件,将中国风险投资业发展真正提高到战略高度上来,风险投资机构如雨后春笋般产生,风险投资总额逐年大幅增长。本章根据《中国创业风险投资发展报告》给出的数据作了统计,截至2012年,风险投资机构管理的资本总额为3 312.9亿元;风险投资机构累计数已达到1 183家。图6-2和图6-3描绘了中国风险资本总额和风险投资机构数自1995年以来的情况。

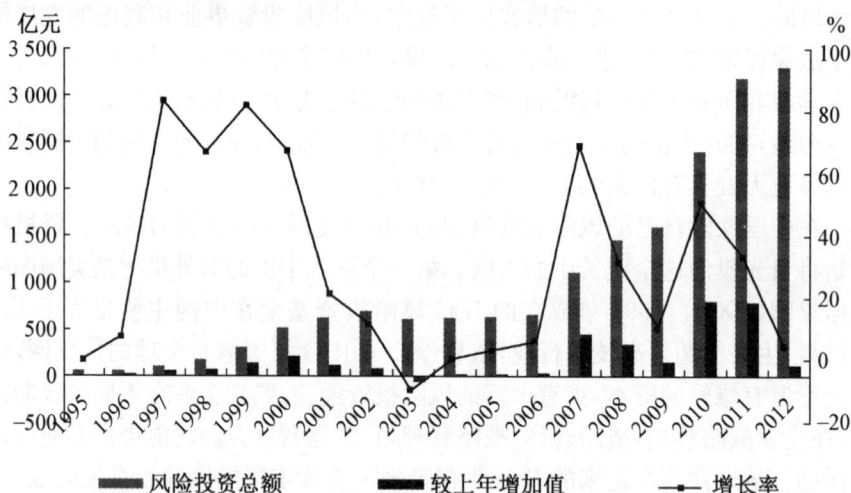

图6-2 中国风险投资总额(1995~2012)

资料来源:《中国创业风险投资发展报告2013》,经济管理出版社。

从图6-2、图6-3中可以看出,风险投资总额和风险投资机构数总体上都呈现出逐年增长的趋势,但是增长率却有较大波动,1995~2001年中国风险投资呈现第一波热潮,2001~2005年陷入低谷期,2006年之后又再次高涨。回顾这18年,我们可以发现,中国风险投资与国际经济大环境和国内政策环境息息相关。

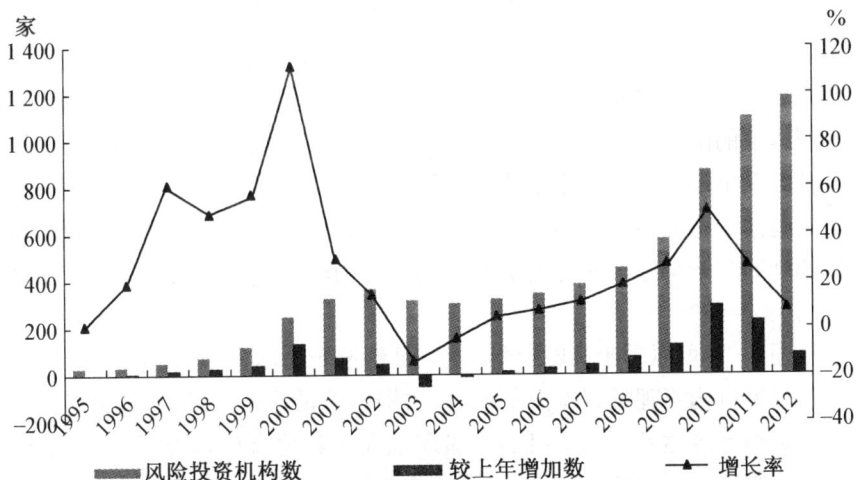

图6-3 中国风险投资机构数(1995~2012)

资料来源:《中国创业风险投资发展报告2013》,经济管理出版社。

从成思危的"一号提案"提出以来,风险投资这已不算新鲜的新鲜事物才真正进入人们的视野,社会各界开始产生浓厚的兴趣,掀起了风险投资发展的第一波热潮。据不完全统计,1997年底的时候中国风险投资机构只有53家,到2001年时已经发展到246家,增加了近5倍;风险投资机构管理的资本总额从1997年底的51亿元增长到2001年底的405亿元,增长了近8倍。

而从2001年底至2002年初,受国际经济大环境不景气的影响,世界范围内的风险投资热开始退潮,中国风险投资事业的发展也因此受到阻滞,进入盘整时期。此外,由于我国风险投资事业刚刚兴起不久,相关法律法规尚不完善,风险投资的相关支持和鼓励政策依然缺乏,风险投资退出机制也不健全,再加上国内资本市场的萎靡不振使得许多企业价值大大缩水,绝大部分中国本土风险投资机构牢牢套在被投资企业中,难以获得收益更加无法退出,再投资功能受到很大程度的抑制,风险投资的机构数和管理的风险资本总量开始大幅度减少,呈现一波流的局面。但此时境外投资机构仍然普遍看好中国经济的发展前景,本土风险投资机构和海外背景风险投资机构是一种此消彼长的关系,表面上中国风险资本总量在上升,海外风险资本活跃度提高,风险投资的项目数和金额也呈现上升趋势,但这也意味着本土风险投资机构的影响力是下降的。

进入2006年,我国经济持续飞速发展,风险投资发展新政开始预热;2007年中国股市经历了史无前例的大牛市,加之全球风险投资也逐渐复苏,我国风险投资发展开始逐渐回暖,进入了一个新的发展时期。虽然 2010 年以来,全球经历后金融危机时代,经济复苏延迟,国内经济增速放缓,作为创业投资生命线的新兴资本市场严重萎缩,使得中国风险投资事业"募—投—管—退"均面临不同程度的困境,行业竞争和洗牌加剧,预期收益减少;2012 年受宏观经济影响已经退出渠道 IPO 管控的影响,风险投资额及项目数均出现明显下滑,投资更趋向于稳健型项目,对高新技术企业的创新支持相对减少,但政府相继出台的利好政策与逐渐向好的资本市场环境仍然为风险投资事业的发展创造了空间。

从图 6-4 可以看出,我国风险投资已经遍布全国各地,各地区中,华东地区风险投资机构管理的资本总额最高,占资本总量的 1/3 以上,其中江苏省的风险投资额已经达到 233.76 亿元,遥遥领先于其他省市,风险投资的地区分布呈现出与国外类似的特征,风险资本主要集中于资本、技术与投资环境相对良好的东部沿海发达地区,集聚现象日益突出,地区间发展不均衡性依然存在。同时,部分风险资本已经开始向中西部地区,如安徽、湖北、湖南、四川等科技资源丰富的地区转移,寻找和培育新的利润增长点。

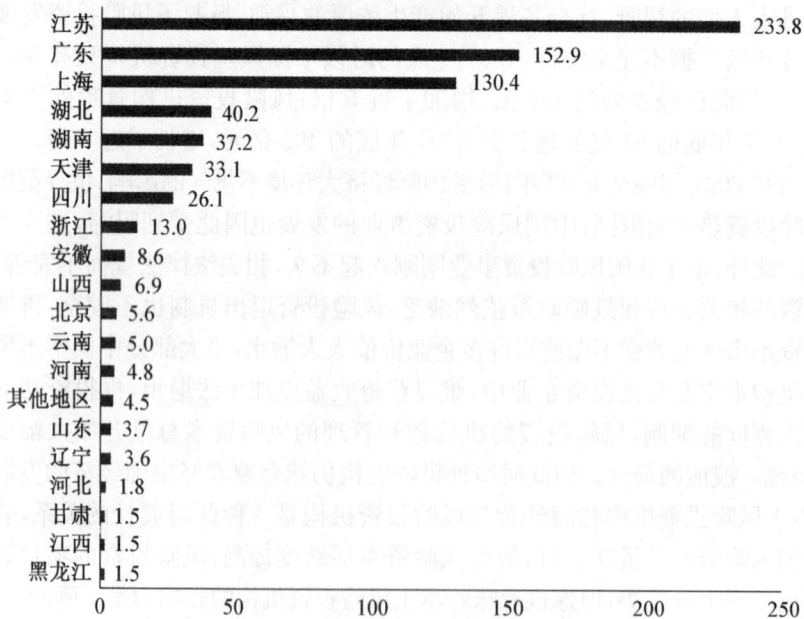

图 6-4 2012 年我国风险投资总额的地区分布(亿元)

资料来源:《中国科技统计年鉴 2012》,中国统计出版社。

二、自主创新内涵界定及发展

(一)自主创新内涵界定

经济学上,创新的概念起源于美籍奥地利经济学家哈佛大学熊彼特(J. Schumpeter)教授在1912年出版的《经济发展理论——对于利润、资本、信贷、利息和经济周期的考察》一书。熊彼特认为,创新与其说是一个技术上的概念,不如说是一个经济上的概念。创新和发明都与技术密切相关,而熊彼特对二者作了严格区分:发明仅仅是技术上增加新的知识,在发明没有物化为具体的创新成果之前,发明仅仅是一个新的概念设想,而创新活动则包含着将关于发明的概念设想引入到经济实践中的实际生产过程的运用。由此看来,发明是创造的必要条件,创新的前提大多是发明,但是发明并不一定导致创新。熊彼特的创新内涵包含五层意思:"引入一种新产品或者赋予产品一种新的特性;引入一种新的生产方法,主要表现为生产过程中采用新的生产工艺或新的生产组织方式;开辟一个新的市场;获得原材料或半成品的一种新的供应来源;实现一种新的工业组织,即实现任何一种新的产业组织方式或企业重组。"

美国经济学家华尔特·罗斯托将"创新"的概念发展为"技术创新",使得创新的概念更加具有实际操作意义。对技术创新的定义虽然目前学界仍存在分歧,但国际上比较认同的是经济合作与发展组织(OECD)的定义:"技术创新(technological innovation)包括产品创新(technological product innovation)和过程创新(technological process innovation),而产品创新又可分为技术创新的产品和技术改良的产品。技术创新的产品(technologically new product)指该产品在技术上的特性或用途,与之前的产品明显不同,主要表现为新技术和新知识的应用以及现存技术的新用法;技术改良的产品(technologically improved product)指将既有产品的性能愈益显著改良或提升,其表现是简单产品使用了高性能的材料,或者通过复杂产品的子系统的改进而是该产品得到部分的改进。"

关于"自主创新"的概念,国际学术界和产业界并无此说法,是中国独创的一个概念。如何理解这一中国独有的概念,目前在学界仍有争论。

吴贵生等(2011)认为中国在"创新"前面加上"自主"二字,不是文字游戏,而是有其深刻含义的,自主创新概念的意义首先不在于对创新概念的重新定义,而在于一种理念和意图的传达。表明中国想要摆脱创新上的技术依赖,自强自立,实现经济社会发展战略转型的意图和决心。其次,他在讨论自主创新定义的第二个功能——内容界定功能时,强调要明确自主创新和技术创新的关系。吴贵生等认为一般的从外延上定义自主创新只列举了三种模式,随着形势的发展,可能有新的创新模式出现,所以这种定义存在遗漏的风险。

《国家中长期科学和技术发展规划纲要(2006~2020)》中从外延上界定了自主创新的概念,即自主创新包含三层含义:"原始创新是以获取科学发现和技术发明为目的;集成创新是融合多种相关技术,形成新产品、新产业;引进消化吸收再创新是对已有创新的发展和提升。自主创新,就是这三种创新方式结合起来,在积极跟踪、关注和参与原始创新、集成创新的同时,高度重视对引进技术的消化吸收再创新。"这个定义将原始创新、集成创新和引进消化吸收再创新纳入自主创新的内涵系统中,将原来自主创新定义为"独立"、"原始"创新的观点作了修正,强调的是必须坚持独立自主的原则。

在综合分析了我国提出自主创新概念的背景和现有的定义之后,本章的自主创新内涵参照吴贵生等的定义:"自主创新是在创新主体主导下的创新。"主体可以是企业、国家、行业或区域,主导表明话语权和决策权。这个定义外延较小,内涵较大,符合本章探讨的广义上的自主创新概念。

(二)中国自主创新现状

自 2004 年中央提出"自主创新"概念以来,中国增强自主创新能力、建设创新型国家的战略步伐从未停止,2013 年颁布的《"十二五"国家自主创新能力建设规划》是对自主创新国家战略的最新贯彻落实。经过十个年头的发展,我国自主创新能力有了长足的发展,但更应看到的是,当前我国自主创新能力建设仍存在一些突出问题,主要表现在:创新能力建设缺乏系统前瞻布局,与世界先进水平相比还有较大差距;创新资源配置重复分散、使用效率不高、共享不足;企业创新动力和活力不足,技术创新的主体作用没有得到充分发挥;投入不足与结构不合理并存,持续投入机制尚未形成;知识产权保护等创新环境有待完善。

吴贵生等(2011)从自主创新环境、自主创新实力等方面阐述了我国自主创新活动的现状。

首先,从自主创新的环境来看,目前我国已经初步具备自主创新的国内基础。第一,新中国成立 60 多年以来,尤其是改革开放 30 多年来,社会主义市场经济体制初步建立,经济社会实力大大发展,自主创新的经济体制基础已初步具备;第二,已经形成的比较完整的科研和技术开发体系使我国取得了一系列举世瞩目的科研成就,标志着我国自主创新的科研体系基础已经具备;第三,经过多年的自主开发和技术引进,我国产业技术水平有了较大提高,为

"以我为主"进行资源整合和技术创新打下了坚实的基础;第四,巨大的国内市场资源为自主创新成果的应用推广提供了宽广的平台,市场基础坚实;第五,我国已经具备了大规模制造能力和产业配套条件,这为我国诸多产业从"中国制造"向"中国创造"升级创造了条件;第六,对外开放的战略和实践为开放条件下的自主创新提供了宝贵的经验。

随着经济全球化进程的加快,我国融入国际经济体系的程度不断加深,在全球化竞争中的地位和角色都发生了新的改变,自主创新面临的国际环境也发生了巨大变化。经济全球化对我国经济发展以及自主创新面临的新环境主要表现为:第一,我国将进入一个全面的开放阶段,迫切要求协调好商品和要素全面双向跨境流动、商品和服务贸易、出口和进口、吸收外资和对外投资、本土化与国际化等各方面的关系;第二,我国商品输出将遭遇日益增多的壁垒和限制,发达国家更加依靠反倾销、贸易保护、知识产权等因素来控制市场,提升创新能力、突破技术壁垒和商品输出壁垒既是当务之急,又是长期任务。

国际环境的变化对我国是挑战,同时更是机遇。一方面,金融危机和新一轮全球性经济衰退,使得国外需求大量锐减,这对我国实体经济带来很大影响。如何在国际动荡的格局中规避不利影响并把握发展机遇,是我国在全球化竞争中要解决的课题。再如,我国虽然凭借低成本劳动力等要素成为名副其实的"世界工厂",但随着我国人均收入和要素成本的上升,低成本竞争优势正在受到削弱。因此,我国必须转变经济增长方式,迫切需要通过技术进步形成新的竞争优势,这要求创新成为新的发展动力。另一方面,国际环境的变化也为我国带来了创新机遇。经济全球化在产业层面的一个重要体现是"模块化革命"。模块化不仅体现在产品上,还体现在技术上。模块化使得传统垂直一体化内部生产结构被打破,涌现出一批专业化独立模块和技术模块供应商。我国产业和企业正是利用了模块化特性,选择可为的模块,而由外部供给进入壁垒高的模块,从而降低了产业进入难度,为自主创新提供了可能。

其次,从自主创新实力来看,我国的创新投入和创新产出都有巨大进步。

创新投入方面,我国对于创新的支持力度不断加大,科技经费投入逐年增长,如图 6 - 5 所示。2012 年国家财政科学技术支出为 5 600.1 亿元,是 1980 年的近 90 倍,年均增长 14.96%。全社会对创新活动的投入也逐年增加,2012 年全社会 R&D 经费支出达 10 298.4 亿元,是 1995 年的近 30 倍,年均增长 19.5%;2012 年 R&D 经费投入强度(占国内生产总值的比重)为 1.98%,比 1995 年增加了 1.41 个百分点。我国研发投入总量仅次于美国,已

中国经济增长的潜力与动力

迈入世界科研大国行列。

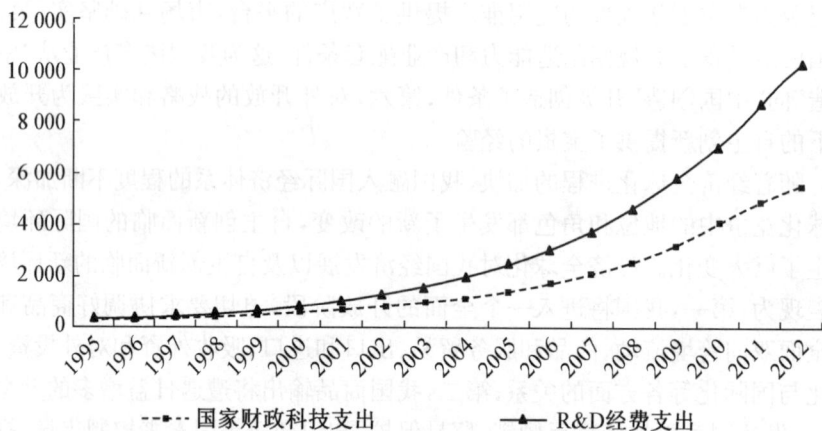

図 6-5 创新经费投入（亿元）（1995～2012）

资料来源：《中国科技统计年鉴 2012》，中国统计出版社；财政部：2012 全国科技经费投入统计公报。

人力和组织资源投入也迅速发展，科技人力投入不断增加，科技研发人员数量大幅增加，科研人员素质有了显著提升。截至 2011 年底，我国公有经济企事业单位专业技术人员 2 918 万人，全国 R&D 人员折合全时当量达到 288.29 万人，研发人员总量已居世界第一（如图 6-6 所示）；另一方面，研究机构、企业和高校的研发投入水平不断增加，研发实力稳步提升，2011 年研究与开发机构数目达到 3 673 个，机构内 R&D 人员达到 36.2 万人。

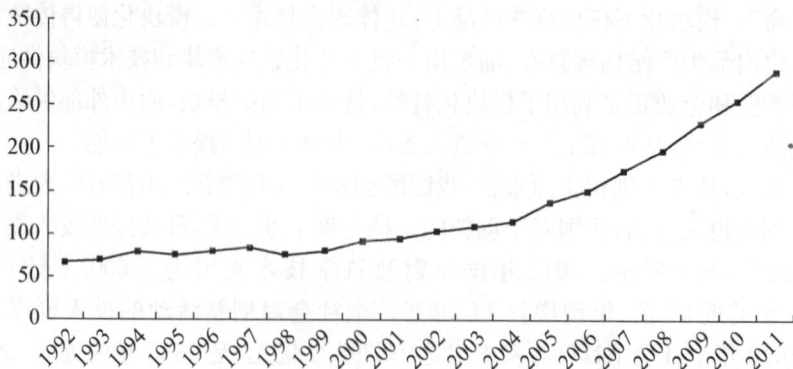

図 6-6 我国 R&D 人员全时当量（万人年）（1992～2011）

资料来源：《中国科技统计年鉴 2012》，中国统计出版社。

从研发投入的主体来看,企业成为主要投入力量,2011年全社会R&D经费支出中,各类企业支出总额为 6 579.33 亿元,占全社会总支出的 75.74%,比 2000 年高了 15.7 个百分点。其中,起主导作用的规模以上工业企业支出 5 993.81 亿元,是 1995 年的 42.3 倍,年均增长 21.78%,规模以上工业企业 R&D 支出占各类企业总支出的比重达 91.1%,占全社会总支出的比重达 69%。规模以上工业企业 R&D 人员全时当量达到 193.91 万人年,是 1995 年的 10 倍多。

创新产出方面,得益于我国知识产权保护环境的明显改善和我国创新能力水平的逐步提升,我国专利事业取得了长足进步。自 1985 年《专利法》实施以来,我国科技人员利用知识产权保护创新成果的意识显著提高,专利申请数量和授权数量逐年增加。截至 2012 年底,我国专利申请受理量累计为 941.2 万件,授权量累计为 543.1 万件。2012 年当年专利申请受理量是 191.2 万件,是 1985 年的 203 倍,其中发明专利申请数量为 53.53 万件,是 1985 年的 131.7 倍;发明专利占比 28%。2012 年专利申请授权量为 116.32 万件,其中发明专利 14.38 万件,是 1985 年的 3 785 倍。

图 6-7 分别给出了 2000 年和 2012 年我国各省(直辖市、自治区)专利申请受理数状况以及 2000~2012 年各省(直辖市、自治区)的年平均专利申请受理数。专利产出主要集中在东部沿海发达地区,其中江苏省 2012 年专利申请受理数达到 472 656 个,最少的西藏自治区只有 170 个,相差两千多倍,与风险投资的地区分布呈现相似的区域集聚现象,区域间发展极度不均衡。

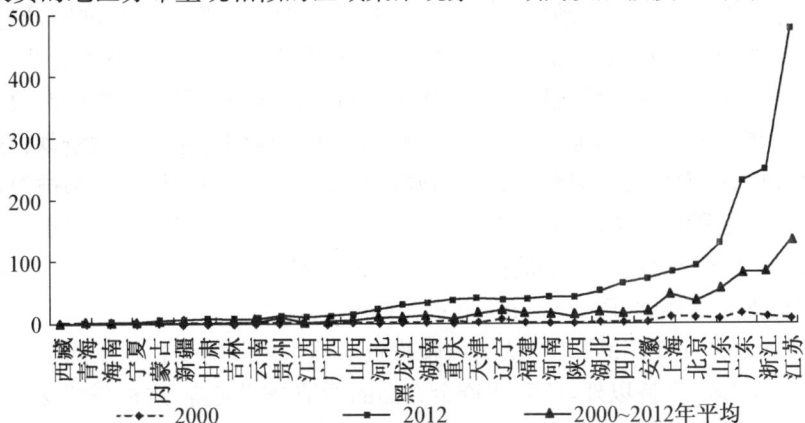

图 6-7　我国专利申请受理数的地区分布(千个)

资料来源:国家知识产权局网站。

（三）中国自主创新的特点

（1）我国经济总量位居世界第二，显示出强大的制造能力；巨大的国内贸易规模也表明了我国拥有潜力巨大的市场，这为我国自主创新提供了最有价值的资源禀赋和最坚实的市场基础。

（2）我国在劳动密集型产业方面具有优势，与之相对应的高新技术产业虽然取得了长足发展，但三资企业仍然是高技术产业主角，内资企业比重较低，处于弱势地位。

（3）总体来看，我国自主创新能力仍是不足的，很多产业处于创新价值链底端，尤其是核心专利技术较少，仍然受制于人。

（4）技术创新具有系统性和协同性的特点，一个产业的创新往往需要其他产业支持，而我国相关产业间协同效应较弱，制约着创新发展。

（5）企业是技术创新主体，而作为我国创新主体的多是中小企业，规模小、抗风险能力弱是制约其创新发展的关键因素。

三、风险投资影响自主创新的文献综述

关于风险投资对自主创新的影响作用的研究，国外学界相对比较成熟，在理论和实证方面都有很多研究成果。

理论研究主要关注于风险投资对创新活动的适应性作用，风险投资的高风险、高收益的投资特征正好适应了创新活动的需求。企业开展创新活动最稀缺的要素是资金，规模大、发展成熟的大企业能够通过自有资金投入研发促进创新。而作为创新活动主体的中小型科技企业一般都处于初创期，资金正是稀缺资源，也没有稳定的收入来源，自身无法投入资金支持创新活动，只能寻求外部融资渠道。传统融资渠道诸如银行或证券公司寻求的投资对象多是处于发展成熟期、偿债能力较强的大型企业，因为他们为企业提供贷款只能获得利息收入，而面临的风险却是不能收回贷款的可能；风险资本家为被投资企业提供的是股权投资，他们与企业共担收益和损失，而且对企业来说更有益的是，风险资本家会在每一个被投资企业身上花费时间和资金，帮助他们成长，而银行不会这样做（Popov and Roosenboom，2012）。

Bottazzi and Rin(2002)认为风险投资对技术创新的支持作用除了资金方面的所谓"硬"支持以外，还有非资金方面的所谓"软"支持，这种"软"支持包括对被投资企业进行培训以及监控"硬"支持的实施情况。风险投资者的专业技能和私交网络及由此带来的潜在供应商和消费者，使得企业家能够专注于他

们最擅长的工作——技术研发。许多现有文献研究都发现,风险投资的这种
"软"支持对于那些缺乏商业经验的企业家、创业者来说至关重要(Gorman
and Sahlman,1989)。风险投资者对被投资企业的资金支持通常不是一次到
位的,一般都会在企业发展的不同阶段分次投入,比如在企业建立了产品原
型、达成了某一特定销售目标或是雇用了关键性管理人才等里程碑式的阶段。
这种分阶段投入资金的做法使得风险投资者能够时刻监控被投资企业的表
现,以便在企业成功无望时有及时放手的余地。除了资金投入和过程监控以
外,风险投资者还帮助企业遴选管理人才,另外在企业首次公开募集资金的时
机选择、降低股价低估风险等方面也扮演着重要角色。

　　Peneder(2007)使用奥地利的微观企业数据做了一个两阶段实证研究,检
验风险投资对企业的影响机制,他认为鉴于数据的稀缺性,每个研究得到的结
果都不应该做出以偏概全的结论。尽管如此,从理论角度来看,风险投资影响
企业表现的传导机制至少有三种不同的路径:首先,当风险资本市场催生出一
些新的企业,这些企业都难以从传统融资渠道获得足够的资金支持时,风险资
本就实现了融资功能;其次,当不确定性和不对称性很高的时候,资金通常会
选择具有最好发展前景的项目,风险资本实现的是选择功能;最后,风险投资
者不仅为企业提供资金,还为企业提供管理经验、获取私交网络和专业商业模
型的机会,风险资本提供的是增值功能。

　　实证研究风险投资对创新的影响主要集中在微观层面。最具代表性的是
Kortum and Lerner(1998,2000)。他们在 1998 年首次提出风险投资能否促
进技术创新的命题,并在 2000 年参考 Griliches(1990)的创新生产函数建立了
具有奠基意义的专利产出方程,他们选取专利数作为创新产出的衡量指标,认
为专利是 R&D 投入和风险投资额的函数 $P_{it}=(RD_{it}^{\rho}+bVC_{it}^{\rho})^{\alpha/\rho}u_{it}$。关于为
何选取专利数作为创新产出变量,Kortum 等认为除了数据的可获得性和易
于量化等特点以外,还有两个原因:一是风险投资企业为了防止创新成果外
泄,会积极申请专利保护,因此创新和专利基本对等;二是企业为了吸引更多
风险投资同时展示自身的创新成果,专利数是较为直观的评价指标。作者在
实证研究过程中发现,线性产出方程比非线性方程更加可靠,同时 R&D 和
VC 具有高度可替代性,即方程中的 ρ 趋向于 1。他们用美国制造业部门
20 个行业 530 个风险投资企业和非风险投资企业近 30 年的面板数据作样
本,对不同的假设情况进行了多次实证分析,研究结果显示,风险投资显著提
高了企业专利产出水平,促进作用比 R&D 投入大得多;VC 和 R&D 的比率

在1983~1992年从未超过3％，但风险投资很可能贡献了美国工业创新总量的8％。

Hellmann and Puri(2000)调查了硅谷149个初创企业，他们的实证结果显示风险投资确实刺激了这些企业的创新活动，一个初创企业如果得到风险投资支持，通常能在更短时间内就把产品推向市场；他们的结果也显示，如果一个企业倾向于创新型战略，它通常能够更容易得到风险投资。然而，这个结论面临的问题在于，到底是风险投资促进了企业的创新活动，还是一个企业采取创新战略才得到了更多的风险投资。另外，由于他们的研究仅包含硅谷的样本数据，其结论也值得商榷。

Engel(2002)利用德国1000个初创企业样本数据作实证分析，结果显示，风险投资的支持确实使得这些企业取得了更高的成长率，但是这种高成长率在高技术含量行业和低技术含量行业之间并无差别。Caselli and Peneder(2009)的研究也得到了相似的结论。

Hellmann and Puri(2002)的进一步研究关注于相对传统融资，风险投资的战略管理支持起到的作用大小，他们调查了170个硅谷高技术初创企业，研究结果显示，风险投资对初创企业在管理咨询、战略组织、社交技能、人力资源组织和股权结构等方面的介入，对这些初创期的企业发展和专业化起到了重要作用。Tykvova(2000)用德国的数据做了相似的实证研究，结果也显示风险投资对于企业的专利产出有显著的正向拉动作用。

Romain and Potterie(2004)利用16个OECD国家的21年的面板数据，实证研究了风险资本对宏观经济的影响，他们认为风险资本对宏观经济的贡献主要通过两个渠道：一是创新，即将新的产品和生产过程引入到市场中；二是吸收能力，即对现有知识的有效利用促进了生产系统的发展，他们假设风险投资的角色类似于R&D中的"D"。研究结果显示，风险资本对全要素生产率(TFP)的增长有显著的正向作用，同时风险投资强度对R&D的作用效果也有正向的影响作用。

Engel and Keilbach(2007)进一步研究了风险投资和专利产出的因果性关系问题，他们比较了德国142家风险投资企业和2 000多家非风险投资企业，结果显示，有创新活动的企业更有可能从风险投资基金中获益，一家初创企业一旦得到风险投资支持，它的就业增长率就会显著提高，但其创新产出却跟非风险投资企业没有显著差异。

Ueda and Hirukawa(2003)选取全要素生产率(TFP)作为创新的衡量指

标,研究了美国制造业部门风险投资与创新的因果关系问题,实证研究结果显示,TFP 增长与风险投资显著正相关,在计算机和通信领域,创新和风险投资存的影响作用是相互的;而在医药与科学仪器领域,风险投资和创新却呈现出显著的负相关。他们又在 2006 年的时候扩展了 Kortum and Lerner(2000)的研究,将他们的样本数据扩展到 2001 年,结果与之前的研究不同,是新技术的产生引致了对风险投资需求的增加,即"创新当先"的概念,而不是"风投当先"。

Popov and Roosenboom(2012)同样沿用 Kortum and Lerner(2000)的实证研究框架,选用 21 个欧洲国家 10 个制造业行业 1991~2005 年的面板数据,研究风险投资对专利授权数的影响,结果显示风险投资的作用只在高风险投资国家才显著,这些国家 VC 和 R&D 的比率通常都在 3.9% 左右。

国内学界对风险投资作用于技术创新的理论研究较少,吕炜(2002)从微观层面理论阐释了风险投资企业新的组织结构对自主创新活动更好的适应性,作者认为传统的企业组织形式对创新活动的阻碍主要表现在:① 现代科技发展催生了新兴产业的出现,增加了传统企业对于创新成果的评估、定价的困难,越是先进的研究成果越难以评估,也因此难以在既有的组织结构下广泛推广应用。② 创新成果定价的困难造成了交易的困难,由于技术创新较高的不确定性及风险性,买卖双方的市场交易会出现障碍。③ 对研发人员报酬与激励机制难以在传统企业建立。④ 创新活动的资源调配效率较低、能力较弱。风险投资给被投资企业带来的是新的合约方式、组织机制,突破了传统的创新障碍,大大提高了技术创新效率,他认为这种适应性主要表现在三个方面:一是技术创新过程的向前扩展与生产过程的前移使得风险资本能够从企业种子期便开始提供支持;二是组织结构创新带来的资源配置和运作效率的改进,是风险投资企业与技术创新活动相适应的根本原因;三是风险投资机制的建立使得企业有能力动员外部资金,形成与技术创新过程对应的秩序良好的金融支持过程。

刘旗、邓小翠(2009)尝试分析了风险投资影响技术创新的机理和路径,他们认为根据风险投资的特点,主要通过资金支持、资源调配、技术定价、信息发现、增值服务、项目评估、风险管理、项目监控等功能和渠道来促进创新。

喜济峰、郭立宏(2012)在此基础上从单企业的微观层面和进一步推广的宏观层面探讨风险投资对技术创新的影响,并将这种影响作用归结为资本增加效应和创新倾向效应,印证了已有文献的理论和经验结论。

实证研究方面,由于数据的不健全,尤其是风险投资数据在地区或行业层面难以获取,国内的研究都存在一定的局限性,一般局限于较短的全国时间序列样本数据分析。程昆等(2006)利用 1994~2003 年的数据实证分析专利申请量与风险投资额及 R&D 投入之间的关系,在一定程度上证明了风险投资对我国技术创新的促进作用。刘伟(2011)选取中国内地 30 个省(直辖市、自治区)1998~2007 年的面板数据,研究中国技术创新影响因素的地区差异,但回归模型中没有加入风险投资因素。黄铭、朱孝忠(2012)则利用 2005 年 27 个省的截面数据和 2003~2005 年的混合数据进行实证分析,结果显示一个地区风险资本量增加只能在较小程度上增加专利产出,且风险资本的影响力大约只相当于 R&D 投入的 1/4~1/6。中国科学技术大学的方世建、俞青(2012)沿用 Kortum and Lerner 的专利产出方程,并加入制度变量,做了20 年的时间序列数据回归,研究结果表明,中国的风险投资对技术创新并没有显著的促进作用,这是关于风险投资与技术创新的研究中首次出现不显著影响的结果。陈治、张所地(2013)基于投入产出思想选择 VES 生产函数构建技术创新生产函数,实证研究选用十个省市的面板数据探讨中国风险投资对技术创新推动效应的省际差异,结果表明中国风险投资对技术创新有正向的促进作用,风险投资的作用效应具有明显的省际差异。邓俊荣、龙蓉蓉(2013)依旧沿用 Kortum and Lerner 的实证研究模型,利用中国 1994~2008 年的时间序列数据作二元回归分析,结果发现风险投资对中技术创新的影响没有国外研究那么显著,中国的技术创新大部分是由 R&D 激发的。沈娟(2014)考察了中国八大经济区域 9 年的面板数据,发现风险投资对技术创新有显著的正向影响作用,并且这种影响在区域间存在差异。余琰等(2014)在研究国有风险投资机构的投资行为和投资成效的时候发现,政府背景的风险投资机构在风险投资行为中常常会违背其初衷,对企业自主创新行为并没有起到足够的促进作用。

综上所述,国际学术界普遍采用的行业级或省级面板数据在国内难以获得,因而国内的实证研究大都存在一定的局限性,不同的研究得到的结论不同也佐证了这一点。本章首次根据《中国风险投资年鉴》和《中国创业风险投资发展报告》的数据计算得到 2009~2012 年各省(直辖市、自治区)的风险投资总额,利用这四年的省级面板数据结合 18 年的时间序列数据,从横向和纵向两个角度全方位考察风险投资对我国技术创新产出的影响作用;并将 27 个省(直辖市、自治区)划分为三大经济区域,研究这种影响作用在区域间的差异。

第三节　机理分析与模型设定

一、风险投资影响自主创新的机理分析

作为自主创新的主体,创新型企业处于初创期的时候,通常需要大量资金的持续投入,但其成功的概率却具有高度的不确定性。这些企业融资时主要存在的信息不对称问题被称作"逆向选择"问题,在这种情况下,对于企业创新成果的质量,企业本身显然比投资者更加了解实情,如果这种信息不对称问题不能得到解决,就可能导致创新投入不足,极端情况下,经济中就没有创新企业能得到资金支持了。另一方面,由于创新的外溢效应,完全的信息公开又是不现实也是不合适的。

企业创新活动的资金通常来源于自身留存收益。大型企业具有成熟的规模和稳定的收入,持续的创新研发投入是可行的,但是对处于初创期的创新型企业而言却是困难的,因为它们的发展前景具有高度不确定性,且缺乏有力担保,银行等传统融资渠道不会给它们提供资金,这种情况下,资本市场的不完全竞争性和信息不对称就导致一些创新企业没有资金来源。

风险投资就为这块"失落的市场"提供了出路,通过项目过程监控和分阶段资金投入,风险投资能够有效解决信息不对称问题,因此风险投资就成为熊彼特"创造性破坏"的重要引擎和科技创新成果转化的关键动力。

初创期的创新企业成长与发展依赖于创业者的天赋和才能,这种天赋和才能主要是指技术层面的,这使得仅具有金融专业技能的普通投资者很难评估企业的技术表现及发展前景等,另外创业者也可能为一己私利做出有违企业长期发展的决策,比如为了赢得行业领跑者的美誉而在产品尚不成熟时就过早推向市场等。

风险投资者不仅为被投资企业提供资金支持,也为企业提供专业建议。他们的专业管理经验和广泛的社交网络以及由此带来的潜在供应商和消费者,使得创业者能够把全部精力专注于他们最擅长的方面,即技术研发。风险投资的加入通常意味着持续大量的资金来源,因此对企业本身来说也有一种宣传效应,使企业能够吸引到顶尖的管理人才甚至直接促成合作。另一方面,风险投资者对企业也是有严格要求的,他们会时刻监控企业运行状况和创新项目的进展情况,如果经理人决策错误或者不能达到预期目标,他们有权利革除。这种"胡萝卜加大棒"式的组合能够增加初创企业存续的机会,并能吸引

到后续扩张所需的资本,就使得这些被投资企业比其他企业更具竞争优势。

根据已有文献及风险投资和自主创新自身的特征,本章总结了风险投资影响企业自主创新活动的机理与路径,如图 6-8 所示。

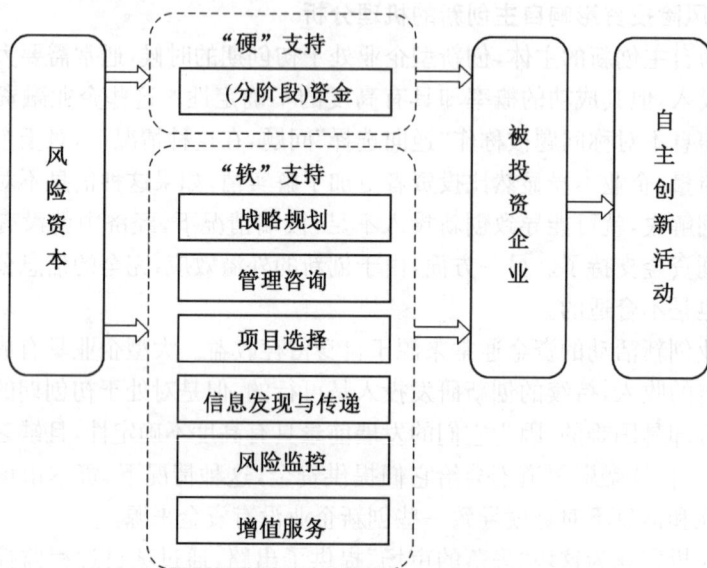

图 6-8 风险投资影响自主创新的机理与路径

风险投资对企业自主创新活动的影响主要有两个方面:首先,风险资本本身的投入为"硬"支持,这是风险投资影响自主创新的最基础路径。一项创新活动包括研究、开发、试点与推广四个阶段,一般要经历 3~7 年的周期,长生产周期决定了创新活动的不确定性。开发(工程化)与试点(商业化)是创新过程中十分关键也是风险最大的两个阶段,收效慢,且需要大量资金持续投入,而此时创业者既缺乏资金也缺乏可靠的担保,因而传统融资渠道如银行或者一般投资者都不愿提供支持。风险投资的重要作用因此凸显,成为解决自主创新活动融资约束的主要手段。风险投资者对企业创新活动的资金投入一般不是一次到位,而是分阶段投入的,投资者会要求企业家在某一阶段达到某一特定目标,才会投入下一阶段的资金,这样做的好处在于:一是使得投资者对被投资项目有持续的过程监控;二是对创业者有持续的压力和约束;三是便于投资者在发现项目前景堪忧成功无望的时候及时撤资。

风险投资对企业自主创新活动的另一种影响路径为"软"支持。"软"支持包括风险投资者运用专业知识对被投资企业在战略规划、日常运作管理及人力资源管理、创新项目的选择、公开或非公开信息的发现、筛选和传递、创新过程的风险监控、以及其他增值服务（例如利用自己的私交网络为被投资企业发掘供应商、消费者或潜在合作者等）方面的帮助和支持。

　　风险投资机构在多年的投资经历中积累了丰富的经验，对一个企业从初创到最终 IPO 有着相对专业的见解，被投资企业在创立之初就可以利用风险投资机构丰富的经验做出自身长远的战略规划；企业在运作过程中要解决诸多问题，比如企业治理结构、运作流程、人力资源管理等，风险投资机构同样具备相关丰富的专业经验，可以给被投资企业提供具有针对性的建议和指导，避免企业走弯路；企业在自主创新项目的选择上也常常遇到困难，由于创新活动普遍具有不确定性，项目的前景很难把握，风险投资机构能够根据市场需求和自己对项目前景的把握为企业选择最有希望的创新项目；企业在创新活动过程中也会遭遇很多问题，风险投资机构的职责之一就是帮助被投资企业把控过程、监控风险；另外，风险投资机构通常拥有成熟的信息交流渠道，对市场上出现的相关公开或非公开信息能够及时收集和筛选，并及时传递给被投资企业，供其决策参考，同时风险投资机构广泛的资源基础和社交网络可以为被投资企业带来潜在的供应商和消费者，甚至直接带来有益的合作者，实现资源的优化整合，增加创新活动成功的机会。所有这些"软"支持都是为了让被投资企业消除后顾之忧，让创业者能够专注于自己最擅长的工作，专心做创新研发。

二、理论与实证模型

（一）理论模型

Griliches(1980)研究 R&D 支出和生产率减速的关系时，将 R&D 作为解释变量加入到柯布-道格拉斯生产函数中，得到扩展的柯布-道格拉斯函数：

$$Y = Ae^{\lambda t}K^{\alpha}L^{\beta}R^{\gamma}\mu \tag{6.1}$$

其中，$Ae^{\lambda t}$ 表示技术进步，K 表示资本，L 表示劳动力，R 表示 R&D 经费支出，t 是时间，α、β、γ 分别是资本、劳动力和 R&D 支出的产出弹性系数，由经济实际情况决定，在这里视为常数，μ 是随机扰动项。两边取对数，得到：

$$\ln Y = \ln A + \lambda t + \alpha \ln K + \beta \ln L + \gamma \ln R + \ln \mu \tag{6.2}$$

Y 是 t 和 R 的函数，两边求导：

$$\frac{\dot{Y}}{Y}=\lambda+\gamma\frac{\dot{R}}{R} \tag{6.3}$$

用 T 表示技术创新,则稳态的技术创新增长率和经济增长率相等$\frac{\dot{T}}{T}=$ $\frac{\dot{Y}}{Y}$,于是有:

$$\frac{\dot{T}}{T}=\lambda+\gamma\frac{\dot{R}}{R} \tag{6.4}$$

即创新效率是 R&D 投入效率的线性函数。

考虑风险投资作为独立影响因素加入到模型中来,得到进一步扩展的柯布-道格拉斯函数:

$$Y=Ae^{\lambda t}K^{\alpha}L^{\beta}R^{\gamma}V^{\theta}\mu \tag{6.5}$$

θ 是风险投资的产出弹性。两边取对数:

$$\ln Y=\ln A+\lambda t+\alpha\ln K+\beta\ln L+\gamma\ln R+\theta\ln V+\ln\mu \tag{6.6}$$

这时,Y 是 t、R 和 V 的函数,同样经过求导,最终得到技术创新增长率的模型:

$$\frac{\dot{T}}{T}=\lambda+\gamma\frac{\dot{R}}{R}+\theta\frac{\dot{V}}{V} \tag{6.7}$$

可以看到,加入了风险投资影响因素的产出模型,创新增长率是 R&D 增长率和风险投资增长率的线性函数。

基于上述模型,我们假设企业创新活动的资本投入主要来源于研究与发展经费支出(R&D)或者风险投资(VC)。为了研究 R&D 和 VC 与创新产出具体的机制联系,本章借鉴了 Kortum and Lerner(2000)研究的理论模型。模型建立的首要问题是如何选取创新衡量指标,Griliches(1990)在他的研究《Patent Statistics as Economic Indicators:A Survey》中指出,尽管选取专利数作为指标衡量创新产出本身存在很多问题,并不能完全反映真实情况,但鉴于其易量化、易得性、组织性强且能够反映一定技术细节等特性,它仍然是技术进步研究中独一无二的资源。因此,本章同样选取专利数作为创新产出的衡量指标。风险投资和 R&D 经费是创新活动中最关键的资本要素,因此模型中选取二者为解释变量,三者间的关系符合 CES 生产函数:

$$P_{it}=(RD_{it}^{\rho}+bVC_{it}^{\rho})^{\alpha/\rho}u_{it} \tag{6.8}$$

专利(P)是一个关于政府研究与发展经费支出(RD)和风险资本额(VC)的方程。其中，P_{it}表示 t 期专利申请的受理数(或授权数)，RD_{it}表示 T 期研究与发展经费(R&D)投入，VC_{it}表示 T 期风险投资额(Venture Capital)，i 是表示行业的(在本章中是表示地区的)指数，α 表示专利对资本投入因素 R&D 和风险投资两种因素的弹性，即 R&D 支出和风险投资支出每增加1％，专利数变化的百分比，ρ 表示在对技术创新的资本支持方面风险投资和 R&D 投入的替代程度，b 表示相对于 R&D 投入来说风险投资对于专利产出的作用大小，是方程需要关注的焦点，u_{it} 表示 T 期的随机扰动项。

下面给出理论模型的四个基本假设：

假设一：行业 i 在时期 t 内创新产出 I 的方程借鉴上文的 Kortum and Lerner(2000)的研究模型：

$$I_{it}=(RD_{it}+bVC_{it})^{\alpha}u_{it}=H_{it}^{\alpha}u_{it} \tag{6.9}$$

其中$0<\alpha<1$，H_{it}代表总的创新投入，最后的变量 u_{it} 代表随机扰动项。

假设二：创新成果按一个固定的平均比例转化成专利。因此 $P_{it}=I_{it}\varepsilon_{it}$，其中 P_{it} 就是一个行业某一年的专利数，ε 是决定专利转化率的一个独立变量。把(6.9)式代入上式得：

$$P_{it}=H_{it}^{\alpha}\varepsilon_{it}u_{it} \tag{6.10}$$

假设三：给定时期和行业，一项新的创新成果的预期价值是 Π_{it}。这里只考察一个局部的均衡，不讨论 Π 的决定要素，实际上它是随着市场规模大小变化的。假设相对于整个行业来说，单个企业都是相对小的，因此可以把 Π 看作给定值。考虑创新成果的预期价值，意味着并不是所有的创新都能够转化成专利的。

假设四：除了 R&D 投入和风险资本投入的直接成本以外，还存在相关的间接支出，因此创新的边际成本是需要考虑的。这些间接支出可能包括监控成本、雇佣经理人和研发人员成本、等待新产品市场投放审核的时间成本等。在每一个时间点，企业都面临一系列的项目选择，有些项目企业内部研发部门就能覆盖，而另一些则需要引入风险投资的管理。在风险资本不具有相对优势的项目上增加风险资本投入会大大提高风险投资的成本，而企业研发部门却能够在这些项目上发挥它们最大的优势。

具体来说，给定总的创新投入 H 和风险资本额 VC，风险投资者管理投资项目的成本为 $v_t f_{VC}(VC_{it}/\lambda_{it}H_{it})$，而企业的成本为 $f_{RD}(VC_{it}/\lambda_{it}H_{it})$。其中风险投资者的函数 f_{VC}是($VC/\lambda H$)的严格递增函数，企业函数 f_{RD} 是($VC/\lambda H$)

的严格递减函数。λ_{it} 衡量了一个项目有多大几率适合风险投资运作，λ 增大表示一个项目相对于企业自身运作来说，交给风险投资运作能更有效降低成本。v_t 是风险投资者的资金投入成本。

在以上假设的基础上，本章推导出关于创新产出与 R&D 投入和风险资本投入的均衡条件，均衡实现条件是 VC 和 R&D 投入的边际成本与创新产出的边际收益相等（$VC \neq 0, RD \neq 0$）。

$$\Pi_{it}\frac{\partial I_{it}}{\partial VC_{it}} = \alpha\Pi_{it}u_{it}bH_{it}^{\alpha-1} = v_t f_{VC}\left(\frac{VC_{it}}{\lambda_{it}H_{it}}\right) \tag{6.11}$$

$$\Pi_{it}\frac{\partial I_{it}}{\partial RD_{it}} = \alpha\Pi_{it}u_{it}H_{it}^{\alpha-1} = f_{RD}\left(\frac{VC_{it}}{\lambda_{it}H_{it}}\right) \tag{6.12}$$

经过一系列数学变换，得到如下表达式：

$$H_{it} = \left[\frac{\alpha\Pi_{it}u_{it}}{g_1(v_t)}\right]^{1/(1-\alpha)} \tag{6.13}$$

$$\frac{VC_{it}}{RD_{it}} = \lambda_{it}\left[\frac{g_2(v_t)}{1-b\lambda_{it}g_2(v_t)}\right] \tag{6.14}$$

其中，g_1 是递增函数，g_2 是递减函数。从（6.13）式可以看出，风险投资资金投入成本的增加会导致总的创新投入的减少，而创新价值的增加会带来总的创新投入的增加，这与基本认知相符。（6.14）式是风险投资相对 R&D 投入的比率，这一指标随着 λ 的增加而增加，随着风险投资资金成本的增加而减少。

（二）实证模型

以（6.8）式为基础实证模型，Kortum and Lerner 在进一步地研究中发现 R&D 和 VC 具有高度可替代性，即 ρ 趋向于 1；后来方世建等（2012）进一步的研究证实了两者的完全替代性关系，即 $\rho = 1$。于是，专利产出方程可以简化为：

$$P_{it} = (RD_{it} + bVC_{it})^{\alpha}u_{it} \tag{6.15}$$

进一步研究显示，非线性最小二乘回归会大大高估 R&D 和 VC 对创新产出的影响作用，而线性回归方程则相对更加可靠真实，因为当风险投资数据相对 R&D 数据较小时，线性化处理是恰当的。

本章的实证研究模型拟采用 Kortum and Lerner 的专利产出方程对数线性化后的模型：

$$\ln P_{it} = \alpha_0 + \alpha_1\ln RD_{it} + \alpha_1\alpha_2 VC_{it}/RD_{it} + \ln u_{it} \tag{6.16}$$

（6.16）式是本章时间序列数据计量研究的实证模型，我们需要关注系数 α_2，考察风险投资对专利产出的影响。

　　一项创新活动从资本投入到产生专利可能存在一定的时滞,当期 R&D 投入和风险资本投入影响的不一定是当期的专利产出,考虑到风险投资和 R&D 支出对创新产出可能存在的滞后影响,本章在时间序列计量过程中分别将两个变量滞后一期和两期研究。滞后期的回归模型如(6.17)、(6.18)式:

$$\ln P_{it} = \alpha_0 + \alpha_1 \ln RD_{i,t-1} + \alpha_1 \alpha_2 VC_{i,t-1}/RD_{i,t-1} + \ln u_{it} \qquad (6.17)$$

$$\ln P_{it} = \alpha_0 + \alpha_1 \ln RD_{i,t-2} + \alpha_1 \alpha_2 VC_{i,t-2}/RD_{i,t-2} + \ln u_{it} \qquad (6.18)$$

　　进一步地,为了考察风险投资对自主创新影响的区域差异,本章将样本数据中 27 个省(直辖市、自治区)划分为东、中、西部三大经济区域(如表 6-1 所示),在模型中加入虚拟变量 D_i $\left(D_1 \begin{cases} 1,某省属于东部 \\ 0,其他 \end{cases}, D_2 \begin{cases} 1,某省属于中部 \\ 0,其他 \end{cases} \right)$。

　　得到本章的静态面板数据模型回归方程:

$$\ln P = \alpha_0 + \alpha_1 \ln RD + \beta VC/RD + \sum_{i=1}^{2} \alpha_1 \alpha_2 D_i VC/RD + \sum_{i=1}^{2} \lambda_i D_i + u$$

$$(6.19)$$

(6.19)式中我们需要关注系数 β、α_2 和 λ_i,考察风险投资对专利产出的影响同时比较这种影响的区域间差异。

表 6-1　三大经济区域划分

地区	省(直辖市、自治区)
东部	北京市,天津市,河北省,山东省,辽宁省,上海市,江苏省,浙江省,福建省,广东省
中部	山西省,内蒙古自治区,吉林省,黑龙江省,安徽省,江西省,河南省,湖北省,湖南省
西部	重庆市,四川省,贵州省,云南省,陕西省,甘肃省,宁夏回族自治区,新疆维吾尔自治区

　　静态面板数据模型的参数估计方法要求模型误差项的分布是已知的,而实际经济问题中这一要求通常难以满足或无从知晓是否满足。广义矩估计方法(GMM)放松了这一要求,允许随机误差项存在异方差。另一方面,本章之前的模型设定隐含了一个重要假定,即风险投资是外生的,然而这一假设并不一定合理,风险投资有可能是内生的,如果模型中存在一个外生的技术冲击变量,该变量既与创新指标相关,又与风险投资相关,则原模型就存在内生性问

题,估计结果就不准确。解决模型内生性问题的做法是寻找合适的工具变量加入模型,该工具变量既与风险投资金额相关,又不与外生技术冲击变量相关,合适的工具变量很难找到,于是通常会选择因变量的滞后项作为工具变量,这样一来就会导致解释变量和被解释变量间存在高度相关性。GMM方法能够很好地解决这一问题,从而使参数估计的结果更加可靠。

动态面板数据模型的广义矩估计(GMM)方法回归方程:

$$\ln P_t = \alpha_0 + \gamma \ln P_{t-1} + \alpha_1 \ln RD_t + \beta VC_t / RD_t + $$

$$\sum_{i=1}^{2} \alpha_1 \alpha_2 D_i VC_t / RD_t + \sum_{i=1}^{2} \lambda_i D_i + u \qquad (6.20)$$

(6.20)式中 $\ln P_{t-1}$ 是滞后一期的 $\ln P_t$,与风险投资相关,但是与外生技术冲击无关,可以充当模型的工具变量。

第四节 计量检验与实证分析

一、指标选取及数据来源

(一)指标选取

现有研究在指标选取方面虽有争议,但大体存在一定共识,本章选取实证模型指标时参考各方观点,说明如下:

(1)创新产出指标选取专利申请受理数和授权数。虽然创新并不一定能带来专利产出,而专利也不一定都能产业化从而形成事实的生产力,但一方面从企业层面来看,鉴于防止技术外溢的考虑和持续风险投资的激励性,创新成果和专利数仍具有高度一致性,另一方面专利数据易于获得和量化;另外,相对来说,专利受理数比授权数更可靠,因为授权数可能存在滞后性,即当年授权的专利有可能是以前年度的创新成果。

(2)R&D指标选取各地区每年的R&D经费支出总额。现有研究的在R&D对自主创新的影响作用方面存在共识,即R&D对自主创新有显著的正向影响,各个研究得出的创新产出弹性却不尽相同。大部分研究倾向于采用当年的R&D经费内部支持作为变量(Griliches,1980),也有一些研究采用永续盘存法计算R&D存量,认为R&D支出对自主创新的影响具有长期性(Coe et al.,1995;彭建平、李永苍,2014),还有一些研究中选用R&D人员全时当量等指标。本章认为,选取当年R&D支出的货币统计量更加直接相关,且本章在对时间序列数据作计量研究时会考虑滞后1~2期的R&D对创新产出的影响。

（3）风险投资数据的统计一般有两个口径：一是当年风险投资实际投出的资金额，即风险投资机构对其所支持企业的实际投入，投资额是一个流量的概念；二是当年风险投资机构管理的可用于投资的风险资本总量，是一个存量的概念。从理论上来说，考虑到资本的连续性和滞后性作用，应当选取风险投资的流量指标，但是鉴于数据的可得性①，本章选取当年各地区风险投资机构管理的可用于投资中国内地的风险资本总额作为风险投资指标。另外，由于风险资本一般是在企业初创期加入，帮助企业成长，直到企业 IPO 时蜕资，其信息公开度较低，《中国风险投资年鉴》和《中国创业风险投资发展报告》在统计风险投资数据时均采用问卷调查的方式，调查样本差异造成数据统计口径及结果存在较大差异。但是本章主要分别考察在一个较长时期内风险投资对自主创新的影响作用以及同一时期的影响在地区间的差异，因而只要能够保证同一个样本中数据的一致性即可。

（二）数据来源

本章实证研究的时间序列数据选取 1995～2012 年全国的总量数据，4 年的面板数据选取 2009～2012 年中国 27 个省（直辖市、自治区）的省级数据②。

专利申请受理量和授权量数据来源于国家知识产权局每年公布的统计年报，研究与发展经费（R&D）数据来源于国家统计局网站公布的"全国科技经费投入统计公报"，风险投资的时间序列样本数据取自《中国创业风险投资发展报告》（1996～2013），省级面板数据根据《中国风险投资年鉴》（2004～2013）每年公布的风险资本总额及地区分布比例计算而来。原始数据见附录。

时间序列数据样本期有 18 年，首先需要进行价格调整。本章选取 1990 年为价格基期，按居民消费价格指数（CPI）做数据调整，国家统计局统计的 CPI 数据是以上年为基期，故先按 $ACPI_t = CPI_t \times \dfrac{CPI_{t-1}}{100}$ 计算出以 1990 年为基期的 ACPI，然后将变量 X 进行 $AX_t = \dfrac{X_t}{ACPI_t} \times 100$ 的价格调整，从而得到本章时间序列模型的样本数据。

---

① 《中国风险投资年鉴》仅从 2009 年始公布各省市的风险资本总量，因此本章面板数据只有 2009 年、2010 年、2011 年和 2012 年，且选取的是风险资本存量。

② 由于数据缺失，未包含广西壮族自治区、青海省、西藏自治区和海南省以及台湾地区、中国香港和中国澳门特别行政区的数据。

根据对样本数据的直观分析,可以看出:① 中国各省(直辖市、自治区)之间的技术创新能力差异较大,东部沿海地区创新能力较强,而中西部地区的创新能力相对较弱。三大区域的专利产出都随时间变化显著上涨,但上涨速度却呈现差异,东部地区增加更快,使得三大地区的专利产出差距逐年拉大。② 风险投资事业在中国始于 20 世纪 80 年代中期,历经近 30 个年头,正以迅猛势头发展。1995 年中国风险投资管理资本总量只有 51.3 亿元,到 2012 年的时候已经达到 3498 亿元,增长了 60 多倍。省级面板数据的描述性统计如表 6-2 所示。

表 6-2　面板数据描述性统计

变量		均值	标准差	最小值	最大值	样本数	
LNP	整体	9.993 77	1.331 04	6.605 30	13.066 12	N	108
	组间		1.306 63	7.083 68	12.566 73	n	27
	组内		0.335 02	9.078 20	10.639 26	T	4
LNPA	整体	9.434 87	1.339 62	6.418 37	12.505 97	N	108
	组间		1.316 14	6.738 90	11.981 46	n	27
	组内		0.333 04	8.540 49	10.108 3	T	4
LNRD	整体	5.144 05	1.113 80	2.341 81	7.160 77	N	108
	组间		1.108 33	2.603 36	6.860 10	n	27
	组内		0.215 90	4.777 43	5.530 08	T	4
VC/RD	整体	0.157 36	0.293 43	0.002 33	2.263 77	N	108
	组间		0.175 44	0.011 58	0.641 96	n	27
	组内		0.237 03	−0.406 58	1.784 67	T=	4

变量间的相关性分析有助于首先从直观上检验变量间的相关性关系,表 6-3 是面板数据变量相关性分析的结果,从表中可以看出无论专利申请受理数还是授权数都与 R&D 支出具有显著的相关性,且相关系数接近 1,表明 R&D 支出的变动能够显著带动专利产出数的变动;然而,风险投资额与专利产出数却不呈现显著的相关性,两者间具体的联系有待计量分析进一步验证。

表6-3 面板数据变量相关性分析

	Ln(P)	Ln(PA)	Ln(RD)	VC/RD
Ln(P)	1.000			
Ln(PA)	0.987***	1.000		
Ln(RD)	0.950***	0.937***	1.000	
VC/RD	0.002	0.021	0.005	1.000

注:***、**、*分别表示在1%、5%、10%的水平上显著。

二、实证研究及其结果

本章实证研究分别选取1995～2012年全国的总量时间序列数据和2009～2012年27个省(直辖市、自治区)的面板数据做回归分析。考虑到数据样本容量较小,为了提高估计结果的稳定性和准确性,本章拟采用基于重抽样思想的bootstrap方法作计量回归。

Bootstrap方法最早由Efron Bradley于1979年提出,在一定程度上解决了小样本数据估计值偏差的问题。其数学描述如下:

一个容量为n的随机样本独立同分布,

$$X_i = x_i, X_i \sim F, \quad i = 1, 2, \cdots, n \tag{6.21}$$

令$X = (X_1, X_2, \cdots, X_n)$,$x = (x_1, x_2, \cdots, x_n)$,分别表示随机样本及它的可观测的真实值。给定随机变量$R(X, F)$,是X和分布F的函数,现在要根据观测值x估计R的分布。设$\theta(F)$是F的某个相关参数,比如均值、方差或标准差,$\tilde{\theta}(X)$是$\theta(F)$的估计,则估计的误差为:

$$R(X, F) = \tilde{\theta}(X) - \theta(F) \tag{6.22}$$

构造样本的经验分布函数F,从F中抽取一个容量为n的随机样本,

$$X_i^* = x_i^*, X_i^* \sim F, \quad i = 1, 2, \cdots, n \tag{6.23}$$

称为bootstrap样本,其中$X^* = (X_1^*, X_2^*, \cdots X_n^*)$,$x^* = (x_1^*, x_2^*, \cdots x_n^*)$,则$R(X, F)$的bootstrap分布估计量为:

$$R^* = R(X^*, F) \tag{6.24}$$

接着,重复从F抽样计算$R(X, F)$的估计量,对重复多次后得到的多个估计值取均值,即可得到bootstrap方法的估计结果。

Bootstrap 方法的核心思想,通俗来说,就是在样本容量较小的情况下,不断在原样本中重复随机取样,每次取样都给出一个估计值,重复多次之后计算每次估计值的平均值,显然这种重抽样方法估计的结果比一般方法更有可能反映实际情况。

（一）时间序列数据实证分析

本章时间序列数据的回归结果如表 6-4,四个模型分别选用专利申请受理数(P)和授权数(PA)的对数值为因变量,模型(1)考察当期 R&D 支出和 VC 对专利申请受理数的影响;模型(2)和(3)分别加入了滞后一期和二期的 R&D 支出和 VC 值,考察两者对专利数的滞后影响;模型(4)考察当期 R&D 支出和 VC 对专利申请授权数的影响。

表 6-4　时间序列数据回归结果

自/因变量	(1)	(2)	(3)	(4)
	$\ln(P)$	$\ln(P)$	$\ln(P)$	$\ln(PA)$
$\ln(RD)(\alpha_1)$	1.057*** (24.06)			1.031*** (19.40)
$VC/RD(\alpha_1\alpha_2)$	−0.434* (−2.11)			0.155 (0.39)
$\ln(RD_{t-1})$		1.076*** (29.72)		
VC_{t-1}/RD_{t-1}		−0.312 (−1.77)		
$\ln(RD_{t-2})$			1.102*** (49.87)	
VC_{t-2}/RD_{t-2}			−0.222* (−1.99)	
α_2	−0.411*	−0.290	−0.201	0.150
常数项	5.647*** (16.01)	5.661*** (21.41)	5.648*** (41.44)	5.065*** (14.17)
Adjusted R^2	0.988 8	0.992 7	0.995 2	0.963 1
Wald 检验值	994.97	970.14	2 525.54	378.09
样本数	18	17	16	18

注:***、**、*分别表示在 0.1%、1%、5%的水平上显著。

首先,四个模型的 AR^2 和 Wald 检验值都表明四个模型的拟合程度很高。

其次,控制变量 R&D 无论是当期还是滞后期都对自主创新产出具有显著的正影响,都通过了 0.1% 水平上的显著性检验。当期 R&D 投入每增加 1%,都能带来专利申请受理数增加 1.057%,专利申请授权数增加 1.031%;滞后一期的 R&D 支出每增加 1%,能够增加专利受理数 1.076%;滞后二期的 R&D 投入对创新产出的正效应更大,每增加 1% 能够增加专利受理数 1.102%,说明 R&D 投入的影响作用具有长期性。

最后,风险投资对创新产出的影响,却出现值得思考的结果。当期 VC 投入和滞后二期的 VC 投入对自主创新产出具有负效应,且都通过了 5% 水平上的显著性检验,表明这种负面影响在统计上是显著的,滞后一期的 VC 投入对创新产出的影响虽然在统计上不显著,但其影响方向是一致的。当期 VC 每增加 1%,专利受理数减少 0.41%;滞后一期的 VC 每增加 1%,专利受理数减少 0.29%;滞后二期的 VC 每增加 1%,专利受理数减少 0.20%。风险资本的投入没有对企业的创新产出产生显著的促进作用,反而呈现了一定的负向影响,这种负向影响随着滞后期数增加而递减,表明当期 VC 投入对创新产出的负效应最严重。考虑到时间序列数据的特点,本章认为至此并不能妄下结论,将进一步论证。

对于时间序列数据,可能两个变量本身不存在关系而仅仅因为有相似的时间趋势使得它们在统计上显著相关,时间序列数据的这种不平稳性破坏了回归分析的基本假设,使得回归结果和各种检验结果不可信,即存在伪回归现象。为了检验样本数据的平稳性,本章采用 ADF 检验法检验各个变量是否存在单位根。

从表 6-5 可以看出,全部四个变量的 ADF 检验值都大于 10% 显著性水平上对应的临界值,所以可以判断该时间序列数据存在单位根,是不平稳序列。

表 6-5　变量的 ADF 检验结果

变量	T 值	临界值			P 值	结论
		1%	5%	10%		
lnP	2.851	−3.750	−3.000	−2.630	1.0000	非平稳
lnPA	1.455	−3.750	−3.000	−2.630	0.9974	非平稳
lnRD	0.325	−3.750	−3.000	−2.630	0.9785	非平稳
VC/RD	−1.680	−3.750	−3.000	−2.630	0.4417	非平稳

解决时间序列数据的不平稳性一般的方法是对样本数据进行差分再做 ADF 检验,如果差分数据是平稳的,则选择差分后的数据做回归分析。这种方法的问题是,差分后的数据丧失了部分原始数据的特性,虽然序列平稳了,但可能并不能完全反映研究的初衷。Eagle and Granger(1978)的协整理论认为,如果非平稳数据能够通过协整性检验,则变量之间存在协整性关系,其回归结果依然是可靠的。本章采用协整理论进行后续讨论,首先考察各变量是否一阶单整,时间序列数据的一阶差分 ADF 检验结果如表 6-6。可以看到,所有变量的一阶差分 ADF 检验值都至少在 10% 显著性水平下小于临界值,表明各变量数据是一阶单整的。

表 6-6　变量的一阶差分 ADF 检验结果

变量	T 值	临界值			P 值	结论
		1%	5%	10%		
$\ln P$	−2.834	−3.750	−3.000	−2.630	0.053 5	平稳
$\ln PA$	−3.649	−3.750	−3.000	−2.630	0.004 9	平稳
$\ln RD$	−4.124	−3.750	−3.000	−2.630	0.000 9	平稳
VC/RD	−2.756	−3.750	−3.000	−2.630	0.002 5	平稳

通过进一步考察,回归方程的残差序列也是平稳的,因而可以初步得出结论,虽然平稳性检验显示时序数据非平稳,但协整性检验表明各变量间存在协整关系,因此可以认为模型不存在伪回归,估计值是可信的。

（二）面板数据实证分析

时间序列数据回归考察了风险投资对自主创新在纵向上的影响,为了横向纵向综合考察这种影响作用及其区间的差异,同时为了减少时间序列数据可能存在的共线性问题,本章接下来使用一个省级的面板数据作实证分析。

本章首先采用 LLC 检验、IPS 检验和 Fisher-ADF 检验对面板数据的平稳性进行检验,检验结果显示,变量 $\ln P$、$\ln PA$、$\ln RD$、VC/RD 的一阶差分项均至少在 10% 水平上拒绝存在单位根的原假设,表明四个变量均为一阶单整的面板序列。

由于面板数据各变量是一阶单整序列,可以进行协整性检验。本章分别采用 Pedroni 检验、Kao 检验和 Johansen 检验对面板数据进行协整检验,在做 Pedroni 检验时,由于本章面板数据 $T=4$,因此主要根据 Panel ADF 统计量和 Group ADF 统计量的结果做出判定。检验结果显示样本数据通过了协整检验,说明变量之间存在着长期稳定的均衡关系,方程回归的残差是平稳的。因此,可以在此基础上直接对原方程进行回归,此时的回归结果是可靠的。

1. 静态面板模型回归

本章首先做静态面板模型的回归,分别对样本数据做固定效应的模型估计和随机效应模型估计,结果如表 6-7、表 6-8 所示。

表 6-7　面板数据固定效应估计结果

	Ln(P)		Ln(PA)	
	(1)	(2)	(3)	(4)
ln(RD)	1.385 *** (17.67)	1.422 *** (16.46)	1.336 *** (12.76)	1.369 *** (13.14)
VC/RD	−0.031 9 (−0.26)	−0.082 2 (−0.34)	−0.024 7 (−0.12)	−0.059 2 (−0.18)
D1 * (VC/RD)		0.354 (1.29)		0.312 (0.82)
D2 * (VC/RD)		−0.000 46 (−0.00)		−0.410 (−0.48)
α_2	0.023	0.249 −0.000 32	−0.018	0.227 −0.299
常数项	2.874 *** (7.00)	2.668 *** (6.10)	2.567 *** (4.62)	2.393 *** (4.32)
Adjusted R^2	0.902 8	0.901 4	0.877 5	0.878 1
Wald 检验值	334.34	277.05	193.36	230.97
样本数	108	108	108	108

注:*** 、** 、* 分别表示在 0.1%、1%、5%的水平上显著。

固定效应模型估计的所有 AR^2 表明模型拟合程度很高,Wald 检验值表明固定效应模型优于混合 OLS 模型,模型估计非常显著;对固定效应模型的稳健型采用基于差分估计量的检验方法来检验序列相关性,检验的 F 值为16.901,相应的 P 值为 0.000 3,表明在 1%的显著性水平上接受了不存在序列相关性的原假设。同时对随机效应模型的 Breusch-Pagan 检验的 Chi2(1)

统计量为 105.34,相应的概率值为 0.000 0,表明随机效应也非常显著;
xttest1 用于检验随机效应(单尾和双尾)、序列相关以及二者的联合显著性,
检验结果表明存在随机效应和序列相关,而且对随机效应和序列相关的联合
检验也非常显著。

表 6-8　面板数据随机效应估计结果

	Ln(P)		Ln(PA)	
	(1)	(2)	(3)	(4)
ln(RD)(α_1)	1.244*** (18.70)	1.346*** (20.95)	1.220*** (13.53)	1.300*** (11.30)
VC/RD($\alpha_1\alpha_2$)	−0.050 5 (−0.51)	−0.086 1 (−0.50)	−0.034 4 (−0.25)	−0.057 9 (−0.26)
D1 * (VC/RD)		0.265 (0.90)		0.236 (0.74)
D2 * (VC/RD)		0.064 (0.17)		−0.361 (−0.70)
D1		−0.710*** (−3.44)		−0.541 (−1.76)
D2		−0.554** (−2.83)		−0.457* (−2.46)
α_2	−0.041	0.197 0.048	−0.028	0.182 −0.278
常数项	3.603*** (9.83)	3.510*** (13.43)	3.165*** (6.64)	3.105*** (5.67)
Adjusted R^2	0.902 7	0.917 4	0.877 4	0.886 0
Wald 检验值	408.93	622.80	270.32	304.58
样本数	108	108	108	108

注:***、**、*分别表示在0.1%、1%、5%的水平上显著。

接着对固定效应模型和随机效应模型做 Hausman 检验,检验的 Chi2(2)
统计量的值为 2.25,相应的概率为 0.323 9,大于 0.05,因此检验结果显示应
当拒绝原假设,即选用固定效应模型对样本数据作参数估计比随机效应效果

好,因此表6－9就是静态面板模型的回归结果。

表6－9　面板数据检验

检验	Ch2	P 值
Xttest0	105.34	0.000 0
Hausman	2.25	0.323 9

从表6－9中可以看出,面板数据的回归结果同时间序列数据大体一致。

首先,四个模型中R&D投入的参数估计都通过了0.1‰水平上的显著性检验,表明无论是对专利申请受理数还是授权数R&D都具有显著的正向拉动作用,每增加1%的投入,带来专利产出数的增加均超过1%。相对来讲,R&D投入的增加对专利申请受理数的促进作用更大。

其次,风险投资对自主创新产出并没有出现预期中的显著性影响,与时间序列数据回归结果较为一致的是,参数估计的结果均为负值,但并不显著,且参数估计值较时间序列模型的估计值小。四个模型中风险投资的参数估计都没有通过显著性检验,表明这种影响作用在统计上不显著,可能我国风险投资对自主创新产出并不具有西方国家那样显著的影响作用。

模型(2)和模型(4)在回归方程中加入了代表东、中、西三大区域的虚拟变量,考察风险投资对自主创新产出作用的区域间差异。东部地区各省市风险投资的增加对该地区专利产出有一定的促进作用,但并不显著;而中西部地区风险投资增加对专利产出没有呈现显著的影响作用。

2. 动态面板模型回归

采用GMM动态面板模型回归的结果见表6－10。

表6－10　面板数据广义矩估计(GMM)结果

	Ln(P)		Ln(PA)	
	(1)	(2)	(3)	(4)
$\ln(RD)(\alpha_1)$	0.948*** (4.63)	0.852*** (3.58)	1.545*** (4.54)	1.557*** (4.95)
$VC/RD(\alpha_1\alpha_2)$	−0.001 32 (−0.04)	0.032 (0.89)	0.097 6 (0.59)	0.091 5 (0.52)

（续表）

	Ln(P)		Ln(PA)	
	(1)	(2)	(3)	(4)
D1 * (VC/RD)		0.199 (1.36)		0.225 (1.06)
D2 * (VC/RD)		0.245 (0.37)		−0.827* (−2.44)
α_2	−0.001 4 0.288	0.234	0.063	0.084 5 −0.815 7
L. ln(RD)	0.324* (2.15)	0.481* (2.40)	−0.216 (−1.09)	−0.241 (−1.20)
常数项	1.970*** (3.27)	0.910 (0.91)	3.546*** (4.46)	3.700*** (4.52)
Wald 检验值	371.61	470.85	165.01	315.52
样本数	54	54	54	54

注：***、**、*分别表示在 0.1%、1%、5%的水平上显著。

首先，四个模型的 Wald 检验值都表明回归方程的显著性很高，参数估计是稳健的。同时，GMM 的回归结果与固定效应模型的回归结果一致。

其次，R&D 投入的参数估计值都通过了 0.1%水平上的显著性检验，表明 R&D 对专利产出的促进作用非常显著；对专利申请受理数的影响没有之前的估计结果高，而对专利申请授权数的影响较之前高，每增加 1%的 R&D 投入，专利申请受理数增加在 0.9%左右，授权数增加大于 1.5%。

最后，风险投资对专利产出的影响作用不显著，没有呈现稳定的结果，这与固定效应回归结果一致，加强了我国风险投资对自主创新不具有显著性影响的假定。

第五节　基本结论及政策建议

本章采用基于重抽样思想的 bootstrap 方法对 1995～2012 年中国的时间序列数据进行回归，分别采用随机效应、固定效应和广义矩估计方法对 2009～2012 年中国省级面板数据作计量分析，从纵向和横向两个角度全方位立体考察了风险投资对自主创新的影响作用及其区域间的差异,在一定程度上克服了已有研究中存在的部分问题,得到的结果相对较为可靠。本章基本结论如下:

第一,在中国,风险资本对自主创新的正面影响并不显著,从纵向角度来看,风险投资对企业自主创新活动的积极作用并未开始显现;面板数据回归结果也显示风险投资并未对自主创新活动产生显著的正面影响,这一结果与以往的国外研究结论和绝大部分国内研究不同。

从实际经济角度来看,首先这反映出我国风险投资事业发展目前还存在诸多问题,尚有广阔的发展空间,国外风险投资大力带动创新的局面远未呈现,国内的自主创新依然主要依靠传统的财政 R&D 投入。这一方面是由于我国风险投资仍处于发展初期,人才匮乏、资金规模较小,风险投资发展水平远未成熟,一般的风险投资机构只能给被支持企业提供有限的资金和专业支持;另一方面,我国风险投资对自主创新的宏观影响机制尚未清晰,相关研究有待深入,因而在实际操作中缺乏理论指导,这些都在很大程度上限制了风险投资在自主创新活动中发挥应有的作用。

其次,由于我国风险投资业的相关法律法规政策长期有待完善,风险投资退出机制不健全,IPO 放闸迟迟不见动静,此前绝大多数风险投资机构投资行为相对谨慎,风险投资行业快速扩张和"造富效应"带来的大量风险资本倾向于追逐成熟期的项目;近一年,受国家宏观政策引导的影响,鼓励风险投资向早、前期项目倾斜,另外业内竞争日趋激烈,资本市场退出机制逐步开始完善,风险投资机构的投资重心才开始有所前移。本章实证研究选取专利数作为衡量创新成果的量化指标,虽然符合国际国内一般做法,但专利数只能反映企业自主创新的研究成果,而一项创新成果的最终实现还要经历商业化、产业化阶段。由此看来,实际上中国早期的风险投资对创新成果的孵化并没起到促进作用,只在创新成果已经产生、企业已经初具规模、创新项目已经表现出具有广阔的发展前景时投入资金,寻求短、平、快的获利模式。从这个角度上看,本章的实证研究并不能完全反映风险投资对自主创新活动的影响作用。

再次,我国的风险投资在发展初期主要来源于有政府背景的风险投资机构或国有独资投资机构,直到最近几年,海外背景的风险投资机构所占比重才有所增长。2012 年,中国风险投资的资本来源中,政府与国有独资占比达到30.59%,与 2011 年相比仅下降 1.7 个百分点,绝对出资额基本持平(《中国创业风险投资发展报告 2013》,2013)。我国国有风险投资自诞生之日起就肩负着支持国家自主创新战略、促进新兴产业和高科技产业发展的政策使命,纵观我国国有风险投资的发展历程,这种政策使命始终贯穿其中,可以说是政府或国有背景的风险投资主导着我国风险投资事业的发展。余琰等 2014 年的研究显示,国有风险投资在投资行为上并没有完全体现出政策初衷,在扶持自主创新活动中也没有表现出显著的价值增加作用,这可能是导致中国风险投资没有表现出对自主创新活动的显著性影响的另一原因。

第二,面板数据回归结果显示了分地区的情况,虽然参数估计的结果在统计上都不显著,但能从一定程度上说明问题是本章研究的初衷。研究结果显示,东部地区各省市风险投资的增加对该地区专利产出有一定的促进作用,而中西部地区风险投资增加对专利产出没有明显促进作用。本章认为,导致这一结果的可能原因在于,东部地区经济发展程度相对较高,经济发展更加依赖技术密集型产业,且东部地区沿海的地理位置决定了该地区创新的外溢和向内吸收的效率和能力较强,导致作为自主创新主体的中小高技术企业聚集在东部沿海地区;而中西部地区经济发展主要依靠重工业、矿产资源等传统产业,属于劳动力和传统资本密集型聚集地,对风险投资的需求本身并不高,因而这些地区的风险资本可能尚未有施展身手的机会,增加风险投入也不会对自主创新活动产生大的影响。

基于以上结论,本章提出的基本政策建议如下:

(1) 继续坚持自主创新的国家战略,不断提升国家自主创新水平,扶持作为创新活动主体的创新型中小企业广泛开展自主创新活动;继续完善自主创新体系建设的金融支持政策。

(2) 完善风险投资的进入、退出机制,鼓励风险投资机构支持早、前期创新型企业的创新成果孵化,引导风险资本走长线价值投资道路。

(3) 要坚持转变经济发展方式,尤其是加速中西部地区的产业结构转型升级,将经济发展从主要依靠传统重工业、资源投入型产业转变为主要依靠高技术产业、技术密集型产业。

本章参考文献

[1] 彼得·德鲁克. 后资本主义社会. 北京:东方出版社,2009.

[2] 陈治,张所地. 中国风险投资对技术创新推动效应的影响. 商业研究,2013(1).

[3] 成思危. 成思危论风险投资. 北京:中国人民大学出版社,2008.

［4］程昆,刘仁和,刘英. 风险投资对我国技术创新的作用研究. 经济问题探索,2006(10).

［5］邓俊荣,龙蓉蓉. 中国风险投资对技术创新作用的实证研究. 技术经济与管理研究,2013(6).

［6］方世建,俞青. 中国风险投资对技术创新影响的实证研究. 西北工业大学学报:社会科学版,2012,32(4).

［7］国务院,"十二五"国家自主创新能力建设规划,2013.

［8］黄铭,朱孝忠. 风险投资对技术创新的作用研究——来自中国省际数据的经验证据. 淮南师范学院学报,2012,14(1).

［9］李光泗,沈坤荣. 技术进步路径演变与技术创新动力机制研究. 产业经济研究,2011(6).

［10］李俊辰. 感悟涅槃,中国风险投资和非公开权益资本的崛起. 北京:清华大学出版社,2007.

［11］刘旗,邓晓翠. 风险投资促进技术创新的作用机理分析. 时代金融,2009(10).

［12］刘伟. 中国技术创新的作用及其影响因素研究. 大连:东北财经大学出版社,2011.

［13］罗国锋. 中国风险投资透视. 北京:经济管理出版社,2012.

［14］吕炜. 论风险投资机制的技术创新原理. 经济研究,2002(2).

［15］沈娟. 风险投资对技术创新的影响研究——基于中国区域面板数据的研究. 江苏商论,2014(1).

［16］沈坤荣等. 经济发展方式转变的机理与路径. 北京:人民出版社,2011

［17］王元,张晓原. 中国创业风险投资发展报告(2013).北京:经济管理出版社,2013.

［18］吴贵生. 自主创新战略和国际竞争力研究. 北京:经济科学出版社,2011.

［19］喜济峰,郭立宏. 风险投资促进技术创新的动力机制和效应分析. 科学管理研究,2012(1).

［20］谢勒. 技术创新——经济增长的原动力. 北京:新华出版社,2001.

［21］杨兆廷,李吉栋. 自主创新的金融支持体系研究. 北京:经济管理出版社,2009.

［22］余琰,罗炜,李怡宗,等. 国有风险投资的投资行为和投资成效,经济研究,2014(2).

［23］Bottazzi L, Rin M D. Venture Capital in Europe and the Financing of Innovative Companies. *Economic Policy*, 2002, 17(34):229 - 270.

［24］Bruno V P, Romain A. The Economic Impact of Venture Capital. Iir Working Paper, 2003.

［25］Caselli S, Gatti S, Perrini F. Are Venture Capitalists a Catalyst for Innovation?. *European Financial Management*, 2009, 15(1):92 - 111.

［26］Efron B. Bootstrap Methods:Another Look at the Jackknife. *The Annals of Statistics*, 1979, 7(1):1 - 26.

［27］Engel D, Keilbach M. Firm-Level Implications of Early Stage Venture Capital Investment—An Empirical Investigation. *Ssrn Electronic Journal*, 2002, 14(2):150 - 167.

［28］Engel D. The Impact of Venture Capital on Firm Growth: An Empirical Investigation. *Ssrn Electronic Journal*, 2002(2-02).

［29］Gorman M, Sahlman W A. What Do Venture Capitalists Do?. *Journal of Business Venturing*, 1989, 4(4): 231-248.

［30］Griliches Z. Patent Statistics as Economic Indicators: A Survey. *Journal of Economic Literature*, 1990, 28(28): 1661-1707.

［31］Hellmann T, Puri M. The Interaction Between Product Market and Financing Strategy: The Role of Venture Capital. *Review of Financial Studies*, 2000, 13(4): 959-984.

［32］Hellmann T, Puri M. Venture Capital and the Professionalization of Start-Up Firms: Empirical Evidence. *The Journal of Finance*, 2002, 57(1): 169-197.

［33］Kortum S, Lerner J. Assessing the Contribution of Venture Capital to Innovation. *Rand Journal of Economics*, 2000, 31(4): 674-692.

［34］Kortum S, Lerner J. Stronger Protection or Technological Revolution: What is Behind the Recent Surge in Patenting?. Carnegie-Rochester Conference Series on Public Policy, 1998: 247-304.

［35］Peneder M. The Impact of Venture Capital on Innovation Behaviour and Firm Growth. *Venture Capital*, 2010, 12(363): 83-107.

［36］Popov A, Roosenboom P. Venture Capital and Patented Innovation: Evidence from Europe. *Economic Policy*, 2012, 27(71): 447-482.

［37］Schumpeter J A, The Instability of Capitalism. *Economic Journal*, 1928, 38(9): 366-386.

［38］Solow R M. Technical Change and the Aggregate Production Function. *Review of Economics & Statistics*, 1957, 39(3): 554-562.

［39］Tykvova T. Venture Capital in Germany and Its Impact on Innovation. *Ssrn Electronic Journal*, 2000.

［40］Ueda M, Hirukawa M. Venture Capital and Industrial "Innovation". *Ssrn Electronic Journal*, 2009.

［41］Ueda M. Venture Capital and Productivity. 2003.

［42］Zvi Grilicbes. R&D and the Productivity Slowdown. *American Economic Review*, 1980, 70(2): 343-348.

附 录

附表 6-1 1995～2012 年中国时间序列总量数据

Year	P(个)	PA(个)	RD (亿元)	VC (亿元)	CPI (上年＝100)	CPI (1990＝100)
1990	—	—	—	—	103.1	100
1995	69 535	41 881	348.7	51.3	117.1	183.4
1996	83 026	40 337	404.5	55.2	108.3	198.6
1997	90 071	46 389	481.5	101.2	102.8	204.2
1998	96 248	61 381	551.1	168.8	99.2	202.5
1999	109 970	92 112	678.9	306.2	98.6	199.7
2000	140 339	95 236	896	512	100.4	200.5
2001	165 773	99 278	1 042.5	619.3	100.7	201.9
2002	205 544	112 103	1 287.6	688.5	99.2	200.3
2003	251 238	149 588	1 539.6	616.5	101.2	202.7
2004	278 943	151 328	1 966.3	617.5	103.9	210.6
2005	383 157	171 619	2 450	631.6	101.8	214.4
2006	470 342	223 860	3 003.1	663.8	101.5	217.6
2007	586 498	301 632	3 710.2	1 112.9	104.8	228.0
2008	717 144	352 406	4 616	1 455.7	105.9	241.5
2009	877 611	501 786	5 802.1	1 605.1	99.3	239.8
2010	1 109 428	740 620	7 062.6	2 406.6	103.3	247.7
2011	1 504 670	883 861	8 687	3 198	105.4	261.1
2012	1 912 151	1 163 226	10 298.4	3 312.9	102.6	267.9

注:其中 P 表示专利申请受理数,PA 表示专利申请授权数,RD 表示 R&D 经费投入,VC 表示风险资本总额。

中国经济增长的潜力与动力

附表 6－2 2006～2012 年中国各省(直辖市、自治区)专利申请受理数(个)

	2006	2007	2008	2009	2010	2011	2012
北京	26 555	31 680	43 508	50 236	57 296	77 955	92 305
天津	13 299	15 744	18 230	19 624	25 973	38 489	41 009
河北	7 220	7 853	9 128	11 361	12 295	17 595	23 241
山西	2 824	3 333	5 386	6 822	7 927	12 769	16 786
内蒙古	1 946	2 015	2 221	2 484	2 912	3 841	4 732
辽宁	17 052	19 518	20 893	25 803	34 216	37 102	41 152
吉林	4 578	5 251	5 536	5 934	6 445	8 196	9 171
黑龙江	6 535	7 242	7 974	9 014	10 269	23 432	30 610
上海	36 042	47 205	52 835	62 241	71 196	80 215	82 682
江苏	53 267	88 950	128 002	174 329	235 873	348 381	472 656
浙江	52 980	68 933	89 931	108 482	120 742	177 066	249 373
安徽	4 679	6 070	10 409	16 386	47 128	48 556	74 888
福建	10 351	11 341	13 181	17 559	21 994	32 325	42 773
江西	3 171	3 548	3 746	5 224	6 307	9 673	12 458
山东	38 284	46 849	60 247	66 857	80 856	109 599	128 614
河南	11 538	14 916	19 090	19 589	25 149	34 076	43 442
湖北	14 576	17 376	21 147	27 206	31 311	42 510	51 316
湖南	10 249	11 233	14 016	15 948	22 381	29 516	35 709
广东	90 886	102 449	103 883	125 673	152 907	196 272	229 514
重庆	6 471	6 715	8 324	13 482	22 825	32 039	38 924
四川	13 109	19 165	24 335	33 047	40 230	49 734	66 312
贵州	2 674	2 759	2 943	3 709	4 414	8 351	11 296
云南	3 085	3 108	4 089	4 633	5 645	7 150	9 260
陕西	5 717	8 499	11 898	15 570	22 949	32 227	43 608
甘肃	1 460	1 608	2 178	2 676	3 558	5 287	8 261
宁夏	671	838	1 087	1 277	739	1 079	1 985
新疆	2 256	2 270	2 412	2 872	3 560	4 736	7 044

附表 6-3　2006～2012 年中国各省(直辖市、自治区)专利申请授权数(个)

省	2006	2007	2008	2009	2010	2011	2012
北京	11 238	14 954	17 747	22 921	33 511	40 888	50 511
天津	4 159	5 584	6 790	7 404	11 006	13 982	19 782
河北	4 131	5 358	5 496	6 839	10 061	11 119	15 315
山西	1 421	1 992	2 279	3 227	4 752	4 974	7 196
内蒙古	978	1 313	1 328	1 494	2 096	2 262	3 084
辽宁	7 399	9 615	10 665	12 198	17 093	19 176	21 223
吉林	2 319	2 855	2 984	3 275	4 343	4 920	5 930
黑龙江	3 622	4 303	4 574	5 079	6 780	12 236	20 268
上海	16 602	24 481	24 468	34 913	48 215	47 960	51 508
江苏	19 352	31 770	44 438	87 286	138 382	199 814	269 944
浙江	30 968	42 069	52 953	79 945	114 643	130 190	188 463
安徽	2 235	3 413	4 346	8 594	16.012	32 681	43 321
福建	6 412	7 761	7 937	11 282	18 063	21 857	30 497
江西	1 536	2 069	2 295	2 915	4 349	5 550	7 985
山东	15 937	22 821	26 688	34 513	51 490	58 844	75 496
河南	5 242	6 998	9 133	11 425	16 539	19 259	26 791
湖北	4 734	6 616	8 374	11 357	17 362	19 035	24 475
湖南	5 608	5 687	6 133	8 309	13 873	16 064	23 212
广东	43 516	56 451	62 031	83 621	119 343	128 413	153 598
重庆	4 590	4 994	4 820	7 501	12 080	15 525	20 364
四川	7 138	9 935	13 369	20 132	32 212	28 446	42 218
贵州	1 337	1 727	1 728	2 084	3 086	3 386	6 059
云南	1 637	2 139	2 021	2 923	3 823	4 199	5 853
陕西	2 473	3 451	4 392	6 087	10 034	11 662	14 908
甘肃	832	1 025	1 047	1 274	1 868	2 383	3 662
宁夏	290	296	606	910	1 081	613	844
新疆	1 187	1 534	1 493	1 866	2 562	2 642	3 439

附表 6 - 4   2006～2012 年中国各省(直辖市、自治区)R&D 经费支出(亿元)

省	2006	2007	2008	2009	2010	2011	2012
北京	433.0	505.4	550.3	668.6	821.8	936.6	1 063.4
天津	95.2	114.7	155.7	178.5	229.6	297.8	360.5
河北	76.7	90.0	109.1	134.8	155.4	201.3	245.8
山西	36.3	49.3	62.6	80.9	89.9	113.4	132.3
内蒙古	16.5	24.2	33.9	52.1	63.7	85.2	101.4
辽宁	135.8	165.4	190.1	232.4	287.5	363.8	390.9
吉林	40.9	50.9	52.8	81.4	75.8	89.1	109.8
黑龙江	57.0	66.0	86.7	109.2	123.0	128.8	146
上海	258.8	307.5	355.4	423.4	481.7	597.7	679.5
江苏	346.1	430.2	580.9	702.0	857.9	1 065.5	1 287.9
浙江	224.0	281.6	344.6	398.8	494.2	598.1	722.6
安徽	59.3	71.8	98.3	136.0	163.7	214.6	281.8
福建	67.4	82.2	101.9	135.4	170.9	221.5	271
江西	37.8	48.8	63.1	75.9	87.2	96.8	113.7
山东	234.1	312.3	433.7	519.6	672.0	844.4	1 020.3
河南	79.8	101.1	122.3	174.8	211.2	264.5	310.8
湖北	94.4	111.3	149.0	213.4	264.1	323.0	384.5
湖南	53.6	73.6	112.7	153.5	186.6	233.2	287.7
广东	313.0	404.3	502.6	653.0	808.7	1 045.5	1 236.2
重庆	36.9	47.0	60.2	79.5	100.3	128.4	159.8
四川	107.8	139.1	160.3	214.5	264.3	294.1	350.9
贵州	14.5	13.7	18.9	26.4	30.0	36.3	41.7
云南	20.9	25.9	31.0	37.2	44.2	56.1	68.8
陕西	101.4	121.7	143.3	189.5	217.5	249.4	287.2
甘肃	24.0	25.7	31.8	37.3	41.9	48.5	60.5
宁夏	5.0	7.5	7.5	10.4	11.5	15.3	18.2
新疆	8.5	10.0	16.0	21.8	26.7	33.0	39.7

附表6-5　2009～2012年中国风险投资机构管理资本总额(亿元)地区分布

省	2009		2010		2011		2012	
	占比(%)	总额	占比(%)	总额	占比(%)	总额	占比(%)	总额
全国	**1.000**	**1 782.06**	**1.000**	**2 359.87**	**1.000**	**1 694.85**	**1.000**	**744.68**
北京	0.283	504.858	0.146	344.069	0.033	55.252	0.008	5.585
天津	0.011	20.315	0.012	27.846	0.007	12.542	0.044	33.064
河北	0.008	14.791	0.001	2.124	0.013	21.694	0.002	1.787
山西	0.003	6.059	0.002	4.720	0.016	26.440	0.009	6.851
内蒙古	0.000 4	0.713	0.001	1.416	0.001	1.017	0.001	0.596
辽宁	0.004	6.772	0.029	68.908	0.006	9.661	0.005	3.574
吉林	0.001	1.426	0.002	5.428	0.001	1.017	0.001	0.596
黑龙江	0.015	26.909	0.003	7.788	0.018	29.829	0.002	1.489
上海	0.174	310.435	0.217	512.092	0.204	346.427	0.175	130.393
江苏	0.067	120.111	0.093	219.940	0.127	215.585	0.314	233.755
浙江	0.016	27.622	0.053	125.781	0.033	55.422	0.018	13.032
安徽	0.004	7.663	0.005	11.327	0.015	24.745	0.012	8.564
福建	0.005	9.267	0.001	3.304	0.001	1.017	0.001	0.670
江西	0.001	1.426	0.003	7.552	0.004	6.440	0.002	1.489
山东	0.003	5.168	0.007	15.339	0.008	13.220	0.005	3.723
河南	0.010	18.355	0.009	21.239	0.037	62.370	0.006	4.766
湖北	0.010	17.999	0.013	29.970	0.032	54.913	0.054	40.213
湖南	0.004	6.772	0.023	53.569	0.036	60.337	0.050	37.160
广东	0.176	312.752	0.173	407.550	0.149	252.872	0.205	152.883
重庆	0.002	3.742	0.006	13.923	0.009	14.406	0.001	0.596
四川	0.004	7.306	0.010	24.307	0.076	129.317	0.035	26.064
贵州	0.001	1.604	0.001	1.888	0.001	1.356	0.001	0.596
云南	0.003	4.990	0.042	100.058	0.003	4.237	0.007	4.989
陕西	0.021	38.136	0.006	13.215	0.028	47.286	0.001	0.670
甘肃	0.001	1.247	0.001	1.888	0.002	2.881	0.002	1.489
宁夏	0.000 3	0.535	0.002	4.956	0.013	21.355	0.001	0.372
新疆	0.000 2	0.356	0.001	1.888	0.001	1.356	0.001	0.372

第七章　知识产权保护与全要素生产率

本章提要　有效的知识产权保护制度,可以激发和保护国内的研发创新活动,也对国外技术溢出产生影响,是促进知识积累和技术进步的重要制度安排。本章以知识驱动的内生经济增长理论为基础,在概述相关文献的基础上,梳理了知识产权保护影响我国全要素生产率的两条传导机制,并分别用全国总量时间序列数据和省际面板数据进行计量检验。研究显示,在当前知识产权保护强度下,我国R&D资本存量投入绩效不强,国际技术溢出是促进技术进步的重要外部推动力。知识产权保护力度的增强将有助于激励自主创新带来的技术进步效应,但会在一定程度上抑制国际技术溢出。省际面板模型的数据分析进一步说明了我国区域经济发展特点不同,各地区全要素生产率的增长来源有所差别。基于计量分析结论,本章认为,应加强知识产权保护制度的运用与建设,以知识产权战略引领创新驱动,逐步减轻对外技术依赖。

第一节　研究背景与基本框架

一、选题背景

改革开放以来,中国经济高速发展创造了举世瞩目的奇迹,现阶段,人们已从对经济增长率的关注转为对增长可持续性的关注。过去的 30 多年里,中国经济增长的主要推手是大规模的资源投入,但一方面人员就业和资本比率达到一定水平后便难以显著提高,另一方面,要素投入增加到一定程度后就会遭遇报酬递减的问题,若不提高使用品的效率就会使经济增长难以为继。因此,进一步挖掘、探讨全要素生产率的提升,关注经济增长的质量、效率和可持续性,在这一时期显得至关重要。

随着经济全球化的深入发展,知识产权问题在全世界范围内受到越来越高的重视。1995 年 WTO 框架下的《与贸易有关的知识产权协定》生效,要求所有成员国必须履行协定规定的最低保护水平、加强知识产权保护制度的建设。知识产权制度发源于欧洲,在主要发达国家经历了两百多年的发展历史,经过多次修订和实践检验,已形成一套相对完善的法制体系。但在中国,知识产权制度的建立不过 30 余载,无论从立法还是执法角度都需要不断摸索和调整。由于技术差距的客观存在,在发展的初期阶段,国际技术溢出对发展中国家技术进步的影响会比较明显。以我国知识产权的立法与实践情况而言,立法体系尚不完善,在执法过程中地方政府存在机会主义倾向,使得弱知识产权保护在短期内会带来较强的增长绩效。但从长远角度来看,低水平的知识产权保护会导致技术模仿的路径依赖,使发展中国家陷入发达国家"技术锁定"的陷阱,阻碍技术创新能力的提升和创新机制的形成,最终损害经济增长绩效。

二、研究意义

Romer(1986)把知识纳入到经济体系之内构建了内生增长模型,将一国经济增长的源泉归结为知识积累和技术研发。由于非竞争性和部分排他性是知识的特征,所有 R&D 行为都会造成不同程度的技术扩散,因此在开放条件下,一国技术进步与生产率的提升不仅是自身累积、创造知识的结果,也受到国际研发外溢的影响。

一个有效的知识产权保护体系不仅可以从制度层面为创新者提供激励与保障、提高经济增长的自主性、激发本国企业的研发创新活动,也能降低国际新技术、新产品被模仿的风险,影响国际经济往来的行为选择,刺激发达国家对发展中国家的投资、技术转让与经贸合作。因此,知识产权保护制度是促进一国知识积累和技术进步的重要制度安排,探讨知识产权的生产率传导机制,对增强发展中国家经济增长的内生动力、提升经济增长绩效有较强的研究价值。

当前,知识产权保护制度在世界范围内受到了越来越广泛的关注,鼓励和保护创新、加强知识产权保护制度建设已成为人们的普遍共识。由于发达国家先行一步,占领了知识产权保护的制高点,使得知识产权建设相对滞后的发展中国家处于不平等地位,面临愈加严峻的国际社会压力和挑战,必须在诸多政策法律体系方面不断完善和改进。近年来,我国各类涉外知识产权案件大幅增加、诉讼规模越来越大、覆盖范围也越来越广,对中国相关产业发展造成了很大影响。从增强经济发展内生动力的长远视角而言,我国要摆脱低层次的技术抄袭、模仿,也必须加强和完善知识产权保护制度,以知识产权制度引领创新驱动战略的实施。党的十八大报告指出,要"实施知识产权战略,加强知识产权保护"①。深入探讨知识产权保护的生产率效应及传导机理,有助于更有针对性地构建我国知识产权保护体系。

三、概念界定

在研究问题之前,本章首先对知识产权保护、国际技术溢出与全要素生产率这几个基本概念进行简要的阐释与界定。

（一）知识产权保护

从经济意义上讲,知识产权是"以专利权、著作权、商标权为核心,不具备物质实体而以某种技术、知识或者特殊权利等存在并发挥作用的、能够产生收益或价值的经济资源"②。由于各国对知识产权的概念和内涵理解不尽相同,因此国际性文件通常的做法是对涵盖的知识产权种类进行规定。我国《民法通则》中规定的知识产权包含"著作权（版权）、专利权、商标专用权、发现权、发明权以及其他科技成果权"③。

改革开放之后,中国现代知识产权保护制度初步建立,在表现形式和组成结构上可分为国内立法与国际公约两部分。国内立法包括以《著作权》、《专利法》、《商标法》为代表的知识产权法律,知识产权行政法规、规章,地方性法规、自治条例和单行条例,以及知识产权司法解释等。在构建国内知识产权保护体系的同时,中国以积极开放的态度探索、加强了涉外知识产权领域的合作,其中《与贸易有关的知识产权协定》作为当今世界知识产权保护领域中涵盖面最广、保护标准最高的国际公约,对中国知识产权保护立法体系的修缮起到了重要作用。

（二）国际技术溢出

技术是一种特殊的经济商品,非竞争性和部分排他性是其主要特征,这就意味着任何 R&D 行为都会造成或多或少的技术扩散。国际技术溢出是指国外企业的研发创新活动通过国际贸易、投资等渠道对他国产生的经济外部性影响。国际间的技术溢出不仅包括新产品、新技术的外溢,还包括管理理念、

---

① 十八大报告文件起草组. 中国共产党第十八次全国代表大会文件汇编. 人民出版社,2012.
② 王景,朱利. 知识产权的机理研究. 昆明理工大学学报(理工版),2004(6).
③ 国务院法制办公室. 中华人民共和国民法通则(实用版). 中国法制出版社,2011.

经营哲学的传播与拓展,因而会对技术接收国的生产率、组织效率、创新能力等方面产生影响。需要指出的是,由于技术许可等渠道技术溢出的数据较难获得,因此本章所衡量的国际技术溢出为通过进口贸易及外商直接投资对他国技术进步造成的直接或间接影响。

（三）全要素生产率

全要素生产率(TFP)是衡量经济系统效益和经济增长质量的重要分析工具,1957年,Solow构建了规模报酬不变的生产函数和经济增长方程,由此形成了通常意义上全要素生产率的概念。国内外学者对全要素生产率的概念和内涵理解仍有所分歧,本章以劳动力和资本存量为投入要素,国内生产总值为产出指标,将全要素生产率定义为"各要素投入之外的技术进步和能力实现等导致的产出增加"①。

四、基本框架

在借鉴已有研究成果的基础上,本章采用规范与实证分析相结合、定性与定量研究相结合的方法,以新经济增长理论、新国际贸易理论为支撑,具体传导机理为研究重点,探讨知识产权保护对我国全要素生产率的影响。本章的实证分析基于 Coe and Helpman(1995)构建的内生增长理论模型,并在此基础上引入知识产权保护变量与国内资本存量、国际技术溢出的相应交叉项,分别从全国总量时间序列数据和省际面板数据视角检验了我国知识产权保护的生产率效应及传导机制。根据选题和研究思路,本章共分为五节,基本内容与框架结构如下:

第一节是导论,阐述了本章的选题背景和研究意义,解释定义了文章所涵盖的几个基本概念,对本章的研究方法、行文框架以及可能的创新与不足予以说明。

第二节从理论角度阐述了知识产权保护影响我国全要素生产率的两条传导机制,在对相关文献进行梳理的基础上提出本章的基本判断与推测。

第三节为基于全国时间序列数据的实证分析。在借鉴相关研究文献的基础上,测算了我国全要素生产率、知识产权保护强度、国内 R&D 存量、FDI 及进口贸易技术溢出等变量,并实证检验了 1985～2011 年我国知识产权保护强度的生产率效应。

---

① 郭庆旺,贾俊雪.中国全要素生产率的估算:1979～2004.经济研究,2005(6).

第四节为省际面板模型的实证分析。为更全面、客观地考察知识产权保护的生产率效应和传导机制,补充、完善上一章研究结果,本节以中国 25 省、直辖市、自治区为研究样本,探讨了各地区知识产权保护强度变化对全要素生产率增长率的影响,并基于 DEA-Malmqusit 指数法将全要素生产率增长率进一步分解为技术变化和效率变化,更加关注全要素生产率增长的内涵与区域经济发展特点。

第五节在前文理论阐释、实证分析的基础上,概括本章的主要研究结论,并对我国如何更有针对性的构建知识产权保护体系、发挥知识产权的生产率效应提出相应政策建议。

第二节 文献综述与机理分析

以当今经济的高度开放性来看,发展中国家的科技水平是由内部和外部因素共同决定的:一方面源自国内自主创新活动,另一方面也受到经济全球化、国际贸易和国际产业分工下承接国际技术溢出的影响。知识产权保护制度赋予智力成果拥有者在一定时期和一定范围内的独占权,不仅会影响本土企业的自主创新热情,也会影响其他国家的贸易与投资选择,间接地对本国技术进步产生影响。

以往文献中,分析发展中国家知识产权保护的增长绩效问题大多基于内生增长的南北分析框架,通常假定北方国家通过 R&D 活动发明新技术,而南方国家通过进口贸易和引进 FDI 两条主要渠道进行技术模仿。在此框架下多数学者认为,均衡中的南方国家知识产权保护水平应当低于北方国家,加强知识产权保护将提高南方国家的技术模仿成本、阻碍科技进步、损害社会福利(Chin and Grossman,1990;Helpman,1993;Glass and Saggi,2002;Lai and Qiu,2003)。但也有部分学者从其他视角提出了与此相反的观点,认为技术转移更倾向于发生在拥有较强知识产权保护措施的地区,较弱的知识产权保护措施会使北方国家采取保护性研发,导致国际技术溢出的减少及世界范围内技术创新率的下降(Taylor,1994;Basu and Weil,1998)。此外,另有一些研究显示知识产权保护的效应是复杂的,并非呈现简单的线性关系,而是与发达国家的技术转移方式、技术接收国的经济发展阶段等具体情况有关(Lai,1998;Markusen,2001;Chen and Puttianun,2005;Falvey,Foster and Freenaway,2006)。

上述学者的研究将国际技术溢出作为发展中国家技术进步的唯一来源，侧重探讨了世界范围内知识产权保护制度的均衡状态及基于不同知识产权保护选择下的南北博弈问题，并未足够重视南方国家自主创新能力的建设和综合生产率的变化。本章认为，中国经济在经历了 30 多年的高速发展后，已具备一定的经济技术基础，在探讨知识产权保护的制度效应时，也应当对自主创新效应予以关注和研究。

本节推测，知识产权保护制度对生产率的影响是间接的，可能通过影响国际技术溢出与该国自主创新能力这两条途径进而对生产率产生影响。因此，本章第一、第二节将具体围绕这两条传导机制，对国内外相关文献进行梳理与回顾，在此基础上，第三节将从理论与逻辑角度对知识产权保护影响我国全要素生产率的机理予以概括阐述。

一、知识产权保护、国际技术溢出与全要素生产率

（一）知识产权保护与国际技术溢出

1. 知识产权保护与 FDI 技术溢出

随着日益活跃的国际资本流动，外商直接投资与其引致的技术溢出问题引起了普遍关注。由于 FDI 是国际技术溢出的重要渠道，因此发展中国家政府积极贯彻对外开放政策，不断升级投资环境以争取优质的跨境投资，期望通过引进外资和技术学习，对照模仿跨国企业的先进技术和管理经验，推动本土的技术进步。然而，跨国公司在进行投资决策时一方面会考虑利用其技术优势分享发展中国家的成本优势，而另一方面，也将细致评估创新技术被东道国学习、模仿以及逆向破解的相关风险。因而，东道国的知识产权保护体系会成为影响跨国公司做出跨国生产决策的重要制度安排，进而影响外商直接投资的技术溢出效应。

理论界对于技术落后国能否通过加强知识产权保护吸引 FDI 技术溢出存在较大争议。对这个问题的理论研究一般基于内生增长的南北分析框架，在该分析框架下假设世界上只存在两种国家：北方国家和南方国家。其中，北方国家技术优势绝对领先，承担研发创新角色并通过对外直接投资方式分享南方国家廉价成本优势，而技术相对落后的南方国家通过推行宽松的知识产权保护政策，模仿、复制北方国家技术并以此作为技术进步以及经济增长的动力源泉。

在南北分析框架下，不同学者由于理论假设、研究视角的不同，得出的结论有较大差异。Glass and Saggi(2002)通过建立产品生命周期模型,探讨了南方国家知识产权保护水平对技术创新、模仿与 FDI 的影响。分析发现,知识产权保护的增强会迫使南方国家耗费比原来更多的资源用于技术模仿从而对 FDI 产生挤出效应,被挤出的 FDI 会将成本上升和资源稀缺传导至北方国家,最终导致北方创新率也下降。因此,他们认为,加强知识产权保护对南北双方而言都是不利的,会损害双方技术进步与增长绩效。对此也有反对者认为,加强南方国家的知识产权保护会降低北方国家创新产品被模仿的风险、鼓励跨国公司通过国际投资实行生产转移,使南方国家有更多机会接触新的生产技术和成熟的管理经验,从而促进南方国家的技术进步和生产率提高。另有学者认为,知识产权保护对 FDI 技术溢出的作用不能一概而论,还受到技术转移方式、创新方式的制约与影响。Yang and Maskus(2001a)利用一般均衡分析的方法研究了南方国家加强知识产权保护的技术转移效应,分析显示,在严格的知识产权保护体系下,北方国家会更倾向于采用技术许可而非跨国投资的技术转移方式。Glass and Wu(2007)的研究将北方国家创新活动分为改进产品质量和扩大产品品种两类,南方国家加强知识产权保护力度会使得北方国家的创新投资强度和跨国生产转移率下降,从而会迫使跨国公司调整为以扩大产品品种为主的创新方式。

国内学者杨全发等(2006)分析了知识产权政策法规在跨国公司、东道国政府及合资企业三方参与的情况下对跨国公司投资模式的客观影响,分析结果明确了适度的知识产权保护政策可以刺激跨国投资、引进先进技术、提高东道国社会福利。而倪海清(2007)的研究表明,只有当技术模仿能力达到一定程度后,外商直接投资引致的技术溢出才能促进南方国家 R&D 资本存量增加。庄子银等(2013)突破了传统的南北分析框架,构建了一个扩展的、加入南方自主创新的南北产品周期模型,经过推导分析发现,严格的知识产权保护水平对北方创新、FDI 和南方创新都会产生负面激励。

相对于理论模型的争议性,大多经验研究都支持加强知识产权保护可以在一定程度上促进外商直接投资的流入。Mansfield(1994)通过对美国制造业企业的调查研究发现,发展中国家知识产权保护水平对跨国公司直接投资的选择有重要影响,知识产权保护水平越强的国家越容易吸引跨国投资的流入。值得指出的是,对于不同特征的行业,东道国知识产权保护的 FDI 溢出效应并不相同,这种激励效应在化学、医药、电子等研发密集型行业尤为显著。在此基础上,作者将研究对象进一步扩展至包括德国和日本的跨国公司,同样取得了类似的结论。Yang and Maskus(2001b)的经验研究也支持了上述观点,即对技术含量较低的行业而言,外商直接投资与当地知识产权保护的关联度不甚明显,但对于知识含量较高且技术易被模仿和复制的行业,当地知识产权保护会显著影响外商的投资信心。Lesser(2003)选取 44 个国家 1998 年横截面数据进行了依次检验,结果表明,知识产权保护与外商投资具有高度的相关性:东道国知识产权保护强度每增加 10％,将增加 15 亿美元的外商直接投资流入。不过,也有学者指出,东道国的社会经济社会发展水平变相影响了知识产权保护强度对 FDI 的作用力,只有当东道国具备一定的技术基础和教育水平后,加强知识产权保护才会对外商投资产生明显促进作用(Nurmenkamp and Spatz,2004)。

2. 知识产权保护与贸易技术溢出

国际贸易是国际技术溢出的主要渠道,随着经济全球化的发展和各国对知识经济的重视,知识产权问题在国际贸易中愈发凸显,成为各国在经贸合作和处理国际关系中不可忽视的重要问题。《与贸易相关的知识产权保护协定(TRIPS)》就是在 WTO 框架下由北方国家发起和倡导的,全球知识产权保护中最具约束力的国际协议。

在贸易技术溢出理论模型中,探讨合适的知识产权保护水平是一个重要课题。Helpman(1993)率先建立了一个关于模仿、创新以及知识产权保护的南北贸易一般动态均衡模型,为其他学者的后续研究奠定了基础。他认为南方国家初始模仿水平与加强知识产权保护的效应息息相关,若南方国家初始模仿率较低,则强化知识产权保护制度会增加其模仿成本、抑制技术溢出,从长期来看并不利于南北双方的技术进步和社会福利;倘若南方国家初始模仿率高,加强知识产权保护将更受北方国家欢迎。所以,Helpman 的研究表明,知识产权保护水平的提高会对南方国家福利产生负面影响,对于北方国家而言得失并不明朗。Maskus and Penubarti(1995)运用垄断竞争模型从市场效应角度研究了知识产权保护对国际贸易的影响,他们指出,当南方国家加强知识产权保护水平时,将分别产生"市场竞争效应"和"市场扩张效应"。"市场竞争效应"是指,由于南方国家被迫提高学习模仿成本,导致北方国家的出口产品更加具有市场竞争力。因此,北方国家为争取其最大化其利益,会提高价格、降低出口。另一方面,严格的知识产权保护制度会使南方国家弱化甚至丧失技术模仿,依赖于从发达国家进口贸易产品,于是产生了需求量增加的"市场扩张效应"。这两种效应方向相反,因而,他们认为南方国家加强知识产权保护对进口贸易的影响并不确定。Lai and Qiu(2003)根据多部门南北贸易模型分析了南北国家知识产权标准的纳什均衡并发现:均衡中北方国家的知识产权保护标准高于南方国家的标准。Liao and Wong(2009)通过建立南北双方动态博弈模型研究了 TRIPS 协议下加强知识产权保护水平对南北贸易双方的影响,研究发现,在北方国家不投入更多 R&D 的情况下,单方面要求南方国家达到 TRIPS 协议中要求的知识产权保护水平会损害南方国家福利,而在全球福利最大化时,并不需要南方国家达到严格的知识产权保护水平。在实证研究方面,一些学者(Smith,1999;Fink and Maskus,2005)发现,对于具备一定模仿能力、中等收入水平的发展中大国而言,加强知识产权保护会鼓励国外企业扩大出口贸易规模,而对规模较小、技术基础较差的小国而言,这种影响相对较小。

（二）国际技术溢出的生产率效应

1. FDI 技术溢出的生产率效应

20 世纪 60 年代初,FDI 的国际技术溢出理论初步建立,MacDougall(1960)率先关注外商直接投资的技术溢出效应,提出跨国公司通过投资能给东道国生产率带来溢出效应。在实证分析方面,由于不同学者选取的研究对象、研究方法不同,导致大量学者关于外商直接投资溢出效应的实证结论不尽相同。一般而言,当发达国家作为东道国时,FDI 技术溢出效应普遍存在。Caves(1974)、Globerman(1979)、Imbriani and Reganati(1997)、Lichtenberg and Pottelsberghe(2002)分别以澳大利亚、加拿大、美国、日本及欧洲国家为研究样本探讨了输入型 FDI 对东道国的技术溢出效应,实证结果表明,外资企业对当地企业的劳动生产率产生了明显的正向溢出。但是,对流入发展中国家的 FDI 技术溢出效应,学界却难得出一致结论。Aitken and Harrison(1999)、Djankov and Hoekan(2000)分别选用委内瑞拉和捷克为研究对象,通过面板数据实证分析发现 FDI 进入对东道国生产率产生负面影响。Taymaz and Lenger(2004)研究了跨国公司对土耳其制造业的技术溢出效应,结果表明,尽管接收企业本身规模会影响技术溢出程度,但就整体而言,FDI 对土耳其制造业部门并不存在正向溢出。Javorcik(2004)以立陶宛为研究对象检验了外商直接投资的后向链接效应,实证结果显示,外资的进入并不能真正提高立陶宛本土企业生产率,后向链接效应的提高是由于外资购买者的存在。

而国内的经验研究结论大多支持了 FDI 溢出可以促进我国生产率提高的观点。姚洋(1998)通过对全国第三次工业普查资料的分析发现,三资企业的技术效率比国有企业高,且三资企业数量的增加会带动整个行业技术效率提升。沈坤荣等(2001)通过对1987~1998年中国29省及地区有关数据的研究发现,FDI的流入可以缓解资本短缺,提高东道国技术水平和组织效率,对提升东道国的全要素生产率、推进经济可持续发展具有积极作用。张海洋(2005)利用DEA-Malmquist指数方法测算了我国内资工业部门的相关数据,并检验了在控制自主研发活动的情况下,我国内资工业部门生产率受外商投资的影响。研究表明,外商投资主要通过刺激竞争的方式促进我国内资工业部门技术进步,因而也带来了抑制行业技术效率增长的负面效应。王滨(2010)采用中国制造业27个行业面板数据检验了FDI的技术溢出效应,发现在1999~2007年检验期内,中国制造业在吸收外资的过程中确实提升了整体的技术水平,FDI对制造业全要素生产率的横向和前后向关联溢出效应均显著为正。但也有学者指出,外商直接投资对我国生产率的影响存在前提条件,只有当内资企业具备一定生产规模(徐涛涛,2008)或越过"发展门槛"(李杏等,2009)后,外商直接投资的正反馈机制才能逐步形成并且得到加强。

2. 贸易技术溢出的生产率效应

Grossman and Helpman(1991)系统地阐述了基于国际贸易的经济增长与技术进步,他们认为世界范围内的经贸合作能够提高北方国家研发与创新活动的效率,并成为南方国家技术进步的主要渠道。Coe and Helpman(1995)通过对22个OECD国家相关数据考查发现,一国从高水平R&D国家进口产品能够明显促进本国全要素生产率的提高,尤其对一些小国而言,国际技术溢出比本国R&D投入带来的生产率进步作用更明显。Eaton and Kortum(1996)的研究也支持了上述结论,即进口贸易带来的技术溢出显著提高了本国的生产力。Weinhold(2002)通过研究发现,北美自由贸易区的出口贸易对墨西哥全要素生产率有显著影响,使墨西哥制造业部门的生产率增长率始终维持在5.5%~7.5%。Jakob(2007)选取了13个OECD国家面板数据检验了贸易技术溢出效应,结果表明,进口贸易技术溢出能够给OECD国家带来200%的全要素生产率增长。

国内学者李小平和朱钟棣(2004)在Coe and Helpman(1995)模型基础上,运用我国1998~2003年数据进行了实证检验,研究显示,国际贸易带来的R&D溢出效应推动了我国工业行业的技术进步、技术效率和全要素生产率的增长。李平、鲁婧颉(2006)选用1985~2003年数据实证检验了进口贸易对我国东、中、西三地区全要素生产率的影响,证实了基于进口贸易的国际技术溢出显著促进了各地区的技术进步。因此,上述学者认为,我国应当进一步重视、加强与发达国家的国际贸易,深化经贸合作。

二、知识产权保护、自主创新与全要素生产率

(一)知识产权保护与自主创新

就知识产权保护对自主创新的影响而言,学术界存在不同观点主要是因为各国社会经济发展水平和技术基础不同,但基本达成共识的是,适度的知识产权保护对企业自主创新具有激励作用。一方面,技术模仿会由于知识产权保护得到控制,迫使企业为提高生产技术水平进行自主创新。另一方面,加强知识产权保护会给自主创新提供制度保障和激励,允许创新主体通过一定时期的垄断权获得研究成果的商业回报。但是,不可否认的是,过强的知识产权保护会削弱技术扩散和应用,不利于社会技术进步,从而对自主创新能力的增强也会产生一定消极影响。

由于技术经济优势的存在,发达国家已先行一步占领了知识产权保护的制高点,因而对这一问题的研究主要集中于发展中国家。倪海清、张岩贵(2009)在知识产权保护框架下构建了一个包含跨国投资和自主创新的南北技术转移模型,分析表明,只有当南方国家的模仿能力达到一定的"阈值"之后,加强知识产权保护才能起到促进自主创新的作用,并且"阈值"会随着知识产权保护力度的增强而显著提高。郭春野、庄子银(2012)在南北产品周期模型框架下探讨了知识产权保护对南方国家自主创新的激励效应,分析表明,在弱的知识产权保护下并不存在自主创新的激励效应,南方企业的占优策略是技术模仿,因此,建立适度的知识产权保护制度是刺激南方国家自主创新的前提条件。

在经验研究方面,Maskus(1998)指出,适当的知识产权保护能够促进发展中国家的市场深化并且激励本国企业的创新和发展。Chen and Puttitanun(2005)运用1975~2000年64个发展中国家和地区的面板数据研究发现,发展中国家的自主创新率与知识产权保护强度成正相关,而且一国的最优知识产权保护强度与经济技术发展水平的关系可能是非线性的。也有学者指出,知识产权保护对创新的激励效应与所处行业特征密切相关(Allred and Park,2007)。具体到针对我国的经验研究,易先忠等(2007)以专利申请量为产出指标、人力资本与相对技术水平的交互项代表模仿指标、R&D经费支出代表创新投入指标,实证检验了知识产权保护强度、模仿与创新投入对我国技术进步

的影响,检验结果表明,较弱的知识产权保护下自主创新效应不显著,我国目前的技术进步是以模仿为主。

（二）自主创新的生产率效应

各国学者在考察自主创新绩效时主要采用实证研究方法,对研究涉及的投入指标选取较为一致,而产出指标差异较大。OECD 国家在探讨 R&D 投入效率时,一般直接把生产率作为产出变量。Coe and Helpman(1995)通过研究以色列和 21 个 OECD 国家 1971～1990 年的数据发现,国内研发资本存量及进口贸易国的研发资本溢出对一国生产率都具有重要作用。跨国研究进一步揭示,对于大国譬如 G-7 集团而言,国内自主创新投入拉动生产率提升的作用更明显;对于小国而言,贸易伙伴国的技术溢出对生产率提升有重要作用。Guellec and Pottelsberghe(2001)在 Coe and Helpman(1995)的研究基础上运用 16 个 OECD 国家 1980～1998 年的数据,进一步细化研究了不同种类的 R&D 投入对全要素生产率的影响。实证结果显示:企业每增加 1% R&D 投入可以带动 0.13%全要素生产率的增长,公共 R&D 投入每增加 1%可以带动 0.17%全要素生产率的增长。

我国学者在研究研发投入绩效时,将全要素生产率作为产出指标的文献较少,主要集中于探讨政府 R&D 投入对激励企业 R&D 支出增加等方面的杠杆效应,或以专利申请量指标作为产出评判标准。近年来,在考察自主创新投入与我国全要素生产率关系的文献中,代表性成果主要有白俊红、曹泽等学者的研究。白俊红等(2009)应用随机前沿分析法,将研发资本与人员作为投入变量、将发明专利授权量作为产出变量,测度了 1998～2006 年中国大陆各地区研发创新的技术效率,接着分解测算了各地区全要素生产率及技术进步率。研究发现,我国各地区存在高投入高效率、高投入低效率、低投入高效率和低投入低效率这四种不同的研发模式,区域间自主创新绩效差异明显,而且全国各地区的全要素生产率增长和技术进步不存在绝对收敛趋势,但在加入人力资本变量后,不同地区间存在向各自稳态逼近的条件收敛。曹泽、李东(2010)运用 1995～2007 年我国东、中、西部面板数据实证发现,不同类型的研发投入对全要素生产率的促进效应不同:区域外技术引进投入的生产率增长效应最大,其次是企业研发投入,而高校和科研院所的研发投入对生产率贡献较小、周期较长。由于企业主要面向应用型研发,而高校及科研院所更注重基础研究并不直接作用于生产力,因此这一结论也符合普遍理解。

三、知识产权保护影响我国全要素生产率的机理

知识具有非竞争性和部分排他性的特征,创造新知识、新技术的成本很高,而传递知识的成本相对很低。知识的生产与利用存在着"免费搭车"的市场失灵现象,这会严重挫伤创新者的创新积极性,需要政府进行干预、建立知识产权保护制度纠正这一市场失灵问题。知识产权保护制度通过赋予创新成果拥有者在一定时期、一定范围内对智力劳动成果及其收益的独占权进而刺激研发创新活动,但这在短期内并不利于全社会对新知识的利用。因此,知识产权制度自身就存在其必然的矛盾性,表现在鼓励知识创新与短期内抑制全社会技术扩散之间的矛盾。

加强知识产权保护制度的建设会产生两个方向的影响:激励研发创新活动和抑制知识扩散。在开放条件下,发展中国家加强知识产权保护不仅可以激励本国企业的自主创新活动,而且也会影响国际经济往来的行为选择,降低跨国公司、贸易伙伴国创新技术被东道国学习、模仿以及逆向破解的风险,进而刺激发达国家对发展中国家的投资与贸易活动。另一方面,知识产权保护的加强在短期内会增加技术扩散成本,导致国际技术溢出及国内技术溢出的下降。

根据新经济增长理论(Romer, 1986;Coe and Helpman, 1995),在开放条件下,一国经济增长和生产率的提升不仅是自身累积、创造知识的结果,也受到国际技术溢出的影响。国际技术溢出主要有 FDI 技术溢出、贸易技术溢出等途径。具体而言,FDI 技术溢出的生产率传导机制可分为横向与纵向联动效应(Chen, 1996;Kokko, 1994),横向联动效应有三种渠道:引入市场竞争、技术示范、带动人力资本流动等无形生产力;纵向联动效应分为跨国公司对下游方向当地企业的技术溢出和对上游供应商企业的技术溢出。而基于贸易活动的技术溢出也能传播新知识、新技术,减少经济系统中的资源浪费,提高研发与创新活动的效率(Grossman and Helpman,1991)。

因此,知识产权保护影响我国全要素生产率的传导机理如图 7-1 所示。

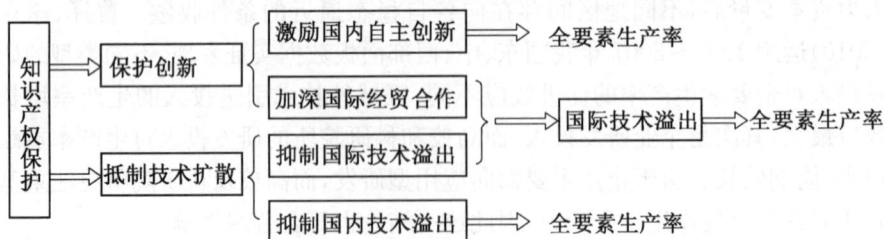

图 7-1　知识产权保护影响全要素生产率的传导机制

以全国总量数据为研究样本时,国内 R&D 技术溢出主要表现为研发投入的规模效应,在计量检验结果中反映在研发投入系数上,因此难以与 R&D 资本存量本身的自主创新绩效相区分。而且根据我国近年经济发展的现实情况而言,经济技术的对外依存度相对较高,因此本章将研究重点放在探讨知识产权保护如何通过作用于自主创新和承接国际技术溢出这两条途径进而对我国全要素生产率产生影响。

本节首先梳理了"知识产权保护—国际技术溢出—生产率效应"这一传导路径。在知识产权保护影响国际技术溢出的理论分析方面,由于模型假设的差异,不同学者的研究得出了不同的结论。在经验研究方面,多数学者的研究都表明了发展中国家加强知识产权保护可以有效促进 FDI 流入并扩大进口贸易量。但应当指出的是,尽管国际经济合作的绝对量有所增长,知识产权保护制度的加强也会弱化跨国生产和国际贸易中的技术扩散效应,因此,总体的技术溢出效应具有不确定性,需要结合具体研究样本进行实证检验。在国际技术溢出的生产率效应方面,进口贸易能积极带动发展中国家生产率增长这一观点达成了较为一致的共识,在基于 FDI 溢出的生产率效应问题上,对中国的经验研究也普遍表明 FDI 技术溢出能够积极促进我国生产率的提升。

本节又梳理了"知识产权保护—自主创新—生产率效应"这一传导路径。尽管不同的研究显示,一国经济发展水平、行业技术特征等因素影响了知识产权保护激励自主创新的效应,但基本达成共识的是,适度的知识产权保护是激励自主创新的必要条件。发达国家的经验研究大多显示,自主创新投入是提升全要素生产率的重要因素,而在我国研究中,将全要素生产率作为自主创新产出变量的研究偏少,研究结论也与不同区域特征、研发投入类型有关。

根据机理分析可知,知识产权保护对全要素生产率的影响是间接的。因此在本章的计量模型中,将以知识产权保护与国内 R&D 资本存量、国际技术溢出的交叉项为考察变量,以协同效应解释知识产权保护对生产率的影响,通过对全国总量时间序列数据与省际面板数据的实证分析,检验本章的推测。

第三节 基于时间序列数据分析

一、基本变量与模型设定

本章第三、四节的实证分析基于 Coe and Helpman(1995)构建的 CH 模型,CH 模型以知识驱动的内生增长理论为基础,衡量在开放条件下国内研发

存量和贸易伙伴国研发存量对一国全要素生产率的影响,表达式如下:

$$LogTFP_i = \alpha_i^0 + \alpha_i^d LogS_i^d + \alpha_i^f LogS_i^f \tag{7.1}$$

在(7.1)式中,TFP_i、S_i^d、S_i^f 分别代表 i 国全要素生产率,国内 R&D 资本存量和贸易伙伴国以进口贸易比重加权的 R&D 资本存量。通过第二章机理分析可知,知识产权保护水平可能通过影响一国自主创新水平和国际技术溢出进而对全要素生产率产生影响。因此,本章在(7.1)式的基础上引入知识产权保护与自主创新、国际技术溢出的交叉项以考察变量之间的协同作用,并采用 Lichtenberg and Pottelsbergue(1996)构造的国际 R&D 研发存量溢出指标替换上式中的贸易来源国 R&D 资本存量加权指标,得到模型 1:

$$LogTFP_t = \alpha_t + \beta_1 LogS_t^d + \beta_2 LogS_t^f + \beta_3 IPP_t \cdot LogS_t^d + \beta_4 IPP_t \cdot LogS_t^f \tag{7.2}$$

(7.2)式中,IPP_t、S_t^d、S_t^f 分别代表我国 t 时期知识产权保护强度、国内 R&D 资本存量和国际技术溢出。进一步,根据国际技术溢出来源的不同,可将国际技术溢出细分为外商直接投资渠道和进口贸易渠道的技术溢出,由此得到模型 2 和 3:

$$LogTFP_t = \alpha_t + \beta_1 LogS_t^d + \beta_2 LogS_t^{fdi} + \beta_3 IPP_t \cdot LogS_t^d + \beta_4 IPP_t \cdot LogS_t^{fdi} \tag{7.3}$$

$$LogTFP_t = \alpha_t + \beta_1 LogS_t^d + \beta_2 LogS_t^{fm} + \beta_3 IPP_t \cdot LogS_t^d + \beta_4 IPP_t \cdot LogS_t^{fm} \tag{7.4}$$

式(7.3)、(7.4)中,S_t^{fdi}、S_t^{fm} 分别代表以 FDI 为权重的国际技术溢出和以进口贸易为权重的国际技术溢出,指标具体的构建与测算方法将在下文中详细介绍。

二、数据来源与变量测定

(一)全要素生产率测算

1. 测算方法

全要素生产率体现了内涵式的扩大再生产,随着对我国经济增长质量和可持续性的日益重视,大量学者对这个问题进行了研究。经过对比、研究相关文献(郭庆旺等,2005;李胜文等,2008;姚战琪,2009;匡远凤等,2012;李福柱等,2013),本章对目前国内测算全要素生产率的几种主流方法及其适用性进行了简要概括,如表 7-1 所示。

表 7 - 1　全要素生产率测算方法的比较

局限性	方法	基本公式和思路	优势
代数指数法	$TFP=\dfrac{PQ}{\tau_a K_4 + \omega_4 L_4}$	直观反映 TFP 内涵。	假设完全竞争市场条件及规模报酬不变,没有明确设定生产函数、暗含资本与劳动力可完全替代且边际生产率恒定。
索洛残差法	采用产出增长率扣除投入要素增长率后的残差测算 TFP 增长	简单易行,最广泛采用的测算方法。	假设条件较多,建立在完全竞争、规模收益不变和希克斯中性技术进步的基础上。
隐性变量法	将 TFP 视为一个隐形变量,从而借助状态空间模型用极大似然估计给出估计值。	不再将 TFP 视为残差,剔除掉一些测算误差对 TFP 估算的影响。	暗含假设经济资源得到充分利用。而且从我国学者实际研究中发现,隐性变量法测算 TFP 增长率会将数据严重平滑,导致大量信息丢失。
随机前沿法	采用计量分析方法估计生产函数中的前沿生产面,确定技术效率或生产效率与前沿技术生产率的差距。	可以剔除随机扰动因素的影响。	只适用于面板数据,需先验设定函数形式,因而更适用于细分行业的测算。
数据包络法	运用非参数线性优化模型测算生产技术与前沿技术水平的差距。	避免了较强的理论约束,不需要对生产函数形式做任何假定。	只适用于面板数据,不能剔除随机扰动因素的影响,测算结果对指标选择、数据处理较为敏感。

由于理论约束和假设条件较少,近年来许多学者采用随机前沿法和数据包络法测算全要素生产率指数,但这两种方法只适用于测算面板数据,对于全国总量时间序列数据的研究样本是不适合的。在可以应用于测算时间序列数据的几种方法中,代数指数法约束条件过多、隐性变量法会导致数据平滑,因此本章仍以索洛方法测算中国全要素生产率,通过计量软件估计投入要素的产出弹性,再带入总量生产方程中计算出全要素生产率的水平值。在第四章省际面板数据的实证分析中,为避免较强的理论约束,更客观、全面地考察我国各地区技术进步情况,笔者将使用非参数的数据包括分析法(DEA)测算各

地区全要素生产率指数,并基于 DEA 的方法将全要素生产率指数进一步细分为技术变动和效率变动,对前文的研究结果进行补充、完善。

在测算全要素生产率的过程中,主要的难点和分歧点在于对物质资本存量的估算,目前学界关于我国物质资本存量的估算结果意见不一,这也间接导致了对全要素生产率的估算有差异性[①]。因此,下面将重点阐明本章所采用的物质资本存量估算方法及数据来源。

2. 物质资本存量的测算

关于中国物质资本存量的测算,张军等(2004)、刘永呈(2006)、徐现祥(2007)、叶宗裕(2010)、靖学青(2013)等学者做了诸多研究。经过分析与比对,本章主要采用靖学青(2013)的研究思路并借鉴其他学者的方法进行相应改进,现将具体估算过程介绍如下:

(1) 估算公式的选用。本章物质资本存量的基本估算公式采用永续盘存法(PIM):

$$K_t = K_{t-1} \times (1 - \delta_t) + \frac{I_t}{P_t} \tag{7.5}$$

上式中,K_t 和 K_{t-1} 分别为 t 期、$t-1$ 期的物质资本存量,δ_t 为 t 期资本折旧率,I_t 和 P_t 分别代表 t 期的投资流量与资产投资价格指数。由于在整个研究周期中折旧率的估计具有较大主观性,若折旧额数据可得便可采用王小鲁、樊纲(2000)的估计公式,以相对准确的折旧额 D_t 代替折旧率:

$$K_t = K_{t-1} + \frac{I_t - D_t}{P_t} \tag{7.6}$$

(2) 指标的选取与构造。在物质资本存量的估算过程中,主要涉及以下四个关键指标的选取与构造:

① 当年投资流量指标。在对投资流量指标的选择方面,国内主流学者认可采用固定资产形成总额代表当年投资流量(龚六堂等,2004;单豪杰,2008;靖学青,2013),因此本章采用固定资产形成总额代表当年投资流量 I_t,相关数据来自中国统计年鉴。

② 固定资产投资价格指数。根据永续盘存法公式,必须将现价的投资额进行平减转化为不变价格的投资额,而我国官方公布的固定资产投资价格指

---

① 本章对比近年来国内学者对全要素生产率的测算结果发现,选取的基期物质资本存量数值不同是导致测算结果差异的主要原因,本章采用靖学青(2013)的基期物质资本存量数据。

数最早可以追溯到 1994 年,因此 1994 年之前缺失的固定资产投资价格指数采用郭庆旺、贾俊雪(2004)构造的固定资产投资价格指数①。

③ 基期资本存量值。基期资本存量的确定是不同学者估算物质资本存量的最大分歧点,一般而言,基期资本存量的测算方法主要有直接普查法和折旧—贴现法两种。本章在对比相关文献的基础上,采用靖学青(2013)年基期资本存量估算公式:

$$K_{1952}=\frac{I_{1952}}{g+\delta} \tag{7.7}$$

上式中,g 代表 1952~1977 年固定资本投资额的几何平均增长率,g 代表资本折旧率,更多关于基期资本存量取值方法、合理性的说明详见靖学青(2013)的研究成果。由于基期时间越早对后续测量影响越小,因此本章基期资本存量值采用靖学青(2013)测算的 1978 年估计结果,并进行价格调整。

④ 经济折旧率及折旧额。由于我国经济发展速度较快,资产的更新换代率在整个研究时期有所不同,因此在一个较长的研究周期中设定同一折旧率的做法欠妥。我国自 1993 年之后公布了资产折旧额,因此,本章的研究 1993 年之后采用官方统计的折旧额数据代替折旧率的设定,为尽量保持数据统计口径的连贯性,固定资产折旧额数据主要取自历年中国统计年鉴,1993 年、1995 年及 2004 年数据取自《国内生产总值核算历史资料》,2008 年缺失数据取均值。参照王小鲁等(2000)的研究,我国 1978~1992 年固定资产折旧率统一设为 5%。

(3) 物质资本存量的估算结果。在进行上述解释与说明后,对我国 1978~2011 年物质资本存量进行估算,测算结果如表 7-2 所示。

表 7-2　1978~2011 年中国物质资本存量(单位:亿元,1978 年不变价)

年份	物质资本存量	年份	物质资本存量	年份	物质资本存量
1978	6 606.776	1982	10 179.76	1986	16 351.42
1979	7 421.549	1983	11 392.47	1987	18 194.21
1980	8 334.19	1984	12 837.02	1988	20 066.63
1981	9 228.02	1985	14 533.54	1989	21 389.25

① 郭庆旺,贾俊雪.中国潜在产出与产出缺口的估算.经济研究,2004(5).

（续表）

年份	物质资本存量	年份	物质资本存量	年份	物质资本存量
1990	22 750.12	1998	50 598.30	2006	116 713.02
1991	24 470.67	1999	55 385.20	2007	131 972.90
1992	26 889.23	2000	60 544.80	2008	150 077.57
1993	29 851.29	2001	66 256.59	2009	173 806.08
1994	33 515.24	2002	73 156.31	2010	200 995.32
1995	37 511.94	2003	81 649.51	2011	230 695.81
1996	41 778.89	2004	92 369.08		
1997	46 031.66	2005	103 450.67		

3. 全要素生产率的测算

本章采用索洛方法测算全国时间序列数据的全要素生产率,假设采取柯布-道格拉斯生产函数形式,则总量生产函数为:

$$Y = A(t) \cdot L^{\alpha} \cdot K^{\beta} \qquad (7.8)$$

式(7.8)中,变量 Y 为经济系统的总产出,L、K 为劳动力与资本存量投入,而参数 $A(t)$、α、β 分别代表全要素生产率、劳动和资本的产出弹性,测算 $A(t)$ 的关键就在于估计出参数 α 和 β。为降低数据的异方差性、增进变量平稳性,进一步对总量生产函数取对数形式:

$$LnY = LnA(t) + \alpha LnL + \beta LnK \qquad (7.9)$$

假设全要素生产率 $A(t)$ 以初始值 A_0 和固定的变化率 r(可以看作是全要素生产率的平均增长率)发生变化,并且生产函数采取规模报酬不变的形式,那么生产函数可以转化为如下计量检验形式:

$$Ln(Y/L) = LnA_0 + \gamma t + \beta Ln(K/L) + \varepsilon \qquad (7.10)$$

我们以 1978 年不变价衡量的国内生产总值(亿元)为产出变量,全国年末从业人数(万人)及上文测算出的物质资本存量(亿元)为投入变量,对生产函数进行最小二乘估计,通过估计方程系数出 β 进而计算出我国历年的全要素生产率。

根据表 7 - 3 的检验结果,检验期内我国资本和劳动的产出弹性分别为 0.736 4、0.263 6,将参数值和各变量数据带入基本公式 $Y = A(t) \cdot L^{\alpha} \cdot K^{\beta}$,则可以计算出我国全要素生产率。经过与郭庆旺、贾俊雪（2004），李斌、赵新华（2009），赵奉军、高波（2009）等研究结果对比，本章所测的全要素生产率增长率趋势与上述学者测算的全要素生产率趋势大致相似，增长率变化的主要波峰、波谷时期基本吻合（图7-2）。

表7-3 回归检验结果

Variable	Coefficient	Std. Error	t-Statistic	Rrob.
C	−1.178 821	0.141 714	−8.318 309	0.000 0
LOG(K/L)	0.736 424	0.069 740	10.559 51	0.000 0
T	0.014 645	0.005 958	2.457 837	0.020 7
AR(1)	1.187 816	0.166 063	7.152 813	0.000 0
AR(2)	−0.593 783	0.149 562	−3.970 135	0.000 5
Adjusted R-squared　0.999 331		Durbin-Watson stat　1.752 648		

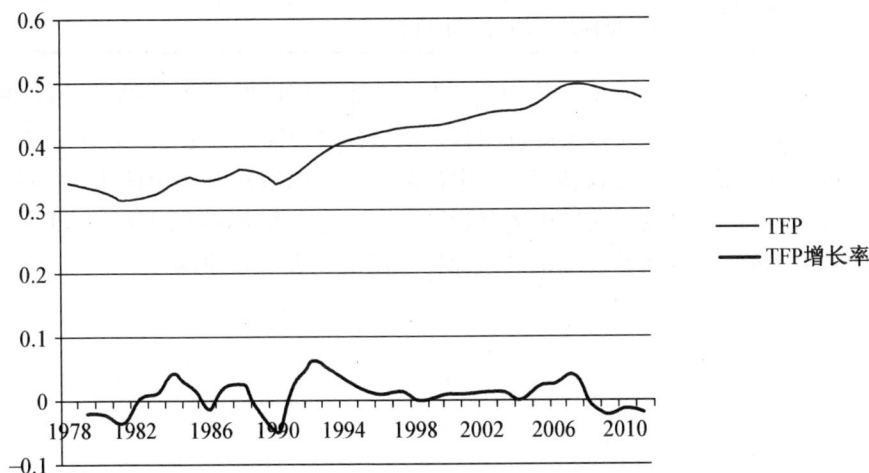

图7-2　1978～2011我国全要素生产率及其增长率趋势

（二）知识产权保护强度测算

如何尽量客观地量化评价知识产权保护是一个难题,国外相关研究中最具代表性的有 RP 指数法①、GP 指数法②,但是上述两种方法都是从制度层面对知识产权保护进行考察,并不完全适用于司法体系不完善、执法相对落后的发展中国家。针对我国具体国情,国内学者韩玉雄等（2005）在 GP 指数法基础上综合考虑了立法和执法两方面因素,构建了适用于衡量中国知识产权保护体系的指标。在他们提出的量化方法中,知识产权保护强度等于立法强度与执法强度的乘积,其中立法保护强度参照 GP 指标,执法保护强度则由五个子指标组成,如表 7-4 所示。

表 7-4　执法强度指标构建

行政保护管理水平	当立法时间超过 100 年时分值为 1,否则为实际立法时间除以 100。
经济发展水平	当人均 GDP 超过 2 000 美元时分值为 1,否则为实际人均 GDP 除以 2 000 美元。
社会公众意识	当成人识字率超过 95% 时分值为 1,否则以实际比例除以 95%。
国际监督制衡	以加入 WTO 为衡量指标,自 1986 年复关谈判开始至入世第五年,指标从 0 均匀变化到 1。

1985～2010 年 GP 指数值取自吕敏、张亚斌（2013）的测算结果,后续数据继续参照他们的研究方法进行测算。执法强度所需测算数据全部来自历年《中国统计年鉴》、中经网数据库,其中社会公众意识指标由《中国统计年鉴》中"文盲人口占 15 岁以上人口比例"换算得出。经过测算,我国 1985～2011 年 GP 指数、执法强度指数及知识产权保护强度值如表 7-5 所示。

---

① Rapp and Rozek（1990）以美国 1987 年专利法为评价基准来衡量各国专利法,通过计分的方式对他国知识产权保护强度进行量化计算。
② Ginarte and Park（1997）在 RP 指数法的基础上将保护覆盖的范围、国际条约成员资格、专利实施措施及权利丧失的保护、执行机制和保护期限纳入考察框架,提出了一个更精确细致的知识产权保护测量方法。

表 7-5 1985～2011 年中国知识产权保护强度

年份	G-P 指数	执法强度	知识产权保护强度	年份	G-P 指数	执法强度	知识产权保护强度
1985	1.51	0.23	0.35	1999	3.19	0.53	1.69
1986	1.51	0.27	0.41	2000	3.52	0.55	1.94
1987	1.51	0.27	0.41	2001	3.52	0.57	2.01
1988	1.51	0.29	0.44	2002	4.19	0.60	2.51
1989	1.51	0.30	0.45	2003	4.19	0.63	2.64
1990	1.51	0.32	0.48	2004	4.19	0.66	2.77
1991	1.51	0.34	0.51	2005	4.19	0.68	2.85
1992	1.51	0.37	0.56	2006	4.19	0.70	2.93
1993	2.86	0.39	1.11	2007	4.19	0.74	3.11
1994	3.19	0.42	1.34	2008	4.19	0.75	3.14
1995	3.19	0.45	1.44	2009	4.19	0.76	3.17
1996	3.19	0.47	1.50	2010	4.19	0.77	3.22
1997	3.19	0.49	1.56	2011	4.19	0.78	3.26
1998	3.19	0.50	1.60				

（三）国内 R&D 资本存量测算

研发投入是自主创新的物质保障，近年来，我国无论是研发投入的绝对量还是研发投入强度都稳步上升。2006～2011 年，我国研发投入强度从 1.42% 逐步提高至 1.84%，但是这一投入水平与发达国家相比仍存在差距。美国、日本、英国、德国在 1985 年研发投入强度就已经分别达到 2.69%、2.77%、2.22% 和 2.68%，可见发达国家对自主创新的重视。

由于从 R&D 投入到成果转化需要一定时期，其生产率效应具有一定滞后性，而且一国知识资本的累积对后续技术进步有深远影响，因此本章采用 R&D 资本存量作为自主创新的投入指标，参照永续盘存法的思路进行测算：

$$S_t^d = \frac{RD_t}{P_t} + S_{t-1}^d(1-\delta_t) \tag{7.11}$$

式(7.11)中，S_t^d、S_{t-1}^d 分别表示第 t 期、$t-1$ 期的实际研发资本存量，RD_t

为 t 期的研发支出额，P_t 为 R&D 资本支出价格指数，δ_t 为研发资本的折旧率。本章选用"研究与试验发展经费"这一指标代表研发支出额 RD_t，1985～1988 年数据来自《新中国五十年统计资料汇编》，1989～2012 年数据来自《中国统计年鉴》。国内 R&D 资本支出价格指数的构造及折旧率取值参考李小胜(2007)的研究，采用工业品出厂价格指数与 GDP 紧缩指数的加权平均数，研发投入的资本折旧率取 12%。我国基期 R&D 资本存量的确定采用 Griliches(1979)的公式计算，式(7.12)中 g 为中国 1985～2011 年研发投入经费支出的平均增长率：

$$S_{1985} = \frac{RD_{1985}}{g+\delta} \tag{7.12}$$

经过测算，1985～2011 年国内 R&D 资本存量数值如表 7-6 所示。

表 7-6　1985～2011 年中国研发资本存量(单位:亿元,1985 年不变价)

年份	R&D 资本存量	年份	R&D 资本存量	年份	R&D 资本存量
1985	428.35	1994	662.11	2003	2 028.71
1986	484.93	1995	705.97	2004	2 407.35
1987	529.20	1996	758.00	2005	2 860.82
1988	561.72	1997	838.25	2006	3 397.56
1989	572.65	1998	927.88	2007	4 021.82
1990	587.33	1999	1 055.31	2008	4 735.31
1991	605.68	2000	1 236.23	2009	5 716.27
1992	631.17	2001	1 444.74	2010	6 807.77
1993	650.47	2002	1 715.83	2011	8 035.08

（四）国际 R&D 溢出测算

当前，全球研发高度集中在少数几个发达国家，国际技术溢出主要通过外商直接投资途径和出口贸易途径由发达国家向发展中国家溢出。综合考虑到世界主要发达国家对我国经济、技术的影响力及各国数据的可得性、连贯性，本章选取了 G-7 国家作为研究样本。各国 R&D 资本存量的测算思路与国内 R&D 资本测算方法一致，发达国家研发资本折旧率参考 Coe and Helpman(1995)文中的取值 15%。

不同渠道国际技术溢出指标的构造采用 Lichtenberg and Pottelsbergue

(1996)的方法,用发达国家出口贸易量、对外投资额占国内生产总值比重作为研发资本溢出的渗透率,公式如下:

$$S_{it}^f = \sum_{j=1}^{n} \frac{M_{jt}}{GDP_{jt}} \cdot S_{jt} + \sum_{j=1}^{n} \frac{FDI_{jt}}{GDP_{jt}} \cdot S_{jt} \tag{7.13}$$

式(7.13)中,M_{jt}表示我国 t 时期从 j 国的贸易进口额,GDP_{jt}表示 j 国 t 时期的国内生产总值,FDI_{jt}表示 j 国 t 时期对我国的直接投资额,S_{jt} 为 j 国 t 时期的研发资本存量额。

外商直接投资及进口数据来自中经网数据库及中国统计年鉴,各国现价GDP 数据来自世界银行世界发展指标数据库,各国 R&D 投入来自 OECD 数据库及历年中国科技统计年鉴,所有数据都按照当年平均汇率换算成 1985 年不变价人民币统一衡量。

经过测算,我国通过 FDI 途径和进口贸易途径接收的国际(G-7 国)技术溢出量如表 7-7、表 7-8 所示。

表 7-7   1985~2011 年 G-7 国 FDI 技术溢出(单位:万元)

年份	美国	英国	意大利	法国	日本	加拿大	德国
1985	1 451.62	233.30	30.49	102.88	1 290.47	18.49	91.45
1986	1 521.16	117.90	42.70	127.95	949.95	5.98	93.31
1987	1 374.69	15.51	24.54	48.36	837.60	25.20	11.69
1988	1 368.31	121.43	54.28	82.23	2 111.90	15.44	64.35
1989	1 831.37	124.66	65.97	20.69	1 864.83	47.95	440.41
1990	3 175.23	58.21	8.69	92.55	3 034.03	25.27	330.69
1991	2 500.67	181.80	98.21	59.71	3 761.33	40.39	912.16
1992	4 138.61	203.26	69.67	252.06	4 913.91	246.67	519.74
1993	17 527.56	1 459.26	363.99	925.64	9 175.77	671.45	418.39
1994	21 601.40	4 602.86	788.20	1 329.10	14 470.18	1 165.58	1 818.26
1995	28 127.01	6 195.80	1 055.52	1 939.21	23 441.59	1 473.70	2 578.89
1996	32 847.59	9 241.47	651.24	3 210.74	34 226.59	2 062.72	3 951.44
1997	32 066.44	13 029.60	952.65	4 343.66	48 103.86	2 226.88	9 337.30
1998	40 126.71	8 454.62	1 291.51	6 866.49	45 333.53	2 312.19	7 448.74

（续表）

年份	美国	英国	意大利	法国	日本	加拿大	德国
1999	46 436.75	8 897.46	1072.26	8 897.50	37 355.39	2 079.23	11 621.38
2000	46 012.57	8 794.58	1 119.06	10 795.58	38 864.34	2 343.87	18 494.32
2001	51 172.62	9 584.16	1 374.94	6 849.76	69 431.75	3 656.40	17 437.03
2002	65 638.40	8 050.04	1 083.09	7 285.00	74 566.87	5 167.38	13 313.26
2003	52 470.63	6 236.13	1 696.06	6 659.07	89 008.52	4 615.89	10 952.65
2004	50 076.86	6 145.22	1 430.35	6 854.49	95 333.33	4 865.88	13 027.14
2005	40 201.08	8 122.78	1 734.96	6 530.48	124 448.43	3 872.68	19 701.72
2006	38 348.21	6 057.91	1 967.71	4 290.89	99 092.53	3 276.23	26 918.67
2007	36 852.04	6 724.26	1 914.79	4 914.63	83 230.47	3 117.84	9 598.13
2008	45 444.08	8 771.46	2 834.39	6 468.95	83 128.37	4 621.31	12 147.22
2009	44 324.19	8 624.77	2 451.56	8 586.69	97 542.11	9 142.47	19 911.40
2010	55 147.36	9 449.97	3 147.64	18 356.44	96 724.49	6 036.27	16 078.68
2011	46 857.37	7 810.17	3 185.72	11 582.76	151 001.40	5 034.61	20 614.37

表7-8 1985~2011年G-7国进口贸易技术溢出(单位:万元)

年份	美国	英国	意大利	法国	日本	加拿大	德国
1985	20 686.53	2 438.25	1 431.70	2 255.09	61 582.03	2 280.47	9 117.30
1986	21 997.24	3 381.49	1 653.09	2 147.28	44 867.94	2 368.83	12 329.56
1987	25 270.59	3 066.99	1 868.35	2 795.92	38 407.63	3 448.07	11 366.03
1988	38 453.00	3 192.92	2 753.14	3 579.51	45 383.94	4 758.88	14 828.65
1989	50 658.68	4 742.83	3 998.57	6 387.10	55 127.07	3049.15	18284.29
1990	45 876.99	6 042.89	2 266.29	7 308.26	45 735.27	4 646.94	15 114.74
1991	60 560.46	4 519.28	3 467.98	8 021.63	61 904.45	5 833.35	17 195.83
1992	70 909.02	5 351.33	4 568.11	8 039.37	89 841.63	8 044.91	22 906.39
1993	90 587.69	11 009.56	9 974.42	10 738.88	156 967.86	6 745.95	40 450.75
1994	121 158.10	11 826.62	11 729.95	13 325.38	182 568.12	9 876.81	49 130.74

(续表)

年份	美国	英国	意大利	法国	日本	加拿大	德国
1995	147 016. 52	13 350. 61	12 168. 74	17 893. 40	211 647. 82	15 372. 92	53 078. 44
1996	154 075. 07	13 353. 86	12 475. 79	16 935. 89	270 537. 48	15 684. 53	55 777. 66
1997	161 377. 52	13 877. 64	10 863. 15	17 862. 12	322 378. 95	12 987. 47	58 144. 81
1998	174 581. 11	14 046. 19	10 710. 57	30 781. 30	376 057. 68	16 342. 80	70 709. 42
1999	206 325. 43	22 891. 09	13 715. 67	39 471. 42	432 547. 73	17 345. 75	93 009. 99
2000	244 074. 99	30 248. 52	18 378. 92	48 219. 66	542 617. 88	27 962. 68	140 178. 83
2001	626 579. 06	32 131. 91	23 652. 90	52 850. 82	683 256. 17	33 395. 14	197 976. 98
2002	329 615. 61	29 971. 67	26 470. 30	53 791. 60	951 501. 72	31 873. 23	235 513. 01
2003	423 190. 05	30 006. 87	27 208. 65	67 238. 21	1 305 859. 74	35 801. 70	310 455. 79
2004	567 434. 57	36 875. 20	32 860. 09	79 793. 75	1 649 521. 26	58 271. 55	373 773. 19
2005	630 531. 53	44 868. 45	37 312. 87	98 031. 17	1 922 396. 61	58 176. 69	403 529. 76
2006	792 518. 87	54 283. 41	48 352. 60	126 467. 59	2 492 853. 28	59 182. 51	515 316. 63
2007	977 431. 55	62 922. 22	56 195. 57	143 782. 76	3 105 991. 44	86 315. 97	593 472. 58
2008	1 255 740. 56	91 569. 40	66 880. 73	172 056. 11	3 427 693. 21	107 803. 40	752 582. 10
2009	1 343 789. 41	100 054. 39	76 761. 90	170 724. 62	3 110 794. 10	127 872. 31	911 950. 70
2010	1 876 825. 18	150 402. 16	111 308. 95	253 590. 14	4 186 062. 95	150 139. 56	1 344 014. 20
2011	2 384 432. 94	195 506. 79	144 393. 56	332 522. 84	4 641 561. 06	223 234. 25	1 693 469. 16

三、计量结果及分析

上一节测算了我国全要素生产率、知识产权保护强度、国内 R&D 资本存量及国际技术溢出指标,本节将对模型1～3进行计量回归检验。在用最小二乘法分析时间序列数据之前,首先应当对所有变量的平稳性进行检验,避免造成伪回归的后果。本章计量部分均采用 eviews7. 0 软件进行检验与分析,表7-9列出了各变量单位根检验的结果①。

---

① 注:国内 R&D 资本存量、国际技术溢出指标单位取亿元人民币。

表 7-9 ADF 单位根检验结果

变量	ADF 统计量	10%临界值	结论
$\Delta LogTFP_t$	-3.9625	-3.2431	一阶单整
$\Delta LogS_t^d$	-3.9548	-2.6504	一阶单整
$\Delta LogS_t^f$	-5.1256	-3.2381	一阶单整
$\Delta LogS_t^{fdi}$	-4.0475	-3.2381	一阶单整
$\Delta LogS_t^m$	-5.3234	-3.2381	一阶单整
$\Delta IPP_t \cdot LogS_t^d$	-4.5258	-3.2381	一阶单整
$\Delta IPP_t \cdot LogS_t^f$	-4.8059	-3.2381	一阶单整
$\Delta IPP_t \cdot LogS_t^{fdi}$	-4.1170	-3.2381	一阶单整
$\Delta IPP_t \cdot LogS_t^{fm}$	-4.8173	-3.2381	一阶单整

单位根的检验结果显示,在 10.%的临界值下,模型所涉及的变量均为一阶单整序列,满足 Johansen 协整检验的条件。表 7-10 列出了不同方程变量之间的协整检验结果,在 5% 置信水平下,各模型变量之间存在多个协整关系。

表 7-10 Johansen 协整检验结果

方程变量	协整关系数（Trace）	协整关系数（Maximum Eigenvalue）
$LogTFP_t$ $LogS_t^d$ $LogS_t^f$ $IPP_t \cdot LogS_t^d$ $IPP_t \cdot LogS_t^f$	4	4
$LogTFP_t$ $LogS_t^d$ $LogS_t^{fdi}$ $IPP_t \cdot LogS_t^d$ $IPP_t \cdot LogS_t^{fdi}$	5	3
$LogTFP_t$ $LogS_t^d$ $LogS_t^{fm}$ $IPP_t \cdot LogS_t^d$ $IPP_t \cdot LogS_t^{fm}$	4	4

在对随机误差进行序列相关修正后,模型 1~3 的回归检验结果如表 7-11,由于 $LogS_t^d$ 在上述三个模型中均未通过 t 检验,故在表中省略。

表 7-11　模型 1~3 的回归检验结果①

Log(TFP)	模型 1	模型 2	模型 3
$LogS_t^f$	0.109477* (0.016 328)		
$LogS_t^{fdi}$		0.053 323* (0.015272)	
$LogS_t^m$			0.115 073* (0.017 467)
$IPP_t \cdot LogS_t^d$	0.018 064** (0.006 674)	0.014 707* (0.004 364)	0.019 201* (0.006 144)
$IPP_t \cdot LogS_t^f$	−0.028 764* (0.008 981)		
$IPP_t \cdot LogS_t^{fdi}$		−0.026 950*** (0.013 492)	
$IPP_t \cdot LogS_t^{fm}$			−0.031 460* (0.008 421)
Adj R²	0.984 218	0.972 628	0.984 462
F-statistic	300.345 8	223.086 7	305.1 257

　　首先,从模型 1 的检验结果看出,国外 R&D 技术溢出可以促进我国全要素生产率的提升,以回归系数而言,发达国家 R&D 技术溢出每增加 1%,我国全要素生产率提高 0.11%。国内 R&D 资本存量未通过 t 检验,在此模型设定下对我国全要素生产率影响不显著。$IPP_t \cdot LogS_t^d$ 的系数显著为正,表明有效的知识产权保护制度与国内 R&D 投入的协同效应可以刺激生产率进步;$IPP_t \cdot LogS_t^f$ 的系数显著为负,表明在现阶段,我国提高知识产权保护力度会在一定程度上抑制国际技术溢出。

　　模型 2、3 则是在模型 1 的基础上进一步细分了国际技术溢出的来源,探

①　注:* 表示在 1%水平上显著,** 表示在 5%水平上显著,*** 表示在 10%水平上显著,括号内的数值为回归系数的标准差,表格中的空白处表示该模型中没有加入该变量。

讨了基于 FDI 和进口贸易渠道的国际技术溢出问题。在基于 FDI 的技术溢出模型中，$IPP_t \cdot LogS_t^d$ 的系数为正，表明国内研发创新活动带动全要素生产率提高的一个重要条件就是与有效的知识产权保护制度相结合，而 $IPP_t \cdot LogS_t^{fdi}$ 的系数为负，反映出在目前实际的知识产权保护水平下，进一步提高保护强度会损害外商直接投资带来的国际技术扩散效应，模型 3 的检验结果也表明了类似的结论。有所区别的是，知识产权保护与贸易技术溢出的交互项系数为 -0.0315，比 FDI 技术溢出模型中交叉项系数的绝对值更大，反映了加强知识产权保护对抑制不同来源的国际技术溢出影响力度不同。究其原因，加强知识产权约束对抑制贸易往来中产生的技术模仿、复制作用更为直接。一直以来，我国企业的技术模仿、盗版盛行，长期习惯在对进口产品的低成本复制中成长，因而知识产权保护力度的增强对抑制贸易技术溢出的作用更加明显。而外商直接投资引致的技术外溢往往间接体现在引入竞争、运用资金、带动中间产品生产及无形的经营管理等综合方面，因而受知识产权政策的影响程度相对稍弱。

　　根据本章 1985～2011 年全国时间序列数据的实证检验结果，初步得出以下几点基本结论：① 在检验期内，我国全要素生产率的提升更多依赖于国际技术溢出，国内研发投入的生产率效应并不十分显著，可能说明我国研发投入的绩效偏低，自主创新能力有待加强。② 知识产权保护强度与国内研发存量、国际技术溢出的交互项系数均通过了显著性检验，在一定程度上体现了知识产权保护在影响全要素生产率的传导机制中具有重要作用。③ 在三个模型中，知识产权保护与国内研发存量的协同效应均能显著促进我国全要素生产率的增长，表明充分发挥自主创新绩效、带动生产率提升的一个重要条件就是与有效的知识产权保护制度相结合。④ 无论模型是以 FDI 或是进口贸易为权重，知识产权保护与国际技术溢出的交叉项系数均为负值，表明在现阶段，加强我国涉外知识产权保护会在一定程度上提高国际间技术的获取成本、抑制国际技术溢出效应。

第四节　基于省际面板数据分析

　　为更细致地考察知识产权保护对不同地区生产率的影响，我们选取 1996～2011 年中国省际面板数据做进一步分析与研究。在全要素生产率的测算方法上，本章采用非参数的数据包络分析法，以求更客观、全面地反映不同地区全要素生产率的变化情况。

一、基本变量与模型设定

与全国时间序列模型类似,本章省际计量模型依然以 CH 模型为基础,并引入知识产权保护与国内 R&D 资本存量、国际技术溢出的交叉项,探讨知识产权保护对各地区生产率的间接影响。应当指出的是,DEA-Malmqusit 指数方法求得的全要素生产率增长指数为本期与上期全要素生产率的比值,各地区基期生产率水平未知,因此不能推导出全要素生产率的水平值,故本章计量模型全部采用比例形式,用基本的数学性质将第三章计量模型进行变形,得到下列模型。

模型 1:基本模型

$$Log \frac{TFP_{i,t}}{TFP_{i,t-1}} = \alpha_{i,t} + \beta_1 Log \frac{S_{i,t}^d}{S_{i,t-1}^d} + \beta_2 Log \frac{S_{i,t}^f}{S_{i,t-1}^f} +$$

$$\beta_3 Log \frac{(S_{i,t}^d)^{IPP_{i,t}}}{(S_{i,t-1}^d)^{IPP_{i,t-1}}} + \beta_3 Log \frac{(S_{i,t}^f)^{IPP_{i,t}}}{(S_{i,t-1}^f)^{IPP_{i,t-1}}} + \varepsilon_{i,t}$$

$$(7.14)$$

式(7.14)中,$S_{i,t}^d$ 为 i 地区 t 时期的研发资本存量,$S_{i,t}^f$ 为 i 地区 t 时期接收的国际技术溢出,$IPR_{i,t}$ 为 i 地区 t 时期的知识产权保护强度,以此类推。与前一章模型设定类似,通过将国际技术溢出进一步区分为 FDI 技术溢出与进口贸易技术溢出,可以得到模型 2 和 3。

模型 2:基于 FDI 技术溢出的模型

$$Log \frac{TFP_{i,t}}{TFP_{i,t-1}} = \alpha_{i,t} + \beta_1 Log \frac{S_{i,t}^d}{S_{i,t-1}^d} + \beta_2 Log \frac{S_{i,t}^{fdi}}{S_{i,t-1}^{fdi}} +$$

$$\beta_3 Log \frac{(S_{i,t}^d)^{IPP_{i,t}}}{(S_{i,t-1}^d)^{IPP_{i,t-1}}} + \beta_3 Log \frac{(S_{i,t}^{fdi})^{IPP_{i,t}}}{(S_{i,t-1}^{fdi})^{IPP_{i,t-1}}} + \varepsilon_{i,t}$$

$$(7.15)$$

模型 3:基于贸易技术溢出的模型

$$Log \frac{TFP_{i,t}}{TFP_{i,t-1}} = \alpha_{i,t} + \beta_1 Log \frac{S_{i,t}^d}{S_{i,t-1}^d} + \beta_2 Log \frac{S_{i,t}^{fm}}{S_{i,t-1}^{fm}} +$$

$$\beta_3 Log \frac{(S_{i,t}^d)^{IPP_{i,t}}}{(S_{i,t-1}^d)^{IPP_{i,t-1}}} + \beta_3 Log \frac{(S_{i,t}^{fm})^{IPP_{i,t}}}{(S_{i,t-1}^{fm})^{IPP_{i,t-1}}} + \varepsilon_{i,t} \quad (7.16)$$

采用 DEA-Malmqusit 指数方法可将全要素生产率的增长率进一步分解

为效率变化和技术变化,据此得到模型 4 和 5。

模型 4:效率变化模型

$$Log \frac{EC_{i,t}}{EC_{i,t-1}} = \alpha_{i,t} + \beta_1 Log \frac{S_{i,t}^d}{S_{i,t-1}^d} + \beta_2 Log \frac{S_{i,t}^f}{S_{i,t-1}^f} +$$

$$\beta_3 Log \frac{(S_{i,t}^d)^{IPP_{i,t}}}{(S_{i,t-1}^d)^{IPP_{i,t-1}}} + \beta_3 Log \frac{(S_{i,t}^f)^{IPP_{i,t}}}{(S_{i,t-1}^f)^{IPP_{i,t-1}}} + \varepsilon_{i,t} \qquad (7.17)$$

模型 5:技术变化模型

$$Log \frac{TC_{i,t}}{TC_{i,t-1}} = \alpha_{i,t} + \beta_1 Log \frac{S_{i,t}^d}{S_{i,t-1}^d} + \beta_2 Log \frac{S_{i,t}^f}{S_{i,t-1}^f} +$$

$$\beta_3 Log \frac{(S_{i,t}^d)^{IPP_{i,t}}}{(S_{i,t-1}^d)^{IPP_{i,t-1}}} + \beta_3 Log \frac{(S_{i,t}^f)^{IPP_{i,t}}}{(S_{i,t-1}^f)^{IPP_{i,t-1}}} + \varepsilon_{i,t} \qquad (7.18)$$

二、省际面板数据的选取与变量测定

本章选取中国 25 省、直辖市、自治区(重庆并入四川,西藏、内蒙古、广西、甘肃、海南未计入样本)为研究对象,检验时期跨度为 1996～2011 年。为进一步探讨区域技术经济发展的不同特点和相应的知识产权保护效应,本章将全国划分为东部、中部、西部三大区域进行研究①。

(一) 各地区全要素生产率的测算—基于 DEA-Malmquist 指数方法

数据包络分析是以非参数线性优化模型为基础发展起来的一种效率评价方法,无须设定生产函数形式,研究者可以直接根据投入产出值来估计有效生产前沿面及其移动情况。采用 DEA-Malmquist 指数方法可以将全要素生产率的变动进一步分解为效率变化和技术变化,效率变动反映了每个观察对象向最有效前沿面的移动,而技术变化代表生产前沿面的变动。在测算各地区全要素生产率指数时,以地区 1996 年不变价格 GDP 为产出指标,以年末就业人数和以 1996 年不变价格衡量的物质资本存量为投入指标。其中,各地区物质资本存量采取如下公式计算:

$$K_{it} = K_{i,t-1} \cdot (1-\delta) + \frac{I_{it}}{P_t} \qquad (7.19)$$

式(7.19)中,$K_{i,t}$、$K_{i,t-1}$ 分别表示 t 时期和 $t-1$ 时期 i 地区物质资本存

---

① 在本章的区域划分中,东部地区包括:北京、天津、河北、辽宁、山东、上海、江苏、浙江、福建、广东;中部地区包括:吉林、黑龙江、安徽、江西、山西、河南、湖北与湖南;西部地区包括:四川(含重庆)、贵州、云南、陕西、青海、宁夏与新疆。

量;δ为资本折旧率,为方便起见,统一取值 5%;I_{it} 为 i 地区 t 时期的投资流量,具体取固定资本形成总额为代表;价格指数 P_t 的构造方法及基期资本存量的测算方法详见第三章相关说明。本章运用 DEAP2.1 软件的规模报酬可变模型测算了中国各地区 1996～2011 年 Malmquist 生产率指数,由于篇幅限制,各地区历年生产率变动数据附于附录中,仅将三大区域的全要素生产率增长指数的平均值予以列出,如表 7－12 所示。

表 7－12　1996～2011 年各地区全要素生产率指数平均值

地区	TFPch	EFFch	TECHch	地区	TFPch	EFFch	TECHch
东部	**1.029**	**1.004**	**1.025**	山西省	1.009	1.018	0.992
北京市	1.044	1.018	1.026	安徽省	1.010	1.026	0.984
天津市	1.047	1.017	1.030	江西省	1.003	1.022	0.982
辽宁省	1.037	1.004	1.033	河南省	0.983	0.999	0.984
河北省	0.996	1.001	0.995	湖北省	1.007	1.016	0.991
山东省	1.030	1.005	1.025	湖南省	0.993	1.012	0.981
上海市	1.042	1.000	1.042	西部	**1.000**	**1.012**	**0.987**
江苏省	1.038	1.006	1.032	四川	1.002	1.017	0.985
浙江省	1.029	0.997	1.031	贵州省	1.014	1.041	0.974
福建省	1.010	0.993	1.017	云南省	0.991	1.005	0.986
广东省	1.016	1.000	1.016	陕西省	0.921	0.979	0.940
中部	**1.000**	**1.011**	**0.989**	青海省	1.085	1.053	1.031
吉林省	1.000	0.996	1.004	宁夏	1.025	1.019	1.006
黑龙江省	0.993	0.998	0.995	新疆	0.962	0.973	0.989

1996～2011 年,我国区域间全要素生产率的增长情况与增长内涵存在较大差异。东部地区主要通过提升技术前沿这一通道拉动全要素生产率的增长,16 年间东部地区的生产率基本维持了增长水平,年均增长率达到 2.9%。中部与西部地区尽管全要素生产率均值相似,且主要都是通过效率改进的方式逼近生产前沿面,但具体发展趋势有所不同。中部地区多数省份的全要素生产率指数呈现高开低走的局面,而西部地区的全要素生产率指数一直以来处于相对稳定的状态。当然,由于本章省际样本剔除了西藏、甘肃、内

蒙古、海南、广西五省,因此测算出的结果尚不能完全覆盖中国三大区域的实际情况。

(二)各地区知识产权保护强度的测算

在立法层面上,国家立法是我国知识产权立法体系的根本,为便于统一量化评价,在本章的知识产权指标构建中忽略了地方性政策法规,因此各省、市、自治区的 GP 指标数值是统一的,不同地区知识产权保护强度的差异由各地区的执法水平决定。根据第三章第二节所阐述的指标体系和度量方法,地区执法强度的衡量也选取"司法水平"、"经济发展水平"、"社会公众意识"、"行政保护及管理水平"、"国际监督制衡"这五项子指标,具体衡量标准参见第三节表 7 - 4。

"司法水平"指标所用数据均来自历年《中国律师年鉴》和各地区统计年鉴,在数据搜集过程中,由于西藏、内蒙古、甘肃、海南、广西相关数据缺失严重且无较好的替代指标,故在省际面板分析时剔除以上五个省份,四川、河北、云南个别年份缺失数据已采用平均处理的方式。各地区"经济发展水平"指标数据采用地区国内生产总值除以总人口,取自中经网数据库。"社会公众意识"以成人识字率衡量,数据来自中国统计年鉴及地区统计年鉴中"各地区 15 岁以上文盲人口比例"指标,由于此项指标 2000 年统计口径与前后资料出入较大、2001 年数据缺失,因此这两个年份数据采取平均处理。各地区执法强度的后两项指标采用全国统一值,不另加区别。由表 7 - 13 测算结果可知,我国区域知识产权保护水平由高至低排列分别为东部地区、中部地区、西部地区。

表 7 - 13 1996～2011 年各地区知识产权保护水平均值

地区	知识产权保护水平	地区	知识产权保护水平
东部	**2.930 8**	浙江	2.895 0
北京	3.512 5	福建	2.693 1
天津	3.043 1	广东	2.868 8
辽宁	2.818 1	**中部**	**2.553 8**
河北	2.625 0	吉林	2.656 9
山东	2.669 4	黑龙江	2.678 1
上海	3.412 5	安徽	2.413 8
江苏	2.770 6	江西	2.468 1

地区	知识产权保护水平	地区	知识产权保护水平
山西	2.623 1	贵州	2.208 1
河南	2.513 8	云南	2.353 8
湖北	2.525 0	陕西	2.528 8
湖南	2.551 9	青海	2.416 3
西部	**2.462 0**	宁夏	2.546 9
四川	2.492 5	新疆	2.687 5

（三）各地区 R&D 资本存量的测算

各地区 R&D 资本存量的测算同样采用永续盘存法，计算公式为：

$$S_{i,t}^d = \frac{RD_{it}}{P_t} + S_{i,t-1}^d \cdot (1 - \delta_t) \tag{7.20}$$

式（7.20）中，$S_{i,t}^d$、$S_{i,t-1}^d$ 分别为 i 地区 t 期和 $t-1$ 期研发资本存量，RD_{it} 为 i 地区 t 时期研发投入额，P_t、δ_t 为研发资本的价格指数与折旧率。在具体测算时，采用《中国科技统计年鉴》中"各地区试验与研究发展经费内部支出额"作为当年研发投入额，价格指数 P_t 采用中国工业品出厂价格指数与 GDP 紧缩指数的加权平均数，研发资本折旧率取 12%，基年研发资本存量的确定采用 Griliches(1979) 的方法计算，详见第三节相关介绍。

如表 7-14 所示，我国区域间 R&D 资本存量额存在显著差异，研发投入多集中于东部经济发达地区，如北京、江浙沪、广东等地区，中部省份研发投入相对薄弱，西部地区四川与重庆数据合并，具有较高的研发存量水平。整体而言，各地区研发资本存量与经济发展水平是相匹配的，但是陕西省历年研发投入额在全国都处于领先水平，经济发展却较为落后，形成了科技与经济发展相背离的现象，研发投入绩效并未转化为现实生产力。从研发投入强度来看，2011 年我国只有北京、天津、上海、江苏四个地区 R&D 经费投入占地区 GDP 总值超过 2%，全国 14 个地区研发投入强度不到 1%，可见我国各地对研发创新活动的重视与努力程度还远远不够。

表 7 - 14　1996～2011 年各地区 R&D 资本存量均值(单位:万元)

地区	R&D 资本存量	地区	R&D 资本存量
东部	**2 472 359**	安徽	608 196
北京	11 392 948	江西	335 666
天津	951 247	山西	484 695
辽宁	1 681 791	河南	1 062 086
河北	751 230	湖北	1 699 982
山东	1 072 263	湖南	887 715
上海	3 670 339	**西部**	**1 012 872**
江苏	2 595 410	四川	3 351 510
浙江	709 420	贵州	187 877
福建	261 763	云南	590 270
广东	1 637 181	陕西	2 550 977
中部	**817 292**	青海	68 767
吉林	847 486	宁夏	120 273
黑龙江	612 508	新疆	220 429

（四）各地区接收国际技术溢出的测算

在第三章测算国际技术溢出总量的基础上,各地区接收的技术溢出可以看作将技术溢出总量按 FDI 和进口贸易占全国的比例分配到各个地区,那么具体计算公式为:

$$S_{it}^f = \frac{FDI_{it}}{FDI_t} \cdot S_t^{fdi} + \frac{M_{it}}{M_t} \cdot S_t^{fm} \tag{7.21}$$

式(7.21)中,S_{it}^f 表示第 i 省份 t 期接收的国际技术溢出,$\frac{FDI_{it}}{FDI_t}$ 为第 i 省份 t 期外商实际投资额占我国当年外商投资总额比重,$\frac{M_{it}}{M_t}$ 为第 i 省份 t 期进口贸易额占我国进口贸易总额比重,S_t^{fdi}、S_t^{fm} 分别表示我国 t 期接收的基于 FDI 和进口贸易渠道的国际技术溢出。因此,公式前半部分反映了各地区接收的 FDI 技术溢出,记为 S_{it}^{fdi},后半部分表示各地区接收的进口贸易技术溢出,记为 S_{it}^{fm}。2003 年,商务部不再将各地区外商投资金额公布于中国统计年鉴中,因此本章所采用的外商直接投资额数据 2003 年之前来自中国统计年鉴,2003 年后来自于地区统计年鉴,进口贸易数据来自中国统计年鉴。我国接收 G-7 国家技术溢出的测算结果参见第三节表 7-7、表 7-8,本章所用数据均调整为 1996 年不变价人民币统一衡量,各地区接收国际技术溢出的测算结果详见附表 7-11、附表 7-12。

三、计量检验及结果分析

基于第二节相关变量的测算结果,本章将对第一节设定的 5 个模型进行计量检验与分析。为避免计量模型的伪回归问题,首先根据 Levin,Lin and Chut 和 Im,Pesaran and Shin W-stat 检验法对省际面板数据进行平稳性检验,结果如表 7-15 所示,模型所涉及的全部变量均为平稳序列,可以直接进行最小二乘回归。

表 7-15　变量平稳性检验

变量	LLC Statisitic	Prob.	IPS Statisitic	Prob.
$Log(TFP_{i,t}/TFP_{i,t-1})$	−7.382 29	0.000 0	−4.252 70	0.000 0
$Log(S_{i,t}^{d}/S_{i,t-1}^{d})$	−13.453 7	0.000 0	−6.419 16	0.000 0
$Log(S_{i,t}^{f}/S_{i,t-1}^{f})$	−15.251 7	0.000 0	−11.295 4	0.000 0
$Log(S_{i,t}^{fdi}/S_{i,t-1}^{fdi})$	−9.304 06	0.000 0	−7.383 02	0.000 0
$Log(S_{i,t}^{fm}/S_{i,t-1}^{fm})$	−14.638 0	0.000 0	−11.628 4	0.000 0
$Log\dfrac{(S_{i,t}^{d})^{IPP_t}}{(S_{i,t-1}^{d})^{IPP_{t-1}}}$	−11.117 6	0.000 0	−7.798 15	0.000 0
$Log\dfrac{(S_{i,t}^{f})^{IPP_t}}{(S_{i,t-1}^{f})^{IPP_{t-1}}}$	−15.251 7	0.000 0	−11.295 4	0.000 0
$Log\dfrac{(S_{i,t}^{fdi})^{IPP_t}}{(S_{i,t-1}^{fdi})^{IPP_{t-1}}}$	−10.795 3	0.000 0	−8.750 53	0.000 0
$Log\dfrac{(S_{i,t}^{fm})^{IPP_t}}{(S_{i,t-1}^{fm})^{IPP_{t-1}}}$	−14.957 8	0.000 0	−11.163 3	0.000 0

平稳性检验之后,要对本章面板数据模型的回归形式做出选择,首先采用 Likelihood Ratio 检验法排除了混合效应模型,在对比随机效应和固定效应模型时,本章根据古扎拉蒂(2005)的判断标准:"若样本中个体或截面单元未从

一个大样本中随机抽取,采用固定效应模型是合适的,否则随机效应模型更合适"[1]。本章选择采用固定效应模型来探讨地区知识产权保护的生产率效应及传导机制,由于省际面板样本的横截面个数大于时序个数,故在计量检验时选择按截面加权的方法。在分析本章检验结果时,模型1~5均为增长比率模型,因而侧重于反映变量之间的短期效应,并不适用于解释变量之间的长期关系。经过计量回归,模型1~3的检验结果参见表7-16、表7-17、表7-18。

表7-16 模型1计量检验结果

自变量	全国 $Log\dfrac{TFP_{i,t}}{TFP_{i,t-1}}$	东部地区 $Log\dfrac{TFP_{i,t}}{TFP_{i,t-1}}$	中部地区 $Log\dfrac{TFP_{i,t}}{TFP_{i,t-1}}$	西部地区 $Log\dfrac{TFP_{i,t}}{TFP_{i,t-1}}$
C	0.011 159* (0.002 637)	0.030 436* (0.004 298)	0.006 789 (0.005 611)	0.003 262 (0.005 363)
$Log\dfrac{S_{i,t}^d}{S_{i,t-1}^d}$	$\ne$0.131 619* (0.042 847)	−0.165 308** (0.063 869)	−0.212 093** (0.080 993)	−0.011 634 (0.085 282)
$Log\dfrac{S_{i,t}^f}{S_{i,t-1}^f}$	0.030 353** (0.015 039)	0.0434 393 (0.038 685)	0.254 449* (0.046 283)	0.042 649*** (0.024 763)
$Log\dfrac{(S_{i,t}^d)^{IPP_t}}{(S_{i,t-1}^d)^{IPP_{t-1}}}$	0.016 934* (0.004 417)	0.023 048* (0.008 878)	0.072 408* (0.010 877)	0.012 788*** (0.007 200)
$Log\dfrac{(S_{i,t}^f)^{IPP_t}}{(S_{i,t-1}^f)^{IPP_{t-1}}}$	−0.018 626* (0.005 663)	−0.023 982** (0.011 088)	−0.106 232* (0.016 049)	−0.022 117** (0.010 916)
Adjusted R²	0.460 808	0.258 843	0.347 603	0.663 073
F-statistic	12.415 36	5.002 848	6.268 890	21.467 25
Prob(F-statistic)	0.000 000	0.000 000	0.000 000	0.000 000

---

[1] 达摩达尔·N·古扎拉蒂.计量经济学基础(第四版).费建平,孙春霞等译,中国人民大学出版社,2005.

表 7 - 17　模型 2 计量检验结果

自变量	全国 $Log\dfrac{TFP_{i,t}}{TFP_{i,t-1}}$	东部地区 $Log\dfrac{TFP_{i,t}}{TFP_{i,t-1}}$	中部地区 $Log\dfrac{TFP_{i,t}}{TFP_{i,t-1}}$	西部地区 $Log\dfrac{TFP_{i,t}}{TFP_{i,t-1}}$
C	0.008 374* (0.002 563)	0.024 020* (0.003 780)	0.005 738 (0.005 998)	0.004 695 (0.005 243)
$Log\dfrac{S_{i,t}^{d}}{S_{i,t-1}^{d}}$	−0.138 071* (0.042 790)	−0.140 067** (0.062 703)	−0.290 549* (0.095 121)	−0.083 956 (0.082 932)
$Log\dfrac{S_{i,t}^{fdi}}{S_{i,t-1}^{fdi}}$	0.042 268* (0.012 421)	0.054 423 (0.034 743)	0.184 761* (0.038 265)	0.060 550* (0.017 822)
$Log\dfrac{(S_{i,t}^{d})^{IPP_t}}{(S_{i,t-1}^{d})^{IPP_{t-1}}}$	0.011 995* (0.002 972)	0.016 097** (0.007 586)	0.042 849* (0.008 774)	0.009 955* (0.003 788)
$Log\dfrac{(S_{i,t}^{fdi})^{IPP_t}}{(S_{i,t-1}^{fdi})^{IPP_{t-1}}}$	−0.015 973* (0.004 651)	−0.019 139*** (0.011 328)	−0.076 351* (0.015 664)	−0.027 935* (0.007 734)
Adjusted R^2	0.459 050	0.255 338	0.216 351	0.667 340
F-statistic	12.334 88	4.828 946	3.730 135	21.86 319
P(F-statistic)	0.000 000	0.000 000	0.000 000	0.000 000

表 7 - 18　模型 3 计量检验结果

自变量	全国 $Log\dfrac{TFP_{i,t}}{TFP_{i,t-1}}$	东部地区 $Log\dfrac{TFP_{i,t}}{TFP_{i,t-1}}$	中部地区 $Log\dfrac{TFP_{i,t}}{TFP_{i,t-1}}$	西部地区 $Log\dfrac{TFP_{i,t}}{TFP_{i,t-1}}$
C	0.011 247* (0.002 620)	0.029 208* (0.004 480)	0.006 953 (0.005 827)	0.002 598 (0.005 387)
$Log\dfrac{S_{i,t}^{d}}{S_{i,t-1}^{d}}$	−0.124 307* (0.042 717)	−0.148 825** (0.065 290)	−0.152 140*** (0.086 766)	−0.006 444 (0.085 786)
$Log\dfrac{S_{i,t}^{fm}}{S_{i,t-1}^{fm}}$	0.021 593 (0.014 294)	0.019 365 (0.037 349)	0.160 216* (0.041 516)	0.031 965 (0.023 945)
$Log\dfrac{(S_{i,t}^{d})^{IPP_t}}{(S_{i,t-1}^{d})^{IPP_{t-1}}}$	0.014 773* (0.004 209)	0.017 534** (0.008 657)	0.052 478* (0.010 129)	0.009 546 (0.006 916)

（续表）

自变量	全国 $\text{Log} \dfrac{\text{TFP}_{i,t}}{\text{TFP}_{i,t-1}}$	东部地区 $\text{Log} \dfrac{\text{TFP}_{i,t}}{\text{TFP}_{i,t-1}}$	中部地区 $\text{Log} \dfrac{\text{TFP}_{i,t}}{\text{TFP}_{i,t-1}}$	西部地区 $\text{Log} \dfrac{\text{TFP}_{i,t}}{\text{TFP}_{i,t-1}}$
$Log\dfrac{(S_{i,t}^{fm})^{IPP_t}}{(S_{i,t-1}^{fm})^{IPP_{t-1}}}$	$-0.015\,745^{*}$ $(0.005\,445)$	$-0.016\,517$ $(0.010\,861)$	$-0.076\,626^{*}$ $(0.015\,171)$	$-0.016\,956$ $(0.010\,495)$
Adjusted R^2	0.458 325	0.272 120	0.238 181	0.660 680
F-statistic	12.301 81	5.174 690	4.091 741	21.249 55
P(F-statistic)	0.000 000	0.000 000	0.000 000	0.000 000

　　由上述检验结果可知，省际面板模型检验的基本结论与前文全国时间序列数据实证结论较为一致。从全国范围看，国内研发存量在检验期内并未表现出明显的技术进步绩效，而国际 R&D 技术溢出项的系数为正，表明国际技术溢出是我国尤其是中西部地区技术进步的重要推动力。知识产权保护与国内 R&D 创新协同项系数为正、与国际技术溢出协同项系数为负，反映在此模型设定下，知识产权保护制度的增强与国内研发存量的增加会显著促进我国技术进步和生产率提升，同时也必须意识到，涉外知识产权力度的增强会在一定程度上抑制国际技术溢出，必须做好降低对外技术依存度的准备。

　　从三大区域视角看，中部地区的生产率进步更多依赖于 FDI 技术溢出及进口贸易技术溢出，西部地区 FDI 的技术溢出效应更为明显。东部地区模型的截距项较大且都通过了 1‰ 的显著性检验，可以在一定程度上解释为东部地区的技术基础较强，技术水平相对成熟、模式相对稳定，因而国际技术溢出或者研发资本存量的增长并不能在短期内显著促进东部地区技术水平的进一步上升。值得关注的是，根据三个模型的计量检验结果，除模型 3 中西部地区不显著外，三大区域知识产权保护与自主创新协同项均显著为正，表明在我国各地适当加强知识产权保护能有效促进创新驱动型经济发展。

　　为了更充分地反映各地区全要素生产率增长率的内涵，可以进一步将 TFP 增长率分解为技术变化 TC 和效率变化 EC，据此对模型 4、模型 5 进行了检验，结果如表 7-19 所示。

　　由表 7-19 可以看出，在各地区检验结果中，知识产权保护与国内研发存量的协同作用都促进了前沿技术进步,而除西部地区国内研发存量增长率促进了效率提升之外,检验期内其他地区的国内研发资本增长率都未能促进技术进步或者效率提升。国际技术溢出对我国各地区全要素生产率的影响是综合性的,在具体细分为技术变化或效率变化后基本并不显著,因此不能简单归结为对提升技术前沿或改进投入产出效率产生作用。而知识产权保护强度的增加对国际溢出的负面影响主要是抑制技术前沿,在一定程度上反映了我国中西部地区技术发展模式对于模仿、复制的依赖,缺乏核心技术和自主创新能力。

表 7 - 19　模型 4 和 5 的计量检验结果

自变量	全国		东部地区		中部地区		西部地区	
	TC	EC	TC	EC	TC	EC	TC	EC
C	0.004** (0.002)	0.008* (0.001)	0.026* (0.004)	0.004 (0.003)	−0.011** (0.005)	0.020* (0.005)	−0.014* (0.004)	0.017* (0.004)
$Log\dfrac{S^d_{i,t}}{S^d_{i,t-1}}$	−0.188* (0.032)	0.018 (0.022)	−0.123** (0.059)	−0.033 (0.050)	−0.256* (0.069)	0.105 (0.081)	−0.179* (0.066)	0.185* (0.069)
$Log\dfrac{S^f_{i,t}}{S^f_{i,t-1}}$	0.007 (0.011)	0.003 (0.009)	−0.010 (0.033)	0.029 (0.028)	0.034 (0.030)	0.052 (0.034)	0.015 (0.018)	0.043** (0.023)
$Log\dfrac{(S^d_{i,t})^{IPP_t}}{(S^d_{i,t-1})^{IPP_{t-1}}}$	0.016* (0.003)	−0.002 (0.002)	0.013*** (0.007)	0.006 (0.006)	0.021* (0.007)	0.015*** (0.009)	0.014* (0.005)	0.004 (0.006)
$Log\dfrac{(S^f_{i,t})^{IPP_t}}{(S^f_{i,t-1})^{IPP_{t-1}}}$	−0.015* (0.004)	0.002 (0.003)	−0.011 (0.009)	−0.008 (0.008)	−0.025** (0.011)	−0.027** (0.013)	−0.015*** (0.008)	−0.016 (0.010)
Adjusted R²	0.504 906	0.297 124	0.274 695	0.071 079	0.208 982	0.180 692	0.428 271	0.495 770
F-statistic	14.621 86	6.646 401	5.229 150	1.854 452	3.612 588	3.180 914	8.790 431	11.225 52
P(F-statistic)	0.000 000	0.000 0	0.000 000	0.046 707	0.000 000	0.002 461	0.000 000	0.000 000

经过全国时间序列模型和省际面板模型的实证检验,得出的基本结论与本章预期大致吻合:现阶段,我国实际偏低的知识产权保护水平鼓励了以承接国际技术溢出为主的生产率增长模式,加强知识产权保护强度将有利于创新驱动型经济发展,但会在一定程度上抑制国际技术溢出的生产率效应。但是在全国时间序列数据检验中,国内研发资本存量未能显著促进全要素生产率的增长,而在省际面板增量模型中,国内研发存量增量对生产率增量产生了负

面影响,这一检验结果与常理推断不符。带着这个疑问,笔者查阅、对比了相关研究,发现这一检验结果与国内部分学者的研究结论有相似之处,对于这个问题,不同学者分别从资源动态分配效应扭曲(李小平、朱钟棣,2006)、预算软约束(李小平,2007)、以技术换市场的政策结果(李宾,2010)、国内研发更偏重质量改善(汤二子等,2012)等角度解释了我国行业、企业 R&D 投入对生产率效率贡献不大甚至检验结果为负的疑题。

第五节　基本结论与政策建议

一、基本结论

在越来越关注经济增长质量的当下,完善中国知识产权保护体系的建设是大势所趋,研究知识产权保护的生产率效应及传导机理对更有针对性地构建我国知识产权保护体系具有重要意义。本章在对相关理论研究进行梳理后,分别从 1985~2011 年全国总量时间序列数据和 1996~2011 年省际面板数据角度出发,实证分析了知识产权保护对我国全要素生产率的影响和具体的传导作用,以下是本章得到的几点基本结论:

(1) 在本章的模型设定下,国内 R&D 资本存量未能显著促进全要素生产率的提升。这一方面说明在我国实际知识产权保护强度下自主创新功效尚未充分发挥,另一方面说明我国研发投入的产出绩效有待提高。

(2) 在我国实际知识产权保护强度下,国际技术外溢是促进生产率提升和技术进步的重要外部推动力。但是,知识产权保护与国际技术溢出的交互项系数为负,表明当前加强知识产权保护会在一定程度上对全要素生产率产生负面影响,尤其对于中西部不发达地区的技术前沿有一定抑制作用。

(3) 知识产权保护与国内研发资本存量的交叉项系数显著为正,且在全国及分区域模型中均能显著促进技术前沿的提升,表明我国研发投入发挥作用的一个重要条件就是与有效的知识产权保护制度相结合。

(4) 中国区域经济发展特征明显,东、中、西部地区的技术进步来源表现出较强的差异性。从计量检验结果看,我国东部地区技术基础较好、技术进步率较高,对国际技术溢出的依赖度较低,已具备发展创新驱动型经济的基础。而我国中西部地区全要素生产率增长较为缓慢,对国际技术溢出的依存度较高,主要依靠引进技术管理经验、优化资源配置、扩大外需等效率提升方式带动生产率变化。

二、政策建议

本章认为,从长远角度看,知识产权保护会鼓励创新机制的形成、增强经济增长的内生动力。我国应当加强知识产权保护制度的运用与建设,以知识产权战略引领创新驱动,逐步减轻对外技术依赖。但是,知识产权保护对不同经济技术基础、不同发展阶段的地区在短期内的增长绩效是不同的。因此,在构建全国及地区知识产权保护体系时,要将实现创新驱动的全局利益、长远要求与经济成长的阶段性特征相结合。

(1)加强知识产权保护与运用,引领创新驱动。近年来,我国自主创新投入的绝对量一直保持增长态势,但研发投入绩效有待提高。本章实证结果进一步揭示,国内研发投入发挥生产率效应的一个重要条件就是与有效的知识产权保护制度相结合。因此,要充分发挥知识产权制度激励国内自主创新的作用,把知识产权建设放到战略高度,以知识产权战略引领不同类型的自主创新活动,加快科技成果转化,打造经济发展的创新驱动模式。

我国自主创新投入结构并不合理,2008～2012 年我国基础研究投入占 R&D 总投入比例一直徘徊在 4.6%～4.8%,处于较低的投入水平,而发达国家这一比例普遍在 10% 以上。就现实情形来看,由于考虑到成本和技术外部性等原因,尽管企业是自主创新的主体,但以企业为主导的研发投入模式偏重于短期快速见效的试验发展投入,研究深度不够,技术淘汰率较快,因而以整个国民经济体系视角而言,未必能达到经济系统中投入与产出的最优。因此,对于基础性技术的研究与攻克,需要政府加以扶持和引导,强化公共政策中的知识产权导向,建设政府牵头,大型企业、高校与科研院所通力合作,以创新成果为基础、利益分享为纽带的知识产权管理机制、转移机制与共享机制。以知识产权制度引领资源整合,加强基础性研究从而在某些科学领域实现重点突破,集中力量攻克一批国家经济社会发展中的前瞻性、关键性问题,培育核心技术的自主知识产权。同时,我国的知识产权保护体系还要兼顾到广大中小企业的增量性技术裂变,简化专利审查手续,为中小企业加强知识产权保护提供政策引导、融资便利与培训支持,鼓励广大中小企业基于纵深的内需市场进行技术创新并在此基础上构建自己的技术体系和市场品牌,形成创新应用与市场导向的良性互动。此外,要大力发挥知识产权制度促进科技成果转化的作用,完善相关知识产权转让、许可制度,明确不同主体之间的权利结构、利益归属、收益分配方式,解决好产学研合作中的利益分配关系,以明晰的知识产权制度规避潜在纠纷风险,促进协作创新、集成创新,加快科技成果的转化。

在构建我国知识产权保护体系时,离不开财产法、公司法、合同法、反垄断法等法律体系的支持与制约,离不开相关交易制度的完善,只有将知识产权制度放入社会经济法治体系框架内综合考虑,才能发挥知识产权保护的最大效用,助推创新投入绩效的提升。

(2)双管齐下,减轻对外技术依赖。在我国实际知识产权保护强度下,国际技术溢出是技术进步的重要推动力,这是一把"双刃剑",表明了我国全要素生产率的提升存在较强的对外技术依赖性。本章采用计量分析方法有严格的假设前提条件,模型存在局限性,只能从数量关系角度检验一定时期内国际技术溢出对我国全要素生产率的总体影响,并不能充分反映跨国公司、贸易伙伴在技术溢出中的行为取向以及与我国企业的互动关系,这就需要结合经济现实加以分析。在当前世界经济环境与国际产业分工下,企业之间的竞争与合作关系发生了明显变化,中国经济实力和技术基础越强,与发达国家的利益冲突就会愈发显现。改革开放初期,我国还能够通过采取"市场换技术"的策略来吸引发达国家的技术转移和溢出,但是随着我国经济的崛起,发达国家对中国的防范心理加重,会更加注重高科技领域的技术封锁,固化其在技术、经济、国力上的优势,攫取最大的政治、经济利益。比如当前在高端设备领域,我国制造业的重大装备多依赖于进口并受制于国外的技术管制,这些硬件的投资很容易引起创新的路径依赖,推高成本又浪费资源。因此,若我国技术进步长期依赖于承接国际技术溢出,就会使投入成本被发达国家不断阶梯进入的先进技术、设备所报废,最终陷入路径依赖的困境。

因此,我国必须双管齐下,减轻对外技术依赖:一方面要逐步加强涉外知识产权保护,提高国内企业的技术模仿成本,迫使本土企业跳出模仿惯性,打开持续、渐进的自主创新局面。另一方面要加强国内企业的消化吸收能力,充分挖掘每一个环节的技术价值,提升技术引进绩效,最终形成自主可控的技术体系。长久以来,我国企业的消化吸收投入一直在较低水平上停滞不前,与庞大的技术引进格局显得格格不入。为走出这一现状,就必须改变对国外技术"硬件引入"、"拿来主义"的引进模式,注重消化吸收与再次创新。在这个过程中,不仅需要政策引导、资金支持,还要关注人力资本的投入。我国现阶段人才再教育的内容主要局限于职业技术类培训,缺乏针对高端研发人员后续学习、研究能力的培养体系,对此,应当充分利用我国高校和科研院所资源平台,引入与国际前沿领域接轨的一流培训机制,建立高端人才的后续培养体系。

(3)以主动、可控、渐进为原则深化涉外知识产权合作。在当前经济发展阶段,加强知识产权保护的确会增加国际技术的扩散成本,短期内对我国生产率产生一定负面影响。但是,正如前文所述,若我国企业长期依赖于在低知识产权保护水平下复制、模仿国外技术,则会陷入"技术锁定战略"的路径依赖困境中,被长期锁定在国际产业分工的低端环节。从长远角度看,加强涉外知识产权保护已成为我国创新转型、提升国际竞争力的迫切需要与必然选择。因此,在涉外知识产权制度的制定与执行问题上,政府一方面应确立加强保护这个基本定位,顺应实现创新驱动战略的全局利益与长远要求;另一方面,也要结合我国经济发展过程中的阶段性特征,对国外高新技术专利的保护给予一个调整、适应的过渡时期,以主动、可控、渐进为原则深化国际知识产权合作,完善涉外知识产权保护体系。当前国际知识产权领域有了新的发展动向,地区性组织逐渐发力,我国也要把握机遇,积极主动地参与、融入知识产权保护多边体系的构建,增强国际影响力,顺应经济与科技进一步发展的需求。

(4)将知识产权建设与区域经济成长的阶段性特征相结合。我国幅员辽阔,区域经济发展与技术进步呈现明显的差异性。东部地区是我国经济技术发展的前沿地区,对推动我国技术进步起到了主导作用,相对地,中西部地区主要以效率提升的方式逐步追赶最佳生产状态。知识产权建设是一个长期的过程,法律应当一视同仁。但是,知识产权保护制度对不同经济技术特征、不同发展阶段的地区在短期内的增长绩效是不同的。在东部经济发达地区,知识产权保护与自主创新的交互项对提升技术前沿有显著正向影响,因此,东部地区知识产权建设的重点要以促进技术创新为导向,以提升高新技术产业竞争力为目标,建立完善的地方性法规、政策体系促进研发创新活动,进而带动全国技术前沿的提升与拓展。相对地,我国中西部地区的技术基础较为薄弱,生产率对于技术溢出的依存度较高,与东部地区的生产前沿差距明显。因此,中西部地区要着重发展知识产权交易制度,加强知识产权引进规范,简化交易手续,搭建公共交易平台,对创新发明者建立一定程度的补贴机制,并积极吸引经济发达地区的技术外溢,促进新技术、新思想的传播与扩散。知识产权制度的建设不是朝夕之功,在国家知识产权法律体系框架下,各地区要结合自身经济技术发展特点,既顺应长远发展需求,又在经济成长的不同阶段中促进技术进步。

本章参考文献

[1] 白俊红,江可申,李婧. 中国地区研发创新的相对效率与全要素生产率增长分解. 数量经济技术经济研究,2009(3).

[2] 曹泽,李东. R&D投入对全要素生产率的溢出效应. 科研管理,2010,31(2).

[3] 单豪杰. 中国资本存量K的再估算:1952～2006年. 数量经济技术经济研究,2008(10).

[4] 龚六堂,谢丹阳. 我国省份之间的要素流动和边际生产率的差异分析. 经济研究,2004(1).

[5] 古扎拉蒂. 计量经济学基础(第四版). 费剑平、孙春霞等译. 中国人民大学出版社,2005.

[6] 郭春野,庄子银. 知识产权保护与"南方"国家的自主创新激励. 经济研究,2012(9).

[7] 郭庆旺,贾俊雪. 中国潜在产出与产出缺口的估算. 经济研究,2004(5).

[8] 郭庆旺,贾俊雪. 中国全要素生产率的估算:1979～2004. 经济研究,2005(6).

[9] 国务院法制办公室. 中华人民共和国民法通则:实用版. 中国法制出版社,2010.

[10] 韩玉雄,李怀祖. 关于中国知识产权保护水平的定量分析. 科学学研究,2005,23(3).

[11] 靖学青. 中国省际物质资本存量估计:1952～2010. 广东社会科学,2013(2).

[12] 匡远凤,彭代彦. 中国环境生产效率与环境全要素生产率分析. 经济研究,2012(7).

[13] 李宾. 国内研发阻碍了我国全要素生产率的提高吗?. 科学学研究,2010,28(7).

[14] 李斌,赵新华. 中国全要素生产率的估算:1979～2006. 统计与决策,2009(14).

[15] 李福柱,杨跃峰. 全要素生产率增长率的测算方法应用述评. 济南大学学报:社会科学版,2013,23(2).

[16] 李平,鲁婧颉. 进口贸易对我国各地区全要素生产率增长的实证分析. 经济问题探索,2006(2).

[17] 李胜文,李大胜. 中国工业全要素生产率的波动:1986～2005——基于细分行业的三投入随机前沿生产函数分析. 数量经济技术经济研究,2008,25(5).

[18] 李小平,朱钟棣. 国际贸易、R&D溢出和生产率增长. 经济研究,2006(2).

[19] 李小平. 自主R&D、技术引进和生产率增长——对中国分行业大中型工业企业的实证研究. 数量经济技术经济研究,2007,24(7).

[20] 李小胜. 中国R&D资本存量的估计与经济增长. 中国统计,2007(11).

[21] 李杏,M. W. Luke,Chan. 外商直接投资的技术溢出的进一步检验——基于中国东中西部不同时间阶段分析. 南开经济研究,2009(5).

[22] 刘永呈,胡永远. 中国省际资本存量的估计:1952～2003. 统计与决策,2006(8).

[23] 吕敏,张亚斌. 中国知识产权实际保护强度度量——一种改进方法. 科技进步与对策,2013,30(20).

[24] 倪海青,张岩贵. 知识产权保护、FDI技术转移与自主创新. 世界经济研究,2009(8).

[25] 沈坤荣,耿强. 外国直接投资、技术外溢与内生经济增长——中国数据的计量检验与实证分析. 中国社会科学,2001(5).

[26] 十八大报告文件起草组. 中国共产党第十八次全国代表大会文件汇编. 人民出版社,2012.

[27] 汤二子,刘海洋,孔祥贞,等. 中国制造业企业研发投入与效果的经验研究. 经济与管理,2012,26(8).

[28] 涂涛涛. 外商直接投资对中国工业部门的外溢效应分析—基于分位数回归法. 世界经济研究,2008(8).

[29] 王滨. FDI 技术溢出、技术进步与技术效率——基于中国制造业 1999～2007 年面板数据的经验研究. 数量经济技术经济研究,2010(2).

[30] 王景,朱利. 知识产权对微观经济的作用机理研究. 昆明理工大学学报自然科学版,2004,29(3).

[31] 王小鲁,樊纲. 中国经济增长的可持续性:跨世纪的回顾与展望. 经济科学出版社,2000.

[32] 徐现祥,周吉梅,舒元. 中国省区三次产业资本存量估计. 统计研究,2007,24(5).

[33] 许春明,陈敏. 中国知识产权保护强度的测定及验证. 知识产权,2008,18(1).

[34] 杨全发,韩樱. 知识产权保护与跨国公司对外直接投资策略. 经济研究,2006(4).

[35] 姚洋. 非国有经济成分对我国工业企业技术效率的影响. 经济研究,1998(12).

[36] 姚战琪. 生产率增长与要素再配置效应:中国的经验研究. 经济研究,2009(11).

[37] 叶宗裕. 中国资本存量再估算:1952～2008. 统计与信息论坛,2010,25(7).

[38] 易先忠,张亚斌,刘智勇. 自主创新、国外模仿与后发国知识产权保护. 世界经济,2007(3).

[39] 张海洋. R&D 两面性、外资活动与中国工业生产率增长. 经济研究,2005(5).

[40] 张军,吴桂英,张吉鹏. 中国省际物质资本存量估算:1952—2000. 经济研究,2004(10).

[41] 张源媛,仇晋文. 知识产权保护与国际 R&D 溢出实证研究. 世界经济研究,2013(1).

[42] 赵奉军,高波. 中国全要素生产率的顺周期特征与决定因素:1952～2007. 经济经纬,2009(2).

[43] 庄子银,丁文君. 知识产权保护、模仿与南方自主创新. 经济评论,2013(3).

[44] Aitken B J, Harrison A E. Do Domestic Firms Benefit from Direct Foreign Investment? Evidence from Venezuela. *American Economic Review*, 1999, 89(3): 605 - 618.

[45] Allred B B, Park W G. Patent Rights and Innovative Activity: Evidence from National and Firm-Level Data. *Journal of International Business Studies*, 2007, 38(6): 878 - 900.

[46] Basu S, Weil D N. Appropriate Technology and Growth. *Quarterly Journal of Economics*, 1998, 113(4): 1025 - 1054..

[47] Caves R E. Multinational Firms, Competition, and Productivity in Host-Country Markets. *Economica*, 1974, 41(162): 176 - 193.

[48] Chen Y, Puttitanun T. Intellectual Property Rights and Innovation in Developing Countries. *Journal of Development Economics*, 2005, 78(2): 474 - 493.

[49] Chen, Edward K Y. *Transnational Corporations and Technology Transfer to Developing Countries*. Routledge, 1994.

[50] Chin J C, Grossman G M. Intellectual Property Rights and North-South Trade. *Social Science Electronic Publishing*, 1991, 13: 87 - 92.

[51] Coe D T, Helpman E. International R&D Spillovers. *European Economic Review*, 1995, 39(5): 859 - 887.

[52] Djankov S, Hoekman B. Foreign Investment and Productivity Growth in Czech Enterprises. *World Bank Economic Review*, 1999, 14(1): 49 - 64.

[53] Eaton J, Kortum S. Trade in Ideas Patenting and Productivity in the OECD. *Journal of International Economics*, 1996, 40(3 - 4): 251 - 278.

[54] Falvey R, Foster N, Greenaway D. Intellectual Property Rights and Economic Growth. *Review of Development Economics*, 2006, 10(4): 700 - 719.

[55] Fink C, Maskus K E. Intellectual Property and Development: Lessons from Recent Economic Research. World Bank, 2005.

[56] Ginarte J C, Park W G. Determinants of Patent Rights: A Cross-national Study. *Research Policy*, 1997, 26:283 - 301.

[57] Glass A J, Saggi K. Intellectual Property Rights and Foreign Direct Investment. *Ssrn Electronic Journal*, 2002, 56(2): 387 - 410.

[58] Glass A J, Wu Intellectual Property Rights and Quality Improvement. *Journal of Development Economics*, 2007, 82(2): 393 - 415.

[59] Globerman S. Foreign Direct Investment and "Spillover" Efficiency Benefits in Canadian Manufacturing Industries. *Canadian Journal of Economics*, 1979, 12(1): 42 - 56.

[60] Griliches Z. Issues in Assessing the Contribution of Research and Development to Productivity Growth. *Bell Journal of Economics*, 1979, 10(1): 92 - 116.

[61] Grossman G M, Helpman E. *Innovation and Growth in the Global Economy*. MIT Press, 1991: 323 - 324.

[62] Guellec D. R&D and Productivity Growth: Panel Data Analysis of 16 OECD Countries. OECD Science Technology & Industry Working Papers, 2001, 33.

[63] Helpman E. Innovation, Imitation, and Intellectual Property Rights. *Econometrica*, 1992, 61(6): 1247 - 1280.

［64］Imbriani C, Reganati F. International Efficiency Spillovers into the Italian Manufacturing Sector-English Summary. *Economia Internazionale*, 1997, 50 (4): 583 - 595.

［65］Kokko A. Technology, Market Characteristics, and Spillovers. *Journal of Development Economics*, 1994, 43(2): 279 - 293.

［66］Lai E L C. International Intellectual Property Rights Protection and the Rate of Product Innovation. *Journal of Development Economics*, 1998, 55:133 - 153.

［67］Lesser W. The Effects of TRIPS-Mandated Intellectual Property Rights on Economic Activities in Developing Countries. *World Intellectual Property (WIPO) Studies*, 2001, 1: 1 - 24.

［68］Liao P C, Wong K Y. R&D Subsidy, Intellectual Property Rights Protection, and North-South Trade: How Good is the TRIPS Agreement?. *Japan & the World Economy*, 2009, 21(2): 191 - 201.

［69］Lichtenberg F R. International R&D Spillovers: A Comment. *European Economic Review*, 1998, 42(8): 1483 - 1491.

［70］Lichtenberg F, de La Potterie B V P. International R&D Spillovers: A Re-examination. NBER, 1996.

［71］MacDougall G D A. The Benefits and Costs of Private Investment from Abroad: A Theoretical Approach. *Oxford Bulletin of Economics and Statistics*, 1960, 22(3): 189 - 211.

［72］Madsen J B. Technology Spillover Through Trade and TFP Convergence: 135 Years of Evidence for the OECD Countries. *Journal of International Economics*, 2007, 72 (2): 464 - 480.

［73］Mansfield E. Intellectual Property Protection, Direct Investment, and Technology Transfer : Germany, Japan, and the United States. World Bank, 1994.

［74］Markusen J R. Contracts, Intellectual Property Rights, and Multinational Investment in Developing Countries. *Journal of International Economics*, 2001, 53(1): 189 - 204.

［75］Maskus K E, Penubarti M. How Trade-Related are Intellectual Property Rights?. *Journal of International Economics*, 1995, 39(3): 227 - 248.

［76］Maskus K E. Evidence on Intellectual Property Rights and Economic Development: A Broader Policy Perspective for China. NBER, 1998: 16 - 31.

［77］Nunnenkamp P, Spatz J. Intellectual Property Rights and Foreign Direct Investment: The Role of Industry and Host-Country Characteristics. Kiel Working Papers, 2004.

［78］Rapp R T, Rozek R P. Benefits and Costs of Intellectual Property Protection in Developing Countries. *Journal of World Trade*, 1990, 24(5): 75 - 102.

[79] Romer P M. Increasing Returns and Long-Run Growth. *Journal of Political Economy*, 1986, 94(5): 1002 - 1037.

[80] Smarzynska Javorcik B. Does Foreign Direct Investment Increase the Productivity of Domestic Firms? In Search of Spillovers Through Backward Linkages. *American Economic Review*, 2004, 94(3): 605 - 627.

[81] Smith P J. Are Weak Patent Rights a Barrier to U S Exports?. *Journal of International Economics*, 1999, 48(48): 151 - 177.

[82] Solow R M. Technical Change and the Aggregate Production Function. *Review of Economics & Statistics*, 1957, 39(3): 554 - 562.

[83] Taylor M S. TRIPS, Trade and Growth. *International Economic Review*, 1994, 35 (2):361 - 81.

[84] Taymaz E, Lenger A. Multinational Corporations as a Vehicle for Productivity Spillovers in Turkey. Druid Working Papers, 2004.

[85] Weinhold D. The Importance of Trade and Geography in the Pattern of Spatial Dependence of Growth Rates. *Review of Development Economics*, 2002, 6(3): 369 - 382.

[86] Yang G, Maskus K E. Intellectual Property Rights and Licensing: An Econometric Investigation. *Review of World Economics*, 2001, 137(1): 58 - 79.

[87] Yang G, Maskus K E. Intellectual Property Rights, Licensing, and Innovation in an Endogenous Product-Cycle Model. *Journal of International Economics*, 2001, 53 (1): 169 - 187.

附　录

为更全面地反映本章研究情况,现将文章中未列出的重要数据附于附录中,供读者阅读论文时参考。

附表 7-1　全国时间序列数据全要素生产率的测算(1978 年不变价)

年份	国内生产总值 (亿元)	年末就业人数 (万人)	固定资本存量 (亿元)	全要素生产率
1978	3 645.22	40 152	6 606.78	0.342 9
1979	3 922.26	41 024	7 421.55	0.336 7
1980	4 228.82	42 361	8 334.19	0.330 5
1981	4 450.45	43 725	9 228.02	0.320 0
1982	4 853.61	45 295	10 179.76	0.321 7
1983	5 380.34	46 436	11 392.47	0.326 1
1984	6 196.87	48 197	12 837.02	0.340 6
1985	7 031.26	49 873	14 533.54	0.349 5
1986	7 653.14	51 282	16 351.42	0.346 3
1987	8 539.66	52 783	18 194.21	0.354 5
1988	9 503.09	54 334	20 066.63	0.364 2
1989	9 889.12	55 329	21 389.25	0.359 9
1990	102 68.95	64 749	22 750.12	0.342 6
1991	11 211.60	65 491	24 470.67	0.353 4
1992	12 808.21	66 152	26 889.23	0.375 7
1993	14 596.55	66 808	29 851.29	0.395 4
1994	16 505.92	674 55	33 515.24	0.409 6
1995	18 309.21	68 065	37 511.94	0.417 2
1996	20 141.66	68 950	41 778.89	0.422 5
1997	22 014.21	69 820	46 031.66	0.428 5
1998	23 738.77	70 637	50 598.30	0.429 7
1999	25 547.52	71 394	55 385.20	0.431 4

（续表）

年份	国内生产总值 （亿元）	年末就业人数 （万人）	固定资本存量 （亿元）	全要素生产率
2000	27 701. 85	72 085	60 544. 80	0. 437 0
2001	30 000. 89	72 797	66 256. 59	0. 441 7
2002	32 725. 69	73 280	73 156. 31	0. 447 1
2003	36 006. 75	73 736	81 649. 51	0. 453 0
2004	39 637. 76	74 264	92 369. 08	0. 454 5
2005	44 121. 01	74 647	103 450. 67	0. 464 8
2006	49 713. 87	74 978	116 713. 02	0. 478 7
2007	56 754. 62	75 321	131 972. 90	0. 498 6
2008	62 222. 81	75 564	150 077. 57	0. 496 8
2009	67 956. 01	75 828	173 806. 08	0. 486 5
2010	750 55. 44	76 105	200 995. 32	0. 482 4
2011	82 035. 68	76 420	230 695. 81	0. 475 8

附表 7－2　国内 R&D 资本存量（单位:亿元,1985 年不变价）

年份	R&D 资本存量	年份	R&D 资本存量	年份	R&D 资本存量
1985	428. 35	1994	662. 11	2003	2 028. 71
1986	484. 93	1995	705. 97	2004	2 407. 35
1987	529. 20	1996	758. 00	2005	2 860. 82
1988	561. 72	1997	838. 25	2006	3 397. 56
1989	572. 65	1998	927. 88	2007	4 021. 82
1990	587. 33	1999	1 055. 31	2008	4 735. 31
1991	605. 68	2000	1 236. 23	2009	5 716. 27
1992	631. 17	2001	1 444. 74	2010	6 807. 77
1993	650. 47	2002	1 715. 83	2011	8 035. 08

附表 7-3 各地区物质资本存量(单位:亿元,1996 年不变价)

年 份	北 京	天 津	河 北	山 西	辽 宁	吉 林	黑龙江	上 海	江 苏
1996	8 762	4 945	10 578	5 382	11 166	4 497	7 110	11 639	17 966
1997	9 309	5 270	11 510	5 540	11 567	4 652	7 467	12 823	19 325
1998	9 998	5 638	12 575	5 817	12 043	4 855	7 946	13 960	20 962
1999	10 719	5 981	13 749	6 125	12 545	5 132	8 399	15 044	22 726
2000	11 530	6 362	14 983	6 462	13 183	5 490	8 886	16 183	24 648
2001	12 544	6 829	16 269	6 844	13 932	5 897	9 466	17 421	26 771
2002	13 777	7 388	17 614	7 334	14 818	6 404	10 120	18 839	29 317
2003	15 193	8 142	19 259	8 026	16 078	7 033	10 819	20 418	33 067
2004	16 777	9 039	21 407	8 935	18 000	7 747	11 645	22 322	37 698
2005	18 781	10 143	24 097	10 172	20 387	8 906	12 650	24 527	43 565
2006	20 945	11 490	27 344	11 713	23 524	10 912	13 968	27 034	50 144
2007	23 332	13 171	31 202	13 575	27 421	13 733	15 690	29 923	57 389
2008	25 065	15 407	36 128	15 667	33 759	17 378	17 729	32 612	65 656
2009	27 321	18 655	41 752	18 727	39 119	21 479	20 795	36 084	75 936
2010	30 036	22 663	47 908	22 353	45 584	26 224	23 888	39 153	87 957
2011	32 801	27 312	55 321	26 435	52 960	30 900	27 422	42 070	101 131
年 份	浙 江	安 徽	福 建	江 西	山 东	河 南	湖 北	湖 南	广 东
1996	11 136	7 038	6 084	4 232	18 918	10 141	8 058	6 089	16 632
1997	12 246	7 452	6 745	4 490	19 983	10 868	8 738	6 499	18 051
1998	13 454	7 890	7 536	4 778	21 296	11 719	9 522	7 007	19 760
1999	14 731	8 326	8 331	5 086	22 865	12 590	10 352	7 603	21 714
2000	16 213	8 818	9 147	5 424	24 854	13 584	11 255	8 281	23 736
2001	17 980	9 363	9 975	5 832	27 091	14 665	12 262	9 069	25 953
2002	20 247	9 998	10 880	6 447	29 882	15 906	13 302	9 959	28 441

（续表）

年 份	浙 江	安 徽	福 建	江 西	山 东	河 南	湖 北	湖 南	广 东
2003	23 475	10 794	12 004	7 365	33 408	17 458	14 422	10 996	31 715
2004	27 315	11 947	13 395	8 504	38 076	19 536	15 789	12 212	35 482
2005	31 510	13 322	15 081	9 784	43 976	22 557	17 486	13 881	40 278
2006	36 109	15 001	17 219	11 290	50 874	26 679	19 708	15 918	45 662
2007	41 202	17 065	20 013	12 986	58 242	32 110	22 399	18 440	51 724
2008	46 378	19 525	23 338	14 811	66 252	38 564	25 426	21 752	57 947
2009	52 147	22 364	27 267	17 301	76 974	46 921	29 388	25 940	66 148
2010	58 783	25 875	31 511	20 057	89 014	56 570	34 182	31 188	75 683
2011	65 749	30 023	36 428	23 200	101 962	67 227	40 067	37 143	85 824

年 份	四 川	贵 州	云 南	陕 西	青 海	宁 夏	新 疆		
1996	12 477	2 952	5 208	779	2 792	1 071	1 502		
1997	13 201	3 079	5 488	1 197	2 752	1 104	1 881		
1998	14 217	3 259	5 893	1 702	2 729	1 156	2 323		
1999	15 276	3 490	6 311	2 261	2 723	1 228	2 752		
2000	16 452	3 765	6 682	2 927	2 740	1 324	3 249		
2001	17 907	4 141	7 077	3 645	2 800	1 448	3 788		
2002	19 687	4 585	7 530	4 452	2 897	1 600	4 432		
2003	21 957	5 093	8 135	5 553	3 029	1 823	5 238		
2004	24 590	5 630	8 947	6 761	3 165	2 074	6 093		
2005	27 833	6 232	10 057	8 228	3 330	2 365	7 105		
2006	31 797	6 928	11 439	10 141	3 523	2 697	8 346		
2007	36 594	7 727	13 068	12 285	3 751	3 085	9 615		
2008	42 638	8 645	14 436	15 200	4 014	3 594	10 855		
2009	49 288	9 833	16 485	18 611	4 440	4 353	12 269		
2010	56 975	11 259	19 643	22 914	5 026	5 273	14 125		
2011	65 737	12 951	23 446	27 637	5 756	6 194	16 248		

附表 7-4　各地区年末从业人数(单位:万人)

年份	北京	天津	河北	山西	辽宁	吉林	黑龙	上海	江苏
1996	1 259	948	6 484	3 109	4 116	2 610	3 728	1 419	7 110
1997	1 240	953	6 525	3 141	4 138	2 628	3 751	1 457	7 148
1998	1 246	957	6 569	3 172	4 157	2 644	3 773	1 464	7 182
1999	1 257	959	6 614	3 204	4 171	2 658	3 792	1 474	7 213
2000	1 364	1 001	6 674	3 247	4 184	2 682	3 807	1 609	7 327
2001	1 385	1 004	6 699	3 272	4 194	2 691	3 811	1 668	7 359
2002	1 423	1 007	6 735	3 294	4 203	2 699	3 813	1 713	7 406
2003	1 456	1 011	6 769	3 314	4 210	2 704	3 815	1 766	7 458
2004	1 493	1 024	6 809	3 335	4 217	2 709	3 817	1 835	7 523
2005	1 538	1 043	6 851	3 355	4 221	2 716	3 820	1 890	7 588
2006	1 601	1 075	6 898	3 375	4 271	2 723	3 823	1 964	7 656
2007	1 676	1 115	6 943	3 393	4 298	2 730	3 824	2 064	7 723
2008	1 771	1 176	6 989	3 411	4 315	2 734	3 825	2 141	7 762
2009	1 860	1 228	7 034	3 427	4 341	2 740	3 826	2 210	7 810
2010	1 962	1 299	7 194	3 574	4 375	2 747	3 833	2 303	7 869
2011	2 019	1 355	7 241	3 593	4 383	2 749	3 834	2 347	7 899
年份	浙江	安徽	福建	江西	山东	河南	湖北	湖南	广东
1996	4 343	6 070	3 261	4 105	8 738	9 172	5 825	6 428	6 961
1997	4 435	6 127	3 282	4 150	8 785	9 243	5 873	6 465	7 051
1998	4 456	6 184	3 299	4 191	8 838	9 315	5 907	6 502	7 143
1999	4 475	6 237	3 316	4 231	8 883	9 387	5 938	6 532	7 270
2000	4 680	6 093	3 410	4 149	8 998	9 488	5 646	6 562	8 650
2001	4 729	6 128	3 445	4 186	9 041	9 555	5 658	6 596	8 733
2002	4 776	6 144	3 476	4 222	9 082	9 613	5 672	6 629	8 842
2003	4 857	6 163	3 502	4 254	9 125	9 667	5 685	6 663	8 963

年　份	浙　江	安　徽	福　建	江　西	山　东	河　南	湖　北	湖　南	广　东
2004	4 925	6 228	3 529	4 284	9 180	9 717	5 698	6 698	9 111
2005	4 991	6 120	3 557	4 311	9 248	9 380	5 710	6 326	9 194
2006	5 072	6 110	3 585	4 339	9 309	9 392	5 693	6 342	9 442
2007	5 155	6 118	3 612	4 368	9 367	9 360	5 699	6 355	9 660
2008	5 212	6 135	3 639	4 400	9 417	9 429	5 711	6 380	9 893
2009	5 276	6 131	3 666	4 432	9 470	9 487	5 720	6 406	10 130
2010	5 447	5 957	3 693	4 462	9 588	9 405	5 728	6 570	10 441
2011	5 463	5 968	3 720	4 488	9 637	9 388	5 758	6 596	10 505

年　份	四　川	贵　州	云　南	陕　西	青　海	宁　夏	新　疆		
1996	11 430	3 555	4 042	3 543	488	521	1 689		
1997	11 472	3 606	4 094	3 570	496	530	1 718		
1998	11 553	3 658	4 144	3 596	503	538	1747		
1999	11 625	3 710	4 192	3 618	510	543	1 774		
2000	11 178	3 756	4 241	3 644	517	554	1 849		
2001	10 972	3 799	4 287	3 653	523	563	1 876		
2002	10 924	3 837	4 333	3 662	529	572	1 905		
2003	10 979	3 870	4 376	3 672	534	580	1 934		
2004	10 883	3 904	4 415	3 681	539	588	1 963		
2005	11 010	3 730	4 450	3 690	543	596	2 010		
2006	10 977	3 690	4 483	3 699	548	604	2 050		
2007	10 943	3 632	4 514	3 708	552	610	2 095		
2008	10 977	3 596	4 543	3 718	554	618	2 131		
2009	11 044	3 537	4 571	3 727	557	625	2 159		
2010	10 930	3 479	4 602	3 735	563	633	2 185		
2011	10 969	3 469	4 631	3 743	568	639	2 209		

附表 7-5　各地区国内生产总值(单位:亿元,1996 年不变价格)

地　区	北　京	天　津	河　北	山　西	辽　宁	吉　林	黑龙江	上　海	江　苏
1996	1 789	1 122	3 453	1 292	3 158	1 347	2 371	2 958	6 004
1997	2 045	1 246	3 895	1 454	3 529	1 443	2 628	3 388	6 581
1998	2 361	1 366	4 230	1 601	3 858	1 567	2 757	3 778	7 156
1999	2 696	1 511	4 545	1 678	4 200	1 684	2 886	4 217	7 750
2000	3 119	1 679	4 977	1 821	4 607	1 925	3 109	4 707	8 440
2001	3 587	1 855	5 334	1 962	4 866	2 050	3 278	5 037	9 143
2002	4 162	2 067	5 784	2 234	5 245	2 257	3 495	5 517	10 193
2003	4 706	2 415	6 484	2 675	5 623	2 494	3 801	6 271	11 657
2004	5 286	2 726	7 428	3 129	5 846	2 735	4 162	7 073	13 146
2005	5 876	3 293	8 441	3 567	6 785	3 052	4 649	7 797	15 681
2006	6 593	3 625	9 314	3 962	7 557	3 472	5 045	8 587	17 659
2007	7 430	3 964	10 268	4 546	8 424	3 988	5 360	9 428	19 633
2008	7 782	4 704	11 211	5 122	9 570	4 499	5 821	9 851	21 693
2009	8 561	5 298	12 141	5 183	10 716	5 127	6 049	10 599	24 272
2010	9 323	6 093	13 472	6 078	12 192	5 726	6 849	11 339	27 365
2011	9 958	6 929	15 022	6 886	13 620	6 476	7 710	11 762	30 093

地　区	浙　江	安　徽	福　建	江　西	山　东	河　南	湖　北	湖　南	广　东
1996	4 189	2 093	2 484	1 410	5 884	3 635	2 500	2 540	6 835
1997	4 616	2 312	2 828	1 582	6 440	3 981	2 814	2 807	7 659
1998	5 022	2 527	3 141	1 709	6 979	4 282	3 095	3 007	8 479
1999	5 481	2 731	3 437	1 866	7 544	4 548	3 251	3 236	9 313
2000	6 059	2 863	3 714	1 976	8 226	4 986	3 498	3 504	10 598
2001	6 669	3 139	3 938	2 103	8 890	5 349	3 752	3 705	11 640
2002	7 692	3 382	4 293	2 355	9 875	5 800	4 049	3 990	12 976
2003	9 092	3 675	4 669	2 630	11 315	6 434	4 457	4 366	14 843

（续表）

地 区	浙 江	安 徽	福 建	江 西	山 东	河 南	湖 北	湖 南	广 东
2004	10 206	4 170	5 050	3 029	13 161	7 494	4 936	4 943	16 528
2005	11 313	4 511	5 526	3 420	15 485	8 926	5 556	5 561	19 018
2006	12 767	4 965	6 160	3 915	17 788	10 041	6 187	6 245	21 595
2007	14 151	5 554	6 979	4 377	19 450	11 328	7 043	7 123	23 978
2008	15 028	6 198	7 578	4 881	21 659	12 616	7 932	8 090	25 764
2009	16 195	7 088	8 620	5 392	23 877	13 722	9 130	9 199	27 812
2010	18 313	8 164	9 735	6 243	25 875	15 254	10 548	10 594	30 395
2011	19 804	9 376	10 760	7 171	27 796	16 502	12 030	12 053	32 605

地 区	四 川	贵 州	云 南	陕 西	青 海	宁 夏	新 疆		
1996	4 059	723	1 518	1 216	184	203	901		
1997	4 533	794	1 651	1 343	200	221	1 024		
1998	4 885	853	1 820	1 450	220	244	1 100		
1999	5 176	944	1 913	1 603	241	266	1 171		
2000	5 458	1 016	1 984	1 780	260	291	1 345		
2001	5 858	1 096	2 067	1 944	290	326	1 442		
2002	6 453	1 195	2 223	2 166	327	362	1 550		
2003	7 125	1 336	2 394	2 424	366	417	1 767		
2004	7 949	1 470	2 700	2 782	408	471	1 936		
2005	9 150	1 691	2 919	3 317	458	516	2 196		
2006	10 232	1 900	3 239	3 853	527	590	2 473		
2007	11 498	2 176	3 601	4 344	602	694	2 658		
2008	12 880	2 494	3 985	5 121	713	843	2 929		
2009	14 568	2 756	4 346	5 755	762	953	3 013		
2010	16 588	3 040	4 772	6 687	892	1 116	3 592		
2011	19 019	3 494	5 449	7 667	1 024	1 288	4 050		

附表 7－6　DEA-Malmqusit 指数法测算各地区 TFP

地区	1997	1998	1999	2000	2001	2002	2003	2004	2005	2006	2007	2008	2009	2010	2011
北京	1.099	1.095	1.082	1.073	1.074	1.074	1.045	1.036	1.015	1.028	1.033	0.980	1.022	1.009	1.005
天津	1.064	1.048	1.062	1.051	1.049	1.055	1.091	1.044	1.107	1.000	0.985	1.049	0.979	1.050	1.077
河北	1.065	1.018	1.003	1.021	0.998	1.007	1.027	1.031	1.010	0.973	0.966	0.943	0.940	0.971	0.977
山西	1.100	1.061	1.007	1.038	1.026	1.068	1.097	1.051	1.002	0.965	0.990	0.976	0.847	0.983	0.961
辽宁	1.096	1.070	1.060	1.066	1.024	1.042	1.026	0.974	1.078	1.027	1.025	1.012	1.024	1.029	1.010
吉林	1.045	1.053	1.030	1.082	1.002	1.021	1.009	0.995	0.971	0.929	0.922	0.950	1.008	0.988	1.016
黑龙江	1.070	1.001	1.002	1.028	0.999	1.002	1.019	1.017	1.028	0.983	0.946	0.961	0.886	0.986	0.981
上海	1.087	1.077	1.080	1.028	1.017	1.046	1.082	1.064	1.045	1.037	1.025	0.992	1.028	1.019	1.013
江苏	1.054	1.039	1.034	1.034	1.033	1.057	1.067	1.042	1.092	1.035	1.021	1.022	1.021	0.999	
浙江	1.041	1.035	1.039	1.027	1.033	1.073	1.078	1.020	1.011	1.035	1.018	0.986	0.998	1.034	1.002
安徽	1.065	1.052	1.040	1.013	1.044	1.017	1.010	1.025	0.970	0.978	0.983	0.975	0.999	0.995	0.990
福建	1.059	1.022	1.010	0.995	0.990	1.015	1.002	0.986	0.992	0.998	1.017	0.987	1.038	1.034	1.007
江西	1.081	1.037	1.046	1.019	1.004	1.025	0.983	0.997	0.982	0.992	0.972	0.977	0.946	0.999	0.993
山东	1.051	1.031	1.021	1.016	1.017	1.037	1.060	1.066	1.071	1.057	1.015	1.037	1.011	0.987	0.983
河南	1.051	1.024	1.010	1.035	1.008	1.008	1.014	1.041	1.032	0.952	0.937	0.927	0.894	0.922	0.910
湖北	1.067	1.037	0.988	1.021	0.998	1.002	1.018	1.011	1.017	0.988	1.002	0.992	0.996	0.993	0.973
湖南	1.065	1.024	1.021	1.020	0.984	0.992	0.995	1.019	0.990	0.980	0.984	0.963	0.954	0.958	0.955
广东	1.061	1.040	1.026	1.013	1.028	1.039	1.050	1.019	1.041	1.026	1.005	0.981	0.972	0.978	0.970
四川	1.080	1.028	1.009	1.011	1.006	1.014	0.994	0.996	1.017	0.979	0.976	0.961	0.979	0.985	0.994
贵州	1.068	1.035	1.057	1.021	1.003	0.995	1.010	0.995	1.039	1.011	1.027	1.024	0.972	0.964	0.999
云南	1.048	1.048	0.999	0.992	0.993	1.016	0.999	1.025	0.962	0.976	0.973	1.001	0.955	0.922	0.956
陕西	0.847	0.854	0.900	0.910	0.911	0.932	0.907	0.942	0.981	0.943	0.930	0.952	0.919	0.944	0.955
青海	1.092	1.100	1.092	1.069	1.095	1.099	1.085	1.081	1.085	1.110	1.100	1.140	1.007	1.081	1.050
宁夏	1.061	1.063	1.039	1.025	1.034	1.012	1.014	0.992	0.965	1.007	1.040	1.064	0.989	1.033	1.041
新疆	1.002	0.938	0.943	1.004	0.942	0.931	0.968	0.941	0.973	0.959	0.933	0.976	0.910	1.035	0.983

附表 7－7　DEA-Malmqusit 指数法测算各地区效率变动

地区	1997	1998	1999	2000	2001	2002	2003	2004	2005	2006	2007	2008	2009	2010	2011
北京	1.037	1.047	1.030	1.042	1.068	1.045	0.984	0.992	0.992	1.009	1.022	1.001	1.000	1.000	1.000
天津	1.001	1.000	1.014	1.027	1.035	1.019	1.024	1.001	1.074	0.978	0.974	1.068	0.964	1.029	1.050
河北	1.022	1.002	0.997	1.005	0.994	0.996	1.009	1.036	0.996	0.971	0.986	0.983	0.991	1.012	1.021
山西	1.055	1.045	1.002	1.026	1.029	1.067	1.086	1.056	0.988	0.963	1.010	1.018	0.895	1.029	1.013
辽宁	1.024	1.016	1.025	1.065	0.985	0.988	0.955	0.938	1.016	0.980	0.997	1.015	1.018	1.028	1.016
吉林	1.002	1.036	1.025	1.069	1.003	1.016	0.995	1.000	0.958	0.927	0.931	0.969	1.013	0.987	1.022
黑龙江	1.023	0.981	0.994	1.010	0.993	0.990	1.000	1.022	1.014	0.981	0.965	1.002	0.937	1.032	1.037
上海	1.000	1.000	1.000	1.000	1.000	1.000	1.000	1.000	1.000	1.000	1.000	1.000	1.000	1.000	1.000
江苏	0.986	0.990	0.998	1.031	0.996	1.005	0.994	0.999	1.032	0.994	1.002	1.027	1.014	1.020	1.005
浙江	0.973	0.984	0.999	1.023	0.998	1.022	1.006	0.978	0.960	0.997	0.997	0.994	0.989	1.033	1.008
安徽	1.032	1.051	1.045	1.018	1.069	1.041	1.020	1.030	0.957	0.976	1.003	1.017	1.056	1.042	1.046
福建	1.012	1.000	1.000	0.973	0.969	0.984	0.962	0.974	0.959	0.975	1.012	0.999	1.042	1.033	1.013
江西	1.051	1.041	1.054	1.029	1.035	1.057	0.996	1.002	0.968	0.990	0.992	1.019	1.000	1.046	1.050
山东	1.002	1.006	1.010	0.993	0.988	0.997	1.004	1.038	1.016	1.012	0.987	1.038	1.008	0.986	0.989
河南	1.019	1.024	1.015	1.040	1.033	1.031	1.023	1.046	1.018	0.950	0.956	0.967	0.945	0.965	0.962
湖北	1.029	1.027	0.986	1.011	1.000	0.998	1.005	1.016	1.003	0.986	1.022	1.034	1.053	1.040	1.029
湖南	1.038	1.031	1.030	1.032	1.017	1.024	1.011	1.024	0.976	0.978	1.004	1.004	1.008	1.003	1.010
广东	1.000	1.000	1.000	1.000	1.000	1.000	1.000	1.000	1.000	1.000	1.000	1.000	1.000	1.000	1.000
四川	1.049	1.029	1.014	1.016	1.028	1.030	0.996	1.001	1.003	0.977	0.996	1.002	1.035	1.031	1.051
贵州	1.045	1.051	1.073	1.046	1.056	1.058	1.046	1.000	1.025	1.009	1.048	1.068	1.027	1.009	1.056
云南	1.013	1.043	1.001	0.991	1.011	1.034	1.005	1.030	0.949	0.974	0.993	1.044	1.010	0.965	1.011
陕西	1.000	1.000	1.000	1.000	1.000	1.000	0.933	0.947	0.967	0.941	0.949	0.993	0.971	0.988	1.005
青海	1.028	1.050	1.044	1.050	1.072	1.055	1.015	1.036	1.031	1.067	1.073	1.142	1.004	1.080	1.056
宁夏	1.013	1.041	1.030	1.006	1.027	0.997	0.992	0.997	0.948	1.001	1.049	1.087	1.016	1.041	1.047
新疆	0.976	0.939	0.945	1.000	0.950	0.930	0.955	0.946	0.960	0.957	0.952	1.018	0.962	1.084	1.036

附表 7－8　DEA-Malmqusit 指数法测算各地区技术进步

地区	1997	1998	1999	2000	2001	2002	2003	2004	2005	2006	2007	2008	2009	2010	2011
北京	1.06	1.046	1.05	1.03	1.006	1.028	1.062	1.044	1.023	1.019	1.011	0.979	1.022	1.009	1.005
天津	1.063	1.048	1.047	1.023	1.014	1.035	1.065	1.043	1.031	1.023	1.011	0.982	1.016	1.02	1.026
河北	1.042	1.016	1.006	1.016	1.004	1.011	1.018	0.995	1.014	1.002	0.98	0.959	0.949	0.959	0.957
山西	1.043	1.015	1.005	1.012	0.997	1.001	1.01	0.995	1.014	1.002	0.98	0.959	0.946	0.955	0.949
辽宁	1.07	1.053	1.034	1.001	1.04	1.055	1.074	1.038	1.061	1.048	1.028	0.997	1.006	1.001	0.994
吉林	1.043	1.016	1.005	1.012	0.999	1.005	1.014	0.995	1.014	1.002	0.99	0.98	0.995	1.001	0.994
黑龙	1.046	1.02	1.008	1.018	1.006	1.012	1.019	0.995	1.014	1.002	0.98	0.959	0.946	0.955	0.946
上海	1.087	1.077	1.08	1.028	1.017	1.046	1.082	1.064	1.045	1.037	1.025	0.992	1.028	1.019	1.013
江苏	1.069	1.049	1.036	1.003	1.037	1.052	1.073	1.043	1.058	1.041	1.023	0.994	1.008	1.001	0.994
浙江	1.07	1.052	1.04	1.004	1.035	1.05	1.072	1.043	1.053	1.038	1.021	0.992	1.009	1.001	0.994
安徽	1.032	1.001	0.995	0.995	0.977	0.977	0.99	0.995	1.014	1.002	0.98	0.959	0.946	0.955	0.946
福建	1.046	1.022	1.01	1.023	1.022	1.032	1.042	1.012	1.034	1.024	1.005	0.988	0.996	1.001	0.994
江西	1.029	0.996	0.992	0.99	0.97	0.97	0.987	0.995	1.014	1.002	0.98	0.959	0.946	0.955	0.946
山东	1.049	1.025	1.011	1.023	1.029	1.04	1.056	1.027	1.054	1.044	1.028	0.999	1.003	1.001	0.994
河南	1.031	1.000	0.995	0.995	0.976	0.978	0.991	0.995	1.014	1.002	0.98	0.959	0.946	0.955	0.946
湖北	1.037	1.01	1.002	1.01	0.998	1.004	1.013	0.995	1.014	1.002	0.98	0.959	0.946	0.955	0.946
湖南	1.026	0.993	0.991	0.988	0.968	0.969	0.984	0.995	1.014	1.002	0.98	0.959	0.946	0.955	0.946
广东	1.061	1.04	1.026	1.013	1.028	1.039	1.05	1.019	1.041	1.026	1.005	0.981	0.972	0.978	0.97
四川	1.03	0.999	0.995	0.995	0.979	0.984	0.998	0.995	1.014	1.002	0.98	0.959	0.946	0.955	0.946
贵州	1.022	0.985	0.985	0.976	0.95	0.94	0.966	0.995	1.014	1.002	0.98	0.959	0.946	0.955	0.946
云南	1.035	1.005	0.998	1.001	0.982	0.983	0.994	0.995	1.014	1.002	0.98	0.959	0.946	0.955	0.946
陕西	0.847	0.854	0.9	0.91	0.911	0.932	0.972	0.995	1.014	1.002	0.98	0.959	0.946	0.955	0.95
青海	1.062	1.048	1.046	1.018	1.021	1.042	1.069	1.043	1.052	1.04	1.025	0.998	1.003	1.001	0.994
宁夏	1.047	1.021	1.009	1.019	1.007	1.015	1.022	0.995	1.018	1.006	0.991	0.979	0.973	0.992	0.994
新疆	1.027	0.999	0.998	1.004	0.992	1.001	1.014	0.995	1.014	1.002	0.98	0.959	0.946	0.955	0.949

附表 7-9 各地区知识产权保护强度

地区	1996	1997	1998	1999	2000	2001	2002	2003	2004	2005	2006	2007	2008	2009	2010	2011
北京	2.14	2.34	2.44	2.73	2.78	3.53	3.58	3.93	3.99	4.04	4.10	4.10	4.11	4.12	4.13	4.14
天津	1.84	1.99	2.06	2.40	2.47	3.03	3.10	3.32	3.40	3.46	3.52	3.54	3.57	3.61	3.66	3.72
河北	1.41	1.49	1.56	1.79	1.88	2.33	2.44	2.76	2.96	3.14	3.30	3.32	3.36	3.39	3.42	3.45
山西	1.46	1.52	1.57	1.79	1.87	2.31	2.41	2.77	2.91	3.08	3.27	3.36	3.37	3.41	3.41	3.46
辽宁	1.61	1.69	1.76	2.02	2.13	2.63	2.74	3.10	3.25	3.36	3.41	3.41	3.46	3.48	3.50	3.54
吉林	1.49	1.57	1.62	1.84	1.93	2.42	2.48	2.83	2.95	3.11	3.32	3.35	3.37	3.38	3.40	3.45
黑龙江	1.51	1.61	1.66	1.90	1.94	2.40	2.51	2.84	3.00	3.18	3.34	3.36	3.37	3.39	3.40	3.44
上海	2.12	2.16	2.23	2.60	2.65	3.25	3.35	3.75	3.89	4.03	4.10	3.97	4.11	4.12	4.13	4.14
江苏	1.51	1.63	1.67	1.97	2.02	2.58	2.67	3.15	3.20	3.32	3.40	3.36	3.39	3.43	3.50	3.53
浙江	1.62	1.70	1.79	2.08	2.17	2.74	2.92	3.21	3.29	3.37	3.45	3.49	3.53	3.60	3.65	3.71
安徽	1.32	1.37	1.42	1.63	1.69	2.09	2.19	2.50	2.61	2.69	2.86	3.02	3.25	3.27	3.35	3.36
福建	1.45	1.56	1.63	1.88	1.98	2.46	2.60	2.96	3.13	3.22	3.29	3.31	3.33	3.37	3.44	3.48
江西	1.35	1.42	1.46	1.68	1.77	2.15	2.23	2.53	2.66	2.78	2.96	3.15	3.29	3.33	3.36	3.37
山东	1.43	1.50	1.56	1.81	1.91	2.40	2.55	2.90	3.14	3.22	3.31	3.34	3.36	3.39	3.45	3.44
河南	1.37	1.42	1.49	1.66	1.74	2.18	2.28	2.57	2.72	2.92	3.11	3.30	3.32	3.35	3.41	3.38
湖北	1.35	1.43	1.48	1.69	1.77	2.19	2.28	2.63	2.77	2.92	3.12	3.30	3.33	3.34	3.41	3.39
湖南	1.40	1.47	1.52	1.75	1.82	2.24	2.30	2.58	2.73	2.93	3.12	3.33	3.37	3.40	3.42	3.45
广东	1.65	1.76	1.84	2.12	2.14	2.68	2.81	3.20	3.28	3.36	3.40	3.42	3.51	3.54	3.58	3.61
四川	1.30	1.37	1.43	1.64	1.73	2.15	2.27	2.58	2.71	2.83	3.03	3.24	3.34	3.37	3.44	3.45
贵州	1.15	1.23	1.25	1.47	1.54	1.91	1.99	2.23	2.34	2.42	2.57	2.73	2.92	3.05	3.26	3.27
云南	1.23	1.33	1.38	1.60	1.65	2.03	2.09	2.39	2.50	2.65	2.74	2.95	3.05	3.28	3.39	3.40
陕西	1.33	1.43	1.47	1.66	1.74	2.18	2.29	2.63	2.78	2.95	3.12	3.31	3.34	3.38	3.43	3.42
青海	1.23	1.28	1.32	1.61	1.69	2.08	2.20	2.50	2.64	2.77	2.99	3.16	3.24	3.27	3.33	3.35
宁夏	1.37	1.39	1.44	1.69	1.81	2.26	2.35	2.65	2.81	2.90	3.04	3.29	3.35	3.38	3.50	3.52
新疆	1.49	1.56	1.66	1.91	1.99	2.43	2.51	2.88	3.00	3.10	3.30	3.39	3.41	3.42	3.47	3.48

附表 7 - 10　各地区 R&D 资本存量(单位:万元,1996 年不变价)

年份	北京	天津	河北	山西	辽宁	吉林	黑龙江	上海	江苏
1996	6 183 251	825 975	466 861	395 463	1 348 796	743 932	486 450	2 865 620	1 709 316
1997	6 749 556	862 433	481 458	395 021	1 400 507	755 197	498 891	2 981 617	1 740 087
1998	7 331 347	895 680	487 130	402 995	1 461 129	760 025	517 895	3 056 077	1 795 578
1999	7 983 376	923 101	520 748	409 600	1 513 641	770 444	532 371	3 090 610	1 861 644
2000	8 571 585	925 691	560 691	419 553	1 560 342	780 679	536 890	3 163 555	1 971 375
2001	9 284 817	936 908	593 407	448 474	1 593 357	786 000	554 676	3 152 053	2 157 709
2002	10 119 695	935 625	644 935	478 678	1 636 817	818 081	572 492	3 349 595	2 367 847
2003	11 051 492	943 724	709 112	507 451	1 697 714	847 182	594 362	3 508 314	2 594 644
2004	11 921 453	955 367	736 301	519 304	1 733 620	876 452	606 836	3 686 495	2 759 950
2005	12 122 012	923 052	762 655	490 954	1 686 893	860 509	581 418	3 646 620	2 713 802
2006	12 311 286	897 450	826 179	471 322	1 657 253	834 627	572 083	3 678 201	2 730 031
2007	13 623 067	922 707	925 855	512 731	1 755 965	881 283	632 605	3 950 860	3 031 614
2008	14 882 074	1 010 282	1 008 143	569 997	1 880 288	931 424	720 196	4 307 319	3 331 230
2009	15 637 002	1 032 297	1 070 742	575 930	1 901 025	950 392	796 457	4 477 188	3 438 781
2010	16 751 087	1 090 567	1 100 479	570 353	2 001 547	969 638	805 884	4 724 179	3 612 097
2011	17 764 068	1 139 093	1 124 979	587 300	2 079 766	993 912	790 621	5 087 126	3 710 862

年份	浙江	安徽	福建	江西	山东	河南	湖北	湖南	广东
1996	409 489	297 883	149 578	285 260	807 091	905265	1 247 750	1 129 971	1 586 379
1997	432 519	312 646	158 777	280 610	836 926	911 639	1 328 881	1 096 620	1 616 199
1998	465 878	329 898	170 791	284 095	875 568	936 132	1 430 545	1 062 992	1 646 936
1999	501 030	347 619	186 676	294 510	922 626	937 412	1 524 315	1 034 659	1 690 217
2000	536 225	398 177	203 929	303 777	959 959	951 444	1 538 175	995 405	1 672 211
2001	578 929	449 107	225 099	299 385	998 392	988 130	1 539 487	951 347	1 643 804
2002	613 631	518 931	251 450	312 129	1 055 269	1 018 974	1 589 725	910 225	1 673 874
2003	686 317	592 925	274 475	324 717	1 122 599	1 035 238	1 634 565	876 831	1 710 116

（续表）

年份	浙江	安徽	福建	江西	山东	河南	湖北	湖南	广东
2004	750 732	633 755	293 054	335 187	1 153 692	1 072 273	1 659 727	837 240	1 746 509
2005	764 440	644 313	278 975	325 830	1 072 575	1 045 194	1 640 493	778 922	1 608 881
2006	780 018	668 515	270 205	320 389	1 017 309	1 040 166	1 657 053	741 759	1 488 323
2007	892 480	777 864	303 890	353 051	1 128 386	1 128 110	1 867 045	737 762	1 578 509
2008	997 871	861 910	346 027	391 691	1 241 263	1 219 811	2 042 076	755 876	1 693 922
2009	979 630	922 273	352 730	403 592	1 267 162	1 233 605	2 112 865	755 864	1 629 642
2010	976 456	967 779	359 091	425 004	1 316 142	1 268 754	2 161 251	756 323	1 593 044
2011	985 077	1 007 541	363 458	431 422	1 381 248	1 301 225	2 225 758	781 637	1 616 326

年份	四川	贵州	云南	陕西	青海	宁夏	新疆		
1996	2 088 164	162 177	433 894	1 190 980	55 515	196 135	143 700		
1997	2 207 403	162 883	456 497	1 331 384	58 604	181 365	148 630		
1998	2 320 407	163 783	476 119	1 475 632	62 093	168 841	155 254		
1999	2 462 497	165 645	492 923	1 560 287	66 546	157 803	165 818		
2000	2 592 548	168 963	497 967	1 741 163	69 554	145 773	180 162		
2001	2 793 488	176 944	511 735	1 918 087	71 848	135 868	197 153		
2002	3 029 366	183 167	537 432	2 089 024	72 117	126 129	217 735		
2003	3 312 078	190 412	555 449	2 256 232	74 067	117 237	240 759		
2004	3 427 372	200 216	570 126	2 446 087	75 262	109 781	254 828		
2005	3 382 081	189 607	587 748	2 628 552	70 407	98 917	241 020		
2006	3 350 347	179 103	606 925	2 785 844	66 677	89 665	228 281		
2007	3 820 389	200 270	677 177	3 181 822	69 109	88 629	250 304		
2008	4 175 037	217 572	739 919	3 543 220	71 433	85 768	276 027		
2009	4 446 083	220 612	752 871	3 907 042	71 108	79 310	273 304		
2010	4 903 026	215 230	767 978	4 239 827	72 250	73 960	273 320		
2011	5 313 869	209 451	779 566	4 520 444	73 686	69 184	280 566		

附表 7 - 11　各地区接收 G - 7 国 FDI 技术溢出(单位:万元,1996 年不变价)

年份	北京	天津	河北	山西	辽宁	吉林	黑龙江	上海	江苏
1996	3 228	4 170	1 716	287	3 612	938	1 140	8 191	10 829
1997	3 883	6 123	2 683	648	5 375	981	1 791	10 301	13 250
1998	5 467	5 329	3 602	617	5 523	1 032	1 327	9 081	16 722
1999	5 988	5 347	3 159	1 186	3 218	913	965	8 599	18 423
2000	5 360	3 712	2 162	715	6 509	1 073	958	10 061	20 457
2001	6 159	7 432	2 333	815	8 764	1 176	1 188	14 949	24 086
2002	5 876	5 390	2 667	721	11 625	834	1 210	14 557	34 721
2003	7 081	4 959	3 115	690	9 126	616	1 040	17 671	34 138
2004	5 563	5 373	1 520	196	11 750	984	2 687	13 714	34 340
2005	7 731	7 291	4 989	603	7 864	1 448	3 169	15 003	28 874
2006	6 811	6 181	3 565	706	8 956	1 138	2 556	10 639	26 083
2007	4 795	4 996	2 287	1 271	8 611	838	1 974	7 497	20 722
2008	5 230	6 380	2 940	880	10 336	1 165	2 191	8 671	21 601
2009	5 998	8 839	3 619	483	15 134	1 028	2 315	10 327	24 816
2010	5 322	9 073	3 651	597	17 354	1 175	2 226	9 301	23 833
2011	5 489	10 159	4 093	1 613	18 883	980	2 527	9 805	25 003
年份	浙江	安徽	福建	江西	山东	河南	湖北	湖南	广东
1996	3 160	1 053	8 489	625	5 384	1 088	1 413	1 462	24 159
1997	3 665	1 059	10 231	1 165	6 077	1 687	1 926	2 236	28 550
1998	3 323	698	10 621	1 172	5 554	1 555	2 453	2 063	30 308
1999	3 736	792	12 198	972	6 847	1 580	2 773	1 982	35 339
2000	5 134	1 014	10 926	723	9 459	1 796	3 004	2 160	35 915
2001	7 704	1 173	13 648	1 379	12 264	1 593	4 140	2 822	41 563
2002	10 481	1 308	13 079	3 687	16 131	1 379	4 861	3 067	38 619
2003	16 095	1 187	8 399	5 209	19 441	1 742	5 070	3 291	25 280
2004	14 519	1 188	11 676	4 460	18 908	1 899	4 501	3 081	21 756

（续表）

年份	浙江	安徽	福建	江西	山东	河南	湖北	湖南	广东
2005	16 914	1 508	13 047	5 306	19 648	2 693	4 785	4 538	27 079
2006	13 301	2 085	12 899	4 199	14 964	2 761	3 664	3 880	21 712
2007	9 812	2 839	8 211	2 938	10 423	2 898	2 618	3 096	16 211
2008	8 662	3 001	6 150	3 099	7 054	3 468	2 790	3 444	16 482
2009	9 741	3 806	5 254	3 943	7 850	4 702	3 584	4 506	19 143
2010	9 201	4 194	6 168	4 266	7 668	5 224	3 387	4 336	16 945
2011	9 078	5 158	7 173	4 715	8 684	7 845	3 622	4 786	16 962

年份	四川	贵州	云南	陕西	青海	宁夏	新疆		
1996	884	65	136	676	2	12	133		
1997	1 549	121	404	1 531	6	16	60		
1998	2 026	114	367	757	7	47	55		
1999	1 758	124	466	733	14	156	73		
2000	2 169	80	408	918	71	55	61		
2001	2 920	99	225	1 225	127	59	71		
2002	2 561	130	381	1 227	161	75	65		
2003	2 175	146	271	1 073	81	56	50		
2004	2 404	142	308	1 144	489	145	100		
2005	3 072	236	414	1 376	583	147	104		
2006	2 849	140	452	1 384	411	56	155		
2007	2 441	120	373	1 131	293	48	118		
2008	5 003	128	668	1 178	189	54	163		
2009	7 454	131	892	1 480	211	68	211		
2010	10 345	247	1 111	1 522	183	68	199		
2011	15 571	401	1 352	1 832	131	157	261		

附表 7－12　各地区接收 G－7 国进口贸易技术溢出(单位:万元,1996 年不变价)

年 份	北 京	天 津	河 北	山 西	辽 宁	吉 林	黑龙江	上 海	江 苏
1996	38 289	21 255	7 107	1 630	24 343	5 414	5 053	57 275	40 072
1997	40 850	23 026	5 602	1 886	27 804	4 344	4 516	65 108	45 648
1998	46 878	28 339	8 225	2 046	30 990	5 549	6 046	78 421	61 345
1999	62 630	36 461	9 682	4 154	33 712	6 924	7 696	102 403	73 995
2000	78 663	44 996	10 483	3 325	44 977	7 111	7 444	142 665	108 279
2001	135 260	64 465	16 081	4 692	70 566	13 527	13 209	232 067	172 058
2002	105 379	67 514	15 328	4 853	65 220	12 659	13 055	236 623	203 548
2003	113 540	85 954	19 899	7 671	78 693	22 957	13 227	343 596	327 735
2004	138 607	106 199	25 993	8 741	94 955	25 992	16 160	406 300	426 992
2005	152 250	124 091	31 649	12 098	97 043	19 948	20 305	411 860	494 111
2006	203 885	154 919	37 095	13 854	107 721	25 007	31 611	504 973	609 320
2007	224 083	161 799	54 790	24 313	127 798	31 441	36 237	590 790	711 978
2008	239 817	180 502	86 471	23 119	159 054	34 601	44 244	609 901	736 509
2009	265 734	191 087	96 668	23 967	170 309	39 154	32 142	629 714	727 348
2010	344 221	231 731	146 675	30 640	225 310	53 872	42 323	827 179	935 405
2011	374 960	255 717	185 410	32 774	237 276	67 633	64 934	900 670	985 834

年 份	浙 江	安 徽	福 建	江 西	山 东	河 南	湖 北	湖 南	广 东
1996	22 379	4 207	28 860	1 618	31 429	4 164	6 541	2 588	201 983
1997	22 986	4 503	34 398	1 401	34 405	4 002	6 322	2 430	236 349
1998	25 977	4 829	37 373	1 763	39 912	3 888	8 024	3 507	278 632
1999	34 245	6 093	40 316	3 020	44 455	6 031	7 977	4 330	334 907
2000	52 387	7 452	44 296	4 099	57 692	7 294	9 457	6 455	389 408
2001	86 769	10 118	65 805	4 878	94 987	10 856	16 238	8 103	577 289
2002	84 865	10 778	68 522	5 387	91 054	8 003	14 108	8 434	610 285
2003	116 508	15 438	80 184	8 190	115 361	11 961	17 225	13 466	719 881
2004	156 357	16 015	90 048	10 313	150 435	13 791	20 099	13 710	797 699

（续表）

年 份	浙 江	安 徽	福 建	江 西	山 东	河 南	湖 北	湖 南	广 东
2005	183 361	18 150	90 482	10 002	179 607	14 981	25 162	13 466	860 015
2006	235 017	25 270	103 745	14 776	225 227	16 944	27 825	12 536	1 058 527
2007	269 225	31 410	113 088	20 976	270 746	22 094	31 521	15 591	1 207 125
2008	303 570	34 976	122 363	28 702	361 657	29 693	39 439	19 002	1 218 614
2009	289 146	33 171	138 197	28 726	370 787	28 879	37 796	24 629	1 236 605
2010	371 463	53 598	189 079	39 364	494 355	33 662	52 160	30 260	1 578 832
2011	431 483	56 050	206 751	43 535	576 069	53 418	56 321	35 062	1 702 825

年 份	四 川	贵 州	云 南	陕 西	青 海	宁 夏	新 疆		
1996	8 243	906	4 631	3 249	371	235	3 179		
1997	7 392	1 008	2 518	2 835	114	228	3 558		
1998	8 985	1 206	2 932	5 163	307	337	5 232		
1999	12 215	1 352	4 147	5 484	356	612	5 131		
2000	10 129	1 779	3 756	5 033	441	844	6 828		
2001	18 113	2 427	6 882	8 441	587	1 644	11 673		
2002	15 714	2 380	5 930	6 924	414	774	10 283		
2003	20 298	3 939	6 642	8 753	648	1 098	13 111		
2004	23 613	5 142	7 998	9 018	868	1 849	1 4472		
2005	23 497	3 925	11 323	10 016	767	1 620	14 361		
2006	32 311	3 860	14 852	11 330	1 905	2 319	14 332		
2007	39 975	5 024	19 502	12 533	1 688	2 642	20 309		
2008	51 562	8 210	19 262	14 608	1 614	3 438	25 823		
2009	62 369	5 501	17 328	21 016	2 382	4 431	23 931		
2010	80 607	6 210	22 487	26 120	2 154	4 369	37 912		
2011	107 490	8 773	23 219	28 082	1 621	3 056	61 514		

第八章 品牌建设影响经济增长的机理与实证

本章提要 本章基于信息不对称的视角,从消费领域探讨了品牌建设对经济增长的影响。理论分析表明,品牌建设通过信息显示机制和声誉机制,减少了产品质量信息不对称性,避免了"柠檬市场"的现象,促进了高质量产品的消费。根据产品质量升级模型,高质量产品所需的高质量中间品的增加会促进经济增长。本章将商标注册申请量和广告经营额作为品牌建设的衡量指标,构建 VAR 时间序列自回归模型,实证检验了品牌建设对经济增长的影响。结果显示,商标注册申请对经济增长具有长期的正向效应,而广告对长期经济增长却存在微弱的负向效应。为了说明品牌建设的重要性,本章引入基于地理标志商标的案例分析,并对地理标志商标的发展现状、基本属性和经济效应等方面进行阐述,在此基础上得出地理标志显著影响区域经济增长的结论。

第一节 研究背景与文献综述

一、研究背景

随着社会经济的发展,人们的消费理念在不断升级,品牌意识在不断加强,品牌对于消费者来说就是产品的品质保证。而品牌对于企业来讲,就是企业的核心竞争力,是企业抢占市场份额、获得长期忠诚消费和良好社会形象的保证。

品牌对于企业来说,是经济实力和市场地位的象征,上升至国家层面,就是一国的竞争实力和发展潜力的重要体现。全球知名品牌咨询公司 BrandZ™ 公布的 2015 年世界最具价值品牌 100 强名单中,中国品牌上榜数量已经达到 14 个,相比 2006 年整整增加了 13 个,而上榜企业主要来自垄断性金融、电信、能源行业及新兴互联网行业,制造业领域只有华为一家上榜,这与我国制造业大国的地位和形象极不相符。

国内产品生产大都处在"微笑曲线"的中段,质量水平不高造成利润率普遍较低,扎堆薄利的生产,使得当前不少原料生产或产品制造行业面临产能过剩问题,造成这种现象的根本原因不是缺乏需求,而是有效供给的不足,这可以从国人疯狂抢购日本卫生用具、跨境电商爆发式增长等现象中看出。正因如此,国家"十三五"规划建议提出要"开展质量品牌提升行动"。

也是基于这样的现状,政府大力倡导供给侧的结构性改革,就是要从提高供给的质量水平出发,促进生产要素的合理配置和全要素生产率的提高,扩大有效供给,促进供给端对需求端变化的适应性和灵活性。品牌作为连接供给与需求两端的关键桥梁,在提升产品质量、促进有效供给的供给侧改革大背景下,对其建设就显得至关重要。因此可以说,重视品牌发展、加大品牌建设是供给侧改革的一项重要抓手。

与此同时,在推进"一带一路"建设过程中,培育和发展中国品牌是一项重要的任务,因为在输出优势产能和扩大中国影响力时,亟须配套一大批特色鲜明、竞争力强、市场信誉高的中国产品。因此,鉴于当前的国际国内发展需要,推动产品及服务的品牌化建设显得非常迫切和关键。

在生产端,品牌建设的重要性已经不言而喻了,而市场效率的整体提升,要依赖于供需两端的有效匹配和融合。基于这样的认识,本章着重从消费的角度探讨了品牌建设对经济增长的重要影响,从而有助于全面认识品牌建设的重要性。

二、文献综述

国外学者在研究品牌建设与经济增长的关系方面,起步比较早且较为深入。有不少学者认为,一国开展品牌化建设要充分发挥优势、寻找好定位、注重自觉行动等。van Garderen(2014)论述了不同国家经济发展过程中的品牌竞争优势,对马来西亚、阿联酋和法国等国政府在发展旅游、促进贸易和吸引FDI中的推广努力行为进行了探讨,同时分析了古巴雪茄、瑞士手表和智利葡萄酒等品牌竞争优势。Cayla and Eckhardt(2007)认为,品牌化发展对经济发展至关重要,他们以亚洲地区为案例,探讨了亚洲品牌化发展存在问题,认为主要存在两个方面的问题,一是原产国的理念不强,二是发展定位不够清晰,因此给出的相应建议是亚洲地区对品牌的定位更应该聚焦于当前的文化上,而不是陈旧文化。Wee(1994)认为,香港、韩国、台湾和新加坡等国家依靠出口导向的制造业发展带动了整体经济的增长,但是这种发展方式面临成本更低廉的半新兴工业化经济体或欠发达地区的挑战,由此他认为这些国家想要打造更多具有竞争力的国际品牌意识将越来越强烈。他还探讨了品牌在确保市场份额中的重要作用,并以此为基础强调了日本品牌化建设的经验,以期待半新兴工业化经济体和欠发达地区在发展过程自觉开展品牌化建设。

当然,从地方或区域的角度来研究地方(区域)品牌建设对经济增长的影响,成果也较为丰硕。Johnson and Bruwer(2007)认为,区域品牌建设有益于区域发展,而某个区域的品牌形象,或是给消费者带来的产品质量预期会影响着消费者的选择,所以区域品牌的建设要注重形象的建设。Anholt(2006)从消费的视角,探讨了地方品牌建设对发展旅游产业甚至整体经济的作用,认为地方品牌是经济发展的一项工具,在开展增利的商业活动时要注重对品牌形象的建设。Porter and kramer(2002)从产业集群的角度,来研究品牌建设与经济增长的关系。他认为一个国家或地区要依靠产业集群的力量才能发展壮大,因为产业集群有助于集群内企业的创新投入及生产效率的提升,实现集群的经济外部性,并且减小它们之间的交易费用,所以产业集群的建立和发展对于促进区域经济有着显著的作用,并且一个区域的经济发展会产生连带效应,进而社会整体的经济增长得到提升。而在产业集群的建立过程中,区域品牌有着强大的号召能力,所发挥的作用功不可没。他们同时认为,经济与品牌的关系是相互影响的,经济的提升也会反向刺激品牌的建立。

与此同时,国外学者还通过结合其他学科来阐述品牌建设对经济增长的影响。Pike(2013)认为品牌和品牌化建设是属于经济地理学的研究范畴,通过建立更清晰的概念和理论基础,阐述了品牌和品牌化建设在经济地理学中的重要作用,并引入巴宝莉时尚奢侈品牌进行了案例探讨,与此同时,其认为品牌是凝聚和稳住价值的重要手段。Lewis and Stubbs(1999)结合了市场营销学的概念,认为品牌通过营销等活动,会吸引到大量的关注和人气,且随着品牌覆盖的区域不断推广,带来的收益也会大量增加,正是这样的路径使得区域品牌演变成国家级的品牌,从而提升了对经济的贡献度。

从国内角度来看,部分学者站在了国际视角,通过国际经验总结、国际国内的比较等阐述了品牌建设的重要性。祝合良、关冠军(2015)通过微观、中观和宏观三个理论角度探讨了品牌对于经济增长的拉升作用,以商标注册申请量、商标注册数和发明专利数作为衡量品牌发展的指标,把品牌作为要素纳入经济增长的研究框架中,通过中美两国的数据比较分析,得出了美强中弱的结论,最后还对国内品牌经济的发展给予了相关政策建议。勾殷红(2004)认为,发展我国的品牌事业,需要大力借鉴国外发达国家的经验,为此分析了发达国家的品牌建设成长路径,总结了相关经验,并提出了有益于我国品牌战略发展的对策。

也有学者从品牌建设对经济增长影响的作用机理角度,来展开探讨和深入分析。谢京辉(2014)认为,发展品牌经济对解决已有商业模式利润增值空间变小非常重要,品牌经济的建设有助于企业的转型升级,其从品牌经济的内涵和形成条件出发,重点阐述了"品牌经济—创新驱动"的作用机理,初步解构了品牌经济演进的递进形态,并提出了有益于我国品牌战略发展的相关建议。陈永维(2011)通过构建了买卖双方关于品牌的选择和生产模型,认为品牌产品为买方带来了最大化效用和更多的消费者剩余,而品牌产品的生产为企业带来了更多的利润,并在此基础上,以宏观视角进行了理论公式推导,得出了品牌发展有利于经济增长的结论。刘华军(2008)通过构建了"分工—制度—品牌"模型,研究了品牌对经济增长的影响,其认为专业化分工和制度变迁提高了生产端的效率,而品牌多样化通过减少了信息成本提升了消费端的选择效率,三种机制的有机结合和共同作用解释了经济增长。

与此同时,也有相当多的国内学者聚焦于区域(城市)品牌建设的差异性比较研究。李兴江、张玉洁(2012)通过实证分析的方法验证了品牌与区域经济增长的显著相关性,利用了2004～2009年国内东中西三大区域的省级面板数据,把品牌价值与人均GDP两变量构建计量模型,进行了单位根检验和一阶差分处理,得到了数据回归结果,在此基础上,针对国内三大区域的经济发展提供了一系列的政策建议。刘华军等(2012)通过运用专业机构公布的权威数据,利用了Dagum基尼系数方法测算了国内品牌发展的地区差距,对这种差距的影响因子:市场容量、市场竞争、地理位置条件、品牌投资、循环累积效应等进行了实证分析,结论显示,国内地区间差距在不断扩大,差距来源主要因为超变密度和地区内差异,品牌经济发展存在明显的循环积累效应,市场容量和地理位置条件对品牌经济发展有着鲜明的促进作用。王兆峰(2007)认为,品牌的发展与一个地域的经济之间存在着互相影响的关系,品牌多少衡量了地方实力的强弱,是区域经济发展和参与市场化竞争极为重要的能力,并且品牌越多越能调动发展活力与潜力,同时他还认为建设特色品牌有助于推动产业规模化发展。夏骥(2007)指出,品牌不仅是企业的实力及形象,还是区域经济发展水平和竞争力的体现,通过2006年的"中国500个最具价值品牌"数据,探讨分析了城市之间品牌与竞争实力的关系,得出了显著正相关的结论。

其次,不少学者重点从品牌促进资源优化配置、发展创新、提升竞争力等一系列角度阐述品牌建设的重要性。汪涛、杨立华(2010)基于 Hotelling 博弈模型,从企业理性选择的角度,认为发展品牌经济会有效促进企业注重声誉、谋求差异化的价值、开展长期导向的发展战略,认为在资源环境压力日益显著的情形下,开展品牌经济建设有助于打造资源节约型和环境友好型的社会。姜增伟(2007)认为,我国已经到了发展品牌经济的阶段,并且从建设创新型国家、参与全球化竞争、扩大内需、转变外贸增长方式、协调区域均衡发展等方面具体阐述了发展品牌经济的必要性。孙日瑶、刘呈庆(2007)指出,品牌经济的发展有助于区域经济的持续性发展,随着竞争的日益加剧,品牌的资源配置能力突显,因此,其建议充分发挥企业的主动性,构建品牌经济的发展。王云朋、罗提(2005)从微观、中观和宏观三个角度阐述品牌产品的开发对企业、地区和国家的发展影响重大,最后认为,发展名牌战略有利于增强民族品牌竞争力和促进国内产品走向国际舞台。何铁(2005)认为,品牌是企业掌握核心竞争力的极其重要方式,并且从品牌化竞争趋势、品牌化消费趋势和生产要素向品牌集中三个方面,阐述了品牌发展的必然趋势,同时通过举例证明品牌是区域经济发展的重要动力。冯蕾音、钱天放(2004)对品牌经济这一概念进行了深入系统的阐述,从单个企业的品牌化运作、市场总体的品牌化运作和区域品牌化运作等三个角度分析了其内涵,认为品牌经济以品牌为主体集合了其他各种投入要素,品牌经济建设会促进社会整体经济的发展。冯仁德、孙在国(1999)站在国家民族的角度阐述品牌建设的重要性,认为品牌建设有利于促进买者购买忠诚度的提升,因此品牌是企业抢占市场和增强竞争力的重要武器,最后建议大力发展品牌战略,促进产业经济的发展,促进民族经济的腾飞和国家经济的振兴。

最后,也有学者从品牌与经济发展的相互影响角度来分析品牌建设的必要性。例如,高静(2007)从品牌与经济发展的相互影响角度,理论探讨了经济发展对品牌发展存在的三大作用,又从品牌建设对企业形成保护利润、产品推销、树立形象等作用,阐述了品牌建设对经济发展的推动作用。

总的来说,国内学者对品牌建设与经济增长的关系研究视角较为多样,有理论方面的探讨,也有实证方面的验证。研究成果也较为丰硕,有的学者注重国内品牌发展与国外的比较研究;有的学者注重从理论传导机制的角度来阐述品牌与经济增长二者之间的关系;有的学者聚焦于区域(城市)品牌差异化发展的研究;有的学者重点阐述了品牌促进资源优化配置、促进创新、提升竞争力等。可以看出,品牌建设对经济增长影响深远、意义非凡,当前大力发展品牌战略有利于促进产品质量升级、产业结构升级和创新事业的发展。

第二节　相关概念、理论与传导机制

一、概念界定

（一）不对称信息

我们所处的是一个被信息包围的时代,各种各样有用无用的信息充斥着我们学习生活。在经济学研究中,信息是一种特殊的商品,不但具有使用价值更具备价值,使用恰当的信息可以降低经济决策中的各种不确定性。

所谓不对称信息,指的是一些人掌握了另一些人所没有掌握的信息,这样就造成了信息分布上的不对称性,占据信息优势的一方称为代理人,而不占有信息优势的另一方可称为委托人。往往,占据信息优势的一方会利用这种优势去谋求自身利益最大化。在实践中,通常把一个公司的管理层称为代理人,股东称为委托人,二者追求的利益差异往往会造成一定的冲突。

不对称信息按照发生时间上的差异可以分为事前不对称信息和事后不对称信息。事前不对称会造成买者的逆向选择（adverse selection）问题,在二手车市场上表现较为典型;事后不对称则会造成买者的道德风险（moral hazard）问题,在保险市场上表现较为典型。从不对称信息的内容角度来划分,可以分为隐藏行动或隐藏信息的两种类型,所谓隐藏就是指一方观测不到另一方的行动或信息。

造成不对称信息始终存在的原因主要有三个方面:① 由于人们的知识和精力都是有限的,导致人们对产品的认识是有限的。② 由于搜寻信息成本的约束,人们无法获得完全的信息。③ 竞争者出于争夺市场的动机会干扰消费者的选择,或者是公众在信息传递过程中有意无意强化或弱化某种信息。

从经济社会发展的角度来看,社会化大分工使得劳动者对所从事的工作趋于专业化,这种专业化造就行业之间存在着显著的知识与技能差异,这是造成信息不对称的重要社会因素。社会化大分工虽然提高了生产效率,但是也造成了隔行如隔山的现象,人们通常对自己所属的领域掌握信息较多,而没涉足的领域常常信息量不足,所以,这座山其实就是信息的不对称分布。

与此同时,随着信息社会的快速发展,信息呈现指数级的爆发式增长,面对这样一个现状,任何个人或者组织都无法具备所有的信息知识,且随着社会的不断前进,人们之间所具有的这种差距会不断扩大。

（二）品牌的内涵

品牌这个词最初的意思是"烙印",这一表达源于它最基本和最重要的识别作用。随着社会产品质量不断提升及经济的发展,品牌所表达的含义已经大大超越了识别这一层,现今其内涵已经非常丰富,然而对其内涵的理解,不同领域的学者观点不一。

20世纪末左右,人们对品牌的定义仍然是立足于其基本的识别功能,美国市场营销协会（AMA）和营销学之父菲利普·科特勒对品牌的认识基本一致,品牌就是某种符号或名称等,是用来区别不同企业之间的服务或产品的。

大卫·奥格尔维是突破这种理论框架的第一人,在加入了专业元素后,首次引入了品牌形象观点,较为全面地揭示了品牌的内涵。他认为品牌的内涵应该注重从人的心理感受角度来阐述,品牌应该是多种要素的组合,不仅仅是某种符号或名称,还应该包括品牌的价格、属性、外表、名声、宣传风格等。

随着企业对品牌的重视,企业界对品牌的认识越来越注重其给企业带来的竞争优势,品牌被视为某种极为可贵的资产,是企业综合实力的体现,是取得市场信赖并且不断取得利润的保证,也基于这些认识,人们越来越注重品牌的价值探讨。

随着市场竞争的加剧,人们对品牌的认识越来越深刻,同时围绕消费者为中心的解释越来越盛行。消费者对某种品牌的认可,意味着该品牌所代表的产品可以获得主导地位,企业的利润也就随之持续而来。菲利普·科特勒和大卫·阿诺等人认为,应该注重从消费者的体验和感受角度来阐述品牌的内涵,品牌不仅包括产品功能这一个角度,还应该包括对消费者的服务承诺以及情感关系的积累等。

以消费者为中心的理解构成当前主流认识,品牌传达着产品或服务符合质量预期等信号,也传达着生产企业产品或服务负责任的一种信号,消费者会基于这样的预期,放心去选择并不断增加对品牌的信任度,并演变为品牌忠诚度,忠诚度的提升会促使消费者增加对该品牌的消费,因此,有追求的企业生产者会精心打造品牌。

同时,在塑造品牌的过程中,个性形象的作用非常突出,因为品牌的文化和价值就蕴藏在这里面。品牌个性从深层次揭示了品牌之间的差别和品牌的魅力,是品牌形象形成的关键,因此,品牌经营者非常注重打造品牌个性。

品牌关系这一理论的产生和发展,进一步深化了人们对品牌的理解。所谓的品牌关系是品牌与需求方之间的互动关系,此理论认为,品牌不仅是单纯的产品交换关系,更应该包括供需双方建立的长期感情关系等。国内学者许基南(2005)认为,品牌的作用相当于一份契约协议,是生产者与消费者之间达成的某种默契,这种默契具有预期稳定性,且帮助实现了交易的顺利展开。

人们在探讨品牌的时候,很容易把它与商标搞混淆,二者基本功能都是对产品或服务的识别,尽管二者关系密切,但存在诸多区别。品牌的基础和核心载体是商标,品牌的标记是商标。生产者在给产品贴上某种商标后,经过广告宣传、扩大销售渠道等,逐渐建立了声誉,随着贴有商标的产品市场份额的扩大和消费者忠诚度的提升,品牌就应运而生了。

(三)经济增长

经济增长通常是指在一个较长时间跨度内,一个国家(地区)的产出持续性增加。对经济增长的衡量,主要通过国内生产总值(GDP)这一数据,表示的是一个国家或地区最终产品或服务的市场价值。一般来说,若消除价格波动因素的影响,可以用实际国内生产总值来衡量,若消除人口波动因素的影响,可以用人均GDP来衡量。

虽然用GDP衡量经济增长存在诸多缺陷,但是考虑到目前世界各国都采用GDP的增长率来衡量一个国家的经济增长速度,从研究的一致性来讲,本章也采用GDP的增长率来表示经济增长率。

从GDP的构成角度分析,经济增长主要依赖于:消费、投资和净出口。按照凯恩斯的分析,消费多少取决于收入的水平,是收入的正向函数,若新增收入中用于消费的成分越多,则边际消费倾向就越强,边际储蓄倾向就越弱。边际消费倾向决定着投资水平和投资乘数的大小,所以当经济发展到一定阶段时,由人类心理因素引起的边际消费倾向递减规律,会导致社会整体的有效需求不足,进而引发社会经济的动荡,这在20世纪30年代资本主义国家的大萧条中表现尤甚;另一方面,投资主要由利率和资本边际效率决定,且投资与前者呈反向关系,与后者呈正向关系,投资通过乘数效应对经济的拉动效应非常明显,但是与边际消费倾向递减规律一样,资本边际效率也存在着这样的规律,这时候就会导致投资需求的不足;一个开放性的经济体,通过输出有比较优势的产出,会带动净出口的增加,从而提升一国的产出水平,为一国的经济增长做贡献。

从影响经济增长的角度来看,决定一国或地区经济增长的因素主要是生产要素(劳动力和资本)和全要素生产率(TFP)。在一个国家经济发展比较原始或落后的时候,经济增长的动力更多来自生产要素的增加,比如人口红利和包括 FDI 在内的资本增加推动了中国改革开放的伟大成就实现;在经济体发展到一定水平或较为发达的阶段,全要素生产率的贡献要更加突出。全要素生产率是指排除掉各种生产要素的投入后,其他引起增长的综合因素,由于是新古典经济增长理论的奠基人罗伯特·默顿·索洛率先发现,故全要素生产率也称为索洛余值。影响一个国家全要素生产率高低的因素主要包括经济体制、科技发展水平等,而从微观层面讲,企业通过投入研发实现技术进步,或者通过体制改革提高生产要素配置效率,都有助于 TFP 的提高。

二、相关理论

(一)信息不对称理论

在古典经济学家的分析框架中,市场会在亚当·斯密最早论述过的"看不见的手"作用下达到供给和需求的均衡,这一过程中消费者和生产者都拥有做出正确决策所需要的完全信息。然而,这一前提条件不断受到质疑,以哈耶克、赫伯特·西蒙、乔治·斯蒂格勒、阿罗、格罗斯曼等为代表的一批经济学家突破以往信息完全的分析框架,为信息的不对称性深入研究做足了理论上的准备。

在对信息不对称理论的研究热潮中,集大成者当属共同获得 2001 年度诺贝尔经济学奖的三位经济学家:阿克洛夫、斯彭斯和斯蒂格利茨,他们分别在商品市场、劳动力市场、保险金融市场等方面进行了硕果累累的研究,首次提出并深入分析了为信息不对称理论的研究奠定基础的"逆向选择"、"信号传递"以及"信息甄别"等模型。

信息不对称理论基本都可以在"委托人—代理人"的模型框架下分析,所谓的代理人是指经济决策中掌握信息优势的一方,委托人则是相对不拥有优势的一方。信息不对称模型基本可以概括为以下四种类型:

(1)逆向选择模型。交易过程中,委托人对产品或服务所掌握的信息没有代理人充分,在信息不对称条件下,委托人不能做到合理公正的按质给价,这就导致市场价格机制发生了扭曲,产生了"劣币驱逐良币"现象,这种现象会降低市场效率,甚至造成市场失灵。这一理论模型最早由乔治·阿克洛夫在《柠檬市场》一文中提出。

(2)信号传递模型。信息优势方通过向信息劣势方发送某些信息,以便让劣势方做出判断和选择,这个过程就称之为信号传递。这方面典型的案例就是毕业生与就业单位签订劳动合同,单位在短时间内根本无法掌握毕业生的能力水平等诸多信息,因此毕业生就向企业提供接受教育水平等信号,企业根据提供的信号决定其岗位及工资。这一模型最早由迈克尔·斯彭斯根据其博士论文提出。

(3)信息甄别模型。代理人的情况不同会引致不同偏好的选择,而委托人一时难以判断代理人究竟有什么偏好,因此就会提供多个选项供代理人去选择。这种情况最常发生在保险市场,保险公司设计了不同风险性的保单合同,投保人会按照自身的风险偏好去选择对自身利益最大化的合同,这一选择过程就是代理人的信息甄别。这一模型最早由罗思切尔德和斯蒂格利茨共同提出。

(4)隐藏信息/行动的道德风险模型。道德风险与逆向选择的区别在于时间上,前者是一种交易后的不对称,后者恰好相反。由于委托人不能直接观测到代理人的决策过程和工作的努力程度,所以会拟一份具有某种激励性质的合约,在此合约下,委托人会根据代理人工作结果的表现给予奖惩措施。这方面的典型案例发生在公司股东和管理层之间,股东不能直接观测到管理层工作的细节,但清楚管理层的任务完成情况,管理层的报酬与其完成任务情况有关。

信息不对称理论在其成长过程中,一方面继承并发扬了传统研究方法,另一方面还借鉴吸收了博弈论、选择理论、预期效用等新的方法,从而实现了方法论上的创新。同时,不对称信息理论还实现了基本假设的创新,用信息的不完全性替代了完全性、不对称性替代了对称性,这一创新提升了信息研究工作的针对性和有效性。

任何理论都不可能是完美无瑕的,随着信息不对称理论在实践中的拓展,尤其在农产品市场、二手商品市场、人才市场、保险市场、证券市场、财政税收、风险创投等市场领域,人们发现传统模型有时存在一定局限,学者们通过引进顺向选择等模型,来克服传统模型存在的不足,可以说,信息不对称理论仍在创新和改进。

(二)信号显示机制与声誉机制

信息不对称的存在会导致逆向选择,就是在消费者不能清楚产品质量信息的时候,会以平均质量水平的价格来支付所有产品,这样低质量产品获得超额收益,而高质量产品得不到合理的报酬甚至出现亏损,进而退出市场,这就导致出现"劣币驱逐良币"的现象,即为"柠檬市场"现象,或称为"次品市场"现象。

在柠檬市场中,生产者选择销售低质量产品会比销售高质量产品更为有利,这种失效的市场会导致假冒伪劣产品盛行,也就是这种状态下,收益由生产者独享,而成本却由全社会来承担。政府可以通过加强产品的质量检测、建立产品质量责任制、健全相关行政立法等手段来加强监管,但是政府出动干预的手,会消耗巨大的人员、资金等成本。

实际上,解决柠檬市场问题,主要还是依靠市场内部演变而来的制度,也就是市场自有的治理渠道,市场治理的手段主要有信息改善和激励。信息改善是指让消费者了解更多的质量信息从而有助于做出选择,主要手段是信号显示机制;激励是指交易过程中引入激励制度迫使生产者放弃质量投机,主要手段是声誉机制。

完整的信号显示机制包含了信号发送和信号甄别两个环节。信号发送是指信息优势方为了克服市场的逆向选择问题,向信息劣势方发送相关信息,信号甄别则是指信号接收方通过传递过来的信息并基于自身情况做出判断和选择。信号显示机制使得消费者对产品质量有了一定的预期判断,只有这种预期在产品被消费后判断成功才能使得这种机制持续下去。

信号显示机制的有效性需要具备如下条件:高质量产品发送信号的成本与所取得收入之比要小于低质量产品。市场上有许多信号可供生产者选择,如注册商标、投放广告、获得许可证、主动信息披露等。

声誉机制是基于买卖双方重复交易,生产者为了获得长期收益,而主动放弃短期的产品质量投机并提供质量稳定的产品。声誉对于生产者来说,是种无形的资产,依靠它可以获得长期稳定的购买量和较高的购买价格,所以为了维护声誉,卖方会克制自身的欺骗等行为。

Klein and Leffler(1981)认为,声誉并非是卖方诚信天性,而是基于经济利益的理性选择,强化声誉机制,关键在于通过质量溢价和沉淀投入等手段加大未来收益的权重。

声誉机制的成功运作要满足以下条件:一是高质量产品可以获得一定的质量租,若没有这项,厂家的造假行为可能比较普遍;二是高质量产品相对于低质量产品在生产时会投入更多的沉淀成本,而这种成本只有在长期交易中才能得到不断的补偿,若厂商行为造假,则这种补偿就中断,因此这种条件下,生产者会选择维护自身的声誉。

声誉机制相当于一个隐形的合约,消费者通过合约就可以对产品质量了然于胸,生产者也会按照合约提供符合质量的产品,双方之间的这种关系避免了柠檬市场的出现。

综上所述,解决信息不对称的市场手段主要依赖信息显示机制和声誉机制,两种机制的有效与否将决定着信息不对称的治理程度。

(三)产品质量升级模型理论

哈罗德—多马构建了经济增长较为完善的理论体系,在这种体系下生产要素之间不具有替代性,所得均衡结论存在一定的局限性,索洛—斯旺在此基础上假设了要素之间可替代,推导出新古典增长模型,这两个理论都表明经济增长的长期动力是来源于外生的技术变量。

直到 20 世纪 80 年代中期,Romer(1986)和 Lucas(1988)开创性的内生经济增长研究,经济增长理论才得以取得重大突破,该理论认为技术进步是市场主体的主动行为,是内生的,从而解释了经济增长的长期动力来源。Romer 的 AK 模型与 Lucas 的人力资本模型前提假设都是完全竞争市场,都没有探究如何对知识积累进行回报。他们认为,依靠知识积累的外部效应就可以实现增长的长期内生化。由于技术进步是由社会中企业或个人决策间接决定的,因此经济的长期增长是企业或个人从事生产的无意识副产物。到了 80 年代末、90 年代初,包括 Romer、Grossman、Helpman、Aghion 和 Howitt 等一批经济学家开始把不完全竞争引入到增长模型中,技术进步成为经济主体有意识的追求目标,相应地产生了产品种类增加模型与产品质量升级模型,后者是在前者的基础上演变而来,因此有必要先阐述一下产品种类增加模型。

产品种类增加模型通过采用 D-S(迪克西特-斯蒂格利茨)函数把中间产品的种类数纳入了进去,这样最终产品的产出水平就与中间产品的数量有了内在联系。由于中间产品的生产商处于非完全竞争市场,所以可以获得垄断利润,这些利润可以不断补偿技术发明的费用,并可用于新的技术知识开发。

产品种类增加模型认为技术知识的进步就体现在中间产品种类数量的增加上,并且技术知识具有部分非排他性的特点,这种部分非排他性在产出过程中可以不停地提升知识存量的水平,从而实现人力资本的产出效率提高。伴随着知识存量的增加,长期经济的增长就得以实现。简要的理论推导如下:

假设第 i 个最终产品厂商的生产函数为:

$$Y_i = A \cdot L_i^{1-a} \cdot \sum_{j=1}^{N} (X_{ij})^a \tag{8.1}$$

其中,$0 < a < 1$,Y_i 为第 i 个最终产品厂商的产出水平,L_i 为该厂商的劳动投入水平,N 为中间产品的种类数,X_{ij} 为第 i 个厂商的第 j 种中间产品的投入数目。与此同时,假设 η 为第 j 种中间投入品的发明成本。

从长期来看,中间产品的发明者利润必然为零,那么均衡时的利率必须符合下面的条件:

$$r = (L/\eta) \cdot A^{1/(1-a)} \cdot \left(\frac{1-a}{a}\right) \cdot a^{2/(1-a)} \tag{8.2}$$

在引入跨期消费的 Ramesy-Cass-Koopmans 模型中,均衡消费增长率(均衡经济增长率)为:

$$g = \frac{1}{\theta}(r - \rho) \tag{8.3}$$

其中,r 为利率水平,θ 为消费替代弹性的倒数,ρ 为时间贴现率。把(8.2)式带入,即可求得产品种类增加模型的均衡经济增长率。

由上述分析知,产品种类增加模型中的技术进步体现在中间产品种类数量的增长上,而阿吉翁、霍维特、格罗斯曼、赫尔普曼等人提出了产品质量升级模型,则认为种类数不变时,技术进步体现在了产品质量升级上。因为企业凭借着对中间产品的专利发明权可以获得垄断利润,而新产品的创造具有正的外部性,他们就在产品种类增加模型的基础上,通过中间产品的质量升级来考察内生经济增长。

首先,该模型通过把公式(8.1)中的 X_{ij} 改变为如下形式:

$$X_{ij} = \sum_{k=0}^{m_j} (q^m X_{ijm}) \tag{8.4}$$

其中,X_{ijm} 为第 i 个最终产品厂商投入质量等级为 m 的第 j 种中间产品的数量,m_j 为部门 j 的最高质量水平,q^m 为等级 m 相对应的质量水平。这样,把考虑质量升级的 X_{ij} 带入生产函数(8.1),并进一步推导,就可以得到均衡利率为:

$$r = (L/\eta) \cdot A^{1/(1-a)} \cdot \left(\frac{1-a}{a}\right) \cdot a^{2/(1-a)} \cdot [1 - q^{-a/(1-a)}] \tag{8.5}$$

把(8.5)式代入(8.3)式就可以知道均衡经济增长水平。

可以看出,在产品质量升级模型中,经济增长率与中间产品的质量呈正向关系,即随着中间产品质量的提高,技术进步率提高了,长期经济增长率得到了提升,因此,中间产品质量的高低对于衡量一国经济增长水平至关重要。

三、品牌建设影响经济增长的传导机制

当产品市场存在着质量信息的不对称时,会出现阿克洛夫的"柠檬市场"现象,即买者不能清楚地了解到市场中的每一个具体产品的质量水平,就会以市场中产品的平均质量作单一定价。高质量产品由于投入了发明与生产成本都较高的中间品,其生产成本肯定要高于低质量的产品,这样就导致企业生产高质量产品的盈利状况还不如生产低质量产品,甚至会出现高质量产品销售价格小于成本价格。市场选择的结果是导致高质量产品得不到应有的报酬,进而被驱逐出市场,连带着高质量中间产品的淘汰,中间产品市场的整体质量水平呈现下滑。在内生经济增长理论中,由产品质量升级模型可知,技术进步主要依赖于中间产品的质量改进上,所以,产品市场的信息不对称降低了整体经济体的增长水平。

国内外不少学者做过信息不对称影响经济增长的研究,但是大都站在金融行业的视角,也即从金融中介角度来研究信息不对称对经济增长的研究。因为存在信息不对称,投资者要想准确判断一个生产企业是否值得投资,需要花费掉相当数量的信息搜寻成本,这一成本的存在会降低资本的配置效率,而资本配置效率是影响经济发展的重要因素。当面临这种状况时,包括银行在内的金融中介就可以大显身手,因为中介在处理信息时具有规模效应,可以有效降低单位信息的搜寻成本,进而降低了资本配置扭曲程度,即提高了资本的配置效率。与此同时,一国在发展过程中,往往需要集中资源来开展一些高回报性质的大型项目,这时候以银行为代表的金融中介就可以利用自身信誉,以较低成本广泛筹集社会上的闲散资金。更深层次,Acemoglu and Zilibotti(1997)曾经指出,有助于汇聚更多社会资本的金融制度,如金融中介等,都会有利于一国的经济增长。

当然,国内学者也有从其他视角来研究信息不对称与经济增长的关系。殷剑锋(2004)从信息不对称视角,研究了不同金融结构对经济增长的影响效应,认为信息不对称条件下的道德风险,会使得技术普及速度下降,进而导致增长的速度变慢,一国经济甚至会因为普及速度的终止陷入"不对称信息陷阱"之中,这时,具有信息规模优势的金融产业就能发挥极为重要的作用,不过各个金融子行业解决问题的机制不一样,这种背景下,金融结构对技术普及和经济增长的影响就不一致了,因而不同的金融结构会产生差异性的经济增长

效果。高波、钱蓁(2003)从信用发展角度分析认为,社会化大分工的日益增强会导致程度越来越高的信息不对称,而这种不对称引发的交易费用逐渐上升,会造成经济增长速度减缓,因此,需要增强信用制度的建设和完善,以促进市场效率的改善提升。邵宜航、刘雅南(2011)通过道德风险和逆向选择两种机制,研究了多层次政府和企业间及政府间信息不对称问题,认为信息不对称是我国经济增长方式转变未见明显效果的重要原因之一。吴丰华(2010)通过将信息不对称及社会体制因素作为影响国内经济稳定性的关键要素来分析经济波动,其利用委托—代理模型框架,验证了道德风险和逆向选择会造成实际增长状况脱离最优路径。

从产品市场角度来研究信息不对称对经济增长的影响比较缺少,虽然世界银行在1998年的发展报告中提出,最终产品市场信息不对称是造成发展中国家经济落后的重要原因之一,但是较少有从这个角度的深入分析。国内学者林毅夫、潘士远(2004)在这方面做了非常有意义的研究分析。他们在内生经济增长中的产品种类增加模型上,假设中间产品市场可以自由进出并且单位质量的发明成本随着中间产品质量提升而下降,接着求解最终消费品厂商和中间产品厂商利润最大化,得到信息不对称条件下均衡的经济增长率与单位质量的发明成本成反向关系的结论,也就是最终产品市场质量信息的不对称性会使得市场萎缩,并降低均衡经济增长率。

通过以上的探讨和分析,我们知道产品市场的质量信息不对称性将阻碍一国经济增长。若是降低了产品市场的质量信息不对称性,将会避免"柠檬市场"的出现,把高质量产品及高质量中间品留在市场上,从而有助于一国经济实现更高速度的增长。从市场作用的角度来看,降低市场信息不对称的机制主要有两种,一是信号显示机制,二是声誉机制。一般情况下,存在信息不对称的市场,消费者不能获得全面的产品信息,这往往使得消费者在选择购物时,不能真实有效地传递自己的目的和偏好,这时他们会利用某种信息符号来平衡自身的心理。

品牌是在买卖双方的长期交易中,通过消费者不断检验和自身不断演变形成的。消费者在交易时,会认为耐得住长久考验的品牌表示企业产品质量符合一致预期,也正因此,品牌对广大客户而言,是一种高效的传递产品质量等信息的手段。品牌还关系着企业声誉问题,具有知名度的品牌更是表示着企业和产品品质值得信赖,消费者会在形成品牌信任感的基础上不断提高品牌忠诚度,在这种心理驱动下产生首选忠诚品牌的购买行为。

国内外已有不少学者探讨过品牌对信息不对称的影响，如 Rao and Ruekert(1995)认为品牌传达着产品的质量信息，若被破坏就会受到相应的惩罚；Wernerfelt(1998)认为新产品的销售享受了老产品积累的品牌信誉，当使用同一个品牌时，有助于新产品质量信号的传递；钱茜(2005)认为品牌是优良企业向目标客户发送的建立在价值理论上的信号；杨煌(2005)认为品牌起源于解决信息不对称的需要，品牌的产生减小了交易双方的沟通费用和交易成本，促进了市场效率的提升。

因此，我们可以认为，品牌从信号显示机制和声誉机制两方面，克服了产品市场存在的信息不对称问题。

本章所探讨的品牌建设，具体采用商标注册和广告投放来衡量，是基于如下的认识：商标是品牌的核心载体，是品牌的标记，是品牌发展起来的基础。随着贴有某种商标的产品市场范围扩大，商标的知名度在不断增加，消费者对贴有该商标的产品形成习惯性消费，随着消费者购买忠诚度提升、产品的市场占有率提高，逐渐形成产品的品牌。因此，企业从事商标注册申请，是品牌建设的基础。

广告是基于信息不对称条件下，消费者与广告投放者之间博弈的副产物，企业投入大量资金做广告：一是为了扩大企业的产品市场规模，即广告投放可以吸引更多眼球，增加可观的销售量；二是品牌的定位和加强，广告可以帮助企业在众多竞争者中进行市场定位，同时可以使消费者对本品牌的产品产生更好的印象，形成对本品牌的偏好和选择。所以，本章认为企业进行商标注册申请和投放广告，都是企业进行品牌建设采取的措施。

综合上述，商标注册申请和投放广告都有企业品牌建设的行为，而企业进行品牌建设从信息显示机制和声誉机制两方面克服了产品市场的信息不对称，而克服产品的质量信息不对称有利于促进高质量产品和高质量中间品的消费，进而有助于经济的均衡增长(图 8-1)。

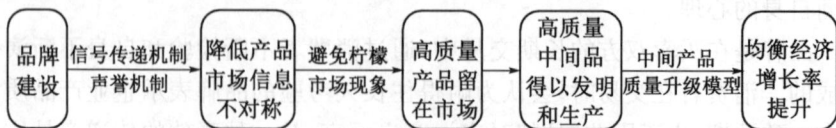

图 8-1 品牌建设对经济增长影响的传导机制

第三节　实证研究

一、实证模型的介绍

(一) VAR 模型

针对本章选取的时间序列数据,构造的是向量自回归模型,即 VAR 模型。VAR 模型是由克里斯托弗·西姆斯在 1980 年提出的,研究的是不同变量之间的互动关系。VAR 模型是基于数据的统计性质建立,侧重于用自身数据解释问题,系统中当期内生变量都可以由所有内生变量的滞后期的函数来构建。VAR 模型的数学公式是:

$$y_t = c + A_1 y_{t-1} + \cdots + A_n y_{t-n} + \varepsilon_t \tag{8.6}$$

其中,y_t 为一个内生变量向量,n 为滞后期阶数,$A_1 \cdots A_n$ 为待估计的系数矩阵,ε_t 为误差向量。VAR 模型是当前比较主流的计量研究模型,其本身也具备了一些特征:第一,侧重用自身数据说明问题,不需要运用严谨的经济原理来做基础;第二,对参数不施加零约束;第三,所有的变量都作为内生变量。本章主要研究商标注册申请、广告经营额与 GDP 之间的动态关系,着眼于解释变量的变动对被解释变量带来的波动情况,因此本章选择有助于实现研究目的的 VAR 模型。

(二) 单位根检验

对时间序列数据进行实证分析,需要先对数据进行平稳性检验,所谓的时间序列数据平稳,是指变量随着时间的变化,会围绕均值上下波动,而不会出现持续递增或递减的情况。假如数据非平稳就直接加以利用,就会出现伪回归的状况。结合本章数据,1980～2014 年的时间序列,在实证分析过程中,首先对其平稳性进行检验。本章采用 ADF 方法,即单位根检验,其回归方程为:

$$\Delta Y_t = a_1 + a_2 \times t + \rho \times Y_{t-1} + \beta_i \times \sum_{i=1}^{n} \Delta Y_{t-i} + \mu_t \tag{8.7}$$

a_1、a_2、ρ、β_i 皆为参数,μ_t 为残差项,n 为最优滞后期,t 为时间趋势项。在 ADF 检验中,检验假设 $\rho = 0$ 是否成立,若成立则序列非平稳;若不接受假设,则对立假设 $\rho < 0$ 成立,序列是平稳的。

(三) Johansen 协整检验

协整检验是在平稳性检验的基础上,考察变量之间是否存在长期稳定的关系。若单位根检验的结果显示数据具有平稳性,则可直接来考察协整关系,若数据非平稳但为同阶单整,也可以验证协整关系存在与否。在协整检验中,系数矩阵的秩直接决定线性无关的协整向量个数。

协整检验主要有两种方法:一是基于回归系数的 Johansen 检验,二是基于回归残差数据的 EG 两步法检验。当变量超过两个时,EG 两步法不易找全所有的协整关系,而 Johansen 检验可以克服这种缺陷,同时 Johansen 检验功效较为稳定,所以本章采用的是 Johansen 检验法。

(四)格兰杰因果检验

格兰杰因果检验是从时间序列的角度来判断变量之间是否存在着因果关系,其计量经济学的定义为:"欲判断 X 是否引起 Y,则考察 Y 的当前值在多大程度上可以由 Y 的过去值解释,然后加入 X 的滞后值后考察是否能有效改善解释。如果 X 的滞后值有助于改善对 Y 的解释程度,则可以认为 X 是 Y 的格兰杰原因。"

也就是,如果变量 A 是变量 B 的格兰杰原因,那么变量 A 的变化在时间上是领先于变量 B 的,并且变量 B 在由本身的滞后变量及其他变量解释时,将变量 A 的滞后项纳入进来分析,会有助于改善对 B 的预测。

(五)脉冲响应函数方法与方差分解

VAR 模型是一个侧重用自身数据来解释问题的计量模型,所谓脉冲响应函数方法,是分析模型受到冲击时系统的动态变化,也就是观察一个残差项产生变动时系统作何变化。在分析过程中,先要在误差项上给予一个标准差大小的冲击,然后进一步观察这个冲击对变量的当前及未来值产生怎样的影响。

方差分解方法是由西姆斯在 1980 年提出来的,它主要是用来分析模型内影响各内生变量的结构冲击的贡献度。

二、数据来源与指标选取说明

本章是基于信息不对称视角,研究品牌建设对我国经济增长的影响。正如前文分析,品牌的核心能力是通过信号显示机制与声誉机制来解决产品市场的信息不对称问题,把高质量产品留在市场中,进而提升中间产品的整体质量水平,又由内生增长理论中的产品质量升级模型可知,中间产品的质量提升有助于经济的长期均衡增长。为了描述品牌的建设情况,本章选取的是商标注册申请数目和广告经营额这两个指标。

同时,通过两个指标的对比分析,可以深层次了解何种机制对经济增长的影响效果更显著,以便为实践指导提供思路。

至于衡量经济增长速度的指标,正如前文所论述的,选取的是考核国民经济发展状况最频繁使用的总量数据:国内生产总值(GDP),这也是国内外最主流的指标。

各个指标具体说明如下。

(1) 全国每年的商标注册申请数(SQ):根据国家工商行政总局下辖的商标局/商标评审委员会每年发布的《中国商标战略年度发展报告》整理得到,时间区间为 1980 年至 2014 年,单位是件。

(2) 全国每年的广告经营额(GG):通过搜集并整理历年国家工商总局公布的数据得到,时间跨度 1980~2014,单位是亿元。

(3) 国内生产总值(GDP):使用的是名义 GDP,数据来自 wind,单位是亿元。

GDP、商标注册申请数及广告经营额的数据统计结果见表 8-1。

表 8-1 GDP、商标注册申请数及广告经营额的数据统计

年份	GDP 单位:亿元	全国商标注册申请数 单位:件	全国广告经营额 单位:亿元
1980	4 551.60	26 177	0.15
1981	4 898.10	23 004	1.18
1982	5 333.00	18 565	1.5
1983	5 975.60	20 807	2.33
1984	7 226.30	29 564	3.64
1985	9 039.90	49 243	6.04
1986	10 308.80	50 970	8.43
1987	12 102.20	44 069	11.1
1988	15 101.10	47 549	14.9
1989	17 090.30	48 411	19.95
1990	18 774.30	57 272	24.98
1991	21 895.50	67 604	35.05
1992	27 068.30	90 795	67.78

（续表）

年份	GDP 单位:亿元	全国商标注册申请数 单位:件	全国广告经营额 单位:亿元
1993	35 524.30	132 323	133.94
1994	48 459.60	142 617	200.1
1995	61 129.80	172 146	273.14
1996	71 572.30	151 804	366.55
1997	79 429.50	148 755	461.85
1998	84 883.70	157 683	537.6
1999	90 187.70	170 175	622
2000	99 776.30	223 177	715
2001	110 270.40	270 417	794.89
2002	121 002.00	371 936	903.15
2003	136 564.60	452 095	1 078.68
2004	160 714.40	587 925	1 264.60
2005	185 895.80	664 017	1 416.30
2006	217 656.60	766 319	1 573.00
2007	268 019.40	707 948	1 740.96
2008	316 751.70	698 119	1 899.56
2009	345 629.20	830 477	2 041.08
2010	408 903.00	1 072 187	2 340.51
2011	484 123.50	1 416 785	3 125.55
2012	534 123.00	1 648 316	4 698.42
2013	588 018.80	1 881 546	5 019.79
2014	635 910.20	2 285 358	5 605.60

经验告诉我们,时间序列数据大都非平稳,因此在实证过程中,为了避免数据的剧烈波动和消除异方差性影响,我们对各个指标取自然对数,取过对数后的各变量简记为:ln GDP、ln SQ、ln GG。对各个变量取自然对数,不会改变变量之间原有的长期稳定关系,只不过它们之间的关系可以用弹性的变化来解释。本章 VAR 模型的建立以及相关检验都是通过回归软件 Stata.12 来完成。

三、实证分析过程

（一）单位根检验

本章选取的是全国 1980~2014 年时间序列数据,为了防止伪回归现象的出现,在实证分析前需要对数据的平稳性进行检验,采用的方法是 ADF 单位根检验法。在截距项和趋势项的选择上,本章主要通过查看变量图形来判断,最优滞后期的选择是参考 AIC 和 SC 准则来判断。

本章通过 stata.12 软件对 lnGDP、lnSQ 和 lnGG 进行单位根检验,检验结果见表 8 - 2。

表 8 - 2　各变量单位根检验的结果

变量	差分次数	检验类型 (C,T,K)	ADF 值	10% 临界值	5% 临界值	1% 临界值	结论
lnGDP	0	(C,T,3)	−1.680	−2.623	−2.983	−3.709	不平稳
d. lnGDP	1	(C,T,3)	−3.296	−2.624	−2.986	−3.716	平稳
lnGG	0	(0,0,0)	2.194	−1.604	−1.950	−2.646	不平稳
d. lnGG	1	(0,0,0)	−6.742	−1.603	−1.950	−2.647	平稳
lnSQ	0	(C,0,2)	0.690	−2.619	−2.975	−3.689	不平稳
d. lnSQ	1	(C,0,2)	−3.880	−2.620	−2.978	−3.696	平稳

注:检验类型中的 C,T,K 分别表示截距项,趋势项和滞后期数。

由检验的最终结果可以看出,全部变量都是非平稳的,但是在一阶差分之后在 5% 的显著性水平下都是平稳序列,所以本章所选取的变量都是 I(1)的时间序列,可以进行接下来的协整关系检验。

（二）Johensan 协整检验

本章选用 Johansen 协整检验法来对时间序列变量进行协整关系的检验，其滞后阶数比零约束的 VAR 模型最优滞后阶数小 1。本章将 lnGG、lnSQ 与 lnGDP 进行协整关系检验，检验结果以迹统计量检验结果来说明，如表 8-3 所示。

表 8-3 迹统计量检验结果

最大秩	parms	LL	特征值	迹统计量	5%临界值
0	12	102.819 75	.	33.713 7	29.68
1	17	114.257 51	0.500 03	10.838 2*	15.41
2	20	119.652 07	0.278 87	0.049 1	3.76
3	21	119.676 61	0.001 49		

由迹统计检验法可以看出，在 5% 的显著性水平下拒绝了不存在协整关系的假设，也就是 lnGG、lnSQ 与 lnGDP 存在长期稳定的关系。协整关系通过后，我们就可以进行后续的格兰杰因果检验以确定商标注册申请数、广告经营额与 GDP 之间是否存在因果关系。

（三）格兰杰因果检验

VAR 模型的建立需要考虑变量是否该被纳入，就需要考核变量之间是否存在相关性，这就需要通过格兰杰检验结果来判断。根据上文可知，变量之间存在协整关系，因此可以进行格兰杰因果检验。本章通过对变量滞后一期和二期分别进行了格兰杰因果检验，具体检验结果见表 8-4 所示。

表 8-4 格兰杰因果关系检验结果

虚拟假设	滞后一期			滞后二期		
	Obs	chi2	p 值	Obs	chi2	p 值
lnGG 不是 lnGDP 的格兰杰原因	34	3.65	0.056	33	3.296 6	0.069
lnGDP 不是 lnGG 的格兰杰原因	34	16.908	0	33	9.663 1	0.002
lnSQ 不是 lnGDP 的格兰杰原因	34	2.126 2	0.145	33	2.937 2	0.087
lnGDP 不是 lnSQ 的格兰杰原因	34	2.297 3	0.13	33	7.487 6	0.006

根据格兰杰因果检验的结果,在显著性水平为 10% 的情况下,可以得出以下的结论:

(1) 全国每年商标注册申请数量(SQ)与 GDP 之间存在相关性,滞后二期的检验结果显示商标注册申请数量与 GDP 互为格兰杰因果。

(2) 全国每年广告经营额(GG)与 GDP 之间存在相关性,滞后一期和滞后二期的检验结果都显示广告经营额与 GDP 互为格兰杰因果。

基于上述格兰杰因果检验的结果,我们接下来着手建立 VAR 模型。

(四) VAR 模型的建立及稳定性检验

根据格兰杰因果检验,可以被纳入的变量为全国每年的商标注册申请数(SQ)和全国每年的广告经营额(GG),在最佳滞后期的选择方面,我们主要依据 LL、LR、FPE、AIC、SC、HQ 等信息准则来判断,检验的结果见表 8-5 所示。

表 8-5　VAR 模型最优滞后期的选择

Lag	LL	LR	FPE	AIC	HQIC	SBIC
0	−63.545 7	0	0.014 6 94	4.293 27	4.338 51	4.432 04
1	95.421 4	317.93	9.30E−07	−5.382 02	−5.201 08	−4.826 93
2	114.341	37.839	5.0e−07*	−6.021 98	−5.705 33*	−5.050 57*
3	123.378	18.075	5.20E−07	−6.024 4*	−5.572 03	−4.636 67

注:* 表示对应准则选择的最优滞后期。

由上述结果,可以判断最优滞后期为 2,则建立的 VAR 模型及相关检验结果如下:

$$\ln GDP = 0.324\,972\,8 + 1.399\,425 \ln GDP(-1) - 0.501\,344 \ln GDP(-2) +$$
$$0.094\,731\,9 \ln SQ(-1) - 0.031\,262\,4 \ln SQ(-2) +$$
$$0.005\,647\,5 \ln GG(-1) + 0.013\,975\,2 \ln GG(-2) \qquad (8.8)$$

拟合优度 R^2 为 0.999 2,chi2 为 39 000.71,方程的拟合度较好。

接下来,我们对 VAR 模型的稳定性进行检验,采用的方法是观察 AR 根图。若 VAR 模型中所有根的模的倒数都大于 1,就可以认为此 VAR 模型是稳定的,在图上则表现为所有单位根对应的坐标点都落在单位圆内。VAR 模型 AR 根图、AR 根表分别见图 8-2、表 8-6。

Roots of the companion matrix

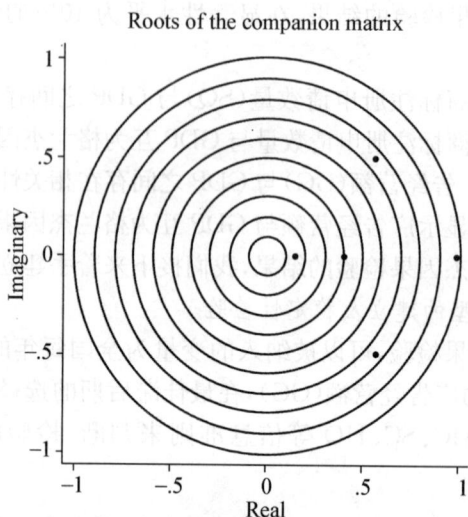

图 8 - 2 VAR 模型的 AR 根图

表 8 - 6 VAR 模型的 AR 根表

Eigenvalue	Modulus
0. 988 996 4	0. 988 996
0. 956 172 1	0. 956 172
.564 276 2＋.496 748 1i	0. 751 775
.564 276 2－.496 748 1i	0. 751 775
0. 405 891	0. 405 891
0. 148 646 5	0. 148 647

　　由上述的检验结果可以看出,所有单位根对应的坐标点都落在单位圆内,因此构建的 VAR 模型是稳定的。

　　(五) VAR 脉冲响应函数和方差分解

　　1. 脉冲响应函数分析

　　对于构建出来的 VAR 模型,本章利用脉冲响应函数方法,分析模型受到冲击时系统的动态变化(也就是观察一个残差项产生变动时系统作何变化)。脉冲响应函数就是来刻画整个系统对于内生变量的波动所产生的被动反应。

　　在分析过程中,先要在误差项上给予一个标准差大小的冲击,然后进一步

观察这个冲击对变量的当前及未来值产生怎样的影响。本章对模型中各内生
变量给予一单位正的标准差冲击来考察 lnGDP 脉冲响应函数图。在各个脉
冲响应函数图中,横轴表示冲击作用的响应期数(本章选取跟踪期为 8 期),纵
轴表示 lnGDP 的波动,实线为 lnGDP 的脉冲响应函数随时间的波动路径,虚
线为正负两倍标准差的偏离带。

　　(1)商标注册申请数冲击产生的 GDP 脉冲响应函数图。由图 8－3 可以
看出,商标注册申请数的正冲击会对 GDP 产生较大的正向影响,这种影响在
第 4 期达到最大,第 5 期及以后稍微有所回落,但是一直为正向的拉升作用。
随着商标注册申请数量的增加,产品市场的质量信息不对称问题得到解决,高
质量产品得到应有的报酬,企业的努力得到回报并且效益改善,整个经济充满
活力;从长期来看,商标作为品牌的主要载体,随着品牌数量的不断增加,社会
产品质量得到了不断的提升,相应中间产品的质量不断升级,整个经济得到了
增长。因此,商标品牌建设对于 GDP 的推动作用不管短期还是长期都是正向
的。

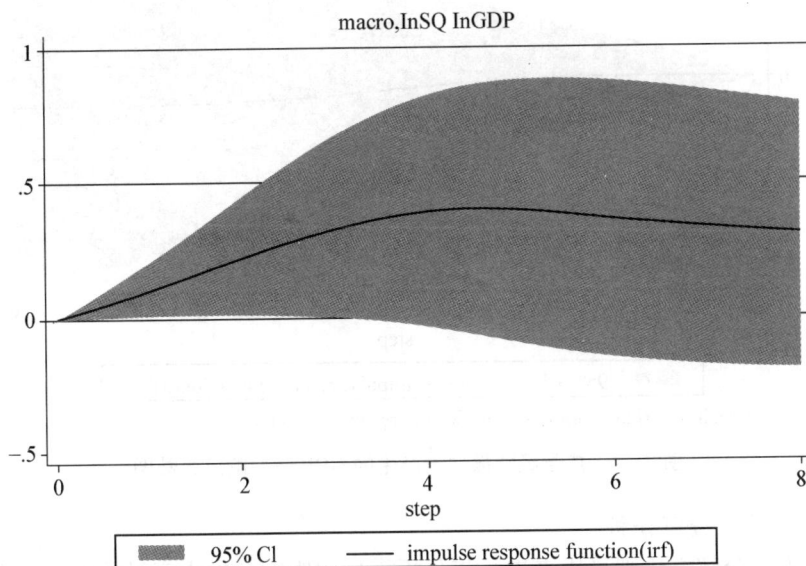

图 8－3　商标注册申请数冲击产生的 GDP 脉冲响应函数图

（2）广告经营额冲击产生的 GDP 脉冲响应函数图。由图 8-4 可以看出,在对广告经营额施加一单位正的标准差的冲击后,GDP 短期内受到微弱的正向拉升,在第二期达到最大,但是在第三期以后冲击效应转为负的,且到第六期基本稳定。由此可以看出,投放广告的波动在短期内对于 GDP 具有微弱的推动作用,企业投放广告,降低了产品质量信息不对称问题,高质量产品得到应有的回报,企业有利可图,社会经济得到发展。但是,从长期来看,广告的投放对经济增长为负的影响。国内企业的广告投放增加了销售费用,降低了企业的利润,核心的研发生产能力没能得到提升,企业负担重、产品升级困难造成了对增长的负面影响。但是从图 8-4 来看,由于脉冲响应函数曲线与横轴很接近,这种负面影响的程度是有限的。

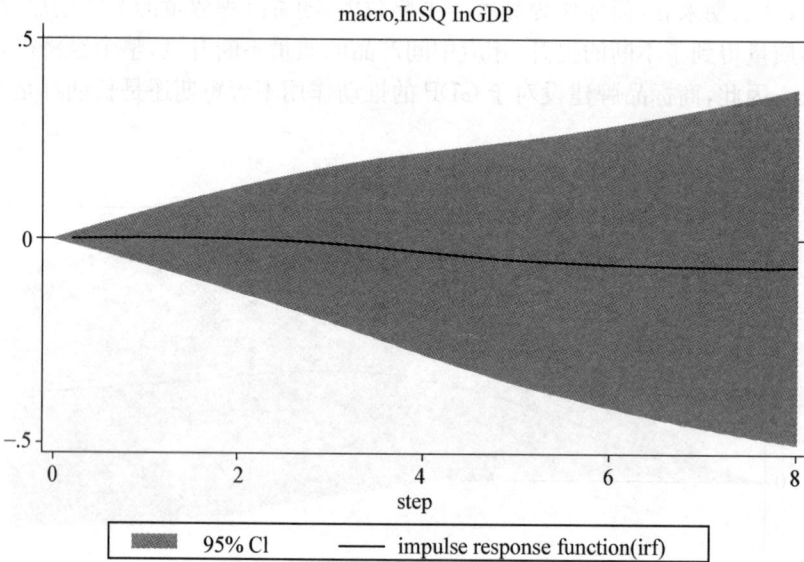

图 8-4　广告经营额冲击产生的 GDP 脉冲响应函数图

2. 方差分解分析

方差分解方法则是用来进一步分析模型内影响各内生变量的结构冲击的贡献度。本章对方差分解结果如表 8-7 所示。

表 8-7　商标注册申请、广告经营额对 GDP 的贡献度

Period	ln GDP	ln SQ	ln GG
1	1	0	0
2	0.983 768	0.014 985	0.001 248
3	0.946 653	0.050 057	0.003 29
4	0.905 674	0.089 813	0.004 513
5	0.873 834	0.121 477	0.004 689
6	0.854 557	0.141 129	0.004 314
7	0.845 35	0.150 822	0.003 828
8	0.842 157	0.154 434	0.003 409

由表 8-7 的结果可以看出,GDP 的波动在第一期全部来自于自身,从第二期开始 1.4% 来自于商标注册申请额,0.12% 来自于广告经营额。从第二期到第五期,广告经营额对 GDP 波动的贡献度在上升,但是总体贡献度不高,第五期达到极值 0.47%,而从第六期以后,广告经营额的贡献度在持续下降。站在商标注册申请数角度来看,从第一期到末期,对 GDP 波动的贡献度持续增加,在第七和第八期,贡献度稳定在 15% 以上。

从方差分解结果可以看出,投放广告虽然一定程度上促进产品市场上质量信息的对称性,有利于经济的增长,但是从长期来看,广告费用的增长造成企业成本上行,对企业经营造成一定的压力,从而广告的投放对整体经济影响程度进一步减少。而企业申请注册商标,不但可以解决产品或服务的信息不对称问题,并且注册成功后对企业基本无附加成本,虽然口碑的积累即品牌的形成,需要一定的时间,但是从长远来看,商标品牌的建设会提升整个产品市场的质量水平并给企业带来持续的业绩保障,这对经济增长的正面效应是深远的。

第四节　基于地理标志商标的案例分析

一、地理标志商标的发展现状

地理标志是如今国际社会广泛关注的一项知识产权,1994 年《与贸易有关的知识产权协定》(TRIPS)的生效,使得有关地理标志的研究得到越来越多

的重视。

何为地理标志商标,按照《TRIPS 协定》的规定,具备如下特征的标志可称为地理标志:其标示出某商品来源于某成员地域内,或来源于该地域中某地区或某地方,该商品的特定质量、信誉或其他特征,主要与该地理来源相关联。从国内角度来讲,2001 年修订的《商标法》规定:地理标志是标示某商品来源于某地区,该商品的特定质量、信誉或者其他特征,主要由该地区的自然因素或人为因素所决定的标志。

可以看出,地理标志是一种有待发掘和发展的客观存在,其表明商品来源是第一位的,可以是某种短语、符号、单词等;其次,商品质量、信誉或其他特征与地理来源有着极为紧密的关系。地理标志的注册与保护,有利于开展地域特色产品的品牌化建设,不仅可以提高当地居民参与市场的组织化程度,而且有助于提高农副产品等附加值和帮助居民增收致富,进而利于塑造主导产业并从整体上推动当地经济的发展。

当前,围绕地理标志产品已经形成了较为成熟的产业发展模式,"公司+农户"蔚然成风。例如,新疆的若羌县围绕"若羌红枣"这一地理标志认证产品,积极实行订单农业的标准化生产,在龙头企业的带动下,种植红枣面积已达 20 多万亩。在地理标志产业的强势拉动下,若羌县农牧民人均纯收入 2014 年已经达到 2.65 万元(2001 年只有 2 216 元),连续 6 年时间位居西部 12 省区市的首位。

虽然我国地理标志产业起步较晚,但是发展速度迅猛,尤其在 2005 年 7 月国家质检总局发布《地理标志产品保护规定》后呈现爆发式增长,已经涌现了一大批农产品、手工艺品、加工制品等领域的知名地理标志,如:西湖龙井、南京云锦、景德镇瓷器、金华火腿、涪陵榨菜、五常大米、烟台梨等。

从注册数据看出(如图 8-5 所示),1996 年至 2005 年为起步阶段,2006 年起至今是个快速发展阶段。2014 底,地理标志证明商标、集体商标共注册 2 697 件,是 2005 年的 20.7 倍。

从地域分布来看(如表 8-8 所示),我国的地理标志地域分布广泛但不均衡。以华东地区发展最好(占全国比重 42.73%),其次是西南、华中、西北,华南地区发展最为缓慢。地理标志的注册与地理条件和经济发展水平密切相关,华东地区自然条件和地理区位优越,人们的经济头脑比较活跃,与国际接轨较为积极;而西南、华中、西南地区拥有条件优越的地理及气候环境,特色产品丰富。

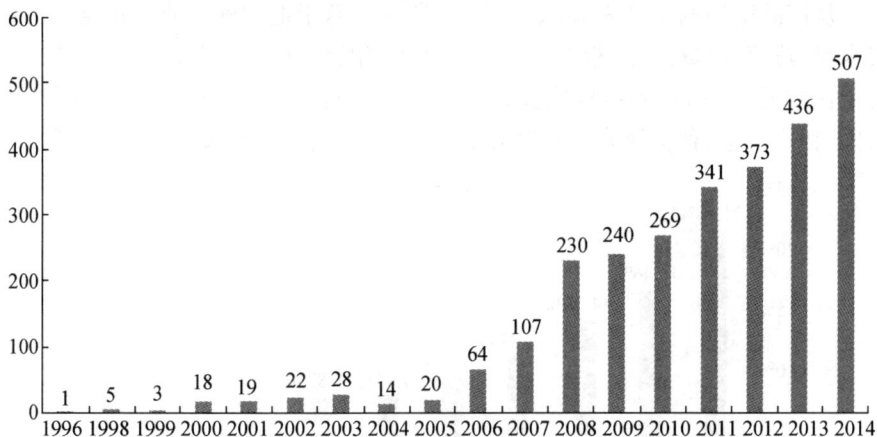

图8-5　全国每年注册和初步审定地理标志证明商标、集体商标件数（1996～2014）

表8-8　我国地理标志商标地域分布

地区	省份	数量	总数	地区	省份	数量	总数
华北	北京	8	150	华中	河南	47	350
	河北	34			湖北	214	
	内蒙古	43			湖南	89	
	山西	43		华南	广东	36	80
	天津	22			广西	30	
东北	黑龙江	49	193		海南	14	
	吉林	47		西南	贵州	51	538
	辽宁	97			四川	149	
华东	安徽	70	1 155		云南	129	
	福建	258			重庆	198	
	江苏	188			西藏	11	
	江西	46		西北	甘肃	57	237
	山东	399			陕西	62	
	浙江	181			新疆	67	
	上海	13			青海	33	
					宁夏	18	

从产品结构的角度来看(如图 8 - 6 所示),基于地理标志的产品类型主要有水果、蔬菜、畜禽产品、粮油、茶、水产品等,相比 2006 年,粮油、果蔬、花卉三类占比接近 70%,产品结构明显改善和趋于合理。但是,我国是个农副产品大国,物产丰富、种类繁多,地理标志的产品品牌建设仍有较大的发展空间。

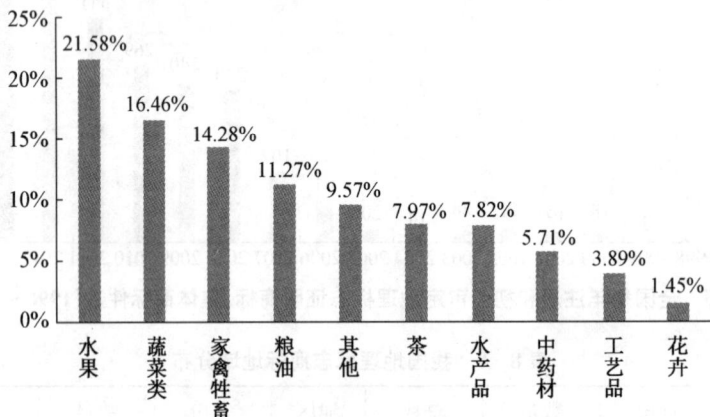

图 8 - 6　地理标志产品的分布结构(截至 2014 年)

二、地理标志商标的基本属性分析

在本小节中,从两个角度着重阐述地理标志商标的基本属性,分别是地域属性和公共属性,以期为下一节的分析打下基础。

(一)地理标志商标的地域属性

由地理标志的定义,我们知道地理标志产品与产地来源有着不可分割的关系,之所以成为地理标志产品,与产地的一些特殊物质要素如地理资源条件、加工工艺等关系甚大。西湖龙井之所以被称之为名茶中的珍品,不仅与其特殊的地理环境,造就土壤含有适宜茶叶种植的微量元素有关,还与其严格的一芯两叶采摘标准及精巧的手工炒制等关系紧密。

地理标志产品之所以产生,与其具有的优势生产区位息息相关。根据级差地租理论,对优势生产区位的产品,投入的成本相对较小,生产的产品质量系数高,可以获得较高的超额利润。

当某个区域存在超额利润时,会吸引大批企业入驻,结果就使得该区域成了某种产品的生产集中地。规模化的生产会促进生产技术的改进革新,从而衍生出一些特殊的生产技术,而这些技术就构成了额外的生产要素,生产要素的积累会慢慢演变成特殊的生产工艺。在这一系列的生产过程中,居民的消费行为以及生活理念也会逐渐受熏陶,并不断沉淀,演变为特有的生活方式,最终该地域生成了该产品的文化。

独特的自然因素、加工工艺、区域文化等使得该地域名声广播,消费者在购买该地域的产品时会认为此产品不仅具备较高的质量水平,而且还具有独特的文化内涵,从而愿意为该产品支付较高的价格,这其中包括了质量溢价以及情感溢价。

从生产者角度来讲,为了获得地理标志产品的超额收益,其在产地生产要素无法获得的情况下,生产者有贴原产地标签的作假动机,这就导致地理标志产品的供给量大幅上升,而消费者通过消费后对比,会对劣质产品做出质量反馈,并选择降低需求和支付价格,这就使得地理标志产品的质量溢价与情感溢价消亡,地理标志认证逐渐被淡化。

地理标志产品"五常大米"的例子就体现了上述演变过程。颗粒饱满、香味浓郁的五常大米被称为中国的"泰国香米",被工商总局核准使用"五常大米"地理标志的加工企业只有 93 家,并且年产总量百万吨,然而市场上被贴牌五常大米的销量竟然达到千万吨,这种"傍名牌"的现象严重侵害了五常大米的市场形象,并且破坏了其在消费者群体中积攒多年的口碑。

（二）地理标志商标的公共品属性

产业集群往往围绕着某种产品的生产、加工形成产业链,集群内的企业一般存在两种关系:互补或是替代。地理标志产品大多集中在农业领域,生产的多是加工工序较为简单的初级产品,产业链条较短,各企业大都生产相近的产品。

这些企业基于共同的地理标志商标从事生产,具有独特的品牌内在联系,这种联结机制将集群内的企业拴到了一块,形成地理标志"俱乐部效应"。集群内的企业都可以享受地理标志品牌带来的生产优势,但是每个企业的市场信用都会影响到地理标志商标的信用,从而也会对其他企业的市场信用带来影响,可以说,每个企业的利润与其他企业的市场信用有着极为紧密的相关性。这也就解释了"瑞士表"为什么具有非常高的品牌信用度,因为在产业集群内,众多品牌的信用度都很高,比如"百达翡丽"、"江诗丹顿"、"卡地亚"等品牌都具有非常高的市场美誉度和品牌影响力。

综合来看,地理商标的公共品属性体现在:单个企业的品牌信用度提升会直接提升整个地理标志的品牌信用,这是种巨大的溢出效应;同样,某个企业品牌信用度的下降会直接使得地理标志品牌信用受损,造成巨大的负外部效应。

2003 年发生的毒火腿事件就是一个典型的例子,部分金华火腿生产企业为了降低成本谋求私利,在火腿中添加了敌敌畏和其他违禁药物,这一事实被媒体曝光后,有着 1 200 多年历史的金华火腿遭受到了极大的损害,该年度的金华火腿销量同比大幅下滑约 80%,可以说地理标志的公众品属性使得集群企业"一荣俱荣,一损俱损"。

通过监督,可以有效减少有作假动机的企业损害地理标志品牌信用的行为。虽然监督带来的益处可由监督者和集群内其他成员共同获得,但是监督的成本却只有监督者来承担,这就造成集群内企业都有"他人监督,自己获益"的想法,最终导致内部监督提供不足。

当前,相当多的地理标志产品都是由小企业提供,这种松散的集群结构,给地理标志的管理造成非常大的困难。相比较而言,大型企业构成的产业集群会乐意提供更多数量的监督,所以从这个角度来讲,对生产地理标志产品的小型企业进行整合很有必要。同时,创建相应的行业协会等公共管理部门来进行监督,也会增加有效监督数量。

三、地理标志商标的经济效应分析

在真实的交易过程中,我们都要面临信息不对称问题。本章通过以下的公式推导,来证明地理标志商标通过信号传递降低了产品质量信息的不对称。

假设产品的质量为 ϕ,$\phi=0$ 表示低质量,$\phi=1$ 表示高质量,P 为产品价格,U 为消费者单位产品的效用。

在信息不对称条件下,假设市场上没有启用地理标志商标,这时候只有卖方知道产品的真实质量 ϕ,而买方知道 $\phi=0$ 概率为 μ,知道 $\phi=1$ 的概率为 $1-\mu$,其中 $0<\mu<1$。这时候买方的预期价格:

$$P(\phi)=\mu * P(\phi=0)+(1-\mu)P(\phi=1) \tag{8.9}$$

同时,买方按照这个价格进行支付,这就导致低质量产品获得超额收益,而高质量产品卖不出去,形成了"柠檬市场"。产品市场上,买方只能买到低质量产品,同时还要付出信息搜寻成本 S_1,则购买 X 单位的产品时,消费者的剩余为:

$$U_{J1}=U(\phi=0) * X-[\mu * P(\phi=0)+(1-\mu)P(\phi=1)] * X-S_1 \tag{8.10}$$

在"柠檬市场"中,低质量的产品获得高出成本价的超额利润,而高质量的产品收益低于其成本,被逐出市场,为了把高质量产品卖出去,卖方就需要向市场发送产品质量信号。

地理标志认证可以被用来证明其产品的来源和质量水平,地理标志认证传递着"产品质量来源于原产地,质量符合标准"的产品质量信息。消费者通过观察产品上的地理标志使用与否可以判断产品的产地和质量,进而决定支付的价格水平。

假设 $\pi=1$ 表示地理标志商标的使用,$\pi=0$ 表示地理标志商标未使用,则在地理标志商标使用的情况下,买方能根据质量水平决定相应的价格,当购买价格为(8.9)式时,对应购买的产品效用应该为:

$$\mu * U(\phi=0)+(1-\mu)U(\phi=1)>U(\phi=0) \tag{8.11}$$

所以,地理标志的质量信号使得买方付出同样的价格却获得了更高质量的产品,增加了消费者剩余。

再比较使用地理标志时候,购买 $\phi=0$ 产品时候的消费者剩余,在使用商标时,即 $\pi=1$,消费者剩余为:

$$U_{J2}=U(\phi=0) * X-P(\phi=0) * X-S_2 \tag{8.12}$$

将 U_{J2} 与 U_{J1} 比较,在消费者剩余相同的情况下,$S_2<S_1$,即地理标志商标的使用减少了消费者信息搜寻的成本。

综上所述,在信息不对称条件下,买方处于信息劣势,搜寻产品质量等信息成本较高,需求曲线向左移动,而在地理标志商标使用的条件下,消费者可以做到按质量支付价格,避免市场沦为柠檬市场。

地理标志的使用降低了消费者的信息搜寻成本,也即降低了消费者的交易费用,在市场的供需分析下,消费者的需求曲线得以向右移动,而在供给不变的情况下,均衡价格和消费量都得到提升,从而促进了市场的扩张和繁荣。

笔者认为,对地理标志商标的建设,不但有助于开发自然及人文资源,而且也有助于调动生产及经营者生产特色产品的积极性。欧美先进的经验告诉我们,地理标志发展及运用对于开发特定地理区位生产的农产品,提高产品质量,促进经济效益提升大有裨益。

四、地理标志商标对区域经济影响

从前面论述可以看出,地理标志商标对消除产品市场信息不对称,提升消费产品的质量,促进市场的繁荣有着积极的影响。地理标志商标突出的特点是标明并显示了产品的地域来源,接下来笔者结合现实案例,从以下几个角度来阐述其对区域经济的影响。

（1）实现了品牌价值的提升。地理标志商标的认证使得那些"深藏闺阁"中的地域特色产品接触到了更大范围的消费者和更广阔的市场，打出了名声，创出了市场广为认可的品牌，实现了自身价值的提升。福建宁德的茶业品牌"坦洋工夫"曾在 20 世纪初享誉一时，和茅台一道都获得过巴拿马万国博览会金奖的殊荣，但是到了该世纪 60 年代后品牌逐渐衰落，后来在获得地理标志商标的认证以及著名商标认定后，"坦洋工夫"很快绽放昔日荣光，红茶由 50～60 元/斤飙涨到 1 000～3 000 元/斤，甚至个别品类出现 6 000 元/斤的高价，3 年时间就打造出了 20 亿元的产值。

（2）促进当地居民增收致富。获得地理标志认证的产品本身就具有优良品质，又在优势品牌的主导下，产品的附加值会显著提高，一般而言，获得地理标志认证的农产品价格普遍比同类产品价格要高。根据 2014 年国家工商总局的统计分析，我国对地理标志商标的运用成果丰硕，商标注册后价格平均增加了 50.11%，地理标志收入已经占到地区农民总收入的 65.94%。如福建建莲地理标志的认证，使得当地莲子身价飙升，鲜莲从原来每公斤 14 元上升为 20 元，干莲从原来每公斤 34 元上升为 50 元，这极大地激发了农民种植莲子的积极性，产量在 2009 年就达到 3 300 吨，仅莲子一项就促进当地人民人均年收入提高 1 000 多元。

（3）促进扩大产品出口。农产品要想打入国际市场，就得获得商标质量认证，地理标志的认证帮助农产品出口的案例不胜枚举。例如，"平和琯溪蜜柚"获得地理标志注册后，市场范围得到不断扩张，不仅畅销全国各地，而且远销国外，2007 年出口的国家和地区就达到 40 多个，出口份额占到全国同类水果的 90% 以上；如都江堰猕猴桃，过去一度销路不畅，但是自从获得地理标志商标认证后，不仅在国内一线城市扩大了市场，而且远销欧美、东南亚等，年出口量已经占到全国 80% 以上，2008 年出口就创汇 700 万多美元，知名度的打开令其身价也上涨，鲜果价格每公斤提高了 2～4 元，帮助种植户增收 460 元以上。

（4）提高产业组织化程度，促进产业结构调整。使用地理标志商标的农产品的生产加工一般都在产业链上游，劳动密集型较为显著，如今"公司＋产品＋农户＋基地"的产业化模式不断成熟，这不仅有效配置了劳动力，增加了农产品附加值，而且提高了农民参与市场的组织化程度。如山东蓬莱葡萄产业，获得地理标志认证后，中粮、华鲁、海市等企业就积极利用专用标志，助力当地葡萄酒产业,据统计获得商标认证 6 年后,就已经建成标准化葡萄基地 8 000 公顷,葡萄酒年产量达到 12 万吨,年实现销售收入 16.6 亿元,带动农民 3.7 万户,增加农民收入 3 亿元。据国家工商总局统计,2014 年度地理标志推动相关产业发展的产值推动比达到 1∶5.2,就业带动比达到 1∶3.34,已有 53.38%的地理标志成为区域经济支柱型产业。

(5)促进服务体系的健全,带动相关产业同步发展。地理标志推动地域经济的发展也会对其他产业的发展起到一定的带动作用,在地理标志产品生产区域广泛地营造出了"一业兴、百业旺"的有利发展局面,带动了商业贸易、旅游餐饮、交通运输等产业发展。如浙江的"仙居杨梅",每到采摘季节,全县及周边的宾馆饭店爆满,有效带动了与之相关的交通运输、旅游餐饮等服务行业。

(6)提升区域的对外形象。随着地理标志商标的推广,其产生的品牌效应突显,已成为拥有地理标志产品的区域形象代表。例如,福建的柘荣县被评为"中国太子参之乡"、福鼎市荣获"中国白茶之乡"、古田县获得"中国食用菌之都",人们通过"柘荣太子参"、"古田银耳"、"福鼎白茶"等认识了原本不为大家熟知的柘荣、古田、福鼎等县(市),地标品牌俨然成为这些地方的"形象大使"。

第五节　研究结论与政策建议

一、研究结论

当前,国家大力开展供给侧结构改革,着力点就是提升供给体系的质量和效率,这就需要加强品牌战略的建设,提升有效供给。本章基于这样的背景,从消费领域探讨品牌建设对经济增长影响,以期加强对品牌建设认识的全面性。

总体上,文章通过总结国内外学者的主要经验,认为学界对品牌影响经济增长的研究主要集中在营销理论的拓展、国内外数据比较、区域之间品牌建设影响增长的差异分析和理论概述等,缺少从信息不对称角度的深入探讨。当然,有相当丰富的研究是阐述品牌建设与信息不对称之间的关系,也有不少学者研究信息不对称对经济增长的影响,但鲜有二者结合起来系统研究。本章就做了这方面的尝试和创新。

文章对相关概念和理论简要阐述后,重点探讨了品牌建设影响经济增长的传导机制,认为当产品市场信息不对称时,消费者只愿意支付平均质量水平的购买价格,而高质量产品所需投入的中间品成本比低质量产品所需投入的中间品要高,这就导致高质量产品得不到应有的报酬,被逐出市场,同样被逐出市场的还有高质量中间产品,根据内生增长理论中质量升级模型可知,中间产品质量的下滑会使得长期均衡经济增长率下降。接着,本章通过分析信息显示机制和声誉机制,揭示了品牌建设降低了产品质量的信息不对称,避免了高质量产品和高质量中间品被逐出市场,从而得出品牌建设有助于经济增长的结论。

在理论机制探讨的前提下,本章以商标注册申请数和广告经营额为衡量品牌建设的指标,构建了时间序列自回归 VAR 模型,进行了实证分析研究。

实证结论表明,商标注册申请和广告的投放对社会经济的发展产生着影响,同时经济水平的高低也深刻影响着商标事业和广告行业的发展。通过对模型进行脉冲响应函数分析发现,随着商标注册申请量对经济增长短期和长期都有着显著的正效应,这是由于商标注册量增加,反映了市场主体对品牌建设的重视,同时注册成功后就对企业基本无附加成本,随着口碑的累计,品牌数量的不断增加,产品市场的质量信息不对称性得到降低,高质量产品得到应有的报酬,企业的努力得到回报并且效益改善,随着社会产品质量不断地提升,相应中间产品的质量不断升级,整个经济得到了增长。相比而言,广告投放在短期内对经济增长具有微弱的正向推动作用,这与其降低产品质量信息不对称息息相关,但是从长期角度来分析,广告的投放对经济增长有着微弱的负影响,这与广告投放增加企业销售费用、降低了企业利润、核心的研发生产能力没能得到提升,造成企业负担重、产品升级困难有关。

为了更生动阐述品牌建设对经济增长的正向作用,本章还引入了基于地理标志商标的案例分析,认为其具备鲜明的地域属性和公共品属性,对其认证和使用会降低产品质量的信息不对称性,降低消费者的信息搜寻成本,即降低了消费者的交易费用,在市场的供需作用下,消费者的需求曲线得以向右移动,而在供给不变的情况下,均衡价格和消费量都得到提升,从而促进了市场的扩张和繁荣。最后,文章还从地理标志商标实现了品牌价值的提升、促进当地居民增收、促进扩大产品出口、提高相关产业的组织化程度和引领产业结构调整、促进服务体系完善和带动其他行业同步发展、提升区域的对外形象等六大方面,结合现实案例具体分析了地理标志对区域经济的巨大推动影响。

二、政策建议

（1）增强企业品牌意识，提升生产技术水平。长期以来，我国企业都面临着低价竞争，薄利的市场竞争会导致企业生产成本压力过大，因此出现了大量企业生产出来的产品质量不理想，进而不断削弱企业的竞争能力，这也是国内众多行业出现越来越多关于产品质量问题投诉的原因。在竞争日趋严峻的背景下，企业要想脱颖而出，就需要加强品牌建设的意识，把产品的质量提升上来，切实解决消费者对高质量产品的需求。建设品牌产品，就需要抵御住短期的利益诱惑，坚守住企业的良心操守，以有利于长期发展的角度来认识并解决问题。当然，产品质量的升级需要企业不断提升生产的技术水平，注重研发投入和人才的培养，只有不断创新发展才能真正领悟品质是企业生命的内涵。只有企业注重品牌建设，提升技术水平，打造一流的产品，才能赢得消费者的青睐，进而赢得更广阔的市场。

（2）加强企业文化建设，注重企业形象宣传。企业文化是企业运行的常青之道，是企业极为重要的软实力，优秀的企业文化氛围会创造出共同的价值理念，激发员工的积极性和创新能力，这是企业能贯彻执行品牌化发展的关键要素。在企业文化建设的过程中，应该大力弘扬精益求精的"工匠"精神，提升人才队伍的觉悟水平。同时，企业应该注重对外形象的建设，因为良好的形象有助于企业获得更广泛的信赖及支持，有助于企业产品占领更广阔的市场，同时有利于企业筹资能力的提升和内部凝聚力的提升，虽然广告是企业对外宣传的一个重要手段，但是依照本章的结论来看，企业应该根据自身能力，充分把握好尺度，适宜地利用广告媒介。

（3）加强政府品牌战略意识和顶层设计。在供给侧改革的大环境下，为了提高有效供给能力，品牌建设应该摆到更显著的位置。虽然我国品牌建设伴随经济发展经历了30多年的成长，但是与当前经济体量相比较而言，自主品牌的竞争能力仍然不强，品牌建设的道路依然需要大踏步向前迈进。政府应该为发展品牌战略有更多的作为，把培育民族品牌、扩大民族品牌知名度作为一项极为重要的任务来对待，引导各方面力量把推动社会进步的焦点真正转移到提高质量和提升效益上来，这就要加强政府层面的顶层设计，实施品牌化的发展战略。通过对品牌建设统筹规划的加强；促进品牌建设成为全社会的自觉行动，同时敦促财税、金融、科技等方面出台政策，通过明确的政策导向，鼓励创新驱动下的品牌化发展。与此同时，政府可以设立质量强国的专项基金，支持企业从事质量提升的创新举动。总的来说，国家品牌建设工程是一项系统性项目,需要发动全社会的力量为其服务。

(4) 加强先进经验学习,积极探索与国外的交流合作。在发展我国品牌事业的同时,应该注重向发达国家学习,充分借鉴先进经验,这就需要政府重视品牌发展的研究工作。当前,美国、日本、韩国等都拥有一大批享誉全球的产品品牌,这些品牌产业的发展带动并提升了诸多的相关产业进步。我们要注重对其政策、产业布局展开研究,如韩国信息产业在 20 世纪 80 年代和我国都在同一起跑线,但是如今韩国不少电子信息产品已经在国际市场上属于佼佼者,一些领域更是大大领先中国,其中韩国政府各项宏观政策调控、私有化改革值得我们借鉴学习。在研究学习的基础上,政府应该加强关于品牌建设的对外交流,如多开展和国际标准化组织(ISO)交流合作,运用好质量认证这一世界"通用语言",这对我国开展"一带一路"建设,输出优势产能具有极为重要的现实意义。

(5) 加强政府的执法监管,创造自由竞争环境。当前,国内商标恶意注册现象较为盛行,仿冒伪劣产品仍然较为普遍,这些都扰乱了市场秩序,引起了广大消费者强烈不满,并引发了越来越多的质量问题投诉。2014 年,全国查处了商标侵权假冒案件 37 000 多起,一些仿冒国外知名品牌的案件涉案数量和金额都较为巨大,这些都严重侵害了原有商标持有人的利益。在这方面,首先需要政府健全品牌发展的法律保障,尤其需要进一步改进完善《商标法》,促进企业知识产权和品牌资源的保护,其次健全产品质量检查制度,加强产品质量追溯,同时加强仿冒伪劣产品的惩处力度,减少不法分子投机行为,工商执法人员应该以监督就是服务的理念,还市场一个自由的环境,为品牌建设创造有利的氛围。

(6) 注重地理标志商标发展,推动区域经济的发展。通过本章的案例分析,地理标志对区域经济的推动作用,从实现品牌价值的飞跃、促进居民增收致富、促进扩大产品出口、促进产业结构调整、提高相关产业的组织化程度、促进服务体系完善、带动相关行业同步发展、提升区域的对外形象等方面都起到了巨大的提升功能。地方政府应该多做宣传、多指导、多规范监督,鼓励更多的本地产品参与地理商标认证,以提升产品的知名度,进而有利于产品市场规模的扩大,提高当地人民的收入水平,促进相关产业的带动和区域经济的发展。

本章参考文献

[1] 陈建斌,郭彦丽. 信息经济学. 北京:清华大学出版社,2010.

[2] 陈永维. 论品牌战略经济及其对经济增长的拉动效应. 求索,2011(12).

[3] 董保民,王勇. 信息经济学讲义. 北京:中国人民大学出版社,2005

[4] 菲利普·科特勒. 营销学导论. 北京:华夏出版社,1998.

[5] 冯蕾音,钱天放. 品牌经济的产生、构成、性质——内涵式释义. 经济与管理评论,2004(6).

[6] 冯仁德,孙在国. 加强品牌效应增强经济效益. 商业研究,1999(1).

[7] 高波,钱蓁. 信息不对称、信用制度与经济增长. 南京社会科学,2003(11).

[8] 高静. 浅谈品牌与经济发展之间的关系. 江苏商论,2007(26).

[9] 勾殿红. 名牌:区域经济发展助推器. 中国经贸,2004(6).

[10] 何铁. 实施品牌带动战略加快永州经济发展. 北方经贸,2005(6).

[11] 黄琪. 信息不对称与市场效率的关系研究. 山东大学,2014.

[12] 姜增伟. 发展品牌经济:一项重要而紧迫的战略任务. 求是,2007(1).

[13] 李兴江,张玉洁. 品牌价值建设与区域经济增长差异的实证研究. 审计与经济研究,2012(1).

[14] 刘华军,赵浩,杨骞. 中国品牌经济发展的地区差距与影响因素——基于 Dagum 基尼系数分解方法与中国品牌 500 强数据的实证研究. 经济评论,2012(3).

[15] 刘华军. 品牌的经济分析. 山东大学,2008.

[16] 陆长荣,陆长生. 现代品牌战略运作. 上海:华东理工大学出版社,2000.

[17] 迈克尔·波特. 国家竞争优势. 李明轩、邱如美译. 北京:华夏出版社,2002.

[18] 潘士远,史晋川. 信息不对称、逆向选择和市场均衡. 经济学(季刊),2004(1).

[19] 钱茜. 品牌,为解决信息不对称而付出的额外成本. 商业研究,2005(20).

[20] 邵宜航,刘雅南. 政府激励与增长方式转变:信息不对称的视角. 厦门大学学报(哲学社会科学版),2011(4).

[21] 孙爱民. 品牌内涵研究综述. 市场周刊:理论研究,2010(4).

[22] 孙曰瑶,刘呈庆. 区域可持续发展的品牌经济机制研究. 中国人口·资源与环境,2007(4).

[23] 汪涛,杨立华. 品牌经济与"两型"社会的建设——基于 Hotelling 模型的推导. 中国人口·资源与环境,2010(1).

[24] 王云朋,罗提. 名牌产品的经济效应分析. 理论界,2005(5).

[25] 王兆峰. 品牌对区域经济发展的影响研究. 北京工商大学学报(社会科学版),2007(2).

[26] 吴丰华. 体制性因素、信息不对称及经济波动. 西北大学学报(哲学社会科学版),2010(5).

[27] 夏骥. 我国品牌的地区分布与区域竞争力研究. 上海经济研究, 2007(2).

[28] 谢京辉. 品牌经济的理论重构及其演化形态研究——兼论中国发展品牌经济的思路. 上海经济研究, 2014(4).

[29] 许基南. 品牌竞争力研究. 北京: 经济管理出版社, 2005.

[30] 杨欢进. 名牌战略的理论与实践. 中国经济出版社, 2000.

[31] 杨惠等. 市场营销学. 北京: 经济管理出版社, 2001.

[32] 杨煜. 品牌形成机制的经济学分析. 西北大学出版社, 2005.

[33] 殷剑峰. 不对称信息环境下的金融结构与经济增长. 世界经济, 2004(2).

[34] 祝合良, 关冠军. 品牌引领经济增长——理论分析与中、美两国的实证比较. 经济与管理研究, 2015(5): 132 - 137.

[35] Acemoglu D, Zilibotti F. Was Prometheus Unbound by Chance? Risk, Diversification, and Growth. *Journal of Political Economy*, 1997, 105(4): 709 - 751.

[36] Akerlof G. *The Market for "Lemons": Quality Uncertainty and the Market Mechanism*. Macmillan Education UK, 1995.

[37] Anholt S. Is Place Branding a Capitalist Tool?. *Place Branding and Public Diplomacy*, 2006, 2(1): 1 - 4.

[38] Barro, R J, Sala-I-Martin X. *Economic Growth*. McGraw-Hill Press, 1995.

[39] Cayla J, Eckhardt G M. Asian Brands Without Borders: Regional Opportunities and Challenges. *International Marketing Review*, 2007, 24(4): 444 - 456.

[40] Johnson R, Bruwer J. Regional Brand Image and Perceived Wine Quality: The Consumer Perspective. *International Journal of Wine Business Research*, 2007, 19(4): 276 - 297.

[41] Klein B, Leffler K B. The Role of Market Forces in Assuring Contractual Performance. *Journal of Political Economy*, 1981, 89(4): 615 - 641.

[42] Lewis C, Stubbs S. National Expansion of British Regional Brands: Parallels with Internationalisation. *Journal of Product and Brand Management*, 1999, 8(5): 369 - 386.

[43] Lucas R E. On the Mechanics of Economic Development. *Journal of Monetary Economics*, 1988, 22(1): 3 - 42.

[44] Pike A. Economic Geographies of Brands and Branding. *Economic Geography*, 2013, 89(4): 317 - 339.

[45] Porter M E, Kramer M R. The Competitive Advantage of Corporate Philanthropy. *Harvard Buiness Review*, 2002, 80(12): 56 - 68.

[46] Rao A R, Ruekert R W. Brand Alliances as Signals of Product Quality. *Sloan*

Management Review，1995：87 – 97.

[47] Romer P. Increasing Returns and Economic Growth. *American Economic Review*，1986.

[48] Van Garderen G. The Brand Advantage in Economic Development. 2014.

[49] Vertica B，Archana K，Kim Y K. Brand Analyses of U S Global and Local Brands in India：The Case of Levi's. *Journal of Global Marketing*，2010，23(1)：80 – 94.

[50] Wee C H. National Branding Strategies and Economic Development：Implications for NIEs and LDCs. *International Executive*，1994，36(2)：119 – 145.

[51] Wernerfelt B. Umbrella Branding as a Signal of New Product Quality：An Example of Signalling by Posting a Bond. *Rand Journal of Economics*，1988，19(3)：458 – 466.

图书在版编目(CIP)数据

中国经济增长的潜力与动力(上、下册) / 沈坤荣 等著.
— 南京：南京大学出版社，2018.5
南京大学学术文库
ISBN 978 - 7 - 305 - 19824 - 3

Ⅰ. ①中… Ⅱ. ①沈… Ⅲ. ①中国经济－经济增长－
研究 Ⅳ. ①F124.1

中国版本图书馆 CIP 数据核字(2017)第 330011 号

出版发行　南京大学出版社
社　　　址　南京市汉口路 22 号　　　　邮　编　210093
出 版 人　金鑫荣

丛 书 名　南京大学学术文库
书　　　名　**中国经济增长的潜力与动力(上、下册)**
著　　　者　沈坤荣　等
责任编辑　府剑萍　　　　　　　　编辑热线　025 - 83592193

照　　　排　南京南琳图文制作有限公司
印　　　刷　南京玉河印刷厂
开　　　本　787×960　1/16　印张 51　字数 855 千
版　　　次　2018 年 5 月第 1 版　2018 年 5 月第 1 次印刷
ISBN 978 - 7 - 305 - 19824 - 3
定　　　价　198.00 元

网址：http://www.njupco.com
官方微博：http://weibo.com/njupco
官方微信号：njupress
销售咨询热线：(025) 83594756

下册目录

第三篇

人力资本与经济增长

第九章 劳动力投入及其结构演变与经济增长

本章提要 本章利用统计数据,对我国改革开放以来劳动力投入与劳动力结构的演变进行考察。在统计分析的基础上,估算劳动力投入的数量增加与质量改善对经济增长的贡献,并将 TFP 增长分解为劳动力结构效应、资本结构效应与 TFP 余值,利用分解出的表达式测算我国劳动力产业结构、区域结构与所有制结构变动的效应。研究显示,劳动力投入是影响我国经济增长的重要因素之一,面临劳动力投入增长放缓,劳动力数量增加的贡献不断降低,未来必须从提高劳动力素质入手,增强劳动力投入对经济增长的作用。另外,劳动力投入的产业结构变动是我国 TFP 提高的重要来源。

第一节 研究背景与文献综述

一、研究背景

1978 年以来,我国经济实现了量与质的腾飞,36 年间年均 GDP 增长率达到 9.78%。人均 GDP 也由改革初始的 220 美元增长到 2013 年的 6 747 美元[①],中国已经从低收入水平国家迈入中上等收入水平国家之列。推动我国经济高速增长的因素有很多,包括快速的资本积累、大量的劳动力投入、对外开放下的出口拉动、市场化改革与体制变迁、人力资本积累与技术进步等。这些都是我国经济增长的重要动力,或多或少地拉动了我国总产出的增加。由于改革开放伴随着人口红利的释放,同时又是一个经济转型的过程,劳动力供给与劳动力在不同部门间的配置都发生了显著的变化,充足的劳动力供给、人力资本的积累与劳动要素在部门间的再配置都推动了经济增长(蔡昉,1999)。

---

① 2013 年人均 GDP 的数据来源于国际货币基金组织于 2014 年 4 月 8 日公布的 2013 年世界各国人均 GDP 排名。

　　然而,近几年人口红利正在逐渐消失,劳动年龄人口也停止了上升趋势,据统计,我国的劳动年龄人口在 2013 年达到最大值,并在 2014 年出现下降,劳动力供给面临着重要转变,推动了我国劳动力成本不断上升。反映在实体经济上,首先是 2015 年初出现的制造业"倒闭潮",大批中小企业在劳动力成本上升和海外需求萎靡的经济环境下陷入了生存困境。与此同时,东南亚国家凭借更低廉的劳动力大力发展中低端制造业,导致许多在华的外企开始回流或者迁移,进一步冲击了我国制造业的发展。据报道,珠三角目前的劳动力成本超过印尼约 300 美元,超过柬埔寨约 500 美元。劳动力在沿海地区的结构性短缺日益加剧,曾经的成本优势正逐渐消失,我国的制造业陷入发展困境。而制造业困局只是目前整体经济增长放缓的侧面,造成经济增速放缓的原因是各方面的,钱颖一(2015)针对我国经济下行提出了三个解释,其中之一是资本存量持续增加与剩余劳动力减少,拉低了潜在的经济增长率①。

　　剩余劳动力的减少不仅在于人口红利式微,长期以来限制劳动力迁移的多项制度规定也降低了现代部门的劳动力供给。目前中国有 8 000 多万的跨省流动农民工,但是政府并没有给他们提供全面合理的政策安排,户籍制度虽然有所放松,但是由于利益群体的存在,户籍制度所代表的公共服务并没有明显的迹象表明正在向外来务工人员放开,例如在北京通州区,政策规定外来务工人员的子女在"幼升小"时,需要"五证"齐全,然而实际情况是即便他们符合要求,也无法顺利入学。此外,虽然许多省市制定了开放异地高考的时间表,但这些地方政府并未推出相关的具体措施,本地居民的抗议也必然会在这一政策具体实施时给政府施加巨大压力。分配不公的现象不仅存在于教育领域,户籍制度割裂了城乡的公共服务供给,户口背后隐喻的是大量不平等的城乡居民福利。同时,由于户口的存在,目前社会保障在不同地区之间还是难以做到顺利衔接,社保也并没有覆盖到每一个居民,社会保障的不足同样限制了我国劳动力的迁移。如果这一系列的问题不能顺利解决,劳动力流动还会继续受到限制,劳动力短缺将更进一步恶化,影响我国产业的发展;同时,城市化也会持续放缓,城市有效需求难以增加,从而给目前的经济增长与社会发展带来更大压力。

　　我国即将迎来全面实现小康社会最后冲刺的五年。要顺利完成这一目

---

① 来源于钱颖一,2015 年 3 月 9 日在全国政协十二届三次会议第二次全体会议上做的报告:《中国经济增速下行:如何看如何办?》。

标,实现经济的平稳过渡与持续发展,需要我们总结过往的经验教训,立足当下的现实国情,规划未来的合理发展。因而本章要研究的问题是:中国的劳动力投入及其结构自改革以来发生了怎样的转变? 我国劳动力是如何推动经济增长,又给经济增长带来了多大贡献份额? 在人口红利消失、经济结构调整的背景下,保证我国经济持续发展应该进行哪些调整?

二、基本概念界定

首先,要明确劳动力的概念。现代劳动经济学所研究的劳动力,是指规定的年龄区间中,既有能力也有意愿,从事或者能够从事生产性活动的人口,其中包括就业人员及失业人员。依据中国统计年鉴的定义,就业人员是指通过参与劳动赚取相应报酬的人员。就业人员也就是我们通常所说的劳动力投入。

劳动力的数量与劳动年龄人口有关,给定劳动参与率,劳动年龄人口越多劳动力数量越多。劳动年龄人口的定义为人口中年纪处于劳动年龄的那一部分。通常使用的年龄划分界限是:0～14 岁:少儿人口;15～60 岁或 65 岁:劳动年龄人口;60 岁或 65 岁以上:老年人口。依据国家统计局的口径,我国劳动年龄人口的年龄划分区间为 15～64 岁。这一范围以外的人口可以统称为依赖型人口或供养型人口。而供养型人口比上劳动年龄人口所得的数值就是抚养比,抚养比下降意味着劳动年龄人口数量相对增多,从而劳动力的数量相应增加,劳动年龄人口的负担同时减轻,而抚养比下降的时期就是人口红利期。另外,劳动参与率的定义是劳动力比上劳动年龄人口的数值,可以反映全社会经济参与程度的水平。依据理论与实际,劳动参与率是劳动年龄人口对参与劳动的偏好程度的反映,这一比率的大小既取决于个体特征,也会因社会保障水平与劳动力市场状况变化而变动。以上概念的关系如图 9-1 所示。

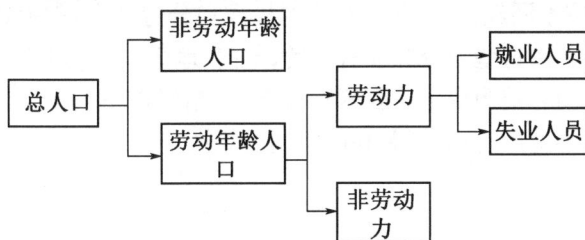

图 9-1　概念关系图

本章从劳动力投入与劳动力结构两方面较全面地说明我国劳动力变化及其对经济增长的贡献。劳动力投入来源于劳动力供给,对后者的分析一般从个人、家庭与社会三个层面进行,本章研究的是其与经济增长的关系,因而对劳动力供给的分析是在社会层面上进行的(邓垚,2004)。社会层面上研究劳动力供给是指研究一定时期内企业、市场、社会能够得到的劳动力[①]。

劳动力供给与劳动力投入的关系在于,劳动力供给等于劳动力投入与失业人员之和,考虑到我国失业人数相对于从业人数较少,对经济增长的作用不显著,本章不涉及对失业的研究。由于劳动力并非同质,劳动力投入还会受到劳动力素质的影响,因而本章进一步提出劳动力的有效投入,即附加了受教育水平的劳动力投入。岳希明、任若恩(2008)在测量我国劳动力投入时提出劳动力的数量作为劳动力投入的指标有着严重缺陷:在统计上有断层,也缺少对劳动时间以及劳动力质量的考虑。他们考虑到劳动力个体间存在差异,从性别、年龄、受教育水平和所在行业四个方面对劳动力投入交叉分组,构造了劳动力投入指数。并通过分解这一指数,发现劳动力投入增加的影响因素中,劳动力质量提高的贡献度超出 44%,并呈上升趋势。而劳动力质量的改善主要来源于劳动力在行业间的转移以及其知识文化水平的提高。这一研究结果从侧面说明我国劳动力的质量与劳动力结构对经济增长有较显著的影响。在借鉴其他相关研究后(中国经济增长与宏观稳定课题组,2007),本章将劳动力质量与数量相结合构建了劳动力有效投入这一指标,再分不同维度对劳动力结构效应进行推算。

劳动力结构是指一国或地区内劳动力的组合,是综合反映社会经济状况的指标之一,合理的劳动力结构是经济发展的必要条件。其主要类别有产业结构、职业结构和地域结构等,其中地域结构涵盖了城乡结构与区域结构等。判断劳动力结构是否合理的标志有,社会资源是否得到充分利用,增长效率是否提高等[②]。按不同经济、文化和社会的标准划分劳动力,就形成了劳动力结构的不同侧面。而这些划分标准有年龄、部门、地区、职业、文化程度和经济形式等。影响劳动力结构变化的因素有很多,包括经济发展水平、经济类型、人口与劳动力的再生产、自然资源和政策制度等。

---

① 苑茜,周冰,沈世仓等. 现代劳动关系辞典. 中国劳动社会保障出版社,2000.

② 何盛明,刘西乾,沈云. 财经大辞典. 中国财政经济出版社,1990.

三、相关文献综述

（一）劳动力投入与经济增长

经济增长理论历经了古典、新古典和内生增长等阶段,已经形成了比较成熟的理论体系。这些增长理论中劳动力一直是关键的生产要素之一。早期关于劳动力与经济增长的研究主要集中在分析劳动力增加对经济增长的作用,在人力资本理论提出后,越来越多的研究将劳动力的文化教育水平也纳入经济增长的分析中。

（1）早期的古典增长理论以劳动价值论为代表,阐述了劳动对经济增长的影响。配第最早提出相关思想,他在《赋税论》中表明使用价值构成了财富的物质内容,而劳动则是价值的与财富的唯一源泉,充分肯定了劳动在经济增长中的作用。将近一个世纪后,亚当·斯密正式开启了古典经济学的研究,他认为经济的增长就是国民财富的增加,取决于劳动生产率的提高以及劳动力数量的增长,分工和劳动技能的培训是提高劳动生产率的关键。其后,李嘉图承袭并改进了亚当·斯密的学说,他坚持主张生产中所耗用劳动的多少决定了商品价值的高低这一观点,而起决定作用的劳动不仅来源于生产商品时的投入,还有生产资料中的消耗。继二者之后,马克思真正完善了劳动价值论,他将劳动划分为具象的劳动与抽象的劳动,并将价值定义为生产商品时投入的无差别劳动,也就是理论中的抽象劳动,因而商品的价值量就等于全社会必要的劳动时间。总体来说,古典经济学家充分认识到了劳动或劳动力对经济增长的影响,如果用模型表示劳动价值论的理念,可以表示为 $Y=AL$（沈坤荣,2006）,其中的 A 可以表示为劳动生产率,这一模型的含义就是产出增加来源于劳动力的增加与劳动生产率的提高。

萨伊将古典经济学庸俗化后,虽然他否定了劳动是唯一的价值源泉这一说法,但是依然认为劳动力是财富积累的三大要素之一。新古典学派的创始人马歇尔继承前人的研究,在"生产三要素"的基础上加上了企业家才能,改为"生产四要素",依然肯定了劳动力对生产的作用。

在均衡与最优的概念引入经济学后,经济增长理论开始利用模型对增长进行分析。哈罗德和多马开启了新古典增长理论的研究,哈罗德认为要保证经济的长期增长必须保持实际的经济增长率、合意的经济增长率与自然增长率三者一致。其中,自然增长率由人口的增长率和劳动生产率的增长等因素决定,表示经济增长最有可能实现的增长率水平。因而,哈罗德-多马的模型也说明人口增长率和劳动生产率对经济长期的均衡增长有着重要影响。

索洛利用柯布道格拉斯函数分析经济增长,认为经济增长由资本、劳动与技术水平所决定。他假定资本与劳动力存在边际生产率递减,资本与劳动力可以相互替代,规模收益保持不变的假设下,产出的增长等于各个要素的边际报酬乘以要素增加值。即:

$$\Delta Y = MPL \times \Delta L + MPK \times \Delta K$$

因而,劳动力作用于经济增长一方面可以通过增加劳动力数量即影响 ΔL 提高产出,另一方面可以通过边际生产率发生作用,由于资本与劳动力可以相互替代且存在边际生产率递减,当劳动力数量相对资本过多,资本出现短缺时,MPL 会降低;而当劳动力增长慢于资本积累,劳动力出现短缺时,MPK 也会下降,因而配合资本积累的劳动力增加才能更有效地推动经济增长。汤向俊、任保平(2010)的研究就表明劳动力占总人口的比率增加促进了资本形成率的提高,劳动力增多与资本积累有效结合是人口红利在我国发生作用的重要条件。

新古典增长理论之后,许多经济学家开始利用因素分析法进行实证研究,代表性学者有丹尼森、钱纳里等,丹尼森利用相关数据,分解和估算了 1929～1959 年作用于美国经济增长的影响因素,并将其归为两大类,即要素投入增加和要素生产效率提高。计算结果认为劳动力供给的增加带动美国年均国民收入增长 0.8%。

在这之后,不少国内外的学者开始应用并改进各类生产函数,分析劳动力投入给产出增加带来的贡献。蔡昉(1999)利用柯布道格拉斯函数分析了我国 1982～1997 年经济增长的影响因素,发现我国经济增长中劳动力投入增加的贡献份额为 23.7%。胡文国和吴栋(2004)也通过对柯布道格拉斯函数的变形分析中国经济的增长因素,发现劳动要素的产出弹性最高,增长对劳动力投入的变动最为敏感。整体而言,劳动力对增长的贡献份额较大,但是这一数值一直在缓慢下降。Bloom *et al.*(2006)利用了跨国数据研究中国和印度在 1960～2000 年的经济增长,发现两国的经济腾飞都有一大部分来源于丰富、健康和长寿的劳动力。中国经济增长与宏观稳定课题组(2007)将劳动力供给的效应分为劳动力投入增加的"水平效应"与人力资本的"垂直效应",认为改革开放以来劳动力的增加扩大了产出规模,但这一效应开始递减。最近的研究中,中国经济增长前沿课题组(2012)通过研究我国经济增长路径的转换,发现伴随人口红利逐渐消失,我国正在面临劳动力供给的转折点,而不断缩小的劳动力供给量必然会拖慢经济增长的速度。陈彦斌、姚一旻(2012)对我国十三五期间的潜在经济增长进行预测,认为当前经济增速放缓主要是由于劳动力减少和 TFP 衰减所致。蔡昉(2013)分析 2012 年之后的经济增长下降,认为是由劳动年龄人口变化导致的。他提出人口红利体现在所有的经济增长源泉中,虽然实证分析我国的高速经济增长大部分来源于资本积累,但是如果没有劳动力的大量供给,经济增速将无法维持高达 70%的资本贡献。

(2) 新古典经济理论的主要学说是阐明经济增长的长期均衡,却无法解释经济的持续发展,内生理论较好地做出了补充。较早时期,阿罗构建了"干中学"理论,主要内容是劳动力在从事生产性活动的时候也在积累经验,并从中获得知识,从而有利于提高劳动生产率和知识存量,进而推进经济的长效增长。在其之后,卢卡斯将人力资本作为变量引入增长函数中,构建了一个两部门模型将经济增长内生化。人力资本是生产者相关知识、劳动技能和身体素质等的加总。舒尔茨认为人才是促进经济发展诸多因素中最为关键的一环,只有人力资本的不断积累才能实现经济长期增长。在卢卡斯模型中,生产活动即需要物质资本也需要人力资本,而个人既可以进行物质资本的储蓄,也可以进行教育投资。由于生产活动中使用的人力资本存量一部分取决于人力资本的水平,从而实现了经济增长的内生化。卢卡斯模型中的劳动力已经转换为人力资本,包含了劳动力的素质水平,而提高劳动力素质的最优渠道就是教育。通过延长教育时间,提高劳动力知识文化水平,才是实现经济赶超与持续发展的关键。

人力资本这一概念与卢卡斯模型相继提出后,许多关于增长核算的研究都会将人力资本作为变量之一纳入到核算中。Wang *et al.*(2003)就尝试将人力资本引入生产函数中,并利用 1952～1999 年的数据进行回归,实证结果表明中国的人力资本积累非常迅速,并且对经济、社会均有显著意义。蔡昉(1999)估算劳动力给产出增长带来的贡献时,也引入了人力资本存量,发现1982～1997 年人力资本存量对产出的影响与劳动力投入基本一致。王小鲁等(2009)利用卢卡斯模型研究 1952～2007 年促进我国经济增长的影响因素,发现人力资本提高对产出增长的作用非常显著,并对经济有正向溢出,而完全没接受过教育的劳动力对产出增长没有显著作用,这说明我国的非熟练工的作用正从经济增长中淡出。因而,在"后人口红利"时期,面对劳动力供给量的下降趋势,更需要重视劳动力素质改善对产出提高的影响,通过教育深化实现劳动生产率的提高,促进经济可持续发展(蔡昉,2009)。

（二）劳动力结构与经济增长

在劳动力结构的定义中,劳动力结构包含了许多维度,比如从劳动力自身素质进行划分,就有性别、年龄和知识水平等结构;也有从经济社会性质进行划分,如产业、地域、所有制等结构,本章主要研究的是后者。许多研究劳动力结构效应的文献是在钱纳里和丹尼森等人的研究框架下发展各自的测算方法。

（1）劳动力的产业结构是指劳动力在各个产业间的分布,反映了劳动力在不同产业间的配置。劳动力由低效率的行业流向高效率的行业将会提高TFP,促进产出增加,并改变经济增长方式（张保法,1997）。徐现祥、舒元（2001）从劳动力的产业结构,农业与非农业结构与区域结构三个角度刻画了劳动力再配置的效应,说明劳动力结构变动是推动我国产出增加的重要驱动力之一。他们依据计算的结果发现产业结构的贡献小于两部门结构效应,这说明研究两部门劳动力流动的结构效应可能存在一定的高估。同时,他们将估算结果与国际数据进行比较后,发现劳动力结构效应对经济增长的作用呈倒 U 型,相对于其他国家,我国劳动力结构变动对经济增长的作用偏小,而且随着时间在递减。

郝大明（2006）对潘文卿和徐现祥等人的测算方法进一步推导后,又得到一个新的测算劳动力结构效应的公式。他们运用产业结构的分析,估算结果表明 1978～2004 年产出增加中纯劳动结构效应的贡献仅为 4.7%,而分解交互效应后,劳动力结构效应的总体贡献达到 15.6%。同样,他们也对结构效应变化的趋势进行观测,认为未来的经济增长中,劳动力结构效应与劳动力投入的贡献会越来越低,而劳动生产率效应的提高在未来将会扮演更重要的角色。高帆（2010）借鉴了郝大明的方法,将劳动力的产业结构效应与区域经济差距相结合,利用 1978～2007 年的省级面板数据分析我国各省份的经济演变,计算结果表明各省市的经济敛散性主要来源于纯生产率效应的差距演变,劳动结构效应与劳动投入效应对差距演变的贡献较小,劳动结构效应的演变主要来源于劳动力在不同行业间的流动。

刘伟、张辉（2008）从两个角度分析了结构转变对我国产出增加的影响。第一部分利用转移份额分析法,通过分解劳动生产率的变化,得到结构变动效应与生产率增长效应的表达式,再测算二者对产出的贡献。发现第一产业中均为负,第二产业均为正,但是总体而言,后者相对前者更为显著。第三产业的结构变动效应最显著,因为这一产业是农村剩余劳动力流向城镇后主要的就业部门。第二部分运用柯布道格拉斯生产函数,将 TFP 进一步分解为技术进步和产业结构变动,研究结果表明结构转型对产出增加的贡献度非常显著,但伴随市场化及产业化的演进,其贡献开始让位于技术进步。

(2) 劳动力的城乡结构是指劳动力在城镇与乡村的分布。较早时期,胡永泰(1999)就通过分解 TFP,将农村剩余劳动力重新配置的经济效应从经济增长中分解出来,计算得出 1985~1993 年中国 9.7％的 GDP 增长率中有 1.2％来自劳动力的重新配置。他认为剩余劳动力的自由化是我国高速经济增长的根本原因,高资本积累的基础在于剩余劳动力的自由流动提高了经济的储蓄率。潘文卿(1999)也认为农村剩余劳动力流入现代部门,通过劳动力资源配置的优化提高了劳动生产率,显著推动了产出增加。李勋来、李国平(2005)认为农村的富余劳动力向城镇以及非农产业转移主要有四个效应:一是资源再配置的效应,二是保持比较优势的效应,三是释放消费需求的效应,四是发挥城市的规模效应。他们与潘文卿的测算方法一致,估算了劳动力在两部门间再配置对经济的影响,测算结果显示 1978~2003 年以来劳动力结构变动的效应为 1.9％,劳动生产率提高的 22.4％是由结构变动带来的。从时间上看,劳动力转移的结构效应是递减的,主要原因可能有两个,一方面可能因为劳动力配置的扭曲得到了矫正;另一方面也有可能是在当前的制度背景下,劳动力流动受到阻碍,致使其不能继续发挥作用。分区域看,劳动力转移的效应从东部向西部逐级递减,这与我国改革开放的路径有关。张广婷等(2010)在李勋来等人的研究基础上,继续测算劳动力配置的效应,他们得到的结论为 1997~2008 年农村剩余劳动力的迁移解释了劳动生产率提高的 16.33％,对产出增加的贡献为 1.72％。而劳动力转移效应在中部地带最高,其次是东部,西部最小,这与李勋来等人的结论不一致。他们认为可能是因为时间段的选取不一样,在改革后半段,由于中部崛起的战略成功,许多剩余劳动力就地转移,东部的资本与技术不断向中部外溢,拉动了中部的发展。

(3) 劳动力的区域结构是指劳动力在不同经济区域间的分布。我国推行的区域战略是将沿海地区的经济发展置于优先地位,在沿海地区经济发展起来后,带动全国的发展。因而,相较中西部地带,东部地带特别是沿海区域的经济一直比较发达。东部的经济发展一方面来源于政策的扶持与资本的流入,另一方面在于大量剩余劳动力跨省流动。劳动力流动不仅为流入地提供了丰富的劳动力,使其保持低廉的劳动力成本优势,而且还提高了流动人员和流出地的人均产出,改善了资源配置。虽然劳动力在不同地区间流动给经济

中国经济增长的潜力与动力

增长做出了很大贡献,但是劳动力在区域间的转移受到的政策限制较多,相对于农村大量劳动力,区域间流动的劳动力规模还较小(王小鲁等,2004)。徐现祥等(2001)通过将区域划分为广东省和非广东省两部分,对劳动力在不同区域间流动带来的经济效应进行测算,发现劳动力的区域结构变动对增长的贡献为 1.5%。

(4) 劳动力的所有制结构是指劳动力在不同经济类型的部门间的分布。由国有单位流向非国有单位,反映了劳动力的所有制结构变动。伴随着市场化改革与国有企业的改制,劳动力的所有制结构有了根本转变,劳动力从效率不高的国有经济流向效率较高的非国有经济,不仅促进了非国有经济的发展,实现了资源优化配置,还通过发展非国有经济提高了现代部门对劳动力的吸纳能力(汤静波,1998)。世界银行(1997)也测算了劳动力在不同产业间与所有制间的结构效应,认为劳动力的重新配置带来中国约 16% 的 GDP 增长。徐现祥、蔡荣鑫(2002)对我国劳动力的所有制结构效应进行了测算,发现所有制间的劳动结构效应对我国工业发展有着重要推动作用,劳动力的所有制结构变化趋势与产业结构变化基本一致,从侧面反映我国二元经济一体化与市场化之间存在一致性。代谦、田相辉(2012)对不同所有制部门间劳动力的转移进行了统计分析,认为劳动力在所有制部门间的流动反映了我国市场化过程中所有制结构的变迁,以及各种所有制经济的变化趋势,劳动力的所有制结构变动是与中国的市场化改革紧密相连的。

第二节　劳动力投入及其结构演变

一、劳动力投入的演变

(一) 劳动力投入的数量

作为第一人口大国,2014 年我国的人口总量已经达到 13.68 亿,新增人口 710 万[1]。人口数量众多一方面会给经济、社会和自然资源带来压力,另一方面也意味着大量的劳动力供给。特别是在人口红利时期,抚养比下降,劳动力的增加快于人口增加,还会减轻人口增加带给资源的压力。

在不存在移民的情况下,劳动力投入的数量取决于人口总数、抚养比、劳

---

[1]　本文 2014 年的数据均来源于 2015 年国家统计局发布的 2014 年国民经济和社会发展统计公报,下文不再重复说明。

动参与率及失业率的变化。因而考察劳动力投入数量的演变需结合人口与劳动力供给的演变进行分析。发展初期,由于经济条件落后,而人口较多,中央决定施行人口控制。自计划生育严格执行后,我国人口增长得到明显控制,出生率大幅降低,人口增长率也显著下落。

世界银行对我国 1960 年以来的人口演变做了统计,并对 2013 年之后的人口发展进行了预测,如图 9-2 所示。从人口总数来看,1960 年以来我国的人口增长一直呈上升趋势,预计会在 2028 年达到最大值 14.29 亿,转而开始下滑。从人口增长率看,1970 年开始出现大幅下降,到 2013 年已经降至 4.93‰。我国人口增长率迅速下降主要来源于出生率的降低,自 1963 年的 43.37‰降至 2012 年的 12.1‰,而死亡率则基本保持在 8‰的水平。世界银行预计未来出生率还将进一步下降,而由于老年人口增多,死亡率将增加,2035 年前后死亡率将超过出生率。

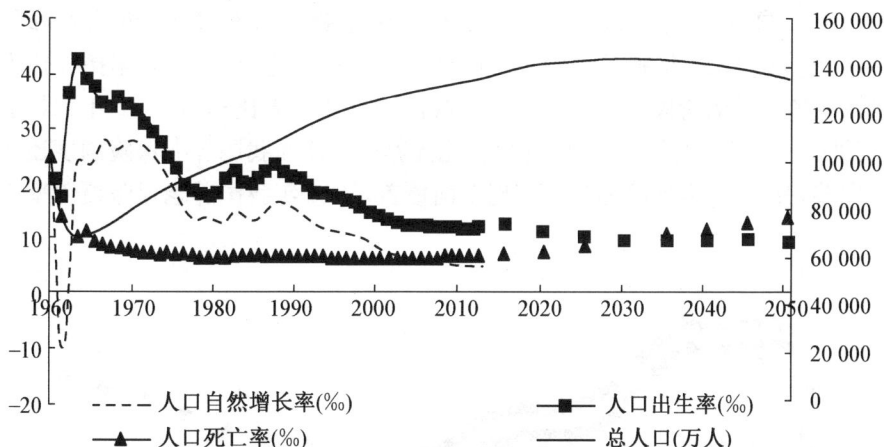

图 9-2　1960～2050 年我国的人口演变及预测

资料来源:世界银行数据库。

人口的增长最主要还是取决于一国女性进行生育的意愿。我国生育率具有一定争议,据国家统计局公布的人口普查和抽查结果,2010～2013 年的生育率分别为 1.18、1.04、1.26、1.24,但计生部门认为这一数据偏低;而据美国中情局估计,2014 年我国生育率为 1.55[①],全球排名 186;联合国给出 2010～

---

① 数据来源于美国中央情报局出版的调查报告. 世界概况,2014.

2015年我国平均生育率的估计值为1.66①,全球排名161。虽然这些估计值并不一致,但均大大低于世代更替水平2.1,也没达到世界平均水平2.5。并且伴随经济社会发展,生育观念的转变,再加上生活成本与教育成本的提高,预计未来即使进一步放开生育政策,我国的生育率与人口增长也不会有显著提高。实际上,据国家卫计委公布的报告,单独二孩的政策实施以来,申请人数远低于预期。

出生率过早下降,加速了我国人口红利的产生。低生育率下,我国少儿抚养比快速降低,人口进入了更有生产活力的阶段。结合数据能有更直观的感受,如图9-3所示,我国抚养比自1975年之后显著下降,1978年时还处于72.94%的高位,到2013年就下降到36.81%,其中少儿抚养比下降了约40%。总抚养比在2010年达到最低水平36.04%(国家统计局的数值为34.2%),少儿抚养比则在2011年降至最低值24.51%(国家统计局的数值为22.1%)。据国家统计局的数据,我国劳动适龄人口在2013年达到峰值10.05亿,到2014年则下降到10.04亿。在总抚养比上升后,老年抚养比也进入快速上升的阶段,据估计2015年我国的老年抚养比相对2012年就将上升约1%,并预计在2030年后赶超少儿抚养比。然而我国养老保险制度还不够完善,其一,养老保险还没有实现全面覆盖,2014年我国养老保险覆盖率为

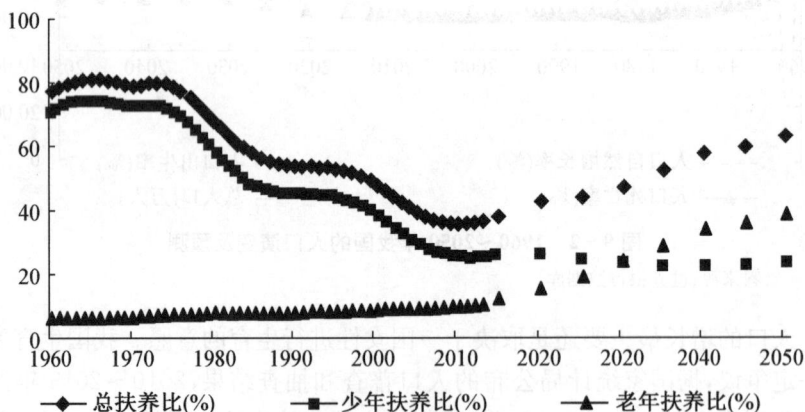

图9-3 1960~2050年我国抚养比的演变及预测

资料来源:世界银行数据库。

---

① 数据来源于联合国经济和社会事务部人口司.世界人口前景:2012年订正本.

80%,还有约 2 亿人口没有参保[①];其二,养老保险的统筹程度不高,地区间转移不畅;其三,养老保险依然存在双轨并存的现象;其四,个人账户长期"空账运行",难以做实;其五,养老保险基金实现保值增值的难度较大。面对老龄化形势加剧,亟须寻找有效方式破解我国养老保险制度的困境。

　　面对劳动适龄人口下降的趋势,有学者提出提升劳动参与率来延缓人口红利的消失,但是将我国劳动参与率进行国际比较后,可以发现我国的劳动参与率相对而言一直保持相当高的水准,并呈下滑趋势,通过提升劳动参与率来增加全社会劳动力供给量的空间不大。由图 9-4 可以看出,我国的劳动参与率一直保持在偏高的数值,2008 年之前甚至高于劳动参与率最高的低收入国家组。即使一直处于下降的态势,直到 2012 年我国劳动参与率依然达到77%,与低收入国家组持平。由于中上等收入国家与高收入国家的平均劳动参与率近年来一直保持在 72%,预计未来的居民收入仍会持续增长,我国劳动参与率很可能维持这一下降的趋势。王德文(2007)认为致使我国劳动参与率下降的现实可能有:① 经济转型中的部分下岗员工难以再就业从而退出劳动力市场。② 高等教育的扩张延长了潜在劳动力的在校时间。③ 社会保障制度的发展以及家庭的分工使部分女性退出劳动力市场。陆铭、葛苏勤(2000)认为市场化是我国劳动参与率发生下降的主要因素,此外居民收入的改变也会影响劳动

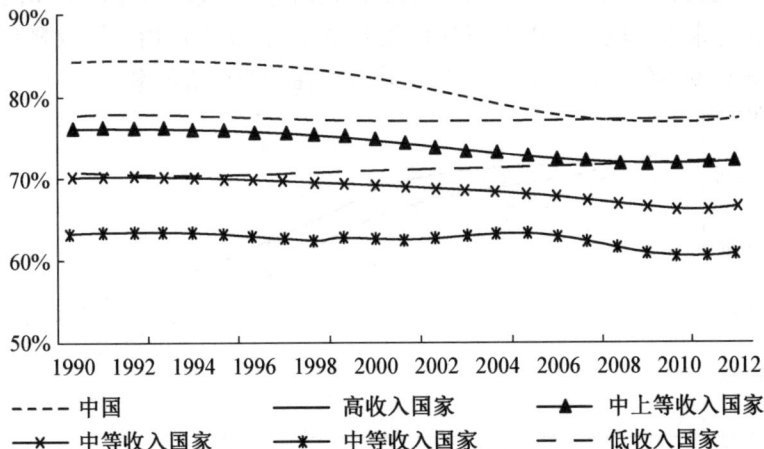

图 9-4 1990~2012 年中国与按收入划分的不同国家组的平均劳动参与率
资料来源:EPS 数据库,由国际劳工组织估计。

① 依据 2014 年国民经济和社会发展统计公报的相关数据计算得出。

参与率。不过,收入的影响是不确定的:对于低收入人群来说,收入增加会刺激他们参加劳动;而对于高收入人群来说,收入提高反而可能让他们退出劳动力市场。考虑到我国未来经济社会都将持续发展,人均受教育年限会不断提高,社会保障也会不断完善,预期我国劳动参与率进一步下降是合理的。

借鉴世界银行对未来人口变化的估计值,能够对劳动力供给量分不同情形进行粗略的预测:假设第一种情况是劳动参与率由 77% 逐步下降到 72%;第二种情况是劳动参与率保持 77% 的水平不变,结合下列公式就可以得到估算结果。

$$劳动力投入＝总人口÷(1＋总抚养比)×劳动参与率$$

可以发现,未来我国的劳动力供给将一直保持下降趋势,预计到 2050 年时我国的劳动力供给大约仅有 6～6.4 亿人(如图 9-5 所示),劳动参与率下降会给我国劳动力供给量带来较大的负面影响。在 2030 年之前劳动力供给的下降趋势相对缓慢,2030 年之后下降速度开始增快,因而有部分学者认为我国的人口红利可以持续到 21 世纪 30 年代(陈友华,2005)。但是,由于人口红利主要是经济增长的问题而非人口问题,因而考虑人口红利的延续期不能仅看抚养比与劳动力供给(蔡昉,2011)。首先,我国养老保险制度不完善,老龄化形势加剧给经济社会发展带来的负担提前降临;其次,我国资本积累增速加快,预计未来一段时间内还将保持较高增长,劳动力供给下降伴随资本增加,会导致资本的边际报酬递减,继而降低潜在的产出增长率。

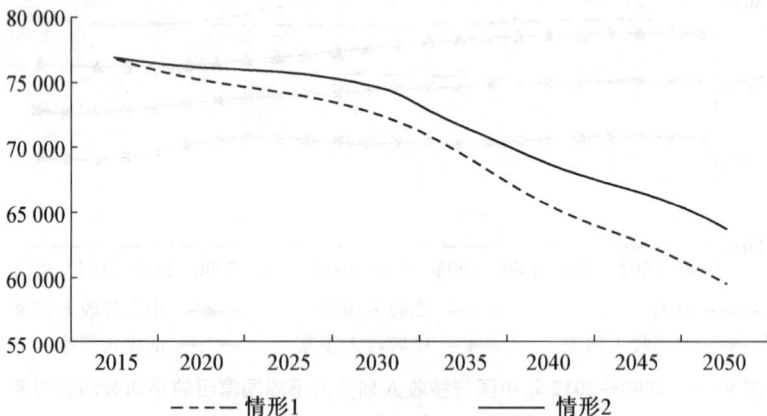

图 9-5 不同假设下我国未来劳动力供给的预测

资料来源:利用世界银行预测的数据进行估算得到。

在一定的失业率下,劳动力供给的下降会引起劳动力投入的减少。历年就业人数的变化及其趋势如图9-6所示,可以发现我国劳动力投入一直在稳步上升,但是伴随时间的推移,上升的速度在不断放缓。劳动力投入的增加一方面来源于人口红利下较快增加的劳动力供给,另一方面在于经济发展释放了大量劳动力需求。虽然我国经济一直保持高速增长,劳动力需求较高,但是劳动力供给的增速在不断放慢,所以我国就业人数的增长率也在不断下降。结合图9-5的预测,不久后我国就业人数就将开始下降,因而必须开始提高劳动力的素质与劳动生产率,以填补未来劳动力供给减少可能给潜在增长率带来的缺口。

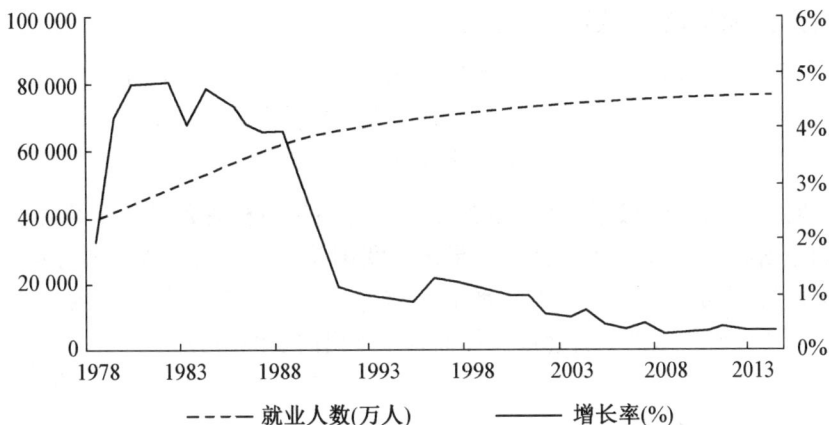

图9-6　1978～2013年我国劳动力投入的演变

资料来源:国家统计局网站,其中1979～1991年的异常数据利用王小鲁(2009)的研究进行了修正。

(二)劳动力投入的质量

劳动力投入的质量包含多个方面,如劳动力的文化知识水平、工作技能、思维观念和身体素质等。其中劳动力的受教育程度提高对人力资本的改善最有意义,同时统计描述劳动力受教育程度的演变相对而言也更为直观。因而本章主要利用劳动力的平均受教育年限变化来说明我国劳动力投入质量的改善。

伴随经济社会进步,我国对教育事业也越加重视。改革开放以来,我国基本达成了九年义务教育的全面推行;高中学历的教育也在加快普及,2012年我国高中的毛入学率达到85%;再加上高等教育的扩张,人均受教育水平得

到显著提高。研究中一般通过估算平均受教育年限来衡量劳动力的知识文化
水平。相关数据在劳动统计年鉴上不完全,只公布了2001~2012年的数据,
可以考虑引用以往学者推算的结果。相关研究中许多估算的都是总人口的受
教育文化程度(蔡昉,1999;Wang et al.,2002),而劳动力的受教育水平应该
超出总人口的水平。本章将王小鲁(2009)和CA. Holz(2005)推算的从业人
员受教育年限与利用劳动统计年鉴计算的结果进行比对后,发现王小鲁的计
算结果相对较低,数据间难以衔接。考虑到数据的平稳性,本章决定1978~
2000年缺失的数据采用CA. Holz的计算结果。而2001年之后的就业人员
平均受教育年限则利用劳动统计年鉴上全国就业人员受教育文化程度构成计
算得出。具体计算公式可以表示为:

$$平均受教育年限=小学占比\times6+初中占比\times9+高中占比\times12+$$
$$大学专科\times15+大学本科占比\times16+$$
$$研究生占比\times18$$

对于2013年的数据,本章利用上一年与当年的相关数据推算得出,最后
得到数据如图9-7所示。计算结果表明我国就业人员的平均受教育年限有
较大增长,自1978年的5.82年增加到2013年的9.77年,提高了约4年,而
且平均受教育年限的上升速度总体而言呈现出向上的趋势。

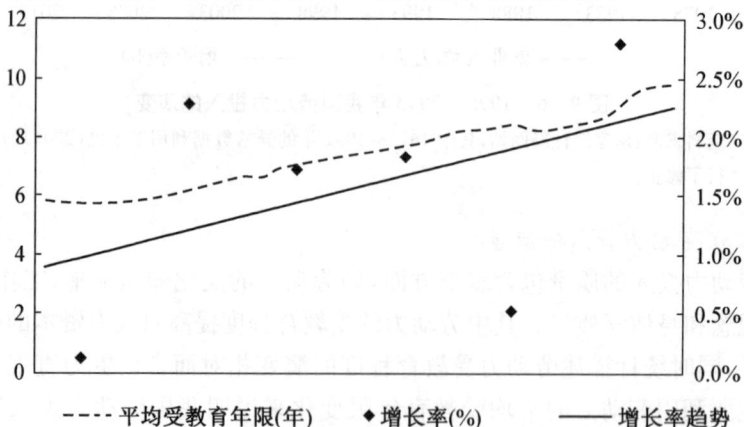

- - - 平均受教育年限(年)   ◆ 增长率(%)   —— 增长率趋势

图9-7 1978~2013年我国就业人员平均受教育年限(年)

资料来源:1978~2000年资料来源于CA. Holz(2005)的论文《中国劳动力的数量与质量》,
2001~2012年数据利用历年中国劳动统计年鉴中相关数据计算得出,2013年数据为推算
所得。

具体分析我国人均受教育年限的增长情况,可以发现在1978~1988年增长了0.62年,增长速度还不算高。在1988~1998年增速加快,由6.44年增加到了7.72年,增长了1.28年。主要原因在于这一段时间内我国的初中学历人口显著增加,平均受教育年限的较高增长主要是来源于我国九年义务教育的普及。在义务教育的覆盖率已经相当高的现实下,提升我国劳动力的受教育年限需要进一步普及高中教育及发展高等教育。由于接受教育,获得学历需要时间,因而在1998~2008年我国劳动力的受教育年限增长略微放慢,增加了0.79年。在2008年之后从业人员的平均受教育年限又有了大幅提高,自2008~2013年的我国就业人员平均受教育年限就增长了1.26年,对就业人员受教育程度的构成具体分析(如表9-1所示),可以发现这一快速增长来源于2010~2011年高中以上学历劳动力占比的大幅增加。2009年时,我国高中及以上学历水平的劳动力占比是20.2%,2010年已经提高了约4%,2011年又继续增加了约6%。虽然2012年这一比重上升放缓,仅增加了1.2%,不过相对于以往也属于较高的增长水平。

表9-1　2008~2012年我国就业人员受教育程度构成(单位:%)

年份	未上过学	小学	初中	高中	大学专科	大学本科	研究生	高中以上
2008	5.3	27.7	47.8	12.5	4.3	2.3	0.2	19.3
2009	4.8	26.3	48.7	12.8	4.7	2.5	0.2	20.2
2010	3.4	23.9	48.8	13.9	6	3.7	0.4	24
2011	2	19.6	48.7	16.7	7.6	4.9	0.4	29.6
2012	2	19	48.3	17.1	8	5.2	0.5	30.8

资料来源:2009~2013年中国劳动统计年鉴。

虽然我国劳动力的受教育水平有了长足的提高,但是目前我国劳动力市场上主要还是以低端劳动力供给为主,在2012年时初中及以下文化程度的劳动力占比依然有将近70%。依据UNDP公布的"2014年人类发展报告",美国25岁以上人口的平均受教育年限为13年,韩国约为12年,日本约为11年,而中国仅达到8年,不仅与发达国家存在差距,而且与我国产业转型升级的需求也存在差距。

研究表明不同产业部门对劳动力受教育年限的要求也不一致,第三产业中劳动密集型部门的要求是 9.6;第二产业中资本密集型部门的要求是 10.4;若要转入第三产业的技术密集型部门则要求受教育年限达到为 13.3(蔡昉,2013)。目前我国劳动力平均受教育年限约为 9.7 年,因而我国第三产业中的劳动密集型行业是主要吸收就业的部门。从构成来看,2012 年我国高中以上学历水平的劳动力占比仅为 31%,大量低端劳动力的存在使我国的产业升级缺乏相应素质的劳动力,阻碍了我国向资本密集和技术密集的产业升级。应对劳动力素质与产业转型不一致的情况,除了要继续推进教育改革,共同发展普通教育与职业教育,提升劳动力素质外,还需妥善处理我国产业转型升级的节奏,使产业发展与劳动力知识水平的提升更加一致。

可以通过分析不同年龄阶段的劳动力受教育水平来展望我国未来的劳动力的受教育水平。国际上一般将年龄在 45 岁以上的劳动力定义为老年劳动力,本章以 30 岁为界限再对中、青年劳动力进行划分,估算不同年龄段劳动力的平均受教育年限。由图 9-8 和表 9-2 可以发现,我国中、青年劳动力的知识文化水平均较高,老年劳动力的受教育水平偏低。在从未上过学的劳动者中,老年劳动力占比达到 85%;小学文化程度的劳动力中,老年劳动力的占比也达到 70%。而自高中往上,青年和中年劳动力的占比都高于老年劳动力,且中、青年劳动力之间受教育水平相差不大。比较 2001 年和 2012 年的推算结果后,可以发现我国青年劳动力与老年劳动力间的受教育年限之差在扩大。2001 年时二者的差距是 2.74 年,到 2012 年已经扩大至 3 年,二者差距的扩大说明我国新增劳动力的受教育年限在不断提高。

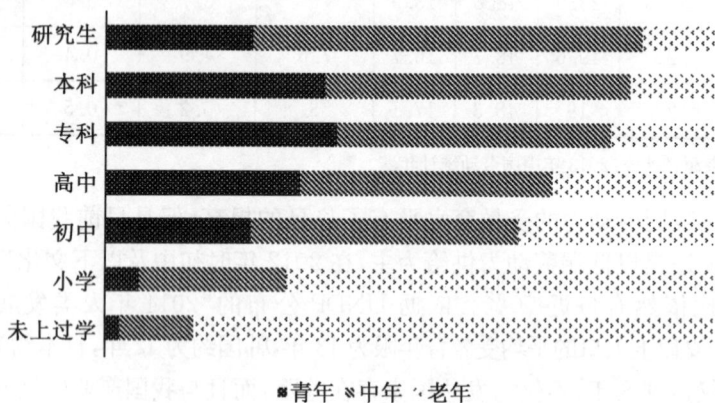

图 9-8　2012 年我国劳动力受教育文化程度分年龄段构成
资料来源:人力资源和社会保障部,由 EPS 整理。

表 9-2　2001 年和 2012 年按年龄分劳动力平均受教育年限

年份	青年				中年				老年					
	16~19	20~24	25~29	均值	30~34	35~39	40~44	均值	45~49	50~54	55~59	60~64	65+	均值
2001	8.53	9.22	9.13	9.05	8.78	8.90	8.58	8.77	7.50	6.58	5.92	4.62	3.43	6.31
2012	9.68	10.89	11.20	10.94	10.89	10.23	9.64	10.21	9.38	7.58	7.80	6.77	5.72	7.96

资料来源:原始资料来源同图 9-8,再依据下文计算平均受教育年限的方法计算得出。

　　另外,我国中年劳动力与老年劳动力的平均受教育年限差距较大,2012 年,35~39 岁年龄组劳动力的平均受教育年限为 10.23 年,而 45~49 岁年龄组劳动力的平均受教育年限为 9.38 年,相差将近 1 年。由于目前我国中年劳动力的平均受教育年限已经超过 10 年,当受教育水平较低的老年劳动力退出市场时,现有的中年劳动力将转化为老年劳动力,我国老年劳动力的受教育水平就会得到极大提升,同时我国新增的青年劳动力平均受教育年限在不断增加,可以预见未来我国劳动力整体的受教育年限也将不断上升甚至会继续加速上升。

　　不过这一过程还需要相当一段时间,在近期内,我们还是要面临老年劳动力占比上升带来的增长压力。首先,劳动力老化后,他们的劳动生产能力必然不如从前,同时这些老年劳动力的文化水平又普遍较低,导致他们不仅难以继续从事许多体力要求较高的工作,也无法胜任智力相关的工作,整体的竞争力下降。这一方面提高了全社会的就业压力,一方面又会导致劳动力的有效供给不足,从而制约产业升级与经济增长。

　　因而,为了应对老龄化带来的经济社会压力而延迟退休年龄,在目前看来效果不会太显著。反而对于一些知识文化水平不高的劳动力而言,他们到达一定年龄后,无法通过体力劳动获取报酬,又因为知识水平不足而难以继续就业,可能会面临一段既没有收入,也没有养老金的真空期。依据目前我国劳动力的供求状况,也会发现延迟退休年龄并不会缓解我国劳动力短缺的状况,反而还会增加劳动力市场的就业压力。2013 年第四季度的统计数据显示,初中及以下学历水平的劳动力求人倍率为 1.11,显著低于技校和硕士学历水平的求人倍率。同时 2013 年就业市场对老年劳动力的求人倍率也仅为 0.77[①],因

---

① 有关求人倍率的数据来源于人力资源市场信息监测中心公布的 2013 年四季度部分城市公共就业服务机构市场供求状况分析(完整版)。

而低学历的老年劳动力延迟退休,会增加低端劳动力市场的就业压力,恶化老年劳动力市场上供过于求的状况。

此外,大量的低文化水平的老年劳动力主要集中在农村,是我国剩余劳动力的主要构成(蔡昉,2007)。这些老年劳动力由于难以在城市就业,本身素质也难以支撑他们实现转移,这部分劳动力占比的增加还会影响到我国劳动力城乡结构的优化配置与城市化的实现。

如何尽量发挥这些素质较低的老年劳动力对经济增长的作用,缓解劳动力供给的结构性短缺,有效解决大量农村老年劳动力的城市化与养老问题,对于经济转型顺利实现至关重要。

二、劳动力结构的演变

(一)劳动力的城乡结构

二元经济转型中,农村与城镇的劳动力占比此消彼长是劳动力结构转变最显著的特点之一。剩余劳动力涌入城镇就业是推进城镇化最主要的动力。从图9-9能够看出我国劳动力的城乡结构演变基本与我国城市化进程是一致的。自改革以来,我国的城镇就业人员占比一直保持着上升趋势,从1978年的23.7%上升到了2013年的49.7%,但是结合其增长速度,其上升是有波动的。在前期,其增长速度处于波动上升的态势,但自2007年开始,城镇劳动力

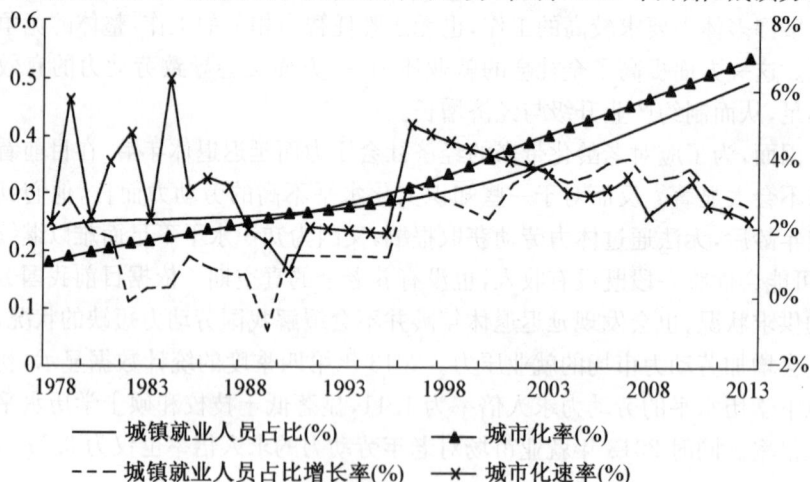

图9-9 1978~2013年我国劳动力的城乡结构演变与城市化发展

资料来源:国家统计局网站。

占比的增速就开始一路下滑。考虑到我国城市化速度从 1996 年开始持续下降，我们可以认为我国劳动力城乡结构的转变放缓不是一个暂时现象，这一下降趋势可能会继续下去。

农村的剩余劳动力不断流向城镇主要有两个驱动力，一是我国户籍制度的放松；二是现代部门经济的发展。在早期城镇就业人员占比的增长速度主要受到户籍制度等政策的影响。在 1978～1983 年，我国户籍制度有所放松，但是仅允许农村劳动力前往周边小城镇就业，鼓励劳动力就地转移，严格禁止其向城市流动。但是由于建设小城镇的成本较高，小城镇经济体量较小，也无法吸纳足够的农村剩余劳动力，所以这段时期内城镇就业人员占比的增速是不断放慢的。到 1984～1988 年，户籍管理制度开始正式改革，身份证制度的推行说明我国的人口管理由以户为主转向以人为主。农村人口可以自带口粮入城定居，并开始对流动人口推行暂住证等制度，政策的放松导致这一段时期内增长率发生了短暂的上升。然而 1989 年中央出台的《关于严格控制"农转非"过快增长的通知》又再度限制了农民工向城市的转移，期间一些大城市甚至开始清理外来人口，导致大批外来务工人员回流。因而在 1989～1990 年城镇就业人员占比的增长又有所放慢。1991～1995 年，增长率转为平稳上升的原因在于"农转非"的政策又重新放宽，中央政府鼓励农村劳动力的转移，不再将商品粮作为区别农村户口与城镇户口的依据，逐步推行证件化的管理。然而由于这段时期开始国企改革，导致城市内下岗职工增多，因而后期许多城市开始控制流动人口的增长。1996～2000 年，城镇劳动力占比出现了增长率的小幅度下滑，但总体还是维持着高位上升。这一期间内居民户口簿正式使用，有关小城镇的户籍管理与农村的户籍管理都出台了相关意见，代表户籍登记的新的常住人口登记表发生了变更，农村人口入城的制度约束又一次被弱化，但是向规模以上的大型城市迁徙仍然受到严格的制度管控。2001 年伴随中央出台的《关于推进小城镇户籍管理制度改革的意见》，户籍制度正式开始解体。之后石家庄率先宣布解除户籍制度的隔离，不少大中城市随后也开始效仿。因而自 2001～2007 年，城镇劳动力占比的增速也在加快。

2007 年之后，城镇就业人员占比的增长率开始下降，主要有两方面原因。

第一，申请城市户籍依然存在较大困难，特别是对于大城市与特大城市而言。同时与城市户口挂钩的公共服务、社会保障与教育资源等并没有向农民工放开，土地流转受到限制。再加上农民工主要集中在城镇的非正规部门，多就职于一些城镇劳动力不愿意从事的工作，缺乏制度与法律的保护，生活水平显著低于城市户口的居民,劳动力流动所受的阻碍依旧不小。分析农民工的生存现状(如表9-3所示),可以发现,2013年外出农民工的人均每月生活消费支出仅为892元,其中居住支出就达到453元。有44.9%的农民工从雇主处既没有获得免费住宿也没有得到相关补贴。而且大部分农民工依旧在单位宿舍和工地工棚等生活条件较差的地方居住,独立租赁与自购房的占比不达20%。

表9-3　2013年按住宿类型分外出农民工构成(%)

单位宿舍	工地工棚	生产经营场所	独立租赁	与人合租	自购房	乡外从业回家居住	其他
28.6	11.9	5.8	18.2	18.5	0.9	13	3.1

资料来源:2013年全国农民工监测调查报告。

外出农民工中签订了合同的占比为41.3%,比上年略有下降。其中无固定期限合同占比为14.3%,一年以下合同为3.9%,一年以上合同占比仅达23.2%,农民工受到合同保护的比率依然较小。分析农民工参加社保的构成(如表9-4所示),可以发现,外出农民工参加社保的情况在不断好转。但总的来说,社会保障还是只覆盖了很小一部分的农民工。进城农民工仍然在一个比较恶劣的环境中生活与务工,如果不能改变现状,农民工入城的成本就会上升,再加上农村经济的发展,两相作用会进一步放慢农民工转移的速度。

表9-4　2008~2013年外出农民参加社会保障占比(%)

	2008年	2009年	2010年	2011年	2012年	2013年
养老保险	9.8	7.6	9.5	13.9	14.3	15.7
工伤保险	24.1	21.8	24.1	23.6	24	28.5
医疗保险	13.1	12.2	14.3	16.7	16.9	17.6
失业保险	3.7	3.9	4.9	8	8.4	9.1
生育保险	2	2.4	2.9	5.6	6.1	6.6

资料来源:2013年全国农民工监测调查报告。

第二,伴随人口红利的消失,二元经济转型的推进,我国已经从剩余劳动力无限供给的时代迈入有限剩余的阶段。大量农村剩余劳动力在劳动力老化的趋势下转为老年劳动力,转移困难,农村可转移的劳动力数量在减少,同样放慢了劳动力转移的速度。

虽然我国的城镇化建设长期稳步向前，但相对来说还是落后的。依据世界银行统计的数据，2013年我国的城镇人口占比为53%，赶上世界平均水平，但是依旧低于中高等收入国家的61.9%，更远不及高收入国家的80%。城市发展在经济层面上接纳了农民工，但在社会层面上却排斥他们的融入，这阻碍了城市化进程与产业发展，扩大了城乡差距，也激化了社会矛盾。同时，大量剩余劳动力聚集在农村地区，摊薄了农村的土地等生产资源，也不利于农村劳动生产率的提高与生产要素的优化配置。

（二）劳动力的产业结构

劳动力在城乡间转移伴随着劳动力产业结构的变迁。改革以来，我国的工业化发展显著。2014年第二产业的增加值是第一产业的4.6倍，在1978年这一比值仅为1.7倍；第三产业的发展更是引人注目，改革之初第三产业的增加值还低于第一产业，2014年已经增长为第一产业的5.2倍。1978年时第一产业增加值的比重为27.9%，2014年这一比重已经下降至9.2%。第一产业的劳动力占比也发生大幅下降，到2013年仅为31.4%，而第二、第三产业劳动力占比则从1978年的17.4%和12.2%提高到30.1%和38.5%，劳动力的产业结构实现了非常明显的优化。但是伴随产业的发展，产业间的劳动力结构变化依然存在滞后及失衡。

从图9-10可以看出，第一产业就业人员占比一直在下降，第二、第三产

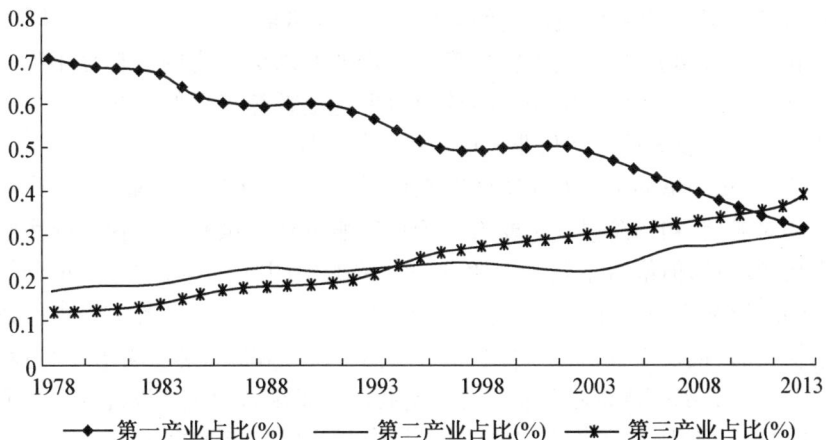

图9-10　1978～2013年我国劳动力的产业结构演变

资料来源：国家统计局网站。

就业人员的占比则一直在上升,第三产业就业人员的比重的增长明显快于第二产业,并于1994年超过了第二产业,又在2011年超过了第一产业,成为主要吸纳劳动力的经济部门。究其原因,在于第三产业主要指服务业,其中的传统服务业属于劳动密集型产业,相对于第二产业,就业更加灵活,存在更多的非正规就业,可以吸纳更多的剩余劳动力。据统计,2013年我国有46.4%的农民工流向了第三产业,如果按就业方式进行划分,还可以发现自营就业的农民工中有82.1%从事于第三产业。这一现象的原因主要在于两方面。

第一,我国第二产业发展主要以资本密集型行业为主。在新中国成立初期,我国的工业发展战略就是优先发展重工业,导致我国产业结构失衡,消费品严重短缺,产业发展效率低下。改革开放之后,针对工业经济内部发展的不平衡,我国开始重点推动轻工业成长。乡镇企业的崛起就带动了以农产品为原料的轻工业发展,城市的改革又带动了以非农产品为原料的轻工业的发展。但是自20世纪90年代中后期,我国重工业又开始了高速发展,工业经济增长中重工业复又占据主导地位。虽然我国劳动力资源丰富,大量剩余劳动力涌入城镇更是给非农产业发展提供了廉价劳动力,但是我国工业发展中并没有充足地利用这一优势,而是将发展重心置于资本密集型产业。主要原因可能在于财政分权后,地方政府的绩效考核与GDP指标挂钩,导致地方政府有强烈的干预经济与资本投资的冲动,致使现代部门经济发展的资本深化现象越来越严重,从而导致其吸纳剩余劳动力的能力也相应降低(沈可等,2013)。2012年重工业企业单位数占比为60%,主营业务收入占比为72%。同时我国存在大量低端劳动力,资本密集型第二产业要求劳动力的受教育年限达到10.4年,2012年,我国仍有70%的劳动力平均受教育年限低于9年。劳动力素质不足也是我国第二产从业人员占比较低的原因之一。

第二,我国早期由于对非实业存在偏见,并不看重第三产业,第三产业的起步相对滞后,初始阶段也主要着力于传统服务业。虽然近期我国现代服务业在快速增长,但依然不及传统服务业。依据中国统计年鉴,2013年分行业统计的城镇私营与个体企业就业人数中,第三产业的从业人员主要集中在交通运输仓储、批发零售、贸易餐饮、租赁与商务服务和居民服务等五个行业,这些行业大部分都是传统服务业。这说明我国非正规就业主要以传统服务业为主,在单位就业中,这五个行业的从业人数也占第三产业的33%。进入传统服务业并不需要高技术与高资本,素质偏低的劳动力也可以满足其需求,吸引了大量低端劳动力进入。同时,我国劳动力受教育程度有限,无法满足技术密集型产业的需求,也阻碍了第三产业内部的结构升级。

因而我国第三产业的发展并不是由于生产率提高而自然成长,而是建立在相对较低的生产率上,我国的产业化也被学者称为"产业结构演进无效率"(中国经济增长前沿课题组,2012)。图 9－11 显示我国的第三产业的劳动生产率相对偏低,增长也较第二产业更为缓慢,因而在 2009 年我国的全社会劳动生产率就已经超过了第三产业的劳动生产率。面对第三产业偏低的劳动生产率,劳动力继续涌入第三产业只会导致劳动生产率进一步下降,并降低劳动力的配置效率。

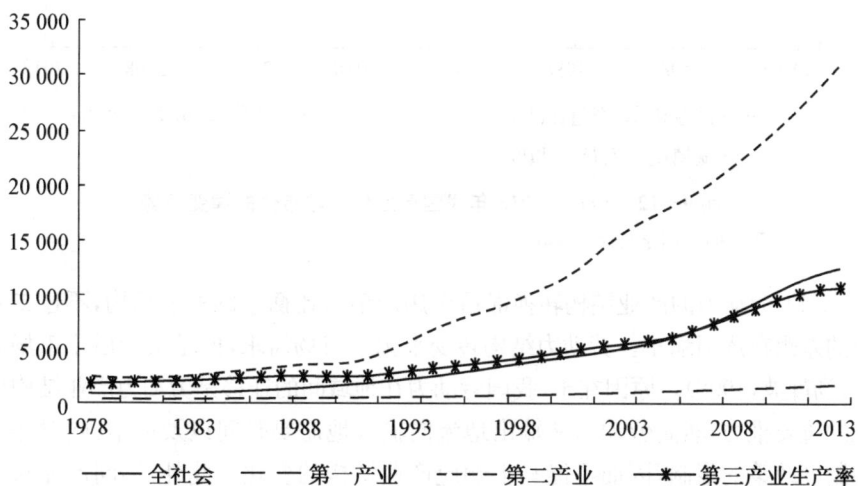

图 9－11　1978～2013 年全社会与三次产业的劳动生产率(元/人)

注:① 资料来源于国家统计局网站。

② 劳动生产率＝总产值/劳动力总量。

非农产业产值的比重与非农从业人员的比重两个指标,刻画了我国的产业化进程,为了保持可比性,又利用城镇就业人员占比代表我国城市化进程。这一替代是可行的,由图 9－12 可以看出,两个指标的差值很小,且变化趋势一致。对这三个指标比较分析可以发现我国的产业化与城市化发展中存在两个滞后。

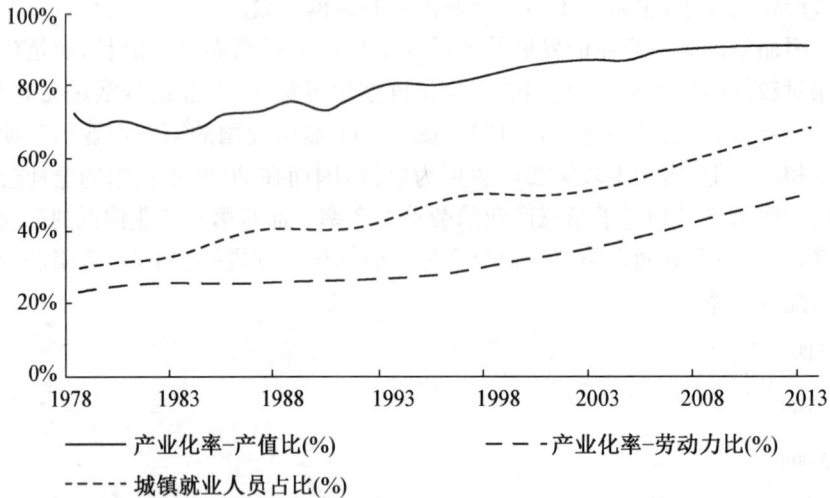

图 9－12　1978～2013 年我国产业化与城市化的演变趋势
资料来源：国家统计局网站。

（1）劳动力的产业结构转换滞后于用产值占比衡量的产业结构，不过二者间的差距在逐渐缩小。劳动力结构转变来源于市场需求，但是又滞后于市场需求（汤静波，1998）。原因在于，我国劳动力在地域间的迁移是劳动力产业结构变化的重要推力，然而劳动力从输出地流向输入地需要时间以及成本，同时还受到制度政策的限制，因而不能马上响应产业结构的变化。此外，不同产业对劳动力的素质要求也不一致，然而劳动力素质的改变不能像市场需求转变一样迅速。劳动力素质的提高是一个长时期的过程，可以发现整体劳动力的受教育年限提高一年在我国最低也需要 6 年左右的时间，因而二者转变的时滞是必然的。

如果劳动力结构转变能较及时地适应经济结构转变的需求，那么劳动力结构的转变会提高劳动生产率，以及经济运行的效率。反之，如果劳动力结构的转变相对于经济结构的转变滞后太久，就会给经济增长带来效率损失。因而在推动产业转型升级时，必须要考虑到劳动力结构的转变相对于经济结构转变是滞后的，要对我国的劳动力情况形成全面的认识，包括劳动力的数量、劳动力的素质以及劳动力在不同部门的分布，针对我国劳动力的特征来发展适合我国现行经济的产业。

（2）劳动力的城乡结构转换滞后于劳动力的产业结构，同时城市化滞后于产业化。农村的非农产业发展是劳动力的城乡结构转换滞后于劳动力的产业结构的主要原因,依据中国农村统计年鉴,1978 年时乡村从业人员中第一产业人员占比为 92.4%,到 2012 年时这一比值降为 65.1%。乡村非农产业从业人员占比的提升来源于乡镇企业的发展,乡镇企业的原身是农村社队企业,在 1984 年中央批准农村社队企业更名为乡镇企业。乡镇企业建立了自有核算体系,自担收益与损失,竞争性较强;投资少,费用低,自主性强,易出科研成果;灵活度高,能较好地适应市场需求的转变。在这之后,乡镇企业高速发展,2011 年我国总共有 2 844 万家乡镇企业,这些企业一共完成了总营收531 002 亿元,乡镇企业也由原来的四级分类引入了更多的企业形式,例如有限责任公司、股份有限公司和外资企业等。乡镇企业的从业人数自 1984 年也相应增长(如图 9-13 所示),到 2011 年时乡镇企业从业人数占乡村就业人数的比重达到 40%,占总就业人数的比重达到 21%,其中非农产业从业人数占比为 99%左右。乡镇企业的壮大使很多农村劳动力实现了本地就业,虽然他们从事的不再是第一产业,但依然居住在农村地区,导致劳动力的产业结构转变快于劳动力的城乡结构。虽然乡镇企业的发展对于我国经济增长特别是农村经济,具有重要意义,也为大量剩余劳动力提供了就业岗位。但是目前乡镇企业还是主要以私营个体企业为主,经营规模较小,而且分布较分散,难以形成产业集聚与人口集聚效应,对城镇化的促进效应没有体现,并且大量农村劳动力留在农村也降低了劳动力的流动性。

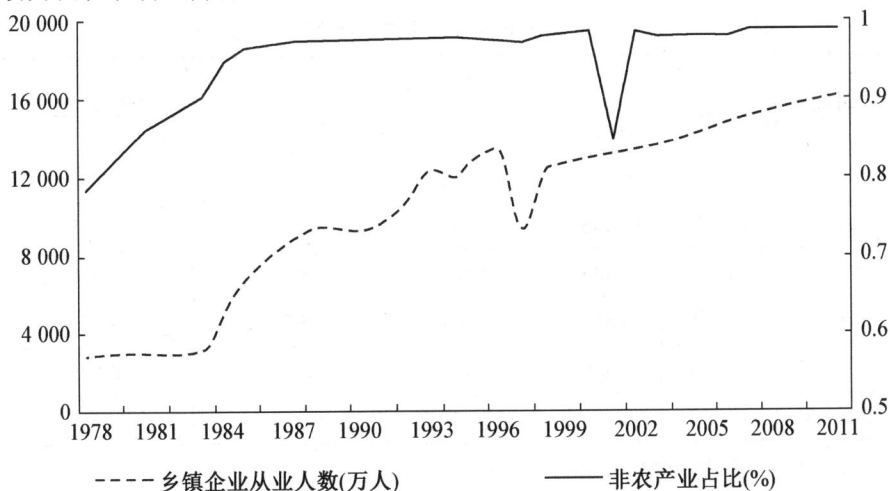

图 9-13 1978~2011 年乡镇企业从业人员数的变化趋势

资料来源:2013 年中国劳动统计年鉴,其中 2012 年的数值由于统计口径与上年不一致,变动较大,不予列出。

　　乡镇经济的发展推进了农村的生活与工作环境优化,加上农业税减免等优惠政策推高了农村劳动力转移的机会成本;同时户籍制度与社保制度的阻碍,城市居住成本提高都致使劳动力的流动成本上升。劳动力流动的推力与拉力同时下降,城乡分割导致我国的城市化也滞后于产业化。结合我国近年来农民工的转移情况,可以发现本地农民工的增长速度快于外出农民工,外出农民工中,举家迁移的农民工增速相对更快(如表9-5所示)。首先,这说明越来越多的农民工倾向选择本地就业,而非像过去一样外出就业,外出务工的吸引力在下降,这与前文的论断一致。其次,对于外出就业的农民工而言,举家外出的农民工虽然由于实际情况限制远低于住户中外出农民工。但是要注意到举家外出的农民工是不断增长且增速快于住户中外出农民工的,可以认为这表示外出农民工的一种倾向,他们越来越希望能够举家迁移。按照蔡昉(2001)的分类,劳动力转移分为两个步骤,第一是劳动力从输出地流入输入地,第二是这些转移劳动力在输入地实现定居。由于中国的劳动力转移存在回流现象,如果不实现劳动力的就地居住,转移劳动力很可能会因为各种因素回流,不利于城市发展。而举家外出的劳动力更倾向于就地定居,说明我国农民工还是有较高迁移意愿的,但是考虑到子女教育与赡养老人,他们更希望能够举家迁移。因而,要切实地推进我国城镇化建设,制度的改革与资源的公平分配必须落到实处。

表9-5　2008~2013年农民工总数及构成(万人)

时间	合计	外出农民工			本地农民工
		合计	住户中外出	举家外出	
2008年	22 452	14 041	11 182	2 859	8 501
2009年	22 978	14 533	11 567	2 966	8 445
2010年	24 223	15 335	12 264	3 071	8 888
2011年	25 278	15 863	12 584	3 279	9 415
2012年	26 261	16 336	12 961	3 375	9 925
2013年	26 894	16 610	13 085	3 525	10 284

资料来源:2013年全国农民工监测调查报告。

（三）劳动力的区域结构

剩余劳动力的转移,在我国还表现为劳动力的跨区域流动,分东中西三大
地带考察我国劳动力的区域分布(如图9-14所示)。我国东部的劳动力在三
大地带中一直最为充裕,这是因为东部地带的经济发展程度最高,适宜人居,
因而人口密集;而西部地广人稀,经济相对欠发达,劳动力也较少。在1997年
之前,东部劳动力占比缓慢下降,而中西部劳动力占比则在不断上升。这一时
期,我国的户籍制度从严格执行到逐渐放开,劳动力在城乡与区域间流动所受
的限制依然相对严格,劳动力外出务工的意识不强,即使东部的劳动生产率相
对较高,劳动力却没有向东部转移。1997年之后,东部劳动力的占比回升,一
方面在于我国户籍制度的放宽,劳动力市场的管控有所放松,劳动力的流动性
增强;另一方面在于南巡之后东部沿海地区开始加速发展经济,致使地区间的
发展差距也在拉大。加上我国沿海地区具有丰富的劳动力,基础设施的质量
也较高,政府更是提供了许多优惠的税收政策,制造业开始大范围地由港澳台
移入大陆。对外开放的深化,强劲外需进一步拉动了我国劳动密集型制造业
的兴起,相对于中西部,东部的就业机会大幅增加,吸引大量劳动力由中西部
逐步流向东部。

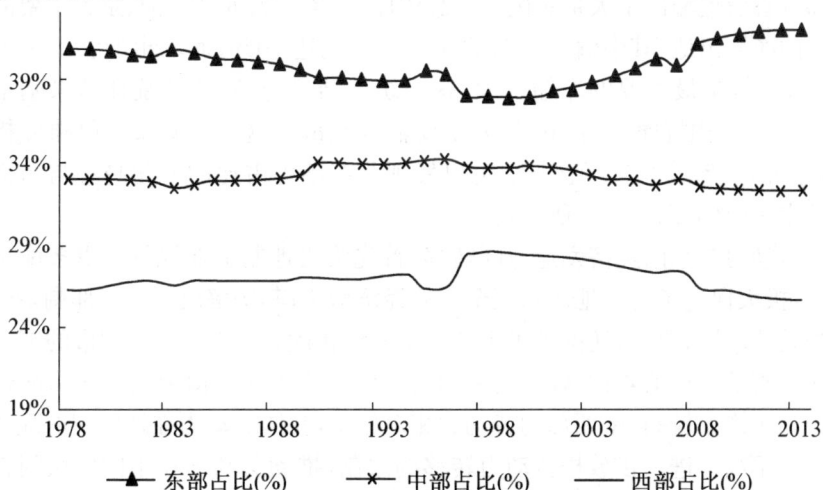

图9-14　1978~2013年我国劳动力的区域结构演变

资料来源:1978~2010年的资料来源于国泰安数据库,与各省份统计年鉴进行对比后对
某些年份进行了调整,2011~2013年的数据则来源于各省市统计年鉴及国民经济和社
会发展统计公报,存在少数缺省数据利用趋势平滑得到。

利用农民工监测调查报告的数据，可以更直观地说明近几年我国农民工的流动趋势（如表 9-6 所示）。2013 年我国农民工有将近一半跨省流动，其中流向东部的农民工占比达到 85.3%，流向中西部的占比仅为 13.8%。东部的农民工主要倾向省内流动，即使跨省流动，也有 72.6% 流向东部其他省份。中、西部的农民工主要倾向跨省流动：中部跨省流出的农民工中有 89.9% 流向东部，西部跨省流出的农民工也有 82.7% 流向东部。

表 9-6 2013 年按输出地分的外出农民流向构成(%)

	外出农民工	省内流动	跨省流动	其中：流向东部
合计	100.0	53.4	46.6	85.3
东部	100.0	82.1	17.9	72.6
中部	100.0	37.5	62.5	89.9
西部	100.0	45.9	54.1	82.7

资料来源：2013 年全国农民工监测调查报告。

依据 2012 年的农民工监测调查报告，进一步细分农民工的主要就业省份，2012 年时我国农民工主要输入地为粤、浙、苏、鲁、冀、川、沪、京等，但是其中部分省份也输出了大量农民工。总体而言，粤、浙、苏、闽、沪、京为主要的农民工的净输出地，其中输入广东的农民工占比达 20%，而输出的农民工占比低于 10%，是最主要的净输入地，这一统计结果与 2002 年统计结果基本一致①。可见我国农民工近 10 年来主要输入地都是这 6 个省市。单独分析这 6 个省市的劳动力与产值变化，可以发现其劳动力占比的变化趋势与东部地区基本一致（如图 9-15 所示）。

劳动力向东南经济发达地区转移，首先为当地制造业提供了更多廉价劳动力，极大促进了这一地区乃至全国的经济增长；其次解决了中西部剩余劳动力的就业问题；第三，还推进了生产要素的优化配置。6 个发达省市的劳动力占比一直低于产值占比，较少的劳动力贡献了较大的产值说明东南沿海地区的劳动生产率较高，中西部的劳动力相对较多，我国劳动力在地区间的配置依然效率不高。进一步放松劳动力转移的限制，推动劳动力在不同区域间自由转移能继续释放劳动力再配置的经济效应，缓解目前沿海发达地区的劳动力供给的短缺。

---

① 数据来源于劳动与社会保障部 2002 发布的《2000 年中国农村劳动力就业及流动状况》。

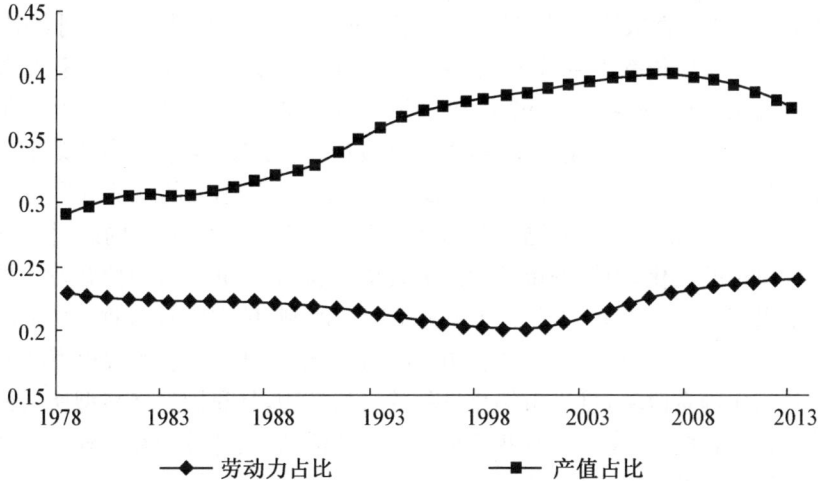

图 9 - 15　1978～2013 年 6 省市的劳动力占比与产值占比变化(%)

资料来源:劳动力资料来源如前图,各地区的总产值来源于历年中国统计年鉴。

（四）劳动力的所有制结构

剩余劳动力流入城镇,给非国有经济发展带来劳动力成本优势,促进了市场化的改革,劳动力的所有制结构也相应发生根本转变,非国有经济成为吸纳我国剩余劳动力的主体。从图 9 - 16 可以看出,城镇就业人员中非国有单位从

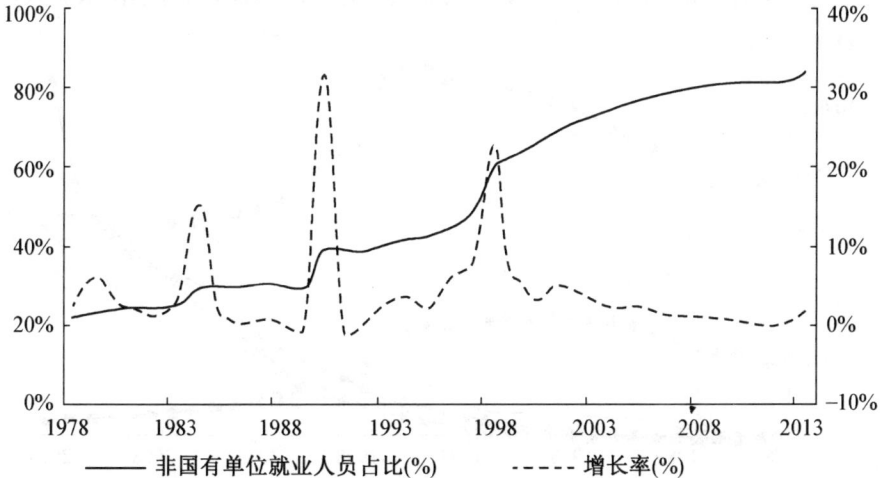

图 9 - 16　1978～2013 年我国劳动力的所有制结构的演变

资料来源:1994 年以前国有单位就业人员数为职工数,从新中国 60 年统计资料汇编中可以获得,1994 年之后的国有单位就业人员数来自于中国劳动统计年鉴。

业人员的占比一直保持上升趋势,从改革初期的 20% 左右显著提升到 2013 年 83% 左右。从增长率来看,这一上升趋势又具有阶段性,非国有单位就业人员占比的增长率在 1984 年、1990 年和 1998 年都出现了异常的上升。1984 年的高增长率来源于乡镇企业的发展,由于乡镇企业包含镇办企业,当乡镇企业的从业人数在 1984 年增加了约 2 000 万人时,城镇集体单位的就业人数也增加了 500 万人,大幅提高了非国有部门从业人员的占比。1990 年的高增长来源于统计口径的变化,当年城镇就业人员大幅增加,导致非国有单位就业人员占比迅猛提高。1998 年的高增长则来源于国企改制,依据统计数据,90 年代末期的"下岗潮"中约有 2 000 万职工从国有单位分流出来。这次大规模的职工下岗是深化国企改革,推进市场化进程的必然产物,是我国经济转型所需付出的社会代价,这些下岗人员有些不再参与生产活动,大部分则在另外的经济部门中获得了新的岗位。

结合图 9 - 17,可以进一步分析推动我国劳动力所有制结构变化的因素。劳动力的所有制结构变动可以分为两个步骤:1997 年及以前主要是增量的变动,这一阶段国有单位的从业人员也在不断增加,非国有单位就业人员占比的提高主要来源于大量新增劳动力与农村剩余劳动力流向了非国有经济部门;1998 年之后,不仅增量在变动,存量方面,国企改制导致大量劳动力从国有单位流向非国有单位,不仅非国有单位从业人员在不断增加,国有单位从业人员

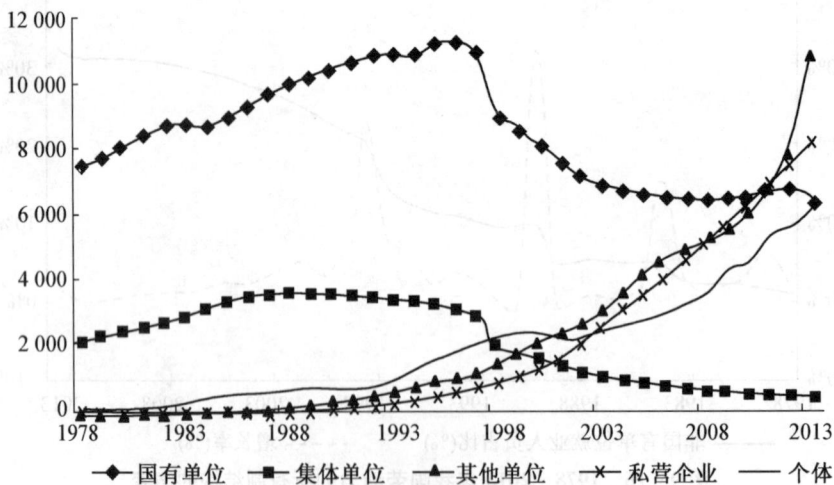

图 9 - 17　1978～2013 年城镇不同经济部门从业人员数(万人)

资料来源:中国劳动统计年鉴与国家统计局网站。

也大幅减少,进一步提高了非国有单位就业人员的比重。1998 年之后,其他单位与私营企业的从业人员数开始迅速上升,在 2011 年双双超过国有企业从业人数。大量新增城镇劳动力流向非国有部门,一方面给非国有经济的蜕变提供了丰富的劳动力,从而有助于市场化改革;另一方面这些新增劳动力大多为农村流出的劳动力,他们流向非农部门,也推动了我国产业化与城市化的发展。因而我国二元经济一体化的进程与市场化改革具有同步性,体现在劳动力上就是劳动力市场不断进步的过程(徐现祥等,2002)。

我国劳动力的所有制结构在产业间的表现也不一样,可以发现第二产业中非国有单位从业人员的占比显著高于第三产业(如图 9-18 所示)。将第三产业再细分为科教文卫与公共管理和其他两大类,可以发现科教文卫产业的非国有化更低。公共管理等关乎国家治理的行业需要国有经济的管控,但是卫生医疗、文化娱乐和科技教育等产业可以适度地引进非国有经济,提高行业的竞争性与发展活力。而且由于传统的就业观念,许多高校毕业生把行政事业单位或者是大规模垄断国有企业列为就业的优先选项,导致这些国有部门的就业人员增加,非国有经济相对更难吸引高端人才,不利于非国有经济的成熟壮大与市场化改革。

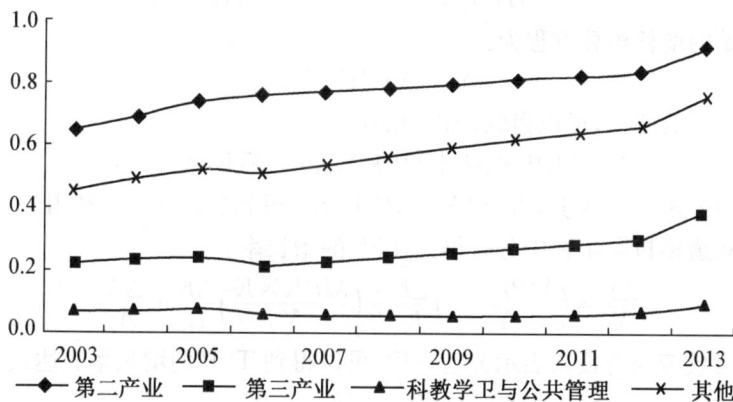

图 9-18 2003~2013 年第二、第三产业城镇单位从业人员中非国有单位从业人员占比
资料来源:国家统计局网站。

第三节　劳动力投入作用于经济增长的实证分析

一、劳动力有效投入与经济增长

（一）模型的设定

本章主要借鉴陈彦斌（2010）的研究，使用增长核算模型将产出增长分解为附加受教育水平的劳动力投入、物质资本投入与 TFP 的提高，从而估算劳动力投入的数量增加与质量提高对经济增长的贡献，劳动力质量提高主要作用于 TFP 的增长，但为了较精确地衡量劳动力素质的影响，本章将其提取出来。使用 C-D 函数，并稍作设定，但是依然维持规模报酬不变的假设：

$$Y_t = A_0 e^{\lambda_t t} K_t^\alpha H_t^\beta \tag{9.1}$$

其中，$H_t = E_t L_t$，为附加受教育水平的劳动力投入。对公式（1）取对数得到公式（2）：

$$\ln Y_t = \ln A_0 + \lambda_t t + \alpha \ln K_t + \beta \ln H_t \tag{9.2}$$

再将公式（9.1）两边同除 H_t 后取对数得到公式（3）：

$$\ln\left(\frac{Y_t}{H_t}\right) = \ln A_0 + \lambda_t t + \alpha \ln\left(\frac{K_t}{H_t}\right) \tag{9.3}$$

初始的增长核算方程为：

$$Y_t = A_t F(K_t, L_t) \tag{9.4}$$

求产出的变动，可以得到公式（9.5）

$$\Delta Y = MPL \times \Delta L + MPK \times \Delta K + F(L,K) \times \Delta A \tag{9.5}$$

再将公式（9.5）两边同除以 $Y = AF(K,L)$，得到公式（9.6），利用公式（9.6）可在柯布道格拉斯函数中分解得到 TFP 的增长率。

$$\frac{\Delta Y}{Y} = \left(\frac{MPL \times L}{Y}\right)\frac{\Delta L}{L} + \left(\frac{MPK \times K}{Y}\right)\frac{\Delta K}{K} + \frac{\Delta A}{A} \tag{9.6}$$

用有效劳动力投入表示劳动力后，可以得到 TFP 的增长率表达式：

$$\frac{dA_t}{A_t} = \frac{dY_t}{Y_t} - \alpha \frac{dK_t}{K_t} - \beta \frac{dH_t}{H_t} \tag{9.7}$$

Y 表示总产出，K 代表资本存量，H 表示附加受教育水平的有效劳动投入，A 代表除了资本、有效劳动投入外对增长起作用的因素，一般研究把这一残差作为 TFP。在具体计算时，先用数据对公式（9.2）进行回归，然后进行 Wald 检验，假设条件为 $\alpha + \beta = 1$，如果检验结果不拒绝原假设，则用公式（9.3）进行回归，估算得出资本的产出弹性 α，从而可以得到有效劳动力投入的产出弹

性 $1-\alpha$ 的估计值。最后利用公式(9.7)就可以得到 TFP 的增长率。再利用计算贡献率的公式(9.8)就可以估计出资本、有效劳动力投入和 TFP 提高对经济增长的贡献率。其中 E_i 为要素产出弹性，x_i 为解释变量的增长率，y 为总产出的增长率。

$$\varepsilon_{x_i} = \frac{E_i x_i}{y} \tag{9.8}$$

（二）数据的来源

（1）总产值：将国家统计局汇总后的 1978～2013 年的全国名义 GDP 用 GDP 指数消除价格因素后计算得到实际 GDP。

（2）资本存量：由于我国没有并展开相关的普查工作，资本存量并没有直接来源，需要进行推算。对我国资本存量进行测算的研究非常丰富，其中比较具有代表性的有 Chow(1993)，张军、吴桂英和张吉鹏(2004)，王小鲁(2009)等。这些研究的推算方法基本都是永续盘存法，计算公式为(9.9)。

$$K_t = K_t(1-\delta_t) + I_t/P_t \tag{9.9}$$

利用这一公式进行推算，要明确四个变量的取值：基年的资本存量 K_0，当年投资 I_t，折旧率 δ_t 和固定资产投资价格指数 P_t。已有研究的测算差异来源于对这四个变量的不同选取方式，考虑到数据的可得性与计算便利，本章主要以张军等人(2004)的研究为参考，并且 K_0 与折旧率的选取都借用了张军的数据；当年投资 I_t 选用 1952～2013 年的固定资本形成总额；而 1978～2004 年的固定资产投资价格指数可以利用《中国国内生产总值核算资料：1952～2004》中的固定资本形成总额指数推算得出，而 2005～2013 的固定资产价格指数则直接用统计局提供的统计数据，1978 年以前假设不考虑价格因素，这一假设与张军计算的结果相差不大。虽然在计算数据时也是从 1952 年开始计算，但是实证研究中使用的是改革开放之后的数据，并且是以 1978 年作为计算基年。

（3）劳动力数量：利用国家统计局汇总的历年从业人数，由于统计口径和推算方法的改变，这一统计值在 1979～1989 年的数据出现了异常波动，因而直接采用王小鲁(2009)趋势平滑后的数据替代这一时间段的数值。

（4）劳动力受教育水平：使用就业人员的平均受教育年限表示，具体的计算方式与资料来源在前文中有详细描述。

（三）实证检验与结果分析

首先对初始的数据利用 ADF 单位根检验观察数据是否平稳，对模型回归后再进行协整检验,检验结果表明变量间具有协整关系。然后用公式(2)与公式(3)代表的两个模型进行回归,得到的结果如表9-7所示。

表9-7　模型计算结果

模型	被解释变量	解释变量						Adjusted R^2	D. W.
模型(1)	$\ln gdp$	t	ln k	ln h	ar(1)	ar(2)	c	0.99	2.14
		0.02 (2.19**)	0.355 (2.34**)	0.363 (2.36**)	1.355 (10.76***)	−0.78 (−6.03***)	0.252 (0.19)		
模型(2)	$\ln(gdp/h)$	t	ln(k/h)	ar(1)	ar(2)	c		0.99	2.2
		0.111 (7.09***)	0.495 (10.78***)	1.39 (11.34***)	−0.79 (−6.13***)	0.98 (9.39***)			

注:① 括号中的数值为t值,*** 代表1%的水平上显著,** 代表5%的水平上显著。
　　② 由于存在自相关问题,用了广义差分法。

可以发现模型的估计效果较好,两个模型的拟合优度都较高,主要变量也均显著。对模型(1)估计出来的结果进行 wald 检验,假设条件为 $\alpha+\beta=1$,F 检验的概率值为 0.3438,不能拒绝原假设,所以规模报酬不变的假设是成立的。可以继续用模型(2)回归,估算资本的产出弹性。据表9-7显示,资本的产出弹性系数 α 为 0.495,从而有效劳动力投入的产出弹性系数为 0.505。为了考察各影响因素对经济增长的贡献率,还需要计算 GDP 和各个解释变量的年均增长率,其中 TFP 的增长率可以利用估算的弹性系数与公式(9.7)计算得到。得到各变量的年均增长率后,再使用公式(9.8)就可以估算各影响因素对经济增长的贡献。

由于测算的时间较长,为了消除经济波动的影响,我们又细分了时间段计算,细分时间段的选取还是比较具有现实意义的,而且通过细分时间段,可以观测到不同因素对增长贡献率的变化趋势,计算结果见表9-8、表9-9。

表9-8　1978～2013 年 GDP 及各影响因素的年均增长率

年份		总产出	资本存量	有效劳动力投入			TFP
					劳动力质量	劳动力数量	
总时间段	1978～2013	9.78%	11.40%	3.39%	1.49%	1.88%	2.43%

（续表）

年份		总产出	资本存量	有效劳动力投入			TFP
					劳动力质量	劳动力数量	
细分时间段	1978~1983	8.06%	8.18%	4.67%	0.14%	4.53%	1.66%
	1984~1989	9.87%	10.37%	6.23%	2.26%	3.88%	1.59%
	1990~1995	12.30%	11.46%	2.73%	1.71%	1.00%	5.25%
	1996~2001	8.26%	11.09%	2.95%	1.83%	1.09%	1.28%
	2002~2007	11.65%	13.51%	1.09%	0.53%	0.55%	4.41%
	2008~2013	8.93%	14.49%	3.18%	2.80%	0.37%	0.15%

表 9-9　1978~2013 年各影响因素的贡献份额

年份		资本存量	有效劳动力投入		TFP
			劳动力质量	劳动力数量	
总时间段	1978~2013	57.68%	17.52%	7.69%(43.9%)	9.69%(56.1%)	24.80%
细分时间段	1978~1983	50.22%	29.24%	0.85%(2.9%)	28.35%(97.1%)	20.54%
	1984~1989	51.99%	31.89%	11.58%(36.3%)	19.85%(63.7%)	16.12%
	1990~1995	46.11%	11.22%	7.03%(62.6%)	4.12%(37.4%)	42.67%
	1996~2001	66.49%	18.01%	11.21%(62.2%)	6.68%(37.8%)	15.50%
	2002~2007	57.41%	4.72%	2.32%(49.1%)	2.39%(50.9%)	37.87%
	2008~2013	80.30%	18.00%	15.84%(88.0%)	2.10%(12.0%)	1.70%

注：① 括号中的数字代表其在整个劳动力有效投入的贡献中所占比重。

总结以上计算结果，可得以下几点发现：

首先，我国长期以来的高速增长主要依靠资本投入拉动，无论是从资本存量的增速还是资本存量的贡献率来看，都是在不断增长的。可以看到大部分时间段中，资本存量的增速都超过产出总量增速，而且一直较其他影响因素的增长迅速。从总时间段来看，资本投入增加对产出增长的贡献份额最大，达到57.68%；TFP 提高的贡献率次之，也有 24.8%，而有效劳动力投入增加对经济增长的贡献率为 17.52%，相对较低。资本的贡献高于劳动力，原因可能在于我国地方政府有着强烈的投资冲动，致使我国工业化与城市化的进程中都具有资本深化的倾向,资本积累增速较高;而劳动力的性质决定了劳动力数量的增加相对较慢,同样受教育水平的提高也需要较长的人力资本投入期,因而有效劳动力投入增加对产出提高的拉动作用较低。

但是不能因为我国劳动力投入的贡献值较低就低估劳动力增加对经济增长的贡献。由公式(9.6)可以发现经济增长不仅受到劳动力与资本投入增长的影响,还取决于劳动与资本的边际产量。由于要素存在边际报酬递减的现象,当资本投入过多,而匹配的劳动力较少时,会降低资本的边际报酬,从而拉低经济增长。从细分时间段的数据就可以看到,2008~2013年我国的资本存量增速达到最高,这正反映了金融危机后中央为了稳定经济增长而提出的经济刺激计划,同时间段,资本增加的贡献率也达到最大值80.3%。然而TFP的贡献率却降至最低,说明这一救市行为的经济效率并不高,可能因为资本大量投入,而劳动力数量增长放缓,使物质资本的边际报酬出现递减,导致潜在的产出增长率出现下降。

可以利用收入法核算的国内生产总值估算各个年份的资本产出弹性,而资本边际报酬的计算公式为 $\alpha_t \cdot Y_t/K_t$。利用 Wind 数据库的相关数据与产出和资本存量的值,本章估算出 1990~2012 年我国的资本边际报酬,变化趋势如图 9-19。可以发现自 2008 年以来我国的资本边际报酬大幅下降,而这一段时间资本的增速达到最大,劳动力的增速降至最低,经济现实与理论描述相符。这也说明,面对我国劳动力供给的下降趋势,经济增长方式要从粗放式逐步转变为集约式,要从要素投入拉动转为 TFP 提高劳动。

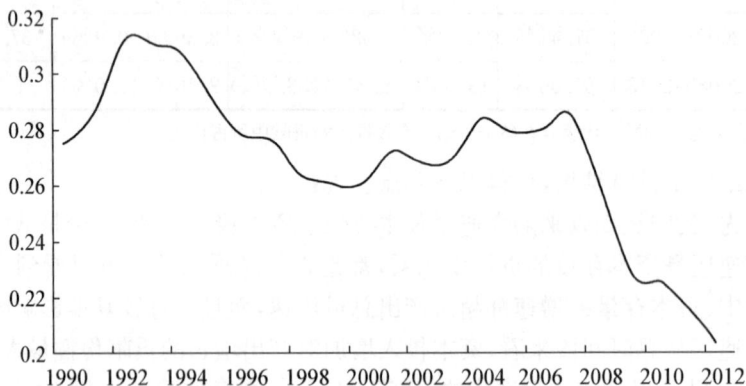

图 9-19　1990~2012 年我国的资本边际报酬变化趋势

其次,有效劳动力投入增加对产出增长的贡献呈波动态势下降。在较早的时期,有效劳动力供给对经济增长的贡献份额基本达到 30％左右,这一段时期也是劳动力数量增加较快而资本投入增长平稳的时期,劳动力对增长的贡献主要来源于劳动力数量的增加,劳动力数量增加的贡献率超过劳动力质量提高的贡献份额。而自 1990 年开始,就业人数的增长开始放缓,劳动力的知识水平进入较长的上升时期,劳动力素质改善对产出增长的贡献份额开始超过劳动力数量提高。在 2008～2013 年内,其贡献的份额达到 88％,而劳动力数量增加的贡献仅为 12％。预计伴随劳动力供给的减少,从业人数的增长还会继续下降,不久后甚至转为减少,因而要提高有效劳动力投入对增长的贡献,必须从提高劳动力的素质入手,只有通过提高劳动生产率,才能带动经济更持续有效的增长。

最后,TFP 提高对改革以来的经济增长,总体上有比较显著的推动作用,说明我国的经济增长并非单纯地依靠要素投入。陈彦斌(2010)的研究将影响TFP 的因素大体划分为技术进步、市场化改革和对外开放。本章的研究将TFP 分解为配置效率与技术进步,其中配置效率又可以分为资本的配置效率和劳动力的配置效率。市场化改革与对外开放的作用大致可以归纳到配置效率的改进。陈的研究表明市场化程度提高对 TFP 的促进作用最显著,可以理解为我国 TFP 的提高主要依靠的是配置效率改进,这一结论也能更好地解释TFP 增长的大幅波动。

结合经济现实分析,可以发现 TFP 增长率最高的时间段——1990～1995 年推出了许多制度变革,市场化的深入、国企改革、财政体制改革等都推进了要素配置的优化;TFP 增长贡献率第二高的时间段为 2002～2007 年,我国加入了 WTO,对外开放全面展开,面对广阔的全球市场,制造业得到显著的发展,资本投入与劳动力投入都实现了有效利用。然而,伴随制度红利释放完毕,全球经济形势复杂化,加上资本深化的倾向,配置效率的提升呈现后继无力的状态,而我国的技术水平相对而言依然较低,导致 2008～2013 年我国的 TFP 增长降至最低水平。由于我国经济社会还存在大量的结构失衡,及时进行制度调整,不断深化改革,实现要素的合理配置,是下一阶段促进 TFP 提高的关键。

二、劳动力结构与经济增长

（一）测算方法的比较与选择

劳动力作用于经济增长不仅可以通过劳动力数量与质量的提高，还可以通过劳动力在不同部门间再配置来提高配置效率，促进 TFP 的增长。依据张保法（1997）的总结，TFP 提高应该包括技术进步、配置效率改善和规模经济效应，考虑到规模报酬不变的假设，我们将 TFP 提高分解为要素配置效率与技术进步，上一节的研究已经说明我国的 TFP 增长很大部分来源于配置效率的改进。劳动力的再配置也是劳动力结构转变的过程，而这一过程对 TFP 提高或者经济增长的影响可以被称为劳动力结构效应。

对劳动力结构效应的研究不在少数，而且已经发展出较丰富的测算方法（如表 9 - 10、表 9 - 11 所示）。本章对具有代表性的测算方法进行了总结，并列出了这些方法的优缺点，详情见表。这些方法主要可以分为两大类，一类为分解增长函数与 TFP，第二类为分解为事后恒等式和劳动生产率。前者推导过程较复杂，对模型回归结果的依赖较强，但其优点在于可以对整个经济增长有个完整的描述；后者的推导过程相对简单，数据直观可得，但这一方法仅从劳动力的角度解释了经济增长，对增长的描述不够全面。

两类方法各有优缺点，综合比较之后，为了与前一部分的研究衔接，从而更全面的说明劳动力对经济增长的影响，本章将主要采用第一类方法中胡永泰和刘伟等人的测算方法，利用上一部分的实证结果进一步分解 TFP，测算出劳动力再配置的效应以及对产出增加的贡献。在这一基础上再选取后一类方法中比较具有代表性的测算方法，如潘文卿和徐现祥的测算方法进行二次测算，比较两个计算结果来检验结果的稳定性。

本章在模型设定方面主要了借鉴胡永泰（1998）的研究，并对第四节设定的模型略微调整。由于相关数据难以获取，考虑劳动力再配置的结构效应时，使用的数据均是不附加知识水平的劳动力，增长函数可设为：

$$Y = \sum \left(a_i l_i^{\beta_i} k_i^{\alpha_i} \right)^{y_i} H^{\beta} K^{\alpha} \tag{9.10}$$

公式（9.10）与公式（9.1）的区别仅在于将 A 设定为 $\sum \left(a_i l_i^{\beta_i} k_i^{\alpha_i} \right)^{y_i}$，这一改动并不影响这一部分的计算直接利用表 9 - 7 的测算结果。其中 l_i 为第 i 部门劳动力的占比，k_i 为第 i 部门资本存量的占比，y_i 为第 i 部门产值的占比，a_i 代表该部门技术效率水平，α_i 为第 i 部门的资本产出弹性，β_i 为第 i 部门的劳动产出弹性。

表 9 - 10　劳动力结构效应的测算方法(1)

方法		主要公式	解释	优点	缺点	应用
分解柯布道格拉斯函数	TFP分解法	$TFP = \sum q_i TFP_i + \left[\sum q_i \dfrac{\alpha_i}{\alpha_i+\beta_i}Gk_i + \sum q_i \dfrac{\beta_i}{\alpha_i+\beta_i}Gl_i\right] + \left(\sum q_i \dfrac{\alpha}{\alpha+\beta} - \dfrac{\alpha}{\alpha+\beta}\right)GK + \left(\sum q_i \dfrac{\beta}{\alpha+\beta} - \dfrac{\beta}{\alpha+\beta}\right)GL$	在索洛余值法的基础上,分解生产函数,计算各产业总 TFP 的加权和之差,即为增长要素在产业间配置的结构效应。	是对经济增长更完整的分解,并且分别从结构和产出两个维度说明结构变迁对产出增加的影响。	推导过程较复杂,计算公式的变量较多,且 K 和各部门的产出弹性都没有直观数据,需要进行估算,具有一定的随意性。	张保法(1997)
	劳动边际产量分析分解法1	$TRE = \sum \dfrac{L}{Y}(MPL_i - MPL_1)G_i l_i$ (胡永泰和蔡昉等) $TRE = \sum \dfrac{L}{Y}(MPL_i - MPL)G_i l_i$ (刘伟、张辉)	相对于张保法的测算,放松了各部门产出弹性不一致的假设。但是胡永泰和蔡的具体计算公式与刘伟的存在一些区别。	相对于张保法更加便于应用,但是损失了张保法测算的第三部分,即从产出结构说明经济结构转变给产出带来的影响。	计算结果依赖弹性系数的值与模型的准确性,如果产出前期估算结果有误,则后期直接影响测算的结果。	胡永泰(1998) 蔡昉、王德文(1999) 刘伟、张辉(2005)
分解事后恒等式或劳动生产率分解法1		$TRE=G_y-(P_1 G_{y1}+P_2 G_{y2})$	在两部门经济中,产出等于劳动力投入与劳动生产率之积。劳动力结构效应就等于总的劳动生产率与两部门劳动生产率加权和的差。	公式简单易于推导,数据易得,适合我国数据不全的情况。	没有考虑物质资本对产出的影响;也没有计算劳动力投入的影响,只适用两部门经济的情况。	潘文卿(1999) 李勋来、李国平(2005) 张广婷、江静、陈勇(2010)

表 9 - 11　劳动力结构效应的测算方法(2)

方法	主要公式	解释	优点	缺点	应用
事后等式分解法2	$TRE = G_y - G_l - \sum R_{yi}G_{pi}$	将两部门经济推广为多部门。	公式简单易推导，数据易得；能适应多部门经济的情况。	没有考虑物质资本对产出的影响；不能同时衡量技术进步的影响。	徐现祥(2001)&(2002)
转移份额分析法等	静态：$\sum_{i=1}^{n}(S_i^t - S_i^0)LP_i^0$ 动态：$\sum_{i=1}^{n}(LP_i^t - LP_i^0)(S_i^t - S_i^0)$	构建一个三部门经济，分解劳动生产率的增长率，得到结构变迁效应和生产率增长效益的表达式。其中结构变迁效应又分为静态结构变迁效应和动态结构变迁效应。	计算的结构变迁效应存在动态与静态的区分，并且可以针对每个产业单独分析其结构变迁效应。	直接分解劳动生产率的增加，计算结果对劳动生产率而非产出的影响。	刘伟、张辉(2005)
分解后事等式或者劳动生产率 指数分析法	$G_y = \sum (y_i^0 P_i) + \sum (R_i^0 L_i) + \sum (y_i^0 P_i) + \sum (R_i^0 R_i) + \sum (y_i^0 R_i) + \sum (R_i^0 L_i) \times \sum (y_i^0 R_i) + \sum (R_i^t L_i) \times \sum (y_i^t P_i R_i) +$	与潘和徐的推导大致相同，但是在分解劳动生产率的时候不是利用时点求和，而是直接按计算其增长率。	公式简单易推导，数据易得；对分析较长时期的劳动力结构的变化更灵敏；相对于潘和徐的方法，还分解出了生产率与劳动力结构的交互效应。	没有考虑物质资本对产出的影响；存在三个交互效应，需要将交互效应进行分解，并将结构效应完全分离，使用的推导方法可能存在一定随意性。	郝大明(2006)高帆(2010)

对公式(9.10)取对数并求微分后可以得到公式(9.11)：

$$\mathrm{d}Y/Y = \beta(\mathrm{d}H/H) + \alpha(\mathrm{d}K/K) + \sum \beta_i y_i (\mathrm{d}l_i/l_i) +$$
$$\sum \alpha_i y_i (\mathrm{d}k_i/k_i) + \sum y_i (\mathrm{d}a_i/a_i) \tag{9.11}$$

依据公式(9.7)，TFP 的增长可以表示为：

$$G_{tfp} = \sum \beta_i y_i (\mathrm{d}l_i/l_i) + \sum \alpha_i y_i (\mathrm{d}k_i/k_i) + \sum y_i (\mathrm{d}a_i/a_i) \tag{9.12}$$

因而，TFP 的增长被拆分为：劳动力再配置的效应，资本再配置效应，各部门净 TFP 加权和代表的 TFP 余值。此处，我们并没有像其他研究一样将 $\sum y_i (\mathrm{d}a_i/a_i)$ 代表为技术进步是因为要素配置存在于不同维度之间，例如不同产业之间，产业内的不同行业间，行业内部的不同经济部门之间等。依据之前的统计性描述就可以发现我国劳动力在地区间、不同所有制部门间都发生了显著的转移，必然会影响我国的要素配置效率。仅计算一个维度的劳动力结构变化不能完全衡量要素优化配置对经济增长的影响，如果直接将这一余值等同于技术进步，会放大我国技术进步的贡献值，并低估生产要素再配置对产出的影响。

剩余两项中，$\sum \beta_i y_i (\mathrm{d}l_i/l_i)$ 表示劳动力在不同部门间重新配置的结构效应。由于 $\beta_i = MPL_i L_i/Y_i, \beta = \sum y_i \beta_i, \mathrm{d}l_i/l_i = \mathrm{d}L_i/L_i - \mathrm{d}L/L, L = \sum L_i$，同时假设劳动力在各部门的产出弹性与总的产出弹性相同，可以进一步将劳动力结构效应的表达式进行分解：

$$\sum \beta_i y_i (\mathrm{d}l_i/l_i) = \sum \beta_i y_i (\mathrm{d}L_i/L_i - \mathrm{d}L/L)$$
$$= \sum \beta_i y_i (\mathrm{d}L_i/L_i) - \beta(\mathrm{d}\sum L_i)/L$$
$$= \sum MPL_i \frac{L_i}{Y_i} \frac{Y_i}{Y} \frac{\mathrm{d}L_i}{L_i} - MPL \frac{L}{Y} \frac{\sum \mathrm{d}L_i}{L} \frac{L_i}{L_i}$$
$$TRE = \sum \frac{L_i}{Y}(MPL_i - MPL)gl_i \tag{9.13}$$

其中，MPL 为总的劳动边际产量，MPL_i 为各部门劳动边际产量，gl_i 为各部门劳动力占比的增长率。这一公式的经济学含义非常明显。当劳动力流向边际生产力相对较高的部门时，劳动力的再配置的效应较大；反之，那么劳动力的结构效应则较小。

计算劳动的边际产出,要利用劳动的产出弹性。关于劳动产出弹性的选取,一般有三类处理方法:一类是利用收入法核算国内生产总值中劳动者报酬所占比重来表示劳动的产出弹性;另一类是依据经验对劳动力的产出弹性做出多组假设,分别进行测算;还有一类方法是利用多元回归后估算得到的系数表示。计算 1990~2012 年我国劳动报酬占比,其均值为 0.48,和本章估算的 0.505 相差不大。为了保持测算结果的可比性,本章利用第一部分实证估算的劳动投入系数作为劳动产出弹性,并假设在我国各部门保持一致。

(二)劳动力的产业结构效应

依据以往的研究,劳动力的产业结构转变对经济增长最为显著,而且劳动力在不同产业间的流动很大程度上还反映了劳动力在城乡间、农业与非农业两部门间的转移。结合分三次产业的从业人员数与产业增加值,可以利用公式(9.13)计算出 1978~2013 年劳动力在不同产业间配置带来的经济增长。

就业人员数与各产业增加值均来源于国家统计局网站,对于统计方法与口径改变导致的就业人员数异常波动值,参照王小鲁的研究进行修正,并按比例对各产业从业人数同样做了修正。各产业的增加值与 GDP 总值利用各产业增加值指数消除了价格因素的影响。为了与上一部分实证保持一致,按同样的划分方法对时间段进行了细分。测算结果见表 9-12。我们同时利用了

表 9-12　1978~2013 年的劳动力的产业结构效应

年份	经济增长	TFP 增加	劳动力结构效应	对增长的贡献率	TFP 余值
1978~2013	9.79%	2.43%	0.86%	8.76%	1.57%
1978~1983	8.05%	1.66%	0.64%	7.99%	1.01%
1984~1989	9.89%	1.59%	0.68%	6.83%	0.92%
1990~1995	12.29%	5.25%	1.14%	9.26%	4.11%
1996~2001	8.28%	1.28%	−0.17%	−2.00%	1.45%
2002~2007	11.65%	4.41%	1.87%	16.01%	2.55%
2008~2013	8.95%	0.15%	1.12%	12.53%	−0.97%

徐现祥(2001,2002)的方法再进行一次测算,利用两次结果的比对验证计算结果的平稳性。依据图 9-20,发现两种方法计算出来的结果虽然数值有差异,变化趋势基本一致。

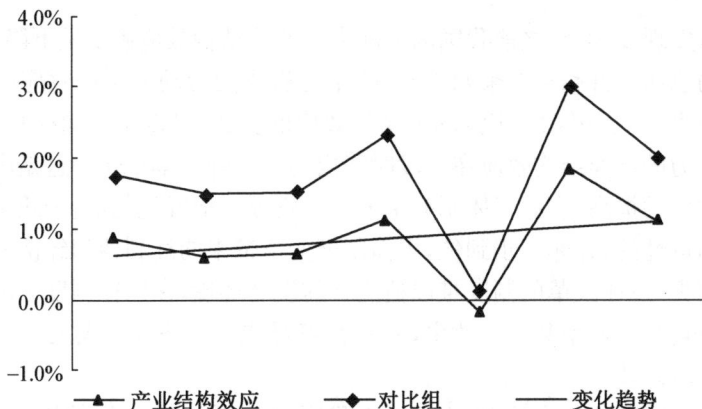

图 9‑20　两种方法测算劳动力产业结构效应的比较

计算得出的我国劳动力产业结构效应波动较大,对其进行趋势分析,可以发现这一趋势是上升的,这与以往许多研究劳动力产业结构效应与劳动力错配的文献不一致(徐现祥等,2001;刘伟等,2005;袁志刚等,2011;龚关等,2013 等),这主要是因为这些文献研究的时间集中在 2007 年之前,大概从 2002 年开始,我国的劳动力的产业结构效应相对于以往有了大幅上升,因而导致从总体来看呈现的是上升趋势,高帆(2010)的研究结果也表明 2003~2007 年劳动力产业结构效应的贡献增大,并将其归因于我国这一阶段的发展理念更适合劳动力的转移。同时柏培文(2014)在研究 1978~2011 年劳动力在不同产业间错配对经济增长的影响时,也得到劳动力实际配置的效率有一定提高的结论。因而,本章进一步将 1978~2013 年再细分成 12 个时间段测算我国劳动力产业结构的效应,并重新划分为三大时间段展现其变化趋势。结果如图 9‑21。

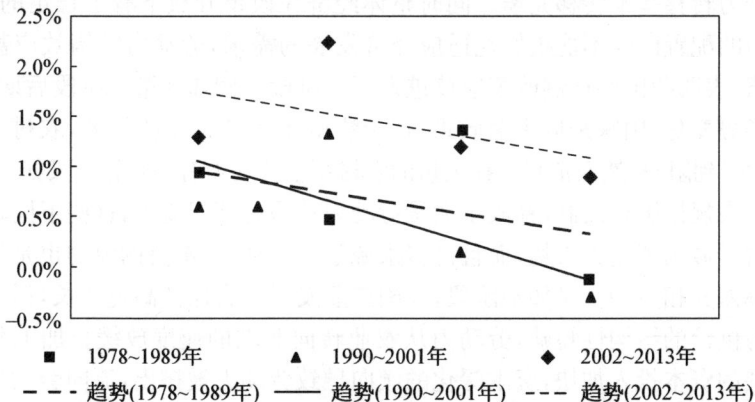

图 9‑21　分三个时间段我国劳动力产业结构效应的变化趋势　· 445 ·

可以发现 2002 年之前我国的劳动力的产业结构效应确实呈下降趋势,改革以来的总体上升趋势是来源于 2002 年之后我国劳动力结构效应的较大提高。再观察 2002～2013 年劳动力结构效应的变化,可以发现同样是下降的。我国劳动力的产业结构效应在三段时间内均在下降。本章认为这是因为劳动力结构效应的提高,来源于体制变革推动的资源再配置优化,由于我国的制度改革是渐进性的,并非一步到位,因而制度变革带来的红利伴随经济社会发展终究会消失,过往改革的制度难以适应新的发展环境,在以往制度下的资源配置状况也转为无效率甚至负效率,此时就需要结合经济社会发展所处的阶段推动下一步改革。

三个时间段的划分大体可以对应我国改革开放的三阶段与三次"民工潮":第一阶段为 1978～1991 年,农村改革先行一步,然后带动城市的改革。乡镇企业的大力发展提高了农村地区整体的劳动生产率,增加了我国社会的有效供给,第一次"民工潮"正是以乡镇企业为目的地,大量农民工在本地实现了农业向非农业的转移;第二阶段为 1992～2002 年,社会主义市场经济体制改革的基本框架确立,经济特区开始设立,粮食供应制度废除,引发了第二波"民工潮",这一轮的农民工主要流向城市就业,推动了城市内产业的发展;第三阶段为 2002 年至今,市场化改革继续深化、社会主义市场经济体制逐步完善以及全面展开对外开放。由于我国市场化改革下非国有经济迅速发展,增加了许多就业岗位,对外开放全面展开进一步提高了企业对劳动力的需求,因而沿海地区的发展再一次吸纳了大量农民工脱离农村进城务工,形成第三次"民工潮"。每一阶段开始,伴随制度的激励,劳动力结构都会实现优化,但是发展到后半期,由于经济形势的变化与体制改革的滞后,这一波改革所能推动的劳动力转移基本转移完毕。同时整体经济在改革开放下有了长足的发展,劳动力的配置已经不能很好地适应经济发展的需求,劳动力结构效应甚至出现负值,表明我国的体制改革应该进入下一阶段。例如在第一阶段后期,由于经济形势变化,国家采取紧缩政策,严重影响了乡镇企业的发展,农村工业化的进程受到阻碍,然而依然存在大量的农村剩余劳动力有待转移。又如 1997 年开始的大规模国企改制,释放了大量劳动力从国有部门流出,这些下岗职工不仅挤占了城镇劳动力市场,而且许多来源于工业部门,本身的流动也是与劳动生产率差异相逆的。又如现阶段,我国产业发展一直保持高速增长,但是加上劳动力供给的结构性短缺,劳动力从农业转向非农的速度放缓。加上我国工业发展的资本投入加快,资本深化的倾向导致劳动力被挤出,流向劳动生产率较低的传统服务业,我国劳动力的产业结构效应自然会出现下降。柏培文(2014)对我国三次产业的扭曲配置劳动力进行了估算,就发现2000年以来第一产业和第三产业的扭曲劳动力占比一直在上升,特别是第三产业,上升尤其迅速;第二产业中劳动力的扭曲占比虽然小幅下调,但一直是三大产业中扭曲占比最高的。

（三）劳动力的区域结构效应

我国劳动力在产业间的流动同时伴随着劳动力的跨区域流动,劳动力在地区间的转移为流入地的经济增长提供了低廉劳动力成本,也提高了流出地的人均产出,改善了劳动力在区域间的配置,缩小了地区间的收入差距(王小鲁,2004)。由前文可知,我国剩余劳动力主要是从中西部流向东部,并以粤、浙、苏、闽、沪和京6个省市为主要输入地。本章在研究劳动力的区域结构效应时将区域划分为这6个省市与6省市以外的地区进行测算,为了描述方便,分别称为东南沿海地区和内陆地区。测算方法与前保持一致,同时采用潘文卿与徐现祥的测算方式检验测算结果的平稳性。测算结果如图9-22所示。

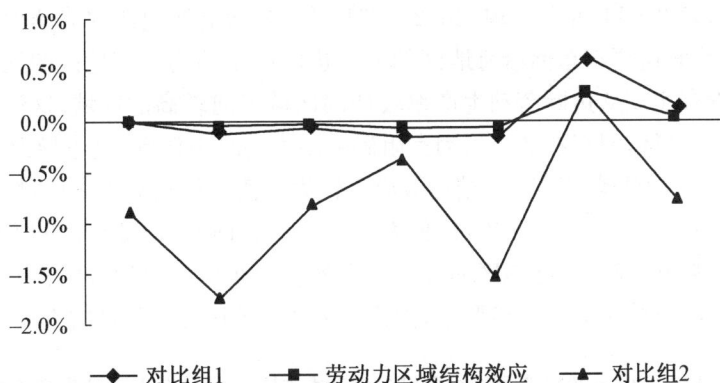

图9-22　1978～2013年劳动力的区域结构效应变化趋势

与两个对比组的计算结果进行比较,发现三者的变化趋势基本一致,与对比组1的计算结果也很接近。再细分为12个时间段测算劳动力的区域结构效应变化,如表9-13所示。总的来看,劳动力的区域结构效应较弱,仅有0.01%,贡献份额也仅为0.11%,远低于劳动力的产业结构效应。特别是在1998年之前,这一结构效应基本为负,因为在1999年之前内陆地区的劳动力占比一直在上升,产值占比却在不断下降,其边际劳动产出与东南沿海地区的差距也在扩大,因而劳动力在区域间的配置是无效率的。自从劳动力开始流向东部地区,劳动力的区域结构效应便有所上升,在 2002～2007 年这一段时间的效应值最大,这一段时间也是沿海地区制造业利用大量廉价劳动力发展迅速的时期。但总体而言,我国劳动力的区域结构效应相对较小,主要原因在于劳动力的区域结构相对于产业结构变动较小,结构效应不明显。

表 9 - 13　1978～2013 年我国劳动力区域结构效应

1978～2013	1978～1980	1981～1983	1984～1986	1987～1989
	−0.04%	−0.04%	0.00%	−0.05%
	1990～1992	1993～1995	1996～1998	1999～2001
0.01%(0.11%)	−0.01%	−0.09%	−0.21%	0.10%
	2002～2005	2005～2007	2008～2010	2011～2013
	0.30%	0.25%	0.12%	−0.01%

虽然我国的劳动力区域结构有所优化,但依然不符合劳动力有效配置的要求。由表 9 - 14 可以发现,2012～2013 年,东南沿海地区的劳动力占比略微回落,然而这两年东南沿海地区的劳动边际产出约为内陆地区的两倍。劳动力并没有实现从边际劳动生产率较低的区域流向较高的区域,这说明我国的劳动力市场依旧存在非市场因素阻碍劳动力的自由流动,这也导致 2011～2013 年我国的劳动力的区域结构效应再转为负值。但相对于以往,情况又有了新的变化。2012～2013 年,即使发生了劳动力回流,内陆地区的产值占比依然继续上升,我国内陆地区的经济正在实现向东南沿海地区的追赶。预计伴随我国经济结构的进一步调整,国家对中西部地区经济发展的重视,内陆地

表 9 - 14　2008～2013 年我国分区域的劳动力占比、产值占比和劳动生产率增速

年份	劳动力占比		产值占比		劳动生产率增速	
	东南沿海	内陆	东南沿海	内陆	东南沿海	内陆
2008	23.33%	76.67%	39.80%	60.20%	6.75%	9.95%
2009	23.63%	76.37%	39.33%	60.67%	6.72%	10.65%
2010	23.87%	76.13%	38.97%	61.03%	9.08%	12.23%
2011	24.02%	75.98%	38.33%	61.67%	7.12%	10.94%
2012	23.98%	76.02%	37.85%	62.15%	7.83%	9.79%
2013	23.95%	76.05%	37.64%	62.36%	7.59%	8.43%

区对沿海地区的追赶将会持续。

（四）劳动力的所有制结构效应

我国市场化改革最显著的特征之一是国有企业的改制与非公有经济的成长壮大。2013年时我国工业经济中非国有控股企业的产值占比已经从1978年的22%提升到75%,市场化改革取得显著成果,同时,劳动力在不同所有制经济间也实现了再配置。衡量劳动力的所有制结构效应一定程度上可以反映我国的市场化改革给经济增长带来的影响。不过考虑到数据的可得性,在衡量劳动力的所有制结构效应时本章仅选取了工业行业的数据。

本章将经济类型分为国有经济与非国有经济,没有将集体经济单独衡量在于数据不易得,鉴于我国集体经济中有大量的乡镇企业存在,乡镇企业的发展也是我国市场化进程的产物,将集体经济并入到非国有经济中也可以理解。工业经济中分经济类型的工业产值及其占比的数据来自于2012年的中国工业经济统计年鉴,统计年鉴中将经济类型划分为国有控股、集体、城乡个体和其他经济类型,其中其他经济是指国有经济与集体经济以外的经济类型,因而减去其他经济与集体经济后的产值占比就是国有经济的比重。劳动力的相关资料来源于中国劳动统计年鉴和1998年的中国工业经济统计年鉴。由于数据不可得,最后仅测量了1978~2011年的所有制间的劳动力结构效应,利用胡永泰、潘文卿和徐现祥的测算方法得到结果如图9-23。

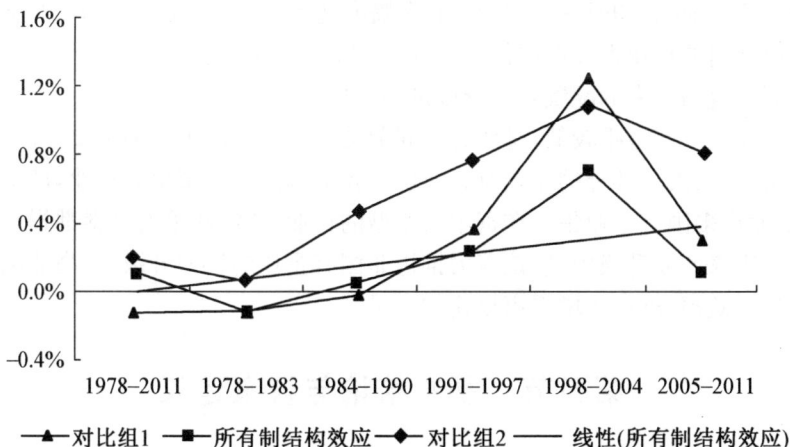

图9-23　1978～2011年我国劳动力的所有制结构效应

三个方法测算出来的结果基本保持一致的变化趋势,测算结果较平稳。依据本章测算,1978~2011年劳动力从国有经济流向非国有经济拉动工业经济增长的0.14%,这一数值偏低的主要原因在于我国工业经济中非国有部门的劳动生产率差异与国有部门差距较小,特别是早期非国有经济由于发展不足,劳动生产率还一度低于国有部门,因而在1978~1983年劳动力的所有制结构效应为负值。但随着两部门劳动生产率差距的拉大,劳动力在所有制部门的转移增加,所有制间的劳动力结构效应也相应提高。徐现祥(2002)测算出1996~1999年所有制间的劳动力结构效应为负不符合经济现实,依据中国统计年鉴,这一阶段非国有工业经济的劳动生产率一直在上升且高于国有部门,而劳动力也一直从国有部门流向非国有部门,不同所有制部门之间的劳动力再配置应该促进经济增长。

依据测算结果,劳动力的所有制结构效应自改革以来便不断上升,1998~2004年,这一劳动力结构效应对工业经济增长的贡献最高。结合我国的企业改制的历程,1997年开始三年"国企脱困",核算国有资产以及进行人员调整;在1999年时更是确定了我国非公有制经济的地位。这一阶段是我国大力推进国企改制与非公经济发展的重要时期,劳动力的所有制结构效应应该显著提高。到2005~2011年,劳动力结构效应开始下降,主要在于工业经济中劳动力已经基本流向了非国有部门,这一阶段国有部门的从业人员占比下降幅度仅为6%,而在1997~2004年,下降幅度达到33%。至2013年,工业经济中国有部门的从业人员占比仅为4.8%,可以预计,未来劳动力在不同所有制部门间的流动带来的配置效率难以进一步提高。

劳动生产率差距较低,是所有制间劳动力结构效应不高的主要原因,在工业经济中,很大一部分的非国有企业位于较低端的劳动密集型行业,产值相对较低;而许多国有企业集中在资本密集型的行业,资源政策的倾斜都提高了其产值。未来产业升级中,应该着力推进非国有企业的转型升级,提高非国有企业的生产效率,进一步增强市场化的力量。

第四节 基本结论与政策建议

一、基本结论

本章利用统计分析,对我国劳动力投入与结构的演变进行总体的描述,将劳动力投入的范围扩大为劳动力的有效投入,包含劳动力的数量与质量,利用增长函数分析劳动力对经济增长的影响;将劳动力结构分为产业结构、区域结构与所有制结构,利用相应的测算方法测算劳动力结构转变对经济增长的影响,从而构成劳动力作用经济增长一个较全面的路径。主要结论如下。

(1) 劳动力有效投入的增加与劳动力结构的优化推动了我国经济增长。伴随人口红利的释放与教育事业的发展,我国劳动力的有效投入增加给经济增长带来的贡献为 1.7%,贡献份额为 17.52%,其中劳动力数量增加的贡献值为 0.94%;劳动力质量提高即受教育水平提高的贡献值为 0.75%。虽然劳动力有效投入对经济增长的作用低于资本投入与 TFP 的增长,但是不能低估我国劳动力投入对产出增长的作用。劳动力投入的增加不仅提高了经济增长中生产要素的投入,同时充足的劳动力供给还保证了我国资本快速积累下没有发生资本边际报酬递减的现象,保证了潜在经济增长率的持续上升。

劳动力对经济增长的另一作用机制,在于劳动力在不同部门间重新配置提高的要素配置效率。改革开放以来,由于制度的不断变革,制约劳动力在不同部门间流动的制度阻碍在不断弱化,劳动力市场日益成熟,二元经济结构下不同部门的劳动生产率差异不断推动我国劳动力在产业间、城乡间、区域间和不同所有制部门间发生转移,提高了劳动力资源的使用效率,推动了要素配置效率的增加。其中,劳动力在不同产业间转移对 TFP 增长的贡献份额最高,达到了 35.4%。而劳动力在区域间转移带来的区域结构效应总体较小,贡献率仅有 0.11%,这一方面是因为在改革前期,我国劳动力结构的转变是逆向的,导致劳动力的区域结构效应为负;另一方面在于劳动力的区域结构变动总体较小,因而其效应值也不大。但是不能忽视劳动力的区域结构变动对经济增长的作用,正是因为大量劳动力的跨省流动,给东南沿海地区的制造业提供了低劳动力成本的比较优势,促进了我国劳动密集型制造业的飞速成长,带动了东部沿海地带的经济崛起。劳动力的所有制结构效应变动对工业经济的贡献值也较小,仅为 0.14%,这一方面是因为我国工业经济发展主要依靠资本投入,另一方面在于工业经济中,国有企业由于规模经济、资源易得与高端人才流入,导致国有与非国有企业之间,劳动生产率的差距不大。然而同样不能因为劳动力的所有制结构效应较小而否定劳动力在不同所有制部门间流动的作用。劳动力由国有企业流向非国有企业,一方面给非国有经济成长的过程注入了充足的劳动力;另一方面冗余的劳动力从国有部门中释放出来,也提高了国有部门的劳动生产率,使国有经济发展更具活力。

(2) 伴随人口红利的逐渐消失与教育持续发展,我国的劳动力的投入也发生了较大变化。首先,在年龄结构转变的后期,我国劳动力年龄人口数已经开始下降,而劳动参与率也一直呈下降趋势,导致我国劳动力供给的数量由上升转为下降。劳动力增长的放缓导致我国劳动力投入对经济增长的作用正在不断减弱,预计未来我国劳动力数量还将进一步下降,提高劳动力有效投入对产出增加的贡献必须依靠劳动力素质的提高。分时间段分析劳动力数量增加与劳动力质量进步对产出增加的作用,可以发现在改革后半期,劳动力受教育水平提高对产出增加的促进开始超过劳动力数量增长,这在于我国劳动力知识文化水平在不断提升。目前我国整体受教育水平不高的一个重要原因在于大量老年劳动力的受教育水平低下,当这一批老年劳动力退出劳动力市场时,我国劳动力的平均受教育年限又将有大幅的上升。

(3)到改革后半期,劳动力结构的失衡愈发引人注目。由于户籍制度与土地制度的改革不彻底,社会保障制度不完善,剩余劳动力由农村流向城市的速度正在放缓,大部分已经流向城市的农民工也难以在城市定居,可能发生回流,影响我国城市化的持续推进。另一方面,劳动力迁移不畅,仍然有大量剩余劳动力聚集在农村地区,降低了我国传统部门的劳动生产率,也难以满足产业生产的需求。同时由于我国劳动力依旧低端劳动力为主,大量劳动力即使流向城镇,也主要集中在劳动生产率较低的劳动密集型产业,不利于我国产业结构的升级。工业经济中,许多非国有企业集中在劳动密集型的制造业中,导致非国有企业的劳动生产率并不高,也不利于市场经济的推进。

二、政策建议

针对经济社会发展与劳动力的现状,本章提出以下五点建议。

(1)放松生育政策,应对未富先老。面对人口红利的逐渐逝去与老龄化形势加剧,我国劳动力供给即将减少,劳动力负担也会相应增加,应该进一步放松生育政策。目前我国是全球唯一施行人口控制的国家之一,计划生育虽然缓解了彼时人口增加的压力,但也影响了我国的国际形象。20世纪90年代以来我国女性的生育意愿开始大幅下降,目前已经低于代际更替水平,由于生育观念的改变与经济社会的发展,人们开始自发地控制生育,因而放松计划生育并不会导致我国人口增长再次爆发。生育率维持在代际水平,是人类自身持续发展的基础,也是经济社会发展的前提。转变生育政策,不再限制人口的生育权,也是人权社会发展的体现。

当下老龄化趋势加剧,面对"未富先老"的困境,最重要的工作是完善全社会养老保险制度,继续扩大养老保险的覆盖面;尽早实现统筹管理与地区间的衔接;处理好个人账户的空账运行,有学者认为利用国有资产弥补个人账的户是一个合理可行的方案(楼继伟,2014)[①];最后,还要稳妥投资养老基金,实现统筹账户的保值增值。另外,还需要保证经济持续增长,通过提高劳动生产率,缓解老龄化与劳动力供给下降带来的压力。延迟退休年龄的政策应该分情况推行,在目前老年劳动力受教育水平普遍较低的情况下,应该分劳动力素质延迟退休。同时延迟退休年龄主要是法定退休年龄的推后,我国的实际退休年龄一直低于法定退休年龄,更重要的工作是严格限制早退,切实提高劳动力的实际退休年龄。

(2) 提高人力资本,全面发展教育。劳动力供给减少的趋势在一段时间内是无法逆转的,随着经济的发展,特别是产业的转型升级,提高劳动力的素质对经济增长来说更具意义。劳动力素质的提高需要继续加大教育投入,而且不能一味地扩张高等教育,目前我国中专、职高与技校学历水平的劳动力最为欠缺,职业教育更适应当下的经济与产业发展水平。职业教育所培养出来的人才具有更高的专业技能,工作上手的速度更快;进入门槛低,适合大范围的普及;而且职业教育的覆盖面广,在中小城镇也有分布,对于整体提高农村青少年人口的素质更具意义,让更多农村的学生能够接受职业教育,还可以促进农村劳动力进一步流动,解决劳动力的结构性短缺,并推进城镇化建设。因而,要继续规范和完善职业教育体系,创新办学模式,紧贴产业发展需求,推进校企深度融合,建设理论与经验并重的优质师资队伍,逐步在全国的大中小城镇推行免费的中等职业教育。另外,更要转变社会的教育理念与成才观念,摒弃对职业教育的偏见与唯学历观,提高全社会对职业教育的认可。高等教育要从盲目扩张转为理性发展,实现高等教育的综合化与多元发展,基础教育与专业教育要并重,打破象牙塔式的教学方式,发挥高等教育与高素质人才对社会创新与科技进步的溢出效应。

(3) 取消制度阻碍,建设新型城镇。推动城镇化的建设,可以从两条线入手。第一,推动城市的扩张。要解决阻碍人口流动与农民市民化的制度障碍,提高城市的生活水平,具体措施如下:不断深化户籍制度改革,最终取消户籍制度,户籍制度是历史的产物,与市场经济的要求不相符,取消户籍制度才能真正实现劳动力市场的全面市场化。健全农村的土地的流转,从法律上规范

---

① 楼继伟在"中国社会科学院社会科学院社会保障国际论坛 2014"上发言时所提。

土地流转,提高土地流转的效益,使农民不再受缚于土地;将宅基地纳入城乡土地市场,使农民也能享受城市化建设的红利。将与户籍制度挂钩的公共服务面向全社会开放,我国户籍制度涵盖了大部分的公民权益,例如教育、医疗、住房、就业及社会保障等。城乡分割主要在于城乡不同户籍的人口享受到的居民福利不一致,社会利益分配不均,城市居民代表的利益群体对进城务工人员的排斥。只有实现公共服务提供的均等化,社会保障覆盖全面化,才能实现社会公平,真正促使农村劳动力流入与定居,完成农民工向市民的转化,实现以人为本的城镇化。农民工多居住在生活条件较差的城中村,这些地区环境恶劣,治安差,污水处理与交通等公共服务不完善,应该加快城中村与棚户区的改造建设,提升农民工的居住环境。建立统一的劳动力市场,目前我国依然存在劳动力市场的分割,"同工不同酬"这一不公平现象非常普遍。有实证研究表明,农民工的边际劳动生产力和工资的比值为 3.86,而本地工人的比值为 80.5%,农民工与城镇职工的劳动报酬不一致,社会福利与法律保障也存在差距。需要从法律法规的制定、监管机制的落实与就业服务体系的完善等方面构建一个统一的劳动力市场。

第二、推动乡镇的发展。继续大力发展农村经济,带动农业现代化与规模化的生产,从而将更多农民从农业生产中解放出来,增加剩余劳动力的数量;同时继续鼓励乡镇企业的发展。依据相关数据,1980 年以前出生的农民工主要选择本地就业,因而乡镇企业还可以更好地吸纳老年剩余劳动力。我国早期的经济发展水平较落后,发展小城镇的成本也较高,但是伴随我国经济的全面发展,特别是农村经济换了新面貌,现在建设小城镇的成本已经大幅降低。依据国家新型城镇化的建设规划,未来的城镇化将以加快发展中小城市作为主攻方向。引导产业迁入比较具有成长潜力的城镇发展,充分利用特有资源发展当地的特色产业。社会方面要加强公共资源配置向中小城市和县城倾斜,并引导优秀的教育与医疗机构设立分支,吸引要素集聚。行政方面完善设市标准,可以将一批符合条件的县域或城镇发展为中小城市,这意味着未来的城镇化建设可能再一次出现"减镇放权"。因而,未来应该继续大力推动乡镇企业进一步成长,引导乡镇企业的集聚,带动乡镇经济的发展,提升县域的经济社会综合实力,并通过小县合并、联合设市等方式实现符合条件的县镇改制为市,从而推动我国城镇化的发展。

(4)有序产业升级,深化市场改革。劳动力的产业结构仍然存在失衡,劳动力在第一产业和第三产业的比重偏高,在第二产业的比重偏低。主要原因有劳动力素质偏低,劳动力市场存在城乡分割与就业歧视以及行业垄断等。由于劳动力素质的提高需要一定的时间,因而我国的产业结构升级应该考虑到劳动力的素质程度,有序地实现产业升级。进一步推进劳动力市场改革的深化,实现劳动力在组织内外的自由流动。另外,考虑到未来经济发展的趋势,产业结构服务化不可避免,第一产业内也仍然存在大量剩余劳动力有待转出,还是应该继续大力发展第三产业,特别是现代服务业与生产性服务业,努力提高第三产业的劳动生产率。而且第三产业的市场化改革相对而言仍然不足,应该进一步鼓励第三产业中,特别是现代服务业内非国有经济的发展,打破第三产业中信息技术、科研教育、文化娱乐与卫生医疗等行业的国家垄断,完善监督管理机制与市场的建设,促进非国有经济健康有序发展。

(5) 区域协同发展,合理产业布局。我国区域经济发展不平衡,中西部地带经济发展水平相对落后,第一产业的产值占比也相对偏大,因而总体的劳动生产率较低,聚集了较多的剩余劳动力。一方面应放松阻碍劳动力流动的各方面限制,促进劳动力在区域间自由的流动。另一方面也要激励推动欠发达地区的实现经济追赶,缩小地区间差距。通过产业的区域间转移,充分利用中西部的剩余劳动力,并保持我国制造业的劳动力成本优势。由于我国的制造业发展主要依靠外需推动,在产品主要外销的情况下,产业的梯度转移需要考虑运输成本的提高,因而区域间的产业转移一直没能实现(李文星等,2010)。对于内需不足的情况,可以通过中西部的城镇化发展,推动本地农民市民化,有研究表明农民工市民化对促进居民消费、降低对出口的依赖有重要作用。总之,中西部的就地城镇化,可以吸引人口与产业的集聚,发挥城市的规模效应与经济集聚效应,从而带动中西部经济的发展。

本章参考文献

[1] 柏培文.三大产业劳动力无扭曲配置对产出增长的影响.中国工业经济,2014(4).

[2] 柏培文.中国劳动要素配置扭曲程度的测量.中国工业经济,2012(10).

[3] 蔡昉,王德文,都阳.劳动力市场扭曲对区域差距的影响.中国社会科学,2001(2).

[4] 蔡昉,王德文.中国经济增长可持续性与劳动贡献.经济研究,1999(10).

[5] 蔡昉,王美艳.农村劳动力剩余及其相关事实的重新考察——一个反设事实法的应用.中国农村经济,2007(10).

[6] 蔡昉.城市化与农民工的贡献——后危机时期中国经济增长潜力的思考.中国人口科学,2010,2010(1).

[7] 蔡昉.城乡收入差距与制度变革的临界点.中国社会科学,2003(5).

[8] 蔡昉.劳动力迁移的两个过程及其制度障碍.社会学研究,2001(4).

[9] 蔡昉.刘易斯转折点与公共政策方向的转变——关于中国社会保护的若干特征性事实.中国社会科学,2010(6).

[10] 蔡昉.破解农村剩余劳动力之谜.中国人口科学,2007,2007(2).

[11] 蔡昉.人口因素如何影响中国未来经济增长.科学发展,2013(6).

[12] 蔡昉.人口转变、人口红利与刘易斯转折点.经济研究,2010(4).

[13] 蔡昉.未来的人口红利——中国经济增长源泉的开拓.中国人口科学,2009,2009(1).

[14] 蔡昉.中国的人口红利还能持续多久.经济学动态,2011(6).

[15] 蔡昉.中国经济面临的转折及其对发展和改革的挑战.中国社会科学,2007(3).

[16] 蔡昉.中国人口与可持续发展.中国科学院院刊,2012,27(3).

[17] 陈吉元,胡必亮.中国的三元经济结构与农业剩余劳动力转移.经济研究,1994(4).

[18] 陈彦斌,姚一旻.中国经济增速放缓的原因、挑战与对策.中国人民大学学报,2012,V26(5).

[19] 陈彦斌,姚一旻.中国经济增长的源泉:1978~2007年.经济理论与经济管理,2010(5).

[20] 陈友华.人口红利与人口负债:数量界定、经验观察与理论思考.人口研究,2005,29(6).

[21] 代谦,田相辉.中国所有制结构变迁中的劳动力流动:1978—2010年.经济评论,2012(6).

[22] 邓垚.中国劳动力资源与经济发展研究.吉林大学,2012.

[23] 高帆.中国各省份经济增长的因素分解与劳动结构效应:1978~2007年.数量经济技术经济研究,2010(7).

[24] 龚关,胡关亮.中国制造业资源配置效率与全要素生产率.经济研究,2013(4).

[25] 国家统计局.新中国六十年统计资料汇编.中国科技论坛,2010(12).

[26] 国家统计局.中国工业经济统计年鉴.中国统计出版社,2012.

[27] 国家统计局.中国劳动统计年鉴.中国统计出版社,2010.

[28] 国家统计局.中国统计年鉴.中国统计出版社,2010.

[29] 国家统计局.2013年全国农民工监测调查报告. http://www.stats.gov.cn/tjsj/zxfb/201504/t20150429_797821.html,2014

[30] 国家统计局.《2014年国民经济和社会发展统计公报》.国家统计局网站. http://www.stats.gov.cn/tjsj/zxfb/201502/t20150226_685799.html.2015

[31] 国家统计局国民经济核算司.中国国内生产总值核算历史资料:1952~2004.中国统计出版社,2007.

[32] 国家统计局农村社会经济调查司，国家统计局. 中国农村统计年鉴. 中国统计出版社，2005.

[33] 国务院发展研究中心课题组，刘世锦，陈昌盛，等. 农民工市民化对扩大内需和经济增长的影响. 经济研究，2010(6).

[34] 韩胜娟. 我国劳动力结构与产业结构演变动态关系研究. 统计与决策，2013(11).

[35] 郝大明. 基于指数方法的劳动结构效应分析. 统计研究，2006，23(6).

[36] 何盛明. 财经大辞典. 中国财政经济出版社，1990.

[37] 胡鞍钢，赵黎. 我国转型期城镇非正规就业与非正规经济(1990～2004). 清华大学学报哲学社会科学版，2006(3).

[38] 胡文国，吴栋. 中国经济增长因素的理论与实证分析. 清华大学学报哲学社会科学版，2004(4).

[39] 胡永泰. 中国全要素生产率：来自农业部门劳动力再配置的首要作用. 经济研究，1998(3).

[40] 李文星，袁志刚. 中国就业结构失衡：现状、原因与调整政策. 当代财经，2010(3).

[41] 李勋来，李国平. 经济增长中的农村富余劳动力转移效应研究. 经济科学，2005(3).

[42] 李勋来，李国平. 农村劳动力转移模型及实证分析. 财经研究，2005，31(6).

[43] 梁东黎. 宏观经济学，(第四版). 南京大学出版社，2007.

[44] 刘厚俊. 现代西方经济学原理，(第五版). 南京大学出版社，2011.

[45] 刘伟，张辉. 中国经济增长中的产业结构变迁和技术进步. 经济研究，2008(11).

[46] 陆铭，葛苏勤. 经济转轨中的劳动供给变化趋势：理论，实证及含义. 上海经济研究，2000(4).

[47] 陆铭、陈钊. 当刘易斯遇到马克思——论中国劳动力短缺的制度成因与对策. 工作论文. 2014.

[48] 潘文卿. 中国农业剩余劳动力转移效益测评. 统计研究，1999，16(4).

[49] 任保平. 论中国的二元经济结构. 经济与管理研究，2004(5).

[50] 沈可，章元. 中国的城市化为什么长期滞后于工业化？——资本密集型投资倾向视角的解释. 金融研究，2013(1).

[51] 沈坤荣. 经济增长理论的演进、比较与评述. 经济学动态，2006(5).

[52] 世界银行. 2020 年的中国：新世纪的发展挑战. 中国财政经济出版社，1997.

[53] 斯坦利·L. 布鲁，兰迪·R. 格兰特. 经济思想史：第 7 版. 北京大学出版社，2008.

[54] 谭友林. 中国劳动力结构的区域差异研究. 人口与经济，2001(1).

[55] 汤静波. 劳动力结构变化与产业发展道路的选择. 上海经济研究，1998(10).

[56] 汤向俊，任保平. 劳动力有限供给、人口转变与中国经济增长可持续性. 南开经济研究，2010(5).

[57] 王德文. 人口低生育率阶段的劳动力供求变化与中国经济增长. 中国人口科学，2007(1).

[58] 王萍. 劳动力年龄和教育结构对经济增长的影响研究——基于人力资本存量生命周期的视角. 宏观经济研究,2015(1).

[59] 王小鲁,樊纲,刘鹏. 中国经济增长方式转换和增长可持续性. 经济研究,2009(1).

[60] 王小鲁,樊纲. 中国地区差距的变动趋势和影响因素. 经济研究,2004(1).

[61] 王小鲁. 农村工业化对经济增长的贡献. 改革,1999(5).

[62] 王小鲁. 中国经济增长的可持续性与制度变革. 经济研究,2000(7).

[63] 徐现祥,蔡荣鑫. 我国所有制间劳动力流动效应测评. 经济学家,2002(4).

[64] 徐现祥,舒元. 劳动结构效应的实证分析. 上海经济研究,2001(2).

[65] 徐现祥,舒元. 中国经济增长中的劳动结构效应. 世界经济,2001(5).

[66] 姚宇. 非正规就业现象其积极意义. 中国社会科学院研究生院学报,2007(6).

[67] 袁志刚,解栋栋. 中国劳动力错配对 TFP 的影响分析. 经济研究,2011(7).

[68] 岳希明,任若恩. 测量中国经济的劳动投入:1982~2000 年. 经济研究,2008(3).

[69] 张保法. 经济增长中的结构效应. 数量经济技术经济研究,1997,(11).

[70] 张广婷,江静,陈勇. 中国劳动力转移与经济增长的实证研究. 中国工业经济,2010(10).

[71] 张军,吴桂英,张吉鹏. 中国省际物质资本存量估算:1952~2000. 经济研究,2004(10).

[72] 章铮. 劳动生产率的年龄差异与刘易斯转折点. 中国农村经济,2011(8).

[73] 郑华卿. 社会因素与劳动力回流. 复旦大学,2011.

[74] 中国经济增长前沿课题组,张平,刘霞辉,等. 中国经济长期增长路径、效率与潜在增长水平. 经济研究,2012(11).

[75] 中国经济增长与宏观稳定课题组. 劳动力供给效应与中国经济增长路径转换. 经济研究,2007(10).

[76] 中华人民共和国农业部. 中国乡镇企业及农产品加工业年鉴. 中国农业出版社,2007.

[77] 朱农. 中国四元经济下的人口迁移——理论、现状和实证分析. 人口与经济,2001(1).

[78] Arrow K J. The Economic Implications of Learning by Doing. *Review of Economic Studies*, 1962, 29(3): 155-173.

[79] Bloom D, Canning D, Hu L, et al. Why Has China's Economy Taken off Faster than India's?. Pan Asia Conference, 2006.

[80] Chen Z, Jiang S, Lu M, et al. *How Do Heterogeneous Social Interactions Affect the Peer Effect in Rural-Urban Migration?* Empirical Evidence from China. Social Science Electronic Publishing, 2008.

[81] Chow G C. Capital Formation and Economic Growth in China. *Quarterly Journal of Economics*, 1993, 108(3): 809-842.

[82] Ge S, Yang D T. Labor Market Developments in China: A Neoclassical View. *China Economic Review*, 2011, 22(4): 611-625.

[83] Holz C A. The Quantity and Quality of Labor in China 1978~2000~2025. Hong Kong

University of Science & Technology，2005.

[84] Knight J，Deng Q，Li S. The Puzzle of Migrant Labour Shortage and Rural Labour Surplus in China. *China Economic Review*，2011，22(4)：585 – 600.

[85] Knight J，Song L. Towards a Labour Market in China. OUP Catalogue，2006.

[86] Lewis W A. Economic Development with Unlimited Supplies of Labour. *The Manchester School*，1954，22(2)：139 – 191.

[87] Lucas R E. On the Mechanics of Economic Development. *Journal of Monetary Economics*，1988，22(1)：3 – 42.

[88] Yan W，Yao Y D. Sources of China's Economic Growth 1952∼1999：Incorporating Human Capital Accumulation. *China Economic Review*，2003，14(1)：32 – 52.

[89] Zhang X，Yang J，Wang S. China has Reached the Lewis Turning Point. *China Economic Review*，2011，22(4)：542 – 554.

第十章　人口年龄结构变动的增长效应

本章提要　本章对我国人口年龄结构的现状进行了梳理,总结出我国人口年龄结构变动的三大趋势,据此选取人口年龄结构的衡量指标。在发展核算分析框架下,对产出函数进行分解,以此来确定人口年龄结构与人均产出的影响方程及人口年龄结构对产出要素的影响方程,并通过中国1990~2010年29省的面板数据对人口年龄结构与经济增长的关系进行了实证检验。利用实证检验的结果,测算了1982~2010年人口年龄结构对经济增长的贡献,尝试回答我国目前关于此命题的三个争论,并解释了人口年龄结构与省际收入差距之间的关系。利用相关分析结论,从挖掘和利用"后人口红利期"和人口红利消失的替代和转换两个角度提出政策建议。

第一节　研究背景

2013年十八届三中全会决定启动实施"单独二孩"政策,2015年10月29日,党的十八届五中全会允许实行普遍二孩政策,政策规定:坚持计划生育的基本国策,完善人口发展战略,全面实施一对夫妇可生育两个孩子政策,积极开展应对人口老龄化行动。2015年12月27日全国人大常委会表决通过了人口与计划生育法修正案,全面二孩定于2016年1月1日起正式实施。人口政策如此紧锣密鼓的颁布与我国严峻的人口状况紧密相关。

20世纪70年代末,我国开始实施"提高人口质量、控制人口数量"为目标的计划生育政策,该政策的实施,使得我国用短短30余年就走完了发达国家将近一百年的人口转变路程(蔡昉、王美艳,2006;Hou,2011)。图10-1描述了中国从1950~2050(预测)年的人口年龄结构变化。1950年,少儿人口远高于老年人口,人口结构呈现正金字塔型,到了2015年,人口结构呈现梨型,青壮年人口所占比重最大,人口年龄结构的这一转变过程中,劳动人口占比较高,社会抚养负担较轻,形成了有利于经济发展的人口年龄结构,有学者将其称之为"人口红利"或者"人口机会窗口"(于学军,2003;陈友华,2005)但是人口转变的过程并不是静止的,随之而来的将是所谓的"人口负债"(陈友华,2005),严格的人口控制政策导致出生率下降,经济持续发展带来死亡率下降,人均预期寿命的延长加速我国的人口老龄化,蔡昉(2004)认为,2015年左右将是中国人口红利的转折点。

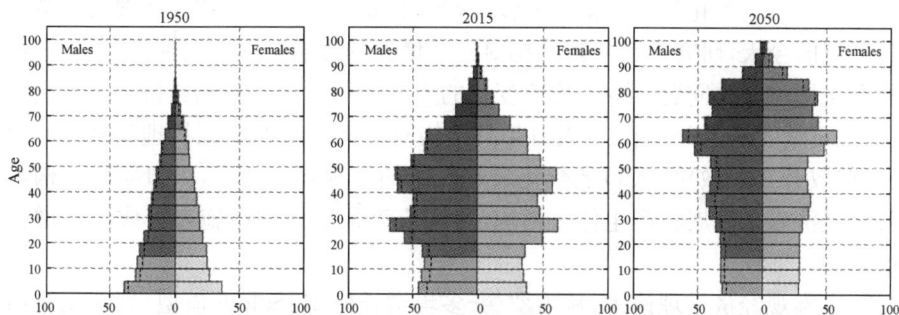

图 10 - 1 1950~2050(预测)中国人口年龄结构图

资料来源:United Nations, Department of Economic and Social Affairs, Population Division (2015). World Population Prospects:The 2015 Revision.

与迅速的人口转变几乎同一时期,我国的经济增长也取得了举世瞩目的成就,创造了"中国奇迹"(林毅夫等,1999)。图 10 - 2 是 1978~2018 年中国

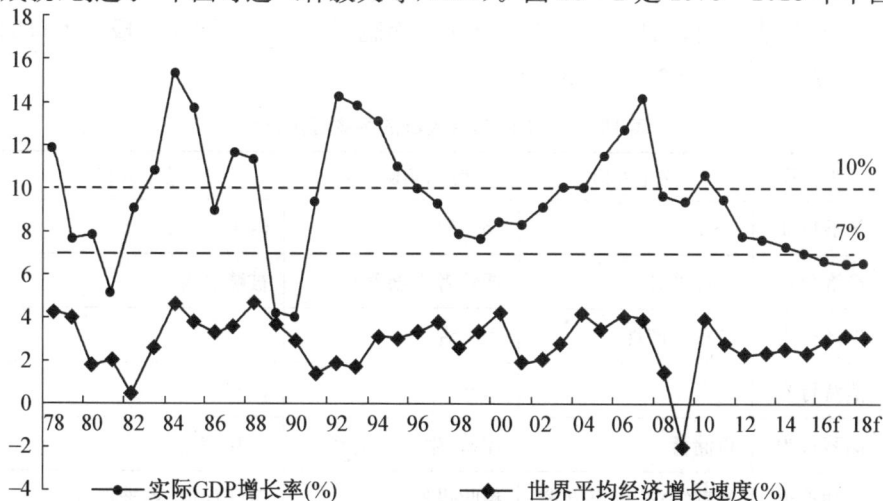

图 10 - 2 1978~2018 年中国与世界实际 GDP 增长速度

资料来源:World Bank Database. 2016~2018 为世界银行预测数据。

与世界实际 GDP 增长的速度，从中可以看出，1978～2014 年，除一些特殊年份，实际国民生产总值的增长速度一直是在 7％以上，甚至很长一段时间增长速度维持在 10％以上，但是根据世界银行的预测，从 2015 年开始，中国经济的增长速度迈入了"6 时代"虽然仍然高于世界平均 3％左右的增长速度，但是高速增长的辉煌已经趋于暗淡。

在人口老龄化日趋严重、经济增速放缓，我国人口结构和经济增长均遭遇转折点的今天，研究人口年龄结构对经济增长的影响有深刻的现实意义，本章将着重回答三个问题：第一，快速变化的人口年龄结构是否为经济发展做出了贡献，贡献度是多少。第二，人口年龄结构对经济增长的作用机理是什么。第三，在放开二胎政策、人口老龄化日趋严重的宏观背景之下，人口年龄结构对我国经济未来发展将产生什么影响，我国应该采取何种措施来完成经济增长的转型。

在宏观经济学理论中，从哈罗德-多玛增长模型、Solow 模型、到新剑桥增长模型、结构主义增长模型、跨时期增长模型等等，都在不同程度上刻画了人口因素与经济增长的关系。可见人口因素是影响经济增长的重要变量，这一点儿毋庸置疑，但是长期以来，在探讨人口因素和经济增长的关系时，主要着眼于人口总量或者人口增长速度与经济增长之间的关系，这实际上上是基于"人口年龄结构不变"的假设，认为不同年龄段的人口具有"同质"的经济行为，忽视了不同年龄段人口行为的"异质性"（李魁，2010）。不同年龄段的人口的经济行为有根本的差异，见表 10-1。

表 10-1　不同年龄人群的基本经济行为

行为特质	少儿人口	劳动年龄人口	老年人口
年龄特征	0～14	15～64	64＋
经济角色	被抚养者	抚养者＋赡养者	被赡养者
生产行为	潜在生产性	生产者	无
消费行为	消费 1	消费 2	消费 3
储蓄行为	负储蓄	储蓄：生产＞消费	消耗储蓄
公共需求	教育需求、健康需求	税收供给	医疗保健、养老保障

（续表）

行为特质	少儿人口	劳动年龄人口	老年人口
家庭支持	物质需求＋照料需求＋情感需求	经济支持＋生活照料＋情感支持	物质需求＋照料需求＋情感需求
代际行为	代际需求	代际支持	代际供给＋代内自给

资料来源:转引自李魁. 人口年龄结构变动与经济增长—兼论中国人口红利. 武汉大学博士论文 2010.

Bloom andWilliamson(1997)在解释"东亚奇迹"的文章中,打破了"人口年龄结构不变"的严格假设,最先开展人口年龄结构研究,随后很多学者如 Bloom *et al*.(2003)、Mason and Lee(2004)、Lee and Mason(2006)等。国内学者蔡昉、王德文(1999),蔡昉(2004),王德文等(2004),都阳(2005),陈友华(2005),李魁(2010),Zhang *et al*.(2015)都跟进了相关研究。但是总体而言,存在如下两点不足:一是对于人口年龄结构的变化对经济增长的影响的研究缺乏比较深入的探讨和实证分析,尤其是对于人口年龄结构如何作用于经济增长的传导机制也是模糊不清;二是普遍采用人口年龄结构的"三分法",忽视劳动者内部结构的变化对经济增长的影响。

考虑到过往研究存在的不足,笔者在本章中,首先尝试理清人口年龄结构变动对经济增长的影响途径,并且从实证角度对此做出分析,其次,考虑了以往文献忽略的劳动年龄人口内部的变化对经济增长的影响,从而为理解人口年龄结构与经济增长的关系提供新的视角,具有理论上的研究意义。

第二节　文献综述

一、理论研究综述

（一）人口变动与经济增长理论

20世纪90年代可以作为人口理论研究时间上的一个分水岭,在此之前,人口研究理论集中于探究人口总量或是人口增长率的变化对经济增长的影响。

经济学的鼻祖亚当·斯密在其代表作《国富论》中就阐述了人口增长与社会财富增长之间的关系,他认为人口因素是推动经济增长的重要原因,人口的增加可以促进劳动力的分工,而分工可以提高劳动生产效率,从而促进经济增长;马尔萨斯并不认同亚当·斯密的观点,在《人口原理》中,他认为人口因素是长期增长过程中的内生变量,经济产出水平和人口规模正相关,从长期来看,技术进步并不能提高生活水平,人均收入大致不变,这就是所谓的"马尔萨斯陷阱"。

产业革命带来生产率的高速增长打破了"马尔萨斯陷阱",技术进步带来的好处导致人均收入大幅度的提高,新的人口变动与经济增长关系的理论不断涌现。20世纪20年代后期,在解释产出水平与要素关系的科布—道格拉斯生产函数中,劳动力、资本投入及技术进步共同决定经济增长水平:

$$Y_t = A_t L_t^{\alpha} K_t^{1-\alpha} \tag{10.1}$$

$$\mathrm{d}Y_t/Y_t = \mathrm{d}A_t/A_t + \alpha \mathrm{d}L_t/L_t + (1-\alpha)\mathrm{d}K_t/K_t \tag{10.2}$$

20世纪40年代,英国学者哈罗德和美国学者多玛在凯恩斯的研究框架下进行了经济增长分析,在该模型中,人口通过影响经济的自然增长率从而影响长期经济增长。

20世纪50年代中期,Solow等提出的新古典经济增长模型中,放松了哈罗德多玛模型的假设,劳动力作为独立的要素纳入到增长模型之中,他们认为在资本存量一定的情况下,如果人口增长率(n)提高,那么人均资本(Δk)会减少,二者之间的关系如下:

$$\Delta k = sy - (n+\delta)k \tag{10.3}$$

在经历60～70年代的沉寂之后,80年代,经济增长理论又有了新的进展,为了探究经济增长的源泉,罗默和卢卡斯在内生增长模型中,将人力资本作为一个单独且重要的要素纳入增长模型之中。卢卡斯认为,人力资本有内部效应和外溢效应,内部效应即劳动力本身的劳动效率所产生的影响,外溢效则是对经济体中其他要素的生产效率产生的影响。

这些经典的增长模型虽然在一定程度上解释了人口因素和经济增长的关系,但是仅仅分析了人口的数量、劳动力的数量或者其二者的增长率对经济增长的影响而忽视了人口结构的变化与经济增长之间的关系。

(二)人口年龄结构与人口红利理论

第二次世界大战以后,几乎所有的发达国家都陆续经历了死亡率和生育率的下降而导致的人口年龄结构的转变(Lee,2003),于是,到了20世纪90年代,探究"人口年龄结构转变对经济增长的影响"这一命题开始受到人口学家和经济学家的关注。

　　Bloomand Williamson(1997)最先提出了"人口红利"这一概念来解释"东亚奇迹",他们认为在1965~1990年,东亚经济的迅速发展是因为这些国家迅速的人口转变导致其劳动年龄人口占比的增长速度高于人口抚养负担的增长速度,从而使得东亚经济中的人均生产能力大幅度提高,人口因素可以解释"东亚奇迹"的30%,如果把经济奇迹定义为超过稳态增长率的部分,那么可以解释其中的50%。Bloom et al.(2003)正式提出了"人口红利"这一概念,所谓的"人口红利"是指在生育率下降的初期,出生率下降的速度快于人口老龄化的速度,便会形成一个有利于经济发展的人口年龄结构,此时少儿抚养比和老年抚养比均比较低,社会负担较轻,劳动力供给充足,社会储蓄率较高,有利于促进经济繁荣,也被称之为"人口机会窗"(Demographin Window of Opportunity)。

　　进入21世纪,随着世界人口老龄化水平日益严重,新一步的研究把人口因素对经济增长的影响区分为"第一人口红利"和"第二人口红利"(Mason and Lee,2004;Lee and Mason,2006)。他们把人口结构转变导致的生产性年龄段人口比重的增加,从而为经济发展提供充足的劳动力和较低的抚养负担定义为"第一人口红利","第二人口红利"则指的是人均预期寿命的延长以及更小的家庭规模会产生养老储蓄激励,而储蓄的增加,会提高人均资本占有率,如果善加利用,可以促进经济增长。

　　本质来说,"第一人口红利"是人口转变的过程当中,劳动年龄人口的增长速度大于总人口的增长速度而带来的人均产出的增加,"第二人口红利"则刻画了财富创造与人口年龄结构的关系,即在收入水平不断提高和养老预期的影响之下,社会财富不断累积,经济体的资本密集度提升,从而提高劳动者人均产出,进而促进经济增长,Mason and Lee还认为,虽然人口结构变化产生的"第一人口红利"可能是暂时的,但是"第二人口红利"却可以长久的持续,人口老龄化也未必对经济增长只有负面作用,在文章中,他们通过一个生命周期模型验证了台湾地区快速的储蓄增长在很大程度上是因为人口年龄结构的转变。

　　(三)人口年龄结构对经济增长的作用机制

　　通过上文对经济增长理论的综述可知,在经典的经济增长模型中,并不含有人口年龄结构这一要素。因此,国外对人口年龄结构与经济增长关系的研究首先也是侧重于人口年龄结构对经济增长传导机制的研究,以一个或若干个经济变量为渠道,探究人口年龄结构与经济增长之间的关系。已有文献表

明经济变量的选取主要有四个:储蓄和资本投资、劳动参与率、人力资本积累以及技术进步,笔者就这四个方面分别进行详细综述:

1. 人口年龄结构与储蓄投资

关于人口年龄结构对储蓄的影响的相关研究文献较多,其中比较系统,影响力最大的是生命周期假说(Ando and Modigliani, 1963),该理论将储蓄、收入与个人的生命周期联系起来,根据欧文·费雪的效用最大化原则,认为理性个体为了追求效用的最大化,将根据一生的收入水平来安排消费和储蓄。一般来说,少儿人口消费大于收入,为负储蓄,劳动年龄人口收入高,但是为了抚养子女和养老而倾向于高储蓄,老年人口消耗在劳动年龄阶段积累的财富。因此,在生命周期框架之下,如果人口年龄结构的变动导致经济体中劳动人口所占的比重上升,那么储蓄将会增加,相应的也会增加投资;相反,如果少儿抚养比和老年抚养比上升,那么经济体中的储蓄就会减少,相应减少投资。简单来说,人口年龄结构的变化通过储蓄和投资机制对经济增长发挥作用(Lindh and Malmberg, 1999)。

另一种影响比较大的理论假说是"抚养负担假说"(Dependency Hypothesis)(Coale and Hoover, 1958),不同于生命周期假说的微观角度,抚养负担假说是从宏观角度来阐释人口年龄结构的变化与经济增长之间的关系。该假说认为,婴儿死亡率的下降和较高的生育率将导致人口规模的增长和少儿抚养负担上升,从而导致社会总储蓄的下降并带来社会物质资本积累的下降,从而影响经济增长。

Leff(1969)采用 74 个国家的跨国数据,较早从实证的角度研究了人口年龄结构—储蓄率—经济增长的关系,结果发现,储蓄率与人口抚养负担之间存在负效应。后来的学者通过对 Leff 模型的修改重新估计了人口年龄结构对储蓄的影响,Higgins and Williamson(1997),Li and Zhang(2007)通过国际数据的研究都发现,总抚养比的下降会导致储蓄的上升,国家之间人口年龄结构的差异可以解释不同国家储蓄率之间的差异。

2. 人口年龄结构与劳动力供给

Bloom and Williamson(1997)在研究中认为人口年龄结构的变化通过影响劳动力供给的规模和结构来对经济发展产生一系列的影响,他将人均劳动时间细分为三个方面:

$$\frac{H}{N} = \frac{WA}{N} \times \frac{L}{WA} \times \frac{H}{L} \tag{10.4}$$

其中，WA 表示适龄劳动力人口，也即 15～64 岁人口，N 表示经济体中的总人口数，L 表示劳动人口，H 表示总的劳动时间，WA/N 表示适龄劳动力人口占总人口的比重，L/WA 表示劳动人口占适龄劳动人口的比例，H/L 表示劳动力人均工作时间。

Bloom andWilliamson(1997)认为，当经济体中人口年龄结构发生变化，适龄劳动人口所占的比重上升时，WA/N 则上升，此时经济体中总抚养比下降[①]，考虑到时间的机会成本，这一方面将导致劳动参与率，也即 L/WA 上升，另一方面也会导致劳均工作时间的增加，也即 H/L 的上升。因此，Bloom 等人认为，当经济体中出现"人口红利"时，人均劳动时间(Labor Hours Input per Person)便会增加，而如果一个地区的人口年龄结构生产性较高，且同时具备两个条件：第一，良好的机制得以引致出与劳动年龄人口比重较高相对应的高储蓄；第二，生产要素(即资本和劳动)之间具有适当的可替代性，则该经济有机会改变其稳态，获得以更高的速度增长的条件。Lindh and Malnberg(1999)、Bailey(2006)、Canning(2007)等人的研究支持 Bloom and Williamson 的理论，他们发现，总抚养比的下降确实会引致更多适龄劳动人口从非生产性的家庭活动转移到生产性的市场经济活动中，提高劳动参与率和劳均工作时间。但也有学者对抚养负担与劳均工作时间这种简单的线性关系存在质疑，An and Jeon(2006)通过对 OECD 国家 1960～2000 年的面板数据的研究认为，在短期 0～14 岁少儿人口的减少会导致劳均时间的增加，但是从长期来看，少儿的减少也意味着未来适龄劳动力的减少。因此基于长期的研究视角，两位学者认为少儿人口负担的降低与劳均时间呈现"倒 U 型"关系，而经济增长与此类似，也与少儿抚养比呈现"倒 U 型"关系。

3. 人力资本积累视角

新经济增长理论认为，人力资本的积累是促进经济增长的重要因素，而人口年龄结构的变化不仅会影响劳动力的总体规模和劳动参与率，对人力资本的积累和劳动力效率也有影响。

从个人层面来看，处于不同的年龄阶段，人力资本的积累的速度和水平也有所差别。通常的情况是，刚进入劳动力市场，人力资本的积累较少，劳动生产率相对较低，以后随着经验积累，劳动生产率逐步提高，年龄逐渐增大接近退休时，人力资本的积累会逐渐减少或者停滞不前。因此，人口年龄结构的变

---

① 总抚养比＝1－(适龄人口占总人口的比重)＝少儿抚养比加老年抚养比。

化与人力资本的积累呈现"峰型"结构(Faruqee *et al.*,2003),这与 Anderson (2001)在贝克尔的人力资本理论的基础上,提出的"人口年龄结构—人力资本—经济增长"的假说不谋而合,他认为人口年龄结构的变动会通过人力资本的变动影响经济增长,人力资本的积累在劳动年龄阶段达到高峰,因此,一个国家人力资本的存量依赖于这个国家的人口年龄结构。

从家庭层面来看,Kalemli-Ozcan(2003),Joshi and schutZ(2007),探讨了生育率与家庭人力资本投资之间的关系及其对经济增长的影响,他们认为,若出生率较低,家庭生育的子女较少时,抚养负担较轻,这会促使家庭投入更多的精力投入到子女的教育上,从而促进子女人力资本的积累。Han and Suen (2011),Cuaresma *et al.*(2013、2014)在人口年龄结构的框架下,实证分析了人口年龄结构对经济增长的贡献,他们也认为生育率的下降有利于提高人力资本投入和促进人力资本的积累,从而促进经济增长。David *et al.*(2009)从抚养负担的角度出发,认为抚养负担与劳动生产率之间存在制约关系,较高的抚养负担会增加人均消费,在资本形成受到储蓄情况的约束下,劳均资本的减少会最终导致劳动生产率的下降,从而对经济增长产生负面影响

4. 技术进步视角

关于人口年龄结构通过技术进步渠道影响经济增长的相关文献较少,大致可以划分为两个层面:

从微观层面来看,人口年龄结构通过人力资本的积累影响到技术进步,Benhabib and Spiegel(1994)通过实证研究发现,经济体的创新依赖于人力资本的积累。Lutz *et al.*(2008)认为,当经济体中人口年龄结构相对年轻化,受到高等教育的工人更多,将倾向于通过技术创新来提高全要素生产率,并且经济体中有经验的工人是技术采纳和改进的关进因素,而这一切,也受到人口年龄结构的影响。Boucekkine(2002)也认为人口年龄结构对劳动力供给的影响还要考虑到劳动力的内部结构,出于不同年龄段的劳动力对技术创新、人口流动的选择会有差异,从而增加劳动力接受新技术的成本,因而会通过影响全要素生产率(TFP)来影响产出。Kögel(2005)研究发现,少儿抚养比对 TFP 有负面影响,从而制约经济增长。

从宏观层面来看,一个国家财政支出中 R&D 支出的比例对于技术进步具有关键意义,如果人口年龄结构的变化导致人口抚养比上升,财政负担加重,则会影响到国家用于支持技术进步的支出(Filippetti and Archibugi, 2011)。

二、经验研究综述

国内关于"人口红利"的研究起步较晚,并且因为研究框架和变量选取的不同使得研究结果有比较大的争论,笔者在此总结了主要的三点争论:① 关于"第一人口红利"的存续时间。② 关于是否出现了"第二人口红利"。③ "第一人口红利"对中国经济增长的贡献度大小,在后文中,笔者将通过实证分析和测算,尝试性地对这三个争论做出自己的解释。

(一)"第一人口红利"起止时间之争

关于人口年龄结构的转变造成的"第一人口红利"产生的时间,由于分析问题的角度和选择的变量不同,造成了研究结论的较大的出入。代表性观点有两种:王德文、蔡昉、张学辉(2004)、蔡昉、王美艳(2006)王丰、梅森(2006)把劳动年龄人口的增长速度快于总人口增长速度作为中国进入第一人口红利期的标准,认为我国的"第一人口红利"开始于 20 世纪 60 年代,2015 年前后是中国人口红利的转折点。陈友华(2005)却认为人口负担的轻重才是衡量"人口"红利的唯一指标,在文章中他选择 1957 年瑞典生命周期表,将抚养比低于或超过标准人口抚养比的 5% 定为"人口红利"或"人口负债"时期,经过数量测算,认为中国的"第一人口红利"在 20 世纪 80 年代后期才开始出现,大约一直要持续到 21 世纪 30 年代初,前后历时 40 多年,2010 年前后人口红利最为丰厚,同样持这种观点的还有田雪原(2007),马瀛通(2007)等。原新(2006)则根据国际通用的做法把总人口抚养低于 50 作为人口红利期,经测算我国进入人口红利期的时间大概是 1990 左右,2009 年到达峰值,2033 年左右结束,与陈友华的测算结果比较接近。

(二)"第二人口红利"是否出现之争

目前,国内大多数学者认可我国出现人口老龄化的趋势,但是对于这种趋势是否转化为"第二人口红利"却并没有取得一致的看法。彭秀健(2006)运用可计算一般均衡模型,通过量化分析,认为人口老龄化通过劳动力的负增长以及所导致的物质资本增长的低速减缓了经济的增长速度。胡鞍钢等(2012)使用中国 1990~2008 年的省级面板数据,以人口抚养比为人口老龄化的代理变量,研究发现人口老龄化对经济增长产生负向影响,并且在 1% 的显著性水平上显著。包玉香(2012)基于新古典模型的理论和实证分析认为,人口老龄化对区域经济发展有双重作用,不同地区,人口老龄化的程度不同,起正向效应和负向效应之和也不尽相同,但是人口老龄化越严重的地区,负向影响越大,对区域经济发展的减速效应越加明显。

但是也有学者提出质疑,他们认为人口老龄化已经对我国经济增长发挥了积极作用。汪伟(2010)使用老年人口占总人口的比重为代理变量,研究了中国1989~2007年人口老龄化对储蓄和经济增长的作用,结果发现,人口老龄化对储蓄有非常显著的促进作用,而考虑到人均预期寿命的延长带来的储蓄效用,人口老龄化对经济增长也并不必然产生负面作用。刘穷志、何奇(2012)选用同样的老龄化代理指标通过对1998~2009年30个省的面板数据进行分段回归,他们认为2002年以前,人口老龄化对经济增长有显著的推动作用,2002~2005年,人口老龄化对经济增长促进作用并不显著,而2005年之后人口老龄化对经济增长有消极影响,但是影响并不显著。贺大兴(2013)利用中国1987~2008年的省级面板数据分析发现,在研究期间,老年抚养比上升导致的"第二人口红利"对经济增长做出了显著贡献,但是贡献水平仅相当于"第一人口红利"的40%。

(三)"第一人口红利"对经济增长的影响程度之争

尽管有小部分学者质疑"第一人口红利"对我国经济增长的贡献,比如廖海亚(2012)对"人口红利"的概念进行了辨析,认为实现"人口红利"存在现实困境,劳动力资源能否被充分利用、储蓄意愿是否可以真正可以增加储蓄等都制约着人口红利的实现。陈友华(2005)也认为"人口红利"是人口年龄结构在特定时期出现的一种人口现象,是过去人口投资的回报,也可能是对未来的预支或透支,将最终会转化为"人口负债"。穆光宗(2008)分析了日本和韩国人口红利与经济高速增长的错位,认为只有在人口负担较低、人力资源非常充裕、人力资本条件合格这三个条件同时具备的情况下,人口红利才会发挥作用。但这些质疑也仅仅是对人口红利产生条件的质疑,绝大多数学者的研究表明,"第一人口红利"对我国经济增长发挥了作用,只是不同学者使用的代理变量和研究方法的不同导致研究结论出现比较大的差异。

研究此类问题的框架大致有两种,一种是增长回归(The Growth Regression)框架(Barro, 1991),在这种框架之下,人口因素作为影响人均GDP增长率的因素进行分析。另一种是发展核算框架(The Development Accounting Framework)(Caselli, 2005;Hsieh and Klenow, 2010;Zhang *et al.*, 2015),在这一框架之下,人口结构因素是作为影响人均GDP的因素进行分析,在本节,笔者按两种框架结构对文献进行分类综述。

1. 增长回归框架

蔡昉、王德文(1999)通过对1978~1998年中国经济增长因素的分解,认为在此期间实现的年平均 9.5％的国内生产总值增长率中,劳动力数量增长的贡献份额是 24％。王德文等(2004),又着重分析了总抚养比对 GDP 增长的影响,总抚养比的边际效应为－0.115,他们认为 1982～2000 年,中国总抚养比下降了 20.1％,带来经济增长速度 2.3％,而同期人均 GDP 的平均增长速度为 8.6％,相当于人口转变对人均 GDP 增长贡献在 26.8％,但是随着老龄化的加深,人口年龄结构对中国经济增长的贡献将由“人口红利”转为“人口负债”。2015 年左右是中国人口红利的转折点。

同样是研究 1982～2000 年人口年龄结构的经济增长效应,Feng and Mason(2008)使用消费者和生产者的有效比率来反映中国人口结构的变化,他们人口年龄结构对经济增长的贡献没有蔡昉等学者研究的那么高,实证结果发现,增长的贡献大约是 15％。

Zhang *et al.*(2010),同样质疑了蔡昉等人的研究结论,他们认为蔡昉在研究中忽视了人口结构的内生性,正如 Bloom *et al.*(2000)所言,忽略人口年龄结构与经济增长的双向因果关系将导致严重的估计偏误。他们采用 1989～2004 年中国省级面板数据,认为人口结构变化通过抚养比的下降,尤其是出生率的下降导致的少儿抚养比的下降贡献了人均 GDP 增长的 1/6。

孙爱军、刘生龙(2014)的研究结论与 Zhang、Feng 等人的研究结果比较接近,应用中国 1990～2010 年的省级面板数据通过固定效应、混合 OLS 和工具变量法对人口结构变迁的经济效应进行实证检验,结果表明,劳动年龄人口占比上升、人口总抚养比下降时过去 20 年来经济高速增长的重要因素,总抚养比的下降对经济增长的贡献度达到 15％。

2. 发展核算框架

采用发展核算框架研究此类问题的文献比较少,都阳(2004)采用分省时间序列的 FEM 估计方法,认为在 1952～2000 年,即期的出生率稀释了人力资本和物质资本,对经济增长产生负面影响,这一系数是－0.18％,而滞后 15 年的出生率却对经济增长产生促进作用,回归系数是 0.23％,在他看来,滞后15 年的出生率代表的是劳动年龄人口的增加。

李魁(2010)研究了 1978～2007 年全国劳动力负担的变化,得出的结论与都阳相似,他认为劳动力负担每降低 1 个百分点促使经济增长上升 0.176 个百分点,劳动力负担对经济增长的效应主要由快速下降的少儿抚养负担解释,但是,随着少儿抚养比的稳定和人口老龄化的加速,将随之引起经济效应的改变。

　　以上两篇文章虽然采用的是发展核算框架,但是没有研究人口年龄结构的传导机制,仅仅是简单的回归人口年龄结构与经济增长,在理论和实证上都有比较大的进步空间。

　　Zhang *et al*.(2015)采用1990～2005年的28个省的面板数据对人口年龄结构与经济增长的关系进行了分析,发现人口年龄结构可以解释此阶段经济增长的20%,其中一半的贡献是由劳动年龄结构的不断上升引起的,他们还认为,省际之间的人口年龄结构的差异可以解释省际之间的收入差距的1/8,Zhang *et al*.(2015)研究的创新之处在于他考虑了人口年龄结构对经济增长影响的传导机制,但是他仅仅研究了"第一人口红利",选取的指标是劳动年龄人口占总人口的比重和35～54岁人口占劳动年龄人口的比重这两个指标,显然忽略了我国人口年龄结构中出现的日益严重的人口老龄化的趋势,也即忽视了"第二人口红利"的研究,可以说他对人口年龄结构的衡量是不完整的。

三、研究文献评述

　　国内对于"人口年龄结构与经济增长的关系"这一命题的研究起步较晚,因而与国外的研究相比有较大的差距。

　　国内的研究一般都采用增长回归框架研究人口年龄结构对经济增长率的作用,这类研究文献中,研究者一般是将影响衡量人口年龄的变量纳入到索罗模型,虽然有一定的理论分析框架,但是该种研究框架存在一定的弊端:其一,由于受到索罗模型的限制,目前的研究只能将劳动人口占总人口的比重或者(1-劳动人口占总人口的比重)也即总抚养比纳入到模型中,这也就是为何我们回顾的所有增长回归框架下的实证研究,基本都只研究劳动人口占总人口的比重或者总抚养比的原因,这样的变量选取显然是存在问题。如果只选择劳动人口占总人口的比例作为代理变量,那么只是衡量了人口年龄结构变动的一种趋势,也可以说是"第一次人口红利"的研究范畴;如果将总抚养比纳入到模型中,便无法区分少儿抚养比和老年抚养比对经济增长作用的影响,而老年抚养比是衡量人口老龄化的重要指标,是研究"第二人口红利"的重要指标。其二,由于受到增长回归框架的限制,国内的研究难以将人口年龄结构对经济增长的影响机制进行分解,而前文的研究综述,我们也可以发现,人口年龄结构对经济增长的研究不是直接效用而是通过对劳动力供给、人力资本积累、储蓄和投资、技术进步等的影响对经济增长做出贡献,而对影响机制的分解分析是国内研究普遍缺乏的要点。

发展核算框架的相关文献尝试从不同经济体的要素投入数量和效率的角度来解释不同经济体的产出差异。这些文献的核心假设是人口年龄结构通过对产生投入要素的积累和效率产生影响从而对人均产出产生影响，在本章的第二部分，笔者已经就人口年龄结构对劳动力供给、人力资本积累、储蓄和投资、技术进步的影响分别做出了分析，本章即拟采用此种框架来对主题进行进一步研究。

通过文献的综述，我们还不难发现这样一个现象，在国内的文献中，学者选择的代理变量主要是劳动人口占总人口的比重、少儿抚养比、老年抚养比，或者是一些间接指标，比如，出生率、死亡率、人均预期寿命来间接替代人口年龄结构的变化，但是几乎没有学者从实证的角度关注过劳动人口占总人口的比重的内部变化对经济增长的影响，而这样的研究在国外却屡见不鲜，Lindh and Malmberg(1999)对 OECD 国家 1950～1990 年的数据进行研究，发现 50～64 岁的劳动人口与经济增长有非常显著的正向关系；Prskawetz *et al.*(2006)采集了瑞典在 1985～1996 年雇主和劳动者的数据，发现 30～64 岁的劳动者的贡献为正值，其他的年龄段对经济贡献的影响为负。Feyrer(2007)也认为劳动力内部的年龄结构与劳动力产生有很大的关系，他认为 40～49 岁这个年龄阶段劳动效率最高，对经济的影响较大。Gómez and Hernánadez(2008)采用了劳动年龄人口占总人口的比重与 35～54 岁人口占劳动年龄人口的比重来研究人口年龄结构变动与经济增长之间的关系，结果发现，人口年龄结构的变化可以解释 1960 年以来全球一半人均国民生产总值的增长。因此，可以看出劳动年龄内部结构的不同，对经济增长的影响也不同，不能将其简单的作为一个整体进行研究。李魁(2010)也认为，在以往的研究中，多是采用人口年龄结构的"三分法"，实际上，如果将人口年龄结构划分的更细，结论会更加可靠，本章即尝试在实证中加入衡量劳动力变化的内部因素，以此来更加详细的观察人口年龄结构的变化对经济增长的影响。

第三节　我国人口年龄结构的变动特点

一、人口年龄结构的概念与衡量指标

所谓的人口年龄结构，是指一定时点不同年龄人口分布情况，也即各年龄组人口占总人口的比重，可以反映出人口总体按年龄的分布特征。关于人口年龄结构的划分标准现在最被认可的是联合国 1956 年标准和 1982 年标准，

在该标准中,联合国专家根据人的生产性将人口年龄结构以 15 岁和 65 岁(或者 60 岁)为分界,根据每个年龄段人口占总人口的比重来划分一个社会人口年龄结构类型,具体划分标准如表 10-2 所示。

表 10-2　联合国对人口年龄结构的划分标准

人口年龄结构类型	各年龄组人口占总人口的百分比		
	0~14 岁	60+	65+
年轻型	>40	<7	<4
成年型	30~40	7~10	4~7
老年型	<30	>10	>7

资料来源:参考李魁.人口年龄结构变动与经济增长—兼论中国人口红利.武汉大学博士论文 2010.

根据联合国的划分标准,我国在 2000 年 65 岁人口占总人口的比重约为 7%,0~14 岁人口占总人口的比重为 22.89%,我国 2000 年已经进入了老年型社会。但是,陈友华(2008)、游允中(2008)认为联合国的划分标准虽然普遍被学者采纳,但是并不符合中国国情,陈友华(2008)在瑞典生命周期表的基础上,进行了新的划分,具体如表 10-3 所示。

表 10-3　基于瑞典 1957 年生命表人口基础上的人口结构类型划分标准

人口年龄结构类型	各年龄组人口占总人口的百分比		
	0~14 岁	60+	64+
年轻型	<18	<19	<14
成年型	18~22	19~23	14~17
老年型	>22	>23	>17

资料来源:转引自陈友华.人口结构类型划分标准问题研究.人口与发展 2008(增刊Ⅱ).

根据陈友华(2008)的划分标准,我国目前仍然是年轻型社会。虽然上述两种划分对我国人口结构类型的划分不同,但是,不论是采用何种划分标准,也只是修改对各年龄组人口占总人口的百分比,对于年龄组的划分是一致的,均是划分为 0~14 岁的少儿人口组、15~64(或 60)岁的劳动人口组,以及 65(或 60)岁以上的老年人口组,因此学者在研究人口年龄结构对经济增长的影响时,也普遍将人口年龄结构划分为三大组:0~14 岁、15~65 岁、65 岁以上。

　　有部分学者在研究人口年龄结构的转变对经济增长的影响时采用出生率、死亡率、人均预期寿命(汪伟,2010;Li *et al*.,2007)但是,这些只能是作为人口年龄结构的代理变量,其中任何一个指标只是人口年龄构一个方面的刻画,而非全部(Bum and Hoon,2006)。Bloom *et al*.(2003)认为各个年龄段所占的比例或者劳动人口的抚养负担提供了比生育率、人均预期寿命和死亡率更加丰富的人口转变信息,考虑到技术层面和数据层面的可操作性,采用总抚养比(Gross Dependency Ratio)、少儿抚养比(Children Dependency)、老年抚养比(Old Dependency Ratio)以及老年人口占总人口的比重,劳动年龄人口占总人口的比重这些指标来衡量人口年龄结构是最具代表性又比较切实可行的。国外在研究人口年龄结构对经济增长的影响时时广泛采用这组指标。下面说明这些指标的计算方法:

　　(1)劳动年龄人口占总人口的比重(WAN)=15～64岁人口/经济体中总人口 * 100%。

　　(2)老年人口占总人口的比重(OPN)=65岁以上人口/经济体中总人口 * 100%。

　　(3)少儿人口占总人口的比重(YPN)=0～14岁人口/经济体中总人口 * 100%。

　　(4)少儿抚养比(CDR)=(0～14岁人口/劳动年龄人口数) * 100%。

　　(5)老年抚养比(ODR)=(65岁以上人口数/劳动年龄人口数) * 100%。

　　(6)总抚养比(TDR)=少儿抚养比+老年抚养比。

　　理清人口年龄结构的相关概念之后,笔者以上六个指标为主,辅之以出生率、死亡率、人均预期寿命等人口指标来探究改革开放以来中国人口年龄结构的变动特点。

二、人口年龄结构转变的特征

(一)人口增长模式转变

　　世界人口转变多是从死亡率的下降开始,我国也不例外,事实上,新中国成立之初,中国的人口转变已经开始。从图10-3中可以看出,1950年中国的粗死亡率高达18‰,粗出生率高达37‰,人口自然增长率为19‰。此后,除特殊年份之外,中国的死亡率在50年代大幅度降低,进入60年代则趋于稳定,这种趋势延续至今,在7‰左右徘徊。截至1980年,我国的粗出生率除特殊年份之外,一直较高,导致整个60、70年代人口的自然增长率形成一个高峰,在 1963 年达到最高值 33.33‰,其后,一方面是因为计划生育政策的实施以及愈加严厉的执行,另一方面是改革开放加快了中国经济社会的发展(蔡昉,2004),我国粗人口出生率一直处于波动下降的趋势,这使我国的人口自然增长率也处于波动下降的过程中,1998 年之后,人口自然增长率降低到 10‰的低自然增长率水平。人口增长模式由"高出生率、高死亡率和高自然增长率"到"低出生率、低死亡率和低自然增长率"这一转变仅仅用了 30 余年时间,而同样完成这一转变的发达国家却用了将近一百年的时间(蔡昉、王美艳,2006;Hou,2011)。

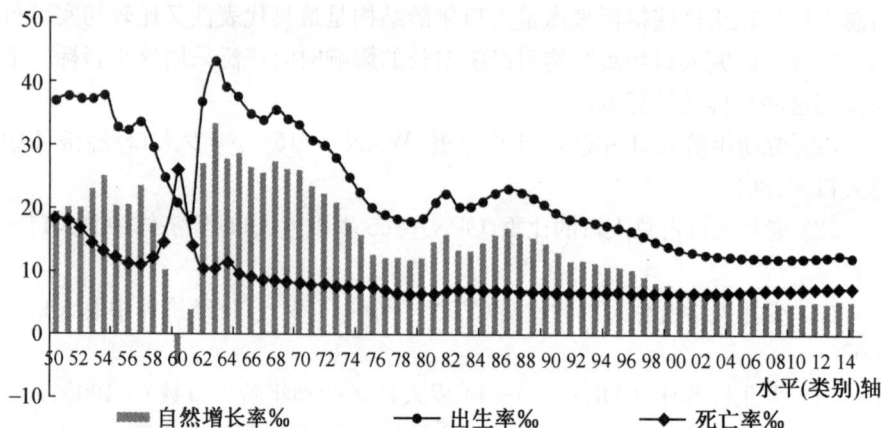

图 10 - 3　1950～2015 中国人口增长趋势图

资料来源:中国统计年鉴。

（二）劳动年龄人口比重上升

在人口转变的同时,人口的年龄结构也在改变,从图 10 - 4 中可以看出,1953～2014 年,中国劳动年龄人口占总人口比重一直处于波动的趋势,1953 年,中国劳动年龄人口占比为 59.5%,到了 2013 年劳动年龄人口占比为73.4%,上升了约 24%,与劳动年龄人口比重的上升相伴随,总抚养比出现不断下降的趋势,由 1953 年的 68.6%的高值,下降到了 2014 年的 36.14%,这主要归功于少儿抚养比的下降,从人口年龄结构趋势图(1)中也可以看出,少儿抚养比占总抚养比的比重不断下降,由 1953 年的占比 89.21%下降到 2014 年的占比 62.12%。

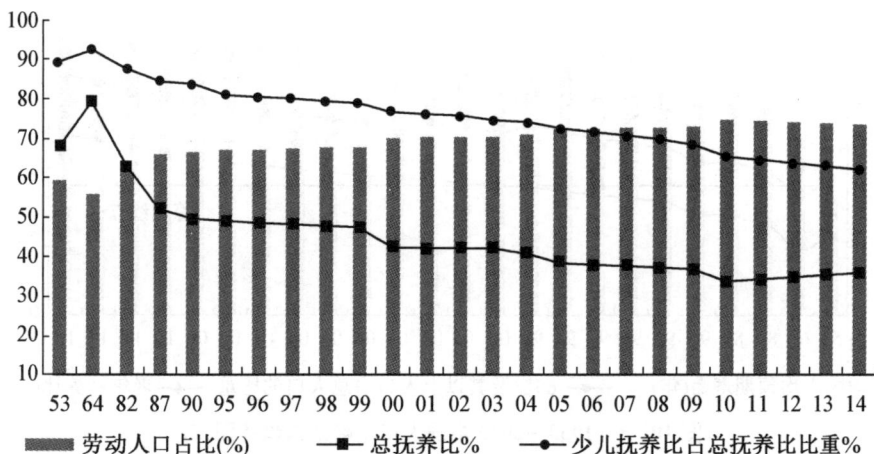

图 10 - 4　1953～2014 年中国人口趋势图(1)

资料来源：World Bank Online Databese.

（三）人口老龄化趋势加重

迅速的人口转变所带来的"人口红利"并不能长期持续，随之而来的将是所谓的"人口负债"，严格的人口控制政策所导致的出生率下降、死亡率下降以及经济持续发展所带来的人均预期寿命的延长使得我国的人口老龄化的速度大大加快。

如图 10 - 5 所示，我国的人均预期寿命由 60 年代末人均 48.6 岁到 1982 年人均 67.6 岁，不到 20 年上升接近 20 岁，之后逐年上升，到 2012 年已经达到 75.2 岁。与此同时，我国的老龄化程度也在加重，1953 年以来，除某些特殊年份，老年人口占总人口的比重以及老年人口抚养比均处于不断上升的趋势。如果按照国际通用的老龄化衡量标准①，我国早在 2000 年便已进入老龄化社会。尤其令人担忧的是，我国老龄化的前景也不容乐观，蔡昉、王美艳(2004)，以及鲍思顿(2005)等人预测，到 2050 年左右，老年人口占总人口的比重将达到 30% 左右，届时我国将为严重的老龄化问题所困扰。

---

① 如果一个国家或地区 60 岁以上老年人口占总人口数量的 10% 或者 65 岁以上老年人口占总人口的 7% 以上，即认为这个国家或地区出现了人口老龄化。2000 年，我国 65 岁及其以上人口占总人口的比重达到 7%，标志着我国进入人口老龄化社会。

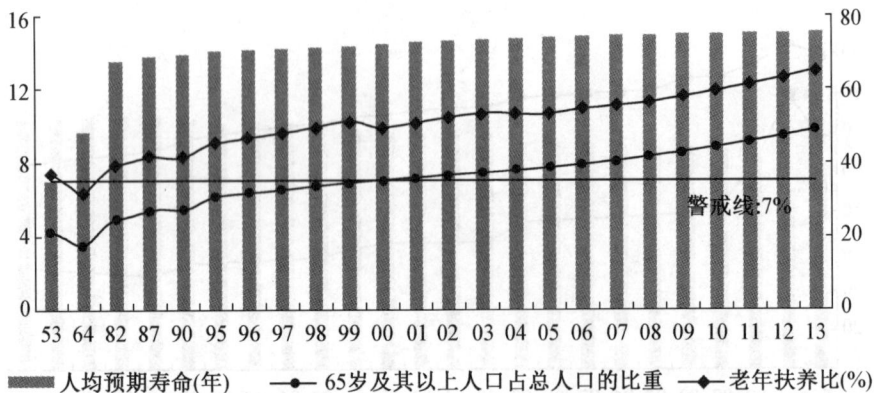

人均预期寿命(年) ● 65岁及其以上人口占总人口的比重 ◆ 老年扶养比(%)

图 10－5　1953～2013 中国人口年龄结构趋势图(2)

资料来源：65岁及其以上人口数据来自国研网数据中心；人均预期寿命数据来自世界银行中国数据。65岁及其以上人口占总人口的比重数据来来源于国研网数据中心；人均预期寿命(年)数据来源于 World Bank Online Database.

（四）劳动年龄人口内部结构分化

劳动年龄人口的内部变化特点是以前研究一直比较忽视的部分，图 10－6显示出劳动年龄人口的内部结构有非常明显的变化。

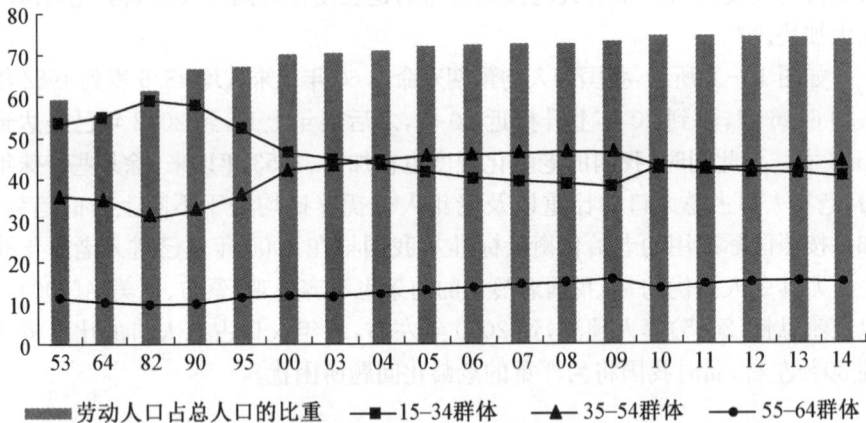

劳动人口占总人口的比重 ■ 15–34群体 ▲ 35–54群体 ● 55–64群体

图 10－6　1953～2014 中国人口年龄结构趋势图(3)

资料来源：国家统计局，2005 年为1%人口抽样调查样本数据，其他年份为1‰人口变动调查样本数据。

从图 10－6 可以看出,虽然劳动年龄人口占总人口的比重上升,从
1953~2010 年第六次人口普查期间,劳动年龄人口(15~64 岁)由 59.3%上
升到 74.53%,上升了约 15.23 个百分点。但是与总人口的变化特点非常类
似,15~34 岁的年轻劳动全体在劳动人口中所占的比重一直处于波动下降的
趋势,从 1953 年的 53%下降到 2014 年的 40.80%,其中 2009 年达到最低点
38.04%,与此同时 35~54 岁的成熟劳动力占比和 55~64 岁的老年劳动力的
占比在不断上升,前者由 1953 年的 35.97%上升到 2014 年的 43.70%,而后
者由 1953 年的 11.01%,上升到 2012 年的 15.50%。由此可见,我国劳动力
的内部结构也存在老化的现象,并且在不久的将来,55~64 岁劳动力群体将
转化为老年人口,届时,我国的老龄化水平将会进一步加重。

　　通过以上对中国人口年龄结构转变的分析,我们可以总结出我国人口年
龄结构变化的三大趋势:一是劳动年龄人口占总人口的比重不断上升,这部分
归因于我国实施的严格的人口政策,劳动年龄人口的上升导致总抚养比的下
降,这其中少儿抚养比的下降尤其显著;二是老年人口占总人口的比重不断上
升,我国出现了日趋严重的老龄化趋势,这归因于我国生活水平和医疗卫生条
件的改善所带来的死亡率的下降和人均预期寿命的延长。三是尽管劳动人口
占总人口的比重还有所上升,但是劳动人口内部结构出现老化现象。以此,本
章在衡量人口年龄结构的变化的指标选取时,要同时兼顾到这三种趋势,而仅
仅研究其中的一种趋势(李魁,2010;蔡昉,2004)或者两种趋势(Zhang et al.,
2015;汪伟,2010)对人口年龄结构的反映都是不全面的,只有同时兼顾这三种
趋势,才能对人口年龄结构的变动有比较准确的把握。

第四节　人口年龄结构与经济增长的实证检验

一、计量模型

　　正如本章文献综述部分的分析,人口年龄结构对经济增长的影响不是直
接的,而是通过对产出要素的影响而间接影响产出,因此,要分析人口年龄结
构与经济增长的关系,首先要对产出进行分解。我们以 Barro and Sala-i-
Martin(1995)年描述的对物质资本和人力资本规模报酬不变的柯布—道格拉
斯生产函数为基础,将本章所考虑的时间和省份因素考虑其中,则生产函数的
形式为:

$$Y_{it}=A_{it}K_{it}^{\alpha}H_{it}^{1-\alpha}\text{其中},1>\alpha>0 \tag{10.5}$$

Y 代表产出，K 代表物质资本存量，H 代表人力资本存量，A 表示制度、技术等因素对产出的贡献，i 和 t 分别代表省份和时间。

将(10.5)的两边同时除以 Y_{it}^{α}，可以得出：

$$Y_{it}^{1-\alpha}=A_{it}\left(\frac{K_{it}}{Y_{it}}\right)^{\alpha}H_{it}^{1-\alpha} \tag{10.6}$$

为了将产出分解成人均形式，公式(10.6)两边同时除以 $N_{it}^{1-\alpha}$，其中，N 代表经济体中的人口总量，则得到如下的公式形式：

$$\left(\frac{Y_{it}}{N_{it}}\right)^{1-\alpha}=A_{it}\left(\frac{K_{it}}{Y_{it}}\right)^{\alpha}\left(\frac{H_{it}}{N_{it}}\right)^{1-\alpha} \tag{10.7}$$

进一步整理可得：

$$\left(\frac{Y_{it}}{N_{it}}\right)=A_{it}^{\frac{1}{1-\alpha}}\left(\frac{K_{it}}{Y_{it}}\right)^{\frac{\alpha}{1-\alpha}}\left(\frac{H_{it}}{N_{it}}\right) \tag{10.8}$$

将公式(10.8)中的 $\frac{H_{it}}{N_{it}}$ 替换为：$\frac{H_{it}}{L_{it}}\times\frac{L_{it}}{N_{it}}$ 其中 L 代表经济体中简单同质劳动力的人数，再将公式两边去对数，可以整理为如下形式：

$$\log\left(\frac{Y_{it}}{N_{it}}\right)=\frac{1}{1-\alpha}\log A_{it}+\frac{\alpha}{1-\alpha}\log\left(\frac{K_{it}}{Y_{it}}\right)+\log\left(\frac{H_{it}}{L_{it}}\right)+\log\left(\frac{L_{it}}{N_{it}}\right) \tag{10.9}$$

也即：

$$\log y_{it}=\frac{1}{1-\alpha}\log A_{it}+\frac{\alpha}{1-\alpha}\log k_{it}+\log h_{it}+\log m_{it} \tag{10.10}$$

其中，$y_{it}=\frac{Y_{it}}{N_{it}}$ 代表人均产出，$k_{it}=\frac{Y_{it}}{K_{it}}$ 代表资本产出比率，$h_{it}=\frac{H_{it}}{L_{it}}$ 代表人均人力资本，$m_{it}=\frac{L_{it}}{N_{it}}$ 代表劳动参与率。

从(10.10)式可以看出，人均产出受到资本产出比率、人均人力资本、劳动参与率以及技术进步、制度建设等因素的影响。与传统的产出分解方法不同(沈坤荣、李剑，2003)，本章没有将人均资本作为产出的影响因素而是将资本产出比率作为影响产出的因素，Hall and Jones(1999)认为这样做有两个原因，一是在平衡增长路径上，资本产出比率与储蓄成比例，因而作为人均产出的影响因素比人均资本具有更强的解释力。这是因为增长模型中，人均资本的变化以如下的方式发生变化：

$$\dot{k}\equiv sy-(n+g+\delta)k \tag{10.11}$$

其中，k 为人均资本，s 为储蓄率，n 为劳动力增长率，g 为技术进步比率，

而 δ 代表经济体的折旧率。因此经济体在稳态下的资本产出比率可以表达成如下形式：

$$\frac{k^*}{y^*} = s/(n+g+\delta) \tag{10.12}$$

如果折旧率、劳动力增长率、技术进步率均固定，那么资本产出比就和储蓄率成正比。

　　第二个原因是，稳态下的人均资本 k 和技术水平 A 密切相关，如果采用间接法测度技术的贡献，在回归方程中包含人均资本 k 的情况下，技术贡献度在很大程度上会被人均资本解释掉，因而会导致人均资本的贡献会非常显著，而技术的贡献会非常不显著。基于 Hall and Jones(1999)提出的这两个原因，本章采用资本产出比率作为人均产出的分解因素。

　　根据方程(10.10)可知，影响人均产出的渠道有四个：资本产出比率、技术进步、人均人力资本水平以及劳动参与率，正如我们在前文综述的那样，在国外的先进研究中，人口年龄结构对这四个生产要素都有非常重要的影响，本章假设人口年龄结构与每一个产出要素的实证关系与人均总产出的实证关系相同(Zhang *et al.*，2015；沈坤荣、李剑，2003)，因此基于以上的分析，本章可以建立如下的几个方程：

$$\log y_{it} = D_{it}\beta_1 + X\beta_2 + \mu_i + \tau_t + \varepsilon_{it} \tag{10.13}$$

$$\frac{1}{1-\alpha}\log A_{it} = D_{it}\beta_3 + X\beta_4 + \mu_i + \tau_t + \varepsilon_{it} \tag{10.14}$$

$$\frac{\alpha}{1-\alpha}\log k_{it} = D_{it}\beta_5 + X\beta_6 + \mu_i + \tau_t + \varepsilon_{it} \tag{10.15}$$

$$\log h_{it} = D_{it}\beta_7 + X\beta_8 + \mu_i + \tau_t + \varepsilon_{it} \tag{10.16}$$

$$\log m_{it} = D_{it}\beta_9 + X\beta_{10} + \mu_i + \tau_t + \varepsilon_{it} \tag{10.17}$$

其中，D_{it} 表示衡量人口年龄结构的指标，X 表示本章使用的控制变量，μ_i 代表无法观察到的不随时间变化但是随地区变化的地区效应，为了减少哑变量之间的共线性同时又考虑到代表性，本章将考察的 29 个省划分为东中西三个地区，τ_t 表示无法观察到的随时间变化的时间效应，ε_{it} 代表残差项，以下笔者分别对人均产出、资本产出比率、人均人力资本以及技术进步、人口年龄结构、控制变量等所涉及的主要变量指标的计算方法和数据来源进行说明，为了检验分析结构的稳健性，本章还采用了一些辅助性指标，比如少年人口、老年人口占总人口的比例等，由于这些指标计算较为简单，笔者在下文不做详细描述，仅表 10-4 中对其进行描述性统计。

中国经济增长的潜力与动力

表 10-4　变量的描述性统计

变量名称	简称	观测值	均值	标准差	最小值	最大值
人口年龄结构变量						
劳动年龄人口占总人口的比重	WAN	145	0.701 2	0.047 98	0.612	0.826 8
35～54 岁劳动人口占劳动年龄人口比重	PWA	145	0.390 0	0.056 67	0.284 4	0.505
老年人口占总人口的比重	OPN	145	0.071 9	0.019 3	0.030 7	0.119 6
15～34 岁劳动力占总人口的比重	YWN	145	0.346 1	0.038 8	0.238 8	0.423 4
35～54 岁劳动人口占总人口的比重	PWN	145	0.275 1	0.054 14	0.185 4	0.383 7
55～64 岁劳动人口占总人口的比重	OWN	145	0.080 0	0.018 0	0.046 8	0.131 6
经济变量						
人均实际 GDP 对数	LPGDP	145	3.379 1	0.390 5	2.611 2	4.425 1
人均受教育程度	e	145	7.504 0	1.379 6	0.777 4	11.476 9
科技三项占财政支出的比重(%)	A	145	1.118 7	0.924 6	0.058 4	6.584 3
一、二、三产业从业人员占总人口的比重	m	145	0.525 7	0.064 3	0.363 6	0.679 9
资本产出比率	k	145	1.920 2	0.765 9	0.469 5	4.794 7
控制变量						
贸易开放度	TO	145	0.044 2	0.065 2	0.004 4	0.472 1
道路密度	RM	145	0.425 8	0.359 2	0.016 23	1.967 7
工具变量						
滞后一期的出生率(%)	ivbr	145	16.143 6	5.348 2	5.3	26.41
滞后一期 35～54 岁人口占劳动人口的比重	ivpw	145	0.250 8	0.054 0	0.172 5	0.383 7
滞后一期的劳动年龄人口占总人口的比重	ivwa	145	0.681 8	0.044 1	0.581 0	0.790 3
滞后一期 65 岁以上人口占总人口的比重	ivon	145	0.065 4	0.018 9	0.030 6	0.119 6
滞后一期的 15～34 岁人口占劳动年龄人口	ivywa	145	0.346 0	0.038 7	0.238 8	0.423 4

二、变量表述与参数设定

人口年龄结构衡量指标:根据本章在第三章第二节中对中国人口年龄结构变动趋势进行的分析,考虑到指标的代表性和共线性,笔者选择了三个指标分别从三个方面衡量我国人口年龄结构的变动趋势,分别是:劳动年龄人口占总人口的比重(WAN)、老年人口占总人口的比重(OPN)以及35～54岁人口占劳动年龄人口的比重(PWA)。

劳动年龄人口占总人口的比重(WAN):用来衡量我国劳动力总量的变化对我国经济增长的影响,由于劳动人口占总人口的比重与总抚养比存在如下关系:WAN=1/(1+TDC),因而可以从中考察出我国总抚养负担的减轻对经济增长的影响。根据 Bloom and Williamson (1997)等人的定义,这属于"第一人口红利"的考察范畴。

老年人口占总人口的比重(OPN):这一指标可以用来考察人口老龄化对我国经济增长的影响,根据 Mason and Lee(2004,2006)的定义,这属于"第二人口红利"的考察范围。

35～54岁劳动人口占劳动年龄人口的比重(PWA):本章用来衡量劳动力内部结构的变化对我国经济增长的影响。

人口年龄结构的相关数据来源于:《中国统计年鉴》、《中国人口年鉴》其中关于海南省1987年相关数据笔者查阅了海南省1987年统计年鉴。

人均产出衡量指标根据前文的推导,人均产出是总产出与经济体总人口的比值,也即人均 GDP,数据来源为相应年份的《中国统计年鉴》、中经网数据库,其中个别数据参考了相应省份的统计年鉴,本章采用 GDP 指数,以1978年为基期,将名义 GDP 折算为真实人均 GDP。

资本产出比率指标为计算各省资本产出比率,首先要计算各省的资本存量,而关于资本存量的计算一直是一个复杂的学术难题,本章的资本存量是根据永续盘存法计算得出,具体计算方法参考了单豪杰(2008)的计算方法,根据永续盘存法的计算公式:

$$K_t = K_{t-1}(1-\delta_t) + I_t/P_t \tag{10.18}$$

涉及的五个指标分别为:① K_t:第 t 年的资本存量。② K_{t-1}:第 $t-1$ 年的资本存量。③ P_t:第 t 年的投资价格指数。④ I_t:以当年价格计算的 t 年的投资。⑤ δ_t 表示第 t 年的折旧率。

与单豪杰(2008)年的计算方法类似:① 本章使用固定资本形成额的时间序列来确定每年的投资额 I_t。② 使用《中国国内生产总值核算历史资料

(1952~2004)》提供的分省的固定资本形成价格指数,计算出以 1952 为基期的价格平减指数,对于缺少的 2005 年、2010 年缺少的指数,使用分省的固定资产投资价格指数进行替代,数据来源于中国统计年鉴。③ 折旧率统一取为 10.96%。④ 基期的资本存量直接使用单豪杰(2008)中披露的 1952 年基期的资本存量。根据资本存量的计算公式,本章计算出 1990 年、1995 年、2000 年、2005 年、2010 年的资本存量水平。在国别研究中,资本的贡献比率 α 一般设定为 1/3,但是很多研究表明,在中国资本对产出的贡献更大,因此本章设定为 0.45(Bai *et al.*, 2006;Zhang *et al.*, 2015)。

人均人力资本采用各省平均受教育年限来衡量。本章采用胡鞍钢(2012)的计算方法,公式如下:平均受教育年限=(6×小学文化人口+9×初中文化人口+12×高中或中专文化人口+16×大专及以上文化人口)/6 岁以上所有人口。数据来源为 2000 年、2010 年为普查数据,其他年份根据 1‰ 或者 1‰ 抽样调查数据计算得出,其中需要的相关数据来自《中国统计年鉴》。

技术进步则根据以往相关领域的研究,技术进步的贡献因素往往采用的是残差法,Zhang *et al.*(2015)中也是采用了残差法。但是,正如沈坤荣、李剑(2003)所言,残差法对技术的估计仅仅是一种间接估计,是去除资本和劳动的影响之后其他要素的综合影响,为了使得对技术的测度更加准确,本章使用各省财政支出中科技三项支出的比重来间接反映技术进步。由于在我国私人研究开发还未成为技术进步的主要驱动,技术进步还是靠政府投资,因此采用这一比重基本可以反映出我国的技术进步状况。数据来源:中经网数据库、国家统计年鉴以及 1990 年各省份统计年鉴。

借鉴 Zhang *et al.*(2015)的指标选取标准,本章也选择贸易开放度和道路密度作为控制变量,计算方法如下:

(1) 贸易开放度=(进口额+出口额)/地区生产总值。

(2) 道路密度=(公路里程+铁路里程)/省域陆地面积。

数据来源为中经网数据库,其中省域陆地面积来自《中华人民共和国行政区划简册》(2014)。

表 10-4 是变量的描述性统计,不包括港澳台地区,重庆市的数据合并到四川省,西藏自治区由于统计不完善,很多相关指标缺失,本章暂未将其纳入分析,因此,本章涉及的省份是中国 29 省。由于人口年龄结构的因素只有在人口普查或者是人口小普查的年份才有数据,因此本章涉及的年份是 1990 年、1995 年、2000 年、2005 年、2010 年。

在开始正式的实证分析之前,我们首先绘制人均实际 GDP 与人口年龄结构的趋势图,来直观的考察人口年龄结构与经济增长的关系。从图 10－7 可以看出,0～14 岁人口占总人口的比重与人均实际 GDP 负相关,少儿抚养负

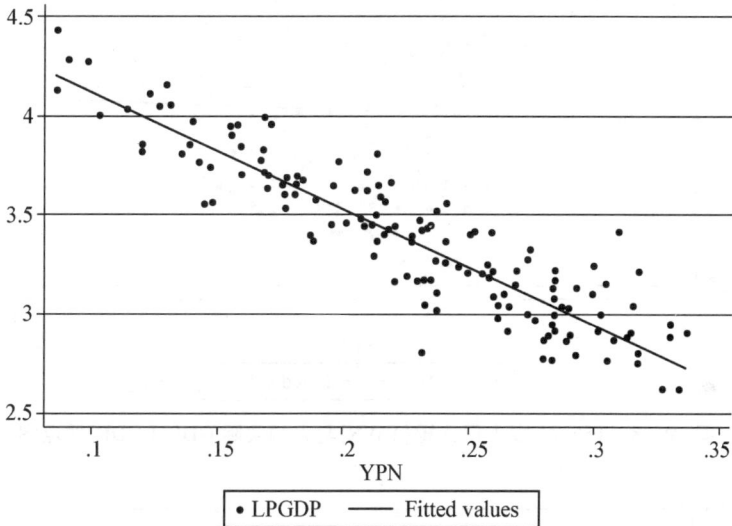

图 10－7　0～14 岁人口比重(YPN)与人均实际 GDP(LGDP)散点图

担的减轻可能是我国经济迅速发展的一个重要的影响因素。而图 10－8 显示 15～34 岁人口占总人口的比重与人均 GDP 的关系呈现微弱的正相关,考虑到在我国现在一般本科毕业 22 岁,研究生毕业 25 岁左右,博士毕业 28 岁左右,34 岁之前的劳动力真正参与到劳动市场的比较少,对经济增长的正向作用可能不是非常明显。而图 10－9 显示出 35～54 岁人口占总人口的比重与人均 GDP 有非常明显的正向关系,这是符合我们的预期的,成熟劳动力的增加为我国经济增长做出了很大的贡献。让我们感到疑惑的是图 10－10 中显示 65＋人口与人均 GDP 的关系也呈现显著的正相关关系,这似乎符合"第二人口红利"理论,但是考虑到散点图仅仅是二者之间的回归,没有考虑到其他变量和变量之间的内生性,结果可能不够准确,仅仅是一个参考,下文笔者对人口年龄结构与经济增长的关系进行更为客观准确的实证分析。

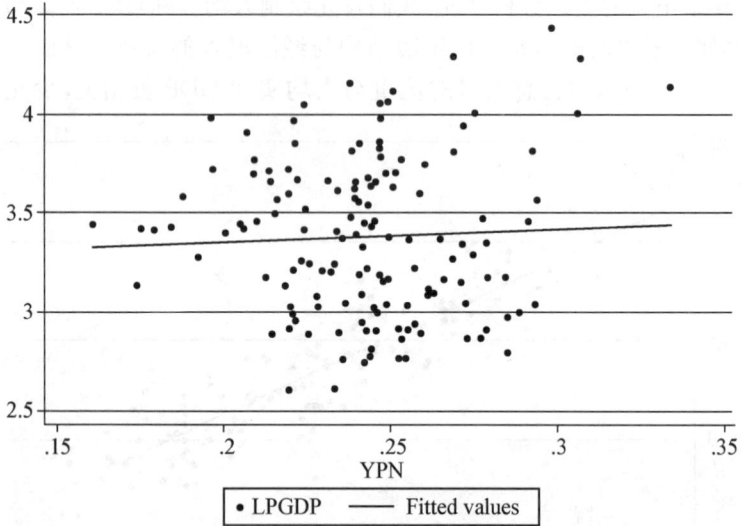

图 10‑8　15～34 岁人口比重(YWN)与人均实际 GDP(LGDP)散点图

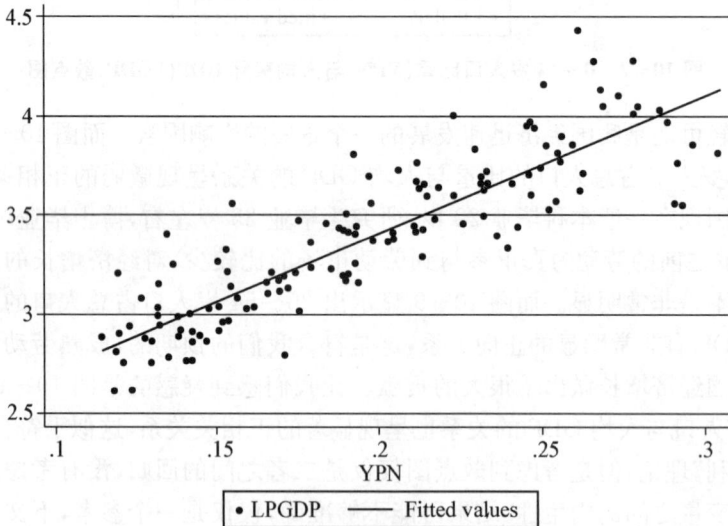

图 10‑9　35～54 岁人口占总人口的比重(PWN)与人均实际 GDP(LGDP)散点图

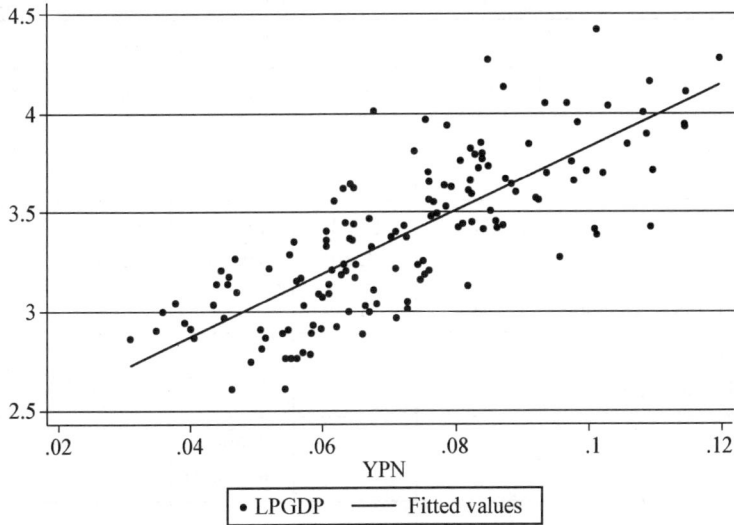

图 10‐10 65 岁人口占总人口的比重(OPN)与人均实际 GDP(LGDP)散点图

三、人口年龄结构与经济增长的关系

(一)人口年龄结构与经济增长实证分析

基于无法观测到的时间和地区效应与人口年龄结构的关系,μ_i 可以采用随机效应或者是固定效应。但是基于以下三点考虑,本章采用固定效应估计方法:首先,由于各省长期以来存在产出水平的差异,这种差异对人口迁移会产生很大的影响,从而影响到各省的人口年龄结构,导致变量之间的内生性。其次,一个省的年龄结构可能部分取决于"一孩政策"的实施程度,进一步说,当地计划生育政策的实施强度内生于当地的经济发展水平,可能会导致省际的年龄结构与无法观测到的地区效应产生关系。此外,本章进行了 Hausman 检验,统计结果拒绝随机效应假设,因此,在表 10‐5 中仅仅报告固定效应的结果。

表 10‐5 人口年龄结构影响经济增长的实证结果

变量	被解释变量:人均实际 GDP				
	(1)	(2)	(3) IV	(4) IV	(5) IV
WAN	0.727 2**	0.963 9***	3.001 0***	3.010 8***	2.978 9***
	(2.27)	(3.06)	(9.24)	(9.23)	(8.13)

（续表）

变量	被解释变量：人均实际 GDP				
	(1)	(2)	(3) IV	(4) IV	(5) IV
PWA	−0.141 2 (−0.59)	0.247 7 (0.96)	0.989 4* (1.75)	0.987 9* (1.74)	0.983 2* (1.78)
OPN	4.064 4*** (3.90)	4.125 8*** (4.10)	1.231 5 (0.88)	1.234 4 (0.88)	1.088 9 (0.66)
Control variables include	NO	Yes	Yes	Yes	Yes
Minimum eigenvalue statistic			32.085 4	32.085 4	32.085 4
Sargan Test			0.696 4 (0.706 0)		
Hansen'J Test					0.765 76 (0.681 9)
Anderson-Rubin Test				0.699 7 (0.704 8)	
Year fixed	Yes	Yes	Yes		
Province fixed	Yes	Yes	Yes		
R—squared	0.750 7	0.826 6	0.936 6	0.936 6	0.936 4
N	145	145	145	145	145

注：① 控制变量包括贸易开放度和道路密度两个指标；

② 所用统计软件为 stata11.3。Sargan Test，Hansen'J Test，Anderson-Rubin Test 括号中报告的是 p 值，其他括号中报告的是 t 统计值；

③ * 表示在 10％的水平上显著；** 表示在 5％的水平上显著；*** 表示在 1％的水平上显著。

表 10-5 中(1)列中报告的是基准方程的回归结果，变量 OPN 在 1％的水平上高度显著，且与人均实际 GDP 存在正向关系，PWA 不仅不显著，反而与人均实际 GDP 呈现负相关，这与我们的日常感知有一些差别，也与 Gómez and Hernánadez de Cos（2008）等人的研究相反，WAN 在 5％的水平上显著，表明劳动年龄人口占总人口的比重每上升一个百分点，人均实际 GDP 增长 0.727 2 个百分点。(2)列报告了加入两个控制变量道路密度和贸易开放度之后的结果，拟合优度 R² 上升了，WAN 和 OPN 是在 1％的显著性水平上高度

显著的,PWA 这一指标的变化较大,其对经济增长的影响方向发生了改变,但是仍然不显著。可见方程的估计结果并不是稳健的,控制标量的增加使得统计结果发生了显著的变化,解释这一现象的一个原因是估计结果忽视了变量之间的内生性,人口年龄结构的变动会影响经济增长,但是经济增长所导致的人均预期寿命的延长、省际之间的人口迁移、人口政策的实施强度也会反过来作用于人口年龄结构(Zhang *et al.*,2010),因此,为了去除使估计结果发生偏误的内生性,本章参考之前的研究文献,增加 5 个工具变量,分别是滞后一期的出生率(ivbr)(Zhang *et al.*,2015;孙爱军、刘生龙,2014)、滞后一期35~54 岁人口占劳动人口的比重(ivpw),滞后一期的劳动年龄人口占总人口的比重(ivwa)(Zhang *et al.*,2015)考虑到本章的研究相较于 Zhang *et al.*(2015)的研究增加了 65 岁以上人口占总人口的比重这一变量,因此,本章还将滞后的 65 岁以上人口占总人口的比重(ivon),以及滞后一期的 15~34 岁人口占劳动年龄人口(ivywa)这两个指标作为工具变量一同考核。

估计结果(3)(4)(5)列是笔者加入工具变量之后的三种估计结果,结果(3)为两阶段最小二乘回归(2SLS)结果,为了考察估计结果的稳健性,本章还同时进行了极大似然估计(LIML 估计)、两步 GMM 估计,估计结果分别列在(4)和(5)列中。

笔者对工具变量进行了弱工具变量检测,表 10-6 罗列了弱工具变量的检测结果,Shea's Partial R^2 和 Shea's Adj. Partial R^2 显示并不存在弱工具变量,且最小特征值为 32.085 4,大于临界值 10,因此笔者有理由相信所选取的工具变量通过了弱工具变量的检测,本章所选的工具变量与本章的内生变量有很强的内生性。

表 10-6　Shea's partial R-squared

变量	Shea's Partial R-sq.	Shea's Adj. Partial R-sq.
WAN	0.584 6	0.539 8
PWA	0.877 8	0.864 7
OPN	0.603 1	0.560 4

对 2SLS,LIML,两步 GMM 估计方法所采用的过度识别检验分别是 Sargan 检验,Hansen'J 检验,Anderson-Rubin 检验,从检验结果开看,P 值均在 0.6~0.8,大于 0.1,以此通过过度识别检验,可知本章选择的工具变量与

残差项具有外生性。

从加入工具变量的回归结果(3)(4)(5)列来看,回归结果相比较于(1)(2)列两种方法的回归结果有了很大的差别,(3)(4)(5)列三种回归结果尽管估计方法不同,但是不管是变量的符号还是显著性水平都是非常接近,具有稳健性,因此,本章将考虑变量之间内生性的(3)列作为人口年龄结构与经济增长方程的最终估计结果。

从回归结果来看,WAN 在 1% 的显著性水平上高度显著,这与李魁(2010)、蔡昉(2004)等人的结论是一致,人口年龄结构变化导致的劳动人口占总人口的上升对经济增长有非常明显的积极作用,就本章的估计结果来看,劳动人口占总人口的比重对人均实际 GDP 的影响系数是 3.001 0。PWA 在 10% 的显著性水平上通过显著性检测,这与 Zhang $et\ al.$ (2015)的研究结论具有一致性,从本章的回归结果来看,35~54 岁劳动人口占劳动年龄人口的比重对人均实际 GDP 的影响系数是 0.989 4。在(1)(2)列的回归结果中一直高度显著的人口老龄化的指标 OPN 没有通过显著性检测,在前文的文献综述中我们也可以看出,人口老龄化与经济增长的非常复杂,一部分学者认为人口老龄化对我国过去 20 年的经济增长有促进作用,尽管这种影响可能并不显著(汪伟,2010;刘穷志、何奇,2012;贺大兴,2013);也有部分学者认为人口年龄化对我国经济增长产生了负面作用(彭秀健,2006;胡鞍钢等,2012;包玉香,2012)。本章在考虑到人口年龄结构与经济增长的内生关系之后,发现人口老龄化对经济增长的作用并不明显,这可能由于本章仅仅检验的是 1990~2010 年短短 20 年的数据,在这段时间当中,我国没有出现严重的人口老龄化现象,人口老龄化对经济增长的作用并没有造成实质性的影响。

(二)人口年龄结构对经济增长贡献测度

从方程(3)(4)(5)列的回归结果可以看出人口年龄结构在人均产出中扮演重要角色,在这部分中,笔者采用本章的实证结果,首先总结了本章所研究时期,1990~2010 年人口年龄结构对经济增长的贡献,其次,根据本章的实证结果对 1982~1990 人口年龄结构对经济增长的影响进行了计算,最后,根据 World Population Prospects (United Nations Population Division,2015)公布的人口年龄结构变量,分高出生率、中等出生率、低出生率三个档次对 2015~2025 年,2025~2050 年,2050~2100 年三个时间段人口年龄结构对经济增长的作用进行了总结。从表 10 - 7 的结果来看,1990~2010 年,全国人口年龄

表10-7　人口年龄结构对经济增长的贡献(1982~2100)

时间	(1)出生率设定	(2)时间范围(T)	(3)PWA初始值(PWA$_0$)	(4)PWA结束值(PWA$_1$)	(5)WAN初始值(WAN$_0$)	(6)WAN结束值(WAN$_1$)	(7) $\dfrac{\Delta PWA\times\hat{\theta}\times100}{T}$	(8) $\dfrac{\Delta WAN\times\hat{\rho}\times100}{T}$	(9)对增长率的影响值(7)+(8)	(10)实际年均GDP增长率	(11)所占百分比$\dfrac{(9)}{(10)}\times100\%$
1982~1990	实际出生率	8	0.309 2	0.324 4	0.615 0	0.667 4	0.187 9	1.965 4	2.153 4	9.79	22.00%
1990~2010	实际出生率	20	0.324 4	0.428 0	0.667 4	0.740 0	0.512 3	1.088 8	1.601 1	10.15	15.77%
2015~2025	高出生率	10	0.434 0	0.442 9	0.732 2	0.681 5	0.088 3	-1.519 8	-1.431 4	—	—
	中等出生率		0.434 0	0.442 9	0.732 2	0.695 6	0.088 3	-1.096 6	-1.008 2	—	—
	低出生率		0.434 0	0.442 9	0.732 2	0.710 3	0.088 3	-0.655 5	-0.567 2	—	—
2025~2050	高出生率	25	0.442 9	0.355 0	0.681 5	0.579 3	-0.347 6	-1.226 8	-1.574 4	—	—
	中等出生率		0.442 9	0.384 7	0.695 6	0.589 4	-0.230 1	-1.274 8	-1.504 9	—	—
	低出生率		0.442 9	0.419 8	0.710 3	0.597 7	-0.091 3	-1.351 8	-1.443 1	—	—
2050~2100	高出生率	50	0.355 0	0.394 6	0.579 3	0.557 8	0.078 2	-0.128 9	-0.050 7	—	—
	中等出生率		0.384 7	0.405 8	0.589 4	0.528 2	0.041 8	-0.367 3	-0.325 6	—	—
	低出生率		0.419 8	0.413 1	0.597 7	0.463 5	-0.013 3	-0.804 9	-0.818 2	—	—

注:① 根据本章的实证结果:$\hat{\theta}=0.989\,4$,$\hat{\rho}=3.001$;

② 人口年龄结构数据来源:United Nations, Department of Economic and Social Affairs, Population Division (2015). World Population Prospects: The 2015 Revision, DVD Edition 以及1982,1990,2010年中国人口普查资料;

③ 1980~2010年实际年均GDP增长率根据国经网中经网国内生产总值指数(1978=100)采用几何平均数法计算。

结构发生了非常显著的变化,劳动人口占总人口的比重(WAN)由 66.7%上升到 74.0%,上升了 7.3 个百分点,为经济增长做出的贡献为 1.09 个百分点;35~54 岁人口占总人口的比重(PWA)由 32.4%上升到 42.8%,上升 10.4 个百分点,为经济增长做出贡献 0.51 个百分点,二者相加,总共为经济增长做出的贡献值是 1.60 个百分点。以 1978 年为基期,计算的 1990~2010 年实际 GDP 的增长率为 10.2%,因此,人口年龄结构总和对经济增长做出的贡献值为 15.8%(其中 WAN 贡献率为 68%,PWA 贡献率为 32%)。与研究同一时期人口年龄结构对经济增长的影响的文献相比,本章的研究结论低于 Zhang et al. (2010)人口年龄结构对经济增长的贡献为 1/6 的贡献值,李魁(2010)劳动年龄人口对对经济增长 17.6%的贡献值,Zhang et al. (2015)人口年龄结构对经济增长 20%的贡献值,与孙爱军、刘生龙(2014),Feng and Mason(2008)15%的人口年龄结构贡献值比较接近。

本章还对 1982~1990 年人口年龄结构对经济增长的影响率进行了计算,结果为 22%,这一数字低于蔡昉、王德文(1999)的 24%,蔡昉等(2004)的 26.8%,由此可见,是否考虑到人口年龄结构的内生性对于最终结果会有比较大的影响。参考 World Population Prospects 对中国未来 100 年分年龄段人口的预测,本章对人口年龄结构对我国经济增长未来的影响进行了计算,从表 10-7 的计算结果来看,不管是采用低出生率、中等出生率还是高出生率,2015~2100 年我国人口年龄结构对经济增长的贡献均为负值,就这一点来说,与王德文(2004)、王丰等(2006)等人的研究结论相同,2015 年左右是我国人口红利的转折点。

(三)人口年龄结构与省际收入差距

中国省际之间的发展差距历来是学术探究的热点话题,2010 年,中国最富有的省级行政单位上海,人均实际 GDP 为 26 610.65 元,是中国收入最低的贵州省人均实际 GDP 的 10 倍左右,很多研究中国地区差距的文章将中国省际之间的差距归咎为资本投入、人力资本积累、FDI、TFP 以及地理位置的差距(Tsui, 1993;Tsui, 2007;Chen and Fleisher, 1996),笔者认为,省际年龄结构的差异或许也是解释省际收入差距的一个因素,就 2010 年的数据来说,上海市 15~64 岁人口占总人口的比重(WAN)为 0.812 6,成熟劳动力占劳动年龄人口的比重(PWA)为 0.395 7,而贵州省 15~64 岁人口占总人口的比重(WAN)为 0.660 3,成熟劳动力占劳动年龄的比重(PWA)为 0.434 7。如果假设贵州省 2010 年人口年龄结构的这两个衡量指标与上海相同,那么调整之后的贵州省的收入为 4 011.672,收入上升了 50% 左右,二者之间的差距的倍数由接近 10 倍,降为接近 6 倍。

参考关于省际差距的分解研究(Zhang *et al.*,2015;Cancian and Reed,1998),笔者计算了 1982~2010 年各省去除省际年龄结构的差异,以变异系数、基尼系数、泰尔指数衡量人均实际收入差距的变动程度,具体的消除方法是将各省的劳动年龄人口占总人口的比重(WAN)和 35~54 岁人口占劳动年龄人口的比重(PWA)替换为当年全国平均值,采用的计算公式如下:

$$\tilde{y} = y_i \times \exp[\hat{\theta}(\overline{P} - P_i) + \hat{\rho}(\overline{W} - W_i)] \tag{10.19}$$

其中,y_i 表示第 i 个省 2010 年的实际人均 GDP,$\overline{P}$ 表示全国成熟劳动力占劳动年龄人口的比重,$\overline{W}$ 表示全国劳动年龄人口占总人口的比重,P_i 和 W_i 分别表示各省实际的成熟劳动力占劳动年龄人口的比重和劳动年龄人口占总人口的比重,$\hat{\theta}$ 和 $\hat{\rho}$ 是表 10-7(3)列中回归方程确定的系数,分别为 0.989 4 和 0.300 1,$\tilde{y}$ 则表示消除年龄结构差异之后的人均实际 GDP。

表 10-8 为笔者根据消除年龄结构差异前后的人均实际 GDP 计算出的三个反映收入差距不平等程度的指数:变异系数、基尼系数和泰尔指数。表 10-8 中的第 5 列显示了如果消除人口年龄结构的差异,不平等程度降低的水平。不论是采用何种指数,如果消除年龄结构的差异,不平等水平均会降低。以 2010 年为例,如果消除各省之间年龄结构的差异,省际基尼系数将会降低 15.33%,由 0.314 7 降低到 0.266 5,泰尔指数将会降低 15.91%,由 0.186 8 降低到 0.157 1,而变异系数则由 0.651 2 降低到 0.552 9,降低了 15.09%。可以说,各省之间年龄结构的差异可以解释 2010 年省际收入不平等的 15% 左右。

表 10 - 8 2010 年省际收入差距对照表

时间	衡量指标	(i) 实际人均 GDP 不平等水平	(ii) 消除年龄结构之后实际人均 GDP 不平等水平	(iii) 人口年龄结构的影响程度：[(i)−(ii)]/(i)
1990	变异系数	0.839 9	0.673 6	19.80%
	基尼系数	0.329 9	0.276 4	16.21%
	泰尔指数	0.316 5	0.273 3	13.64%
1995	变异系数	0.881 3	0.704 9	20.01%
	基尼系数	0.357 4	0.304 2	14.88%
	泰尔指数	0.308 3	0.257 6	16.45%
2000	变异系数	0.830 7	0.655 3	21.12%
	基尼系数	0.352 9	0.289 7	17.90%
	泰尔指数	0.272 8	0.223 0	18.24%
2005	变异系数	0.775 5	0.640 0	17.48%
	基尼系数	0.349 4	0.291 1	16.68%
	泰尔指数	0.242 8	0.203 8	16.09%
2010	变异系数	0.651 2	0.552 9	15.09%
	基尼系数	0.314 7	0.266 5	15.33%
	泰尔指数	0.186 8	0.157 1	15.91%

注：数据来源中国统计年鉴。泰尔指数采用的计算公式为：$T = \sum \left(\frac{I_i}{I} \times Log \left[\frac{\frac{I_i}{I}}{\frac{P_i}{P}} \right] \right)$，其中 i 代表组别，I_i 代表第 i 组的收入份额，P_i 代表第 i 组的人口份额；基尼系数额计算公式为：$G = 1 - \frac{1}{n} \left(2 \sum_{i=1}^{n-1} W_i + 1 \right)$，其中 n 代表组别，W_i 代表 $1 \sim i$ 组人口的累计收入占人口总收入的比重。

（四）人口年龄结构与经济增长研究小结

通过笔者对人口年龄结构与经济增长的实证及测度分析，笔者得出如下几个结论。

（1）1990～2010 年，人口年龄结构对我国经济的高速增长发挥了显著作用，就本章所选取的三个指标来看，15～64 岁劳动年龄人口的上升对我国实际人均 GDP 的影响系数为 3.001 0,劳动者内部结构也对人均实际 GDP 的增加发挥了作用,系数为 0.989 4,可以说我国存在"第一人口红利",在 1990～2010 年,我国人口老龄化对经济增长虽然有正面作用,但是并不显著,可以说没有产生实质性的影响,因此,关于学界对我国是否存在"第二人口红利"的争论,笔者认为,1990～2010 年,我国还没有出现"第二人口红利"这一现象。经过笔者计算,1990～2010 年,人均实际 GDP 的增长率为10.15％,而人口年龄结构对人均实际 GDP 的贡献总和为 1.6011％,可以说,"第一人口红利"对经济增长的贡献度为 15.77％。

（2）在实证研究的基础上,笔者结合联合国对我国人口年龄结构变动形式的预测,对我国 2015～2100 年人口年龄结构对经济增长的贡献进行了预测,从表 10－9 可以看出,不论是采用高出生率、中等出生率还是低出生率,我国 2015～2025 年,人口年龄结构对经济增长的贡献值均为负值,因此关于学界争论的"第一人口红利"的结束时间,就本章的研究结果来看,笔者认同王德文（2004）、蔡昉（2006）、王丰等（2006）的界定,2015 年是我国"第一人口红利"的转折点。

（3）对于学界一直比较关注的中国省际收入差异,笔者也以本章的实证研究结果为基础进行了回答,实证结果和测算结果表明,人口年龄结构也是解释省际收入不平等的关键因素之一,如果消除各省年龄结构的差异,则省际之间收入差异缩小的程度为 13％～22％。

四、人口年龄结构影响经济增长渠道分析

（一）人口年龄结构影响渠道实证检验

根据经济增长理论的分析,人均产出受到资本产出比率、劳动参与率、技术发展水平以及人均人力资本的影响,笔者根据理论模型,综合数据的代表性和可获得性分别选取了代理指标,在人口年龄结构影响渠道实证分析表中,（1）列是笔者根据理论模型,检测所选指标的合理性和代表性而将人均实际 GDP 的对数与资本产出比率、劳动参与率、技术发展水平以及人均人力资本的对数进行的回归的结果。从回归结果来看,本章所选择的代理指标均具有比较高的显著性水平,资本产出比率、劳动参与率、人均人力资本均在 1％的显著性水平上显著,技术进步在 5％的显著性水平上显著,这四个变量可以解释人均实际 GDP 的 96.13％,可以说本章选择的指标具有良好的代表性。

人口年龄结构对人均产出有非常显著的影响,但是人口年龄结构并不直

表 10 - 9　人口年龄结构影响渠道实证分析表

解释变量 \ 被解释变量	(1) LGDP	(2) $\frac{\alpha}{1-\alpha}logk$	(3) $\frac{\alpha}{1-\alpha}logk$	(4) $logm$	(5) $logm$	(6) $logh$	(7) $logh$	(8) $\frac{1}{1-\alpha}logA$	(9) $\frac{1}{1-\alpha}logA$
$\frac{\alpha}{1-\alpha}logk$	0.820 9*** (3.80)								
$\frac{1}{1-\alpha}logA$	0.064 74** (2.03)								
$logh$	0.526 6*** (3.71)								
$logm$	1.756 7*** (4.00)								
WAN		0.118 4 (0.37)		1.216 2*** (2.83)		0.751 4** (3.05)		2.207 5** (2.21)	
PWA		0.689 5** (2.17)		1.661 8*** (2.75)		0.244 0 (0.80)		-2.124 9*** (-1.81)	
OPN		-1.195 6 (-1.08)	-1.188 4 (-0.95)	-2.869 0*** (-3.37)	-2.455 6*** (-3.80)	0.533 5 (0.52)		-7.043 1*** (-2.37)	-7.302 4*** (-2.21)
YWN			-0.505 5 (0.161)		0.773 9*** (2.78)		0.358 8 (0.91)		2.153 1*** (2.18)
PWN			0.909 9*** (2.21)		1.238 9*** (3.22)		0.861 5*** (2.56)		-1.015 2 (-0.96)
OWN			-1.066 7 (-1.08)		2.126 8*** (3.85)		0.214 5 (0.22)		3.666 7 (1.34)
Control variables include	Yes	Yes		Yes		Yes		Yes	
Year fixed	Yes	Yes		Yes		Yes		Yes	
Province fixed	Yes	Yes		Yes		Yes		Yes	
R-squared	0.961 3	0.319 8	0.328 7	0.239 6	0.343 6	0.343 6	0.345 0	0.364 4	0.376 0
N	145	145	145	145	145	145	145	145	145

注：①控制变量包括贸易开放度和道路密度两个指标；2. 所用统计软件为 stata11。3. Sargan Test 中报告的是 p 值，其他括号中报告的是 t 统计值；

②＊表示在 10% 的水平上显著；＊＊表示在 5% 的水平上显著；＊＊＊表示在 1% 的水平上显著。

接影响产出,通过理论分析和实证检验,资本产出比率、劳动参与率、技术发展水平以及人均人力资本的影响是人均产出的重要影响因素,因此,人口年龄结构必然会通过这四条途径中的若干途径对人均产出产生影响,本章的文献综述2.2节表明国外的相关研究早已经涉足到人口年龄结构对经济增长的影响机制的研究,为了更清晰的阐释人口年龄结构对经济增长的影响机制,本章分别探究劳动人口占总人口的比重(WAN),35~54岁人口占总人口的比重(PWA)以及15岁以上人口占总人口的比重(OPN)与资本产出比率、劳动参与率、技术发展水平以及人均人力资本的关系。

基于无法观测到的时间和地区效应与人口年龄结构的关系,方程(15)(16)(17)(18)中μ_i可以采用随机效应或者是固定效应。但是与本节增长回归的考虑相同,基于以下三点,本章采用固定效应估计方法:首先,由于各省长期以来存在产出水平的差异,这种差异对人口迁移会产生很大的影响,从而影响到各省的人口年龄结构,导致变量之间的内生性。其次,一个省的年龄结构可能部分取决于"一孩政策"的实施程度,进一步说,当地计划生育政策的实施强度内生于当地的经济发展水平,可能会导致省际的年龄结构与无法观测到的地区效应产生关系。此外,本章对回归结果进行了 Hausman 检验,统计结果总是拒绝随机效应假设,因此,本章在表 10-9 中仅仅报告固定效应的结果。

以下,笔者根据实证结果对人口年龄结构对经济增长的影响渠道进行解释。

1. 人口年龄结构与资本产出比率

从表 10-9 中回归结果(2)可以看出,65 岁以上人口占总人口的比重(OPN)对资本产出比率的影响系数为-1.195 6,但是并不满足显著性水平的要求,可见就我国 1990~2010 年的情况来说,人口老龄化的趋势虽然已经对资本产出比率产生了负面作用,但是人口老龄化的趋势比较微弱和缓和,对我国资本产出比率没有产生实质性的影响。

35~54 岁劳动人口占总人口的比重(PWA)对资本产出比率的影响系数为 0.689 5 并且到了 5% 的显著性水平,可见,劳动者的内部结构对资本产出比率有显著的影响,成熟劳动力占劳动年龄人口的比重越高,对资本产出比率的促进作用越大;但是,15~64 岁劳动人口占总人口的比重(WAN)作为一个整体对资本产出比率的影响系数是 0.118 4,虽然对资本产出比率产生了积极影响,但是没有达到显著性水平。

　　笔者认为,这充分说明了15～64岁这一群体并不具有同质性,处于不同阶段的劳动者对资本产出比率的影响有很大不同,因此,笔者将15～64岁人口占总人口的比例划分为15～34岁劳动者占总人口的比重(YWN)、35～54岁人口占总人口的比重(PWN)、55～64岁人口占总人口的比重(OWN)这三个指标,将其与65岁以上人口占总人口的比重一起对资本产出比率进行回归分析,结果见表10-9(2)列和(3)列。(3)列中的结果与(2)中的估计结果有较高的吻合度,在15～64岁人口中,只有35～54岁人口占总人口的比重(PWN)在1%的显著性水平上显著的,而15～34岁劳动者占总人口的比重(YWN)和55～64岁人口占总人口的比重(OWN)对资本产出的影响均会产生消极作用,且影响并不显著,而15～64岁人口占总人口的比重(OPN)不论是系数还是显著性水平都没发生明显变化。

　　本章的回归结果是符合生命周期理论的,劳动年龄的人口有较高的收入,但是考虑到抚养子女和未来的养老支出会增加储蓄,因此如果经济体中劳动人口占总人口的比重在上升,那么储蓄相应会增加,在经济体处于稳态时,相应增加资本产出比率,尤其是其中的35～54岁的青壮年劳动力对储蓄以及资本产出增加的促进作用更加明显,而老年人口消耗劳动年龄阶段积累的财富,因此,经济体中老年人口所占的比重越大,经济体的储蓄将会减少,经济体的资本产出比率则越低。

　　2. 人口年龄结构与劳动参与率

　　人口年龄结构与劳动参与率的回归结果列示在表10-9(4)列和(5)列中,从回归结果(4)列来看,人口年龄结构对劳动参与率有非常显著的影响,劳动人口占总人口的比重(WAN)对劳动参与率的影响系数为1.216 2,在1%的显著性水平上显著,35～54岁成熟劳动力占总劳动人口的比重(PWA)的影响系数为1.661 8,也在1%的显著性水平上显著,65岁以上人口占总人口的比重(OPN)对劳动参与率有非常显著的消极影响,

　　(5)列是将15～64岁人口进行分解之后的回归结果,与(8)中的回归结果有比较好的一致性,65岁以上人口占总人口的比重(OPN)所代表的老龄化趋势仍然对劳动参与率的影响为负,并且在1%的显著性水平上显著,而将劳动年龄人口分解而成的三个部分对劳动参与率均在1%的显著性水平上发挥正面作用。

　　总而言之,从(4)和(5)的回归结果可以看出:① 人口年龄结构与劳动参与率显著相关,劳动人口所占的比重越大,劳动参与率越高。② 劳动者的内

部结构对劳动参与率有非常明显的影响,成熟劳动力所占的比重越高,劳动参与率也越高。③ 人口老龄化的趋势则会降低劳动参与率。

3. 人口年龄结构与人力资本积累

从回归结果(6)可以看出,劳动年龄人口的上升对人力资本的积累具有积极作用,作用系数为 0.7514,并且 1% 的显著性水平上显著,而其他两个变量对人力资本积累虽然也产生促进作用,但是在观测的时间范围内并不显著,为了进一步研究细分的劳动年龄人口对人力资本积累的影响,在(7)中列示了分解回归之后的结果,从(7)中可以看出,只有 34～55 岁劳动人口占总人口的比重对人力资本有显著的促进作用,系数为 0.861 5,并且在 1% 的显著性水平上显著,其他三个年龄段人口虽然对人力资本积累产生正向作用,但是系数并不显著。

4. 人口年龄结构与技术进步

从表 10-9 中的回归结果(8)来看,劳动人口占总人口的比重(WAN)对技术进步的影响系数为 2.207 5,并且在 5% 的显著性水平上显著,而 35～54 岁人口占劳动人口的比重(PWA)以及 65 岁人口占老年人口的比重对技术进步的影响系数分别为－2.124 9 和－7.043 1,且都在 1% 的显著性水平上显著。同样的方式,笔者将 15～64 岁人口占总人口的比重进行分解回归,结果见(5),通过分解之后的回归可以看出,人口老龄化的趋势仍然对我国技术进步产生显著性为 1% 的负面影响,与(4)中的结果较为一致的是,35～54 岁人口占总人的比重对技术进步仍然是具有消极作用,而真正对我国技术进步起到明显促进作用的是 15～34 岁的青少年人口,结果显示,这一比重的人口对技术进步的系数为 2.153 1,且在 1% 的显著性水平上显著,青少年人口是我国技术创新的主力军。

(二) 人口年龄结构影响渠道分析小结

通过以上对人口年龄结构影响产出要素的分析,我们可以得知人口年龄结构对资本产出比率、技术进步、人力资本积累、劳动参与率都有非常显著的影响,从中,我们可以归纳出三个结论。

(1) 劳动年龄人口占总人口的比重对资本产出比率、劳动参与率、人力资本积累以及技术进步都有非常显著的促进作用,劳动年龄人口的比重越高,资本产出比率越高,劳动参与率提升,有利于技术进步和人力资本积累,从而促进经济增长,这也是为何前文中,劳动年龄人口占总人口的比重会与经济增长显著正相关的重要原因,再一次证明,就笔者的研究时期 1990～2010 年,"第一人口红利"对我国的产出要素和经济增长都发挥了作用。

（2）劳动年龄的内部结构对产出要素也有非常显著的影响，15～64岁的劳动群体并非铁板一块，处于不同的年龄阶段，对产出要素的影响有很大不同，35～54岁成熟劳动力所占的比重对资本产出比率、劳动参与率以及人力资本积累都有显著的影响，而15～34岁劳动力对技术进步的作用最为显著。

（3）65岁以上人口所代表的人口老龄化趋势对技术进步、劳动参与率都有非常明显的负面作用，对人力资本的积累、以及资本产出比率的影响并不显著，可以说，就笔者所研究的时期来看，我国并没有出现所谓的"第二人口红利"现象。

第五节　研究结论与政策建议

一、研究结论

在本章中，笔者首先以 Barro and Sala-i-Martin（1995）描述的对物质资本和人力资本规模报酬不变的柯布-道格拉斯生产函数为基础，将产出分解为资本产出比率、劳动参与率、人力资本积累与技术进步四个方面，分别建立了人口年龄结构的代理指标与人均产出、资本产出比率、劳动参与率、人力资本积累和技术进步的回归方程，并且利用1990～2010年我国29省的相关数据对我国人口年龄结构与经济增长的关系以及人口年龄结构对经济增长的影响渠道进行了分析，在实证结果的基础之上，测算了人口年龄结构对我国经济增长的贡献以及人口年龄结构与省际收入差距的关系，利用本章的实证分析结论和测算结果，笔者对目前学术界关于此命题的三点争论进行了尝试性的回答以下三点。

（1）关于"第一人口红利"的结束时间。蔡昉（2004），王丰、梅森（2006）认为我国"第一人口红利"的转折点在2015年左右，陈友华（2005）、田雪原（2007）、马瀛通（2007）等认为"第一人口红利"在21世纪30年代左右结束，笔者结合 World Population Prospect 对中国2015～2100年人口年龄结构变化趋势的预测，测算了2015～2100年人口年龄结构的变化对我国经济增长的贡献值，发现不论是高等出生率、中等出生率还是低等出生率，未来人口年龄结构对经济增长的贡献水平均为负值，因此，从测算结果来看，笔者认为蔡昉（2004），王丰、梅森（2006）对我国"第一人口红利"结束时间的预测更有道理，2015年是我国"第一人口红利"的转折点，可以说我国目前已经到了"后人口红利阶段"。

（2）关于我国是否出现"第二人口红利"的争论。就笔者 1990～2010 年的研究期来说，人口老龄化并没有对经济增长产生实质性的影响，我国还没有出现"第二人口红利"，笔者认为，一个可能的原因是 1990～2010 年的 20 年间，我国人口老龄化的趋势并不严重，根据前文的分析，虽然根据联合国标准已经进入老龄化社会，但是根据陈友华（2008）等人结合中国国情制定的划分标准，我国目前仍然是处于年轻型社会。

（3）关于"第一人口红利"对我国经济贡献程度的争论。笔者综合考虑了我国人口年龄结构的三大趋势，在实证分析中考虑了变量之间的内生性，最终得出 1990～2010 年，人口年龄结构对我国经济增长的贡献值约为 15.77％，这一结论与孙爱军、刘生龙（2014），Feng and Mason（2008）的测算值大致相同。

除了对以上三个争论的回答，笔者还通过对人口年龄结构与省际收入差距的分析以及人口年龄结构对经济增长影响机制的分析得出以下两点结论。第一，人口年龄结构也是解释省际收入差距的一个重要原因，如果消除各省之间人口年龄结构之间的差异，通过变异系数、基尼系数、泰尔指数计算的省际收入差距将会缩小 13％～22％左右。第二，人口年龄结构对产出的构成要素的影响与人口年龄结构对经济增长的影响类似：① 我国劳动年龄人口占比的上升对我国的资本产出比率、劳动参与率、人力资本积累以及技术进步都有非常显著的促进作用。② 劳动年龄人口的内部结构对产出的四个要素也有非常显著的影响，处于不同年龄阶段的劳动力对产出四个要素的影响不同。③ 人口老龄化趋势对产出构成要素的影响并不显著，说明我国并没有出现"第二人口红利"。

二、政策建议

（1）挖掘与利用"后人口红利期"。人口红利在 2015 年左右结束，但是根据表 10-7 中等出生率方案的预测，在其后 10 年中，还有一段抚养负担的平衡期，劳动力抚养负担和人口老龄化的趋势尚且不严重，对经济发展仍然有利——"后人口红利期"。因此，我们要把握住这短暂的历史机遇，尽快制定利于实现"后人口红利"的政策，以最大可能挖掘和利用尚余的人口红利，具体有以下几点建议。

促进产业结构的优化升级，实现经济发展方式转型。劳动年龄人口的上升以及抚养负担的下降为我国发展劳动密集型产业提供了基础条件,但是必须要清醒地意识到,随着我国人口年龄结构的转变,我国廉价劳动力优势正在丧失,因此,要结合中国国情,鼓励有条件的地区率先现产业结构升级,发展技术密集型和资金密集型产业;另一方面,要推动我国经济发展方式的转变,由依赖低成本的要素投入转变到依赖生产效率的提高上来,鼓励技术进步和创新,提高自主创新能力,实现经济的可持续发展。

提高劳动力资源的配置效率。劳动年龄人口能够自由、高效的参与市场经济活动,是其提高抚养能力,应对"人口负债"的关键举措,尽管过去 30 年,我国劳动力市场配置资源状况得到显著改善,但是仍然存在有碍于劳动力资源充分发挥作用的各种壁垒,因此,要打破地方保护主义,完善户籍制度改革,促进劳动力资源的自由、充分流动,提高劳动力市场的资源配置效率,实现劳动力资源与经济活动的高效结合。

适当延迟退休年龄。随着社会的发展和经济水平的提高,我国的人均预期寿命已经从 34.9 岁提升到了 75.36 岁,根据中国目前的退休年龄①,很多退休工人正是在人力资本储备最为丰富的时期,此时退休是对人才资源的浪费,因此,应当通过延迟退休年龄,鼓励低龄老年人继续参与劳动市场,为我国应对"人口负债"赢得时间。

(2) 人口红利消失的转变和替换战略。人口年龄结构的优势对我国过去 30 多年经济增长做出了重要贡献,但是,随着我国劳动年龄人口比重的下降和日益严重的老龄化趋势,将会由"人口红利"转为"人口负债",因此,面临人口年龄结构优势的丧失,我国应该采用及时采用相应的转换和替代战略,以此来抵消"人口负债"对我国经济增长影响,从而保持经济的高速稳定发展,以下是笔者提出的几条建议。

提高劳动力的素质。廉价劳动力比较优势的丧失,使得我国需要重现建立起新的比较优势,提高劳动力的素质成为当务之急。劳动力素质的提高依赖于两个方面,一个是教育一个是医疗,因此,一方面,要提高劳动力的受教育水平,加大教育投入力度,鼓励人力资本积累;另一方面,要提高全民健康水平,加大医疗投入,解决人民"看病难","看病贵"的问题。

---

① 根据 2001 年《劳动和社会保障部办公厅关于企业职工"法定退休年龄"涵义的复函》,中国退休年龄实行双轨制,在国家机关、事业单位工作的男性 60 岁退休,女性 55 岁;在企业工作的男性 55 退休,女性 50 岁。

　　获取"第二人口红利"首先是加快我国养老保险模式由现收现付制向完全的个人累积式养老筹集和发放制度转变,通过建立强制性的个人账户,鼓励个人为老年时进行储蓄,并且通过资本市场的投资使得养老基金可以保值、增值,这即可以缓解我国的养老压力,又能够充分利用养老资源,促进经济建设。其次,巨大的老龄人口也意味着庞大的市场需求,应该大力推动老龄产业发展,制定老龄产业优惠政策,让更多的企业参与到老龄产业中,及时反映老龄消费需求的变化,提供老年人口所需的产品,刺激老年人口消费。

　　适当调整生育政策。人口出生率的下降是导致老龄化的重要原因,我国目前的总和生育率(1.8)已经低于人口更替水平(2.1),因而可以尝试逐步放开生育政策,使我国的人口实际生育率达到更替水平,从长远来看,可以逐步实现中国少儿人口、劳动年龄人口以及人口总数的稳定。2016年,应学者和民间的呼声,我国全面放开二胎政策,这无疑会提高我国的人口出生率,虽然这不会在短时间之内改变我国的人口政策,根据前文的分析,从长远来看,有利于我国经济的发展。

本章参考文献

[1] 包玉香. 人口老龄化的区域经济效应分析—基于新古典经济增长模型. 人口与经济, 2012(1).

[2] 鲍思顿,顾宝昌,罗华. 生育与死亡转变对人口老龄化和老年抚养的影响. 中国人口科学,2005(1).

[3] 蔡昉,王德文. 中国经济增长可持续性与劳动贡献. 经济研究,1999(10).

[4] 蔡昉,王美艳. "未富先老"对经济增长可持续性的挑战. 宏观经济研究,2006(6).

[5] 蔡昉. 人口转变人口红利及经济增长的持续性. 人口研究,2004(2).

[6] 陈友华. 人口红利与人口负债:数量界定、经验观察与理论思考. 人口研究,2005(29-6).

[7] 陈友华. 人口结构类型划分标准问题研究,人口与发展(增刊Ⅱ),2008.

[8] 单豪杰. 中国资本存量 K 的再估算:1952～2006 年. 数量经济技术经济研究, 2008(10).

[9] 都阳. 人口转变的经济效应及其对中国经济增长持续性的影响. 中国人口科学, 2004(5).

[10] 贺大兴. 中国经济增长中的两次人口红利研究. 人口与经济,2013(4).

[11] 胡鞍钢,刘生龙,马振国. 人口老龄化人口增长与经济增长——来自中国实际面板数据的实证证据. 人口研究,2012(36-3).

[12] 李魁. 劳动力负担与我国经济增长. 财经科学,2010(6).

[13] 李魁. 人口年龄结构变动与经济增长—兼论中国人口红利.(武汉大学博士论文),2010.

[14] 廖海亚. 人口红利:理论辨析、现实困境与理性选择. 经济学动态,2012(1).

[15] 林毅夫,蔡昉,李周. 中国的奇迹:发展战略与经济改革. 上海人民出版社,1999.

[16] 刘穷志,何奇. 人口老龄化、经济增长与财政政策. 经济学(季刊),2012(12-1).

[17] 马尔萨斯. 人口原理. 中译本,商务印书馆,1798.

[18] 马瀛通. 人口红利与日俱增是21世纪中国跨越式发展的动力. 中国人口科学,2007(1).

[19] 穆光宗. 中国的人口红利:反思与展望. 浙江大学学报(人文社会科学版),2008(3).

[20] 彭秀键. 中国人口老龄化的宏观经济后果——应用一般均衡分析. 人口研究,2006(30-4).

[21] 沈坤荣,李剑. 中国贸易发展与经济增长影响机制的经验研究. 经济研究,2003(5).

[22] 孙爱军,刘生龙. 人口结构变迁的经济增长效应分析. 人口与经济,2014(1).

[23] 田雪原. "人口盈利"与"人口亏损". 市场与人口分析,2007(4).

[24] 汪伟. 计划生育政策的储蓄与增长效应:理论与中国的经验分析. 经济研究,2010(10).

[25] 王德文,蔡昉,张学辉. 人口转变的储蓄效应和增长效应——论中国增长可持续性的人口因素. 人口研究,2004(28-5).

[26] 王丰,安德鲁·梅森. 中国经济转型过程中的人口因素. 中国人口科学,2006(3).

[27] 王丰. 人口红利真的是取之不尽,用之不竭的吗?. 人口研究,2007(6).

[28] 亚当·斯密. 国富论. 中译本,商务印书馆,1776.

[29] 游允中. 人口年龄结构的相对概念. 人口与发展,2008(14-1).

[30] 于学军. 中国人口转变与"战略机遇期". 中国人口科学,2003(1).

[31] 原新. 中国人口老龄化发展趋势百年预测(2000～2100年)研究报告. 国家老龄委员会重大课题,2006.

[32] An C B, Jeon S H. Demographic Change and Economic Growth: An Inverted-U Shape Relationship. *Economics Letters*, 2006, 92(3): 447-454.

[33] Anderson B. Scandinavian Evidence on Growth and Age Structure. *Regional Studies*, 2001, 35(5): 377-390.

[34] Ando A, Modigliani F. The "Life Cycle" Hypothesis of Saving: Aggregate Implications and Tests. *American Economic Review*, 1963, 53(1): 55-84.

[35] Bai C E, Hsieh C T, Qian Y Y. The Return to Capital in China. *Brookings Papers on Economic Activity*, 2006.

[36] Bailey M J. More Power to the Pill: The Impact of Contraceptive Freedom on Women's Lifecycle Labor Supply. *Quarterly Journal of Economics*, 2006, 121(1): 289-320.

[37] Barro R J, Sala-i-Martin X. *Economic Growth*. New York: McGraw-Hill, 2003.

［38］Barro R J. Economic Growth in a Cross Section of Countries. *Quarterly Journal of Economics*, 1991, 106(2): 407 - 443.

［39］Benhabib J, Spiegel M. The Role of Human Capital in Economic Development: Evidence from Aggregate Cross-Country Data. *Journal of Monetary Economics*, 1994, 34(2): 143 - 173.

［40］Bloom D E, Canning D, Graham B. Longevity and Life Cycle Savings. *Scandinavian Journal of Economics*, 2003, 105(3): 319 - 338.

［41］Bloom D E, Canning D, Malaney P N. Population Dynamics and Economic Growth in Asia. *Population & Development Review*, 2000, 26(1): 257 - 290.

［42］Bloom D E, Canning D, Sevilla J. The Demographic Dividend: A New Perspective on the Economic Consequences of Population Change. RAND Corporation, 2003.

［43］Bloom D E, Williamson J G. Demographic Transitions and Economic Miracles in Emerging Asia. *NBER Working Papers*, 1997, 12(3): 419 - 455.

［44］Boucekkine R, Croix D D L. Vintage Human Capital, Demographic Trends, and Endogenous Growth. *Journal of Economic Theory*, 2002, 104(2): 340 - 375.

［45］Cancian M, Reed D. Assessing the Effects of Wives' Earnings on Family Income Inequality. *Review of Economics & Statistics*, 1998, 80(1): 73 - 79.

［46］Canning D. The Impact of Aging on Asian Development. Seminar on Aging Asia, A New Challenge for the Region, Kyoto, Japan, May 7, 2007.

［47］Caselli F. Accounting for Cross-Country Income Differences. Handbook of Economic Growth, 2005.

［48］Chen J, Fleisher B M. Regional Income Inequality and Economic Growth in China. *Journal of Comparative Economics*, 1996, 22(2): 141 - 164.

［49］Coale A J, Hoover E M. *Population Growth and Economic Development in Low-Income Countries*. Princeton University Press, 1958.

［50］Crespo C J, Lutz W, Sanderson W. Is the Demographic Dividend an Education Dividend?. *Demography*, 2014, 51(1): 299 - 315.

［51］Cuaresma J C, Havettová M, Lábaj M. Income Convergence Prospects in Europe: Assessing the Role of Human Capital Dynamics. Economic Systems, 2013, 37(4): 493 - 507.

［52］Faruqee H, Mühleisen M. Population Aging in Japan: Demographic Shock and Fiscal Sustainability. *Japan & the World Economy*, 2003, 15(2): 185 - 210.

［53］Feyrer J. Demographics and Productivity. *Review of Economics & Statistics*, 2007, 89(1): 100 - 109.

［54］Filippetti A, Archibugi D. Innovation in Times of Crisis: National Systems of

Innovation, Structure, and Demand. *Research Policy*, 2011, 40(2): 179 - 192.

[55] Gómez R, Cos P H D. The Importance of Being Mature: The Effect of Demographic Maturation on Global per Capita GDP. *Journal of Population Economics*, 2008, 21 (3): 589 - 608.

[56] Hall R E, Jones C I. Why Do Some Countries Produce So Much More Output Per Worker than Others?. *Quarterly Journal of Economics*, 1999, 114(1): 83 - 116.

[57] Han J, Suen W. Age Structure of the Workforce in Growing and Declining Industries: Evidence from Hong Kong. *Journal of Population Economics*, 2011, 24 (1): 167 - 189.

[58] Higgins M, Williamson J G. Age Structure Dynamics in Asia and Dependence on Foreign Capital. *Population & Development Review*, 1997, 23(2): 261 - 293.

[59] Hou J W, Li K. The Aging of the Chinese Population and the Cost of Health Care. *Social Science Journal*, 2011, 48(3): 514 - 526.

[60] Hsieh C T, Klenow P J. Development Accounting. *American Economic Journal Macroeconomics*, 2010, 2(1): 207 - 223.

[61] Joshi S, Schultz T P. Family Planning as an Investment in Development: Evaluation of a Program's Consequences in Matlab, Bangladesh. Working Papers, 2007.

[62] Kalemli-Ozcan S. A Stochastic Model of Mortality, Fertility, and Human Capital Investment. *Journal of Development Economics*, 2003, 70(1): 103 - 118.

[63] Kögel T. Youth Dependency and Total Factor Productivity. *Journal of Development Economics*, 2005, 76(1): 147 - 173.

[64] Lee R, Mason A. What is the Demographic Dividend?. *Finance & Development*, 2006, 43(3): 16 - 17.

[65] Lee R. The Demographic Transition: Three Centuries of Fundamental Change. *Journal of Economic Perspectives*, 2003, 17(4): 167 - 190.

[66] Leff N H. Dependency Rates and Savings Rates. *American Economic Review*, 1969, 59(5): 886 - 896.

[67] Li H, Zhang J, Zhang J S. Effects of Longevity and Dependency Rates on Saving and Growth: Evidence from a Panel of Cross Countries. *Journal of Development Economics*, 2007, 84(1): 138 - 154.

[68] Lindh T, Bo M. Age Structure Effects and Growth in the OECD, 1950—1990. *Journal of Population Economics*, 1999, 12(3): 431 - 449.

[69] Lutz W, Cuaresma J C, Sanderson W. The Demography of Educational Attainment and Economic Growth. *Science*, 2008, 319(5866): 1047.

[70] Mason A, Lee R. International Seminar on the Demographic Window and Healthy

Aging: Socioeconomic Challenges and Opportunities. CCER, Peking University, Beijing, 2004.

[71] Prskawetz A, Mahlberg B, Skirbekk V, et al. The Impact of Population Ageing on Innovation and Productivity Growth in Europe. Research Report, 2006.

[72] Tsui K Y. Decomposition of China's Regional Inequalities. *Journal of Comparative Economics*, 1993, 17(3): 600 – 627.

[73] Tsui K Y. Forces Shaping China's Interprovincial Isnequality. *Review of Income and Wealth*, 2007, 53(1): 60 – 92.

[74] Wang F, Mason A. Demographic Dividend and Prospects for Economic Development in China. Papers presented at the UN Expert Meeting on Social and Economic Implications of Changing Population Age Structures. Mexico City, 2005.

[75] Wei Z, Hao R. Demographic Structure and Economic Growth: Evidence from China. *Journal of Comparative Economics*, 2010, 38(4): 472 – 491.

[76] Zhang H F, Zhang H L, Zhang J S. Demographic Age Structure and Economic Development: Evidence from Chinese Provinces. *Journal of Comparative Economics*, 2015, 43(1): 170 – 185.

第十一章　教育公平及其经济增长绩效

本章提要　本章选取城乡教育不公平、地域教育不公平、阶段教育不公平、阶层教育不公平四个角度来考察教育公平问题的现状,在此基础上进一步研究教育公平对经济增长和社会发展的重要影响。基于1997~2011年全国30个地区的数据,分别检验了教育水平差异、教育公平对经济增长的影响,并进一步划分东、中、西部,考察东、中、西部教育水平差异、教育公平对经济增长的影响。研究显示:① 教育对经济增长和社会发展有显著的促进作用,教育公平有助于提高教育对经济增长的促进作用,这种促进作用在我国东中西部具有相同的影响。② 教育公平促进劳动生产率、提高科技进步、提升管理效率、适应经济结构调整,对于经济发展有显著影响;教育公平有助于加快阶层流动、提升人口素质、有利于民主政治、法制建设和文化建设,对社会发展也影响深远。

第一节　研究背景与基本框架

一、研究背景

教育,对于每个个体来说,既是知识技能的习得,亦是素质能力的培养,对个体的发展有着至关重要的作用;对于社会来说,教育培养了高素质的劳动力,推动经济发展与社会进步,同时进行着文化与文明的传承延续。因此,教育的重要意义毋庸置疑。

公平,是社会的重要基础,一个社会的公平程度,衡量着这个社会的健康度,也影响着社会的整体发展和其中每个个体的幸福感,影响着社会的安定和谐。教育公平,由于教育的重要地位和作用,因而是社会公平的重要组成部分。

从经济学的角度来说,教育通过培养大量劳动力,能够提高劳动者的素质,并且提升劳动生产率,对经济发展起着促进作用;教育培养的高素质人才还能带来更多的创新和技术进步等,这些教育的外溢作用也提高着全要素生产率,促进着经济的发展和结构的调整;更进一步,教育通过培养高素质的人才,带来了社会全方位的进步,包括政治、文化、医疗、法治等方面,全面提升着社会的文明程度,带来社会的全面进步。

而教育公平,是教育的重要方面,对于教育良好地发挥能动性作用有着重要影响,一个公平的教育对于经济的健康发展、对于社会的和谐进步都有着重要的作用。新中国成立以来,国家对于教育就极其重视,教育投入对经济增长也带来了极大的促进作用。特别是在改革开放以来,在政府大力投资下,教育水平和教学成果的质量都有了极大的提高。

但不可忽视的是,我国在教育投资大量增加的同时,教育的公平性却有所缺失。我国总人口占世界人口约 21%,教育人口占世界约 26%,长期以来,中国以全世界 3% 的教育经费,支撑起占世界人口 1/5 的教育,既是骄人的成就,也侧面反映了教育投资的严重不足。而在具体的教育投资上,我国教育投资的效率非常高,但是不公平现象却越发严重,并且已经影响到了效率,在长期更是会产生极其不利的影响。

在改善教育公平情况上,我国也积极采取了一些措施,如全面实行免费义务教育,建立了资助强度高、覆盖面广的新的国家资助体系,对农村中小学生实施"两免一补"政策,改善进城务工就业农民子女就学情况,对全国义务教育阶段的学校普遍实行了"一费制"等,但是教育不公平的现状却没有得到根本的解决。"择校热""小升初畸变"农民工子女上学难、农村教育质量低……这一系列问题常常成为社会广泛关注的"热点"。教育不公平的现象屡有发生,对于经济的增长和社会的发展有着一定的阻碍。

针对当前的经济发展现状、教育不公平的事实,以及由其引发的一系列社会经济现象,本章希望通过研究教育的不公平现象及其对经济社会影响,进一步深入分析这一问题的根源,并借此提出解决的方法。

二、研究框架与方法

本章首先对涉及教育公平的基本理论和经典文献进行梳理,作为本章的理论基础。接着考察我国财政教育投资的整体状况,分析我国教育公平的现状,对教育公平进行一次较为全面的梳理。然后,深入分析教育公平与经济增长之间的关系,建立计量模型,通过实证,研究教育公平的绩效问题,对教育公平对经济增长的影响作用进行分析。再次,系统分析教育公平对经济发展和社会发展的影响绩效。最后得出结论,并据此给出促进教育公平和经济发展的政策建议。具体分析框架,如图 11-1 所示。

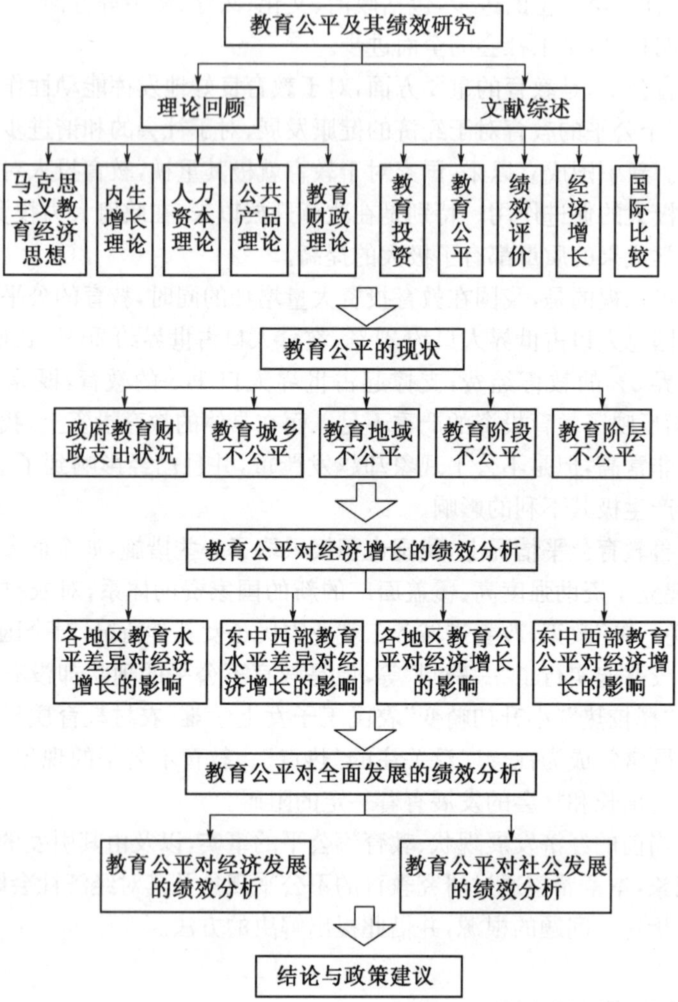

图 11-1　本章基本框架图

第二节　理论回顾及文献综述

一、概念界定

明确教育公平的概念，有助于研究教育公平及其绩效这一问题。

教育公平的内涵包括起点公平、过程公平和结果公平。起点公平主要是受教育的权利要公平,即人人都有公平的受教育权。过程公平是要求在受教育时,教育资源的分配应遵循公平的原则。结果公平是起点公平和过程公平的结果显现,可以考量起点公平与过程公平。除此之外,教育公平还强调教育个体的差异性和补偿性。不同区域、阶层、性别、种族的人群在接受教育时具有差异性。教育的公平性要求对这种差异性进行补偿,这样达到的才是真正意义上的教育公平。

因此,教育公平不等于教育平等。教育平等是一个比较绝对的概念,要求产生同样的结果,这是一个不现实也不科学的要求。教育公平并不要求绝对的均等,而是提出公平的机会以及对差异进行补偿。此外,教育公平与教育效率这一概念并不矛盾。教育效率衡量的是教育的成果,是投入与产出的结果。教育公平带来的教育资源合理配置,会促进教育效率的提高。

二、理论回顾

(一)马克思的教育经济思想

马克思在《资本论》中,将人类的劳动分为生产和非生产两类,并且强调教育与劳动的结合是一个复杂过程,而非简单过程。教育不仅是提高社会生产的一种方法,而且是造就全面发展的人的唯一方法。马克思在1886年提出,"教育是人类发展的正常条件和每一个公民的真正利益。"从社会再生产的角度,马克思强调,教育与社会再生产之间的关系是最基本的关系,而且教育在社会再生产中直接体现了其经济价值。

马克思主义教育经济思想主要包括,马克思、恩格斯提出的由教育所形成的工人的知识和技能、科学发展水平及其在工艺上的应用,是提高劳动生产率的重要因素;教育能提高劳动生产能力,是社会再生产的必要条件;在现代化大生产中,教育的作用更加重要。马克思的教育经济思想同时也包括了列宁、斯大林的教育经济思想。包括要建立强大的社会主义物质基础,必须把发展教育这个任务放在首位;教育经费是教育事业的物质基础,发展教育必须增加教育经费,使之在国家的预算中占有相当大的比重。马克思的教育经济思想,还包括邓小平的教育经济思想,如,教育事业必须与国民经济发展的要求相适应;经济发展后劲的大小越来越取决于劳动者的素质;只有把教育搞上去,中国的经济发展才能真正接近发达国家的水平。

马克思主义教育经济思想揭示了教育与经济的辩证关系。按照马克思主义理论,正是因为教育可以生产和提高劳动者的劳动能力,把简单劳动变为复杂劳动,从而创造更多的价值。这为科学地计量教育对经济增长的贡献和教育的社会经济效益指明了方向。

（二）内生增长理论

内生增长理论中,经济增长（economic growth)代表的是一国潜在的 GDP 或国民产出的增加。与此相关的重要概念是人均产出增长率,它决定了一国生活水平提高的速度,人均产出的增长带来的是平均收入的提高。经济增长的四个轮子是人力资源、自然资源、资本和技术变革。其中,人力资源包括了劳动力的规模和劳动力的素质,而劳动力的素质在很大程度上受到教育的影响;教育带来的人力资本的提高又间接影响着技术与创新。由此可见,教育对经济增长有着极大的促进作用,是经济增长的重要因素。经济增长的促进因素模型,如图 11-2 所示。

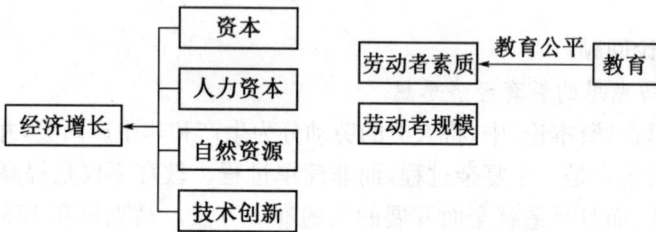

图 11-2　经济增长的促进因素

在研究经济增长中,学者们通常运用柯布-道格拉斯生产函数（Cobb-Douglas Production Function)对经济增长因素进行分析,基本公式为 $Q=AF(K,L,R)$。

教育公平,对于教育在促进劳动者素质的过程中,会产生显著影响,进而影响人力资本的形成,从而影响经济增长。并且,从经济发展的角度讲,教育公平是长期经济增长最基本的保障和最根本的动力源泉。联合国教科文组织第十一次《全民教育全球监测报告》指出,一个确保平等和高质量的教育可以产生巨大的经济回报,能在 40 年的时间中使国家人均国民生产总值增加 23%。

（三）人力资本理论

人力资本理论建立于 20 世纪 60 年代,代表人物有美国经济学家舒尔茨、贝克尔和明瑟。舒尔茨（Schultz T. W.）在《论人力资本投资》提出,知识与技术都是资本的形式,投资的重点要从物质投资向人力资本投资转移,教育投资的增长速度应当高于物质资本投资的增长速度。人力资本的教育—投资收益模型,如图 11-3 所示。

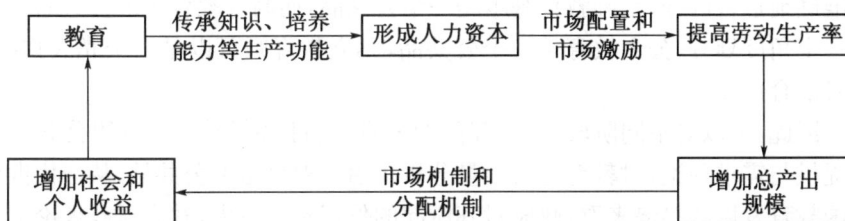

图 11-3　人力资本理论的教育投资—收益模型

教育通过知识的传承和能力的培养,能帮助形成人力资本,而人力资本又可以提高劳动生产率,并进而增加总产出的规模,最后可以通过分配机制提高社会和个人的收益,而社会和个人又可将这些收益应用于教育,进而完善这一良性的经济循环,带来投资和收益的不断增长。

舒尔茨从个人和社会两个方面来考虑教育投资的收益率:

$$某级教育投资收益率 = \frac{某年级毕业生平均收入 - 前一级毕业生平均收入}{某级教育人均经费}$$

对于社会,则是用余数分析法(Method of Residues),通过对余数的量化分析计算教育对国民收入增长的贡献:

$$教育对经济增长贡献率 = \frac{教育投资收益增长额}{国民经济增长额}$$

(四)公共产品理论

公共品(public goods)是指这样一类商品:将该商品的效用扩展于他人的成本为零;无法排除他人参与共享。公共产品理论认为,社会产品可以分为三类:纯公共产品(Pure public goods)、私人产品(Private goods)和混合产品(Mixed goods,也称准公共产品)。

教育也是政府应该提供的一项公共品,特别是基础教育。雷诺兹(L. G. Renolds)认为,教育是"准公共物品",市场在这里是行不通的,"社会可能决定给予津贴甚至免费分配"。

教育具有非常显著的正外部性,对经济增长产生巨大的促进作用。而由于教育具有很高的外部经济效益,所以教育带来的社会效益远远高于私人收益。教育投资的成本无法有效补偿,这决定了教育不能完全通过市场机制实现。并且,如果将教育全部由私人部门提供,则他们在调节教育资源时,容易忽视长远的社会利益。因此,一般将教育部门看作是公共部门或准公共部门。更准确地进行区分,基础教育基本是一个公共品,而高等教育是准公共品。从另一个角度划分,公立教育是一个公共品,私立教育则可以是一个私人物品,或者混合产品。

因此,可以对不同阶段、不同部门的教育进行区别分析;并运用公共产品的提供与需求理论,对教育进行计量分析。由于教育是准公共品,从当代世界各国教育发展的趋势来看,政府对其所起的作用越来越大,教育财政理论也应运而生。

（五）教育财政理论

亚当·斯密为代表的西方古典经济学家,广泛地研究了教育财政。他们分析得出,通过教育培训,可以获得有用的能力。并根据此理论,提出政府有必要对教育进行投入。

教育财政理论是公共财政理论的一部分。公共财政是指,国家为了履行公共职能的需要,凭借国家权力,强制无偿地参与国民收入分配的行为。公共财政理论认为社会资源是稀缺的,需要通过制度设计,来提高资源分配的效率,以达到最优配置,也即最大化财政支出的使用效率。教育财政作为公共财政支出的重要部分,是国家对教育经费及其他相关教育资源的管理。包括了国家对教育经费和其他教育资源的筹措、分配及使用的监督等。

教育财政的划分方法很多:按教育体制(或受教育程度)分类,可分为学前(幼儿)教育财政、初等教育财政、中等教育财政、高等教育财政以及其他形式的教育财政;按政府管理体制分类,在中国可分为中央政府教育财政和地方政府教育财政;按收入来源分类,可分为财政预算内教育经费、各级政府征收用于教育的税费、企业办学教育经费、校办产业、勤工俭学和社会服务收入中用于教育的经费、其他属于国家财政性的教育经费;按支出用途分为教育事业费支出和教育基建投资支出;按支出有无补偿分为教育财政的购买性支出和转移性支出两类。

教育财政的基本功能主要有三个方面:第一,筹措教育经费及其他教育资源,以保证国家教育发展的需要;第二,分配教育经费,配置教育资源;第三,监控教育经费的合法使用及其他教育资源的有效利用。教育财政的基本制度对教育经费及有关资源的筹集、分配与使用有着重大影响,包括教育预算制度、教育决算制度、教育审计制度和教育税收制度。

三、文献综述

（一）教育投资

教育投资广义上包括财政教育投资、家庭教育投资、社会教育投资等。由于本章主要关注政府的教育财政支出，所以重点查阅了财政教育投资的相关文献。

张宏霞经过研究得出，财政教育投资是国家和各级政府对教育领域的投资，是发展教育事业的重要物质保证。我国财政教育投资绝对数增长较快，但相对数水平较低，投资级别结构和地区结构均不合理，因而应加强财政教育投资的调控，完善财政教育经费收入制度，确保财政教育投资落实到位（张宏霞，2009）。

教育投资是决定教育发展的物质基础，同时也是国民收入再分配的形式。同时，教育投资是整体经济投资结构中的一部分。由此，要正确认识教育投资与经济发展的基本关系极其运行方式。在我国受教育人口基数大、教育供给相对不足的现实背景下，教育投资不足，投资渠道多元化格局尚未最后形成，教育投融资机制远未健全（伍喆，2001）。

（二）教育公平

有的学者重点研究了教育公平的重要性。如温勇斌等研究得出，教育公平是社会公平关键的一环，教育的不公平会加剧社会的不公平（温勇斌等，2008）。有的学者对教育公平的研究进行了梳理，如龙安邦等总结出，我国教育公平问题突出表现在城乡差距、区域差距和阶层差距等方面。造成教育公平问题的原因包括教育制度、教育体制、教育政策、社会分层及文化因素等，而政府是教育公平的主要责任者（龙安邦、范蔚，2013）。

更多的学者对我国教育不公平的现状，有针对性地，对于其中的某个或几个方面，进行深入的研究。学者们在各个细分的角度研究了教育不公平现象，如李森研究了城乡二元结构下基础教育不公平的原因，"财权上移，事权下移"导致农村教育经费投入不足、各级政府对教育投入的责任与其财政能力不相称，以及义务教育制度城乡推行差异。而深层次来看，教育体制运行缺乏配套制度的同步改革、管理主义政府模式的诟病和政府的教育保障及监管职能弱化是城乡教育不公平的根本原因（李森，2011）。杨颖秀则分析了高中阶段教育不公平的原因，包括忽视了高中教育的公益性、在空间上将高中阶段教育与教育整体割裂、忽视了教育发展的动态性、忽视了教育公平与效率的相互依存性等（杨颖秀，2007）。

对于教育公平的具体衡量,大多数学者采用了教育基尼系数,如张长征和李怀祖在白雪梅、赵松山方法的基础上,建立了计算公式,对教育基尼系数进行具体的测量,来衡量教育不公平的具体情况(张长征、李怀祖,2005)。

(三)绩效评价

很多学者还对教育投资的绩效进行评价与分析。李蓉在分析中提出,公共教育支出绩效评价,是政府管理公共教育方式的创新,也是许多国家正在进行的教育拨款制度改革的重要内容;通过绩效评价,形成公共支出拨款与教育业绩配套的机制,有利于扩大教育普及率和提升教育质量(李蓉,2012)。

盛明泉等的研究主要关注高等教育,他提出教育投资作为一种生产性投资,可计算投入与产出,也同样存在成本与效益的问题。而高校是非营利性机构,其追求的不仅仅是经济效益还有社会效益。单从经济效益的角度讲,单位成本越低越好,可是教育投入的不足,必然会使教育质量下降,合格产品减少,导致社会效益的降低(盛明泉、王勤,2007)。

王敏在对我国财政教育支出的绩效进行评价时,提出从规模绩效评价、结构绩效评价、导向绩效评价、拨付绩效评价这四个方面进行考察,其中结构绩效评价又可细分为财政教育支出内部结构、各级各类教育结构、地区教育结构等(王敏,2005)。

(四)经济增长

在这一方面实证研究比较多。如刘旦将1992至2004年间我国国内生产总值增长率,与同期我国教育经费总量增长率进行回归分析和协整关系检验。实证结果发现,与世界先进水平相比,我国教育投资对经济增长的贡献水平还比较低。然后从教育投资总量和教育投资结构等方面,详细剖析了教育投资对经济增长低贡献水平的成因(刘旦,2013)。

蔡增正则将教育的全部作用与外溢作用模型化,然后分别估计它们对经济增长的贡献。并对低收入、中等收入和工业化国家的三个样本进行了划分,分别进行估计,以考察教育在经济发展不同阶段的作用。其研究的主要结果是,得出教育对于经济增长的贡献巨大且具实质性,外溢作用不仅是正的,而且颇为可观;同时也发现,教育部门与经济中其他部门相比生产力低;教育对于经济增长的作用在经济发展的过程中表现为先弱后强,最后稍有降低的趋势(蔡增正,1999)。

张学敏等学者的研究还结合了人口红利理论,分析结果显示我国教育发展与国民收入之间呈现显著正相关关系,教育投入和教育发展规模适应并促进了国民收入的提升。但是,我国将面临由于人口年龄结构优势产生的人口红利逐渐减少的困境。在此背景下,国民收入层级的提升将主要依靠人力资本积累和科技进步,教育作为人才培养的主要手段,其作用显得尤为重要。为此,他们提出,要继续增加教育投入,提升国民整体素养;扩大教育规模,变人口年龄结构优势为人才结构优势;转变教育思想,提高教育质量(张学敏、冯太学,2012)。

(五)国际比较

发达国家在教育公平上的政府行为,有许多值得我国借鉴的经验。曹文等既从数量上将我国人均教育支出与世界各国进行比较,还从结构上比较分析政府教育投入结构,研究了我国教育经费在不同级别学校之间、地区之间分布结构的不合理(曹文、段崇锋,2001)。李芳等则发现转轨后的俄罗斯受经济发展的影响,出现了政府对高等教育资金投入不足等问题。俄罗斯教育最棘手的问题是严重的财政投入问题,面临如此大的升学压力,多渠道筹措资金成为俄罗斯政府和各高等院校的首要任务,并在实践中取得一些成效(李芳、徐明,2005)。

在中国和美国,教育公平的问题都受到高度的重视。但是,由于两国发展水平和文化背景不同,对教育公平的关注点存在差异。中国聚焦于农村教育和高考制度,研究取向上注重政策评论和宏观研究;美国聚焦于种族教育、女性教育和特殊人群教育,研究取向上注重政策调查和微观教学研究(窦卫霖、宋桂霞,2013)。孙亚等以2012年OECD发布的报告《教育公平与质量》为研究对象,融合语料库方法与话语分析,统计结果主要是该文本的主题语义域和主题词,包括"弱势""领导力""经济"等,这揭示了目前OECD对教育公平政策的关注(孙亚、窦卫霖,2013)。

第三节　教育公平的现状

一、政府教育财政支出状况

(一)财政教育经费绝对量不断增加

20世纪90年代以来,我国政府不断增加教育投资,财政性教育经费支出和预算内教育经费支出都不断增长。表11-1给出了我国教育财政支出的一些绝对指标的实际情况。

表 11－1　我国教育财政支出绝对指标分析

时间	财政收入（亿元）	财政支出（亿元）	国家财政性教育经费(亿元)	国家财政预算内教育经费（亿元）	财政收入增长率（%）	财政支出增长率（%）	财政性教育经费增长率(%)	预算内教育经费增长率（%）
1991 年	3 149.48	3 386.62	617.83	459.73	—	—	—	—
1992 年	3 483.37	3 742.20	728.75	538.74	10.60	10.50	17.95	17.19
1993 年	4 348.95	4 642.30	867.76	644.39	24.80	24.10	19.08	19.61
1994 年	5 218.10	5 792.62	1 174.74	883.98	20.00	24.80	35.38	37.18
1995 年	6 242.20	6 823.72	1 411.52	1 028.39	19.60	17.80	20.16	16.34
1996 年	7 407.99	7 937.55	1 671.70	1 211.91	18.70	16.30	18.43	17.85
1997 年	8 651.14	9 233.56	1 862.54	1 357.73	18.00	16.30	11.42	12.03
1998 年	9 875.95	10 798.18	2 032.45	1 565.59	14.20	16.90	9.12	15.31
1999 年	11 444.08	13 187.67	2 287.18	1 815.76	15.90	22.10	12.53	15.98
2000 年	13 395.23	15 886.50	2 562.61	2 085.68	17.00	20.50	12.04	14.87
2001 年	16 386.04	18 902.58	3 057.01	2 582.38	22.30	19.00	19.29	23.81
2002 年	18 903.64	22 053.15	3 491.40	3 114.24	15.40	16.70	14.21	20.60
2003 年	21 715.25	24 649.95	3 850.62	3 453.86	14.90	11.80	10.29	10.91
2004 年	26 396.47	28 486.89	4 465.86	4 027.82	21.60	15.60	15.98	16.62
2005 年	31 649.29	33 930.28	5 161.08	4 665.69	19.90	19.10	15.57	15.84
2006 年	38 760.20	40 422.73	6 348.36	5 795.61	22.50	19.10	23.00	24.22
2007 年	51 321.78	49 781.35	8 280.21	7 654.91	32.40	23.20	30.43	32.08
2008 年	61 330.35	62 592.66	10 449.63	9 685.56	19.50	25.70	26.20	26.53
2009 年	68 518.30	76 299.93	12 231.09	11 419.30	11.70	21.90	17.05	17.90
2010 年	83 101.51	89 874.16	14 670.07	13 489.56	21.30	17.80	19.94	18.13
2011 年	103 874.43	109 247.79	18 586.70	16 804.56	25.00	21.60	26.70	24.57
2012 年	117 253.52	125 952.97	22 236.23	—	12.90	15.30	19.64	—

资料来源：中华人民共和国国家统计局网站数据查询系统 http://data.stats.gov.cn/.

　　从表11-1可以看出,我国教育经费的在投入绝对量上不断增加,国家财政预算内教育经费、国家财政预算内教育经费,随着财政收入和支出的增长也在逐年增加;财政性教育经费的增长率和预算内教育经费的增长率,基本与财政收入和财政支出的增长率相吻合,有着相同的变化趋势。由此可见,我国财政教育支出在逐年增加,且增加的幅度较大,波动也较大。

　　(二)财政教育经费相对量不断增加

　　2012年,全国教育经费总投入为 27 695.97 亿元,比上年的 23 869.29 亿元增长 16.03%。其中,国家财政性教育经费为 22 236.23 亿元,比上年的 18 586.70 亿元增长 19.64%。表11-2 对 1991 年以来我国财政教育支出的相对变化水平进行了归纳。

表 11-2　中国财政性教育支出占 GDP、GNP 比例分析

时间	财政性教育经费(亿元)	国内生产总值GDP(亿元)	国民生产总值GNP(亿元)	财政性教育经费占 GDP 比例(%)	财政性教育经费占 GNP 比例(%)
1991 年	617.83	2 1781.50	21 826.20	2.84	2.83
1992 年	728.75	26 923.50	26 937.30	2.71	2.71
1993 年	867.76	35 333.90	35 260.00	2.46	2.46
1994 年	1 174.74	48 197.90	48 108.50	2.44	2.44
1995 年	1 411.52	60 793.70	59 810.50	2.32	2.36
1996 年	1 671.70	71 176.60	70 142.50	2.35	2.38
1997 年	1 862.54	78 973.00	78 060.90	2.36	2.39
1998 年	2 032.45	84 402.30	83 024.30	2.41	2.45
1999 年	2 287.18	89 677.10	88 479.20	2.55	2.58
2000 年	2 562.61	99 214.60	98 000.50	2.58	2.61
2001 年	3 057.01	109 655.20	108 068.20	2.79	2.83
2002 年	3 491.40	120 332.70	119 095.70	2.90	2.93
2003 年	3 850.62	135 822.80	134 977.00	2.84	2.85

（续表）

时间	财政性教育经费(亿元)	国内生产总值GDP(亿元)	国民生产总值GNP(亿元)	财政性教育经费占GDP比例(%)	财政性教育经费占GNP比例(%)
2004 年	4 465.86	159 878.30	159 453.60	2.79	2.80
2005 年	5 161.08	184 937.40	183 617.40	2.79	2.81
2006 年	6 348.36	216 314.40	215 904.40	2.93	2.94
2007 年	8 280.21	265 810.30	266 422.00	3.12	3.11
2008 年	10 449.63	314 045.40	316 030.30	3.33	3.31
2009 年	12 231.09	340 902.80	340 320.00	3.59	3.59
2010 年	14 670.07	401 512.80	399 759.50	3.65	3.67
2011 年	18 586.70	473 104.00	468 562.40	3.93	3.97
2012 年	22 236.23	518 942.11	516 282.10	4.28	4.31

资料来源:《中国统计年鉴》、《中国教育经费统计年鉴》。

1993 年,国务院颁布了《中国教育改革和发展纲要》。该纲要提出,"在 20 世纪末财政性教育经费要占到国民生产总值的 4%"。从表 11-2 可见,国家财政性教育经费占国民生产总值的比例达到 4% 这一目标,直到 2012 年才得以实现,20 世纪的后 10 年和 21 世纪的前 11 年,国家财政性教育经费占国民生产总值的比例一直较低。截至 2006 年,国家财政性教育经费占国民生产总值的比例都不足 3%,直到 2007 年之后,这一比例才逐渐从 3.12% 上升到 4.28%。

按照《中国教育改革和发展纲要》的要求进行,以 4% 的比例为目标,2000~2011 年,国家财政性教育经费支出累计"欠账"达到 21 923 亿元。由此可见,我国教育经费的投入一直较低,并且前期欠账较多,需要后期加大投入。而较低的投入,使得本就不多的教育资源在分配时更为稀缺,加剧了教育资源分配的不公平。

（三）预算内教育支出相对量情况

政府预算内教育支出与财政支出的关系,也是衡量政府教育财政支出的重要方面。表 11-3 对财政支出与政府预算内教育支出进行了比较。

表 11 - 3　财政支出与政府预算内教育支出比较

时间	预算内教育经费支出（亿元）	财政支出（亿元）	预算内教育经费支出占财政支出的比例（%）	预算内教育经费增长率（%）	财政支出增长率（%）	预算内教育支出对财政支出的弹性
1991 年	459.73	3 386.62	13.57	—	—	—
1992 年	538.74	3 742.20	14.40	17.19	10.50	1.64
1993 年	644.39	4 642.30	13.88	19.61	24.10	0.81
1994 年	883.98	5 792.62	15.26	37.18	24.80	1.50
1995 年	1 028.39	6 823.72	15.07	16.34	17.80	0.92
1996 年	1 211.91	7 937.55	15.27	17.85	16.30	1.09
1997 年	1 357.73	9 233.56	14.70	12.03	16.30	0.74
1998 年	1 565.59	10 798.18	14.50	15.31	16.90	0.91
1999 年	1 815.76	13 187.67	13.77	15.98	22.10	0.72
2000 年	2 085.68	15 886.50	13.13	14.87	20.50	0.73
2001 年	2 582.38	18 902.58	13.66	23.81	19.00	1.25
2002 年	3 114.24	22 053.15	14.12	20.60	16.70	1.23
2003 年	3 453.86	24 649.95	14.01	10.91	11.80	0.92
2004 年	4 027.82	28 486.89	14.14	16.62	15.60	1.07
2005 年	4 665.69	33 930.28	13.75	15.84	19.10	0.83
2006 年	5 795.61	40 422.73	14.34	24.22	19.10	1.27
2007 年	7 654.91	49 781.35	15.38	32.08	23.20	1.38
2008 年	9 685.56	62 592.66	15.47	26.53	25.70	1.03
2009 年	11 419.30	76 299.93	14.97	17.90	21.90	0.82
2010 年	13 489.56	89 874.16	15.01	18.13	17.80	1.02
2011 年	16 804.56	109 247.79	15.38	24.57	21.60	1.14
2012 年	—	125 952.97	—	—	15.30	—

资料来源:《中国统计年鉴》、《中国教育经费统计年鉴》。

我国《教育法》规定,中国预算内教育支出应占到财政支出比例为 15％,但是从表 11-3 可见,从 1991～2012 年,有 12 年的预算内教育支出小于财政支出的 15％。

预算内教育支出对财政支出的弹性公式如下:

$$预算内教育支出的弹性 = \frac{预算内教育支出增长率}{财政支出增长率}$$

当预算内教育支出对财政支出的弹性数据小于 1 时,表示预算内教育支出的增长率小于财政支出的增长率;大于 1 时,表示预算内教育支出的增长率大于财政支出的增长率;等于 1 时,表示这两者的增长率相等。从上表可以看出,有 9 年的预算内教育支出对财政支出的弹性小于 1,说明这 9 年的政府预算内教育经费支出皆未达到要求。

综合以上三个方面,我们可以看出,我国教育经费投入的绝对量在不断增加,政府的教育财政支出和预算内教育经费支出都在不断扩大,但是教育财政经费支出占国民生产总值的比例还较低,之前的欠账还较多,预算内教育支出的增长率也未完全跟上财政支出的增长率。

总结而言,我国教育支出占财政支出的比例还较小,以往欠账还较多,虽然投入在不断增加,但教育资源还具有一定的稀缺性,因而,稀缺的公共教育资源在分配时,也会加剧不公平情况的发生。财政投资的不公平既体现在地区的财政支出分配上,也体现在城乡教育资源不对等上,还体现在各阶段教育经费比例不均上,稀缺的公共教育资源的分配问题对于后文四个方面的教育不公平是一个重要作用因素。

二、教育城乡不公平

我国城乡经济社会发展存在较大的不平衡现象,体现在教育水平上,也表现为城乡教育不公平,城乡教育水平差距较大。具体表现在以下几个方面。

(一)基础教育的城乡差距分析

我国 1996～2011 年城乡生均预算内教育经费差距度如表 11-4 所示。城乡生均预算内教育经费差距度,是衡量义务教育城乡差距的重要指标,它由以下公式计算得出:

$$\frac{城乡生均预算内}{教育经费差距度} = \frac{城市预算内生均教育经费 - 农村预算内生均教育经费}{人均国内生产总值}$$

表 11-4　城乡义务教育阶段生均预算内教育经费差距度

年份	城市义务教育生均预算内教育经费		农村义务教育生均预算内教育经费		人均国内生产总值（元）	城乡小学生均预算内教育经费差距度	城乡初中生均预算内教育经费差距度
	初中（元）	小学（元）	初中（元）	小学（元）			
1996	631.17	331.00	483.34	266.73	5 846	0.011 0	0.025 3
1997	684.43	367.78	526.56	297.13	6 420	0.011 0	0.024 6
1998	690.47	405.14	525.25	328.64	6796	0.011 3	0.024 3
1999	716.60	450.50	552.73	369.78	7159	0.011 3	0.022 9
2000	753.89	528.76	572.21	437.08	7 858	0.011 7	0.023 1
2001	900.42	690.46	701.13	579.08	8 622	0.012 9	0.023 1
2002	1 064.72	873.34	862.42	751.12	9 398	0.013 0	0.021 5
2003	1 179.31	1 015.03	956.80	870.98	10 542	0.013 7	0.021 1
2004	1 410.62	1 245.62	1 199.20	1 108.93	12 336	0.011 1	0.017 1
2005	1 731.13	1 493.76	1 507.39	1 347.13	14 185	0.010 3	0.015 8
2006	2 274.98	1 904.45	2 063.26	1 754.04	16 500	0.009 1	0.012 8
2007	3 293.89	2 632.04	3 006.72	2 488.04	20 169	0.007 1	0.014 2
2008	4 479.63	3 373.81	4 195.25	3 199.47	23 708	0.007 4	0.012 0
2009	5 493.60	4 101.62	5 186.75	3 868.64	25 608	0.009 1	0.012 0
2010	6 628.24	4 942.40	6 244.81	4 664.99	30 015	0.009 2	0.012 8
2011	8 586.79	6 332.45	8 163.76	6 047.56	35 198	0.008 1	0.012 0

资料来源:《中国教育经费统计年鉴》、全国教育经费执行情况统计公告。

从表 11-4 可以看出,城乡小学生均预算内教育经费差距度,由 1998 年逐步上升到 2003 年的最高值 0.013 7,然后逐步降低,到 2011 年变为了 0.008 1;城乡初中生均预算内教育经费差距度,从 1996 年的 0.025 3,一直下降到 2011 年的 0.012 0。

（二）高等教育的城乡差距分析

我国的高等学校都集中于城市,这是经济发展的必然规律,但是城乡学生接受高等教育的情况却有了巨大的差距。本科生中农村学生比例一直较低,特别是重点大学,如 985 高校和 211 高校中,农村学生的录取率则更低。

这种城乡差距,正从外在的不均衡,转移为隐性的、更深层次的不均衡。1998年,农村青年入大学人数为40万人,占当年招生总数的37%;进行扩招后,2004年,农村青年入大学人数为230万人,占当年招生总数51%。从表面来看,农村学生入学比例大大提高了。但是事实上,农村学生主要分布在了层次较低的地方性高校和专科院校,进入重点高校的比例仍然较低。

(三)教育资源的城乡差距分析

城市集中了较多的教师资源,教师的整体素质更高,优秀教师、校长都集中在城市,而对于农村来说,教师资源则十分稀缺,优秀的教师和校长一般都不愿到农村去教学,更倾向于在城市教书育人。而农村的教师待遇也不及城市。教师每个月的待遇在西部农村较低,小学大约130元,初中大约230元。而且农村地区,还存在"代课教师",只能拿公办教师1/3、1/4的报酬。由于农村学校与城镇学校的差距过大,因而有条件的农村孩子会选择进城上学。这既说明了城乡教育水平不均等,更表现出这种不均等给农村学生上学问题产生了更大的阻碍作用,使得农村学生接受教育更加困难。

(四)城乡教育不公平的因素分析

城乡教育差距主要是由于中国城乡二元经济结构特征造成的。这种二元教育体制,使得乡村在负担教育经费上压力过大,而城市则有更多更好的教育资源。要解决这一问题,唯有加大对农村教育经费的转移支付。

其次,城乡教育不公平还受到地区经济发展差异的影响。一般而言,发达的沿海地区,城乡教育不公平情况较不明显,发达地区的农村教育发展明显好于不发达的西部地区,西部地区由于经济发展较慢,农村教育的情况不容乐观。

三、教育地域不公平

(一)基础教育的地区差距分析

从教育部公布的历年全国教育经费执行情况统计公告来看,各省的生均教育经费差距十分明显。以小学生的生均公共财政预算教育经费为例,最高的是北京市,2012年生均经费达18 494.11元,最少的是河南省,生均经费只有2 736.91元,约只有前者的1/7。此外,各省区内部也存在地区差异。全国约有40个还没有实现"两基"的县,也主要分布在西部的偏远地区。

就升学制度而言,北京、上海的升学压力明显小于其他地区,户籍制度、政府政策对这个问题具有显著影响。基础教育资源在地方分配上的不平衡,导致了学生们尽管生活在同一个国家,起点却是不平等的。这种起点的不公平,对于不发达地区学生今后更长远的发展,非常不利。

（二）高等教育的地区差距分析

高等学校更多地集中于东部地区,东部地区的高等学校不仅资源多,而且教育质量更好。东部地区和发达城市的学生更容易享受高质量的高等教育。

此外,高等教育的入学门槛对于各地也是不同的。近几年来,北京、天津、上海的高考录取的重点、本科、专科学校各档最低分数线,较之中西部地区的湖南、湖北等地的分数线平均要低100分左右。同样的高等院校,发达城市的入学比不发达地区更为容易。这样的情况是和教育公平的要求相违背。

（三）平均教育年限差距分析

全国各地经济发展不均衡,社会发达程度也不相同,教育事业也出现了不均衡的结果。其中,显著的表现就是劳动者平均受教育年限的不均等。各地区劳动者平均受教育年限可由统计数据测算得到,具体测算过程,请见后文指标测算部分。

对1997~2011年,全国31个省、市、自治区、直辖市的平均教育年限的测算结果,如图11-4所示。从图中可以看出,发达地区的劳动者平均受教育年

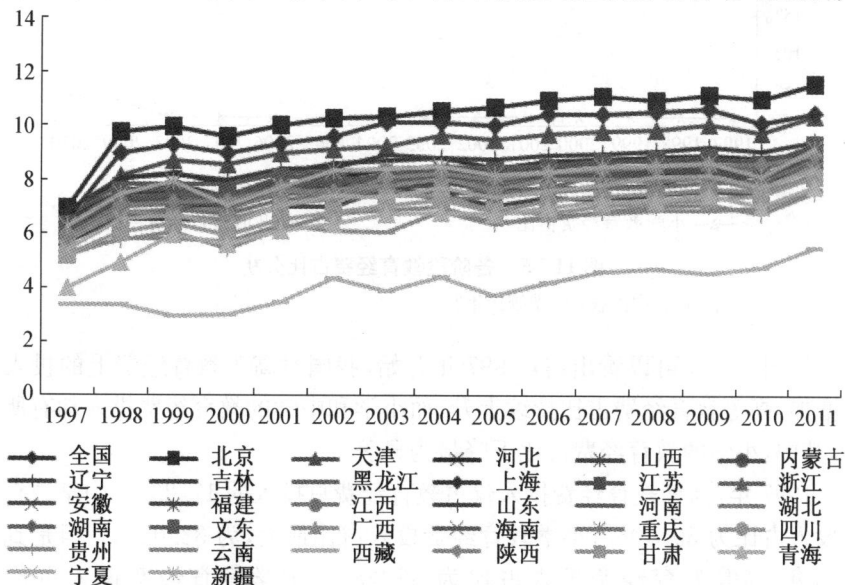

图11-4　2001~2011各省劳动者平均受教育年限(单位:年)

资料来源:《中国统计年鉴》。

限明显高于国家平均水平,特别是北京、上海、天津,显著高于其他地区。如北京的平均受教育年限一直在 10 以上,并且有不断增加的趋势。而相应的,西部不发达地区劳动者的平均受教育年限则偏低,如青海的平均受教育年限一直低于全国平均水平,和北京的差距几乎一直在 4 年左右;最低的西藏和北京之间平均受教育年限相差在 5 年左右。

四、教育阶段不公平

(一)高等教育经费占比增加,基础教育经费占比下降

近年来义务教育更加普及,但目前政府的教育投入仍存在重视高等教育,忽视基础教育的问题。这一点从教育经费的分配不均可以明显看出,各阶段教育经费占比如图 11-5 所示。

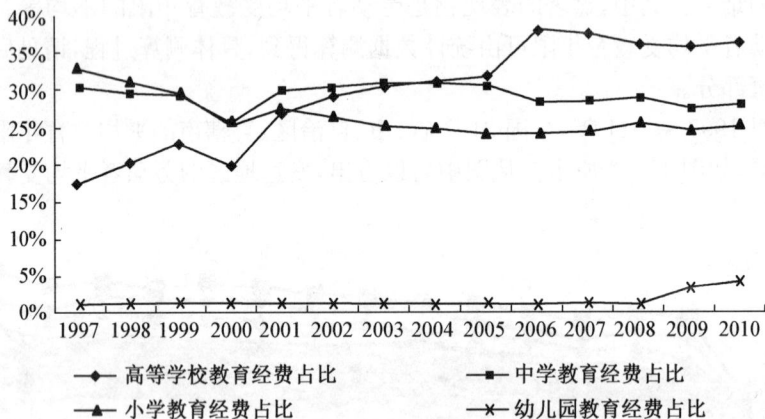

图例:
◆ 高等学校教育经费占比　　■ 中学教育经费占比
▲ 小学教育经费占比　　✕ 幼儿园教育经费占比

图 11-5　各阶段教育经费占比分析

资料来源:《中国教育经费统计年鉴》。

从图 11-5 可以看出,自 1997 年开始,我国对高等教育经费上的投入不断增加,高等教育经费占比持续上升,而小学和中学的教育经费投入却有所下降,其中,小学的教育经费占比下降最为显著。

1997 年,高等教育经费投入仅占教育经费总投入的 17.23%,中学教育经费投入占比为 30.40%,小学教育经费投入占比最大,为 33.02%。但是到了 2010 年,高等教育经费投入占比为 36.28%,中学教育经费投入占比为 27.95%,小学教育经费投入占比则降至了 25.19%。13 年间,小学教育经费投入占比下降了近 8 个百分点,中学教育经费占比下降了约 2.5 个百分点,高

等教育投入占比增加了约 19 个百分点。

不可否认,高等教育有着关键作用,对整个社会都发挥着重要意义,但是高等教育经费比例的持续上升,进而挤占了基础教育的经费投入,这是不利于基础教育发展的。进一步地,这种整体上的教育阶段的资源配置不合理,不利于教育事业的整体发展。在这一问题上,我们可以参看国际平均水平。

2010 年,世界经合组织发布了《教育概览报告》,报告中提供了教育组织在各级教育中的生均支出数据。我国初等教育生均经费为 778 美元,高等教育生均经费(含科研经费)为 4280 美元,两者比例高达 1∶5.5。而世界经合组织整体水平位,平均初等教育生均经费为 6 741 美元,平均高等教育生均经费(含科研经费)为 12 907 美元,两者比例是 1∶1.9。而即使是被认为高等教育最发达的美国,两项的比例也仅为 1∶2.64。

由此可见,我国教育经费资源,在基础教育与高等教育的分配上不符合国际水平,出现了资源配置的不合理。而这种不合理,导致了我国基础教育的薄弱,以及高等教育的"大跃进"趋势。

(二)职业教育需求较大,职业教育投入较少

我国的经济结构决定了需要大量的职业技术人员。经济社会对技工的需求日趋旺盛,政府应努力促进职业学校的发展,但目前而言,对职业中学的投入却是偏低的。2007 年开始,我国开始单独核算中等职业学校教育经费,开始加强对中等职业学校教育的重视。但是从图 11-6 可以看出,中等职业学

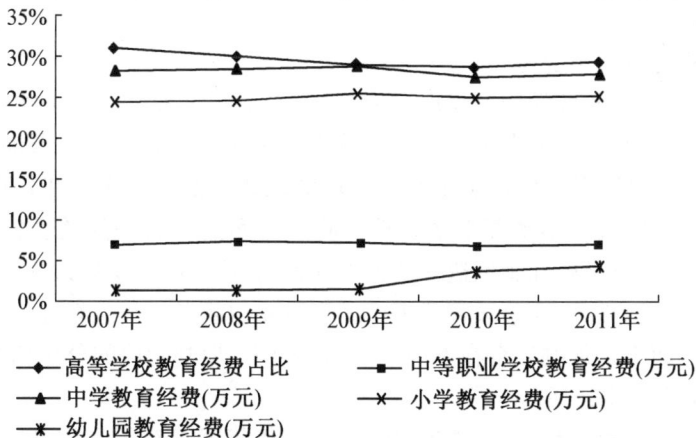

图 11-6　各阶段教育经费分析(中等职业教育单列)

资料来源:《中国教育经费统计年鉴》。

校教育经费的投入占比基本维持不变,并且还有些微的下降趋势,从 2007 年的 7.01%,增加到 2009 年的 7.26%,但又下降至 2011 年的 6.86%。在对职业教育需求不断增加的情况下,职业教育的经费投入却出现了减少,这是教育资源配置上的不合理之处。

(三)教育阶段不公平的因素分析

教育资源的稀缺性,带来了教育资源不足的客观情况。而根本的原因还是政府政策选择、获取教育资源的力量悬殊,以及行政的干预。

我国政府的教育政策上,虽然一再强调基础教育的重要性,但同时也非常注重发展高等教育。建设世界一流大学,增加高等学校数量,扩大高等学校招生规模,提高高等学校教学质量等政策,都需要教育经费的投入做支撑。但这不能代表,高等教育的经费投入以挤占基础教育经费投入为代价。

其次,不可否认,高等学校在获取教育资源上,比基础教育占有更多的优势。在教育资源的分配中,各阶段教育也可以看作一个个的利益团体。各利益团体从自身利益角度出发,都会争夺教育资源。而高等教育从其整体实力、体量规模、产出成果等因素出发,都比基础教育更易获得教育资源。

最后,在现行的教育财政体制下,教育是中央与地方共建的。地方政府从政绩角度出发,会更倾向于容易出科研成果的高等教育项目。高等学校数量和质量的提高,可以为地方政府带来更好的经济和社会效益;高等学校的科研与教育成果,也更能凸显地方政府的政绩。

五、教育阶层不公平

贫富差距在教育问题上表现得十分显著,不同收入群体的子女受教育程度差别很大。贫困家庭在子女教育问题上压力十分明显。而一般地说,重点学校"门难进"的问题,农民工子女就学难的问题也凸显出来。在教育资源稀缺的情况下,阶层的不平等带来的教育阶层之间的不公平问题已相当严重。而教育公平的意义就在于创造一个公平的起点,让不同出身的人,都获得改变自己命运的机会。这便是教育公平中最为重要的起点公平。教育政策应当保证这一点,而不是加剧教育在不同阶层的不公平,加剧阶层的分化和固化。

(一)重点学校问题分析

在基础教育问题上,我国在 20 世纪 90 年代就宣布不得举办重点学校。但是在现实经济发展中,仍存在许多变相的重点学校,比如名牌学校、星级学校、实验学校等。这些重点学校获得了更多的教育资源,优秀校长、高级教师多集中在这些重点学校。导致这些重点学校与普通学校之间，教育资源分布非常不均衡。

重点学校不仅在教学资源上有优势，而且在升学资源上也占有优势。如重点高中的升学名额，较多分给了其对应的重点初中。学生需要上重点初中才有更大的希望升入重点高中，从普通初中上重点高中则更为困难。而众所周知的，从重点学校考入大学，特别是985、211高校的概率更高。由此可见，重点学校不仅在教育资源分配的起点上，获得了倾向性的优势，而且在教育的最终成果上，也比普通学校占优。这便不仅是起点的不公平，而且已经体现出了最终教育成果的不公平。

重点学校的这种更好的待遇，不仅源于自身的实力等因素，还受着政府教育资源分配的影响。教育资源本来应在各个学校间均衡分配，但是由于重点学校具有更强的获得财政教育经费的能力，因而重点中学获得的教育经费投入远大于普通学校。而事实上，本来应该将教育资源更多地投入弱势地区的学校，特别是农村地区的普通学校。更甚者地方政府和重点学校之间，结成了一定的利益团体，通过对财政资源与教育资源的交易，带来了这部分资源分配和享有上的不公平。因为学生如果能进入重点学校学习，对其升学有极大的帮助，因而家长会动用各种资源帮助自己的孩子进入重点学校学习，相应地，则对重点学校进行一定的照顾。

（二）农民工子弟就学问题分析

我国城市化速度突飞猛进，每年新增城市人口数量巨大。这其中包括了大批进城务工的农民工大军，他们在城市工作，但户籍身份还是农民。他们的子女随着他们来到城市，同样的，户籍身份也还是农民，因而，很难进公办学校，因而出现了农民工子弟就学难的问题。

（三）阶层对于教育的影响分析

从以上两方面都可以看出，家长的社会地位、经济实力对孩子的入学机会影响强烈。不论在城市还是农村，教育的阶层分化都十分明显。中上阶层的子女更容易进入重点中学，而中下阶层的子女则更多分布于普通中学。

"以权择校"，学生家长的社会地位严重影响了学生接受好的教育资源的能力。家长的社会背景，使得学生在激烈的择校竞争中胜出，有背景的家庭可以让孩子到重点学校就读，并享受最好的师资和教育设施。学校教育作为公共品，里面沉淀了大量的财政经费，是不应允许被购买的。如果形成金钱可以购买这一公共品的现象，势必会造成贫困学生更难享受好的教育资源。

而更深层次的问题是,较高阶层的父母,作为孩子的第一启蒙老师,能给孩子带来更好的学前教育和课余教育,这些都更有利于孩子的成长。因而,对于较低阶层的父母,他们更需要社会资源的帮助来增进孩子的教育。

第四节　教育公平的经济增长绩效

一、分析模型设定

新古典主义模型的基本框架指出,产出水平取决于资本、劳动和技术水平。内生增长理论,则更强调了人力资本及其对经济增长的决定因素,人力资本和其他变量一起,可以对经济产出产生巨大的影响。根据这一思想,进行模型的设定。

（一）规模报酬不变的模型

本章遵循 Rao and Vadlamannati(2011)的柯布-道格拉斯生产函数,假定规模报酬不变:

$$Y = AK^{\alpha}(H \times L)^{1-\alpha} \tag{11.1}$$

其中,Y 是产出,A 是常数,K 是资本,H 是教育程度,L 是劳动力数量。

在式(11.1)两边同时除以 L^{α},得到下式:

$$\frac{Y}{L} = A\left(\frac{K}{L}\right)^{\alpha}(H)^{1-\alpha} \tag{11.2}$$

再对式(11.2)两边求对数,得出:

$$\ln y = \ln A + \alpha \ln k + (1-\alpha)\ln H \tag{11.3}$$

其中,y 为人均产出,k 为人均资本存量。

由此得到计量模型(1)如下所示:

$$\ln y = \ln A + \alpha \ln k + (1-\alpha)\ln H + \varepsilon \tag{11.4}$$

其中,$\ln y$ 是人均 GDP 增长率,$\ln A$ 为常数项,$\ln k$ 为人均资本存量增长率,$\ln H$ 为教育影响,ε 为误差项。

（二）规模报酬可变的模型

考虑到规模报酬不一定是不变的,因此放宽规模报酬不变的假设,假定规模报酬可变,在此情况下,原假设的柯布-道格拉斯生产函数扩展为:

$$Y = AK^{\alpha}H^{\beta}L^{\gamma} \tag{11.5}$$

其中,Y 是产出,A 是常数,K 是资本,H 是教育程度,L 是劳动力数量。两边同时除以 L^a,得到方程:

$$\frac{Y}{L}=A\left(\frac{K}{L}\right)^{\alpha}(H)^{\beta}L^{\gamma+\alpha-1} \tag{11.6}$$

在方程的两边取对数,得:

$$\ln y=\ln A+\alpha\ln k+\beta\ln H+(\gamma+\alpha-1)\ln L \tag{11.7}$$

其中,y 为人均产出,k 为人均资本存量。

由此得到计量模型(2)如下所示:

$$\ln y=\ln A+\alpha\ln k+\beta\ln H+(\gamma+\alpha-1)\ln L+\varepsilon \tag{11.8}$$

其中,$\ln y$ 是人均 GDP 增长率,$\ln A$ 为常数项,$\ln k$ 为人均资本存量增长率,$\ln H$ 为教育影响,$\ln L$ 为就业人数的影响,ε 为误差项。

（三）引入教育公平的模型

考虑到教育公平会影响教育对经济增长的绩效,因此在上述两个模型中,引入教育公平与教育的交叉项。目前,对教育公平程度的测度指标,国内外最普遍采用的就是教育基尼系数。

教育基尼系数用 G 表示,反映了各群体受教育情况的公平程度。G 值越低,说明教育公平程度越高;G 值越高,说明教育公平程度越低;G 值的取值范围为 $[0,1]$。

在上述两个模型中,引入教育公平与教育的交叉项,得到下面的两个扩展模型。

首先,在规模报酬不变的模型(1)中,引入教育公平与教育的交叉项,得到模型(3),如下所示:

$$\ln y=\ln A+\alpha\ln k+(1-\alpha)\ln H+\theta G\ln H+\varepsilon \tag{11.9}$$

其中,$\ln y$ 是人均 GDP 增长率,$\ln A$ 为常数项,$\ln k$ 为人均资本存量增长率,$\ln H$ 为教育影响,G 为教育基尼系数,ε 为误差项。

在规模报酬不变的模型(2)中,引入教育公平与教育的交叉项,得到模型(4)如下所示:

$$\ln y=\ln A+\alpha\ln k+\beta\ln H+(\gamma+\alpha-1)\ln L+\theta G\ln H+\varepsilon \tag{11.10}$$

其中,$\ln y$ 是人均 GDP 增长率,$\ln A$ 为常数项,$\ln k$ 为人均资本存量增长率,$\ln H$ 为教育影响,$\ln L$ 为就业人数的影响,G 为教育基尼系数,ε 为误差项。

二、数据指标测算

(一) 数据选取

具体使用到的统计指标和数据包括各年各地区国内生产总值(单位:亿元),各年各地区固定资产投资额(单位:万元),各年各地区固定资产指数,各年各地区 6 岁及以上按教育程度分人口构成(单位:人),各年各地区就业人数(单位:人)。

时间跨度为 1997~2011 年,共 15 年。由于重庆从 1997 年开始从四川划分出来,所以新增了对重庆的统计,四川的统计也相应发生变化。2012 年的部分数据还不可得,所以核算到 2011 年。地域跨度为全国各省、自治区、直辖市,由于数据可得性,剔除西藏地区,因此一共是 30 个地区。数据来源于 1996~2012 年的《中国统计年鉴》《中国教育统计年鉴》《中国教育经费统计年鉴》,以及教育部历年公布的全国教育经费执行情况统计公告等,其他各种相关年鉴作为补充。

(二) 变量说明

模型中涉及的变量,主要有人均国内生产总值、人均资本存量、平均教育年限、教育基尼系数、就业人数以及时间和地区哑变量。对这些变量的具体情况进行罗列说明,如表 11-5 所示。

表 11-5　变量列表

变量符号	变量名称	单位	定义
Y	人均国内生产总值	元	一个地区在核算年度内实现的生产总值与所属范围内的劳动人口的比值。
K	人均资本存量	元	一个地区在核算年度内的资本存量与所属范围内的劳动人口的比值。
H	平均教育年限	年	一个地区在核算年度内人口受教育程度的平均值。
G	教育基尼系数		一个地区在核算年度内受教育程度的基尼系数。
L	就业人数	人	一个地区在核算年度内的就业人口数。

变量符号	变量名称	单位	定义
DUMYear07～11	时间哑变量		控制年度哑变量
DUM1	东部哑变量		控制东部地区哑变量
DUM2	中部哑变量		控制中部地区哑变量

（三）指标测算

1. 资本存量 K 的估计

对于资本存量 K，采用的估计方法是永续盘存法，其公式是：

$$K_t = I_t + (1-\alpha_t)K_{t-1} \tag{11.11}$$

$$K_0 = \frac{I_1}{g+\alpha_1} \tag{11.12}$$

其中，K_t 表示第 t 年的资本存量，K_{t-1} 表示第 $t-1$ 年的资本存量，I_t 表示第 t 年的投资，α_t 表示第 t 年的折旧率。I_t 指标用固定资产价格指数 P_t 对固定资产投资进行平减。得到结果见附表 11-1。

2. 平均受教育年限的测算

1997 年到 2011 年，6 岁及 6 岁以上人口被划分为五个学历层次的群体，未上过学、小学、初中、高中、大专及以上。只有其中的 2000 年，6 岁及 6 岁以上人口划分为了 9 个学历层次，包括未上过学、扫盲班、小学、初中、高中、中专、大学专科、大学本科、研究生，为了统一统计口径，将 2000 年的扫盲班划入未上过学一类，中专划入高中，大学专科、大学本科、研究生合为大专及以上。第 i 类人群的受教育年限用 C_i 表示，不识字为 0 年，小学受教育年限为 6 年，初中为 9 年，高中为 12 年，大专及以上为 16 年；用 P_i 表示第 i 类人群的人口数量。

用 $\overline{Y}$ 表示各年各地区人口的平均受教育年限，其测算公式为：

$$\overline{Y} = \frac{\sum_{i=1}^{n} C_i \times P_i}{\sum_{i=1}^{n} P_i} \tag{11.13}$$

在 Excel 表格中进行计算，得出 1997～2011 年 30 个地区的平均受教育年限，详见附表 11-3。

3. 基尼系数的测算

同上,1997 年到 2011 年,6 岁及 6 岁以上人口被划分为五个学历层次的群体,未上过学、小学、初中、高中、大专及以上,对其中 2000 年的统计口径进行统一。第 i 类人群的受教育年限用 C_i 表示,不识字为 0 年,小学受教育年限为 6 年,初中为 9 年,高中为 12 年,大专及以上为 16 年;用 P_i 表示第 i 类人群的人口数量。

用 X_i 表示表示各年各地区第 i 类人口占该年该地区总人口的百分比;用 Y_i 代表第 i 类人群受教育年限占该年该地区总人口受教育年限的百分比;ACX_i, ACY_i 分别表示 X_i、Y_i 的累计百分比。即:

$$X_i = \frac{P_i}{\sum_{i=1}^{n} P_i} \tag{11.14}$$

$$Y_i = \frac{C_i \times P_i}{\sum_{i=1}^{n} C_i \times P_i} \tag{11.15}$$

基尼系数 G 的计算公式采用张长征、李怀祖(2005)的方法:

$$\begin{aligned} G &= 2 \times \left| \sum_{i=1}^{n} \left(Y_i \times \sum_{i=1}^{n} X_i \right) \right| - \sum_{i=1}^{n} Y_i \times X_i - 1 \\ &= 2 \times \left| \sum_{i=1}^{n} (Y_i \times ACX_i) \right| - \sum_{i=1}^{n} Y_i \times X_i - 1 \end{aligned} \tag{11.16}$$

用 Matlab 根据上述公式进行计算,由此得到 1997~2011 年 30 个地区的教育基尼系数,详见附表 11-4。

三、计量模型检验

(一)各地区教育水平差异对经济增长的影响(1997~2011 年)

表 11-6 报告了 1997~2011 年,各地区教育水平差异对经济增长的影响。模型 1、模型 2、模型 3 为运用回归方程(1)得到的结果,其中模型 1 是固定效应模型,模型 2 是随机效应模型,模型 3 是最小二乘法模型;模型 4、模型 5、模型 6 为运用回归方程(2)得到的结果,其中模型 4 是固定效应模型,模型 5 是随机效应模型,模型 6 是最小二乘法模型。

表 11-6　估计各地区教育水平差异对经济增长影响的回归模型

	模型 1 FE	模型 2 RE	模型 3 OLS	模型 4 FE	模型 5 RE	模型 6 OLS
ln k	0.229 8*** (17.05)	0.305 3*** (18.76)	0.614 2*** (38.56)	0.148 6*** (8.86)	0.304 9*** (17.99)	0.655 0*** (38.38)
ln H	0.374 6*** (3.79)	0.972 7*** (9.13)	1.452 1*** (16.79)	0.427 6*** (5.49)	1.080 9*** (10.12)	1.348 2*** (15.72)
ln L				−0.459 3*** (−7.38)	−0.061 4** (−2.44)	0.049 7*** (5.56)
年度虚拟	YES	YES	YES	YES	YES	YES
常数项	−1.054 9*** (−4.77)	−1.639 9*** (−8.58)	−4.381 2*** (−26.33)	2.518 4*** (4.78)	−1.137 9*** (−5.19)	−4.634 1*** (−27.71)
F 值	78.55***			83.84***		
Wald chi2		862.02***			912.25***	
Hausman Test	250.32***			286.04***		
R-sq	0.867 0	0.907 6	0.921 0	0.256 1	0.872 0	0.926 2
N	450	450	450	450	450	450

注:***,**,*分别表示 1%,5%,10%的显著性水平。括号内数字为 t 值或 z 值。

1. 方程(1)回归结果分析

回归方程(1)的结果中,由 F 值检验结果 78.55 在 1%水平下显著,可以得出,回归结果模型 1 的解释效果优于模型 3,而 Wald chi2 检验结果 862.02,在 1%水平下显著,因此,模型 2 的解释效果优于模型 3 回归结果,最后进行豪斯曼检验(Hausman Test),得到检验结果 250.32,在 1%水平下显著,说明模型 1 的解释效果优于模型 2。所以,对于线性方程(1)的回归,采用固定效应模型 1,模型 2、模型 3 的回归结果放在表中起对照作用。

从模型 1 可以发现,ln k 的系数在 1%水平下显著为正,为 0.229 8,说明资本存量对经济增长的贡献显著为正。这一点符合经济理论,即资本对于经济增长有着显著的促进作用。

ln H 的系数为 0.374 6,在 1%水平下显著,这表明人力资本对于经济增长有着显著的促进作用,即教育水平的提高,有利于经济增长。

模型 2、模型 3 的结果也与此相似,可以明显地看到,资本和教育对于经济增长都有着显著的促进作用。

2. 方程(2)回归结果分析

回归方程(2)的结果中,由 F 值检验结果 83.84 在 1‰水平下显著,可以得出,模型 4 的解释效果优于模型 6 回归结果,而 Wald chi2 检验结果 912.25 在 1‰水平下显著,因此,模型 5 的解释效果也优于模型 6,最后进行豪斯曼检验(Hausman Test),得到检验结果 286.04 在 1‰水平下显著,说明模型 4 的解释效果优于模型 5。所以,对于线性方程(2)的回归,采用固定效应模型 4、模型 5、模型 6 回归结果放在表中起对照作用。

方程(2)是放松了规模报酬不变的影响后的结果,可以看到,资本和人力资本对经济增长的作用仍然是显著为正的。在模型 4 中,lnk 的系数为 0.148 6,在 1‰水平下显著,ln H 的系数为 0.427 6,在 1‰水平下显著。

(二) 东中西部教育水平差异对经济增长的影响(1997～2011 年)

为了更好地分析教育水平对经济增长的影响,对各地区进行东、中、西部的划分①。表 11 - 7 报告了划分东、中、西部之后,三个区域教育水平差异对经济增长的影响。模型 1、模型 2 为运用回归方程(1)得到的结果,其中,模型 1 是固定效应分析;模型 2 是随机效应分析;模型 3、模型 4 为运用回归方程(2)得到的结果,其中模型 3 是固定效应分析,模型 4 是随机效应分析。

1. 方程(1)回归结果分析

回归方程(1)的结果中,由 F 值检验结果 68.31 在 1‰水平下显著,可以得出,回归结果模型 1 的解释效果优于 OLS 回归,而 Wald chi2 检验结果 1 390.22,在 1‰水平下显著,因此,模型 2 的解释效果也优于 OLS 回归,因此,此处不单列 OLS 回归结果。豪斯曼检验(Hausman Test),得到检验结果 219.05,在 1‰水平下显著,说明模型 1 的解释效果优于模型 2。所以,对于线性方程(1)的回归,采用固定效应模型 1,模型 2 仅作为对照分析。

从模型 1 可以看出:lnk 的系数在 1‰水平下显著为正,为 0.249 0,表明了西部地区资本对经济增长有明显促进作用。ln H 的系数为 0.129 0,但是不

---

① 根据中国统计年鉴所用的划分方法:东部地区包括北京、天津、河北、辽宁、上海、江苏、浙江、福建、山东、广东、海南 11 个省(直辖市);中部地区包括黑龙江、吉林、山西、安徽、江西、河南、湖北、湖南 8 个省;西部地区包括内蒙古、广西、重庆、四川、贵州、云南、西藏、陕西、甘肃、青海、宁夏、新疆 12 个省(自治区、直辖市)。

表 11 - 7 估计东中西部教育水平差异对经济增长影响的回归模型

	模型 1 FE	模型 2 RE	模型 3 FE	模型 4 RE
ln k	0.249 0*** (16.36)	0.309 4*** (20.85)	0.169 2*** (9.58)	.2871*** (17.33)
ln H	0.129 0 (1.26)	0.549 9*** (5.32)	0.154 3*** (1.57)	0.509 6*** (4.60)
ln L			−0.322 0** (−2.22)	−0.112 6*** (−4.13)
dum1ln k	−0.117 7*** (−8.03)	−0.096 0*** (−7.62)	−0.099 76*** (−5.94)	−0.101 7*** (−6.92)
dum1ln H	0.298 3*** (3.10)	0.322 9*** (12.47)	0.291 8*** (3.22)	0.386 5*** (4.13)
dum1ln L			−0.126 6 (−0.97)	−0.010 2 (−0.41)
dum2ln k	−0.042 2*** (−3.04)	−0.047 7*** (−4.49)	−0.035 3** (−1.93)	−0.057 3*** (−4.16)
dum2ln H	−0.035 7 (−0.29)	0.101 4*** (4.12)	−0.106 8 (−0.90)	0.206 8* (1.70)
dum2ln L			−0.072 5 (−0.40)	−0.018 3 (−0.58)
年度虚拟	YES	YES	YES	YES
常数项	−0.644 6*** (−3.01)	−1.125 9*** (−6.39)	2.477 3*** (3.85)	−0.246 1 (−1.01)
F 值	68.31***		74.18***	
Wald chi2		1 390.22***		1 560.52***
Hausman Test	219.05***		35.98***	
R-sq	0.704 1	0.852 8	0.026 6	0.858 6
N	450	450	450	450

注：***，**，*分别表示1%，5%，10%的显著性水平。括号内数字为t值或z值。

显著,表明在西部地区,教育对于经济增长的促进作用不明显,这正符合经济发展的规律,西部地区较为不发达,还处于经济发展的初期,所以,资本的促进作用比较明显,而人力资本在西部地区发挥的作用还不够强。

再看东部地区,dum1ln k 为－0.117 7,在 1% 水平下显著,说明东部地区的资本对于经济增长的促进作用不如西部地区明显,而 dum1ln k 加上 ln k 的值仍然为正,说明资本对于东部地区的经济增长仍然是有促进作用的。这也符合经济理论,东部地区的经济较为发达,因而资本的促进作用不如在较不发达的地区明显。dum1ln H 为 0.298 3,在 1% 水平下显著,说明东部地区的教育对于经济增长的促进作用比西部地区明显,而且对经济增长的促进作用更强。

再看中部地区,dum2ln k 为－0.042 2,在 1% 水平下显著,说明中部地区的资本对于经济增长的促进作用也不如西部地区明显,而 dum2ln k 加上 ln k 的值为正,说明资本对于中部地区的经济增长也是有促进作用的,符合经济理论,中部地区的经济发达程度处于东西部之间,因而资本的促进作用不如西部地区明显,但是相比中部地区要明显。Dum2ln H 为－0.035 7,这个结果也不显著,说明中部地区的教育对于经济增长的促进作用也和西部地区一样,没有显著差别。

2. 方程(2)回归结果分析

回归方程(2)的结果中,由 F 值检验结果 74.18 在 1% 水平下显著,可以得出,回归结果模型 3 的解释效果优于 OLS 回归,而 Wald chi2 检验结果 1 560.52,在 1% 水平下显著,因此,模型 4 的解释效果也优于 OLS 回归,因此,此处不单列 OLS 回归结果。豪斯曼检验(Hausman Test),得到检验结果 35.98,在 1% 水平下显著,说明模型 3 的解释效果优于模型 4。所以,对于线性方程(2)的回归,采用固定效应模型 3,模型 4 作为对照分析。

方程(2)放松了规模报酬不变的结果,从模型 3 可以发现,西部地区 ln k 为正,在 1% 水平下显著,为 0.169 2,说明了资本对经济增长的促进作用;ln H 为 0.154 3,在 1% 水平下显著,说明人力资本对西部地区经济增长的促进作用。

东部地区,dum1ln k 为－0.099 76,在 1% 水平下显著,说明资本对东部地区经济增长的促进作用不如西部地区明显,但仍对经济增长有促进作用;dum1ln H 为 0.291 8,在 1% 水平下显著,说明教育对东部地区经济增长的促进作用比西部地区明显,符合经济理论。

中部地区,dum2ln k 为−0.035 3,在5%水平下显著,说明资本对中部地区经济增长的促进作用不如西部地区明显,但仍对经济增长有促进作用;dum2ln H 为−0.106 8,不显著,说明教育对东部地区经济增长的促进作用,与西部地区没有显著差异,符合理论预期。

(三)各地区教育公平对经济增长的影响(1997~2011 年)

表 11-8 报告了 1997~2011 年,各地区教育公平对经济增长的影响。模型1、模型2、模型3 为运用回归方程(3)得到的结果,其中模型1是固定效应分析;模型2是随机效应分析;模型3是最小二乘法分析;模型4、模型5、模型6 为运用回归方程(4)得到的结果,其中模型4是固定效应分析,模型5是随机效应分析,模型6是最小二乘法分析。

表 11-8　估计各地区教育差距对经济增长影响的回归模型

	模型 1 FE	模型 2 RE	模型 3 OLS	模型 4 FE	模型 5 RE	模型 6 OLS
ln k	0.230 8*** (17.26)	0.333 2*** (20.84)	0.646 3*** (35.69)	0.149 4*** (8.99)	0.321 4*** (18.76)	0.665 0*** (36.53)
ln H	0.320 0*** (3.20)	1.081 2*** (9.62)	1.161 9*** (9.86)	0.371 7*** (3.95)	1.095 1*** (9.78)	1.225 3*** (10.55)
Gln H	−0.321 8*** (−2.72)	−0.300 1** (−2.03)	−0.580 0*** (−3.58)	−0.327 8*** (−2.95)	−0.362 8** (−2.41)	−0.271 5 (−1.57)
ln L				−0.460 4*** (−7.47)	−0.060 3** (−2.54)	0.043 6*** (4.48)
年度虚拟	YES	YES	YES	YES	YES	YES
常数项	−0.788 0*** (−3.27)	−1.691 5*** (−7.28)	−3.557 7*** (−12.59)	2.800 6*** (5.28)	−1.238 3*** (−4.07)	−4.218 1*** (−13.45)
F 值	77.38***			85.22***		
Wald chi2		938.37***			969.82***	
Hausman Test	296.31***			307.75***		
R-sq	0.871 5	0.908 4	0.923 2	0.264 1	0.881 7	0.926 7
N	450	450	450	450	450	450

注:***,**,*分别表示1%,5%,10%的显著性水平。括号内数字为t值或z值。

1. 方程(3)回归结果分析

回归方程(3)的结果中,由 F 值检验结果 77.38 在 1% 水平下显著,可以得出,回归结果模型 1 的解释效果优于模型 3,而 Wald chi2 检验结果 938.37,在 1% 水平下显著,因此,模型 2 的解释效果优于模型 3 回归结果,最后进行豪斯曼检验(Hausman Test),得到检验结果 296.31,在 1% 水平下显著,说明模型 1 的解释效果优于模型 2。所以,对于线性方程(3)的回归,采用固定效应模型 1,模型 2、模型 3 的回归结果放在表中起对照作用。

从模型 1 可以看出,ln k 为 0.230 8,显著为正,说明资本对经济增长有显著的促进作用;ln H 为正,在 1% 水平下显著,为 0.320 0,说明教育对经济增长也有显著的促进作用;Gln H 为负,在 1% 水平下显著,为 −0.321 8,说明教育基尼系数越高,教育对经济增长的促进作用越低。

这说明,教育差距越大,教育越不公平,教育对经济增长的促进作用越小。也就是说,教育越公平,越有利于其促进经济增长。

2. 方程(4)回归结果分析

回归方程(4)添加了劳动者数量 L 的影响,三个回归结果中,由 F 值检验结果 85.22 在 1% 水平下显著,可以得出,模型 4 的解释效果优于模型 6 回归结果,而 Wald chi2 检验结果 969.82 在 1% 水平下显著,因此,模型 5 的解释效果也优于模型 6,最后进行豪斯曼检验(Hausman Test),得到检验结果 307.75 在 1% 水平下显著,说明模型 4 的解释效果优于模型 5。所以,对于线性方程(4)的回归,采用固定效应模型 4,模型 5、模型 6 的回归结果放在表中起对照作用。

模型 4 里,ln k 为 0.149 4,在 1% 水平下显著为正,说明资本对经济增长仍有显著的促进作用;ln H 为 0.371 7,在 1% 水平下显著为正,说明教育对经济增长仍有显著的促进作用,Gln H 为 −0.327 8,在 1% 水平下显著为负,同样说明教育基尼系数越高,教育对经济增长的促进作用越低。

可以得出,在放松了规模报酬不变之后,教育对于经济增长仍有显著的促进作用,同时教育越不公平,教育对经济增长的促进作用就越小。

(四)东中西部教育公平对经济增长的影响(1997～2011 年)

用与上文同样的划分方法,将各地区划分为东中西部进行回归①。

---

① 根据中国统计年鉴所用的划分方法:东部地区包括北京、天津、河北、辽宁、上海、江苏、浙江、福建、山东、广东、海南 11 个省(直辖市);中部地区包括黑龙江、吉林、山西、安徽、江西、河南、湖北、湖南 8 个省;西部地区包括内蒙古、广西、重庆、四川、贵州、云南、西藏、陕西、甘肃、青海、宁夏、新疆 12 个省(自治区、直辖市)。

表11-9报告了划分东中西部之后,三个区域教育差距对经济增长的影响。模型1、模型2为运用回归方程(3)得到的结果,其中模型1是固定效应分析,模型2是随机效应分析;模型3、模型4为运用回归方程(4)得到的结果,其中模型3是固定效应分析,模型4是随机效应分析。

表11-9 估计各地区教育差距对经济增长影响的回归模型

	模型1 FE	模型2 RE	模型3 FE	模型4 RE
ln k	0.247 7*** (16.32)	0.322 4*** (20.26)	0.170 5*** (9.73)	0.281 3*** (16.57)
ln H	0.091 3 (0.90)	0.607 7*** (5.66)	0.118 0 (1.20)	0.459 8*** (4.11)
Gln H	−0.259 1** (−2.22)	−0.141 8 (−1.02)	−0.248 6** (−2.27)	−0.287 5** (−2.15)
ln L			−0.323 6** (−2.23)	−0.120 4*** (−4.37)
dum1ln k	−0.114 7*** (−7.79)	−0.086 9*** (−5.95)	−0.099 1*** (−5.95)	−0.095 7*** (−6.21)
dum1ln H	0.294 9*** (3.09)	0.298 1*** (5.98)	0.291 6*** (3.23)	0.356 5*** (3.71)
dum1gln H	0.123 3 (0.87)	0.023 4 (0.14)	0.053 1 (0.40)	0.140 0 (0.87)
dum1ln L			−0.116 1 (−0.89)	−0.012 1 (−0.49)
dum2ln k	−0.039 0*** (−2.81)	−0.051 8*** (−4.30)	−0.032 5* (−1.79)	−0.053 3*** (−3.78)
dum2ln H	−0.044 5 (−0.37)	0.172 0*** (3.48)	−0.116 7 (−1.00)	0.176 6 (1.44)
dum2gln H	−0.266 5* (−1.78)	−0.339 3* (−1.90)	−0.220 9 (−1.57)	−0.210 8 (−1.21)
dum2ln L			−0.067 0 (−0.37)	0.000 5 (0.02)

（续表）

	模型 1 FE	模型 2 RE	模型 3 FE	模型 4 RE
年度虚拟	YES	YES	YES	YES
常数项	-0.4246^* (-1.85)	-1.1465^{***} (-5.54)	2.6607^{***} (4.12)	0.0414 (0.15)
F 值	68.18^{***}		75.81^{***}	
Wald chi2		1494.21^{***}		1584.22^{***}
Hausman Test	250.76^{***}		66.13^{***}	
R-sq	0.6276	0.8678	0.0546	0.8563
N	450	450	450	450

注：***，**，* 分别表示 1%，5%，10% 的显著性水平。括号内数字为 t 值或 z 值。

1. 方程（3）回归结果分析

回归方程（3）的结果中，由 F 值检验结果 68.18 在 1% 水平下显著，可以得出，回归结果模型 1 的解释效果优于 OLS 回归，而 Wald chi2 检验结果 1494.21，在 1% 水平下显著，因此，模型 2 的解释效果也优于 OLS 回归，因此，此处不单列 OLS 回归结果。豪斯曼检验（Hausman Test），得到检验结果 250.76，在 1% 水平下显著，说明模型 1 的解释效果优于模型 2。所以，对于线性方程（3）的回归，采用固定效应模型 1，模型 2 作为对照分析。

模型 1 可以看出：$\ln k$ 为 0.2477，在 1% 水平下显著为正，说明西部地区资本对经济增长有明显促进作用。$\ln H$ 的系数为 0.0913，但是不显著，表明在西部地区，教育对于经济增长的促进作用不明显，这符合经济发展的规律。西部地区较为不发达，资本的促进作用比较明显，而人力资本在西部地区发挥的作用还不够强。$G\ln H$ 为 -0.2591，在 1% 水平下显著为负，说明在西部地区，教育基尼系数越高，教育对经济增长的促进作用越低。

东部地区 $dum1\ln k$ 为 -0.1147，在 1% 水平下显著，说明东部地区的资本对于经济增长的促进作用不如西部明显，而 $dum1\ln k$ 加上 $\ln k$ 的值仍然为正，说明资本促进了东部地区的经济增长。$dum1\ln H$ 为 0.2949，在 1% 水平下显著，说明东部地区的教育对于经济增长的促进作用比西部明显，而且对经济增长的促进作用更强。$dum1G\ln H$ 为 0.1233，但是不显著，说明东部，西部地区此时没差别，教育基尼系数越高，在东部地区教育对经济增长的促进作用也越低。

中部地区,dum2ln k 为－0.0390,在 1%水平下显著,说明中部地区的资本对于经济增长的促进作用也不如西部地区明显,而 dum2ln k 加上 ln k 的值为正,说明资本对于东部地区的经济增长也是有促进作用的,但是比东部地区要明显。Dum2ln H 为－0.0445,这个结果也不显著,说明中部地区的教育对于经济增长的促进作用也和西部地区一样,没有显著差别。dum2gln H 为－0.2665,在 10%水平下显著,说明中部地区与西部地区差别不大,教育基尼系数越高,在东部地区教育对经济增长的促进作用也越低。

2. 方程(4)回归结果分析

回归方程(4)的结果中,由 F 值检验得出的结果 75.81 在 1%水平下显著,可知,回归结果模型 3 的解释效果优于 OLS 回归,而 Wald chi2 检验结果 1 584.22,在 1%水平下显著,因此,模型 4 的解释效果也优于 OLS 回归,因此,此处不单列 OLS 回归结果。豪斯曼检验(Hausman Test),得到检验结果 66.13,在 1%水平下显著,说明模型 3 的解释效果优于模型 4。所以,对于线性方程(4)的回归,采用固定效应模型 3,模型 4 作为对照分析。

方程(4)为放松了规模报酬不变以后的结果,从模型 3 可以发现,西部地区 ln k 为正,在 1%水平下显著,为 0.170 5,说明了资本对经济增长的促进作用;ln H 为 0.118 0,在 1%水平下显著,说明人力资本对西部地区经济增长有促进作用;Gln H 为－0.248 6,在 5%水平下显著为负,说明教育基尼系数越大,教育对经济的促进作用越小。

东部地区,dum1ln k 为－0.099 1,在 1%水平下显著,说明资本对东部地区经济增长的促进作用不如西部地区明显,但仍对经济增长有促进作用;dum1ln H 为 0.291 6,在 1%水平下显著,说明教育对东部地区经济增长的促进作用比西部地区明显,符合经济理论;dum1Gln H 为 0.053 1,但是不显著,说明教育基尼系数的影响作用,在东部地区与西部地区没有显著差别。

中部地区,dum2ln k 为－0.032 5,在 10%水平下显著,说明资本对中部地区经济增长的促进作用不如西部地区明显,但差别并不大;dum2ln H 为－0.116 7,不显著,说明教育对东部地区经济增长的促进作用,与西部地区没有显著差异,符合理论预期;dum2Gln H 为－0.220 9,说明教育基尼系数的影响作用,在中部地区与西部地区没有显著差别。

四、计量结果分析

从以上四组计量检验的结果可以看出：

（1）资本 K 对于经济增长有促进作用。在 4 个回归方程中，任何模型的检验结果都显示，资本 K 对于经济增长有着显著的促进作用。在考虑规模报酬不变和规模报酬可变的情况下，资本对于经济增长的促进作用都十分显著。而且在加入教育公平这一因素后，资本的作用仍然明显。当区分东、中、西部进行考虑时，资本对于东、中、西部的经济增长都有促进作用，但是对于西部地区的促进作用最为明显，而对东部、中部地区经济增长的促进作用，则没有对西部经济增长的促进作用强，这说明现阶段，西部地区更依赖于物质投资。

（2）教育 H 对于经济增长有促进作用。教育 H 对于经济增长的促进作用也十分明显，在 4 个方程中，教育对经济增长都有显著的促进作用。在考虑规模报酬不变和规模报酬可变的情况下，教育对于经济增长的促进作用都很明显。而且在加入教育公平与教育的交叉项之后，教育的作用仍然明显。当区分东中西部进行考虑时，教育对于东中西的经济增长都有促进作用，但是对于东部地区的促进作用强于西部和中部地区，这说明现阶段，教育对东部地区经济增长的促进作用更强，这是与东部地区较高的发展阶段相适应的，而中西部地区的发展不如东部地区，人力资本的作用不及东部地区明显，更依赖于物质投资，这与结论相吻合。

（3）教育公平 G 对于经济增长有促进作用。在 4 个模型的各项检验中都可以看到，教育公平 G 对于经济增长有显著的促进作用。教育公平对经济增长的促进作用，是通过促进教育对经济增长的影响达到的。检验结果显示，当教育公平性越低时，教育对经济增长的促进作用越小；而当教育公平性越高时，教育对经济增长的促进作用越大。并且，教育公平对于经济增长的促进作用，在东中西部无显著差别，这说明教育公平对于经济增长的促进作用，对于每一个区域都是相同的。因而教育公平对于东中西的经济增长都会起到促进作用。

第五节　教育公平对全面发展的绩效分析

一、教育公平对经济发展的绩效

经济增长并不等同于经济发展，经济发展的要素除了包括经济增长所带来的总量产出与收入变化外，还包括经济结构的变迁、人民生活质量提高与福利改善等。其最终目的,是要提高人民的生活水平。经济发展对于发展中国家尤为重要,经济发展战略的选择直接影响着一国的经济发展。

经济发展的四大因素也是人力资源、自然资源、资本和技术创新,只是更加强调一些长期的策略选择。在人力资源上,要更加注重人力资源的质量问题,尤其是要提高教育水平。受过教育的人,有着更高的生产能力的劳动力。受过教育的劳动力不仅劳动效率更高,对资本的利用效率也会更高。发展经济学家根据经验数据得出,政府要推动经济迅速发展,就必须在教育等社会常规资本上进行投资。

教育公平对经济发展的推动作用如图 11-7 所示。

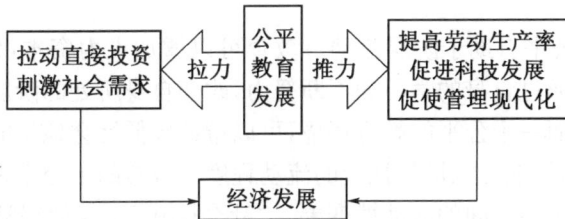

图 11-7　教育公平对经济发展的推动作用

具体而言,教育公平对经济发展的促进作用具体包括以下五点:

(1) 教育公平促进劳动生产率的提高。劳动生产率(Labor Rate of Production),是指劳动者的生产效果或能力。研究中,可以用劳动者单位劳动时间生产的产品的数量或单位产品所耗费的劳动量来表示。教育公平是提高劳动生产率的高效方式。

(2) 教育公平助力科学技术发展。第一,公平的教育是科学技术迅速、大规模、有效传递和传播的基本途径。第二,公平教育有利于科学转化为技术及科学技术转化为生产力的重要途径。第三,公平的教育有利于培养大批科学家和工程技术专家。

(3) 教育公平促进管理效率提升。教育通过提高管理队伍的文化教育水平和管理科学水平,对提高管理与决策水平发挥着重要作用。公平教育能提供更大规模、更有素质的管理者,特别是基层的管理者素质会有很大程度的提高。而管理效率的提高,能带来更高质量经济的发展。

(4) 教育公平直接拉动经济发展。首先,短期内教育投入具有直接的经济贡献功能,教育投资还会产生"乘数效应",增加一定量的教育投资,带来的是成倍的效益产出。其次,教育消费通过刺激社会总需求而在经济增长中发挥长期作用。教育公平对这一过程能起到促进作用。

(5) 教育公平利于产业结构调整。教育公平对经济结构调整也有着促进作用,当前产业结构的调整,将从劳动密集型经济向技术密集型经济转变,其中对专业性人才的需求更多也更高,教育公平可以更高效地为新型的经济提供更多的人才。

二、教育公平对社会发展的绩效

除了经济方面的影响,教育公平对促进社会各方面的发展都有着重要作用。

(1) 教育公平有助于阶层流动。教育可以增加人力资本,使得处于较低阶层的人可以通过自身的学习和不断努力,改变自身所处的阶层,改变所处的社会地位。因而一个公平的教育环境,可以帮助较低社会地位的人向上流动,从宏观角度来看,就可以增加社会的流动程度。教育的不公平带来的是"社会固化",即社会阶层之间的流动性变差。"社会固化"不仅使得社会失去活力,并且非常不利于社会的安定。无法通过教育等合理途径改变自身命运时,人们可能会谋求一些不稳定的方法来改变其社会地位,甚至包括采用暴力手段。因而不利于社会的安定团结。底层优秀的年轻人,能否向上流动,不仅取决于教育资源的多寡,更取决于教育资源的分配是否公正,早期阶段所享受的教育条件是否平等。

(2) 教育公平有助于提升人口素质。教育能很好地提升人口质量,这不仅是劳动者素质的提高,而且是其他包括非劳动者素质的提高,能够使得整体人口质量上升。例如,教育提高了妇女的素质,在妇女作为劳动者之外,妇女在成为母亲之后,会更好地养育小孩,从而更有利于下一代人口素质的提高。公平教育,能全面促进社会中人的成长,提高社会整体的人口素质,从而实现社会的全面进步。特别是基础教育的公平,能在极大范围内,提高社会整体的人口质量,从而提升整体的社会人口素质水平。

(3) 教育公平有助于民主政治。首先,教育可以增加受教育者的政治参与度。调查显示,受过教育者参加投票的可能性更大一些。在14个拉丁美洲国家,与没有受过教育者相比,受过初等教育者的投票率高出 5 个百分点,受过中等教育者的投票率高出 9 个百分点。再者,教育还鼓励着其他形式的政治参与。所以,公平的教育能有效提高全社会的政治参与度,使得社会政治的参与范围更加广泛,更有利于政治的民主化进程。同时,由于教育也肩负着培养社会治理人才的功能,因而一个公平的教育更有利于培养公平思想。此外,教育能传播政治意识,倡导主流政治价值观,公平的教育有利于传播民主、平等的主流思想观念。

(4)教育公平有利于法制建设。公平、普适的教育,在提高广泛的人口素质的同时,对人们的法律意识也有提高。许多社会的犯罪事件,竟是由于犯罪者不懂法造成的,普适的教育,能在最大范围内提高受教育者的法律意识,促进尊敬守法观念的养成,甚至最基本的法律知识的教育普及,都能避免许多案件的发生。因此,公平的教育对于法制建设,对于社会的安定有着显著的促进作用。

(5)教育公平有利于文化建设。一个社会如果不公平,那很难发展出具有平等思想的文化和文明,而不平等的文化、文明不利于社会的健康进步。并且教育与文化本身就有着非常深的关联,教育传递着文化,公平的教育更有利于文化的传承。同时,公平的教育还促进着文化的交流与融合,带来文明的创新与改善。所以,公平的教育环境,更有利于健康的文化和文明的产生,有利于文化建设。

第六节 基本结论与政策建议

教育是一国之本,对于国家、民族都有着重要意义。教育公平对社会公平的达成尤为关键。要取得社会的长远发展,必须提高教育公平。众多的理论和学者的研究都说明了这一问题,而本章经过深入地分析我国教育公平的具体情况,并详细考察了教育公平的整体绩效,研究得出,我国教育财政支出一直保持着增长,占比也有所增加,并采取了多项措施增进教育的公平。但是我国教育公平还是出现了各个方面的问题,包括城乡教育的不公平、地域教育的不公平、教育阶段的不公平以及教育阶层的不公平。这样的不公平对于经济发展起到了一定的阻碍作用,也不利于经济社会的和谐发展,这是亟待解决的问题。

进一步计量检验得出,教育对经济增长有着显著的促进作用。最为关键的,教育公平对于经济增长有着显著的促进作用。教育的公平性,是通过影响教育对经济增长的促进作用,从而影响经济增长绩效,教育不公平会降低教育对经济增长的影响。并且教育公平对于经济增长的这种促进作用,在我国东中西部的影响都是相同的,因而在全国的东中西部地区,都应该促进教育的公平化进程,消除教育不公平。此外,教育公平对于经济发展有着显著影响,能提高劳动生产率、促进科技进步、提升管理效率、适应经济结构调整。教育公平对社会发展也影响深远,教育公平有助于阶层流动、提升人口素质,有利于民主政治、法制建设和文化建设。可以说,教育公平对社会的和谐发展有着重要意义。

综上所述,教育公平在我国意义重大,但是教育不公平的现象在多个领域凸显了出来,这些不公平对于经济增长、经济发展和设计进步都有着显著的影响作用,而与之相反,公平的教育能促进经济的增长,带来经济全面发展和社会进步。

根据以上研究结论,特提出以下五点政策建议。

(1)增加教育财政支出。我国教育财政支出,直到 2012 年才达到国民生产总值的 4%,而这是 21 世纪开始就应该达到的目标,这十几年的发展,教育财政欠账还较多。关键的是,4%的占比相对于世界标准而言,还是一个较低的水平,而且现实的经济发展状况和社会现状也表明,我国教育财政支出还不够充足。现在出现的教育不公平的情况,一部分就是因为教育资源稀缺的基本情况。因此,我国政府应加大在教育方面的开支,并运用行政手段和法制措施,使教育财政支出得到保障,并使得教育财政支出落到实处。

(2)合理分配教育资源。教育资源在现阶段的稀缺性,更决定了政府需要注重资源的分配。合理地配置教育资源,可以使有限的教育资源发挥更大的作用,避免资源的浪费,使资源产生最大的价值。例如,可以在各教育阶段的资源分配上,保持合理的结构,可以使资源去到最需要的地方,而不是使本已有限的资源,在已经过剩的地方堆积、闲置,而真正需要的地方却资源不足,阻碍了发展。更进一步的,资源结构的分配,要适应经济发展的阶段,适应经济发展的需求,这样才能更好地促进经济的增长和发展。

(3)增强教育公平保障。教育不公平的许多情况,都可以通过政策手段加以解决。例如重点学校问题,政策规定了不允许设置重点学校,但是这一政策却并没有落实下去,变相的重点学校层出不穷,如果加强监管,这一势头势必可以抑制。又例如教师资源问题,设立教师资源流动机制,有效促进教师资源更公平的分布。再如制止教育资源的钱权交易,使教育资源分配更加透明化,都能有效保障教育资源的公平享有。

(4)适当向弱势群体倾斜。世界先进国家的经验表明,教育资源不只是绝对意义上的公平,而是应该要适度保护弱势群体,向弱势群体倾斜。这也是我国社会发展的必然需求,弱势群体更需要有好的教育资源,才能改变自身的命运,有发展到更高层次的机会。因而,政策上,教育资源应该适度倾斜于不发达地域、农村地区、贫困家庭、少数民族以及残疾人群,为他们营造一个好的受教育环境,帮助他们改变弱势的境况。

(5) 引入教育市场化力量。教育资源有的是公共品,还有的是准公共品,因此,可以引入市场化的力量,由市场来提供一部分准公共品。引入市场化,不仅可以提供更多的教育资源,而且增强市场竞争,有利于提供更好的教育资源,也有利于形成一个更透明的市场环境。引入市场化力量并不是政府放任不管,而是将政府教育投资与市场教育资源相结合,并对市场教育资源进行有序的领导和监管,这样才能有一个健康的教育市场。

本章参考文献

[1] 安晓敏,任永泽,田里.我国义务教育经费配置公平性的实证研究——基于教育基尼系数的测算与分析.东北师大学报(哲学),2007(4).

[2] 白雪梅,赵松山.指标选择与简化的定量分析方法探讨.财经问题研究,1995(4).

[3] 保罗·萨缪尔森.经济学(第19版)(中文本典藏版)(精).商务印书馆,2014.

[4] 蔡增正.教育对经济增长贡献的计量分析——科教兴国战略的实证依据.经济研究,1999(2).

[5] 曹文,段崇锋.政府教育投入的国际比较与经验借鉴.齐鲁师范学院学报,2001(4).

[6] 曾妮,田晓红.高等教育公平研究文献综述.中国电力教育,2013(1).

[7] 成刚.省内义务教育财政公平研究——基于西部某省小学数据的经验分析.清华大学教育研究,2008,29(5).

[8] 褚宏启.关于教育公平的几个基本理论问题.中国教育学刊,2006(12).

[9] 邓云洲,曾小军.教育制度与行为的经济学分析.暨南大学出版社,2010.

[10] 董李.农村富余劳动力资本化及其转移中的教育培训作用研究.地域研究与开发,2008,27(5).

[11] 窦卫霖,宋桂霞.中美教育公平关注重点的比较研究.上海大学学报(社会科学版),2013,30(1).

[12] 杜鹏.基于基尼系数对中国学校教育差距状况的研究.教育与经济,2005(3).

[13] 郭彩琴.教育公平辨析.江苏高教,2002(1).

[14] 贺晖.中国教育财政支出的绩效评价——基于公平的视角.经济与管理,2009,23(9).

[15] 贺立军,张润,赵钊.教育与经济协调发展的辩证关系.河北学刊,2006,26(5).

中国经济增长的潜力与动力

[16] 黄毓芝.中国及各地区教育经济贡献率软计算应用研究.中国地质大学(武汉),2008.

[17] 贾彦东,张红星.区域性教育与经济协调发展关系的实证研究.财经科学,2006(3).

[18] 金丽萍.我国人力资本教育投资过程中的政府行为分析.苏州大学出版社,2003.

[19] 克里斯廷·达斯特曼,伯恩德·斐.教育与培训经济学.格致出版社,2011.

[20] 匡奕军.教育经济贡献的软计算方法研究.中国地质大学,2003.

[21] 李翀哲.俄罗斯高等教育财政改革研究.哈尔滨工业大学出版社,2006.

[22] 李芳,徐明.俄罗斯高等教育投资与绩效分析.黑龙江高教研究,2005(1).

[23] 李森.城乡二元结构下的基础教育公平:体制性障碍及改革路径探索.教育与经济,2011(4).

[24] 李蓉.公共教育支出绩效评价.西部财会,2012(2).

[25] 李秀敏.人力资本、人力资本结构与区域协调发展——来自中国省级区域的证据.华中师范大学学报(人文社会科学版),2007,46(3).

[26] 李亚玲,汪戎.人力资本分布结构与区域经济差距——一项基于中国各地区人力资本基尼系数的实证研究.管理世界,2006(12).

[27] 李宗陶.杨东平教育的阶层差距仍在扩大.南方人物周刊,2008(11).

[28] 厉以宁.教育经济学.北京出版社,1984.

[29] 刘旦.我国教育投资与经济增长关系的计量分析.统计教育,2009(2).

[30] 刘伟.我国教育投资与经济增长的互动研究.西北大学,2007.

[31] 刘志民.教育经济学.北京大学出版社,2007.

[32] 龙安邦,范蔚.我国教育公平研究的现状及特点.现代教育管理,2013(1).

[33] 潘懋元.公平与效率:高等教育决策的依据.北京大学教育评论,2003,1(1).

[34] 钱林晓.具有交叉学科意义的教育经济学方法论研究.光明日报出版社,2009.

[35] 沈坤荣,张璟.中国农村公共支出及其绩效分析——基于农民收入增长和城乡收入差距的经验研究.管理世界,2007(1).

[36] 盛明泉,王勤.绩效评价在高校投资中的运用.湖南财政经济学院学报,2007,23(4).

[37] 宋丹,苗冠军.区域差距视角下高等教育公平评价指标体系的设计.现代教育管理,2012(12).

[38] 宋光辉.关于教育对经济增长作用的简要述评.人口与经济,2005(6).

[39] 孙百才.测度中国改革开放30年来的教育平等——基于教育基尼系数的实证分析.教育研究,2009(1).

[40] 孙蕾.教育产出对经济增长的贡献研究.上海交通大学出版社,2012.

[41] 孙亚,窦卫霖.OECD教育公平政策的话语分析.全球教育展望,2013,42(4).

[42] 谭永生.人力资本与经济增长:基于中国数据的实证研究.中国财政经济出版社,2007.

[43] 王丽.浅谈教育与经济的基本关系.延边教育学院学报,2009,23(1).

[44] 王敏. 中国财政教育支出绩效评价探析. 财政研究,2005(6).

[45] 王瑞玲. 国家助学贷款偿还法律制度研究. 湘潭大学,2008.

[46] 王善迈,孙玉萍. 50 个国家三级教育投资结构变动分析. 北京师范大学学报社会科学版,1988(6).

[47] 王玉崑. 中国教育经济学研究 20 年. 中国教育经济学学术年会论文. 2004.

[48] 温勇斌,李东亮,王智勇. 试论促进教育公平的公共财政对策. 科技与管理,2008,10(2).

[49] 吴愈晓. 中国城乡居民的教育机会不平等及其演变(1978～2008). 中国社会科学,2013(3).

[50] 伍喆. 教育投资与教育消费. 湘潭大学,2001.

[51] 武德昆,曲绍卫. 中国教育经济评论 2011. 教育科学出版社,2012.

[52] 武艳丽. 论高等教育公共财政支出的绩效评价. 西南财经大学,2008.

[53] 笑蜀. 为什么教育难以成为公共品?. 南方周末,2007.

[54] 徐芳. 我国高等教育成本补偿制度中的教育公平研究. 中国地质大学(北京),2006.

[55] 杨德广,张兴. 关于高等教育公平与效率的思考. 北京大学教育评论,2003,1(1).

[56] 杨俊,黄潇,李晓羽. 教育不平等与收入分配差距:中国的实证分析. 管理世界,2008(1).

[57] 杨颖秀. 高中阶段教育公平的缺失与策略思考. 教育理论与实践,2007(21).

[58] 翟博,孙百才. 中国基础教育均衡发展实证研究报告. 教育研究,2012(5).

[59] 张仿松. 财政教育投资及其绩效研究. 暨南大学,2010.

[60] 张宏霞. 改革开放以来中国财政教育投资问题研究. 经济与管理,2009,23(4).

[61] 张军,章元. 对中国资本存量 K 的再估计. 经济研究,2003(7).

[62] 张立军. 新中国民族高等教育体制变迁研究. 东北师范大学,2012.

[63] 张婷婷. 教育对地区经济增长贡献的数学模型分析及其应用. 四川大学,2007.

[64] 张显吉. 论教育支持型经济增长. 社会科学战线,2003(6).

[65] 张学敏,冯太学. 教育发展方式与国民收入层级匹配:基于我国人口红利背景. 改革,2012(8).

[66] 张长征,李怀祖. 中国教育公平与经济增长质量关系实证研究:1978～2004. 经济理论与经济管理,2005,V(12).

[67] 钟晓敏,赵海利. 论我国义务教育的公平性:基于资源配置的角度. 上海财经大学学报,2009,11(6).

[68] 朱虹. 教育公平浅析. 现代阅读:教育版,2012(18).

[69] Baldwin N, Borrelli S A. Education and Economic Growth in the United States: Cross-National Applications for an Intra-National Path Analysis. *Policy Sciences*, 2008, 41(3): 183 - 204.

[70] Jalil A, Idrees M. Modeling the Impact of Education on the Economic Growth: Evidence from Aggregated and Disaggregated Time Series Data of Pakistan. *Economic*

Modelling, 2013, 31(1): 383 - 388.

[71] Rao B B, Gounder R, Loening J L. The Level and Growth Effects in the Empirics of Economic Growth: Some Results with Data from Guatemala. *Applied Economics*, 2010, 42(16): 2099 - 2109.

[72] Rao B B, Vadlamannati K C. The Level and Growth Effects of Human Capital in India. *Applied Economics Letters*, 2010, 18(1): 59 - 62.

[73] Shindo Y. The Effect of Education Subsidies on Regional Economic Growth and Disparities in China. *Economic Modelling*, 2010, 27(5): 1061 - 1068.

附录

附表 11－1　1997～2011 年各地区资本存量统计表（单位：亿元）

	1997 年	1998 年	1999 年	2000 年	2001 年	2002 年	2003 年
北京	4 091. 83	4 602. 68	5 084. 61	5 590. 97	6 268. 65	7 120. 90	8 171. 07
天津	1 608. 71	1 938. 46	2 228. 79	2 510. 95	2 833. 65	3 213. 66	3 741. 69
河北	4 734. 75	5 616. 30	6 555. 01	7 379. 63	8 145. 01	8 911. 11	9 958. 64
山西	1 211. 86	1 485. 01	1 741. 27	2 020. 17	2 361. 80	2 793. 76	3 408. 65
内蒙古	706. 90	917. 62	1 121. 71	1 361. 44	1 665. 35	2 122. 71	2 947. 98
辽宁	2 763. 38	3 406. 57	4 015. 06	4 666. 69	5 379. 38	6 157. 33	7 232. 76
吉林	1 112. 60	1 377. 49	1 660. 13	1 990. 05	2 391. 16	2 854. 38	3 370. 63
黑龙江	2 329. 64	2 750. 25	3 091. 63	3 450. 69	3 903. 40	4 369. 28	4 859. 08
上海	9 177. 26	9 767. 05	10 193. 70	10 570. 23	10 943. 55	11 458. 70	12 116. 90
江苏	7 216. 50	8 584. 39	9 780. 84	10 899. 69	12 020. 72	13 529. 28	16 317. 21
浙江	5 825. 59	6 753. 50	7 734. 41	8 960. 12	10 371. 98	12 179. 85	14 783. 82
安徽	1 889. 42	2 328. 62	2 687. 73	3 081. 46	3 517. 10	4 057. 65	4 811. 62
福建	3 210. 90	3 782. 28	4 316. 11	4 795. 58	5 231. 47	5 684. 65	6 289. 50
江西	974. 61	1 229. 02	1 505. 56	1 795. 91	2 178. 80	2 769. 79	3 634. 55
山东	5 323. 57	6 460. 62	7 721. 01	9 044. 56	10 416. 06	12 224. 30	15 388. 47
河南	3 558. 11	4 314. 09	4 898. 44	5 529. 91	6 218. 34	7 004. 64	8 125. 39
湖北	3 391. 03	4 039. 13	4 678. 63	5 300. 27	5 997. 72	6 712. 76	7 467. 51
湖南	2 134. 63	2 611. 32	3 099. 17	3 618. 85	4 266. 55	4 989. 07	5 804. 56
广东	8 909. 76	10 217. 42	11 633. 62	13 011. 98	14 530. 71	16 198. 05	18 472. 32
广西	1 528. 38	1 861. 45	2 184. 48	2 455. 44	2 729. 25	3 052. 55	3 478. 48
海南	526. 70	621. 07	723. 47	811. 09	901. 68	994. 83	1 120. 45
重庆	1 318. 15	1 613. 40	1 894. 04	2 165. 78	2 523. 42	3 019. 31	3 664. 31
四川	3 231. 03	3 891. 71	4 526. 26	5 245. 72	6 012. 64	6 929. 38	8 074. 37
贵州	741. 59	908. 76	1 086. 26	1 314. 10	1 650. 86	2 032. 42	2 454. 63

中国经济增长的潜力与动力

	1997 年	1998 年	1999 年	2000 年	2001 年	2002 年	2003 年
云南	1 983. 76	2 346. 63	2 653. 99	2 924. 40	3 230. 04	3 566. 59	4 017. 86
陕西	1 317. 03	1 637. 05	1 972. 31	2 299. 94	2 714. 94	3 189. 51	3 848. 99
甘肃	832. 76	1 009. 29	1 209. 89	1 407. 39	1 648. 97	1 918. 04	2 228. 31
青海	303. 23	366. 53	428. 58	512. 91	628. 80	755. 58	880. 72
宁夏	284. 39	348. 48	424. 70	512. 18	627. 57	760. 17	956. 74
新疆	1 580. 75	1 858. 41	2 111. 62	2 390. 01	2 734. 06	3 118. 55	3 585. 33

	2004 年	2005 年	2006 年	2007 年	2008 年	2009 年	2010 年	2011 年
北京	9 389. 01	10 694. 02	12 240. 92	14 235. 96	15 571. 07	17 561. 17	20 240. 34	22 394. 80
天津	4 328. 26	5 040. 93	5 931. 55	7 310. 11	9 205. 86	12 110. 36	16 347. 27	20 342. 50
河北	11 406. 58	13 410. 28	16 225. 30	20 278. 23	24 857. 41	32 057. 33	41 473. 92	49 903. 86
山西	4 253. 27	5 280. 77	6 515. 06	8 253. 58	9 974. 29	12 700. 23	16 574. 66	20 479. 11
内蒙古	4 237. 54	6 071. 30	8 201. 83	11 255. 97	14 529. 31	19 099. 66	24 851. 90	30 537. 18
辽宁	8 985. 01	11 528. 36	14 961. 32	19 831. 56	25 643. 18	32 910. 18	43 468. 61	53 009. 04
吉林	3 997. 07	5 051. 00	6 704. 13	9 240. 93	12 412. 06	16 383. 98	21 670. 77	25 354. 40
黑龙江	5 504. 06	6 310. 65	7 421. 59	9 041. 53	10 921. 53	13 844. 24	18 293. 99	22 211. 64
上海	13 112. 35	14 355. 18	15 765. 04	17 602. 84	19 211. 78	20 911. 17	22 619. 94	23 645. 94
江苏	19 769. 53	24 087. 78	29 350. 06	36 455. 44	44 030. 08	53 959. 68	67 572. 04	80 836. 02
浙江	17 892. 47	21 195. 63	24 882. 97	29 022. 50	32 641. 09	37 244. 01	43 199. 70	49 026. 42
安徽	5 914. 72	7 384. 06	9 512. 64	12 912. 62	16 825. 39	22 421. 41	30 014. 95	36 449. 95
福建	7 140. 49	8 249. 44	9 762. 89	12 266. 35	14 976. 67	18 285. 87	23 320. 69	28 675. 22
江西	4 718. 63	6 070. 29	7 620. 16	9 675. 69	12 387. 78	16 594. 56	22 653. 28	27 424. 25
山东	19 517. 42	24 946. 72	31 005. 12	38 313. 39	46 239. 76	56 704. 29	70 481. 81	83 883. 07
河南	9 684. 54	12 042. 24	15 372. 00	20 624. 50	26 615. 73	34 934. 69	45 517. 26	54 473. 18
湖北	8 495. 49	9 705. 66	11 298. 46	13 784. 30	16 701. 32	21 224. 63	27 895. 71	34 949. 17

（续表）

	2004 年	2005 年	2006 年	2007 年	2008 年	2009 年	2010 年	2011 年
湖南	6 951.05	8 377.32	10 013.17	12 544.22	15 552.78	20 047.51	26 587.76	33 549.26
广东	21 207.38	24 471.45	28 114.17	32 955.32	37 765.00	44 101.81	52 632.19	60 421.66
广西	4 137.43	5 081.92	6 366.62	8 282.33	10 441.27	13 718.91	18 503.56	23 022.94
海南	1 252.08	1 407.18	1 588.08	1 822.41	2 134.80	2 654.55	3 505.45	4 456.78
重庆	4 558.39	5 649.59	6 975.56	8 855.37	10 905.24	13 795.29	18 192.17	22 285.37
四川	9 437.42	11 174.63	13 269.76	16 531.26	19 950.66	26 532.35	35 031.81	42 639.28
贵州	2 911.33	3 413.67	4 015.76	4 851.85	5 779.02	7 042.49	9 008.52	11 569.32
云南	4 632.80	5 540.68	6 665.76	8 361.38	10 234.13	12 898.14	16 441.55	19 839.90
陕西	4 742.25	5 799.55	7 201.58	9 464.12	12 168.32	15 965.15	21 394.92	26 935.77
甘肃	2 591.90	3 013.16	3 475.42	4 226.55	5 159.19	6 514.75	8 597.93	10 978.55
青海	1 025.70	1 181.36	1 378.57	1 628.21	1 882.97	2 277.36	2 900.52	3 744.35
宁夏	1 179.25	1 424.91	1 680.53	2 021.85	2 471.09	3 075.30	4 028.92	4 923.56
新疆	4 167.23	4 813.69	5 547.65	6 523.80	7 531.04	8 845.07	10 857.74	13 448.21

资料来源:1998~2012《中国统计年鉴》。

附表 11－2 1997～2011 年各地区就业人数统计表(单位:万人)

	1998 年	1999 年	2000 年	2001 年	2002 年	2003 年	2004 年
北　京	624.30	621.9	622.1	629.5	798.90	858.60	895.02
天　津	427.00	421.1	406.7	410.5	403.10	419.68	421.96
河　北	3 382.90	3 399.9	3 441.2	3 379.6	3 385.60	3 389.47	3 416.37
山　西	1 429.00	1 434.3	1 419.1	1 412.9	1 417.30	1 469.47	1 474.58
内蒙古	1 006.80	1 017	1 016.6	1 013.3	1 010.10	1 005.21	1 019.15
辽　宁	1 818.20	1 796.4	1 812.6	1 833.4	1 842.00	1 861.30	1 951.60
吉　林	1 127.40	1 102.8	1 078.9	1 057.2	1 095.30	1 044.62	1 115.59
黑龙江	1 723.00	1 679.9	1 635.0	1 631	1 626.50	1 622.42	1 623.33
上　海	670.00	677.3	673.1	692.4	742.80	771.53	812.30
江　苏	3 635.00	3 595.8	3 558.8	3 565.4	3 505.60	3 610.25	3 719.70
浙　江	2 651.10	2 660.9	2 700.5	2 772	2 834.70	2 961.89	3 092.01
安　徽	3 311.00	3 312.5	3 372.9	3 389.7	3 403.80	3 415.96	3 453.20
福　建	1 621.90	1 630.9	1 660.2	1 677.8	1 711.30	1 756.67	1 817.52
江　西	1 971.30	1 961.3	1 935.3	1 933.1	1 955.10	1 972.25	2 039.81
山　东	4 657.20	4 698.6	4 661.8	4 671.6	4 751.90	4 850.64	4 939.71
河　南	4 999.60	5 205	5 571.7	5 516.6	5 522.00	5 535.68	5 587.45
湖　北	2 616.30	2 572.4	2 507.8	2 452.5	2 467.50	2 537.27	2 588.56
湖　南	3 498.50	3 496.1	3 462.1	3 438.8	3 468.70	3 515.89	3 599.62
广　东	3 737.40	3 760.5	3 861.0	3 962.9	3 966.70	4 119.51	4 315.96
广　西	2 470.90	2 481.5	2 530.4	2 543.4	2 570.50	2 601.37	2 649.11
海　南	320.80	326.2	333.7	339.7	341.70	353.79	366.53
重　庆	1 645.10	1 639.4	1 636.5	1 624	1 640.20	1 659.53	1 689.47
四　川	4 534.70	4 482.3	4 435.8	4 414.6	4 408.80	4 449.61	4 503.44
贵　州	1 946.30	1 975.9	2 045.9	2 068.2	2 081.40	2 118.42	2 168.84
云　南	2 270.30	2 273.4	2 295.4	2 322.5	2 341.00	2 349.64	2 401.38
陕　西	1 802.00	1 780.9	1 812.8	1 784.6	1 873.10	1 911.33	1 884.72
甘　肃	1 175.60	1 185.6	1 182.1	1 187.2	1 254.90	1 304.03	1 321.72
青　海	230.40	241.2	238.6	240.3	247.30	254.26	263.08
宁　夏	259.50	270.8	274.4	278	281.50	290.63	298.08
新　疆	678.30	669.6	672.5	685.4	701.50	721.30	744.50

（续表）

	2005 年	2006 年	2007 年	2008 年	2009 年	2010 年	2011 年
北　京	920.35	1 015.89	1 111.42	1 173.802	1 255.0772	1 317.66	1 402.29
天　津	426.88	429.81	432.74	503.1363	507.2572	520.78	529.47
河　北	3 467.27	3 517.23	3 567.19	3 651.6641	3 899.7262	3 790.19	3 826.26
山　西	1 476.37	1 513.23	1 550.10	1 583.455 8	1 599.649 1	1 665.08	1 686.43
内蒙古	1 041.13	1 061.33	1 081.53	1 103.2837	1 142.467	1 184.68	1 200.85
辽　宁	1 978.60	2 024.93	2 071.26	2 098.206 9	2 189.959 9	2 238.09	2 277.18
吉　林	1 099.41	1 097.80	1 096.19	1 143.511 2	1 184.706 5	1 248.67	1 259.35
黑龙江	1 625.84	1 642.85	1 659.86	1 670.156 4	1 687.467 6	1 743.39	1 745.10
上　海	855.86	866.22	876.58	896.003 8	929.239 3	924.72	949.88
江　苏	3 877.73	4 035.45	4 193.17	4 384.069 3	4 536.130 2	4 731.73	4 836.86
浙　江	3 202.88	3 409.13	3 615.38	3 691.853 9	3 825.184	3 989.18	4 127.35
安　徽	3 484.67	3 541.14	3 597.62	3 594.593 9	3 689.745 8	3 846.76	3 895.14
福　建	1 868.50	1 933.68	1 998.87	2 079.784 3	2 168.852 2	2 181.32	2 235.86
江　西	2 107.48	2 151.56	2 195.65	2 223.286 4	2 244.146 3	2 306.09	2 336.43
山　东	5 110.80	5 186.50	5 262.20	5 352.497 2	5 449.766 1	5 654.67	5 746.87
河　南	5 662.41	5 717.56	5 772.72	5 835.452 2	5 948.780 6	6 041.66	6 137.62
湖　北	2 676.26	2 719.64	2 763.02	2 875.587 9	3 024.475 9	3 116.52	3 162.29
湖　南	3 658.30	3 703.83	3 749.35	3 810.977	3 907.700 7	4 007.75	4 053.39
广　东	4 702.10	4 997.47	5 292.84	5 478.003 3	5 643.341 6	5 776.93	5 990.42
广　西	2 703.06	2 731.34	2 759.61	2 807.155 5	2 862.629 3	2 945.34	2 988.76
海　南	377.72	396.27	414.81	412.091 5	431.447 6	445.72	458.11
重　庆	1 720.79	1 755.15	1 789.52	1 837.090 3	1 878.482 3	1 912.13	1 936.25
四　川	4 603.50	4 691.07	4 778.63	4 874.461 5	4 945.227	4 997.61	5 038.25
贵　州	2 215.83	2 249.44	2 283.05	2 301.626 2	2 341.107 1	2 402.17	2 444.67
云　南	2 461.32	2 531.07	2 600.82	2 679.498 3	2 730.204 8	2 814.11	2 864.92
陕　西	1 882.88	1 902.44	1 922.00	1 946.559 4	1 919.480 1	1 952.03	1 965.08
甘　肃	1 347.57	1 360.97	1 374.38	1 388.676 8	1 406.619 1	1 431.86	1 455.59
青　海	267.62	271.95	276.29	276.792 6	285.539 3	294.10	300.15
宁　夏	299.61	304.53	309.46	303.919 1	328.505 6	325.98	332.24
新　疆	764.30	782.57	800.84	813.695 2	829.171 1	852.59	869.00

资料来源：1998～2012《中国统计年鉴》，其中 2006 年统计年鉴中未给出数据，所以用 2005 年和 2007 年的算术平均数求得；2011 年数据也未给出，故用前 12 年数据得出就业人口增加趋势，计算得出。

中国经济增长的潜力与动力

附表 11-3　1997～2011 年各地区教育程度表(单位:年)

年份	1997 年	1998 年	1999 年	2000 年	2001 年	2002 年	2003 年
全国	5.97	7.09	7.18	7.11	7.62	7.73	7.91
北京	6.96	9.75	9.98	9.59	10.03	10.26	10.35
天津	6.47	8.12	8.71	8.56	8.99	9.15	9.25
河北	6.09	7.47	7.46	7.26	7.74	8.03	8.38
山西	6.51	7.57	7.82	7.34	8.02	8.25	8.40
内蒙古	5.98	7.43	7.35	7.26	7.76	7.88	7.77
辽宁	6.84	8.03	8.18	7.97	8.41	8.44	8.92
吉林	6.39	8.03	8.23	7.82	8.24	8.61	8.70
黑龙江	6.58	7.85	7.82	7.80	8.25	8.30	8.41
上海	6.50	8.97	9.27	8.96	9.32	9.59	10.13
江苏	5.75	7.04	7.30	7.44	7.86	7.59	7.69
浙江	5.81	7.03	7.14	7.00	7.47	7.68	7.76
安徽	5.80	6.54	6.54	6.47	6.98	6.99	7.66
福建	5.80	6.69	6.77	7.08	7.49	7.46	7.59
江西	6.09	7.01	7.12	6.91	7.55	7.48	8.29
山东	5.64	6.62	6.82	7.12	7.58	8.08	7.85
河南	6.17	7.25	7.10	7.17	7.72	8.08	7.97
湖北	6.06	7.30	7.29	7.35	7.77	7.34	7.92
湖南	6.19	7.29	7.45	7.31	7.80	7.91	8.05
广东	6.32	7.55	7.61	7.41	8.08	8.09	8.01
广西	5.95	6.79	6.84	6.97	7.57	7.62	7.77
海南	6.02	7.20	7.25	7.00	7.68	7.94	8.19
重庆	5.82	6.68	6.88	6.73	7.28	7.44	7.67
四川	5.72	6.83	6.66	6.53	7.07	7.29	7.42
贵州	5.26	5.73	6.08	5.44	6.15	6.73	6.89
云南	5.20	5.79	5.82	5.71	6.34	6.12	6.04
西藏	3.37	3.34	2.95	3.00	3.43	4.32	3.87
陕西	5.88	7.05	7.14	7.19	7.72	7.43	8.11
甘肃	5.15	6.07	6.35	5.98	6.54	6.78	7.04
青海	4.00	4.91	5.97	5.59	6.12	6.35	6.72
宁夏	5.39	6.54	6.66	6.31	7.03	7.39	7.35
新疆	6.26	7.46	7.94	7.03	7.73	8.37	8.38

（续表）

年份	2004 年	2005 年	2006 年	2007 年	2008 年	2009 年	2010 年	2011 年
全国	8.01	7.83	8.04	8.19	8.27	8.38	8.21	8.85
北京	10.56	10.69	10.95	11.09	10.97	11.17	11.01	11.55
天津	9.64	9.51	9.73	9.81	9.88	10.05	9.73	10.40
河北	8.38	8.17	8.13	8.17	8.36	8.42	8.17	8.67
山西	8.38	8.42	8.70	8.78	8.81	8.88	8.66	9.15
内蒙古	8.17	8.22	8.19	8.36	8.37	8.49	8.50	9.23
辽宁	8.84	8.75	8.92	8.99	9.08	9.24	9.05	9.47
吉林	8.80	8.47	8.66	8.78	8.89	8.90	8.84	9.10
黑龙江	8.49	8.46	8.53	8.70	8.70	8.75	8.75	9.11
上海	10.11	10.03	10.44	10.45	10.55	10.65	10.12	10.48
江苏	7.81	8.13	8.25	8.43	8.44	8.55	8.60	9.16
浙江	7.95	7.61	8.06	8.11	8.24	8.40	8.15	8.82
安徽	7.49	7.04	7.34	7.24	7.44	7.62	7.46	8.25
福建	7.49	7.54	7.73	7.75	7.80	8.35	8.20	8.83
江西	7.98	7.53	7.71	8.25	8.26	8.52	7.78	8.74
山东	7.94	7.72	8.09	8.23	8.28	8.31	8.17	8.67
河南	8.22	7.99	8.05	8.18	8.34	8.39	7.88	8.70
湖北	8.10	7.82	8.26	8.42	8.49	8.49	8.46	9.05
湖南	8.16	7.99	8.17	8.42	8.43	8.47	8.23	8.81
广东	8.13	8.36	8.44	8.68	8.77	8.87	8.60	9.33
广西	8.02	7.66	8.03	8.03	7.98	8.10	7.67	8.61
海南	8.41	8.11	8.17	8.32	8.35	8.44	8.12	8.88
重庆	7.25	7.39	7.57	7.72	7.79	7.93	7.96	8.78
四川	7.45	6.84	7.24	7.43	7.51	7.69	7.64	8.22
贵州	6.98	6.42	6.59	6.84	7.05	7.08	6.76	7.59
云南	6.82	6.38	6.66	6.79	6.90	6.91	7.01	7.69
西藏	4.40	3.74	4.16	4.62	4.71	4.55	4.76	5.51
陕西	8.26	8.06	8.30	8.40	8.51	8.58	8.60	8.95
甘肃	7.24	6.86	6.78	7.06	7.17	7.29	7.48	8.15
青海	6.80	6.76	6.99	7.18	7.26	7.45	7.03	7.78
宁夏	7.70	7.37	7.63	7.82	8.13	8.22	7.78	8.39
新疆	8.49	8.20	8.30	8.51	8.56	8.66	8.14	9.18

资料来源：1998～2012《中国统计年鉴》，根据公式测算得到。

附表 11-4 1997~2011 年各地区教育基尼系数

	1997 年	1998 年	1999 年	2000 年	2001 年	2002 年	2003 年
北　京	0.225 317	0.221 088	0.223 247	0.241 202	0.242 696	0.210 009	0.203 482
天　津	0.245 29	0.243 398	0.229 507	0.232 144	0.258 038	0.221 374	0.216 787
河　北	0.253 817	0.238 544	0.234 853	0.202 461	0.263 52	0.210 991	0.213 497
山　西	0.225 464	0.224 548	0.223 1	0.202 36	0.271 809	0.197 413	0.193 121
内蒙古	0.282 837	0.276 917	0.282 77	0.246 754	0.296 97	0.261 849	0.264 491
辽　宁	0.226 353	0.219 016	0.215 44	0.219 524	0.251 033	0.192 631	0.198 75
吉　林	0.232 28	0.233 045	0.217 672	0.210 01	0.253 237	0.200 726	0.193 77
黑龙江	0.232 603	0.225 418	0.225 013	0.216 163	0.252 271	0.205 126	0.193 672
上　海	0.237 487	0.241 709	0.229 091	0.241 187	0.249 73	0.231 469	0.205 699
江　苏	0.293 651	0.299 321	0.283 424	0.215 405	0.273 339	0.258 467	0.268 568
浙　江	0.292 443	0.279 373	0.270 72	0.211 643	0.291 709	0.269 564	0.269 116
安　徽	0.292 233	0.290 516	0.288 931	0.231 534	0.316 74	0.268 117	0.255 408
福　建	0.281 966	0.285 501	0.286 427	0.210 338	0.276 086	0.264 124	0.262 165
江　西	0.240 4	0.240 893	0.247 842	0.192 35	0.282 839	0.231 132	0.226 054
山　东	0.307 994	0.304 805	0.289 383	0.231 879	0.290 035	0.241 126	0.259 195
河　南	0.250 171	0.245 971	0.258 048	0.205 211	0.270 366	0.210 989	0.207 568
湖　北	0.264 489	0.264 806	0.259 565	0.221 709	0.275 679	0.266 273	0.245 369
湖　南	0.231 082	0.226 726	0.233 535	0.191 108	0.254 089	0.218 631	0.222 671
广　东	0.236 339	0.233 87	0.233 587	0.201 063	0.270 994	0.216 566	0.219 964
广　西	0.248 574	0.235 99	0.230 71	0.178 673	0.265 64	0.227 424	0.226 961
海　南	0.258 348	0.261 288	0.273 178	0.225 581	0.304 728	0.220 571	0.233 244
重　庆	0.273 132	0.257 464	0.262 299	0.202 121	0.287 498	0.233 972	0.220 574
四　川	0.285 998	0.268 538	0.275 157	0.207 012	0.299 631	0.261 166	0.247 051
贵　州	0.336 018	0.357 755	0.331 864	0.263 274	0.387 685	0.292 844	0.309 945
云　南	0.327 422	0.325 38	0.315 99	0.234 276	0.364 377	0.318 346	0.296 746
陕　西	0.280 871	0.269 678	0.287 256	0.226 312	0.295 405	0.269 639	0.252 925
甘　肃	0.350 821	0.363 929	0.345 248	0.283 067	0.384 775	0.312 749	0.312 892
青　海	0.505 716	0.499 551	0.410 597	0.348 15	0.449 153	0.346 517	0.348 114
宁　夏	0.354 488	0.351 677	0.330 078	0.266 177	0.379 943	0.292 523	0.296 873
新　疆	0.261 509	0.262 817	0.254 08	0.216 774	0.316 285	0.248 766	0.237 128

（续表）

	2004 年	2005 年	2006 年	2007 年	2008 年	2009 年	2010 年	2011 年
北　京	0.206 054	0.202 425	0.207 455	0.199 465	0.197 703	0.195 111	0.213 131	0.179 268
天　津	0.213 23	0.214 746	0.209 283	0.210 071	0.204 841	0.200 287	0.226 143	0.195 593
河　北	0.204 319	0.206 054	0.195 485	0.195 447	0.187 514	0.189 46	0.247 643	0.178 754
山　西	0.188 152	0.195 266	0.189 457	0.187 564	0.186 569	0.189 324	0.228 456	0.180 844
内蒙古	0.243 089	0.255 994	0.237 516	0.232 669	0.228 033	0.227 101	0.254 267	0.213 578
辽　宁	0.191 147	0.199 965	0.200 792	0.197 697	0.199 081	0.193 727	0.218 517	0.186 013
吉　林	0.191 615	0.211 143	0.205 673	0.200 03	0.195 807	0.193 892	0.224 608	0.187 776
黑龙江	0.182 934	0.209 558	0.198 39	0.190 378	0.186 642	0.189 359	0.216 804	0.181 803
上　海	0.217 504	0.213 123	0.208 184	0.202 975	0.202 28	0.200 675	0.227 867	0.187 712
江　苏	0.255 161	0.249 001	0.241 951	0.233 689	0.225 424	0.220 558	0.256 177	0.214 724
浙　江	0.273 366	0.263 821	0.259 514	0.255 857	0.253 057	0.245 619	0.270 661	0.234 398
安　徽	0.262 51	0.294 162	0.277 686	0.278 079	0.261 807	0.254 371	0.301 883	0.225 716
福　建	0.278 037	0.264 84	0.255 589	0.257 072	0.251 201	0.249 886	0.254 631	0.225 509
江　西	0.226 268	0.237 193	0.231 313	0.228 533	0.220 625	0.210 781	0.274 621	0.199 139
山　东	0.250 72	0.254 268	0.232 283	0.221 493	0.217 797	0.215 619	0.267 952	0.221 653
河　南	0.204 307	0.218 368	0.210 632	0.203 749	0.201 302	0.200 721	0.270 848	0.205 352
湖　北	0.244 148	0.251 275	0.246 372	0.238 318	0.231 633	0.229 702	0.260 736	0.219 568
湖　南	0.214 569	0.225 213	0.211 521	0.207 703	0.211 54	0.204 099	0.253 583	0.201 417
广　东	0.213 826	0.210 587	0.200 85	0.193 262	0.194 321	0.189 465	0.232 811	0.193 067
广　西	0.220 862	0.222 856	0.205 22	0.196 067	0.190 916	0.192 77	0.266 838	0.209 2
海　南	0.210 761	0.230 989	0.223 565	0.220 256	0.217 109	0.215 703	0.268 461	0.193 663
重　庆	0.249 518	0.254 313	0.237 674	0.217 56	0.217 313	0.223 686	0.273 214	0.230 01
四　川	0.242 159	0.281 325	0.260 194	0.243 006	0.241 284	0.242 797	0.274 662	0.234 369
贵　州	0.283 811	0.312 245	0.285 545	0.272 378	0.260 389	0.251 121	0.319 113	0.269 233
云　南	0.280 496	0.306 445	0.279 581	0.278 744	0.256 502	0.260 219	0.296 223	0.245 104
陕　西	0.243 275	0.242 829	0.239 107	0.236 679	0.234 26	0.228 343	0.252 813	0.213 589
甘　肃	0.311 134	0.320 723	0.323 547	0.305 15	0.296 374	0.289 839	0.310 059	0.262 015
青　海	0.333 146	0.368 941	0.323 931	0.318 2	0.306 947	0.301 632	0.354 147	0.284 952
宁　夏	0.285 779	0.308 278	0.288 333	0.272 178	0.245 205	0.248 506	0.301 391	0.238 815
新　疆	0.235 441	0.243 449	0.228 302	0.211 499	0.215 749	0.204 93	0.275 481	0.217 993

资料来源：1998～2012《中国统计年鉴》，根据公式测算得到。

第十二章　财政分权体制下的教育支出

本章提要　本章从总量和结构两个角度对教育支出和财政分权的现状进行统计描述,并分析了财政分权体制对教育支出的作用机制。通过构建分权、集权体制下政府支出效用函数,验证了同等情况下,财政分权不利于增加教育支出的结论。本章还利用 312 个地级市的面板数据,研究财政分权对地方政府教育支出的影响。研究显示:① 地方政府财政教育支出比重下降,是因为在分税制和政绩考核激励的双重作用下,地方政府更多地把财政资源投入到有利于招商引资的基础设施中,挤占了政府教育财政支出。② 地区财力上的差异,使得发达地区和欠发达地区在教育支出上存在区域性差异。③ 科教兴国和人才强国战略的全面推行,并没有给地方政府教育支出带来实质性的改善,而干部政绩考核标准的改革,对地方政府教育支出有显著的正向推动作用。

第一节　引　　言

1978 年改革开放和 1994 年分税制改革以来,在财政分权改革作用下,财政分权的局面在我国逐渐形成,与此同时,也进一步强化了各地政府追求本地利益最大化的主体地位。为了达到本地利益最大化的目标,各地政府之间开始了激烈竞争。这种竞争具有两面性,一方面竞争压力可以有效地转为各地政府积极拉动经济增长的动力,促使政府致力于改善基础设施,为经济增长奠定坚实的基础;但另一方面,地方经济增长不断攀升硕果累累的背后我们却看到教育支出水平远远落后于经济增长的步伐,使得教育支出、医疗卫生支出、社会福利及保障支出等指标为代表的公共服务的供给存在很大缺口,不利于社会民生的改善。

其实,国务院曾在 1993 年颁布了关于我国教育问题的重要文件——《中国教育改革和发展纲要》。纲要中提到,要加大教育经费的支出在 GDP 中的比重,并制定了在 2000 年之前达到 4％这一目标①。但令人失望的是,若以教育经费的支出占 GDP 的比重来衡量,我国至今仍停滞在 3％左右,仍未达到 20 世纪末 4％的目标。虽然当前各地方政府的竞争已开始从单纯的经济增长为导向开始转向教育医疗卫生等为代表的民生改善,但在政绩考核激励下,各地政府仍会把其他对经济增长的短期直接拉动效应的支出列在首位,教育等改善民生的支出处于次要地位。

众所周知,以教育为代表的公共品的供给是改善民生进程中至关重要的一个环节,尤其是在我国当前经济增长方式转型——从唯 GDP 论英雄到社会民生全面发展的大背景下,教育支出的增加、教育相关基础设施的改进、教育质量的提升对于促进当地社会民生、人力资本以及技术水平的改善,释放经济增长的长期潜力具有不可替代的作用。从 21 世纪初期的科教兴国和人才强国战略全面实施到十八大报告"加强社会建设"中教育重要地位的突显,我们可以看到研究当前财政分权体制下的教育支出问题意义重大。分权体制下的各地政府是否会忽略教育支出? 导致各地政府教育支出不断下降的机制又有什么呢?

本章尝试从各地政府的教育支出出发,研究财政分权体制对以各地教育支出为代表的社会民生的影响以及作用机制。

第二节　文献综述

一、财政分权与财政支出的相关文献

（一）国外的相关研究文献

国外的相关理论最初始于蒂布特（Tiebout）1956 年的研究。他当年发表的《地方支出的纯粹理论》一文被誉为财政分权理论的开山之作。在该理论体系下,由于各个要素可以自主地进行流动,各地居民也有自由的选择权,因而各地方政府就会进行有序并有效的竞争来满足当地居民的需要,并且各种竞争为良性竞争。在这种竞争机制的作用下,最终帕累托最优均衡得以实现。因此,在该理论前提下,将公共服务交由各地方政府来提供比交由中央政府统

---

① 《中国教育改革和发展纲要》1993,http://edu.ifeng.com/zhuanti/jin30nianlaidaxue/doclist/ 201002/0203_9450_1536283_1.shtml.

一供给效果更佳。斯蒂格勒(Stigler)在1957年从信息经济学的角度提出自己的研究观点,对蒂布特的结论进行了丰富与补充。他认为地方政府之所以能比中央政府更有效地提供公共服务还有一个原因,那就是地方政府对当地居民公共服务需要的信息更加完全,而且也更明白究竟怎样的公共服务能更好地满足当地经济发展的需要。同时,他还提出了"投票"机制一说,认为各地居民通过对当地公共服务供给的质量进行投票来激励政府提供更符合他们实际需要的公共服务。奥茨(Oates)1972年的论文《财政联邦主义》也对哈耶克的经典分权理论进行了丰富与发展。奥茨的研究放松了要素自由流动的前提假设,他认为即使是在要素的自由流动受到限制、资源也存在着数量上约束的情形下,由地方政府来提供公共服务的效果仍然要好于中央政府。基于此,他赞同把大部分公共支出上的权力交还给地方政府。这三个经典分权理论围绕的共同话题就是如果实现地方上公共资源配置最优化,以达到各地社会福利最大化。因此,社会福利和效用的最优化成为这些经典理论研究的主要出发点和最终的落脚点。与此同时,也有学者注意到了财政分权的问题所在。奥茨(Oates)在其后期的研究中就注意到了这个问题。他在1981年的研究中表明:财政分权固然对政府的支出行为有一定的激励作用,但由此引发的不同地区政府的财政竞争却会带来一些负面影响。在这处种激烈的竞争体制下,各地政府为了增加本地方的招商引资数额,会不惜一切代价来通过税收减免等政府来吸引外来的投资。税收的减免会使得各地的财政收入相应减少,从而造成可支出的财政资金缺乏。最终结果就是各地政府减少对公共服务的提供,降低公共服务供应质量。

在众多国外研究文献中,Keen and Marchand(1997)首次对财政分权同支出结构的影响与作用机制进行研究,他们以受益对象为分类标准,将公共支出区分成两大种类:第一种即公共产品或服务,它是影响各地政府管辖区域内居民的效用函数的主要变量,例如一些公共娱乐设施或社会保障、社会福利等支出;第二种是公共投入,例如城市道路交通等基础设施和研发投入,它是影响各地政府管辖区域内企业生产函数的主要变量。经过理论模型的构造、分析与验证,他们最终得出结论:在各地政府的财政支出构成中,影响生产函数的公共投入所占份额过大,影响居民效用函数的公共产品或服务所占份额却太小,这也说明了各地政府的财政支出构成不可避免地存在一个"系统性偏向",在这种偏向下,生产力是提高了,但居民的效用却没因此得到改善。

Hannes winner(2004)的实证分析是国外具有很强代表性的研究文献。

他从 1970 至 1997 年经济与合作组织国家的面板数据出发,通过固定效应的计量检验,证实了 KM 模型的结论。在之后的研究中,以 KM 模型为基础,Rainald Borck(2006)对这个模型进行了进一步的修正与拓展,其构建的生产函数将劳动力细分为"流动熟练劳力"与"不流动的非熟练劳动力"两类,另外两个生产要素为流动资本和土地。在该生产函数下,政府既对资本征税,也对劳动力征税,而且这两种不同类型的劳动力分别作用于不同类型的公共服务。经过理论和模型的推导分析后,他得到这个结论:相对于"不流动的非熟练劳动力",各地政府更有动力把大部分的公共服务投入到"流动熟练劳动"之中。尤其是在劳动力和资本有很强的互补性时,这种倾向会愈发明显。

上述的一系列研究都是以 KM 模型为切入点,因此得到的结论都建立在很强的假设前提下,KM 模型最主要的假设前提就是劳动力无法自由流动,因而前面所提到的学者所得到关于财政分权与支出结构的关系的结论都是站在静态且短期视角,具有很大的局限性。Matsumoto(2000)的研究则很好地打破了这一局限性,他放宽了 KM 模型的假设前提,得到了在劳动力可以不受限制地流动情形下财政分权和支出结构的关系及作用机制。从此以后,国外诸多学者开始从更宏观的角度来分析财政分权与支出结构的关系和内在作用机制,一般均衡、动态成为全新的研究角度。在一般均衡的研究视角中,各地政府为了追逐短期经济的高速增长,会更倾向于将支出结构侧重于资本投入。不过值得欣慰的是这种结构的偏向不会成为长期的发展趋势,只是短期的一种倾向,资本生产效率的提升也会对劳动力存在互补性的需求,各地政府也会出自经济可持续增长的考虑,不得不调整支出结构,加大劳动力投放的比重以更好地满足整体经济增长的需要,从而遵循经济发展的内在必然规律。

(二)国内的相关研究文献

我国国内有关财政分权的理论开始得比较晚,因为我国的财政体制改革长期处于摸索探究的过程中,对与之相应对象的研究也尚不成熟。我国在这方面的理论于 20 世纪 90 年代开始成为各学者研究的热点问题。这些学者的研究不仅仅是单纯地借鉴了国外的经典理论模型,更重要的是这些研究都结合了我国财政分权的国情,得出的结论也具有非常强的现实指导意义。Qian and Weingast(1997)主要对我国财政分权的积极作用进行了研究。他们的研究得出结论:财政分权在我国对财权与事权进行了清晰的定位与界定,既可以很好地推动地方经济发展,也有利于实现中央政府对各地方经济的宏观调控,从而可以有效地推动生产力发展。刘瑞明、白永秀(2007)则借鉴了国际贸易中经典的比较优势理论。他们认为：在进行财政分权时要充分地考虑到中央与地方政府的比较优势所在，让它们都能有效地发挥出相应的比较优势，从而有利于维持经济长期稳定增长，同时也有利于财政分权制度的不断改革与创新。张军、高远（2007）则进一步证明了钱颖一等学者的结论，即认为：我国的财政分权体制成功地刺激了我国的经济增长与发展，而且这一财政史上里程碑式的改革还是我国经济增长与发展的决定性推动力。

然而，在施行财政分权制度后，一些问题也日渐浮出水面。有一些学者对财政分权的弊端进行了研究，而且一时还成了财政分权理论界的研究热点。周业安（2003）对我国财政分权的研究结合了我国集权的政治体制，认为在政治集权的前提下进行财政分权是不合理的。这种不合理是因为政治和经济体制上的不一致会造成各地方政府为了争取有限的资源而竞争，这种竞争最终会演变为恶性竞争，阻碍经济持续有效地发展。陈抗、顾清扬（2002）借助博弈论对我国的财政分权进行研究认为，财政分权在我国的运用使得中央财政对各地方政府由"援助"变为"攫取"。当财政分权体制在我国运行一定时期后。一些学者开始从事实数据出发，用数据来证明财政分权给我们带来的种种不利影响。傅勇、张晏（2007）从省级面板数据出发进行了实证检验，通过对财政分权体制下各地方政府的行为进行研究，总结出了财政分权的不利影响。总而言之，当财政分权理论开始施行后，我国的一些学者也慢慢意识到财政分权不但没能实现资源配置的最优化，而且还会造成财权与事权的不统一，扭曲了中央与地方政府的关系。

也有一些学者持中立态度，对财政分权的影响从两面辩证地进行了研究。张军（2007）研究成果表明：我国应该辩证地看待我国财政分权在不同时期的影响，这些分析应该结合我国不同时期的现实基本情况。在初期，财政分权确实发挥了积极的作用，大大地加快了我国的经济发展的步伐。但是，当经济的转型进行到一定阶段时，财政分权引发的地方保护主义和恶性竞争会加大中央政府进行宏观调控的难度，抑制经济的进一步发展，破坏生态环境。这一系列负面影响不仅是经济上的，还有社会上的、生态上的。因此，对于财政分权的影响应该分不同发展阶段来辩证看待。沈坤荣、张璟（2008）的研究表明：我国的财政分权是建立在政治集权的前提基础上的，这种特有的分权体制会促进地方政府之间的竞争，但随之而来的却是片面追求经济的高速增长。尽管这种竞争格局使得我国 GDP 的增长非常之快，但在这种唯经济增长的竞争动机下也造成了一些负面影响。对于财政分权的效应应该从对 GDP 和其他社会因素的影响分别进行辩证地看待,不能一概而论。

乔宝云(2005)在对比了国外关于财政分权的主要理论和实践之后,得出了在我国当前特殊的国情下,财政分权带来的更多是负面影响。在资本要素缺乏、人口流动受限制以及委任制等现实约束条件下,各地政府会忽视辖区公共服务的需求,与此同时却非常关注流动性较高的资本要素。特别是在人口流动存在障碍的情况下,各地政府会更加注重资本的投资以及经济的发展,使得各地政府之间的竞争愈加激烈,并且也占用了原本应投向教育之类的公共品和公共服务的财政支出。陈宪、张恒龙(2006)经过实证检验得出,各地政府会做出把主要财政支出投向城市基础设施改善的决策,以此来优化当地的投资环境,吸引更多的外商投资,这样带来的结果是公共产品和服务提供的减少。尤其是对贫穷地区的政府来说,税收等优惠政策对财政支出的作用更为显著,这将对公共服务支出产生更严重的挤出效应。

沈坤荣、李永友(2008)研究得出:经济建设方面的支出在1995年不存在较明显的"策略互动",但是在2005年却表现出了显著的"策略互动",而且该表现是稳健的;科教文卫方面的支出在1995年有着明显的"策略互动"却不稳健,但是在2005年这种明显的策略互动却不存在了。李涛、周业安(2009)对我国1999～2005年的省级数据作回归,得出结论:我国各省份人均实际的财政支出总额和行政事业经费呈现出明显的"策略替代"关系,各省份人均实际的基本建设、科教文卫、预算外等支出都显示出明显的"策略互补"关系。同时,各省份人均实际的财政支出总额、经济建设与行政事业经费在时间上都表现出很明显的路径依赖关系。

近期,国内有一些学者在开始构建空间计量模型来研究我国各地政府在财政分权体制下的相互竞争对财政支出在结构上的影响。郭庆旺、贾俊雪(2009)通过空间计量经济学建模和检验对我国各地方政府在财政支出结构上的"策略互动"形成及作用机制进行了研究,并得到了其对当地经济增长的影响,得到结论:在1986～2006年,我国各地政府不仅在预算内及预算外的总支出上表现出明显的"策略互动",而且在各个具体的支出项目如经济型、社会型及维持型项目上也表现出明显的"策略互动",在其中担当重要角色的就是财政分权体制。王美今(2010)的研究充分利用了空间计量经济学中可以充分反映各变量空间上的交叉互动性的空间面板模型,对各地政府两种不同的行为特征进行了辨识和区分,结论表明:各地政府之间存在着显著的互相模仿的策略互动机制,主要体现在基础建设以及科教文卫这两项支出上面,可中央政府在科教文卫上的宏观政策却没有给各地政府带来比较强烈而显著的影响。

二、财政分权与公共服务支出的相关文献

(一) 国外的相关研究文献

在研究财政分权与公共品供给的文献中,最经典的就是蒂布特的一般均衡模型了。该模型把各地政府不同部门的竞争作为重要变量放入其中。但是,这个模型却有着非常严格的假设条件,甚至现实经济运行中很难满足。与此同时,这个经典的一般均衡模型所需要的很多假定前提在实际生活中无法一并满足,特别是对发展中国家来说。蒂布特模型中的各地政府就像科斯对企业的界定一样——黑箱,在已经给定的收入支出模式下,公共品提供的平均成本已经达到了最低。那么,在该模型框架下,居民可以通过自由的流动来选择自己实际的需求与偏好,从而可以减少公共品上的搭便车行为,这也是财政分权制度给公共服务提供带来的唯一益处。蒂布特模型的一个核心假设前提就是各地政府可以以较高的效率保证公共服务的提供,随之而来的问题就是怎样才能在各地政府公共品的供给和各居民相异偏好之间建立起联系。这个问题也为蒂布特模型的修改与完善提供了思路。

Musgrave(1959)的研究表明,不是所有情况下的财政分权都有助于提高公共品供给的效率,必须在政府的税收和支出两方面对等时才能实现。Oates(1972)则进一步研究了财政分权下达到最佳状况所应具备的条件。Besley *et al.*(2003)的研究角度不是停留在计量经济学和实证检验上,而是在政治经济学的分析框架下验证了财政分权对公共品提供的促进作用。还有一些学者应用信息经济学的理论对财政分权与公共品的关系进行了研究。Dethier(1999)认为财政分权可以让各地居民更方便地对政府支出进行监督;Baicker(2005)认为各地政府之间的竞争会让本地居民在对该地政府公共品供给的效率进行评价时会与其他地方政府的供给行为进行参照对比。总而言之,在这以后的公共经济学的主要潮流是对于经济较发达的国家地区,财政分权可以改善公共服务提供的质量。

不过最近十几年的研究呈现出另外一种学术趋势,那就是将关注点放在了财政分权的负面影响上。这一系列的相关文献不再单从发达国家来研究,而是将更多地聚焦在发展中国家不容乐观的财政分权的实际效果。之所以会产生这样的现象,主要是因为以下三个原因:一是各地的人口流动并不是完全出于对更好的公共品供给的考虑,对高质量公共服务的追求往往是人口流动

非常次要的一个原因,尤其是对广大发展中国家来说。在这种情况下,蒂布特模型的核心观点即"用脚投票"机制的作用无法很好地体现(Faguet,2004)。二是由于发展中国家的监督机制往往并不完善,在这种情况下,各地政府更容易和利益集团勾结,财政支出会处于一个低效率的状态运行。同时,受到落后的经济条件的限制,各地政府对公共服务进行提供时更多考虑的是公平而非效率问题,只有解决了贫困等基本问题才能谈效率等问题(Treisman,2000)。三是无论是从技术、人才还是管理上来看,各地政府都不能和中央政府放在同一平台进行比较,在这种相差甚远的情况下一味追求财政分权只会适得其反,降低公共服务提供的水平(Bardhan,2002)。四是考虑到各地方政府各项初始禀赋资源的差别,不发达地区也许会选择不努力,这样的竞争就会加大不同地区之间的分化程度 Cai *et al*.(2005)。

除了研究财政分权对公共品提供的积极和消极影响以外,还有一些学者将研究的焦点放在了公共品的供给所存在的不足之上。中央政府为了让各地政府有效地实现公共品的供给,会对其管辖的各地政府进行转移支付,可是问题的关键在于各地政府在取得转移支付后有没有实际进行公共品的供给。

(二)国内的相关研究文献

考虑到我国的特殊国情,其财政分权体制与经典的蒂布特模型还是存在很大的差别。产生这种差别的主要原因有:一是我国特殊的户籍制度,在该制度下,尽管我国的人口流动数量和规模较大,可是医疗卫生教育等各项公共品的供给都与户籍挂钩,"用脚投票"的作用就难以真正体现,也不能对各地政府的支出行动进行制约。二是我国当前的政绩考核指标以基础设施的改善和经济增长为主要导向,在这些硬性标准的约束下,各地政府对科教文卫等对经济学增长没有直接促进作用的公共品没有改善的动力。三是财政分权后所带来的各地政府财权和事权的不统一,在当前有限的财力约束下,很多地方对公共品的供给是有心无力。这种种迹象都说明财政分权对我国公共品提供的作用还有待进一步证实。

陈诗一等(2008)的通过 DEA 核算后得到,我国在分税制改革之前的财政支出在总体上并不是有效的,1994 年的分税制改革使各地的财政支出在总体上有了一个提升。同时该研究还定性地测算了提升的程度。乔宝云(2005)等人的研究视角更为精细,他们通过联立方程做实证检验,得到了财政分权会抵制各个地区基础教育的供给的结论。尽管如此,我们还是无法得到财政分权与公共品提供之间的关系。因为该研究中的基础教育是用小学入学率来刻画的,它的样本方差系数十分小,不能体现出我国基础教育在时间和空间上的差别。平新乔等(2006)通过分析得出了人均预算财政支出对公共物品的反应程度,邓可斌等(2009)说明了以科教文卫经费衡量的"软公共品"的提供明显缺乏。Zhang et al.(2002)则从村级的数据出发,研究了在村民自治的体制下,这种体制对财政收支和人均公共品供给的作用效果。安体富(2007)的研究说明,之所以我国各地政府会出现公共品提供的不足,主要是由基层政府的财权与事权不统一以及财政转移支付制度所固有的缺陷造成的。于长革(2008)则表明,各地政府迫于政绩考核的压力,在扭曲的激励机制下,片面追求 GDP 的最大化和经济增长的高速化,自然也会减少对公共服务的提供数量,降低公共品供应的质量。丁菊红、邓可斌(2008)则运用博弈论中的动态博弈理论证实了各地与中央政府的偏好存在偏差,这也决定了我国财政分权的程度和进程。丁菊红(2008)通过进一步研究各地与中央政府的偏好变迁路径,通过实证检验发现各地经济水平的差异会对各地公共品的供给产生不同的作用效果。熊波(2009)的研究说明了造成地方政府公共服务提供缺失的原因:一是财、事权的不一致,二是"强干弱枝"的财政制度安排,三是制度层面上的供给不到位。

三、财政分权与教育支出的相关文献

（一）国外的相关研究文献

近年来,大量学者对财政分权问题进行了研究,有关财政分权的研究文献是浩如烟海。尽管如此,我们可以发现,已有的大量文献将研究焦点放在财政分权对地区及国家经济增长的作用上,有关财政分权对公共产品、公共服务供给的影响的文献较少,直接细化到财政分权与教育发展的文献就更少了,而且这些文献主要是以各个不同的国家为出发点,研究财政分权与各国教育支出的关系。

在这些为数不多的研究文献中,代表性的研究成果如下:Jimenez 等学者(1996)对菲律宾的财政支出与教育的关系进行研究后得到:如果高校的经费更多地依赖当地财政支出,则高校的运行效率更高。Mauro(1998)研究两者关系时引入了腐败这一变量,认为越腐败的政府会越倾向于将支出结构向基本建设项目上倾斜,进而忽视了教育上的投入。因此,教育支出的比例与当地政府的腐败程度密切相关。Fisk(1996)对墨西哥、阿根廷等拉美国家的对比研究后得到:财政分权对不同国家的整体教育支出存在不同的影响力,财政分

权确实较显著地提高了阿根廷政府的教育支出水平,可是在墨西哥却没有得到相同的结论,因此财政分权对教育支出的影响不能一概而论。另外还有一些其他学者有关美洲国家的结论:Habibi *et al.*(2001)得出阿根廷的财政分权可以很好地促进教育及医疗卫生事业的发展这一结论;Faguet(2004)则对玻利维亚的情况进行了研究,表明财政分权不仅有利于提升教育支出的比例,还可以很好地促进当地政府提升卫生、公共环境等公共服务的质量。Sarkar(2000)则以阿根廷为例,分别运用多个模型对财政分权对教育及医疗卫生这两项公共服务的影响进行了横向对比研究,研究表明,在各个模型下,财政分权都能够显著地改善当地的医疗卫生这项公共品的供给,但财政分权对教育的影响则因模型的选择不同而异,总体来说,结论不如医疗卫生的显著。Letelier(2001)的研究结果正好相反的,他运用 DEA 模型进行了实证分析,结果发现财政分权可以很好地提高当地政府的教育支出比重,但是对于改善当地政府卫生支出的投入比例没有收到良好的效果,影响是非常小的。

Zhuravskaya(2000)对俄罗斯 1992~1997 年的情况进行了研究,不同于前面的学者,他运用的是各个城市的中观数据,而不再是国家层面的宏观数据,研究结果表明,财政分权会对各地政府产生较强的正向激励作用,在该作用机制下,财政分权能够显著地提高地方政府的教育支出。Barankay and Lockwood(2007)对瑞士进行了研究,得出了财政分权可以提升高中教育的质量。对外国的这些研究结论进行一个初步的整理和归纳我们可以发现,大多数的研究表明财政分权中有助于提升当地的教育支出比例,改善教育服务质量的。

(二)国内的相关研究文献

我国在财政分权方面的研究开始得比较晚,但近些年大量学者纷纷对这个问题进行了研究。尤其是最近几年以来,在经济增长方式转变、改善社会民生的大环境下,有些学者开始研究财政分权与教育的关系。

乔宝云等(2005)借鉴了国外经典的财政分权模型——蒂布特模型,对我国的财政分权与义务教育进行了研究,研究表明,单从义务教育这个维度来看,我国的财政分权制度对其产生的负面影响,而且这种负面影响在不同地区的程度存在差异,对中西部较落后地区的负面影响远远大于东部沿海发达地区。卢洪友、李凌(2006)也是站在我国的基础教育层面,对我国 1980~2004 年财政分权对基础教育的影响进行了实证检验,结论表明:我国广大农村地区的教育之所以会长期低于全国的平均水平,是因为当前的财政分权体制和进程造成的,而且财政分权体制会进一步恶化这种局面。

傅勇、张晏(2007)的实证检验建立在我国与国外对比的视角上,他们认为国外在财政分权上的经典权威理论即总体来说,财政分权可以有效地提升地方政府公共产品供给的质量在中国已经完全不适用,甚至会得到完全相反的结论,这当中的主要作用机制就是迫于政绩考核的压力,地方政府在经济建设投入上竞相竞争,财政分权正好为这种竞争提供了便利,因此不利于当地教育支出的增加及教育环境的改善。周业安、王曦(2008)对财政分权进行了收入角度和支出角度两个层面的划分,指出在我国当前尚未规范的财政分权体制下,收入层面的财政分权能够有效地改善教育质量,但支出层面的财政分权却后抵制进行教育质量的改善。同时,他们还分别得出了不同类型的教育受财政分权的影响程度,发现高等教育受财政分权的影响更大,中学教育受到的影响较小,小学教育基本不受其影响。

陈倩、康建英(2008)从西部的实际情况出发进行了实证分析,他们认为分税制下的财政体制会对西部地区的教育支出产生抑制作用,而且这种抑制作用对义务教育的作用程度远大于高等教育。因此在义务教育普及率还没达到预期效果的情形下,一定程度的中央集权政策可以增加西部地区义务教育的投入,提高义务教育普及率。罗为卿(2009)对西部地区的研究也得到了类似结论,实证分析表明我国于1994年实行的分税制改革对西部地区义务教育的普及会产生较强的抵制作用。陈迅、聂伟(2009)从西部地区的省级面板数据出发,发现我国当前唯GDP论英雄的政绩考核和晋升机制,促使各地政府展开"标尺竞争",这种竞争是财政分权下的产物,而且与财政分权共同作用,对我国西部地区的教育尤其是基础教育产生严重的负面影响。郑磊(2010)的实证检验也发现财政分权与"标尺竞争"会对各地政府的教育支出存在抑制作用,但不同于前面的学者,他认为这种抑制效应在中部地区是最为显著的。

刘芳(2009)通过对1997~2006年我国的省级数据进行回归后表明,财政分权会造成我国基础教育的整体支出数量不够,而且对不同地区的基础教育发挥作用的机制也不同,并提出了"中部塌陷"这一说法,即财政分权对中部地区基础教育的抑制程度要远大于东部甚至西部地区。康建英、田茹(2010)的实证得到的结论很有意思,他们得到了财政分权后中西部地区的教育支出利用率竟然高于东部地区的利用率这一结论。孙蚌珠等(2009)对财政分权的研究视角站在地方及中央政府在义务教育经费公平的角度上,认为中央政府存在责任的缺失,当务之急是实现责任的回归。宋光辉(2009)在财政分权的框架前提下,分别从中央、省、市、县等各层级的政府层面对教育支出结构和比例进行了研究,认为不同层次的政府肩负着不同层次的教育供给的任务,这样也厘清了各级政府之间在教育支出上的责任。郑磊(2010)通过研究分析出了我国省内教育支出差异较大的原因,即省以下的政府财政分权较为显著,那么省一级的政府进行再分配的权力和财力也就因此而受到限制。

李祥云、陈建伟(2010)的实证研究站在更微观的视角,他们从县级政府的数据出发,得出财政分权会降低县政府在教育支出上的积极性,造成县一级地区教育投入的缺乏。基于县级数据实证分析的结果表明,分税制后,由于县级则政支出的激励不足,导致我国县级义务教育投入不足。申沁(2011)的研究立足于各地区之间的教育支出的差异,通过调研并进行回归检验证明,财政分权会对各地政府造成制度上的约束,在该约束下,会进一步扩大各地之间教育支出不平衡的局面。张超(2011)的通过实证分析得到结论:收入上的财政分权会阻碍各地的义务教育发展,而支出上的财政分权却能够较显著地促进当好的义务教育发展。国内也有一些文献进行了更细致的研究,直接研究财政分权与高等教育的关系。李启平、晏小敏(2008)认为当前财政分权的体制并不合理,存在改善的余地。适当的集权和中央对各地政府的转移支付有利于改变这种不合理的局面。同时,当前的政绩考核体系也存在缺陷,将高等教育赋予一定权重列入政绩考核中具有十分重要的现实意义。

李倩(2004)的研究分别从两个方面来看待财政分权的问题,适度的财政分权可以促进高等教育的发展,但过度的财政分权会对高等教育健康有序的发展产生一些负面的作用。张宏军(2010)的研究集中指出了我国从财政集权到分权变革过程中的一些问题,例如政府财政支出主体地位的不到位,教育支出的结构安排不合理,财权事权的相背离等,这些问题会阻碍我国高等教育的发展,必须对当前财政支出在高等教育上的比例和结构进行升级优化。

第三节　我国教育支出与财政分权的现状

一、教育支出总量不足

从图 12-1 可以看出,我国财政教育支出整体上是呈不断上升的趋势,若以 2010 年为基准年,则 2001~2012 年每年的增长速度都在 10% 以上。因此,无论是从支出总量还是增长速度来看,我国的财政教育经费支出都是相当可观的。

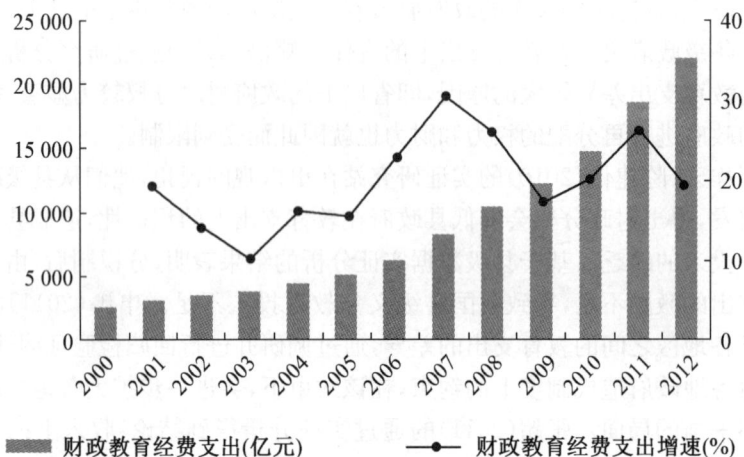

图 12-1 我国 2010~2012 年财政教育经费支出及其增速
资料来源:《中国教育经费统计年鉴》。

  然而,以上的比较只是单从财政教育经费支出自身出发的,若是和历年的GDP 进行对比,我们就会发现问题所在。

  从图 12-2 我国 GDP 与财政教育经费支出的对比可以看出,尽管我国2010~2012 年的财政教育经费支出不断攀升,且一直保持着增长的态势,但

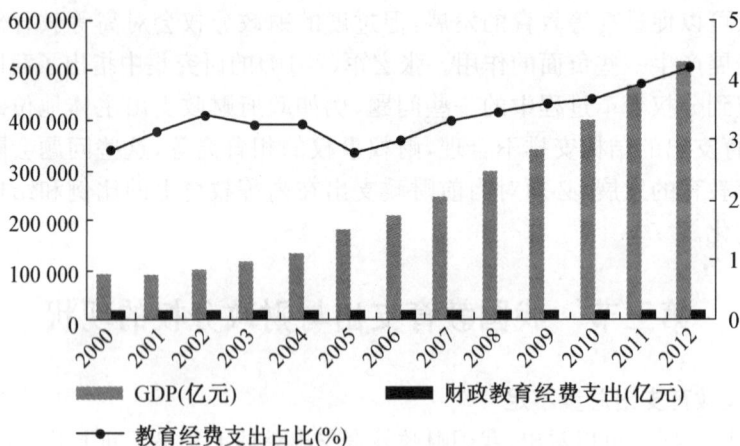

图 12-2 我国 2010~2012 年财政教育经费支出占 GDP 的比例
资料来源:《中国统计年鉴》、《中国教育经费统计年鉴》。

支出总量相对于 GDP 的总量规模仍然非常小，历年在 GDP 中的占比都在
4.25％以下（占比最高的为 2012 年的 4.23％）。将财政教育经费支出与 GDP
的比重与国际上的数据进行横向比较，更能体会到问题的严重程度[①]。

　　从图 12-3 可以看到，我国 2012 年财政教育经费支出与 GDP 的占比为
4.23％，这一比例未能达到中等收入国家 4.5％的水平，甚至略低于当年世界
平均水平的 4.4％。这样看来，我国的财政教育经费支出不仅占我国各年
GDP 的比重很小，而且与世界上其他国家进行横向比较不仅远落后于主要发
达国家，而且尚未达到 2012 年的世界平均水平。

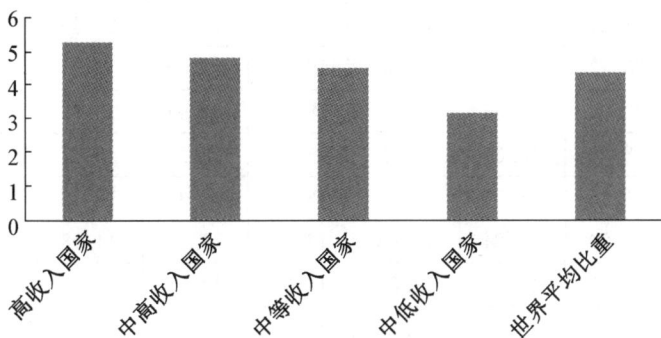

图 12-3　世界各国财政教育经费支出占 GDP 的比例(％)

资料来源：世界银行网站上的世界发展指标中的教育这一项(2012 年)。

　　我国各地教育经费支出占财政支出的比例，以各主要省会为代表。由于
我国财政支出统计口径在 2007 年 1 月进行了改革，为了保持数据的可比性，
这里的数据选取从 2007 年开始。

　　从表 12-1 可以看出，我国各省会的财政教育支出占整个财政支出的比
例最高的年份也未能达到 22％，而且年均增长的比例非常小，有时甚至为负
增长。这说明，从整个财政支出来看，我国财政教育经费支出的规模尚未达到
相应的水平。

---

① 详细链接见 http://data.worldbank.org.cn/。

表 12 - 1　我国省会城市 2007～2012 年教育经费支出占财政支出的比例

城市	2007	2008	2009	2010	2011	2012	年均增长比例
北京	15.93	16.12	15.76	16.58	16.03	17.15	0.24
天津	16.31	16.33	15.46	16.68	16.82	16.94	0.13
石家庄	18.82	20.02	18.71	18.23	18.42	18.62	-0.04
上海	12.98	12.56	11.62	12.63	14.02	17.83	0.97
南京	19.28	18.24	16.93	17.62	17.56	17.49	-0.36
杭州	21.24	20.56	19.57	18.91	19.54	20.69	-0.11
福州	20.17	20.51	19.66	19.34	18.49	19.03	-0.23
济南	20.04	20.36	18.77	18.59	20.94	19.76	-0.06
广州	18.23	18.61	18.53	16.98	18.29	18.17	-0.01
海口	16.45	15.54	15.33	16.92	16.34	16.53	0.02
沈阳	14.29	14.24	12.93	12.67	13.93	14.18	-0.02
长春	16.33	15.92	14.65	14.03	14.53	15.72	-0.12
哈尔滨	16.82	16.63	14.18	13.27	13.37	14.93	-0.38
太原	17.25	17.86	17.82	17.03	17.84	17.58	0.07
合肥	17.11	17.36	15.11	14.94	17.08	15.94	-0.23
南昌	19.17	17.08	16.12	15.46	18.73	17.46	-0.34
郑州	19.56	19.45	18.11	17.83	20.16	18.56	-0.20
武汉	16.98	17.23	15.16	14.67	15.18	16.35	-0.13
长沙	16.83	17.62	16.17	14.92	15.38	16.24	-0.12
重庆	15.81	15.13	14.72	14.06	12.38	12.53	-0.66
成都	16.66	12.53	12.58	12.68	14.67	13.68	-0.60
贵阳	20.88	21.76	18.72	17.87	16.76	16.47	-0.88
昆明	16.77	16.45	15.78	16.37	16.46	16.43	-0.07
拉萨	12.18	12.36	12.97	11.02	10.27	11.63	-0.11
西安	17.53	18.52	16.87	17.02	18.09	18.93	0.28
兰州	18.35	18.86	16.54	15.57	15.89	15.91	-0.49
西宁	12.36	13.44	12.68	11.07	13.48	12.59	0.05

（续表）

城市	2007	2008	2009	2010	2011	2012	年均增长比例
银川	19.57	16.68	14.62	14.58	14.46	14.37	−1.04
乌鲁木齐	17.96	18.78	17.82	18.46	17.47	18.52	0.11

资料来源:《中国教育经费统计年鉴》、《中国财政年鉴》。

基于以上分析,我国财政教育经费支出虽然保持着一定的增长速度,但与GDP相比,所占的比重仍非常小,而且落后于主要发达国家,甚至在2012年略低于世界平均水平。同时,从财政教育经费支出占财政支出的比例来看,这一比例最高时也未能达到22%。因此,我国财政教育经费支出从总量上来看仍然是不足的。

二、我国教育支出的结构不合理

我国财政教育经费支出除了总量不足以外,以结构上看也不合理,这种不合理性主要体现在三个方面:一是教育支出结构中地方与中央政府所占比重不合理;二是教育支出结构中不同教育类型的占比不合理;三是教育支出结构中的地区和城乡存在的差距不合理。从表12-2可以看出,我国教育经费支出仍以地方为主,中央的数额和占比很小,地方政府的财政教育支出负担非常重。虽然从近几年的趋势来看,中央支出的数额和占比都有所增加,但增加幅度有待加强。这种中央与地方的结构分布不合理不利于各地方教育事业的发展。

表12-2　我国教育支出的结构分析(亿元%)

年份	全国支出	中央支出	中央占比	地方支出	地方占比
2007	8 280.21	459.55	5.55	7 820.66	94.45
2008	10 449.63	570.55	5.46	9 879.08	94.54
2009	12 231.09	665.37	5.44	11 565.72	94.56
2010	14 670.07	842.06	5.74	13 828.01	94.26
2011	18 585.70	1 126.29	6.06	17 459.41	93.94
2012	21 984.00	1 380.60	6.28	20 603.40	93.72

资料来源:《中国财政年鉴》。

从图 12-4 可以看出,财政教育经费支出中历年占比最高的是义务教育支出,这也与我国大力推力九年义务教育,着手于发展基础教育的政策相吻合。从变化趋势上来看,职业教育支出的发展变化较平稳,高等教育支出一度呈下降的趋势,近年来有回升的态势,但整体水平仍然不高。义务教育支出占比一直在 50% 以上,而且升降趋势不明显,随年份波动较大。加大高等教育支出的比重,稳定义务教育占比是改善教育支出结构的重点。

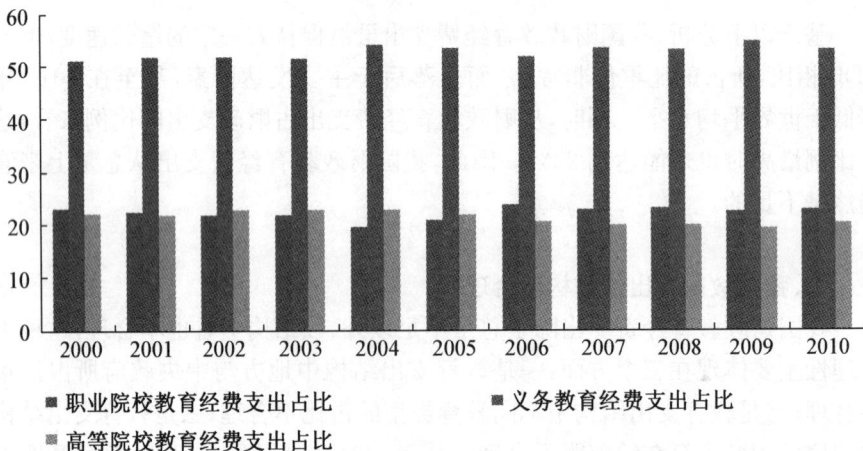

■ 职业院校教育经费支出占比   ■ 义务教育经费支出占比

▨ 高等院校教育经费支出占比

图 12-4 我国各项教育经费支出占比(%)

资料来源:《全国教育经费执行情况统计公告》。

财政教育支出主要解决的是基础性教育即九年义务教育问题,因此,本章后面的分析重点放在了义务教育之上,以义务教育为切入点详细展开比较。

从图 12-5、图 12-6 可以看出,我国教育支出中占比最大的义务教育支出地区差距较大,这种差距主要体现在东部与中西部之上。东部的义务教育支出无论从城市还是农村的角度来看,都远高于中西部。若把中部和西部进行对比,发现就大部分省份而言,中部的义务教育支出要略低于西部地区,除了西部个别偏远的省份外。这也不难解释,在西部大开发的政策号召下,加大了《义务教育法》在西部地区施行的力度,西部地区基础教育建设受到了前所未有的重视。尽管如此,西部地区和东部地区仍存在着很大的差距。

从城市和农村来看,总体而言是城市的生均义务教育支出水平要高于农村,但部分省的农村与城市持平,甚至略高于城市,这种情况在东、中、西部都存在,但不是主要是趋势。

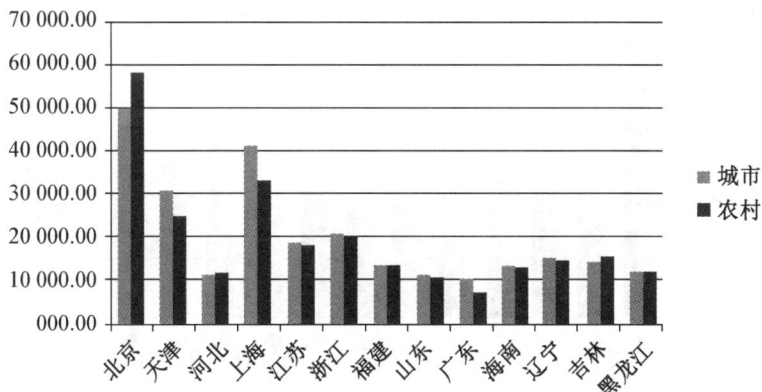

图 12-5 我国 2010 年东部地区各省份城市、农村生均义务教育支出(元)
资料来源:《全国教育经费执行情况统计公告》。

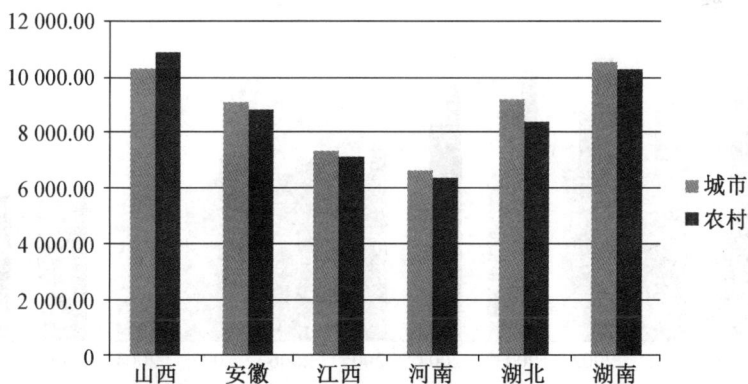

图 12-6 我国 2010 年中部地区各省份城市、农村生均义务教育支出(元)
资料来源:《全国教育经费执行情况统计公告》。

下面进一步从不同地区生均义务教育支出的城乡比来进行分析。从图12-7、图12-8可以看出,就初始的东、中、西部城乡而言,东部高于中部,中部高于西部,城乡比较大,最高的比值已超过了2,但近年来,城乡比逐渐变小,城乡差距也日益缩小,比值已经接近1。但我们也不能太乐观,毕竟这个比值是只对东、中、西部这三个大区域的平均状态进行了统计,若是具体到各个省份,从前文的分析也可以看出,城乡差距仍然是存在的。

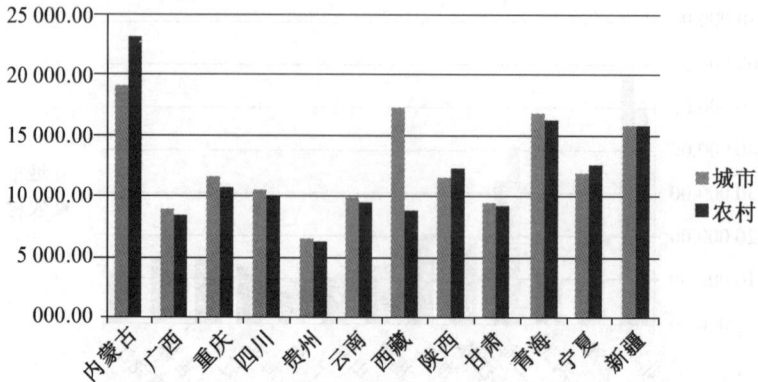

图 12 - 7　我国 2010 年西部地区各省份城市、农村生均义务教育支出(元)
资料来源:《全国教育经费执行情况统计公告》。

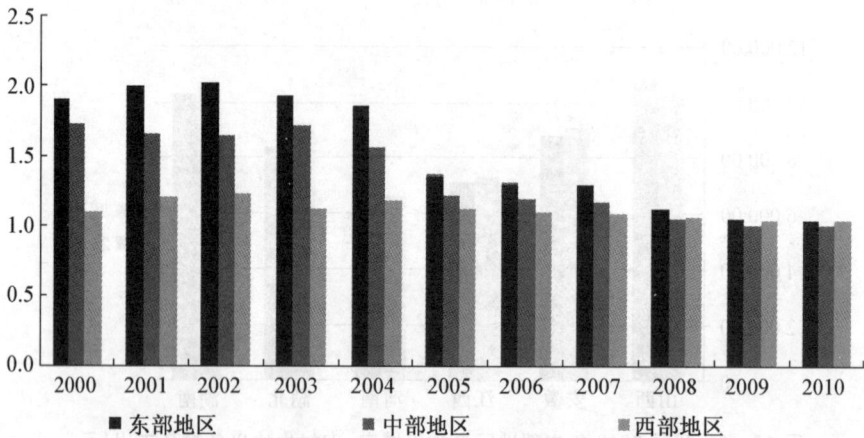

图 12 - 8　东、中、西部地区生均义务教育支出的城乡比
资料来源:《全国教育经费执行情况统计公告》。

　　基于上述统计分析,我们得出结论:一是我国的教育支出总是仍然不足,不论是从占历年 GDP 的比重还是进行国际比较来看。二是我国的教育支出结构存在不合理之处。这体现在三个方面:第一,教育支出结构中地方与中央的关系不合理,中央占比过少,地方政府承担了过多的教育支出任务。第二,不同教育类型的支出结构不合理。教育支出中高等教育占比不足,义务教育的比重不稳定。第三,不同地区以及城乡之间教育支出不合理,东部的教育支出远高于中西部地区,而且城乡分布也不合理,总体的趋势是农村教育支出落后于城市。

三、我国财政分权的现有格局

我国财政分税制改革于 1994 年施行,当时主要是为了克服财政包干体制下的种种弊端。在以分税制为代表的财政分权体制下,中央与地方不同层级政府的事权不同,因而所对应的财政收入的划分也不同。具体来说,分税制的阶段有以下三点特征。

第一,界定了不同层次政府的事权与支出的范围。这点也是分税制改革的最大意义所在。中央政府的事权主要体现在对国家的整体运转和调控上,例如国防外交、国家安全、宏观经济调控等事项。与之对应的支出就包括国防外交支出,经济建设支出等。与地方政府的事权相对应的支出则包括在各地方经济发展所需的经济建设支出等项目。中央和地方政府的事权不同,对应的主要支出项目也不同。这种界线的划定较清晰也反映了不同层级政府的职能。第二,界定了不同层次政府的事权同收入的范围,收入主要体现在税收上。第三,中央对地方政府的补助。补助的形式除了对各地上缴的税收进行返还以外,还包括转移支付。这两种形式的补助有力地促进了各地的基础设施建设。它大大地增加了各地政府的财力,使得可支配的资金增加。同时,这种转移支付还存在着一定的导向性和激励作用。因为返还是在满足一定的前提之下进行的。这也成了中央政府对各地的经济和支出行为进行宏观调控的一个有效手段,具有重要的指导意义。

不管是一般性转移支付还是专项性转移支付,规模都相当大,而且增速非常快,尤其是近几年来。在短短的 16 年间,我国中央对地方政府的转移支付足足增加了 47 倍。下面我们来看看税收返还的情况。主要进行返还的税种有增值税、消费税及所得税。具体的操作规定为,对这三个主要税种进行基数返还。返还的基数为每年地方政府的实际财政收入通过一系列计算后得到的数值。具体的返还原理不在本章的研究范围内,在此也不作赘述。

以分税制为代表的财政分权理顺了我国中央与地方政府在财政分配上的关系,并使得这种关系更加合理化和制度化。一是平衡了地方与中央政府可能产生的收入两极分化的状况,也通过转移支付等手段加强了中央政府的宏观调控能力。二是划分了中央与地方政府的事权责任。因此,地方上拥有了部分财政自主性,有利于提高地方上对发展本地经济的积极性。三是打破了以往完全按照行政隶属关系来对各企业的税收进行分配的财政混乱状况。

下面,我们再从量化的角度来对我国的财政分权状况进行分析。从收入上来看,我国在1994年即分税制改革以前,中央所占的比重远远低于地方政府的占比。1994年即实行分税制制度以后,中央收入与地方收入的比重越来越接近,并且中央的占比比地方稍微高一点(2011年、2012年地方占比略高)。从支出上来看,历年的波动较大,而且总体趋势受1994年分税制政策的影响也不大,始终是地方的支出占比要远远超出中央,而且中央与地方的支出差距是在逐渐扩大。

根据以上分析可以得到这一结论:进行以分税制为代表的财政分权后,我国中央与地方政府在财政收入上的划分基本上处于较均衡稳定的状态。但支出方面的稳定性较差,而且总体来看,地方政府在支出上所占的比重非常高,与中央所占比重的差距呈扩大趋势。

基于本章的研究视角,支出指标可以更好地在财政支出上对各地市政府的自主权进行刻画,与本章研究的初衷更契合,同时数据也更连续,方便整理研究。因此,本章选用了支出指标体系来对各地市政府的财政分权程度进行度量。同时为了消除人口的影响,这里进行了人均化处理。

财政分权在本章的具体计算方法是:各个地市的人均财政支出/(各地市人均财政支出+中央人均财政支出),表12-3以我国各主要的省会城市为例,计算出了该地的财政分权度。

表12-3 我国各主要省会的财政分权度(%)

省会	2007	2008	2009	2010	2011	2012
北京	92.08	91.97	92	92.04	92.88	94.03
天津	87.45	87.96	88.87	89.85	91.52	92.64
石家庄	71.46	72.79	74.47	76.69	79.92	81.72
上海	92.44	92.35	92.23	92.34	93.18	94.25
南京	79.26	80.62	81.81	83.95	86.51	89.47
杭州	80.16	80.82	81.47	83.14	85.17	87.26
福州	74.42	75.66	77.09	79.37	82.79	85.81
济南	73.58	74.05	75.09	78.36	80.88	83.06

（续表）

省会	2007	2008	2009	2010	2011	2012
广州	79.35	79.51	78.99	82.41	84.02	86.75
海口	77.23	80.85	83.42	85.01	87.98	89.93
沈阳	82.56	83.22	87.25	88.48	90.74	92.41
长春	78.86	81.09	82.48	84.49	86.71	88.93
哈尔滨	78.16	80.03	81.09	83.11	85.57	87.76
太原	78.15	79.34	80.01	92.03	84.43	86.72
合肥	70.11	72.75	75.37	78.48	81.93	85.02
南昌	70.55	73.26	75.54	78.36	82.25	86.13
郑州	69.81	70.73	72.64	75.31	78.73	81.92
武汉	73.24	75.35	77.28	79.54	83.01	85.24
长沙	71.27	73.45	75.23	77.69	81.57	85.26
重庆	76.02	78.42	80.03	83.43	87.92	91.84
成都	71.53	78.42	79.53	81.74	82.77	84.26
贵阳	71.93	75.24	78.26	80.03	84.52	88.73
昆明	74.52	76.43	79.01	80.92	83.94	86.13
南宁	70.52	72.86	74.53	78.62	81.83	85.23
拉萨	91.84	93.03	93.52	94.02	95.54	96.02
西安	76.67	79.28	81.23	83.26	86.45	88.63
兰州	75.26	78.93	80.96	82.75	85.06	84.82
西宁	85.47	86.69	88.41	91.68	93.27	84.73
银川	81.96	83.78	85.73	87.96	89.87	92.14
乌鲁木齐	81.45	83.22	84.54	86.73	89.52	91.43

资料来源:《中国统计年鉴》《中国财政年鉴》。

第四节　财政分权体制影响教育支出的机制分析

一、财政分权体制下的激励机制对于教育支出的影响

国外经典的分权理论认为,如果中央和地方政府在教育支出上的单位成本相同,而且进行支出所服务的对象为该地区的所有人口,那么由各地方政府进行教育资源的供给会比中央政府供给的效率更高,可以达到资源配置的最优化。当然,该结论成立的前提是财政分权的激励机制可以发挥作用,即各地的居民能够对当地政府官员的教育投资行为进行评价和约束,使得各地方政府不得不改善教育支出的投资来满足所辖地区居民的需求,这样,"用脚投票"的机制便收到了良好的效果。可是,这个结论成立所依赖的假设前提在我国当前的体制下并不能得到满足,与我国财政分权对应的却是政治上的集权,各地居民对所在地政府领导班子的任命并没有起到决定性作用,这是由中央一级的政府来任命的。基于此体制,各地区的居民对政府的行为不能形成强有力的约束和有效的激励,除了被动地接受政府的教育支出水平以外,别无选择。因此,在该前提在我国不能得到满足的情形下,由各地市政府对教育进行供给也不能达到最优的效果。

其次,在我国当前特殊的户籍制度安排下,不管人口的迁徙规模和流动数量有多么庞大,都不会对流动人员的户籍产生实质性的影响。即使已经迁出了原来所在的居住地,也不会取得新迁入地的户籍。因此,就算当地居民对所在地政府的教育支出非常不满,也不能通过迁出该地、成为其他地方的居民来激励甚至要挟各地方政府增加教育支出,改善教育质量。而且,我国当前经济增长中劳动密集型产业所需的劳动力基本为初级劳动力,各地政府不会有动力也没有必要对教育进行投资从而改善当地的劳动力质量,因为这对当地经济增长而言意义不大,最初级的原始劳动力就可以满足当地经济增长的需要了。

最后一种也是比较重要的激励机制就是政绩考核及晋升机制。从改革开放以来,我国经济增长速度不断创新高,经济增长也被各地政府奉为第一要务,至于教育等社会公共品及公共服务的提供只能敬陪末座,处于十分次要的地位。在这种短视的政绩考核体系引导下,各地市政府自然会通过"政绩的最大化"来实现晋升途径的一路畅通,往往会忽视辖区居民在教育方面的需求,将有限的财政资源更多地投入到短期内对 GDP 贡献大的基础建设

等经济支出上,一来为本地各产业的发展提供良好的设施环境,二来可以更好地吸引外来投资,两者都能对经济增长做出较为显著的贡献。这种政府支出的扭曲偏向在落后地区尤为常见。与经济相对发达的地区相比,落后地区的市场经济体制尚未完善,政府和市场的作用界限模糊,财力也没那么充足,当地政府更有动力将有限的财力投入到经济建设中以收到良好的政绩考核效果。而且,越是落后的地区的政府对经济增长的关注度和敏感度越高。

前面讲的三种激励机制都会对各地市政府的教育支出行为产生负面的影响,当然,也有产生正面激励效果的作用机制。与经济欠发达的地市政府片面进行基建投资,招商引资以追求 GDP 的高速增长相对应的是经济发达的地市政府主动降低了 GDP 的增速,积极进行教育等人力资本投资,以吸引更多的人才、资本流入当地,从而为当地经济增长带来新的动力。因此,市场机制较完善的地区,人才资本等要素的流动性更强,这些高素质的人才,高质量的资本也会对所服务的区域进行选择,这种选择也让各地政府在无形中产生了压力,对各地政府产生了正向的激励作用。各地政府也会努力改善当地的教育等公共服务的质量,而不再是片面的追求 GDP 的数字化增长。

二、财政分权体制下的分税制制度缺陷对于教育支出的制约

我国当时进行分税制改革,实行财政分权体制的初衷是使得中央与地方政府在财权和事权的关系上更加统一和合理。分税制改革进行以来,总体上收到了良好的效果,但由于制度的设计未达到理想化的水平,而且在制度设计的层面上也不能对中央与地方政府的各种行为全部囊括,在实际的操作过程中也会导致一系列问题。这些分税制所固有的缺点不利于提高教育支出的比例。具体来看存在以下三个缺点。

一方面各地市政府在教育支出上的财权和事权不对等,存在矛盾。当前我国的税收分享体制是建立在分税制的基础上,地方和中央政府的税收收入可以区分为地方、中央税及共享税三种,划分的标准是征管权和管理权的不同。以下从税收收入的区分即为地方与中央财权的界定。另一方面,从事权也就是支出这个角度来看,中央一级的财政所负责的是在财政支出即事权方面,中央政府负责的事宜是关系到整个国家层面的,如国防外交,国家安全等战略性的事项,还有区域经济结构,宏观经济增长,社会公共事业的发展等具体事项。各个地方政府在中央政府政策指引的大方向下安排好当地经济发展和社会公共福利的支出。分税制改革在我国整个经济体制改革的进程中写下了非常辉煌的一笔。可是,当经济发展到一定程度后,我们反思教育支出上存在的问题会发现分税制带来的负面影响也日渐严重。各地方政府上缴的中央税比重过重,地方政府进行教育支出等公共服务所需要的基础财力也不能得到很好地保障。分税制改革在当时的背景下提出,并没有给予教育等公共服务问题太大的关注,这样就会造成地方政府在教育等公共服务提供上力不从心,财权和事权出现了严重的不对等,有进行教育的义务却没有相应的权利来对义务的履行进行保障,这种财权和事权的不对称具体表现为责任和能力的相背离。当问题不断发展下去就会造成地方教育支出的不到位。

这种不对等具体又可以分为两种情况,一是地方政府有责任也有意愿去进行教育投资,但受财力有限的影响,最终没能履行教育投资的责任。当前的地方税收收入来源是一些地方税,可是这些地方税基本上是小税种,数额很小(所得税和营业税除外)。在地方税中数额最大的税种之一——营业税也进行了改革,"营改增"是大势所趋,在部分地区的部分现代服务业和交通运输业中已经试点并且还在逐步扩大试点范围。更有甚者,各地对当地的小税种有的多数仅限于征收权,管理权主要还是集中在中央一级,地方政府在税收收入上的自主权过小,这种状况到了县乡一级的基层政府更是严峻。基层财政基本上没有独立的税收收入,但对于教育投资的事务却最终是由基层政府来落实,这大大加重了基层财政的负担。与之对应的第二种情况是当地政府有充实的财力进行教育投资但并没有这样做,即有能力为之而不为。教育作为公共品的典型代表,存在着搭便车的可能性。当地政府进行教育投资后,受外溢性的影响,其他地方的政府也可以享受该地方政府进行教育投资带来的收益。这样,成本利益没能归于同一主体,地方政府即使有财力也没有动力来加大教育支出。为了弥补各地方政府在这项投入上的收益不对等,中央一级的政府就应当出面,建立相应的转移支付体系对进行教育投资的地方政府予以资金支持,用中央的配套资金来对地方政府的教育投资进行激励和补贴。

分税制下的第二个缺点就在于没有较好地厘清基层财政之间的关系。我国当前的财政体系自下而上分别为乡,县,市,省以及中央,分税制制度更多的是划分了中央和省一级政府之间的关系和职责,但对于省级政府以下的市,县,乡等基层政府之间与省级政府之间的职责范围和财政分配等事宜,分税制并没有明确界定。这样带来的问题就是在中央和省级财政资金相对丰厚的情况下,基层财政的状况却不容乐观,而且这种紧张的状况越到基层越严重。这是各级政府间财权的现状。落实到教育支出等事权上,事权却不断地下放,进行教育投资的重任更多地就落到了县级政府的头上,尤其是对于教育中的九年义务教育支出,县级财政压力巨大,若县的经济条件还不错则问题相对容易解决,若是经济条件落后的话则教育的基本支出都不能得到保障。当前我国的实际情况是不同地区的县之间经济差距非常大,那么教育支出水平也会不均衡,而且这种初始的教育支出差距会随着经济发展的差距逐渐扩大。这种差距在不同区域、城乡之间都会存在,最终会影响整个教育事业的发展和国民素质的提升。

　　第三个缺点就是应对分税制可能带来不利影响的转移支付体系并没有起到预期的效果。本来转移支付体系可以平衡各级财政之间财权上的不对等,弥补地方政府上财政资金匮乏的缺口,缓解地区间财政实力不均等的格局,以实现资源的最佳配置。但遗憾的是,在我国的教育支出问题上,转移支付体系并没有发挥出应有的效果,没有体现其作为一种有效有力的财政工具的优势。总体来看,我国转移支付体系是以税收返还为主的,而返还额度是用基数法来确定的,即以各地财政实际的财政收入为基准,这样的话自然达不到转移支付本应起到的平衡差距效果,相反倒会使得不同财力间财政的差距越来越大。这是我国转移支付体系没能有效解决地方与中央财权、事权不对等的根本原因所在。

　　若具体到教育支出上的转移支付,该体系存在着以下几个不足之处:一是教育转移支付的调节作用微乎其微。由于转移支付由一般性与专项两项构成,前面也提到了,一般性的转移支付中的主要方式就是税收返还,返还的数额是建立在当地的实际税收收入额度上,与其直接挂钩,在这种情况下,经济欠发达的地区因为实际税收收入较少,获得的税收返还自然较少,这样不仅没有缩小经济欠发达地区与发达地区的差距,反而还加剧了两者之间的分化程度。既然一般性的转移支付不能起到调节作用,那专项转移支付能够担当重任吗? 答案仍然是否定的。我国当前在教育支出上的专项转移支付仍以一些临时性的项目为主,这些一次性的项目是治标不治本,并不能从根本上减缓教育支出所面临的经济性短缺的局面,也不能缩减不同地区之间教育支出水平上的差距。二是我国的教育转移支付资金受人为因素的支配较明显,各种补助的主观随意性非常之大。各种教育支出的专项转移资金金额通常是由上级政府直接以总体的发展要求和规划来确定的,并没有从基层辖区的实际情况出发,进行实事求是地分析之后再制定,这样就对难免会出现上级政府制定并实际下拨的专项教育资金并不能与当地的实际教育需求相符,这样也不难解释为什么有的地区财政实力雄厚,有能力去进行教育投资却仍收到大额专项资金的补贴,而有的地区财政状况苦不堪言得到的教育专项转移支付资金却远低于实际所需的水平。在这种上级政府一刀切,不务实的专项转移支付体系下,教育支出不能很好地得到弥补,地区间教育支出的差距也日渐加大。

第五节　理论模型与实证分析

一、理论模型

本章借鉴了 1998 年 Qian and Gerald 的理论模型[①],这里对他们所构造的两级政府的理论模型进行了相应的简化。主要为了证明财政分权不利于地方政府进行教育支出这一结论。

假定中央政府下面只设了政府 1 和政府 2 两个地方政府,政府 1 和政府 2 的效用函数为:

$$U = (1-T)F(K,I) + \alpha W(E) \tag{12.1}$$

在该效用函数中,有以下几个问题需要简单说明:

(1) 是各个地方政府的效用主要由两部分构成,一个是经济建设所带来的效用,二是进行公共品供给带来的效用。这里进行了一个简化,只研究公共品中的教育问题,将公共品带来的效用直接简化为教育支出投资所带来的效用。

(2) $F(K,I)$ 是各地政府的生产函数,并且满足:

$$\partial F/\partial K > 0, \partial F/\partial I > 0, \partial^2 F/\partial^2 K < 0, \partial^2 F/\partial^2 I < 0$$

K 表示资本,I 是各地政府在经济建设上的投资,这里假设:

$$\partial K/\partial I > 0, \partial^2 K/\partial^2 I < 0。$$

(3) T 代表的是税率水平。后面分析中的上标 D 和 C 分别代表分权与集权。

---

① Qian Y, Gerald R. Federalism and the Soft Budget Constraint[J]. The American Economic Review, 1998, (88): 1143 - 1162.

（4）E 是各地政府在教育上的支出，$W(E)$ 则表示各地政府进行教育投资所带来的效用，$dW/dE>0$，$d^2W/d^2E<0$。α 则为政府教育支出效用函数的一个系数，可以反映各地政府对教育支出的偏好。与现实的政绩考核相对应，可以将它看作是各地政府将教育支出与经济建设支出进行权衡时的一个权重系数。

下面，我们先进行财政分权下的情况进行分析。财政分权时政府 1 和政府 2 分别进行决策，使得各自的效用在约束条件下达到最大。这里约束条件就是政府 1 和政府 2 在进行经济建设和教育支出时的总预算为税收。政府 1 进行决策时满足：

$$\max U_1 = (1-T)F(K_1^D, I_1^D) + \alpha W(E_1^D)$$
$$s.t.\ I_1^D + E_1^D = TF(K_1^D, I_1^D) \tag{12.2}$$

同政府 1，政府 2 的决策满足：

$$\max U_2 = (1-T)F(K_2^D, I_2^D) + \alpha W(E_2^D)$$
$$s.t.\ I_2^D + E_2^D = TF(K_2^D, I_2^D) \tag{12.3}$$

对（12.2）和（12.3）分别求解，可得，

$$(1-T)[\partial F/\partial I_1^D + (\partial F/\partial K_1^D \times \partial K_1^D/\partial I_1^D)] + \alpha[dW(E_1^D)/dE_1^D \times \partial E_1^D/\partial I_1^D]$$
$$\tag{12.4}$$

$$(1-T)[\partial F/\partial I_2^D + (\partial F/\partial K_2^D \times \partial K_2^D/\partial I_2^D)] + \alpha[dW(E_2^D)/dE_2^D \times \partial E_2^D/\partial I_2^D]$$
$$\tag{12.5}$$

$$\because \partial F/\partial I_1^D>0,\ (\partial F/\partial K_1^D)\times(\partial K_1^D/\partial I_1^D)>0,\ dW(E_1^D)/dE_1^D>0$$
$$\therefore \partial E_1^D/\partial I_1^D<0$$

同理可得，$\partial E_2^D/\partial I_2^D<0$

然后我们再对财政集权的情形进行分析。财政集权下的政府决策应满足：

$$\max U = (1-T)[F(K_1^C, I_1^C) + F(K_2^C, I_2^C)] + \alpha[W(E_1^C + E_2^C)]$$
$$s.t.\ I_1^C + E_1^C = tF(K_1^C, I_1^C)$$
$$I_2^C + E_2^C = tF(K_2^C, I_2^C) \tag{12.6}$$

通过求导并化简可得：

$$\partial U/\partial I_1^C = (1-T)[\partial F/\partial K_1^C + (\partial F/\partial K_1^C)\times(\partial K_1^C/\partial I_1^C)] +$$

$$\alpha[dW(E_1^C)/dE_1^C \times \partial E_1^C/\partial I_1^C] + \{(1-T) + \alpha T[dW(E_2^C)/dE_2^C]\} \times$$
$$[(\partial F/\partial K_2^C) \times (\partial K_2^C/\partial I_1^C)] = 0 \tag{12.7}$$
$$\partial U/\partial I_2^C = (1-T)[\partial F/\partial K_2^C + (\partial F/\partial K_2^C) \times (\partial K_2^C/\partial I_2^C)] +$$
$$\alpha[dW(E_2^C)/dE_2^C \times \partial E_2^C/\partial I_2^C] + \{(1-T) + \alpha T[dW(E_1^C)/dE_1^C]\} \times$$
$$[(\partial F/\partial K_1^C) \times (\partial K_1^C/\partial I_2^C)] = 0 \tag{12.8}$$

通过对(12.4)(12.5)(12.7)(12.8)进行运算和化简,可以得到:
$$(1-T)[\partial F/\partial K_1^C + (\partial F/\partial K_1^C) \times (\partial K_1^C/\partial I_1^C)] + \alpha[dW(E_1^C)/dE_1^C \times \partial E_1^C/\partial I_1^C] >$$
$$(1-T)[\partial F/\partial K_1^D + (\partial F/\partial K_1^D) \times (\partial K_1^D/\partial I_1^D)] + \alpha[dW(E_1^D)/dE_1^D \times \partial E_1^D/\partial I_1^D] \tag{12.9}$$

令 $H(I_1) = (1-T)[\partial F/\partial I_1 + (\partial F/\partial K_1) \times (\partial K_1/\partial I_1)] + \alpha[dW(E_1)/dE_1 \times \partial E_1/\partial I_1]$,

通过证明可以得到,$\partial H(I_1)/\partial I_1 > 0, \partial K_2^C/\partial I_1^C < 0$,所以,$H(I_1)$ 是 I_1 的减函数。

由(12.4)(12.5)(12.7)(12.8)式运算可以得到,$H(I_1^C) > H(I_1^D)$,进一步有,$I_1^D > I_1^C$。

由前面的约束条件可知,$E = TF(K,K) - I$,并且可证明 E 是 I_1 的减函数,因此最终可以得到:$E_1^D < E_1^C, E_2^D < E_2^C$,即相对于财政集权的情况下,财政分权下各地政府会减少教育支出。财政分权不利于教育支出的增加。

二、变量选取及说明

为了验证以上理论模型所得到的结论,下面将进行计量检验。根据 Granado(2005)[①]等计量分析模型,我们将相关分析的回归模型设为:
$$EDU_{it} = a_0 + b_1 DF_{it} + b_2 CF_{it} + b_3 ES_{it} + b_4 DUM2010_i + b_5 DUM2006_i + rX_{it} + e_{it} \tag{12.10}$$

其中,下标 i 代表第 i 个地市,下标 t 代表第 t 年。EDU 为被解释变量,DF, CF, ES 为主要解释变量,X 为地市人均 GDP、转移支付率等控制变量。DUM2010 和 DUM2006 是两个政策变量,具体含义见表 12-4 的说明。

① Arze del Granado, Franeiseo J. A Study of the Relationship Between Fiscal Decentralization and the Composition of Public Expenditure. Georgia State University, 2003.

表 12 - 4　变量说明

变量	符号	含义	预期影响
地市政府教育支出比例	EDU	地市预算内人均教育支出/总的预算内人均财政支出	因变量
财政分权	DF	各地市、中央的预算内人均财政支出比值	负面影响
政府竞争度	CF	各地市的 FDI/我国 FDI 的总额	负面影响
地市人均 GDP	AGDP	地市 GDP/地市总人口	正面影响
财政的预算约束程度	BC	地市预算内收入与支出的比值	正面影响
转移支付率	TP	中央对地市转移支付数额/该地市预算收入	不确定
人口	POC	各地市人口数	负面影响
政策虚拟变量 1	DUM2010	2010 年在全国全面推行科教兴国和人才强国战略	正面影响
政策虚拟变量 2	DUM2006	2006 年中央组织部干部政绩考核标准改革	正面影响

　　EDU：地市预算内人均教育支出/总的预算内人均财政支出，该指标可以测算出所研究的每个地市预教育支出在总的预算支出中占多大的比重，而且进行了人均化可以消除人口规模的影响。

　　DF：各地市和中央的预算内人均财政支出的比值，通过每个地市的财政分权程度来衡量各地政府的财政自由度。本章借鉴的指标是 Akai 等人的研究成果，这一指标选择已在国内外许多研究中被借鉴和引用。如果分权程度越高，则说明该地政府的财政自主性越大，因此也越有能力按照现行的激励体制来指导政府的财政投资行为，以达到政绩的最大化。为了消除不同地市政府间因人口规模的差异对各地市财政支出数量的影响，本章对财政分权 DF 指标进行了人均化。

　　CF：各地市的 FDI/我国 FDI 的总额，用来刻画各地市财政竞争的程度。关于这一指标选取也存在着不同的做法。大多数的学者认为，不同地市之间"实际有效税率"（所得税）的差额可以刻画不同地市企业所享有的税收优惠政策上的不同，这种优惠的不同反映了各地政府间的竞争博弈，目的是为了吸引更多的投资而展开的竞争。这一指标可以较好地衡量各地政府之间的竞争程度,税率的差额越大代表竞争越激烈。但遗憾的是,这一指标很难直接获得,因为出口退税,税收减免期间的延长等情形会对"实际有效税率"的核算产生调整事项,具体的影响非常复杂。我们不得不采取迂回政策,选用相近的代理变量。当前我国各地政府之间进行竞争最重要和直接的途径就是招商引资,而且招商引资中外商直接投资所占比重较大。因此,本章借鉴了张军等人在研究成果,把各地政府实际利用的 FDI 作为代理变量,同时在该指标上进行了一点改进。因为 FDI 还受其他因素的影响,某地市当年实际利用 FDI 的减少并不能说明该地的财政竞争能力一定会降低,也有可能是其他外在因素所致。为了消除该影响,本章将绝对值转为相对值,通过各地市与全国在当年实际利用 FDI 的比值对当地的财政竞争能力进行刻画。本章预测财政竞争度会对教育支出产生负面影响。

CS:各地市第二、三产业占当地 GDP 的比值,该指标体现了各地市经济结构上的差异。第二、三产业占比高的地市,政府的税源更充足,因而财政收入也更充足,可以用于教育上的支出也更多。同时,第二、第三产业发展较好的地市往往经济也更发达,税额相应也更大,为教育支出提供了有力的保障。本章预测第二、第三产业的占比会对教育支出产生正面影响。

AGDP:地市 GDP/地市总人口,该指标刻画出一个地市经济发展的总量和人均状况。经济相对发达的地市,财力更充足,有更多的资金用于教育上的支出来改善当地的教育服务质量。因此,本章预测地市的人均 GDP 会对教育支出产生正面影响。

BC:地市预算内收入与支出的比值,该指标可以对各地市的预算约束情形进行定量的描述。如果该比值越小,则说明该地市政府在支出上面临的约束越大,进而就不得不对本来用于教育支出的投资进行缩减,基于上述分析,本章预测预算内收入与支出的比例这一指标对教育支出带来的是正面影响。

TP:中央对地市转移支付的数额与该地市预算收入的比值。转移支付会增加地市财政的可支出总额,拓宽各地市预算约束的空间,相当于教育支出的经费来源数额增大,但由于教育的作为公共品具有外溢性,本地政府对教育的投资会让其他地区受益,而且教育支出从短期上来看对经济增长的作用不如基础建设投资来得更直接,因此尽管当地政府的财政预算会增加,但并不一定会选择相应地增加教育投入,在这两种相反作用的影响下,我们无法确切地预测到该作用是正面还是负面影响。

除了上面一一描述的主要变量以外,考虑到人均教育支出作为公共品具有一定的规模经济,即人均教育支出会随着人口规模的增加而呈现出一定程度递减的趋势,本章还增加了地市人口数(POC)这一变量来对教育支出中存在的规模经济效应进行衡量。同时,本章还引入了两个政策变量作为虚拟变量来分析考核机制以及科教兴国、人才强国战略对教育支出的作用。我国的官员考核制度体系在 2006 年进行了升级,形成了经济发展和社会服务(教育医疗等公共品的供给)并重的考核体系,并赋予了社会服务在整个考核体系中相当的比例。国务院总理温家宝总理在 2010 年的政府工作报告时指出①,"今年要全面实施科教兴国和人才强国战略"。我们以 DUM2010 和 DUM2006 作为政策虚拟变量以此刻画 2010 年在全国全面推行科教兴国、人才强国战略和 2006 年中央组织部对于干部政绩考核标准改革的效果。

由于无法获得 1997 年以前各个省份的教育经费支出,其他相关资料也缺失,同时,2006 年财政部发布了《政府收支分类改革方案》并于 2007 年 1 月执行,因此,我们将考察变量的时间范围确定为 2007～2012 年。这里使用的是 2007～2012 年地市面板数据。对我国地方政府支出的研究客观上要受到数据不一致性的影响,比如说指标含义的改变、统计口径的变化或支出分类的调整等。2006 年财政部发布了《政府收支分类改革方案》并于 2007 年 1 月开始执行,新方案中按功能进行分类的财政支出中基本投资建设类支出没有了,这是因为各预算单位的基建支出不再单独统计列报了,而是根据相应基建支出的职能和服务对象并入到对应的项目中。那么,在这次改革调整之后,2007 年公布的统计年鉴中列出的教育支出是包括所有教育相关的、全口径的教育支出,它不仅包括了之前统计口径下的教育支出,还包括了用于教育方面的基建投资,所以这一指标就能更加全面地反映各地市政府在教育的支出。由于我国 4 个直辖市及港澳台地区的数据不具有可比性,我国自动剔除了直辖市和港澳台地区的数据以保持研究的科学性。本章主要数据来源是统计年鉴,包括《中国统计年鉴》、《中国区域经济统计年鉴》以及个别省份的统计年鉴。2008 年《中国区域经济统计年鉴》缺少山东和辽宁个别地级市教育支出的数据,可以通过查找 2008 年《山东统计年鉴》和《辽宁统计年鉴》补全。另外,青海和宁夏所辖地市有个别的数据存在缺失,无法获得,本章最终选用了我国 312 个地市级的面板数据,样本总数合计共 1 872 个。

---

① 温家宝总理在 2010 年 3 月 5 日的十一届全国人大三次会议上所做的政府工作报告。

三、计量结果及分析

表12-5是计量检验的结果。霍斯曼检验的结果支持固定效应。我们对数据选择用 GLS 即广义最小二乘法进行估计,这样就可以避免截面异方差造成的影响。模型(1)中大多数变量的结果都在 5% 或 1% 的水平上显著。模型(2)和模型(3)分别去掉了模型(1)中不显著的人均 GDP 和财政预算约束的程度两个变量,再次进行了回归分析,回归结果表明,变量的显著性水平基本没发生什么变化。

表 12-5　计量结果

	(1) 固定效应	(2) 固定效应	(3) 固定效应
DF 财政分权度	−0.563 145 *** (−3.142 519)	−0.661 872 *** (−6.162 324)	−0.596 765 *** (−4.658 348)
CF 政府竞争度	−0.123 219 *** (−5.581 634)	−0.129 243 *** (−4.314 553)	−0.107 319 *** (−3.854 326)
ES 地区经济结构差异度	0.232 453 ** (2.478 219)	0.238 921 ** (2.482 136)	0.224 217 ** (2.512 638)
TP 转移支付比重	−0.038 205 ** (−2.121 568)	−0.036 901 ** (−2.412 365)	−0.054 268 *** (−3.234 163)
AGDP 人均国民生产总值	−0.068 214 (−0.696 203)		
BC 财政自给率	0.141 264 (1.251 528)	0.152 376 (1.552 167)	
POC 人口数	−0.001 253 *** (−3.855 192)	−0.001 384 *** (−4.172 543)	−0.001 382 *** (−4.182 164)
DUM2010	0.000 584 *** (3.802 746)	0.000 148 *** (3.920 184)	0.001 837 *** (3.437 816)
DUM2006	0.016 507 ** (2.457 946)	0.013 417 ** (2.517 465)	0.012 476 ** (2.573 856)
R^2-Within	0.663 216	0.665 215	0.663 824
Obs	1 872	1 872	1 872

注:** 和 *** 分别代表在 5% 和 1% 显著性水平下的结果。

通过实证检验我们得到下面的结论。

（1）财政分权与地市人均教育支出占比之间存在负向关系，而且显著异于零。财政分权程度每增 1%，地市人均教育支出占比会减少 0.59%。财政竞争度也与教育支出存在负面关系——财政竞争程度每增加 1%，地市人均教育支出比重会减少 0.11%。这一检验的结果证明了：财政分权程度越大，地市政府就越有自主支出的能力，在当前的政绩考核和晋升激励机制下，会把更多的财政支出用于基础设施等经济建设相关支出，进而忽视教育支出上的投入。

（2）地市第二、第三产业比重与教育支出比重间存在正向关系，且显著异于零。第二、第三产业越发达的地市，政府也越有财力去进行教育方面的投资支出，因此，各地在经济结构上存在差异（即发达和欠发达地市），那么教育支出也会因此而产生区域上的差异。

（3）转移支付与地市教育支出比重之间存在负向关系，显著异于零。这主要是因为我国当前的转移支付资金没有完全到位落实有关。在一些财政比较紧缺的地区，一些专项拨款并没按照实际用途真正落实到位，相反却用来弥补财政公共管理经费支出和公务支出。

（4）人口变量与地市教育支出比重之间存在负向关系，且显著异于零。地市人口数每增加 1 个百分点，地市教育支出比重会减少 0.001 4 个百分点。这主要是因为固定成本的摊薄所带来的规模经济效应。

（5）政策虚拟变量 DUM2010 影响为正但不显著，DUM2006 存在显著的正向影响。说明 2010 年在全国推行科教兴国和人才强国战略以来，各地市政府虽然认同中央对教育问题的高度关注，但受制于不同政府间效用函数的差异，在现实中会受到政绩考核等一系列因素的制约，各地市政府仍然会将这些政策束之高阁，短期内促进经济增长的相关支出所占比重依旧会居高难下。这表明，在我国当前的分税制和政绩激励体制下，各地政府没有积极响应国家发展教育事业政策的动力，也不会在现实行为中予以落实。与之对比，2006 年施行的官员考核体系全面升级却十分有效地促进了各地市政府改善公共服务的供给，增加教育支出，进而提升教育服务的质量。当前我国的民主和监督体系还不能完全发挥作用，各地市政府在支出上的分配主要是受各地市主要领导个人偏好的影响。在唯 GDP 论英雄的旧的政绩考核体系下，各地方政府会毫不犹豫地将更多的支出投向有利于短期经济发展的基建方面。因此，教育等公共服务的支出份额相应减少。不过，当官员的考核体系进行改善和升级后，教育等公共服务也被纳入了考核体系之中。在这种激励机制的作用下，各地方政府也会随之加强对公共产品的供给，提高教育支出的比重。

第六节　基本结论与政策建议

在上述理论研究和实证检验基础上，本章有以下的结论：① 地市政府教育支出比重之所以会下降，是由于在当前的财政分权机制和政绩考核体系下，各地政府由于各地财力有限，愿意更多地把财政资源投向对本地经济当期发展、招商引资有利的基础设施中，这会降低各地市政府的教育支出。② 经济结构相差较大的发达与欠发达地市会进一步加大它们在教育支出上的差距，使得欠发达地市的教育支出远低于发达地市的支出水平。③ 相对于科教兴国、人才强国等政策的推行与实施，改变政绩考核体系、改善晋升激励体制，将教育也纳入考核体系中的政策对提高地方教育支出水平更有效。这说明了，只有以影响政府官员的激励结构为切入点，配合相应的政策措施，才能有效地提高地市政府的教育支出水平。为此，提出以下建议。

（1）厘清地方与中央的责任，形成多主体共同参与的教育供给体制。在现有的财政分权制度的大环境中，教育支出方面的事权不断下放，过度放权的状况比较普遍。地市、县甚至更基层的政府掌握着教育的自主权。可是，与之矛盾的却是财权并没有随着事权而下放，相反还在上移，这个问题反映到教育上就是财政负担着教育支出的任务，却没有与之对应的财权来进行有力保障。而且，教育是公共品中的典型代表，具有外溢性，即受益的区域不仅限于进行教育支出投入的地区，存在着搭便车的可能。在这种激励机制下，各地市政府当然没有动力对教育支出进行最优化的配置，自然也不能实现各方效用最大化。所以，仅仅将希望寄托在地市政府各自的身上不能缓解教育支出短缺的境况，也不能实现不同地市、城乡之间教育支出差距逐渐缩小的任务。因此，我们可以借鉴国外的经验：教育支出的具体事务化运作和管理由各地市政府自己掌控，教育支出投资则由地市、省级、中央政府按照一定比例共同负担。这样就对中央与各地政府的财权、事权重新进行了划分和匹配，加大中央政府和省级政府扶持教育的力度。在实际的操作中，这种多元化的教育支出体制的构建因各地的实际情况而异。经济发展程度不同的地区，市、县、省及中央政府的支出比例也不同。比如，像京、沪等经济相对更发达、教育水平也更先进的地区，市、县等基层政府财政实力较雄厚，可以以市、县为教育支出的主体。同理,对于经济发达程度略低于京沪等地、教育水平也略逊的地区,相应增加投资主体,将省一级的政府也纳入到教育投资的体制中,形成省市县三级政府协力合作、共同建构教育支出的投入体系。那么对于经济欠发达,教育水平也落后的地区,就要进一步扩大投入主体的范围,形成中央、省、市、县四级政府携手打造的教育投入体制。

（2）发挥激励机制的积极作用。以税收为代表财政激励机制可以对各地市政府的教育支出倾向进行引导。现行的税收激励体制主要是以基数即税额的数量为出发点,这样会驱使各地市政府片面地追求经济增长以拓宽税源,增加税额。如果我们在设计税收制度时考虑到对教育投资的奖励政策,在中央和地方在税收分享上加大对财政教育投入较多地区的税收留成比例,还有税收返还、税收奖励等制度。同时,为了鼓励各地政府在教育等投资额较大、周期长的公共服务上的支出,可以对这些地区实行税收优惠政策,比如延长税收上缴的期限,这样各地市政府就有更加充实的财力来进行教育投资。同时,从前面的实证结果也可以看出,2006 年中组部施行的干部综合考评办法在对各地市政府进行政绩考核时加入了教育支出等公共服务考核因子,在该政治激励体制的作用下,各地市的教育支出比例有所提高。因此,我们可以以此为蓝本,进而完善相应的政治激励体制,让教育等公共服务指标不再是一个考量因素而已,而是直接赋予其一定比重的影响力,细分量化,加大其在整个政绩考核指标中的占比。除此以外,还可以从一些小的方面的政治激励着手。比如,对于换届时的民主测评这一环节,我们可以将参与人员的范围拓宽,将教育等相关公共服务的问题作为测评中非常重要的要素之一,以此来强化领导班子对教育支出的认识,提高其重视的程度。

（3）加大教育支出转移支付的力度。在认真落实了前面对策后,我们仍会发现在现有财权和事权不统一的财政分权的大环境中,各级政府总会在财权与事权上存在不完全一致的情形。为了对这种不一致进行弱化,上一级政府应该建立起完善的转移支付体系,来弥补上级政府在部分事权上的不到位,缓解各地市政府财力上的负担。为了防范各地政府在取得上一级政府的转移支付后将其另作他用,而不是用于教育支出上,我们必须对相关的教育专项资金进行严格地监管、审计,并使整个资金的运作过程公开透明化,以达到使用效率的最大化。同时,还必有对各地市政府提出建立相应的配套资金的要求,各地政府在取得上级政府的转移支付后还应提供一定比例的配套资金,以保证上级的拨款补贴确实是用到了教育支出上。为了进一步保证转移支付资金在教育投资上的使用效率,还必须为教育投资的质量制定更具体的,甚至定量的标准与质量要求。只有本年度的教育转移支付资金达到了预定的使用标准,下年度的相应资金才能如期提供,一旦本年度的资金运作效率低下,没有达到预设的要求,则下年度的转移支付资金不能全额提供。

(4)加强与教育相关的配套政策建设。健全有效的法律等配套政策可以对各地市财政教育支出不足的问题从更加制度化、规范化的角度进行引导。最重要的是进行立法的完善,对教育支出从总量、结构上进行确切的规定。同时,对于各级政府在支出中负担的份额也应该以明文法条的形式来标准化。另外,对教育支出相关资金的全过程使用要通过立法予以完善,将教育支出的全过程纳入到司法部门的监管体系中。与不同级别的政府投入机制相适应,监管也应该建立由各级政府参与的多主体监督机制。

本章参考文献

[1] 陈抗,Arye L.,Hillman,顾清扬.财政集权与地方政府行为变化——从援助之手到攫取之手,经济学(季刊),2002(4).

[2] 陈倩,康建英.财政分权对西部地区教育支出影响的实证分析,改革与战略,2008(24-7).

[3] 陈诗一,张军.中国地方政府财政支出与效率研究:1978~2005,中国社会科学,2008(4).

[4] 陈迅,聂伟.财政分权对西部教育影响研究,商业现代化,2009(9).

[5] 邓可斌,丁菊红.转型中的分权与公共品供给:基于中国经验的实证分析,财经研究,2009(3).

[6] 丁菊红,邓可斌.政府偏好、公共物品供给与转型中的财政分权,经济研究,2008(7).

[7] 丁菊红.中国转型中的财政分权与公共品供给激励,上海:复旦大学出版社,2009.

[8] 傅勇,张晏.中国式分权与财政支出结构偏向:为增长而竞争的代价,管理世界,2007(3).

[9] 郭庆旺,贾俊雪.地方政府间策略互动行为、财政支出竞争与地区经济增长,管理世界,2009(10).

[10] 康建英,田茹.义务教育支出效率评价及财政分权影响,改革与战略,2010(26-2).

[11] 李启平,晏小敏.财政分权对高等教育支出的影响分析:博弈论视角,教育学术月刊,2008(9).

[12] 李倩.我国财政分权体制下地方高等教育发展研究.成都:电子科技大学硕士学位论文,2004.

[13] 李涛,周业安.中国地方政府间支出竞争研究——基于中国省级面板数据的经验证据,管理世界,2009(2).

[14] 李祥云,陈建伟.财政分权视角下中国县级义务教育财政支出不足的原因分析,教育

与经济,2010(2).

[15] 李永友,沈坤荣.财政支出结构、相对贫困与经济增长,管理世界,2007(11).

[16] 刘芳.分权视角下中国义务教育投入水平不足和地区差异的原因,上海:复旦大学硕士学位论文,2009.

[17] 刘瑞明,白永秀.晋升激励、宏观调控与经济周期:一个政治经济学框架,南开经济研究,2007(5).

[18] 卢洪友,李凌.财政分权视角下中国农村义务教育落后的原因分析,财贸经济,2006(12).

[19] 罗伟卿.财政分权及纵向财政不平衡对中国基础教育质量的影响,清华大学学报(哲学社会科学版),2009(24 -增 1).

[20] 平新乔,白洁.中国财政分权与地方公共品的供给,财贸经济,2006(2).

[21] 乔宝云,范剑勇,冯兴元.中国的财政分权与小学义务教育,中国社会科学,2005(6).

[22] 申沁.财政分权的制度约束对区域教育经费投入影响的实证分析,教育理论与实践,2011(2).

[23] 宋光辉.财政分权与各级政府的教育责任,当代经济研究,2009(10).

[24] 孙蚌珠,陈雪娟,余向华.论财政分权背景下义务教育地区差异与财政责任的再配置——基于省级义务教育经费数据的实证分析,税务与经济,2009(3).

[25] 王美今,林建浩,余壮雄.中国地方政府财政竞争行为特性识别:"兄弟竞争"与"父子争议"是否并存?.管理世界,2010(3).

[26] 熊波.财政分权、转移支付与公共服务均等化,学习月刊,2009(6).

[27] 于长革.中国式财政分权与公共服务供给的机理分析,财经问题研究,2008(11).

[28] 张超.财政分权与基础教育供给关系研究——基于中国不同省份小学教育的面板模型分析,商业时代,2011(4).

[29] 张恒龙,陈宪,2006.财政竞争对地方公共支出结构的影响——以中国的招商引资竞争为例,经济社会体制比较,2006(6).

[30] 张宏军.分权体制下高等教育财政投入的优化,湖南第二师范学院学报,2010(27 - 3).

[31] 张璟,沈坤荣.财政分权改革、地方政府行为与经济增长,江苏社会科学,2008(3).

[32] 张军,高远,傅勇,张弘.中国为什么拥有了良好的基础设施?.经济研究,2007(3).

[33] 郑磊.财政分权与教育服务提供的地区差异,北京师范大学学报(社会科学版),2010(2).

[34] 周业安,王曦.中国的财政分权与教育发展,财政研究,2008(11).

[35] 周业安.地方政府竞争与经济增长,中国人民大学学报,2003(1).

[36] Baicker K. The Spillover Effects of State Spending. *Journal of Public Economics*, 2005, 89(2 - 3):529 - 544.

[37] Barankay I, Lockwood B. Decentralization and the Productive Efficiency of

Government: Evidence from Swiss Cantons. *Journal of Public Economics*, 2007, 91 (5 - 6): 1197 - 1218.

[38] Bardhan P. Decentralization of Governance and Development. *Journal of Economic Perspectives*, 2002, 16(4): 185 - 205.

[39] Besley T, Coate S. Centralized Versus Decentralized Provision of Local Public Goods: A Political Economy Approach. *Social Science Electronic Publishing*, 2003, 87(12): 2611 - 2637.

[40] Borck R, Pflüger M. Agglomeration and Tax Competition. *European Economic Review*, 2006, 50(3): 647 - 668.

[41] Cai H, Treisman D. Does Competition for Capital Discipline Governments? Decentralization, Globalization, and Public Policy. *American Economic Review*, 2005, 95(3): 817 - 830.

[42] Dethier J J. Governance and Economic Performance: A Survey. ZEF Discussion Papers on Development Policy. Bonn, 1999.

[43] Transparency International. Corruption Perceptions Index 2005.

[44] Egger P, Winner H. Economic Freedom and Taxation: Is There a Trade-off in the Locational Competition Between Countries?. *Public Choice*, 2004, 118 (3 - 4): 271 - 288.

[45] Faguet J P. Does Decentralization Increase Government Responsiveness to Local Needs? Evidence from Bolivia. *Journal of Public Economics*, 2004, 88 (3 - 4): 867 - 893.

[46] Fiske E B. Decentralization of Education: Politics and Consensus. Directions in Development. *World Bank Direction in Development*, 1996, 133(100): 1 - 40(40).

[47] Habibi N, Huang C, Miranda D, et al. Decentralization in Argentina. Working Papers, 2001, 92: 349 - 353.

[48] Jimenez, Paqueo. Do Local Contributions Affect the Efficiency of Public Primary Schools?. *Economics of Education Review*, 1996, 15(4): 377 - 386.

[49] Keen M, Marchand M. Fiscal Competition and the Pattern of Public Spending. *Journal of Public Economics*, 1997, 66(1): 33 - 53.

[50] Letelier L. Effect of Fiscal Decentralisation on the Efficiency of the Public Sector. The Cases of Education and Health. Conference paper. 57th Congress of the International Institute of Public Finance, A-Linz, 2001: 27 - 30.

[51] Matsumoto M. A Note on the Composition of Public Expenditure Under Capital Tax Competition. *International Tax and Public Finance*, 2000, 7(6): 691 - 697.

[52] Mauro P. Corruption and the Composition of Government Expenditure. *Journal of*

Public Economics, 1998, 69(2): 263 - 279.

[53] Musgrave R A. *The Theory of Public Finance*. New York: McGraw-Hill, 1959.

[54] Oates W E. On Local Finance and the Tiebout Model. *American Economic Review*, 1981, 71(2): 93 - 98.

[55] Oates, W E. Fiscal Federalism. Harcourt Brae Jovanovich, 1972.

[56] Qian Y Y, Roland G. Federalism and the Soft Budget Constraint. *American Economic Review*, 1998, 88(5): 1143 - 1162.

[57] Qian Y Y, Weingast B R. Federalism as a Commitment to Preserving Market Incentives. *Journal of Economic Perspectives*, 1997, 11(4): 83 - 92.

[58] Sarkar M. Fiscal Decentralization and Human Development: Some Evidence from Argentina. Working Paper, Yale University, 2000.

[59] Stiglers G. *Tenable Range of Functions of Local Government*. Washing, D. C, 1957: 48 - 57.

[60] Tiebout C M. A Pure Theory of Local Government Expenditures. *Journal of Political Economy*, 1956, 64(5): 416 - 424.

[61] Treisman D. Decentralization and Inflation: Commitment, Collective Action, or Continuity. *American Political Science Review*, 2000, 94(4): 837 - 857.

[62] Zhang X, Fan S, Zhang L, et al. Local Governance and Public Goods Provision in Rural China. *China Economic Quarterly*, 2002, 88(12): 2857 - 2871.

[63] Zhuravskaya E V. Incentives to Provide Local Public Goods: Fiscal Federalism, Russian Style. *Journal of Public Economics*, 2000, 76(3): 337 - 368.

第四篇

对外投资与经济增长

第十三章　对外投资的基本特征及其增长效应

本章提要　本章立足于经济全球化及中国对外投资快速增长的事实,用历史与现实相结合的方法研究我国对外投资的发展历程、动机和特征,并从统计描述角度分析中国对外投资的总量规模、目标国别和行业结构特征,以及与经济增长的相互关系。研究显示:① 我国对外投资总量规模快速扩大,但仍处于起步发展阶段,对外投资足迹遍布全球,但分布又高度集中,发达国家和"一带一路"沿线国家是未来投资热点区域。② 对外投资行业投向广泛,但集中趋势明显,产业比较优势没有得到充分发挥,前沿技术领域缺少战略性投资。③ 中国对外投资和母国经济增长存在相关关系,对外投资促进经济增长的效应已经显现,但产出弹性较小,随着投资数量和质量的不断提升,我国对外投资通过促进资本积累、资源配置、产业结构优化的传导效应会逐渐凸显,从而成为促进我国经济增长最有效的路径。

第一节　研究背景与文献回顾

一、研究背景

中国经过 30 多年的改革开放,取得了举世瞩目的成就。通过加入 WTO深度融入世界经济体系,拓展了外向型经济的发展空间,促进了工业化、城镇化的快速发展,内需外需一起拉动,形成了我国经济 30 多年的高速增长局面。当前全球经济格局和国内形势已经发生深刻变化,为适应经济全球化新形势,在吸收过去有效的改革开放经验的基础上,需要我们调整发展思路,以全新的理念推动新一轮的对外开放。

21 世纪初,中国政府推行"走出去"战略,伴随着"走出去"战略,中国加快了对外投资步伐。2006 年之后出现井喷式的增长,尤其是国际金融危机以来,面临世界经济深度调整、复苏乏力、国际投资增长低迷的发展环境,中国对外投资快速发展持续增长,成为全球第2大对外投资经济体,对世界产生了深远的影响。2014年对外直接投资创下1 231.2亿美元的历史最高值,同比增长14.2%,双向直接投资首次接近平衡。当前,中国经济进入新常态和改革攻坚期,我国对外开放也进入到新的历史阶段。政府提出要坚持以开放促改革促发展,把"引进来"和"走出去"更好地结合起来,推动对内对外开放相互促进,推进新一轮高水平对外开放战略,以促进企业跨国经营,提升国际竞争力;实现产业的国际转移合作,规避外贸壁垒和摩擦;并在全球范围内获取战略资源,构筑经济增长新动力,促进经济实现可持续发展。2013年9月和10月,习近平主席分别提出建设"新丝绸之路经济带"和"21世纪海上丝绸之路"的"一带一路"战略构想,部署全方位开放新格局;"十三五"规划中明确提出"开创对外开放新局面,提高对外开放水平,形成对外开放新体制",为中国新一轮对外开放明确了新路径,将开辟海外市场,拓展开放空间,扩大产能合作,消化过剩产能,破除贸易壁垒,扩大产品出口,总体提升对外投资水平,同时将成为中国经济新的增长点。

从理论发展脉络来看,对外投资理论来源于发达国家的投资实践,现象是由发达国家向发展中国家进行投资,投资主体一般已经在全球范围内具有特定的竞争优势,对外投资的目的是利用其特定的竞争优势获得更高回报。随着20世纪七八十年代发展中国家尤其是新兴经济体的迅速崛起,发展中国家日益成为世界对外投资的重要力量。对外投资面临的理论和实践问题越来越多,而基于发达国家实践的经典FDI理论难以完全解释当代新兴国家的对外投资现象。之后虽然出现了大量解释发展中国家对外投资的理论,但这些理论并没有颠覆传统的FDI理论框架,多是对传统FDI理论框架的修订,其论述欠缺全面性和深入性的考虑。由于中国经济体制的特殊性,我们的经济环境、所有权优势、治理结构以及政策约束等与其他国家有很大的不同,中国对外投资具有相对的独立性和特殊性,需要进行更加深入的思考和研究,发展新的理论框架对其进行解释。

从现实意义来看,中国经济目前面临"两个过剩"——产能过剩与流动性过剩。产能过剩与内需不足、外需增长慢形成矛盾,导致出口压力大;外汇储备余额过剩,外汇占款过多,再加上危机时期注入的超量货币,导致资产价格泡沫和通货膨胀加剧。解决这"两个过剩"的关键是充分利用国际和国内两个市场,优化资源配置,拓宽发展空间,促进产能和资金向国外输出,对外投资是实现产能和资金流出的有效途径。另一方面,虽然我国对外投资总额迅速增加,但投资质量上并未显著提升,区域、行业投资结构的不合理以及经济合作方式的局限性不利于我国充分利用国内外的比较优势资源,发展高水平的对外经济依然面临着巨大挑战。如何在顺应国内经济提质增效升级的迫切需要下开展对外投资实践成为政府和学界关注的热点。因此分析对外投资的行业选择、区域选择,及其与中国宏观经济的影响机制和增长效应,对于更好地制定和实施对外经济政策、实现新一轮经济转型,有着积极的意义。

本章的研究有助于全面客观认识我国对外投资的阶段演进、行业特征、经济增长效应以及发展面临的机遇挑战等,从而能够提出更加契合目前现实和改革趋势的政策建议,推进国家实行更加积极主动的开放战略[①]。

二、文献回顾

(一)对外投资的动因分析

1. 直接动因:企业跨国经营的竞争力

跨国投资之所以发生是因为企业可凭借其特有的优势如专有技术、管理经验、融资渠道、规模经济和销售能力等排斥东道国企业的竞争,从而在东道国市场上形成优势地位;更进一步地,为了实现市场内部化,出现了大量的跨国公司,以期用内部交易取代外部市场,跨国投资活动全面展开。因此一国企业自发进行对外投资的直接动因是企业跨国经营的竞争力以及追求利润最大化的路径选择。20 世纪 60 年代以来,西方学者以发达国家的对外直接投资为研究对象,产生了许多关于对外投资的动因理论。

美国学者海默(S. H. Hymer)在 20 世纪 60 年代初运用关于厂商垄断竞争的原理,首先提出了垄断优势理论;随后美国学者尼克博克(F. T. Knickerbocker)出版了《垄断性反应与跨国公司》一书,从垄断企业战略竞争角度出发,提出了寡占反应理论,进一步发展了海默的垄断优势论。该理论学派认为跨国公司从事对外投资的主要动因是源于市场缺陷所造成的企业所有权优势,包括:市场垄断优势,如产品性能差别、特殊销售技巧、控制市场价格的能力等;生产垄断优势,如经营管理技能、融通资金的能力优势、掌握的技术

---

① 对外投资包括直接投资和间接投资,前者指不借助金融工具,由投资人直接将资金转移交付给被投资对象,可获得投资经营权;后者指通过金融渠道向另一国投入资金以获取利益的获得,对企业经营无控制权。当前我国对外投资的主要形式是直接投资,因此本章所研究的国家层面的对外投资主要指直接投资,所选用的数据也是对外直接投资的数据。

专利与专有技术;规模经济优势,即通过横向一体化或纵向一体化,在供、产、销各环节的衔接上提高效率;政府的课税、关税等贸易限制措施产生的市场进入或退出障碍,导致跨国公司通过对外直接投资利用其垄断优势、信息与网络优势。正是因为存在以上某种优势,寡头垄断企业为追求控制不完全市场而发生对外投资行为。

1976年,英国学者巴克莱(Peter J. Buckley)与卡森(Mark Casson),以科斯(R. Coase)的交易费用理论为基础,以市场的不完全性为起点,提出了市场内部化理论。该理论认为企业在市场缺陷的条件下寻求利润最大化,当中间产品的市场存在缺陷、市场交易成本巨大或市场难以组织时,企业会"绕道而行",改以内部市场作为代替,不仅使资源和产品在各子公司之间进行合理配置和充分利用,还可以有效地防止技术扩散,保护企业的知识产权。当开辟内部市场的行动跨越国界时,就出现了跨国公司。正是内部化的动机,促使企业进行国际直接投资。

20世纪80年代初期,英国学者邓宁(John H. Dunning)在借鉴了垄断优势理论、内部化理论,并结合国际贸易理论中的资源禀赋学说的基础上,采用折衷的方法提出了"国际生产折衷理论",即 OLI(Ownership-Location-Internalization)模型,首次将区位因素纳入分析的范畴。该理论认为所有权优势和内部化优势是保证跨国公司国际直接投资的必要条件,区位优势是国际直接投资的充分条件,只有三种优势同时存在,国际直接投资才会成功。

2. 投资时间区位决定:产品生命周期理论

美国学者维农(Vernon,1966)在垄断优势理论的基础上提出了以产品生命周期为基础的对外投资时间决定理论,试图从动态角度解释跨国公司对外投资的动机、时机与区位选择。该理论认为产品在市场上呈现周期特征,该周期可大体划分为三个阶段,即创新阶段、成熟阶段和标准化阶段,各个阶段与企业的区位决策、出口抑或国外生产决策均有联系,供给和需求两方面的相互作用会影响企业生产的区位决策。

3. 对外投资产业选择:比较优势理论

日本学者小岛清(Kojima,1978)根据日本国情,发展了国际直接投资理论,提出"边际产业转移"的比较优势论。他认为对外投资的产业选择应该从本国已经处于或即将处于比较劣势的产业,即边际产业开始,依次进行。这样不仅可以使投资国和东道国都获得比较利益,还可以同时促进投资国和东道国产业结构的调整,使投资国产业结构趋于合理化、高级化,促进东道国劳动密集型行业的发展,对双方都产生有利的影响。比较优势理论揭示出一国在现有的资源和供求力量作用下的最佳投资方式和贸易方式,可以较好地解释不同国家类型进行对外投资的行业分布特点。发达国家跨国公司的行业分布,相对集中于高附加值、高技术含量的产业中;相比较而言,发展中国家的跨国公司,更多地集中于多种经营和传统制造业。

对外投资的比较优势是具有潜在性的,这种潜在性是指一个国家或一个行业拥有的比较优势不会自动转化为经济利益,只有在通过对外投资过程中转变为国际竞争力或竞争优势,才能有效地实现其比较利益。比较优势能否转化为竞争优势,取决于投资实践中的针对行业、市场、企业的投资决策和运作效率。

4. 对外投资发展演变:投资发展路径理论

由于国际生产折衷理论缺乏动态分析的缺陷,Dunning 在 20 世纪 80 年代初提出投资发展路径理论(Investment Development Path,IDP)。

他根据人均国民生产总值,划分了四个经济发展阶段。第一阶段(人均 GNP 低于或等于 400 美元),有少量外资流入,但由于企业没有产生所有权优势,不会产生对外投资。第二阶段(人均 GNP 为 400~2 000 美元),外资流入逐渐增加;企业自身还没有产生较强的所有权优势,仅有少量对外投资;第三阶段(人均 GNP 为 2 000~4 750 美元),企业所有权优势和内部化优势大大增强,对外投资大幅增加,增速有可能超过外资流入增速,但对外净投资仍为负值,标志着一国已走上国际生产专业化道路;第四阶段(人均收入在 4 750 美元以上),随着该国经济发展水平提高,企业开始具有较强的所有权优势和内部化优势,对外投资超过外资流入,此阶段的净对外投资额为正值并逐渐扩大。邓宁在 20 世纪 90 年代修订了自己的 IDP 理论(Dunning and Narula,1996),增加了第五阶段,用于描述全球经济中的领导经济体的净对外投资。由于受不同时期经济政策和经济周期的影响,这一净值围绕零波动,可能为正,也可能为负。邓宁投资发展路径图解如图 13-1 所示。

该理论指出,随着人均收入的提高,一国从最初吸引日益增多的外商直接投资,变成对外直接投资国,最终变成对外直接投资超过外商对其直接投资,或者两者大致在平衡附近波动。

该理论从动态角度描述了对外投资与一国经济发展程度的紧密联系,强调了一个国家如何随着经济发展程度的提高,由外商直接投资接受国,演变为对外直接投资国。对外投资是经济发展的必然结果,是随着经济发展而进行

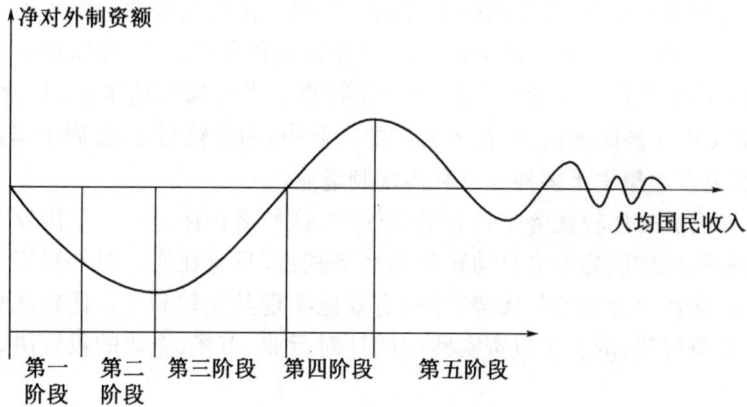

图 13 - 1　邓宁投资发展路径图解

动态演进。这一变化过程也反映了该国企业相对于海外竞争对手的不断变化的竞争优势，以及一国在生产成本、市场机会、自然或者新创资源禀赋上不断变化的吸引力 Dunning *et al*.（2008）。

5. 基于动因视角的对外投资分类

在 Dunning 理论的扩展形式中，市场寻求、资源寻求、战略资产寻求和效率寻求，被认为是发展中国家对外直接投资的四大主要类型。

（1）市场寻求型：也称水平型对外投资，是指企业在不断扩大国内市场份额的同时，由于受到国内竞争和市场日益饱和的影响，以试图扩张海外生产销售市场为动因的跨国投资活动（Dunning，2001；Armstrong，2009a）。通过进入国际市场，企业能有效缓解自身的过剩产能，同时还能够有效绕开贸易壁垒、充分利用规模经济，最大化发挥自身的比较优势。

（2）资源寻求型：也称垂直型对外投资，是以获取投资国稀缺或价格昂贵的资源为动因的对外投资活动，能为整合国内市场的资源供应和加工链条方面带来重要的作用（Yang，2005），同时也能保障母国对一些稀缺的，尤其是具有重要战略意义的原材料的稳定供应。

（3）战略资产寻求型：是以获取有关国际化经营的专有信息和知识为动因的跨国投资活动 Buckley *et al*.（2007），这些战略资产包括已建立的品牌、先进技术、核心技能和本地化能力（Dunning，2001）。通过获取国外的关键性要素或无形资产，以增强企业现有资产的组合效应，以保持或加强本企业的主体竞争力，或者削弱竞争对手的竞争地位（Dunning，1993）。

(4) 效率寻求型:是将生产经营活动细分为不同的阶段,利用东道国低廉的要素成本尤其是劳动力成本,在全球范围内配置生产的各个环节,从而在国内市场获取成本优势(Yang,2005)。该类型的对外投资利用国家间不同的要素成本来提高生产效率,从而对整个母国的经济发展产生积极的效应。

6. 发展中国家对外投资动因研究

自 20 世纪 70 年代开始,发展中国家逐渐成为全球对外直接投资的主要来源国,且与发达国家的对外直接投资存在显著区别。现有的 FDI 理论多是基于发达国家跨国企业的投资经验,如照搬这些理论,发展中国家企业由于很难在短期内取得优势,将长期在对外投资领域居于配角地位,这与发展中国家对外投资迅猛发展的现状显然不符。为解释此现象,Lall(1983)和 Wells(1983)在投资动机、所有权优势、投资的地理方向及方式等方面,提供了发展中国家跨国公司特征的理论性表述。

Wells 的小规模技术理论认为,发展中国家跨国公司拥有可以开展跨国经营的特定比较优势,即拥有为小市场服务的小规模生产技术;世界市场是多元化、多层次的,即使对那些技术不够先进,经营和生产规模不够大的小企业,由于具有明显的低成本优势,参与国际竞争仍有很强的竞争力。Lall 的技术地方化理论认为发展中国家的技术主要来源于自身的技术创新和对国外进口技术的消化及改进两种途径。这两种方式能更好地适应东道国的要素价格条件和对产品品质的要求,具有特有优势,这种优势可以促进它们对发展中国家甚至是发达国家的直接投资。

世界投资报告(WIR,2006)总结了发展中国家进行对外投资的竞争力:

(1) 基于专业知识和技术的所有权优势,主要表现在诸如消费者电子、电子产品、食品和饮料、重工业和交通设备等行业。

(2) 来源于母国的资源或在母国的经营行为,这可以是新技术的早期应用(后发优势,如中国高铁),也可以是能获取便宜的资金(资金来源于较高的储蓄率、贸易顺差,或者拥有丰富的大宗商品)。

(3) 来源于在生产价值链上某些环节的专业化生产,如电子、汽车零部件和服装等行业。

总体而言,对发展中国家的对外投资动因研究仍缺乏有说服力的理论解释,如何解释发展中国家的对外直接投资仍然是主流 FDI 理论目前面临的挑战之一(Huang and Wang,2011)。

（二）对外投资与经济增长的相关研究

1. 对外投资对母国经济增长效应主要的理论观点

关于对外投资与经济增长的关系,国内外学者主要研究的是外商直接投资对东道国经济增长的影响,而对外直接投资对母国经济增长的影响研究文献相对较少。近年来,对外投资的母国经济效应逐渐得到关注,研究成果日益增多,但由于传统上国际直接投资几乎是发达国家的专利,因此国际学术界在研究国际直接投资母国经济增长效应时,集中以发达投资国为研究对象,如美国、瑞典、日本、英国、意大利等,而对发展中国家所进行的研究几近于无。

当前,学界关于对外投资即 ODI 的母国经济增长效应研究有截然不同的观点。一种观点认为,对外投资将替代国内(区域内)的投资或消费,如果资金流出并没有出口增加或进口减少来匹配,随着对外投资的增长将会引起母国经济增长的下降 Stevens et al.(1992)。另一种观点认为,对外投资将补充或促进国内投资或消费(如跨国公司在国外的生产活动能带动母国投入品的出口量),那么对外投资的增长将会促进母国经济增长上升 Desai et al.(2005)。

Herzer(2008)辩证分析了以上两种相反的理论观点,提出如果在母国资本资源有限的情况下,对外投资可能导致本国内投资下降,进而引致母国产出下降;如企业投资是资源寻求型或市场需求型,跨国企业能够通过对外投资进入新的市场,以更低成本的比较优势生产产品,那么母国通过进口这些低成本的产品满足国内市场需求从而促进经济增长。Denzer(2011)通过内生增长模型对 ODI 的母国经济增长效应进行理论分析发现,如果建立跨国公司可以无障碍地将知识在东道国和母国间进行转移的极端假设,对外投资可以正向影响母国的经济发展这一假说在理论上可以论证成立。

2. 对外投资对母国经济增长的传导机制

对外投资对母国经济增长的影响远不如引进外资表现明显,主要通过外溢效应间接实现,即通过影响经济中的各个变量,能够提高国内经济活动的效率,最终促进母国经济的发展。传导机制图解如图 13-2 所示。

（1）资源全球配置。生产要素是实现经济增长的源泉,通过国际交换、对外投资能实现在全球范围内进行生产要素的合理配置,主要体现在以下几个方面:① 更好地利用国外自然资源和获取战略资源。全球资源禀赋分布不一,为了本国的发展战略和长期利益,投资国通过对外投资参与国际资源开发,在全球范围内获取稀缺资源、原料控制权,从而强化本国的资源优势、维持经济发展生命线。② 更多地获得资本积累。一方面通过对外投资极大地拓

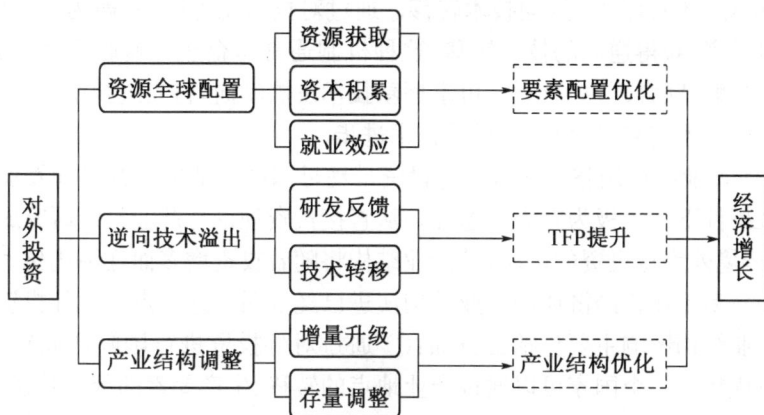

图 13-2 对外投资影响母国经济增长的传导机制图解

宽了利用国外资本的渠道,能从目标国和国际金融市场获得资金,增加外汇收入;另一方面投资母国由于输出了富余的资本而使得国内资本收益率提高,从而使国内资本的实际收入增加,加上国外投资所获得的收入,则国内资本总收入显著增加。③ 调节国内劳动力结构。对外投资对母国的就业将产生生产替代效应、出口刺激效应,对就业规模、结构和区位分布都将产生影响。有研究认为,我国对外投资的刺激效应大于替代效应(董会琳等,2001),其中对第二、第三产业就业效应的影响较为显著,尤其是对第三产业就业的拉动作用明显。通过对新加坡等新兴国家的实证研究,戴翔(2006)发现对外投资使劳动配置从生产型向技术密集型和管理密集型方向转变,提高了就业的质量。

(2)逆向技术溢出。开放经济条件下,技术进步促进经济增长的一个重要机制源于对外开放过程中通过各种国际经济活动获得的技术溢出效应。资本流动不仅会为接受投资的东道国带来技术外溢效应,对投资母国同样也具有逆向技术溢出效应。Dunning et al.(1998)认为到发达国家的对外投资可能引致先进的技术转移到母国,但关键取决于母国企业的技术吸收能力,如若技术吸收能力外生给定,母国企业通过对外投资活动接近东道国的技术领先者,并与之建立紧密的联系,以降低投资者的生产成本,进而获得积极的外溢效应(Siotis,1999)。关于逆向技术溢出促进母国技术升级的机理主要体现在两个方面(赵伟等,2006):① 研发成果反馈。母国企业通过海外子公司的研发成果反馈获得技术进步,从而促进投资母国技术进步,同时这些新技术能够更好地反映东道国的要素禀赋优势和消费者偏好,进而扩大产品的竞争优势

(Dunning，1994)。② 逆向技术转移。通过对技术先进国(一般为发达国家)的直接投资，获得逆向的技术转移，这种机制通常与企业并购联系在一起，通过兼并收购、联合开发等途径，可掌握新技术发展动向，将先进技术反馈回国，加速逆向技术转移，进而促进母国技术进步。

（3）产业结构调整。通过对外投资带动母国产业结构的升级和发展是开放经济条件下一个极为有效的途径。从直接投资理论与产业升级研究成果来看，进行境外直接投资的国家，其产业结构将随着投资增多而逐渐优化。发达国家和新型工业化经济体的产业结构演进已经证明了这一点。对外投资对母国的产业结构影响主要包括三方面：① 通过对外投资进行国际产业转移，延续产业优势。一个国家可以通过产业地点的转移、生产要素的部分替换，延长产业优势的持续时间(Kojima，1978)。为了维持和扩大国内的生产规模和产业优势，应将在本国具有比较劣势的产业转移到比较优势显著的目标国，既能释放沉淀生产要素、消耗过剩产能，又能获得高于国内的投资收益。② 生产要素转移重组，发展新兴产业。由于比较劣势产业转移，生产要素得以进行重新组合和最优配置，本国也获得传统产业改造升级和新兴产业的发展空间，从而能在本国集中资源优化产业结构。③ 东道国与投资母国的传导与反馈效应，促进产业结构互动深化。投资母国与东道国因为产业联系而形成利益共同体，尤其是东道国的产业相似性会通过竞争机制的反馈影响母国的产业调整，表现为东道国类似产业的竞争力提高将引致投资母国同类产业的收缩。由于存在这样的传导反馈效应，各国间产业结构互动影响不断深化。

（三）国内关于对外投资的研究综述

1. 整体研究概况

中国对外投资起步和发展较晚，因此对中国 ODI 的研究近年来才逐步兴起。当前国内学者关于对外投资的研究主要集中在 3 个方面：① 决定因素（投资动机）研究。② 经济效应研究（就业、贸易、逆向技术溢出和产业结构升级效应）。③ 对外投资发展阶段研究。

黄益平和王碧珺较为系统地研究了中国企业对外直接投资的动机。他们认为当前中国对外投资呈现出不同于发达经济体的特征，大多数中国企业到海外经营，但是并没有将生产设施搬到海外。这是因为中国企业对外投资的主要目的不是为了扩大海外生产而是为了加强国内生产；不是为了利用企业的现有优势，而是为了提高企业的技术水平和竞争实力（Huang and Wang，2013）。Huang and Wang(2011)识别出中国对外投资的三大类动机：获取自然资源、获取先进的技术和战略性资产，以及促进出口扩张。他们(2013)分析两套企业数据验证中国企业对外投资的动机分布，研究发现中国的大型企业和中小型企业有不同的对外投资动机。大型投资主体主要进行自然资源寻求型和技术寻求型对外投资，而中小企业主要进行市场寻求型和效率寻求型对外投资，其中制造业企业对外投资的主要动机是获取技术和其他战略性资产。

陶涛、麻志明(2009)利用引力模型对中国对外投资的驱动因素进行检验，总结出我国对发达国家的投资可以归结为技术追求型 FDI，而对发展中国家的投资更多地表现出市场寻求型和自然资源寻求型的特征，其中对东盟和转型国家分别体现了追求市场和追求资源类型的特征。

裴长洪、郑文(2011)认为母国是一国企业对外投资的基石，它在国民收入水平、服务业发展水平等方面为本国企业发展提供基础性条件；母国因发展条件的不同，造就了各国不同的行业优势、规模优势、区位优势、组织优势及其他特定优势，这些母国国家特定优势也是本国企业参与国际竞争的优势之源，对本国企业参与对外投资具有重要意义。

近年来，对外投资的母国经济效应逐渐得到关注，目前的研究多从技术进步、产业结构、贸易促进、就业效应等角度实证分析对外投资的经济效应。由于数据时间较短且研究方法各异，研究观点也不尽相同。主要的研究认为，对外投资通过逆向技术溢出效应带动了我国国内经济的产出增长(赖明勇等，2003)，同时对全要素生产率(TFP)的提升存在显著的正向促进作用(刘明霞等，2009)。江小涓和杜玲(2002)从理论的角度分析了对外投资会从企业内部、产业内部、产业转移三个层次对母国产业结构产生影响；李逢春(2013)用省级面板数据验证了较高的对外投资水平可以较快地促进投资企业所在国家或地区的产业升级。柴庆春(2012)认为我国对外投资的贸易效应在短期和长期中的表现不同，短期内对外投资流量对出口贸易的影响不显著，但长期看来能够促进出口贸易的发展。大多数学者认同对外投资对母国就业同时存在替代效应和刺激效应，随着投资规模的扩大会提高相应的影响程度(罗良文，2007)；在短期内，替代效应大于刺激效应，从长期看对外投资与就业表现出长期正相关，有利于增加就业。

在研究我国对外投资发展阶段方面，有代表性的研究是李辉(2007)基于 IDP 理论研究论证了中国目前处于第三阶段向第四阶段过渡的时期，中国企业所有权优势和内部化优势迅速增强，即将进入国际直接投资净流出的时期。Huang and Wang(2011)提出对外直接投资的生命周期假说，即认为可能存在一个对外直接投资的生命周期,其演化决定于经济发展阶段,尤其是技术和生产成本的影响。他们将市场寻求型对外投资识别为"美国模式",将效率寻求型对外投资识别为"日本模式",将技术寻求型对外投资识别为"中国模式";他们认为随着经济的发展,一国对外直接投资逐渐由"中国模式"发展为"日本模式",再走向"美国模式",通常在一个经济体中能看到几种模式并存,但是相对权重会不一样。并且预测随着中国低成本优势的消失,将在中国看到更多对外投资的"日本模式",大量的中小规模、劳动密集型的制造业将向低成本国家转移。

除了对以上问题的研究,部分国内学者从理论角度试图为中国的对外投资理论构建一个合理的框架,如吴彬、黄稻(1997)提出"二阶段理论",冼国明、杨锐(1998)提出"技术累积与竞争策略模型",马亚明、张岩贵(2000、2002、2003)提出"策略互动和技术扩散模型",楚建波、胡罡(2003)提出"跨国投资门槛论",齐晓华(2004)提出"综合比较优势论"等。

2. 关于对外投资与经济增长关系的研究

国内学者一方面从理论角度分析了对外投资促进经济增长的传导机制,另一方面从实证研究的角度验证对外投资与经济增长的关系。

魏巧琴、杨大楷(2003)讨论了对外直接投资影响经济增长的主要途径,并利用 Granger 检验分析了投资的因果关系,发现当前我国经济增长与对外直接对外投资与我国经济增长之间的关系并不显著。

宋弘威、李平(2008)从分析我国经济增长与对外投资相关性入手,分析了二者之间的相关联系,结果发现中国对外投资和经济增长之间不存在明显的因果关系,但是表现出共同的增长趋势,具有长期稳定的均衡关系。

肖黎明(2009)选取 1980~2007 年数据样本,在协整分析的基础上对中国对外投资与经济增长间的关系进行了实证检验,发现对外投资在总体上促进了中国经济的长期稳定增长,但这样的促进作用较小。

冯彩、蔡则祥(2012)使用中国省级 ODI 的数据研究其对区域经济增长的效应,发现对外投资和区域经济增长之间存在长期均衡关系,其中东部地区的对外投资对经济增长的长期效应最大,由于对外投资对母国经济增长正向效应的实现需要一定的传导机制和渠道,ODI 对经济增长的长期促进效应大于短期促进效应。

(四)文献评述

由于西方发达国家与中国的跨国投资具有完全不同的现实背景和动机差

异,成熟的对外投资理论不能完全解释我国当前对外投资高速发展的经济现象,不能"生搬硬套"作为指导我国企业跨国经营的不二准则,但其基于发达国家实践的理论成果仍然具有科学性和合理性,仍可以作为我国对外投资发展的有益借鉴和国际比较参照。我国学者也应多借鉴成熟理论的分析逻辑和框架,尽快建立起一套符合中国国情的 FDI 理论框架。

总体看来,目前国内在对外投资领域的研究多以定性分析为主,相较于国外的研究缺乏数量论证和实证检验,缺乏系统性研究成果,远不能满足我国对外投资发展的现实需求。其中关于经济效应方面的研究也多为机理梳理和理论描述,没有形成系统的方法和论证,甚至缺乏相较一致的结论。有部分研究使用计量回归的方法考察对外投资对经济增长的促进作用,但数据样本陈旧,没有反映近年来中国对外投资高速增长的事实,且数据稳定性存在较大的考验;在这其中大多研究仅采用了以对外投资总量对经济增长进行回归检验的方法,缺乏行业和企业层面的研究,也忽略了由于对外投资动机差异选择不同投资模式所带来的经济效应差异。

为此,本章综合已有文献的经验和不足,以 2004～2013 年我国对外投资的行业数据为样本进行面板回归,试图更进一步地分析和探索基于行业特征的母国经济增长效应。

三、本章研究思路

本章思路是以中国对外投资及其行业特征为研究主题,以"构建分析框架——统计与实证分析——对策研究"为研究逻辑,以经济学、国际经济学、发展经济学、计量经济学等学科理论为研究指导,旨在以经济统计数据为依据,分析我国对外投资的阶段性特征,并从行业维度来研究对外投资对母国经济增长的真实效应。本章立足于经济全球化及国际投资迅速发展的事实,立足于中国对外投资快速增长的事实,用历史与现实相结合的方法研究我国对外投资的发展历程、动机和特征,以寻找内在的规律性来解释现实问题;在研究方法上,全面总结梳理了国际上成熟的 FDI 理论和中国的现实经验,通过统计分析详细剖析近 10 年来我国对外投资的总量规模、目标国别和行业结构的特征,并通过构建计量模型分析对外投资对经济增长的影响;最后将国际经验与我国具体国情相结合,将中国与世界其他曾经处于或现在处于高速发展期的国家进行对比分析,寻求其特殊性,同时通过借鉴国际通行的对外投资促进措施,以寻求一些成功经验,并结合中国国情提出对外投资发展战略的建议。

本章研究思路及框架结构如图 13-3 所示。

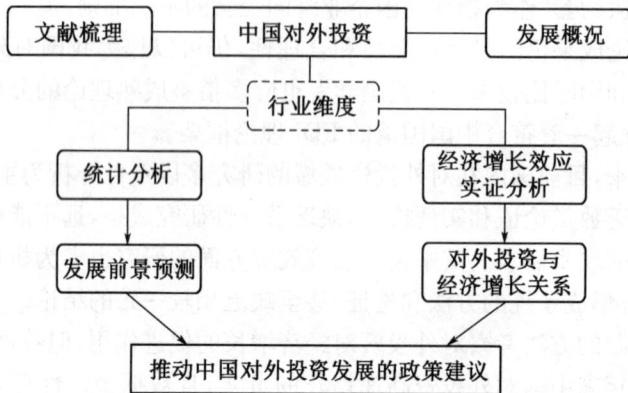

图 13-3　本章的研究思路与框架结构

第二节　中国对外投资的发展概况

一、对外投资的发展演进及阶段性特征

外商直接投资（FDI）是加速中国经济与世界经济融合的重要方式，为中国经济的腾飞注入了巨大的动力。目前，中国已经成为世界第一大贸易国和第一大外商直接投资接受国。与此同时，中国也正在迅速成长为全球最主要的投资国，对世界产生了深远的影响。

中国对外投资的发展历程可分为若干阶段，在不同的发展阶段，政策引导、资金流量、投资主体、投资行业、地理流向、全球地位都表现出不同的特征。自 1979 年改革开放初期开始起步，基础薄弱，先后经历了缓慢起步到探索调整阶段。在此后的 30 多年中，以平均每年 480 亿美元的投资规模迅速增长，尤其自 2001 年加入 WTO 后，开始进入高速增长时期，至 2015 年成为仅次于美国的第二大对外投资国，在未来仍有巨大的增长潜力，创造了又一个中国奇迹。中国 1982～2014 年对外投资流量发展趋势如图 13-4 所示。

（一）起步发展阶段（1979～1984 年）

中国的对外投资在新中国成立初期就已经起步，但多是带有国际援助性质的经济交流，没有资本的双向流动。十一届三中全会提出将对外投资作为对外经济合作的重要组成部分，国务院发布文件鼓励出国开办企业，我国对外

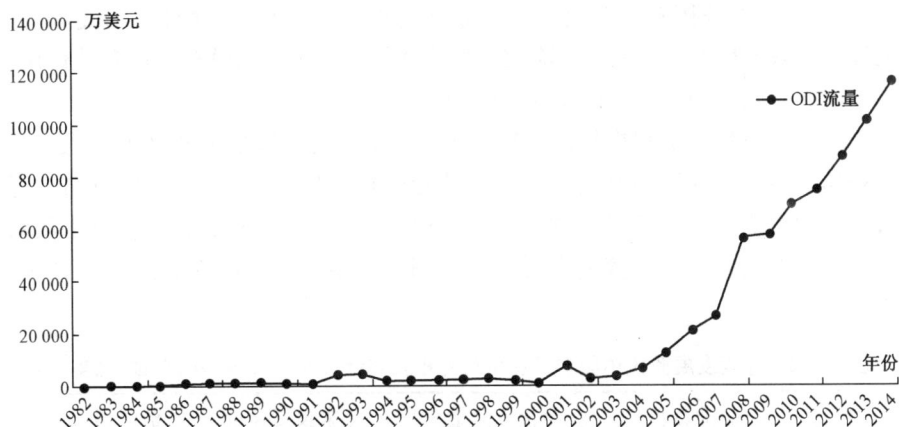

图 13-4　中国对外直接投资流量发展趋势(1982～2014 年)
资料来源:UNTCAD,FDI/TNC database(http://unctadstat. unctad. org).

投资正式拉开序幕。起步发展阶段中国非贸易型对外投资统计如表 13-1
所示。

表 13-1　起步发展阶段中国非贸易型对外投资统计(1979～1984 年,单位:亿美元)

年份	企业数目	年末累计投资总额	中方投资额	中方投资比例
1979	4	0.012 1	0.005 3	43.80%
1980	17	0.692	0.317	45.81%
1981	30	0.76	0.342	45.00%
1982	48	0.82	0.372	45.37%
1983	66	1.012	0.46	45.45%
1984	113	2.04	1.27	62.25%

资料来源:《中国对外经济贸易年鉴(1986)》,中国对外贸易出版社。

改革开放政策起步,有国际贸易经验和掌握市场行情的大型专业贸易公
司和国际经济技术合作公司率先"走出国门",以扩大进出口贸易和利用外资
为主要目的。本阶段中国开展对外投资的企业不多,对外投资规模较小,绝大
多数企业缺乏对外投资经验,因此多以合资方式设立合资企业,完全独资和跨
境并购屈指可数。这一时期对外投资行业主要集中于农业和矿产业,投资目
的地主要集中于港澳地区和部分发展中国家。

这一时期,我国对外投资主要是靠政府推动,并由国有企业参与完成,国家计划和政府管制主导的色彩较浓,商品经济和市场机制没有发挥有效作用。

(二)探索发展阶段(1985～1991年)

本阶段对外投资规模较前一阶段有很大的发展,但是仍然极为有限。政府开始颁布一系列管理办法以促进对外投资规范发展,学界也开始总结学习国际跨国投资成功经验,积极探索中国企业对外投资的方式,以期促进中国对外投资稳定快速发展。探索发展阶段中国非贸易型对外投资统计如表13-2所示。

表13-2　探索发展阶段中国非贸易型对外投资统计(1985～1991年,单位:亿美元)

年份	企业数目	年投资流量	年末投资存量	流量增长率
1985	189	6.29	9.00	369.40%
1986	221	4.50	13.50	-28.46%
1987	345	6.45	19.95	43.33%
1988	524	8.50	28.45	31.78%
1989	645	7.80	36.25	-8.24%
1990	801	8.30	44.55	6.41%
1991	1008	9.13	53.68	10.00%

资料来源:《中国对外经济贸易年鉴(1992)》,中国对外贸易出版社;UNTCAD, FDI/TNC database.

这一时期我过对外投资的企业数目增长很快,参与对外投资的国内企业类型不断增加,由外贸、外经企业发展到大中型工业企业和综合金融公司;投资领域进一步开拓,开始向资源开发、制造加工、商贸、旅游、金融、餐饮服务、化工等20多个行业延伸;投资地区分布首次突破以往格局,以亚洲各国和地区居多,开始进入发达国家和地区,遍布全球90多个国家和地区,投资地域趋向合理。

(三)调整发展阶段(1992～2002年)

经过前一阶段的发展探索,对外投资业务进入清理和整顿时期,此时对外投资的发展速度开始放慢,对外投资出现回落现象。在该阶段,政府提出一系列对外投资发展新战略方针,助力新一轮对外投资的发展。政府推动的企业对外投资已成为跨国投资的潮流。调整发展阶段中国非贸易型对外投资统计如表 13-3 所示。

表 13-3 调整发展阶段中国非贸易型对外投资统计(1992～2002 年,单位:亿美元)

年份	企业数目	年投资流量	年末投资存量	流量增长率
1992	1 363	40.00	93.68	338.12%
1993	1 657	44.00	137.68	10.00%
1994	1 764	20.00	157.68	−54.55%
1995	1 882	20.00	177.68	0.00%
1996	1 985	21.14	198.82	5.70%
1997	2 143	25.62	224.44	21.22%
1998	2 396	26.34	250.78	2.78%
1999	2 616	17.74	268.53	−32.63%
2000	2 859	9.16	277.68	−48.39%
2001	3 091	68.85	346.54	651.86%
2002	6 960	25.18	371.72	−63.42%

资料来源:《中国对外经济贸易年鉴(2003)》,中国对外贸易出版社;UNTCAD,FDI/TNC database.

1992 年 10 月,党的十四大提出要"积极地扩大我国企业的对外投资和跨国经营";1994 年,国家提出大经贸战略,多双边经贸合作取得瞩目成就,为进一步深化改革和对外开放提供了契机;1997 年 9 月,党的十五大第一次提出"鼓励能够发挥我国比较优势的对外投资"。由于政策推动,对外投资主体开始出现多元化趋势,除了国有企业外,集体、民营、股份制企业也纷纷加入探索对外投资的道路;投资行业进一步扩展,涉及领域包括制造业、资源开发、交通运输、工程承包、旅游餐饮等行业;对外投资区域分布也不断扩大,由 20 世纪 80 年代的 45 个国家或地区扩大到近 100 个国家或地区,从过去主要集中于港澳地区、欧美和东南亚国家向其他发展中国家和地区及发达国家和地区扩展,但总体来看在全球的区位分布仍不平衡。

2001 年加入 WTO 后,中国开始深度融入世界经济体系,进一步扩大了对外开放的领域和层次,为中国企业参与国际竞争创造了条件,对外投资增长开始提速。

（四）加速发展阶段（2003 年至今）

2002 年 10 月，十六大明确提出"走出去"战略，实施"走出去"战略是对外开放新阶段的重大举措。2003 年以后，我国对外投资迅速增长，资金总量不断增加，增长率也保持较高水平，开始由原来的吸引国外直接投资的大国逐步转向主要的对外投资母国。加速发展阶段中国非贸易型对外投资统计如表 13-4 所示。尤其在 2004 年之后中国的对外直接投资出现了井喷式的增长。

表 13-4　加速发展阶段中国非贸易型对外投资统计（2003～2014 年，单位：亿美元）

年份	企业数目	年投资流量	年末投资存量	流量增长率
2003	7 470	28.55	332.22	13.35%
2004	5 163	54.98	447.77	92.60%
2005	6 426	122.61	572.06	123.01%
2006	5 012	211.60	750.26	72.58%
2007	6 983	265.10	1 179.11	25.28%
2008	8 557	559.10	1 839.71	110.90%
2009	12 072	565.30	2 457.55	1.11%
2010	13 000	688.11	3 172.11	21.72%
2011	13 462	746.54	4 247.81	8.49%
2012	15 994	878.04	5 125.85	17.61%
2013	15 300	1 010.00	6 135.85	15.03%
2014	18 547	1 160.00	7 295.85	14.85%

资料来源：《中国对外直接投资统计公报（2003～2014）》。

在 2008 年全球金融危机期间，中国企业充分利用发达国家资产贬值、流动性匮乏的时机，大规模进行全球资产再配置，推动中国资本高速流出。自 2010 年起，中国超过日本、英国等传统大国成为全球第五大资本输出国，居发展中国家第一位，年度投资规模在 600 亿美元。2013 年 9 月和 10 月，习近平主席分别提出建设"新丝绸之路经济带"和"21 世纪海上丝绸之路"的"一带一路"战略构想，部署全方位开放新格局；同时发起成立亚洲基础设施银行、丝路基金，为我国新一轮对外投资建立资本保障。至 2015 年，中国成为资本净输出国,成为仅次于美国的第二大对外投资国。

为了推动中国对外投资稳定、高速、持续的发展,政府出台了一系列政策措施鼓励企业"走出去",进一步完善政策制度体系和搭建公共服务平台,积极构建对外投资促进体系,推动建立国际投资协定。截至目前,中国已签署自由贸易协定 12 个,涉及 20 个国家和地区,与 160 多个国家和地区签署了多边或双边投资保护协定,为我国对外投资进一步发展创造了条件和环境。

当前我国对外投资在行业分布、地域流向、投资方式等方面都形成了多元化的格局。商务服务、金融、批发零售、采矿和制造业占到对外投资总量的 80% 以上,建筑房地产、信息技术服务、水电气供应等日益成为新的投资热点。对外投资区域更加全球化合理化,截至 2014 年末,我国对外投资分布于全球 186 个国家或地区,占全球国家或地区总数的 79.8%;资金主要流向亚洲、拉丁美洲和欧洲,流向发达国家和新兴市场国家的比例在逐步增长。除了继续沿用传统的绿地投资,跨国并购也成为对外投资的主要方式,股权置换、风险投资、战略联盟等多种投资创新方式逐渐被采用。投资主体结构持续优化,中央和地方大型国有企业发挥了主导作用;骨干企业国际竞争力大幅提高;民营及地方企业逐步成为生力军,所参与的对外投资所占比例已超过 50%。

二、新一轮对外投资面临的机遇和挑战

在当前全球经济格局深度调整的背景之下,国际资本流动将推动新一轮全球范围内的产业转移和调整。随着近几年的发展,中国已经成为全球国际投资中最重要的一支力量,也将在这一轮变革和调整中发挥重要作用,并面临着新的战略发展机遇和挑战。

(一) 发展机遇

1. 国际经济缓慢复苏带来投资发展新空间

国际金融危机爆发后,全球经济出现衰退。为应对国际金融危机,世界各国开始实施扩张性的经济政策,增加投资规模,尤其是亚欧国家在基础设施领域有巨大的投资需求,迫切希望吸收更多外国直接投资,促进本国经济复苏与增长,国际投资空间巨大。但由于受到经济危机冲击,西方传统跨国投资强国对外投资势头减缓,在短期和中期内都将为中国对外投资和并购提供更大的空间和机会;全球经济布局的不均衡也为中国资本的"走出去"和产业转移提供了条件。

另一方面,全球资产价格将在一定时期内保持较低水平,随着人民币被纳

入 SDR 货币篮子,人民币国际化进程加快,升值预期不断强化,为中国进行对外投资创造了更有利的条件。

2. 国内经济形势推动以开放促改革

当前我国经济进入新常态,发展还存在若干困难和挑战,政府提出坚持以开放促改革促发展,以开放的主动赢得发展的主动,倒逼深层次改革和结构调整,加快培育国际竞争新优势,鼓励中国企业加大对外投资,特别是制造业领域的海外投资,促进国际产能合作、化解部分过剩产能,从而加速国内产业调整升级。

"十三五"期间,我国将继续完善支持企业"走出去"政策的顶层设计,完善对外开放和海外投资的战略布局,着眼开拓发展空间,在全球范围内获取战略资源,构筑国内经济增长新动力,促进经济实现可持续发展。

3. "一带一路"倡议支撑新一轮高水平对外开放

我国加快拓展对外投资发展新空间的最大着力点是完善对外开放区域布局、推进"一带一路"的建设,打造陆海内外联动、东西双向开放的全面开放新格局。

"一带一路"沿线大多是新兴经济体和发展中国家,具有非常重要的战略区位优势和丰富的自然资源,是世界上最具发展潜力的经济带。这一战略目前已得到 50 多个沿线国家的积极支持和参与。为吸引中国的投资,多国开始与中国签署合作文件,加强与中国在基础设施建设、国际产能合作、装备制造业和能源开发等领域的合作,同时积极推动亚行和丝路基金的筹备运作。

通过"一带一路"的建设,中国能够更好地融入世界经济体系,获得更大的发展空间,同时也促进与沿线国家和地区互利共赢、共同发展,为世界经济发展注入新动力,为我国赢得更加有利的国际环境。

4. 国际经贸合作保障对外投资自由便利化

随着在全球经济地位的不断攀升,我国加深了与全球各个国家的经济贸易和投资合作,以更积极的态度参与全球多边投资协议的制定。目前已与 160 多个国家或地区签订了多边和双边投资协定;在全球 50 个国家建设118 个经贸合作区(2014);中韩、中澳自贸区谈判成功,中美、中欧投资协定取得实质性进展;"十三五"期间将加快实施自由贸易区战略,确立高标准的投资保护体系,推进贸易投资自由化和便利化,为我国对外投资提供充分的制度保障。

(二)面临挑战

第一,全球经济形势日趋复杂动荡。世界经济深度调整,贸易持续低迷,金融市场动荡加剧。发达国家经济复苏缓慢，一些欧洲国家仍深处主权债务危机的困境；新兴经济体增速进一步回落，内部经济增长分化不断加剧；世界经济整体复苏疲弱乏力。未来几年，世界经济运行中的不利因素和不确定性因素增加，各国政治、外交、金融政策相互交织影响不断加强，对我国外向型经济发展带来严峻考验。

第二，国际贸易投资竞争更趋激烈。随着中国布局"一带一路"建设，世界传统强国力图主导亚太地区这一重要的战略区位，开始采取一系列的战略举措。美欧等发达国家推进《国际服务贸易协定》(TISA)和《信息技术协定》(ITA)扩围；由美国主导的《跨太平洋伙伴关系协定》(TPP)已结束谈判，设置高门槛将中国排除在外，意欲重返亚太遏制中国崛起；俄罗斯加快推进独联体一体化，实施"欧亚经济联盟"战略，寻求欧亚地区事务主导权；日本实施"丝绸之路外交"战略，搅局南海围堵中国。从短期看，这些来自发达经济体的贸易投资竞争举措，对中国参与推进亚太地区经济一体化合作构成现实制约，不利于中国提升在亚太地区事务中的影响力和话语权；从中长期看，将使中国与周边大国关系趋向复杂，增加中国地缘政治与安全压力。对中国推进"一带一路"建设和亚太经济一体化合作带来了严峻挑战。

第三，"中国威胁论"酿经济负面效应。由于在之前的发展阶段，中国对外投资主体以国企为主，占到了累计投资存量的80%，国家主导型的投资局面引发了东道国对自身国家安全的担忧，"中国威胁论"或"新殖民主义说"等言论甚嚣尘上。这样的言论也许是他国别有用心的炒作，也许真实反映了部分国家对中国投资背后的政治商业复合动机的恐慌。但不可否认地，"中国威胁论"一定程度上恶化了中国的外部发展环境，增加了与往来国的经济摩擦，让进行海外投资的中国企业利益受损，阻碍了我国对外投资发展的进程。

最后，应加大防范对外投资区域风险。投资所在地的政治、市场、法律、汇率和利率等风险将是制约我国对外投资发展的重要方面，包括东道国政治、社会治安、投资保护主义及违约等风险。这些依赖于东道国经济、社会和政治的不确定性将对已投资项目的投资回报率造成波动，加剧了企业进行对外投资的风险以及经营环境的不确定性，甚至将直接决定对外投资的成功与否。因此我国跨国企业应充分吸取失败案例的经验，认真评估对外投资区域风险，提高和加强风险应对能力，促进我国海外投资持续稳定的发展。

第三节　对外投资行业特征统计分析

　　2003～2014 年,我国对外投资始终保持快速发展,年均增长 43.6％,年投资流量从全球第 21 位进入前三序列,投资存量也位居全球第八,我国已成为世界对外投资大国。为了更加深入了解我国对外投资的特征并预测其未来发展的方向和空间,本章将从总量、投资目标国和行业维度对 2003～2014 年对外投资实践进行统计分析,并结合当下国际国内环境对我国新一轮"走出去"实施前景进行预测分析。

一、对外投资总量规模分析

（一）总量规模快速扩大,双向投资接近平衡

　　我国对外投资起步较晚,从 2003 年起进入加速发展阶段,如图 13-5 所

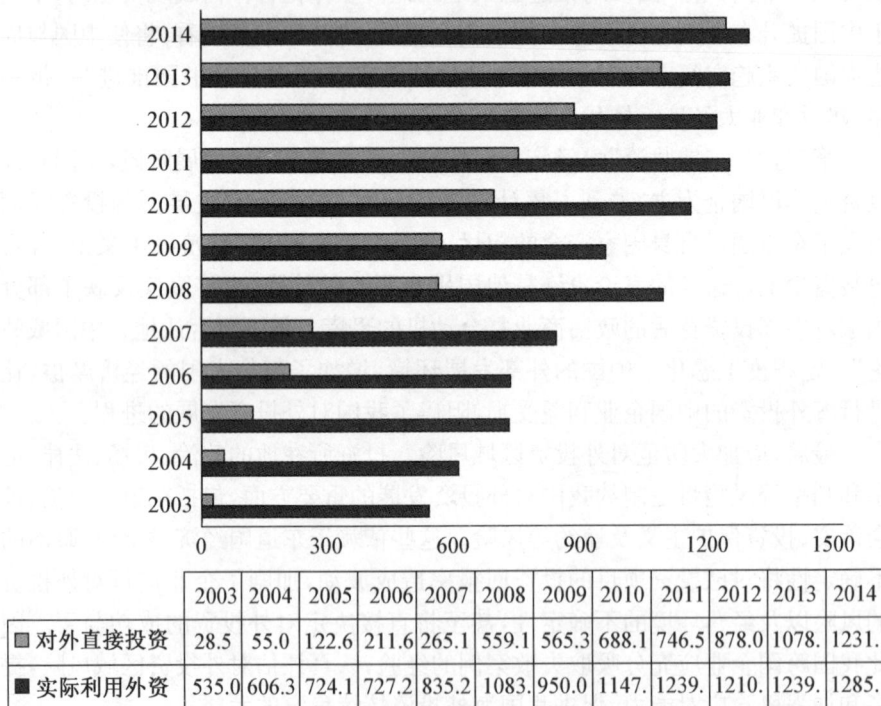

	2003	2004	2005	2006	2007	2008	2009	2010	2011	2012	2013	2014
■ 对外直接投资	28.5	55.0	122.6	211.6	265.1	559.1	565.3	688.1	746.5	878.0	1078.	1231.
■ 实际利用外资	535.0	606.3	724.1	727.2	835.2	1083.	950.0	1147.	1239.	1210.	1239.	1285.

图 13-5　中国双向投资对比图（2003～2014 年,单位:亿美元）

资料来源:UNTCAD, FDI/TNC database(http://unctadstat. unctad. org)。

示。在此之前,我国一直是全球最大的对外投资接受国。"走出去"战略实施初期,我国吸引外资规模为535亿美元,超出对外直接投资规模17倍,并以平均每年8.3%的速度持续稳定增长,"引进来"已成为促进我国经济增长的有效保障。虽然我国对外投资起步基础薄弱,但发展势头迅猛,从年对外投资净额28.5亿美元到突破千亿美元大关仅用了10年时间。截至2014年,我国对外投资创下1 231.2亿美元的历史最高值,年均增长率高达43.6%,对外投资流量连续三年位列世界第三大对外投资国,并与中国吸引外商直接投资(FDI)仅相差53.8亿美元,双向投资首次接近平衡,对外投资存量也达到8 826.4亿美元,从全球25位上升至第八位,创造了全球海外投资发展的"中国奇迹"。根据美国亚洲协会(Asia Society)的预测,到2020年我国对外投资存量将达到10 000~20 000亿美元,年均增长流量将保持100亿美元,中国对外投资力量已在全球范围内获得广泛关注。

按投资对象类型分,对外直接投资分为金融类和非金融类对外直接投资。前者指境内投资者直接向境外金融企业的投资,包括货币金融服务业(原银行业)、保险业、资本市场服务(证券业)和其他金融类四个项目;后者指境内投资者向非金融类企业的投资。如下表,我国对外金融类直接投资发展迅速,平均年增长率为92.7%,其中在2008年金融危机时扩大到140.5亿美元,此后虽有小幅回落但至2014年达到159.2亿美元,相比2006年增长了4倍,其中货币金融服务类(原银行业)占比接近一半,表明我国金融企业正在通过跨国资产配置,在全球范围内寻求新的发展空间。非金融类对外直接投资流量在12年间翻了37倍,2014年末达到1 072亿美元,存量也达到7 450.2亿美元,境外企业资产总额为2.25万亿美元。

按投资方式差异分,对外直接投资可划分为绿地投资(即新建投资)和跨国并购,采取何种方式进行投资取决于东道国的经济发展水平、投资行业的规模、技术水平和管理等方面的因素,当前全球国际投资主要以并购方式进行。如表13-5所示,并购交易总额占对外直接投资总额相当部分的比例,但历年占比变动较大,相对说来新建投资的比重较高。尽管如此,跨国并购仍是我国企业进行对外投资、获取战略性资源的重要方式,近年来我国跨国并购领域亮点频出,已涉及17个行业大类,其中采矿业和制造业是涉及并购最多的行业,发达国家是我国企业进行海外并购的主要目的地。

对外投资流量构成包括新增股权、当期收益再投资和债务工具投资。早期的对外投资(2003~2006年)主要来源于债务工具投资,近年来(2007~

2014年)来自新增股本的比重较高,主要是我国对外投资历史存量规模小、历史较短,且相比于发达国家境外经营管理水平不高,因此每年来自当期利润再投资部分的比重也较低。

表13-5　中国对外投资流量、存量、类型及并购情况(2003～2014年,单位:亿美元)

年份	流量		投资类型		并购情况		存量	
	金额	全球位次	金融	非金融	金额	占比(%)	金额	全球位次
2003	28.5	21		28.5	—	—	332.0	25
2004	55.0	20	—	55.0	30.0	54.5	448.0	27
2005	122.6	17	—	122.6	65.0	53.0	572.0	24
2006	211.6	13	35.3	176.3	82.5	39.0	906.3	23
2007	265.1	17	16.7	248.4	63.0	23.8	1 179.1	22
2008	559.1	12	140.5	418.6	302.0	54.0	1 839.7	18
2009	565.3	5	87.3	478.0	192.0	34.0	2 457.5	16
2010	688.1	5	86.3	601.8	297.0	43.2	3 172.1	17
2011	746.5	6	60.7	685.8	272.0	36.4	4 247.8	13
2012	878.0	3	100.7	777.3	434.0	31.4	5 319.4	13
2013	1 078.4	3	151.0	927.4	529.0	31.3	6 604.8	11
2014	1 231.2	3	159.2	1 072.0	569.0	26.4	8 826.4	8

注:① 2003～2005年数据为中国对外非金融类投资数据,2006～2014年为全行业对外投资数据。
② 2003年并购金额未统计,2012～2014年并购金额包括境外融资,占比为占当年流量比重。
资料来源:《中国对外直接投资统计公报(2003～2014)》。

(二)我国对外投资仍处于起步发展阶段

截至2014年,全球ODI存量排名前五名的国家分别是美国、英国、德国、法国和日本,这些国家海外投资的历史较长且具有丰富的投资管理经验,是传统的对外投资强国。对比我国与以上传统五国对外投资规模的世界占比,如表13-6所示,一方面可以明显看出我国对外投资发展的追赶之势,无论是流量占比还是存量占比都呈递增趋势,相比于传统五国的"平稳"甚至于"倒退"表现,展现出极佳的发展潜力。截至2014年,我国ODI流量占比已超过英、德、法、日,我国成为第二大资本流出国。但另一方面需要关注我国ODI存量规模世界占比和传统五国仍存在一定差距,尤其是同美国相比差距还很大。我国真正意义上的对外投资从 2003 年起步,虽然经过 12 年的高速发展大有赶超之势,但与世界发达对外投资国家相比,我国对外投资仍然处于发展初期,未来增长空间还很大。

表 13－6 中国与世界主要对外投资国家 ODI 世界占比(2003～2014 年,单位:%)

年份	中国		美国		英国		德国		法国		日本	
	流量	存量	流量	存量	流量	存量	流量	存量	流量	存量	流量	存量
2003	0.54	0.36	24.31	29.91	12.67	13.52	1.05	9.11	3.47	5.94	5.41	3.68
2004	0.62	0.42	33.22	31.31	11.28	12.19	2.29	8.61	2.59	5.71	3.49	3.45
2005	1.54	0.49	1.93	31.09	9.85	10.39	9.37	7.93	8.55	5.41	5.75	3.30
2006	1.57	0.51	16.68	30.42	5.64	9.79	8.68	7.36	5.71	5.60	3.74	3.06
2007	1.24	0.65	18.48	28.90	14.99	9.88	7.95	7.30	5.20	5.53	3.45	2.97
2008	3.30	1.16	18.20	19.58	11.16	9.86	4.22	8.38	6.10	5.90	7.56	4.29
2009	5.13	1.31	26.14	23.04	1.87	8.44	6.22	7.53	9.16	5.97	6.78	3.95
2010	5.04	1.55	20.33	23.56	3.41	8.01	9.18	7.17	3.52	5.75	4.12	4.07
2011	4.70	2.02	24.98	21.48	6.79	8.08	4.91	7.11	3.24	5.94	6.78	4.58
2012	6.84	2.28	24.25	23.07	2.25	7.75	5.15	7.01	2.46	5.81	9.55	4.61
2013	7.73	2.49	25.14	25.51	−1.15	6.42	2.31	6.84	1.91	5.53	10.40	4.54
2014	8.57	2.97	24.88	25.68	−4.40	6.44	8.29	6.44	3.17	5.20	8.39	4.85

资料来源:根据 UNTCAD, FDI/TNC database 数据计算所得。

一国对外投资存量与 GDP 之比能够反映该国对外投资相对其国内经济发展的水平。对比中国与对外投资传统五国的 ODI 存量与本国 GDP 的占比,如图 13－6 所示,明显看出相比于国内经济发展水平,我国对外直接投资规模很小,远远小于传统五国的发展水平。目前我国是全球第二大经济体,也是最大的货物出口国,比较对外投资存量占世界的比重和 GDP 占世界的比重以及货物出口贸易占世界的比重,如图 13－7 所示,对外投资的世界贡献度远远小于 GDP 和货物出口贸易的世界贡献度。虽然当前 ODI 流量和存量的世界排名都较高,但实际与我国经济大国、贸易大国的地位并不相称。

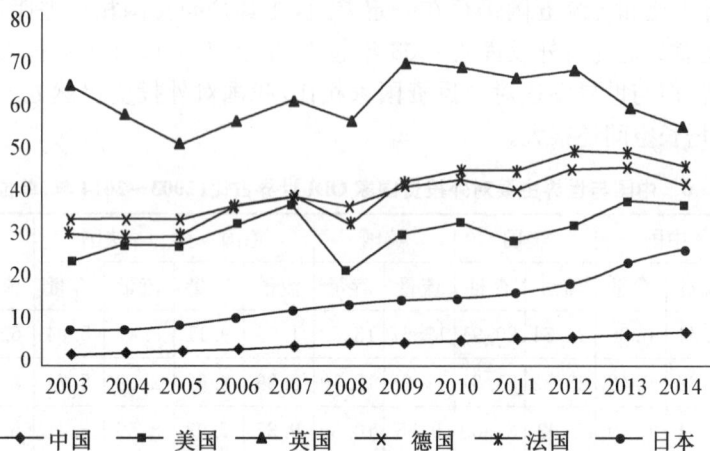

图 13-6 中国与世界主要对外投资国家 ODI/GDP 比较(2003～2014 年,单位:%)
资料来源:根据 UNTCAD database 数据计算所得。

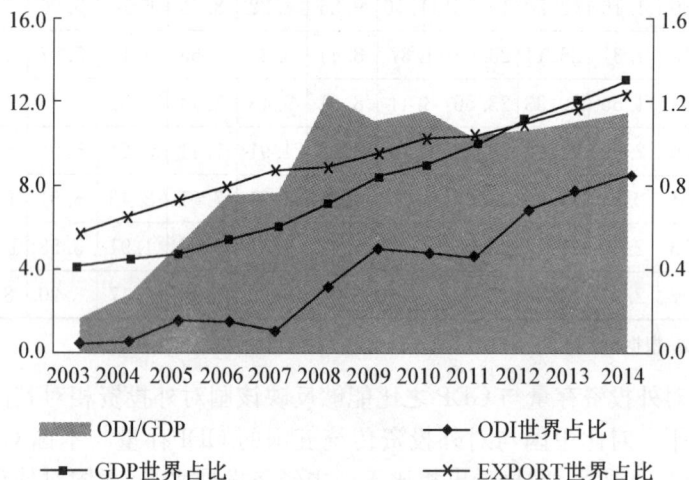

图 13-7 中国 ODI 与 GDP、货物出口贸易世界贡献度比较(2003～2014 年,单位:%)
资料来源:根据 UNTCAD database 数据计算所得。

这些分析结果一方面说明我国对外投资未来的增长空间很大,另一方面也表明相对于国内经济发展的规模和速度而言,对外投资发展落后于国内经济发展水平。虽然流量数据显示我国已成为全球第二大对外投资大国,但距离成为对外投资强国仍然需要经过更长时间的积累和探索,进一步印证我国对外投资仍然处于起步发展阶段。

二、对外投资目标国别特征分析

（一）对外投资遍布全球,分布深度差异较大

我国对外投资足迹遍布全球,投资区位多元化。境外企业基本覆盖所有大洲,在全球的覆盖率超过 60%,且每年持续增加在各大洲的覆盖范围,如表 13-7 所示。就具体覆盖比例来看,我国境外企业在亚洲、非洲和欧洲的

表 13-7　中国境外企业洲际投资覆盖率(2003~2014 年,单位:%)

年份	亚洲	欧洲	非洲	北美洲	拉丁美洲	大洋洲	全球
2003	81.0	61.0	73.0	50.0	49.0	35.0	60.0
2004	91.0	80.0	79.0	75.0	43.0	45.0	71.0
2005	93.0	85.0	83.0	75.0	45.0	36.0	71.2
2006	91.0	73.0	81.0	75.0	53.0	36.0	71.0
2007	90.0	74.0	81.0	75.0	53.0	42.0	71.2
2008	90.0	74.0	81.4	75.0	55.0	42.0	71.9
2009	90.0	77.0	81.4	75.0	57.0	40.0	72.8
2010	90.0	71.0	85.0	75.0	57.0	44.0	72.7
2011	90.0	71.2	85.0	75.0	57.1	40.0	72.4
2012	95.7	85.7	85.0	75.0	56.3	45.8	76.8
2013	97.9	85.7	86.7	75.0	60.4	50.0	79.0
2014	97.9	85.7	86.7	75.0	64.6	50.0	79.8

注:① 覆盖率为中国境外企业覆盖国家数量与国家地区总数的比率。

资料来源:《中国对外直接投资统计公报(2003~2014)》。

覆盖率较高,尤其是在亚洲基本接近全覆盖;在非洲的覆盖率逐年递增,表明我国与非洲建立了良好的两国关系,有广阔的投资机会;在欧洲的覆盖率呈 U 型趋势,其中在 2006~2011 年持续降低,究其原因可能受到金融危机和欧债危机的影响,投资发生了战略性和规避风险类的转移,但 2012 年后又重新回到 2005 年时 85% 左右的覆盖水平,并在之后一直保持稳定;在北美洲的覆盖率多年一直稳定保持在 75% 上下,表明我国企业在北美的对外投资一直处于稳定经营的状态;覆盖率相对低的是拉丁美洲和大洋洲,但近年来也一直呈现

增长态势,我国企业正不断挖掘和发现在拉丁美洲和大洋洲的投资机会。整体看来,我国境外企业在全球的覆盖比例较高,区位分布多元化程度也较高,我国对外投资已实现全球区位布局。

我国对外投资的洲际分布差异较大。比较各年对外直接投资流量在各大洲分布的比重构成,如表13-8所示,可以清楚地看出每年ODI在洲际分布的特点。自2003年起,我国对外直接投资主要流向了亚洲地区,尤其是自2007年以后,每年比重都超过60%,甚至在2008年全球金融危机时达到77.9%,说明我国对外投资虽然在区位上分布广泛,但资金流向高度集中于亚洲,近地投资是主要特征。其次是拉丁美洲,虽然2007年之后开始逐年下降,但依然是继亚洲之后最大的ODI接受区域。排名第三的是欧洲,但多数年份占比低于10%;其次是非洲和大洋洲,处于5%以下的较低水平。虽然亚洲和拉丁美洲是当前最大的目标投资区域,但投向欧洲、北美洲和大洋洲等发达地区的占比总和正在快速增长,压缩了近地投资和对发展中国家的投资,未来仍有很大的增长空间,投资区位分布趋于合理。

表13-8　中国对外投资流量洲际构成(2003～2014年,单位:%)

年份	亚洲	欧洲	非洲	北美洲	拉丁美洲	大洋洲
2003	52.7	5.1	2.6	2.0	36.4	1.2
2004	54.8	2.9	5.8	2.3	32.1	2.2
2005	36.6	3.2	3.2	2.6	52.7	1.7
2006	43.5	3.4	2.9	1.5	48.0	0.7
2007	62.6	5.8	5.9	4.2	18.5	2.9
2008	77.9	1.6	9.8	0.7	6.6	3.5
2009	71.5	5.9	2.5	2.7	13.0	4.4
2010	65.2	9.8	3.1	3.8	15.3	2.7
2011	60.9	11.1	4.3	3.3	16.0	4.4
2012	73.8	8.0	2.9	5.6	7.0	2.8
2013	70.1	5.5	3.1	4.5	13.3	3.4
2014	69.0	8.8	2.6	7.5	8.6	3.5

注:洲际构成为我国每年在各大洲对外投资流量占当年流量总额的比例。

资料来源:根据《中国对外直接投资统计公报(2003～2014)》流量统计数据计算所得。

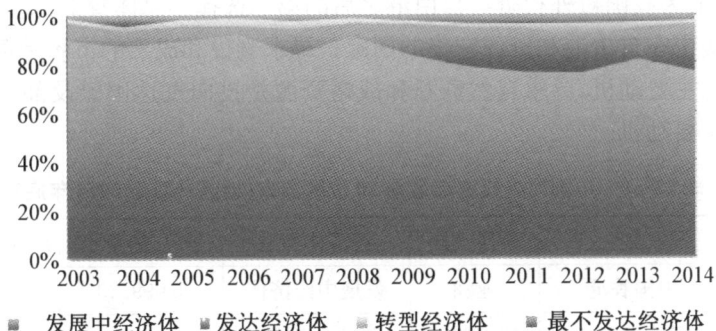

图 13 - 8　中国对外投资流量经济体构成(2003～2014 年)

注:① 经济体划分标准同联合国贸发会议《世界投资报告》;

　　② 经济体构成为我国每年在各经济体对外投资流量占当年流
　　　量总额的比例。

资料来源:根据《中国对外直接投资统计公报(2003～2014)》流量
　　统计数据计算所得。

　　我国对外投资的经济体分布差异较大。比较各年对外直接投资流量在各
经济体分布的比重构成,如图 13 - 8 所示,发展中国家是最大的资本接受经济
体(平均超过 85%),这与洲际分布特征基本一致。但在发展中经济体的占比
正在呈下降趋势,2014 年仅为 76.9%,与 2008 年最高值 91.7%相差 14.8%,
而减少的这部分占比基本等于发达经济体增加的部分,发达国家对我国投资
的吸收量逐年增加,成为第二大资本接受经济体,也表明发达经济体已逐渐成
为我国对外投资热点目的地。投向转型经济体和最不发达经济体的占比最少,
总和在 6%上下,且基本保持稳定。我国对外投资的集中趋势依然明显,发展中
经济体一直是主要的投资目标区域,发达经济体成为新的热点投资目的地。

　　我国对外投资的集中度还体现在,截至 2014 年,20 个国家(地区)的存量
总和占到我国总对外直接投资存量的 89.2%,如表 13 - 9 所示,其中一半以
上(63%)流向了香港、英属维尔京群岛和开曼群岛①。剩下的部分包括10 个
发达国家、2 个转型国家和 5 个发展中国家,其中投向发达国家的存量占比为

---

① 王碧珺(2013)认为绝大部分中国内地在英属维尔京群岛和开曼群岛的投资以及将近 1/3 中国内
　地在香港地区的投资,都是以这些地方为中转地,最终的目的地多为发达国家。但由于官方数据
　公布的是中国对外投资的第一目的国,经由中转的最终目的国难以统计,因此本文仅统计分析第
　一目的国的分布特征。

16.1%,成为我国对外投资继自由港之后的第二选择。总体看来,我国对外投资主要集中在自由港和资源密集的国家。寻求避税和成熟的市场是资本投向自由港的主要动机,寻求自然资源和战略资源是投向发达国家及部分资源型国家的主要动机。

表 13-9 中国对外投资存量前 20 位的国家(地区)(截至 2014 年底)

排序	国家(地区)	所属大洲	经济体类型	存量(亿美元)	存量占比(%)
1	中国香港	亚洲	发展中经济体	5 099.20	57.8
2	英属维尔京群岛	拉丁美洲	发展中经济体	493.20	5.6
3	开曼群岛	拉丁美洲	发展中经济体	442.37	5.0
4	美国	北美洲	发达经济体	380.11	4.3
5	澳大利亚	大洋洲	发达经济体	238.82	2.7
6	新加坡	亚洲	发达经济体	206.40	2.3
7	卢森堡	欧洲	发达经济体	156.67	1.8
8	英国	欧洲	发达经济体	128.05	1.5
9	俄罗斯联邦	欧洲	转型经济体	86.95	1.0
10	法国	欧洲	发达经济体	84.45	1.0
11	加拿大	北美洲	发达经济体	77.89	0.9
12	哈萨克斯坦	亚洲	转型经济体	75.41	0.9
13	印度尼西亚	亚洲	发展中经济体	67.94	0.8
14	南非	非洲	发展中经济体	59.54	0.7
15	德国	欧洲	发达经济体	57.86	0.7
16	挪威	欧洲	发达经济体	52.24	0.6
17	老挝	亚洲	发展中经济体	44.91	0.5
18	荷兰	欧洲	发达经济体	41.94	0.5
19	中国澳门	亚洲	发展中经济体	39.31	0.4
20	缅甸	亚洲	发展中经济体	39.26	0.4
合计				7 872.49	89.2

注:英属维尔京群岛和开曼群岛是世界著名"避税天堂"。

资料来源:《中国对外直接投资统计公报(2014)》。

（二）"一带一路"倡议为对外投资拓展新空间

2013 年 9 月和 10 月，习近平主席分别提出建设"新丝绸之路经济带"和
"21 世纪海上丝绸之路"的"一带一路"战略构想，并于 2015 年 3 月博鳌论坛
上公布战略实施具体规划，为中国新一轮对外开放明确了新路径。

"一带一路"指中国与亚太以至北非及欧洲广大国家和地区互联互通、互
利合作的广泛概念。"一带"即"丝绸之路经济带"，指中国与经过中亚直至欧
洲的古代"丝绸之路"所及区域经济合作，重点畅通中国经中亚、俄罗斯至欧洲
（波罗的海）；中国经中亚、西亚至波斯湾、地中海；中国至东南亚、南亚、印度
洋。"一路"即"21 世纪海上丝绸之路"，涵盖中国与东南亚、到印度洋以至地
中海区域合作。重点方向是从中国沿海港口过南海到印度洋，延伸至欧洲；从
中国沿海港口过南海到南太平洋。

"一带一路"辐射范围涵盖东盟、南亚、西亚、中亚、北非和欧洲，沿线包括
64 个国家和地区，区域分布如图 13-9 所示，大多是新兴经济体和发展中国
家，总人口约 44 亿，经济总量 21 万亿美元，分别占全球 63％和 29％，是世界
经济最具活力的地区，未来发展前景广阔。

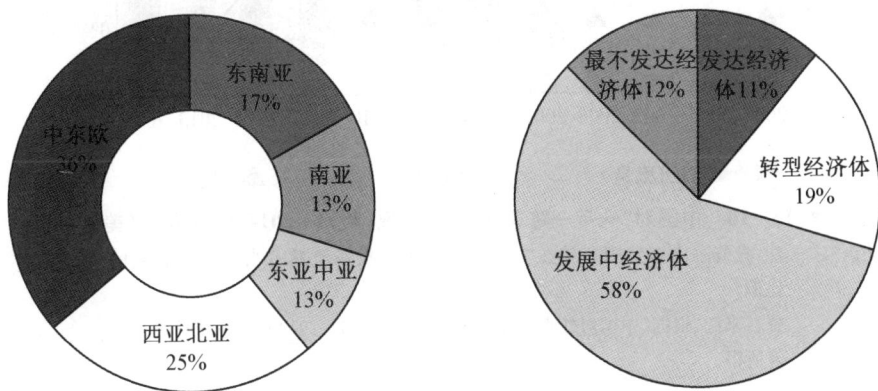

图 13-9 "一带一路"区域分布（洲际/经济体）

注："一带一路"沿线共包括 64 个国家，此处未将中国统计入内。
资料来源："一带一路"战略规划沿线国家名单。

在"一带一路"战略未正式提出之前，我国已经开始实施对沿线国家的投
资，并表现出逐年递增的态势，如图 13-10 所示。2003～2007 年对外直接投
资流量维持 60％以上的高增长率，其中在 2007 年一度达到 172.2％的增长水
平；2008～2009 年增速急剧下滑，主要是我国整体对外投资受到全球金融危

机的影响;2010～2012年也保持了较高的增长水平,这三年是我国向这些沿线国家进行投资的高峰期,投资流量占总流量的比重也逐年递增,在2012年达到15.2%,这一时期正好是西方国家遭遇金融危机进行自我保护和修复的阶段,"一带一路"国家为我国资本输出创造了新的空间,因此在2013年我国正式提出发展"一带一路"倡议。截至2014年末,我国对"一带一路"沿线国家的直接投资存量达到924.6亿美元,占ODI总存量的10.5%,这片区域已经成为我国对外投资的重点战略区位。2015年,"一带一路"的建设将全面铺开,会推动更多的企业走出去,加快实现区域协同,未来发展前景值得期待。

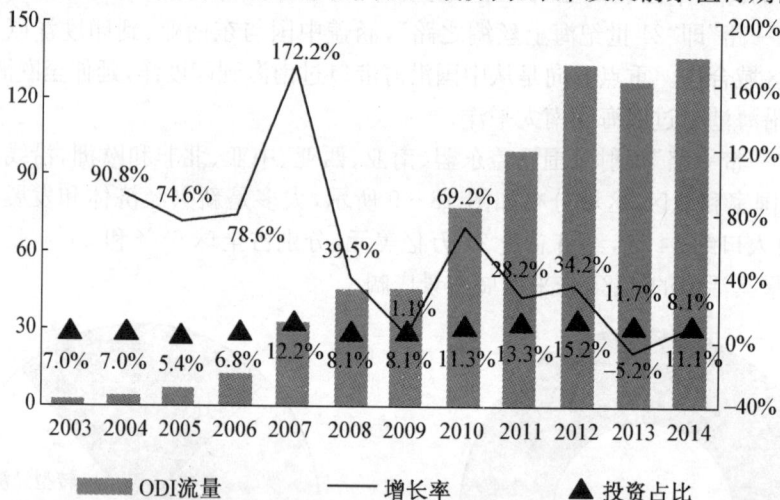

图13-10　中国对"一带一路"国家投资概况(2003～2014年,单位:亿美元)

注:投资占比为我国每年在"一带一路"国家投资流量占当年流量总额的比例。

资料来源:根据《中国对外直接投资统计公报(2003～2014)》流量统计数据计算所得。

三、对外投资行业特征分析

(一)产业结构失衡,行业流向集中

从产业构成来看,截至2014年末,中国对外直接投资存量分布在第三产业(服务业)的比重达到75%,分布在第二产业的占比24%,分布在第一产业的仅为1%,产业结构不太合理;从各年流量分布来看,如图13-11所示,各年产业分布变化较大,总的趋势是第二产业(主要是采矿业和制造业)比重趋于下降,服务业比重较大且逐年递增①,第一产业较为稳定但一直保持较低占比。因此从统计数据中得知,我国对外投资主要投向服务业,其次是第二产业,第一产业占比相对较少,这与我国国内经济产业结构差别较大;尤其是我国作为制造业大国,对外投资领域却主要集中在我国并不具有竞争优势的服务业,没有在对外投资中发挥产业的比较优势,因此我国对外投资的产业结构处于失衡状态。

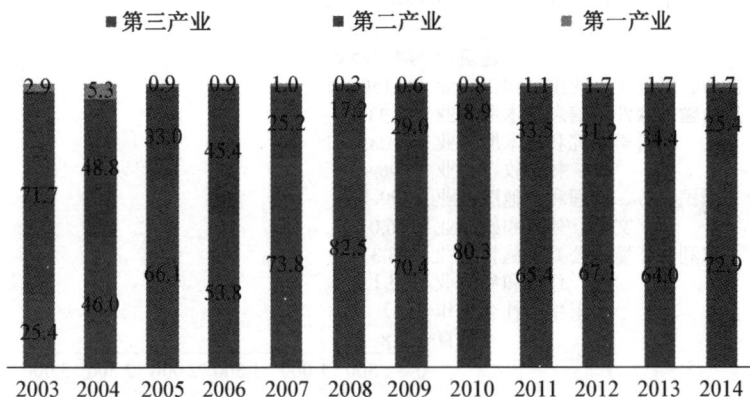

■第三产业　　　■第二产业　　　■第一产业

	2003	2004	2005	2006	2007	2008	2009	2010	2011	2012	2013	2014
第一产业	2.9	5.3	0.9	0.9	1.0	0.3	0.6	0.8	1.1	1.7	1.7	1.7
第二产业	71.7	48.8	33.0	45.4	25.2	17.2	29.0	18.9	33.5	31.2	34.4	25.4
第三产业	25.4	46.0	66.1	53.8	73.8	82.5	70.4	80.3	65.4	67.1	64.0	72.9

图 13-11　中国各年度对外投资流量产业构成(2003~2014 年)

资料来源:《中国对外直接投资统计公报(2003~2014)》。

从行业分布来看,如图 13-12 所示,我国对外投资涵盖了国民经济的 18 个行业大类,投向广泛,但集中趋势明显。截至 2014 年,我国对外直接投资存量主要分布在租赁和商务服务业、金融业、采矿业、批发和零售业、制造业这五大行业,集中了超过八成的存量资金。目前占据我国对外投资主导地位的是租赁和商务服务业②,占比总投资存量 36.5%;金融业紧随其后,占比达 15.6%,是近年来高速增长的亮点行业(在 2013 年实现 50% 以上的增长);采矿业占比 14%,但主要来源于 2008 年前的投资,近年随着对外投资行业结构发生变化,资源开发类投资逐年减少。总体看来,存量排名靠前的是普通商务

---

① 2003~2005 年中国对外直接投资统计中没有包含金融业,如果计入金融业则第一产业和第二产业的对外直接投资比重会略有下降,服务业比重会提高。

② 王碧珺(2013)认为在服务业中占比最高的商务服务业的最终投资流向是采矿业和制造业。由于官方统计数据公布的是我国对外投资第一目的地的行业分布,并不代表中国最终投资的行业,因此采矿业和制造业才是中国对外投资的主要行业。本文接受这样的说法,但从统计分析的角度,仍以官方数据为准,将第一目的国的行业分布作为分析对象。

服务业、资源类、制造业和资本密集度较高的服务业,科学研究、技术服务等技术含量高的行业占比较少,文化体育等其他行业涉及更少。

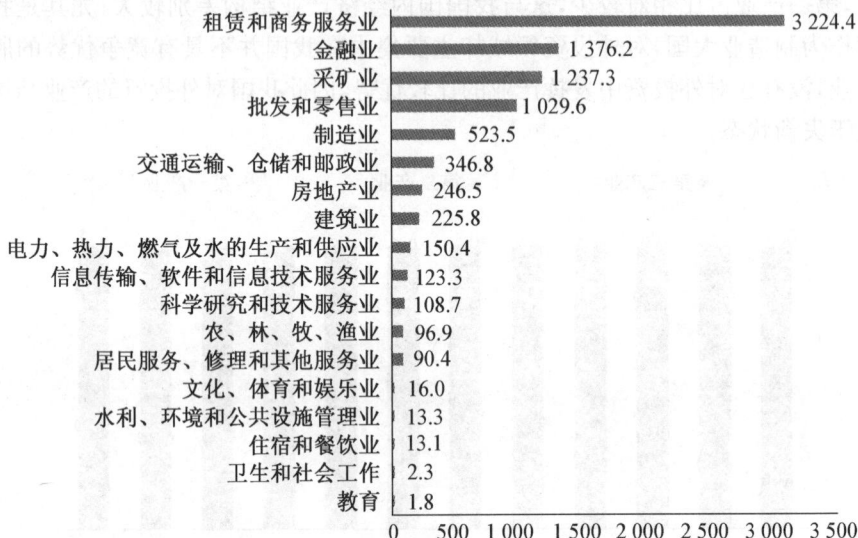

租赁和商务服务业 3 224.4
金融业 1 376.2
采矿业 1 237.3
批发和零售业 1 029.6
制造业 523.5
交通运输、仓储和邮政业 346.8
房地产业 246.5
建筑业 225.8
电力、热力、燃气及水的生产和供应业 150.4
信息传输、软件和信息技术服务业 123.3
科学研究和技术服务业 108.7
农、林、牧、渔业 96.9
居民服务、修理和其他服务业 90.4
文化、体育和娱乐业 16.0
水利、环境和公共设施管理业 13.3
住宿和餐饮业 13.1
卫生和社会工作 2.3
教育 1.8

0 500 1 000 1 500 2 000 2 500 3 000 3 500

图 13 - 12 中国对外投资存量行业分布(截至 2014 年底,单位:亿美元)

资料来源:《中国对外直接投资统计公报(2014)》。

(二) 行业结构变动较大,结构不太合理

分析 2003~2014 年我国对外投资流量的行业结构可以看出,如表13-10所示,近年来我国对外投资的行业结构一直在发生变动。从总体动态变化来看,采矿业和制造业从较高的行业占比逐年递减,租赁和商务服务业、金融业、批发零售业占比逐年增加,取而代之成为占据主导地位的行业;我国对外投资从主要分布于资源开发、产业链低端的制造业向侧重商务服务、批发零售等技术含量较低的服务业和金融业转移。从分行业动态变化来看,2003~2007 年占据主导地位的采矿业到 2008 年金融危机时行业占比达到最低,从 2010 年起就跌出对外投资行业前三位的位置,表明从 2008 年开始我国对外投资就不再是资源能源主导;自 2003 年起,租赁和商务服务业行业占比就处于不断上升的发展态势,从 2003 年的 9.77% 快速上升到 2005 年40.3%,仅两年时间就成为对外投资最大的行业部门,之后也一直保持稳定的行业占比;最具产业比较优势的制造业在 2003~2005 年具有较高的行业占比,居于对外投资行业前三位,但从 2006 年起,制造业的行业占比急剧跌至 5.14%,在之后的几年也始终保持较低占比(不超过 10%),其中在 2008 年和 2009 年仅分别占比 3.16% 和 3.96%,比例非常小;在服务业中占据较高比例的批发零售业和金融业一直都保持了较好的发展势头,虽然各年占比稍有波动,但规模都较大,行业占比相对稳定;技术含量较高的信息技术服务业和科学研究类行业整体占比很低,2003 年时仅合计占比 0.53%,虽然呈现出逐年递增的态势,但增长幅度不高,到 2014 年合计占比 3.93%,投资总量仍然十分有限。

表 13-10 中国对外投资流量行业结构(2003~2014 年,单位:%)

行业编号①	2003	2004	2005	2006	2007	2008	2009	2010	2011	2012	2013	2014
A	2.85	5.25	0.86	1.05	1.03	0.31	0.61	0.78	1.07	1.66	1.68	1.65
B	48.30	32.74	13.66	48.43	15.33	10.42	23.60	8.31	19.35	15.43	23.00	13.44
C	21.86	13.74	18.60	5.14	8.02	3.16	3.96	6.78	9.43	9.87	6.67	7.78
D	0.77	1.43	0.06	0.67	0.57	2.35	0.83	1.46	2.51	2.20	0.63	1.43
E	0.80	0.87	0.67	0.19	1.24	1.31	0.64	2.37	2.21	3.70	4.05	2.76
F	2.70	15.07	4.70	7.81	15.34	4.75	3.66	8.22	3.43	3.40	3.07	3.39
G	0.31	0.55	0.12	0.27	1.15	0.53	0.49	0.74	1.04	1.41	1.30	2.57
H	12.51	14.55	18.43	6.32	24.92	11.65	10.85	9.78	13.83	14.86	13.58	14.86
I	0.03	0.04	0.06	0.01	0.04	0.05	0.13	0.32	0.16	0.16	0.08	0.20
J	—	—	—	20.02	6.29	25.13	15.45	12.54	8.13	11.47	14.01	12.93
K	—	0.15	0.94	2.18	3.43	0.61	1.66	2.34	2.64	2.30	3.67	5.36
L	9.77	13.63	40.30	25.64	21.15	38.85	36.22	44.01	34.29	30.46	25.09	29.91
M	0.22	0.33	1.06	1.60	1.15	0.30	1.37	1.48	0.95	1.68	1.66	1.36
N	0.22	0.02	0.00	0.05	0.01	0.25	0.01	0.10	0.34	0.04	0.13	0.45
O	0.11	1.62	0.51	0.65	0.34	0.34	0.52	0.79	0.62	1.36	1.38	1.90

注:行业结构数值为我国每年各行业对外投资流量占当年流量总额的比例;—为缺失值。

资料来源:根据《中国对外直接投资统计公报(2003~2014)》流量(分行业)统计数据计算所得。

① 行业编号分别表示 A-农、林、牧、渔业,B-采矿业,C-制造业,D-电力、热力、燃气及水的生产和供应业,E-建筑业,F-交通运输.仓储和邮政业,G-信息传输、软件和信息技术服务业,H-批发和零售业,I-住宿和餐饮业,J-金融业,K-房地产业,L-租赁和商务服务业,M-科学研究和技术服务业,N-水利、环境和公共设施管理业,O-居民服务/修理和其他服务业、教育、卫生和社会工作、文化/体育和娱乐业总和。

总体看来,我国对外投资的行业结构特征是主要集中在普通商务服务业、不具有竞争优势而资本密集度较高的服务业、技术含量不高的资源开发类,没有最大化发挥我国产能优势和行业优势(制造业占比不高),信息技术服务、科学研究类等技术含量高的行业占比很低,前沿技术领域缺少战略性投资,行业结构不太合理。

（三）金融业是对外投资最热门行业

从对外投资存量行业的地区分布看,我国对各地区直接投资的行业也是高度集中,超过八成的资金仅流向五个行业。但是不同的区位呈现出不同的行业特征,可以部分看出各个行业面向不同区位的投资偏好。如表13-11所示,在各大洲排名前五的行业各异且差别较大,行业分布的差异也与各大洲的特点相对应。亚洲和拉丁美洲多为发展中经济体,因此投资行业结构相似,集中于租赁和商务服务业、批发零售业、金融业、采矿业、交通运输/仓储和邮政业;欧洲和北美洲是全球最发达地区,投资行业结构也相似,主要集中于租赁和商务服务业、金融业、制造业和采矿业;非洲和大洋洲虽然属于不同的经济类型,但都有自然资源丰富的特点,因此采矿业占据了较大比重。虽然不同投资目的地展示了不同的行业分布特征,但仍然可以看到租赁和商务服务业、金融业、制造业在不同的大洲都占有相当的比重。

表 13-11　中国对各大洲投资存量前五名行业(截至 2014 年)

排名	亚洲	非洲	欧洲	拉丁美洲	北美洲	大洋洲
1	租赁和商务服务业	建筑业	租赁和商务服务业	租赁和商务服务业	金融业	采矿业
2	批发和零售业	采矿业	金融业	金融业	采矿业	金融业
3	金融业	金融业	制造业	批发和零售业	制造业	房地产业
4	采矿业	制造业	采矿业	采矿业	租赁和商务服务业	农、林、牧、渔业
5	交通运输、仓储和邮政业	科学研究和技术服务业	批发和零售业	交通运输、仓储和邮政业	房地产业	制造业
占比	84.2%	83.4%	83.4%	91.6%	79.5%	88.0%

资料来源:《中国对外直接投资统计公报(2014)》。

本章采取一种赋值运算方法对各行业进行投资热度排名[1]，从而得到我国对外投资十大最热门行业排名，如表 13-12 所示。排名结果显示，金融业

表 13-12　中国对外投资十大最热门行业(截至 2014 年)

排名	行业	赋值分	覆盖大洲数量	总评分[2]
1	金融业	23	6	138
2	采矿业	19	6	114
3	租赁和商务服务业	17	4	68
4	制造业	9	4	36
5	批发和零售业	8	3	24
6	房地产业	4	2	8
7	建筑业	5	1	5
8	交通运输、仓储和邮政业	2	2	4
9	农、林、牧、渔业	2	1	2
10	科学研究和技术服务业	1	1	1

资料来源：根据前表赋值运算所得。

是目前我国对外投资最热门的行业，主要体现在投资区位范围广、行业占比高，每个大洲都涉及金融业的投资项目，且各大洲金融业行业占比都进入前三名，也是各大洲最受欢迎的外商投资行业。采矿业是排名第二的热门行业，虽然根据前文的分析，采矿业的行业占比逐年降低且已经不是对外投资的主导行业，但仍可以看出采矿业在全球覆盖面很广，资源能源性项目仍然是非常重要的投资对象。租赁和商务服务业排名第三，虽然是最高占比的行业，但由于流向趋势集中，所以仅在亚洲、拉丁美洲和欧洲占有较多的比重。排名第四位的是制造业，值得关注的是发达地区(欧洲、北美洲、大洋洲)的制造业占比较高，为接下来推动装备制造业的国际产能合作并实现制造业产业链升级奠定了良好的基础。接下来分列 5～8 名的是批发和零售业、房地产业、建筑业、交

---

[1]　根据表 13-11 中各大洲行业存量排名情况进行赋分运算，排名 1～5 名分别赋值 5～1 分，即排名第一的行业赋值 5 分。

[2]　总评分＝赋值分＊覆盖大洲数量；按照总评分对行业进行排序。

通运输/仓储和邮政业,其中房地产业在北美和大洋洲占比较高,说明这两个地区是我国资本进军海外房地产的首选目的地。排名第九的是农/林/牧/渔业,我国当前发展农业对外投资的主要目标区域在大洋洲,主要原因是土地、资源、气候等地理条件的优越性,是我国农业企业"走出去"的主要阵地。排名第十的是科学研究和技术服务业,也是前十名中唯一的高技术含量行业,目前该行业仅在非洲有较大的占比,再次印证我国前沿技术领域缺少战略性投资,对科技类行业的投资明显不足。

四、"走出去"战略前景展望

我国 2002 年提出实施"走出去"战略,主要着力点在于拓展贸易、融入经济全球化,推动了企业自发地、零散地"走出去",创造了十年来的对外投资佳绩;当前在世界经济缓慢复苏的大背景下,伴随"一带一路"、自贸区战略和中国经济增长模式全面转型,我国提出推动国际产能合作、构建跨国产业体系的新思路,是"走出去"战略的升级版。从战略推行 1.0 到 2.0 的这十年对外投资的现实数据分析来看,相信未来中国对外投资将迎来新一轮热潮。

(一)从"制造大国"到"资本大国"

改革开放以来,我们通过引进国外资本大力发展制造业,成为全球制造大国。当前中国正在加速从商品输出向资本输出转变。2014 年中国吸引外资和对外投资基本平衡,2015 年后者已经超越前者首次形成资本净输出格局,资本输出发展势头迅猛。

目前中国也在推动建立"金砖国家开发银行""金砖国家应急储备安排""亚洲基础设施投资银行"等区域和国际金融机构,为大量的资本输出提供了平台支撑,同时也助推了人民币国际化进程。2015 年,人民币已超过美元成为亚洲支付首要货币。

随着走出去步伐加快,中国资金走出去的速度和规模都在加快、扩大,中国与世界经济联系将日益紧密,中国的海外利益也会得到不断拓展和深化。中国正从全球制造大国转变为资本大国,中国资本输出将开启一个资本全球流动的新时代,既服务于全球的共同发展和繁荣,又促进国内的经济可持续发展。

(二)"一带一路"建设稳步推进

新一轮走出去战略中最重要的支撑就是推进"一带一路"的建设和实施,加强同沿线国家和地区多领域互利共赢的经济合作,发展国际产能和装备制造合作,创造新的市场机会和投资空间。

"一带一路"规划的贸易网络需要大量基建和通信投资作为前提,这将促进中部和东部钢铁、化工、建材和某些电子设备部门的产能输出,中部东部也会有一批优质基建和通信企业得以"走出去",实现更大发展甚至成为中国的名片。

在投资区域上,亚欧地区将是中国今后对外开放的重要区域。这里多为新兴经济体和发展中国家,具有丰富的资源优势、市场优势和人力成本优势,后发优势强劲,是全球投资热门国家,发展空间大。根据德勤最新发布的调查报告显示[①],多数国企的国际化方向会朝"一带一路"倾斜,在计划参与"一带一路"项目的国企中,投资东南亚和南亚的意愿最高,其次是中东欧和蒙俄中亚。

同时,"一带一路"的推进有利于扩大在周边区域人民币跨境使用,推广人民币支付系统,同时活用巨额外汇储备,释放存量活力,助推人民币国际化。因此随着"一带一路"战略的持续稳定推进,中国下一阶段的对外投资将继续保持快速增长。

(三)投资行业结构持续升级

实施新一轮"走出去"战略,将逐步改变投资行业结构不合理的现状,注重提升利用我国比较优势产能,在一些行业领域谋求全球价值链的竞争优势和主导地位。

首先,市场和技术驱动重点行业整合。其中以技术为驱动的装备制造业将成为国际产能合作的重点,促进中国具有比较优势的装备制造业"走出去"。经过30多年改革开放的发展积累,我国已是全世界的"制造中心",并在高速轨道交通装备、通信装备、电子信息等产业形成了一批有国际竞争力的企业集群。2015年5月16日,国务院公布《关于推进国际产能和装备制造合作的指导意见》,明确以发展中国家作为重点国别,并积极开拓发达国家市场,提升中国制造业企业在全球价值链中的地位。在全面提升中国制造在科研、生产、营销、服务等全产业竞争能力的同时,将进一步促进我国的对外投资。

第二,具有核心技术、前沿技术和企业技术创新能力强的新兴产业将成为中国企业投资的热点。未来除在传统采矿业、制造业、租赁和商务服务业、批发和零售业等领域继续加大对外投资外,新一代信息技术、高端装备制造、新

---

① 德勤国企转型行动计划系统白皮书之三:《借力"一带一路"国企国际化迈进新时代》。

能源、节能环保和生物医药等领域将通过对外投资不断创造出更多的经济附加值。同时增加科学技术研发、专业技术服务的对外投资能够获得国际科技和专业人才，从而获得逆向技术溢出，提升国内产业的国际竞争力，优化产业结构。

第三，中国对外投资将从单个项目的投资转向产业链投资，在全球市场上寻求战略机会向中高端产业链升级。对外投资为企业创造了在全球市场上进行资源配置的空间，通过寻求最有价值的生产组合提高产品技术含量和附加值，实现产业链升级，提高在全球价值链中的地位，从而促进从产品竞争优势向全产业链竞争优势的转变。

（四）投资方式更加理性多样化

在过去的"走出去"进程中，我国企业暴露出跨国管理水平、资源整合能力较弱的短板，也凸显出"大跃进"式的急躁冒进心态；由于国际投资和管理经验的欠缺，出现了许多跨国投资失败的案例。未来的一段时间，我国对外投资将逐步超越摸着石头过河的阶段，更加脚踏实地，不盲目、不跟随；努力提升跨国经营和风险管控的水平，同时培育硬实力和软实力；充分结合企业自身的业务能力和管理经验，理性选择适合企业发展的投资模式。

在投资方式上，将更加多样化和理性化。传统的绿地投资依然为主要方式，跨国并购将继续保持活跃，股权置换、风险投资、战略联盟、外包、BOT 特许权协议、PPP 管理合同等多种创新投资方式也将更多被采用。在具体投资方式的选择上，企业将坚持市场导向和商业运作原则，认真调研和决策，做出更理性化的投资方案。

第四节　对外投资经济增长效应的实证分析

一、模型建立与数据选取

（一）理论基础与模型选择

当前学术界在研究经济增长时，多用增长核算理论对生产函数进行假设。因此本章也以传统的经济增长模型 C-D 函数为基础，考察对外投资对母国经济增长的影响。C-D 函数如下：

$$Y = f(A, K, L) = AK^{\alpha}L^{\beta} \tag{13.1}$$

其中，Y、A、K、L 分别表示总产出、技术进步、资本投入和劳动投入。假设技术进步内生，α、β 分别表示资本和劳动的产出弹性。

　　为了考察对外投资对母国经济增长的效应,增加跨国资本流动的因素,在(13.1)式中引入外商直接投资 FDI 变量和对外直接投资 ODI 变量,假定一国的资本形成由国内投资、国外投资和流向国外的投资三部分共同决定。即:

$$K=KF+KI+KO \tag{13.2}$$

　　K、KF、KI、KO 分别表示一国在某一时期的固定资本存量、用于国内投资的固定资本存量、流入的外国固定资本存量和流出用于对外投资的固定资本存量。则(13.1)式变为:

$$Y=f(A,K,L)=A(KF)^{\alpha}(KI)^{\beta}(KO)^{\gamma}L^{\chi} \tag{13.3}$$

　　为了消除多重共线性及减少异方差的影响,对(13.3)式两边取对数得:

$$LnY_{i,t}=\beta_0+\alpha Ln(KF)_{i,t}+\beta Ln(KI)_{i,t}+\gamma Ln(KO)_{i,t}+\chi LnL_{i,t}+\varepsilon_{i,t} \tag{13.4}$$

　　其中,α、β、γ、χ 是待估计参数,ε 为残差项,i,t 分别表示行业和年份。

　　(二)指标选取与资料来源

　　1. 总产出 Y

　　本章采用国民生产总值和分行业增加值作为衡量总产出的指标,选取国家统计局 1985～2014 年国内生产总值 GDP 和 2004～2013 年分行业增加值 VA 数据,按照中国人民银行公布的年平均汇率折算为美元表示。为了消除价格指数的影响,本章在计算 GDP 和 VA 时通过 CPI 居民消费价格指数折算为以 2003 年为基期的实际值。

　　2. 资本存量 K

　　本章采用永续盘存法(Goldsmith,1951)测算资本存量,其基本公式为:

$$K_t=I_t/P_t+(1-\delta_t)K_{t-1} \tag{13.5}$$

　　K_t 是第 t 年的实际资本存量,K_{t-1} 是第 t-1 年的实际资本存量,I_t 是第 t 年以当年价格计价的固定资产投资,P_t 是第 t 年固定资产投资的价格指数,δ_t 是第 t 年固定资产折旧率。在测算资本存量时需考虑折旧率、价格指数和基期资本存量,本章按照国际常用方法,设定基期资本存量的计算公式为:

$$K_0=I_0/(g+\delta) \tag{13.6}$$

　　在(13.6)式中,K_0 分别表示我国 1985 年的基期资本存量,I_0 是 1985 年的基期固定资产投资额,g 是 1985～2014 年固定资产形成的年均增长率,δ 是折旧率。由于不同资产类型有不同的折旧率和价格指数,考虑到本章篇幅所限故仅作简单处理,参照国内多位学者的研究(王小鲁,2000;郭庆旺,2004;陈昌兵,2014)将折旧率 δ 确定为 5%,价格指数选取参照黄永峰等(2002)的做

法,选择商品零售价格指数(1985~1990)和固定资产投资价格指数(1991~
2014)。

本章将资本存量划分为三个部分,包括用于国内投资的固定资本存量(测
算的 KF 存量)、流入的外国固定资本存量(即 FDI 存量 KI)和流出用于对外
投资的固定资本存量(即 ODI 存量 KO)。在计算资本存量之前,将每年的资
产流量数据(包括全社会固定资产投资、FDI 流量、ODI 流量)按照年平均汇率
折算为美元表示。

3. 劳动投入 L

本章选取就业人数作为衡量劳动投入的指标,包括全社会年底总就业人
数、分产业就业人数和分行业就业人数。

由于数据可得性,本章首先运用 1985~2014 年中国对外直接投资存量和
国民生产总值数据进行时间序列分析[1],再运用 2004~2013 年分行业数据建
立面板模型[2],分析我国对外投资经济增长效应。国内经济数据(包括国民生
产总值、分行业增加值、全社会固定资产投资、劳动投入、价格指数、分行业外
商直接投资等)来自国家统计局《中国统计年鉴》,1985~2014 年对外直接投
资数据来自 UNTCAD《世界投资报告》,分行业对外直接投资数据来自商务
部、国家统计局、国家外汇管理局联合发布的《中国对外直接投资统计公报》。

二、总效应时间序列分析

(一)模型及方法

为了反映对外直接投资对经济增长的长期效应,以国内生产总值 GDP 和
对外直接投资存量 KO 双变量建立双对数模型进行时间序列数据分析,模型
如下:

$$LnGDP_t = \alpha_t + \beta_t Ln(KO)_t + \varepsilon_t$$
$$t = 1,2,3,\cdots\cdots T \tag{13.7}$$

其中,$LnGDP_t$ 表示第 t 年的国内生产总值对数;$Ln(KO)_t$ 表示第 t 年的
对外直接投资存量;β_t 测度的是对外直接投资对 GDP 的产出弹性。

---

[1] 由于刚起步阶段对外直接投资存量较小且数据不太完整,因此从数据资料较好的探索发展阶段为
研究起点,正好是对外直接投资最近 30 年发展的数据。

[2] 对外直接投资存量分行业数据只可得 2004~2013 年数据,分行业增加值缺少 2014 年数据,因此
面板数据只能选择 2004~2013 年数据。

该部分通过平稳性及协整检验后建立向量误差修正模型,并进行格兰杰因果检验及脉冲响应分析,从而确定我国对外投资与经济增长的相关关系。

(二)实证结果及分析

1. 单位根及协整检验

在分析前采用 STATA 软件考察对外直接投资存量(KO)和国民生产总值(GDP)的数据平稳性,将这两组数据取对数后进行 ADF 检验,结果如表 13-13 所示。

表 13-13　ADF 单位根检验结果

变量	ADF 统计量	1%临界值	5%临界值	10%临界值	概率 P	结论
Ln GDP	2.475 8	−3.679 3	−2.967 7	−2.622 9	0.999 9	非平稳
DLn GDP	−5.455 1	−4.323 9	−3.580 6	−3.225 334	0.000 7	平稳
Ln(KO)	0.329 8	−3.689 1	−2.971 8	−2.625 1	0.975 7	非平稳
DLn(KO)	−3.369 1	−3.689 1	−2.971 8	−2.625 1	0.021 0	平稳

从表 13-13 的结果来看,这两组数据都是非平稳的序列,但经过一阶差分后在三种显著性水平下都平稳,所以它们之间可能存在协整关系。为了进一步考察这两组数据是否确实存在协整关系,将这两组数据进行 Johansen 协整检验,最终结果如表 13-14、表 13-15 所示。

表 13-14　Johansen 协整检验——迹检验结果

协整个数	特征根	迹检验值	10%临界值	概率 P
None*	0.516 7	24.241 3	23.342 3	0.078 7
At most 1	0.156 9	4.610 7	10.666 4	0.652 9

表 13-15　Johansen 协整检验——最大特征根检验

协整个数	特征根	最大特征根统计量	10%临界值	概率 P
None*	0.516 7	19.630 6	17.234 1	0.046 1
At most 1	0.156 9	4.610 7	10.666 4	0.652 9

从表 13-14 和表 13-15 的结果中看,无论是迹检验还是最大特征根检验,都说明这两组数据之间存在着协整关系,但仅存在一个协整向量。根据这个结果可以对这两组数据建立 VEC 模型做进一步分析。

2. 格兰杰因果关系检验

为了进一步分析两组变量之间是否存在着因果关系,继续对其进行格兰杰因果关系检验,结果如表 13 - 16 所示。

表 13 - 16　格兰杰因果检验结果

原假设	统计量	概率 P	结论
对外直接投资增长不是 GDP 增长的格兰杰原因	9.791 7	0.007 5	拒绝
GDP 增长不是对外直接投资增长的格兰杰原因	0.860 9	0.650 2	接受

检验结果显示,Ln(KO)是 Ln(GDP)的格兰杰原因,说明对外直接投资能够对国内经济增长产生影响,这与本章的理论预期相一致。但是,Ln(GDP)并不是 Ln(KO)的格兰杰原因,也就是说,国内经济增长并没有给对外直接投资带来非常明显的影响,经济增长和对外直接投资不存在双向的格兰杰原因。这样的结果反映了中国对外投资对经济增长的促进作用已经显现,但对外投资可能更多地由国际经济环境、东道国投资环境和企业自身竞争力等因素决定。

3. VEC 模型的建立

为了研究对外直接投资对经济增长的效应,根据这两组数据的协整关系特征建立向量误差修正模型,如下:

$$DLnGDP_t = \theta \cdot ECM_{t-1} + \lambda DLn(KO)_t + \varepsilon_t \qquad (13.8)$$

其中,D 表示一阶差分,ECM_t 是误差修正项,θ 是误差修正项的系数,表示对长期均衡偏离的调整速度。基于上文一系列的检验,对式(13.8)进行参数估计,结果如表 13 - 17 所示。

表 13 - 17　VEC 模型的参数估计结果

	D(Ln GDP)	D(Ln KO)
CointEq1	−0.182 5	−0.069 1
	(0.039 1)	(0.070 6)
D(Ln GDP(−1))	−0.396 4	−0.035 7
	(0.185 4)	(0.334 9)
D(Ln GDP(−2))	−0.414 2	−0.287 0
	(0.185 7)	(0.335 5)

（续表）

	D(Ln GDP)	D(Ln KO)
D(Ln KO(−1))	0.402 3	0.429 9
	(0.130 9)	(0.236 4)
D(Ln KO(−2))	0.011 4	0.080 2
	(0.132 7)	(0.239 8)
C	0.088 4	0.109 7
	(0.028 2)	(0.050 9)
R^2	59.9%	22.5%

根据参数估计的结果,部分估计值并不显著(t 值较低),对外直接投资拟合优度偏低为 22.5%。但本部分的重点是建立这个 VEC 系统并对其做脉冲响应分析,以得到更有意义的结果。

4. 脉冲响应分析

脉冲响应函数用于衡量模型受到某种冲击时对系统的动态影响,能够比较直观地刻画出对外直接投资与经济增长之间的动态交互作用及其效应。对外直接投资对 GDP 的脉冲响应如图 13-13 所示,可以看到,给对外直接投资一个单位的正向冲击,会即刻产生正向促进 GDP 增长的效用,GDP 保持均匀的增长速度高速增长,在第 2 期中旬达到顶点,随后 GDP 增速下降,但依然能

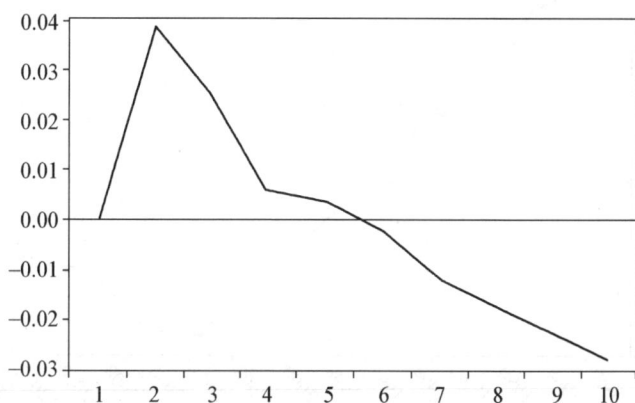

图 13-13　对外直接投资对 GDP 的脉冲响应

保持正向增长。这种正向促进作用将持续到第 5 期结束;之后固定投资随着
技术进步,逐渐转化成落后产能,开始阻碍经济增长。这个结果说明即期对外
直接投资能在 5 年内保持对经济增长的正效应,其中在 1 年半时达到促进作
用的顶峰,如果以 1.5 年为投资周期,对外直接投资将最大化地促进我国经济
增长;同时应关注投资存量的产业结构,通过资产的再配置化解过剩产能,激
发新的经济增长动能。

我国对外直接投资与经济增长的动态交互关系如图 13-14 所示,可以看
到,1985~1998 年对外直接投资对经济增长是正向促进作用,但正向促进作
用一直呈下降趋势,且下降趋势一直持续;1997 年亚洲金融危机之后穿过零
点,正向促进作用消失,对外直接投资呈现出阻碍我国经济发展的态势;直到
2003 年之后,这种负向促进作用开始减弱,且显现出稳步上扬的发展趋势,但
直到 2014 年,这种促进效应依然小于零。分析这其中可能的原因,我国对外
直接投资在发展初期总量较小,且多是政府主导的带有援助性质的经济交流
或政府推动的国有企业对外投资,发展经验不足,商品经济和市场机制没有发
挥有效作用,因此 ODI 对经济增长的促进作用呈下降趋势。2003 年起,国家
实施"走出去"战略,我国对外直接投资进入真正的快速发展阶段,资金总量不
断增加,投资主体结构和行业结构也在不断优化,市场化的、企业主导的对外
直接投资通过促进要素优化配置、技术进步和产业结构升级等传导机制最终
促进经济增长,但由于此处是 ODI 存量数据,新一阶段发展的正向促进效应

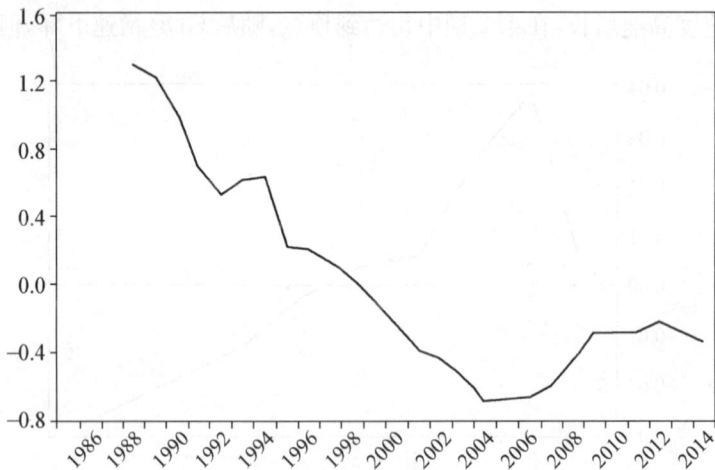

图 13-14 对外直接投资与我国经济增长动态效应(1985~2014)

与存量的负向效应有部分抵消作用,因此总量上看仍然处于负向促进阶段。随着近几年我国 ODI 高速稳定的发展,5 年内我国 ODI 总存量数据能够重新回归正向促进经济增长的范围。

观测几个重要的拐点数据,在 1992 年时促进效应有小幅上升趋势,此时正好处于 ODI 调整发展阶段的第一年,党的十四大提出要"积极地扩大我国企业的对外投资和跨国经营",对外投资主体开始出现多元化趋势,对外投资区域分布也不断扩大,这一时期的政策实施助力了该阶段对外投资的发展。2004 年中旬负向促进作用触底反弹,一直到 2012 年都保持正向促进阶段;这一个时间点我国对外直接投资出现井喷式的增长,政府出台了一系列政策措施鼓励企业"走出去",包括进一步完善政策制度体系和搭建公共服务平台、积极构建对外投资促进体系、推动建立国际投资协定等,为我国对外投资进一步发展创造了条件和环境,从而保证 ODI 对经济增长的正向促进效应得以持续。

三、分行业面板数据分析

（一）描述性统计及数据检验

为了消除多重共线性及减少异方差的影响,在参数估计前对行业增加值、国内投资资本存量、外商直接投资存量、对外直接投资存量、劳动投入数据进行对数化处理。变量的描述性统计如表 13 - 18 所示。所有解释变量的方差膨胀因子均小于 10,可认为计量模型不存在多重共线性。

表 13 - 18　变量说明和描述性统计

指标	变量	样本数	平均值	标准差	最小值	最大值	方差膨胀因子
行业增加值	Ln VA	170	11.77	1.12	9.14	14.62	—
国内投资资本存量	Ln KF	170	12.10	1.66	8.14	15.86	1.54
外商直接投资存量	Ln KI	170	8.94	1.84	3.98	13.53	1.84
对外直接投资存量	Ln KO	166	7.87	2.26	0.79	11.96	1.45
劳动投入	Ln L	170	5.94	1.84	3.98	8.57	1.25

图 13 - 15 描绘对外直接投资存量与经济增长的拟合散点图,以直观反映两者的关系。由图可见,ODI 分行业存量与行业增加值 VA 间存在明显的正

向线性关系。接下来将进一步对这一关系进行计量分析。

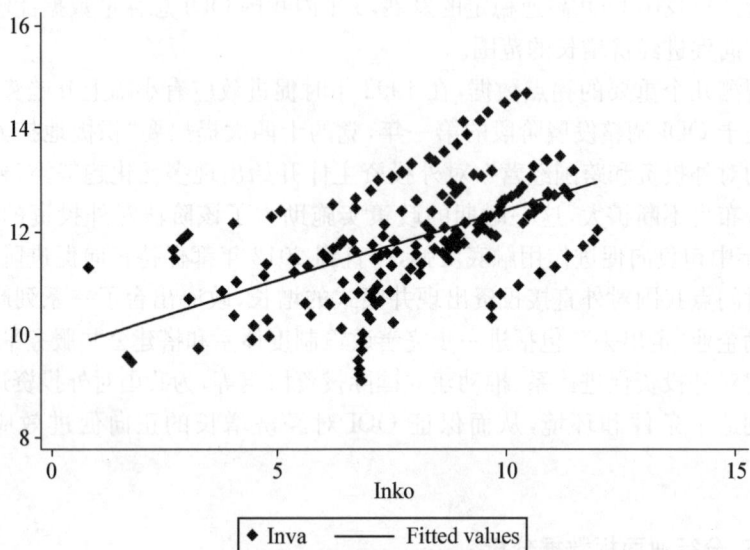

图 13 - 15　对外直接投资存量与经济增长的拟合散点图

在进行计量分析之前,首先应对面板数据的平稳性进行检验,由于数据部分序列有缺失值且样本周期较短,故采用 ADF-Fisher 检验方法,检验结果如表 13 - 19 所示。检验结果显示,变量 LnKO、LnKI、LnKF、LnL 的原始数据均平稳,可以进行下一步的面板回归。

表 13 - 19　面板数据 ADF-Fisher 检验结果

变量	滞后期	P	Z	L*	Pm	检验结果
LnKO	1	0. 000 7	0. 000 5	0. 000 6	0. 000 0	平稳
LnKI	1	0. 000 0	0. 000 0	0. 000 0	0. 000 0	平稳
LnKF	1	0. 000 3	0. 000 2	0. 000 3	0. 000 0	平稳
LnL	1	0. 000 8	0. 000 6	0. 000 6	0. 000 3	平稳

（二）实证结果及分析

计量分析的方法是通过 F 检验、Hausman 检验进行模型筛选后进行回归分析。可选用的面板数据形式有混合 OLS、固定效应（FE）和随机效应（RE），F 检验中若拒绝原假设表明应选择固定效应或随机效应；Hausman 检验中若

拒绝原假设,表明随机效应不适用,应选择固定效应。基于 F 检验和
Hausman 检验的结果,应该选择固定效应。估计结果如表 13-20 所示。模
型 1~4 中依次引入对外直接投资存量、外商直接投资存量、国内投资资本存
量和劳动投入变量,模型 4 包括了所有解释变量,是分析估计结果的依据。

表 13-20 对外投资与经济增长:估计结果

	模型 1	模型 2	模型 3	模型 4
LnKO	0.355***	0.214***	0.065 3***	0.051 2***
	(0.022 7)	(0.018 0)	(0.013 6)	(0.012 5)
LnKI		0.471***	0.223***	0.191***
		(0.032 8)	(0.024 4)	(0.022 8)
LnKF			0.378***	0.356***
			(0.022 2)	(0.020 8)
LnL				0.346***
				(0.058 0)
常数项	9.007***	5.893***	4.703***	3.285***
	(0.293)	(0.332)	(0.272)	(0.269)
样本量	166	166	166	166
F 检验	65.81	59.78	50.55	100.39
(P>F)	(0.000 0)	(0.000 0)	(0.000 0)	(0.000 0)
Hausman 检验	1.33	5.64	3.25	10.03
(P>chi2)	0.514 7	0.130 4	0.516 7	0.074 4
模型选择	RE	RE	RE	FE
R^2	0.620 1	0.845	0.947 8	0.958 1
F 统计值	243.97	784.61	2 653.63	829.73

注:*** 表示1%的显著性水平。

由表 13-20 回归结果可知,主要解释变量对外直接投资存量估计系数为
正,且在 1%水平上显著,可见 ODI 对经济增长的正向作用是存在的,但产出
弹性略小,ODI 每增加 1%,GDP 仅增长 0.0512%。控制变量中,外商直接投

资存量系数为正,且在1‰水平上显著,说明外商直接投资对促进我国经济增长发挥了重要的作用,在未来的经济发展中,引入外商直接投资仍然是非常重要的一项内容。国内投资存量系数为正,在1‰水平上显著,产出弹性最大,每增加1‰,GDP增长0.356‰,说明国内投资对经济增长的促进作用最明显。劳动投入的系数为正,且在1‰水平上显著,产出弹性接近国内投资。

总体看来,我国对外投资能够正向促进母国经济增长,但由于发展还不充分,相比于世界上发达的对外投资国家仍然处于初级发展阶段,因此对经济增长的促进效应虽然显现但仍然不明显,产出弹性远远小于FDI对GDP的促进作用。我国对外投资仍然需要相当长时间的积淀才能显现更有效的经济效应,相信再经过一段时间的发展,随着投资数量和质量的不断提升,ODI通过促进资本积累、资源配置、产业结构优化的传导效应会逐渐凸显,从而成为促进我国经济增长最有效的路径。

第五节　基本结论与发展建议

一、基本结论

本章以中国对外投资及其行业特征为研究主题,以经济统计数据为依据,分析我国对外投资的阶段性特征,并从行业维度来研究对外投资对母国经济增长的促进效应。通过统计分析和实证分析,本章得到的基本结论如下。

（一）从统计分析结果来看

我国对外投资总量规模快速扩大,双向投资接近平衡,但仍然处于起步发展阶段。我国对外投资起步基础薄弱,但发展势头迅猛,2014年中国吸引外资和对外投资基本平衡。与传统对外投资强国相比,我国对外投资表现出极佳的发展潜力,已成为第二大资本流出国;但从存量占比和发展水平看依然存在较大差距,我国对外投资仍未达到质的飞跃,未来有很大的增长空间和发展潜力。相对于国内经济发展的规模和速度而言,对外投资落后于国内经济发展水平,与我国经济大国、贸易大国的地位不相称,我国对外投资仍然处于起步发展阶段,距离成为对外投资强国仍然需要经过很长时间的积累和探索。

对外投资足迹遍布全球,但分布又高度集中,"一带一路"创造了新的投资空间。我国对外投资区位分布多元化,已实现全球区位布局;但存量八成分布在亚洲,发展中国家是最大的资本接受经济体,集中趋势明显,近地投资是主要特征;近年来,投向发达国家或地区的流量在逐年递增且增速较快,压缩了近地投资和对发展中国家的投资,未来仍有很大的增长潜力,投资区域分布逐渐趋于合理;"一带一路"沿线包括 64 个国家和地区,是世界经济最具活力的地区,为中国创造了新的对外投资空间,目前对沿线国家的年投资流量和投资占比都呈逐年递增趋势,未来发展潜力值得期待。

对外投资行业投向广泛,集中趋势明显,行业结构不太合理。我国对外投资涵盖了国民经济的 18 个行业大类,但主要集中在租赁和商务服务业、金融业、采矿业、批发和零售业、制造业这五大行业,分布在第三产业的比重达到 75%,产业结构失衡;行业结构一直在变动,尤其是 2008 年金融危机之后,中国不再是资源能源投资主导,租赁和商务服务业占据主导地位,具有比较优势的制造业却增速较慢,前沿技术领域缺少战略性投资。总体而言,我国对外投资的行业结构特征是主要集中在普通商务服务业、不具有竞争优势而资本密集度较高的服务业、技术含量不高的资源开发类,没有最大化发挥我国产能优势和行业优势(制造业占比不高),信息技术服务、科学研究类等技术含量高的行业占比很低,前沿技术领域缺少战略性投资,行业结构不太合理;最热门的投资行业是金融业,其次是采矿业、租赁/商务服务业、制造业和批发/零售业。

展望发展前景,中国对外投资将迎来新一轮热潮。当前在世界经济缓慢复苏的大背景下,伴随"一带一路"、自贸区战略和中国经济增长模式全面转型,我国提出推动国际产能合作、构建跨国产业体系的新思路,形成了"走出去"战略的升级版。接下来,我国成为资本净输出国,开始从"制造大国"逐渐转变为"资本大国";随着"一带一路"的推进,欧亚地区将是中国今后对外开放的重要区域;更加注重提升利用我国比较优势产能,在一些行业领域谋求全球价值链的竞争优势和主导地位;市场和技术驱动重点行业整合,其中以技术为驱动的装备制造业将成为国际产能合作的重点,促进中国具有比较优势的装备制造业"走出去";具有核心技术、前沿技术和企业技术创新能力强的新兴产业将成为中国企业投资的热点;从单个项目的投资转向产业链投资,在全球市场上寻求战略机会向中高端产业链升级。同时投资方式也更加多样化和理性化,跨国投资继续保持活跃,多种创新投资方式也将更多被采用。

(二) 从实证分析结果来看

我国对外投资和国内经济增长存在相关关系。对外投资是经济增长的格兰杰原因,但经济增长并不是对外投资的格兰杰原因,说明中国对外投资对经济增长的促进作用已经显现,但对外投资可能更多地由国际经济环境、东道国投资环境和企业自身竞争力等因素决定。通过脉冲响应分析,对外投资的增长能够正向促进国内经济增长,即期对外投资能在五年内保持对经济增长的正效应,其中在一年半时达到促进作用的顶峰;但五年之后随着技术进步,投资存量逐渐转化成落后产能开始阻碍经济增长。因此应把握好投资周期,关注存量的产业结构,通过资产的再配置化解过剩产能、激发新的经济增长动能,对外投资将最大化地促进我国经济增长。

对外投资正向促进经济增长,但产出弹性较小。基于分行业面板数据实证分析,我国对外投资能够正向促进国内经济增长,但由于发展还不充分,相比于世界上发达的对外投资国家仍然处于初级发展阶段,因此对经济增长的促进效应虽然显现但仍然不明显,产出弹性远远小于外商直接投资对经济增长的促进作用。我国对外投资仍然需要相当长时间的积淀才能显现更有效的经济效应,相信再经过一段时间的发展,随着投资数量和质量的不断提升,我国对外投资通过促进资本积累、资源配置、产业结构优化的传导效应会逐渐凸显,从而成为促进我国经济增长最有效的路径。

二、推动中国对外投资发展的建议

回顾我国对外投资发展的历程,政府在其中扮演了决定性的角色,企业"走出去"需要政府的政策支撑,也需要发挥自身的竞争优势,因此中国对外投资的大力发展是政府政策与企业活力共同作用的结果。接下来分别从政府层面和企业层面提出推动中国对外投资发展的建议。

1. 政府层面

政府积极引导,推动投资行业结构合理化。我国政府要在积极借鉴国际经验的基础上,结合国内经济发展和东道国的实际情况对企业对外投资进行针对性的行业引导,鼓励加大在现代服务业、高科技等附加值较高行业的投资,鼓励具有国际比较优势的行业和与中国产业结构调整升级发展要求相一致的产业更多更好地"走出去"。通过设立政府产业引导基金,推动"工业4.0"和"中国制造2025"计划实施,推动国际产能和装备制造合作。依靠对外投资推动知识密集型和技术密集型产业发展,大力发展新兴产业,特别是战略性新兴产业,促进国内产业由低附加值向高附加值转型。

积极参与全球投资规则的制定,建设多边国际投资体系。加快推进同有关各国、地区的投资协定谈判,加快实施自由贸易区战略,确立高标准的投资保护体系,推进贸易投资自由化和便利化,为我国企业参与对外投资提供充分的制度保障和法制保护;同时要通过援外和外交公关化解"中国威胁论"等政治风险,传播正面的国家形象,阻止保护主义倾向,构筑和谐共赢的对外经贸关系,从而为企业对外投资营造更有利的国际环境。

进一步完善投资促进服务机制,培育世界水平的跨国公司。可以借鉴发达国家投资促进机构的经验,学习产业投资促进理念和实践,提高投资促进服务的专业化水平,以市场化、产业化、社会化、国际化为导向,加快构建遍布全球、内外统筹的对外投资服务促进体系,在跨国公司培育方面切实提供帮助,引导和帮助我国企业转变为具有国际竞争力的跨国公司。如加大对外投资的金融支持力度,加快亚投行的筹建和运行,推动政策系银行、商业银行等金融机构在设立人民币离岸金融市场等,为企业提供更便利的金融服务;尽快建立并完善符合国际惯例的对外投资项目的法律法规体系,为企业提供有法可依、有章可循的"行动指南";另外还应为企业提供行业标准要求、东道国投资环境等信息咨询服务。

2. 企业层面

企业应积极培育创新能力。通过研发核心技术、积累品牌优势、优化商业模式来培育和创造在全球价值链中的主导地位,依托境外合作区发展产业集群,更好地分享经济全球化利益,提高对外投资的质量和效益。

企业应进一步提升跨国经营和风险管控能力。加强同国际知名跨国集团的资金、技术、管理和人才等要素的相互流动,学习国际先进经验,在经营管理和风险识别能力上发展自身的特定优势,坚持市场导向和商业运作原则,坚定企业的自我发展战略,积极应对和化解各种不确定性的风险,提升企业跨国经营的竞争力水平。

企业应不断提升国际化水平。国际化的历程就是不断深化对外投资实践的历程。企业应积极融入东道国文化、履行当地社会责任、实现本土化运营,努力成为行业的引领者;同时应加强培育企业核心竞争力、拓展全球化眼光和大开放思维,提高全球规则的意识,不断整合全球资源,通过并购重组向产业链高端升级,开展更加专业化的国际投资,向成为具有世界水平的跨国公司迈进。

本章参考文献

[1] 柴庆春,胡添雨.中国对外直接投资的贸易效应研究——基于对东盟和欧盟投资的差异性的考察.世界经济研究,2012(6).

[2] 陈昌兵. 可变折旧率估计及资本存量测算. 经济研究,2014(12).

[3] 楚建波,胡罡. 发展中国家 FDI 理论的新探索——"跨国投资门槛论". 中央财经大学学报,2003(7).

[4] 戴翔. 对外直接投资对国内就业影响的实证分析——以新加坡为例. 世界经济研究,2006(4).

[5] 董会琳,黄少达. 浅析扩大对外投资对就业的影响. 财经科学,2001(s2).

[6] 冯彩,蔡则祥. 对外直接投资的母国经济增长效应——基于中国省级面板数据的考察. 经济经纬,2012(6).

[7] 郭庆旺,贾俊雪. 中国潜在产出与产出缺口的估算. 经济研究,2004(5).

[8] 黄勇峰,任若恩,刘晓生. 中国制造业资本存量永续盘存法估计. 经济学:季刊,2002, 1(2).

[9] 江小涓,杜玲. 对外投资理论及其对中国的借鉴意义. 经济研究参考,2002(73).

[10] 赖明勇,包群,彭水军,等. 外商直接投资与技术外溢:基于吸收能力的研究. 经济研究,2005(8).

[11] 李逢春. 中国对外直接投资推动产业升级的区位和产业选择. 国际经贸探索,2013, 29(2).

[12] 李辉. 经济增长与对外投资大国地位的形成. 经济研究,2007(2).

[13] 刘明霞,王学军. 中国对外直接投资的逆向技术溢出效应研究. 世界经济研究, 2009(9).

[14] 罗良文. 对外直接投资的就业效应:理论及中国实证研究. 中南财经政法大学学报, 2007(5).

[15] 马亚明,张岩贵. 策略竞争与发展中国家的对外直接投资. 南开经济研究,2000(4).

[16] 裴长洪,郑文. 国家特定优势:国际投资理论的补充解释. 经济研究,2011(11).

[17] 齐晓华. 对外直接投资理论及其在国内的研究. 经济经纬,2004(1).

[18] 陶涛,麻志明. 中国企业对外直接投资的动因分析. 改革与战略,2009,25(2).

[19] 王碧珺. 被误读的官方数据——揭示真实的中国对外直接投资模式. 国际经济评论, 2013(1).

[20] 王小鲁. 中国经济增长的可持续性. 经济科学出版社,2000.

[21] 魏巧琴,杨大楷. 对外直接投资与经济增长的关系研究. 数量经济技术经济研究, 2003,20(1).

[22] 吴彬,黄韬. 二阶段理论:外商直接投资新的分析模型. 经济研究,1997(7).

[23] 冼国明,杨锐. 技术累积、竞争策略与发展中国家对外直接投资. 经济研究,1998(11).

[24] 肖黎明. 对外直接投资与母国经济增长:以中国为例. 财经科学,2009(8).

[25] 于超,葛和平. 中国对外直接投资与经济增长的实证研究. 山西财经大学学报, 2011(s3).

［26］赵伟,古广东,何元庆. 外向 FDI 与中国技术进步:机理分析与尝试性实证. 管理世界, 2006(7).

［27］Armstrong S. Japanese FDI in China-Determinants and Performance. *East Asian Bureau of Economic Research*, 2009.

［28］Buckley P. J. , Casson M. *The Future of the Multinational Enterprise*. Holms and Meier, London, 1976.

［29］Buckley P J, Clegg L J, Cross A R, et al. The Determinants of Chinese Outward Foreign Direct Investment. *Journal of International Business Studies*, 2007, 38(4): 499 - 518.

［30］Desai M C, Foley C F, Hines Jr J R. Foreign Direct Investment and the Domestic Capital Stock. NBER, 2005.

［31］Dunning J H, Lundan S M. Institutions and the OLI Paradigm of the Multinational Enterprise. *Asia Pacific Journal of Management*, 2008, 25(4): 573 - 593.

［32］Dunning J H, Narula R. *The Investment Development Path Revisited Some Emerging Issues*. Foreign Direct Investment and Goverments: Catalysts for Economic Restructuring. Routledge, London & New York, 1996.

［33］Dunning, J. H. *Explaining the International Direct Investment Position of Countries: Towards a Dynamic or Developmental Approach*. Palgrave Macmillan UK, 1982: 84 - 121.

［34］Dunning, J H. Internationalizing Porter's Diamond. *Management International Review*, 1993: 7 - 15.

［35］Dunning, J H. Multinational Enterprises and the Globalization of Innovatory Capacity. *Research Policy*, 1994, 23(1): 67 - 88.

［36］Dunning, J H. The Eclectic (OLI) Paradigm of International Production: Past, Present and Future. *International Journal of the Economics of Business*, 2001, 8 (2): 173 - 190.

［37］Dunning, J H. The Eclectic Paradigm of International Production: A Restatement and Some Possible Extensions. *Journal of International Business Studies*, 1988, 19 (1): 1 - 31.

［38］Dunning, J H. *Trade, Location of Economic Activity and the MNE: A Search for an Eclectic Approach*. University of Reading, Department of Economics, 1976.

［39］Herzer, D. The Long-Run Relationship Between Outward FDI and Domestic Output: Evidence from Panel Data. *Economics Letters*, 2008, 100(1): 146 - 149.

［40］Huang Y, Wang B. Chinese Outward Direct Investment: Is There a China Model?. *China & World Economy*, 2011, 19(4): 1 - 21.

[41] Huang, Y, Wang, B. Investing Overseas Without Moving Factories Abroad: The Case of Chinese Outward Direct Investment. *Asian Development Review*, 2013, 30 (1):85 - 107.

[42] Hymer, S. *The International Operations of National Firms: A Study of Direct Foreign Investment*. MIT Press, 1960.

[43] Kojima, K. Direct Foreign Investment, A Japanese Model of Multinational Business Operations. Praeger, New York, 1978.

[44] Kumar, N, Dunning, J H. , Lipsey, R E, et al. *Globalization, Foreign Direct Investment, and Technology Transfers: Impacts on and Prospects for Developing Countries*. Routledge, 1998.

[45] Lall, S, Chen, E, Katz, J, et al. The New Multinationals: The Spread of Third World Enterprises. *New Multinationals Spanish Firms in a Global Context*, 1983.

[46] Siotis G. Foreign Direct Investment Strategies and Firms' Capabilities. *Journal of Economics & Management Strategy*, 1999, 8(2): 251 - 270.

[47] Stevens, G V G, Lipsey, R E. Interactions Between Domestic and Foreign Investment. *Journal of International Money and Finance*, 1992, 11(1): 40 - 62.

[48] United Nations Conference on Trade and Development. World Investment Report 2006: FDI from Developing and Transition Economies: Implications for Development. UN, 2006.

[49] Vernon, R. International Investment and International Trade in the Product Cycle. *International Economics Policies & Their Theoretical Foundations*, 1966, 8(4):16 - 16.

[50] Wells, L T. *Third World Multinationals: The Rise of Foreign Investments from Developing Countries*. MIT Press Books, 1983.

[51] Yang, D. *China's Offshore Investments: A Network Approach*. Edward Elgar Publishing, 2005.

第十四章 对外直接投资的产业结构升级效应

本章提要 本章以中国对外直接投资的产业结构升级效应为研究主题,阐释了中国对外直接投资快速增长的特定经济背景,分析了对外直接投资的结构特征,并构建计量模型实证分析了我国对外直接投资的产业结构升级效应。研究显示,对外直接投资显著促进了我国产业结构高度化,但对制造业结构高度化具有一定的负向影响,而对制造业结构合理化的影响并不显著。随着对外投资的总量扩张与结构优化,尤其是"一带一路"战略的全面落实与国际产能合作的推进,我国对外直接投资的产业结构升级效应将逐步凸显,对外直接投资将成为产业转型升级与经济增长质量提升的重要路径。

第一节 引 言

近年来,我国对外直接投资迅猛发展。十八大以来,随着"一带一路"战略的全面落实与推进,我国对外直接投资开启新格局。根据商务部的统计数据,2015年中国首次成为资本净输出国,对外直接投资超过同期实际使用外资额,对外直接投资流量总额跃居世界第二。2016年,中国非金融类对外直接投资达1701.1亿美元,实现连续14年快速增长。

当前,中国已完成从低收入国家向中等收入国家的转变,中国经济进入工业化后期,但同时也伴随着要素供给和资源配置效率下降、资源环境约束增强、产能严重过剩以及创新能力不足等一系列问题,中国正面临着经济结构转变及增长动力转换的新要求。产业结构的优化升级是经济结构调整的重要内容,也是中国经济转型的核心带动力,关系到经济发展质量与可持续发展能力。不可否认,我国的产业结构优化升级已经取得了一定的进展,三次产业比重发生明显变化,然而总体上,我国产业结构整体水平仍较低,尤其第二产业比重虽然较高但层次仍较低,工业体系面临着低端化发展与产能过剩的困境。

从国际视角看,作为世界第二大经济体,中国对外直接投资的扩张必然影响世界投资结构和全球经济格局;从国内视角看,发展对外直接投资对于在全球产业分工格局下推动国际产能合作,实现资源的全球配置,增强自主创新能力以及转变经济增长方式都具有重要意义。面对经济的结构性减速、国际竞争的日益激烈和新一轮科技革命,一方面,我国必须切实提高产业的国际竞争力,推动产业结构优化升级;另一方面,必须及时调整对外经济战略,以对外经济关系逐渐消化当前的结构性扭曲。

关于对外直接投资的理论最早可以追溯到海默(Hymer,1960)提出的"垄断优势理论",该理论通过对跨国公司对外直接投资的研究,阐明了跨国公司在对外直接投资中的主体地位。此后,产品生命周期理论、国际生产折衷范式等,亦从企业角度阐释了对外直接投资行为的动因。目前,从产业结构升级视角对国际直接投资进行的研究尚未形成系统的理论框架。关于对外直接投资对母国产业结构升级的影响研究,大部分学者的研究结论认为对外直接投资行为对母国产业结构升级具有促进作用,亦有部分学者认为对外直接投资会导致国内产业"空心化"。相比之下,国内从产业结构优化升级视角进行的对外直接投资研究在理论分析和实证分析层面均略显不足。随着中国对外直接投资的快速增长以及"一带一路"倡议的落实与推进,越来越多的学者将研究重点从利用外资转向对外直接投资,尤其是将对外直接投资与产业结构升级结合起来探究中国产业转型升级的路径问题。

近年来,中国对外经济战略的国内和国际环境均发生了明显变化,建立适合中国发展阶段的对外直接投资分析框架,对中国经济发展具有重要的现实意义。我国对外直接投资行为能否有效地提升经济增长质量? 当前的投资结构能否服务于国内产业结构调整,实现产业结构优化升级? 如何通过对外直接投资的合理布局及其结构的调整,打破产业升级的路径依赖,推动经济持续健康发展? 这些都是当前亟待研究的重要问题。因此,在中国对外直接投资快速增长、产业结构亟须调整及"一带一路"倡议的现实背景下,深入研究我国对外直接投资对产业结构升级的影响及其作用机理具有重要的理论价值与现实意义。

第二节　文献综述

与对外直接投资相关的理论研究最早开始于 20 世纪 60 年代,研究对象主要为跨国公司的对外投资,例如对外投资方式、驱动因素以及经济效应等。

国外关于对外直接投资的研究现已形成较为完善的理论体系,传统的对外直接投资理论强调具备垄断优势是跨国公司对外直接投资的前提,然而随着发展中国家对外投资的快速增长,适用于发展中国家对外投资行为的理论逐渐兴起。国外关于对外直接投资的母国产业结构升级效应研究大部分在经典与新兴的对外直接投资理论中涉及。经典对外投资理论均在一定程度上分析了发达国家或发展中国家对外直接投资行为,也直接或间接阐释了对外投资对母国产业结构优化升级的影响。国外相关研究的视角主要可以分为以下几种:

比较优势、产品周期与工业区位相结合的视角。基于这一视角的代表性理论主要有产品生命周期理论和日本学者小泽辉智(Ozava,1992)的一体化国际投资发展理论等。小泽辉智认为发展中国家以对外投资实现产业结构优化升级的重要条件是国家间存在经济发展阶段的差异以及动态比较优势互补,发展中国家对外投资可以从劳动导向型向技术导向型转变。产品生命周期理论认为对外直接投资主要通过解决成本、拓展销售市场、延长产品生命周期以及推动母公司效率提升与技术进步等方面来促进产业结构优化升级。在实证方面,Ng and Tuan(1997)根据香港对大陆的海外投资数据进行了实证研究,其实证结果显示,通过承接香港的对外投资,大陆的工厂成为香港制造业的中间环节或者劳动密集型部分,而对大陆的海外投资亦调整了香港制造业的产业结构,通过产业集聚提高了香港的生产力水平。Blomstorm *et al.*(2000)构建数理模型分析了对外投资对日本产业结构的影响,其研究结果表明,日本的对外直接投资有助于维持其在海外的市场份额,并推动产业结构逐渐向高级方向发展。

产业转移视角。基于这一视角的代表性理论主要有劳动密集型产业转移论、边际产业扩张理论及雁形产业发展理论等。劳动密集型产业转移理论认为,发达国家通过对外投资将劳动密集型产业向发展中国家转移,从而促进了发达国家内部的产业结构升级。边际产业扩张理论认为,一国进行对外投资应从其边际产业到具有比较优势的产业依次进行。雁形产业发展理论进一步拓展了产业发展和产业转移的路径选择模型,这一理论指出一国可以依次通过轻工业向重工业、重工业向技术密集型产业转移,实现产业结构重工业化和高加工度化。在实证方面,Dunning(1981)分析了英国的对外直接投资情况,发现英国主要对夕阳产业进行海外投资,而流入英国的投资大多为投资国的新兴产业,由此推动了英国的产业结构优化。

技术进步视角。基于技术进步视角分析对外直接投资的母国产业结构升级效应的研究主要有以下思路：跨国公司通过对外直接投资提高自身技术水平，促进公司结构改善，继而通过技术创新、技术变革等途径实现生产率提升，从而在宏观层面上引起产业结构升级与经济增长。该视角下的代表性理论主要有技术累积产业升级理论等。部分学者亦从技术溢出的视角研究对外直接投资的母国产业结构升级效应。例如，Siotis（1999）发现对外直接投资为跨国公司接近发达国家中技术领先的企业提供了有效路径，通过与其建立紧密的联系，跨国公司可以获得技术外溢效应。Fosfuri and Motta（1999）建立模型分析了基于技术寻求动机的对外直接投资的可行性：只要通过对外投资获得技术外溢效应的可能性足够高，技术水平落后的企业亦能通过对外投资提高企业生产率，进而促进产业结构升级。

产业关联效应及内部化理论的视角。根据内部化理论，对外投资能够有效地降低企业交易成本，促进企业市场内部化，降低外部交易带来的不确定性及风险，同时减少技术优势在交易过程中的扩散及损耗，从而有利于跨国公司在国际竞争中取得优势。Barrios et al.（2005）构建数理模型研究了对外投资对母国企业发展的影响，其研究发现，对外直接投资对跨国公司的影响包括竞争效应和产业关联效应，跨国公司对外直接投资能够有效扩大国内市场对中间投入品的需求，从而促使国内与中间投入品相关的产业实现结构改善与效率提升，带动母国产业结构优化升级。

近年来，国内学者根据中国对外投资的现实情况，亦从产业结构升级的视角深入进行了研究。总体而言，国内相关研究大致可以分为以下几种：

一是关于中国对外直接投资是否对产业结构升级具有促进作用的研究。总体上，认为我国的对外投资对产业结构升级存在积极促进作用的研究占大多数，也有部分学者认为中国对外直接投资的产业结构升级效应并不明显。冯春晓（2009）采用制造业分行业面板数据实证检验了对外投资对我国制造业升级的影响，其研究表明，中国对外投资促进制造业行业结构优化升级的作用非常微弱，并且对制造业结构高度化不存在显著影响。蒋冠宏、蒋殿春（2014）采用跨国并购数据检验了跨国并购对行业生产率的影响，其研究显示，我国企业的跨国并购行为总体上对行业生产率进步具有促进作用，并且对不同目标国（地区）的并购对行业生产率具有不同影响。刘海云、聂飞（2015）探讨了制造业对外直接投资的"离制造化"和"离本土化"空心化效应，其实证结果显示，中国制造业对外直接投资的过度扩张一定程度上将导致国内制造业的"空心化"。陈琳(2015)采用省级面板数据,实证检验了对外直接投资对我国产业间结构升级与产业内结构升级的影响,其实证结果显示,对外投资显著促进了我国产业间结构优化,但对第二产业和第三产业的产业内结构升级并无显著影响。

二是关于中国对外直接投资影响产业结构升级的作用机理研究。这方面的研究大致可以概括为以下三个方面:第一,通过要素优化促进我国产业结构升级。郑磊(2012)分析了对东盟等国的海外投资对我国国内技术进步和产业升级的影响,其研究表明,在对东盟等国的海外投资中,金融业、制造业等行业的投资有助于我国国内技术进步和产业结构升级;对资源行业的投资有效缓解了我国生产原料供给的不足,对制造业行业的投资一定程度对国内过剩产能的转移也取得了显著成效。第二,通过产业竞争力提高与产业转移促进产业结构升级。宋维佳(2008)认为对外投资的产业转移效应是促进我国产业结构升级的重要途径,且目前资源类产业应是我国对外投资的重点产业,而高新技术产业应作为对外投资的战略产业。第三,通过改变需求与供给促进产业结构升级。江东(2010)通过研究美、日等国的海外投资行为,认为对外投资通过影响贸易结构与供需结构促进了母国产业升级。江小涓、杜玲(2002)认为对外直接投资可以从国际生产的供给与需求方面促进母国产业结构优化升级,并且其影响路径包括企业内部、产业内部及产业间的结构调整。

三是关于中国对外直接投资的产业选择研究。陈漓高、张燕(2007)将我国各行业归为四个产业群,并分析了各产业群的对外直接投资对产业升级的作用和基准体系,指出对外直接投资的产业选择应与当前我国国内的产业升级相匹配,在进行对外投资产业的选择时,应当根据产业演变规律加以引导。赵春明、何艳(2002)依次从边际产业基准、国内产业辐射基准和产业区位比较优势基准等角度阐述了我国对外直接投资产业选择基准。根据以上基准,宋伟良(2005)、赵乃康(2005)认为,我国目前的对外投资应以制造业和资源开发类产业为重点,着力促进拥有小规模生产技术或成熟适用技术以及产能过剩的相关制造业行业对外投资,此外,第三产业和高新技术产业应当作为对外直接投资的重点方向。赵春明、解亮品(2015)从产业选择的条件、次序、方向和协调等方面分析了对外投资产业的选择,指出当前我国在进行对外直接投资时应实施"向上"和"向下"并举的产业选择策略,且产业选择次序应循序渐进,在对初级产品和制造业加大对外直接投资的同时,应适当向全球价值链的高端领域行业进行海外投资。

第三节　对外直接投资的总量特征及其经济背景

当前,中国已成为对外直接投资流量最高的发展中国家(如图 14-1 所示),

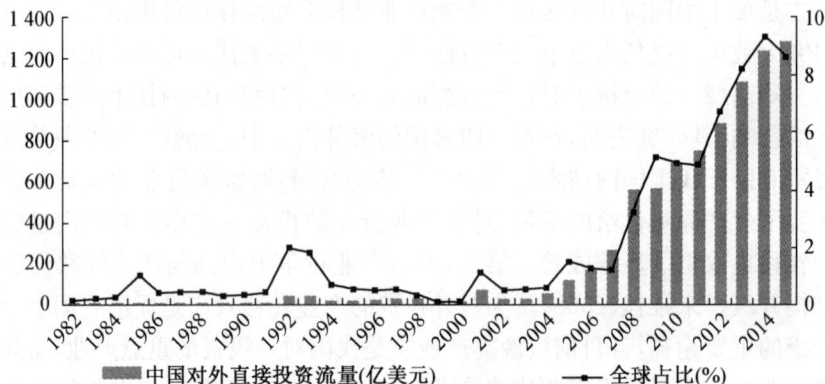

图 14-1　中国对外直接投资流量趋势(1982～2015 年)

资料来源:联合国贸发会议(UNCTAD)1982～2015 年《世界投资报告》。

对外直接投资规模已上升至世界第二位,我国已从外商投资的接受大国成为资本净输出国。中国的对外投资进程起始于改革开放,并随着经济的快速发展而逐步增长。随着全球化进程的加快与我国参与全球价值链程度的上升,我国对外直接投资的总量规模迅速扩张(如图 14-2 所示),逐步追赶并已超越外商直接投资额。

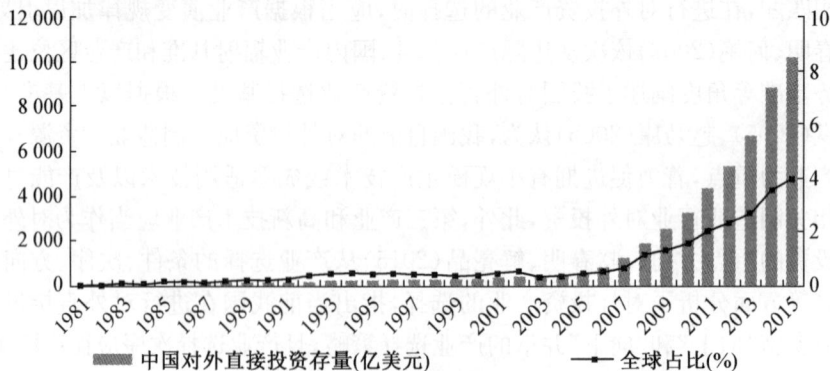

图 14-2　中国对外直接投资存量趋势(1981～2015 年)

资料来源:联合国贸发会议(UNCTAD)1981～2015 年《世界投资报告》。

一、对外直接投资的发展演进

中国对外直接投资的发展演进具有阶段性,无论在总量规模、地区分布、行业分布与政策引导等方面都具有阶段性特征,并且显著地带有制度改革的烙印。在实际研究中,国内外学者均对中国对外直接投资的发展阶段进行了不同的划分。Wu and Chen(2001)将我国对外直接投资分为四个阶段:1979～1983 年、1984～1985 年、1986～1992 年和 1993～2001 年。孙建中(2000)将我国对外投资演进依次分为探索、起步和快速发展阶段,分别对应 1979～1984 年、1985～1991 年、1992 年以后。本章根据已有研究及近年来我国对外直接投资的新形势将中国对外直接投资的发展阶段分为四个阶段:起步阶段(1978～1991 年)、调整阶段(1992～2001 年)、快速发展阶段(2002～2008 年)和稳定增长阶段(2009 年至今)。

（一）起步阶段(1978～1991 年)

十一届三中全会之后,中央正式明确发展对外投资的经济改革措施。在政策的推动下,我国对外直接投资从无到有,在探索中逐步发展。这一阶段,我国参与海外投资并进行跨国经营的企业数量和总体投资规模均非常有限。1987 年,国务院正式批准我国企业进行国际化经营,相关制度保障逐步建立,企业对外直接投资的业务流程逐步规范。

在起步阶段,我国的海外投资总体上仍处于摸索阶段。外经贸部统计数据显示,1979～1991 年,我国在国外设立的非贸易企业累计共 1 008 家,1982～1991 年年均对外直接投资 5.37 亿美元,1991 年末投资存量 53.68 亿美元。该阶段我国正处于计划经济向社会主义市场经济体制转变的关键时期,企业普遍缺乏海外投资的资金与经验,相关制度与规范也正在摸索中建立,因而大部分对外投资项目均是在政府的主导下进行的,企业自身的海外投资自主权在各方面均存在限制。

（二）调整阶段(1992～2001 年)

1992 年,党的十四大确立了社会主义市场经济体制的改革目标。1997 年,党的十五大提出"进一步扩大企业的外贸经营权,鼓励能够发挥我国比较优势的对外直接投资。"鼓励企业拓展跨国业务。1992～2001 年,中国在国外设立非贸易型企业共 2 083 家,年均新设立 208.3 家,对外直接投资共292.86亿美元。联合国贸发会议(UNCTAD)数据显示,这一阶段我国对外直接投资明显呈现出震荡调整的波动性特征,投资流量在 1992 年猛增到 40 亿美元,于1994～1999 年在 20 亿美元左右波动,在 2000 年跌落回 9.16 亿美元,并于

2001 年又迅速猛增至 68.85 亿美元。

在对外直接投资进程加快、社会主义市场经济体制逐步建立的背景下,我国对外投资的主体构成亦日渐多元,企业获得了更多的经营自主权,对外直接投资行业分布日趋广泛,投资地区也进一步分散。但受各方面条件制约,这一阶段企业的对外直接投资行为较多受短期或偶然利益目标驱使,缺乏对长期投资的规划和战略定位,对长期经营发展考虑不足。与此同时,国内经济发展过热,产业结构不合理问题日益突出,不少企业由于盲目进行对外直接投资导致经济效益低下,甚至出现持续亏损。1993 年开始,我国对经济结构进行调整,对企业海外投资实行审批制度,对企业盲目对外直接投资的行为进行清理整顿。1997 年的亚洲金融危机对部分进行海外投资的中国企业带来一定程度的损失,亦促使企业对外投资趋于理性。2000 年,"走出去"战略被确立为对外开放新时期的重大战略,我国对外直接投资爆发式增长。

(三)快速发展阶段(2002～2008 年)

随着我国对外开放程度的加深,2002 年党的十六大正式提出"走出去"战略,鼓励我国企业开展跨国经营。2005 年十六届五中全会再次明确指出支持国内企业进行对外投资。这一阶段,我国对外直接投资快速提升,逐年增长。

快速发展阶段是我国对外直接投资高速、持续增长的阶段。在这一阶段,我国对外直接投资的年流量由 2002 年的 25.18 亿美元增长到 2008 年的559.07 亿美元,在短短几年间实现了跨越式发展,这得益于经济全球化进程的加快,国内政策强有力的落实与我国社会主义市场经济体制的逐步完善。一方面,一系列政策措施鼓励企业充分利用国际和国内两个市场进行对外直接投资;另一方面,加入 WTO 为企业开展国际化经营和参与国际竞争创造了有利条件。2008 年全球金融危机为我国对外直接投资的发展提供了契机,我国充分利用发达国家资产贬值、流动性匮乏的机会,进行大规模海外资产配置,中国企业出现海外并购的高潮,对外直接投资额在全球普遍低迷的情况下迅猛增长。

(四)稳定增长阶段(2009 年至今)

2008 年金融危机之后,我国出台了一系列促进企业对外投资的方针政策,企业对外投资自主权进一步放宽,改革开放以来主要依靠出口、引资的发展格局发生了重大转变。2010 年,中国对外直接投资存量突破 3 000 亿美元,位居全球第五,成为对外直接投资流量最大的发展中国家。2012 年党的十八大报告明确指出把实施"走出去"战略作为全面提高开放型经济水平的重要内容,同年,我国对外直接投资存量超过 5 300 亿美元。2013 年,习近平主席提出共建"丝绸之路经济带"和"21 世纪海上丝绸之路"倡议,二者共同构成"一带一路"战略构想。"一带一路"战略的倡议促进了中国对相关国家投资的快速增长。2015 年中国首次成为资本净输出国,对外直接投资超过同期实际使用外资额。2016 年,中国非金融类对外直接投资达 1 701.1 亿美元,实现连续14 年快速增长。

二、对外直接投资的总量特征

(一)总量规模快速增长,双向流动趋于动态平衡

从我国对外直接投资的历史纵向比较来看(如表 14 - 1 所示),2002 年以来,

表 14 - 1　2002~2015 年中国对外直接投资流量及全球位次

年份	年投资流量(亿美元)		年末投资存量(亿美元)	
	金额	全球位次	金额	全球位次
2002	25.18	26	371.72	25
2003	28.55	21	332.22	25
2004	54.98	20	447.77	27
2005	122.61	17	572.06	24
2006	176.34	13	750.26	23
2007	265.06	17	1179.11	22
2008	559.07	12	1 839.71	18
2009	565.29	5	2 457.55	16
2010	688.11	5	3 172.11	17
2011	746.54	6	4 247.81	13
2012	878.04	3	5 319.41	13
2013	1 078.44	3	6 604.78	11
2014	1 231.2	3	8 826.42	8
2015	1 456.7	2	10 102.02	8

资料来源:联合国贸发会议(UNCTAD)2002~2015 年《世界投资报告》,商务部《中国对外直接投资统计公报(2003~2015)》。

我国对外直接投资总体上呈现高速、持续的增长态势。在流量方面(如

图 14-3 所示),2002～2015 年我国对外直接投资年均增幅高达 35.9%,在增

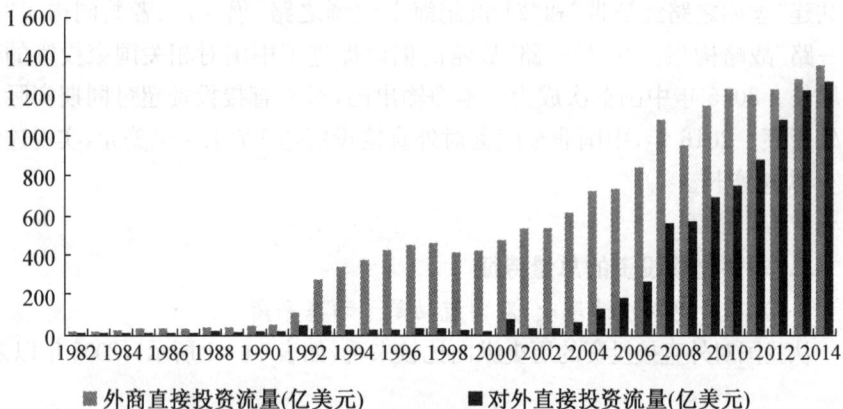

图 14-3 中国外商直接投资与对外直接投资流量对比(1982～2015 年)
资料来源:联合国贸发会议(UNCTAD)1982～2015 年《世界投资报告》。

长最快的 2003～2010 年,年均增长速度达到 57%。2015 年对外直接投资流量1 456.7 亿美元,首次位居全球第二,并且超过同期实际使用外资规模。2016 年,中国非金融类对外直接投资达 1 701.1 亿美元,实现了连续 14 年的快速增长。根据商务部统计数据,在存量方面(如图 14-4 所示),2015 年末我国对外直接投资存量 10 102 亿美元,境外企业资产总额达 4.37 万亿美元,在国(境)外设立的对外直接投资企业达 3.08 万家。

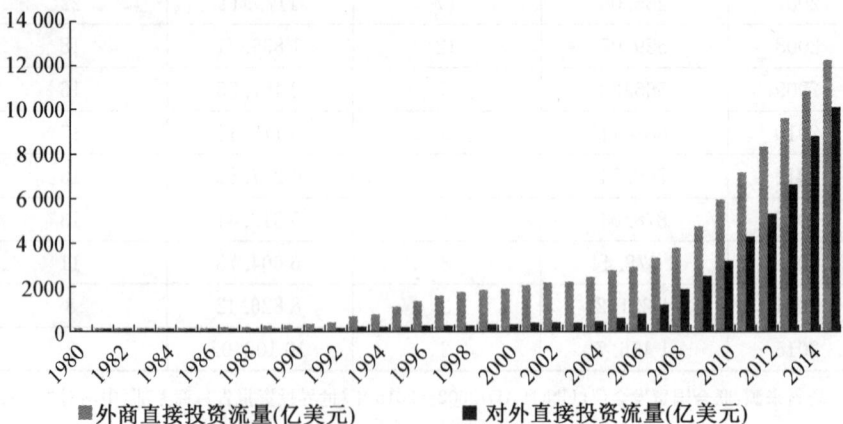

图 14-4 中国外商直接投资与对外直接投资存量对比(1980～2015 年)
资料来源:联合国贸发会议(UNCTAD)1980～2015 年《世界投资报告》。

　　从对外直接投资输出水平和全球资本配置能力的国际横向比较来看,我国对外直接投资在全球直接投资流量中的占比和相对地位亦显著提升。根据联合国贸发会议数据,2002～2015 年,中国对外直接投资流量的世界占比已由 0.5％上升至 9.9％,存量的世界占比由 0.4％上升至 4.4％;同期,中国对外直接投资流量的全球位次已由 2002 年的第 26 位上升至第 2 位。

　　对外直接投资与引进外商投资是资本双向流动的过程。国际经验表明,为保持国际资本的双向流动以及资本流动的动态平衡,成熟经济体引进外商投资额与对外直接投资额一般应保持在 1∶1.1 的比例。根据合国贸发会议(UNCTAD)1970～2015 年《世界投资报告》(如图 14－5、图 14－6 所示),2002 年以来,发达国家对外直接投资额流量与引进外商投资额的比值在 1.1 与 1.9 之间浮动,2015 年的这一比值为 1.1。发展中国家自 2002 年以来的对外直接投资流量与外商投资流量的比值则在 0.2 和 0.6 之间浮动,并且这一比值在流量和存量方面均呈上升趋势。1992 年之前,我国进行对外直接投资与引入外商直接投资的规模均有限,二者的比值在 0.1 和 0.4 的区间内浮动。1992 年起,随着对外开放体制的逐步确立,外商直接投资开始大规模进入中国,受国内外经济环境与国内政策影响,同一时期我国并未出现大规模的对外投资,对外直接投资与外商投资流量的比值一度在 0.1 以下徘徊,存量比值也仅维持在 0.2 左右。2002 年起,我国对外直接投资开始持续高速增长,对外直接投资额与外商投资额流量的比值迅速上升,2015 年这一比值已接近于 1,显著高于发展中国家平均水平,但与发达国家相比仍较低。

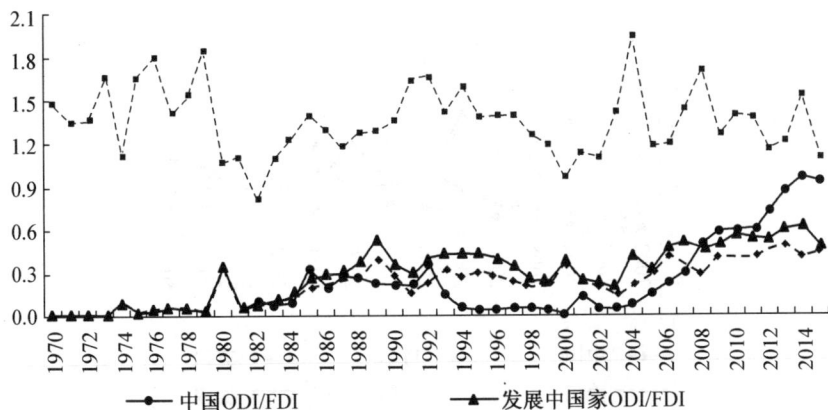

图 14－5　对外直接投资与外商直接投资流量比率(1970～2015 年)

资料来源:根据联合国贸发会议(UNCTAD)1970～2015 年《世界投资报告》计算所得。

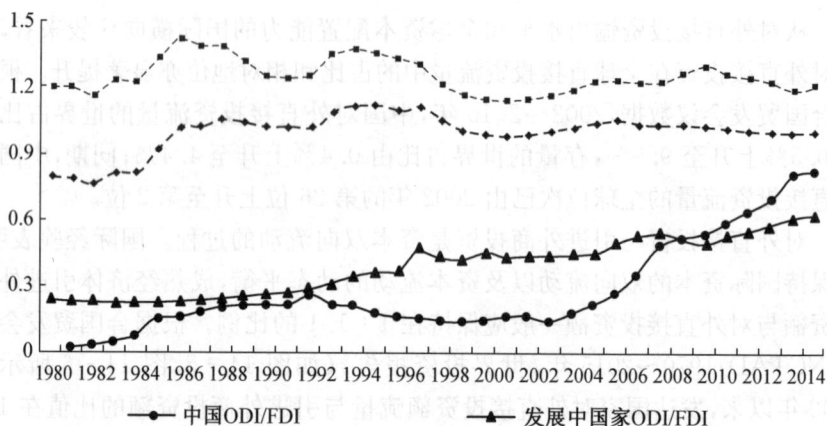

图 14 - 6　对外直接投资与外商直接投资存量比率(1980～2015 年)

资料来源:根据联合国贸发会议(UNCTAD)1980～2015 年《世界投资报告》计算所得。

(二)整体规模仍滞后于国内经济发展水平,投资绩效有待提升

对外直接投资与 GDP 的比值反映了一国对外直接投资与其国内经济发展水平相适应的程度。当前,我国对外直接投资发展水平仍滞后于国内经济发展水平,相对于经济体量,中国对外投资比例仍偏低。根据联合国贸发会议数据,相较于对外直接投资传统五国投资流量的平稳甚至"倒退"趋势(如图 14 - 7 所示),我国近年来对外直接投资流量与 GDP 的比率总体上呈上升

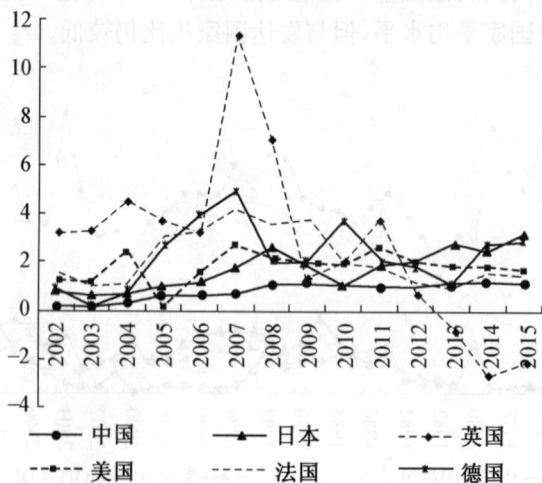

图 14 - 7　中国与传统 ODI 大国 ODI 流量与 GDP 比率比较(2002～2015 年)(单位:%)

资料来源:联合国贸发会议(UNCTAD)2002～2015 年《世界投资报告》。

趋势,但存在一定波动,虽然 2004 年后该比率有所提高,但增长幅度有限,2008 年后还出现了低位徘徊现象,目前该比率略高于 1%。从存量方面看(如图14-8所示),中国对外直接投资存量与 GDP 的比率稳步上升,但增长速度较

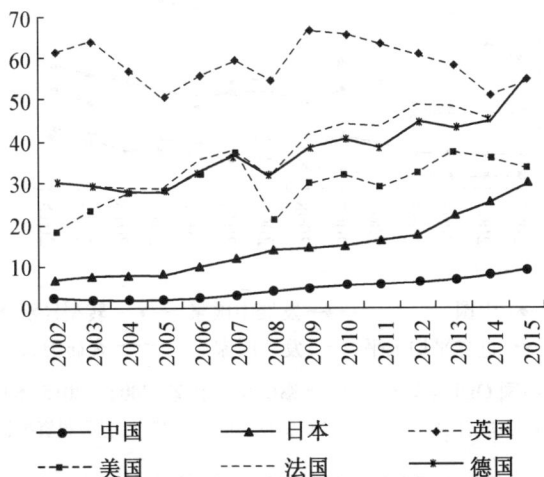

图14-8　中国与传统 ODI 大国 ODI 存量与 GDP 比率比较(2002～2015 年)(单位:%)
资料来源:联合国贸发会议(UNCTAD)2002～2015 年《世界投资报告》。

缓慢。从横向国际比较来看(如图 14-9、图 14-10 所示),目前中国对外直接投

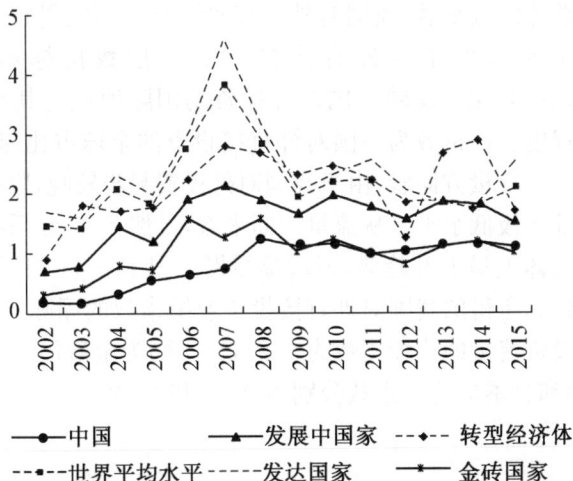

图14-9　中国 ODI 流量与 GDP 比率的世界比较(2002～2015 年)(单位:%)
资料来源:联合国贸发会议(UNCTAD)2002～2015 年《世界投资报告》。

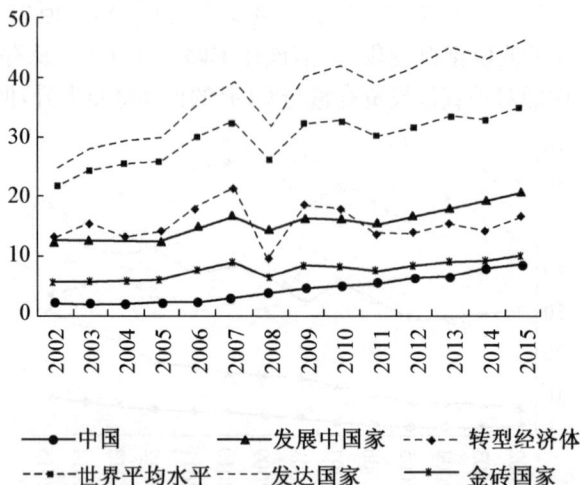

图 14－10　中国 ODI 存量与 GDP 比率的世界比较(2002～2015 年)(单位:%)

资料来源:联合国贸发会议(UNCTAD)2002～2015 年《世界投资报告》。

资存量与 GDP 的比率与国际水平相差更大,目前该比率接近 10%,远低于传统五国的发展水平,也低于发展中国家平均水平和金砖国家平均水平,2015 年,发展中国家、转型经济体及金砖国家的这一比率已分别达到 20.67%、16.99% 和 10.43%。

　　从投资的总体绩效来看,我国对外直接投资总体绩效仍较低。联合国贸发会议于 2004 年开发了对外直接投资业绩指数指标(Outward FDI Performance Index),用来反映一国对外投资的国际地位与其经济发展的国际地位的匹配程度。该指数为一国对外直接投资的全球占比与该国 GDP 全球占比的比值。从存量方面看,由于我国对外投资起步较晚,因此对外直接投资业绩指数仍处于极低水平。从流量方面来看,虽然 2004 年后我国对外直接投资业绩指数总体上呈上升趋势,但增幅缓慢。图 14－11 与图 14－12 为本章从流量角度计算所得的我国对外直接投资业绩指数的国际比较。2015 年,我国对外直接投资流量的业绩指数为 0.65,低于同为金砖国家的南非与俄罗斯,而同期美国和日本的这一指数分别为 0.92 和 1.42。

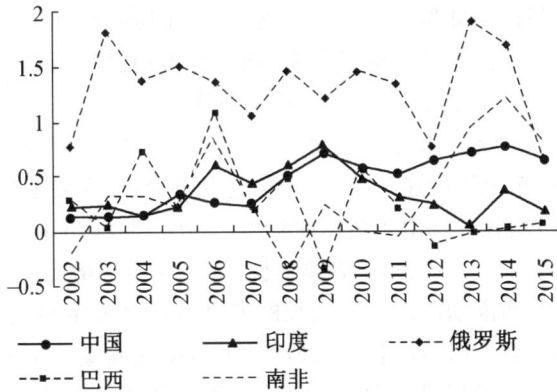

图 14-11　金砖国家对外直接投资业绩指数比较

资料来源：根据联合国贸发会议（UNCTAD）与世界银行数据库数据计算所得。

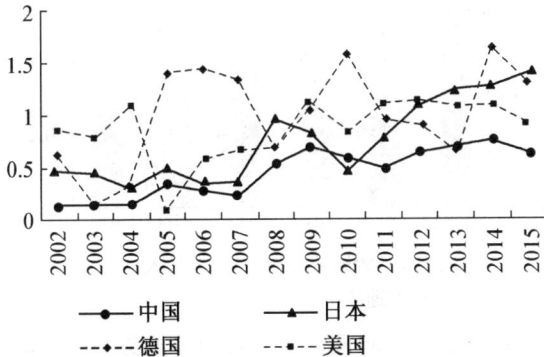

图 14-12　对外直接投资业绩指数国际比较

资料来源：根据联合国贸发会议（UNCTAD）与世界银行数据库数据计算所得。

　　这些分析结果一方面说明我国对外直接投资总体上仍滞后于国内经济发展水平，另一方面也反映了我国对外直接投资的质与量仍具有很大的提升空间。

三、对外直接投资快速增长的特定经济背景

　　中国对外投资的高速增长有其特殊的经济背景。一方面，随着人口红利逐渐消失，要素成本上升，长期以来主要依靠生产要素粗放式投入的增长方式难以为继，经济出现结构性减速，并且潜在增长率下降；另一方面，工业化进程远未结束，工业化的区域进程不均衡，传统产业产能过剩严重，制造业面临转型升级。与此同时,全球价值链正在加速重构,中国必须通过"走出去"积极参与全球资源深度整合,提升产业竞争力,向全球价值链中高端攀升。

(一)经济下行压力增大,潜在增长率下降

长期以来,我国经济的持续高速增长依靠的主要是生产要素的粗放式投入,随着要素边际报酬逐渐递减,资本积累速度下降,仅靠要素投入实现高速增长难以为继,经济增长开始出现结构性减速。2012 年我国 GDP 正式告别 9% 以上的快速增长,降为 7% 左右的中高速增长,2016 年经济增速收于 6.7%。

当前,曾经长期推动经济高速增长的要素条件已发生明显变化。

第一,劳动年龄人口负增长,经济活动人口增速放缓。国家统计局的调查数据显示,无论从数量规模还是占比来看,我国劳动年龄人口已开始逐年下降。如图 14 - 13 所示,2011 年,我国 15～59 岁的劳动年龄人口达到峰值

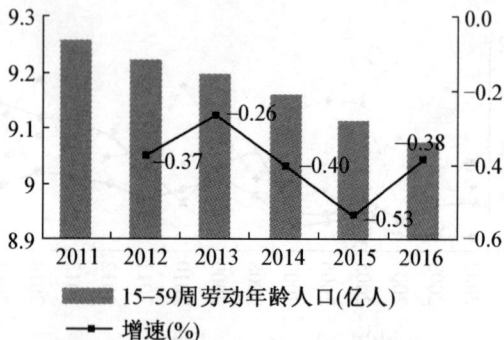

图 14 - 13　中国 15～59 周岁劳动年龄人口走势(2011～2016 年)

资料来源:《国民经济和社会发展统计公报》(2011～2016 年)。

9.25 亿人,随后进入负增长,2016 年已下降至 9.07 亿人(占总人口的比重为 65.6%)。根据国家统计局预测数据,随着人口抚养比持续降低,我国适龄劳动人口在 2020 年以后将加速下降(中国人民大学宏观经济分析与预测课题组,2015)。从经济活动人口的角度看(如图 14 - 14 所示),我国同样面临劳动力供给压力。与劳动年龄人口不同,经济活动人口以是否从事一定社会劳动并取得劳动报酬为标准,是在业的人口,包括总人口中超过劳动年龄和没有达到劳动年龄但从事社会劳动的人口(陈玉光、张泽厚,1983)。因此,劳动年龄人口反映了经济体中的潜在劳动力资源,而经济活动人口反映了经济体中的劳动力供给情况。尽管统计数据显示,近年来我国经济活动人口总数并未下降,从国家统计局的官方数据亦无法判断是否到达峰值,但其增速有明显的放

缓趋势。

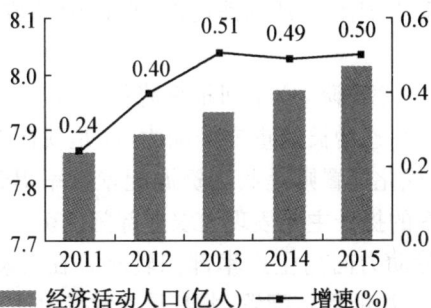

图 14-14 中国经济活动人口走势(2011～2016年)

资料来源:国家统计局官方网站。

第二,劳动参与率逐渐下降,单位劳动力成本上升。据蔡昉(2017)测算,我国劳动参与率已步入缓慢下降的轨道,并且各年龄段的劳动参与率均在呈下降趋势。劳动年龄人口和劳动参与率的下降意味着劳动力供给的减少。通常认为,我国企业尤其制造业企业在国际市场上的竞争优势很大程度源于成本低廉的比较优势,而低成本优势又主要体现在劳动力要素的低成本。随着刘易斯拐点的到来,劳动年龄人口数量减少,劳动参与率下降,劳动力供给短缺,劳动力成本加速上涨。美国大型企业联合会(Conference Board)整体数据库数据显示(如图14-15所示),2010年以来,我国单位劳动生产率增长率逐

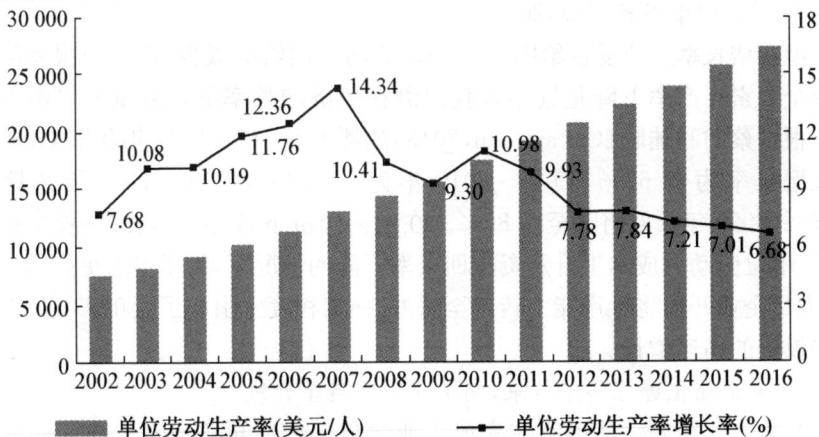

图 14-15 中国单位劳动生产率及其增长率变动(2002～2016年)

资料来源:根据美国大型企业联合会(Conference Board)整体数据库数据计算。

年下降,2016 年已由 2010 年的 10.98% 下降为 6.68%。当劳动生产率提高的速度明显低于劳动力成本上升的速度时,单位劳动成本上升,企业利润率下降。

第三,资源配置效率下降,资本回报率降低。改革开放以来,生产要素的重新配置是中国经济高速增长的重要推动力,亦是我国全要素生产率增长的重要部分,而劳动力优化配置则是我国资源配置效率提升的重要方面。我国劳动力资源配置效率的提升主要表现为农业部门的劳动力向非产业部门转移及低生产率部门的劳动力向高生产率部门转移。在劳动力无限供给的情况下,我国通过劳动力资源的重新配置,尤其是农村劳动力大量向现代部门的转移带来了显著的资源再配置效应,促进了我国生产率的提高与经济增长。随着人口红利的消失,劳动力无限供给成为历史,农村劳动力转移带来的资源配置效率逐渐降低,资源配置效率及全要素生产率增长放缓。与此同时,劳动力无限供给所维持的高资本边际报酬率也相应地下降。

在新古典经济增长模型中,劳动数量既定则存在资本边际报酬递减,在劳动力有限供给的情况下,随着资本存量的增加,由于存在资本边际报酬递减规律,经济保持稳定增长。在二元经济条件下,劳动力的无限供给打破了资本报酬递减的规律,我国经济依靠劳动力和资本要素的大量投入得以维持高速增长。然而随着劳动力供给的减少,若继续扩大投资,势必会遇到资本回报率下降。2004~2013 年,我国资本回报率已从 24.3% 下降至 14.7%,年均下降速度达 5.7%(白重恩和张琼,2014)。

潜在增长率主要受供给因素影响。劳动力供给的减少、资本回报率降低以及全要素生产率下降是近年来我国潜在经济增长率下降的重要供给侧因素。根据蔡昉和陆旸(Cai and Lu,2013)的测算,1979~1994 年我国 GDP 的潜在增长率为 9.66%,1995~2010 年为 10.34%,2011~2015 年下降至 7.55%,2020 年预期将降至 5.80%。在国内经济下行、潜在经济增长率持续降低、单位劳动力成本上升及资本回报率下降的情况下,为了寻求更高的利润率,大量企业开始将生产能力转移至海外,一定程度上引起了近年来我国对外直接投资的高速增长。

(二)工业化进程远未结束,制造业面临转型升级

与美、日、英等发达国家在完成工业化进程之后再进行对外投资扩张不同,中国对外直接投资的快速增长是工业化进程尚未结束的情况下出现的。

改革开放后,在实行经济体制改革的同时,我国工业化进程亦加速推进。

一方面,市场经济体制的确立使经济资源配置的效率大幅提升,极大提高了经济增长效率,另一方面,我国抓住全球制造业产业转移的契机,承接了大量发达国家和地区的制造业产能,外资的流入缓解了我国经济发展过程中的资本稀缺,促进经济增长的同时,亦加速了我国的工业化进程。

总体来看,我国工业化进程实现了平稳较快发展,但同时,制约经济持续健康发展的根本性问题尚未得以解决,长期凭借加工制造业嵌入全球价值链的发展方式使我国第二产业内部面临低端化发展与产能过剩的困局。

第一,产业结构不断优化,但产能过剩问题突出。近年来,我国产业结构出现显著性变化,三次产业比例关系不断改善,产业结构升级取得一定进展。2010~2015 年,我国第二产业比重从 46.7% 下降到 40.5%,第三产业比重从43.2% 上升至 50.5%。然而总体上,我国产业结构总体水平目前仍较低,部分行业产能过剩问题突出,制约我国经济的可持续发展。长期以来,我国经济运行中存在严重的供需不匹配的结构性矛盾,产品与服务的升级严重落后于消费结构和消费需求的升级,形成了产能的结构性过剩。由于落后产能退出的市场机制尚未完全形成,产能现已形成行业性的全面过剩局面。除了钢铁、水泥、电解铝、平板玻璃和造船等传统产业产能过剩严重,在部分新兴行业中,产能过剩问题也开始蔓延。由于我国没有正式的工业产能利用率的相关数据,工业生产者出厂价格指数一定程度上能够近似的反应我国工业产能利用率情况。从图 14 - 16 可以看出,尽管 2016 年第二季度以来,工业生产者出厂

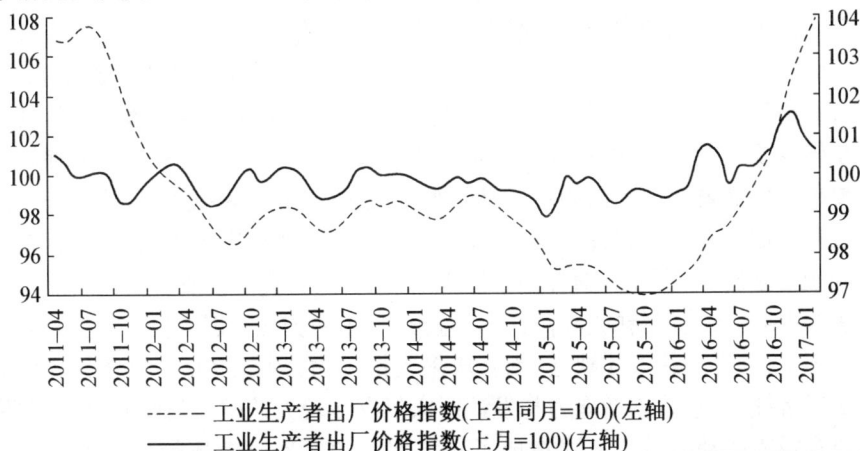

图 14 - 16　中国工业生产者出厂价格指数同比及环比走势(2011~2017 年)

资料来源:中经网统计数据库。

价格指数(环比)逐渐上升,但我国工业生产者出厂价格在 2012 年 5 月至 2016 年 2 月出现了 40 个月的负增长。从同比来看,我国工业生产者出厂价格自 2012 年初至 2016 年 9 月连续 54 个月低于上年同月。尽管该项指标受诸多因素影响,但在一定程度上反映了我国第二产业内部严重的产能过剩问题。

第二,产业竞争力不断提高,但"双端挤压"问题亟待解决。改革开放以来,我国制造业抓住经济全球化的契机,深度融入全球经济体系,开拓国内外两个市场,利用国内外两种资源,向开放型经济转变,技术创新能力提高,产业国际竞争力不断增强,制造业发展也呈现出向全球价值链中高端攀升的趋势。随着新兴经济体的快速崛起,其制造业劳动力成本优势与区位优势迅速提升,一定程度上弱化了我国制造业的传统比较优势,对我国制造业的发展形成了低端挤压。例如,印度、印度尼西亚和越南制造业的人均工资及劳动生产率均显著低于我国,泰国的制造业平均工资水平低于我国,但劳动生产率却与我国相当。与此同时,2008 年金融危机之后,以美国、德国为代表的发达国家纷纷推进"再工业化"战略和"工业 4.0 计划",以制造业信息化和服务化为核心,培育战略性新兴产业和高新技术产业,试图在新一轮科技革命和产业变革中,扩大自身在高端制造业的领先优势,占据制造业全球价值链的高端领域,我国制造业的发展面临发达国家的高端挤压。

第三,增长动力需要从要素驱动、投资驱动转向创新驱动。在"刘易斯拐点"来临、人口红利消失、资本报酬递减之际,继续依靠要素驱动的增长方式不可持续,中国经济发展必须转向依靠全要素生产率提高的基础上。新常态下,提升经济增长质量、探寻新的增长动力、促进我国经济长期可持续发展,其核心是转变要素投入方式,提高全要素生产率及其对产出和经济增长的贡献,这就要求从依靠要素驱动向创新驱动转变。当前,我国已将创新驱动上升至国家战略层面。总体上,我国在创新发展的过程中已取得突出进展,但仍存在不少问题与矛盾。一方面,随着创新投入的不断加大,我国企业自主创新能力已有大幅提升,科技创新的经济贡献日益突出;另一方面,我国本土企业的创新动力不足,高端创新人才缺乏,创新成果支撑不力,创新能力仍未充分转化为现实经济绩效,总体创新能力与发达国家仍存在较大差距。与此同时,长期依靠要素投入驱动的增长方式造成了一定程度的要素驱动依赖与增长速度崇拜,我国经济社会仍面临不少制约创新驱动的体制机制问题。

（三）全球价值链加速重构

中国对外直接投资的高速增长亦是在全球价值链加速重构的过程中发生的。我国对外直接投资高速增长的经济背景如图 14 - 17 所示。

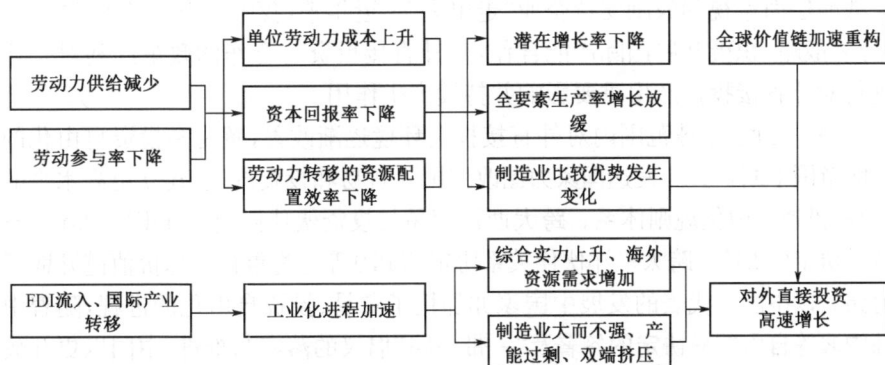

图 14 - 17　我国对外直接投资高速增长的经济背景

随着全球化进程的加快与国际分工体系的形成,全球产业分工逐步深化,国际分工的主导模式逐渐以国家主导的产业间分工向产业内分工和以跨国公司为主导的产品内分工转变。国际金融危机以来,全球经济格局发生结构性变化,以美国和德国为代表的发达国家相继调整产业政策,纷纷提出重振制造业的产业战略,培育战略性新兴产业,力图重组全球产业链。长期处于"微笑曲线"底部的发展中国家和新兴经济体亦大力推动产业转型升级,谋求打破原有的国际分工,向全球价值链高端领域拓展。

随着全球价值链重构的加速推进,中国在全球分工体系中的地位也在发生深刻变化。在全球价值链形成的初期,以中国为代表的部分发展中国家利用其低廉的要素成本优势,通过加工贸易的方式参与国际分工,推动了劳动密集型产业快速增长。中国制造业的发展始于"微笑曲线"低端的生产组装环节,当前,以低要素成本参与国际分工的"第一波全球化红利"已趋于结束,只有摆脱全球价值链"低端锁定"困局,立足全球配置资源,重构全球价值链,才能在未来的国际竞争中占据优势。

与此同时,经过 30 多年的快速发展,我国已成为在体量和方向上均能对世界经济格局产生重要影响的主要参与者之一,企业的综合实力显著增强,部分产业逐渐具备了向外转移的动力和生产能力,对海外资源的需求不断增加。国家战略层面,长期的贸易顺差导致对外净头寸不断扩大,也造成资源配置效率损失,出口导向的经济发展战略一定程度上抑制了国内需求,亦影响国内宏观经济的稳定。随着引进外资政策的边际收益迅速递减,过度依赖引进国外技术不利于自主创新能力提升。这些问题促使政府改变对外经济政策,从国家战略层面重视和鼓励支持企业"走出去"。近年来,我国大力推进落实"一带一路"战略,积极开展国际产能合作,对外直接投资与合作的政策红利对企业进行对外直接投资产生重要影响并持续产生作用。

另一方面,全球范围内对外直接投资环境逐渐改善,贸易和投资自由化的影响范围不断扩大。发达国家力图改变国际贸易和投资规则,建立更高水平的贸易、投资自由化规则体系。跨大西洋贸易与投资伙伴协定(TTIP)、国际服务贸易协定(TISA)、跨太平洋伙伴关系协定(TPP)等均为重构全球价值链开辟了道路。以中国为代表的发展中国家亦加快了贸易、投资自由化的进程,随着中韩中澳等自由贸易协定的签署及"一带一路"倡议的落实与推进,中国以更开放多元的特征继续推进区域合作进程,中国企业对外投资发展的动力进一步增强。

第四节 对外直接投资的结构分析

近年来,中国对外直接投资迅猛发展,但与发达国家相比,总体投资存量相对于我国整体经济实力仍严重偏低,对外投资的数量与质量均有待提升。随着"一带一路"战略的推进与国际产能合作的开展,我国对外直接投资在继续保持快速增长的基础上将更加注重质量提升与结构改善。本节将分别从行业结构、空间格局和投资方式等维度分析中国对外直接投资的结构特征,尤其是"一带一路"倡议下对外直接投资与国际产能合作对我国产业升级的影响,以此探析我国对外直接投资的产业结构升级效应。

一、行业结构

(一)产业布局比较集中,与国内产业结构存在非对称

从产业分布看,我国对外直接投资产业布局比较集中,第三产业主导特征显著,产业结构存在一定程度的失衡。中国是全球制造业大国,但是从统计数据来看,我国对外直接投资主要集中在并不具有竞争优势的服务业。如图 14 - 18 所示,按我国《对外直接投资统计公报》的行业划分,2015 年,我国对外直接投资三次产业的行业构成为:第一产业共 1 个行业,第二产业共 4 个行业,第三产业共 12 个行业。2003～2015 年我国非金融类对外直

接投资存量的产业占比为:第三产业占比为 75.2%,第二产业占比为 24%,其中采矿业占第二产业的比重达到 53.9%,制造业为 29.8%,第一产业占比仅为 0.8%。

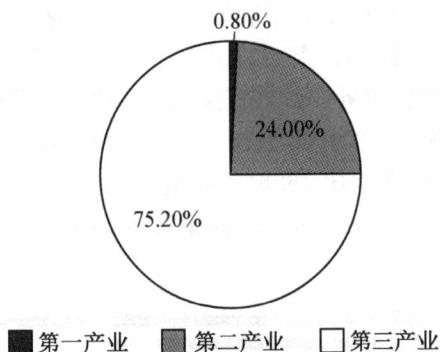

图 14‑18　2015 年末中国对外直接投资存量产业分布

资料来源:商务部《2015 年中国对外直接投资统计公报》统计数据。

与国内三次产业增加值占 GDP 的比重相比(如图 14‑19 所示),我国对外直接投资的产业分布存在一定的非对称性。与国内产业增加值占比相比,第一产业占比低约 8 个百分点,第二产业占比低约 17 个百分点,第三产业占比则高约 25 个百分点。

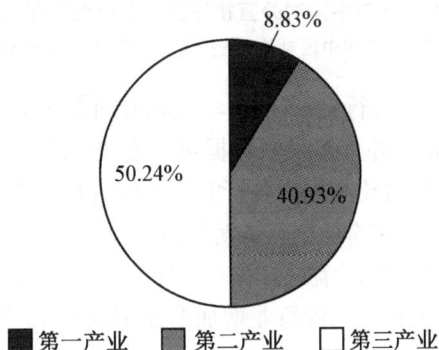

图 14‑19　2015 年中国三次产业增加值占 GDP 比重

资料来源:2015 年《中国统计年鉴》。

（二）行业结构逐渐优化，制造业对外直接投资增长迅速

从行业分布来看，2015 年末，我国对外直接投资涉及 19 个行业大类，如图 14-20 所示。其中，租赁和商务服务业、金融业、采矿业、批发和零售业、制造业这 5 个行业的对外直接投资存量总计 9 120.78 亿美元，分别占同期我国对外直接投资存量总额的 37.3％、14.5％、13.0％、11.1％和 7.2％，合计比重 83.1％。可以发现，我国服务业对外直接投资的比重显著高于制造业，且在近年来呈快速增长趋势。在 2015 年我国对外直接投资流量中，租赁和商务服务业占比达 24.9％，金融业占比 16.6％，制造业占比 13.7％，批发零售业占比 13.2％，采矿业占比 7.7％，上述 5 个行业为 2015 年对外直接投资的主要领域，合计占比达 76.2％。

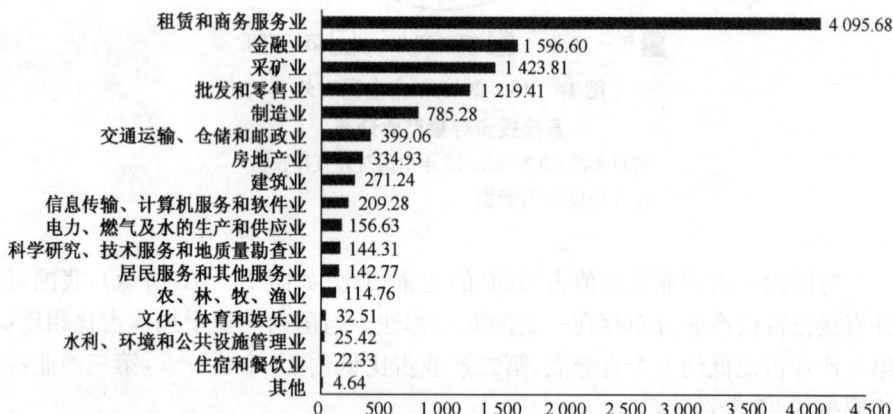

图 14-20　2015 年末中国对外直接投资存量行业分布（单位：亿美元）

资料来源：商务部《2015 年中国对外直接投资统计公报》统计数据。

我国对外直接投资的行业分布亦与国内行业结构存在非对称性。基于 2002～2015 年各行业对外直接投资数据可以发现（如表 14-2 所示），我国各行业对外直接投资存量占比与国内各行业增加值占 GDP 的比重不对称，对外直接投资覆盖的 19 个行业中有 4 个行业对外直接投资占比高于国内增加值占比，分别为：租赁和商务服务业、金融业、采矿业及批发和零售业。其中租赁和商务服务业对外直接投资占比是国内行业增加值比重的近 16 倍，采矿业近 4 倍，金融业约 2 倍。

表 14 - 2　2015 年各行业对外直接投资存量占比与国内各行业增加值占 GDP 的比重对比

行业	对外直接投资占比	行业增加值占 GDP 比重
租赁和商务服务业	37.31	2.37
金融业	14.54	7.25
采矿业	12.97	3.64
批发和零售业	11.11	9.69
制造业	7.15	30.38
交通运输、仓储和邮政业	3.63	4.43
房地产业	3.05	5.90
建筑业	2.47	6.97
信息传输、计算机服务和软件业	1.91	2.48
电力、燃气及水的生产和供应业	1.43	2.30
科学研究、技术服务和地质勘查业	1.31	1.90
居民服务和其他服务业	1.30	1.51
农、林、牧、渔业	1.05	9.34
文化、体育和娱乐业	0.30	0.66
水利、环境和公共设施管理业	0.23	0.54
住宿和餐饮业	0.20	1.73
其他	0.05	8.91

资料来源:根据商务部《2015 年中国对外直接投资统计公报》统计数据和 2015 年《中国统计年鉴》计算所得。

　　我国是制造业大国,但官方统计数据中我国制造业并没有出现大规模的海外投资,其中一个重要原因是我国官方统计数据的统计口径问题。由于目前我国官方统计数据如《中国对外直接投资统计公报》等的统计口径仅对第一目的地的行业分布进行统计,而以避税、会计记账等目的的第一目的地投资多是"商务服务业"的投资,尽管最终计入服务业对外直接投资,但其本身并不从事服务业的实体经济活动,而是通过在第一目的地设立投资平台公司继而再投资到国内外的实体行业[①]。

改革开放后,我国制造业凭借要素成本优势融入全球价值链,但也面临着价值链"低端锁定"的困局。随着要素成本优势的逐渐丧失与发达国家高端制造业回流的挤压,中国制造业发展必须重塑竞争优势与增长动力机制,向价值链中高端攀升。与此同时,经过30多年的发展,中国制造业在吸收引进和模仿的基础上不断加大科技研发投入,技术水平与整体实力已大幅提高,部分行业与发达国家的差距正逐渐缩小,部分企业也已具备与发达国家跨国公司竞争的实力,越来越多的制造业企业以对外直接投资的方式谋求在全球范围内配置资源,利用全球的资源和市场提高产品研发水平,完善经营管理。

随着"一带一路"倡议的落实与国际产能合作的推进,我国对外直接投资行业结构逐渐优化。商务部统计数据显示,2015年,中国对外直接投资流量中流向制造业199.9亿美元,同比增长108.5%,占当年流量总额的13.7%;2016年全年,中国制造业海外投资310.6亿美元,信息传输、软件和信息技术服务业为203.6亿美元,科学研究和技术服务业为49.5亿美元,其中信息传输、软件和信息技术服务业占比从2015年的4.9%上升为12.0%,制造业对外直接投资占比从2015年的12.1%上升为18.3%,我国对外投资行业结构进一步优化,支持结构调整和转型升级的行业成为热点投资领域,相关实体经济和新兴产业亦受到重点关注。可以预见,"一带一路"战略的全面实施及我国在科技创新、基础设施、能源政策、法律环境等方面提升,将推动中国制造业从数量追赶向质量提升转变,中国制造业企业"走出去"将全面深化。

二、空间格局

(一)中国对外直接投资流入地的世界格局

随着我国对外直接投资的不断增长,其空间流向也逐渐向全球范围扩展。截至2015年末,我国对外直接投资覆盖的国家和地区由2003年的139个增加到188个,占全球总数的80.7%,其中亚洲地区投资覆盖率最高。根据商务部《中国对外直接投资统计公报》统计数据(如图14-21所示),从投资净额来看,2003~2015年我国对外直接投资区域流量总体上高

[①] 王碧珺(2013)认为,采矿业和制造业才是中国对外直接投资的主要行业,《对外直接投资统计公报》中的服务业尤其是"商务服务业"对外直接投资实际上最终流向了采矿业和制造业。

度集中于亚洲,主要流向中国香港、新加坡等国家和地区。亚洲仍然是我国对外直接投资的主要集中区域,并且比重具有逐渐上升的趋势,尤其2007 年以来,每年占比均超过 60%。2015 年,我国对外直接投资流向亚洲地区共计 1 083.7 亿美元,占当年总流量的 74.4%。中国在拉丁美洲的对外直接投资主要流向开曼群岛、英属维尔京群岛等地区,并且投资比例近年来逐渐降低。我国对非洲的投资向来受到国际社会密切关注,然而 2003 年以来中国在非洲的对外直接投资比重年均仅为 4%,远低于对亚洲、拉丁美洲和欧洲的投资。包括非洲国家在内的发展中国家,具有良好的经济发展前景,其丰富的自然资源、巨大的消费市场以及城市化进程的加快等为对外投资提供了发展机遇。

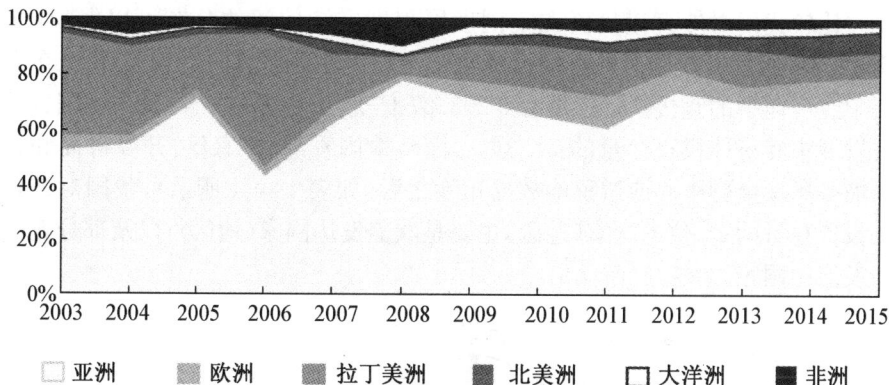

**图 14 - 21　中国对外直接投资区域流量占
中国对外直接投资流量总额百分比(2003~2015 年)**

资料来源:根据商务部 2003~2015 年《中国对外直接投资统计公报》统计数据计算所得。

需指出的是,与许多国家的一样,部分中国企业对香港和开曼群岛等离岸金融中心进行初始投资,这类投资并不进行实体经营活动,而是通过这些中转地完成对国内外的再投资。我国商务部公布的对外投资数据仅对初始投资目的地进行统计,因此不可避免地会造成对外直接投资统计数据重复计算的问题,如表 14 - 3 所示。以 2015 年为例,中国流向香港、卢森堡、英属维尔京群岛和开曼群岛等避税地的海外投资共 903.99 亿美元,在同期我国对外直接投资总量中的比重为 62.1%。

表 14 - 3　中国对外直接投资主要避税地流向(2007～2015 年,单位:亿美元)

	2007	2008	2009	2010	2011	2012	2013	2014	2015
中国香港	137.32	386.40	356.01	385.05	356.55	512.38	628.24	708.67	897.90
卢森堡	0.04	0.42	22.70	32.07	12.65	11.33	12.75	45.78	—114.53
英属维尔京群岛	18.76	21.04	16.12	61.20	62.08	22.39	32.22	45.70	18.49
开曼群岛	26.02	15.24	53.66	34.96	49.36	8.27	92.53	41.92	102.13
合计	182.14	423.11	448.49	513.28	480.65	554.38	765.74	842.08	903.99

资料来源:商务部《中国对外直接投资统计公报(2007～2015)》统计数据。

　　比较我国对外直接投资在不同发展程度经济体间的分布可以发现(如图 14- 22 所示),我国对外直接投资集中于发展中经济体。2015 年我国在发展中经济体中的直接投资存量为 9 208.87 亿美元,占 83.90%,其中中国香港占发展中经济体投资存量的 71.3%。而将中国香港、卢森堡、开曼群岛和新加坡等离岸金融中心或避税地数据扣除之后(如表 14 - 4 所示),我国对外直接投资存量前 20 位的国家(地区)主要是欧美发达国家(地区),以及部分亚洲的发展中国家。

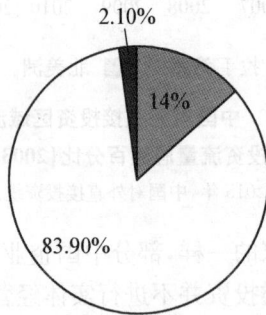

图 14 - 22　2015 年中国对不同发展程度经济体直接投资存量构成

资料来源:商务部《2015 年中国对外直接投资统计公报》统计数据。

表 14 - 4　2015 年末中国对外直接投资存量前 20 位国家(地区)中的非避税地

	存量(亿美元)	存量比重(%)	所属大洲
美国	408.02	3.7	北美洲
澳大利亚	283.74	2.6	大洋洲
荷兰	200.67	1.8	欧洲
英国	166.32	1.5	欧洲
俄罗斯联邦	140.2	1.3	欧洲
加拿大	85.16	0.8	北美洲
印度尼西亚	81.25	0.7	亚洲
德国	58.82	0.5	欧洲
法国	57.24	0.5	欧洲
哈萨克斯坦	50.95	0.5	亚洲
老挝	48.42	0.4	亚洲
南非	47.23	0.4	非洲
阿联酋	46.03	0.4	亚洲
缅甸	42.59	0.4	亚洲

资料来源:商务部《2015 年中国对外直接投资统计公报》统计数据。

(二)中国对外直接投资流出地的国内格局

中国对外直接投资的国内区域分布并不平衡,沿海及边境地区在对外直接投资中具有明显优势。经济发展水平和地理区位是影响地区对外直接投资发展的重要因素,长期以来,我国经济发展过程中存在典型的区域二元经济结构,尽管我国工业化进程实现了平稳较快发展,但工业化与对外开放的区域进程并不平衡,内陆省市无论在经济发展水平还是对外开放的深度和广度方面均与沿海地区存在较大差距。与此同时,我国工业化过程中的过剩产能也并未转化为实际福利惠及欠发达地区,全国范围的产业结构数据无法反映出不同地区的工业化差距,"胡焕庸线"两侧的产能不均衡分布依然制约着区域经济一体化。

如表 14 - 5 所示,2015 年,我国地方性对外直接投资流量总额中有85.2%来自东部地区,共 798.2 亿美元,同比增长 78.2%;西部地区对外直接投资流量共 74.5 亿美元,占地方性对外直接投资的 8%;中部地区对外直接投资流量共 63.3 亿美元,仅占地方性对外直接投资的 6.8%。同期地方性对外直接投资流量前 10 位的省份(直辖市)分别为:上海、北京、广东、江苏、山东、浙江、福建、天津、辽宁和安徽,合计投资 786.67 亿美元,占地方对外直接投资流量总额的 84%,上海、北京和广东均超过百亿美元,为地方对外直接投资的前三位。

表 14 - 5　2015 年地方性对外直接投资流量区域分布①

地区	流量(亿美元)	比重(%)	同比增长(%)
东部地区	798.2	85.2	78.2
中部地区	63.3	6.8	84.7
西部地区	74.5	8.0	14.2
合计	936.0	100.0	71.0

资料来源:商务部《2015 年中国对外直接投资统计公报》统计数据。

近年来,中央明确提出各类战略措施以促进经济发展空间格局的优化,例如京津冀协同发展、长江经济带和"一带一路"沿线等区域发展战略。其中以"一带一路"倡议为核心的战略构想,对内融通东中西部,对外融通欧亚大陆,将进一步推动内外联动、东西双向开放的对外开放新格局。"一带一路"沿线农业、工业、交通、能源和信息等领域的合作交流将为我国中西部地区带来更多元化的对外投资机遇。

(三)中国对"一带一路"沿线的投资分布格局

随着"一带一路"倡议的全面落实与推进,我国与"一带一路"沿线国家的合作逐渐成为亮点。根据商务部最新统计数据(如图 14 - 23 所示),2016 年中国向"一带一路"沿线地区的直接投资共 145.3 亿美元,投资存量共 185.5 亿美元。"一带一路"辐射范围横跨亚欧大陆,西太平洋和印度洋,以中国为辐射中心,涵盖东盟、西亚、南亚、中亚、北非和中东欧,沿线分布 64 个国家和地区。"一带一路"沿线多数为新兴市场经济体和发展中国家,人口总量约占全球总人口的 44%,GDP 总量占全球经济总量的 17%,自然资源丰富,经济发展的后发优势强劲。

---

① 根据《中国对外直接投资统计公报》,中部地区包括山西、安徽、江西、河南、湖北和湖南,西部地区包括:内蒙古、广西、四川、重庆、贵州、云南、陕西、甘肃、青海、宁夏、新疆和西藏。

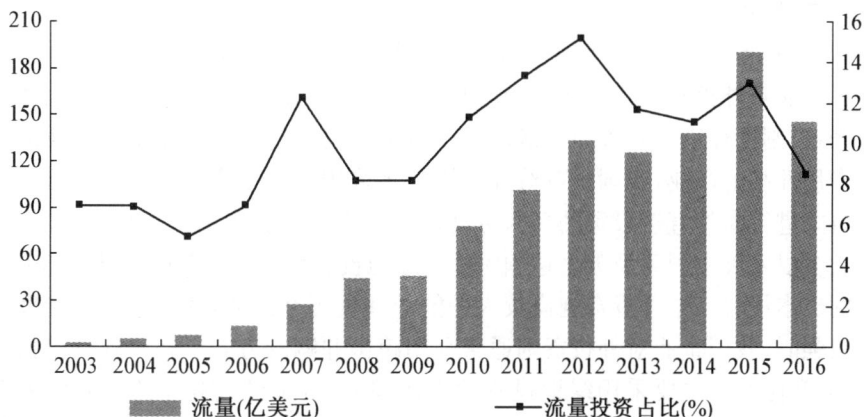

图 14-23 中国对"一带一路"沿线地区投资流量及其占比(2003~2016 年)

资料来源:根据商务部 2003~2015 年《中国对外直接投资统计公报》数据及商务部网站官方数据计算所得。

　　在"一带一路"倡议正式提出之前,我国就已开始对"一带一路"沿线的国家和地区进行海外投资,但受历史因素影响,早期我国对"一带一路"沿线的投资的比重相对较低。根据商务部统计数据,近年来,中国不断深化与周边国家的互利合作,对"一带一路"沿线投资快速增长,年均增速远高于我国对其他地区直接投资的增速。

　　从总体上看,尽管我国对"一带一路"沿线的投资规模呈上升趋势,但其空间布局差异化显著。从经济体类型上看[①],2003~2015 年,我国在"一带一路"沿线地区的海外投资大部分分布在发展中国家,且流向转型经济体的海外投资份额呈现上升趋势。从区位分布来看,我国对东南亚地区的直接投资在"一带一路"沿线投资总量中占比较大。统计数据显示,截至 2015 年末,我国对东南亚地区的直接投资存量已由 2003 年末的 5.87 亿美元增长至 627.16 亿美元,年均增长率达 147%,远高于同期我国在"一带一路"沿线地区的平均投资存量增长率,其存量占我国对"一带一路"沿线地区投资的比重已超 50%。

---

① 根据联合国贸发会议《2015 年世界投资报告》对经济体类型的划分,"一带一路"沿线国家中发达经济体共 12 个,发展中经济体共 35 个,转型经济体共 17 个。

三、投资方式

(一) 海外并购成对外直接投资主要方式

企业对外投资方式的选择受自身技术优势、国际化经营水平以及相关国家产业、制度环境等多方面因素影响。对于与我国经济联系紧密的产业或资产专用性高的产业,我国企业对外投资较多采用绿地投资的方式。以绿地投资方式进行海外直接投资的多为劳动密集型企业和资源密集型企业,该类企业大多以发展中国家及欠发达国家作为绿地投资目的地以获取原材料和劳动力的成本优势。对于投资规模较大的能源和资源类产业,或当东道国制度约束较强时,我国企业对外投资则通常采用跨国并购的方式。在对外直接投资早期,我国企业主要采用绿地投资的方式,其投资金额远高于跨国并购的金额。全球金融危机之后,我国企业加快了海外并购的步伐,自 2008 年起跨国并购的总额与项目数量均有较快增长。

目前,海外并购已成为中国企业对外投资项目的主要方式。商务部数据显示(如图 14-24 所示),2015 年中国企业对外直接投资并购项目涉及全球62 个国家和地区,其中对"一带一路"相关国家并购项目 101 起,并购金额92.3 亿美元,占并购总额的 17%,对外直接投资并购项目实际交易总额372.8 亿美元,占当年我国对外直接投资总额的 25.6%,涉及制造业、采矿业、文化体育和娱乐业、租赁和商务服务业等 18 个行业大类。2016 年我国企业共实施对外直接投资并购项目 742 起,实际交易金额 1 072 亿美元,涉及73 个国家和地区的 18 个行业大类。

图 14-24　中国对外直接投资并购情况(2004～2015 年)

资料来源:商务部《2015 年中国对外直接投资统计公报》统计数据。

（二）海外并购行业结构日趋多元，制造业海外并购快速发展

从行业分布看，中国企业海外并购的行业结构日趋多元（如图14-25所示）。2015年中国企业对外直接投资并购涉18个行业大类，与2014年相比新增了水利、环境和公共设施管理业并购项目。从并购金额来看，制造业海外并购金额为137.2亿美元，比2014年增长13.4%，涉及项目137个，制造业已成为我国跨国并购的最主要行业；信息传输、软件和信息技术服务业海外并购金额共84.1亿美元，同比增长135.6%；金融业海外并购金额66.1亿美元，比上年增长217.8%。

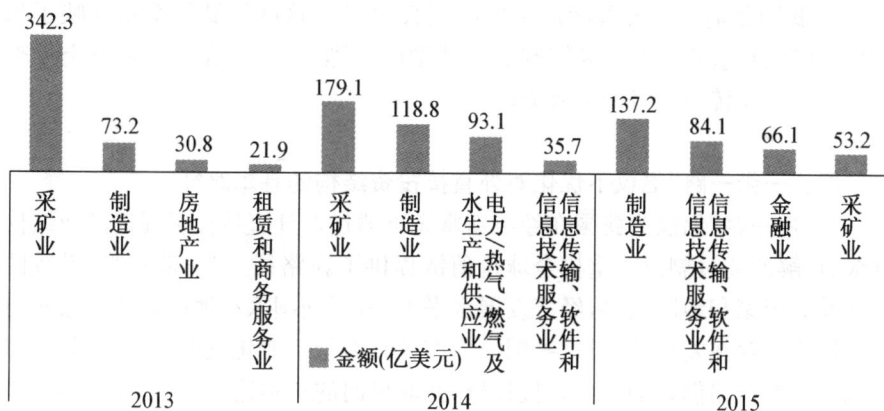

图14-25　中国对外直接投资并购行业中占比前四位的行业（2013～2015年）①

资料来源：商务部《中国对外直接投资统计公报》（2013～2015年）统计数据。

长期以来，竞争优势和垄断优势的缺乏限制了我国制造业对外直接投资。劳动力无限供给下的低要素成本曾是中国制造业比较优势的重要来源，也在一定程度上制约了制造业进行大规模的海外投资。当前，我国制造业仍大而不强，自主创新能力较弱，部分重点领域还处于跟踪和模仿为主的阶段。"中国制造"总体上仍处于价值链的低附加值区域，很多关键核心技术对外依存度高，以企业为主体的制造业创新体系仍不完善，真正依靠科技创新在世界竞争中占据主导地位的企业并不多。随着要素成本上升，资本回报率下降，资源能源和环境压力加大，我国制造业发展亟待转型升级，重塑增长动力与比较优势。

全球金融危机之后，我国制造业企业加快了海外并购的步伐，立足全球配

---

① 商务部《中国对外直接投资统计公报》2013年起开始公布对外投资并购的行业分布。

置资源和拓展市场,制造业海外并购的金额和占比显著增加,制造业已成为我国跨国并购的最主要行业。近年来中国制造业海外并购的迅速增长除了其自身寻求技术升级的内因外,全球经济复苏乏力下制造业兼并整合的总体形势则是外因。中国制造业立足全球实现产业或行业资源整合,通过连续的海外并购谋求生产经营成本的降低、技术研发能力与生产经营能力提升。统计数据显示,当前中国制造业海外并购的目的以技术升级为主,2016 年制造业中以技术升级为目的的跨境并购占当年制造业海外并购总数的 62%,从并购标的所在的细分行业来看,半导体芯片领域、机械设备领域与汽车制造领域是 2016 年我国制造业海外并购最主要的三大领域①,这些领域的交易反映了当前我国传统制造业企业向高端制造业转型的强烈愿望,也在一定程度上反映了中国制造业转型升级的主要方向。

四、"一带一路"倡议下优化对外直接投资结构的基本路径

"一带一路"倡议为我国在经济新常态下通过对外直接投资促进产业结构升级、化解产能过剩以及重构全球价值链提供了新路径。"一带一路"沿线区域涉及的国家和地区众多,经济发展水平不一,不同国家和地区的要素禀赋与比较优势也存在差异,同时这些国家大部分致力于工业化发展,市场吸收空间广阔。一带一路倡议的对外直接投资,并非单向的资本输出,而是旨在通过产业合作共享经济发展机遇,推动区域共同发展。以对外直接投资促进我国产业结构升级、实现区域内互利共赢必须首先提升我国对外直接投资的质量,优化投资结构。

在对外直接投资的区位格局与行业结构方面,必须充分考虑我国产能过剩实际、产业升级的迫切需求以及"一带一路"沿线国家和地区的经济发展诉求,充分融合产业特点与区位优势,通过对外直接投资推动国际产能合作。

一是根据沿线各国的要素禀赋特征,进行差异化的产业合作。"一带一路"沿线各国的地理区位、资源禀赋特征和社会经济制度均不同,且各自处在不同的经济发展阶段。例如,东南亚地区劳动力成本较低,自然资源丰富,"一带一路"战略下对东南亚的直接投资可以将基础设施建设和劳动密集型产业转移作为重点方向;南亚地区主要是新兴经济体,电力、交通等基础设施落后,工业基础较薄弱,劳动力要素成本较低,"一带一路"沿线国家和地区制造业尤

---

① 资料来源:http://36kr.com/p/5060980.html.

其是劳动密集型产业和基础设施建设可作为重要投资领域；中亚地区位于丝绸之路经济带的重要节点上，油气、铁矿、煤矿等资源丰富，以石油产业和重工业为主，对外直接投资领域可集中在能源资源合作和公路、铁路及管道交通建设等；西亚北非地区的沙特阿拉伯石油、天然气资源丰富，但基础建设相对落后，能源、基建和金融领域的产能合作机会较多；中东欧地区矿产资源丰富，且位于亚欧大陆桥上，经济战略意义重大，重点投资方向可以是基础设施投资和资本密集型产业转移。

二是进一步扩大制造业产能合作，推动区域共同发展。"一带一路"沿线国家和地区的资源禀赋与我国制造业发展具有较高的互补性，以东盟和中亚地区为例，该地区的大部分国家基础设施建设落后，工业化进程较慢，各国对公路、铁路、港口、电信等方面的需求将持续增长，这为我国装备制造业对外投资提供了广阔空间。"一带一路"区域内制造业产能合作为我国制造业参与全球资源配置与培育竞争新优势创造了绝佳机会。制造业企业"走出去"必须加强与相关国家和地区的产业合作，优化产业布局，持续整合，延伸制造业产业链。

三是以"一带一路"倡议为契机，构建全方位开放新格局，进一步推动区域经济一体化。"一带一路"倡议为我国中西部地区扩大对外开放及要素集聚新格局的形成提供了契机。内陆省市可以以自身的要素资源禀赋和要素集聚新格局为基础，根据"一带一路"沿线各国产业的互补性，重塑区域比较优势，拓展对外开放的深度与广度，推动产业结构优化升级。

在对外直接投资的方式上，积极开展跨国并购，以跨国并购促进国内企业国际经营能力和自主创新能力提升。在政策层面，借助"一带一路"倡议切实推进中国企业在相关地区的投资和布局，完善我国企业海外并购的法律法规体系，进一步放松相关的限制性政策，同时为企业走出去提供更多元化的融资渠道。对于企业跨国并购中可能面临的风险，需进一步加以规范、指导与控制。在企业层面，相关企业应调整全球化战略，优化海外并购的行业结构与地域结构，注意并购过程中潜在的风险，打造具备国际管理能力的组织和团队，加强并购资源的整合，提高海外并购的成功率与绩效，更好地通过海外并购提高生产技术水平，促进企业经营效率提升。

第五节 对外直接投资影响产业结构升级的实证研究

一、机理分析与模型构建

(一)对外直接投资影响产业结构升级的机理分析

产业结构指的是产业之间技术经济的联系及其联系方式(苏东水,2000)。Kuznets(1949)对产业结构的定义是:所占用的资源和所产出的产品在各个不同产业间的分布。目前学术界对产业结构优化升级的内涵具有不同的理解,但在以下两个方面已达成共识:一是产业结构的优化升级是产业结构从低层次向高层次演进的过程;二是产业结构优化升级是产业之间的经济技术联系由不协调趋于协调、合理的过程。即产业结构的优化应包含高度化和合理化两个维度。产业结构高度是对一国经济内部各产业份额及其比例关系的衡量,产业结构高度通常也能够反映其经济发展所达到的阶段(刘伟等,2016)。配第—克拉克定理指出:随着社会经济发展程度的提高,第一产业规模及其劳动力占比会逐渐下降,第二产业规模及其劳动力占比会逐渐上升。而随着经济进一步发展,第三产业规模及其劳动力占比将上升并逐步超过第二产业比重,最终形成的产业结构中,第三产业比重最高,第一产业比重最低(刘伟等,2016)。产业结构的合理化一方面是指产业间聚合质量趋于提升的过程,可以用产业间关系的均衡程度与关联程度来表示(周振华,1992),另一方面是指生产要素利用程度有效性提高的过程,即产业结构合理化还应反映要素投入结构与产出结构的耦合程度(干春晖等,2011)。

改革开放以来,我国产业结构在逐步调整中不断优化升级。经济体制改革和政府主导的宏观调控提高了资源配置的效率,促进了经济快速增长,推动了产业结构升级。我国产业结构的调整和升级受国内需求结构、供给结构和技术进步等多方面因素影响,但同时亦是全球化战略下的外向型经济发展、生产要素跨国流动和国际产业转移的结果。

国外关于对外直接投资影响母国产业结构升级的研究目前已有较为成熟的理论体系。目前,国内学者亦对中国对外投资与产业转型升级的关系进行了深入研究,并试图从微观或宏观视角全面剖析其作用机理。本章对我国对外直接投资的产业结构升级效应的探析主要基于宏观视角。结合已有文献,本章认为对外直接投资会从以下几个渠道影响我国产业结构升级:

1. 传统产业转移和资源再配置

产业结构的优化升级不可避免地伴随着部分传统产业的衰退,而衰退的边际性产业转移则是实现产业结构升级的重要途径之一。将不再具有比较优势的边际产业向外转移有利于产业转移方为附加值更高的产业腾出发展空间,改善资本、劳动力等要素和其他资源的配置,实现产业结构优化升级。对于承接产业转移的地区,产业转移为当地注入技术、资金等先进的生产要素;对于产业转移方,对外直接投资带来的产业转移则为获取本国产业结构调整所必需的关键性短缺资源提供了重要渠道,使国内产业逐步减少对国内资源的依赖,实现产业发展在投入资源上的更新变化,推动产业结构优化升级。

2. 新兴产业成长

对外直接投资尤其是技术寻求型对外直接投资,是促进母国新兴产业成长的重要途径。首先,对外直接投资带来的产业转移促进了生产要素和其他资源向更具比较优势的新兴产业流动,使新兴产业获得充足的生产要素;其次,对外投资可通过获取反向技术外溢以促进母国技术进步,例如通过模仿、学习东道国的先进技术和管理方法和在与东道国企业激烈的竞争中提高自身的管理水平和技术研发能力。此外,通过与东道国企业组建战略技术联盟或并购东道国技术领先的企业,有利于打破技术壁垒,获取东道国先进的科学技术,并且在新技术的研发与使用上获得成本优势、缩短技术研发周期,促进本国新兴产业的成长。

3. 产业关联效应

产业关联效应包括前向关联效应和后向关联效应,在前向关联效应中,母国通过对外直接投资将产业转移到竞争压力更大的海外将刺激国内上游产业实现规模扩张、技术研发和服务水平的提升,同时,企业通过对外直接投资获取的反向技术溢出又将推动上游产业通过技术进步提高产品质量和生产效率。在后向关联效应中,上游产业通过对外直接投资将初级产品和中间产品的生产过程转移至国外,一定程度上节约了国内有限的资源,推动国内生产要素和相关稀缺性资源向最终产品的研发与生产环节流动,提高资源配置效率,促进母国产品结构改善与国内产业结构优化升级。

4. 产业竞争效应

企业的对外直接投资及国际化经营意味着置身于激烈的国际竞争中,同时也将加剧国内行业内竞争。面临产业内竞争的企业通过技术引进与技术创新等方式不断提高自身生产效率与产品竞争力来获得生存和发展空间,这引起产业内创新活跃,亦会通过产业关联效应将更多为其提供生产要素和相关配套服务的上下企业卷入开放性竞争活动之中,同时推动产业内和产业间形成有利于促进企业自主创新能力提升的制度性激励机制。此外,产业内竞争促进了产业细分和产业重构。面临竞争压力的企业不断加大产品差异化的程度或开发新的替代产品,同时不断突破原有产业的界限,向相关产业延伸,最终引起产业细分以及替代产业或新兴产业产生。

通过上述分析,对外直接投资影响产业结构升级的作用机理如图 14 - 26 所示。

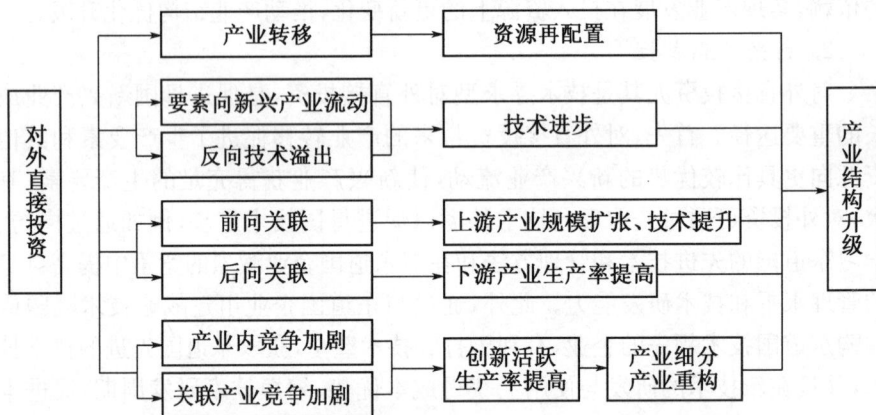

图 14 - 26 对外直接投资影响产业结构升级的机理

(二)指标设计与模型构建

钱纳里(Chenery,1986)归纳分析了 101 个国家约 20 年的统计数据并提出了著名的"标准结构"模型,用以解释各国经济增长中的产业结构变动。钱纳里"标准结构"基本模型为:

$$X = \alpha + \beta_1 Y + \beta_2 (Y)^2 + \gamma_1 \ln N + \gamma_2 (\ln N)^2 + \sum \delta_i T_i + \varepsilon F + \cdots$$

$$(14.1)$$

该模型中 X 代表经济结构变动的某一方面;Y 表示人均国内生产总值;N 表示人口数量;T 为时间趋势变量;F 表示生产要素的流动,例如进出口、储蓄、固定资产的增加等因素。此外,该模型的一个重要假定为"各国都处于国际贸易中,且所有国家间存在资本流动",可见该模型已经考虑了国家间资本流动对产业结构的影响,本章将在该经典模型的基础上根据我国经济发展中的特有因素构建相关模型。

本章采用对外直接投资变量 ODI 和外商直接投资变量 FDI 替代原模型中反映资源和生产要素流动的变量 F。相对于人口总数，劳动投入对产业结构升级的影响可能更为显著，因此本章以劳动投入 L 替代原模型中的人口变量 N。由于我国对外直接投资起步较晚，时间趋势变量 T 的年份跨度较小，因此本章在构建模型时将忽略这个变量。同时，为了减少模型可能存在的异方差，本章对产业结构升级指标、对外直接投资变量和外商直接投资变量取对数。由此，本章得到新的产业结构升级模型为：

$$\ln IND = \alpha_1 + \alpha_2 \ln ODI + \alpha_3 \ln FDI + \alpha_4 \ln Y + \alpha_5 (\ln Y)^2 + \alpha_6 \ln L + \alpha_7 (\ln L)^2$$

$$(14.2)$$

其中，IND 产业结构升级指标，Y 表示人均 GDP 数额，ODI 为对外直接投资变量，FDI 为外商直接投资变量，L 为劳动投入。

基于上述模型，本章得到省级面板计量模型如下：

$$\ln IND_{it} = \alpha_1 + \alpha_2 \ln ODI_{it} + \alpha_3 \ln FDI_{it} + \alpha_4 \ln Y_{it} +$$
$$\alpha_5 (\ln Y_{it})^2 + \alpha_6 \ln L_{it} + \alpha_7 (\ln L_{it})^2 + \varepsilon_{it}$$

$$(14.3)$$

其中，α_1 为常数项，α_2、α_3、α_4、α_5、α_6、α_7 为待估计参数，ε_{it} 为残差项。IND_{it} 为第 t 年第 i 省份的产业结构升级指标，ODI_{it} 和 FDI_{it} 分别为第 t 年第 i 省份的对外直接投资水平和外商直接投资水平，Y_{it} 为第 t 年第 i 省份人均地区生产总值，L_{it} 为第 t 年第 i 省份劳动投入。

（三）数据说明及变量选取

本章首先进行时间序列分析，时间范围为 1981～2015 年，其中对外直接投资数据和外商直接投资数据来自联合国贸发会议（UNCTAD）历年《世界投资报告》，国内人均生产总值数据和劳动投入数据来自国家统计局历年《中国统计年鉴》。部分省份相关数据并不完整[①]，由于我国各省对外直接投资存量

[①] 我国对外直接投资的数据统计起步晚，统计年份有限，部分相关统计数据存在不完整的情况，此外，我国对外直接投资分布在各省（自治区、直辖市）间存在较大差异，无论就存量还是流量来看，沿海发达地区的对外直接投资占大多数，如果采用全部省份数据进行回归分析，一方面会有非平衡面板的问题，另一方面得出的实证结果也无法全面反映相关经济问题，因此本章剔除了对外直接投资存量极低与相关统计数据不完整的省份。本章选取以下 21 个省份进行省级面板分析：广东、上海、山东、北京、浙江、江苏、辽宁、天津、福建、吉林、重庆、江西、湖北、四川、贵州、云南、陕西、甘肃、广西、湖南、河北。

数据从 2004 年开始统计并对外公布,本章面板分析的相关数据选取的时间范围为 2004～2015 年。各省的对外直接投资数据来自历年《中国对外直接投资统计公报》,其他数据来自历年各省市统计年鉴。本章具体指标设计和数据处理内容如下。

1. 产业结构升级的度量

构造科学合理的产业结构升级指标是本章的一个重点。参考现有文献,本章将从产业结构高度化和合理化两个维度对产业结构优化升级进行测度。

(1) 产业结构高度化 TS。

产业升级通常遵循先从劳动密集型向资本密集型升级再向知识技术密集型升级的路径(刘伟、张辉,2008)。这一过程在技术水平的角度体现为:随着要素在生产率不同的产业部门间转移,技术复杂度和生产率较高的产业所占比重逐渐增加,各产业生产率得以共同提高(黄亮雄等,2013)。即产业结构的高度化包含两个维度的内涵:一是各产业间比例关系的改变;二是产业结构内部生产率和技术复杂度提高。

基于这两个维度,目前关于产业结构高度化的评价标准可归为两类:① 以各产业产值的比例关系来度量产业结构高度化(干春晖等,2011)。② 各产业增加值以生产率或技术复杂度作为权重,通过加权后相加来构造产业结构高度化指标(刘伟、张辉,2008;徐德云,2008;李逢春,2012;黄亮雄等,2013)。此外,也有学者建立产业结构高度化指标体系来衡量产业升级(冯春晓,2009)。本章参考李逢春(2012)的做法,构建产业结构高度化指标如下:

$$TS = \sum_i^n \sqrt{L_i} P_i \qquad (14.4)$$

其中,L_i 为各产业的劳动生产率,由各产业增加值除以就业人数计算所得,P_i 为各产业增加值占 GDP 的比重。该产业结构高度化指标数值越大则表示经济体中生产率和技术复杂度高的产业占比越高,产业结构高度化程度越大。

(2) 产业结构合理化 TL。

产业结构合理化反映了要素投入结构和产出结构的耦合程度(干春晖等,2011),目前学术界较多采用结构偏离度对其进行衡量,其计算公式为:

$$E = \sum_{i=1}^n \left| \frac{Y_i/L_i}{Y/L} - 1 \right| = \sum_{i=1}^n \left| \frac{Y_i/Y}{L_i/L} - 1 \right| \qquad (14.5)$$

其中,Y 为产值,L 为就业人数,i 为产业,n 为产业部门数,Y_i/Y 表示产出结构，L_i/L 表示就业结构。根据古典经济学假设，经济最终处于均衡状态时，各产业部门生产率水平相同（干春晖等，2011），即 $Y_i/L_i=Y/L$，此时结构偏离度等于 0。当经济越靠近均衡状态时，结构偏离度数值越小，产业结构也趋于合理。但是，结构偏离度指标未区分产业在经济中比重的不同，而是给予所有产业一样的权重，因而不能反映各产业重要程度的不同。基于此，本章参考干春晖等（2011）的做法采用泰尔指数作为产业结构合理化的度量指标。计算公式：

$$TL = \sum_{i=1}^{n} \left(\frac{Y_i}{Y}\right) \ln\left(\frac{Y_i}{L_i} \Big/ \frac{Y}{L}\right) \tag{14.6}$$

泰尔（Theil and Henri，1967）最早提出泰尔指数并以此来计算个人或地区间收入差距。干春晖等（2011）指出，泰尔指数并不需要计算绝对值，并且与结构偏离度具有一致的内在经济意义，即当经济结构趋于均衡时，有 $TL=0$，相对于结构偏离度，泰尔指数更便于对产业结构合理化进行测度。此外，泰尔指数考虑了不同产业在经济体中重要程度的不同，在计算过程中根据各产业占 GDP 的比重赋予各产业不同的权重。以泰尔指数度量产业结构合理化程度时，TL 数值越大，则表明产业结构越偏离均衡状态，因而产业结构的合理化程度越低。

图 14 - 27 和图 14 - 28 中的实线分别显示了经测算所得的我国产业结构高度化和产业结构合理化走势。从变化趋势来看，1981～2015 年，我国产业

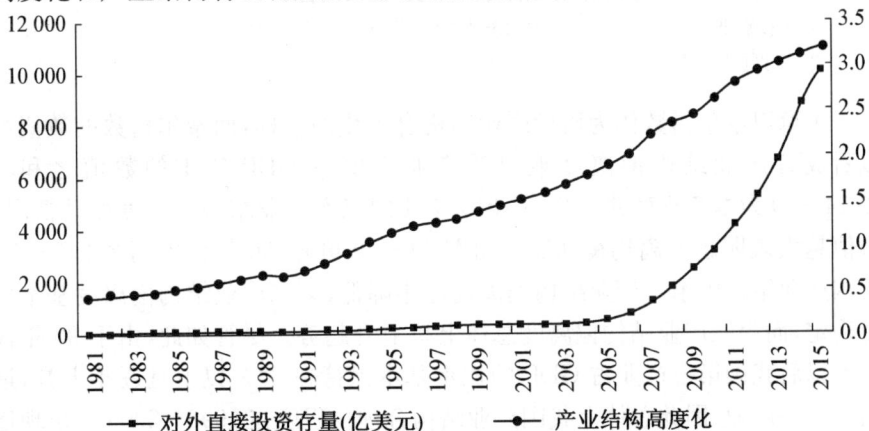

图 14 - 27　中国对外直接投资存量与产业结构高度化（1981～2015 年）

资料来源：根据 1981～2015 年《中国统计年鉴》测算；联合国贸发会议（UNCTAD）1980～2015 年《世界投资报告》。

结构高度化程度不断上升,产业结构高度化指数从 1981 年的 0.4 左右上升到
2015 年的 3.2,这表明我国产业结构正不断向生产率水平更高的产业集中。
从产业结构合理化维度来看,1981~2015 年度量我国产业结构合理化程度的
泰尔指数不断起伏波动,但总体上趋于减小,说明我国产业结构尽管仍存在很
大的不均衡现象,但总体上其发展是逐渐趋于合理化的。1981~1996 年,
我国产业结构的泰尔指数总体上在 0.2~0.3 波动,但是 1996 年起,我国产业
结构合理化程度开始逐年降低,2003 年甚至达到改革开放以来的最低水平。

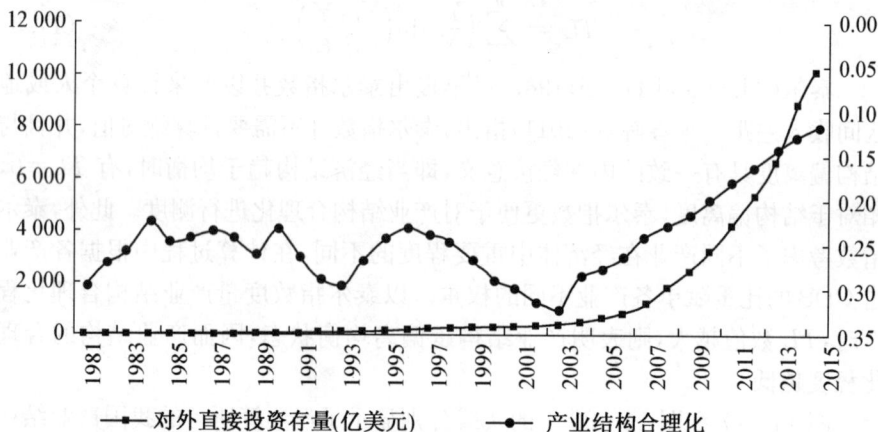

图 14 - 28   中国对外直接投资存量与产业结构合理化(1981~2015 年)

资料来源:根据 1981~2015 年《中国统计年鉴》测算,联合国贸发会议(UNCTAD)1980~2015
年《世界投资报告》。

　　本章以泰尔指数作为衡量产业结构合理化的指标,而泰尔指数的数值可
以看成各产业结构偏离度乘以该产业产值占 GDP 比重的数值之和。
图 14 - 29 为本章测算的 1978~2015 年我国三次产业结构偏离度变动情况,
数值越大表明越偏离均衡状态。由图 14 - 29 可知,90 年代中期至 2003 年,
我国产业结构中第一产业结构偏离度逐年降低,第二产业结构偏离度基本保
持稳定,而第三产业结构偏离度总体上呈上升趋势。尽管如此,由于 90 年代
中期以后我国第三产业占 GDP 的比重基本保持在 35% 以上且逐年上升,远
高于第一产业,因此总体上我国产业结构合理化程度在 1996~2003 年出现逐
年降低的情况。

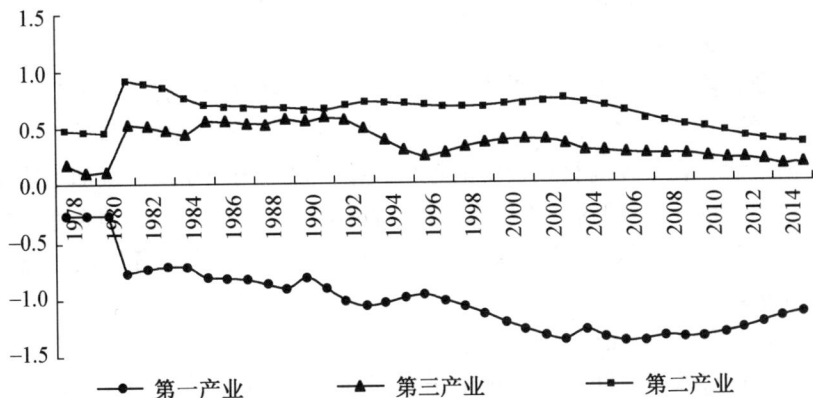

图 14-29 中国三次产业结构偏离度(1978～2015 年)
资料来源:根据 1978～2015 年《中国统计年鉴》测算。

长期以来,我国三次产业的就业结构变化实际上滞后于增加值结构变化,这是我国产业结构合理化程度较低的主要原因。20 世纪 90 年代后半期至 2003 年正是我国重工业加速发展的时期,21 世纪后,加强基础设施建设、大力发展服务业的产业政策进一步推动我国第二、第三产业比重持续上升,直观表现即我国产业结构高度化程度不断提高。这一时期,我国第一产业生产率不断提高,同时第一产业劳动力向第二、第三产业转移的速度低于第一产业增加值比重降低的速度,而第二、第三产业在发展过程中劳动力比重的增速与其产出的增速一定程度上并不匹配,这在一定程度上影响了我国第二、第三产业合理化进程。2003 年后,我国三次产业的就业结构趋于改善,直观来看,第一产业就业人数稳步下降,第二产业和第三产业就业人数稳步上升,就业结构合理化一定程度上推动了产业结构合理化(刘伟等,2016)。

2. 其他变量

(1) 对外直接投资 ODI

考虑到对外直接投资的产业结构升级效应会通过较长的传导机制间接获得,其影响可能具有一定滞后性,因此本章的对外直接投资数额采用存量数据。本章全国范围的对外直接投资时间序列数据来自联合国贸发会议(UNCTAD)历年《世界投资报告》,为以美元计价的数据。限于数据可得性,本章各省(自治区、直辖市)的对外直接投资数据采用非金融类对外直接投资存量数据替代。本章根据中国人民银行公布的历年美元对人民币的平均汇率

中国经济增长的潜力与动力

将各省(自治区、直辖市)的对外直接投资数据折算为美元表示。

(2) 外商直接投资 FDI

外商直接投资数据同样采用以美元计价的存量数据。我国各省(自治区、直辖市)的历年地方统计年鉴仅公布了外商直接投资的流量数据,并未公布存量数据。计算各省外商直接投资的存量数据可以采用当年发生额加上历年发生额总和进行计算,但这一方法未剔除已注销企业,易受历年注销企业的数量影响。参考已有文献,本章选取外商投资企业投资总额度量各地区外商直接投资存量。

(3) 人均生产总值 Y

本章在总效应时间序列分析中采用人均国内生产总值数据,在省级面板分析中采用各省(自治区、直辖市)的人均地区生产总值数据。为了与对外直接投资数据保持一致,本章同样将并历年人均生产总值数据折算为美元表示。

(4) 劳动投入 L

本章选取各省(自治区、直辖市)就业人数度量劳动投入变量。

二、总效应时间序列分析

(一) 时间序列变量的平稳性检验

对非平稳时间序列进行回归有可能造成伪回归,因此本章首先对变量采用 ADF 检验法检验平稳性。检验结果见表 14-6。

由表 14-6 可知,变量 $\ln FID$、$\ln L$ 和 $(\ln L)^2$ 均在 1% 的显著性水平下拒绝了"存在单位根"的原假设。变量 $\ln TS$、$\ln TL$、$\ln ODI$、$\ln Y$ 和 $(\ln Y)^2$ 均存在单位根,但经过一阶差分后在 1% 的显著性水平下均平稳,即这些变量均为一阶单整的时间序列。

表 14-6　时间序列单位根检验结果

变量	ADF 值	1%临界值	5%临界值	10%临界值	概率 P	平稳性
$\ln TS$	−0.782	−3.689	−2.975	−2.619	0.824 4	非平稳
$\Delta\ln TS$	−3.984	−3.696	−2.978	−2.620	0.001 5	平稳
$\ln TL$	1.295	−3.689	−2.975	−2.619	0.996 6	非平稳
$\Delta\ln TL$	−3.989	−3.696	−2.978	−2.620	0.001 5	平稳
$\ln ODI$	−3.309	−3.689	−2.975	−2.619	0.014 5	非平稳

（续表）

变量	ADF 值	1%临界值	5%临界值	10%临界值	概率 P	平稳性
$\Delta\ln ODI$	-3.563	-3.696	-2.978	-2.620	0.006 5	平稳
$\ln FDI$	-5.128	-3.689	-2.975	-2.619	0.000 0	平稳
$\ln Y$	2.139	-3.689	-2.975	-2.619	0.998 8	非平稳
$\Delta\ln Y$	-4.561	-3.696	-2.978	-2.620	0.000 2	平稳
$(\ln Y)^2$	3.043	-3.689	-2.975	-2.619	1.000 0	非平稳
$\Delta(\ln Y)^2$	-3.880	-3.696	-2.978	-2.620	0.002 2	平稳
$\ln L$	-3.429	-3.689	-2.975	-2.619	0.010 0	平稳
$(\ln L)^2$	-3.466	-3.689	-2.975	-2.619	0.010 0	平稳

（二）协整分析

本章采用 Johansen 极大似然法对各一阶单整变量进行协整检验以考察各变量间是否具有长期均衡关系。首先,本章需要确定最优滞后阶数,以在具有足够滞后项及自由度的基础上消除误差项自相关,同时确保模型具备较好的解释力。

本章首先检验一阶单整的解释变量($\ln ODI$、$\ln Y$、$(\ln Y)^2$)与一阶单整的被解释变量($\ln TS$、$\ln TL$)间的协整关系。通过多次检验发现,根据 LL、LR、FPE、AIC、HQIC、SBIC 等信息准则,当被解释变量为产业结构高度化时,模型在滞后阶数为 1 时通过率最高;当被解释变量为产业结构合理化时,模型在滞后阶数为 4 时通过率最高。故本章分别选择滞后 1 期和滞后 4 期对模型在被解释变量为产业结构高度化和产业结构合理化时进行 Johansen 协整检验。检验结果如表 14-7、表 14-8 所示。

表 14-7　产业结构高度化效应相关时间序列 Johansen 协整检验结果

原假设	特征根	迹统计量	5%临界值 P 值	最大特征根统计量	5%临界值	协整关系个数
None	0.989 8	279.085 9	47.21	155.802 9	27.07	
At most 1	0.876 7	123.283 0	29.68	71.167 2	20.97	3
At most 2	0.782 7	52.115 9	15.41	51.904 0	14.07	
At most 3	0.006 2	0.211 8	3.76	0.211 8	3.76	

表 14-8　产业结构合理化效应相关时间序列 Johansen 协整检验结果

原假设	特征根	迹统计量	5%临界值 P 值	最大特征根统计量	5%临界值	协整关系个数
None	0.859 8	120.499 1	47.21	60.894 8	27.07	
At most 1	0.637 9	59.604 3	29.68	31.489 6	20.97	
At most 2	0.510 8	28.114 7	15.41	22.163 4	14.07	4
At most 3	0.174 7	5.951 3	3.76	5.951 3	3.76	

表 14-7 和表 14-8 的协整检验结果可知,产业结构高度化效应相关时间序列的迹检验和最大特征根检验结果均显示模型在 5% 的显著性水平下存在 3 个协整关系;产业结构合理化效应相关时间序列的迹检验和最大特征根检验结果均显示模型在 5% 的显著性水平下存在 4 个协整关系。由此可见,中国的产业结构合理化($\ln TL$)与产业结构高度化($\ln TS$)均与我国对外直接投资($\ln ODI$)和人均国内生产总值($\ln Y$、$(\ln Y)^2$)存在长期均衡关系。本章得到标准化协整方程如下:

$$\ln TS = 0.030\,5\ln ODI + 3.070\,1\ln Y - 0.167\,0(\ln Y)^2 - 12.558\,5$$

$$(14.7)$$

$$(0.015\,7)^{**}\ (0.286\,8)^{***}\ (0.0187\,)^{***}$$

$$\ln TL = -0.127\,5\ln ODI + 1.712\,0\ln Y - 0.123\,8(\ln Y)^2 - 6.983\,8$$

$$(14.8)$$

$$(0.019\,8)^{***}\ (0.206\,4)^{***}\ (0.014\,1)^{***}$$

注:*、**、***分别表示在 10%、5%、1%的显著性水平上显著,括号内数值为标准差。

需要指出的是,本章构造的产业结构高度化指标数值越大,则产业结构越趋于高度化。同时,本章度量产业结构合理化程度的 TL 数值越大,则产业结构越偏离均衡状态,在对泰尔指数取对数之后,依然表现为 $\ln TL$ 数值越大,产业结构合理化程度越低。协整方程(14.7)和协整方程(14.8)表明,长期来看,对外直接投资对我国产业结构的高度化和合理化均存在显著的正向影响,这与目前国内大部分的研究结论基本一致。从弹性系数来看,对外直接投资的产业结构高度化弹性和产业结构合理化弹性分别为 0.030 5 和 −0.127 5,因此对外直接投资存量每增加 1%,产业结构高度化指数将提高 0.030 5%,同时泰尔指数(TL)将降低 0.1275%,即产业结合理化程度提高 0.1275%。

本章接下来省略人均国内生产总值因素,单独进行对外直接投资(lnODI)与产业结构高度化(ln TS)和产业结构合理化(ln TL)的协整检验,如表 14-9、表 14-10 所示。检验结果显示,产业结构高度化和合理化与对外直接投资间的长期均衡关系仍然存在,并且符号未发生改变,说明这一关系是稳定的。

表 14-9　对外直接投资与产业结构高度化的 Johansen 协整检验结果

原假设	特征根	迹统计量	5%临界值 P 值	最大特征根统计量	5%临界值	协整关系个数
None	0.840 7	62.561 4	15.41	62.462 9	14.07	1
At most 1	0.002 9	.098 5	3.76	0.098 5	3.76	

表 14-10　对外直接投资与产业结构合理化的 Johansen 协整检验结果

原假设	特征根	迹统计量	5%临界值 P 值	最大特征根统计量	5%临界值	协整关系个数
None	0.526 9	24.981 6	15.41	23.198 7	14.07	1
At most 1	0.055 9	1.782 9	3.76	1.782 9	3.76	

（三）格兰杰因果关系检验

本章该部分进一步分析对外直接投资与我国产业结构高度化和合理化进程是否存在格兰杰因果关系。在进行格兰杰因果关系检验之前,本章根据 AIC 最小准则选定了格兰杰因果检验的滞后期。检验结果如表 14-11 所示。

表 14-11　格兰杰因果关系检验结果

原假设	滞后期	F 统计量	P 值	结论
lnODI 不是 ln TS 的格兰杰原因	1	−130.715 6	0.035 4	拒绝
ln TS 不是 lnODI 的格兰杰原因	1	0.689 1	0.190 7	接受
lnODI 不是 ln TL 的格兰杰原因	4	−78.890 7	0.003 1	拒绝
ln TL 不是 lnODI 的格兰杰原因	4	−13.362 1	0.328 6	接受

表 14 - 11 检验结果分别在 5% 和 1% 的显著性水平下拒绝了"$\ln ODI$ 不是 $\ln TS$ 的格兰杰原因"与"$\ln ODI$ 不是 $\ln TL$ 的格兰杰原因"的原假设,即 $\ln ODI$ 是 $\ln TS$ 和 $\ln TL$ 的格兰杰原因,但 $\ln TS$ 和 $\ln TL$ 并不是 $\ln ODI$ 的格兰杰原因。这与本章的理论预期是一致的,即我国对外直接投资的发展对产业结构高度化和合理化均产生了影响,但是产业结构升级并未对对外直接投资产生显著影响。

三、省级面板数据分析

本章该部分运用省级面板数据考察我国对外直接投资的产业结构高度化效应和产业结构合理化效应。

(一)描述性统计及数据检验

图 14 - 30 和图 14 - 31 为对外直接投资分别与产业结构高度化和产业结构合理化的拟合散点图。本章首先对变量进行描述性统计,统计结果如表 14 - 12 所示。

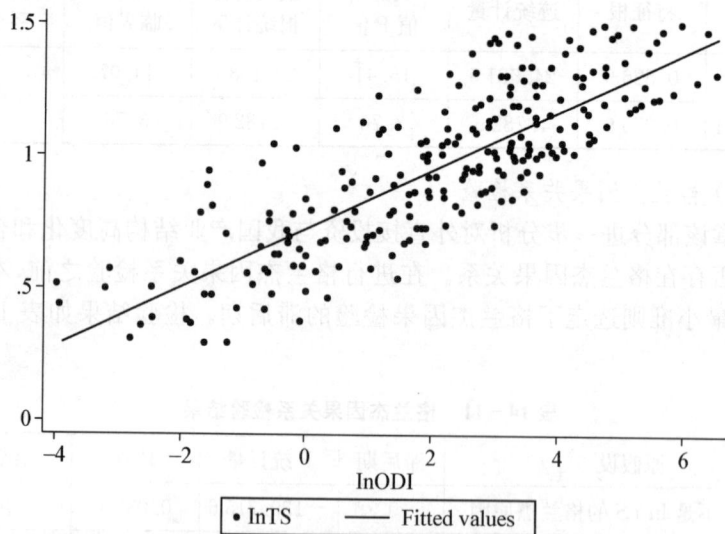

图 14 - 30　对外直接投资存量与产业结构高度化的拟合散点图

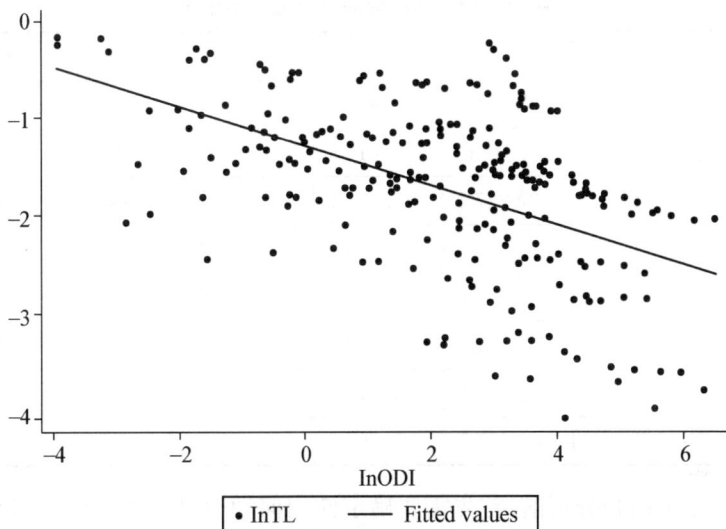

图 14 – 31　对外直接投资存量与产业结构合理化的拟合散点图

表 14 – 12　变量描述性统计

变量	样本数	平均值	标准差	最小值	最大值
$\ln TS$	252	0.932 2	0.304 9	0.203 7	1.498 7
$\ln TL$	252	−1.705 1	0.822 7	−4.080 7	−0.166 7
$\ln ODI$	252	2.165 1	2.100 5	−3.942 5	6.531 7
$\ln FDI$	252	6.227 7	1.342 0	3.044 5	8.964 6
$\ln Y$	252	8.242 7	0.821 2	6.102 9	9.760 4
$(\ln Y)^2$	252	68.614 3	13.371 5	37.245 1	95.265 4
$\ln L$	252	7.784 4	0.596 1	6.236 2	8.799 7
$(\ln L)^2$	252	60.950 9	9.158 6	38.889 9	77.435 4

　　在进行计量分析之前,本章首先对产业结构高度化($\ln TS$)、产业结构合理化($\ln TL$)、对外直接投资存量($\ln ODI$)、外商直接投资存量($\ln FDI$)、人均地区生产总值($\ln Y$、$(\ln Y)^2$)和地区劳动投入($\ln L$、$(\ln L)^2$)进行单位根检验以确保变量的平稳性。本章采用 ADF-Fisher 检验方法对变量进行单位根检验,如表 14 – 13 所示。检验结果显示,上述变量的原始数据均平稳。

表 14-13　面板数据单位根检验结果

变量	滞后期	P	Z	L*	Pm	结论
$\ln TS$	1	142.841 1	−7.978 1	−8.413 9	11.002 7	平稳
$\ln TL$	1	86.614 9	−4.015 5	−4.037 5	4.867 9	平稳
$\ln ODI$	1	105.227 1	−5.251 1	−5.469 4	6.898 6	平稳
$\ln FDI$	1	69.911 0	−2.360 1	−2.486 3	3.045 3	平稳
$\ln Y$	1	133.770 9	−7.851 8	−7.949 2	10.013	平稳
$(\ln Y)^2$	1	116.851	−6.919 6	−6.850 9	8.166 9	平稳
$\ln L$	1	86.614 9	−4.015 5	−4.037 5	4.867 9	平稳
$(\ln L)^2$	1	117.677 7	−5.767 7	−6.083 8	8.257 1	平稳

　　进行面板回归分析前,首先需要确定使用何种模型。本章依次采用 F 检验、BP 检验和 Hausman 检验对固定效应模型、随机效应模型以及混合效应模型进行选择。检验结果表明,当被解释变量为产业结构高度化($\ln TS$)和产业结构合理化($\ln TL$)时均应以固定效应模型估计参数,具体检验结果如表 14-14 所示。

表 14-14　固定效应、随机效应和混合效应的检验结果

检验目的	检验方法	被解释变量 $\ln TS$		被解释变量 $\ln TL$	
		结果	结论	结果	结论
混合或固定效应	F 检验	F=42.22 P=0.000 0	固定效应	F=63.55 P=0.000 0	固定效应
混合或随机效应	BP 检验	chi2=641.58 P=0.000 0	随机效应	chi2=775.20 P=0.000 0	随机效应
固定或随机效应	Hausman 检验	chi2=52.30 P=0.000 0	固定效应	chi2=37.10 P=0.000 0	固定效应

（二）实证结果及分析

　　表 14-15 为对外直接投资影响产业结构高度化的回归结果,表 14-16 为对外直接投资影响产业结构合理化的回归结果。由表 14-15 可知,解释变量对外直接投资的系数为正,且在 1‰的显著性水平上显著,可见对外直接投资对产业结构高度化的正向作用是存在的,这与总效应时间序列分析时的基

表 14 - 15 对外直接投资与产业结构高度化回归结果

变量	被解释变量 $\ln TS$			
	(1)	(2)	(3)	(4)
$\ln ODI$	0.129 8***	0.110 3***	0.013 5**	0.016 2***
	(0.002 6)	(0.006 0)	(0.006 7)	(0.005 7)
$\ln FDI$		0.076 1***	−0.021 2	−0.025 4**
		(0.021 2)	(0.014 8)	(0.012 3)
$\ln Y$			0.461 7***	−0.015 3
			(0.072 6)	(0.080 2)
$(\ln Y)^2$			−0.007 2*	0.024 6***
			(0.004 3)	(0.004 9)
$\ln L$				0.743 9**
				(0.325 0)
$(\ln L)^2$				−0.083 0***
				(0.022 3)
常数项	0.686 3***	0.249 8***	−2.274 2***	−1.231 4
	(0.007 0)	(0.122 0)	(0.316 7)	(1.340 7)
样本量	252	252	252	252
F	2 433.08	1 286.08	1 617.39	1 595.90
R^2	0.914 3	0.918 9	0.966 4	0.977 2

注:*、**、*** 分别表示在 10%、5%、1% 的显著性水平上显著,括号内数值为标准差。

本结论一致。由表 14 - 16 可知,采用省级面板数据进行回归分析时,我国对外直接投资影响产业结构合理化的系数在 5% 的显著性水平上为正,由于 $\ln TL$ 数值越大,产业结构合理化程度越低,可见对外直接投资对产业结构合理化存在负向影响,这与总效应时间序列分析的基本结论并不一致。其可能的原因是,尽管 2014 年以来,地方对外直接投资流量逐渐超过中央主导的对外直接投资流量,但从存量数据来看,长期以来,中央主导的对外直接投资仍占我国对外投资存量的绝大部分,采用省级层面的地方存量数据进行回归分析,其结果必然与采用中央与地方合计数据的时间序列分析存在一定差异。

表 14 - 16 对外直接投资与产业结构合理化回归结果

变量	被解释变量 $\ln TL$			
	(5)	(6)	(7)	(8)
$\ln ODI$	−0.056 7*** (0.007 9)	0.009 7 (0.017 9)	0.052 4* (0.027 8)	0.056 3** (0.027 4)
$\ln FDI$		−0.258 3*** (0.062 9)	−0.193 4*** (0.061 5)	−0.204 7*** (0.059 4)
$\ln Y$			1.877 6*** (0.300 8)	0.896 1** (0.385 8)
$(\ln Y)^2$			−0.125 7*** (0.017 9)	−0.059 6** (0.023 6)
$\ln L$				2.125 2 (1.562 9)
$(\ln L)^2$				−0.213 0** (0.107 3)
常数项	−1.600 0*** (0.021 0)	−0.118 0 (0.361 5)	−7.461 7*** (1.311 9)	−7.399 0 (6.448 7)
样本量	252	252	252	252
F	52.11	36.29	35.28	29.10
R^2	0.186 0	0.242 3	0.385 5	0.439 1

注：*、**、*** 分别表示在 10%、5%、1% 的显著性水平上显著,括号内数值为标准差。

在控制变量方面,外商直接投资影响产业结构高度化的系数显著为负,可见外商直接投资一定程度上扩大了我国的产业结构偏差并阻碍了产业结构高度化。长期以来,第二产业尤其工业部门是我国外商直接投资的主要流入产业,与第二产业相比,流入第一产业的外商直接投资规模很小,流入第三产业的比重亦偏低,这种产业倾斜一定程度上加深了我国三次产业的结构偏差(郭克莎,2000)。此外,部分学者认为人口变动在统计年份中变动较小,其对产业结构升级的影响可以忽略,但是本章实证结果显示,劳动力投入因素对产业结构高度化和合理化均有显著影响。当前,中国劳动年龄人口已呈负增长态势,在劳动年龄人口减少、劳动参与率下降和劳动力成本上升的情况下,人口结构变化对中国经济的影响正逐步显现,倒逼我国重新配置生产要素,通过逐步调整技术结构和市场结构实现产业结构的转型升级。

四、对外直接投资与制造业升级的实证分析

制造业是我国国民经济的支柱产业,制造业转型升级是当前我国稳增长、调结构的重要方面。制造业行业对外投资的快速增长,对于我国制造业转型升级,重塑比较优势与增长动力具有重要意义。上文采用三次产业数据更多的考察了对外直接投资对我国产业间结构升级的影响。为了考察在对外直接投资影响下,我国制造业内部是否存在生产率和技术复杂度的提高以及投入产出比例关系的改善,本节将进一步对我国对外直接投资的制造业升级效应进行实证分析。

（一）指标设计和模型构建

本章该部分继续采用式(14.3)对我国对外直接投资的制造业升级效应进行实证分析。本章首先对制造业结构的高度化及合理化进行测度。

本章该部分参考上文,构建制造业结构高度化指标如下:

$$TS' = \sum_{i}^{n} \sqrt{L_i P_i} \tag{14.9}$$

本章以制造业内部各细分行业的投入产出数据测度制造业升级。L_i 为各细分行业的劳动生产率,由各行业增加值除以该行业就业人数总数计算所得,P_i 为各行业增加值占制造业增加值的比重。该指标数值越大则表示制造业内部生产率和技术复杂度高的行业占比越高,制造业结构高度化程度也越高。

同样地,本章该部分采用泰尔指数度量制造业结构合理化。其计算公式为:

$$TL' = \sum_{i=1}^{n} \left(\frac{Y_i}{Y}\right) \ln\left(\frac{Y_i}{L_i} \Big/ \frac{Y}{L}\right) \tag{14.10}$$

其中,Y 为制造业增加值,Y_i 为制造业内部各细分行业的增加值,L 为制造业就业人数,L_i 为制造业内部各细分行业的就业人数。TL' 数值越大,则制造业结构越偏离均衡状态,制造业结构合理化程度越低。

本章测度各省(直辖市、自治区)制造业行业结构升级指标的相关产出数据来自《中国工业统计年鉴》,劳动力投入数据来自历年《中国劳动统计年鉴》,数据选取的时间范围为 2005～2014 年。由于《中国工业统计年鉴》并未公布

制造业各细分行业的增加值数据,且2012年起不再公布各行业工业总产值,本章选取工业销售产值作为各行业的产出数据。由于《中国工业统计年鉴》在2011年后对公布的制造业具体细分行业进行了调整,为了保持行业划分的统一,本章选取制造业内部21个细分行业对制造业升级指标进行构建①。解释变量"对外直接投资"与其他控制变量的选取与度量与前文一致。变量的描述性统计结果如表14-17所示。

表 14-17　变量描述性统计

变量	样本数	平均值	标准差	最小值	最大值
$\ln TS'$	210	-2.108 8	0.247 7	-2.823 8	-1.661 8
$\ln TL'$	210	-1.852 2	0.484 9	-3.326 1	-0.510 1
$\ln ODI$	210	2.085 7	1.925 5	-3.942 5	6.204 1
$\ln FDI$	210	6.262 5	1.314 7	3.152 7	8.879 2
$\ln Y$	210	8.305 4	0.722 7	6.489 9	9.748 6
$(\ln Y)^2$	210	69.499 6	11.930 4	42.119 1	95.035 9
$\ln L$	210	7.794 3	0.594 5	6.296 2	8.795 8
$(\ln L)^2$	210	61.102 0	9.151 3	39.642 5	77.366 3

（二）实证结果及分析

在进行计量分析之前,本章采用ADF-Fisher检验方法对变量进行单位根检验,检验结果显示,上述变量的原始数据均平稳。本章亦对采用何种回归模型进行了检验,检验结果表明,当被解释变量为制造业结构高度化($\ln TS'$)和制造业结构合理化($\ln TL'$)时均应采用固定效应模型。回归结果如表14-18所示。

回归结果显示,对外直接投资对制造业结构高度化在5%的显著性水平上具有负向影响,而对制造业结构合理化的影响并不显著,这一实证结果表

---

① 分别为农副食品加工业、食品制造业、饮料制造业、烟草制造业、纺织业、纺织服装鞋帽制造业、造纸及纸制品业、石油加工、炼焦及核燃料加工业、化学原料及化学制品制造业、医药制造业、化学纤维制造业、非金属矿物制品业、黑色金属冶炼及压延加工业、有色金属冶炼及压延加工业、金属制品业、通用设备制造业、专用设备制造业、交通运输设备制造业、电气机械及器材制造业、通信设备计算机及其他电子设备制造业、仪器仪表及文化、办公用机械制造业。

表 14-18　对外直接投资与制造业升级的回归结果

变量	被解释变量 $\ln TS'$	被解释变量 $\ln TL'$
	(1)	(2)
$\ln ODI$	−0.048 5**	−0.031 3
	(0.019 7)	(0.061 1)
$\ln FDI$	−0.092 7**	−0.339 4***
	(0.039 4)	(0.122 5)
$\ln Y$	1.564 7***	−2.308 2***
	(0.262 8)	(0.817 1)
$(\ln Y)^2$	−0.062 1***	0.138 4***
	(0.016 1)	(0.050 1)
$\ln L$	2.351 7**	2.036 5
	(1.056 3)	(3.284 6)
$(\ln L)^2$	−0.164 9**	−0.155 8
	(0.072 8)	(0.226 3)
常数项	−18.356 1***	3.523 7
	(4.324 4)	(13.447 3)
样本量	210	210
F	145.88	20.39
R^2	0.863 0	0.468 1

明,2005～2014 年这一样本期间内,我国制造业的对外直接投资并未促进制造业行业结构高度化,反而对其存在一定的阻碍作用,这与冯春晓(2009),陈琳、朱明瑞(2015)的实证结果具有一定的相似性。冯春晓(2009)采用制造业分行业面板数据实证检验了对外投资对我国制造业升级的影响,其研究表明,中国对外投资促进制造业行业结构优化升级的作用非常微弱,并且对制造业结构高度化不存在显著影响。陈琳、朱明瑞(2015)采用省级面板数据,实证检验了对外直接投资对我国产业间结构升级与产业内结构升级的影响,其实证结果显示,对外直接投资显著促进了我国产业间结构优化,但对第二产业和第三产业的产业内结构升级并无显著影响。限于数据可得性,本章并未进一步对我国对外投资影响制造业升级的机理进行实证分析,但本章的这一实证结

果一定程度上与我国先前制造业对外直接投资的现实情况是相符的。首先，劳动力无限供给下的低要素成本曾是我国制造业比较优势的重要来源，但也一定程度上制约了制造业对外投资的大规模增长。我国对外投资起步较晚，尽管近年来制造业对外直接投资快速增长，但长期以来，竞争优势和垄断优势的缺乏限制了我国制造业对外直接投资，存量不足依旧制约着制造业对外直接投资的产业升级效应。其次，当前我国制造业总体上仍处于价值链的低附加值区域，制造业对外直接投资存量的大部分处于产业链的低端，获取的逆向技术溢出效应亦不足，因而对国内制造业升级的带动作用有限。

需指出的是，限于数据可得性，本节采用的是 2014 年及之前的统计数据进行实证，随着"一带一路"战略与国际产能合作的推进，我国制造业对外投资无论在总量规模还是行业结构上均有所提升，而对外直接投资对产业结构升级的影响通常需要通过较长的传导机制间接获得，相信随着制造业对外投资的规模扩张与结构优化，其产业升级效应将逐渐显现。可以预见，随着我国对外直接投资总量的持续增长与结构的进一步优化，尤其是"一带一路"战略的全面落实与国际产能合作的推进，我国对外直接投资对产业结构优化升级的促进作用将日益凸显，并推动我国产业转型升级与经济增长质量提升。

第六节　基本结论与政策建议

一、基本结论

本章以中国对外直接投资的产业结构升级效应为研究主题，分析了我国对外直接投资的发展演进与总量规模特征，阐释了我国对外直接投资快速增长的特定经济背景与当前的投资结构特征，在此基础上，总结了中国对外直接投资影响产业结构升级的作用机理，并构建计量模型进行了实证分析。本章得到的基本结论如下：

（1）我国对外直接投资的发展演进经历了四个阶段：起步阶段（1978～1991 年）、调整阶段（1992～2001 年）、快速发展阶段（2002～2008 年）和稳定增长阶段（2009 年至今），且无论在总量规模、地区分布、行业分布与政策引导等方面都具有阶段性特征，并且显著地带有制度改革的烙印。当前，我国对外直接投资的总量规模快速增长，在全球直接投资流量中的占比和国际地位亦显著提升，资本双向流动趋于动态平衡。然而从投资总量的相对水平来看，我国对外直接投资比例仍偏低，对外直接投资发展水平仍滞后于国内经济发展水平。从投资绩效来看,我国对外直接投资总体绩效较低且增幅有限。我国对外直接投资的质与量仍具有很大的提升空间。

（2）中国对外直接投资的高速增长有其特殊的经济背景。一方面,随着人口红利逐渐消失,要素成本上升,长期以来主要依靠生产要素粗放式投入的增长方式难以为继,经济增长出现结构性减速,潜在增长率下降。在国内经济下行、潜在经济增长率持续降低、单位劳动力成本上升与资本回报率下降的背景下,为了寻求更高的利润率,大量企业开始将生产能力转移至海外,一定程度上引起了近年来我国对外直接投资的高速增长。另一方面,尽管我国产业结构升级已取得一定进展,但工业化进程远未结束,传统产业产能过剩严重,制造业面临转型升级。与此同时,全球价值链正在加速重构,中国在全球分工体系中的地位亦在发生深刻变化,面对发达国家与新兴经济体的"双端挤压",中国企业开始通过对外直接投资的方式向附加值更高的价值链两端扩展,通过"走出去"积极参与全球资源深度整合,提升产业核心竞争力,向全球价值链中高端攀升。

（3）在行业结构方面,我国对外直接投资的产业布局比较集中,产业分布与行业分布均与国内产业结构存在非对称性。随着"一带一路"倡议的落实与国际产能合作的推进,我国制造业对外直接投资的规模快速增长,投资结构逐步优化。在空间格局方面,我国对外直接投资的空间分布逐渐向全球范围扩展,但国内区域分布并不平衡,中西部地区的对外直接投资发展与东部地区存在较大差距。在投资方式方面,海外并购已成为我国对外直接投资的主要方式。"一带一路"倡议为优化我国对外投资结构以及通过对外直接投资促进产业结构升级、化解产能过剩和重构全球价值链提供了新路径。我国对外直接投资必须充分考虑我国产能过剩实际、产业升级的迫切需求以及沿线国家的经济发展诉求,充分融合产业特点与区位优势,通过对外直接投资推动国际产能合作,积极开展跨国并购,促进国内企业国际经营能力和自主创新能力提升。

（4）在实证分析部分,本章在钱纳里"标准结构"产业变动基本模型的基础上进行了调整,将"对外直接投资"变量纳入到该模型中,同时从产业结构高度化和合理化两个维度对产业结构优化升级进行了测度。本章依次从时间序列分析和省级面板分析的角度分析了我国对外直接投资的产业结构升级效应,并进一步对我国对外直接投资的制造业升级效应进行实证分析。时间序列分析结果表明,中国的产业结构高度化和合理化与对外直接投资存在长期均衡关系,并且对外直接投资是产业结构高度化和合理化的格兰杰原因。基于时间序列和省级面板数据的实证结果均显示,对外直接投资显著地促进了我国产业结构高度化。基于制造业升级的实证结果表明,2005~2014年这一样本期间内,我国制造业的对外直接投资并未促进制造业结构高度化,反而对其存在一定的阻碍作用,而对制造业结构合理化的影响并不显著,其可能的原因一方面在于,尽管近年来我国制造业对外直接投资快速增长,但长期以来,竞争优势和垄断优势的缺乏限制了我国制造业对外直接投资,存量不足依旧制约着制造业对外直接投资的产业升级效应,并且当前我国制造业对外直接投资存量的大部分处于价值链的低端,获取的逆向技术溢出效应亦不足,因而对国内制造业升级的带动作用有限;另一方面也在于,对外直接投资对产业结构升级的影响通常需要通过较长的传导机制间接获得。近年来,我国制造业对外直接投资的规模正持续扩张,投资结构亦逐步优化,相信我国制造业对外投资的产业升级效应将逐渐显现。可以预见,随着我国对外直接投资总量的持续增长与结构的进一步优化,尤其是"一带一路"战略的全面落实与国际产能合作的推进,我国对外直接投资对产业结构优化升级的促进作用将日益凸显,并推动我国产业转型升级与经济增长质量提升。

二、政策建议

近年来,我国对外直接投资快速增长,投资结构逐步优化,这是中国企业转型升级与国际竞争力提升的内在需求,也显示出"走出去"战略正在逐渐取得成效。当前,我国对外直接投资正迎来绝佳的历史机遇期,"走出去"也将进入转型升级、提质增效的新阶段,在总量规模持续扩张的同时,更应着力优化对外直接投资结构,注重提升投资质量,培育世界水平的跨国公司,提高境外投资企业国际化经营能力,以对外直接投资促进我国产业结构升级与经济增长质量提升。

(1)在对外直接投资规模持续扩张的同时,着力调整和优化对外投资结构,提升对外投资质量。一是推动对外直接投资的行业结构优化。结合各国对外投资的产业选择规律与我国产业发展的现实情况及升级方向进行对外直接投资的行业引导,一方面要向全球价值链的高端领域进行投资,以对外直接投资带动国内产业升级,另一方面要根据比较优势原则对边际产业和过剩产能进行转移。鼓励现代服务业、战略新兴产业对外直接投资,鼓励我国具有国际比较优势的产业走出去,加快构筑中国制造业走出去的综合竞争新优势,引导对外直接投资逐步由效率较低的行业转向效率较高的行业。二是优化对外直接投资的空间格局。中国对外直接投资空间格局的优化,并非海外投资存量的重新配置,而是基于差异化原则,优化投资流量的空间分布。一方面需要根据东道国的资源禀赋条件、经济发展水平与比较优势实现对外直接投资区域再布局,另一方面,也要注重对外直接投资与国内产能分布和区域工业化进程相协调,推动我国区域经济一体化。三是积极推动跨国并购,以跨国并购促进国内企业国际经营能力和自主创新能力提升。

(2) 积极参与全球投资规则制定,建立全方位对外直接投资促进政策和服务体系。在国际层面,积极参与双边、区域和多边国际投资协定与规则的制定,由国际投资规则的接受者逐步转变为主导者和制定者,提高我国国际投资话语权,为企业跨国经营寻求公平待遇与有利的投资准入,改善企业对外直接投资的国际环境。在国内层面,深化对外直接投资管理体制改革,完善相关的服务体系和法律法规体系,简化对外直接投资管理流程,进一步放松相关的限制性政策,同时加强对跨国经营企业的权益保护与融资支持,制定有利于对外投资企业资源整合的相关政策,对于企业跨国经营过程中可能面临的风险,需进一步加以规范、指导与控制。

(3) 提升境外投资企业国际化经营能力,培育世界水平的跨国公司。在政府层面,加大对外直接投资支持力度,加强对外直接投资与跨国经营的融资服务、信息服务,加大税收支持、金融支持和人才支持,适度放开跨国经营企业的对外直接投资权,大力培育跨国企业竞争优势,提高国际竞争力。在企业层面,跨国企业应以增强国际竞争力为核心目标,调整全球化战略,优化海外投资的行业结构与地域结构,注意对外直接投资过程中的潜在风险,打造具备国际管理能力的组织和团队,加强并购资源的整合,更好地通过海外并购获取销售渠道、资源、先进技术及管理经验等战略性资源,提高海外并购的成功率与绩效。

(4) 以"一带一路"倡议为契机,推进国际产能合作,构建全方位开放新格局,以对外直接投资带动国内产能转移与产业升级。"一带一路"沿线各国具有不同的地理区位、资源禀赋特征和社会经济制度,各自处在不同的经济发展阶段,对相关国家进行海外投资需充分考虑我国产能过剩的实际情况、产业升级的迫切需求以及沿线各国的经济发展诉求,充分融合产业特点与区位优势,差异化进行产业合作。根据"一带一路"沿线各国产业的互补性,重塑区域比较优势,扩大对外开放的深度与广度,推动产业结构优化升级。以"一带一路"

倡议为契机,积极参与全球资源配置,培育制造业竞争新优势,加强与相关国家和地区的产业合作,优化产业布局,延伸制造业产业链,推动区域共同发展。

本章参考文献

[1] 白重恩,张琼. 中国的资本回报率及其影响因素分析,世界经济,2014(10).

[2] 蔡昉. 两个 L 型轨迹——中国经济增长中期和长期展望,财经智库,2017(2).

[3] 陈漓高,张燕. 对外直接投资的产业选择:基于产业地位划分法的分析,世界经济,2007(10).

[4] 陈琳,朱明瑞. 对外直接投资对中国产业结构升级的实证研究:基于产业间和产业内升级的检验,当代经济科学,2015(11).

[5] 陈玉光,张泽厚. 我国经济活动人口的分析,经济研究,1983(6).

[6] 冯春晓. 我国对外直接投资与产业结构优化的实证研究——以制造业为例,国际贸易问题,2009(8).

[7] 干春晖,郑若谷,余典范. 中国产业结构变迁对经济增长和波动的影响,经济研究,2011(5).

[8] 郭克莎. 外商直接投资对我国产业结构的影响研究,管理世界,2000(3).

[9] 黄亮雄,安苑,刘淑琳. 中国的产业结构调整:基于三个维度的测算,中国工业经济,2013(10).

[10] 江东. 对外直接投资与母国产业升级:机理分析与实证研究,浙江大学博士学位论文,2010.

[11] 江小涓,杜玲. 对外投资理论及其对中国的借鉴意义,经济研究参考,2002(73).

[12] 蒋冠宏,蒋殿春. 中国工业企业对外直接投资与企业生产率进步,世界经济,2014(9).

[13] 李逢春. 对外直接投资的母国产业升级效应——来自中国省级面板的实证研究,国际贸易问题,2012(6).

[14] 刘海云,聂飞. 中国制造业对外直接投资的空心化效应研究,中国工业经济,2015(4).

[15] 刘伟,张辉. 中国经济增长中的产业结构变迁和技术进步,经济研究,2008(11).

[16] 刘伟等. 经济增长与结构演进:中国新时期以来的经验. 北京:中国人民大学出版社,2016.

[17] 宋维佳. 基于产业结构调整视角的我国对外直接投资研究,社会科学辑刊,2008(2).

[18] 宋伟良. 论中国对外直接投资的产业选择,经济社会体制比较,2005(3).

[19] 苏东水. 产业经济学,北京:高等教育出版社,2000.

[20] 孙建中. 资本国际化运营——中国对外直接投资发展研究,北京:经济科学出版社,2000.

[21] 王碧珺. 被误读的官方数据——揭示真实的中国对外直接投资模式,国际经济评论,2013(1).

[22] 徐德云. 产业结构升级形态决定、测度的一个理论解释及验证, 财政研究, 2008(1).

[23] 赵春明, 何艳. 从国际经验看中国对外直接投资的产业和区位选择, 世界经济, 2002 (5).

[24] 赵春明, 解亮品. 以产业升级为导向的我国对外直接投资产业选择策略分析, 新视野, 2015(1).

[25] 赵乃康. 中国对外直接投资产业选择的基准, 统计与决策, 2005(24).

[26] 郑磊. 对外直接投资与产业结构升级——基于中国对东盟直接投资的行业数据分析, 经济问题, 2012(2).

[27] 中国人民大学宏观经济分析与预测课题组. 2014～2015 年中国宏观经济分析与预测——步入"新常态"攻坚期的中国宏观经济, 经济理论与经济管理, 2015(3).

[28] 周振华. 产业结构优化论, 上海: 上海人民出版社, 1992.

[29] Barrios S, Görg H, Strobl E. Foreign Direct Investment, Competition and Industrial Development in the Host Country. *European Economic Review*, 2005, 49(7): 1761 - 1784.

[30] Blomstrom M, Konan D E, Lipsey R E. FDI in the Restructuring of the Japanese Economy. NBER Working Paper, 2000, No. W7693.

[31] Buckley P J, Casson M. *The Future of the Multinational Enterprise*. Macmillan Press, 1976.

[32] Cai F, Lu Y. The End of China's Demographic Dividend: The Perspective of Potential GDP Growth. In *China: A New Model for Growth and Development*. ANU E Press, 2013.

[33] Cantwell J, Tolentino P E. Technological Accumulation and Third World Multinational. Discussion Paper in International Investment and Business Studies, University of Reading, 1990.

[34] Chenery H B, Robinson S, Syrquin M. *Industrialization and Growth: A Comparative Study*. Oxford University Press, 1986.

[35] Dunning J H, Narula R. The Investment Development Path Revisited: Some Emerging Issues. In *Foreign Direct Investment and Governments*. Routledge, 1996.

[36] Dunning J H. Explaining the International Direct Investment Position of Countries: Towards a Dynamic or Developmental Approach. *Review of World Economics*, 1981, 117(1): 30 - 64.

[37] Dunning J H. *International Production and the Multinational Enterprise*. George Allen and Unwin Ltd, 1981.

[38] Dunning J H. Trade, Location of Economic Activity and the MNE: A Search for an Eclectic Approach. *The International Allocation of Economic Activity*. Palgrave

Macmillan，1977.

[39] Fosfuri A，Motta M. Multinationals Without Advantages. *The Scandinavian Journal of Economics*，1999，101(4)：617－630.

[40] Hymer S H. *The International Operations of National Firm：A Study of Foreign Direct Investment*. MIT Press，1960.

[41] Kojima K. *Japanese Direct Foreign Investment：A Japanese Model of Multinational Business Operations*. Croom Helm，1978.

[42] Kuznets S. National Income and Industrial Structure. *Econometrica*，1949，17：205－241.

[43] Lewis W A. *The Evolution of the International Economic Order*. Princeton University Press，1978.

[44] Ng F Y，Tuan C. Evolving Outward Investment，Industrial Concentration and Technology Change：Implication for Post－1997 Hong Kong. *Journal of Asian Economics*，1997，8(2)：315－323.

[45] Ozava T. Foreign Direct Investment and Economic Development. Transnational Corporations. *World Investment Report*，1992，1(1)：27－54.

[46] Rugman A M. Inside the Multinationals：The Economics of Internal Markets. *Canadian Public Policy*，1981，8(1)：64－65.

[47] Siotis G. Foreign Direct Investment Strategies and Firms' Capabilities. *Journal of Economics & Management Strategy*，1999，8(2)：251－270.

[48] Theil H. *Economics and Information Theory*. North Holland，1967.

[49] Vernon R. International Investment and International Trade in the Product Cycle. *Quarterly Journal of Economics*，1966，8(2)：190－207.

[50] Wells L T. Third World Multinationals：The Rise of Foreign Investments from Developing Countries. *Foreign Affairs*，1983，1(1)：173－175.

[51] Wu H L，Chen C H. An Assessment of Outward Foreign Direct Investment from China's Transitional Economy. *Europe-Asia Studies*，2001，53(8)：1235－1254.

第十五章 对外直接投资的逆向技术溢出与增长效应

本章提要 对外直接投资的逆向技术溢出对母国经济增长产生影响,本章在对世界对外直接投资整体发展状况分析的基础上,比较了发达国家和发展中国家对外直接投资的总量特征,总结了中国对外直接投资的发展概况和特点,并进一步分析了对外直接投资逆向技术溢出的作用机理。在现有研究的基础上构建理论模型,对逆向技术溢出对经济增长的作用进行了分析和讨论,并以此为基础,利用面板数据进行实证检验。分析结果表明逆向技术溢出对经济增长存在促进作用,而母国人力资本水平对逆向技术溢出效应的发挥有着重要的影响。基于以上结论,本章提出了推动中国对外直接投资的相关政策建议。

第一节 研究背景与文献综述

一、研究背景

伴随经济全球化进程的推进,国际资本流动规模不断扩大,对于各国经济发展的影响也不断加深。在国际资本流动中,国际直接投资在其中扮演了十分重要的角色,是经济全球化的主要推动力量之一。根据联合国贸易与发展会议(UNCTAD)的统计,在 20 世纪 80 年代初,国际直接投资的存量约为 0.5 万亿美元。经过数 10 年的发展,到 2015 年,国际直接投资的存量总额已经达到了 25.04 万亿美元,说明国际直接投资在近几十年间增长迅速,对于世界经济的影响日益加深。

国际直接投资是指境外资本为了获取利润,通过在另一国家投资建立企业或者进行并购等方式进行的长期投资行为。按投资方向划分可以分为 FDI(foreign direct investment)和 ODI(outward direct investment)。进行国际直接投资的国家是直接投资的母国,而接受国际直接投资国家则是直接投资的东道国。国际直接投资主要通过跨国公司这一载体在母国和东道国之间形成资本的流动，从而对母国和东道国的经济增长产生深远的影响。

从世界范围来看，许多发展中国家通过引入外资实现了经济的长期增长，国际直接投资在提升东道国资本质量和推动东道国技术水平的提高等方面发挥了非常重要的作用。另一方面，许多发达国家也通过国际直接投资开拓了海外市场，实现了资本的合理配置，最终对母国的经济增长产生了有利的影响。近年来，随着以中国为代表的发展中国家经济的不断增长，国际直接投资的格局开始转变。许多过去单纯接受国际直接投资的发展中国家角色发生转变，开始进行对外直接投资，其中一些国家甚至开始在发达国家进行直接投资。这些国家一方面依然吸引着 FDI 的流入，另一方面其自身的 ODI 也不断发展。在这一新形势下，更多的国家在引进国外资本的同时，也在进行海外投资。因此对于对外直接投资的经济增长效应的分析就变得尤为重要。

联系中国的情况来看，改革开放以来，我国一直是国际直接投资的主要东道国之一，FDI 在提升中国资本质量、扩大就业和提高技术水平等方面都发挥了关键作用。在 21 世纪初，我国提出了"引进来"和"走出去"相结合的方针，开始重视对外投资对于经济增长的作用。在国际金融危机发生之后，在世界经济整体低迷的环境下，我国的 ODI 一直保持着高速增长的态势，2015 年对外直接投资达到 1 701.1 亿美元[①]，在对外直接投资流量上位居世界前列，FDI 和 ODI 达到基本平衡的状态，表明我国在国际直接投资方面进入了新的阶段。当前中国经济进入新常态，更需要我们坚持"引进来"和"走出去"相结合的方针，充分发挥国际直接投资的作用，促进经济的长期增长。2013 年 9 月，习近平总书记提出建设"新丝绸之路经济带"和"21 世纪海上丝绸之路"的"一带一路"重大战略构想，成为中国对外投资和经济合作新的发展方向。随着"一带一路"的推进和国际产能合作的开展，中国对外直接投资在总量上迅速提升，对中国经济的影响也日益显现。

从理论意义来看，现有的关于国际直接投资研究在分析时通常只从单方面分析国际直接投资对于东道国的经济影响。从对外直接投资角度，研究 ODI 对母国宏观经济影响的文献相对较少。随着发展中国家经济的发展，发

---

① 数据来源：中华人民共和国商务部. 2015 年度中国对外直接投资统计公报. 中国统计出版社，2016.

展中国家的 ODI 也随之快速增长,更多国家在国际直接投资过程中同时扮演了母国和东道国两种角色,现有的直接投资理论无法全面说明国际直接投资对一国经济增长的影响。因此本章希望通过 ODI 的逆向技术溢出效应研究其对经济增长的作用,重点关注 ODI 对于新兴发展中国家经济增长的影响,对于现有的国际直接投资研究进行补充和完善,丰富现有国际直接投资理论的内容。

从现实意义来看,国际金融危机之后,发展中经济体 ODI 发展迅速,国际直接投资也表现出新的特征。新兴发展中国家在国际直接投资中的角色发生转变,其对外直接投资迅速增长,成为影响其经济增长的新因素。同时,发达国家对于对外直接投资的态度也发生一些变化。近年来,一些发达国家开始试图让原先投资在海外的制造业回归国内,比如近期美国就提出了"再工业化"的观点。因此,在国际直接投资结构出现转变的背景下,研究国际直接投资对于母国经济发展的作用有助于我们更好地借鉴其他国家的发展经验,把握中国对外直接投资的发展方向,对我国更好地制定海外投资策略,实现经济增长方式的转变,保持经济的长期稳定增长有着重要意义。

本章的研究有助于全面客观认识对外直接投资推动一国经济增长的作用机理,和其对不同发展阶段国家产生的不同经济效应。通过对 ODI 逆向技术溢出效应理论分析,及利用全球主要国家(地区)的数据进行的面板数据分析,为我国的对外直接投资政策提供借鉴和参考,从而更好地发挥 ODI 和其逆向技术溢出效应对经济增长的促进作用,规避其可能带来的风险和负面影响。

二、国际直接投资动因分析理论

国际直接投资动因分析理论是国际经济理论的重要组成部分,主要用于说明跨国公司海外投资发生的原因。关于国际直接投资动因分析的主要理论如下。

(一)垄断优势论

20 世纪 60 年代,美国学者 Hymer 对跨国公司的国际直接投资行为进行了研究。他认为跨国公司的 FDI 之所以产生,是因为其可以通过 FDI 在不完全竞争市场中获得垄断优势,并且跨国公司可以维持和利用这种垄断优势。之后美国学者 Kindleberger 对其理论进行了进一步的发展。垄断优势理论是最先对跨国公司 FDI 进行分析的经济理论。该理论将跨国公司的投资动机归结于寻求垄断优势,对此后的国际直接投资理论产生了深远的影响。

(二)产品生命周期理论

1966年,美国学者Vernon提出产品生命周期理论。该理论认为产品在其存在和发展的过程中具有一定的生命周期特征,在一个产品的发展过程中共有创新阶段、成熟阶段和标准化阶段三大阶段。当产品处于其发展周期的不同阶段中时,跨国公司所进行的区位选择和生产决策都存在一定区别,跨国公司对外投资的目的即在于在生命周期的特定阶段中获取和维持比较优势。该理论从产品生产角度分析了跨国公司的投资行为,为国际直接投资的研究提供了新的研究方向。Wells(1983)利用Vernon提出的产品生命周期理论的分析框架进一步对发展中经济体的对外直接投资行为进行了分析,他的研究表明发展中经济体中跨国公司的对外直接投资可以用产品生命周期理论的标准化阶段进行解释和分析。

(三)内部化理论

Buckley and Casson(1976)针对国际直接投资提出了内部化理论。内部化理论的基础是美国著名经济学家科斯的交易成本理论。Buckley and Casson将该理论引入了跨国公司的投资行为的研究,从一个新的角度对跨国公司的直接投资行为进行了解释,认为国际直接投资其实质是市场的内部化。

(四)国际生产折衷理论和投资发展阶段理论

Dunning(1981a)在之前各种国际直接投资理论的基础上提出了国际生产折衷理论。Dunning的理论认为跨国公司进行国际直接投资存在一个关键前提,即投资主体需要同时具有所有权优势、内部优势和区位优势三大优势。只有当跨国公司同时具备三大优势,进行国际直接投资才会成为跨国公司的一项战略选择。而当跨国公司不能同时具有三种优势时,它们则会选择对外出口和转让技术等方式进行生产经营活动。国际生产折衷理论结合了之前有关国际直接投资的多种理论,将各种理论的解释结合起来,形成了一个解释跨国公司FDI行为的相对完整的理论体系。该理论在解释跨国公司的海外投资行为的同时也对跨国公司在国际市场上的其他行为也进行了说明。Dunning的国际生产折衷理论的提出标志着关于跨国公司的FDI动因的研究形成了一个相对完整的理论体系。

在国际生产折衷理论的基础上,Dunning(1981b)对国家角度的国际直接投资进行了研究并提出了投资发展周期理论。Dunning通过对1967~1975年67个国家的数据进行分析提出一个国家的经济发展水平可以用其人均国民生产总值(GNP)衡量。以人均国民生产总值为依据,所有国家可以分为四类,分别表示不同的发展阶段。

第一个阶段对应于人均 GNP 不高于 400 美元的国家,这样的国家经济发展水平较低,该国企业缺乏国际生产折衷理论中提出的所有权优势,无法有效进行海外投资。而且受其经济发展水平和其他条件制约,其外商直接投资也很少。其净对外投资(ODI 和 FDI 之差)从符号上看为负数,从绝对值的大小上看数值很小。

第二个阶段对应于人均 GNP 高于 400 美元且小于 1 500 美元的国家。此时国家的经济发展水平较上一阶段有所改善,同时其劳动力和原材料的价格相对低廉,为其吸引 FDI 带来一定优势。同时,在这一阶段中,该国企业仍不存在明显的所有权优势,因此 ODI 的增长就相对较慢。总体来说,在这一类国家的 FDI 增长迅速,在数量上远大于其 ODI,形成了对外投资的净流入。

第三个阶段对应于人均 GNP 大于 1 500 美元且小于 4 750 美元的国家。此时该国经济实力进一步增长,国内企业在 ODI 方面的优势逐步显现,从而该国的 ODI 开始迅速增长。同时由于劳动力成本和原材料成本上升等因素,该国的 FDI 增长速度相对放缓,此时这类国家的 ODI 数量和 FDI 在数量上的差距缩小。

第四个阶段对应于人均 GNP 在 2 600～5 600 美元的国家。在这个阶段中人均净资本流出为正且在不断增长,仅有少数发达国家处于第四阶段。在这个阶段中本国对于 FDI 而言的区位优势减弱,而本国企业的所有权优势不断加强,从而导致对外投资增多而吸引外资减少。值得注意的是 Dunning 同时指出人均国民生产总值并不能完全解释一个国家的直接投资行为,在现实中也存在例外的情况,需要结合不同国家的具体情况进行分析。

总体来说国际直接投资动因分析理论以跨国公司的海外投资为主要研究对象,从多个角度对跨国公司进行国际直接投资的原因进行了分析,为国际直接投资的后续研究提供了基础。然而传统的国际直接投资理论侧重于对于微观层面企业行为的分析,对于国际直接投资的宏观影响则较少论述。同时现有相关理论基本上以发达国家和发达国家中的跨国公司为研究分析的对象,对于发展中国家的投资行为和其经济影响涉及较少。近年来,发展中经济体的对外投资扩张迅速。这一现象与传统理论的结论有所出入,因此需要我们从新的角度对发展中国家的 ODI 进行分析和解释。

三、对外直接投资逆向技术溢出效应的文献综述

在关于国际直接投资的研究中,技术外溢一直是其中的一个重要研究方向。早期关于技术外溢的研究侧重于 FDI 对东道国的技术外溢效应。Caves(1974)、Findlay(1978)和 Wang *et al.*(1992)的研究证明了 FDI 对东道国存在技术溢出,有助于东道国技术进步。沈坤荣、耿强(2001),王志鹏、李子奈(2004)等实证研究说明技术外溢效应依赖于东道国人力资本水平,代谦、别朝霞(2006)通过内生增长从理论层面证明了东道国技术进步依赖于东道国人力资本积累。关于对外直接投资对母国产生的逆向技术外溢的研究从 20 世纪 90 年代开始逐步出现,大多数文献主要通过实证分析研究逆向技术溢出对母国全要素生产率的影响。

Kogut and Chang(1991)对日本企业在美国的 ODI 进行了实证分析和探讨,分析结果表明日本企业的直接投资集中于 R&D 密集型产业。日本企业通过建立合资企业的形式从美国企业获取了相应的技术能力,从而说明母国的 ODI 可能提升母国自身的技术水平,即对外直接投资可能存在逆向溢出效应。Neven and Siotis(1993)对投向欧共体国家的对外直接投资和欧共体实行的相关政策进行了分析,他们发现相当部分的对外直接投资的目的在于寻求发达国家的先进技术。

在这之后,许多研究者利用发达国家的产业数据进行实证分析,具体讨论了不同国家和地区的逆向技术溢出效应和其对母国技术进步的影响。大部分相关研究表明发达国家的对外直接投资存在逆向技术溢出效应,有助于母国企业技术水平的提升。如 Driffield and Love(2003)认为传统理论的分析结论和跨国公司海外投资的现实不完全相符,跨国公司投资的目的开始转向从东道国获取更为先进的技术。他们利用英国制造业的面板数据进行了实证分析,结果表明东道国国内部门存在逆向技术外溢,跨国公司可以从对外直接投资中获得技术的提升。同时他们的研究也指出这种效应主要存在于东道国的研发密集型产业。

同时也有一部分实证分析的结果表明不存在明显证据说明对外直接投资存在逆向技术溢出效应。Vahter and Masso(2007)利用爱沙尼亚的面板数据对 FDI 的技术溢出和 ODI 的逆向技术溢出同时进行了实证分析,但是他们的研究结果表明技术溢出和逆向技术溢出对于不同产业和估计效应的结果并不稳健,因此不能证实逆向技术溢出效应的存在。

近年来,随着中国 ODI 存量规模的扩大,对外直接投资对于中国经济的

影响日益显现。许多国内学者也针对 ODI 的逆向技术溢出效应进行了研究和分析。

在理论研究方面,一些学者总结了逆向技术溢出的传导机制,通过理论和机理分析说明逆向技术溢出对母国技术进步的作用。冼国明、杨锐(1998)运用博弈论的分析方法对发展中国家对外直接投资进行了理论分析,指出发展中国家可以通过 ODI 向发达国家学习其先进的技术,同时政府对于企业对外直接投资的支持可以使得经济体的净福利为正。赵伟等(2006)对 ODI 产生逆向技术溢出效应的机理进行了讨论,总结了 ODI 推动母国技术进步的四个主要机理。同时他们利用中国宏观数据进行了尝试性实证分析,结果表明 ODI 对中国的生产率提高存在一定促进作用。

在实证研究方面,研究主要集中于逆向技术溢出对中国全要素生产率的影响,由于选取数据时间和类型的差异,实证分析的结果也不尽相同。王英、刘思峰(2008)研究了外国直接投资、对外直接投资、进出口贸易等渠道的技术溢出对中国全要素生产率的影响,实证分析的结果表明对外投资渠道产生的逆向技术对中国的全要素生产率的提升没有起到促进作用。

白洁(2009)利用中国对 14 个国家的对外直接投资数据研究了 ODI 逆向技术溢出效应对中国全要素生产率的影响。然而实证分析的结果表明,对外直接投资虽然对 TFP 存在促进作用,但从实证分析角度来看并不显著。李梅、柳士昌(2012)利用中国的省级面板数据对中国对外直接投资的逆向技术效应进行了讨论,实证分析的结果表明逆向技术溢出效应主要发生在东部地区。在这一结果的基础上,他们从吸收能力角度对相关变量门槛水平进行了测算。

总的来说,关于 ODI 逆向技术溢出效应的研究主要有两种不同的结论,一部分研究的结果表明,对外直接投资存在技术溢出会带动母国的技术进行。而另一部分研究的结果却无法证实逆向技术溢出的存在。从分析方法来看,绝大多数关于逆向技术溢出的研究采用实证的方法对特定国家的逆向技术溢出进行了研究和分析,对于逆向技术溢出的研究缺乏相关的理论基础,是现有关于逆向技术溢出效应研究的不足之处。

四、对外直接投资经济增长效应的文献综述

和关于技术溢出的研究一样,早期相关研究主要从东道国角度出发,重点研究 FDI 对东道国经济增长的作用(Borensztein *et al.*,1998;De Mello,

1999;Choe,2003)。20 世纪 90 年代开始,也有一些国外研究者对发达国家的 ODI 对其自身经济增长的影响进行了研究。

Stevens and Lipsey(1988)对美国企业的对外投资行为进行了分析,研究结果表明资本的对外投资将替代其在国内的投资和消费,生产的利润也可能从国内流向国外,因此对外直接投资可能对母国的经济增长产生负面作用。Lipsey(2002)对国际直接投资对母国和东道国经济的影响进行了分析,他认为没有充分的证据显示对外直接投资的增加导致了母国的出口和就业的减少。对外直接投资的增加会推动母国的母公司转向资本密集型和技术密集型的生产方式,从而可能推动母国产业结构的调整,促进母国经济增长。Herzer(2010)运用时间序列方法研究 ODI 对美国经济增长的影响,研究结果表明 ODI 对美国的经济增长存在正面的影响。同时格兰杰因果检验的结果表明 ODI 和经济增长之间存在双向因果关系。Denzer(2015)构建了一个关于 ODI 的内生经济增长模型,对 ODI 的经济增长效应进行了分析。模型得出了 ODI 会促进母国经济增长的结论,来自 OECD 国家的经济数据的实证分析进一步证实了这一结论。

国内相关研究始于对 ODI 和经济增长之间关系的研究。朱金生和凌丹(2000)指出经济增长和 ODI 之间存在相互作用的关系。ODI 增长既是经济发展的产物也会反过来促进经济增长。魏巧琴、杨大楷(2003)的研究则指出 2000 年之前中国的 ODI 和经济增长之间不存在明显关联,但是这一情况可能随着 ODI 的快速发展而发生变化。

随着我国 ODI 规模的扩大,部分国内研究者也针对我国在特定区域的 ODI 对我国经济增长的影响进行了研究。韩伯棠等(2012)利用 2003～2010 年面板数据研究了我国对 OPEC 国家直接投资对我国经济增长的影响。实证分析结果表明对 OPEC 国家的对外直接投资带来的逆向技术溢出效应促进了我国经济增长,同时对外投资的增加并不会减少国内投资,反而会促进国内投资的增加。李燕、李应博(2013)研究了我国对东盟国家的直接投资对我国经济增长的影响。计量分析的结果表明 ODI 的逆向溢出对我国经济增长存在促进作用,但是 FDI 对我国经济增长的促进作用更强。同时研究结果表明发达国家的逆向技术溢出对我国经济增长的贡献更大,因此需要注重加强对发达国家的对外直接投资。

综上所述,大部分关于 ODI 经济增长效应的实证研究都证明 ODI 对经济增长存在促进作用。国外学者的研究侧重于 ODI 对发达经济体经济增长的影响,关于 ODI 对于发展中国家经济增长的影响则较少涉及。国内研究方面,关于 ODI 的经济增长影响的研究相对较少,主要关注对于特定地区 ODI 对中国经济增长的影响,缺乏对 ODI 经济增长效应的系统和全面的研究。因此 ODI 对经济增长的影响,尤其是对发展中国家经济增长的影响有待进一步的研究和分析。

第二节　对外直接投资发展演进与国别比较

一、世界范围内对外直接投资的发展概况

对外直接投资(Outward Direct Investment)是指本国投资者在境外设立或购买企业,以控制相应企业的经营管理权为核心的一种经济活动。对外直接投资与外商直接投资(Foreign Direct Investment)是一组相对的概念,ODI 是从资本流出国(母国)的角度来看待国际直接投资行为,FDI 则是从资本流入国(东道国)的角度来看待国际直接投资行为。

20 世纪 80 年代以来,国际直接投资日趋活跃,成为国际资本流动的一种重要方式。从总量规模上看,在 1980 年全球对外直接投资存量仅有 5 590 亿美元,而截至 2015 年对外直接投资存量超过 250 000 亿美元,在 25 年的时间里增长超过 40 倍,说明 ODI 经过多年的发展,已经成为世界经济发展不可或缺的一部分。从增长趋势上看,受经济全球化浪潮的推动,世界对外直接投资存量在相当长的一段时期内保持着高速增长的态势。在 2008 年之后,这一高速增长的态势发生了变化。受到次贷危机的影响,各国经济增长受到不同程度的影响,国际直接投资存量出现了明显的下滑。2013 年以来,世界经济增速下滑,经济复苏乏力,世界经济形势严峻复杂。ODI 受外部环境的影响,增速明显降低。

从对外直接投资存量结构上来看,在 20 世纪 80 年代和 90 年代,ODI 的主体几乎都是发达国家或地区,在这一时期,发展中国家或地区总体上作为东道国,接受发达国家的 ODI。FDI 在增加东道国资本存量和资本质量方面发挥了重要作用,许多研究表明 FDI 的技术外溢效应推动了发展中国家技术进步,从而促进了发展中国家的经济增长(Blomstrom *et al.*,1992;Hansen,2006)。进入 21 世纪之后,一些发展中国家或地区在接受 FDI 的同时,其自身的 ODI 逐步发展,一方面这些国家依然是发达国家对外直接投资的东道国,另一方面这些国家又作为母国开始向其他国家进行对外直接投资。如图 15 - 1

所示,截至 2015 年,发展中国家对外直接投资存量占比已经达到 20%。

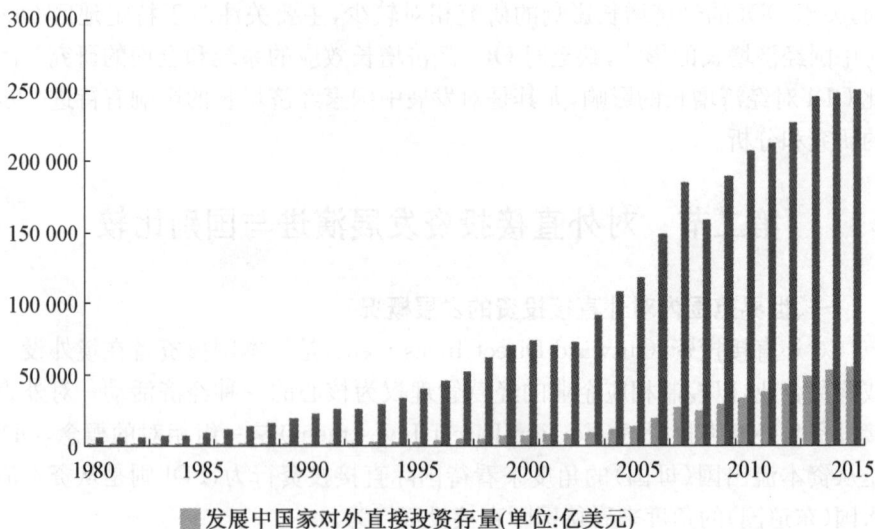

■ 发展中国家对外直接投资存量(单位:亿美元)

图 15‑1　世界 ODI 存量与发展中国家 ODI 存量(1980~2015)

资料来源:UNCTAD(http://unctadstat.unctad.org).

　　总体来说,对外直接投资经过长时间的发展,已经成为世界经济发展的一个重要方面,并在全球化浪潮中发挥着重要作用。近年来,受到世界经济形势的影响,对外直接投资增速放缓,但是发展中国家在 ODI 存量中的占比上升,成为推动 ODI 进一步发展的一股重要力量。因此对外直接投资的逆向技术效应不仅仅只作用于发达国家,更多的发展中国家成为 ODI 的母国并受到ODI 带来的逆向技术溢出效应的影响,然而 ODI 的逆向技术效应如何影响母国经济增长需要通过理论模型和实证检验进行进一步分析。

二、发达国家和发展中国家对外直接投资——基于典型国家的对比分析

　　(一)发展中国家对外直接投资——以俄罗斯、巴西、南非为例

　　从前文的分析可以看到,近年来发展中国家在国际直接投资中的比重上升,成为全球对外直接投资的重要组成部分。接下来本章将选择一些具有代表性的发展中国家和发达国家针对它们在国际直接投资方面的现状进行对比分析。

　　在发展中国家方面,本章选择俄罗斯、巴西和南非作为样本进行分析,如

图 15‐2 所示。上述三个国家都是对世界经济有一定影响力的重要发展中

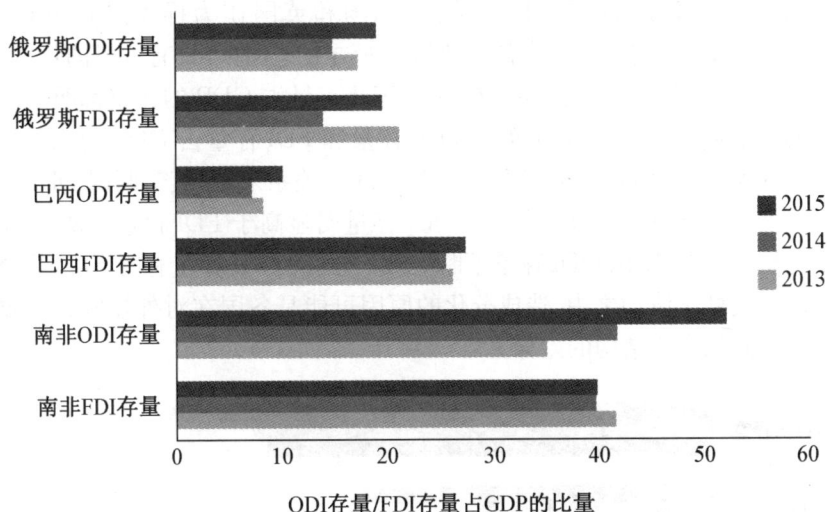

图 15‐2　俄罗斯、巴西、南非 2013～2015 年 FDI 与 ODI 存量对比

资料来源：UNCTAD(http://unctadstat.unctad.org).

家,且三国在地理上位于不同的大洲,具有一定的代表性。本章选择 ODI 存量和 FDI 存量占 GDP 的比重作为衡量国家 ODI 和 FDI 发展情况的指标。一方面是由于这一指标属于相对量,在国家间具有可比性。另一方面,ODI 和 FDI 的流量指标受外部环境影响较大,波动较大,使用存量指标更能反映长期的发展情况。图 15‐2 反映了这三个发展中国家 2013～2015 年 ODI 存量和 FDI 存量占当年 GDP 的比重。从图中可以看到,从整体上看,俄罗斯的 ODI 存量和 FDI 存量基本持平。巴西的 ODI 明显低于 FDI 存量,存在资本的净流入。而南非的 ODI 存量则高于 FDI 存量,存在资本的净流出。这三个发展中国家在国际直接投资的流入和流出方面呈现出明显的差异,这主要是由于这些国家在经济发展水平和面临的经济环境存在一定差异,使得它们在 ODI 和 FDI 的发展程度上不尽相同。从总的发展趋势看,近年来三个国家 ODI 存量在经济中的比重都有一定增长,即使是占比最低的巴西在 2015 年 ODI 的存量也达到了 GDP 的 10%。从相对规模上看,主要发展中国家的 ODI 存量已经初具规模,ODI 对于发展中国家经济发展的影响也将逐渐显现。

（二）发达国家的对外直接投资——以德国、美国、英国为例

在发达国家方面,本章选择美国、德国和英国作为样本进行分析,如图 15-3 所示。上述三个国家都是典型的西方发达国家,具有一定的代表性。从总体上看,三个发达国家 ODI 存量和 FDI 存量占 GDP 的比重都明显高于前文的三个发展中国家,其中英国 ODI 存量和 FDI 存量占 GDP 的比重更是超过了 50%。从 ODI 存量和 FDI 存量之间的关系来看,英美两国 ODI 存量和 FDI 存量基本保持均衡,德国的 ODI 存量明显高于 FDI 存量。从 ODI 存量变化情况来看,德国 ODI 存量不断上升,美国的 ODI 存量有所下降,英国的 ODI 存量则处于波动之中,造成分化的原因可能是各国在对外投资方面政策选择的不同和产业结构的差异。

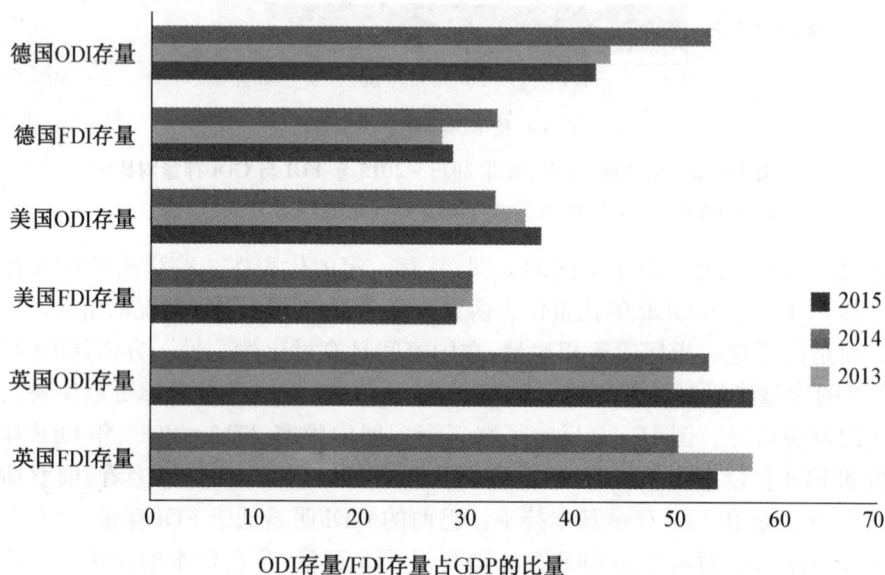

图 15-3　德国、美国、英国 2013～2015 年 FDI 与 ODI 存量对比

资料来源:UNCTAD (http://unctadstat.unctad.org).

（三）对外直接投资格局的变化

在经典的国际直接投资理论中,发达国家作为对外直接投资的母国向发展中国家进行投资。而随着近年来发展中国家经济实力的提高,这一状态出现转变。一方面,传统理论中发达国家对于发展中国家的 ODI 依然存在,发展中国家仍是发达国家跨国公司海外扩张的主要方向。另一方面,具备一定

经济实力的发展中国家自身的 ODI 开始发展,其中一部分技术寻求型对外直接投资[①]以发达国家为投资目的地。在这一过程中,发展中国家逐步开始从资本流入国向资本流出国转变,具有较高技术水平的发达国家的 FDI 流入也因此相应增长。而对发达国家的对外直接投资而言,发达国家企业亦存在通过 ODI 获取先进技术的需求。因此发达国家的 ODI 中也有相当部分的技术寻求型对外直接投资投向其他发达国家。以获取技术为目的的 ODI 会产生逆向技术溢出,从而对其经济增长产生影响。ODI 的经济增长效应对发达国家和发展中国家是否相同,发展中国家能否利用 ODI 推动本国经济增长则有待通过实证研究进行进一步分析。

三、我国对外直接投资的发展概况

（一）规模和趋势分析

图 15-4 反映了近年来我国对外直接投资的存量和增长率的变化情况。从图中可以看到,我国对外直接投资的起步相对较晚。在 2002 年,我国对外直接投资流量不足 30 亿美元,存量尚不足 300 亿美元,对外直接投资的数量不多,对我国宏观经济和世界经济的影响也十分有限。在之后的十几年之中,尤其是 2008 年之后,随着我国经济的不断发展,对外开放的不断深化,越来越

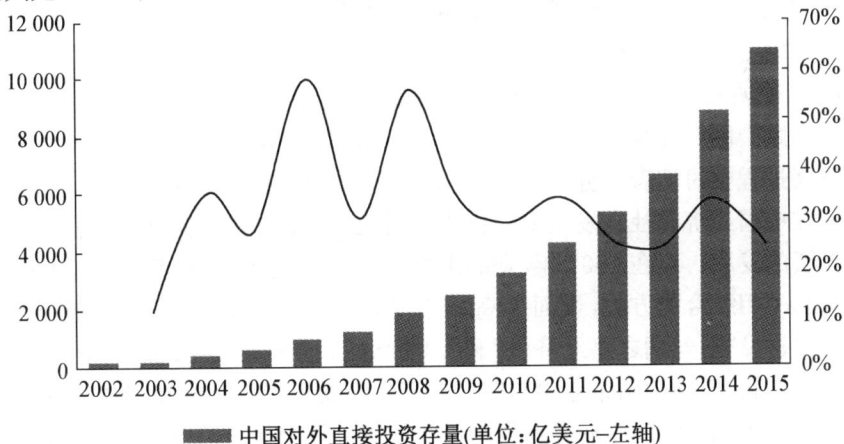

　　　　中国对外直接投资存量(单位:亿美元-左轴)

图 15-4　中国对外直接投资存量及增长率

资料来源:《对外直接投资统计公报(2003~2015)》。

---

① 技术寻求型对外直接投资是指以获取东道国技术为目的的对外直接投资行为(茹玉骢,2004)。

多的企业开始向海外扩张,对外直接投资进入了一个迅猛增长的阶段。到2016年,我国对外直接投资流量接近2 000亿美元,对外投资存量排名进入世界前十,在这十五年中ODI存量的复合增长率达到32%。虽然近年来中国对外直接投资增长迅速,但我国对外投资的数量水平同主要发达国家包括美国、德国、英国等尚存在一定差距,对外直接投资存量占GDP的比重约为10%,远低于其他的对外直接投资大国。

在未来,中国ODI的发展面临着新的发展的机遇。一方面,随着中国企业实力的不断增强以及经济一体化的不断深入,中国企业将具有更强的投资实力和更为强烈的投资意愿。对外直接投资,尤其是面向欧美发达国家的技术寻求型对外直接投资将会进一步扩大。同时随着中国经济的结构调整和经济政策中去产能的要求,许多产业和对应的产能将会通过对外直接投资这一途径向国外转移,对外直接投资也将会成为未来国际产能合作的一条重要途径。而另一方面,中国的ODI发展也面临着严峻的挑战。近些年来,国际形势复杂严峻,世界经济增速放缓,国际金融市场震荡剧烈。同时一些国家的贸易保护主义抬头,世界贸易的发展受到阻碍。因此中国ODI的发展面临着复杂多变的外部环境,对进行对外直接投资的中国企业是一个极大的挑战。但总的来说,中国对外直接投资的增长前景广阔,发展潜力巨大,并将在国际直接投资和全球经济发展中扮演越来越重要的角色。

(二)中国对外投资发展的特点

1. 政府的推动与国企的海外投资

回顾中国对外直接投资的发展进程,可以发现我国政府在我国对外投资的发展过程中扮演着十分重要的角色。我国政府长期以来十分重视对外直接投资在中国经济和社会发展中的作用,并推出各项政策方针推动中国对外直接投资的发展。早在2002年,党的十六大报告中就指出,要坚持"引进来"与"走出去"相结合的方式,全面提高对外开放水平。2013年9月,习近平总书记提出建设"新丝绸之路经济带"和"21世纪海上丝绸之路"的"一带一路"重大战略构想,鼓励中国企业参与"一带一路"沿线国家产业投资,在拓展相互投资领域和优化产业链布局等方面与沿线国家展开合作。政府的支持和政策上的鼓励是中国的对外直接投资能在相当长的一段时期内保持高速增长的一个重要原因。

另一方面,国有企业在中国ODI的发展历程中占据重要地位。在中国ODI发展的初期,由于市场化经济体制尚未完全建立,民营企业的发展尚不充分,国有企业在这一时期成为中国对外直接投资的主体。这一时期的对外直接投资主要投向发展中国家和地区,且以资源类为主。近年来,随着民营企业实力的增强,其对外直接投资的规模也不断扩大,国有企业在对外直接投资中的占比开始逐年降低。即便是在这种情况下,截至 2015 年,国有企业在我国对外直接投资存量中的占比依旧超过 50%,依旧在我国 ODI 存量中有着举足轻重的地位。

2. 流向发达国家和地区的投资比重上升

从中国对外直接投资的国家分布来看,中国的 ODI 主要投向发展中国家,投向发展中国家的直接投资占 ODI 存量的 80% 以上。造成这一现象的原因主要有两个,首先是国有企业的投资占中国对外直接投资的比重较高,而国有企业的投资受到国家政策方面的引导,主要投向亚非拉国家。其次是对发达国家进行对外直接投资,对跨国公司的资金数量和资产管理能力都有较高的要求,能够对发达国家进行直接投资的企业相对较少。但是 2009 年以来,中国对发达国家的直接投资无论从数量还是比例上都呈现出明显的上升趋势,如图 15-5 所示。2009 年,中国在发达国家的 ODI 存量仅为 181 亿美元,占比仅为 7.4%。截至 2015 年中国在发达国家的 ODI 存量达到 1 537 亿美元,占比达到 14%,在短短 7 年时间内,存量扩大了约 8 倍,占比也几乎翻番。中国向发达国家对外直接投资的增加,一方面是由于近年来随着中国经济的

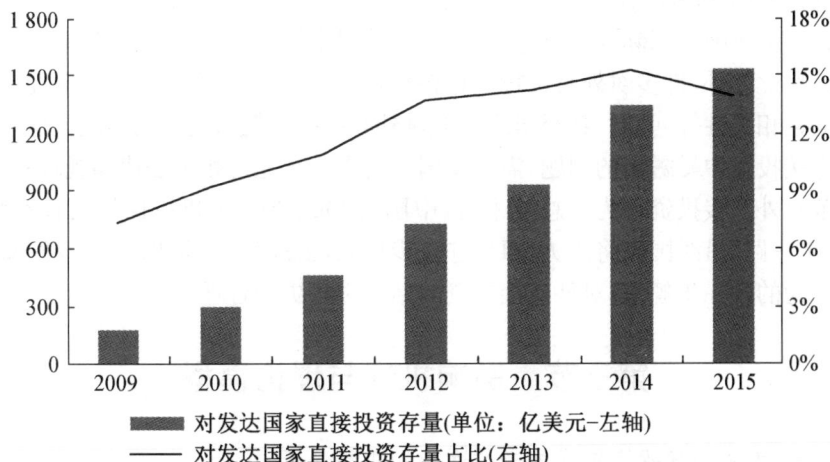

图 15-5　中国对外发达国家投资变化

资料来源:《对外直接投资统计公报(2009~2015)》。

发展,国内企业经济实力和管理水平得到提升,有能力在发达国家进行直接投资。另一方面,中国的经济增长方式也在逐步发生转变,企业对外直接投资的目的也相应地发生变化。越来越多的企业从市场寻求型对外直接投资转向技术寻求型对外直接投资,因此更多企业开始选择欧美发达国家作为新的投资方向。

3. 东部地区的 ODI 占据主要地位

中国的地方非金融类 ODI 中,东部地区占据了主导地位。从 2015 年的数量来看,东部地区无论是在流量上还是存量上的占比都超过了 80%,中西部地区的占比不足 20%。造成这一现象的原因主要有两点,一方面是东部地区经济发展水平较高,具备更强的对外投资能力,另一方面是东部地区的国际贸易更为发达,对外开放程度更高,更有利于当地企业进行对外投资。虽然从现实的投资情况看,中国的对外直接投资的区域分布非常不均衡,但是这也同时意味着中西部地区在对外投资方面有着很大的发展潜力,在未来将成为中国对外直接投资进一步发展重要推动力。

总之,从中国的发展状况来看,中国的对外直接投资的发展机遇和挑战并存。首先,随着"一带一路"倡议的推进和实施,中国和"一带一路"周边国家的合作进一步深化,为我国企业对外直接投资创造了良好的条件。其次,随着中国经济的发展,我国企业的整体实力有了显著提升,海外业务也逐步扩展,为其进行 ODI 和跨国并购打下了坚实的基础。另一方面,ODI 的进一步发展也面临诸多挑战。国际经济形势错综复杂,使得中国企业的 ODI 面临一定的风险。除此之外,许多对外直接投资存在投资过于盲目,投资方向和企业业务关联缺乏相关性等问题。甚至出现借助对外直接投资转移资产的情况。这些对外直接投资中暴露出的问题,需要我国政府进一步完善相关法律和规章制度,规范对外直接投资行为。总体来看,中国的 ODI 在未来仍将保持增长态势,"一带一路"沿线国家将成为 ODI 进一步增长的新动力。同时随着政府对投资行为的进一步规范,对外直接投资的结构也将更为合理。

第三节 影响机理与理论模型

一、对外直接投资技术外溢的途径和机制分析

许多相关研究已经表明对外直接投资存在逆向溢出效应,对母国的技术进步和经济增长存在促进作用,那这种技术溢出是通过何种途径或机理发生

的就成为另一个关键的问题。通过国际直接投资的实践和有关研究成果,从总体上看,ODI 产生逆向技术溢出的机理主要有以下四种。

首先是通过研发技术获取和研究成果反馈,提升母国技术水平。从世界范围来看,相当部分的对外直接投资投向了欧美发达国家,而这些国家拥有相当丰富的研发要素,包括技术储备、研发设备、科研人员等。通过到这些国家进行投资,母国的跨国公司可以更好地获取这些研发要素,为进一步的研发提供基础。同时,在这些科技发达的东道国设立的研发机构也会将其研发成果传递到母国,从而推动母国技术的进步。近年来,许多国内企业如华为、海尔等都在海外设立研发中心,运用海外研发要素产出研发成果以促进母国企业集团的技术进步和企业发展。

其次,对外直接投资可以使企业进一步参与国际市场竞争,吸收、学习先进技术。通过对外直接投资和在境外设立分支机构,企业可以进一步了解国际市场动向和需求,有助于企业获取更多信息,从而推动企业改进技术和扩大市场占有率。通过对外投资,企业也可以更好地了解其所在行业技术发展的趋势和最新技术成果。这对企业学习吸收先进技术成果,提升自身研发能力有着非常积极的意义。总的来说,对外投资可以帮助企业获取更多需求和技术方面的信息,从而提升企业的技术水平。

第三,对外投资企业可以通过并购境外企业等方式获取专利和研发成果。海外并购是对外直接投资的重要组成部分,近年来许多国内企业通过对国外相关企业的收购获取了其保有的专利和研发成果,直接提升了企业的技术能力,从而推动了母国的技术进步。在 2016 年,我国企业的海外并购呈现出爆发式增长,交易金额达到 2 210 亿美元,同比增加近 250%,超过之前 4 年的总和①。在这其中相当部分的海外并购都是以获取技术和专利为目的,比较典型的有美的集团收购德国库卡公司和中国化工收购法国先正达等案例。

第四,对外直接投资有助于扩大企业生产利润,增加企业研发投入。随着中国经济的不断发展,中国经济的各个方面都发生了很大变化。对于许多企业来说,随着劳动力成本的提高,在国内生产的成本优势被削弱。而通过进行海外投资,向其他发展中国家进行产业转移,有助于企业降低成本获取更多利润,从而使得企业有更多地资金可以投入研发活动,最终促进企业生产技术的

---

① 数据来源:普华永道,《2016 年中国企业并购市场回顾与 2017 年展望》(http://www.pwccn.com/zh/services/deals-m-and-a/publications/ma-press-briefing-jan2017.html)。

进步。

以上四点是对外直接投资产生逆向技术溢出的主要机制,前三条更多的是针对投向发达国家的对外直接投资,最后一条针对的是投向发展中国家的对外直接投资。从前文可以看到,对外直接投资可以在研发要素、信息传递、技术获取和研发经费等方面对母国的研发活动提供支持从而产生逆向技术溢出,促进母国的技术进步。母国的技术进步最终会推动母国经济的增长,接下来本章将通过一个理论模型对对外直接投资、逆向技术溢出和经济增长进行进一步的分析和研究。

二、基于经济增长模型的分析

本章参考 Romer(1990)、Barro and Sala-I-Martin(1995)以及 Berthelemy and Demurger(2000)等在经济增长和国际直接投资方面的研究建立一个基本的经济增长模型。模型结构如图 15-6 所示。

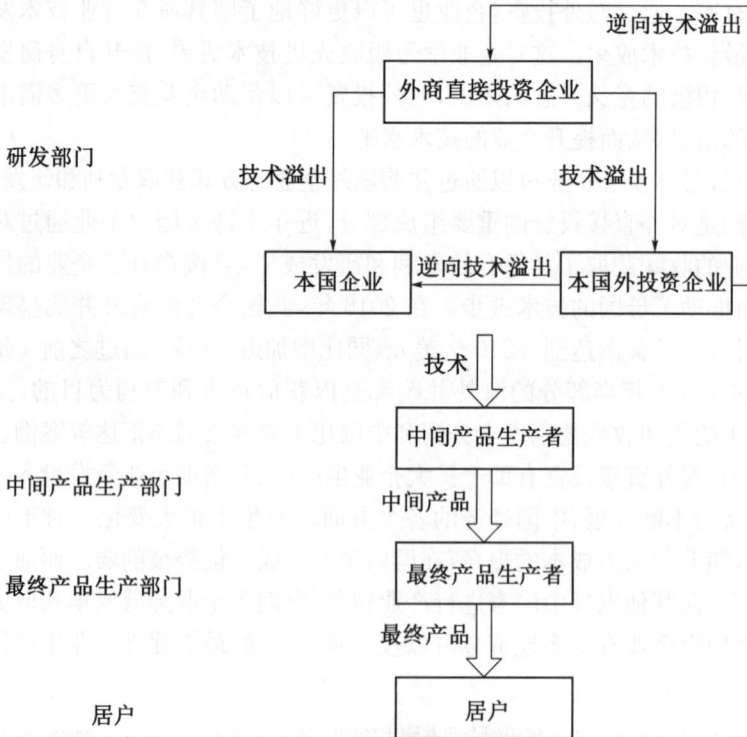

图 15-6　模型结构图

本模型包括三个部门。首先是研发部门,研发部门投入人力资本进行研发,并将研发产出的技术出售,其本身不从事产品的生产活动。而后是中间产品的生产部门,中间产品生产部门从研发部门购买技术,并利用相应技术进行生产,并将生产出的产品出售。之后是最终产品的生产部门,最终产品生产部门利用人力资本、劳动和中间产品进行生产,并将产品出售给居户。

1. 最终产品生产者

最终产品生产者的产出 Y 由四种因素决定,这四种因素分别是资本(K)、劳动(L)、人力资本(H)和技术水平。在这一模型中,模型假定经济体只有一种产品,资本的总体数量可以用经济体中的中间产品 x_i 来进行表示,而中间产品种类用 N 来表示,模型用中间产品种类 N 的增加来表示技术进步。在 x_i 给定时 N 的增加并不会带来边际收益递减,因此这种形式的技术进步避免了技术进步的边际收益递减。模型更进一步地假定,每一个中间产品的生产者只生产一种产品,当经济体中存在 N 种中间产品时就存在 N 个中间产品的生产者。此时方程中中间产品 x_i 的边际产出在 $x_i=0$ 时为无穷,并随着 x_i 的增大而减少(Barro and Sala-I-Martin,1995),因此若中间产品存在有限的价格,最终产品生产者会选择使用所有种类的中间产品。所以在均衡时,最终产品生产者会选择投入相同数量的不同中间产品。

为了分析上的便利我们将 N 视为连续的,此时的 N 可以进一步视作一个衡量生产专业化程度和生产技术复杂程度的指标(Barro and Sala-I-Martin,1995)。

最终产品生产者的生产函数如下:

$$Y(H_Y,L,x) = H_Y^{\alpha} L^{\beta} \int_0^N x_i^{1-\alpha-\beta} \tag{15.1}$$

同时,由于关注的重点在于国际直接投资的经济增长效应,因此本章假定劳动和人力资本在模型中是外生给定的。

在一般的内生增长模型之中,资本被定义为所有资本品的总和,而且资本之间存在着完全替代的关系。而在上述最终产品生产函数,本章参考 Romer(1990)的研究,用中间产品的集合取代了传统的内生增长模型中资本的位置,当经济体中出现新的中间产品时,新的中间产品会被加入这一集合,运用于最终产品的生产。从这一意义上说,中间产品种类的增长,即 N 数量的增长,可以视为技术上的进步和发展。

对于最终产品的生产者来说,他们的生产活动追求其自身利润的最大化,因此有：

$$\max_{H_Y, L, x_i} Y - w_{H_Y} H_Y - w_L L - \int_0^N P_i x_i \tag{15.2}$$

$$\text{s. t. } Y(H_Y, L, x) = H_Y^\alpha L^\beta \int_0^N x_i^{1-\alpha-\beta} \tag{15.3}$$

公式中的 w_{H_Y} 表示人力资本的价格，w_L 为工资率，P_i 则对应于中间产品 x_i 的价格。

根据上述方程，利润最大化时有一阶条件：要素价格等于要素的边际产出。

因此最终产品生产者关于中间产品 i 的边际产出 $\frac{\partial Y}{\partial x_i}$ 等于 P_i，有：

$$\frac{\partial Y}{\partial x_i} = (1-\alpha-\beta) H_Y^\alpha L^\beta x_i^{-\alpha-\beta} = P_i \tag{15.4}$$

同样关于劳动和人力资本的边际产出也与其要素价格相等，有：

$$\frac{\partial Y}{\partial H_Y} = \alpha \frac{Y}{H_Y} = w_{H_Y} \tag{15.5}$$

$$\frac{\partial Y}{\partial L} = \beta \frac{Y}{L} = w_L \tag{15.6}$$

以上三个式子即为最终产品生产者利润最大化的一阶条件，在这里生产都是竞争性的，因此所有生产者的最终利润为 0。

2. 研发企业

研发企业是新的中间产品的创造者，中间产品的创造则主要依赖于人力资本的投入和现有的技术水平。参考之前的文献和现实的经济发展情况，无论是 FDI 还是 ODI 都存在着推动本国技术进步可能，而在模型中技术进步又是以中间产品数量 N 来衡量。在这里我们首先将中间产品的种类 N 进行分解：

$$N = N_F + N_H = N_F + N_O + N_D \tag{15.7}$$

N_F 表示外商直接投资给本国带来的中间产品种类（也可视作专业化水平的提升）。N_H 表示本国自身的中间产品种类，而 N_H 又可以进一步分解为 N_O 和 N_D，分别表示本国对外投资带来的中间产品种类和本国国内部门带来的中间产品种类。根据之前的分析，中间产品种类的增长依赖于人力资本和现有的技术。我们得到：

$$\dot{N}_F = \gamma H_R N_F^{\varepsilon} N_H^{1-\varepsilon} \tag{15.8}$$

上式中的 γ 和表示技术转化或研发能力的参数（productivity parameters），表示将技术存量转化为新的技术的能力。我们可以将 $\dot{N}_D$ 分解，得到：

$$\dot{N}_O = \gamma_1 H_F N_F^{\varphi} N_H^{1-\varphi} \tag{15.9}$$

$$\dot{N}_D = \gamma_2 H_{R1} N_F^{\varphi} N_H^{1-\varphi} \tag{15.10}$$

同时有：

$$\dot{N}_H = (\gamma_1 H_F + \gamma_2 H_{R1}) N_F^{\varphi} N_H^{1-\varphi} \tag{15.11}$$

而由于进行研发的主体为对外投资的企业（本国跨国公司）和国内企业都属于本国企业，因此它们受本国和 FDI 的技术水平的影响程度应当相同，因此具有同样有 φ 和 $\varphi-1$ 的参数。根据经济发展的现实情况，我们假定跨国公司具有更强的研发能力，因此 γ_1 大于 γ_2。同时，我们假定对外投资企业所使用的人力资本来源于国外，而国内企业和 FDI 企业所使用的人力资本来自于国内。在此模型假设其他国家仅向本国提供人力资本，不存在其他经济行为。关于国外人力资本的价格，我们将在一般均衡部分进行进一步的讨论。

同时研发部门在研发过程中追求利润最大化，而在长期均衡中，最终无论是 FDI 企业还是国内企业，抑或是对外投资企业所产出的技术都面临相同的价格，我们将价格设定为 P_N。此时有：

$$\max_{H_R} P_N \dot{N}_F - w_{H_R} H_R \tag{15.12}$$

通过一阶条件计算可得：

$$w_{H_R} = P_N \gamma N_F^{\varepsilon} N_H^{1-\varepsilon} \tag{15.13}$$

通过同样的计算方式，可以得到：

$$w_{H_F} = P_N \gamma_1 N_F^{\varphi} N_H^{1-\varphi} \tag{15.14}$$

$$w_{H_{R1}} = P_N \gamma_2 N_F^{\varphi} N_H^{1-\varphi} \tag{15.15}$$

3. 中间产品生产部门

在模型中，中间产品生产部门购买研发部门的技术，并进行中间产品的生产。此时中间产品生产部门的企业面临一个两阶段的决策过程。第一个阶段是是否进入的决策，第二个阶段是利润最大化决策，同时在这里我们假定中间产品生产部门是可以自由进入的。

首先,中间产品生产者的利润函数如下,为了分析上的方便,我们将中间产品的生产成本设定为1。

$$\pi_p = \int_t^\infty (P_i x_i - x_i) \mathrm{e}^{-r(\tau - t)} - P_N \qquad (15.16)$$

此时中间产品生产者的进入市场的条件即为:

$$P_N \geqslant \int_t^\infty (P_i x_i - x_i) \mathrm{e}^{-r}(\tau - t) \qquad (15.17)$$

此时中间产品生产者获得的垄断利润流大于等于所制方法的购买技术的价格。

如果企业选择进入,则需要进行第二个阶段的决策,即利润的最大化。此时有:

$$\max_{x_i} \pi_p = \int_t^\infty (P_i x_i - x_i) \mathrm{e}^{-(\tau - t)} - P_N \qquad (15.18)$$

$$\text{s. t. } P_i = (1 - \alpha - \beta) H_Y^\alpha L^\beta x_i^{-\alpha - \beta}$$

其利润最大化的一阶条件:

$$\frac{\partial \pi_p}{\partial x_i} = (1 - \alpha - \beta)^2 H_Y^\alpha L^\beta x_i^{-\alpha - \beta} - 1 = 0 \qquad (15.19)$$

从而有:

$$x_i = (1 - \alpha - \beta)^{\frac{2}{\alpha + \beta}} H_Y^{\frac{\alpha}{\alpha + \beta}} L^{\frac{\beta}{\alpha + \beta}} \qquad (15.20)$$

运用之前在最终产品部门求得的一阶条件,和上述利润最大化的一阶条件,我们得到一个关于均衡时中间产品价格的等式(由于均衡时技术的价格相同,中间产品生产者的生产函数一致,因此最终存在相同的中间产品价格)。

$$P_i = \frac{1}{1 - \alpha - \beta} \qquad (15.21)$$

对中间产品的生产者而言,由于他们购买了研发部门所产出的技术,因此他们在其各自的中间产品的生产中具有垄断地位,因此中间产品的 P_i 大于边际成本1。在包含中间产品的经典内生增长模型中,中间产品的生产者也是产品或者技术的发明者,因此他们可以获得垄断利润。在本模型中,由于存在研发部门,因此,在均衡状态中研发产出的价格 P_N 应当与 $\int_t^\infty (P_i x_i - x_i) \mathrm{e}^{-r(\tau - t)}$ 相等,我们将中间产品的价格 P_i 代入,可以得到:

$$P_N = \frac{(\alpha + \beta) x_i}{r(1 - \alpha - \beta)} \qquad (15.22)$$

4. 居户

与其他许多经济增长模型类似,本章的模型采用拉姆齐模型中的消费效应函数。在模型中,每个家庭提供自身的劳动从而获取工资收入,通过自身的资产取得利息收入。家庭运用他们取得的利息收入和工资收入进行储蓄或是消费,每个家庭追求其效用 U 的最大化。

$$U = \int_0^\infty \frac{C^{1-\sigma}}{1-\sigma} e^{-\rho t} \, dt \tag{15.23}$$

其中,C 为居户的消费,ρ 表示贴现率,用来衡量家庭对于消费的耐心程度,ρ 越大表明居户对于未来消费的评价越低。σ 为消费的边际效用弹性的负数,为相对风险厌恶系数。

因此居户的效应最大化问题可以写作:

$$\max_C U = \int_0^\infty \frac{C^{1-\sigma}}{1-\sigma} e^{-\rho t} \, dt \tag{15.24}$$

$$\text{s. t.} \ \dot{A} = rA + wl - C$$

由于模型中的 l 不变,人均消费增长率与消费增长率相等,通过构建汉密尔顿函数,我们得到如下结果:

$$\frac{\dot{C}}{C} = \frac{(r-\rho)}{\sigma} \tag{15.25}$$

5. 一般均衡

由模型中最终产品生产部门的产出函数 $Y(H_Y, L, x) = H_Y^\alpha L^\beta \int_0^N x_i^{1-\alpha-\beta}$,我们可以看到,当人力资本、劳动和单个中间产品的数量给定时,总产出 Y,技术水平存量 N 和消费 C 以相同的速度增长(Barro and Sala-I-Martin,1995)。接下来我们将进一步对均衡的增长率进行分析。

在模型中,国内的人力资本被分配到最终生产部门和研发部门(包括 FDI 企业的研发部门和国内企业的研发部门)。

$$H = H_Y + H_R + H_{R1} \tag{15.26}$$

同时,在一般均衡中,分配到各个部门的人力资本价格应当相等。此时有 $w_{H_Y} = w_{H_{R1}} = w_{H_R}$。

将这一结果代入我们之前求得的研发部分利润最大化的一阶条件。可以得到:

$$P_N \gamma N_F^\varepsilon N_H^{1-\varepsilon} = P_N \gamma_2 N_F^\varphi N_H^{1-\varphi} \tag{15.27}$$

$$\frac{\gamma}{\gamma_2}=\left(\frac{N_F}{N_H}\right)^{\varphi-\varepsilon} \tag{15.28}$$

由于其他参数给定,在均衡条件下 N_F 的增长率和 N_H 的增长率相等。

之后,我们需要对对外投资企业和国内企业进行进一步的分析。在均衡中,当对外投资企业和国内企业利最大化的一阶条件都满足时,可以得到:

$$\frac{w_{H_F}}{w_{H_{R1}}}=\frac{\gamma_1}{\gamma_2} \tag{15.29}$$

在这一比例关系下,由于 $\frac{\gamma_1}{\gamma_2}>0$,对外投资企业和国内企业的利润最大化问题有同一解,此时 $H_F=H_{R1}$,因此有:

$$\dot{N}_H=\frac{1}{2}(\gamma_1+\gamma_2)H_N N_F^{\varphi} N_H^{1-\varphi} \tag{15.30}$$

结合之前的计算结果,N_F 的增长率和 N_H 的增长率相等,我们得到:

$$(\gamma_1+\gamma_2)H_{R1}\left(\frac{N_F}{N_H}\right)^{\varphi}=\gamma H_R\left(\frac{N_F}{N_H}\right)^{\varepsilon-1} \tag{15.31}$$

再将 $\frac{N_F}{N_H}$ 根据之前计算结论进行替换,得到 H_{R1} 和 H_R 的表达式如下(假定 $\gamma_1=T\gamma_2$):

$$H_{R1}=\frac{H-H_Y}{1+(1+T)\left(\frac{\gamma_2}{\gamma}\right)^{\frac{1}{\varepsilon-\varphi}}} \tag{15.32}$$

$$H_R=\frac{(H-H_Y)\left[(1+T)\left(\frac{\gamma_2}{\gamma}\right)^{\frac{1}{\varepsilon-\varphi}}\right]}{1+(1+T)\left(\frac{\gamma_2}{\gamma}\right)^{\frac{1}{\varepsilon-\varphi}}} \tag{15.33}$$

从中间产品部门的计算中可以推得:

$$P_N=\frac{P_i(\alpha+\beta)x_i}{r} \tag{15.34}$$

根据最终产品生产部门的一阶条件,可以得到:

$$P_N=\frac{P_i(\alpha+\beta)x_i}{r}=\frac{(\alpha+\beta)(1-\alpha-\beta)}{r}\frac{Y}{N} \tag{15.35}$$

再加入 $w_{H_Y}=w_{H_{R1}}=w_{H_R}$ 的条件可得:

$$H_Y=\frac{\alpha r}{(\alpha+\beta)(1-\alpha-\beta)\gamma}\left(\frac{N_F}{N_H}+1\right)\left(\frac{N_F}{N_H}\right)^{-\varepsilon} \tag{15.36}$$

同时，在之前的结论中 N_F 的增长率和 N_H，又由于 N 为 N_F 与 N_H 之和，所以 N 和 N_F 与 N_H 有相同的增长率。又因为 N 的增长率与总产出的增长率和消费的增长率相等，此时在模型中，我们可以得到：

$$g=\frac{\dot{C}}{C}=\frac{\dot{Y}}{Y}=\frac{\dot{N}}{N}=(\gamma_1+\gamma_2)H_{R1}\left(\frac{N_F}{N_H}\right)^{\varphi}=\gamma H_R\left(\frac{N_F}{N_H}\right)^{\varepsilon-1} \quad (15.37)$$

带入之前 H_R 和 H_Y 的表达式可得：

$$g=(1+T)\left[\frac{H\gamma_2 A^{\varphi}-Br(A+1)}{1+(1+T)A}\right] \quad (15.38)$$

同时有：

$$g=\frac{(1+T)\dfrac{H\gamma_2 A^{\varphi}-B\rho(A+1)}{1+(1+T)A}}{1+B\sigma\left(\dfrac{A+1}{1+(1+T)A}\right)} \quad (15.39)$$

其中：

$$A=\left(\frac{\gamma_2}{\gamma}\right)^{\frac{1}{\varepsilon-\varphi}}B=\frac{\alpha}{(\alpha+\beta)(1-\alpha-\beta)}$$

6. 模型结论

从之前推导得到的关于经济增长率的等式中我们可以得出以下几点直观的结论。首先，一个国家或地区的人力资本的增长有助于促进经济产出的提高。当一个国家有更多的人力资本存量时，更多的人力资本会被投入到研发部分，从而推动技术的进步，最终带来总产出的提高。其次，和许多其他内生增长模型一样，经济增长同样取决于贴现率 ρ 和相对风险厌恶系数 σ。当贴现率越低，相对风险厌恶系数越小时，经济产出的增长越快。最后，经济的增长从根本上说来自于技术水平的提高，研发企业的技术创新能力越强，投入研发部门的人力资本越多，技术水平的提升也就越快，从而经济产出的增长越快。

在模型中参数 T 表示国内企业和本国对外投资企业在技术转化或者研发能力上的差距。那么 T 的增加，即本国对外投资企业和国内企业在研发能力上的差距的扩大，是否会推动本国经济的增长？

$$\frac{dg}{dT}=[H\gamma_2 A^{\varphi}-(A+1)B\rho]\frac{B\sigma(A+1)}{[1+(1+T)A+B\sigma(A+1)]^2} \quad (15.40)$$

由于：$\dfrac{B\sigma(A+1)}{[1+(1+T)A+B\sigma(A+1)]^2}>0(\sigma>0)$

当 $[H\gamma_2 A^{\varphi}-(A+1)B\rho]>0$，即 $H>\dfrac{(A+1)B\rho}{\gamma_2 A^{\varphi}}$

$$有：\frac{dg}{dT}>0$$

通过求导的结果我们可以看到,当本国人力资本的存量达到一定程度时,对外投资设立或是收购具有更高研发能力的企业,对本国经济增长有促进作用。而当本国人力资本的存量不足时,盲目对外投资与本国现有研发能力差距较大的研发企业反而会不利于本国经济的增长。在一个人力资本充足的国家,对外投资带来的技术进步(逆向技术溢出)会推动国家的经济增长。

在我们之前的分析中,均衡时有$\frac{w_{H_F}}{w_{H_{R1}}}=\frac{\gamma_1}{\gamma_2}$,在模型中,我们假定本国的对外投资带来的人力资本需求会导致国外市场人力资本价格的变动,因此才会出现均衡时的价格比例。而在现实中,多数国家的对外投资所带来的人力资本对国外市场人力资本价格影响有限,此时国外市场的人力资本价格可以视作一个外生变量。在这种情况下,如果本国对外投资企业的研发能力较差不能和国际市场人力资本的价格相匹配,那么对外投资将会面临负的利润,此时就不存在对外投资行为。反之,若本国对外投资企业的研发能力较强其产出水平足以覆盖使用国外人力资本的成本,那么进行对外投资会获得正的利润,此时更多的资本会流向国外,国内的投资会因此减少。

总的来说,通过理论模型的分析可以看到,对外直接投资有助于利用国外人力资本资源实现技术进步,同时通过逆向技术溢出带动母国企业的技术进步,最终推动经济增长。在逆向技术溢出的过程中,母国的人力资本水平扮演着重要角色,当母国具有较高水平的人力资本时,母国跨国公司在境外设立或并购的企业和母国企业技术差距越大,其逆向技术溢出对母国经济增长的促进越明显。基于以上分析本章得出两个命题:

命题1:对外直接投资的逆向技术溢出效应会通过促进母国技术进步来推动母国经济增长。

命题2:逆向技术溢出效应的经济增长效应依赖于母国人力资本存量。

在第四节,本章将构建实证模型,运用41个国家(地区)1995～2015年面板数据进行实证分析,对上述两个命题进行检验。

第四节　计量模型与实证检验

一、实证模型设定

(一) 模型选择

根据之前的机理分析和理论模型的分析,本章建立如下计量模型。

$$\text{模型 1} \quad \ln G_{it} = \beta_0 + \beta_1 ogdp_{it} + \sum_{j=1}^{n} \alpha_j X_{jit} + \varepsilon_{it} \tag{15.41}$$

$$\text{模型 2} \quad \ln G_{it} = \beta_0 + \beta_1 ogdp_{it} + \beta_2 ogdp * edu_{it} + \sum_{j=1}^{n} \alpha_j X_{jit} + \varepsilon_{it}$$

$$\tag{15.42}$$

模型 1 用来说明逆向技术溢出效应对母国经济增长的影响,模型 1 主要用来证明命题 1,即对外直接投资的逆向技术溢出效应会促进母国经济增长。模型 2 用来说明命题 2,即逆向技术溢出效应的经济增长效应依赖于母国人力资本存量。

模型中 ε_{it} 表示残差项,X_{jit} 表示控制变量,具体变量及含义如下。

(二) 变量含义

1. 被解释变量

lng:人均国内生产总值的自然对数。本章旨在研究 ODI 的逆向技术效应对各国家或地区经济增长的影响,因此本章选取各国家或地区的人均国内生产总值的自然对数值作为被解释变量,用来表示各国家或地区的经济增长速度。

2. 解释变量

$ogdp$:对外直接投资存量占 GDP 的比重。在研究逆向技术溢出效应时,许多学者选择以母国 ODI 为基准,结合东道国的情况构建相应指标表示逆向溢出的研发资本存量(白洁,2009;李梅、柳士昌,2012)。由于本章选择跨国面板数据进行实证分析,各个国家或地区的对外直接投资的国家分布难以获取,因此很难通过构建研发资本存量指标来度量 ODI 的逆向技术溢出效应。本章参考刘明霞和王学军(2009)的变量选取方法,用 ODI 存量指标作为逆向技术溢出效应的代理变量。之所以选择存量指标是由于本章选取数据时间跨度较大,侧重于研究对外直接投资在长期中对经济增长的影响。同时 ODI 的流量更多受到国际经济环境的影响,波动较为剧烈,不能很好地反映对外直接投资的经济增长效应。$ogdp$ 这一指标反映出各国家或地区对外直接投资存量占该国或地区经济总量的比重和对外直接投资在该国或地区的经济地位,衡量了对外直接投资的逆向溢出效应。

edu:高等教育入学率。在衡量人力资本水平时,存在多种估算方法,大体上可以分为成本估算法、收入估算法和教育指标估算法三大类。现有关于国际直接投资的经济增长效应的研究一般选择教育指标作为衡量一个国家或地区人力资本存量的变量(Herzer;2010;Denzer,2015)。一般选择平均受教育年限作为反映人力资本水平的变量。由于本章选取数据涉及国家较多,一些国家的教育程度数据难以获取。因此本章选择高等教育入学率[①]这一指标作为替代。Barro(1991)在研究经济增长问题时采用的中等教育入学率作为衡量人力资本水平的指标。而随着教育水平的提高,高等教育逐渐普及,因此在现阶段选择高等教育作为衡量人力资本水平的指标更为合理。高等教育入学率能够较好地反映出该国家或地区高等教育的普及情况及人力资本质量(张建清、陈星全,2016)。受过高等教育的人口比例越高,表明该国家或地区的人力资本存量水平越高。

3. 控制变量

本章根据现有关于经济增长研究的成果,选取了一些对各国家或地区经济增长可能产生影响的变量作为控制变量。

资本存量 $capital$:资本形成总额占 GDP 的比重。根据经典的内生增长模型,资本存量是影响经济增长的关键因素。由于本章研究样本包含国家或地区数量较多,因此参考李怀建和沈坤荣(2015)利用跨国面板数据分析时的做法选择各国家或地区的资本形成总额占 GDP 的比重表示该国家或地区的物质资本存量。

对外开放程度 $open$:进出口产品和服务总额占 GDP 的比重。对外开放程度也是影响一个国家或地区经济增长的重要因素。进出口贸易的发展水平是衡量一个国家对外开放程度的一个较为有效的指标,进出口贸易越发达的国家,其对外开放程度也越高。同时对外开放应当是一个双向概念,仅用其中一个方向很难反映一些顺差或逆差较大的国家的对外开放水平(李羽中,1998)。本章选择进出口产品和服务占国内生产总值的比例对外开放水平的指标。

通货膨胀率 inf:年通胀率。Barro and Sala-i-Martin(1995)提出国家或地区

① 高等教育入学率表示对应年龄组人口的总入学率。(来自 WDI 世界发展指标数据库)。

的通货膨胀水平也可能对其经济增长产生一定的影响,本章选择按消费者价格指数衡量的通货膨胀(年通胀率)作为衡量一个经济体通货膨胀的控制变量。

产业结构 *industry*:第三产业增加值占 GDP 的比重。产业结构的进化可以提升经济整体的资源配置结构,从而提升经济整体效益,促进经济增长。本章选择第三产业增加值占 GDP 的比重作为衡量各国产业结构的指标。该指标越高表明该国或地区更接近服务业导向型的产业结构。

政府对经济的影响 *gov*:政府支出占 GDP 的比重。政府在国家的经济发展中扮演着十分重要的角色。本章选择政府支出占 gdp 的比重,用来衡量一个国家或地区政府的规模和政府对经济的影响程度,比重越大说明政府规模越大,对经济的影响越大。

(三)数据来源

本章选取了 41 个国家(地区)1995～2015 年的面板数据进行分析。采用跨国面板数据进行回归的原因主要有两点。一方面利用跨国面板数据回归有助于得出对外直接投资逆向技术溢出效应对经济增长的一般结论,同时可以通过跨国面板分析对外直接投资逆向技术溢出对发展中国家和发达国家经济增长的不同影响。另一方面,从之前的分析可以看到,我国的对外直接投资起步相对较晚,在较长时期内相对我国经济总量而言数量较小,对经济的影响有限。同时,我国的对外直接投资在地区分布上不平衡,西部地区对外直接投资远低于东部。因此,如果采用我国省级面板数据进行分析一方面从我国整体来看,在较长时间跨度中处于探索阶段。另一方面,从区域分布看,中西部地区的对外直接投资尚处于起步阶段,实证研究的条件并不成熟。基于以上原因,本章选择跨国面板数据进行分析,希望通过实证分析证明理论分析的结论,并在此基础上结合中国实际提出相应的政策建议。

本章旨在研究对外直接投资对经济增长的影响,因此在样本选择方面本章选取了 2015 年对外直接投资存量达到 350 亿美元的国家或地区作为研究样本。同时,由于加勒比海的离岸金融中心的对外直接投资往往来自于其他国家,并通过这些离岸金融中心投向别的国家。因此加勒比海的离岸金融中心并不是我们所讨论的对外直接投资的母国,本章将样本中的加勒比海离岸金融中心(开曼群岛、英属维尔京群岛)去除,出于其他经济数据可得性的原因,本章将我国台湾地区、阿拉伯联合酋长国和马耳他去除,共得到 41 个国家或地区的样本。

选取的国家或地区有美国、德国、英国、法国、日本、瑞士、加拿大、荷兰、中国香港、中国、爱尔兰、新加坡、西班牙、意大利、比利时、澳大利亚、瑞典、韩国、俄罗斯联邦、奥地利、丹麦、巴西、南非、挪威、墨西哥、印度、马来西亚、塞浦路斯、芬兰、以色列、智利、卢森堡、泰国、葡萄牙、沙特阿拉伯、哥伦比亚、土耳其、卡塔尔、菲律宾、匈牙利、阿根廷。其中发达国家 23 个,发展中国家 18 个(发达国家、发展中国家区分按照 UNCTAD 口径)。

本章关于 ODI 和 FDI 存量的数据来源于 UNCTAD(联合国贸易和发展会议)数据库,其他数据如人均 GDP、高等教育入学率、资本形成总额、进出口总额、通货膨胀率、服务业增加值和政府支出等均来自于世界银行世界发展指标数据库(WDI)或由世界发展指标数据库计算得到。相关变量的描述性统计如表 15 - 1 所示。

表 15 - 1　描述性统计结果

变量名	样本数	均值	标准差	最小值	最大值
lng	861.00	9.67	1.15	5.94	11.54
ogdp	861.00	52.08	112.17	0.06	809.18
edu	699.00	50.73	21.75	4.46	99.66
capital	861.00	23.65	5.55	11.96	47.69
open	861.00	93.96	78.19	15.64	455.42
inf	861.00	4.61	10.89	−4.86	197.47
industry	811.00	64.71	11.16	26.44	93.12
gov	681.00	31.30	14.36	10.81	99.15

二、数据检验

(一) 单位根检验

在进行面板数据之前,首先需要对数据的平稳性进行检验,防止伪回归的出现。由于本章所选取的数据有部分缺失①,属于非平衡面板数据,因此本章采用 Fisher 检验对数据是否存在单位根进行检验,检验结果如表 15 - 2 所示。

检验结果表明在 10% 的显著性水平下人均 GDP 增长率的自然对数、对外直接投资占 GDP 的比重等变量均为平稳序列,因此不需要进行协整检验。

---

① 部分国家或地区高等教育入学率指标存在缺失。

在单位根检验之后,本章进一步对相关变量进行了格兰杰因果检验。

表15－2　面板数据单位根检验结果

变量名	统计量		统计值	p值
lnpgdp	Inverse chi-squared(82)	P	210.964 1	0.000 0
	Inverse normal	Z	−8.138	0.000 0
	Inverse logit t(209)	L*	−8.321 6	0.000 0
	Modified inv. chi-squared	Pm	10.070 4	0.000 0
ogdp	Inverse chi-squared(82)	P	127.911	0.000 9
	Inverse normal	Z	−4.56	0.000 0
	Inverse logit t(209)	L*	−4.271 3	0.000 0
	Modified inv. chi-squared	Pm	3.585	0.000 2
capital	Inverse chi-squared(82)	P	333.959 8	0.0000
	Inverse normal	Z	−12.780 2	0.000 0
	Inverse logit t(209)	L*	−14.168 8	0.000 0
	Modified inv. chi-squared	Pm	19.674 8	0.000 0
edu	Inverse chi-squared(80)	P	168.519	0.000 0
	Inverse normal	Z	−5.130 7	0.000 1
	Inverse logit t(204)	L*	−5.355 5	0.000 0
	Modified inv. chi-squared	Pm	7.769 4	0.000 0
inf	Inverse chi-squared(82)	P	400.187 4	0.000 0
	Inverse normal	Z	−15.115 7	0.000 0
	Inverse logit t(209)	L*	−17.196 9	0.000 0
	Modified inv. chi-squared	Pm	24.846 3	0.000 0
industry	Inverse chi-squared(80)	P	234.304 8	0.000 0
	Inverse normal	Z	−9.866 8	0.000 0
	Inverse logit t(204)	L*	−9.924 4	0.000 3
	Modified inv. chi-squared	Pm	12.198 9	0.000 0

（续表）

变量名	统计量		统计值	p 值
open	Inverse chi-squared(82)	P	222.929 4	0.000 0
	Inverse normal	Z	−8.946 3	0.000 0
	Inverse logit t(209)	L*	−9.094 7	0.000 0
	Modified inv. chi-squared	Pm	222.929 4	0.000 0
gov	Inverse chi-squared(76)	P	215.146 1	0.000 0
	Inverse normal	Z	−8.382 4	0.000 0
	Inverse logit t(194)	L*	−8.784 9	0.000 0
	Modified inv. chi-squared	Pm	11.286 2	0.000 0

（二）面板格兰杰检验

本章研究的主要目的是研究对 ODI 逆向技术溢出效应与经济增长之间的相互关系，因此选择对外直接投资占 GDP 比重和人均 GDP 的自然对数两组变量进行格兰杰因果检验。本章参考 Dumitrescu 和 Hurlin(2012)提出的方法进行面板数据格兰杰因果检验，结果如表 15-3 所示。

表 15-3　面板数据格兰杰检验结果

变量	原假设	W-sat	Zbar-sat	p-value	结果
lng/ogdp	*ogdp* 不是 *lng* 的原因	3.19	7.41	0.000 0	拒绝
ogdp/lng	*lng* 不是 *ogdp* 的原因	5.65	16.29	0.000 1	拒绝

结果表明 *ogdp* 是 *lng* 的格兰杰原因，而 *lng* 也是 *ogdp* 的格兰杰原因。即对外直接投资和母国经济增长之间存在正反馈效应，一方面对外直接投资的增加促进了母国的经济增长，另一方面母国的经济增长也推动了对外直接投资的增加。这一相互关系和之前相关理论和实证研究[1]的结果相符合。根据 Dunning 的国际直接投资发展周期理论，人均 GDP 是影响一个国家对外直接投资的关键因素，对外直接投资会随着人均 GDP 的增长而增加。之前理论模型的分析结果也表明，ODI 的逆向技术溢出效应对经济增长存在促进作用。

---

[1] Herzer(2010)利用美国数据的研究同样表现出双向因果。

三、面板数据初步估计

在之前的分析中,本章对主要变量进行了单位根检验,检验结果表明计量模型中所包含的变量均为平稳序列。之后本章又对对外直接投资和人均GDP两个变量进行了面板格兰杰因果检验,检验结果表明二者存在正反馈效应。在此基础上,本章通过面板数据的基本回归方法对计量模型进行初步估计。在静态面板数据的回归分析中,一般使用混合最小二乘法(pool-ols)、固定效应模型(fixed effect)和随机效应模型(random effect)三种方法进行回归分析。三种基本模型的结果如表 15 - 4 所示,同时本章在模型选择上进一步进行了检验,面板数据 F 检验的结果在 1% 的水平上显著,表示本章所选取的面板数据更适合固定效应回归。同时面板数据豪斯曼检验的结果在 1% 的水平上显著,表示固定效应模型和随机效应模型不存在显著差异,因此在这三种基本分析方法中应当采用固定效应模型。

从固定模型的回归结果来看,对外直接投资的逆向技术溢出效应对人均GDP 有正向的影响,且在 1% 的显著性水平上显著。这同本章之前进行的机制和理论分析的结果相符合,表明对外直接投资对经济增长存在促进作用。在控制变量的回归结果中,人力资本存量、对外开放程度和资本形成变量的回归系数均为正数,且在 1% 的显著性水平上显著,表明人力资本存量的增加、对外开放程度提升和资本存量的增加都会促进一个国家或地区的经济增长,与相关理论的判断相符。

在之前的理论模型中,本章研究的结论表明逆向技术溢出效应的发挥依赖于母国人力资本存量的水平。根据这一推断,本章在模型中加入逆向技术溢出效应和人力资本存量的交互项,进一步进行回归,得到如下回归结果[①]。回归结果表明,逆向技术溢出和人力资本存量的交互项的回归系数为正,且在1% 的显著性水平上显著。这一结果表明,ODI 逆向技术溢出的经济增长效应依赖于母国人力资本存量。当对外直接投资的逆向技术溢出一定时,较高的人力资本存量将有助于技术的扩散,从而放大逆向技术溢出对母国经济增长的作用。反之,当一个国家或地区人力资本存量较低时,对外直接投资的逆向技术溢出可能受到人力资本水平的限制,不能完全发挥其对经济增长的促进作用。

---

① 在模型 2 进行回归的过程中,*edu* 未通过显著性检验。参考沈坤荣、耿强(2001)的做法,在模型 2 中删去变量 *edu*。

表 15 - 4　初步回归结果

	模型 1			模型 2		
	POOL-OLS	FE	RE	POOL-OLS	FE	RE
ogdp	0.000 091 5	0.000 407***	0.000 405***	−0.009 63***	−0.001 46*	−0.001 72**
	(0.000 331)	(0.000 156)	(0.000 154)	(0.001 35)	(0.000 751)	(0.000 740)
edu	0.024 7***	0.023 5***	0.023 3***			
	(0.001 60)	(0.001 23)	(0.001 20)			
ogdp * edu				0.000 216***	0.000 045 0***	0.000 050 9***
				(0.000 029 7)	(0.000 016 1)	(0.000 015 9)
open	−0.000 442	0.000 094 8	0.000 138	−0.002 61***	0.001 80**	0.001 43*
	(0.000 582)	(0.000 560)	(0.000 541)	(0.000 695)	(0.000 769)	(0.000 732)
inf	−0.010 6***	−0.002 37**	−0.002 40**	−0.015 3***	−0.006 63***	−0.006 84***
	(0.002 72)	(0.001 08)	(0.001 07)	(0.003 09)	(0.001 38)	(0.001 37)
capital	0.042 0***	0.035 5***	0.036 1***	0.048 2***	0.042 6***	0.042 8***
	(−0.007 4)	(−0.003 4)	(−0.003 3)	(−0.008 5)	(−0.004 4)	(−0.004 3)
industry	0.047 2***	0.022 9***	0.024 5***	0.059 4***	0.059 0***	0.058 1***
	(−0.004 5)	(−0.004 5)	(−0.004 5)	(−0.005 1)	(−0.005 9)	(−0.005 9)
gov	0.012 4***	0.006 16***	0.006 47***	0.013 5***	0.007 94***	0.007 44***
	(0.002 57)	(0.002 13)	(0.002 07)	(0.003 00)	(0.002 79)	(0.002 68)
_cons	4.008***	5.932***	5.861***	4.453***	4.404***	4.513***
	(0.374)	(0.335)	(0.348)	(0.436)	(0.436)	(0.433)
R^2	0.597	0.649	0.649	0.472	0.404	0.404

注:① 估计系数下面的括号内数值为标准差。

② 显著性符号含义为:* $p<0.1$,** $p<0.05$,*** $p<0.01$。

四、二阶段最小二乘法回归

在实证分析的过程中,变量的内生性问题始终是计量分析的重点问题。变量存在内生性会使之前初步分析中使用的以最小二乘法为基础的三种回归方法出现估计偏误,影响回归结果。在本章的实证模型中,对外直接投资的逆向技术溢出可能存在内生性的问题。一方面,逆向技术溢出效应会促进母国技术进步,从而推动母国经济增长。另一方面,根据前文提到的国际直接投资发展周期理论,母国的经济增长(人均 GDP 的提升)会推动对外直接投资规模的扩大,从而使得对外直接投资逆向技术溢出扩大。同时逆向技术溢出和母国经济增长可能受到一些相同因素的影响,从而产生遗漏变量,导致内生性的问题。

由于模型可能存在内生性问题,因此需要通过工具变量(IV)来处理内生性问题。在工具变量的选择上主要有两点要求,一是要求与内生变量本身有关,二是要求工具变量与模型的残差项无关。本章选择滞后一期的对外直接投资作为内生变量对外直接投资占 GDP 比重的工具变量以解决内生性问题。在选取工具变量之后,本章对跨国面板数据进行两阶段最小二乘(2SLS)估计,计量结果如表 15-5 所示。

表 15-5　二阶段最下二乘法估计结果

回归方法 解释变量	2sls 模型 1	2sls 模型 2
$ogdp$	0.000 487***	−0.002 79***
	(0.000 187)	(0.000 918)
edu	0.024 3***	
	(0.001 30)	
$ogdp * edu$		0.000 076 3***
		(0.000 019 8)
$industry$	0.020 3***	0.050 1***
	(0.005 27)	(0.006 64)
$open$	0.000 103	0.001 21
	(0.000 575)	(0.000 810)
inf	−0.005 59***	−0.013 4***
	(0.001 89)	(0.002 68)
gov	0.006 85***	0.007 96***
	(0.002 31)	(0.003 01)

回归方法 解释变量	2sls 模型 1	2sls 模型 2
capital	0.036 7***	0.044 8***
	−0.003 6	−0.004 6
R^2	0.646	0.394

　　为了说明需要进行两阶段最小二乘法估计的有效性需要进行相关检验。从检验结果来看，工具变量识别不足检验在 1% 的显著性水平上显著，因此拒绝原假设，不存在工具变量识别不足问题。工具变量弱识别检验得出的 Cragg-Donald 统计量远高于 10% 显著性水平的临界量。因此，拒绝原假设，认为不存在弱识别问题。因为本章所选取工具变量是恰好识别的，所以不需要进行工具变量过度识别检验。

　　从回归结果上来看，在使用工具变量处理变量内生性问题之后，回归结果基本保持一致。*ogdp* 的系数依旧为正，且在 1% 的显著性水平上显著，表明处理了内生性问题之后，ODI 的逆向技术溢出依旧对经济增长存在促进作用，进一步证明了之前理论分析的结论。同时在考虑了交互项的模型中，*ogdp* 和 *edu* 的交互项系数为正且在 1% 的显著性水平上显著，当需要衡量 *ogdp* 对人均 *edu* 的偏效应时，必须代入有意义的人力资本水平（Wooldridge，2015）。当代入平均的人力资本水平（50.73）时，偏效应的结果为正，表明对外直接投资对经济增长存在促进作用。表明逆向技术溢出的经济增长效应需要依靠更多的人力资本存量才能更好地发挥作用。

五、基于发展中国家和发达国家的对比分析

　　长期以来，发达国家的 ODI 在其经济发展中占据相对重要的位置，许多相关实证研究都证实发达国家的 ODI 存在逆向技术溢出效应，可以促进母国技术进步和经济增长。随着新兴发展中国家经济实力的提升，发展中国家的 ODI 逐步发展，占比稳步提升。发展中国家在经济和社会的各个方面与发达国家都存在明显差异，ODI 的逆向技术溢出效应对发展中国家和发达国家的经济增长可能产生不同的影响，同时人力资本存量在技术溢出方面所发挥的作用也可能存在差异。在这样的背景下，进一步分析对外直接投资的逆向技

术溢出效应对发展中国家的影响是十分必要的。同时我国是 ODI 存量规模和流量规模最大的发展中国家之一,研究 ODI 的逆向技术溢出效应对发展中国家经济增长的影响对我具有较强的参考价值和借鉴意义。本章将原有41 个国家或地区的面板数据按照国家类型进行划分,分别对不同类型的样本进行回归分析。参考 UNCTAD 的分类方法,原样本中包含 18 个发展中国家和 23 个发达国家,对两类样本分别进行二阶段最小二乘法的回归分析,基本结果如表 15-6 所示。

表 15-6　发展中国家和发达国家回归结果

样本类型 解释变量	发展中国家 模型 1	发展中国家 模型 2	发达国家 模型 1	发达国家 模型 2
$ogdp$	0.005 53***	−0.040 4***	0.001 87***	−0.021 4***
	(−0.001 1)	(−0.011 1)	(−0.000 2)	(−0.007 7)
edu	0.029 6***		0.018 6***	
	(−0.002 6)		(−0.001 7)	
$ogdp*edu$		0.000 693***		0.000 469***
		(−0.000 2)		(−0.000 2)
$open$	−0.007 35***	−0.003 2	0.003 71***	0.004 38*
	(−0.001 6)	(−0.002 1)	(−0.001 1)	(−0.002 4)
inf	−0.005 35**	−0.011 3***	−0.009 8	−0.012 3
	(−0.002 5)	(−0.004)	(−0.006 5)	(−0.016 4)
$capital$	0.039 0***	0.043 0***	0.034 9***	0.046 3***
	(−0.005 6)	(−0.009)	(−0.005 2)	(−0.011 6)
gov	0.013	0.039 7**	0.020 5***	−0.001 7
	(−0.010 8)	(−0.016 7)	(−0.002 9)	(−0.006 5)
$industry$	−0.012 4	0.021	−0.001 4	0.018 6
	(−0.010 5)	(−0.016 2)	(−0.007 5)	(−0.021 1)

从回归结果来看,在不含交互项的回归模型中,ODI 的逆向技术溢出效应对发展中国家经济增长和发达国家经济增长存在促进作用且在 1‰ 的显著性水平上显著。从系数的大小来看,对外直接投资对于发展中国家经济增长

的促进作用更为明显,这可能是由于发达国家技术水平较高,逆向技术溢出对于其技术水平提升的影响相对有限。在包含交互项的模型中,对外直接投资的系数都为负且在 1% 的显著性水平上显著,同时人力资本水平和对外直接投资的交互项系数为正且在 1% 的显著性水平上显著。和之前的分析结果类似,对外直接投资对经济增长的偏效应依赖于母国的人力资本水平,对于发展中国家而言,当其高等教育入学率达到 58.29% 时,对外直接投资的逆向技术溢出会促进母国经济增长。而随着发展中国家教育事业的发展,相当部分的发展中国家已经达到或接近这一人力资本水平。综上所述,就 ODI 的经济增长效应而言,ODI 的逆向技术溢出效应对发展中国家的经济增长的促进作用更为明显。对于发展中国家而言,需要更高的人力资本水平,借助逆向技术溢出推动母国技术进步和经济增长。中国作为一个发展中国家一方面需要继续推进 ODI 的发展,利用逆向技术溢出推动中国经济增长。另一方面也需要加强国内教育投入,提升人力资本水平,更好地发挥对外直接投资的逆向技术溢出效应。

从之前的实证分析过程可以看到,本章首先使用混合面板、固定效应和随机效应三种方法进行了初步回归。为了解决内生性问题,本章又使用两阶段最小二乘法进行了回归分析,最后对发展中国家和发达国家样本分类进行回归分析。综合基于不同回归方法和不同类型样本的回归结果来看,核心变量 $ogdp$ 和 $ogdp*edu$ 的系数符号基本一致且都较为显著。在不含交互项的模型中,$ogdp$ 的回归系数都为正且显著;在含有交互项的模型中,交互项的回归系数都为正且显著,说明本章的回归结果较为稳健。

第五节　基本结论与政策建议

一、基本结论

本章主要研究了对外直接投资的逆向技术溢出及其经济增长效应。通过对于国际直接投资趋势和结构的分析、逆向技术溢出的机理和理论分析和基于跨国面板数据的实证分析,得出以下基本结论。

(1)从国际直接投资发展趋势和结构上看,国际直接投资规模不断扩大,发展中国家在国际直接投资格局中的地位日益凸显。随着经济全球化的发展,国际直接投资从 20 世纪 80 年代以来整体呈现增长态势,投资规模不断扩大,已经成为影响世界经济发展和各国经济增长的重要因素。从国际直接投资的结构上看,进入21世纪之后发展中国家的ODI占比稳步提升。随着发展中国家经济实力对的增强,越来越多的发展中国家开始进行海外投资,成为国际直接投资中重要的新生力量。在这一背景下,ODI的逆向技术溢出作用逐步显现,对母国的技术进步和经济增长产生影响。

(2)从中国的对外直接投资发展来看,中国的对外直接投资增长迅速,投资结构发生变化。中国的ODI存量和流量规模不断扩大,已经成为世界主要的对外投资国家之一。从结构上看,中国对外投资的结构呈现两大变化趋势,一是国有企业占比下降,民营企业的对外直接投资份额不断提升。二是投向发达国家的对外直接投资占比总体上升,更多中国企业通过收购国外企业,建立合资企业等方式到发达国家进行投资,以获取先进的技术。在未来,"一带一路"沿线国家将成为中国对外直接投资新的发展方向。同时对外直接投资也将进一步同国际产能合作、中国经济的去产能及产业结构调整相结合,成为中国经济转型升级的一条重要途径。

(3)对外直接投资的逆向技术溢出效应会提升母国技术水平,推动母国经济增长。逆向技术溢出效应依赖于母国的人力资本存量水平。理论分析的结果表明,在母国人力资本存量达到一定水平时,对外直接投资的逆向技术溢出效应会促进母国的经济增长。在理论分析的基础上,本章利用1995~2015年跨国面板数据进行实证分析,进一步验证了理论分析的结果。

二、政策建议

(1)坚持对外开放的基本国策,引导国内企业"走出去",推动我国企业深度融入经济全球化,实现从出口贸易到对外投资的演进。在经济全球化的背景下,无论对于国家还是企业来说,要想取得进一步的发展必须融入世界经济,利用全球化的机遇。国内企业通过ODI不仅可以更好地参与国际市场的竞争,而且可以通过对外直接投资学习境外企业的先进技术,提升自身技术水平和研发能力,推动企业的发展乃至国家经济的增长。对外开放是我国长期以来的基本国策,在中国经济发展的新常态中需要继续坚持这一国策,为国内企业对外投资提供政策上的保障,引导企业的ODI投向知识密集型产业和技术密集型产业,通过ODI的逆向技术溢出效应促进我国经济的增长。

(2)以"一带一路"倡议为契机,加强国际产能合作,拓展对外投资新空间。随着"一带一路"发展战略的提出,我国在"一带一路"沿线国家的直接投资明显增加,国际产能合作稳步开展。产能过剩是中国经济面临的主要困难之一。通过对外直接投资展开国际产能合作,一方面有助于化解国内过剩产能,优化中国产业结构。另一方面"一带一路"沿线国家在工业化过程中的相关需求可以得到满足,有助于当地经济社会的发展。对外直接投资是进行国际产能合作的一条重要途径,通过直接投资进行的国际产能合作首先可以促进中国企业在沿线国家的长期发展,使得国际产能合作长期持续,促进中国和沿线国家的互利共赢。其次,通过直接投资进行的国际产能合作,尤其是在发达国家进行的国际产能合作有利于中国企业学习国外先进技术,提升自身技术水平,增强核心竞争力。因此,我国应进一步加强与"一带一路"沿线国家在经济领域的合作,为中国企业直接投资创造有利外部环境,同时应通过设立投资基金、提供融资支持等方式解决我国企业对外投资的资金问题,推动我国企业在"一带一路"沿线国家直接投资和进行国际产能合作,为我国的对外直接投资拓展新的发展空间。

(3)加大教育投入力度,重视外向型、国际化人才培养,助力中国 ODI 的发展。从前文的分析中可以看到,ODI 的逆向技术溢出效应的发挥依赖于母国的人力资本存量水平。在对外直接投资的迅速发展过程中,需要法律、管理、金融等方面外向型专业人才为海外投资提供相应的服务。有了外向型人才的支持,对外直接投资才能更好地发展,其产生的逆向技术溢出效应才能更好地发挥。从现阶段我国人力资本的发展情况来看,在人才培养方面尤其是外向型人才培养方面和西方发达国家还有较大的差距。因此我国政府需要进一步加大相关领域的教育投入,为我国的对外直接投资培养更多高素质的外向型人才,更好地发挥对外直接投资的逆向技术溢出效应,促进我国经济的增长。

(4)加强对于非理性和异常对外直接投资的监管,防止通过对外直接投资转移资产。近年来,中国对外直接投资增长迅速,但是在这其中也出现了一些非理性和异常的对外直接投资。比如一些中国企业在境外收购和设立的企业和其主要业务缺乏关联,部分企业在本身负债较重的情况下依旧通过融资进行大规模的海外投资,这样的投资行为过于盲目,不利于企业的长期发展。对于企业因业务拓展和技术寻求等原因进行的正常对外投资,政府应予以支持和鼓励;对于异常和盲目的对外投资,政府应当加强监管,促进中国企业对外投资的理性健康发展。在现实中,存在企业通过对外投资进行资产转移的情况,这种情况不仅不利于国内企业的正常生产,同时对于中国经济的发展和社会的稳定也有较大的负面影响。一方面,需要完善相关法规和制度,规范对外直接投资行为。另一方面，商务部和外汇管理部门应当加大监管力度，防止企业借由对外直接投资转移资产。

本章参考文献

[1] 白洁. 对外直接投资的逆向技术溢出效应——对中国全要素生产率影响的经验检验. 世界经济研究,2009(8).

[2] 代谦,别朝霞. FDI、人力资本积累与经济增长. 经济研究,2006(4).

[3] 韩伯棠,李燕,丁韦娜. 来自欧佩克的 OFDI 反向技术溢出对我国经济增长的影响研究. 科技与经济,2012,25(5).

[4] 李怀建,沈坤荣. 出口产品质量的影响因素分析——基于跨国面板数据的检验. 产业经济研究,2015(6).

[5] 李梅,柳士昌. 对外直接投资逆向技术溢出的地区差异和门槛效应——基于中国省际面板数据的门槛回归分析. 管理世界,2012(1).

[6] 李燕,李应博. OFDI 反向技术溢出对我国经济增长的影响——基于对东盟的实证研究. 科学学与科学技术管理,2013(7).

[7] 李羽中. 我国对外开放程度的度量与比较. 经济研究,1998(1).

[8] 刘明霞,王学军. 中国对外直接投资的逆向技术溢出效应研究. 世界经济研究,2009(9).

[9] 茹玉骢. 技术寻求型对外直接投资及其对母国经济的影响. 经济评论,2004(2).

[10] 沈坤荣,耿强. 外国直接投资、技术外溢与内生经济增长——中国数据的计量检验与实证分析. 中国社会科学,2001(5).

[11] 王英,刘思峰. 国际技术外溢渠道的实证研究. 数量经济技术经济研究,2008,25(4).

[12] 王志鹏,李子奈. 外商直接投资、外溢效应与内生经济增长. 世界经济文汇,2004(3).

[13] 魏巧琴,杨大楷. 对外直接投资与经济增长的关系研究. 数量经济技术经济研究,2003,20(1).

[14] 冼国明,杨锐. 技术累积、竞争策略与发展中国家对外直接投资. 经济研究,1998(11).

[15] 张建清,陈星全. 人力资本与服务贸易差额:来自跨国面板数据的证据. 国际贸易问题,2016(10).

[16] 赵伟,古广东,何元庆. 外向 FDI 与中国技术进步:机理分析与尝试性实证. 管理世界,2006(7).

[17] 朱金生,凌丹. 对外直接投资与经济增长的关联及启示. 国际经贸探索,2000,16(2).

[18] Barro R J, Sala-i-Martin X. *Economic Growth*. McGraw0Hill, New York, 1995.

[19] Barro R J. Economic Growth in a Cross Section of Countries. *Quarterly Journal of Economics*, 1991, 106(2): 407 – 443.

[20] Berthelemy J C, Demurger S. FDI and Economic Growth: Theory and Application to

China. *Review of Development Economics*, 2000, 4(2):140 - 155.

[21] Blomstrom M, Lipsey R E, Zejan M. What Explains Developing Country Growth?. NBER, 1992.

[22] Borensztein E, De Gregorio J, Lee J. How Does Foreign Direct Investment Affect Economic Growth?. *Journal of International Economics*, 1998, 45(1):115 - 135.

[23] Buckley P J, Casson M. *Future of the Multinational Enterprise*. Springer, 1976.

[24] Caves R E. Multinational Firms, Competition, and Productivity in Host-Country Markets. *Economica*, 1974, 41(162): 176 - 193.

[25] Choe J I. Do Foreign Direct Investment and Gross Domestic Investment Promote Economic Growth?. *Review of Development Economics*, 2003, 7(1): 44 - 57.

[26] De Mello L R. Foreign Direct Investment-led Growth: Evidence from Time Series and Panel Data. *Oxford Economic Papers*, 1999, 51(1): 133 - 151.

[27] Denzer-Schulz A. Home Country Effects of Outward Foreign Direct Investment: Theoretical Approach and Empirical Evidence. Universität Tübingen, 2015.

[28] Driffield N, Love J H. Foreign Direct Investment, Technology Sourcing and Reverse Spillovers. *The Manchester School*, 2003, 71(6): 659 - 672.

[29] Dumitrescu E, Hurlin C. Testing for Granger Non-Causality in Heterogeneous Panels. *Economic Modelling*, 2012, (4): 1450 - 1460.

[30] Dunning J H. Explaining the International Direct Investment Position of Countries: Towards a Dynamic or Developmental Approach. *Review of World Economics*, 1981, 117(1): 30 - 64.

[31] Dunning J H. *International Production and The Multinational Enterprise*. Allen & Unwin, 1981.

[32] Findlay R. Relative Backwardness, Direct Foreign Investment, and the Transfer of Technology: A Simple Dynamic Model. *Quarterly Journal of Economics*, 1978, 92 (1): 1 - 16.

[33] Hansen H, Rand J. On the Causal Links Between FDI and Growth in Developing Countries. *Discussion Papers*, 2006, 29(1): 21 - 41.

[34] Hymer S H. *The International Operations of National Firms: A Study of Direct Foreign Investment*. MIT Press, 1960.

[35] Kindleberger C P. American Business Abroad. *Thunderbird International Business Review*, 1969, 11(2): 11 - 12.

[36] Kogut B, Chang S J. Technological Capabilities and Japanese Foreign Direct Investment in the United States. *Review of Economics & Statistics*, 1991, 73(3): 401 - 413.

[37] Lipsey R E. Home and Host Country Effects of FDI. NBER Working Paper Series, 2002(No. 9293).

[38] Neven D, Siotis G. Foreign Direct Investment in the European Community: Some Policy Issues. *Oxford Review of Economic Policy*, 1993, 9(2): 72 - 93.

[39] Romer P M. Endogenous Technological Change. *Journal of Political Economy*, 1990, 98(5): 71 - 102.

[40] Stevens G V G, Lipsey R E. Interactions Between Domestic and Foreign Investment. *Journal of International Money & Finance*, 1988, 11(1): 40 - 62.

[41] Vahter P, Masso J. Homeversus Host Country Effects of FDI: Searching for New Evidence of Productivity Spillovers. *Ssrn Electronic Journal*, 2007, 53(2): 165 - 196.

[42] Vernon R. International Investment and International Trade in the Product Cycle. *International Executive*, 1966, 8(4): 16.

[43] Wang J Y, Blomström M. Foreign Investment and Technology Transfer: A Simple Model. *European Economic Review*, 1992, 36(1): 137 - 155.

[44] Wells L T. *Third World Multinationals: The Rise of Foreign Investments from Developing Countries*. MIT Press Books, 1983.

[45] Wooldridge J M. *Introductory Econometrics: A Modern Approach*. Nelson Education, 2015.

第十六章　对外直接投资的增长效应

——基于"一带一路"国家的比较分析

本章提要　步入 21 世纪以来,我国对外直接投资流量呈现快速增长的态势,对外直接投资引起越来越多的关注,相关研究也逐渐丰富而深入。本章利用历年中国对外直接投资统计公报,整理出 2003～2015 年对外直接投资的相关数据。在加入有效劳动力数量、受教育年限、R&D 占比以及全社会固定资产投资这几个变量的情况下,进一步将投资按区域、地区发达程度进行划分,研究了对外直接投资对 GDP 总量的影响。在这些分类中,重点探讨了对"一带一路"沿线国家投资所产生的影响。研究显示,对发达国家和地区的投资产生的效益,大于对发展中国家投资的效益。就"一带一路"沿线国家而言,对东亚投资的带动效果最强,而对南亚投资带来的收益最小。

第一节　研究背景

在经过了 38 年的快速增长之后,我国的经济增长率从原来的两位数降到现在的个位数。据统计,2016 年,我国的 GDP 增长率变成了 6.7%。经济增长速度明显放缓,社会固定资产投资增加的幅度也有所下降。在 2014 年,我国 15～64 岁人口数目首次少于前一年,并且从这一年开始,这个年龄段的人数逐渐下降,人口红利即将消失,进出口贸易总额也有所下降,这些是我国经济目前的一些现状。拉动经济增长的三驾马车似乎已经趋于疲软,如何实现人口红利再挖掘,提高投资的收益,促进经济持续稳定增长成为我们迫切需要解决的问题。在这种大背景下,"一带一路"战略应运而生。

"一带一路"战略是习近平总书记于 2013 年提出的。我国积极投身于这项建设,既希望带动自身经济的持续健康发展,又希望以此推动周边国家经济的持续增长,共同参加,共享成果。在"一带一路"倡议提出的第三年,我国企业共对沿线的 53 个国家进行了非金融类直接投资 145.3 亿美元,占同期总额的 8.5%,主要流向新加坡、印尼、印度、泰国、马来西亚等国家地区。在 2015 年的 1 月和 2 月,我国企业共对"一带一路"沿线的 41 个国家进行了非金融类直接投资 17.9 亿美元,占同期总额的 13.3%,主要流向老挝、新加坡、马来西亚、印尼、柬埔寨等国家地区。对外承包工程方面,我国企业在"一带一路"沿线 54 个国家新签对外承包工程项目合同 659 份,新签合同金额 113.7 亿美元,占同期我国对外承包工程新签合同额的 45.4%,完成营业额 78.4 亿美元,占同期总额的 46.8%①。除了相关的经济数据,我国对外与沿线 60 余个国家和地区签订相应的协议,对内制定对应的政策法规,完善投资体系以保证投资的顺利进行。值得注意的是,"一带一路"沿线建设在当前经济社会发展中占据着重要的地位,而在"一带一路"建设的过程中,对外直接投资又是其中重要的组成部分,由此可以清楚感受到对外投资的重要性。为了考察对外直接投资尤其是对"一带一路"沿线国家的投资会给我国经济的运行带来多大的影响,本章选取了 2003～2015 年对外资直接投资统计公报的相关数据,将投资流量作为自变量,国内生产总值 GDP 作为因变量,辅以其他相关的变量,分区域进行讨论,研究各方面的投资能带来多大的益处,并以此为基础,提出相应的建议。

第二节　文献综述

一、相关理论

对外直接投资的理论基本可以分为两大类:一类是关于发达国家的;另一类是研究发展中国家的。垄断优势理论、内部化理论、产品生命周期理论以及国际生产折中理论是分析发达国家的对外直接投资的主流理论,而小规模技术理论、技术地方化理论、技术创新产业升级理论以及投资发展周期理论是主要针对发展中国家和地区而提出的四大理论。

垄断优势理论是海默在 1960 年提出的。他在论文《国内企业的国际经营:关于对外直接投资的研究》中首次提出以垄断优势解释跨国公司的对外直接投资,后来经过德尔伯格以及约翰逊等人的补充,形成了研究国际直接投资最早的、最具影响力的理论。该理论以市场不完全为条件,认为企业对外直接投资的动因是垄断优势,而在垄断优势中,技术优势又占据主要位置。

---

① 来自国家商务部。

中国经济增长的潜力与动力

科斯首先提出内部化,在吸收了相关理论后,巴克莱、卡森、拉格曼形成了市场内部化理论。该理论认为信息不完全、巨大的谈判交易成本、供给不稳定、产权保护等市场缺陷,使得企业需要通过将外部交易内部化来获得较大的收益,减少在投资过程中存在的风险。这一理论一方面解释了跨国公司出现的原因,另一方面也阐述了对外直接投资发生的原因。

弗农提出了产品生命周期理论。该理论将产品生命周期划分为三个阶段:创新阶段、成熟阶段以及标准化阶段。对外直接投资是公司在周期运动中,因生产条件、竞争条件等区位因素发生变动后而做出的决策,主要发生于成熟阶段以及标准化阶段。在成熟阶段,由于他国模仿的成本优势以及关税壁垒,创新国会选择到收入较高、技术较先进的地方进行直接投资。在标准化阶段,为保持竞争优势,创新国又会选择在劳动成本较低的国家进行直接投资,进一步降低生产成本。

国际生产综合理论是由邓宁提出的,并随着时间的推移而不断完善。它的核心内容是 OLI 模式,该理论认为所有权优势、内部化优势以及区位优势决定了一国对外直接投资,而且只有同时具备这三种优势时,才能实行对外直接投资。

小规模技术优势理论认为发展中国家也有竞争优势。一是小规模生产技术,二是民族产品,三是低廉的价格。发展中国家对外直接投资的动机主要是保护出口市场、寻求低成本、血缘纽带以及分散风险。

技术地方化理论是由拉奥提出的,他认为和发达国家相比,发展中国家的技术特征虽然表现为经济规模小、劳动密集,但是却包含着企业内在的创新活动。

技术创新产业升级理论由坎特威尔和托兰惕诺提出。他们认为,技术创新是企业和产业发展的根本动力,而技术积累对经济发展有着促进作用。

投资发展周期理论由邓宁在原有理论基础上提出的,将投资发展周期分为五个阶段,而这几个阶段的分类与各国人均 GDP 水平有关。

二、国内相关文献

国内研究结论主要分为两类,一类认为对外直接投资对经济增长影响不明显或者较小,而另一类认为对外直接投资有效地带动了经济增长。宋弘威和李平(2008)利用 1983~2006 年的数据,对 GDP 与对外直接投资做了实证分析,结果表明 GDP 的增加是对外直接投资的格兰杰原因,而对外直接投资不是经济增长的原因,回归结果也显示对外直接投资对经济增长的带动作用并不明显。肖黎明(2009)认为对外直接投资在总体上促进了中国经济的长期稳定增长,但由于某些方面的原因,目前这一结果还不是很明显。谭本艳、侯彦如(2011)利用武汉市1988~2009年的统计数据,以对外直接投资、进出口总额、固定资产投资和消费水平这4个变量作为自变量,GDP作为因变量,构建模型,重点关注对外直接投资对武汉市经济增长的影响,结果表明对外直接投资对经济增长的带动作用并不是十分明显。张海波(2011)通过分析对外直接投资与母国经济增长相互作用机制,利用实证分析进行相关检验后发现:新兴经济体中,中国、韩国、马来西亚、菲律宾和台湾地区经济水平的提高推动了对外直接投资的增长,而对外直接投资对经济增长不具有明显促进效应。冯彩、蔡则祥(2012)认为对外直接投资对经济增长的短期效应要远远小于其长期效应,而且各地区之间影响程度不一样,西部地区的对外直接投资与经济增长之间不存在显著关系。

茹玉骢(2004)认为技术寻求型对外直接投资有利于促进中间产品贸易,推动新产业的发展,调节母国的市场结构,打破技术产业的路径依赖,提高产品的竞争力。潘雄锋等(2016)认为对外直接投资对经济增长具有直接作用效应,它显著且直接促进了经济增长,能够通过逆向技术溢出效应实现技术创新成果的增加,通过竞争效应带动研发经费的增加,间接促进了经济增长。张小溪和樊友丹(2016)通过实证发现:地区的经济增长水平能够促进当地的对外直接投资增长;而随着对外直接投资的增加,其知识和技术的外溢效应以及经济溢出效应又会反过来推动经济的增长。冷艳丽、杜思正(2017)考察了双向直接投资及其交互效应对中国经济增长的影响。他们发现外商直接投资和对外直接投资均显著地促进了中国的经济增长,二者的交互效应对经济增长的影响也显著为正。他们认为对外直接投资通过以下两种途径促进投资国的经济增长:一个是逆向技术和制度溢出效应,另一个是投资互补效应。

第三节　对外直接投资的现状

近年来,我国对外直接投资的规模逐年扩大,到2015年12月,投资流量从2003年的28.5465亿美元扩大到1456.6715亿美元,规模约为2003年的51倍。从2003~2007年,增长率保持在40%以上。如表16-1所示,从2008~2015年,投资规模呈现出一种指数型的增长,而近几年的增长速度也基本维持在 10%以上。和一般发展中国家相比,我国的增长率一直保持着较高的水平,投资流量总额占据发展中国家投资总额的比重也从原来的 2%上升到 19%。此外,中国对外直接投资规模增速高于世界平均水平。

表 16 - 1　对外直接投资额增长率对比

时间 指标	中国增长率	世界增长率	发展中国家增长率[①]
2004	92.60%	25.00%	34.84%
2005	123.01%	38.05%	25.80%
2006	43.82%	47.57%	21.47%
2007	50.31%	35.67%	30.41%
2008	110.92%	−21.26%	10.08%
2009	1.11%	−21.12%	−19.56%
2010	21.73%	17.56%	34.39%
2011	8.49%	12.82%	7.17%
2012	17.61%	−3.57%	−1.70%
2013	22.82%	−5.54%	0.55%
2014	14.17%	−10.52%	5.45%
2015	18.31%	37.99%	9.47%

一、对亚洲的投资最多

从地理位置上看,将我国对外投资的流向分为六大类,即亚洲、非洲、欧洲、北美洲、拉丁美洲以及大洋洲。从图 16 - 1 中可以发现,在不考虑 2008 年状况时,只有亚洲以及北美洲的流量是严格意义上的增加,流量占比稳步上升,而其他的地域,虽然从整体上看是增加了,但是在近三年的时间里,都或多或少的有所下降,流量占比也基本有着相似的下降路径。

---

① 来自 UNCTAD 数据库。

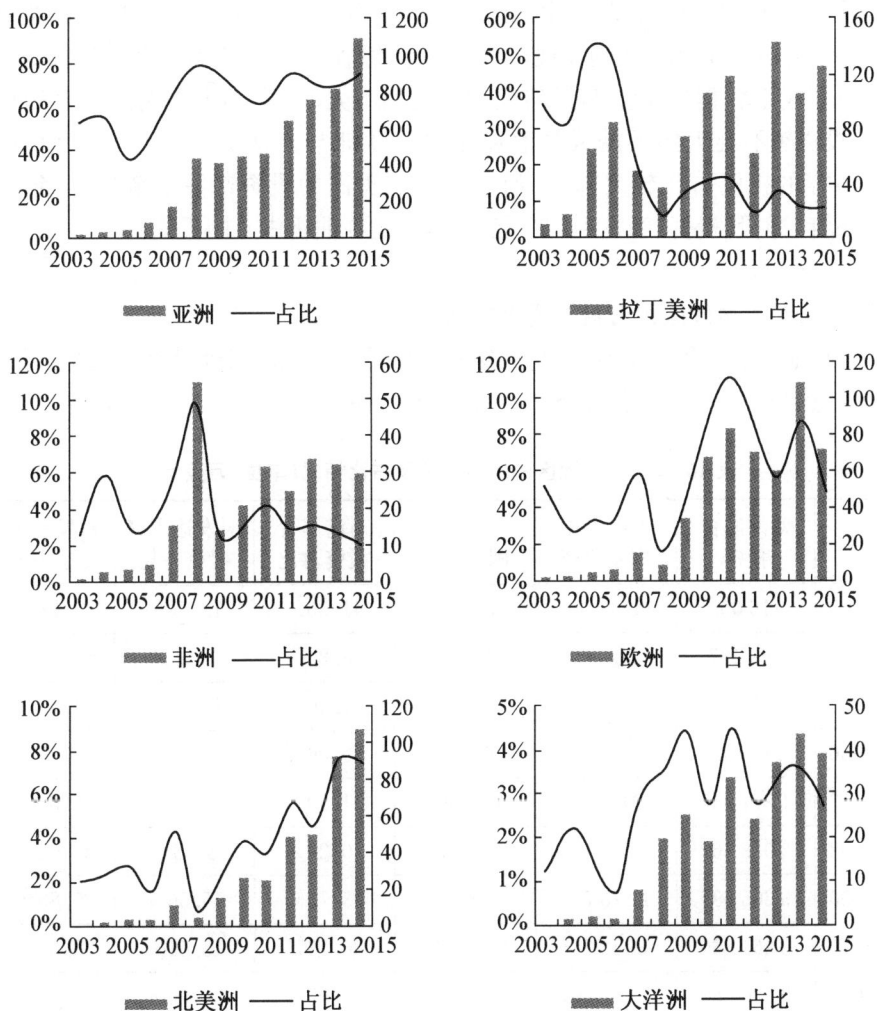

图 16 - 1　对各大洲的投资及占比

我国对外投资基本集中于亚洲，即使是在低谷的 2005 年，也有 44.8 亿美元的流入量，占比约为 37%。近年来，流量占比基本超 70%，并有不断增加的趋势。虽然对拉丁美洲的投资在总体上是规模第二，但是可以看到投资的波动性一直较大，在 2007 年、2008 年、2012 年以及 2014 年都有较大的回落，占比的折线图呈现出一种瀑布式下降的走向。非洲作为世界上国家最多的大陆，有着富庶的资源，一直以来都是我国重要的合作以及援助对象，国家各届领导班子都对这处"宝地"报以极大的热情,倾注了大量的人力、物力以及财力。但是,可以较为直观地发现,与其他大洲相似的,流入非洲的投资在2013~2015年成逐渐下降的态势,虽然变化的比例不大,但是,这种趋势表明在短期内,投资额不会大幅下跌或者急剧上升。欧洲与大洋洲的变化较为相似,2015年的投资占比较之前减少许多,对北美洲的投资却在节节攀升,到了2015年,净投资量已经达到107亿美元,占比在曲折中不断提高。

二、对发达地区投资规模逐渐扩大

从地区发达程度来看,发达国家和地区始终是我国对外投资的主要对象,这一点和图16-1呈现出的结果十分吻合。在表16-2中,将中国香港、

表16-2　对各地区的投资流量及占比情况(单位:万美元)

	对港澳台投资	对发展中国家投资	对发达国家投资	对港澳台投资占比	对发达国家投资占比	对发展中国家占比
2003	118 069	131 550	35 846	41.36%	12.56%	46.08%
2004	265 497	242 464	41 838	48.29%	7.61%	44.10%
2005	342 804	755 525	127 788	27.96%	10.42%	61.62%
2006	688 842	1 011 061	63 494	39.06%	3.60%	57.34%
2007	1 377 961	945 579	327 069	51.99%	12.34%	35.67%
2008	3 928 362	1 212 142	450 213	70.27%	8.05%	21.68%
2009	3 605 695	1 178 727	868 477	63.78%	15.36%	20.85%
2010	3 861 860	1 952 246	1 067 025	56.12%	15.51%	28.37%
2011	3 586 880	2 199 161	1 679 363	48.05%	22.50%	29.46%
2012	5 136 792	2 065 353	1 578 208	58.50%	17.97%	23.52%
2013	6 339 522	2 842 474	1 602 375	58.78%	14.86%	26.36%
2014	7 164 710	2 513 160	2 634 116	58.19%	21.39%	20.41%
2015	9 113 755	2 504 286	2 948 674	62.57%	20.24%	17.19%

中国澳门以及台湾地区单独列出,一方面是因为从经济发展程度上看,属于发达国家和地区,而我国是发展中国家,在分类上有一点争议,另外一个主要原

因是对香港的直接投资占据一半左右的比重,远远超过其他两大类的各自总和,所以,为了比较对发达国家和地区与发展中国家投资多少,特地将它单独列出来。可以看到,在 2006 年、2007 年、2008 年以及 2012 年,对港澳台地区的直接投资相当于成倍增长,在 2009 年,因为受到金融危机的影响,投资总量较之前有所下降,从整体上看,对该地区的投资只增不减,而且幅度较大。将发达国家和发展中国家这两列对比起来看,可以发现,在 2014 年之前,对发展中国家的投资一直高于发达国家,而在 2014 年,对发达国家的投资跳跃式增加,而对发展中国家的投资逐渐减少,于是,就出现了发达国家首超发展中国家的现象,在 15 年,对发展中国家的投资进一步减少,而对发达国家的投资持续增加。将这三类综合起来看,可以直观地看到,对我国港澳台地区的投资一直占据着重要的位置,对香港地区的投资一直高于其他所有地区,按照现今的趋势,对港澳台的投资只会增加,不会减少,对发展中国家的投资估计会平稳变化,而对发达国家的投资应该会稳步增加。

三、三次产业规模扩大

图 16-2 反映的是 2014～2015 年三大产业占比的变化。从图 16-2 中

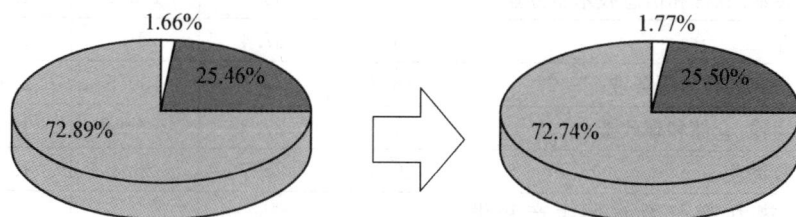

图 16-2　2014 年到 2015 年三大产业占比的变化

可以清楚地发现:在 2014 年,第一产业占 1.66%,第二产业占 25.46%,而第三产业占了 72.89%;到了 2015 年,第一、第二产业的占比有所增加,而第三产业虽然仍是主要投资对象,但是,增加的速度要小于其他两种,以致占比较前一年有所下降,三者占比分别为 1.77%、25.5% 和 72.74%。从行业上看,对大部分行业的投资量是增加的,甚至在这些增加的行业中,有一半是成倍增加,只有 4 类行业的投资流入是减少的,分别为租赁和商务服务业、采矿业、交通运输、仓储和邮政业以及居民服务、修理和其他服务业,不过,和其他行业相比,它们的变化并不算大。租赁和商务服务业占据最大的比重,金融业排名第二,而制造业排在第三位。从增加的比重来看,文化、体育和娱乐业有

着显著的增长,是 2014 年同期的 3.366 倍;住宿和餐饮业吸收我国投资 7.2
亿美元,较 2014 年增加了 195.5%;水利、环境和公共设施服务业总额为前一
年的2.48 倍;信息传输、软件和信息技术服务业吸收了 68.12 亿美元的投资,
在总投资中占 4.7%,同比变化 115.2%;最后一个成倍增加的是制造业,在
2014 年时,投资流量为 95.8 亿美元,到了 2015 年,变成了 199.9 亿美元,增
加了 108.5%。

表 16-3　对外直接投资流量行业分布(单位:亿美元)

行　　业	2014 流量	2015 流量	同比变化(%)	比重(%)
租赁和商务服务业	368.3	362.6	−1.6	24.9
金融业	159.2	242.5	52.3	16.6
制造业	95.8	199.9	108.5	13.7
批发和零售业	182.9	192.2	5.1	13.2
采矿业	165.5	112.5	−32	7.7
房地产业	66	77.9	17.9	5.3
信息传输/软件和信息技术服务业	31.7	68.2	115.2	4.7
建筑业	34	37.4	10	2.6
科学研究和技术服务业	16.7	33.5	100.5	2.3
交通运输/仓储和邮政业	41.8	27.3	−34.7	1.9
农林牧渔业	20.4	25.7	26.4	1.8
电力/热力/燃气及水的生产和供应业	17.7	21.3	21	1.5
文化/体育和娱乐业	5.2	17.5	236.6	1.2
居民服务/修理和其他服务业	16.5	16	−3.2	1.1
水利/环境和公共设施管理业	5.5	13.7	148.1	0.9
住宿和餐饮业	2.4	7.2	195.5	0.5
其他	1.6	1.3	—	0.1
合计	1 231.2	1 456.70	18.3	100

四、对"一带一路"沿线投资逐渐增加

就整体而言,对这一片区域的净投资保持着稳步上升的态势(如图 16 - 3 所示),虽然在 2013 年,总量偶有下降,但是,减少的数额并不算多。在接下来的两年里,不仅总量上升了,而且相关对相关国家的投资总量在整体投资的占比中逐渐上升,一方面是因为"一带一路"倡议的提出,另一方面也和这些国家自身的发展密不可分。《2016~2017 年全球竞争力报告》中,前 50 名国家有 19 个是"一带一路"沿线的,分别为新加坡、阿联酋、卡塔尔、以色列、马来西亚、沙特阿拉伯、爱沙尼亚、捷克、泰国、立陶宛、波兰、阿塞拜疆、科威特、印度、印度尼西亚、俄罗斯、巴林、拉脱维亚以及保加利亚,可见未来这片区域的前途将不可估量。

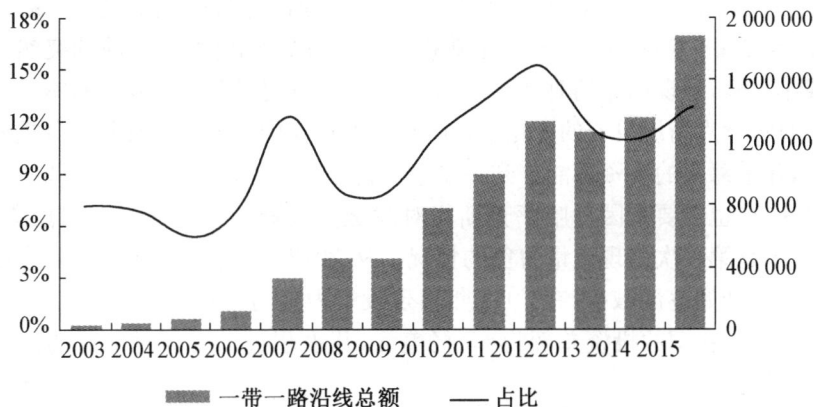

图 16 - 3　对一带一路沿线的投资及占比(单位:万美元)

按照一般的划分方法,将"一带一路"沿线 65 个国家划分成东亚、西亚、南亚、中亚、独联体以及中东欧六个部分,具体划分结果如表 16 - 4 所示。

表 16 - 4　"一带一路"沿线分类

东亚	蒙古、新加坡、马来西亚、印度尼西亚、缅甸、泰国、老挝、柬埔寨、越南、文莱和菲律宾
西亚	伊朗、伊拉克、土耳其、叙利亚、约旦、黎巴嫩、以色列、巴勒斯坦、沙特阿拉伯、也门、阿曼、阿联酋、卡塔尔、科威特、巴林、希腊、塞浦路斯和埃及的西奈半岛

（续表）

南亚	印度、巴基斯坦、孟加拉、阿富汗、斯里兰卡、马尔代夫、尼泊尔和不丹
中亚	哈萨克斯坦、乌兹别克斯坦、土库曼斯坦、塔吉克斯坦和吉尔吉斯斯坦
独联体	俄罗斯、乌克兰、白俄罗斯、格鲁吉亚、阿塞拜疆、亚美尼亚和摩尔多瓦
中东欧	波兰、立陶宛、爱沙尼亚、拉脱维亚、捷克、斯洛伐克、匈牙利、斯洛文尼亚、克罗地亚、波黑、黑山、塞尔维亚、阿尔巴尼亚、罗马尼亚、保加利亚和马其顿

  通过对 2003～2015 年的《对外直接投资统计公报》中相关的数据进行整理，得到图 16-4。对蒙古以及东盟 10 国的投资净流量在 2003～2015 年成指数型增长，其中，新加坡一直都是我国投资的重点对象。独联体总量虽然不及东亚，但是，在图 16-4 中，两者投资总量的变化趋势是相似的，在 2014～2015 年实现了突破性的增长。中亚投资总额的变动较大，由之前的突然增加形成小高峰，到现如今的对外投资小于对应的反向投资，这种变化基本可以归结到对哈萨克斯坦投资的变化上。哈萨克斯坦在中亚五国中有着十分重要的位置，几乎每年的投资都能占到一半左右。在 2015 年，我国对该区域的投资流量为负，也主要是因为哈萨克斯坦对我国的投资超过我国对它的投资，当然，这不是第一次出现流量为负的情况。从 2012 年开始，我国对哈萨克斯坦净投资就开始逐渐减少，在 2014 年出现投资为负的情况，而到了 2015 年，哈萨克斯坦与我国的投资差额为 25 亿美元，几乎超过了历年对中亚的投资净

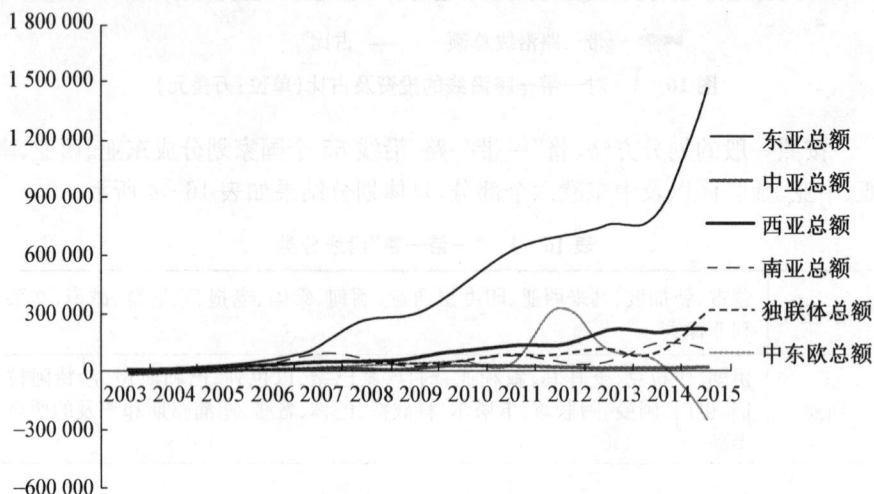

图 16-4　对一带一路沿线投资流量分布

额。可以预见的是,在 2016 年,对中亚的投资应该还是少于中亚对我国的投资。再看中东欧地区,从图 16-4 中可以看到,对该地区的投资十几年来变化并不明显,在 2015 年,投资净额仅为 2003 年的 24 倍,而其他地域的投资基本都是 2003 年的 100 倍左右,再将这几类对比起来看,2015 年对中东欧的投资量只相当于东亚 2003 年时的投资流量,可见,对这片土地的投资力度并不是很大。西亚以及南亚的净投资总量变化图形相似,只是西亚的总量相对较大,在 2015 年达到 22 亿美元,而南亚仅为它的一半。

第四节　理论分析、模型设定和变量选取

一、理论分析

关于对外直接投资的动因,有多种分类,而较为权威的是联合国贸易与发展会议所提出的。按照 2007 年发布的《世界投资报告》,将对外直接投资动因划分为市场寻求型、效率寻求型、资源寻求型以及战略资产寻求型这四大类。

市场寻求型对外直接投资,顾名思义,这一类投资一方面是为了更好地给国外市场提供各项服务,在东道国投资设厂,避开贸易壁垒,在一定程度上也降低了在国外销售产品和服务的成本,另外一方面则可以理解为是为了扩大原来的市场,开发新市场,以此增加销售渠道,拓展对外贸易规模。

效率寻求型对外直接投资又被称为生产效率导向或成本导向型投资,这一类投资属于企业的连续性投资,企业一般会利用国外廉价生产要素以降低企业的生产成本,或者通过在国外建立相应的公司来实现横向一体化或垂直一体化,通过这一系列的举措来获得规模经济或范围经济效益,扩大自己的收益。

资源寻求型对外直接投资是为了开发和利用国外自然资源而进行的投资,通过这类投资,企业在一定程度上可以确保所需的关键性自然资源的有保证供应或有利价格条件的供应。

战略资产寻求型对外直接投资又可称为技术与研究导向型投资,主要是指为了获得国外先进技术和信息,促进自身技术研究和开发能力,进而有效提高竞争优势而进行的直接投资。

当然,一笔对外直接投资的动机可能不只是其中的一类,有时候,投资背后会包含多种动因,而产生的结果也是多种多样的。一般认为,对外直接投资会对国内产业结构、国际贸易、国内就业、技术创新以及经济水平产生影响,有

的是直接影响而有的可能就属于间接影响的范畴。母国可以对有比较优势的国家进行投资,也可以选择向比较劣势的国家进行投资,但这两类投资的目的以及结果基本是不相同的。就像小岛清的边际产业扩张理论中所阐述的,母国会把失去比较优势的相关产业向外转移,这类被转移的产业基本是劳动密集型或者技术含量不高的产业。对母国而言,就使得有限的资源投入到目前具有比较优势或者即将具有比较优势的产业之中,推动了本国产业结构的升级调整;在短期内,母国可能会向投资国输送资源、人才以及相应的投资,推动国际贸易的发展;原有产业的转移会使得失业人数增加,但是,随着时间的推移,具有比较优势的产业会产生更大的吸纳作用,减少失业的人数,而新兴的产业因为具有蓬勃的生命力,也会使一部分人投入其中。所以,从某种角度看,产业转移对于就业也是有利而无害的。根据转移产业的特性,选取的投资国在该产业上必然是不具备比较优势的,而母国的投资会促进该国产业的发展,而投资国低廉的劳动力成本、丰富的自然资源以及较大的市场又会给母国带来较大的利润,这一部分利润既可以进行再投资,扩大生产规模,形成一个良性循环,也可以直接汇回国内,促进企业的发展成长。当母国对具有比较优势的国家进行投资时,基本可以判定这类投资的主要目的是为了促进国内技术的进步。由于技术先进国不会轻易将技术外传,所以,要想获得先进的技术,除了许可证购买,基本就剩下直接投资这种方法了。通过逆向技术溢出,先进国的高新技术就可以被国内引进,而高新技术人员的流动又进一步促进了技术的溢出,通过引进、吸收、模仿,本国的技术水平会相应的提高,科研人员的创新能力也会随之提升。当然,母国也可以在原有技术基础上通过创新,推动本国产业的飞速发展,形成新的比较优势。在这种情况下,母国就不需要全然依赖投资国的技术溢出,甚至可以通过较投资国先进的技术,抢占投资国市场,获得丰厚的利润。

综合以上的理论分析,可以简单梳理一下对外直接投资对母国经济产生的影响。正如图16-5所示,通过利润汇回以及相应产业的转移,一方面释放了生产所需要的资源,另一方面,解决了资金问题,由此有力推动新兴产业的发展以及传统产业的转型。这些转变,既有利于母国的产业结构的调整升级,又在某种程度上解决了一部分失业的问题。逆向技术溢出以及科研投入的增加使得母国的技术水平得到显著提升,财政收入的增加,使得关乎国计民生的相应支出获得资金来源。在这些变化的共同作用下,母国的经济将会实现质与量的提升。

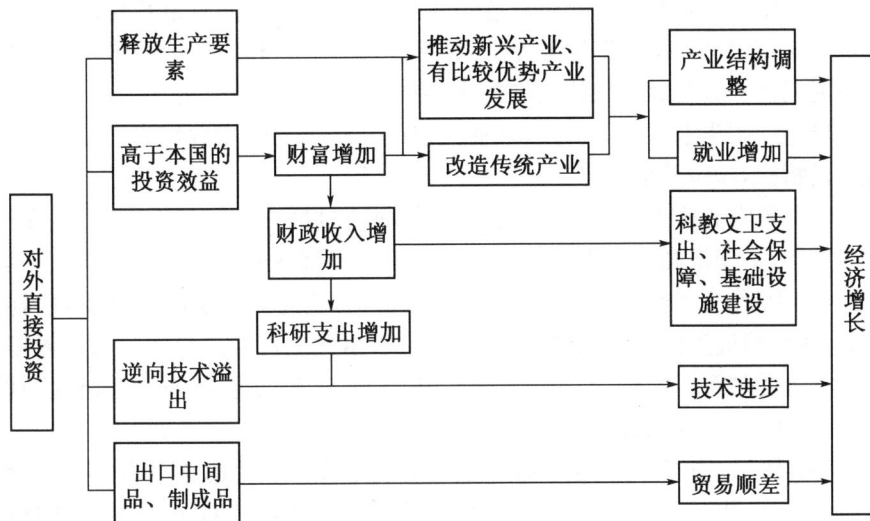

图 16-5　推动经济增长机制分析

二、模型选定以及变量选取

参照科布—道格拉斯生产函数 $Y=F(K,A(t)L)$，暂时将模型设定为：

$$\ln GDP = C + \alpha_1 \ln OFDI + \sum_{i=1}^{4} \lambda_i \ln X_i + u \qquad (16.1)$$

其中，主要研究对象是 OFDI，即对外直接投资，对外直接投资分为四大组：总投资，对发达国家投资、对发展中国家投资、对"一带一路"沿线国家投资。进一步将"一带一路"沿线国家分为 6 大类：东亚、南亚、西亚、中亚、独联体以及中东欧。

本章在做回归时，分别用 WOFDI、FD、FZ、YDYL、DY、NY、XY、ZY、DLT 以及 ZDO 表示。X 为控制变量，u 为误差项。控制变量中包含经济活动人口（L），平均受教育年限（EDU），R&D 占 GDP 的比重（RD），固定资产投资总额（GDZC），与相关国家的贸易量。因为对投资进行了多种划分，所以为了防止存在自选择性即可能是因为双方贸易往来量较大而使投资的影响较大，将贸易量划分为整体贸易量（ZMY），与发达国家及地区之间的贸易（FDMY），与发展中国家之间的贸易（FZMY），与"一带一路"国家之间的贸易（YDYLMY），与东亚（DYMY）、西亚（XYMY）、南亚（NYMY）、中亚（ZYMY）、独联体（DLTMY）、中东欧（ZDOMY）之间的贸易。

（1）经济活动人口。劳动是重要的生产要素之一，同时也是拉动经济增长的"马车"之一。我国作为世界上人口最多的国家，相对廉价的劳动力在较长的时间内一直是经济较快发展的重要推动力，所以，预计劳动力系数为正。选取既包含了失业人口，也包含就业人口的经济活动人口数作为衡量劳动力数量的指标，单位是亿。

（2）平均受教育年限。平均受教育年限通过抽查的结果进行计算，在计算过程中，由于最高教育水平在大专及以上没有都区分开来，所以，在求平均数时，以16作为受教育时间。这在一定程度上，使得平均数变小，毕竟就目前而言，攻读研究生的人数正处于上涨的阶段，由此也可能造成回归时的误差。一般认为受教育年限越长，人口素质越高，人力资本也越高，对于经济起到促进作用，所以，预计系数为正。

（3）R&D占GDP比重。技术创新有利于提高企业的竞争力，推动生产方式的转变，更是经济增长的有效有段。本章用R&D与GDP比值来衡量科技创新水平，R&D选用的是政府和企业支出总和。预计系数符号为正。

（4）全社会固定资产投资总额。作为社会再生产的重要手段，固定资产投资推动技术装备的改善，在一定程度上推动产业结构的转变，促进了经济实力的增长，这对我国实现现代化具有重要意义。投资单位为亿，预计系数也为正。

（5）与对应地区之间的贸易总量。对外贸易对经济增长的促进作用一直都受到经济学家的重视。纳克斯等人认为对外贸易是经济增长的发动机，从这样的表述中，就可以清楚地看到国家之间的贸易往来对于一国经济的增长有着重要的推动作用。变量选取的是进出口总额，单位是亿美元，预计系数为正。

第五节　实证检验

一、相关检验

单位根检验：在进行回归分析之前，对选取的自变量以及因变量进行单位根检验，检验的结果放在了附录部分。在没有对数据进行差分时，数据基本上都是不平稳的。进行一阶差分之后，可以发现：只有平均受教育年限、对南亚投资总额、对中亚投资总额以及对中东欧投资总额在1%的水平上显著，而经济活动人口、R&D占GDP比重、对发展中国家投资总额、对西亚直接投资总额以及除中亚之外的贸易变量是在 5％的水平上显著,剩下的 8 个变量都只是在 10％的水平上显著。

　　格兰杰因果检验:在确认自变量以及因变量同阶平稳的条件下,对相关的数据进行格兰杰因果检验。因为数据相对较少,所以,检验所得结果可能存在一定的偏差,而且值得注意的是,这些检验结果只是根据相应的公式套以一定的数据得到的,是统计意义上的显著和不显著,并不能准确地说明不显著的两个变量之间就没有任何关系。从后面附录的表中,可以清楚地发现只有少数几项假设在 10％的水平上是被拒绝的。结果表明经济活动人口数对经济增长有影响,R&D 占 GDP 比重对经济增长有影响,对外直接投资对 GDP 有影响;经济增长对平均受教育年限有影响,对 R&D 投入有影响,对固定资产投资有影响,对"一带一路"、西亚、南亚以及中亚的投资有影响。而在涉及贸易量时,结果都不显著,所以只罗列了部分检验结果。综合以上分析,本章初步认为选取的因变量和自变量在统计意义上是相互影响的,实际影响有多大,将通过回归加以检验。

二、实证分析

　　表 16-5 给出了整体样本的回归结果,模型(1)不加其他变量,而只选用对外直接投资作为解释变量。结果显示,对外直接投资对经济增长的回归系数在 1％的水平上显著且为正,这说明,对外投资能有效地促进经济的增长,实施走出去战略是促进本国发展的有效策略。将所有的变量都放入回归方程以后,发现 R&D 占比的系数为负,同时还不显著,固定资产投资总额也不显著,而 R^2 相对偏高,说明数据之间存在一定的共线性,于是,采用逐项回归的方法,对模型进行修改。

表 16-5　对整体回归的结果

变量	(1)	(2)	(3)	(4)	(5)	(6)
lnwofdi	0.426*** (13.025)	0.159*** (9.629)	0.174*** (4.515)	0.086 6* (2.253)	0.149*** (3.979)	0.147 8*** (4.71)
lnl		9.12*** (6.427)			8.188** (2.468)	9.179 7*** (6.14)
Lnedu		2.987*** (8.339)	3.527*** (4.772)	1.546* (1.921)	2.786*** (3.754)	2.871*** (6.27)

（续表）

变量	（1）	（2）	（3）	（4）	（5）	（6）
Lnrd			0.681* (2.09)	−0.254 (0.511)		
Lngdzc				0.54** (3.214)	0.056 (0.315)	
Lnzmy						0.035 9 (0.44)
常数项	10.214*** (51.739)	−13.261*** (−5.818)	7.041** (2.382)	1.265 (0.657)	−11.547* (−1.939)	−13.43*** (−5.55)
调整后的 R-2	0.934	0.998 5	0.994	0.997	0.998 35	0.998 369
F 统计量	169.656	2 690.726	712.813	1 091.205	1 816.025	1 837.264
D-W 值	0.501	2.334	2.244	2.29	2.328	2.18

注：***，**，*分别表示在1％,5％,10％的水平上显著,括号里面的数据是 t 值,下表同。

在保留对外投资的情况下,分步加入经济活动人口、受教育年限、R&D占比、全社会固定资产投资总额以及贸易量。从表16-5中可以发现,经济活动人口数系数一直为正,且基本在5％水平上显著,这表明,劳动力依然是我国经济增长的重要推动力,劳动力数量增加,GDP 也会有大幅度的提升。观察近十几年的经济活动人口的变化,发现劳动力数量虽然一直在稳步增长,但是,增长的速度一直处于波动之中,整体看来,处于一种缓慢下降的状态。在2013～2015 年,变动基本维持在 0.5％左右。受教育年限和劳动力一样,系数为正,基本处于 1％的水平上显著。R&D 占比这个变量与其他要素组合在一起时,常常不显著,或者得到的系数符号为负,不符合实际,这些可能是由于这个变量与其他变量存在较强的共线性。全社会固定资产投资在国内生产总值中的比重逐年上涨,在 2015 年时,达到 80％左右,说明这项投资在社会生产中越来越重要,对经济社会的发展有着极大的影响。通过回归,可以看到变量系数为正,表明固定资产投资的增加,对经济增长有正向作用,可是,这个变量的系数只在极少的模型中显著。将贸易量考虑在内时,前面的系数常常不显著。当然,这不是说贸易往来不重要。出现这种结果可能是由于变量之间存在共线性,还有不能忽略的是时间的长短。因为选取的 2003～2015 年的数据,所以趋势不是特别的明朗。但是,有一点可以肯定的是,就整体而言,投资带来的影响是十分显著的。

　　将投资对象进一步分为发达国家（地区）和发展中国家两类，如表16-6、

表16-6　对发达国家（地区）回归的结果

变量	（1）	（2）	（3）	（4）
lnfd	0.369*** (13.54)	0.128*** (10.889)	0.127*** (4.181)	0.104*** (9.51)
lnl		11.393*** (10.355)		10.61*** (13.075)
lnedu		2.3*** (7.477)	2.691*** (3.759)	2.152*** (9.729)
lnrd			1.022*** (3.632)	
lnfdmy				0.13** (3.19)
常数项	10.713*** (69.552)	−16.211*** (−9.073)	10.59*** (4.058)	−15.421*** (−12.044)
调整后的 R²2	0.938	0.998 8	0.993 8	0.999 4
F 统计量	183.342	3 375.037	641.92	5 123.062
D-W 值	0.476	1.698	2.251	2.656

表16-7所示。观察各自的模型（1），在仅考虑投资这个变量时，系数显著为正，而且根据表中的相关数据，可以发现：对发达国家（地区）投资每增加1％，我国的GDP就会增长0.369％；而对发展中国家的投资变化1％，GDP就同向变化0.54％。在只考虑变量对外投资时，似乎直接证明了对发展中国家投资带来的好处要更大一些。但是，在加入其他相关变量之后，投资前面的系数相应地有了一些变化，表16-6、表16-7整理出的各个变量都显著并且变量大于等于3个的相关模型。

表 16-7　对发展中国家回归的结果

变量	(1)	(2)	(3)	(4)	(5)	(6)
lnfz	0.54*** (7.877)	0.118** (2.567)	−0.101** (−3.067)	−0.127** (−2.78)	−0.044** (−2.28)	−0.061*** (−3.81)
lnl		12.862*** (3.629)	15.129*** (10.118)			4.935** (2.768)
lnedu		3.102** (3.176)				
lnrd				1.555*** (6.926)		
lngdzc					0.553*** (17.823)	0.39*** (6.159)
lnfzmy			0.433*** (6.878)	0.444*** (4.987)	0.225*** (4.97)	0.272*** (7.107)
常数项	10.18*** (30.837)	−20.789*** (−3.878)	−21.614*** (−8.085)	15.95*** (10.167)	4.203*** (27.702)	−4.252 (−1.391)
调整后的 R^2	0.835	0.990 3	0.996 7	0.993 5	0.998 8	0.999 4
F 统计量	62.059	409.843	1 214.731	619.911	3 568.577	4 659.991
D-W 值	0.722	1.038	2.651	1.459	2.187	2.368

　　回归时发现研究对象为发达国家(地区)时,按照组合的不同,有时是贸易量不显著,有时是投资量不显著。以拟合程度最高的模型(4)作为最终结果,发现投资前面的系数变小,说明不考虑贸易时的模型夸大了投资对经济带来的影响,回归结果变得不是很准确。

　　回归对象为发展中国家时,出现了一个比较奇怪的结果。当没有加入贸易量进行回归时,投资前面的系数显著为正,在相同变量的情况下,可以看到:对发展中国家投资带来的影响要小于对发达国家(地区)的。当与贸易量随机组合在一起,变量超过两个时,投资前面的系数符号就为负。以拟合程度最好的(6)为例,对发展中国家的投资每增加1%,国内 GDP 就减少0.061%;相对应的,对发展中国家投资每减少1%,国内 GDP 就增加0.061%。在这种情况下,我国与发展中国家的贸易显然要比投资更为重要。在文章的第三部分中有提到,近几年我国对发展中国家的投资逐渐减少,而 GDP 却在增加,在这种情况下,系数就可能受到影响。还有一个原因是时间相对较短,如果能有 2016 年以及后续几年的数据,结果应该会更有说服力一些,可是因为时间的原因,这个条件难以满足。

"一带一路"倡议是近几年提出的,实施的时间相对较短,从本章前述的现状说明中,可以看到数据的波动并不是十分明显,所以,本章想简单实证分析一下,对这 60 多个国家的投资会对本国经济产生什么样的影响,而在这一个整体中,各个区域又各自有多大的影响。

在对"一带一路"沿线国家回归时,结果和对整体回归时相似,详见表 16 - 8。将发达国家和地区、发展中国家以及"一带一路"沿线国家投资前面的系数进行比较,我们可以发现:对"一带一路"沿线国家投资带来的经济增长效应要高于另外两个区域的,这从实证的角度证明"一带一路"倡议的正确性。

表 16 - 8　对"一带一路"沿线国家回归的结果

变量	(1)	(2)	(3)	(4)	(5)	(6)
lnydyl	0.357*** (16.503)	0.138*** (13.506)	0.14*** (5.125)	0.084*** (4.652)	0.109*** (9.719)	0.136*** (5.776)
lnl		10.888*** (11.839)			6.735*** (4.70)	10.881*** (11.111)
lnedu		2.054*** (8.213)	2.374*** (3.894)	1.119** (2.818)	1.543*** (6.561)	2.047*** (7.186)
lnrd			0.976*** (4.035)			
lngdzc				0.472*** (9.095)	0.206** (3.241)	
lnydylmy						0.004 (0.068)
常数项	11.46*** (137.569)	−14.443*** (−9.275)	11.275*** (5.23)	4.284*** (8.62)	−7.254** (−2.937)	−14.445*** (−8.747)
调整后的 R-2	0.9576	0.9992	0.9953	0.9987	0.9996	0.9991
F 统计量	272.352	5 066.219	856.08	3 114.088	7 815.272	3 379.481
D-W 值	0.479	1.477	1.802	2.77	2.409	1.451

　　将"一带一路"沿线区域分割成六个类型,逐项回归,发现最后回归的结果中包含的自变量与之前的并不完全相同,存在这或多或少的偏差,或者有时候加入控制变量,投资这个主要研究对象竟变得不显著,所以,就不直接列出相应的回归方程了。将只包含投资量的回归模型以及拟合优度最高的模型进行整合,得到表 16-9、表 16-10。

表 16-9　直接回归的结果

变量	东亚	中亚	西亚	南亚	独联体	中东欧
lntz	0.330 *** (17.693)	0.257 *** (5.974)	0.341 *** (13.147)	0.238 *** (5.341)	0.423 *** (7.319)	0.332 *** (7.29)
常数项	11.760 *** (188.736)	12.453 *** (149.459)	12.227 *** (223.565)	12.605 *** (138.569)	12.106 *** (112.134)	12.995 *** (174.327)
调整后的 R^2	0.962	0.759	0.934 7	0.714	0.814	0.813
F 统计量	313.051 0	35.693	172.862	28.525	53.577	53.289
D-W 值	0.858	1.124	1.419	0.943	0.817	1.619

表 16-10　各区域回归拟合程度最高的结果

变量	东亚	中亚	西亚	南亚	独联体	中东欧
lntz	0.09 *** (6.381)			0.01 * (2.191)		
lnl	9.219 *** (6.978)	15.145 *** (10.604)	13.461 *** (6.793)	4.701 ** (3.085)	19.22 *** (11.153)	13.723 *** (8.812)
lnedu	1.106 *** (3.537)	1.704 *** (3.487)	1.457 ** (2.411)	1.351 *** (4.989)		1.923 *** (3.948)
lngdzc				0.338 *** (5.324)		
lnmy	0.242 *** (4.345)	0.162 *** (6.446)	0.241 *** (4.985)	0.137 *** (5.109)	0.228 *** (3.487)	0.226 *** (6.445)
常数项	−10.659 *** (−4.645)	−22.792 *** (−10.56)	−19.687 *** (−6.163)	−4.77 (−1.77)	−28.082 *** (−8.899)	−20.776 *** (−8.695)
调整后的 R^2	0.998 8	0.997	0.995 5	0.999 5	0.991	0.997
F 统计量	2 622.838	1 335.817	893.503	4 616.32	655.49	1 335.285
D-W 值	2.435	1.463	1.629	2.389	1.978	2.194

只考虑投资这个变量时,投资变化1%,使GDP增加的幅度排名为独联体(0.423%)>西亚(0.341%)>中东欧(0.332%)>东亚(0.330%)>中亚(0.257%)>南亚(0.238%)。

表16-10按拟合优度高低整理出来,发现经济活动人口数、受教育年限、固定资产投资、贸易等变量前面的系数都为正,和对整体回归时的结果相似,说明它们对经济的增长有着显著的推动作用,而R&D占比在这个表格中没有显示出来,相关的回归结果整理在了附录部分。根据附录中的结果,可以发现:R&D对与经济起到正向推动作用,上面这个表中没有显示出来,仅仅是因为R&D所在模型的R^2不是最高的。

在回归的过程中除了东亚以及南亚,其他4个区域在考虑了贸易量之后,投资量就变得不显著,说明两者之间存在较强的关联,相较于投资,贸易往来更能推动我国经济的增长。将2003~2015年投资总量进行排序,结果为东亚(5 635 783)>西亚(1 221 909)>独联体(9486 99)>南亚(638 736)>中亚(532 381)>中东欧(131 385);同样的,将贸易总量进行排序,东亚(36 200.75)>西亚(2 1768.62)>南亚(8 516.34)>独联体(8 378.09)>中东欧(4 773.58)>中亚(3 485.67)。从排序上,也可以比较清楚地看到贸易量与投资量的关联。综上所述,对东亚投资的经济增长效果最显著,对其他区域的投资的推动作用相对较少,这可能是因为对其他区域的投资会更多地依赖于贸易量的多少。在这种情况下,对于其他区域来说,贸易的推动作用就显得相对强一些。

第六节　基本结论及政策建议

一、基本结论

综合以上的实证分析,我们基本可以得到以下几个结论:① 劳动力数量的增加依然是我国经济增长的重要推动力。随着技术的进步、产业结构的转型升级,劳动密集型产业以及生产出来的产品逐渐被时间淘汰,大规模机器设备的使用、机械化生产水平的提高,使得劳动力数量的多与少似乎也变得越来越不重要。但是,通过本章的回归分析,发现有效劳动力对于经济增长仍然有着不容忽视的作用,推动劳动力数量增长的政策显得十分必要。② 劳动力质量的提升可以有效带动GDP的提高。我国正处于经济转型的关键时刻,高素质劳动力有利于人力资本的积累,在社会经济活动中将发挥重要的作用。③ R&D推动作用不如前两项大,但是,目前,我国R&D支出相对较少,2015

中国经济增长的潜力与动力

年,R&D占比仅为2.78%,这个数据是日本在1990年就已经达到的。在未来,科研方面的投入将会有较大的增长空间,也将对经济产生巨大的推动力。④ 全社会固定资产投资在各个回归模型中,有很多是不显著的,但这并不是说它不重要。多重共线性的存在,以及数据的缺失,使得回归出来的结果可能存在一定的偏差。固定资产投资作为社会再生产的重要手段,有利于推动技术装备的改善,加速推动产业结构的转变,促进了经济实力的增长,因此值得所有人重视。⑤ 对"一带一路"沿线国家投资,推动经济增长的作用显著,而在"一带一路"沿线国家的六个区域里,对东亚投资带来的效应最大。⑥ 在增加对"一带一路"沿线国家的投资时,还应相应扩大贸易量的规模。虽然在整体回归时,这个变量并不显著,但并不能说明它对于我国经济的增长没有作用,实证只是一种参考的手段。

二、政策建议

根据上面的实证结果,本章提出几点建议。

(1) 积极培育具有国际竞争力的大型跨国公司,扩大对外直接投资,同时,完善企业到境外投资的法律支持和政策协调机制。跨国公司是对外直接投资的重要媒介,大部分投资都是通过它们来实现的,所以培育有强大生命力的跨国公司对于推动对外直接投资规模的扩大显得尤为重要。对外直接投资有时候会面临许多的风险,诸如政治不稳定、汇率变动、责权界定不明显、税负划分不明确或者对当地市场不够了解等问题,因此,明确而强有力的法律支持以及政策协调机制在处理问题方面就可以媲美保护伞,为我国的投资事业保驾护航。

(2) 积极制定相关政策,促进对外直接投资规模的扩大。不管是从世界整体对外直接投资规模的变化上看,还是从各个主要发达国家投资量的变化上看,都可以发现,投资量是增加的,这一点可以间接地反映一个事实,即对外直接投资对于一国的发展是十分有利的,因此,积极投身于"一带一路"沿线国家的建设,扩大与沿线国家的投资贸易,辅以相关的政策,将是我国现阶段解决产能过剩、实现产业结构升级、促进经济合理健康增长的有效途径。

(3) 根据地区之间的差异,合理安排投资,适当增加对东亚的投资。各个国家的资源禀赋不同,政策条款也各有特色,劳动力素质有差异,技术水平也是参差不齐,所以在投资时就需要根据自身的需求,结合考虑对象的实际情况,因地制宜,合理安排投资对象以及规模,以获得较大的投资效益。

（4）完善人才培养机制，将中国的人力资源优势转化为人力资本优势。"科教兴国"、"人才强国"这些很早就已经提出来了，可见人才对于一个国家的兴旺发达有着重要的影响。教育是人口素质提升的基础环节，只有教育质量提升了，才有可能实现人口素质的提高，才有可能源源不断地有高技术水平人才为我国的现代化事业添砖加瓦，因此，教育环节值得所有人的重视。当然，除了本土的优秀人才，还应该注重外来人才的引进。通过引进这部分人才，既可以让他们服务于我国的经济建设，又可以让本国的相关人员通过与他们开展交流学习，获得相应的知识经验，开阔眼界，开拓思维，促进本国人才的竞争力以及创新水平。

（5）增加 R&D 支出，提高中国的自主创新和消化吸收再创新能力，以多角度、多举措挖掘和发挥中国经济增长的潜力。"科学技术是第一生产力"，要想让经济持续健康地增长，就需要我们不断提高技术，实现自主创新，改"中国制造"为"中国创造"。没有投入就不会有产出，要想改变现状，就必须要加大对 R&D 的投入。我国 R&D 支出远远小于世界平均水平，因此，未来还有较大的增长空间。希望在不久的将来，这项支出在达到世界平均水平时，可以多角度地发挥经济增长的潜力，推动经济健康持续地增长。

（6）扩大与"一带一路"沿线国家的贸易往来。虽然在整体回归的时候，贸易前面的系数并不显著，但是，分区域考虑时，可以发现，贸易对于我国经济的增长还是有着重要的作用的。我们应该适当增加与独联体、中东欧的贸易往来，继续扩大与东亚以及西亚的商品货物交往，推动我国经济持续增长。

本章参考文献

[1] 2003～2015 年对外直接投资统计公报. 中国统计出版社,2004～2016.

[2] 冯彩,蔡则祥. 对外直接投资的母国经济增长效应——基于中国省级面板数据的考察. 经济经纬,2012(6).

[3] 付海燕. 对外直接投资经济影响研究. 人民出版社,2016.

[4] 古广东. 对外直接投资与母国经济利益:理论分析与实证研究. 浙江大学出版社,2006.

[5] 郭平. "一带一路"倡议的经济逻辑——国家优势、大推进与区域经济重塑. 当代经济管理,2017,39(1).

[6] 冷艳丽,杜思正. 双向直接投资的经济增长效应分析——来自中国数据的实证检验. 国际商务:对外经济贸易大学学报,2017(1).

[7] 刘辉煌. 中国对外直接投资及方式创新. 湖南师范大学出版社,2013.

[8] 刘会政. 中国对外直接投资的母国经济效应研究. 经济科学出版社,2010.

[9] 潘雄锋,闫窈博,王冠. 对外直接投资、技术创新与经济增长的传导路径研究. 统计研究,2016,33(8).

[10] 茹玉骢. 技术寻求型对外直接投资及其对母国经济的影响. 经济评论,2004(2).

[11] 宋弘威,李平. 中国对外直接投资与经济增长的实证研究. 学术交流,2008(6).

[12] 谭本艳,侯彦如. 武汉市对外直接投资对经济增长的拉动效应分析. 对外经贸,2011(3).

[13] 王晓红. 推动新时期我国对外直接投资的战略思路. 全球化,2017(1).

[14] 王永强. 对外直接投资对经济发展的影响及对策研究. 武汉理工大学出版社,2005.

[15] 吴建军,仇怡. 对外直接投资与母国技术进步:理论、模型与经验研究. 中国经济出版社,2014.

[16] 肖黎明. 对外直接投资与母国经济增长:以中国为例. 财经科学,2009(8).

[17] 姚战琪. "一带一路"战略下我国对外直接投资效率的影响因素及区位选择. 经济纵横,2016(12).

[18] 张海波. 东亚新兴经济体对外直接投资对母国经济效应研究. 辽宁大学出版社,2011.

[19] 张小溪,樊友丹. 经济增长水平与中国对外直接投资——基于省级面板数据的检验. 投资研究,2016(6).

[20] 张亚斌. "一带一路"投资便利化与中国对外直接投资选择——基于跨国面板数据及投资引力模型的实证研究. 国际贸易问题,2016(9).

[21] 赵东麒,桑百川. "一带一路"倡议下的国际产能合作——基于产业国际竞争力的实证分析. 国际贸易问题,2016(10).

附录

附表 16-1　单位根检验结果

变量	对象	t-Statistic	Prob. *	是否平稳
经济活动人口	Dlnl	−3.845	0.017 4**	平稳
平均受教育年限	Dlnedu	−2.839	0.009 1***	平稳
R&D 占比	Dlnrd	−3.272	0.045 7**	平稳
固定资产投资总额	Dlngdzc	−3.795	0.060 6*	平稳
对发达国家投资总额	Dlnfd	−2.855	0.079 9*	平稳
对发展中国家投资总额	Dlnfz	−2.228	0.030 8**	平稳
对一带一路投资总额	Dlnydyl	−3.109	0.053 0*	平稳
对东亚投资总额	Dlndy	−1.648	0.092 0*	平稳
对南亚投资总额	Dlnny	−6.346	0.000 2***	平稳
对中亚投资总额	Dlnzy	−3.324	0.003 8***	平稳
对西亚直接投资总额	Dlnxy	−2.079	0.041 1**	平稳
对独联体投资总额	Dlndlt	−3.916	0.056 6*	平稳
对中东欧投资总额	Dlnzdo	−4.107	0.000 8***	平稳
对外直接投资总额	Dlnwofdi	−1.951	0.053 5*	平稳
总贸易量	Dlnzmy	−2.237	0.030 3**	平稳
与发达地区和国家之间的贸易量	Dlnfdmy	−2.373	0.023 1**	平稳
与发展中国家的贸易量	Dlnfzmy	−2.023	0.045**	平稳
与一带一路国家的贸易量	Dlnydylmy	−2.032	0.045**	平稳
与东亚地区的贸易量	Dlndymy	−1.985	0.048**	平稳
与西亚地区的贸易量	Dlnxymy	−2.072	0.041**	平稳
与南亚地区的贸易量	Dlnnymy	−4.751	0.019**	平稳
与中亚地区的贸易量	Dlnzymy	−1.679	0.086*	平稳
与中东欧的贸易量	Dlnzdomy	−2.181	0.033**	平稳
与独联体的贸易量	Dlndltmy	−2.377	0.022**	平稳
国内生产总值	Dlngdp	−3.736 479	0.070 8*	平稳

注：***，**，* 分别表示在 1%，5%，10%的水平下显著

附表 16 - 2　格兰杰因果检验结果

原假设	观察样本数	F 值	p 值
L 不是 GDP 格兰杰原因	11	5. 685 11	0. 041 2
GDP 不是 L 格兰杰原因	11	0. 933 93	0. 443 5
EDU 不是 GDP 格兰杰原因	11	2. 235 34	0. 188 2
GDP 不是 EDU 格兰杰原因	11	7. 402 81	0. 024 0
RD 不是 GDP 格兰杰原因	11	15. 963 0	0. 004 0
GDP 不是 RD 格兰杰原因	11	10. 727 5	0. 010 4
GDZC 不是 GDP 格兰杰原因	11	0. 764 29	0. 506 2
GDP 不是 GDZC 格兰杰原因	11	16. 671 3	0. 003 5
WOFDI 不是 GDP 格兰杰原因	11	8. 023 90	0. 020 2
GDP 不是 WOFDI 格兰杰原因	11	1. 156 34	0. 376 0
FD 不是 GDP 格兰杰原因	11	1. 809 72	0. 242 7
GDP 不是 FD 格兰杰原因	11	1. 937 09	0. 224 4
FZ 不是 GDP 格兰杰原因	11	0. 171 94	0. 846 0
GDP 不是 FZ 格兰杰原因	11	1. 281 36	0. 344 0
YDYL 不是 GDP 格兰杰原因	11	1. 255 50	0. 350 4
GDP 不是 YDYL 格兰杰原因	11	7. 870 33	0. 021 0
DY 不是 GDP 格兰杰原因	11	0. 256 30	0. 782 0
GDP 不是 DY 格兰杰原因	11	1. 929 63	0. 225 4
XY 不是 GDP 格兰杰原因	11	0. 823 76	0. 482 9
GDP 不是 XY 格兰杰原因	11	3. 990 24	0. 079 0
NY 不是 GDP 格兰杰原因	11	1. 176 86	0. 370 5
GDP 不是 NY 格兰杰原因	11	5. 968 65	0. 037 4
ZY 不是 GDP 格兰杰原因	11	0. 063 70	0. 938 9
GDP 不是 ZY 格兰杰原因	11	3. 794 24	0. 086 1
DLT 不是 GDP 格兰杰原因	11	0. 837 83	0. 477 6

（续表）

原假设	观察样本数	F 值	p 值
GDP 不是 DLT 格兰杰原因	11	0.820 59	0.484 1
ZDO 不是 GDP 格兰杰原因	11	3.132 59	0.117 1
GDP 不是 ZDO 格兰杰原因	11	1.309 79	0.337 3
ZMY 不是 GDP 格兰杰原因	11	0.413	0.678
GDP 不是 ZMY 格兰杰原因	11	1.079	0.397
FDMY 不是 GDP 格兰杰原因	11	0.214	0.812
GDP 不是 FDMY 格兰杰原因	11	0.846	0.474
FZMY 不是 GDP 格兰杰原因	11	0.671	0.545
GDP 不是 FZMY 格兰杰原因	11	1.844	0.237
YDYLMY 不是 GDP 格兰杰原因	11	0.667	0.547
GDP 不是 YDYLMY 格兰杰原因	11	1.657	0.267
DYMY 不是 GDP 格兰杰原因	11	0.213	0.813
GDP 不是 GDP 格兰杰原因	11	1.196	0.365
XYMY 不是 GDP 格兰杰原因	11	1.389	0.319
GDP 不是 XYMY 格兰杰原因	11	3.781	0.086

附表 16 - 3　对"一带一路"沿线区域回归的结果——东亚

变量	(1)	(2)	(3)	(4)	(5)	(6)
Lndny	0.330*** (17.693)	0.122*** (5.936)	0.12*** (3.989)	0.093*** (4.407)	0.081*** (3.540)	0.09*** (6.381)
lnl		12.835*** (7.237)		10.593*** (5.556)		9.219*** (6.978)
lnedu		1.354** (2.549)	1.581* (2.159)		1.204** (2.409)	1.106*** (3.537)
lnrd			1.219*** (4.774)		0.789*** (3.758)	

（续表）

变量	(1)	(2)	(3)	(4)	(5)	(6)
lndnymy				0.278*** (3.363)	0.299*** (3.5)	0.242*** (4.345)
常数项	11.760*** (188.736)	−16.81*** (−5.384)	14.131*** (6.053)	−11.406*** (−3.306)	10.915*** (6.04)	−10.659*** (−4.645)
调整后的 R²⁻2	0.962	0.9965	0.9934	0.9974	0.997	0.9988
F 统计量	313.0510	1 168.63	603.796	1 532.358	1 022.11	2 622.838
D-W 值	0.858	1.128	1.950	2.093	1.777	2.435

附表 16-4 对"一带一路"沿线区域回归的结果——中亚

变量	(1)	(2)	(3)	(4)	(5)	(6)
lnzy	0.257*** (5.974)	0.05** (3.2)	0.048* (2.177)		−0.011 (−0.823)	
lnl		15.526*** (5.845)		15.145*** (10.604)	12.579*** (9.043)	
lnedu		2.475** (3.056)	2.841** (2.687)	1.704*** (3.487)	1.761*** (4.282)	2.169** (2.331)
lnrd			1.408*** (4.082)			1.475*** (4.919)
lnzymy				0.162*** (6.446)	0.237*** (5.271)	0.132** (2.455)
常数项	12.453*** (149.459)	−24.402*** (−6.060)	12.542*** (3.489)	−22.792*** (−10.56)	−18.061*** (−7.939)	13.604*** (4.332)
调整后的 R²⁻2	0.759	0.992	0.986	0.997	0.9981	0.989
F 统计量	35.693	460.566	268.317	1 335.817	1 508.91	363.043
D-W 值	1.124	1.439	1.889	1.463	2.553	1.544

附表 16-5　对"一带一路"沿线区域回归的结果——西亚

变量	(1)	(2)	(3)	(4)	(5)	(6)
Lnxy	0.341*** (13.147)	0.197*** (5.492)	−0.02 (−0.537)		0.113** (2.403)	
Lnl			17.081*** (6.526)	16.206*** (8.211)		13.461*** (6.793)
lnedu		4.555*** (4.437)			3.487*** (3.612)	1.457** (2.411)
lnxymy			0.279*** (4.106)	0.262*** (4.523)	0.257** (0.043)	0.241*** (4.985)
常数项	12.227*** (223.565)	2.725 (1.272)	−24.239*** (−4.696)	−22.354*** (−6.1304)	3.275 (1.827)	−19.687*** (−6.163)
调整后的 R-2	0.9347	0.9758	0.992	0.993	0.983	0.9955
F 统计量	172.862	243.119	559.22	902.937	237.28	893.503
D-W 值	1.419	2.022	2.426	2.1420	1.4414	1.629

附表 16-6　对"一带一路"沿线区域回归的结果——南亚

变量	(1)	(2)	(3)	(4)	(5)	(6)
lnny	0.238*** (5.341)	0.04** (2.966)	0.051*** (7.136)			0.01* (2.191)
lnl		17.035*** (7.27)		11.483*** (7.504)		4.701** (3.085)
lnedu		1.993** (2.326)	1.622*** (3.402)	2.409*** (5.679)	1.227** (3.044)	1.351*** (4.989)
lnrd			1.688*** (13.911)			
lngdzc					0.492*** (10.347)	0.338*** (5.324)
lnnymy				0.246*** (7.659)	0.148*** (4.722)	0.137*** (5.109)

(续表)

变量	(1)	(2)	(3)	(4)	(5)	(6)
常数项	12.605*** (138.569)	−26.436*** (−7.836)	16.344*** (11.055)	−17.478*** (−7.355)	3.181*** (6.544)	−4.77 (−1.77)
调整后的 R^2	0.714	0.991	0.9973	0.9977	0.9987	0.9995
F 统计量	28.525	417.977	1389.98	1788.813	3181.057	4616.32
D-W 值	0.943	1.443	2.75	1.4719	2.663	2.389

附表 16-7 对"一带一路"沿线区域回归的结果——中东欧

变量	(1)	(2)	(3)	(4)	(5)	(6)
Lnzdo	0.332*** (7.29)	0.051* (1.918)				
lnl					13.723*** (8.812)	
lnedu		2.281* (2.241)	5.01*** (5.034)		1.923*** (3.948)	2.198** (2.879)
lnrd		1.595*** (5.135)		1.843*** (7.873)		1.312*** (5.121)
lnzdomy			0.421*** (5.244)	0.207** (2.677)	0.226*** (6.445)	0.215*** (3.651)
常数项	12.995*** (174.327)	14.614*** (4.406)	−0.367 (−0.212)	19.3*** (13.698)	−20.776*** (−8.695)	12.333*** (4.661)
调整后的 R^2	0.813	0.9870	0.974	0.9872	0.997	0.9926
F 统计量	53.289	305.806	226.634	466.79	1335.285	540.929
D-W 值	1.619	1.527	1.957	1.442	2.194	2.079

附表 16-8 对"一带一路"沿线区域回归的结果——独联体

变量	(1)	(2)	(3)	(4)	(5)	(6)
lndlt	0.423*** (7.319)	0.063 (1.574)	0.069 (1.751)		−0.012 (−0.364)	0.138** (2.718)

（续表）

变量	(1)	(2)	(3)	(4)	(5)	(6)
lnl		15. 377 *** (3. 939)		19. 22 *** (11. 153)	19. 608 *** (9. 364)	
lnedu		2. 673 ** (2. 411)	2. 773 ** (2. 492)			5. 418 *** (4. 851)
lnrd			1. 458 *** (3. 835)			
lndltmy				0. 228 *** (3. 487)	0. 237 *** (3. 256)	0. 189 (1. 385)
常数项	12. 106 *** (112. 134)	−24. 56 *** (−4. 074)	12. 848 *** (3. 323)	−28. 082 *** (−8. 899)	−28. 915 *** (−7. 199)	−0. 227 (−0. 119)
调整后的 R^2	0. 814	0. 986 8	0. 986	0. 991	0. 99	0. 97
F 统计量	53. 577	300. 895	290. 886	655. 49	399. 149	132. 336
D-W 值	0. 817	0. 721	1. 836	1. 978	2. 067	1. 408

图书在版编目(CIP)数据

中国经济增长的潜力与动力(上、下册)/ 沈坤荣 等著.
— 南京:南京大学出版社,2018.5
南京大学学术文库
ISBN 978‑7‑305‑19824‑3

Ⅰ. ①中… Ⅱ. ①沈… Ⅲ. ①中国经济－经济增长－
研究 Ⅳ. ①F124.1

中国版本图书馆 CIP 数据核字(2017)第 330011 号

出版发行 南京大学出版社
社   址 南京市汉口路 22 号   邮 编 210093
出 版 人 金鑫荣

丛 书 名 南京大学学术文库
书   名 **中国经济增长的潜力与动力(上、下册)**
著   者 沈坤荣 等
责任编辑 府剑萍   编辑热线 025‑83592193

照   排 南京南琳图文制作有限公司
印   刷 南京玉河印刷厂
开   本 787×960 1/16 印张 51 字数 855 千
版   次 2018 年 5 月第 1 版 2018 年 5 月第 1 次印刷
ISBN 978‑7‑305‑19824‑3
定   价 198.00 元

网址:http://www.njupco.com
官方微博:http://weibo.com/njupco
官方微信号:njupress
销售咨询热线:(025)83594756